C0-BXA-824

WITHDRAWN
HARVARD LIBRARY
WITHDRAWN

ANCIENT RELIGION
AND
MYTHOLOGY

This is a volume in the Arno Press collection

ANCIENT RELIGION AND MYTHOLOGY

Advisory Editor

W. R. Connor

Associate Editor

Robert E. A. Palmer

See last pages of this volume
for a complete list of titles

PRIESTER UND TEMPEL

IM HELLENISTISCHEN ÄGYPTEN

Walter [Gustav Albrecht] Otto

Volumes I and II

ARNO PRESS

A New York Times Company

New York / 1975

Editorial Supervision: ANDREA HICKS

———◆———

Reprint Edition 1975 by Arno Press Inc.

Reprinted from a copy in
  The New York Public Library

ANCIENT RELIGION AND MYTHOLOGY
ISBN for complete set: 0-405-07001-2
See last pages of this volume for titles.

Manufactured in the United States of America

———◆———

Library of Congress Cataloging in Publication Data

Otto, Walter Gustav Albrecht, 1878-1941. ..
    Priester und Tempel im hellenistischen Ägypten.

    (Ancient religion and mythology)
    Reprint of the 1905-08 ed. published by B. G. Teubner,
Berlin.
    Bibliography: p.
    1. Egypt--Religion--Greco-Roman period. 2. Temples
--Egypt. 3. Hellenism. I. Title. II. Series.
BL2441.07 1975   299'.31   75-10645
ISBN 0-405-07278-3

PRIESTER UND TEMPEL

IM HELLENISTISCHEN ÄGYPTEN

EIN BEITRAG
ZUR KULTURGESCHICHTE DES HELLENISMUS VON

WALTER OTTO

ERSTER BAND

1905
LEIPZIG UND BERLIN
DRUCK UND VERLAG VON B. G. TEUBNER

recd. 08/07/85- EBC (96070) - Repl.

BL
2441
.07
1975
cop. 1

ALLE RECHTE, EINSCHLIESSLICH DES ÜBERSETZUNGSRECHTS, VORBEHALTEN

ULRICH WILCKEN

GEWIDMET

ΤΥΧΗΙ ΑΓΑΘΗΙ

Vorwort.

Das nachfolgende Werk ist als Doktorarbeit der philosophischen Fakultät der Breslauer Universität entstanden[1]). Schon Ende Juli 1901 ist die Niederschrift des Manuskriptes beendet gewesen. Seine Einreichung bei der Fakultät hat sich dann bis in den Winter 1902/03 hingezogen. Ehe mit dem Druck begonnen werden konnte, ist fast ein Jahr vergangen, und dieser selbst hat längere Zeit in Anspruch genommen. Die Art der Entstehung des Werkes möge manche Ungleichmäßigkeiten in der Benutzung der in den letzten Jahren erschienenen neuen Materialien entschuldigen. In das ursprüngliche Manuskript sind diese, soweit sie bis zum Herbst 1902 vorlagen, organisch eingearbeitet worden, alles später Erschienene ist, soweit als irgend möglich, in den Anmerkungen und in den Nachträgen verarbeitet worden, so daß wenigstens die Belege auch die neuesten Publikationen berücksichtigen und auch zu diesen immerhin Stellung genommen ist. Zu diesem abkürzenden Verfahren glaubte ich mich umsomehr berechtigt, als die beständigen, äußerst rasch aufeinander folgenden Neuerscheinungen auf dem Gebiete der Papyruskunde den Herausgeber eines jeden größeren Werkes zum fortwährenden Umarbeiten des Textes zwingen würden, wenn er sich nicht selbst einen Schlußtermin hierfür setzen würde; hierzu kommt, daß das neue Material, wie mir scheint, meine im Text vorgetragenen Ansichten im allgemeinen nur bestätigt bez. erweitert. Auf einzelne Angaben der neuen Erscheinungen gedenke ich noch bei der Erörterung verschiedener höchst wichtiger Priesterurkunden, deren Veröffentlichung demnächst zu erwarten ist, zurückzukommen.

Der Titel meines Buches möge niemanden verleiten zu vielseitige Anforderungen an den Inhalt zu stellen. Daß die Darstellung die ptolemäische und die römische Epoche Ägyptens umfaßt, ist selbstverständlich. Wenn man den Begriff „hellenistisch" anwendet, darf man eben bei ihm nicht nur vornehmlich an die drei letzten Jahr-

---

[1]) Vergl. hierzu den als Dissertation gedruckten Teil dieses Werkes: Die Organisation der griechischen Priesterschaft im hellenistischen Ägypten (II. Kapitel, 2 ff.). Leipzig, B. G. Teubner 1904.

hunderte v. Chr. denken, sondern muß ebensowohl die Zeit der Herrschaft der römischen Kaiser ins Auge fassen; denn erst die Ausbildung
des germanischen Mittelmeerstaatensystems auf der einen Seite und das
siegreiche Vordringen der Araber auf der anderen hat einen der wichtigsten Abschnitte in der Geschichte der Menschheit, die Zeit des
Hellenismus, zum Abschluß gebracht. Zudem stellt sich uns gerade
die Kultur Ägyptens in den fast 1000 Jahren, die seit der Begründung der ptolemäischen Herrschaft und der Inaugurierung des Hellenismus in Ägypten bis zur Eroberung des Landes durch die Araber
verflossen sind, trotz mancher Wandlungen im einzelnen als eine feste
Einheit dar; ein Einschnitt, der etwa mit dem Übergange der Regierung
an die römischen Cäsaren zusammenhinge, ist nicht zu bemerken.

Vor allem ist es mir in den folgenden Blättern darauf angekom-
men, von der Organisation der Priesterschaft, von der Laufbahn der
einzelnen Priester, ihrer sozialen und staatsrechtlichen Stellung, sowie
von den inneren Zuständen der Tempel, ihrem Besitz, ihren Einnahmen
und Ausgaben und ihrer Verwaltung ein anschauliches Bild zu ent-
werfen und im Anschluß hieran das Verhältnis von Staat und Kirche
im hellenistischen Ägypten zu untersuchen. Dabei habe ich versucht
soweit als möglich die Entwicklung der einzelnen behandelten Institutionen zu zeichnen und Feststellungen über ihren ägyptischen, griechischen oder hellenistischen Ursprung zu treffen. Außer der altägyptischen Kirche sind auch die anderen damals in Ägypten bestehenden heidnischen Kultgemeinschaften berücksichtigt worden,
dagegen ist davon Abstand genommen auch die Verhältnisse der
christlichen und jüdischen Kirche Ägyptens in den Kreis der Untersuchung zu ziehen. Archäologische und topographische Untersuchungen
über das Äußere und die Lage der Tempel möge niemand in diesem
Buche erwarten. Verzichtet habe ich auch, abgesehen von einzelnen
Hinweisen auf die Götter des hellenistischen Ägyptens, auf eine Darstellung der hellenistisch-ägyptischen Religion. So verlockend auch
diese Aufgabe ist, so scheint mir doch zu zusammenfassenden
Untersuchungen auf diesem Gebiete die Zeit noch nicht gekommen.
Unser Wissen über die altägyptische Religion ist noch viel zu unsicher, um auf ihm als Grundlage allgemeine Betrachtungen über die
religiösen Vorstellungen des ägyptischen Hellenismus anzustellen;
außerdem ist auch gerade das Verständnis der ägyptischen religiösen
Texte der hellenistischen Zeit noch immer mit besonderen Schwierigkeiten verknüpft und durchaus noch nicht sicher erschlossen. Nur
wer imstande ist, auf ägyptologischem Gebiete ganz selbständig
zu urteilen, darf überhaupt hoffen hier einigermaßen befriedigende
Ergebnisse zu erhalten. Es ist sonst Gefahr vorhanden, daß mehr
oder weniger willkürliche Hypothesen auf dem Gebiete der ägyptisch-
hellenistischen Religionsgeschichte zur Herrschaft gelangen, daß wir

unwillkürlich in das dem bisherigen entgegengesetzte Extrem verfallen, in der theologisch-philosophischen Literatur des Hellenismus zuviel ägyptische Bestandteile zu suchen, so daß wir schließlich noch zu dem Standpunkte jener Griechen gelangen können, welche sogar die platonische Philosophie aus Ägypten ableiteten.[1])

So ist der Rahmen des Werkes ein verhältnismäßig enger geworden. Trotz der Beschränkung konnten jedoch sehr viele Fragen, deren Beantwortung ich ursprünglich zu bieten hoffte, gar nicht in Angriff genommen werden; sehr oft mußte ich meine Untersuchungen mit einem non liquet beschließen. Das Werk ist also ein Torso, dessen Lücken hoffentlich bald durch Edierung der schon vorhandenen Papyrusschätze und durch Neufunde ausgefüllt werden. Möge es jedoch auch so Anerkennung finden als ein, wenn auch nur bescheidener Baustein für das herrliche Gebäude, dessen Aufführung uns noch obliegt, für die Kulturgeschichte des Hellenismus!

Die Darstellung baut sich vor allem auf den uns durch die griechischen Papyri, Inschriften und Ostraka gelieferten reichhaltigen Angaben auf, daneben sind die einschlägigen Nachrichten der alten Schriftsteller, von denen besonders die christlichen eine größere Ausbeute boten, berücksichtigt, und schließlich sind auch, soweit als möglich, die Münzen und das ägyptologische Material herangezogen. Bei der Verwertung des letzteren hoffe ich mich möglichster Vorsicht befleißigt zu haben. Meine ägyptologischen Studien sind noch zu jungen Datums, als daß ich alles selbst hätte durcharbeiten können; so habe ich meistens aus zweiter Hand schöpfen müssen. Besonders unsicher habe ich mich gegenüber dem reichen demotischen Material gefühlt; gar manches von ihm, das mir bekannt geworden ist, über das ich jedoch zu keinem rechten Urteil gelangen konnte, habe ich ganz unberücksichtigt gelassen. Wertvolle Beihilfe in ägyptologischen Fragen haben mir die Herren Professoren Steindorff und Sethe geleistet, für die ich ihnen auch hier herzlichen Dank sage; das einzelne ist an den betreffenden Stellen vermerkt.

Zu tiefstem Danke fühle ich mich dem gegenüber verpflichtet, dem dieses Buch gewidmet ist, meinem lieben, herzlich verehrten Lehrer, Herrn Professor Wilcken. Ihm verdanke ich, daß meine Blicke auf das hier behandelte Gebiet gelenkt wurden. Mit reger Anteilnahme hat er stets, auch als er Breslau verließ, das Fortschreiten des Werkes verfolgt und hat schließlich sogar die große Mühe auf sich genommen alle ersten Korrekturen mitzulesen. So schulde ich

---

1) Die obigen Bemerkungen zeigen deutlich, welche Stellung ich zu meinem großen Bedauern gegenüber den neuesten Arbeiten Reitzensteins („Zwei religionsgeschichtliche Fragen, 2. Schöpfungsmythen und Logoslehre" und „Poimandres") einnehmen muß; trotzdem sie manche höchst wertvolle Bemerkungen im einzelnen bieten, muß ich mich gegen sie im Prinzip ganz ablehnend verhalten.

ihm manche wichtige Verbesserung und positive Bereicherung des Inhaltes, aber auch jene Stellen, an denen vorläufig unsere Ansichten noch auseinander gehen, haben durch seine Einwürfe oft beträchtlich gewonnen, da durch sie erst eine schärfere und begründetere Formulierung meiner Aufstellungen erzielt wurde.

Mein aufrichtigster Dank gebührt auch Herrn Professor Cichorius für verschiedene wertvolle Ratschläge und für das große Interesse, das er dem Abschluß dieses Werkes, sowie seiner Drucklegung entgegengebracht hat.

Schließlich schulde ich auch besonderen Dank der Verlagsbuchhandlung, vornehmlich Herrn Dr. Alfred Giesecke, dessen liebenswürdiges Entgegenkommen und Opferwilligkeit mir die ersehnte Drucklegung meines Erstlingswerkes ermöglichte.

Bei dem Erscheinen dieses ersten Bandes ist mit dem Druck des zweiten bereits begonnen, der, wie ich hoffe, in einigen Monaten zur Ausgabe gelangen wird. Ihm werden verschiedene Indizes und das Quellenregister beigegeben werden.

Breslau, Weihnachten 1904.

Walter Otto.

Inhalt des ersten Bandes.

Abkürzungen.

Abh. Berl. Ak. = Abhandlungen der kgl. preußischen Akademie der Wissenschaften.

P. Amh. II. = B. P. Grenfell and A. S. Hunt, The Amherst papyri. Part II (1901).

Archiv = Archiv für Papyrusforschung und verwandte Gebiete.

Ä. Z. = Zeitschrift für ägyptische Sprache und Altertumskunde.

B. C. H. = Bulletin de correspondance hellénique.

P. Berl. Bibl. = G. Parthey, Frammenti di papiri greci asservati nella regia biblioteca di Berlino in Memorie dell' istituto di correspondenza archeologica II (1865) S. 438 ff.

B. G. U. = Ägyptische Urkunden aus den kgl. Museen zu Berlin, herausgegeben von der Generalverwaltung. Griechische Urkunden (1895 ff.).

Brugsch, Thesaurus = H. Brugsch, Thesaurus inscriptionum aegyptiacarum (1883 ff.).

P. Cattaoui = B. P. Grenfell and A. S. Hunt, Papyrus Cattoui. I. The text im Archiv III. S. 55 ff.

P. Chic. = E. J. Goodspeed, Papyri from Karanis (1900).

Chrest. dém. = E. Revillout, Chrestomatie démotique (1880).

C. I. A.¹) = Corpus inscriptionum atticarum.

C. I. Gr. = Corpus inscriptionum graecarum.

C. I. Gr. Ins. = Inscriptiones graecae insularum maris aegaei.

C. I. Gr. Sept. = Corpus inscriptionum graecarum Graeciae septentrionalis.

C. I. L. = Corpus inscriptionum latinarum.

C. I. Sem. = Corpus inscriptionum semiticarum.

C. P. R. I. = Corpus papyrorum Raineri archiducis Austriae I. Griech. Texte, herausgegeben von Wessely (1895).

Dittenberger, Sylloge² = W. Dittenberger, Sylloge inscriptionum graecarum iterum ed. 1898 ff.

P. Dresd. = C. Wessely, Die griechischen Papyri Sachsens, in den Berichten über die Verhandlungen d. kgl. sächs. Gesellschaft d. Wissenschaften, Phil.-hist. Kl. 1885. S. 276 ff.

Erman, Ägypten = A. Erman, Ägypten und ägyptisches Leben im Altertum (1885).

P. Fay. = B. P. Grenfell and A. S. Hunt, Fayum towns and their papyri (1900).

F. H. G. = Fragmenta historicorum graecorum ed. C. Müller (1841 ff.).

P. Gen. = J. Nicole, Les papyrus de Genève (1896 ff.)

G. G. A. = Göttingische gelehrte Anzeigen.

---

1) Die Neunummerierung der Bände des griechischen Inschriftencorpus ist erst nach dem Abschluß dieses Werkes veröffentlicht worden; von einer nachträglichen Änderung der Zitate glaubte ich Abstand nehmen zu können.

P. Grenf. I. = B. P. Grenfell, An alexandrian erotic fragment and other greek papyri chiefly ptolemaic (1896).

P. Grenf. II. = B. P. Grenfell and A. S. Hunt, New classical fragments and other greek and latin papyri (1897).

Hartel, Gr. P. = W. v. Hartel, Über die griechischen Papyri Erzherzog Rainer (1886).

I. Gr. S. It. = Inscriptiones graecae Siciliae et Italiae.

Kanopus = Inschrift von Kanopus, zuerst herausgegeben von R. Lepsius, Die bilingue Inschrift von Kanopus I. (1866); im übrigen vergl. Strack, Inschriften 38.

L. D. = Lepsius, Denkmäler aus Ägypten und Äthiopien (1849 ff.). (Die Zahl bedeutet die Abteilung.)

P. Leid. = C. Leemans, Papyri graeci musei antiquarii publici Lugduni-Batavi. I. 1843.

P. Lond. = F. G. Kenyon, Greek papyri in the British Museum, Catalogue. (1893 ff.)

Lumbroso, L'Egitto [2] = G. Lumbroso, L'Egitto dei Greci e dei Romani. 2. ed. (1895).

Lumbroso, Recherches = G. Lumbroso, Recherches sur l'économie politique de l'Égypte sous les Lagides (1870).

P. Magd. = Jouguet et Lefebvre, Papyrus de Magdola, B. C. H. XXVI (1902) S. 95 ff. u. XXVII (1904) S. 174 ff.

Mahaffy, Empire = J. P. Mahaffy, the empire of the Ptolemies (1895).

Mahaffy, history = J. P. Mahaffy, A history of Egypt under the Ptolemaic dynasty (1899).

Maspero, histoire = G. Maspero, Histoire ancienne des peuples de l'orient classique (1895 ff.).

Meyer, Heerwesen = Paul M. Meyer, Das Heerwesen der Ptolemäer und Römer in Ägypten (1900).

M. A. I. = Mitteilungen des kais. deutschen archäologischen Instituts in Athen.

P. Mil. = A. Ceriani, Un papiro greco del 162 a. C. in Rendiconti reale istituto Lombardo dei scienze e lettere, Ser. II, vol IX (1876) S. 582 ff.

Milne, history = J. G. Milne, a history of Egypt under the Roman rule (1898).

Milne, Inschriften = Inschriften, publ. von Milne a. eben a. O. Appendix III.

N. Chrest. dém. = E. Revillout, Nouvelle chrestomathie démotique (1878).

dem. Ostr. = demotisches Ostrakon.

Ostr. Fay. = Ostraka, publ. in P. Fay.

Ostr. Wilck. = Ostraka, publ. von Wilcken, Ostr. II.

P. Oxy. = B. P. Grenfell and A. S. Hunt, The Oxyrhynchos-Papyri (1898 ff.).

dem. P. = demotischer Papyrus [1]).

gr. P. = griechischer Papyrus.

P. Par. = Brunet de Presle, Notices et extraits des manuscrits de la bibliothèque impériale XVIII, 2 (1865).

Pauly-Wissowa = Realencyklopädie des klassischen Altertums, von Pauly, neu herausgegeben von G. Wissowa (1893 ff.).

P. Petr. = J. P. Mahaffy, The Flinders Petrie papyri (1891 ff.).

P. S. B. A. = Proceedings of the society of biblical archaeology.

Rec. de trav. = Recueil de travaux relatifs à la philologie et l'archéologie égyptienne et assyrienne.

Rev. arch. = Revue archéologique.

---

1) Die demotischen Papyri sind, wenn der Name des Herausgebers nicht besonders genannt ist, von E. Revillout publiziert.

Rev. ég. = Revue égyptologique.

Rev. L. = B. P. Grenfell, Revenue Laws of Ptolemy Philadelphus (1896).

Revillout, Mélanges = E. Revillout, Mélanges sur la métrologie, l'économie politique et l'histoire de l'ancienne Égypte (1895).

Rh. M. = Rheinisches Museum für klassische Philologie.

Rosette = Inschrift von Rosette, C. I. Gr. III. 4697; im übrigen vergl. Strack,
Inschriften 69.

Sitz. Berl. Ak. = Sitzungsberichte der kgl. preußischen Akademie der Wissenschaften.

Sitz. Wien. Ak. = Sitzungsberichte der kais. Akademie der Wissenschaften, Wien.

Spiegelberg, dem. P. Berl. = W. Spiegelberg, Demotische Papyrus aus den kgl.
Museen zu Berlin (1902).

Spiegelberg, dem. P. Straßb. = W. Spiegelberg, Die demotischen Papyrus der
Straßburger Bibliothek (1902).

Strack, Dynastie = M. L. Strack, Die Dynastie der Ptolemäer (1897).

Strack, Inschriften = Inschriften, publ. von Strack a. eben a. O. Anhang.

P. Tebt. I. = B. P. Grenfell and A. S. Hunt, The Tebtunis papyri. Part I (1902).

Theb. Bank. = U. Wilcken, Aktenstücke aus der kgl. Bank zu Theben in den
Museen zu Berlin, London, Paris in Abh. Berl. Akad. 1886.

P. Tor. = A. Peyron, Papyri graeci regii Taurinensis musei aegyptii (1826 ff.).

P. Vat. = A. Mai, Classicorum auctorum e Vaticanis codicibus editorum tom. IV
u. V (1831 ff.).

Wessely, Kar. u. Sok. Nes. = C. Wessely, Karanis und Soknopaiu Nesos in Denkschriften Wien. Akad. Phil.-hist. Kl. XLVII (1902).

P. Wess. Taf. gr. = C. Wessely, Papyrorum scripturae graecae specimina isa-
gogica (1900).

Wilcken, Ostr. = U. Wilcken, Griechische Ostraka aus Ägypten und Nubien (1899).

P. Zois = Neu herausgeg. von C. Wessely, Die griechischen Papyri der kais.
Sammlungen Wiens in XI. Jahresbericht über das k. k. Franz Joseph-
Gymnasium in Wien (1885).

Erstes Kapitel.

Die Götter des hellenistischen Ägyptens.

Bei der Schilderung der Kultur einer Zeit, in der die Vereinigung zweier fremdartiger Kulturen stattgefunden hat — mag nun der Forscher jene graue Vorzeit betrachten, wo sich Sumerier und Semiten zu einem Volke vermischt haben, oder mag er zeitlich näherliegende Probleme, wie z. B. die Germanisierung des slavischen Ostens Deutschlands im Mittelalter ins Auge fassen — immer wird hierbei für ihn die größte Schwierigkeit darin bestehen, den Ursprung und das Wesen der einzelnen Institutionen der neuentstandenen Kultur richtig zu deuten.

Die Richtigkeit dieser Beobachtung finden wir in vollem Umfange auch bei der Erforschung der Zustände des hellenistischen Ägyptens bestätigt. Bekanntlich ist in Ägypten, als dieses Land für immer seine nationale Selbständigkeit verloren hatte, als Fürsten makedonischer Abkunft, die Ptolemäer, es beherrschten und als es dann unter das Regiment der römischen Cäsaren gekommen war, Hand in Hand mit einer sehr innigen Mischung der beiden wichtigsten Volksbestandteile, Ägypter und Griechen[1]), jene eigentümliche ägyptisch-hellenistische Mischkultur entstanden, welche eine ganz besondere Stellung in der Welt des Hellenismus eingenommen hat. Einerlei, welche Faktoren dieser Kultur wir in den Kreis unserer Betrachtung ziehen, ob Wissenschaft oder Kunst oder Staatsrecht, sehr oft ist es für uns kaum noch möglich, das Einzelne mit Sicherheit als spezifisch ägyptisch bezw. griechisch zu erkennen. Größere Schwierigkeiten erwachsen uns auch auf dem Gebiete der Religion und des Kultus. Der nationale Dualismus hat den religiösen mit sich gebracht. Denn wenn auch die griechischen Bestandteile der Bevölkerung des

---

1) Im folgenden will ich die Eroberer Ägyptens einfach „Griechen" nennen, obgleich ich mir natürlich bewußt bin, daß unter ihnen, die den verschiedensten Stämmen Griechenlands entstammten — eine besondere Rolle haben hierbei auch die μισϑοφόροι gespielt (vergl. Meyer, Heerwesen) — die Makedonen stets und unbedingt die erste Stelle eingenommen haben. Über die griechische Nationalität der Makedonier hier ein Wort zu verlieren, erübrigt sich wohl nach Kretschmers abschließenden Forschungen (vergl. seine Einleitung in die Geschichte der griechischen Sprache S. 283 ff.).

hellenistischen Ägypten, wie uns die von Griechen handelnden[1]) Inschriften, Papyri und andere Nachrichten zeigen, sich nicht gescheut
haben, die Götter des unterworfenen Volkes und seine religiösen Vorstellungen teilweise wenigstens zu den ihrigen zu machen,[2]) so haben

1) Bei dieser Gelegenheit sei hervorgehoben, daß der Forscher freilich hier
mit einer großen Schwierigkeit zu kämpfen hat, nämlich mit dem Umstande, daß
man mindestens seit den Texten des 2. vorchristlichen Jahrhunderts nur mit
größter Vorsicht aus dem griechischen bez. ägyptischen Namen der in Frage
kommenden Personen auf ihre Nationalität schließen darf. Hierauf hat auch schon
Strack, Inschriften aus ptolemäischer Zeit I im Archiv I S. 208 mit Recht hingewiesen. Einige besonders lehrreiche Beispiele seien hier angeführt; so tragen
z. B. die Töchter eines gewissen Δρύτων (Ende des 2. Jahrh. v. Chr.) in P. Grenf.
I, 21 rein griechische Namen, in P. Lond. II, 401 (S. 12) griechisch-ägyptische
Doppelnamen und schließlich in Ostr. Wilck. 1617 u. 1618 rein ägyptische Namen.
(Vergl. auch Mahaffy, history S. 199 u. Meyer, Heerwesen S. 81.) Besonders das
letztere muß überraschend wirken, da man früher fest überzeugt war, bei einem
rein ägyptischen Namen mit Sicherheit in dem Träger einen Vollblutägypter
vermuten zu können. Weiterhin sei hier vermerkt die in Rev. arch. N. S. XXI
(1870) S. 109 veröffentlichte griechische Inschrift aus Memphis, in der manchmal
der Großvater noch einen nichtgriechischen Namen, sein Sohn und Enkel dagegen
einen rein griechischen Namen tragen, ferner Ostr. Wilck. 1150 im Vergleich
mit den bei Revillout, Mélanges S. 166—168 publizierten dem. Ostr. Louvre
9067, 9074, 9075, 9150; hier führt von den Söhnen eines gewissen Hermokles
der eine den griechischen Namen Herakleides, während zwei andere die ägyptischen Namen Nechutes und Psechons führen, und ein Sohn des letzteren
wiederum den ägyptischen Namen Imuth trägt. Bezüglich der griechisch-ägyptischen Doppelnamen läßt sich meiner Ansicht nach auch keine feste Regel aufstellen (anders Mahaffy, Empire S. 396). Weitere Beispiele siehe z. B. P. Lond.
II 299 (S. 150) Z. 5 ff., biling. P. Lond., publiziert von Revillout P. S. B. A.
XIV (1891/92) S. 60 ff. (neu publiziert von Griffith in P. S. B. A. XXIII [1901]
S. 294 ff.), Ostr. Wilck. 1438 u. a. mehr. Sehr instruktive Beispiele für die Beurteilung der ganzen Frage liefert auch das umfangreiche Personenregister
(Index VIII) der kürzlich erschienenen P. Tebt. I. Vergleiche endlich auch
W. Spiegelberg, Ägyptische und griechische Eigennamen auf Mumienetiketten
der römischen Kaiserzeit (Demotische Studien, 1. Heft), wo zahlreiche griechische Namen demotisch wiedergegeben werden; die Träger dieser Namen
dürften wohl meistens Ägypter gewesen sein, da ein Grieche doch kaum auf
einem Mumienetikette seinen Namen hätte demotisch übersetzen lassen. (Siehe
die Angaben Spiegelbergs in dem Vorwort S. VI.) Diese Beispiele beweisen
wohl deutlich, daß man auf die Namen an sich nur wenig, oft leider fast nichts
geben darf, daß man unbedingt die früher befolgte, freilich sehr einfache Methode, aus dem Namen die Nationalität zu erschließen (so z. B. noch Jouguet,
Inscriptions grecques d'Égypte B. C. H. XX (1896) S. 169 ff. (190), auch vielfach
Meyer, Heerwesen) aufgeben und sich vor allem erst über die den Namen begleitenden Umstände klar werden muß, ehe man eine Entscheidung fällt. Wenn
wir z. B. im 2. Jahrh. v. Chr. fast ausschließlich Männer mit griechischen Namen
als Trapeziten finden, während im 3. Jahrh. v. Chr. noch viele Ägypter dieses
Amt versehen haben (siehe Wilcken, Ostr. I. S. 68 Anm.), so erscheint mir
die Vermutung ganz wahrscheinlich, daß in den Leuten mit griechischen Namen
Ägypter verborgen sind.

2) Den besten Beweis hierfür neben vielen anderen (siehe auch S. 6 A. 1)
liefert uns das Faijûm, jener Gau Ägyptens, der wohl am stärksten von den

sie doch daneben ihre alte Religion beibehalten; auch in Ägypten ist ein spezifisch griechischer Kultus gepflegt worden. Zu beachten ist ferner, daß natürlich, seitdem die Römer festen Fuß in Ägypten gefaßt haben, auch römischer Kultus hier eingezogen ist, und schließlich hat man für die ganze hellenistische Zeit in Ägypten auch mit der Verehrung orientalischer Götter zu rechnen. (Siehe Kapitel II, 3.) So kommt es, daß man bei den Priestern und den Kultstätten dieser Zeit vornehmlich darüber öfters im Zweifel sein kann, ob man sie dem ägyptischen, dem griechischen oder dem römischen Kultus zuzuweisen hat, und um diese durchaus nötige Scheidung vornehmen zu können, müssen wir uns zuerst vor allem darüber klar werden, welcher Religion die einzelnen in den Inschriften und Papyri dieser Zeit genannten Götter zuzuteilen sind.[1])

1. Die Götter mit ägyptischem Namen.

Hier erstehen uns weiter keine Schwierigkeiten. Wenn Götter mit rein ägyptischen Namen uns entgegentreten, so ist ihre Zuteilung zur ägyptischen Religion sofort geboten, sei es, daß sie uns schon aus

---

Griechen kolonisiert worden ist. Die verschiedenen Dorftempel, die bisher ausgegraben sind (neben dem von Soknopaiu Nesos beachte vor allem die in P. Fay. S. 27—64 beschriebenen, sämtlich erst aus der Ptolemäerzeit stammenden Heiligtümer) sind ägyptischen Göttern, vor allem den Abarten des Gaugottes Sobk ($\Sigma o\tilde{v}\chi o\varsigma$) geweiht; auf dem platten Lande findet sich überhaupt nur äußerst selten ein Beispiel griechischer Götterverehrung (siehe etwa das $\varDelta\eta\mu\eta$-$\tau\varrho\varepsilon\tilde{\iota}o\nu$ in Karanis: B. G. U. I. 154, 6; das $\iota\varepsilon\varrho\grave{o}\nu$ $\varDelta\iota\acute{o}\varsigma$ in Kerkeosiris: P. Tebt. I. 39, 22; die Dioskuren: Milne, Inschriften 4; P. Tebt. I. 14, 18; P. Fay. 138, letzterer Nachricht zufolge allerdings in dem ägyptischen Tempel des Sokanobkonneus installiert), nur in der Metropolis Arsinoe sind einige wenige Tempel des griechischen Kultus bekannt geworden (siehe Wilcken, Zusatz zu dem Aufsatz von Schweinfurth: Zur Topographie der Ruinenstätte des alten Schet [Krokodilopolis-Arsinoe] in Zeitschrift der Gesellschaft für Erdkunde XXII [1887] S. 79 ff.; nicht von ihm angeführt ist z. B. der Tempel des $Z\varepsilon\grave{v}\varsigma$ $\text{'}E\lambda\varepsilon v\sigma\acute{\iota}v\iota o\varsigma$ bei Hartel Gr. P. S. 33). Auch die religiösen Feste, deren Feier aus dem Faijûm bekannt geworden ist, sind abgesehen von den Kaiserfesten fast ausschließlich rein ägyptisch. Schließlich sei hier noch ein einzelnes, die obige Behauptung aber vorzüglich illustrierendes Beispiel angeführt; in einer von Jouguet, Revue des études grecques IX (1896) S. 443 ff. publizierten Grabinschrift eines ägyptischen Griechen (sie gehört wohl der römischen Zeit an) finden sich nämlich sehr merkwürdige, religiös-abergläubische Vorstellungen, die, wie Jouguet überzeugend nachweist, durchaus mit ältesten ägyptischen identisch sind. Zu meiner Freude hat sich inzwischen Wilamowitz in seiner Rezension von Grenfell-Hunt-Hogarth, Fayum towns and their papyri in den G. G. A. 1901. S. 44 in ähnlicher Weise über das Verhältnis der ägyptischen Griechen zur ägyptischen Religion geäußert.

1) In diesem einleitenden Kapitel ist es nicht meine Absicht, alle uns aus dem hellenistischen Ägypten bekannt gewordenen Götter aufzuzählen und sie den einzelnen Religionen einzugliedern (hierfür vergl. den Anhang am Schluß dieses Werkes), hier sollen nur einige leitende Gesichtspunkte, die für die Beurteilung dieser Götter maßgebend sind, namhaft gemacht werden.

dem alten Ägypten bekannt sind oder erst für die hellenistische Zeit
zu belegen, wie vor allem die verschiedenen Formen des Sobk (Σοῦχος) im Faijûm,[1]) ferner die Götter Νεχθαραῦς (P. Grenf. II 33, 5),
Μονοῦς (P. Grenf. II 21, 4), Φεμνοηρεῦς (B. G. U. II 471, 6) und
einige andere.[2])

2. Die Götter mit ägyptisch-griechischem Doppelnamen.

Nicht mehr so einfach liegt die Sache bei Göttern mit ägyptisch-
griechischen Doppelnamen, doch darf man wohl mit gutem Recht
behaupten, daß auch unter ihnen im allgemeinen rein ägyptische
Gottheiten gemeint sind. Geschaffen sind diese Doppelnamen auf jeden
Fall von den Griechen, und verständlich werden sie uns, wenn wir
uns erinnern, daß sich in Griechenland offenbar schon vor Herodot
die Meinung gebildet hatte, daß die meisten ägyptischen und griechischen Götter ursprünglich die gleichen gewesen seien; Herodot in
seinem 2. Buche gibt einfach die herrschende Ansicht wieder, wenn
er ohne weiteres ägyptische Gottheiten den griechischen gleichsetzt.[3]) Dieses Bestreben der Griechen, die beiderseitigen Götter mit-

---

1) Siehe z. B. Πετεσοῦχος (Strack, Inschriften 154; Inschriften 1, 2, 3 u.
4 in P. Fay S. 32—34; B. G. U. I 124, 7), Σοκνοπαῖος (vor allem B. G. U. u.
P. Lond. II sehr oft erwähnt, doch auch in den übrigen Publikationen vereinzelt);
Σοκανοβκονεύς (P. Fay 18, 3; 137, 1), Σεκνεβτῦνις (P. Fay S. 22); ein
Tempel dieses Gottes in Arsinoe ist dem unpubl. P. Rainer 226 bei Wessely,
die Stadt Arsinoe (Krokodilopolis) in griechischer Zeit (in Sitz. Wien. Ak. Phil.
hist. Kl. Bd. XLV [1902] Nr. 4) S. 32 zu entnehmen, wo anstatt σεκ Νεπτυνείου
= Σεκνεπτυνείου zu lesen ist; ebenso hat man die Lesung von unpubl. P. Rainer
bei Wessely, Epikrisis S. 35 (in Sitz. Wien. Ak. Phil. hist. Kl. Bd. XLII [1900]
Nr. 9) und P. Gen. 44, 10 zu gestalten. (Das von Wessely, Die lateinischen Elemente in der Gräcität der ägyptischen Papyrusurkunden in Wiener Studien XXIV
[1902] S. 99 ff. [S. 117 u. 139] für Arsinoe angenommene Νεπτουνεῖον ist demnach zu streichen). Ebenso jetzt auch Wilcken, Archiv II. S. 465; siehe auch
S. 394. Sehr häufig wird der Gott in den inzwischen erschienenen P. Tebt. I.
(siehe Index VII a) erwähnt. Συκατοῖμις (B. G. U. II 488, 4).
   Zu der Betonung der hier genannten und aller folgenden ägyptischen Eigennamen vergleiche die von Wilcken zuerst aufgestellten Accentgesetze. Siehe
Theb. Akt. S. 35—36; Rezension von F. G. Kenyon, Greek papyri in the British
Museum, G. G. A. 1894. S. 717; vergl. auch Spiegelberg, Ägyptische und griechische Eigennamen usw. S. 24. Allerdings ist die von Wilcken eingeführte Accen-
tuierung immerhin nur als Notbehelf aufzufassen, da bei ihr oft gegen den griechischen Accent verstoßen wird; eine Nichtaccentuierung erscheint mir jedoch un-
angebracht, da alsdann die Nichtägyptologen die ägyptischen Namen in Gedanken
unwillkürlich griechisch betonen würden, was doch zu vielen Mißständen führen
würde. Insofern kann ich auch den mit dieser Frage sich beschäftigenden, mir
inzwischen bekannt gewordenen Bemerkungen von Wilamowitz in Sitz. Berl. Ak.
1902 S. 1095 A. 2 nicht ganz beistimmen.
   2) Für Sarapis siehe die Ausführungen auf S. 11 ff.
   3) Siehe Herodot II. 50: σχεδὸν δὲ καὶ πάντων τὰ οὐνόματα τῶν θεῶν ἐξ
Αἰγύπτου ἐλήλυθε ἐς τὴν Ἑλλάδα; vergl. ferner II. 42, 46, 59, 144, 153, 156.

einander zu identifizieren,[1]) ist noch besonders gesteigert worden, als sie Herren des Niltales geworden sind. So sind damals die „heiligen Namen" der ägyptischen Städte, welche stets mit dem Namen der betreffenden Lokalgottheit gebildet waren, meist dadurch in das Griechische übertragen worden, daß die ägyptische Gottheit in dem Stadtnamen einfach durch eine ihr einigermaßen entsprechende griechische ersetzt worden ist,[2]) jedoch ohne etwa zu beabsichtigen, dadurch eine Änderung der Religion des betreffenden Gaues herbeizuführen, den alten ägyptischen Gaugott etwa durch einen neuen griechischen zu ersetzen.[3]) Ebenso hat sich auch jedenfalls nichts in dem Kult all der Götter geändert, die einen ägyptisch-griechischen Doppelnamen führen;[4]) die Griechen, die ihn anwandten, die in den Tempeln derselben ihren religiösen Pflichten nachkamen — denn in vielen Gegenden werden sie nie genügend zahlreich und begütert gewesen sein, um an

---

1) Die Identifizierung der griechischen und ägyptischen Götter ist übrigens jedenfalls ein Hauptgrund dafür, daß die Griechen in Ägypten so bald rein ägyptische Götter verehrt haben. Daneben kömmt auch in Betracht, daß sie, die ja kein geschlossenes Volk, sondern nur den geringen Bruchteil eines solchen, der noch dazu aus den verschiedenartigsten Elementen zusammengesetzt war, repräsentierten, natürlich nur schwer Einflüssen von außen widerstehen konnten, zumal wenn diese von der ihnen so wunderbar und zugleich so tiefsinnig erscheinenden ägyptischen Religion ausgingen. Sind doch sogar im griechischen Mutterlande verhältnismäßig früh (Ausgang des 4. Jahrhunderts v. Chr.) ägyptische Götter als Gegenstand der Verehrung offiziell gestattet gewesen. (Siehe Lafaye, histoire du culte des divinités d'Alexandrie, Kapitel I u. II.) Die hohe Bewunderung der Griechen für die ägyptische Religion tritt sogar noch bei den griechischen Schriftstellern der christlichen Zeit zutage; sehr kennzeichnend ist u. a. Synesius, de provid. p. 89 A. B. Dem allen gegenüber ist die Beobachtung sehr interessant, daß die älteren der im ptolemäischen Ägypten lebenden griechischen Dichter, wie Theokrit, Apollonios und vor allem Kallimachos, in ihren Gedichten Protest gegen die offenbar immer mehr um sich greifende Ägyptisierung der Religionsvorstellungen ihrer griechischen Landsleute erhoben und ostentativ die alten griechischen Kulte verherrlicht haben.

2) Vergl. Brugsch, Die Ägyptologie S. 439 ff.

3) In den ersten vier Jahrhunderten des hellenistischen Ägyptens ist nur für das Faijûm, den alten Krokodilsgau, in der Königin Arsinoe Philadelphos eine neue Gaugöttin geschaffen worden, nach ihr ist dann natürlich auch der Gau benannt worden, jedoch ist auch hier der alte Gaugott Suchos keineswegs ganz verdrängt worden. Erst Hadrian hat wieder zugleich mit der Schaffung des Nomos Ἀντινοΐτης — er ist vom Hermopolitischen abgezweigt worden — einen neuen Gaugott griechischen Ursprungs in seinem verstorbenen Liebling Antinoos kreiert (vergl. den Artikel Antinoupolis Nr. 2 in Pauly-Wissowa I Sp. 2442 von Pietschmann; siehe auch Milne, Inschriften 16ᵃ). Antinoos ist jedoch wie Arsinoe Philadelphos auch dem ägyptischen Pantheon eingereiht worden. Vergl. C. I. Gr. III 6007 (I. Gr. S. It. II. 960, 961); siehe auch die von Euseb. hist. eccl. IV. 8 als seine Priester erwähnten Propheten und die hieroglyphische Inschrift des Antinoos-Obelisken in Rom (publ. von Erman, Mitteilungen des kaiserl. deutsch. archäol. Instituts, Röm. Abt. XI [1896] S. 113 ff.).

4) Beispiele bei Franz im C. I. Gr. III S. 303—304; besonders viele Doppelnamen bieten z. B. Strack, Inschriften 95 u. 108 (C. I. Gr. III. 4893).

den Bau eigener Tempel denken zu können — sie mochten zwar
anfangs glauben, in dem angebeteten Amon-Zeus, Haroëris-Apollo und
anderen, nur den Zeus, den Apollo der Heimat zu verehren, aber im
Laufe der Zeit, als sie unter dem Einfluß des allmählich umsich-
greifenden religiösen Synkretismus die verschiedensten ägyptischen
Götter, sogar die Tiergötter anbeteten[1]) und spezifisch-ägyptische
Götterfeste, wie die Σουχεῖα mitfeierten (B. G. U. I. 248), da mag
der immer noch beigefügte griechische Name oft zur leeren Floskel
geworden sein, in Wahrheit bezeugte man dem Gott, dessen Tempel
man schmückte, Verehrung.[2])   Jedenfalls gehört aber der Tempel,
ebenso wie der Priester einer solchen Gottheit, unbedingt der ägyptischen Kirche[3]) an.[4])

Auch eine lateinische Inschrift (C. l. L. III 75) mit einem Doppelnamen des einen der darin verehrten Götter ist uns aus dem 3. Jahrhundert n. Chr. bekannt geworden; in ihr wird Jupiter optimus maximus zugleich auch Hammon Chnubis genannt und neben ihm erscheint
Juno regina; der betreffende römische Dedikant hat hier — der Fundort der Inschrift ist die Insel Philä — den alten Göttern Chnubis
und Satis seine Verehrung bezeugen wollen[5]) und nur die entsprechenden römischen Götternamen beibehalten.

1) Von rein ägyptischen Göttern, die von Griechen (in den im folgenden angeführten Fällen ist es allerdings mitunter nicht ganz sicher, ob
wir es mit Nationalgriechen oder mit hellenisierten Ägyptern zu tun haben)
angebetet worden sind, sind außer Osiris und Isis z. B. bekannt geworden:
Ἄμμων (C. I. Gr. III 4831, 4832, 4833); Ἄμμων ὁ καὶ Χνοῦβις (Strack, Inschriften 95 u. 108 (C. I. Gr. III 4893), vergl. hierzu Lepsius: Über die widder-
köpfigen Götter Amon und Chnumis in Ä. Z. XVII [1879] S. 8 ff. [S. 13]); Πτεν-
σηνῆς (C. I. Gr. III 4836); Ἀνοῦβις (Strack, Inschriften 76); Σοκνοπαῖος
(Strack, Inschriften 144, 145); Σοῦχος (Strack, Inschriften 142, 143; gr. Inschr.
publ. B. C. H. XX [1896] S. 169); Πετεσοῦχος (Strack, Inschriften 154; Inschrift 4 in P. Fay S. 34); Ἁρποχράτης (Strack, Inschriften 141); Πρεμαρρῆς
(Strack, Inschriften 141); Μανδοῦλις (C. I. Gr. III 5042—5066); die Dedikanten
sehr zweifelhaft bei Ἀμενῆβις (C. I. Gr. III 4955). Die Verehrung der Tiergötter durch die Griechen muß besonders bemerkenswert erscheinen, da ja der
Tierdienst der griechischen Religion, wenigstens in ihrer entwickelten Gestalt,
etwas durchaus Fremdes gewesen ist, das griechische Gefühl sogar eigentlich
verletzen mußte.

2) Siehe z. B. Strack, Inschriften 110 (C. I. Gr. III 5073): Ἑρμῆς ὁ καὶ
Παοτνοῦφις in Dakkeh gleich Thot, oder auch den Revue des études grecques VII
(1894) S. 297/98 genannten Ζεὺς καλούμενος Νεφώτης (vergl. zu ihm Wilcken,
Ostr. I S. 715).

3) Über die Berechtigung, die ägyptische Religionsgemeinde als „Kirche"
zu bezeichnen, vergl. den Anfang des VIII. Kapitels.

4) Vergl. z. B. C. I. Gr. III 4859. 4860.

5) Dies sagt er ja auch direkt mit den Worten: „quorum sub tutela hic
mons est". Es sei hier auch daran erinnert, daß die Griechen die Gaugottheit
von Elephantine, die Satis, der Hera gleichgesetzt haben. Vergl. Strack, Inschriften 95 u. 108 (C. I. Gr. III 4893): Σάτις ἡ καὶ Ἥρα; siehe auch z. B. noch
Nr. 140, 8.

3. Die Götter mit griechischem Namen.

Ist es schon bei den Göttern mit Doppelnamen immerhin manchmal nicht ganz sicher, welcher Gott eigentlich gemeint ist, so ist
weiterhin die allergrößte Vorsicht geboten, wenn es sich um Götter
mit griechischen Namen handelt. In den Zentren des Griechentums,
in Alexandria, Naukratis und Ptolemais, darf man zwar wohl allerdings den griechisch benannten Gott im allgemeinen der griechischen
Religion zuweisen,[1]) aber im übrigen lehren uns eine größere Reihe
von Beispielen, daß mit einem griechischen Gottesnamen keineswegs
unbedingt auch eine griechische religiöse Institution verbunden sein
muß, in sehr vielen Fällen ist vielmehr unter dem griechischen Namen
eine rein ägyptische Gottheit verborgen.[2])

So wird z. B. der memphitische Ptah im Dekret von Rosette mitunter mit seinem ägyptischen Namen, mitunter aber auch Ἥφαιστος
genannt,[3]) ohne daß ein Grund für den Wechsel der Bezeichnung ersichtlich ist, unter den Göttern Zeus (Z. 3), Helios (Z. 2) und Hermes
(Z. 26), die in diesem Dekret erwähnt werden, sind ihre ägyptischen
Korrelate zu verstehen, da in der demotischen[4]) und hieroglyphischen[5])
Version der Rosettana die altägyptischen Namen dieser Götter genannt
sind. In verschiedenen griechischen Papyri werden sodann Priester

---

1) Selbst hier muß man sehr vorsichtig sein; so sind uns z. B. über einen
alexandrinischen Hephaistostempel einige Angaben erhalten, die uns jedoch bei
näherer Prüfung zeigen, daß es sich hier um ein ägyptisches Heiligtum des
Ptah handelt. Siehe S. 22.

2) Eine hübsche Illustration zu dieser Behauptung liefern auch einige archäologische Funde aus Ägypten. So bezeichnet eine an einer Götterstatue an-
gebrachte griechische Inschrift diese als „Athene von Sais", während in Wirklichkeit durch sie die ägyptische Göttin Neith (vergl. hierzu Herodots [II. Buch
(passim)] Gleichsetzung der Neith mit der Athene und Plato, Timaeus p. 21ᵉ)
dargestellt ist (siehe Seymour di Ricci, Statuette et inscription de Zagazig in
Rev. arch. 3ᵉ Sér. XXXVII. 1901. S. 315); weiterhin ist für die obige Annahme
auch ein aus gut hellenistischer Zeit stammender Bronzestiel sehr bemerkenswert, der eine tierköpfige Göttin in griechischem Gewande zeigt, deren Gesicht
durch eine bewegliche, rein griechische Maske verdeckt werden konnte, so daß
also erst beim Aufheben der Maske der Tierkopf sichtbar wurde. (Siehe Fr.
v. Bissing, Funde in Ägypten, Archäologischer Anzeiger 1901, Beiblatt zum Jahrbuch des kaiserlich deutschen archäologischen Instituts, S. 57 ff. (S. 59).

3) Rosette Z. 2, 3: Ἥφαιστος, Z. 4 u. öfters: Φϑᾶ.

4) Der demotische Text publiziert von Revillout, Chrest. dém. S. 1—57 und
neuerdings von J. J. Heß, Der demotische Teil der dreisprachigen Inschrift von
Rosette.

5) Auf dem Stein von Rosette ist die hieroglyphische Inschrift leider nur
von Z. 23 der griechischen erhalten (sie ist publiziert von Brugsch, Inscriptio
Rosettana hieroglyphica), doch ist eine allerdings etwas verkürzte Kopie derselben auf der Stele von Damanhur im Gizehmuseum aufgefunden worden, publiziert von U. Bouriant: La stèle 5576 du Musée de Boulaq et l'inscription de
Rosette im Rec. de trav. VI (1885) S. 1 ff.

als Diener griechischer Götter, des Zeus[1]), des Hephaistos[2]), des
Hermes[3]) und der Aphrodite[4]) bezeichnet, obgleich sie, nach ihren
ägyptischen Namen und ihrer priesterlichen Stellung zu urteilen, der
einheimischen Priesterschaft zuzurechnen sind. Ferner wird in einer
griechischen Inschrift aus römischer Zeit (C. I. Gr. III 4839) merkwürdigerweise Apollo als σύνναος θεός einiger ägyptischer Götter,
in einer andern sogar in Verbindung mit dem Krokodilgott Suchos[5])
genannt, woraus man wohl nicht die Verehrung von Apollo und von
ägyptischen Göttern in einem Tempel folgern darf — so weit dürfte
auf keinen Fall die Vermischung der Religionen gegangen sein — sondern nur, daß hier mit Apollo der ägyptische Gott Haroëris gemeint
ist. Auch die Aphrodite, die zusammen mit dem Krokodilgott Suchos
in Pathyris (Ἀφροδίτης πόλις) genannt wird, ist nicht die griechische
Göttin, sondern nur die griechische Übersetzung der eigentlich gemeinten ägyptischen Göttin Hathor.[6]) Ähnliche Beispiele ließen sich
noch eine ganze Reihe anführen,[7]) hier will ich nur noch auf zwei

---

1) Πεϊμοῦς, ἱερεὺς Διός: P. Lond. I 131 Recto (S. 166 ff.) Z. 75.

2) Ἀρμᾶις προφήτης Ἡφαίστου: P. Par. 5. Col. 3, 1.

3) [Χωνσθοὺτ πασ]τοφόρος Ἑρμοῦ: P. Par. 5, Col. 5, 11, Παμοννάσις παστοφόρος Ἑρμοῦ: P. Par. 5, Col. 7, 10; ebenso siehe noch P. Par. 5, Col. 31, 10 u. 42, 6.

4) οἱ τῆς Ἀφροδίτης παστοφόροι: P. Par. 11, 18; Πετοσῖρις παστοφόρος Ἀφροδίτης: P. Leid. M. Col. 1, 24/25.

5) Inschrift aus Koptos, publ. B. C. H. XX (1896) S. 169.

6) P. Grenf. I 25; 27; 44. II 33; 35. Vergl. die Inschrift aus Ombos, publ.
B. C. H. XX (1896) S. 168. Siehe auch Wilcken, Ostr. I S. 710/11. Natürlich
darf man nicht immer, wenn ein ägyptischer und ein griechischer Gott zusammen
genannt werden, hinter letzterem gleich einen ägyptischen suchen; vergl. z. B.
C. I. Gr. III 4708, wo in einer Grabinschrift Osiris und Hermes zugleich ange-
rufen werden; hier will sich offenbar der Tote des Beistandes sowohl des ägyptischen Unterweltgottes als auch des griechischen Leiters der Toten versichern,
die Zusammennennung ist also sehr wohl begreiflich und zugleich ein lehrreiches
Beispiel für die Mischreligion Ägyptens.

7) Auf einige Beispiele möchte ich hier noch kurz hinweisen; so auf
C. I. Gr. III 4716, wo die Bewohner des tentyritischen Gaues ein πρόναον der
Aphrodite weihen; sicher ist hier jedoch die Gaugöttin Hathor gemeint.
Ein vorzügliches, zur größten Vorsicht mahnendes Beispiel für die Schwierigkeit,
Griechen und Ägypter, griechische und ägyptische Götter zu unterscheiden, bietet
alsdann die kleine Inschrift C. I. Gr. III 4714 aus Abydos (spätere römische Zeit);
hier weiht ein Arzt Apollonios aus Tentyra der Aphrodite ein Bauwerk. An
und für sich muß es nun schon zweifelhaft erscheinen, daß in Abydos ein Tempel
der Aphrodite bestanden haben soll, der Zweifel wird aber weiter bestärkt, wenn
man den Heimatsgau des Dedikanten, Tentyra, in Betracht zieht, dessen Gaugöttin Hathor, die griechische Identifikation der Aphrodite, gewesen ist, so daß
auch hier sehr wohl die ägyptische Göttin Hathor gemeint sein könnte. Zugleich
mit dieser Feststellung treten aber auch Zweifel auf, ob doch nicht etwa der
griechisch benannte Arzt aus Tentyra Ägypter gewesen ist. Eine sichere Entscheidung läßt sich hier leider nicht fällen. Sehr interessant ist auch die Tatsache, daß mit dem bekannten Soknopaiostempel von Soknopaiu Nesos auch ein
Ἑρμαῖον engverbunden gewesen ist; natürlich ist unter dem letzteren nicht ein

griechische Weihinschriften hinweisen,[1]) welche aufs deutlichste zeigen, daß bei griechischen Gottesnamen Täuschung sehr leicht möglich ist. Den betreffenden Inschriften selbst würde man entnehmen müssen, daß den griechischen Göttern Asklepios und Antäos in Philä bezw. Antäopolis Tempelchen geweiht worden sind, und doch beweisen uns die Hieroglyphen und Wandgemälde in diesen Heiligtümern, daß sie für die diesen griechischen Namen entsprechenden ägyptischen Götter — bei Asklepios dem Imhotep[2]), bei Antäos ist der entsprechende ägyptische Gott noch nicht ganz sicher festzustellen[3]) — bestimmt gewesen sind.[4])

4. Die Götter mit römischem Namen.

Auf diese Weise schmelzen die Nachrichten über den griechischen Kultus in Ägypten sehr zusammen, und nur weniges sicheres Material steht uns für ihn zu Gebote, noch viel, viel schlechter ist es aber um unsere Kenntnis des in Ägypten ausgeübten römischen Kultus bestellt, von dem bis jetzt nur ganz vereinzelte Belege nachzuweisen sind.[5]) Denn der bekannte Jupiter-Kapitolinus-Tempel in Arsinoe, über den wir eingehendere Nachrichten besitzen (B. G. U. II 362), ist nicht als

Tempel des Hermes, sondern des Thot zu verstehen. Siehe P. Lond. II 329 (S. 113) Z. 9, vergl. die richtige Lesung von Wilcken im Archiv I S. 147; diese Lesung wird jetzt durch unpublizierte, sehr wichtige Münchener Papyri bestätigt, in die mir Herr Professor Wilcken in liebenswürdiger Weise einen Einblick gestattete. Hingewiesen sei hier auch auf die wichtigen Ausführungen von Milne, Greck inscriptions from Egypt im Journal of hellenic studies XXI (1901) S. 278 ff. (S. 282/83) im Anschluß an eine von ihm publizierte, sich auf Hermes-Heracles beziehende Inschrift (Nr. 5 S. 281), unter dem man Thot-Chonsu zu verstehen hat. Schließlich ist es auch sehr bemerkenswert, daß auch das uns für Hermupolis bezeugte Μονσεῖον (B. G. U. III 746, 10 und P. Amh. II 106, 16) aller Wahrscheinlichkeit nach nicht als ein für den griechischen Kultus neugeschaffenes Heiligtum aufzufassen ist, sondern daß man bei ihm im Anschluß an die Darlegungen Wiedemanns, Zur Verehrung der Musen in Ägypten in Orientalistischer Literaturzeitung IV (1901) Sp. 381 ff. wohl nur an eine Umnennung eines ägyptischen Göttinnen geweihten Heiligtums zu denken hat. Hiernach sind Wilckens Ausführungen im Archiv II S. 126 zu modifizieren.

1) Strack, Inschriften 70 (C. I. Gr. III 4894) u. 81 (C. I. Gr. III 4712).

2) Siehe jetzt Sethe, Imhotep, der Asklepios der Ägypter, ein vergötterter Mensch aus der Zeit des Königs Doser, in Untersuchungen zur Geschichte und Altertumskunde Ägyptens II 4 (S. 95 ff.).

3) Vergl. den Artikel Antaeupolis (von Pietschmann) in Pauly-Wissowa I Sp. 2343 bezw. Golenischeff: Über die Darstellungen des Gottes Antaeos in Antaeopolis, Ä. Z. XX (1882) S. 135 ff.

4) Aus solchen und ähnlichen Gründen konnte früher, bis Letronne ihn beseitigte, der Glaube entstehen, daß ägyptische Tempel von Griechen und Römern okkupiert worden seien.

5) Siehe z. B. C. I. L. III 22 (Jupiter, Hercules, Victoria), 79 (Mercurius), 6605 (Dii Manes); B. G. U. III 937, 8—9 (δημιουργὸς θεᾶς Ῥώμης); P. Fay. 119, 28 (Feier der Saturnalien).

ein Tempel des römischen Kultus aufzufassen,[1]) sondern hier ist Jupiter Kapitolinus aller Wahrscheinlichkeit nach zu einem ägyptischen Gott geworden, die Ägypter haben es der Identifizierung vorgezogen, ihn, den Hauptgott des herrschenden Volkes, als neuen Gott in ihr Pantheon aufzunehmen.[2]) Der in dem Tempel stattfindende Kultus ist in seinen Hauptzügen durchaus ägyptisch; so wird in ihm das altägyptische Fest der Νειλαῖα begangen,[3]) für ägyptische Götter, wie für den Stadtgott von Arsinoe Suchos[4]) und für den Gott Καρποκράτης[5]) werden Feste gefeiert,[6]) die altägyptische Kultuseinrichtung der λυχναψία, d. h. die Zeremonie des Lichtanzündens im Allerheiligsten spielt eine hervorragende Rolle im Gottesdienst,[7]) und auch die bei ägyptischen Göttern uns so oft in hieroglyphischen Denkmälern begegnende Götterprozession, die sogenannte κωμασία, erscheint hier als ein durchaus üblicher Bestandteil des offiziellen Kultus.[8]) Die vielen zu Ehren der römischen Kaiser gefeierten Feste widersprechen durchaus nicht dem ägyptischen Charakter des Tempels, da in ägyptischen Heiligtümern stets Feste zu Ehren der Landesherren in großer Anzahl veranstaltet worden sind (vgl. Kapitel V, 2).[9])

---

1) Milne, history S. 148 ist nicht zuzustimmen, wenn er behauptet „Perhaps the only distinctively Roman worship known that of Jupiter Capitolinus". Überhaupt kann ich seinen Aufstellungen über die Religionsverhältnisse des römischen Ägyptens (Kapitel IX) in vielen Punkten nicht beipflichten.

2) Eine Gleichsetzung des Jupiter mit einer ägyptischen Gottheit ist hier nicht erfolgt, da es sich ja um eine spezielle Form des Jupiter handelt.

3) B. G. U. II 362, p. 15, 11 ff.; vergl. Lumbroso, L'Egitto², Kapitel I.

4) B. G. U. II 362, p. 6, 22 ff.; Suchos wird sogar in den Tempelrechnungen als ὁ πατρῷος ἡμεῖν θεός (p. 6, 22) bezeichnet, eine Bezeichnung, deren Anwendung mir in einem Tempel des römischen Kultus ganz undenkbar erscheint.

5) B. G. U. II 362, frg. 8, 6 ff.; vergl. Fr. Krebs: Zur ägyptischen Religion in griechisch-römischer Zeit in Ä. Z. XXXV (1897) S. 100 ff.

6) Daß auch ein Sarapisfest vom Jupitertempel begangen wird, läßt sich natürlich nicht als Beweis für den ägyptischen Charakter des Kultus anführen, paßt aber gut zu diesem (B. G. U. II 362, p. 12, 16).

7) B. G. U. III 362, frg. 1, 1 und sehr oft. Zu der Sitte der λυχναψία vergl. die Bemerkungen Wilckens, Arsinoitische Tempelrechnungen aus dem Jahre 215 v. Chr., Hermes XX (1885) S. 430 ff. (S. 457); siehe ferner Brugsch, Thesaurus II S. 470 u. O. v. Lemm, Einige Bemerkungen zur Zeremonie des Lichtanzündens in Ä. Z. XXV (1887), S. 113 ff.

8) B. G. U. II 362, p. 7, 17; 10, 18; 11, 13; 15, 14. Die Hauptstelle der antiken Schriftsteller bei Clem. Alex. Strom. V, p. 671 ed. Potter; siehe ferner Herodot II 63; Diodor I 97, 9, 10; Julius Valerius I 34 u. III 91 ed. Müller; Josephus, Hypomnest. im Codex Pseudepigraphus II, S. 330 ed. Fabricius; P. Tor. 1. Col. 8, 19 ff.; Kanopus Z. 60; Rosette Z. 42. Vergl. auch Erman, Ägypten I, S. 102; II, S. 373, 377 u. Wilcken, Ὑπομνηματισμοί im Philologus LIII (1894), S. 80 ff. (S. 91).

9) Gegenüber den obigen Ausführungen ist es von geringerer Bedeutung, daß in dem Tempel auch der Geburtstag der Roma gefeiert wird (B. G. U. II 362, p. 12, 8 ff.; übrigens auch in ägyptischer Form durch λυχναψία) und daß der praefectus Aegypti dem Heiligtum die Statue einer Nike zum Geschenk macht (B. G. U. II 362, p. 7, 21 ff.), beides natürlich nur durch den ursprünglichen

Auch die verschiedenen Cäsareen und Sebasteen, die in Alexandria[1]), in Arsinoe[2]), in Oxyrhynchos[3]), in Hermupolis[4]) und in Elephantine[5]) erwähnt werden,[6]) darf man nicht als Stätten römischen Kultus auffassen; denn der provinziale Kaiserkult, in dem im Widerspruch zur römischen Sitte der Kaiser schon bei Lebzeiten göttliche Verehrung findet, ist keine römische, sondern eine nur von den Cäsaren begünstigte, sonst durchaus griechische Einrichtung,[7]) die Tempel, in denen er ausgeübt wird, sind also dem griechischen Kultus zuzuzählen. Natürlich sind die Cäsaren außer in den Cäsareen auch als σύνναοι ϑεοί der ägyptischen Götter verehrt worden, genau so wie die vergöttlichten Ptolemäer sowohl in den griechischen wie in den ägyptischen Götterhimmel teils als selbständige Götter, teils als σύνναοι ϑεοί einzureihen sind (vgl. Kapitel VIII).

5. Sarapis.

Schließlich sei hier noch des Gottes besonders gedacht, der für die Religionsgeschichte des hellenistischen Ägyptens und weiterhin auch für die der ganzen hellenistischen Welt von höchster Bedeutung geworden ist, des Sarapis. Über seinen Ursprung sind die verschiedensten Vermutungen ausgesprochen worden, eine Einigung ist bisher noch nicht erzielt, und erst kürzlich hat in ihm Preuschen[8]) mit voller

Charakter des Gottes zu erklären, aber völlig verschwindend gegenüber den ägyptischen Elementen.

1) Siehe Strabo XVII, p. 794; Philo leg. ad. Gaium § 22; Plinius. h. n. 36, 39; Malal. Chronogr. ed. Bonn, S. 217; Suidas s. v. ἡμίεργον; C. I. L. III 6588; gr. Inschrift bei Néroutsos-Bey, l'ancienne Alexandrie S. 12. Vergl. Lumbroso, L'Egitto², Kapitel XVIII. Von ähnlichen Bauten wie die Cäsareen siehe z. B. das Hadrianeion in Alexandria (Epiphanius adv. Haer. II, 2, p. 728 B (Paris), vergl. Milne, history, S. 219), das in Memphis (P. Lond. II 317 [S. 209], Z. 1 f.) und das in Arsinoe (?) (P. Amh. II 80, 11).

2) B. G. U. I 9, Col. 1, 10; 88, 3; II 489, 5.

3) P. Oxy. I 43 Verso Col. 1, 22.

4) C. P. R. I 20, Col. 2, 11; P. Amh. II 124.

5) P. Par. 69; neu publiziert mit veränderter Anordnung von Wilcken, Philologus LIII (1894), S. 81 ff., Col. 2, 10; 3, 6.

6) Diese Cäsareen sind natürlich erst in römischer Zeit entstanden. Wilamowitz (Rezension der Oxyrhynchos Papyri I in G. G. A. 1898, S. 673 ff., (677) glaubt zwar, im Cäsareum zu Oxyrhynchos sei früher der Kult der apotheosierten Ptolemäer ausgeübt worden, doch mit Unrecht. Denn außer in Ptolemais haben sich bisher noch nie sämtliche Ptolemäer zusammen als Sondergötter verehrt gefunden; zusammen erscheinen sie sonst stets nur als σύνναοι ϑεοί ägyptischer oder griechischer Götter, und auch in Ptolemais sind die Ptolemäer eigentlich als συννάοι ϑεοί eines Gottes, nämlich des ersten Ptolemäers, aufzufassen.

7) Vergl. jetzt die zusammenfassende Darstellung von E. Kornemann: Zur Geschichte der antiken Herrscherkulte in den „Beiträgen zur alten Geschichte" I, S. 51 ff. (bes. S. 95 ff.).

8) „Mönchtum und Sarapiskult", Beilage des Jahresberichtes des Groß-

Sicherheit wieder einmal einen ursprünglich orientalischen Gott erkennen wollen, dessen Kult er allerdings in Zusammenhang mit dem des ägyptischen Osiris-Apis bringt; doch, wie ich glaube, mit Unrecht.[1]) An und für sich wäre es schon völlig unerklärlich, daß Ptolemäos I. gerade einen orientalischen Gott, der keinem der von ihm beherrschten Völker näherstand, gewählt haben sollte, damit sich in dessen Kult Griechen und Ägypter vereinigten; war das beabsichtigt, so war doch ein griechischer oder ein ägyptischer Gott nicht nur das Nächstliegende, sondern sogar das eigentlich allein Gebotene. Ferner läßt sich auch bisher trotz aller Bemühungen eine wirklich überzeugende orientalische Etymologie des Namens Sarapis nicht nachweisen,[2]) während die schon im Altertum aufgestellte Erklärung aus dem Ägyptischen gleich Osiris-Apis d. h. dem zum Osiris gewordenen Apisstier[3]) nicht nur an sich

herzoglichen Ludwigs-Georgs-Gymnasiums in Darmstadt, Ostern 1899, S. 3 ff. (Vor allem S. 18 ff.) Kürzlich (1903) ist diese Abhandlung als besondere Broschüre erschienen; sein Urteil über Sarapis hat Preuschen in ihr nicht geändert.

1) Im folgenden kann es natürlich nicht meine Absicht sein, unter Anführung eines erschöpfenden Beweismaterials die Sarapisfrage in allen Einzelheiten durchzusprechen — dies würde den Rahmen dieser Arbeit überschreiten — nur einige markante Punkte seien hervorgehoben; im übrigen verweise ich auf G. Lafaye: Histoire du culte des divinités d'Alexandrie, S. 16 ff., der sich im wesentlichen auf den mir hier nicht zugänglichen Aufsatz G. Lumbrosos: Del culto di Serapide in seinen Ricerche Alessandrine stützt; ferner auch G. Lumbroso, l'Egitto², S. 143 ff. und Mahaffy, history, S. 56 ff. Inzwischen hat Bouché-Leclerq, La politique réligieuse de Ptolémée Soter et le culte de Sérapis in Revue de l'histoire des religions XLVI (1902), S. 1 ff., die Sarapisfrage wieder einmal eingehend behandelt und sich gleichfalls für den ägyptischen Ursprung des Gottes entschieden.

2) Dies muß auch Preuschen a. a. O. S. 23 zugeben. Wohl den ersten Versuch, den Namen des Sarapis mit dem Orient in Verbindung zu bringen, bietet J. Firmicus Maternus, De errore profanarum religionum c. 14 (siehe die von ihm gebotene Etymologie: Σαρᾶς [= der Frau Abrahams] ἀπὸ); der Gott selbst ist schon bei Tacitus, hist. IV, 84 mit dem Orient in Verbindung gebracht, vor allem haben dann verschiedene christliche Schriftsteller (außer Firmicus Maternus a. a. O. noch Tertullian, ad nationes II, 8, Rufinus, hist. eccl. II, 23, Paulinus Nolanus, Carmen XI in St. Felicem, v. 100) den Sarapis als den vergöttlichten Joseph (den Sohn Jakobs) hingestellt; auf sie bezieht sich wohl auch die entsprechende Notiz bei Suidas s. v. Σαρᾶπις. Eine orientalische Etymologie des Namens ist seitdem noch öfters aufzustellen versucht worden; von den älteren Gelehrten sei hier genannt: Zoëga, Numi Aegyptii imperii prostantes in Museo Borgiano Veletris (1787), S. 78, von den neueren C. F. Lehmann, Berliner philologische Wochenschrift 1898, Sp. 123 ff. Bericht über seinen Vortrag in der Berliner archäologischen Gesellschaft (gehalten November 1897), und ebenderselbe: „Sarapis", Zeitschrift für Assyriologie XII (1897), S. 112. Wilcken a. a. O. Philologus LIII (1894), von S. 119 an, vergl. S. 126 ist, glaube ich, von manchen falsch verstanden worden; er will nur erklären, wie Ptolemäos dazu gekommen ist, den vor Alexanders Tod befragten Gott (Arrian VII 26, 2) Sarapis zu nennen und erkennt keineswegs in diesem babylonischen Gott das Urbild des ägyptischen Sarapis.

3) Sie bietet Athenodorus von Tarsus am Ausgang des 1. vorchristlichen

sprachlich durchaus wahrscheinlich ist,[1]) sondern auch durch gleichzeitige Dokumente belegt wird. So wird in einer in Alexandria aufgefundenen bilinguen Inschrift des 3. Jahrhunderts v. Chr. der griechische Name Sarapis durch die Hieroglyphen für Osiris-Apis wiedergegeben[2]) und in einer anderen Bilinguis durch die entsprechenden
demotischen Zeichen (Brugsch, Thesaurus V. S. 917). Für die Richtigkeit der etymologischen Deutung des Namens, die die nahe Verwandtschaft mit Osiris ergibt, spricht auch noch die Tatsache, daß es dem
Sarapis gelungen ist, in verhältnismäßig kurzer Zeit, in kaum einem
Jahrhundert, wie uns die griechischen Inschriften beweisen, den Osiris
als σύνναος θεός der Göttin Isis zu verdrängen und ganz an seine
Stelle zu treten.[3])

Vor allem ist jedoch kein Grund vorhanden, wie dies Preuschen
annimmt, in dem Kult des Sarapis spezifisch-orientalische Bestandteile wiederfinden zu wollen.[4]) Der altägyptische Gott Osiris-Apis[5])
ist ebenso wie der hellenistische Sarapis als eine durchaus chthonische

---

Jahrhunderts (F. H. G. III S. 487, Nr. 4, erhalten bei Clem. Alex. Protrepticus,
p. 43 A—C ed. Potter). Von Ägyptologen hat die Gleichung zuerst aufgestellt
J. Fr. Champollien le jeune in seinem „Dictionaire égyptien en écriture hiéroglyphique", S. 64. Die nahe Beziehung des Sarapis zu dem Apisstier zeigt uns
übrigens auch ein Weihgeschenk für den alexandrinischen Sarapis, das einen
Apisstier darstellt, es gehört der Zeit Hadrians an, siehe E. Botti, L'Apis de
l'empereur Adrien trouvé dans le Sérapéum d'Alexandrie in Bulletin de la
societé archéologique d'Alexandrie II (1899), S. 27 ff.

1) Da wir ja die tatsächliche Vokalisation der Hieroglyphe für Osiris-Apis

(wśr-ḥp oder ḫꜣp) nicht kennen, sondern nur die schwankende
der griechischen Umschreibung (Ὀσεράπις [siehe den sog. Papyrus der Artemisia, publ. von Blaß: Ein griechischer Papyrus in Wien im Philologus 41 (1882)
S. 746 ff.. u. von Wessely, Die griechischen Papyri der kaiserlichen Sammlungen
Wiens im Jahresbericht des Franz-Josephs-Gymnasiums in Wien 1885, S. 1 ff.]
und Ὀσοράπις [siehe P. Lond. I 41 Recto (S. 27) Z. 7, P. Leid. G, 11 (= H, 10;
J. 10; K, 2) u. P. Par. 22, 3, hier ist, wie mir Herr Prof. Wilcken freundlich
mitteilt, nicht Σοράπει, sondern Ὀσοράπει zu lesen]), so darf auch die
Vokalisation bei der Beurteilung des neugebildeten Wortes Sarapis (übrigens
auch Serapis) nicht als entscheidendes Moment verwertet werden.

2) Maspéro, Sur une plaque d'or portant la dédicance d'un temple im Rec.
de trav. VII (1886), S. 140 ff.

3) Im Anschluß an die obigen Bemerkungen sei auch hervorgehoben, daß
in hellenistischer Zeit der berühmte Tempel des Osiris in Abydos auch von
Sarapis in Besitz genommen worden ist; siehe Inschriften, publiziert von Sayce,
P. S. B. A. X (1887/88), S. 377 und von Milne, Journal of hellenic studies XXI
(1901), S. 279/80 (Nr. 2 u. 3).

4) Auf die aus der obigen Ansicht resultierenden Bemerkungen Preuschens
über die κάτοχοι und die „Zwillinge" des großen Serapeums bei Memphis wird
bei der Darstellung der Organisation der ägyptischen Priesterschaft (Kapitel II.
1, H, c) näher eingegangen werden.

5) Er läßt sich seit der 18. Dynastie nachweisen; vergl. A. Mariette, Le
Sérapéum de Memphis I, S. 124 ff.

sprachlich durchaus wahrscheinlich ist,[1]) sondern auch durch gleichzeitige Dokumente belegt wird. So wird in einer in Alexandria aufgefundenen bilinguen Inschrift des 3. Jahrhunderts v. Chr. der griechische Name Sarapis durch die Hieroglyphen für Osiris-Apis wiedergegeben[2]) und in einer anderen Bilinguis durch die entsprechenden demotischen Zeichen (Brugsch, Thesaurus V. S. 917). Für die Richtigkeit der etymologischen Deutung des Namens, die die nahe Verwandtschaft mit Osiris ergibt, spricht auch noch die Tatsache, daß es dem Sarapis gelungen ist, in verhältnismäßig kurzer Zeit, in kaum einem Jahrhundert, wie uns die griechischen Inschriften beweisen, den Osiris als σύνναος θεός der Göttin Isis zu verdrängen und ganz an seine Stelle zu treten.[3])

Vor allem ist jedoch kein Grund vorhanden, wie dies Preuschen annimmt, in dem Kult des Sarapis spezifisch-orientalische Bestandteile wiederfinden zu wollen.[4]) Der altägyptische Gott Osiris-Apis[5]) ist ebenso wie der hellenistische Sarapis als eine durchaus chthonische

---

Jahrhunderts (F. H. G. III S. 487, Nr. 4, erhalten bei Clem. Alex. Protrepticus, p. 43 A—C ed. Potter). Von Ägyptologen hat die Gleichung zuerst aufgestellt J. Fr. Champollien le jeune in seinem „Dictionaire égyptien en écriture hiéroglyphique", S. 64. Die nahe Beziehung des Sarapis zu dem Apisstier zeigt uns übrigens auch ein Weihgeschenk für den alexandrinischen Sarapis, das einen Apisstier darstellt, es gehört der Zeit Hadrians an, siehe E. Botti, L'Apis de l'empereur Adrien trouvé dans le Sérapéum d'Alexandrie in Bulletin de la societé archéologique d'Alexandrie II (1899), S. 27 ff.

1) Da wir ja die tatsächliche Vokalisation der Hieroglyphe für Osiris-Apis (wśr-ḥp oder ḥ₃p) nicht kennen, sondern nur die schwankende der griechischen Umschreibung (Ὀσεράπις [siehe den sog. Papyrus der Artemisia, publ. von Blaß: Ein griechischer Papyrus in Wien im Philologus 41 (1882) S. 746 ff.. u. von Wessely, Die griechischen Papyri der kaiserlichen Sammlungen Wiens im Jahresbericht des Franz-Josephs-Gymnasiums in Wien 1885, S. 1 ff.] und Ὀσοράπις [siehe P. Lond. I 41 Recto (S. 27) Z. 7, P. Leid. G, 11 (= H, 10; J. 10; K, 2) u. P. Par. 22, 3, hier ist, wie mir Herr Prof. Wilcken freundlichst mitteilt, nicht Σοράπει, sondern Ὀσοράπει zu lesen]), so darf auch die Vokalisation bei der Beurteilung des neugebildeten Wortes Sarapis (übrigens auch Serapis) nicht als entscheidendes Moment verwertet werden.

2) Maspéro, Sur une plaque d'or portant la dédicance d'un temple im Rec. de trav. VII (1886), S. 140 ff.

3) Im Anschluß an die obigen Bemerkungen sei auch hervorgehoben, daß in hellenistischer Zeit der berühmte Tempel des Osiris in Abydos auch von Sarapis in Besitz genommen worden ist; siehe Inschriften, publiziert von Sayce, P. S. B. A. X (1887/88), S. 377 und von Milne, Journal of hellenic studies XXI (1901), S. 279/80 (Nr. 2 u. 3).

4) Auf die aus der obigen Ansicht resultierenden Bemerkungen Preuschens über die κάτοχοι und die „Zwillinge" des großen Serapeums bei Memphis wird bei der Darstellung der Organisation der ägyptischen Priesterschaft (Kapitel II. 1, H, c) näher eingegangen werden.

5) Er läßt sich seit der 18. Dynastie nachweisen; vergl. A. Mariette, Le Sérapéum de Memphis I, S. 124 ff.

Gottheit aufzufassen, und wenn wir in dem Kult des letzteren später Inkubation eine so große Rolle spielen sehen, so ist dies mit dem ursprünglichen Wesen dieses Gottes vollkommen im Einklang. Ferner irrt Preuschen, wenn er glaubt, Inkubation sei eine spezifisch-orientalische Kultform; denn abgesehen von den Griechen[1]) läßt sich Inkubation oder, was dasselbe besagen will, durch besondere magische Veranstaltungen des Schlafenden hervorgerufene Traumorakel auch z. B. bei den Germanen[2]), Kelten[2]), Slaven[3]) und bei den nordamerikanischen Indianern[4]) nachweisen, und schließlich haben ja auch bei den Ägyptern die prophetischen Träume stets eine sehr große Rolle gespielt.[5]) Mithin ist es also auch unberechtigt, wenn Preuschen die bei Sarapis stattfindende Inkubation[6]) als eine mit dem Gott unbedingt aus dem Orientalischen übernommene Einrichtung bezeichnet; sie kann sich ebensowohl aus seinem ägyptischen Ursprung erklären, als auch eventuell aus dem griechischen Kultus übernommen sein. Denn das scheint mir die Einführungsgeschichte des Sarapis trotz ihres so überaus legendarischen Charakters zu beweisen, daß dem Kultus dieses ursprünglich ägyptischen Gottes sofort und absichtlich Bestandteile des griechischen Kultus zugefügt worden sind,[7]) daß so der neue Gott, der hellenistische Sarapis, entstanden ist, neben dem jedoch der alte reinägyptische Gott Osiris-Apis unverändert fortbestanden hat.[8])

1) Vergl. jetzt vor allem hierüber L. Deubner, De incubatione. Es sei hier noch besonders hervorgehoben, daß der römische Kultus an sich Inkubation nicht gekannt hat, siehe Marquardt, Römische Staatsverwaltung III², S. 99.

2) Grimm: Deutsche Mythologie³, S. 1069 u. 1099; Wuttke (2. Auflage von Meyer): Deutscher Volksaberglaube, § 352.

3) Fr. S. Krauß: Sitte und Brauch der Südslaven, vor allem S. 136.

4) Tylor: Anfänge der Kultur, deutsch von Spengel und Poske, II, S. 412 ff.

5) Siehe Wiedemann, Herodots II. Buch mit sachlichen Anmerkungen, S. 344 (hier Zusammenstellung der Klassikerstellen) und Maspéro, Histoire I, S. 266, A. 2 (hier Zusammenstellung der Belegstellen aus der ägyptischen Literatur). Vergl. auch Drexlers Artikel Isis in Roschers Lexikon der griechischen und römischen Mythologie II, 1, Sp. 373 ff. (Sp. 525 f.). Zu beachten ist immerhin auch, daß in demotischen Erzählungen der ptolemäischen Zeit, welche alte Sagen behandeln, Inkubation als ein inhärierender Bestandteil des alten ägyptischen Kultus erscheint, und daß sie sogar für den Gang der Handlung von Wichtigkeit ist; siehe Griffith, Stories of the high priests of Memphis; the Sethon of Herodotus and the demotic tales of Khamuas. Vergl. zu ihm auch die erläuternde Inhaltsangabe Maspéros im Journal des Savants 1901, S. 473 ff.

6) Belege für Inkubation bei Sarapis siehe Lumbroso, L'Egitto², S. 146 ff. und Preuschen a. a. O., S. 19.

7) Hinweisen möchte ich z. B. auch darauf, daß die Darstellungen des Sarapis stets nach dem griechischen, von Bryaxis geschaffenen Typus gebildet worden sind. Vergl. hierzu jetzt auch außer Bouché-Leclercq a. a. O. die interessanten Bemerkungen von S. Reinach, Le moulage des statues et le Sérapis de Bryaxis in Rev. arch. 3e Sèr. XXXIX (1902), S. 5 ff.

8) Dies hat wohl am deutlichsten ausgesprochen Mariette, Le Sérapéum usw., S. 114 ff. u. 122 ff. Wenn wir im Griechischen die Form Ὀσο(ε)ρᾶπις (siehe

Gottheit aufzufassen, und wenn wir in dem Kult des letzteren später Inkubation eine so große Rolle spielen sehen, so ist dies mit dem ursprünglichen Wesen dieses Gottes vollkommen im Einklang. Ferner irrt Preuschen, wenn er glaubt, Inkubation sei eine spezifisch-orientalische Kultform; denn abgesehen von den Griechen[1]) läßt sich Inkubation oder, was dasselbe besagen will, durch besondere magische Veranstaltungen des Schlafenden hervorgerufene Traumorakel auch z. B. bei den Germanen[2]), Kelten[2]), Slaven[3]) und bei den nordamerikanischen Indianern[4]) nachweisen, und schließlich haben ja auch bei den Ägyptern die prophetischen Träume stets eine sehr große Rolle gespielt.[5]) Mithin ist es also auch unberechtigt, wenn Preuschen die bei Sarapis stattfindende Inkubation[6]) als eine mit dem Gott unbedingt aus dem Orientalischen übernommene Einrichtung bezeichnet; sie kann sich ebensowohl aus seinem ägyptischen Ursprung erklären, als auch eventuell aus dem griechischen Kultus übernommen sein. Denn das scheint mir die Einführungsgeschichte des Sarapis trotz ihres so überaus legendarischen Charakters zu beweisen, daß dem Kultus dieses ursprünglich ägyptischen Gottes sofort und absichtlich Bestandteile des griechischen Kultus zugefügt worden sind,[7]) daß so der neue Gott, der hellenistische Sarapis, entstanden ist, neben dem jedoch der alte reinägyptische Gott Osiris-Apis unverändert fortbestanden hat.[8])

---

1) Vergl. jetzt vor allem hierüber L. Deubner, De incubatione. Es sei hier noch besonders hervorgehoben, daß der römische Kultus an sich Inkubation nicht gekannt hat, siehe Marquardt, Römische Staatsverwaltung III², S. 99.

2) Grimm: Deutsche Mythologie³, S. 1069 u. 1099; Wuttke (2. Auflage von Meyer): Deutscher Volksaberglaube, § 352.

3) Fr. S. Krauß: Sitte und Brauch der Südslaven, vor allem S. 136.

4) Tylor: Anfänge der Kultur, deutsch von Spengel und Poske, II, S. 412 ff.

5) Siehe Wiedemann, Herodots II. Buch mit sachlichen Anmerkungen, S. 344 (hier Zusammenstellung der Klassikerstellen) und Maspéro, Histoire I, S. 266, A. 2 (hier Zusammenstellung der Belegstellen aus der ägyptischen Literatur). Vergl. auch Drexlers Artikel Isis in Roschers Lexikon der griechischen und römischen Mythologie II, 1, Sp. 373 ff. (Sp. 525 f.). Zu beachten ist immerhin auch, daß in demotischen Erzählungen der ptolemäischen Zeit, welche alte Sagen behandeln, Inkubation als ein inhärierender Bestandteil des alten ägyptischen Kultus erscheint, und daß sie sogar für den Gang der Handlung von Wichtigkeit ist; siehe Griffith, Stories of the high priests of Memphis; the Sethon of Herodotus and the demotic tales of Khamuas. Vergl. zu ihm auch die erläuternde Inhaltsangabe Maspéros im Journal des Savants 1901, S. 473 ff.

6) Belege für Inkubation bei Sarapis siehe Lumbroso, L'Egitto², S. 146 ff. und Preuschen a. a. O., S. 19.

7) Hinweisen möchte ich z. B. auch darauf, daß die Darstellungen des Sarapis stets nach dem griechischen, von Bryaxis geschaffenen Typus gebildet worden sind. Vergl. hierzu jetzt auch außer Bouché-Leclerq a. a. O. die interessanten Bemerkungen von S. Reinach, Le moulage des statues et le Sérapis de Bryaxis in Rev. arch. 3ᵉ Sér. XXXIX (1902), S. 5 ff.

8) Dies hat wohl am deutlichsten ausgesprochen Mariette, Le Sérapéum usw., S. 114 ff. u. 122 ff. Wenn wir im Griechischen die Form Ὀσο(ε)ρᾶπις (siehe

Den besten Beweis für die Richtigkeit der Annahme zweier neben einander bestehender Formen des Sarapis bildet wohl die bekannte Tatsache, daß in Memphis zwei miteinander in Verbindung stehende Serapeen bestanden haben, das eine bestimmt für den Kultus des alten, das andere für den des neuen Sarapis,[1]) und neuerdings scheinen mir die von Botti angestellten Ausgrabungen in Alexandria auch für diese Stadt auf ein ähnliches Verhältnis hinzuweisen.[2])

Daß der Kultus des ursprünglich ägyptischen Gottes von griechischem Geist beeinflußt worden ist, braucht keineswegs zu verwundern in einer Zeit, in der nicht nur die eingewanderten Griechen ägyptische Götter verehrten, sondern auch andererseits die Ägypter sich keineswegs gegen die griechische Religion ablehnend verhielten, wo Gedanken der damaligen griechischen Religionsphilosophie in der altägyptischen Gotteslehre Eingang fanden. Nur an das am meisten instruktive Zeugnis hierfür sei erinnert, an jene Inschriften aus der Zeit Neros, an der südlichen und nördlichen Außenwand des Tempels von Denderah, die Brugsch durchaus treffend mit den bekannten Eingangsworten des Johannesevangeliums verglichen hat;[3]) an eine zu-

---

S. 13 A. 1) finden, so ist m. E. stets die altägyptische Form des Gottes gemeint (vergl. die Bemerkungen bei Darstellung des βουκόλος und der „Zwillinge" des memphitischen Serapeums [Kapitel II 1, H, b u. c]), während Sarapis für beide Formen des Gottes gebraucht werden konnte (vergl. Kapitel II 1, H, c).

1) Vergl. Mariette a. a. O., S. 124.

2) Leider war es mir nicht möglich, die Ausgrabungsberichte selbst einzusehen, doch vergl. Mahaffy, history, S. 57, wo er in der Anmerkung auf Bottis Fouilles (Bericht an die Archäologische Gesellschaft zu Alexandrien 1897) verweist. Vergl. auch hierzu die Nachrichten bei den alten Autoren (Strabo XVII, p. 795; Tacitus, hist. IV, 84).

3) Brugsch, Religion und Mythologie der alten Ägypter, S. 49—51. Inschrift der südlichen Außenwand (S. 49): „Thot, der zweimal Große, der Ältere, der Herr der Stadt Groß-Hermopolis, der große Gott in Tentyra, der herrliche Gott, Schöpfer des Guten, Herz des Re, Zunge des Tum, Kehle des Gottes, dessen Namen verborgen ist, Herr der Zeit, König der Jahre, Aufzeichner der Annalen der Neunheit"; Brugsch (S. 50) erklärt diese Inschrift, daß in ihr Thot erscheine, als die „theologische Formel für die Offenbarung des göttlichen Geistes durch das Wort, aber er ist nicht nur das Wort, er ist Gott selbst"; weiterhin Inschrift an der äußeren Nordwand (S. 50/51): „Offenbarung des Lichtgottes Re, seiend vom Anfang an, Thot, welcher ruht auf der Wahrheit. Was seinem Herzen entquillt, das wird sofort, und was er ausgesprochen hat, besteht in Ewigkeit"; hierzu vergl. Ev. Ioh. c. 1, 1—3: ἐν ἀρχῇ ἦν ὁ λόγος καὶ ὁ λόγος ἦν πρὸς τὸν θεὸν, καὶ θεὸς ἦν ὁ λόγος. οὗτος ἦν ἐν ἀρχῇ πρὸς τὸν θεόν. πάντα δι' αὐτοῦ ἐγένετο καὶ χωρὶς αὐτοῦ ἐγένετο οὐδὲ ἕν, ὃ γέγονεν. Freilich ist bei der Beurteilung der Übernahme von Gedanken der griechischen Religionsphilosophie auch die Definition des Gottes Thot in Betracht zu ziehen, daß dieser Gott hierzu besonders geeignet war, da immerhin ähnliche Lehren sich schon bei seiner altägyptischen Gestalt nachweisen lassen. Vergl. z. B. Brugsch a. a. O., S. 445. Über die ägyptischen Vorstellungen über die Schöpfung durch das Wort hat auch Maspéro, Études de mythologie et d'archéologie égyptiennes II, S. 260 ff. u. 373 ff. gehandelt;

fällige Ähnlichkeit ist hier kaum zu denken, die Übereinstimmung läßt sich nur durch Entlehnung aus dem Griechischen erklären.

Für die Priesterschaft des hellenistischen Sarapis kann man somit schon aus seinem ägyptischen, nur mit griechischem Beiwerk versehenen Wesen die Folgerung ableiten, daß es im allgemeinen ägyptische Priester gewesen sind, die seinen Kultus versehen haben, und tatsächlich läßt sich auch diese Folgerung belegen (siehe Kapitel II. 1, H, c); allerdings muß man dabei beachten, daß, entsprechend dem Charakter des Gottes, ihr auch einige griechische Elemente beigemengt sein werden, was natürlich besonders stark im Laufe der Zeit und bei demjenigen Serapeum hervorgetreten sein wird, das in der Metropole des ägyptischen Griechentums, in Alexandria, gelegen war; doch sind wir leider über ihre Organisation sehr schlecht unterrichtet, ähnlich wie über die der gesamten griechischen Priesterschaft Ägyptens. Eingehendere Nachrichten sowohl aus ptolemäischer als auch aus römischer Zeit sind uns eben nur über die Organisation der ägyptischen Priesterschaft erhalten.

---

vergl. auch die Angaben von P. Leid. W. Inzwischen ist auch Reitzenstein: Zwei religionsgeschichtliche Fragen (1901) — ich erhielt sein Buch mehrere Monate, nachdem ich dies niedergeschrieben hatte — zu einer ähnlichen Beurteilung der ägyptischen Religion in der hellenistischen Zeit gelangt wie ich, auch hauptsächlich der Anregung von Brugsch folgend. Allerdings scheint mir Reitzenstein in der Annahme der Beeinflussung etwas zu weit zu gehen (vergl. S. 73 ff., S. 76, 92 u. a.). Diese äußerst verwickelten und wichtigen Fragen bedürfen noch einer eingehenden Untersuchung von jemanden, der auch selbständig die schwierigen ägyptischen Texte der hellenistischen Zeit beurteilen kann und daneben die religiösen Vorstellungen der Ägypter der älteren Zeit vollkommen beherrscht.

Zweites Kapitel.

Die Organisation der Priesterschaft.

1. Die Priester der ägyptischen Götter.

Die Organisation der ägyptischen Priesterschaft scheint in der ptolemäisch-römischen Epoche Ägyptens im allgemeinen keine sehr einschneidenden Veränderungen gegenüber den Zuständen der älteren Zeit erfahren zu haben; von Wichtigkeit ist nur, daß sich jetzt neben den an den offiziellen Tempeln tätigen Priestern von Beruf[1]) wieder eine Art von Laienpriesterschaft nachweisen läßt,[2]) während wir wohl annehmen dürfen, daß diese in den letzten Jahrhunderten vor der griechischen Invasion so ziemlich ganz aus dem Kultus verdrängt gewesen ist.[3]) Freilich liegt auch jetzt der Schwerpunkt unbedingt bei den offiziellen Tempeln; an eine größere Reihe Privatheiligtümer, wie sie damals gerade in Griechenland so überaus zahlreich verbreitet gewesen sind,[4]) zu denken, wäre ganz unberechtigt.[5])

---

1) Bei den berufsmäßigen Priestern ist allerdings auch in Betracht zu ziehen, daß sie neben ihrer priesterlichen Tätigkeit noch verschiedenen Nebenbeschäftigungen obliegen konnten (vergl. hierüber Kapitel VII).

2) Siehe die Ausführungen in diesem Kapitel über die ägyptischen Kultvereine.

3) Es sei hier bemerkt, daß das Laienelement im ägyptischen Kultus der alten Zeit eine sehr große Rolle gespielt hat, daß sich allem Anschein nach erst recht allmählich ein geschlossener berufsmäßiger Priesterstand entwickelt hat. Für denjenigen, der sich über die Entwicklung der ägyptischen Priesterschaft orientieren will (siehe im übrigen das Vorwort), verweise ich auf die Ausführungen Ermans, Ägypten II. S. 391 ff., die im großen und ganzen den Gang der Entwicklung richtig zeichnen dürften. Brugsch, Ägyptologie S. 275 ff. bietet zwar auch eine eingehende Schilderung der ägyptischen Priesterschaft, doch läßt er die historische Entwicklung dieser Körperschaft merkwürdigerweise ganz außer Betracht und vermengt so die Einrichtungen verschiedener Zeiten. An diesem Fehler leidet auch die Schilderung Maspéros, Histoire ancienne des peuples de l'orient classique, wenigstens bezüglich der Zustände der älteren Zeit (siehe z. B. I. S. 122 ff. u. 303 ff.). Hinweise auf die Verhältnisse der Priesterschaft in der vorhellenistischen Zeit finden sich übrigens an verschiedenen Stellen meines Werkes.

4) Vergl. Burckhardt, Griechische Kulturgeschichte II, S. 158. Interessante Belege hierfür bilden Plato, Leges X, p. 909, 910 und Theophrast, Charact. XVI.

5) Nach Grenfell-Hunts Ansicht, P. Tebt. I. S. 42 u. S. 394, bringen uns die inzwischen erschienenen P. Tebt. I. auch Belege für Privatheiligtümer des

A. Die Einteilung der Tempel.

Die offiziellen Tempel zerfallen ihrer Bedeutung nach in Tempel erster, zweiter und dritter Ordnung[1]), eine Einteilung, die zur Zeit des Dekretes von Kanopus, im Jahre 238 v. Chr., schon bestanden hat und wohl nicht erst in ptolemäischer Zeit geschaffen sein dürfte. Wie und nach welchen Prinzipien die damaligen Heiligtümer unter die genannten Klassen zu verteilen sind, ist nicht zu ermitteln, da sich bisher nur für den Tempel des Osiris zu Kanopus die Bezeichnung der Klasse, der er angehört — es ist die erste —, gefunden hat.[2]) Außerdem läßt es sich auch nicht feststellen, wie lange diese Einteilung in Kraft geblieben ist, zur Zeit des Dekretes von Rosette (196 v. Chr.) wird sie z. B. noch erwähnt.[3])

In römischer Zeit finden wir dann bei drei der uns bekannt gewordenen Tempel ein besonderes Epitheton hinzugefügt; so werden der Tempel des Gottes Soknopaios in Soknopaiu Nesos (Faijûm)[4]), der der Isis Nanaia bei dem Dorfe Nabane im Faijûm[5]) und derjenige des Seknebtynis im Faijûmdorfe Tebtynis[6]) in offiziellen Aktenstücken als das „ἱερὸν λόγιμον" ihres Dorfes bezeichnet, und ein kleines zum Soknopaiostempel als Dependenz gehörendes Heiligtum führt den Namen „ἱερὸν χαριτήσιον"[7]). Fraglich ist es, ob unter den erwähnten Bezeichnungen offiziell diesen Heiligtümern zukommende Epitheta, die von der Größe und Bedeutung derselben abhängen, zu verstehen sind oder ob sie nur in floskelhafter Weise ohne weitere Bedeutung als die eines schmückenden Beiwortes gebraucht sind. Eine Entscheidung

ägyptischen Kultus (P. Tebt. I. 5, 73—76; 88; P. 14 scheidet hier natürlich aus, da es sich um ein griechisches Heiligtum handelt), doch scheinen sie mir hier nicht ganz das Richtige getroffen zu haben; näheres an anderem Orte.

1) Kanopus Z. 50, 52, 59, 75. Rosette Z. 54.

2) Kanopus, Z. 49/50. Daß es sich um einen Tempel des Osiris handelt, dafür siehe Lepsius, Das bilingue Dekret von Kanopus I, S. 7/8, vergl. hierzu Strack, Inschriften 40 (C. I. Gr. III. 4694).

3) Die inzwischen erschienenen P. Tebt. I. bieten uns mehrere Beispiele für die verschiedenen Klassen der Tempel (πρῶτα, δεύτερα und ἐλάσσονα [natürlich gleich dem τρίτα der Dekrete] ἱερά) aus den Jahren 119—113 v. Chr.; die betreffenden Heiligtümer, wenigstens sicher die Mehrzahl, liegen in den Faijûmdörfern Kerkeosiris und Magdola (siehe Index VII[b] der P. Tebt. I). Bemerkenswert ist, daß mithin sogar Dorftempel, die obendrein noch gar nicht lange bestanden, der 1. Klasse angehören konnten.

4) B. G. U. I 296, 15; 321, 3 (322, 3); II 387, 9; III 706, 5; P. Lond. II 353 (S. 112), Z. 10; gr. P. Straßb. 60, Col. 1, 9 (publ. bei Reitzenstein: Zwei religionsgeschichtliche Fragen, S. 2 ff.); unpubl. P. Rainer 135 bei Wessely, Kar. u. Sok. Nes., S. 56.

5) P. Lond. II 345 (S. 113), Z. 3.

6) Siehe Einleitung S. 22 von P. Fay.

7) B. G. U. I 296, 13; P. Lond. II 353 (S. 112), Z. 8; siehe S. 19; χαριτήσιος offenbar gleich χαρίσιος, wie das Fest Χαριτήσια = Χαρίσια.

nach irgend einer Richtung läßt sich nach meiner Meinung bei dem wenigen bisher vorliegenden Material nicht fällen.

Es ist soeben erwähnt worden, daß zu dem Soknopaiostempel ein als ἱερὸν χαριτήσιον bezeichnetes Heiligtum gehört hat; dieses ergiebt sich ohne weiteres aus dem Titel der Soknopaiospriester „ἱερεῖς Σοκνοπαίου θεοῦ μεγάλου μεγάλου καὶ Σοκνοπιάϊος θεοῦ μεγάλου καὶ ἱεροῦ χαριτησίου καὶ Ἴσιδος Νεφρεμίδος καὶ Ἴσιδος Νεφορσήους καὶ τῶν συννάων θεῶν"[1]). Welchem Gott dieses Heiligtum geweiht gewesen ist, ist nicht mit Sicherheit festzustellen; neuerdings machen uns allerdings einige bisher noch unpublizierte Münchener Papyri (siehe S. 8, A. 7[2])) mit einem Tempel des Hermes (Ἑρμαῖον), der hier offenbar dem Thot gleichzusetzen ist, bekannt, der als Dependenz zum Soknopaiosheiligtum gehört hat,[2]) und da dieser Gott merkwürdigerweise in der offiziellen Titulatur der Soknopaiospriester nicht genannt wird, obgleich man dies in Anbetracht des Bestehens eines eigenen Tempels für ihn eigentlich erwarten müßte, so erscheint es mir immerhin möglich, daß man unter dem ἱερὸν χαριτήσιον das Ἑρμαῖον zu verstehen hat.

Außerdem sind mit dem Heiligtume des Soknopaios in Soknopaiu Nesos noch andere Tempel vereinigt gewesen.[3]) Daß seine Priester sich als Priester mehrerer Götter bezeichnen ist ohne Belang, da diese einfach σύνναοι θεοί des Soknopaiosheiligtumes sein könnten; entscheidend für die Richtigkeit der obigen Behauptung ist jedoch, daß zwei Altäre der Isis Nephorses und der Isis Nephremmis in dem Nachbarorte Neilupolis erwähnt werden (B. G. U. I 337, 3—5), die eng zum Soknopaiostempel gehört haben müssen, da die für sie gezahlten Steuern in den Rechnungen dieses Tempels gebucht werden; zugleich mit den Altären sind auch kleine Tempelchen der Isis an-

---

1) B. G. U. I 296, 12 ff. und P. Lond. II 353 (S. 112), Z. 7 ff.

2) Siehe hierzu auch P. Lond. II 329 (S. 113), Z. 9, wo nach Wilckens, Archiv I S. 147, Vorschlag „Ἑρμοῦ" — in Parallele zu dem vorangehenden Σοκνοπαίου θεοῦ — zu lesen ist. Vergl. auch die Angaben in den Rechnungen des Soknopaiostempels (B. G. U. I 1, 22; unpubl. P. Rainer 171 bei Wessely, Kar. u. Sok. Nes., S. 76) über das vom Tempel gefeierte Hermesfest (Ἑρμαῖα).

3) Ein vortrefflicher Beleg für das Obenbemerkte würde eine Stelle in den P. Gen. 36, 11/12 sein, wenn die Lesung Nicoles (Wessely in seiner Ausgabe dieses Papyrus in Rev. ég. VIII, S. 9 [den Herkunftsort gibt er übrigens merkwürdigerweise nicht an] liest ebenso): Die Priester „θεοῦ μεγάλου (sc. Soknopaios) καὶ ἄλλων ναῶν" von Soknopaiu Nesos richtig ist; an und für sich würde man jedoch hier an Stelle des immerhin außergewöhnlichen ἄλλων ναῶν eigentlich τῶν συννάων θεῶν erwarten. Auf eine Anfrage bei Herrn Professor Nicole über die Richtigkeit seiner Lesung teilt mir derselbe freundlichst mit, daß bei dem gegenwärtigen Zustand des Papyrus, der allerdings seit der ersten Lesung sehr gelitten hat, die Lesung τῶν συννάων θεῶν ihm wahrscheinlicher erscheint als seine eigene; doch Sicheres ließe sich nicht festellen. Jedenfalls ist die erste Lesung ἄλλων ναῶν an und für sich nicht anstößig und so immerhin nicht unwahrscheinlich (vgl. hierzu jetzt auch Wilcken, Archiv I S. 554).

zunehmen. Um 200 n. Chr. müssen weiterhin alle Tempel, die zu dieser Zeit in dem Dorfe Soknopaiu Nesos bestanden haben,[1]) mit dem Soknopaiosheiligtum zu einer Verwaltungseinheit vereinigt gewesen sein, denn nur unter dieser Voraussetzung ist es verständlich, daß in einer Steuerquittung als Zahler „X. Y. καὶ U. V. καὶ οἱ λοιποὶ ἱερεῖς κώμης Σοκνοπαίου Νήσου" genannt werden.[2]) Ob im Laufe der Zeit in der Reihe der mit dem Soknopaiostempel verbundenen Heiligtümer, durch Hinzutreten von neuen oder durch Ausscheiden der bisherigen, irgend welche Veränderungen eingetreten sind, darüber sind bisher sichere Angaben nicht vorhanden,[3]) jedenfalls hat man jedoch mit derartigen Veränderungen nicht nur bei dem Soknopaiosheiligtume, sondern auch bei allen Heiligtümern, bei denen wir ähnliche Verhältnisse antreffen, zu rechnen.

Überhaupt muß man sich dessen bewußt sein, daß allem Anschein nach wohl ziemlich häufig die Priester der Tempel einer Stadt oder sogar einiger nebeneinander gelegener Orte zu einem großen Priesterkollegium vereinigt gewesen sind. So ist dies z. B. auch der Fall gewesen in den einander benachbarten Städten Pathyris und Κροκοδίλων πόλις[4]), deren Götter Hathor (Ἀφροδίτη) und Suchos in jeder

1) Wessely, Kar. u. Sok. Nes., S. 58, nennt auf Grund von unpublizierten P. Rainer einige mit dem Soknopaiostempel verbundene Heiligtümer von Soknopaiu Nesos und aus Nachbarorten; ob er in ihnen allen mit Recht Filialtempel des Soknopaiosheiligtumes sieht, läßt sich, da wir ja die Papyri, auf die er sich hier stützt, nicht näher kennen und da sich auch in diesem Werke Wesselys gar manche falsche oder ungenaue Verwertung von Papyri findet, nicht mit Sicherheit feststellen. Es sei im übrigen gleich hier bemerkt, daß ich auch im folgenden die mannigfachen, oft recht interessanten Angaben Wesselys aus den unpublizierten P. Rainer nur mit aller Vorsicht verwerten werde, da ja ihre Nachprüfung, wenn überhaupt, nur sehr unvollkommen vorgenommen werden kann.

2) Siehe P. Amh. II 119, 5 ff. Aus der z. B. in B. G. U. II 536, 4/5 und P. Lond. II 281 (S. 66), Z. 5 (die Papyri gehören der 2. Hälfte des 1. Jahrhunderts n. Chr. an) sich findenden Priesterbezeichnung „ἱερεὺς τῶν ἀπὸ τῆς Σοκνοπαίου Νήσου" darf man jedoch wohl nicht so ohne weiteres auch für die Zeit dieser Papyri dieselbe Folgerung wie oben ableiten, wenn sie auch durch jene sehr nahe gelegt wird.

3) Wessely, Kar. u. Sok. Nes., S. 58 zufolge soll auch ein Isistempel zu Γυναικῶν Νῆσος mit dem Soknopaiosheiligtum verbunden gewesen sein; auf Grund seiner Angaben aus unpubl. P. Rainer 171 (auf S. 72 ff. [S. 75 unten]) scheint es ja auch, als ob er mit seiner Behauptung recht habe (der Papyrus stammt aus der Zeit des Antoninus Pius), während uns B. G. U. III 916 aus der Zeit Vespasians deutlich zeigt, daß jener Tempel (bezüglich der Lesung von Z. 9 siehe Wessely a. oben a. O., S. 170) damals noch selbständig gewesen ist. (Er hat sein eigenes, aus λεσῶνες zusammengesetztes leitendes Priesterkollegium [siehe über dieses im folgenden] besessen.) Sind Wesselys Angaben richtig, so hätten wir ein hübsches Beispiel für eine Veränderung in der Reihe der mit dem Soknopaiostempel verbundenen Heiligtümer.

4) Für die Topographie der beiden Städte vergl. Wilcken, Ostr. I, S. 710—11; die hier von Steindorff vorgeschlagene Ansetzung von Krokodilopolis wird jetzt auch durch P. Gizeh 10371 (publ. von Grenfell-Hunt, Archiv I S. 57 ff.) weiter

Stadt ihren eigenen Tempel besessen haben werden, deren Priesterschaft aber vereinigt war und deshalb beide Götter in ihrem Titel
führte;[1] je nachdem nun der Priester am Tempel zu Pathyris oder
Krokodilopolis tätig gewesen ist, hat er einen der beiden Götter an
erster Stelle erwähnt.[2]   Ferner ist z. B. für Oxyrhynchos in römischer
Zeit die Vereinigung der Priester der verschiedenen Tempel der Stadt
zu einem Kollegium nachzuweisen, denn es sind uns ἱερεῖς Θοήριδος
καὶ Ἴσιδος καὶ Σαράπιδος καὶ τῶν συννάων θεῶν[3]), auch ein ἀρχιπαστοφόρος, der außer den genannten Göttern noch Osiris namentlich
aufzählt (P. Oxy. II 241,10ff.), bekannt geworden; daß alle diese Götter
einfach σύνναοι θεοὶ eines Heiligtumes gewesen sind, daran ist nicht
zu denken, denn es haben Thoeris, Isis, Osiris und Sarapis alle in
Oxyrhynchos ihre eigenen Heiligtümer besessen.[4]
   Weiterhin sei hier auch an das „Große Serapeum zu Memphis"
(τὸ πρὸς Μέμφει μέγα Σαραπιεῖον)[5]) erinnert; zu ihm haben außer
dem altägyptischen Serapeum, der Begräbnisstätte der Apisstiere, und
außer einem dem hellenistischen Sarapis geweihten Heiligtume[6]) noch
eine ganze Reihe kleinerer Tempel, wie das Asklepieum[7]), das Anu-

---

bestätigt (siehe vor allem Col. 2, 34/35: ἱερὰ νῆσος τοῦ Σούχου). Übrigens hätten
für die Lage der beiden Städte auch Dümichens zutreffende Ausführungen in:
Geographie des alten Ägyptens, Schrift und Sprache seiner Bewohner, S. 64/65
(Einleitung zu E. Meyer, Geschichte des alten Ägyptens) verdient, berücksichtigt
zu werden.
   1) In P. Grenf. I 38, 5/6 wird z. B. das ἱερὸν Σούχου in Κροκοδίλων πόλις
erwähnt. An σύνναοι θεοί, was ja an und für sich möglich wäre, ist also nicht
zu denken.
   2) ἱερεὺς Σούχου καὶ Ἀφροδίτης: P. Grenf. I 25, 11; 27, Col. 3, 7; II 33, 3;
35, 4 u. 16; ἱερεὺς Ἀφροδίτης καὶ Σούχου: P. Grenf. I 44, Col. 2, 1.
   3) P. Oxy. I 46, 8ff.; 47, 8ff.; II 242, 5ff. (die hier genannten Priester sind
speziell am Serapeum tätig gewesen, trotzdem steht in ihrem Titel der Gott
Sarapis an letzter Stelle.)
   4) Θοηρῖον: P. Oxy. I 43 Verso, Col. 4, 14, 16; τετράστυλον Θοήριδος: P.
Oxy. I. 43 Verso, Col. 4, 12; δρόμος Θοήριδος: P. Oxy. II 284, 4/5; Ἴσῖον: P. Oxy.
I 35 Recto, 13; 43 Verso, Col. 2, 14, 16; Σαραπεῖον: P. Oxy. I 43 Verso, Col. 2, 5 u. 7
und noch sehr oft im 1. u. 2. Bande der P. Oxy. (vergl. den Index VI e.).
   5) Siehe z. B. P. Lond. I 22 (S. 7), Z. 3 ff. und sehr oft in den Serapeumspapyri.
   6) Mit Recht hat Mariette in seinem Ausgrabungsbericht (Le Sérapéum de
Memphis I, S. 1—84 u. S. 114 ff.) zwischen dem von ihm als ägyptisches und dem
von ihm als griechisches (richtiger hätte er sagen müssen „hellenistisches") bezeichneten Serapeum unterschieden; die griechischen Schriftsteller, die über
das memphitische Serapeum berichten (vergl. z. B. Strabo XVII, p. 807; Pausanias I 18; Eusthatius Scholien zu Dionysius: Περιήγησις τῆς οἰκουμένης v. 255),
scheinen übrigens eine solche Unterscheidung auch im Auge gehabt zu haben.
Einige weitere Bemerkungen über die beiden Serapeen siehe bei der Erörterung
der Amtsfunktionen der sogenannten Zwillinge (dieses Kapitel, H, c).
   7) P. Lond. I 35 (S. 24), Z. 28; 41 Recto (S. 27), Z. 1; P. Par. 26, 12; 27, 21
(= P. Leid. E.², 22/23; P. Mil. Z. 16); P. Leid. L., 7/8; O, 9; P. Vat. V, S. 602 u. S. 603.
Unter dem Asklepieum muß man hier natürlich ein Heiligtum des Imhotep verstehen. (Siehe P. Leid. O, 8/9 und dem P. Louvre 2423, publ. Rev. ég. II, S. 79,

bieum[1]), das Aphrodision[2]), das Astartieum[3]) und andere[4]) gehört.[5])
Schließlich möge hier noch ein für die Vereinigung von Tempeln besonders bemerkenswertes Beispiel Erwähnung finden. Wir besitzen
nämlich eine von Priestern eines alexandrinischen Ptahheiligtums ausgestellte Quittung[6]), in der diese den Empfang ihres Gehaltes bestätigen, und zwar aller Wahrscheinlichkeit nach einem Tempelbeamten
des Ptahtempels zu Memphis.[7]) Die hier zu Tage tretende Einheitlichkeit der Verwaltung der beiden Heiligtümer zeigt deutlich, daß man in
dem zu Alexandrien gelegenen einen Dependenztempel des berühmten
memphitischen Ptahheiligtumes zu sehen hat, es sind also sogar räum-
lich recht weit entfernte Tempel miteinander verbunden gewesen.

Welche Gründe übrigens für den Zusammenschluß von Tempeln
maßgebend gewesen sind, dafür lassen sich nur Vermutungen aussprechen; mitunter dürfte wohl die Vereinigung dadurch zu erklären
sein, daß die von einem Tempel gegründeten Heiligtümer mit diesem
den Zusammenhang gewahrt haben (so etwa in dem zuletzt angeführten
Beispiele), in anderen Fällen wird durch sie Vereinfachung der Verwaltung bezweckt worden sein, und manchmal mögen auch vielleicht

---

wo mit diesem Heiligtum in Verbindung stehende Taricheuten, also echt ägyptisches Kultpersonal, erwähnt werden.) Sehr bemerkenswert ist der von Sethe,
Imhotep der Asklepios der Ägypter usw., S. 99, inzwischen geführte Nachweis,
daß dieses Asklepieum als Grabtempel des Imhotep anzusehen ist.

1) P. Par. 12, 8/9; 35, 6; 36, 19 (= P. Vat. IV, S. 445); 45 Verso, 3; 47, 22.
P. Leid. H., 1 u. 29; I, 373 (S. 88); I, 380 (S. 90).

2) P. Par. 34, 6; 11, 18 (πασтοφόροι τῆς Ἀφροδίτης); aus dem letzteren Belege (πασтοφόροι!) ergibt sich auch mit Sicherheit, was allerdings schon an und
für sich zu erwarten war, daß Aphrodite hier der Hathor gleichgesetzt ist.

3) P. Lond. I 44 (S. 33), Z. 9; P. Par. 35, 8; 36, 10 (= P. Vat. IV, S. 445);
41, 11; P. Vat. V, S. 352; S. 356. Für welche ägyptische Gottheit dieses Tempelchen bestimmt gewesen ist — die syrische Astarte dürfte wohl nicht seine
Herrin gewesen sein, sondern ihr ägyptisches Korrelat — wage ich nicht zu
entscheiden; sollte der Grund für die Bezeichnung als Ἀσταρτιεῖον etwa unzüch-
tiger Dienst, der bei dem Heiligtum getrieben wurde, gewesen sein?

4) Siehe z. B. die Angaben Revillouts: La requête d'un taricheute d'Ibis
à l'administration du Sérapéum in Rev. ég. II, S. 75 ff. (S. 76).

5) Daß die Bezeichnung „τὸ μέγα Σαραπιεῖον" als der Kollektivname für all
die obengenannten Heiligtümer aufzufassen ist, dafür findet sich z. B. ein besonders
bezeichnender Beleg in dem Ausdruck „τὸ ἐν τῷ μεγάλῳ Σαραπιείῳ Ἀσταρτιεῖον"
(P. Par. 35, 8; 41, 8 ff.; P. Vat. V, S. 352; 356; siehe auch P. Lond. I. 44 [S. 33], Z. 9).

6) P. Berl. Bibl. u. P. Petersburg, publ. von Wilcken, Hermes XXII (1887),
S. 143. Daß es sich hier um ein ägyptisches Heiligtum in Alexandrien handelt
trotz des in der Quittung genannten Gottes Ἥφαιστος, zeigt uns neben den
z. T. echtägyptischen Namen der Priester (3. Jahrh. n. Chr.!) das Vorkommen
der ägyptischen Priesterklasse der Stolisten.

7) Wilcken, Die memphitischen Papyri der kgl. Bibliothek zu Berlin und der
kaiserl. Bibliothek zu Petersburg, Hermes XXII (1887), S. 142 ff. (S. 144) hat offenbar das Richtige getroffen, wenn er auf Grund des Fundortes der Quittung (Grab
bei Memphis) und des Namens des Auszahlenden (siehe vor allem das leider nicht
näher zu deutende Ἐμβῆς) die obige Feststellung getroffen hat.

für sie wirtschaftliche Momente, die Unfähigkeit des einen und des anderen Tempels sich selbständig zu erhalten, maßgebend gewesen sein.[1]

B. Die Gliederung der Priesterschaft in Phylen.

Die verschiedenen Rangklassen, in denen, wie wir sahen, alle zum ägyptischen Kultus gehörenden Tempel untergebracht waren, bezeugen wohl am besten, daß alle diese Heiligtümer damals ein gemeinsames Band umschlungen, daß die Einheit der ägyptischen Priesterschaft, die wohl erst zur Zeit des neuen Reiches entstanden ist, auch damals noch fortbestanden hat. So ist denn auch die Organisation der Priester eine durchaus einheitliche.

Die Priesterschaft eines jeden Tempels ist in Phylen eingeteilt gewesen,[2] von denen bis zum Dekret von Kanopus vier vorhanden waren.[3] Diese Einteilung der Priester in vier Phylen erinnert uns lebhaft an diejenige der vornehmlich aus der Zeit des mittleren Reiches uns bekannt gewordenen sogenannten Stunden- oder Laienpriesterschaft, die gleichfalls in vier Phylen gegliedert gewesen ist.[4] Trotz dieser Gleichheit in der Organisation, die sich auch in Einzelheiten äußert (siehe im folgenden), darf man jedoch nicht annehmen, daß die Phylenpriester der hellenistischen Zeit wie die alten Stundenpriester ihr priesterliches Amt nur als Nebenbeschäftigung ausgeübt haben und sie so wie jene zu priesterlichen Laien stempeln, man muß sie vielmehr als Priester im Hauptamt auffassen (siehe hierzu S. 17, A. 1); ganz abgesehen davon, daß ihr Name auch nicht den geringsten Anhalt zu der eben abgelehnten Annahme bietet, wird diese dadurch ganz unmöglich gemacht, daß sich nicht nur die gewöhnlichen ἱερεῖς, sondern auch die verschiedensten Gruppen der Priesterschaft, sogar die Tempelvorsteher, als Angehörige der Phylen nachweisen lassen, so daß hohe und niedrige Priester aufs engste verbunden er-

---

1) Weitere Angaben über die zu einer Verwaltungseinheit vereinigten Tempel, auch weitere Belege, finden sich in diesem Kapitel in dem Abschnitt über die Tempelvorsteher und dann vor allem im VI. Kapitel.

2) Unsere Kenntnis der ägyptischen Priesterphylen verdanken wir eigentlich ganz allein dem urkundlichen Material (siehe die zahlreichen im folgenden angeführten Beispiele), denn von den alten Schriftstellern erwähnt sie nur Diodor I 21, 6, dieser aber auch so unklar, daß man ohne Kenntnis von dem Bestehen von Phylen allein aus seinen Worten (εἰσκαλεσαμένην [sc. Isis] δὲ κατὰ γένη τῶν ἱερέων κτλ.) sie nicht erschließen würde.

3) Kanopus Z. 24: πρὸ(ι)ς ταῖς νῦν ὑπαρχούσαις τέσσαρσι φυλαῖς τοῦ πλήθους τῶν ἱερέων τῶν ἐν ἑκάστῳ ἱερῷ κτλ.

4) Über diese Stundenpriesterschaft vergl. die Ausführungen Ermans in Zehn Verträge aus dem mittleren Reich, Ä. Z. XX (1882) S. 159 ff. (S. 163) und in Ägypten II. S. 394 u. 397, A. 2; neues reiches Material über sie bietet Borchardt, Der 2. Papyrusfund von Kahun und die zeitliche Festlegung des mittleren Reiches der ägyptischen Geschichte in Ä. Z. XXXVII (1899) S. 89 ff. (S. 93 ff.)

scheinen;[1]) daß alle Priester damals eigentlich Laien gewesen sind —
diese Folgerung müßte, wenn man die gewöhnlichen ἱερεῖς als Laien
auffaßt, des weiteren gezogen werden — wird wohl keiner vertreten
wollen.[2]) Die Gleichheit der Organisation dürfte sich durch die Annahme der Übertragung der Einrichtungen der einst an Zahl die berufsmäßigen Priester bedeutend überragenden Stundenpriesterschaft
auf diese aufs einfachste erklären.[3])

Ebenso wie bei der Stundenpriesterschaft des mittleren Reiches
haben auch in hellenistischer Zeit die Phylen praktische Bedeutung
für den Kultus besessen — hauptsächlich zu diesem Zwecke dürften
sie seiner Zeit entstanden sein —, auch sie haben abwechselnd den
Gottesdienst ihrer Heiligtümer versehen.[4]) Hierauf verweist uns ein-

---

1) Hierüber siehe die Angaben auf S. 31 u. in diesem Kapitel 1 H, a (Anfang).

2) Krebs, Ägyptische Priester unter römischer Herrschaft in Ä. Z. XXXI
(1893) S. 31 ff. (S. 36) will Phylen- und Stundenpriester mit einander identifizieren, hauptsächlich auf Grund allgemeiner Erwägungen, welche zu hohe Anforderungen an die Stellung eines gewöhnlichen ägyptischen Priesters stellen,
ohne einen zwingenden Grund für seine Ansicht anzugeben. (Die Einteilung
der Stundenpriesterschaft in vier Phylen war ihm noch nicht bekannt.) Außer
dem im Text Angeführten sprechen gegen Krebs vor allem die Nachrichten,
die den Antritt des priesterlichen Amtes durch die Phylenpriester näher schildern (Siehe z. B. Mitwirkung des Staates usw., vergl. Kapitel III), zudem
paßt das Bild, daß bei eingehenderer Prüfung der Lage der gewöhnlichen ἱερεῖς
sich uns darbietet, recht gut zu ihrem Charakter als berufsmäßige Priester.
Neuerdings hat Strack, Die Müllerinnung in Alexandrien in Zeitschrift für neutestamentliche Wissenschaft und Kunde des Urchristentums IV (1903) S. 213 ff.
(S. 218 ff.) die Vermutung von Krebs aufgenommen und weiter ausgebaut, um
daran allerlei gewagte Folgerungen anzuknüpfen; überzeugt hat er mich nicht,
ich hoffe, daß auch seine Ausführungen durch meine Bemerkungen im Text
widerlegt sind.

3) Für recht wohl möglich halte ich es, daß die Übertragung der Organisation durch den Eintritt der Stundenpriesterschaft in die Reihen der berufsmäßigen Priester bewirkt worden ist. Nach der Zeit des mittleren Reiches
kenne ich Belege für die Priesterphylen aus älterer Zeit nicht, dagegen sind
mir mehrere Beispiele für sie, speziell für die τετραφυλία, aus den letzten
Jahrhunderten vor der Ptolemäerzeit bekannt geworden, und zwar aus der Zeit
Amasis' II. und Darius' I. für einen Tempel des Haroëris (dem. P., publ. Rev. ég.
VII 55), für den der Bast zu Panopolis (dem. P. Par., publ. Rev. ég. II S. 31/32)
und für einen Tempel des Month in der Nähe von Theben (dem. P. Louvre
7218; Cailliaud, Voyage à Méroé (Paris 1823—27) Tafel XXVI, XXVII 1 u.
XXVIII A, alle Belege angeführt von Revillout, Rev. ég. II S. 105, A. 1; vergl. für
den Tempel auch Brugsch et Revillout: Données géographiques et topographiques
sur Thèbes in Rev. ég. I S. 172 ff.). Eine in Tyrus aufgefundene ägyptische
Statue, die gleichfalls die „Vierphylenschaft" eines Tempels erwähnt (vergl.
Erman: Eine ägyptische Statue aus Tyrus in Ä. Z. XXXI [1893] S. 102 und
Krebs: Zu der Statue aus Tyrus in Ä. Z. XXXII [1894] S. 64) stammt möglicherweise schon aus ptolemäischer Zeit, jedenfalls jedoch aus der Zeit vor
238 v. Chr.

4) Nach den Kahuner Tempelrechnungen (Borchardt a. a. O. S. 93) hat am
Tempel von Kahun jede Phyle der alten Stundenpriesterschaft einen Monat lang

mal die Bezeichnung eines der ptolemäischen Zeit angehörenden Priesters als „Prophet in seinem Monat" und vor allem die Charakterisierung der Phylenpriester am Soknopaiostempel in römischer Zeit als
„$\dot{\alpha}\gamma\nu\varepsilon\acute{v}o\nu\tau\varepsilon\varsigma$ $\dot{\varepsilon}\varkappa$ $\pi\varepsilon\varrho\iota\tau\varrho\sigma\pi\tilde{\eta}\varsigma$ $\iota\varepsilon\varrho\varepsilon\tilde{\iota}\varsigma$ $\tau\tilde{\eta}\varsigma$ $\pi\varepsilon\nu\tau\alpha\varphi\nu\lambda\acute{\iota}\alpha\varsigma$"[1]); denn
diese können nur als die „abwechselnd amtierenden Priester der
fünf Phylen" gedeutet werden. Daß das Wort $\dot{\alpha}\gamma\nu\varepsilon\acute{v}\varepsilon\iota\nu$ in dieser
Verbindung erscheint, läßt sich nur dadurch erklären, daß der sein Amt
ausübende Priester noch besonderen Reinheitsvorschriften[2]), vielleicht
sogar einem gewissen Fasten[3]) unterworfen gewesen ist.

Die Phylen haben weiterhin auch jetzt noch, wie in alten Zeiten
die Stundenpriesterschaft, jede ihren besonderen Phylenvorsteher, den
$\varphi\acute{v}\lambda\alpha\varrho\chi\sigma\varsigma$, besessen (Kanopus Z. 33);[4]) es ist immerhin wahrscheinlich,
daß sich dieses Amt, das nun schon 1½ Jahrtausende bestand, auch
in hellenistischer Zeit nach Kanopus erhalten hat, obgleich bis jetzt
noch kein Phylarch namentlich bekannt geworden ist. Denn es ist
sehr zweifelhaft, ob die Priester, die den Titel ān sa führen,[5]) als
Phylarchen aufzufassen sind. Vor allem scheint mir dem entgegenzustehen, daß unter ihnen ān sa aller fünf Phylen genannt werden,
während der Phylarch doch gerade nur für eine Phyle zuständig ist.
Die ägyptische Wiedergabe des griechischen $\varphi\acute{v}\lambda\alpha\varrho\chi\sigma\varsigma$ in dem hiero-

---

ihr priesterliches Amt versehen. Siehe auch den für den Tempel des Epuat
und des Anubis zu Siut belegten Ausdruck „Monatspriester der Stundenpriesterschaft" bez. „der Priester in seinem Monat" (siehe große Inschrift von Siut
[Mariette, Monuments divers recueillis en Egypte, 64], v. Z. 13 an publ. von
Erman, a. a. O. Ä. Z. XX [1882] S. 159 ff.).

　　1) B. G. U. I 149, 8; vergl. 1, 17.

　　2) Über die peinliche Sorge der ägyptischen Priester für äußere Reinlich-
keit berichtet schon Herodot II, 37; besonders eingehende Angaben bietet auch
Porphyrius, de abst. IV. 6 (aus Chaeremon); seinen Angaben ist übrigens auch
zu entnehmen, daß die Priester abwechselnd ihr priesterliches Amt versehen
haben, wenigstens muß man m. E. seine Nachricht, die Priester hätten vor Vornahme religiöser Handlungen stets mehrere Tage lang besondere Reinheitsvorschriften beobachtet, so deuten. Vergl im übrigen hierzu Wiedemann,
Herodots zweites Buch usw. S. 166 ff.; Maspéro, Histoire I. S. 123.

　　3) In den Zauberpapyri kommt bekanntlich das Wort $\dot{\alpha}\gamma\nu\varepsilon\acute{v}\varepsilon\iota\nu$ in der Bedeutung „fasten" vor; vergl. z. B. P. Lond. I 121 (S. 83), Z. 334, 749, 846 und
gr. P. der Bibliothèque Nationale in Paris (publ. von Wessely: Griechische
Zauberpapyri in Paris und London in Denkschriften der Wiener Akademie Phil.-
hist. Kl. Bd. XXXVI [1888] 2. Abteil. S. 27 ff.). Z. 52, 73, 784, 3209; $\dot{\alpha}\gamma\nu\varepsilon\acute{\iota}\alpha$ hat
weiterhin die Bedeutung „Fasten" in Plutarch, de Is. et Osir. (ed. Parthey) c. 6.

　　4) Über den Abteilungsvorsteher der alten Stundenpriester siehe Borchardt
a. a. O. S. 93/94.

　　5) Vergl. Brugsch: Über Aussprache und Bedeutung des Knotens 𓐰 und
seiner Variante ╫ in Ä. Z. II (1864) S. 1 ff. u. S. 12 ff.; S. 18/99 bietet er Beispiele für ān sa (wohl alle aus hellenistischer Zeit, wie mir Herr Professor
Steindorff freundlichst mitteilt); siehe ferner L. Stern: Die bilingue Stele des
Chahap in Ä. Z. XXII (1884) S. 101 ff.

glyphischen Teile von Kanopus (Z. 16)[1]) āa n sa (⟨hieroglyph⟩) ließe

sich freilich noch zur Not mit dem eben genannten ān sa (⟨hieroglyph⟩)[2]) vereinigen, doch ist dies immerhin sehr unsicher.[3])

Unter der Regierung Ptolemäos' III. Euergetes' I. im Jahre 238 v. Chr. hat dann eine immerhin ganz erhebliche Änderung in der Organisation der Priesterphylen stattgefunden, indem zu den schon vorhandenen vier eine fünfte neu hinzugefügt worden ist (Kanopus, Z. 24). Die neue Phyle, um sie sofort den alten ebenbürtig hinzustellen, sollte aus allen den Priestern gebildet werden, die seit dem 1. Jahre des jetzt regierenden Königs ihr Amt angetreten hatten, und weiterhin aus denjenigen, die noch vor Schluß des laufenden (9.) Jahres die Priesterwürde erlangen würden.[4]) Als Grund für die Einrichtung der neuen

---

1) Publiziert bei Lepsius, Das bilingue Dekret von Kanopus I.; es sei hier gleich angeschlossen, daß der demotische Teil wiedergegeben ist von Revillout, Chrest. dém. S. 125 ff. und Brugsch, Thesaurus VI S. XIV ff. (S. 1554 ff.).

2) Für diese Hieroglyphe vergl. Stern a. a. O. S. 103, Z. 4 der Chahapi-inschrift.

3) Um mich über die obigen Fragen zu vergewissern fragte ich bei Herrn Professor Steindorff an; liebenswürdigerweise antwortete er mir folgendermaßen: „Was der Titel ān sa in der Chahapiinschrift ist, weiß ich nicht; es wäre ja vielleicht denkbar, daß ān sa hier eine spielende Wiedergabe von āa n sa des Kanopus wäre und φύλαρχος bedeutete; aber das ist nur Vermutung."

4) Kanopus Z. 26—27: εἰς [δὲ] τὴν φυλὴν ταύτην καταλεχθῆναι τοὺς ἀπὸ τοῦ πρώτου ἔτους γεγενημένους ἱερεῖς καὶ τοὺς προσκαταταγησομένους ἕως μηνὸς Μεσορὴ τοῦ ἐν τῷ ἐνάτῳ ἔτει κτλ. Näheres über die Art und Weise der Ergänzung dieser und der anderen Phylen siehe Kapitel III. Die Erklärung dieser Stelle durch Krebs a. a. O. Ä. Z. XXXII (1894) S. 64 ist völlig verfehlt. Reitzenstein, Zwei religionsgeschichtliche Fragen S. 20 ff. bietet jetzt auch eine Erklärung dieser Stelle im Verein mit den beiden folgenden Zeilen 28 u. 29 (τοὺς δὲ προυπάρχοντας ἱερεῖς ἕως τοῦ πρώτου ἔτους εἶναι ὡσαύτως ἐν ταῖς αὐταῖς φυλαῖς, ἐν αἷς πρότερον ἦσαν, ὁμοίως δὲ καὶ τοὺς ἐκγόνους αὐτῶν ἀπὸ τοῦ νῦν καταχωρίξεσθαι εἰς τὰς αὐτὰς φυλάς, ἐν αἷς οἱ πατέρες εἰσίν). Wegen der wichtigen Folgerungen über den Grund der Einrichtung der fünften Phyle, die Reitzenstein hieraus zieht, muß ich hier schon kurz meinen ablehnenden Standpunkt begründen (im übrigen vergl. Kapitel III). Im Griechischen (Z. 26—27), ebenso wie in den entsprechenden hieroglyphischen und demotischen Stellen findet sich doch auch nicht die leiseste Andeutung, daß die hier an zweiter Stelle Genannten (in Z. 27) auf irgend eine andere Weise ihr priesterliches Amt erlangen sollten als die zuerst Erwähnten. Da nun diese wohl durchweg als Priestersöhne vom König in ihre Phyle eingereiht worden sind (siehe zu dieser Erklärung das Nähere in Kapitel III), so muß man doch in den an zweiter Stelle Genannten auch Priestersöhne sehen und darf diese doch nicht ganz aus dieser zweiten Kategorie ausschließen, wie dies Reitzenstein tut, indem er zwischen den zuerst und den zu zweit Genannten einen schroffen Gegensatz konstruiert. Reitzenstein ist zu dieser Auffassung gelangt, indem er in Z. 29 ἀπὸ τοῦ νῦν auf den Tag des Dekretes bezieht und dann allerdings mit Recht folgert: Da die Priestersöhne vom Tage des Dekretes an wieder den

fünften Phyle und ihrer Bezeichnung als „$\varphi v \lambda \grave{\eta}$ $\tau \tilde{\omega} v$ $E \dot{v} \varepsilon \varrho \gamma \varepsilon \tau \tilde{\omega} v$ $\vartheta \varepsilon \tilde{\omega} v$" (Kanopus, Z. 25), wird in dem Dekret (Z. 25—26) die Tatsache angegeben, daß Euergetes I. am fünften Dios geboren sei, eine Begründung, die einer der beliebten Zahlenspielereien ihren Ursprung verdanken dürfte.[1] Den wahren Grund wird man in einer ganz anderen Richtung zu suchen haben; die folgende Erklärung gebe ich allerdings unter allem Vorbehalt. Man möge sich der Sitte erinnern, die seit dem Tode Alexanders des Großen in den griechischen Städten so überaus beliebt geworden war, neue Phylen und Demen einzurichten und diese dann nach berühmten Königen und dergleichen, um ihnen zu schmeicheln, zu benennen. So sind auch gerade zur Zeit Euergetes' I. (229 n. Chr.) in Athen eine neue Phyle $\Pi \tau o \lambda \varepsilon \mu \alpha \ddot{\imath} \varsigma$ und ein neuer Demos $B \varepsilon \varrho \varepsilon \nu \iota \varkappa \acute{\iota} \delta \alpha \iota$ eingerichtet worden,[2] natürlich unter Billigung, vielleicht sogar auf indirekte Anregung des Königs, durch dessen Geld damals Athen von der makedonischen Fremdherrschaft befreit worden war. In Ägypten ist dieses Prinzip, wo es nur anging, von den Griechen ebenfalls befolgt worden, hier zu Ehren des eigenen Herrscherhauses; in den Namen von Phylen und Demen von Alexandria und Ptolemais sind einige Belege hierfür vorhanden.[3] Unter diesen Umständen muß die Annahme ganz

alten vier Phylen zugewiesen werden, können in den an zweiter Stelle Genannten, die vom Tage des Dekrets bis zum Schluß des Jahres Priester werden, keine Priestersöhne enthalten sein. Doch man braucht $\dot{\alpha} \pi \grave{o}$ $\tau o \tilde{v}$ $v \tilde{v} v$ eben gar nicht auf den Tag des Dekretes zu beziehen und darf es meiner Meinung auch nicht, da sonst ja Z. 29 den Angaben von Z. 26—27 widersprechen würde; $\dot{\alpha} \pi \grave{o}$ $\tau o \tilde{v}$ $v \tilde{v} v$ ist hier offenbar wie oft das Deutsche „von nun an" nicht auf einen ganz bestimmten Tag zu beziehen, sondern allgemeiner zu fassen; es soll hier eben nur bedeuten, daß von nun an, nachdem natürlich die beiden vorher angegebenen Ausnahmen ihre Erledigung gefunden haben, die Rekrutierung der Phylen wieder auf die alte Weise erfolgen solle. Außerdem ist Reitzensteins Erklärung auch aus inneren Gründen abzulehnen (siehe S. 28, A. 2). Schließlich sei noch angeführt, daß der Grund dafür, daß auch die nach dem Erlaß des Dekrets bis zum Schluß des Jahres Priester Werdenden, der fünften Phyle eingereiht werden sollen, wohl darin zu suchen ist, daß man nicht einen Priesterjahrgang (hier den des 9. Jahres des Königs) zersplittern wollte; ein Einschnitt an einem beliebigen Tage des Jahres würde auch sicher administrative Schwierigkeiten hervorgerufen haben.

1) Auch Lepsius, Das bilingue Dekret von Kanopus, I S. 10 hat die im Dekret sich findende Begründung verworfen.

2) Siehe F. O. Bates: The five post Kleisthenian tribes in Cornell studies in classical philology VIII (1898) S. 27 ff.

3) **Alexandrien.** Phyle $\Pi \tau o \lambda \varepsilon \mu \alpha \iota \varepsilon \acute{v} \varsigma$: $B \iota \acute{o} \gamma \varrho \alpha \varphi o \iota$ S. 50 (Biographie des Apollonios) ed. A. Westermann, Kallimachos in Anthol. Graec. VII 520 (so auch Bates a. a. O. S. 29); Demos $\Phi \iota \lambda o \mu \eta \tau \acute{o} \varrho \varepsilon \iota o \varsigma$: C. I. Gr. III 4678; **Ptolemais.** Phyle $\Pi \tau o \lambda \varepsilon \mu \alpha \iota \varepsilon \acute{v} \varsigma$: gr. Inschrift, publ. von Jouguet, B. C. H. XXI (1897) S. 188; Demos $B \varepsilon \varrho \varepsilon \nu \iota \varkappa \varepsilon \acute{v} \varsigma$: gr. Inschrift, publ. von Jouguet, B. C. H. XXI (1897) S. 188; Demos $K \lambda \varepsilon o-\pi \acute{\alpha} \tau \varepsilon \iota o \varsigma$: gr. Inschrift, publ. von Jouguet, B. C. H. XX (1896) S. 398; Demos $\Phi \iota \lambda o-\mu \eta \tau \acute{o} \varrho \varepsilon \iota o \varsigma$: P. Tor. 13,5 (vielleicht auch auf den gleichnamigen alexandrinischen Demos sich beziehend); P. Amh. II 45,5; $\Phi \iota \lambda \omega \tau \acute{e} \varrho \varepsilon \iota o \varsigma$: P. Grenf. I 12, 15

wahrscheinlich erscheinen, daß ähnliche Gründe auch für die Errichtung der neuen Priesterphyle maßgebend gewesen sind. Bei dem Könige mag sich, als er auf dem Gipfel seiner Macht stand, immerhin der Wunsch geregt haben, einer der hoch angesehenen Verbände der ägyptischen Priesterschaft, eine der Priesterphylen, möchte seinen Namen tragen; einen besseren Beweis für die enge Verbindung des neuen Herrscherhauses mit den Priestern konnte es ja kaum geben. Eine der heiligen uralten Bezeichnungen der bisherigen Phylen deswegen zu beseitigen hat man jedoch offenbar nicht für opportun gehalten, und so hat man sich in seiner Schmeichelei dazu verstiegen, eine neue Phyle zu gründen, die man dann ungescheut nach dem Namen des königlichen Gottes benennen konnte. Sehr wohl möglich ist es, daß die Einrichtung einer neuen Phyle auch dadurch begünstigt worden ist, daß in einzelnen Tempeln die Mitgliederzahl der alten Phylen im Laufe der Jahrhunderte sicher eine überaus große geworden war (siehe im folgenden die Angaben über die große Anzahl Priester an einem Heiligtum), und daß die Menge der gleichzeitig zur Ausübung ihres Dienstes antretenden Priester direkt hinderlich wirken konnte.[1]) Im Falle der Richtigkeit dieser Annahme ist die Neuschöpfung auch als eine verdienstliche organisatorische Einrichtung zu bezeichnen.[2])

---

u. 22 (wo Grenfells Lesung in *Φιλωτέρειο* [ς] zu berichtigen ist); P. Amh. II 36,4; gr. Inschrift, publ. von Jouguet, B. C. H. XXI (1897) S. 190. Welcher Stadt der P. Petr. I 19, 10 genannte Demos *Φιλαδέλφειος* (siehe hierzu Wilcken, Rezension von Mahaffy, The Flinders Petrie Papyri, G. G. A. 1895 S. 130 ff. [138]) zuzuweisen ist, ist zweifelhaft. Vergl. zu all diesen Bemerkungen auch den inzwischen erschienenen Aufsatz von Kenyon, Phylae and Demes in Graeco-Roman Egypt, Archiv II S. 70 ff.

1) Man vergleiche hierzu die Schöpfung von 24 Dienstklassen bei den jüdischen Priestern, als deren Zahl zu groß geworden, als daß sie alle gleichzeitig fungieren konnten. Siehe E. Schürer, Geschichte des jüdischen Volkes im Zeitalter Jesu Christi II³ S. 232 ff. Die obige Annahme erscheint mir wahrscheinlicher als etwa die, daß die Errichtung der fünften Phyle eine Erleichterung den amtierenden Priestern verschaffen sollte, die jetzt erst nach vier, statt wie bisher nach drei Zeitabschnitten an die Reihe kamen Dienst zu tun.

2) Reitzenstein, Zwei religionsgeschichtliche Fragen S. 21 ff. ist inzwischen in Anschluß an seine Erklärung von Kanopus Z. 26 ff. (vergl. S. 26, A. 4) zu einer anderen Deutung der Neuschaffung einer fünften Phyle gelangt, doch kann ich mich ihr nicht anschließen, denn schon der Ausgangspunkt Reitzensteins scheint mir verfehlt zu sein. Man darf doch nicht, wie er es tut, die Gründung einer ägyptischen Priesterphyle i h r e m   i n n e r e n   W e s e n nach der eines neuen Geschlechtsverbandes in einem griechischen Gemeinwesen gleichsetzen, und trotz des verschiedenen Charakters, den die beiden Gebilde tragen, gleiche Zwecke annehmen. Bei dem griechischen Geschlechtsverbande konnte man allerdings infolge der lokalen Beschränkung, die jeder n e u g e g r ü n d e t e an sich trug (die a l t e n Phylen darf man allerdings bekanntlich nicht als lokale Verbände bezeichnen), seiner Zeit daran denken, die Verschmelzung verschiedener Elemente, überhaupt bestimmte Zwecke, zu erreichen und ihm so einen einheitlichen Charakter aufzuprägen; bei einer ägyptischen Priesterphyle

Daß den Mitgliedern der fünften Phyle außer den allgemeinen priesterlichen Funktionen noch eine besondere Beschäftigung zuerteilt

mußte dieses jedoch von vornherein jedem vernünftigen Politiker unmöglich erscheinen. Denn ihnen, den alten sowie natürlich auch der nach denselben Prinzipien neugegründeten, hat stets jeder lokale und zugleich jeder einheitliche Charakter gefehlt, da sie sich ja über alle ägyptischen Tempel erstreckt haben und so in wohl Hunderte verschiedener Teile zerfallen sind, die augenscheinlich außer der gleichen Benennung nichts miteinander gemeinsam hatten. Ferner verkennt Reitzenstein infolge von Benutzung veralteten und Nichtberücksichtigung des neuen Materials (a. a. O. S. 27, vergl. im folgenden S. 36) vollständig die Stärke einer ägyptischen Priesterphyle, er berücksichtigt nicht, wie stark der jährliche Zuwachs der einzelnen Phylen gewesen ist und wie stark infolgedessen auch gleich die neue Phyle allein durch die Übernahme von über acht solcher Jahrgänge an alten Elementen werden mußte. Unter solchen Umständen ist es wohl ganz ausgeschlossen, daß man daran hätte denken können, der auf diese Weise schon festgefügten, andererseits aber auch in so viele Teile zerfallenden neuen Phyle nun durch Hinzufügung einiger neuen Elemente — die Zufügung großer Massen nimmt wohl auch Reitzenstein nicht an, und sie darf man auch natürlich nicht annehmen — einen besonderen, beabsichtigten Charakter zu verleihen, sie etwa den Zwecken des Staates dienstbar zu machen, es mußte ebenso schwer wie bei jeder der alten Phylen fallen, ebenso unmöglich erscheinen, also wozu da erst die Schaffung einer neuen Phyle? Neue Elemente konnten ja auch den alten Phylen zugefügt werden, und es ist dies auch in der Tat geschehen (vergl. Kapitel III; dies gibt auch Reitzenstein zu, und zwar öfters, siehe z. B. auch S. 22/23), natürlich nur in der Absicht, sich der Priesterschaft eines bestimmten Heiligtums besser zu versichern, und nicht etwa, um etwas bei einer ganzen Phyle zu erreichen. — Schließlich sei hier noch der Gedanke Reitzensteins zurückgewiesen, daß damals und durch die Neugründung der fünften Phyle griechische Geschlechter zu dem national-ägyptischen Kult herangezogen worden seien. Bei allem Synkretismus scheint es mir vollständig undenkbar, daß damals um die Mitte des 3. Jahrhunderts v. Chr. Griechen in größerer Menge in den erblichen ägyptischen Priesterstand eingetreten sind, und die Beweise, die Reitzenstein (S. 22) für seine kühne Hypothese anführt, sind auch in der Tat durchaus zu beanstanden; der Apollonios ὁ ἀρχιερεὺς λεγόμενος (Susemihl, Geschichte der griechischen Literatur in der Alexandrinerzeit, I S. 648) aus Letopolis braucht doch keineswegs Oberpriester der ägyptischen Kirche gewesen zu sein, ihn kann man ebensogut als griechischen ἀρχιερεὺς auffassen, und wie seltsam müßte dann weiterhin, falls Reitzenstein Recht hätte, die Annahme berühren, daß dieser Oberpriester der ägyptischen Religion später ausgewandert ist und in Kleinasien „Karische Geschichten" geschrieben hat! Daß Leon von Pella (Susemihl, a. a. O. I S. 315) ägyptischer Priester gewesen ist, läßt sich durch nichts belegen, außer dadurch, daß er im Sinne einer Verschmelzung gearbeitet hat; doch dann könnte man mit demselben Recht in Herodot, dem jüngeren Hekataeos und Plutarch ägyptische Priester sehen. Über Eraton siehe S. 44. Über Apollonios (Reitzenstein S. 22, A. 3) vergl. S. 42, A. 4. Der Vergleich mit den Klausnern des memphitischen Serapeums ist schließlich ganz verfehlt, da sie ja mit ägyptischen Priestern weiter nichts zu tun haben; Reitzenstein scheint Preuschens Ausführungen (Mönchtum und Sarapiskult usw.) nicht zu kennen. Vergl. über sie dieses Kapitel H, c. Diese Ablehnung von Reitzensteins Ansicht über den Grund der Schöpfung der fünften Phyle bildet für mich, wie schon bemerkt (Anm. 4 auf S. 26) einen weiteren Beweis für die Richtigkeit meiner Auffassung von „ἀπὸ τοῦ νῦν" in Kanopus Z. 29.

worden ist, dafür sind keine Belege vorhanden, und außerdem erscheint es schon an und für sich nicht recht glaubhaft, da wir für keine der anderen Phylen nachweisen können, daß ihr besondere Aufgaben obgelegen haben. Was Revillout (Chrest. dém. S. IX) einst hierüber behauptet hat, daß nämlich der fünften Phyle das Tempelnotariat zugefallen sei (vergl. VIII. Kapitel), dürfte er wohl selbst nicht mehr vertreten, seitdem seine Lesung des demotischen Titels des „μονο-γράφος" „au nom des prêtres de la cinquième classe" sich als falsch herausgestellt hat und man vielmehr „au nom des prêtres des cinq classes" lesen muß.[1])

Die Neuschöpfung Euergetes' I. hat Bestand gehabt. Aus ptole-mäischer Zeit ist uns bisher die Gesamtheit der fünf Phylen, die πενταφυλία, besonders aus zahlreichen demotischen Papyri des 2. Jahr-hunderts v. Chr. bekannt geworden und vor allem für den berühmten Tempel des Amonrasonter zu Theben zu belegen.[2]) Auch eine grie-

---

1) Chrest. dém. S. 501 notiert Revillout unter den Errata die oben ange-führte Verbesserung seiner Lesung, die durch H. Brugsch erfolgt ist; man darf darnach wohl in allen von Revillout vorher publizierten demotischen Papyri, wo er „de la cinquième classe" übersetzt hat, wenn er seine Übersetzung auch nicht ausdrücklich richtig stellt, die Brugsche Lesung einsetzen. Neuerdings übersetzt auch Griffith in dem dem. P. Lond., publ. P. S. B. A. XXIII (1901) S. 297 die betreffende demotische Gruppe durch „of the five orders" und Spiegelberg, dem. P. Straßb. 7 (S. 22), 6 (S. 25), 9 (S. 26), 43 (S. 27), 8 (S. 32) durch „im Namen der fünf Priesterklassen". Wunderbarerweise lautet die Spiegelbergsche Über-setzung der betreffenden Formel in den von ihm mit den Straßburger Papyri fast gleichzeitig herausgegebenen demotischen Berliner Papyri (dem. P. Berl. 3114 u. 3140 [S. 7], 3112 [S. 8], 3119 [S. 10], 3113 [S. 11], 3080 [S. 13], 3103 [S. 15], 3106 u. 3139 [S. 16]) „im Namen der Priester fünfter Klasse", wie diese Übersetzung zu deuten ist, weiß ich nicht, doch möchte ich auf Grund der an-deren Angaben an den obigen Auseinandersetzungen festhalten.

2) Zeit Ptolemäos' IV. Philopators: dem. P. Lond., publ. von Revillout P. S. B. A. XIV (1891/92) S. 60 ff. und von Griffith P. S. B. A. XXIII (1901) S. 294 ff.

Zeit Ptolemäos' V. Epiphanes': dem. P. Louvre 2435, publ. Chrest. dém. S. 389 ff.; dem. P. Berl. 3114 u. 3140, publ. N. Chrest. dém. S. 66 ff. und Spiegel-berg S. 7; dem. P. (Photographie 2 des Louvre), publ. Chrest. dém. S. 395 ff., wohl gleich dem. P. Marseille, publ. Rev. ég. II S. 148 A. 7 (er gehört dem 14. Jahre des Königs Anchtu [?] an, des Zeitgenossen des Epiphanes, siehe Mahaffy, Empire S. 312 ff.).

Zeit Ptolemäos' VI. Philometors I.: dem. P. Louvre 3440, publ. Chrest. dém. S. 375 ff.; dem. P. Berl. 3112 (Spiegelberg S. 8); dem. P. Louvre 2416, publ. Chrest. dém. S. 343 ff.; dem. P. Louvre 2417, publ. Chrest. dém. S. 351 ff.; dem. P. Bibliothèque Nationale 218, publ. Chrest. dém. S. 62 ff.

Zeit Ptolemäos' VIII. Euergetes' II.: dem. P. Berl. 3119 (Spiegelberg S. 10); dem. P. Berl. 3113, publ. N. Chrest. dém. S. 79 ff. und Spiegelberg S. 11; dem. P. Berl. 3080 (Spiegelberg S. 13); dem. P. Turin 174, 23, publ. N. Chrest. dém. S. 103 ff.; dem. P. Turin 174, 14, publ. Chrest. dém. S. 308 ff.; dem. P. Wien 26, publ. N. Chrest. dém. S. 87 ff.; dém. P. Louvre 2418 u. 2410, publ. Chrest. dém. S. 85 ff.

Zeit Ptolemäos' X. Philometors II. Soters: dem. P. Berl. 3103. publ.

chische Inschrift aus der Zeit Ptolemäos' VI. Philometors I. (Strack, Inschriften 95) scheint die Gesamtheit der fünf Priesterphylen eines ägyptischen Tempels, nämlich die des Heiligtums des $Xvo\mu\grave{\omega}$ [1]) [N]$\varepsilon\beta\iota\eta\beta$ in Elephantine zu erwähnen; es dürfte nämlich in der Lücke auf Z. 20 dieser Inschrift „$o\dot{\iota}$ $\ddot{\alpha}\lambda\lambda o\iota$ [$\iota\varepsilon\varrho\varepsilon$]$\tilde{\iota}\varsigma$ [$\bar{\varepsilon}$ φ]$v\lambda\dot{\iota}\alpha\varsigma$" zu ergänzen sein.[2])

Darauf hinweisen möchte ich noch, daß wir auch für die einzelnen Phylen aus dieser Zeit eine Reihe Beispiele besitzen; so hat z. B. der Hohepriester des Ptah von Memphis, Anemho (Mitte des 3. Jahrhunderts v. Chr.), der dritten Phyle seines Tempels angehört;[3]) wenn dann sein Sohn Harmachis als Mitglied der fünften Phyle erwähnt wird,[4]) obwohl sonst Blutsverwandte stets der gleichen Phyle angehören (vergl. Kapitel III), so haben wir hier zugleich einen Beleg für die Neubildung der fünften Phyle vor uns; Harmachis hat eben zu den Priestern gehört, die in den ersten neun Jahren des dritten Ptolemäers ihr priesterliches Amt angetreten haben; zeitlich ist es auch durchaus möglich. Außerdem sind uns noch die zweite und die vierte Phyle des Ptahtempels zu Memphis bekannt geworden, indem Mitglieder der ebenerwähnten Familie aus dem 3. und 2. Jahrhundert v. Chr. als Schreiber ($\iota\varepsilon\varrho o\gamma\varrho\alpha\mu\mu\alpha\tau\varepsilon\tilde{\iota}\varsigma$ offenbar) der zweiten und vierten Phyle[5]), beziehungsweise der vierten und fünften Phyle[6]) bezeichnet werden; diese Formel soll nun nicht etwa die Angehörigkeit zu zwei Phylen ausdrücken, da jeder natürlich nur einer Phyle angehören konnte, sondern jedenfalls nur, daß die Betreffenden für die genannten Phylen die $\iota\varepsilon\varrho o\gamma\varrho\alpha\mu\mu\alpha\tau\varepsilon\tilde{\iota}\varsigma$ waren, daß also nicht jede ihren

---

N. Chrest. dém. S. 121 ff.; dem. P. Straßb. 7 (Spiegelberg S. 22); dem. P. Straßb. 8 (S. 32).

Zeit Ptolemäos' XI. Alexanders I.: dem. P. Straßb. 6 (S. 25), 9 (S. 26), 43 (S. 27); dem. P. Berl. 3106 u. 3139 (Spiegelberg S. 16).

Über die in allen diesen Papyri die $\pi\varepsilon\nu\tau\alpha\varphi v\lambda\dot{\iota}\alpha$ bezeichnende Formel siehe die vorige Anmerkung. Für die Gesamtheit der fünf Phylen bietet auch Brugsch, a. a. O. der Ä. Z. II (1864) S. 18/19 einzelne Beispiele, wohl aus verschiedenen Tempeln (Nr. 1, 3, 4); die Zeit ist ptolemäisch oder römisch; vergl. S. 25 A. 5.

1) Sollte die Lesung $Xvo\mu\grave{\omega}$ richtig sein, so ist hier uns einmal im Griechischen die ältere Form des Gottesnamens $Xvo\tilde{v}\beta\iota\varsigma$ erhalten; vergl. Lepsius, a. a. O. Ä. Z. XVII (1879) S. 8 ff.

2) Vergl. P. Lond. II. 335 (S. 191) Z. 5. Der Artikel vor „$\pi\varepsilon\nu\tau\alpha\varphi v\lambda\dot{\iota}\alpha$" fehlt meistens in dieser Verbindung, siehe B. G. U. I 149, 6 u. öfters. Für die Ergänzung des vollen Wortes $\pi\varepsilon\nu\tau\alpha\varphi v\lambda\dot{\iota}\alpha$ ist die von Strack angegebene Lücke etwas klein.

3) Hieroglypische Stele Wien, Saal IV Nr. 88, publ. bei Brugsch, Thesaurus V S. 902 ff (903).

4) Hieroglyphische Stele Wien, Saal IV Nr. 52, siehe Krall in Sitz. Wien. Ak. Phil.-hist. Kl. Bd. CV (1883) S. 377 und Brugsch, Thesaurus V S. 915.

5) Hieroglyphisch-demotische Stele London, der demotische Text publ. bei Brugsch, Thesaurus V S. 907.

6) Demotische Stele Wien, Saal IV Nr. 1; siehe Krall a. a. O. S. 373 ff.

eigenen *ἱερογραμματεύς* besessen hat.[1]) Im übrigen sei daran erinnert,[2]) daß schon Brugsch (a. a. O. der Ä. Z. II [1864] S. 18/19) eine größere Anzahl Phylenmitglieder zusammengestellt hat, ohne freilich damals das Richtige zu erkennen;[3]) sie haben dem Ptahtempel zu Memphis, den thebanischen Heiligtümern des Amon, des Chonsu und der Mut, dem Tempel des Month zu Hermopolis und anderen Tempeln angehört und bieten Beispiele für die einzelnen (erste bis vierte) Phylen; einige von ihnen dürften allerdings schon in die römische Zeit gehören.[4])

Aus dieser sind uns auch sonst zahlreiche Beispiele, sowohl für die Gesamtheit der fünf Phylen, wie für die einzelnen Phylen bekannt geworden. Allerdings beschränken sich diese weiteren Beispiele bisher, so viel ich weiß, auf einen Tempel, aber man darf wohl trotzdem mit gutem Recht behaupten, daß auch die übrigen ägyptischen Tempel die alte Phylenorganisation auch in römischer Zeit beibehalten haben werden, daß auch jetzt die Bestimmung von Kanopus, jeder Tempel solle Mitglieder aller fünf Phylen besitzen, in Geltung geblieben sein wird. Der Soknopaiostempel zu Soknopaiu Nesos ist es, für den wir das Fortbestehen der *πενταφυλία* seiner Priesterschaft bis zum Jahre 221 n. Chr. belegen können,[5]) und für den auch eine große Anzahl Mitglieder der einzelnen fünf Phylen für die Jahre 108 n. Chr. bis 221 n. Chr. nachweisbar sind.[6]) Natürlich ist nicht etwa, wie man

---

1) Hierzu vergleiche man den *μονογράφος* aller fünf Phylen, siehe S. 30.

2) Revillout, Mélanges S. 476 (im Anschluß an die hieroglyphische Stele des Louvre 1160) bietet z. B. noch ein Beispiel für die vierte Phyle wohl eines thebanischen Tempels; siehe auch noch dem. P. Louvre 2429 bis, publ. Chrest. dém. S. 229, wo allem Anschein nach die vierte Priesterphyle des Tempels des Month von Hermonthis erwähnt ist.

3) Daß die Hieroglyphe ⴲ = sa Phyle bedeutet, ist erst durch die Inschrift von Kanopus erkannt worden.

4) Hierauf weist mich Herr Professor Steindorff hin; mit Bestimmtheit kann er mir allerdings auch nicht die nähere Datierung der in betracht kommenden Inschriften angeben.

5) P. Straßb. 60 (bei Reitzenstein, a. a. O. S. 2) Col. 1, 8 (Ende der Regierung des Antoninus Pius); B. G. U. I 16, 6 (159/60 n. Chr.); P. Lond. II 335, 5 (S. 191) (166/7 [? 188/9] n. Chr.); B. G. U. II 433, 10 (um 190 n. Chr.); B. G. U. I 149, 6 (Ende des 2. Jahrhunderts n. Chr.); B. G. U. I 1, 17 (Ende des 2. Jahrh. n. Chr.); P. Lond. II 353, 7 (S. 112) (224 n. Chr.).

6) Belegt sind: Die erste Phyle: P. Amh. II 112, 6/7 (1 Mitglied: 128 n. Chr.); P. Lond. II 334, 7 u. 10 (S. 211) (2 Mitglieder: 166 n. Chr.); B. G. U. I 28, 11 (1 Mitglied: 183 n. Chr.); B. G. U. II 433, 3 ff. (3 Mitglieder: um 190 n. Chr.); B. G. U. I 258, 9 u. 11 ff. (6 Mitglieder: 2. Jahrh. n. Chr.); B. G. U. I 162, 18 ff. (2 Mitglieder: 2./3. Jahrh. n. Chr.); B. G. U. II 627, frg. 1 u. Col. 1 von B. G. U. II 406, 1—8 (7 Mitglieder: 2./3. Jahrh. n. Chr.).

Die zweite Phyle: B. G. U. II 627, frg. 1 u. Col. 1 von B. G. U. II 406 Z. 9—20, B. G. U. II 406 Col. 2, 1—Col. 3, 8 (31 Mitglieder: 2./3. Jahrh. n. Chr.).

Die dritte Phyle: P. Amh. II 74, 4/5 (1 Mitglied: 147 n. Chr.); B. G. U. II 433, 7 ff. (2 Mitglieder: um 190 n. Chr.); B. G. U. II 406, Col. 3, 9—Col. 4, 19 (24 Mitglieder: 2./3. Jahrh. n. Chr.); B. G. U. II 296, 3 ff. (1 Mitglied: 219/20 n. Chr.).

vielleicht aus der in beiden Fällen angeführten Zahl 221 n. Chr.
schließen könnte, bald nach diesem Datum die Phyleneinteilung beseitigt worden, wenigstens ist uns hierüber nichts bekannt, und ein
Grund für eine solche für die Organisation der ägyptischen Priester
äußerst einschneidende Maßregel auch nicht ersichtlich, vielmehr
dürfte sie wohl erst zugleich mit der ägyptischen Priesterschaft ihr
Ende gefunden haben. Daß wir für die spätere Zeit, von der Mitte
des 3. Jahrhunderts n. Chr. ab, keine Belege für den Fortbestand der
Priesterphylen besitzen, wird bei Prüfung der urkundlichen Tradition
dieser Zeit ganz verständlich, die uns nur noch sehr wenige Mitteilungen über ägyptische Priester bietet, obwohl diese sicher
wohl noch das ganze 3. Jahrhundert n. Chr. in gleicher Weise wie
bisher geblüht haben.[1] Ferner muß man sich auch das vor Augen
halten, daß die Priester ihre Zugehörigkeit zu einer Phyle nicht in
jedem Dokument betont haben werden[2]) — wird doch mitunter sogar

---

Die vierte Phyle: B. G. U. III 706, 5 (1 Mitglied: 117/18 n. Chr.); B. G. U.
I 86, 3/4 (1 Mitglied: 155 n. Chr.); P. Amh. II 113, 6/7 (1 Mitglied: 157 n. Chr.);
B. G. U. I 258, 1 ff. (4 Mitglieder: 2. Jahrh. n. Chr.); B. G. U. I 296, 5 ff. (3 Mit-
glieder: 219/20 n. Chr.); P. Lond. II 353, 4 (S. 112) (3 Mitglieder: 221 n. Chr.).
Die fünfte Phyle: B. G. U. I 163, 4 ff. (mehrere Mitglieder: 108 n. Chr.);
B. G. U. I 87, 9 ff. (1 Mitglied: 144 n. Chr.); P. Lond. II 329, 4 ff. (S. 113) (1 Mitglied: 164 n. Chr.); P. Lond. II 338, 6 u. 12 (S. 68) (2 Mitglieder: 170 n. Chr.);
B. G. U. I 28, 2 ff. (1 Mitglied: 183 n. Chr.); B. G. U. I 258, 5—8 (4 Mitglieder:
2. Jahrh. n. Chr.); B. G. U. I 296, 9 ff. (1 Mitglied: 219/20 n. Chr.); P. Lond. II
353, 6/7 (S. 112) (2 Mitglieder: 221 n. Chr.).
Unbestimmte Phyle: B. G. U. II 627, frg. 2 (17 Mitglieder: 2./3. Jahrh.
n. Chr.); außer der zweiten Phyle sind alle Phylen möglich, die dritte freilich am
unwahrscheinlichsten; in B. G. U. I 199 Recto, 12 möchte ich die Phylenbezeichnung
ergänzen: ἱερεῖς τῆς [x. φυλῆς] καὶ ἄ[λ(λοι)] (? λ[οιπ(οὶ)] ἱερεῖς κτλ. (195 n. Chr.).
Mitglieder der dritten, vierten und fünften Phyle werden auch in größerer
Anzahl in einem noch unpublizierten P. Lond. 364 (vergl. P. Lond. II S. XXXIV
1. oder 2. Jahrh. n. Chr.) genannt; auch in einem unpubl. P. Münch. erscheinen
mehrere Priester verschiedener Phylen. Schließlich finden sich auch nach den
Angaben Wesselys, Kar. u. Sok. Nes. (Personenverzeichnis S. 81 ff.) in den unpubl.
P. Rainer öfters Mitglieder der verschiedenen (1.—5.) Priesterphylen (wohl alle
dem Soknopaiostempel angehörig, 2. u. 3. Jahrh. n. Chr.) erwähnt; auch die
πενταφυλία des Soknopaiostempels wird in ihnen genannt.
1) Hervorheben möchte ich, daß auch infolgedessen die ganze
folgende Darstellung im wesentlichen die römische Zeit nur bis
zum Anfang des 3. Jahrhunderts n. Chr. berücksichtigen und nur in
einzelnen Punkten auf die spätere Zeit eingehen kann; in Betracht
zu ziehen ist allerdings, daß man, wie schon oben hervorgehoben,
das Fortbestehen der bisherigen Verhältnisse der Priester Ägyptens wohl auch noch für das ganze 3. Jahrhundert n. Chr. annehmen darf.
2) Ein lehrreiches Beispiel hierfür sind z. B. die Priester des leitenden
Priesterkollegiums (vergl. S. 46 ff.), die sicher zu den Phylenpriestern gehört haben
und auch nicht immer ihre Phyle nennen; vergl. z. B. P. Lond. II 281 (S. 65),
Z. 1 ff.; 286 (S. 183), Z. 1 ff.; 335 (S. 191), Z. 1 ff. u. 23 ff. P. Straßb. 60 (bei Reitzen-

bei Priestern ihr Priestertitel ausgelassen[1]) —, ähnlich wie in der
Zeit nach dem Erlaß der Constitutio Antoniniana (212 n. Chr.) in Ägypten
manchmal verabsäumt worden ist, dem griechischen Namen den römischen Gentilnamen der Aurelier hinzuzufügen, obgleich die betreffenden
infolge ihrer sozialen Stellung unbedingt cives Romani gewesen sind.[2])
Ferner ist auch zu beachten, daß bei Priestern höheren Ranges im
allgemeinen nicht angegeben wird, welcher Phyle sie angehört haben;
bei ihnen erschien dies vielleicht unwesentlich. Natürlich haben sie
trotzdem alle, nicht etwa bloß die, bei denen wir zufällig die Angabe der Phyle finden,[3]) einer solchen angehört (vergl. im folgenden
Abschnitt H, a [Anfang]); freilich sei hier gleich bemerkt, daß es tatsächlich ägyptische Priester gegeben hat, die nicht zu den Phylen gehört haben, gewisse niedere priesterliche Funktionäre haben außerhalb
derselben gestanden (vergl. im folgenden Abschnitt H, a [Anfang]).

Von den in die Phylen eingegliederten Priestern besitzen wir nun
einige allerdings nur sehr fragmentarisch erhaltene Namenslisten, die
alle aus römischer Zeit stammen dürften.[4]) In ihnen sind die zu derselben Phyle gehörenden Priester zusammen aufgeführt, die einzelnen

stein, a. a. O. S. 2 ff.), Col. 2, 7 ff.; C. P. R. I. 221, 1 ff.; auch B. G. U. II 392,
Col. 2, 6 ff.; vergl. B. G. U. I 87, 3 u. 347, Col. 1, 6 (vergl. Kapitel III); siehe
auch die beiden Priester in P. Lond. II 347 (S. 71), Z. 5 ff.

1) Vergl. das letzte Beispiel der vorigen Anm.; siehe auch B. G. U. I 250, 356;
III 718; P. Lond. II 472 (S. 82); P. Gen. 32; zu allen diesen Belegen vergl.
Wilcken, Ostr. I S. 384/85. Ein instruktives Beispiel bietet dann z. B. ein Prie-
ster des Soknopaiostempels aus der Zeit des Augustus und Tiberius, der bald
mit, bald ohne Priestertitel genannt wird; vergl. die verschiedenen bei Wessely,
Taf. gr. S. 3—6 genannten Papyri aus Wien und London. Siehe auch B. G. U.
I 347, Col. 2, 3 (vergl. auch Kapitel III für diesen Papyrus).

2) Siehe z. B. C. I. Gr. III 5069, wo der angeführte Μύρων als Prokurator
auf jeden Fall römischer Bürger gewesen ist und doch keinen Gentilnamen führt;
dann C. I. Gr. III 4989 u. 5000, wo βουλευταί ohne Aurelierbezeichnung vorkommen; das gleiche ist in C. P. R. I 10, 1 der Fall; der hier genannte Ἀδέλφιος
führt jedoch in anderen Dokumenten den ihm zu erwartenden Aureliernamen;
siehe unpubl. P. Wien 1589 u. 4223, erwähnt C. P. R. I S. 33. Interessant ist auch
ein demotisch-griechisches Mumientäfelchen des Louvre 9495, publ. von Revillout,
Rev. ég. VII S. 29, wo der betreffende im Griechischen Αὐρήλιος Ἀρνώθης genannt wird und wo im Demotischen keine Spur von Αὐρήλιος erhalten ist; siehe
ferner B. G. U. II 362 p. 9, 10 im Gegensatz zu p. 16, 20. Dergleichen Beispiele
ließen sich noch viel anführen, vergleiche noch meine Bemerkungen im Anhang III dieses Kapitels.

3) Vergl. S. 31, A. 3 u. 4, auch 5 u. 6. Siehe auch Strack, Inschriften
Nr. 95, wo ein προφήτης καὶ οἱ λοιποὶ ἱερεῖς πενταφυλίας genannt wird, und
Brugsch, a. a. O. der Ä. Z. II (1864) S. 18/19, ferner führen die Tempelleiter
die Phylenbezeichnung in B. G. U. II 6, 3 ff.; 199 Recto, 11 ff. (siehe S. 32, A. 6);
296, 3 ff.; II 433, 3; P. Lond. II 353 (S. 112), Z. 2 ff.

4) B. G. U. I 258; II 406 cf. 627; unpubl. P. Lond. 364 (P. Lond. II S. XXXIV);
siehe auch B. G. U. I 162, 15 ff., wenn auch diese Aufzeichnung der Priester von
etwas anderer Natur als die anderen Listen ist (vergl. VI. Kapitel). Über diese

Phylen wiederum in der Reihenfolge ihrer Zahl, doch ist das Prinzip der Anordnung der Priester in der Phyle selbst nicht recht ersichtlich. Das Alter, das bei jedem genannt wird, ist jedenfalls hierbei nicht maßgebend gewesen; mit Sicherheit läßt sich nur erkennen, daß die Mitglieder derselben Familie zusammengestellt gewesen sind. Die Namen sind äußerst genau angegeben; so ist nicht nur der Name des Vaters und der Mutter, sondern wie auch sonst häufig auch der des väterlichen und des mütterlichen Großvaters hinzugefügt. Diese genauen Namensangaben waren durchaus nötig, da einzelne Namen in den Listen beständig wiederkehren, was eine Unterscheidung natürlich sehr erschwert.

An die Namen der Priester schließt sich in diesen Listen dann eine ebenfalls nach Phylen geordnete Aufzählung derjenigen Priesteranwärter (ἱερεῖς ἀφήλικες) an, die offenbar im nächsten Jahr das für den Antritt des Priesteramtes erforderliche Alter erreichen.[1]) Recht wahrscheinlich ist es alsdann, daß auch über diese ἱερεῖς ἀφήλικες Listen geführt worden sind, vielleicht selbständige, vielleicht im direkten Anschluß an die Priesterlisten.[2])

Außer den Priestern haben den Phylen auch Priesterinnen angehört; so ist uns eine Priesterin der ersten Phyle aus dem Jahre 183 n. Chr. bekannt geworden (B. G. U. I. 28, 10/11)[3]) und für die Ptolemäerzeit bezeugen verschiedene Stellen von Kanopus (Z. 27, 29[4]) u. 71) dasselbe. Auch unter ihnen würden wir natürlich, wenn wir mehr Beispiele besäßen, Angehörige aller Phylen finden. Über sie werden besondere Listen geführt worden sein, da in den uns erhaltenen Phylenlisten nur männliche Mitglieder genannt sind.[5])

Priesterlisten hat inzwischen auch Wessely, Kar. u. Sok. Nes. S. 63 einige Angaben gemacht.

1) B. G. U. I 258, 10 ff.: ᾧ προσγί(νονται) ϑ ἡ (= ἔτους) ἀπὸ ἀφηλίκων; unpubl. P. Lond. 364 (P. Lond. II S. XXXIV): ἀπὸ προσγι(νομένων) ιβ ἡ ἀπὸ ἀφηλίκων. Näheres siehe im III. Kapitel.

2) Nach Wessely, Kar. u. Sok. Nes. S. 63 u. 64 enthält der unpubl. P. Rainer 72 (vom Jahre 179 n. Chr.) eine derartige Liste; übrigens sind die von Wessely an den beiden Stellen über sie gegebenen Nachrichten nicht ganz übereinstimmend.

3) Die ἱέρεια der fünften Phyle in P. Lond. 329, 6 (S. 113) ist zu streichen, da hier ἱερεύς zu lesen ist; vergl. Wilcken, Rezension von Kenyon, Greek papyri in the British Museum II im Archiv I S. 131 ff. (147).

4) Das Wort ἔκγονοι in Kanopus bezeichnet sowohl die männliche wie die weibliche Nachkommenschaft; im übrigen vergl. Kapitel III.

5) Diese Phylenlisten scheinen mir in gewisser Weise ein Analogon zu den bekannten λαογραφούμενοι-Listen zu sein, in denen bekanntlich auch nur Männer verzeichnet sind. Hätten wir nun hier nicht zufällig eine Priesterin mit Bezeichnung ihrer Phyle erhalten, so würden wir vielleicht geneigt sein, aus den vorhandenen Listen zu schließen, daß Priesterinnen den Phylen nicht angehört haben. Deshalb bilden auch die λαογραφούμενοι-Listen für mich durchaus keinen

Diese Priesterlisten gewähren auch endlich einmal die Möglichkeit, uns einen ungefähren Begriff von der großen Anzahl der auch
in hellenistischer Zeit bei den ägyptischen Heiligtümern beschäftigten
Priester zu machen; zwar enthalten sie nur Belege für die römische
Zeit, doch darf man diese wohl mit gutem Recht ohne weiteres auf
die ptolemäische Epoche übertragen.[1]) Besonders lehrreich ist hier
die leider sehr fragmentarisch erhaltene Liste in B. G. U. II. 406 cf.
II. 627, die wohl dem 2. oder 3. Jahrhundert n. Chr. angehört und
den Namen nach zu urteilen, welche die bei den Soknopaiospriestern
durchaus üblichen sind, aus dem Soknopaiostempel stammen dürfte.
Sie enthält die Namen von 79 Phylenpriestern, und doch ist nur
eine Phyle, die zweite, ganz vollzählig aufgeführt — sie allein zählt
31 Mitglieder; mindestens eine, vielleicht sogar zwei Phylen sind
außerdem gar nicht erwähnt. Freilich sind in einer anderen Liste,
die aus dem 2. Jahrhundert n. Chr. stammt (B. G. U. I. 258), als
Mitglieder der vierten und fünften Phyle des in Betracht kommenden
Tempels nur je vier Personen genannt, doch die Angabe in ebenderselben Urkunde, daß allein in die erste Phyle im nächsten Jahre mindestens fünf neue Mitglieder eintreten sollen, weist wieder deutlich
auf die große Zahl der am Heiligtum amtierenden Phylenpriester hin.
Auch der noch unpublizierte P. Lond. 364 soll nach Kenyons Angabe (P. Lond. II. S. XXXIV) eine beträchtliche Anzahl Priester der
dritten, vierten und fünften Phyle enthalten. Deshalb scheint aus der
geringeren Mitgliederzahl der beiden Phylen in B. G. U. I. 258 nur zu
folgen, daß diese größeren Schwankungen mitunter unterworfen waren,
was nicht zu verwundern ist, wenn man die Art ihrer Rekrutierung
ins Auge faßt (vgl. Kapitel III); starben mehrere Priester in jungen
Jahren und hatten ihre Nachkommen noch nicht das für die Ausübung des Priesterberufes gesetzmäßige Alter erreicht, so konnte leicht
einmal eine Phyle sehr zusammenschmelzen. Diese Angaben der
Priesterlisten weisen uns also mit Sicherheit darauf hin, daß auch
noch in römischer Zeit der Priesterstand äußerst zahlreich gewesen
sein muß, besonders wenn man in Betracht zieht, daß diese Listen
keineswegs besonders bedeutenden Tempeln angehören, sondern einfachen Dorftempeln des Faijûm, vielleicht alle dem seiner Ausdehnung
nach ziemlich unbedeutend erscheinenden Soknopaiostempel.[2])

---

zwingenden Beweis, daß Frauen in Ägypten von der Kopfsteuer befreit waren.
Vergl. hierzu Wilcken, a. a. O. im Archiv I S. 136—37.

1) Nach dem folgenden sind Reitzensteins (Zwei religionsgeschichtliche
Fragen S. 27) Ausführungen zu berichtigen.

2) Krebs: Ägyptische Priester unter römischer Herrschaft in Ä. Z. XXXI
(1893) S. 31 ff. (S. 32/33) bietet die Maße des Soknopaiostempels. Freilich darf
man nach den reichen Nachrichten, die allmählich über dieses Heiligtum bekannt geworden sind, dieses keineswegs mehr zu den ganz unbedeutenden zählen,
wie dies noch Krebs tat.

Auch einige λαογραφία- (Kopfsteuer) Listen aus römischer Zeit[1])
— 94 n. Chr. — liefern uns Angaben über die Zahl der Priester in
Dörfern des Faijûm, wobei zu berücksichtigen ist, daß ein Teil der
Priester keine λαογραφία zu zahlen hatte (vgl. Kapitel V u. VII); trotzdem
finden sich unter 300 Personen, deren Stand mit Sicherheit sich
feststellen läßt, 22 Priester, also ungefähr 7%. Die Kopfsteuerzahlun-
gen, die Tempel für Priester, die keine Immunität besaßen, abgeführt
haben,[2]) kann man leider nicht benutzen, um aus ihnen sichere Schlüsse
auf die Anzahl der Priester anzustellen, da man nicht weiß, welchen
Prozentsatz der ganzen zu zahlenden Summe die hier gebuchten Ratenzahlungen — denn als solche sind sie wohl alle aufzufassen[3]) — ausmachen und man weiter in Unkenntnis ist, welcher Kopfsteuersatz hier
zu Grunde liegt. Immerhin gestatten schon diese Teilsummen, die
477, 629 und fast 638 Drachmen betragen, selbst bei Annahme einer
hohen Steuerquote, etwa 20 Drachmen pro Kopf, eine ganz beträchtliche Anzahl nicht immuner Priester an den betreffenden Tempeln
anzunehmen.

Auf die recht bedeutende Stärke der einzelnen Phylen an jedem
Tempel weist uns ferner die Institution der βουλευταὶ ἱερεῖς hin,
die sich für die ptolemäische Zeit belegen läßt. Unter ihnen hat
man einen jährlich wechselnden Ausschuß der Phylenpriesterschaft
zu verstehen, der aus fünf Delegierten einer jeden Phyle bestand,
also bis Kanopus 20, später 25 Mitglieder gezählt hat.[4]) Diese
Zahlen setzen eine große Menge Phylenpriester an jedem Heiligtume voraus, da, wie ausdrücklich eine Stelle des Dekretes von
Kanopus berichtet, in jedem Heiligtume diese priesterlichen Bu-
leuten vertreten waren und man in ihnen nicht etwa eine Reprä-
sentationsversammlung der gesamten Phylenpriesterschaft Ägyptens erblicken darf.[5]) Die βουλευταὶ ἱερεῖς haben sich an der Verwaltung

---

1) P. Lond. II 257. 258, 259 (S. 19—42).
2) P. Lond. II 460 u. 347 (S. 70), B. G. U. I, 1, 14/15.
3) Für die beiden zuerst genannten Zahlen siehe die Bemerkungen im
V. Kapitel bei der Besprechung der λαογραφία. Bezüglich der in B. G. U. I 1,
14—16 genannten 637 Drachmen, 4 Obolen, 2 Chalkus ist zu beachten, daß sie
den Überschuß der Jahreseinnahmen des Soknopaiostempels darstellen, welcher
zur Bezahlung der noch geschuldeten Kopfsteuer verwandt wird. Daß dieser
Überschuß zufällig gerade ebenso hoch gewesen ist, wie der Betrag der vom
Tempel alljährlich zu entrichtenden λαογραφία, ist doch kaum anzunehmen, man
hat also diesen höher anzusetzen.
4) Kanopus Z. 29—31: ἀντὶ δὲ τῶν εἴκοσι βουλευτῶν ἱερέων τῶν αἱρουμέ-
νων κατ' ἐνιαυτὸν ἐκ τῶν προυπαρχόντων τεσσάρων φυλῶν, ἐξ ὧν πέντε ἀφ'
ἑκάστης φυλῆς λαμβάνονται, εἴκοσι καὶ πέντε τοὺς βουλευτὰς ἱερεῖς εἶναι, προσ-
λαμβανομένων ἐκ τῆς πέμπτης φυλῆς τῶν Εὐεργετῶν θεῶν ἄλλων πέντε.
5) Kanopus Z. 72: ὑπὸ τῶν βουλευτῶν ἱερέων τῶν ἐν ἑκάστῳ τῶν ἱερῶν κτλ.
Dieselbe Ansicht, wie oben, findet sich bei Lumbroso: Recherches S. 271, Revillout: La syntaxis des temples ou budget des cultes sous les Ptolémées in

ihrer Tempel beteiligt (Kanopus Z. 70 ff.; vergl. Kapitel V u. VI) und außerdem dürften ihnen wohl auch Fragen rein religiöser Natur zur Entscheidung vorgelegt worden sein, sie sind also demnach als die Gehülfen der Tempelvorsteher in jeder Beziehung anzusehen.[1])

C. Die Vorsteher der Tempel (ἀρχιερεῖς und leitende Priesterkollegien).

Einen besonderen Tempelvorsteher hat ebenso wie im alten Ägypten auch in ptolemäischer Zeit jeder selbständige Tempel besessen, und ihm haben die Griechen den Titel „ἐπιστάτης[2]) καὶ ἀρχιερεύς" beigelegt,[3]) einen Titel, der einerseits auf die religiösen Funktionen hinwies, andererseits aber auch offenbar die Stellung als oberster Verwaltungsbeamter des Tempels hervorheben sollte. Wie uns die Inschriften von Kanopus (Z. 3) und Rosette (Z. 6) ausdrücklich bezeugen, haben diese ἐπιστάται καὶ ἀρχιερεῖς unter der Priesterschaft eine besondere, und zwar die vornehmste Klasse gebildet. In den ägyptischen Texten dieser Dekrete werden sie einfach als „Tempelvorsteher" bezeichnet, doch ist dies nur als ein allgemeiner Sammelname aufzufassen, im übrigen sei daran erinnert, daß die Leiter der ägyptischen Heiligtümer meistens noch ihre besonderen, teilweise sehr schwülstigen Titel geführt haben,[4]) die alle aufzuzählen zu weit führen würde; hier sei nur hervorgehoben, daß einer dieser Titel jetzt auch durch eine griechische Urkunde belegt wird. Der alte Titel des Ober-

---

Rev. ég. I S. 82 ff. (84) und Mahaffy, Empire S. 233 Anm. Krebs, a. a. O. Ä. Z. XXXI (1893) S. 35 hat jedenfalls die obige Stelle übersehen, da er annimmt, daß βουλευταὶ ἱερεῖς die Geschäfte der gesamten ägyptischen Priesterschaft geleitet haben. Endlich hat Revillout: Les papiers administratifs du Sérapéum et l'organisation sacerdotale en Égypte in Rev. ég. V S. 31 ff. (S. 33) seine ursprüngliche Ansicht geändert, indem er von den „prêtres délibérants" als denjenigen spricht, „qui représentaient, selon le décret de Canope, les tribus sacerdotales dans le conseil de chaque temple et dans les assemblées pleinières ou concils genéraux des prêtres d'Égypte usw. Wieso er in diesem Aufsatz in den βουλευταὶ ἱερεῖς die Vertreter der Priester auch auf den großen Priesterversammlungen erblickt, ist mir unerklärlich; wer an ihnen teilnimmt, ist wohl in den Eingängen der von diesen Konzilen erlassenen Dekrete deutlich genug gesagt. Vergl. im folgenden Abschnitt H, a
    1) Vergl. den hieroglyphischen Teil von Kanopus Z. 36, wonach sie sich auch bei der Aufstellung des Dekretes beteiligen sollen.
    2) Zu ergänzen ist nach ἐπιστάτης natürlich ᾽τοῦ ἱεροῦ᾽, vergl. im folgenden die verschiedenen für den Tempelvorsteher angeführten Beispiele.
    3) Kanopus, Z. 73 (Zeit: 238 v. Chr.) u. P. Leid. G, Z. 4 (Zeit: 99 v. Chr.).
    4) Beispiele hierfür bei Erman, Ägypten II S. 393; Brugsch, Ägyptologie S. 280 ff.; siehe ferner die verschiedenen Titel der Hohenpriester von Memphis in ptolemäischer Zeit: vergl. Brugsch, Thesaurus V S. 886—946, dann auch ihn ergänzend: Krall, Studien zur Geschichte des alten Ägyptens II in Sitz. Wien. Ak. Phil. hist. Kl. Bd. CV. (1885) S. 329 ff. (S. 372 ff.), Revillout: Un prophète d' Auguste et sa famille, Rev. ég. II S. 98 ff.

priesters des Re zu Heliopolis, der nach Maspéros Übersetzung (Histoire I. S. 125) „le maître des visions" lautet, findet sich in römischer Zeit bei dem ἀρχιπροφήτης eines memphitischen Heiligtums, vielleicht des Apieions (vergl. B. G. U. I. 347) wieder, da dessen Stellvertreter unter anderem auch den Titel „διάδοχος ὁρασείας" führt.[1]) Recht bemerkenswert ist es ferner, daß sich jetzt auch die demotische Bezeichnung des Tempelvorstehers „mr šn" in griechischen Urkunden übertragen durch 'λεσῶνις (λεσώνης, λασᾶνι)' gefunden hat.[2]) Zu erwähnen ist noch, daß einige Tempelvorsteher, wie z. B. der des Amonstempels zu Theben, in ägyptischen Texten einfach als „erste Propheten" bezeichnet worden sind;[3]) wenn sich nun im Griechischen Priester mit dem Titel ἀρχιπροφήτης finden,[4]) so muß man in ihnen wohl Mitglieder der Klasse der Tempelvorsteher sehen und ihren Titel als direkte Übersetzung des alten ägyptischen „ersten Propheten" auffassen, darf also nicht sie nur als die angesehensten Vertreter des Prophetenstandes bezeichnen.[5])

Der obengenannte griechische Titel des ägyptischen Tempelvorstehers „ἐπιστάτης καὶ ἀρχιερεύς" darf auf keinen Fall zu der Annahme führen, daß man eventuell unter ihm zwei verschiedene Personen zu verstehen habe, da ja schon der nur vor ἐπιστάτης stehende Artikel den Ausdruck unbedingt als einen einheitlichen er-

---

1) P. Gen. 36, 5; ὁρασεία ist offenbar gleich ὅρασις; dieses Wort wird besonders von den Kirchenvätern zur Bezeichnung der Visionen der Mönche gebraucht; wieso Revillout (L'ensevelissement d'un Apis à l'époque impériale in Rev. ég. VIII S. 8) diesen διάδοχος ὁρασείας καὶ ἀρχιπροφητείας als „fonctionnaire laïque" bezeichnet, ist mir nicht ersichtlich.

2) Siehe P. Amh. II. 35, 11, 26, 38; 40, 1; 41, 15 (alle aus ptolemäischer Zeit, in Verbindung mit dem Sokopaiostempel); B. G. U. I. 37 Verso (vielleicht aus Νῆσος Γ[υναικῶν] im Faijûm); III. 916, 9/10 (Γυναικῶν Νῆσος); gr. Inschrift in L. D. VI. 349 (C. l. Gr. III 5033, richtige Lesung von Wilcken, Archiv II. S. 122) (Tempel der Σρουπτίχις in Gertassi in Nubien); das Amt „λεσωνεία" erwähnt in B. G. U. I. 337, 13; III. 719, 10; 734, 7 u. 33; unp. P. Rainer 171 bei Wessely, Kar. u. Sok. Nes. S. 69 und unp. biling. P. Rainer 9 ebenda; die letztgenannten Beispiele aus römischer Zeit. Die Identifikation von λεσῶνις und mr šn verdanken wir Griffith u. Spiegelberg (siehe P. Amh. II. S. 44), die Gleichsetzung von λασᾶνι und λεσῶνις Wilcken, Archiv II. S. 122. Vergleiche jetzt auch noch Spiegelberg, Der Titel λεσῶνις in Rec. de Trav. XXIV (1902) S. 187 ff.

3) Siehe Erman, Ägypten II. S. 393, besonders A. 10; Maspéro, Histoire I. S. 125 A. 2.

4) L. D. VI. 314 (gr. Inschrift); C. l. Gr. III 4902 (Addenda); P. Gen. 7, 5; 36, 5/6; siehe auch Clem. Alex. Strom. I. p. 356 A. ed. Potter. Auch bei Pseudokallisth. III 34 C wird der Leiter des Heiligtumes in Memphis (wohl des Ptah) einfach als ἀρχιπροφήτης bezeichnet.

5) Vergl. hierfür die eine Hieroglyphe für Tempelvorsteher (Brugsch, Ägyptologie S. 278): , welche „Vorsteher" der „Diener des Gottes" (= προφήτης) bedeutet, also dem Titel 'ἀρχιπροφήτης' vollständig entspricht.

kennen läßt.[1])   Außerdem entspricht ihm im hieroglyphischen Text von Kanopus (Z. 36) auch nur ein einziger Titel (Tempelvorsteher)[2]), und schließlich besitzen wir in einem den 60er Jahren des 2. vorchristlichen Jahrhunderts angehörenden Vorsteher des großen Serapeums bei Memphis ein einwandfreies Beispiel, daß tatsächlich die beiden griechischen Titel von derselben Person geführt worden sind[3]) (Beleg hierfür S. 41).

Was die speziellen priesterlichen Funktionen des Tempelvorstehers anbelangt, so sind diese sicher je nach dem Tempelritual an den

---

1) In einem von Revillout, Mélanges S. 327 veröffentlichten gr. P. Par. (Zeit: 2. Jahrh. v. Chr.) finden wir allerdings — es handelt sich um den Vorsteher des Tempels des Amonrasonter zu Theben — die Worte: $τῷ$ $ἐπι(στάτῃ$ $τῶν$ $ἱερῶν$ $καὶ$ $τῷ$ $ἀρχιερεῖ$ (Z. 15/16), es ist also hier der Artikel zweimal gesetzt. Dieses dürfte jedoch unbedingt auf ein Versehen des Schreibers zurückzuführen sein, der bei dem unmittelbar folgenden, durch $καί$ verbundenen Worte $ἱερο$-$γρ(αμματεῖ$)' (so ergänze ich anstatt Revillouts, $ἱερογρ(αμματεῦσιν$)) dafür den Artikel ausgelassen hat, obgleich er bei ihm, der doch sicher eine neue priesterliche Kategorie vertritt (siehe über diese im folgenden), hätte stehen müssen. Daß der Vorsteher des Amonstempels als $ἐπιστάτης$ $τῶν$ $ἱερῶν$ bezeichnet wird, ist daraus zu erklären, daß außer dem Haupttempel seines Gottes ihm noch andere Heiligtümer (siehe z. B. das P. Tor. 1, Col. 8, 19 erwähnte thebanische $Ἡραῖον$, der Tempel der Mut, der Gemahlin Amons (Mut = Hera, vergl. Brugsch, Religion usw. S. 94) unterstanden haben.

2) Die entsprechende Stelle des demotischen Textes ist leider nicht erhalten.

3) Den obigen Ausführungen widerspricht es durchaus nicht, daß sonst — abgesehen von dem Oberpriester des Jupiter-Kapitolinus-Tempels in Arsinoe aus römischer Zeit, der den Titel $'ἀρχιερεὺς$ $καὶ$ $ἐπιμελητής'$ führt (Beleg siehe im folgenden), — immer nur einer der beiden Titel für dieselbe Person sich nachweisen läßt (Belege siehe im folgenden). Es konnte eben offenbar bald der eine, bald der andere Titel für sich allein gebraucht werden; dies bezeugt uns auch der obenerwähnte Vorsteher des großen Serapeums, und es zeigt dies auch das Dekret von Kanopus, dem wir ja gerade die Gleichsetzung der beiden Titel entnommen haben, in dem aber an anderer Stelle (Z. 3) auch einfach nur von $ἀρχιερεῖς$ die Rede ist. Kürzlich hat auch Paul Meyer, $Διοίκησις$ und $ἴδιος$ $λόγος$ in Festschrift zu Otto Hirschfelds 60. Geburtstag S. 131 ff. (S. 160 A. 1) die Frage $ἀρχιερεὺς$ $καὶ$ $ἐπιστάτης$ gestreift und im großen und ganzen im entgegengesetzten Sinne wie oben entschieden, ohne mich jedoch zu überzeugen. Das von ihm verwertete Material ist im wesentlichen das gleiche wie das meinige (ganz zwecklos ist Meyers Anführung von Maccab. II. 3, 4; falsch zitiert ist P. Leid. G.), nur findet sich bei ihm auch schon die inzwischen bekannt gewordene Stelle aus P. Tebt. I. 5, 62 (vom Jahre 118 v. Chr.): $ἀφειᾶσ[ι]$ $δὲ$ $καὶ$ $τοὺς$ $ἐπιστάτας$ $τῶν$ $ἱερῶν$ $καὶ$ $τοὺς$ $ἀρχιερεῖς$ $καὶ$ $ἱερ[εῖς$ $τῶν]$ $ἀφε[ι]λομένων$ $κτλ.$ verwertet. Diese Stelle scheint ja auf den ersten Blick gegen die im Text vertretene Ansicht zu sprechen, doch ist sie ähnlich wie die des oben behandelten Revilloutschen Papyrus zu beurteilen. Vor $ἱερεῖς$ muß man unbedingt den Artikel erwarten; wenn wir ihn nun wider Erwarten bei dem vorhergehenden Worte $ἀρχιερεῖς$ finden, so scheint mir der Schluß sehr berechtigt, daß hier aus Versehen von dem Schreiber des Papyrus, der diesen überhaupt ziemlich nachlässig aus seiner Vorlage abgeschrieben hat (siehe Grenfell-Hunt, P. Tebt. I. S. 18 u. S. 54), der Artikel an die falsche Stelle gesetzt ist.

einzelnen Heiligtümern sehr verschieden gewesen (Erman, Ägypten II. S. 371), die Oberleitung des gesamten Kultus hat aber jedenfalls in seinen Händen gelegen,[1]) doch mögen die mannigfachen Verwaltungs- geschäfte, die ihm oblagen, mitunter sogar den wichtigeren Teil seines Amtes gebildet haben (hierzu vergl. Kapitel VI).

Aus der Ptolemäerzeit sind einige Tempelvorsteher uns bekannt geworden, die allgemeineres Interesse erwecken, und die deshalb be- sondere Erwähnung verdienen. So kommt hier vor allem die große Reihe der Hohenpriester des Ptah von Memphis in Betracht, die wir für die Zeit der ersten und der letzten Ptolemäer nachweisen können, und deren hieroglyphisch-demotische Grabstelen uns nicht nur ein Bild ihres eigenen Lebens liefern, sondern auch zugleich allerlei wert- volle Nachrichten über allgemein-priesterliche Verhältnisse bieten.[2])

Ebenso bekannt wie sie ist dann aus der Zeit Ptolemäos' VI. Philometors I. der Vorsteher des großen Serapeums zu Memphis, Namens Psintaes. Auch er hat wie der Oberpriester des Amon zu Theben den Titel „ἐπιστάτης τῶν ἱερῶν" geführt,[3]) und mit gutem Grund, da ihm ja die Oberaufsicht über die Reihe kleinerer Heilig- tümer, aus denen das große Serapeum bestand (siehe S. 21/22), über- tragen war. Außer dem ἐπιστάτης-Titel läßt sich für Psintaes aber auch die andere übliche Bezeichnung des Tempelleiters, ἀρχιερεύς, nachweisen; denn sein Stellvertreter Amosis wird nicht nur ὁ παρὰ τοῦ ἐπιστάτου τῶν ἱερῶν[4]), sondern auch ὁ παρὰ τοῦ ἀρχιερέως[5])

---

1) Eine eingehende Schilderung der religiösen Funktionen der ägyptischen Hohenpriester, wie überhaupt der ganzen übrigen Priesterschaft hier zu bieten, ist nicht beabsichtigt, da dieses nur zugleich mit einer Darstellung der ägyptischen Religion erfolgen könnte, die ja ihrerseits vorläufig noch ausgeschlossen ist (siehe Vorwort).

2) Die Belege siehe S. 38, A. 4. Vergleiche die vorzüglichen chronologischen Angaben über diese Hohenpriester von Strack, Dynastie S. 158—167. Siehe ferner über sie vor allem Kapitel III.

3) P. Lond. I. 35 (S. 24), Z. 23/24 (= 24 Verso (S. 26), Z. 23/24); P. Leid. B. Col. 3, 10; P. Vat. V. S. 602; P. Par. 27, 12 u. 24/25 (hier τῶν ἱερῶν an Stelle von τοῦ ἱεροῦ zu setzen) (= P. Par. 28, 10/11; P. Leid. E₂, 27/28; P. Mil. Z. 8 u. 19); P. Dresd. Verso, Z. 19/20 (προεστηκὼς τῶν ἱερῶν).

4) P. Par. 35, 23; vergl. P. Par. 37, 29; hier dürfte sicher der Name Ἀριμούθης für Ἄμωσις verschrieben sein, da ein Arimuthes in den beiden Papyri bisher noch nicht genannt ist und der Ausdruck „πάλιν ἐπιστρέφειν" daher zu ihm nicht passen würde; der Titel weist ferner auf Amosis hin (eine ähnliche Ungenauigkeit in der Wiedergabe eines Namens findet sich noch einmal in der- selben Urkunde; siehe P. Par. 35, 12/13 u. 31, vergl. P. Par. 37, 14); andere Titel dieses Amosis: ὁ παρὰ αὐτοῦ: P. Leid. B. Col. 3, 11 (der vorhergenannte ἐπιστάτης τῶν ἱερῶν ist hier zu ergänzen) oder ὁ διαδεχόμενος αὐτὸν: P. Vat. V S. 602 (gleiche Ergänzung; zu der Lesung vergleiche Wilcken, Hermes XXIII (1888) S. 599 A. 3).

5) P. Par. 35, 7 u. 12; 37, 7.

genannt. Aus demotischen Papyri des Serapeums (siehe a. a. O. Rev.
ég. V. S. 31 ff.), erfahren wir ferner, daß das Amt dieses Stellvertreters
des Oberpriesters des Serapeums eine ständige Einrichtung gewesen
ist, was bei dem großen Umfange des hier in Betracht kommenden
Tempelgebiets auch durchaus wahrscheinlich ist; nach Revillout (a. a. O.
Rev. ég. V. S. 42) sollen diese Stellvertreter den Rang eines Propheten,
d. h. die zweithöchste Stelle in der Priesterhierarchie eingenommen
haben, und eine solche Stellung mußte man auch von dem zweit-
höchsten priesterlichen Beamten des Serapeums in der Tat erwarten.[1])

Wohl jedes der zum großen Serapeum gehörenden Tempelchen
dürfte alsdann seinen besonderen priesterlichen Vorsteher besessen
haben; die in den Serapeumspapyri genannten προεστηκότες τῶν ἱερῶν[2])
scheinen mir wenigstens diesen Schluß zu rechtfertigen.   Von einem
von ihnen, mit Namen Achomarres, wohl demjenigen des Heiligtums
des altägyptischen Sarapis[3]), ist auch sein Titel ʽἐπιστάτης τοῦ ἱεροῦ (P.
Par. 26, 22)ʼ, also die gewöhnliche Tempelvorsteherbezeichnung, bekannt geworden.[4])   Trotz dieses Titels dürfte er und seine Kollegen
doch wohl auf keinen Fall der Priesterklasse der ἀρχιερεῖς angehört
haben.[5])   Hiergegen spricht schon die allgemeine Erwägung, daß man

---

1) Ganz bemerkenswert ist es, daß diesem Stellvertreter des Tempelvorstehers ein ἀκόλουθος, d. h. offenbar ein persönlicher Adjutant beigegeben war
(P. Par. 35, 14 (= 37, 16/17); ob er Priester oder Laie gewesen ist, läßt sich
nicht entscheiden.

2) P. Lond. I. 35 (S. 24), Z. 21/22 (= 24 Verso (S. 26), Z. 21/22); P. Par.
27, 16 (= P. Leid. E₂, 16/17; P. Mil. Z. 12).

3) Dieses Heiligtum dürfte wohl deswegen in Frage kommen, weil er als
der besondere Vorgesetzte der an diesem beschäftigten „Zwillinge" erscheint
(siehe die Ausführungen zu diesen im folgenden Abschnitt H, c).

4) Fraglich ist es, ob man auch die uns bekannt gewordenen ἐπιστάται τοῦ
Ἀνουβιείου (Apollonios (Zeit Ptolemäos' VI. Philometors I.): P. Par. 45 Verso; vergl.
für ihn auch Hartels, Gr. P. S. 65 Bemerkungen und O. Hirschfeld, die ägyptische Polizei der römischen Kaiserzeit nach Papyrusurkunden in Sitz. Berl. Ak.
1892 S. 815 ff.; ohne Namen (Zeit Ptolemäos' XI. Alexanders I.): P. Leid. H, 1 u.
29) als weitere Belege für Tempelvorsteher des großen Serapeums anführen darf.
Zweifel an der priesterlichen Würde des zuerst genannten Apollonios erwachsen
vor allem dadurch, daß er einmal (P. Par. 45 Verso, Z. 1) zugleich als ἡγεμών,
also mit einem rein militärischen Titel bezeichnet wird.   Es kommt hinzu, daß
im Anubieum ein staatliches Polizeikommando stationiert gewesen ist (siehe
hierüber das VI. Kapitel), dessen Führer sehr wohl die genannten ἐπιστάται gewesen sein können, läßt sich doch der ἐπιστάτης-Titel auch als Titulatur von
Staatsbeamten nachweisen (siehe z. B. die ἐπιστάται, die bei der Verpachtung
von staatlichem Domanialland tätig sind, in Theb. Bank. II, 15; IV. Col. 1, 10;
den ἐπιστάτης Παθύρεως in P. Grenf. II. 37, 1), und zumal gerade von solchen,
die als Polizeibeamte mit den Tempeln in Berührung kommen (P. Grenf. I. 38,
17; P. Amh II. 35, 40).   Siehe ferner auch den in den neuerschienenen P. Tebt. I.
(unpubl. P. 230 auf S. 533) uns begegnenden ἐπιστάτης καὶ ἀρχιφυλακίτης.

5) Revillout, Rev. ég. V. a. a. O. S. 42 hat sich auch schon dafür ausgesprochen, daß „ces fonctionnaires sacerdotaux étaient tout-à-fait du second
ordre", aber ohne Begründung.

in einem engbegrenzten Verwaltungskreise, wie ihn doch das große Serapeum darstellte, schwerlich einen Oberpriester einem anderen unterstellt
hätte, und vor allem ist hiergegen anzuführen, daß ja selbst der Stellvertreter des Vorstehers des großen Serapeums, der jedenfalls den Leitern der einzelnen Heiligtümer übergeordnet war, nur den Rang eines
Propheten eingenommen hat. Immerhin wird man jedoch in ihnen
Priester, die den höheren Rangklassen angehören, zu sehen haben.

    Eine hübsche Bestätigung der Richtigkeit dieser Ausführungen
bilden alsdann einige mit dem Isistempel von Philä in Verbindung
stehende Nachrichten. Ihnen zufolge hat in der 2. Hälfte des 2. vorchristlichen Jahrhunderts ein Priester des Chnubo Nebieb von Elephantine auch den Priesterkollegien der Tempel von Philä und Abaton
angehört,[1]) und das ist natürlich nur möglich, wenn die drei Heiligtümer damals in engster Verbindung mit einander gestanden haben;
in diesem Falle wird aber dem Isistempel von Philä die leitende
Stellung zugefallen sein.[2]) Der obenerwähnte Priester, der als Leiter
des Heiligtumes von Elephantine erscheint, führt den Titel προφήτης[3]),
also auch hier besitzt der Vorsteher eines mit anderen Heiligtümern
zu einer Verwaltungseinheit verbundenen Tempels nicht die hohepriesterliche Würde. Auch an den gleichfalls keine Selbständigkeit
besitzenden Tempeln des Suchos zu Pathyris und des Sarapis zu
Oxyrhynchos (siehe über diese S. 20/21) finden wir als ihre offiziellen
Vertreter nach außen Angehörige der höheren Priesterklassen und
nicht ἀρχιερεῖς[4]). So ist denn wohl die Folgerung gestattet, daß in
den mehrere Heiligtümer umfassenden Tempelverwaltungen stets nur
ein Tempelvorsteher mit dem Range eines ἀρχιερεύς[5]) als oberster
Leiter tätig gewesen ist.

    Schließlich sei. hier noch eines Tempelvorstehers des dritten hoch-
berühmten Heiligtumes des hellenistischen Ägypten, des Isistempels
zu Philä, besonders gedacht (C. l. Gr. III. 4902 Addenda[6]), der dem

---

    1) Strack, Inschriften 95, Z. 15/16: [ἀρχι]στολιστ[ή]ς τῶν ἐν Ἐλεφαντίνῃ [καὶ
Ἀβάτῳ] καὶ Φίλαις ἱερῶν κ. τ. λ.

    2) Auch in der Kaiserzeit haben zum Isistempel von Philä noch andere
Heiligtümer gehört; dies zeigt uns klar Ostr. Wilck. 420, in dem ein Priester
der Isis erscheint, der gleichzeitig als προστάτης τοῦ θεοῦ bezeichnet wird (siehe
hierzu auch IV. Kapitel bei der Darstellung der λογεία.)

    3) Strack, Inschriften 95, Z. 15; daß er als Leiter des Tempels von Elephan-
tine anzusehen ist, zeigt uns die im Dekrete gebrauchte Formel: er und die
übrigen Priester seines Heiligtumes (siehe hierzu meine Ergänzung der
Inschrift auf S. 31).

    4) P. Grenf. I. 44, Col. 2, 1 ff.; P. Oxy. II. 242, 5 ff.

    5) Wenn wir in römischer Zeit an Stelle des ἀρχιερεύς oft ein leitendes
Priesterkollegium finden (siehe im folgenden), so kommen offenbar die obigen
Ausführungen auch für dieses in Betracht.

    6) Vielleicht ist auch der C. l. Gr. III. 4949 in Kysis erwähnte ἀρχιερεύς
der Isis ein Tempelvorsteher des Heiligtumes von Philä gewesen.

2. oder 1. vorchristlichen Jahrhundert angehört hat.[1]) Der Betreffende führt nicht nur den Titel ἀρχιερεύς, sondern auch den eines ἀρχιπρο-φήτης und scheint mir dadurch anzudeuten, daß sein offizieller ägyptischer Titel einfach „erster Prophet" gelautet hat (siehe S. 39)[2]), was, soviel ich weiß, aus ägyptischen Texten für den Isistempel zu Philä noch nicht bekannt ist. Wunderbar berührt es bei diesem hohen ägyptischen Priester auf den ersten Blick, daß er den griechischen Namen Ἐράτων trägt; ganz ausgeschlossen ist es natürlich nicht, daß hier einmal ein Grieche ägyptischer Priester geworden ist,[3]) ein Vorfall, der in späterer ptolemäischer Zeit sich, wenn auch wohl nur vereinzelt, ereignen konnte — ist doch z. B. ungefähr zu derselben Zeit sicher ein Grieche in Elephantine am Tempel des Chnubo Nebieb tätig gewesen[4]) —, vielleicht hat jedoch ein Ägypter bloß aus Eitelkeit, wie dies in dieser Zeit wohl häufig vorgekommen ist, einen griechischen Namen angenommen, und zu dieser Vermutung würde gut passen, daß er wunderbarerweise den Namen seines Vaters, der dann wahrscheinlich noch altägyptisch und dessen Nennung ihm dehalb peinlich war, nicht erwähnt. Daß auch dem Oberpriester der Isis von Philä die oberste Leitung mehrerer Heiligtümer obgelegen hat, ist bereits erwähnt worden.

Daß oft die Priesterschaften verschiedener Tempel zu einem Kollegium vereinigt waren, mußte natürlich das Ansehen und die Macht der Leiter derselben noch bedeutend erhöhen, und die Bedeutung der Priesterklasse, der sie angehörten, wirksam steigern. Unter diesen Umständen ist es eigentlich sehr wunderbar, daß im Gegensatz z. B. zu dem Zeugnisse eines Herodot[5]) spätere, der römischen Kaiserzeit angehörende Schriftsteller, selbst so gut unterrichtete wie Clemens Alexandrinus (Strom. VI. p. 757 u. 758 ed. Potter), Porphyrius (De

---

1) Früher darf er auf keinen Fall angesetzt werden wegen des Titels „συγγενής", den er trägt. Auf die wichtigen chronologischen Angaben, die aus den ptolemäischen Titeln abzuleiten sind, hat zuerst Mahaffy P. Petr. II. S. 10 hingewiesen; siehe auch denselben Rev. L. S. XL., Empire S. 214 u. History S. 161. Jetzt vergleiche vor allem Strack: Griechische Titel im Ptolemäerreich im Rh. M. LV. (1900) S. 161 ff.; er nimmt als Zeit der Entstehung der Titel ungefähr 190 v. Chr. an (vergl. S. 167 u. 173). Strack a. a. O. S. 186 setzt Eraton sehr zweifelnd um 80 v. Chr. an.

2) L. D. VI. 314 (gr. Inschr.) (456/57 n. Chr.) nennt gleichfalls einen ἀρχι-προφήτης der Isis zu Philä, also bis in diese späte Zeit ist der Titel des Tempel-vorstehers der gleiche geblieben.

3) Dies ist die übliche Annahme seit Letronne, Recueil des inscriptions grecques et latines de l'Égypte II. S. 26.

4) Strack, Inschriften 95. Nicht nur sein eigener Name und der seines Vaters, die durchaus griechisch sind (Ἡρώδης Δημοφῶντος), sondern vornehmlich seine griechische Heimatsangabe lassen in ihm mit Sicherheit den Griechen erkennen.

5) Herodot II, 37: ἱρᾶται δὲ οὐκ εἷς ἑκάστου τῶν θεῶν, ἀλλὰ πολλοί, τῶν εἷς ἐστι ἀρχιερεύς.

abst. IV. c. 8[1])) und andere[2]) keine Rücksicht auf sie nehmen, sondern vielmehr die Propheten als die vornehmste Priestergruppe hinstellen. Die Gründe für dieses Verhalten sind nur zu erraten. Vor allem mag dabei wirksam gewesen sein das große Ansehen, das diese Priesterklasse in der Tat stets genossen hat, und ferner der Umstand, daß aus ihr nicht nur gewiß durchgehends die Tempelvorsteher hervorgegangen sind, sondern auch, daß einzelne, und gerade die von sehr berühmten Tempeln als offiziellen Titel den eines „ersten Propheten" geführt haben[3]) (S. 39 u. 44). Sehr leicht möglich ist es auch dann, daß in diesen Nachrichten ein Niederschlag bestehender Verhältnisse zu sehen ist, daß sie dadurch hervorgerufen sind, daß in der Tat in der Kaiserzeit die Tempelvorsteher als Klasse wohl nicht mehr ihre frühere Bedeutung besessen haben.

Das Fortbestehen der alten Tempelvorsteher in dieser Zeit ist allerdings entgegen den Nachrichten der alten Schriftsteller noch mit Sicherheit zu belegen; so sind für eine größere Reihe von Heiligtümern Tempelvorsteher, welche die alten Titel ἀρχιερεύς, ἀρχιπροφήτης und ἐπιστάτης (bez. προστάτης, ἐπιμελετής) führen, namentlich bekannt geworden.[4]) Demgegenüber ist aber zu beachten, daß

---

1) Besondere Beweiskraft kommt den Angaben des Porphyrius dadurch zu, daß er sie bekanntlich den Berichten eines ägyptischen Priesters aus Alexandrien, des zur Zeit des Kaisers Claudius lebenden ἱερογραμματεύς Chaeremon, entlehnt hat. Vergl. die Bemerkungen des VII. Kapitels über diesen.

2) Vergl. z. B. Epiphanius adv. Haer. III, 2 p. 1094 C: „die Propheten sind τῶν ἀδύτων τε καὶ ἱερῶν ἀρχηγείς"; Pseudo-Clemens Romanus (Rufinus), Recognitiones I, 5: Aegyptum petam atque ibi hierophantis vel prophetis, qui adytis praesunt, amicus efficiar; siehe auch die Angaben von Synesius, de provid. p. 95 A.

3) Siehe auch B. G. U. II. 488 (2. Jahrhundert n. Chr.), wo allem Anschein nach sogar die Leitung eines selbständigen Tempels in der Hand eines προφήτης liegt (als einen selbständigen Tempel fasse ich dieses Heiligtum deswegen, weil von ihm ein eigener Bericht der Regierung erstattet wird; siehe VI. Kapitel).

4) Tempel der Isis zu Philä: L. D. VI. 138 (dem. Inschr.) (vergl. Rev. ég. IV. S. 159); Tempel des Amon zu Djemê: L. D. VI. 32 (dem. Inschr.) (vergl. Rev. ég. IV. S. 160); Tempel des Apis[?] zu Memphis: P. Gen. 36, 5/6; Tempel der Thriphis in Athriphis: C. I. Gr. III. 4711. In C. I. Gr. III. 4714 (für denselben Tempel) dürfte wohl nicht der Titel [προστάτη]ς zu ergänzen sein, da der, der ihn tragen soll, ein civis Romanus ist, der früher tribunus militum gewesen ist, und da ein solcher doch auf keinen Fall ägyptischer Priester geworden sein dürfte; der Titel [. . . . .]ς Θρίφιδος καὶ Πανός dürfte mehr als Ehrentitel aufzufassen sein, und ich möchte deshalb vorschlagen nach Analogie ähnlicher Titel im alexandrinischen Sarapiskult (siehe dieses Kapitel H, c) [νεωκόρο]ς, vielleicht auch [ἱερόφωνο]ς zu ergänzen. Tempel der Isis zu Apollinopolis parva: Milne, Inschriften 2ᵇ, 3, 9, 11; Tempel der Σρουπτίχις in Nubien: C. I. Gr. III. 5032, 5033, 5037; Tempel zu Talmis: C. I. Gr. III. 5068; Tempel des Jupiter Kapitolinus in Arsinoe: B. G. U. II. 362, p. 2, 17; 3, 4 u. 20/21; 5, 2; frg. 3, 4/5; der Titel ἐπιμελετής, den hier der Tempelvorsteher neben dem ἀρχιερεύς-Titel führt, ist jedenfalls der Bezeichnung ἐπιστάτης

Tempelvorsteher im alten Sinne, die wohl geeignet waren eine eigene
Klasse zu bilden, sich keineswegs an allen Tempeln der römischen
Zeit erhalten haben, sondern daß vielmehr in manchen Heiligtümern
damals die Leitung in die Hände eines wechselnden Priesterkollegiums
übergegangen ist. Ein Priesterkollegium haben wir zwar schon für
die ptolemäische Zeit in den βουλευταί ἱερεῖς (S. 37) kennen gelernt,
doch darf man dasjenige der Kaiserzeit diesem durchaus nicht gleichsetzen, und es auch kaum als seine, wenn auch veränderte Fortsetzung
bezeichnen. So ist es allein schon zweifelhaft, ob die βουλευταί
ἱερεῖς das Dekret von Kanopus allzulange überdauert haben; sie
werden sonst nie mehr erwähnt, selbst nicht einmal in den in
Sachen der sogenannten Zwillinge abgefaßten Serapeumspapyri, obgleich man dort, wo es sich um den Unterhalt von Priestern handelt,
eigentlich ihre Erwähnung erwarten sollte (vergl. Kanopus Z. 70 ff. u.
Kapitel VI). Weiterhin unterscheidet sich das neue Kollegium auch
von dem alten, einmal durch die weit geringere Anzahl seiner Mitglieder und dann vor allem dadurch, daß es, obwohl man es auch als

---

gleichzusetzen; Tempelvorsteher ägyptischer Heiligtümer auch sicher noch: P. Gen.
7,5 und B. G. U. II. 576, 17 (Name: Πασίων). Außerdem sind uns noch aus Arsinoe
und dem Faijûm eine Reihe ἀρχιερεῖς bekannt geworden, bei denen der Gott
und der Tempel, an dem sie ihr Amt versahen, nicht genannt ist. (B. G. U.
I, 186, 10; 292, 1; II, 362, p. 5, 13; 12, 3 u. 5; P. Fay. 125; P. Amh. II. 82, 2;
Hermupolis: C. P. R. I. 20, Col. 1, 2.) Die griechisch-römischen Namen dieser
Leute sind, namentlich da sie dem 3. Jahrhundert n. Chr. angehören, in keiner
Hinsicht als etwa gegen ägyptische Priester sprechend anzuführen, auch nicht
etwa der Umstand, daß sie hohe Ämter in der βουλή ihrer Stadt einnehmen
(siehe z. B. B. G. U. II. 362 u. C. P. R. I. 20); denn auch gerade von den Vor-
stehern ägyptischer Tempel, die sicherlich zu den angesehensten Männern ihrer
Stadt gehört haben, mag die Beteiligung an der im 3. Jahrhundert n. Chr.
auch in Ägypten geschaffenen Stadtverfassung verlangt worden sein (siehe
Kapitel VII). Die Entscheidung, ob man in ihnen ägyptische oder griechische
Priester zu sehen hat, ist demnach also im allgemeinen noch in suspenso zu
lassen. Das Gleiche ist der Fall bei dem P. Berl. Bibl. 23, 8 genannten ἀρχιερεύς, auch bei dem προστάτης eines Heiligtumes in Lykopolis (Inschrift, kürzlich
publ. von Seymour di Ricci, Bulletin épigraphique de l'Égypte romaine II,
Nr. 110 im Archiv II. S. 563. Schließlich seien hier noch die gleichfalls aus
dem 3. Jahrhundert n. Chr. bekannt gewordenen ἀρχιερεῖς τῆς τῶν Ἀρσινοϊτῶν
πόλεως (P. Oxy. I. 71, 2; P. Gen. 44, 6; P. Gen. 78, 2; P. Amh. II. 82, 2) erwähnt; so können meiner Meinung nach, da es in Arsinoe bei verschiedenen
Tempeln Oberpriester gegeben hat (siehe B. G. U. II. 362), doch nur die
Tempelvorsteher des für die Stadt und damit wohl auch für den Gau, dessen
Metropole sie ist, wichtigsten Heiligtumes bezeichnet worden sein, und als
solches dürfte wohl auch in römischer Zeit — der Kult der Arsinoe Philadelphos
ist natürlich erloschen — dasjenige der alten Gaugottheit Σοῦχος (vergl. z. B.
B. G. U. II. 362. p. 6, 22: Σοῦχος = ὁ πατρῷος ἡμεῖν θεύς) gegolten haben.
Unberechtigt erscheint es mir, den Jupiter-Kapitolinus-Tempel für das wichtigste
Heiligtum Arsinoes zu halten (so z. B. Hartel, Gr. P. S. 33). Ist meine Ver-
mutung richtig, so hätten wir also in ihnen ägyptische Priester zu sehen.

einen Ausschuß der πενταφυλία seines Tempels bezeichnen kann,[1]) doch bei ihm durchaus nicht Vorschrift war, daß jede Phyle einen Delegierten in dasselbe entsenden mußte; so sind in den uns erhaltenen Beispielen unter den Mitgliedern des Priesterausschusses stets nur zwei oder drei Phylen vertreten.[2]) Schließlich haben ja auch die βουλευταὶ ἱερεῖς nur eines der Verwaltungsorgane ihres Tempels gebildet, während das Priesterkollegium der römischen Zeit vollständig an die Stelle des Tempelvorstehers getreten ist und ihm darum nicht nur die Verwaltung des Heiligtums, sondern auch jedenfalls die oberste Leitung aller religiösen Angelegenheiten obgelegen hat. (Vergl. Kapitel VI.)

Bisher lassen sich diese leitenden Priester nur für drei Tempel nachweisen, und zwar für den schon mehrfach erwähnten Soknopaiostempel, für das Heiligtum des Petesuchos und des Pnepheros in Karanis (Faijûm) und für einen Tempel der Isis Nephremmis zu Gynaikon Nesos; doch darf man mit voller Sicherheit annehmen, daß wohl noch mancher andere Tempel sie besessen hat. Leider läßt sich jedoch, da nur diese drei Beispiele vorliegen, nicht ermitteln, welche Gründe ihre Einsetzung veranlaßt haben, wann dieses geschehen ist, und unter welchen Verhältnissen man sie an Stelle des einen Tempelvorstehers findet. Was die Zeit ihrer Entstehung anbelangt, so ist wenigstens mit Sicherheit festzustellen, daß sie zur Zeit von Kanopus noch nicht bestanden haben,[3]) und daß wir sie zuerst für das Jahr 15/16 n. Chr. nachweisen können;[4]) von dieser Zeit an lassen sie sich bis ins 3. Jahrhundert n. Chr. belegen.[5]) Unter den verschiedensten Titeln treten sie uns entgegen; teils nennen sie sich in Soknopaiu Nesos „οἱ πρεσβύτεροι (τῶν) ἱερέων"[6]), beziehungsweise „οἱ πρεσβύτεροι ἱερεῖς

---

1) Vergleiche im folgenden die Titel.

2) B. G. U. II. 433: 1. u. 3. Phyle; B. G. U. I. 296: 3., 4. u. 5. Phyle; P. Lond. II. 353 (S. 112): 4. u. 5. Phyle. Nach welchem Prinzip die einzelnen Phylen unter den Mitgliedern des leitenden Priesterkollegiums vertreten gewesen sind, und ob überhaupt ein Prinzip hierfür maßgebend gewesen ist, darüber darf man auf Grund der wenigen Belege keine Feststellung treffen.

3) Z. 73. Ὁ δ' ἐν ἑκάστῳ τῶν ἱερῶν καθεστηκὼς ἐπιστάτης καὶ ἀρχιερεύς κ. τ. λ.

4) P. Lond. II. 357 (S. 165), Z. 10/11; 355 (S. 178), Z. 9 (vergl. Wessely, Taf. gr. S. 6); P. Wess. Taf. gr. tab. 11. N. 19. Vergl. Anhang I dieses Kapitels zu der Zeitbestimmung.

5) Das letzte bekannt gewordene Beispiel stammt aus dem Jahre 220/21 n. Chr.; siehe P. Lond. II. 353 (S. 112). Inzwischen hat auch Wessely, Kar. u. Sok. Nes. S. 97 verschiedene Angaben über das leitende Priesterkollegium zusammengestellt und neuerdings H. Hauschildt: Πρεσβύτεροι in Ägypten im 1.—3. Jahrhundert n. Chr. in Zeitschrift für neutestamentliche Wissenschaft und Kunde des Urchristentums IV (1903), S. 235 ff.

6) P. Wess. Taf. gr. tab. 11, N. 19, 4 (15/16 n. Chr.), vergl. P. Lond. 355 (S. 178), Z. 9 (Wessely, Taf. gr. S. 6); unp. P. Rainer 107 bei Wessely, Kar. u.

($\pi\varepsilon\nu\tau\alpha\varphi\nu\lambda\acute{\iota}\alpha\varsigma$)"[1]), teils „$o\acute{\iota}$ $\dot{\eta}\gamma o\acute{\nu}\mu\varepsilon\nu o\iota$ $(\tau\tilde{\omega}\nu)$ $\acute{\iota}\varepsilon\varrho\acute{\varepsilon}\omega\nu$"[2]) oder „$o\acute{\iota}$ $\dot{\eta}\gamma o\acute{\nu}$-$\mu\varepsilon\nu o\iota$ $\pi\varepsilon\nu\tau\alpha\varphi\nu\lambda\acute{\iota}\alpha\varsigma$"[3]), teils „$o\acute{\iota}$ $\pi\varrho o\sigma\tau\acute{\alpha}\tau\alpha\iota$ $\acute{\iota}\varepsilon\varrho\acute{\varepsilon}\omega\nu$"[4]) und schließlich auch einfach „$o\acute{\iota}$ $\pi\acute{\varepsilon}\nu\tau\varepsilon$ (sc. $\acute{\iota}\varepsilon\varrho\varepsilon\tilde{\iota}\varsigma$ $\pi\varepsilon\nu\tau\alpha\varphi\nu\lambda\acute{\iota}\alpha\varsigma$)"[5]), beziehungsweise in Karanis „$o\acute{\iota}$ $\H{\varepsilon}\xi$ $\acute{\iota}\varepsilon\varrho\acute{\varepsilon}\omega\nu$".[6]) Diese Verschiedenheit der Titel läßt sich durch Annahme von Veränderungen im Laufe der Zeit nicht erklären, da die beiden Haupttitel „$\pi\varrho\varepsilon\sigma\beta\acute{\nu}\tau\varepsilon\varrho o\varsigma$" und „$\dot{\eta}\gamma o\acute{\nu}\mu\varepsilon\nu o\varsigma$"[7]) von Anfang an nebeneinander erscheinen.[8]) Verfehlt wäre es ferner hieraus den allerdings sehr naheliegenden Schluß zu ziehen, daß die verschiedenen Titel einfach verschiedene Rangstufen in der Priesterschaft anzeigen,[9]) denn die Funktionen, welche die Träger dieser Titel verrichten, sind im Prinzip stets die gleichen, sie weisen alle auf die die oberste Leitung ihres Tempels führenden Priester hin. Man muß also an-nehmen, daß die Titel ziemlich willkürlich angewandt worden sind, und sich dieses vielleicht dadurch erklären, daß sie auf ein und den-selben ägyptischen Titel zurückgehen, und daß dieser dann in der Übersetzung verschieden wiedergegeben werden konnte. Die Richtig-

---

Sok. Nes. S. 57 (140 n. Chr.); P. Straßb. 60 (Reitzenstein a. a. O. S. 2 ff.), Col. 2, 11 (Antoninus Pius).

1) Unp. P. Rainer 171 bei Wessely, Kar. u. Sok. Nes. S. 57 (153/54 n. Chr., $\pi\varepsilon\nu\tau\alpha\varphi\nu\lambda\acute{\iota}\alpha$); B. G. U. I. 16, 5/6 (159/60 n. Chr., $\pi\varepsilon\nu\tau\alpha\varphi\nu\lambda\acute{\iota}\alpha$); B. G. U. II. 387, Col. 1, 7 (177—181 n. Chr.); B. G. U. II. 433, 9/10 (190 n. Chr., $\pi\varepsilon\nu\tau\alpha\varphi\nu\lambda\acute{\iota}\alpha$); B. G. U. II. 392. Col. 2, Z. 5—10 (207/8 n. Chr.); B. G. U. II. 639, Col. 2, 40/41 (208 n. Chr.).

2) P. Lond. II. 357 (S. 165), Z. 10/11 (15/16 n. Chr.); P. Lond. II. 281 (S. 65), Z. 2 (66/67 n. Chr.); P. Lond. II. 286 (S. 183), Z. 2/3 (88/89 n. Chr.); 287 (S. 202), Z. 9/10, wo jedenfalls $\dot{\eta}\gamma[o\nu\mu\acute{\varepsilon}\nu\varphi]$ zu lesen und zu ergänzen ist. (So jetzt auch Wessely, Kar. u. Sok. Nes. S. 138.)

3) P. Lond. II. 335 (S. 191), Z. 4/5 (166/7 oder 198/9 n. Chr.).

4) C. P. R. I. 221, 6 (1. oder 2. Jahrhundert n. Chr.).

5) B. G. U. I. 296, 11 (219/20 n. Chr.); P. Lond. II. 353 (S. 112), Z. 7 (220/21 n. Chr., $\pi\varepsilon\nu\tau\alpha\varphi\nu\lambda\acute{\iota}\alpha$).

6) B. G. U. III. 707, 1/2 (179/80 oder 181/82 n. Chr.).

7) Diese beiden Titel müssen um so größeres Interesse erwecken, weil sie sich bekanntlich auch als Titel von Geistlichen der frühen christlichen Kirche wiederfinden; siehe auch über den $\pi\varrho\varepsilon\sigma\beta\acute{\nu}\tau\varepsilon\varrho o\varsigma$-Titel Deißmann, Bibelstudien S. 153 und Neue Bibelstudien, S. 60 ff.; falsch ist das von ihm über die $\pi\varrho\varepsilon$-$\sigma\beta\acute{\nu}\tau\varepsilon\varrho o\iota$ in C. I. Gr. III. 4717, 2 ff. Bemerkte.

8) P. Wess. Taf. gr. tab. 11 N. 19, 4; P. Lond. II. 355 (S. 178), Z. 9 (Wes-sely, Taf. gr. S. 6); P. Lond. II. 357 (S. 165), Z. 10/11.

9) Falsch wäre es auch dem $\pi\varrho\varepsilon\sigma\beta\acute{\nu}\tau\varepsilon\varrho o\varsigma$-Titel irgend einen Schluß auf das Alter des Trägers zu entnehmen; $\pi\varrho\varepsilon\sigma\beta\acute{\nu}\tau\varepsilon\varrho o\varsigma$ läßt sich im hellenistischen Ägypten auch sonst vielfach als reiner Titel nachweisen (siehe z. B. die oft in den Papyri genannten $\pi\varrho\varepsilon\sigma\beta\acute{\nu}\tau\varepsilon\varrho o\iota$ $\kappa\acute{\omega}\mu\eta\varsigma$ oder auch, was sehr bemerkenswert ist, die $\pi\varrho\varepsilon\sigma\beta\acute{\nu}\tau\varepsilon\varrho o\iota$ der ägyptisch-griechischen Vereine (z. B. Inschrift d. alexan-drinischen Museums, publ. von Ziebarth, Das griechische Vereinswesen S. 213, u. Inschrift N. 6 in P. Fay. S. 54)). Der von Wessely, Kar. u. Sok. Nes. S. 57 benutzte unpubl. P. Rainer 107, macht uns übrigens jetzt auch mit dem Alter von Priester-$\pi\varrho\varepsilon\sigma\beta\acute{\nu}\tau\varepsilon\varrho o\iota$ bekannt; es sind Leute in den 30ger und 40ger Jahren; vergl. auch B. G. U. III. 916, 4/5.

keit dieser Erklärung scheint mir jetzt durch eine aus dem 1. Jahrhundert n. Chr. stammende Urkunde (B. G. U. III. 916) so ziemlich gesichert zu sein; in ihr wird nämlich als Inhaber der leitenden Stellung des Heiligtumes der Isis Nephremmis in Gynaikon Nesos ein Kollegium von vier λεσῶνες genannt, das man offenbar dem der πρεσβύτεροι, ἡγού-μενοι u. s. w. gleichsetzen muß. Da ferner, wie wir gesehen haben, λεσώνης das ins Griechische übertragene demotische Wort für „Tempel-vorsteher" ist, so liegt es sehr nahe, eben in dem demotischen Äqui-valent für „λεσῶνες" den vermuteten ägyptischen Titel zu sehen.[1]) Was die Mitgliederzahl des leitenden Priesterkollegiums anbetrifft, so lassen sich 2, 3, 4, 5 und 6 Mitglieder[2]) nachweisen. Man darf jedoch die Zahl der uns jedesmal entgegentretenden Mitglieder nicht der Zahl der damals wirklich amtierenden leitenden Priester gleichsetzen, da in vielen Fällen nicht das ganze Kollegium, sondern nur die aus ihm zur Erledigung der betreffenden Angelegenheit bestellten De-zernenten tätig gewesen sind[3]), und diese Gepflogenheit bei Ver-wertung der hier genannten kleineren Zahlen berücksichtigt werden

---

1) Eine gewisse Bestätigung der Richtigkeit dieser Ansicht scheint mir auch die von dem Soknopaiostempel entrichtete Steuer ὑπὲρ λεσωνείας zu bilden; das Nähere siehe im V. Kapitel bei Darstellung der Tempelsteuern. Es sei wenigstens kurz hervorgehoben, daß, falls die obige Vermutung das Richtige trifft, wir durch den Titel auch einen Anhaltspunkt für die Entstehung des leitenden Priesterkollegiums hätten; nicht aus den βουλευταὶ ἱερεῖς, sondern einfach durch Ersetzung des bisherigen einen Tempelvorstehers (mr šn) durch mehrere hätte es sich entwickelt. ·

2) 2 Mitglieder: P. Lond. II. 281 (S. 65), Z. 1 ff.; siehe auch B. G. U. I. 199 Recto, 11 ff.; P. Lond. II. 347 (S. 70), Z. 5 ff.; P. Amh. II. 119, 5 ff.; daß man unter den beiden hier genannten Personen, obgleich Titel nicht angegeben sind, die leitenden Priester zu verstehen hat, scheint mir aus der Formel „sie und die übrigen Priester" (vergl. zu ihr auch B. G. U. I. 296, 11 u. VI. Kapitel) hervor-zugehen; 3 (?) Mitglieder: P. Lond. II. 286 (S. 183), Z. 1 ff.; 4 Mitglieder: B. G. U. II. 392, Col. 2, 6—10; III. 916, 4 ff.; 5 Mitglieder: B. G. U. I. 16, 3 ff.; II. 387, Col. 1, 7; 433, 3 ff.; C. P. R. I. 221, 2 ff. (5 mindestens, vielleicht 6); P. Straßb. 60 (Reitzenstein a. a. O. S. 2 ff.), Col. 2, 9 ff.; B. G. U. I. 296, 3 ff.; P. Lond. II. 353 (S. 112), Z. 2 ff.; unpubl. P. Rainer 121 bei Wessely, Kar. u. Sok. Nes. S. 57; 6 Mitglieder: P. Lond. II. 335 (S. 191), Z. 1 ff.; B. G. U. III. 707, 1; unpubl. P. Rainer 107 bei Wessely, Kar. u. Sok. Nes. S. 57. Die Beispiele ge-hören bunt durcheinander dem 1., 2. u. 3. Jahrhundert n. Chr. an, so daß die Annahme, der Wechsel in der Zahl sei durch Veränderungen im Laufe der Zeit bedingt, ausgeschlossen ist.

3) Daß dies der Fall gewesen ist, zeigt uns z. B. deutlich P. Lond. II. 355 (S. 178), Z. 9 (= Wessely, Taf. gr. S. 6), wo in amtlicher Eigenschaft nur ein Mitglied des leitenden Priesterkollegiums genannt wird, während eine gleich-zeitige Urkunde (P. Wess. Taf. gr. tab. 11, N. 19, 4) uns das Vorhandensein mehrerer πρεσβύτεροι belegt; siehe auch ferner P. Lond. II. 335 (S. 191), wo zwar im Text 6 πρεσβύτεροι genannt werden, wo aber nur 2 von ihnen als die wirklich handelnden erscheinen (sie allein unterzeichnen den Vertrag); im übrigen vergl. die Ausführungen des VI. Kapitels über die Verteilung der Tempel-geschäfte an Dezernenten.

muß. So darf man denn wohl mit gutem Grund die kleineren Zahlen ausschalten und etwa 4 bis 6 Priester als Mitglieder des Kollegiums annehmen.[1])

Für die Beurteilung dieser die Tempelverwaltung leitenden Priester ist dann die Erkenntnis von größter Wichtigkeit, daß ihre Amtszeit wohl nur ein Jahr betragen hat. Denn nur unter dieser Annahme ist es verständlich, daß sich einmal das Priesterkollegium als die „πρεσβύτεροι ἱερεῖς πενταφυλίας θεοῦ Σοκνοπαίου τοῦ ἐνεστῶτος κγ´." bezeichnet (B. G. U. I. 16, 6—7). Einen weiteren Beleg für unsere Annahme liefert auch die Tatsache, daß in zwei aufeinanderfolgenden Jahren sich wirklich zwei ganz verschiedene Kollegien für den Soknopaiostempel nachweisen lassen.[2]) Nach Ablauf ihres Amtsjahres werden die leitenden Priester wieder in die Reihen der Priesterschaft ihres Tempels, aus der sie genommen waren, zurückgetreten sein, eine Wiederwahl mag freilich vielleicht gestattet gewesen sein.[3])

Deshalb darf man auch nicht die Mitglieder eines solchen wechselnden Priesterkollegiums als Angehörige der Klasse der Tempelvorsteher ansehen, in diese kann man natürlich nur die ständigen Tempelvorsteher einreihen, und so hat durch Aufkommen der leitenden Priesterkollegien diese Klasse eine quantitative Schwächung erfahren, eine Schwächung, die wohl noch dadurch vergrößert sein dürfte, daß auch ein Teil der noch vorkommenden ἀρχιερεῖς eigentlich nicht mehr zu ihr zu rechnen ist, da er die Lebenslänglichkeit des einmal erhaltenen Amtes, die früher bei den ἀρχιερεῖς, als den höchsten aller Priester, ganz selbstverständlich war (siehe hierzu III. Kapitel), verloren hat und nur noch auf Zeit ernannt wird. So läßt sich die Tempelvorsteher-

---

1) Hervorgehoben sei, daß in den Fällen, in denen 5—6 Mitglieder des Kollegiums genannt sind, wohl stets tatsächlich auch nicht mehr vorhanden gewesen sind; denn abgesehen von der Unwahrscheinlichkeit, daß soviele zugleich als Dezernenten fungiert haben, spricht auch meistens der Inhalt der Urkunden direkt dafür, daß die Gesamtheit des Kollegiums in ihnen uns entgegentritt. (Besonders bezeichnend ist P. Lond. II. S. 335 (S. 191).) Auch bei der Nennung von 4 Mitgliedern spricht übrigens die Zahl dagegen sie als Dezernenten aufzufassen, es ist jedoch möglich, zumal bei B. G. U. II. 392, das einer Zeit angehört, die sonst nur 5 Mitglieder kennt, daß auch hier das Kollegium eigentlich aus 5 Mitgliedern bestanden hat; die Nichterwähnung des fünften wäre dann vielleicht durch die Annahme seines Todes, der Suspension vom Amte oder ähnlich zu erklären.

2) 219/220 n. Chr.: B. G. U. I. 296; 220/221 n. Chr.: P. Lond. II. 353 (S. 112).

3) Aus den Namen der uns bekannt gewordenen leitenden Priester darf man in Anbetracht der unter den Soknopaiospriestern herrschenden Namensgleichheit nicht ohne weiteres Schlüsse über die Identität zweier Personen ableiten. Die Angabe des Vatersnamens allein berechtigt jedenfalls nicht zur Vornahme von Identifizierungen. So wage ich es auch nicht auf Grund des bisherigen Materials solche vorzunehmen. Wesselys, Kar. u. Sok. Nes. S. 57, Aufstellungen sind demnach für mich vorläufig unannehmbar; auch an vielen anderen Stellen hat er es sich übrigens bei Identifikationen viel zu leicht gemacht.

würde als Jahresamt für den Soknopaiostempel aller Wahrscheinlichkeit nach schon für den Ausgang des 2. Jahrhunderts v. Chr. belegen
(P. Amh. II. 35), wenigstens möchte ich dies der in einer Priester-
urkunde erwähnten „σύναλλαξις τῆς λεσωνείας τοῦ λη ϛ“ entnehmen.[1])
Ferner zeigen uns die Rechnungen des Jupiter-Kapitolinus-Tempels in
Arsinoe (3. Jahrhundert n. Chr.), daß der Oberpriester[2]) dieses Heiligtumes noch bei Lebzeiten von seinem Amte zurücktritt und alsdann
den Titel „ἀρχιερατεύσας“ (B. G. U. II. 362, p. 3, 20) führt. Wie lange
er sein Amt bekleidet, ist nicht mit Sicherheit festzustellen; auch in
dem uns bekannt gewordenen Ernennungsdekret des einen Oberpriesters
ist die Amtsdauer nicht angegeben (B. G. U. II. 362, p. 5, 1 ff.), woraus
entweder auf eine nach allgemein bekanntem Zeitraume regelmäßig
wiederkehrende Neubesetzung des Amtes zu schließen ist oder auf eine
vorher nicht bestimmte, also willkürlich von dem Ernennenden festzu-
setzende Dauer desselben. Den einen Oberpriester können wir während
6 Monate seiner Amtstätigkeit begleiten; er erstattet nämlich nach Ablauf derselben Bericht über sie, und da hier bei der Monatsangabe k e i n
Artikel gesetzt wird (μη(νῶν)ς: B. G. U. II. 362, p. 3, 9), ist daraus
weiterhin zu schließen, daß sein Amt von längerer Dauer als diese
Zeit gewesen ist; vielleicht hat es ebenso wie dasjenige des leitenden
Priesterkollegiums ein Jahr gedauert, doch ist dieses Vermutung.
Natürlich wird der Jupiter-Kapitolinus-Tempel nicht allein die Einrichtung eines wechselnden Oberpriesters besessen haben; hierfür ist
jedoch, obwohl noch mehrere „ἀρχιερατεύσαντες“ aus dem Faijûm
(3. Jahrhundert n. Chr.) bekannt geworden sind[3]), kein weiterer sicherer
Beleg für die römische Zeit zu erbringen, da bei ihnen nicht die
Heiligtümer angegeben sind, denen sie angehört haben.

Wenn wir alle die Veränderungen überblicken, die sich in
römischer Zeit für die Tempelvorsteher nachweisen lassen, und bedenken, welche Schädigungen die aus ihnen bestehende Klasse der
Priesterschaft dadurch erlitten haben muß, Schädigungen, die auch

---

1) Ebenso Wilcken, Archiv II. S. 122. Unsicher wird allerdings der obige
Schluß, wenn man die Zeitangabe nicht auf λεσωνεία, sondern auf συνάλλαξις bezieht.

2) Unberechtigt ist es, wenn Hartel, Gr. P. S. 33 diesen Oberpriester fast
ganz zum weltlichen Verwaltungsbeamten seines Tempels stempelt; wäre dies
richtig, so wäre er allerdings als Beispiel für die obigen Ausführungen kaum
zu verwerten, da hiermit die oben gekennzeichnete Sonderstellung zusammenhängen könnte. Hartel begeht jedoch mit seinem Urteil, das einfach das Bild
wiedergibt, welches uns die T e m p e l r e c h n u n g e n von dem Oberpriester bieten,
denselben Fehlschluß, als wenn er auf Grund der Kassenbücher eines heutigen
größeren Kirchensprengels die Stellung des diesen leitenden Kirchenfürsten als
eine vornehmlich weltliche bezeichnen würde.

3) P. Oxy. I. 71, Col. 1, 2; B. G. U. II. 362. p. 5, 13; 12, 5; C. P. R. I. 20,
Col. 1, 2; P. Gen. 44, 6; 78, 2; P. Amh. II. 82, 2. Bei dem zuerst u. den drei
zuletzt genannten ist es sehr wahrscheinlich, daß wir in ihnen die gewesenen Oberpriester eines ägyptischen Heiligtumes vor uns haben. Vergl. S. 45, A. 4.

nach außen sicher deutlich hervorgetreten sind, so werden uns die Nachrichten der alten Schriftsteller verständlicher, die, wie schon hervorgehoben, eine eigene Klasse der Tempelvorsteher bei den ägyptischen Priestern ihrer Zeit nicht mehr kennen.

D. Die Vorgesetzten der Tempelvorsteher. (Die üblichen Gaubeamten von durchaus weltlichem Charakter.)

Für die Beurteilung der Organisation der Priesterschaft und für die Frage nach dem Verhältnis von Staat und Kirche ist es alsdann von größter Wichtigkeit zu prüfen, ob all diese Tempelvorsteher in der Zeit des hellenistischen Ägyptens einer höheren Instanz untergeordnet gewesen sind, und ob es Geistliche oder laikale Beamte der Regierung waren, die eine Kontrolle über sie ausgeübt haben. Wie sich diese Verhältnisse im vorptolemäischen Ägypten gestaltet haben, dafür besitzen wir meines Wissens bisher noch keine rechten Belege; die im neuen Reiche von dem Amonstempel zu Theben ausgeübte oberste Leitung der ägyptischen Tempel[1]) ist jedenfalls in den darauffolgenden Zeiten der beständigen Unruhen, der inneren und äußeren Kriege verschwunden. Wenn wir nun auch von der Zeit der ptolemäischen Herrschaft an wieder festeren Boden unter den Füßen haben, so können wir daher leider doch nicht ermitteln, inwieweit neue und alte Institutionen uns hier entgegentreten, und müssen uns begnügen, die bestehenden Zustände einfach zu schildern.

Als die den Tempeln vorgesetzten Behörden ergeben sich sowohl für die ptolemäische als auch für die römische Zeit durchweg — wenigstens soweit uns sichere Zeugnisse zur Verfügung stehen[2]) —

---

1) Siehe den Titel, den damals der erste Prophet des thebanischen Amon geführt hat, „Vorsteher der Propheten aller Götter des Südens und des Nordens" (Erman, Ägypten II. S. 399, siehe hierzu noch L. D. III, 237 c); von ihm konnten auch die Hohenpriesterstellen anderer Tempel, wie z. B. des Re zu Heliopolis, der Anhor mit seinen speziellen Untergebenen, den Amonspriestern, besetzt werden (Erman, Ägypten II. S. 399); in dem Papyrus Hood nimmt er den Vorrang vor den Hohenpriestern von Heliopolis und Memphis ein (Maspéro, Études Égyptiennes II. S. 53—55; Brugsch, Ägyptologie S. 217—18). Hiermit dürfte die Notiz des Manetho, frg. 50 (F. H. G. II. S. 572) zu vereinen sein, der von einem τεταγμένος ἐπὶ τῶν ἱερῶν τῆς Αἰγύπτου zur Zeit der 18. Dynastie spricht.

2) Vielleicht könnte man geneigt sein, in dem in P. Straßb. 60 (Reitzenstein a. a. O. S. 2 ff.), Col. 2, 7 ff. genannten, dem 2. Jahrhundert n. Chr. angehörenden στολιστὴς καὶ διάδοχος προφητείας τῶν ἐν τῇ μητροπόλει (sc. Arsinoe) θεῶν, der infolge seiner Stellung in dem betreffenden Schriftstück vor den πρεσβύτεροι ἱερέων des Soknopaiostempels diesen in gewisser Weise übergeordnet erscheint, einen Ansatz zu einer von den Priestern selbst ausgeübten religiösen Oberleitung zu sehen, aber bei der Singularität des Falles (nach Wessely, Kar. u. Sok. Nes. S. 65 findet sich allerdings in einem unpubl. P. Rainer (121) ein στολιστὴς Σούχου καὶ διάδοχος προφητείας τοῦ Ἀρσινοείτου, den man vielleicht dem obengenannten Priester gleichsetzen darf, aber über sein Verhältnis zu den

Regierungsbeamte nichtgeistlichen Charakters[1]); eine Oberaufsicht des Oberpriesters eines Tempels über eine größere Reihe von
Heiligtümern, die nicht als Nebentempel des ersteren bezeichnet
werden können, läßt sich im Gegensatze zu den Verhältnissen im
neuen Reiche für diese ganze Epoche nicht belegen.[2]) Die lokalen
Beamten, die Strategen, haben vielmehr neben ihren mannigfaltigen
weltlichen Machtbefugnissen auch solche auf dem Gebiete des Kultus
zum Zwecke der Beaufsichtigung der Priester und der Tempel besessen
und zusammen mit den übrigen Gaubeamten, die auch hier unterstützend eingegriffen haben, die erste Instanz gebildet, welche die
Priester ihres Gaues anzurufen hatten. Wandten sich diese einmal
über ihre Köpfe hinweg direkt an den König, so hat dieser z. B.
stets die lokalen Behörden von dem Entscheide, den er den Bitt-
stellern auf ihre Eingaben erteilt hat, benachrichtigt, damit diese in
der Folgezeit ihr Verhalten gegenüber der Priesterschaft darnach ein-
richten könnten, oder er hat sie, wenn er nicht selbst gleich die
Entscheidung fällte, mit der weiteren Untersuchung des Falles betraut.

Ein gutes Beispiel hierfür bieten einmal die bekannten Inschriften
von Philä (Strack, Inschriften 103 [C. I. Gr. III. 4896]) und Assuan
(Strack, Inschriften 140) aus der Zeit Ptolemäos' VIII. Euergetes' II.
und Ptolemäos' X. Philometors II. Soters, wo unter anderem die Könige
die den betreffenden Priestern übergeordneten Strategen der Thebais
von der Gewährung von Privilegien an diese Priester in Kenntnis
setzen.[3]) Weiterhin kommen als Belege für die ptolemäische Zeit
die sogenannten Serapeumspapyri in Betracht, in denen die von
ihren vorgesetzten Priestern um ihren Unterhalt betrogenen „Zwillinge"
und ihr Beschützer Ptolemäos sich an die Beamten des memphitischen
Gaues mit der Bitte um Abstellung der Mißstände wenden, und so
aufs deutlichste deren Oberaufsichtsrecht bekunden; einige ihrer
Petitionen sind auch direkt an den König gerichtet, und in diesem

---

πρεσβύτεροι ist den Angaben Wesselys nichts zu entnehmen) dürfte es, zumal
die Interpretation bei der Verstümmelung des Papyrus recht erschwert ist,
geboten sein, die Entscheidung vorläufig noch hinauszuschieben.

1) Für das Folgende, für den aus dem Aufsichtsrecht der
Regierungsbeamten entspringenden Verkehr zwischen diesen und
der Priesterschaft, vergleiche die eingehende Darstellung des
VI. Kapitels; hier sollen nur die charakteristischen Punkte hervorgehoben werden.

2) Revillout a. a. O. der Rev. ég. V. S. 45 behauptet zwar dieses für den
Oberpriester von Memphis, ohne jedoch Beweise anzuführen; diese seine Ansicht
dürfte wohl ebenso verfehlt sein wie seine andere Behauptung bezüglich des
memphitischen Oberpriesters, die ihn überhaupt erst zu der zuerst angegebenen
Ansicht hinleitet, daß diesem in religiöser Beziehung die τόπο- u. κωμογραμματεῖς
unterstellt gewesen seien.

3) Vergl. auch das ähnliche Beispiel in Inschrift V in P. Fay. S. 47 ff.
(Zeit des 13. Ptolemäos).

Falle wird von ihm, wie zu erwarten, dem Strategen von Memphis die Prüfung der Angelegenheit übertragen,[1]) die dieser dann durch seine Unterbeamten, nicht etwa durch Priester ausführen läßt.

Auch aus römischer Zeit liegen verschiedene Zeugnisse dafür vor, daß der Stratege — mögen sich auch sonst seine Funktionen teilweise geändert haben — der Vorgesetzte der Priesterschaft seines Gaues gewesen ist; wie in weltlichen Angelegenheiten hat auch hier der βασιλικὸς γραμματεύς seine Hauptunterstützung gebildet.[2]) Die verschiedenartigsten Geschäfte sind von dem Strategen infolge seiner Oberaufsicht über den Gaukultus zu erledigen gewesen, reine Verwaltungsangelegenheiten der Tempel[3]), die Aufsicht über die Innehaltung religiöser Vorschriften und dergleichen durch die Priester[4]), die Mitwirkung bei der Ernennung neuer Priester[5]) u. s. w.

Im 3. Jahrhundert n. Chr. läßt sich übrigens außer dem Strategen noch eine andere lokale Aufsichtsbehörde nachweisen. Damals sind wohl in allen Metropolen Ägyptens (siehe Wilcken, Ostr. I. S. 430 ff.) griechische Stadtverfassungen entstanden, die natürlich von der Gewalt des Strategen ihres Gaues eximiert waren, und da hat, wie zu erwarten, in solchen Städten die βουλή auch die Oberaufsicht über die Tempel ihrer Stadt übernommen; zu belegen ist allerdings diese weitgehende Folgerung bisher erst für Arsinoe und seinen Jupiter-Kapitolinus-Tempel[6]), aber es ist kaum anzunehmen, daß Arsinoe allein dieses Privileg besessen hat.

E. Der König als oberster Leiter der Priesterschaft in ptolemäischer Zeit.

Während so die unmittelbaren Vorgesetzten der Priester in Ptolemäer- und Römerzeit im allgemeinen die gleichen geblieben sind, da stets die lokalen Behörden dieses Amt versehen haben, ist anderer-

---

1) Der kürzlich erschienene P. Magd. 9 (3. Jahrh. v. Chr.) bietet einen weiteren Beleg dafür, daß an den König gerichtete Petitionen in geistlichen Angelegenheiten von diesem dem Strategen zur Erledigung überwiesen worden sind.

2) B. G. U. I. 16, 1; 296, 1; II. 433, 2; P. Lond. II. 353 (S. 112), Z. 1; P. Achmim, publ. von Wilcken, Hermes XXIII (1888), S. 593, Z. 16; P. Rainer bei Hartel, Gr. P. S. 70 (siehe auch für ihn Führer durch die Ausstellung der Papyri Erzherzog Rainer S. 77 [N. 247]).

3) Siehe z. B. B. G. U. I. 296; II. 387; 433; 488; P. Lond. II. 353 (S. 112); P. Magd. 9; Milne, Inschriften 5.

4) B. G. U. I. 16; 82; 250; 347; P. Straßb. 60 (Reitzenstein a. a. O. S. 2 ff.); siehe auch C. I. Gr. III. 5069; P. Rainer bei Hartel, Gr. P. S. 70; unpubl. P. Rainer 107 und 150 bei Wessely, Kar. u. Sok. Nes. S. 56 u. 64.

5) P. Achmim a. a. O.; P. Gen. 7.

6) B. G. U. II. 362, vor allem p. 5, 1—12; siehe auch p. 11, 20 ff.; 15, 2 ff., frg. 4, 5 ff.

seits an oberster Stelle eine wichtige Änderung zu verzeichnen; denn für die Zeit der Ptolemäer ist keine besondere zentrale Behörde für die Priesterschaft nachzuweisen, sondern diese ist erst für die Kaiserzeit zu belegen.

Früher ist man zwar im Anschluß an Letronnes Untersuchung über die griechische Inschrift auf dem Obelisken von Philä[1]) (Zeit Ptolemäos' VIII. Euergetes' II.) unter Benutzung seiner falschen Ergänzungen dieser Inschrift des Glaubens gewesen, auch für die ptolemäische Zeit eine besondere Oberbehörde für die ägyptische Priesterschaft in einem der königlichen Hofbeamten, in dem Epistolographen (ἐπιστολογράφος), der zugleich mit dem bekannten Priester Alexanders und der mit ihm verehrten Ptolemäer (das Nähere über ihn dieses Kapitel, 2, C. a.) identifiziert wurde, entdeckt zu haben. Man bedachte gar nicht, daß es doch recht wunderbar gewesen wäre, wenn einem rein griechischen Priester die Oberaufsicht über die ägyptische Kirche anvertraut gewesen wäre, obgleich sicher gerade die Aufsicht eines Priesters einer anderen Religion der einheimischen Priesterschaft bei weitem unerträglicher dünken mußte als die Abhängigkeit von irgend einem laikalen Regierungsbeamten. Man hätte ferner eigentlich gegen die Aufstellung Letronnes schon daraus Verdacht schöpfen müssen, daß in den Serapeumspapyri, wo ja beständig der König und die Priesterschaft miteinander zu tun haben, an keiner Stelle des Epistolographen Erwähnung getan wird, sondern der Verkehr direkt mit dem König als oberster Instanz erfolgt, und weiterhin auch daraus, daß in den Dekreten von Kanopus und Rosette kein besonderer höchster Leiter der Priesterschaft erscheint; hätte es einen solchen damals gegeben, so wäre er sicher am Anfang des ψήφισμα dieser Inschriften, wo die Beschließenden namentlich genannt werden, erwähnt und wohl auch sonst besonders hervorgehoben worden.[2]) Glücklicherweise hat bereits Wilcken[3]) diese Legende eines ptolemäischen „Kultusministers" zerstört[4]), indem er die falschen Ergänzungen Letronnes richtiggestellt und zugleich alle mit ihnen zusammenhängenden Vermutungen Letronnes als falsch nachgewiesen hat; dem Alexanderpriester sei der Epistolograph deshalb nicht gleichzusetzen, weil sich die diesem zugewiesenen Göttertitel gar nicht

---

1) Strack, Inschriften 103 (C. I. Gr. III. 4896); vergl. Letronne, Recueil des inscriptions grecques et latines de l'Égypte I. S. 358 ff.

2) Hartels, Gr. P. S. 70, Aufstellungen über den leitenden Priester der großen ptolemäischen Priesterversammlungen (Alexanderpriester!) hat schon Wilcken, Kaiserliche Tempelverwaltung in Ägypten, Hermes XXIII (1888), S. 592 ff. (S. 602) zurückgewiesen.

3) Die Obeliskeninschrift von Philä, im Hermes XXII (1887), S. 1 ff.

4) Merkwürdigerweise hält noch Lumbroso, L'Egitto (2. Auflage 1895) S. 180 u. 181, an der alten Ansicht fest.

auf ihn, sondern auf die petitionierenden Priester bezögen, und ferner habe nicht er, sondern der König selbst den Priestern auf ihre Eingabe den verlangten Bescheid erteilt.

Auch darüber braucht man sich keineswegs zu wundern, daß in den beiden Fällen, in denen der Epistolographos in den Eingaben an den König genannt wird, es gerade Priester sind, die die Bitte aussprechen, ihnen die Antwort auf ihr Schreiben durch den Epistolographen zu übermitteln[1]), und darf nicht daran denken, deshalb diesem Beamten eine Stellung zuzuweisen, die doch in gewisser Weise in Beziehung mit der obersten Leitung der Priesterschaft gestanden habe.[2]) Daß die Nennung des Epistolographen nur in Petitionen von Priestern erfolgt, ist vielmehr aller Wahrscheinlichkeit nach rein zufällig[3]) — ist uns doch dieses Amt überhaupt sonst nur noch ein einziges Mal mit Sicherheit inschriftlich bezeugt (C. I. Gr. III. 4717, 24) —, und außerdem erbitten in einer anderen jüngst bekannt gewordenen Petition[4]) (wohl aus dem 1. Jahrhundert vor Chr.) die Priester den Bescheid des Königs gar nicht durch seine Vermittlung, sondern durch die eines anderen Hofbeamten, des ὑπομνηματογράφος.[5]) In den angeführten Fällen sind einfach stets Beamte genannt, welche die leitenden Stellen in der königlichen Hofkanzlei eingenommen haben, die sozusagen „Chefs des Zivilkabinetts des Königs" gewesen sind, und zu deren Ressort natürlich auch die Anfertigung der königlichen Antwortschreiben auf dem Könige eingereichte Gesuche gehört

---

1) Strack, Inschriften 103 (C. I. Gr. III. 4896), Col. C, 14/15; P. Leid. G, 16/17 (= H, 24/25; J, 17/18). Bezüglich dieses zweiten Beispiels sei hervorgehoben, daß es sich in ihm um eine ganz private Angelegenheit eines einzelnen Priesters handelt, also um etwas, was mit dem Ressort eines Sekretärs für geistliche Angelegenheiten gar nichts zu tun hat; insofern kann man sogar in dem Papyrus einen Beweis dafür sehen, daß auch nichtgeistliche Angelegenheiten von dem ἐπιστολογράφος erledigt worden sind.

2) Strack, die Inschrift von Assuan in M. A. I. XX (1895), S. 327 ff. (341), scheint an dergleichen zu denken, doch jedenfalls mit Unrecht. Auch Stracks inzwischen erschienene Bemerkungen in Inschriften aus ptolemäischer Zeit II im Archiv II. S. 537 ff. (S. 556/57), welche seine frühere Ansicht weiter zu begründen suchen, haben mich nicht überzeugen können.

3) Von der Mitte des 2. Jahrhunderts v. Chr. an sind bis jetzt nur sehr wenige Petitionen von Privaten an den König erhalten (P. Par. 14 (P. Tor. 3); P. Fay. 11; 12; P. Amh. II. 33); wenn auch in ihnen nicht erwähnt wird, daß der Bescheid durch den Epistolographos erfolgen soll, so wäre es doch bei dem überaus geringen Material völlig unberechtigt, hieraus irgendwelche Schlüsse abzuleiten.

4) Inschrift V in P. Fay. S. 47 ff.

5) Den ἐπιστολογράφος und den ὑπομνηματογράφος miteinander einfach zu identifizieren erscheint mir vorläufig nicht angängig. Hieran denkt jetzt Strack a. a. O.; der inzwischen durch P. Tebt. I. 112, 87 bekannt gewordene ὑπομνηματογράφος καὶ ἐπιστολογράφος (Beamter lokalen Charakters) scheint mir jedoch sogar direkt dagegen zu sprechen.

hat.[1]) Die Nennung dieser Beamten scheint mir daher eine reine Höflichkeitsphrase gegenüber dem Könige zu sein, und man hat dann weiter, damit diese Phrase auf die betreffenden Beamten, die ja am Hofe eine sehr hohe Stellung eingenommen, stets den vornehmsten aller ptolemäischen Titel „συγγενής" geführt haben und offenbar auch sonst hoch geehrt worden sind[2]), nicht beleidigend wirke, immer den Namen dieser Personen hinzugefügt, um zu zeigen, daß man die hohen Herren wohl kenne, und daß man sie nicht etwa durch die Nennung mit einem gewöhnlichen Sekretär auf eine Stufe stellen wolle.[3])

Demnach ist also nicht der geringste Anlaß vorhanden, irgend eine besondere geistliche Oberbehörde für das ptolemäische Ägypten anzunehmen[4]), der ptolemäische König ist vielmehr, wenn man so sagen darf, sein eigener Kultusminister gewesen, in seinen Händen hat die oberste Aufsicht über die Priesterschaft und über die diese Priesterschaft kontrollierenden lokalen Beamten gelegen; natürlich ist

---

1) Vergl. z. B. für das Mitwirken des ὑπομνηματογράφος bei Gesuchen an den König P. Lond. I. 23 (S. 37), Z. 126/27; vielleicht handelt es sich allerdings hier um einen Lokalbeamten (lokale ὑπομνηματογράφοι sind uns inzwischen durch die P. Tebt. I. 58, 33; 61ᵃ, 25; 61ᵇ, 263; 64ᵃ, 88 bekannt geworden). Siehe ferner P. Gizeh 10371, publ. von Grenfell-Hunt im Archiv I S. 61; hier wendet sich die Petition sogar an den ὑπομνηματογράφος selbst; die Petitionierenden sind zwar Priester, aber ihre Eingabe erfolgt nicht in eigener priesterlicher Angelegenheit, sondern im Namen der Stadt, in der ihr Heiligtum liegt, also darf man auch hieraus nicht etwa ein näheres Verhältnis zwischen Priesterschaft und diesem Beamten ableiten.

2) Mir ist es sehr wahrscheinlich, daß der Epistolographos Numenios der Philäinschrift identisch ist mit jenem Numenios, zu dessen Ehren 124 v. Chr. die στέφανος-Abgabe (vergl. Wilcken, Ostr. I. S. 295 ff.) erhoben wird (P. Fay. 14), fürwahr eine sehr große Auszeichnung für einen Untertanen; chronologisch würde dieses vorzüglich passen. (Die Philäinschrift wohl sicher aus den 20ger Jahren des 2. Jahrhunderts v. Chr. stammend; vergl. den in ihr erwähnten Lochus, den Strategen der Thebais, P. Par. 6, 6: 127/6 v. Chr. und die Nennung der beiden Kleopatren; so schon Letronne in P. Par. S. 168.) Die von Grenfell-Hunt (P. Fay. S. 107) vorgeschlagene Gleichsetzung mit dem P. Grenf. I. 38, 1 genannten Νούμην dürfte auf jeden Fall aus zeitlichen Gründen fallen zu lassen sein; so auch Wilcken, Archiv I. S. 552, der zugleich den in P. Fay. 14 genannten Numenios mit dem jüngeren der beiden Numenios identifiziert, die in der gr. Inschrift bei Néroutsos-Bey, L'ancienne Alexandrie S. 98 genannt sind.

3) In dem kürzlich erschienenen P. Magd. 9 (3. Jahrh. v. Chr.), der eine Petition in geistlichen Angelegenheiten enthält, findet sich eine solche Höflichkeitsphrase nicht; im übrigen tritt uns in ihm wieder der direkte Verkehr zwischen König und lokalen Aufsichtsbeamten klar vor Augen.

4) Bis ins 1. Jahrhundert v. Chr. (Inschrift V in P. Fay. S. 47 ff.) läßt sich der direkte Verkehr zwischen König und Priesterschaft nachweisen; es erscheint mir völlig ausgeschlossen, daß etwa noch unter den letzten Ptolemäern, in der Zeit beständiger Unruhen, eine so wichtige Verwaltungsänderung wie die Einrichtung einer besonderen Zentrale für die geistlichen Angelegenheiten erfolgt sei; irgend ein Anlaß zu einem Abweichen von dem bisherigen Prinzipe ließe sich auch in der Tat nicht erkennen.

er bei seinen Entscheidungen über eingegangene Petitionen und dergleichen von seinen obersten Hofbeamten genau so wie in allen
anderen Regierungsgeschäften unterstützt worden.

F. Besondere Oberinstanz für die geistlichen Angelegenheiten in römischer Zeit ($\mathring{\alpha}\varrho\chi\iota\varepsilon\varrho\varepsilon\mathring{\upsilon}\varsigma$ $\mathring{A}\lambda\varepsilon\xi\alpha\nu\delta\varrho\varepsilon\mathring{\iota}\alpha\varsigma$ $\varkappa\alpha\mathring{\iota}$ $A\mathring{\iota}\gamma\mathring{\upsilon}\pi\tau o\upsilon$
$\pi\mathring{\alpha}\sigma\eta\varsigma = \mathring{\iota}\delta\iota o\varsigma$ $\lambda\mathring{o}\gamma o\varsigma$).

Als durch die Römer die Herrschaft der Ptolemäer beseitigt
worden war, ist es bekanntlich das Bestreben des Augustus gewesen
in Ägypten alles möglichst beim alten zu lassen; so sollte auch der
von ihm eingesetzte Statthalter Ägyptens, der praefectus Aegypti, als
sein Stellvertreter in jeder Beziehung den früheren König ersetzen,
mochten es nun die wichtigsten Regierungsgeschäfte oder nur die
Befolgung religiöser Zeremonien sein.[1]) Und doch finden wir im
Beginn des 2. Jahrhunderts n. Chr. eine Behörde vor, die erkennen
läßt, daß der Präfekt einen Teil der alten königlichen Befugnisse an
einen anderen Beamten hat abgeben müssen, nämlich die Oberaufsicht
über die Priesterschaft von ganz Ägypten, für die sich jetzt eine
besondere Oberbehörde nachweisen läßt. In dem $\mathring{\alpha}\varrho\chi\iota\varepsilon\varrho\varepsilon\mathring{\upsilon}\varsigma$ $\mathring{A}\lambda\varepsilon\xi\alpha\nu$-
$\delta\varrho\varepsilon\mathring{\iota}\alpha\varsigma$ $\varkappa\alpha\mathring{\iota}$ $A\mathring{\iota}\gamma\mathring{\upsilon}\pi\tau o\upsilon$ $\pi\mathring{\alpha}\sigma\eta\varsigma$[2]) ist sie, wie der Titel klar zeigt, zu
suchen. Dem Titel nach müßte man eigentlich seinen Träger für
einen Geistlichen halten, doch wäre dieses verfehlt, auch der Oberpriester Ägyptens in römischer Zeit ist trotz seines Titels ein durchaus weltlicher Beamter gewesen.[3])

---

1) Strabo XVII. p. 797; Tacitus, hist. I, 11; Seneca, quaest. nat. IV, 2, 7;
Plinius, h. n. 5, 57.

2) C. I. Gr. III. 5900 (= I. G. S. It. 1085).

3) Inzwischen hat Paul Meyer in seinem Aufsatze „$\varDelta\iota o\mathring{\iota}\varkappa\eta\sigma\iota\varsigma$ und $\mathring{\iota}\delta\iota o\varsigma$
$\lambda\mathring{o}\gamma o\varsigma$" in der Festschrift zu Otto Hirschfelds 60. Geburtstage S. 131 ff. (S. 157 ff.)
auch den „Oberpriester Ägyptens" eingehender behandelt. In manchen Punkten
stimmen seine Ausführungen mit den meinigen überein, in vielen jedoch
nicht. Zu einer Änderung meiner Ansichten kann ich mich auf Grund seiner
Bemerkungen nicht entschließen. Vor allem ist für mich ganz unannehmbar das von ihm (S. 157/58) auf Grund gewagtester Ergänzungen Bemerkte über die Verbindung des Oberpriesters mit dem Kaiserkult in Ägypten.
(Falsch ist direkt z. B. seine Verwertung des Anfanges des unpubl. P. Rainer 172;
der Gottestitel steht doch nicht vor, sondern hinter dem Priestertitel, in dem
Anfange hat man einfach die Datierung des Papyrus zu suchen; ähnlich seine
Ergänzung von unpubl. P. Rainer 104. Schlüsse aus Namen wie $\Phi\iota\lambda o\varkappa\mathring{o}\mu\mu o\delta o\varsigma$
und $\Phi\iota\lambda o\sigma\mathring{\alpha}\varrho\alpha\pi\iota\varsigma$ auf den Träger dieser Namen als Priester des Kaiserkultes
und des Sarapis sind durchaus unmethodisch; auch der Kaiser Caracalla führt
z. B. in einer Inschrift (siehe Seymour de Ricci, Bulletin épigraphique de l'Égypte
romaine N. 83, im Archiv II. S. 449) den Beinamen $\Phi\iota\lambda o\sigma\mathring{\alpha}\varrho\alpha\pi\iota\varsigma$, und es dürfte
doch niemanden einfallen ihn deswegen als Priester des alexandrinischen Sarapis
zu bezeichnen.) Meyers Ansicht über die späte Vereinigung des Amtes des
„ägyptischen Oberpriesters" mit dem des Idiologus (S. 161 ff.) hoffe ich durch
meine Ausführungen im Texte widerlegt zu haben.

Derjenige, bei dem wir diesen Titel zuerst erwähnt finden, ist ein Römer L. Julius Vestinus aus der Zeit Hadrians gewesen, der uns schon durch seine literarische Tätigkeit bekannt war, und der vorher in Rom einige der wichtigsten Ämter am kaiserlichen Hofe, die gleichfalls auf den wissenschaftlichen Charakter dieses Mannes schließen lassen, bekleidet hat.[1]) Das gleiche Amt läßt sich dann auch für die spätere Zeit des Antoninus Pius und für die Jahre 171 n. Chr. und 185 n. Chr. belegen; wieder sind es Nationalrömer bez. Griechen, die das römische Bürgerrecht erhalten haben, Claudius Agathokles, Flavius Melas, Ulpius Serenianus und Salvius Julianus, die es versehen.[2]) Zwar führen sie nicht genau denselben Titel wie Vestinus, sondern den eines „ἀρχιερεὺς καὶ ἐπὶ τῶν ἱερῶν", aber sie sind alle mit dem „Oberpriester von Alexandria und ganz Ägypten" zu identifizieren. Lokale Oberpriester können sie, die alle vier genau dieselbe religiöse Verhandlung mit Priestern des arsinoitischen Gaues zu führen haben (Näheres siehe III. Kapitel), schon deshalb nicht gewesen sein, weil der eine von ihnen (B. G. U. I. 347) zu Memphis — bei den anderen ist der Verhandlungsort nicht bekannt, doch liegt auch er offenbar außerhalb des arsinoitischen Gaues[3]) —

---

1) Suidas s. v. Οὐεστῖνος; die Inschrift lautet: Ἀρχιερεῖ Ἀλεξανδρείας καὶ Αἰγύπτου πάσης Λευκίῳ Ἰουλίῳ Οὐεστίνῳ καὶ ἐπιστάτῃ τοῦ Μουσείου καὶ ἐπὶ τῶν ἐν Ῥώμῃ βιβλιοϑηκῶν Ῥωμαϊκῶν τε καὶ Ἑλληνικῶν καὶ ἐπὶ τῆς παιδείας Ἀδριανοῦ τοῦ αὐτοκράτορος καὶ ἐπιστολεῖ τοῦ αὐτοῦ αὐτοκράτορος; vorangesetzt ist hier das Amt, das Vestinus augenblicklich bekleidet, dann folgen die von ihm vorher innegehabten Ämter, wie stets natürlich in chronologischer Reihenfolge, die mit dem zuerst genannten Amte beginnt und die auch durchaus mit der üblichen Ämterstaffel übereinstimmt (vergleiche Hirschfeld, Untersuchungen auf dem Gebiete der römischen Verwaltungsgeschichte I. S. 259 ff.; auch S. 189/190). Vestinus ist also zuerst ἐπιστάτης des alexandrinischen Museums gewesen und als solcher nach Rom berufen worden, um Leiter der kaiserlichen Bibliotheken, Studienrat (a studiis) Hadrians zu werden und schließlich unter diesem als Kaiser das Sekretariat (ab epistulis) zu übernehmen. Was Letronne, Recherches pour servir à l'histoire de l'Égypte pendant la domination des Grecs et des Romains S. 251/52, über seine Laufbahn sagt, ist durchaus verfehlt. Sehr zweifelhaft ist es für mich, ob dieser Vestinus der Sohn des Präfekten Ägyptens gleichen Namens vom Jahre 59/60 n. Chr. gewesen ist, da dessen Kinder schon im Jahre 48 v. Chr. erwähnt werden. Vergl. Prosopographia Imper. Rom. II. S. 319 Nr. 408.

2) Unpubl. P. Rainer 121 bei Wessely, Kar. u. Sok. Nes. S. 65/66; P. Straßb. 60 (Reitzenstein a. a. O. S. 2 ff.), Col. 1, 7 u. Col. 3, 10 (vergl. hierzu Wilckens Neupublikation des Papyrus im Archiv II. S. 4 ff.); unpubl. P. Rainer 104 bei Wessely, Kar. u. Sok. Nesos S. 66; B. G. U. I. 347. Col. 1, 15/16 u. öft.; unpubl. P. Rainer 139 u. 150 bei Wessely, Kar. u. Sok. Nes. S. 64 u. 66; B. G. U. I. 82, 10/11.

3) Unter dieser Voraussetzung ist es eigentlich nur zu erklären, daß der Stratege des arsinoitischen Gaues einen Brief an den Oberpriester in der betreffenden Angelegenheit verfaßt (P. Straßb. 60, Col. 1, 5 ff., vergl. auch B. G. U. I. 82, 8/9).

seine Entscheidungen trifft.[1])   Als Unterbeamte des ἀρχιερεὺς Ἀλεξανδρείας κ. τ. λ., woran man auch denken könnte, sind sie auch nicht
aufzufassen, da einerseits an und für sich in ihrem Titel der Begriff
eines Unterbeamten gar nicht zum Ausdruck gebracht ist, andererseits
gerade die Titel der in Betracht kommenden Unterbeamten uns bekannt geworden sind und diese ganz anders lauten (siehe S. 64). Die
Verschiedenheit der Titulatur läßt sich auch ganz gut erklären. In den
Jahren, die verflossen waren, seitdem Vestinus sein Amt bekleidet hat,
kann sich der Titel sehr wohl verändert haben, und ferner muß man,
wie schon Krebs (a. a. O. Ä. Z. XXXI [1893]) bemerkt hat, berücksichtigen, daß in Rom lokale Zusätze zu dem ἀρχιερεύς-Titel treten
mußten, um den betreffenden von den sacerdotes anderer Provinzen
zu unterscheiden, was in der Provinz selbst nicht nötig war.   Dazu
kommt noch, daß bekanntlich gerade die Titel ein und desselben Beamten
im römischen Ägypten manchmal recht erheblich voneinander abweichen.

Nun hat man weiterhin diesen Oberpriester Ägyptens dem aus
der Ptolemäerzeit bekannten Alexanderpriester, der auch das Amt des
alexandrinischen ἐξηγητής bekleidet hat (siehe dieses Kapitel 2, C. a.),
gleichsetzen wollen, doch ohne einen zwingenden Grund anzugeben.[2])   Daß das Amtsgebiet des neuen ἀρχιερεύς sich über ganz
Ägypten erstreckt hat, während der ἐξηγητής von Strabo (XVII, p. 797)
ausdrücklich als stadtalexandrischer Beamter bezeichnet wird, stände
freilich einer Identifizierung nicht durchaus hindernd im Wege; ebenso
wie bei anderen nach Strabo (a. a. O.) ursprünglich stadtalexandrinischen
Beamten, wie bei dem ἀρχιδικαστής und dem ὑπομνηματογράφος[3]),
wäre es möglich, daß sich die Kompetenz des ἐξηγητής im Laufe der
Zeit über den Stadtkreis von Alexandria hinaus erweitert hätte, aber
im Gegensatz zu den anderen Beamten liegen für den ἐξηγητής irgend
welche Beweise hierfür noch nicht vor[4]), also muß schon das argu-

---

1) Für Serenianus und Julianus vergl. Krebs: Aus dem Tagebuche des
römischen Oberpriesters von Ägypten im Philologus LIII (1894), S. 577 ff. (S. 580 ff.)
und schon vorher derselbe a. a. O. Ä. Z. XXXI (1893), S. 36—37.

2) Mommsen, Römische Geschichte V. S. 568 Anm.; Hartel, Gr. P. S. 70
vertritt wohl auch diese Ansicht.   Hiergegen hat sich schon Wilcken a. a. O.,
Hermes XXIII (1888), S. 602 ff., ausgesprochen, doch Mommsen hat seine alte
Meinung aufrecht erhalten, siehe „Ägyptische Papyri" in der Zeitschrift der
Savigny-Stiftung für Rechtsgeschichte, Rom. Abt. XVI (1895), S. 181 ff. (S. 191 A. 1).

3) Die von Wilcken, Observationes ad historiam Aegypti provinciae Romanae
S. 11 ausgesprochene Ansicht, der ἀρχιδικαστής Strabos sei in römischer Zeit
durchaus als stadtalexandrinischer Beamter aufzufassen, ist durch das reiche neue
Material hinfällig geworden.   Vergleiche die Zusammenstellung desselben bei
Milne, history S. 196 ff. Bezüglich des ὑπομνηματογράφος vergl. Mommsen a. a. O.
S. 189/90.

4) Mommsen a. a. O. S. 191 scheint zwar den in B. G. U. II. 388, Col. 2, 23
genannten ἐξηγητής als alexandrinischen aufzufassen, aber in diesem ἐξηγητής
ist jedenfalls nur ein lokaler des Faijûm zu sehen.

mentum ex silentio zur Vorsicht mahnen. Ferner läßt sich, wie schon Wilcken (Hermes XXIII [1888] S. 602 ff.) hervorgehoben hat, durchaus kein innerer Zusammenhang zwischen dem neuen Oberpriester Ägyptens und dem alten Alexanderpriester konstruieren. Denn in religiöser Beziehung ist der neue ἀρχιερεύς mit dem ἱερεύς Ἀλεξάνδρου κ. τ. λ. in keiner Hinsicht zu vergleichen; ob er überhaupt einem besonderen Kult vorgestanden hat, ist sehr zu bezweifeln, wenigstens läßt sich hier nichts beweisen, und angenommen, was ich aber nicht glaube[1]), er hätte wirklich den Kaiserkult in Ägypten geleitet, so ist dieser Kaiserkult doch durchaus nicht als der Nachfolger des Kultes anzusehen, den einst der Alexanderpriester ausgeübt hat, d. h. des Kultes des Stadtgottes Alexander, dem, wie auch sonst in den Tempeln Ägyptens, die Ptolemäer allmählich alle synnaiert worden sind; der neue Kult der römischen Cäsaren hat mit diesem Kulte nichts zu tun, er soll vielmehr den über das ganze Land verbreitet gewesenen Ptolemäerkult ersetzen. Gegen eine Gleichsetzung des Alexanderpriesters mit dem Oberpriester Ägyptens ist auch noch anzuführen, daß von der römischen Regierung neben dem Alexanderpriester zur Aufsicht über das Alexandergrab noch ein besonderer procurator Neaspoleos et mausolei Alexandriae[2]) eingesetzt worden ist, ein Beamter, dessen Einsetzung kaum denkbar wäre, wenn der Alexanderpriester zugleich ἀρχιερεύς gewesen wäre; denn als solcher hätte er ja nach der Beamtenlaufbahn des Vestinus zu urteilen zu den höchsten ritterlichen Beamten des Reiches gehört und hätte somit über dem ihn offenbar beaufsichtigen sollenden Prokurator gestanden.

Schließlich hat Wilcken[3]) schon behauptet, daß der ἀρχιερεὺς Ἀλεξανδρείας καὶ Αἰγύπτου πάσης mit einem anderen römisch-ägyptischen Beamten, dem ἴδιος λόγος, also mit einem der höchsten Finanzbeamten des Landes zu identifizieren sei; ist diese Gleichsetzung richtig, dann dürfte gleichzeitig diejenige mit dem ἐξηγητής, der bei Strabo (XVII. p. 797) als ein vom Idiologus ganz verschiedener Beamter erscheint, endgültig beseitigt sein. In der Tat hat Wilcken mit seiner Behauptung durchaus das Richtige getroffen; denn einige Urkunden zeigen deutlich, daß der Idiologus eine leitende,

---

1) Es sind verschiedene alexandrinische ἀρχιερεῖς Σεβαστῶν bekannt geworden (siehe dieses Kapitel 2, B.); gerade sie scheinen mir dafür zu sprechen, daß der ἀρχιερεὺς Ἀλεξανδρείας κ. τ. λ. an sich mit dem Kaiserkult nichts zu tun gehabt hat.

2) C. I. L. VIII. 8934; XIII. 1808.

3) a. a. O. des Hermes XXIII (1888), S. 600 u. 605; in Ostr. I. S. 643/44 (bes. Anm. 1) hat Wilcken seine Ansicht weiter ausgeführt; ihm hat sich neuerdings Rostowzew, Die kaiserliche Patrimonialverwaltung in Ägypten, Philologus LVII (1898), S. 564 ff. (574) angeschlossen, und kürzlich auch Wessely, Kar. u. Sok. Nes. S. 66; Milne, history S. 149 bespricht auch den ἀρχιερεύς, ohne ihn jedoch mit einem anderen Beamten zu identifizieren.

beaufsichtigende Stellung gegenüber der ägyptischen Priesterschaft
eingenommen hat und daß sein geistliches Amtsgebiet sich über ganz
Ägypten erstreckt haben muß, daß also bei ihm sich genau die gleichen
Kompetenzen wie bei dem Oberpriester Ägyptens nachweisen lassen.
Setzt man die beiden Beamten nicht miteinander gleich,[1]) so ist man
gezwungen zwei zu derselben Zeit (vom Jahre 122/23 n. Chr. ab)
amtierende Beamte mit denselben Kompetenzen anzunehmen,
eine Annahme, welche doch keine Wahrscheinlichkeit für sich hat.

Es handelt sich in allen diesen Urkunden nicht etwa um Ver-
waltungs- oder finanzielle Angelegenheiten der Tempel und der
Priester — da könnte ja der Idiologus eventuell auch einmal als
Finanzbeamter eingegriffen haben, ohne direkter Vorgesetzter der
Priesterschaft gewesen zu sein[2]) — sondern hier macht er rein
religiöse Dinge zum Gegenstand seiner Verordnungen oder einer
von ihm angestellten Prüfung. In der einen Urkunde (B. G. U. I. 250)
beruft sich ein Priester des Gottes Soknopaios, der angeschuldigt
worden ist, er habe das von ihm geopferte Opfertier nicht wie vorgeschrieben[3]) von den zuständigen μοσχοσφραγισταί untersuchen lassen,
auf ein Edikt des Idiologus vom Jahre 122/23 n. Chr., in welchem
dieser über die Form der Untersuchung neue Verfügungen getroffen
haben soll; allem Anschein nach hat er die Ausstellung einer dem

---

1) Dieses tut z. B. Paul Meyer in dem eben erwähnten Aufsatze S. 161 ff.;
er nimmt eine Vereinigung der beiden Ämter erst seit der Zeit des Severus an.

2) Dieses ist z. B. in einigen aus dem Jahre 15 n. Chr. stammenden Papyri
(Wessely, Taf. gr. S. 3—6; vergl. besond. P. Wess. Taf. gr. tab. 7. N. 8, tab. 11.
N. 18, P. Lond. II. 276 (S. 148) (Wessely a. a. O. S. 6), P. Lond. II. 355 (S. 178)
(Wessely a. a. O. S. 6), P. Wess. Taf. gr. tab. 11. N. 19) der Fall. Hier richtet
der Idiologus Anfragen an die Priesterschaft des Soknopaiostempels über die
Vermögensverhältnisse eines ihrer Priester, um ihr Gutachten dann in einem
gegen diesen Priester schwebenden, unter seine richterliche Kompetenz fallenden
Prozeß zu benutzen. Eine solche Auskunft kann er natürlich von jedem beliebigen, der ihm als Zeuge wichtig erscheint, verlangen, ohne daß ihm deshalb
besondere Kompetenzen über den Betreffenden zuzustehen brauchen; also sind
diese Papyri leider nicht zu benutzen, um aus ihnen die Gleichsetzung des
Idiologus mit dem Oberpriester Ägyptens schon für das Jahr 15 n. Chr. zu
beweisen. Zugleich sei hinzugefügt, daß zwar der Titel des richtenden Beamten
nicht direkt genannt wird, daß aber nur der Idiologus und nicht, wie man
angenommen hat (vergl. Seymour di Ricci, Bulletin papyrologique in Revue des
études grecques XIV (1901), S. 162 ff. (200)), der Juridicus Alexandriae in Betracht kommen kann. (Ebenso auch Wilcken, Deutsche Literaturzeitung 1902,
Sp. 1144.) Denn es handelt sich hier um bona vacantia und caduca (ἀδέσποτα),
die ja bekanntlich (Strabo XVII. p. 797) dem Idiologus unterstellt gewesen sind,
und in unseren Urkunden (P. Lond. II. 355 (S. 178) (Wessely a. a. O. S. 6) u.
P. Wess. Taf. gr. tab. 11. N. 19) wird auch ferner ausdrücklich das Verfügungsrecht des Idiologus über die in Betracht kommenden Streitobjekte hervorgehoben.

3) Herodot II. 38; auf Porphyrius de abst. II, 55 hat jetzt Reitzenstein
a. a. O. S. 8 aufmerksam gemacht. Vergl. im übrigen Wiedemann, Herodots
II. Buch u. s. w. S. 180—183.

opfernden Priester einzuhändigenden Bescheinigung über die Reinheit des Opfertieres eingeführt.[1]) Im Jahre 159/60 n. Chr. wird dann, wie uns überliefert ist (B. G. U. I. 16), im Soknopaiostempel auf Befehl des Idiologus eine Untersuchung angestellt, ob ein Priester desselben sich gegen die uralten Kleidervorschriften für ägyptische Priester und die Sitte den Kopf kahl geschoren zu tragen[2]) vergangen habe. Schließlich berichtet uns nach den Angaben Wesselys (Kar. u. Sok. Nes. S. 56) ein bisher noch unpublizierter Papyrus aus dem Jahre 140· n. Chr. (P. Rainer 107)[3]) von der Fürsorge des Idiologus für die sorgfältige Abhaltung des Gottesdienstes in ägyptischen Tempeln und von einer von ihm vorgenommenen Prüfung der Priesterqualifikation zweier ägyptischer Priester.

In allen diesen, vor allem in den beiden zuletztgenannten Fällen läßt sich das Einschreiten des Idiologus aus seinen finanziellen Befugnissen nicht erklären, sondern nur durch die Annahme, daß zur Zeit dieser Disziplinarverfahren ihm auch die oberste Aufsicht über die Priesterschaft zugestanden hat. Als „Minister der geistlichen Angelegenheiten" erscheint er auch noch im Jahre 231 n. Chr., wo ihm der Bericht übermittelt werden soll, daß keiner der Priester des herakleopolitischen Gaues sein priesterliches Amt vernachlässigt habe.[4])

---

1) Die Urkunde ist leider sehr verstümmelt; die Vermutung, daß uns hier die Einführung der Bescheinigung berichtet wird, verdanke ich Herrn Professor Wilcken, der zugleich darauf hinweist, daß alle uns erhaltenen Bescheinigungen (P. Grenf. II. 64; P. Gen. 32; gr. P. Straßb. 1105 (publ. von Reitzenstein, a. a. O. S. 7, A. 4) vergl. auch B. G. U. I. 356) jünger als das Jahr 122/23 n. Chr. sind. Vergl. zu der obigen Erklärung einmal Z. 11—18, welche die Versicherung des Priesters enthalten, daß alle Formalitäten bei seinem Opfer erfüllt worden seien außer der Erteilung einer Bescheinigung über die „Reinheit" des Opfertieres; für den Anfang von Z. 19 schlage ich alsdann nach eingehender Prüfung des Originals folgende die Wilckensche Vermutung schön bestätigende Lesung vor: ἕν[ενεκα τοῦ τ]ότε ἔθος μὴ εἶναι (zu der Konstruktion vergl. P. Tebt. I. 66, 77). Eine Ergänzung der durch „γάρ" eingeleiteten, auf eine an ihn gerichteten Eingabe (Z. 21) hin erlassenen Verfügung des Idiologus ist nicht möglich; daß es sich in ihr wirklich um das Ausstellen der Bescheinigung handelt, beweisen deutlich die Worte „σ]ύμβολ[ον]" in Z. 24 und „γράμματα" in Z. 26.

2) Herodot II, 36: οἱ ἱρέες τῶν θεῶν τῇ μὲν ἄλλῃ κομέουσι, ἐν Αἰγύπτῳ δὲ ξυρῶνται und II, 37: οἱ δὲ ἱρέες ξυρεῦνται πᾶν τὸ σῶμα διὰ τρίτης ἡμέρης, ἵνα μήτε φθεὶρ μήτε ἄλλο μυσαρὸν μηδὲν ἐγγίνηταί σφι θεραπεύουσι τοὺς θεούς. II, 37: ἐσθῆτα δὲ φορέουσι οἱ ἱρέες λινέην μούνην καὶ ὑποδήματα βύβλινα. ἄλλην δέ σφι ἐσθῆτα οὐκ ἔξεστι λαβεῖν οὐδὲ ὑποδήματα ἄλλα. Vergleiche weitere Belege bei Wiedemann, Herodots II. Buch u. s. w. S· 154 ff., S. 167 ff.

3) Dieser P. Rainer 107 enthält allem Anscheine nach überhaupt sehr wichtige Angaben über die ägyptischen Priester, sowie über ihre Stellung zu den vorgesetzten weltlichen Beamten; ihn näher zu verwerten wage ich jedoch allein auf Grund der Angaben Wesselys nicht.

4) Teilweise publizierter P. Rainer bei Hartel, Gr. P. S. 70. (Siehe auch seine deutsche Inhaltsangabe in Führer durch die Ausstellung der Papyri Erz-

Hier findet sich dann auch ein urkundlicher Beleg, daß das Amt des Idiologus und das des Oberpriesters von Ägypten vereinigt waren, denn nur so darf man das in dem betreffenden Bericht erwähnte Ressort „ἡ τοῦ ἰδίου λόγου κ[αὶ ἀρχ]ιερέως ἐπιτροπή" deuten.[1])

Zu der Annahme, daß finanzielle und priesterliche Funktionen in der Hand des Idiologus vereinigt gewesen sind,[2]) paßt dann vorzüglich, daß die uns bekannt gewordenen διαδεχόμενοι τὴν ἀρχιερωσύνην, d. h. die Stellvertreter des Oberpriesters, die ihn bei der Ausübung seines hohenpriesterlichen Amtes unterstützen, auch zugleich stets der kaiserlichen Finanzverwaltung angehören, da sie als kaiserliche Prokuratoren (ἐπίτροποι Σεβαστοῦ) bezeichnet werden,[3]) und daß sogar einer von ihnen den Titel „ὁ κράτιστος ἐπίτροπος τῶν οὐσιακῶν" (B. G. U. II. 362, p. 5, 10) geführt hat, also eines Beamten, in dem schon Hirschfeld (a. a. O. S. 43 A. 5) mit Recht einen direkten Untergebenen des Idiologus erkannt hat, da der οὐσιακὸς λόγος stets eine Unterabteilung des ἴδιος λόγος gebildet hat.[4]) Die über diese διαδεχόμενοι τὴν ἀρχιερω-

---

herzog Rainer S. 77 (N. 247).) Zwei ganz ähnliche Papyri erwähnt von Mommsen a. a. O., Zeitschrift der Savignystiftung, Rom. Abt. XVI (1895), S. 190. A. 1.

1) Die Deutung dieses Ausdruckes durch Hartel (a. a. O.), welcher allem Anscheine nach aus ihm zwei verschiedene Ressorts folgert, ist schon von Wilcken a. a. O., Hermes XXIII (1888), S. 601 u. Ostr. I. S. 644 A. 1 widerlegt worden.

2) Siehe auch den dem Bureau der ἀρχιερωσύνη angehörenden tabularius (P. Achmim, publ. von Wilcken, Hermes XXIII [1888] S. 593, Z. 7/8, 197 n. Chr.); dies ist bekanntlich einer der Titel der Subalternbeamten der kaiserlichen Finanzverwaltung gewesen

3) B. G. U. II. 362, p. 5, 10/11; P. Achmim, Z. 4/5; C. I. Gr. III. 5069 (zu der Inschrift vergl. Wilckens Bemerkungen a. a. O. Hermes XXIII [1888] S. 596/97.

4) Vergl. Wilcken, Ostr. I. 643—44. Die noch von Rostowzew a. a. O., Philologus LVII (1898), S. 571 ff. geäußerte Ansicht, daß der ἴδιος λόγος nur die Verwaltung des οὐσιακὸς λόγος geführt habe, daß also beide Kassen gleichzusetzen seien, wird vollständig widerlegt durch B. G. U. II. 599, wo der ἴδιος λόγος (Z. 16) und der οὐσιακὸς [λόγος] (Z. 14) nebeneinander erscheinen, also nicht identisch sein können. Vielmehr ist der οὐσιακὸς λόγος als Unterabteilung des ἴδιος λόγος aufzufassen. Außer der im Texte genannten Beamtengruppe bildet ein Papyrus aus dem Jahre 199 v. Chr. (B. G. U. I. 106) hierfür die urkundliche Bestätigung; hätte damals der οὐσιακὸς λόγος nicht zum ἴδιος λόγος gehört, so hätte niemals ein cornicularius, der über einen früheren οὐσία-Pächter des Kaisers Auskunft gibt, als Beamter des ἐπίτροπος τοῦ ἰδίου λόγου bezeichnet werden können (die Bezeichnung erfolgt, wie auch ganz richtig, nach dem höchsten Vorgesetzten des betreffenden). Daß dieses Verhältnis von ἴδιος λόγος und οὐσιακὸς λόγος auch für die Zeit, bevor es uns urkundlich bestätigt wird, anzunehmen ist, scheint mir ganz sicher zu sein. Man darf Strabos Worte (XVII, p. 797): „ἴδιος λόγος (so zu lesen nach P. Amh. II. 69, 4 u. 15), ὃς ἐστιν ἀδεσπότων καὶ τῶν εἰς Καίσαρα πίπτειν ὀφειλόντων ἐξεταστής ἐστιν" nicht zu eng fassen, sondern muß ihnen entnehmen, daß dem ἴδιος λόγος nicht nur die bona caduca und vacantia, sondern alles, was dem Kaiser an Einnahmen privatim zugefallen ist — es handelt sich ja eben um die „res privata" — unterstanden haben, daß also mithin auch die Patrimonialgüter,

σύνην erhaltenen Nachrichten schildern ihre Teilnahme an der gesamten Verwaltung der Tempel (B. G. U. II. 362, p. 5, 8 ff.), an der Vergebung von Priesterstellen (P. Achmim a. a. O.) und machen uns auch mit einem von ihnen aus religiösen Gründen erlassenen polizeilichen Befehl bekannt, der dahin geht, daß vom Tempel zu Talmis die Schweine fortgetrieben werden sollen (C. I. Gr. III. 5069). Diese Amtshandlungen der Unterbeamten des Idiologus gewähren uns zugleich einen weiteren Einblick in die Kompetenzen ihres Vorgesetzten; besonders wertvoll ist es, daß aus der zuerstgenannten mit Sicherheit der Schluß abzuleiten ist, daß der Oberpriester Ägyptens neben der religiösen Leitung der ägyptischen Priesterschaft auch die Oberaufsicht über die Verwaltung der Tempel in seinen Händen gehabt hat.

Die Belege für die διαδεχόμενοι τὴν ἀρχιερωσύνην, die zugleich Beamte der kaiserlichen Privatkasse sind, stammen zwar erst aus dem Ende des 2. und aus dem 3. Jahrhundert n. Chr. (der früheste [P. Achmim] Mai 197 n. Chr.); doch dürfte dies zufällig sein, denn man darf wohl mit gutem Recht annehmen, daß sie zu ebenderselben Zeit entstanden sind, in der auch die Vereinigung des Amtes des Idio-

---

τὰ οὐσιακά, deren Verwaltung ja eben der οὐσιακὸς λόγος geführt hat (siehe Wilcken, Ostr. I. S. 393 u. 644; Hirschfeld, Der Grundbesitz der römischen Kaiser in den ersten drei Jahrhunderten II. in Beiträgen zur alten Geschichte II (1902), S. 284 ff. [S. 292]) zu seinem Ressort gehört haben müssen. (Es sind ja doch auch die Patrimonialgüter in Ägypten aus bona caduca und vacantia entstanden.) Der von Strabo gewählte Ausdruck ἐξεταστής darf einen übrigens nicht dazu verleiten, den ἴδιος λόγος einfach nur als „Kontrolleur" aufzufassen, er ist vielmehr das Haupt einer besonderen Kasse gewesen (siehe z. B. P. Wess. Taf. gr. tab. 8. N. 11, 5 ff.; C. P. R. I. 28, 19 u. 22; an sie werden z. B. auch verschiedene Tempelsteuern entrichtet, siehe im folgenden u. VIII. Kapitel), die mit der διοίκησις, die eine Unterabteilung des fiscus Caesaris bildet, nichts zu tun hat. Dies ergibt sich ohne weiteres aus dem Charakter der beiden Kassen; die eine ist als Teil des fiscus Caesaris als Staatseigentum, nicht als Privateigentum des Kaisers aufzufassen (Hirschfeld, Römische Verwaltungsgeschichte S. 5 ff. dürfte doch Mommsen, Römisches Staatsrecht II, 2³, S. 998 ff. gegenüber im Rechte sein), während die andere, wie ihr Name deutlich besagt, unbedingt zu letzterem gehört hat. Auch die gesonderte Rechnungslegung für den ἴδιος λόγος in den Berichten der Lokalverwaltung nach Alexandrien weist auf eine strenge Scheidung hin (siehe P. Amh. II. 69 vom Jahre 154 n. Chr.), und ferner finden wir auch die Unterabteilung des ἴδιος λόγος, den οὐσιακὸς λόγος, in schroffen Gegensatz zur διοίκησις gestellt, siehe B. G. U. I. 84 u. III. 976 (= 905). (Weiteres über diese Kassen siehe VI. Kapitel.) Diese allgemeinen Bemerkungen über die gegenseitige Stellung des ἴδιος λόγος, des οὐσιακὸς λόγος und der διοίκησις dürften für unsere Zwecke genügen; es ist hier natürlich nicht der Ort die schwierige Idiologusfrage mit allen Einzelheiten zu behandeln, sowie Schlüsse, die sich aus diesen Feststellungen für Ägypten auf die Kassenverhältnisse des Reiches ergeben, zu ziehen. Inzwischen hat Paul Meyer, sowohl in dem Aufsatze der Hirschfeld-Festschrift, als auch wenige Monate später im Archiv III, S. 86 ff. (Kommentar zum Papyrus Cattaoui) all diese Fragen behandelt, das 2. Mal erheblich abweichend von seinen ersten Ausführungen. Eine Änderung meiner Aufstellungen hierauf hin vorzunehmen schien mir nicht geboten.

logus mit der ἀρχιερωσύνη über ganz Ägypten erfolgt ist. Das zeitlich erste sichere Zeugnis für diese an und für sich eigentümlich anmutende Verbindung von Priesteraufsicht mit der Führung einer kaiserlichen Kasse stammt, wie wir sahen, aus dem Jahre 122/23 n. Chr. (B. G. U. I. 250), und notwendigerweise drängt sich im Anschluß hieran die Frage auf: wann ist überhaupt die ἀρχιερωσύνη über ganz Ägypten geschaffen worden, ist sie zuerst ein selbständiges Amt gewesen oder gleich bei ihrer Entstehung mit dem des Idiologus vereinigt worden?

Daß L. Iulius Vestinus (vergl. S. 59) nur den hohenpriesterlichen Titel führt, zwingt keineswegs zu der Annahme, daß einst das Oberpriesteramt ein besonderes Amt für sich gewesen ist; denn einerseits ist es sehr leicht möglich ihn später als 122/23 n. Chr. anzusetzen, da er ja erst unter Hadrian die Würde des kaiserlichen ab epistulis erreicht, also erst unter diesem Kaiser dasjenige Amt erlangt hat, das er unmittelbar vor seiner ägyptischen Stellung bekleidet hat, — bei dieser zeitlichen Ansetzung wäre es eo ipso nach den obigen Ausführungen ausgeschlossen in ihm nur den Oberpriester Ägyptens zu sehen —, andererseits bildet aber auch die Annahme, er habe vielleicht schon um 120 n. Chr. sein ägyptisches Amt erhalten, durchaus keinen Beweis für die Selbständigkeit der ägyptischen ἀρχιερωσύνη. Trotz der einseitigen Hervorkehrung seines priesterlichen Charakters kann Vestinus gar wohl das Amt des Idiologus bekleidet haben, denn auch die ἀρχιερεῖς καὶ τῶν ἱερῶν aus der Zeit des Antoninus Pius und aus den Jahren 171 und 185 n. Chr. würden ihren Titeln nach nur als Oberpriester Ägyptens erscheinen, wenn wir nicht wüßten, daß damals schon lange die Vereinigung des priesterlichen und des finanziellen Amtes erfolgt war. Wenn bei ihnen bloß ihr priesterlicher Titel erwähnt wird, so ist das nicht zu verwundern, denn die Urkunden, in denen sie genannt werden, bilden Auszüge aus den ὑπομνηματισμοί (Tagebüchern)[1], die sie über ihre **priesterlichen** Amtshandlungen geführt haben — über die Amtsgeschäfte, die sie als Idiologi vornahmen, ist, wie es sich eigentlich von selbst versteht, in besonderen ὑπομνηματισμοί berichtet wor-

---

1) Der eine dieser Auszüge aus den ὑπομνηματισμοί (P. Straßburg 60 (Reitzenstein a. a. O. S. 2 ff.) bietet ein ausführliches Protokoll der stattgefundenen Verhandlung unter wörtlicher Anführung der Beweismittel; ähnliche ausführliche Angaben finden sich öfters in den Tagebüchern. Die beiden anderen Auszüge (B. G. U. I. 82 u. 347) sind bedeutend kürzer, sie fassen nur die Hauptsachen zusammen; an eine bei dem Auszuge verkürzte Wiedergabe des „Tagebuch"-inhalts möchte ich jedoch nicht denken, da auch ein zur Sache nicht gehörendes Vorkommnis (die Begrüßung des Strategen) erwähnt wird. Für die Anfertigung solcher Tagebücher vergl. Wilcken, Ὑπομνηματισμοί im Philologus LIII (1894), S. 80 ff. (S. 97—110) u. Zur Geschichte der Beschneidung I. (Die ägyptischen Beschneidungsurkunden) im Archiv II. S. 4 ff. (S. 7 ff.)

den[1]) —, und da ist es ganz natürlich, daß in diesen bloß ihr hohes-
priesterliches Amt hervorgehoben wird. Auch bei Vestinus dürfte
wohl aus bestimmten Gründen nur die eine Seite seines ägyptischen
Amtes genannt worden sein. Man darf annehmen, daß der aus Rom
scheidende Vestinus durch die ihm errichtete Inschrift vor allem als
literarisch und wissenschaftlich bedeutender Mann gefeiert werden sollte
(vergl. S. 59, A. 1), und da mögen es die Dedikanten zu dem ganzen
Tenor der Inschrift für passender gehalten haben, bei dem augenblicklichen Amte des Gefeierten nicht die trockene finanzielle Seite, sondern nur die Oberleitung über die ägyptische Priesterschaft zum Ausdruck zu bringen.[2]) Ferner ist es auch durchaus unwahrscheinlich,
daß die ἀρχιερωσύνη Ägyptens als selbständiges Amt eine so
hohe Stellung in der Staffel der ritterlichen Ämter eingenommen haben
sollte, daß ihre Verleihung für einen Mann wie Vestinus, der als
gewesener Sekretär des Kaisers zu den höchsten ritterlichen Beamten
des Reiches gehörte, eine Beförderung bedeutet hätte; wenn man dagegen annimmt, daß damals schon ἀρχιερωσύνη und ἐπιτροπὴ τοῦ
ἰδίου λόγου miteinander verbunden waren, so ist das Avancement des
Vestinus von dem Amte ab epistulis zur ἐπιτροπὴ τοῦ ἰδίου λόγου,
deren Verwalter der Rangklasse der ducenarii angehört[3]), mit der
gewöhnlichen ritterlichen Laufbahn durchaus im Einklang[4]).

So scheint sehr viel dafür zu sprechen, daß ungefähr zur Zeit
des Vestinus mit Sicherheit beide Ämter in einer Hand vereinigt gewesen sind. Für das ganze 1. Jahrhundert n. Chr. besitzen wir freilich
hierfür keinen positiven Beleg. Es sind zwar einige Idiologi aus dieser
Zeit bekannt geworden, aber einer von ihnen führt überhaupt keinen
Titel, sein Amt konnte nur aus seinen Amtshandlungen erschlossen
werden[5]), und von einem anderen aus der Zeit des Tiberius ist nur
sein Idiologustitel, aber keine Amtshandlung bekannt geworden
(C. I. L. X. 4862). Denn daß bloß der Idiologustitel in der Grabinschrift
dieses Mannes hervorgehoben wird, bietet durchaus keinen Anhaltspunkt nach irgend einer Richtung, da ja auch die Idiologi nach 120
n. Chr. mitunter gleichfalls bloß die finanzielle Seite ihres Amtes zum

---

1) P. Cattaoui Recto, Col. VI u. P. Wess Taf. gr. tab. 11. N. 19.

2) In ähnlicher Weise scheint auch bei einem anderen Titel des Vestinus
verfahren worden zu sein; er wird nämlich auch nur als „ἐπιστάτης τοῦ Μουσείου"
bezeichnet, obgleich es sehr wahrscheinlich ist, daß damals mit diesem Amte
auch dasjenige des ägyptischen ἀρχιδικαστής verbunden gewesen ist (siehe dieses
Kapitel 2, E), also auch hier würde alsdann nur die wissenschaftliche Seite
seines Amtes hervorgehoben worden sein.

3) Vergl. Hirschfeld, Römische Verwaltungsgeschichte I. S. 262; C. I. Gr.
II. 3751, C. I. L. III. 6055 (6757).

4) So hat z. B. der C. I. L. III. 431 genannte ab epistulis auch nach diesem
Amte eine Provinzialprokuratur erlangt (C. I. L. III. 7116).

5) Der bei Wessely, Taf. gr. Erwähnte, vergl. S. 62, A. 2.

Ausdruck gebracht haben[1]). So ist bisher noch keine Entscheidung möglich, ob die ägyptische ἀρχιερωσύνη zuerst als selbständiges Amt bestanden hat und erst später oder ob sie gleich bei ihrer Entstehung mit dem Amt des Idiologus vereinigt worden ist.

Der Grund für die Errichtung der ἀρχιερωσύνη scheint mir bisher nicht richtig erkannt worden zu sein; nicht die Besorgnis, die ägyptischen Priester könnten ohne besondere zentrale Aufsicht ihre Macht mißbrauchen,[2]) dürfte die Neuschöpfung der Römer hervorgerufen haben. Denn eine Änderung der allgemeinen Lage der Priesterschaft infolge der römischen Eroberung ist doch nicht eingetreten, ein Machtzuwachs, der irgendwie Beunruhigung hätte einflößen können, nicht zu bemerken[3]), und so hätte der römische Präfekt an und für sich ebenso gut wie der ptolemäische König die oberste Kontrolle auch über die ägyptischen Priester ausüben können, und auch die durchaus nötige Fühlung mit ihnen zu unterhalten wäre für ihn, der ja immer im Lande weilte, nicht schwerer gewesen als wie für seinen königlichen Vorgänger. Hatten die Ptolemäer im Hinblick auf das Verhalten der Priester es nicht für nötig gehalten, eine besondere Zentrale zu schaffen, so darf man jedenfalls auch für die Handlungsweise der Römer keinen Grund annehmen, der seinen Ursprung in ihrer Besorgnis vor der Priestermacht fände.

Für die Abzweigung der religiösen Oberaufsicht von dem Amte des praefectus Aegypti dürfte vielmehr die Besorgnis maßgebend gewesen sein, der Präfekt Ägyptens, dessen Macht schon an und für sich eine ganz außergewöhnliche war, könnte noch besonders an Einfluß gewinnen und so leicht der kaiserlichen Herrschaft gefährlich werden, wenn er auch die Oberleitung über die Priesterschaft führte. Denn wenn auch die Römer Ägypten und ägyptisches Wesen im allgemeinen durchaus verachteten, so wußten sie den großen Einfluß, den die einheimische Priesterschaft auch damals noch sicher auf ihre Landsleute ausübte, wohl zu würdigen und in ihrer Politik zu berücksichtigen. Sie mochten weiterhin erkennen, daß dem obersten Leiter dieser Priester, wenn er es verstand, mit ihnen gute Beziehungen zu unterhalten oder sie gar zu seinen gefügigen Werkzeugen zu machen, bei den Eingeborenen großes moralisches Ansehen zu teil werden mußte,

---

1) Vergleiche hierzu die Liste der Idiologi, die der Anhang I dieses Kapitels enthält.

2) Diese Meinung vertreten von Wilcken, a. a. O. Hermes XXIII (1888) S. 604; ebenso Krebs a. a. O. Ä. Z. XXXI (1893) S. 36.

3) Durchaus unberechtigt ist es, wenn P. Meyer, Heerwesen S. 102 von einer national-religiösen Opposition der Ägypter gegen die Römer spricht; das Bestehen einer religiösen Opposition würde allerdings vollkommen und aufs einfachste die Errichtung einer besonderen Zentrale für die Priesterschaft rechtfertigen, doch dürfte Meyer meines Erachtens nicht imstande sein, für eine solche Opposition irgend welche überzeugenden Beweise anzuführen.

und dieses konnte seinen Ehrgeiz gar leicht entflammen, konnte ihn bestimmen im Vertrauen auf die ägyptische Priesterschaft und das hinter ihr stehende ägyptische Volk nach der Krone Ägyptens oder gar nach noch höheren Zielen zu streben. Es ist also für die Kaiser ein Gebot politischer Klugheit gewesen, von der Präfektur wenigstens die religiöse Oberleitung, und zwar möglichst bald, abzutrennen.

Ob dies gleich bei der Einrichtung der römischen Verwaltung geschehen ist, läßt sich nicht nachweisen, möglich wäre es, viel wahrscheinlicher ist es mir jedoch — das ganze Folgende kann natürlich nur den Wert einer Vermutung beanspruchen —, die Abzweigung einige Jahre später in jene Zeit anzusetzen, als Augustus den allerdings wohl unbegründeten Verdacht hegte, der erste der von ihm eingesetzten Statthalter Ägyptens, G. Cornelius Gallus, habe auf Abfall von ihm gesonnen. Mit Recht hat schon Wilcken[1]) die vor einigen Jahren entdeckte trilingue Stele von Philä[2]) mit einer Notiz von Dio Cassius (LIII. 23, 5[3]) in Verbindung gebracht und in dem auf diesem Denkmal dargestellten Reiter den Statthalter Gallus und nicht den Kaiser Augustus erkannt. Daß Gallus hier von den Priestern in Philä an derjenigen Stelle der Stele abgebildet worden ist, wo sonst nach altägyptischem Brauch allein der Herrscher des Landes zu stehen pflegte — und zwar wird diese Abbildung wohl auf Befehl des Gallus vollzogen worden sein —, mußte natürlich in Rom den Verdacht der leitenden Kreise erwecken, der Statthalter spiele sich der Priesterschaft gegenüber, wenn er in seiner Eigenschaft als ihr Oberhaupt mit ihr zu verkehren hatte, schon als rechtmäßiger König auf. Als Gallus beseitigt war, da mag wohl in Rom unter dem Eindruck der eben überstandenen Gefahr der Entschluß gefaßt worden sein, künftighin einer ähnlichen vorzubeugen, die Befugnisse des Präfekten wenigstens etwas zu beschränken; war einmal einem besonderen Beamten, der dem praefectus Aegypti untergeben war, die Oberleitung der Priesterschaft übertragen, so konnte man sicher sein, daß dieser nie von den Priestern als Herrscher betrachtet werden oder es mit Erfolg wagen würde, ihnen gegenüber als solcher aufzutreten; wenn er auch wirklich infolge seiner religiösen Kompetenzen einmal größeren Einfluß bei ihnen erlangte, so konnte er, der an und für sich nicht allzumächtig war, weiter nicht gefährlich werden. So mag vielleicht damals die ἀρχιερωσύνη über Ägypten geschaffen worden sein, und zu der frühzeitigen Abtrennung der hohenpriesterlichen Gewalt von der des Prä-

---

1) Wilcken, Zur trilinguen Inschrift von Philä in Ä. Z. XXXV (1897) S. 70 ff.
2) Zuerst publiziert von Lyons u. Borchardt: Eine trilingue Inschrift von Philä, mit Zusätzen von Erman zu der hieroglyphischen und O. Hirschfeld zu der lateinisch-griechischen Inschrift in Sitz. Berl. Ak. 1896. S. 469—82.
3) Πόλλα δὲ καὶ ἐπαίτια παρέπραττεν. καὶ γὰρ εἰκόνας ἑαυτοῦ ἐν ὅλῃ ὡς εἰπεῖν τῇ Αἰγύπτῳ ἔστησε καὶ τὰ ἔργα ὅσα ἐπεποιήκει ἐς τὰς πυραμίδας ἐσέγραψεν.

fekten würde auch gut passen, daß Philo, der bekanntlich in seiner Schrift adversus Flaccum (siehe z. B. § 16) das Amt des ägyptischen Statthalters eingehend schildert, in keiner Weise seine Oberleitung in religiösen Dingen erwähnt, obgleich man ihre Erwähnung, wenn sie überhaupt noch vorhanden war, gerade hier erwarten müßte.

Trotz alledem müssen wir freilich auf die genaue Bestimmung der Anfangszeit des ägyptischen Oberpriestertums vorläufig noch verzichten, wir können aber wenigstens einigermaßen klar erkennen, warum die Römer gerade den Idiologus, mag es nun gleich oder erst später gewesen sein, mit diesem Amte betraut haben. Wilcken (a. a. O. Hermes XXIII [1888] S. 605) und Rostowzew (a. a. O. Philologus LVII [1898] S. 675 ff.) haben dies vornehmlich daraus erklären wollen, daß einige Priesterabgaben an die Kasse des Idiologus zu zahlen waren und daß bei einer Vereinigung der beiden Ämter eine Vereinfachung des Geschäftsganges eintreten mußte. Dieses wird mitgespielt haben, man wird jedoch wohl noch weitergehen dürfen.

Mit voller Sicherheit läßt sich der Nachweis erbringen,[1] daß schon in ptolemäischer Zeit vom Staate die Domänen der Tempel verwaltet worden sind und daß diese Einrichtung auch in der Kaiserzeit fortbestanden hat. Für die Einnahmen aus diesen Tempelländereien ist von der Regierung ein besonderes Kassenressort, $\iota\epsilon\varrho\acute{\alpha}$ genannt, geschaffen worden, welches von dem Kassenressort der $\delta\iota o\acute{\iota}\varkappa\eta\sigma\iota\varsigma$ aufs strengste geschieden wird. Aus dieser Scheidung der Kassen ergibt sich, daß die Tempelländereien auch nicht, wie z. B. die $\gamma\tilde{\eta}$ $\beta\alpha\sigma\iota\lambda\iota\varkappa\acute{\eta}$ unter der Verwaltung des Vorstandes der $\delta\iota o\acute{\iota}\varkappa\eta\sigma\iota\varsigma$, des Ober-$\delta\iota o\iota\varkappa\eta\tau\acute{\eta}\varsigma$, gestanden haben können. Es besteht nun allerdings die Möglichkeit, daß zur Leitung der $\iota\epsilon\varrho\acute{\alpha}$ ein besonderer Beamter von der Regierung geschaffen worden ist, aber belegen läßt sich ein solcher Beamter bisher nicht. So hat die Vermutung viel Wahrscheinlichkeit für sich, daß die $\iota\epsilon\varrho\acute{\alpha}$-Abteilung zu dem Ressort eines der uns bekannten hohen Finanzbeamten gehört hat, und da scheint mir der $\H{\iota}\delta\iota o\varsigma$ $\lambda\acute{o}\gamma o\varsigma$, in dessen Kasse ja ein Teil der Priestersteuern floß, der vor allem Prädestinierte zur Übernahme der obersten Verwaltung der Tempelländereien[2] gewesen zu sein. Trifft diese Vermutung das Richtige, so ist der Idiologus derjenige Beamte gewesen, der beständig mit der ägyptischen Priesterschaft in finanziellen Dingen zu tun gehabt hat, dem auch bei Streitigkeiten finanzieller Natur, wie sie sich bei den Verrechnungen der Tempeleinkünfte oft ergeben mußten, sicher eine gewisse Jurisdiktion zugekommen ist. Alsdann hat es auch für den Kaiser, der eine besondere priesterliche Oberbehörde geschaffen hat,

---

1) Die näheren Beweise für die folgenden Bemerkungen finden sich im Kapitel VI.

2) Mit Domänen hat ja auch sonst der Idiologus als Vorgesetzter des $o\dot{\upsilon}\sigma\iota\alpha\varkappa\grave{o}\varsigma$ $\lambda\acute{o}\gamma o\varsigma$ wenigstens indirekt zu tun gehabt.

sehr nahe gelegen, diese, wenn nicht sofort, so doch wenigstens sehr bald dem Idiologus zu übertragen, um so in der Tat eine große Vereinfachung des Geschäftsganges zu erzielen und zugleich eine in jeder Beziehung vorzügliche Kontrolle der Tempel und ihrer Priester einzuführen.

Diese Vereinigung der beiden Ämter dürfte sicher bis zur diokletianischen Verwaltungsreorganisation bestanden haben, wenn auch unser letzter Beleg für sie aus dem Jahre 231 n. Chr. stammt (P. Rainer bei Hartel, Gr. P. S. 70). Ob der wahrscheinliche Nachfolger des Idiologus, der ἐπίτροπος δεσποτικῶν κτήσεων[1]), auch die Würde des Oberpriesters von Ägypten bekleidet hat und wie lange diese letztere überhaupt bestanden hat, läßt sich bisher nicht ermitteln; nur das eine darf man wohl behaupten, daß spätestens am Ausgang des 4. Jahrhunderts n. Chr. die ἀρχιερωσύνη über Ägypten ebenso wie die sacerdotes der übrigen Provinzen ihr Ende gefunden haben wird.

Der Umstand, daß der ἀρχιερεύς auch zugleich Idiologus gewesen ist, macht auch die Vermutung von Krebs (a. a. O. Philologus LIII [1894] S. 580 u. 581) hinfällig, daß in späterer Zeit der Amtssitz des Oberpriesters Memphis gewesen ist; bei dem Oberpriester Ägyptens wäre immerhin die Verlegung seines Amtssitzes von Alexandrien in eine andere ägyptische Stadt möglich, bei dem römischen Idiologus ist dieses jedoch ausgeschlossen[2]). Wenn wir den ἀρχιερεύς des Jahres 171 n. Chr. in Memphis seine Entscheidungen treffen sehen (B. G. U. I. 347, Col. 1, 3, Col. 2, 2), so hat ihn nur eine jener Inspektionsreisen dorthin geführt, welche die ägyptischen Beamten häufig zu unternehmen pflegten[3]).

Was schließlich die Stellung des Oberpriesters von Ägypten im Vergleich zu den sacerdotes der anderen Provinzen anbelangt, so darf man, wie es ja auch schon Mommsen (Römische Geschichte V. S. 558/59 u. 568 Anm.) getan hat, ihn durchaus nicht mit diesen identifizieren wollen: denn vor allem ist der ägyptische ἀρχιερεύς gar kein Priester gewesen, während doch die sacerdotes provinciae als solche anzusehen sind, nie hören wir, daß er priesterliche Funktionen ausgeübt hat,

---

1) Vergl. P. Lond. II. 234 (S. 286) Z. 1 u. Kenyons Ausführungen zu ihm. Dieser ἐπίτροπος δεσποτικῶν κτήσεων ist offenbar gleichzusetzen dem aus der Inschrift C. I. L. III. 18 bekannt gewordenen magister privatarum Aegypti et Lybiae; vergl. Hirschfeld, Römische Verwaltungsgeschichte S. 39 A. 4. Der Titel magister hat bekanntlich den procurator (ἐπίτροπος)-Titel bei den Beamten der res privata ersetzt; vergl. Hirschfeld a. a. O. S. 37.

2) P. Amh. II. 69 bezeugt uns direkt Alexandrien als Amtssitz des Idiologus.

3) So führt z. B. zu derselben Zeit eine Inspektionsreise den praefectus Aegypti auch nach Memphis; natürlich ist der Idiologus, der schon längere Zeit dort anwesend gewesen sein mag, als ein im Range niedriger stehender Beamter zu seiner Begrüßung verpflichtet (B. G. U. I. 347, Col. 1, 4); vergl. ferner z. B. Strabo XVII. p. 800, 806, 815, 817; C. I. Gr. III. 4699, Z. 24; B. G. U. I. 168, 18/19; II. 362 p. 7, 8 u. s. w.

sondern offenbar als reiner Laie hat er, der römische Beamte, neben anderen, weltlichen Geschäften auch die oberste Aufsicht über die ägyptische Kirche ausgeübt und ist so dem Begriff des modernen Kultusministers sehr nahe gekommen.[1]) Weiterhin ist entsprechend der staatsrechtlichen Stellung Ägyptens sein Oberpriester als Beamter des Kaisers aufzufassen, während die sacerdotes der übrigen Provinzen mit den Reichsbeamten nichts zu tun haben, sondern als die priesterlichen Vertreter ihrer Provinz gerade das provinziale Element repräsentieren. Schließlich tritt auch bei ihnen die Oberaufsicht über den Kultus und die Tempelverwaltung, die ja in Ägypten allein in Betracht kommt, gegenüber ihren anderen Kompetenzen vollkommen in den Hintergrund, nur für den Asiarchen sind vielleicht ähnliche Befugnisse anzunehmen (Dio von Prusa, orat. 35. p. 66 R); bekanntlich haben erst zur Zeit des ausgehenden Heidentums, als es zu Reformen schon zu spät war, Kaiser wie Maximinus (Eusebius, hist. eccl. VIII, 14, 9) und Julian (Epist. 49 u. 63) daran gedacht — vielleicht ist hier die ägyptische Einrichtung vorbildlich gewesen —, die sacerdotes provinciae vor allem als Oberaufsichtsbehörden der provinzialen Priesterschaft zu verwenden. So kann man denn mit Recht den in der Kaiserzeit uns begegnenden Oberpriester Ägyptens, der infolge des von ihm zugleich bekleideten Idiologusamtes eine der höchsten ritterlichen Stellungen des Kaiserreiches eingenommen hat, als eine durchaus ohne Parallele dastehende Schöpfung der römischen Verwaltung bezeichnen, als eine Schöpfung, die in ihrer Eigenart vorzüglich zu dem ganzen in Ägypten eingeführten außergewöhnlichen Verwaltungssystem paßt.

G. Die Landes- und Provinzialsynoden der ägyptischen Priester.

Während so für die Römerzeit in dem Oberpriester Ägyptens eine neue für die Allgemeinheit bestimmte Institution nachzuweisen ist, die unter den Ptolemäern noch nicht bestanden hat, scheint dagegen eine andere, die unter ihnen augenscheinlich eine große Rolle gespielt hat, verschwunden zu sein, nämlich die großen Versammlungen

---

1) Den Titel ἀρχιερεύς fasse ich als reinen Ehrentitel. Die Folgerungen, die Reitzenstein, Zwei religionsgeschichtliche Fragen S. 98 daraus zieht, „daß der oberste ägyptische Priester, der Vertreter des Kaisers, von Anfang an ein Römer ist", daß man nämlich die ägyptische Religion nicht als einen national beschränkten Kult, sondern als eine Art Philosophie oder stoische Religion auffaßte, erscheinen mir durchaus unberechtigt. Verfehlt erscheint mir auch die Bezeichnung des Oberpriesters Ägyptens als „oberster ägyptischer Priester", denn dieser Ausdruck kann leicht die Vorstellung erwecken, als wenn dieser direkt als ägyptischer Priester aufzufassen wäre, natürlich hat der Oberpriester Ägyptens immer außerhalb des ägyptischen Priesterstandes gestanden.

der Priesterschaft ganz Ägyptens. Wenigstens ist ein Beleg für eine Landessynode in der Kaiserzeit bisher noch nicht vorhanden, und es ist daher gar nicht ausgeschlossen — das vollständige Schweigen unserer Tradition hierüber muß doch Bedenken erregen —, daß sie von der römischen Regierung unterdrückt worden sind. Freilich ganz sind die Priestersynoden auch in dieser Zeit auf keinen Fall aufgehoben worden, da ein Bericht aus der Zeit Neros über eine einen lokalen Charakter tragende Priesterversammlung, die in Dakkeh an der Südgrenze Ägyptens Priester der Isis zu Philä, der Isis zu Abaton und des Thot von Dakkeh vereinte, erhalten ist[1]).

Im Gegensatz zur römischen Zeit sind uns aus der ptolemäischen eine größere Reihe Belege für allgemeine Priesterversammlungen bekannt geworden. Nach Strabos Bericht (XVII. p. 811) sollen sie schon im alten Ägypten bestanden und im Labyrinth, d. h. also im Faijûm, getagt haben, doch erst aus der Ptolemäerzeit sind meines Wissens Berichte über Landessynoden uns erhalten. Diese haben bis zur Zeit des Königs Ptolemäos V. Epiphanes jährlich mindestens einmal in Alexandria stattgefunden; dieses darf man wohl aus den Worten der Rosettana (Z. 16/17): ἀπέλυσεν (sc. der König) δὲ καὶ τοὺς ἐκ τῶν ἱερῶν ἐθνῶν τοῦ κατ' ἐνιαυτὸν εἰς Ἀλεξάνδρειαν κατάπλου entnehmen[2]). Freilich sind diese Versammlungen der Priester in Alexandria nicht bloß zur Beratung allgemeiner priesterlicher Angelegenheiten einberufen worden[3]), wenn auch dies stets ihr Hauptzweck gewesen sein wird, sondern sie haben auch noch sozusagen höfische Pflichten zu erfüllen gehabt; so sind sie vielleicht stets so gelegt worden, daß die versammelten Priester auch bei größeren Feierlichkeiten des Herrscherhauses, wie dem Geburtstage des Königs oder der Feier seines Regierungsantrittes, zugegen sein und diese mit verherrlichen konnten, wenigstens ist dies z. B. bei der Synode, die das berühmte Dekret von Kanopus erlassen hat, nach ihrem eigenen Zeugnis der Fall gewesen.[4])

---

1) L. D. VI. 144 (dem. Inschrift), publ. von Revillout, Rev. ég. VI. S. 125.

2) Vergl. Kanopus Z. 48: ἐνδημούντων παρὰ τῷ βασιλεῖ τῶν ἐκ τῆς χώρας παραγινομένων πρὸς αὐτὸν κατ' ἐνιαυτὸν ἱερέων.

3) So schon mit Recht Letronne, Recueil des inscriptions usw. I. S. 278; was einst Drumann, Historisch-antiquarische Untersuchungen über Ägypten oder die Inschrift von Rosette S. 167 über die Reise der Priester nach Alexandrien gesagt hat, ist durchaus zu verwerfen.

4) Kanopus Z. 5/6: οἱ συναντήσαντες (sc. die Priester) ἐκ τῶν κατὰ τὴν χώραν ἱερῶν εἰς τὴν πέμπτην τοῦ Δίου, ἐν ᾗ ἄγεται τὰ γενέθλια τοῦ βασιλέως, καὶ εἰς τὴν πέμπτην καὶ εἴκαδα τοῦ αὐτοῦ μηνός, ἐν ᾗ παρέλαβεν τὴν βασιλείαν παρὰ τοῦ πατρός κ. τ. λ. Lepsius, Das bilingue Dekret von Kanopus I. S. 15 A. 2 (vergl. auch Lumbroso, Recherches S. 177) will im Anschluß an diese Stelle in der κατάπλους κ. τ. λ. nur die Geburtstagsgratulation der Priesterschaft sehen, doch wohl mit Unrecht; in diesem Falle würde sicher die Versammlung nicht so zahlreich gewesen sein und auch kaum die Kompetenz besessen haben Beschlüsse zu fassen, die für die Allgemeinheit der Priester verbindlich sein sollten.

Wenn dann Ptolemäos V. Epiphanes im Dekret von Rosette
(Z. 16/17) die Priesterschaft von ihrer jährlichen κατάπλους εἰς
Ἀλεξάνδρειαν befreit, so bedeutet dieses nicht die Aufhebung der
Synoden, sondern nur der Notwendigkeit sie alljährlich in Alexandria
abzuhalten[1]); denn allgemeine Priesterversammlungen lassen sich auch
noch nach dem 9. Jahre des Epiphanes, dem Jahre des Dekretes von
Rosette (197/96 v. Chr.), nachweisen, so z. B. eine in Memphis aus dem
21. Jahre dieses Königs (185/84 v. Chr.) anläßlich der Inthronisation
eines neu erschienenen Apis, eine andere, die sogar wieder in Alexandria
tagt, unbestimmteren Datums, doch sicher nach dem 19. Jahre des
5. Ptolemäers (187/86 v. Chr.) — eine aus diesem Jahre stammende
Amnestie des Königs wird in dem von dieser Versammlung erlassenen
Dekret erwähnt[2]) —, eine weitere aus dem 23. Jahre des Epiphanes
(183/82 v. Chr.), deren Versammlungsort nicht bekannt geworden ist,[3])
und dann alle diejenigen, die anläßlich der Anakleterien, d. h. der
Krönungsfeierlichkeiten der ptolemäischen Könige stattgefunden haben
(vergl. Kapitel VIII). Diese letzteren, sowie wohl diejenigen anläßlich
der Inthronisation eines neuen Apis haben natürlich schon als regelmäßig wiederkehrende Priesterversammlungen bestanden, als noch
diejenige in Alexandrien alljährlich getagt hat, und neben diesen mag
auch noch manche außerordentliche Synode einberufen worden sein,
der Art, wie sie z. B. in Sais im 20. Jahre Ptolemäos' II. Philadelphos'
abgehalten worden ist,[4]) es ist also demnach für die ägyptischen
Priester der ptolemäischen Zeit eine äußerst rege synodale Tätigkeit
anzunehmen.

Die zuletzt erwähnte Synode wird dadurch besonders interessant,
daß als ihr Einberufer der König selbst genannt wird, und daß dieser
auf ihr persönlich Unterhandlungen mit den Priestern führt.[5]) Un-

---

1) Zu der obigen Erklärung paßt der im Dekret gebrauchte Ausdruck
„ἀπέλυσεν" vorzüglich; die Priester werden eben hier von einer Verpflichtung,
die ihnen bezüglich des Ortes ihrer Synoden auferlegt war, befreit.

2) Vergl. Brugsch, Historische Notiz in Ä. Z. XVI (1878), S. 43 ff. (S. 46);
siehe auch Brugsch, Der Apiskreis aus den Zeiten der Ptolemäer I. in Ä. Z.
XXII (1884), S. 110 ff. (S. 127). Die in Betracht kommenden hieroglyphischen und
demotischen Inschriften befinden sich im Tempel der Isis zu Philä und sind
nur sehr schlecht erhalten; sie sollen teilweise nur eine erweiterte Reduplikation
des Dekrets von Rosette enthalten, d. h. die Priesterschaft hat in ihre Dekrete
immer wieder die für sie so hochwichtigen Bestimmungen der Rosettana aufgenommen, um sie nicht der Vergessenheit anheim fallen zu lassen.

3) Ein Dekret dieser Versammlung enthält die bekannte verkürzte Reduplikation des hieroglyphischen Teiles der Rosettana.

4) Hieroglyphische Inschrift aus Paris, übersetzt von Wiedemann, Rh. M.
XXXVIII (1883), S. 390 ff., publiziert von Revillout, Rev. ég. I. S. 188 ff. u. Rev.
ég. III. S. 112/13.

5) Diese Tätigkeit des Königs kann man als weiteren Beleg für die von
ihm persönlich geführte Oberleitung der Priesterschaft anführen.

berechtigt erscheint es mir, hieraus zu schließen, daß der ptolemäische König die großen Priestersynoden stets selbst geleitet hat; hierzu dürfte er sich doch viel zu erhaben gefühlt haben. Wer der Vorsitzende dieser Versammlungen gewesen ist, wissen wir nicht,[1]) in den ψηφίσματα der Versammlungen wird keiner genannt.

Auf diesen Versammlungen sind nicht nur Angelegenheiten des Kultus erörtert, sondern auch andere Fragen, die die Allgemeinheit der Tempel angingen, und die sich auf die Organisation, die Finanzen, die Privilegien und anderes erstreckten, zur Verhandlung gebracht worden, teils natürlich auf Anregung der Priester, teils aber auch sicher auf Veranlassung der Regierung; insofern ist es immerhin möglich, daß der ptolemäische König mitunter an diesen Verhandlungen teilgenommen hat (siehe oben), jedenfalls aber müssen stets zu diesem Zwecke Regierungskommissare anwesend gewesen sein.[2]) Die Beschlüsse, die von diesen Landessynoden gefaßt worden sind, haben ferner für die Gesamtheit der ägyptischen Priesterschaft Geltung gehabt; denn sonst könnte nicht von den versammelten Priestern befohlen werden, die von ihnen erlassenen Dekrete in allen Tempeln des Landes aufzustellen (Kanopus, Z. 75; Rosette, Z. 54).

H. Die einzelnen Gruppen der Priesterschaft.

a. Die Priester höherer Ordnung.

Wer an den großen Synoden teilgenommen hat ergibt sich aus den Eingängen der von solchen Synoden erlassenen Dekrete von Kanopus (Z. 3/4) und Rosette (Z. 6/7); natürlich sind es nur Priester des ägyptischen Kultus[3]) gewesen. Von diesen werden die Priestergruppen der ἀρχιερεῖς, προφῆται, στολισταί (οἱ εἰς τὸ ἄδυτον εἰσπορευόμενοι πρὸς τὸν στολισμὸν τῶν θεῶν), πτεροφόραι, ἱερογραμματεῖς und οἱ ἄλλοι ἱερεῖς genannt. Auf den ersten Blick kann es scheinen, als ob man unter „οἱ ἄλλοι ἱερεῖς" alle anderen im priesterlichen Berufe tätigen Personen außer den vorhergenannten verstehen müßte[4]), doch wäre diese Annahme verfehlt. Auszuschließen von ihnen ist nämlich, obgleich auch sie ihrem ganzen Wesen nach

---

1) Die Ansicht Hartels, es sei der Alexanderpriester gewesen, ist bereits (S. 55 A. 1) zurückgewiesen worden.

2) Über den Inhalt der Priesterdekrete siehe außer den zahlreichen Erwähnungen in den Kapiteln II—VII vor allem Kapitel VIII.

3) Dies zeigen uns einmal die hieroglyphischen und demotischen Teile der Dekrete, in denen den im Griechischen genannten Priesterbezeichnungen offizielle echtägyptische Priestertitel entsprechen (siehe hierzu das Folgende), und außerdem die in diesen Dekreten enthaltenen Mitteilungen über den von diesen Priestern ausgeübten Kultus, der darnach rein ägyptisch ist.

4) So hat es z. B. Letronne, Recueil des inscriptions etc. I. S. 267 aufgefaßt.

dem priesterlichen Stande angehört haben, jene große Reihe Personen, welche als $\pi\alpha\sigma\tau o\varphi\acute{o}\varrho o\iota$, $\chi o\alpha\chi\acute{v}\tau\alpha\iota$ usw. (Näheres siehe dieses Kapitel unter H, b.) bezeichnet werden; denn diese erhalten nie den Titel eines „$\iota\varepsilon\varrho\varepsilon\acute{v}\varsigma$" oder den ihm im Hieroglyphischen entsprechenden eines „wē-ʿeb" oder „Reinheitspriesters"[1]), vielmehr werden z. B. $\iota\varepsilon\varrho\varepsilon\tilde{\iota}\varsigma$ und $\pi\alpha\sigma\tau o\varphi\acute{o}\varrho o\iota$ derselben Gottheit in derselben Urkunde nebeneinander genannt.[2]) Man darf also $\iota\varepsilon\varrho\varepsilon\acute{v}\varsigma$ und wē-ʿeb hier in der Inschrift, ebenso wie wenn diese Worte in Urkunden u. dergl. als einziger Titel einer Person gebraucht werden, nicht einfach als Bezeichnung der priesterlichen Qualität des Trägers deuten, sondern diese Ausdrücke dienen in allen diesen Fällen ebenso wie einst der letztere Titel in der Priesterhierarchie des Amonstempels zu Theben in der Zeit des neuen Reiches[3]) oder wie in noch früherer Zeit (Erman, Ägypten II. S. 391) zur Bezeichnung einer ganz bestimmten Gruppe in der Priesterschaft, es sind hier eben nur diejenigen gemeint, welche den Titel „$\iota\varepsilon\varrho\varepsilon\acute{v}\varsigma$, wē-ʿeb $\varkappa\alpha\tau'$ $\grave{\varepsilon}\xi o\chi\acute{\eta}\nu$" geführt haben. Die Anführung dieser Priestergruppe, der letzten der dekretierenden Priester, mit „$o\iota$ $\ddot{\alpha}\lambda\lambda o\iota$" läßt sich durchaus rechtfertigen. Hierdurch soll sie nämlich nur mit den vorhergenannten Priesterklassen gewissermaßen auf eine Stufe gestellt werden, indem auch die Mitglieder dieser, wenn auch im weiteren Sinne, als $\iota\varepsilon\varrho\varepsilon\tilde{\iota}\varsigma$ zu betrachten sind, wie denn auch das ägyptische wē-ʿeb neben seiner speziellen in allgemeinerer Bedeutung gebraucht werden konnte.[4]) Die Richtigkeit dieser Erklärung

---

1) Siehe hieroglyphische Übersetzung von Kanopus Z. 3. Das ägyptische Wort ist oben nach dem Koptischen (ΟΥΗΗΒ) vokalisiert. Die Hieroglyphe für diesen Priester stellt einen sich waschenden Mann dar (; Grundbedeutung wʿb = rein).

2) P. Vat. V. S. 352 u. S. 356; Inschrift V, Z. 8 in P. Fay. S. 47 ff.; L. D. VI. 26 u. 144 (dem. Inschr.), publ. von Revillout, Rev. ég. VI. S. 125/26. Siehe auch dem. P. Louvre 2309, publ. Rev. ég. I. S. 129 A. 2 (Ä. Z. XVIII (1880), S. 115); dem. P. Louvre 3268, publ. Rev. ég. II. S. 91 A. 3. Die Richtigkeit der strengen Scheidung der $\iota\varepsilon\varrho\varepsilon\tilde{\iota}\varsigma$ und $\pi\alpha\sigma\tau o\varphi\acute{o}\varrho o\iota$ zeigt uns auch P. Lond. II. 345 (S. 113), wonach letztere an die Regierung eine besondere Mitgliederliste einreichen, also in den Listen der $\iota\varepsilon\varrho\varepsilon\tilde{\iota}\varsigma$ nicht mit aufgeführt werden. Der Gegensatz zwischen $\iota\varepsilon\varrho\varepsilon\tilde{\iota}\varsigma$ und $\pi\alpha\sigma\tau o\varphi\acute{o}\varrho o\iota$ scheint mir auch einmal bei einem Schriftsteller, bei Diodor I. 29, 4, ausgedrückt zu sein, wenn er berichtet: $\tau o\grave{v}\varsigma$ $\mu\grave{\varepsilon}\nu$ $\gamma\grave{\alpha}\varrho$ $E\grave{v}\mu o\lambda\pi\acute{\iota}\delta\alpha\varsigma$ $\grave{\alpha}\pi\grave{o}$ $\tau\tilde{\omega}\nu$ $\varkappa\alpha\tau'$ $A\check{\iota}\gamma v\pi\tau o\nu$ $\iota\varepsilon\varrho\acute{\varepsilon}\omega\nu$ $\mu\varepsilon\tau\varepsilon\nu\eta\nu\acute{\varepsilon}\chi\vartheta\alpha\iota$, $\tau o\grave{v}\varsigma$ $\delta\grave{\varepsilon}$ $K\acute{\eta}\varrho v\varkappa\alpha\varsigma$ $\grave{\alpha}\pi\grave{o}$ $\tau\tilde{\omega}\nu$ $\pi\alpha\sigma\tau o\varphi\acute{o}\varrho\omega\nu$. Im übrigen haben freilich die griechischen Schriftsteller den Titel $\iota\varepsilon\varrho\varepsilon\acute{v}\varsigma$ einfach zur Bezeichnung der priesterlichen Persönlichkeit verwandt.

3) Siehe z. B. die hieroglyphische Inschrift des Hohenpriesters Bokenchonsu, die uns mit den 5 Rangstufen der thebanischen Amonspriester bekannt macht, und in der als die niedrigste der wē-ʿeb erscheint. (Inschrift sehr oft veröffentlicht; siehe Baillet: De l'élection et de la durée des fonctions du grand-prêtre d'Ammon à Thèbes in Rev. arch. N. S. VII (1863), S. 44 ff.; Brugsch, Ägyptologie S. 275—76. Vergl. auch Erman, Ägypten II. S. 397.)

4) Siehe z. B. die Bemerkung Ermans a. a. O. Ä. Z. XX (1882), S. 167;

wird auch dadurch bestätigt, daß z. B. ein Prophet bez. ein Stolist den Titel „ἱερεὺς καὶ προφήτης" bez. στολιστής" führen konnte.[1]) Auch daran sei hier erinnert, daß bei Eingaben oder Beschlüssen der Priesterschaft eines Tempels sie zusammenfassend in den offiziellen Dokumenten einfach als „ἱερεῖς des oder des Gottes" bezeichnet wird.[2])

Diese Feststellungen weisen uns mit Notwendigkeit darauf hin in der ägyptischen Priesterschaft zwei große Gruppen anzunehmen; zu der ersten würden die in den Dekreten genannten Priester zu rechnen sein, und der zweiten wären alle übrigen priesterlichen Personen zuzuteilen; die erste könnte man vielleicht als Priester höherer Ordnung, die zweite als Priester niederer Ordnung bezeichnen. Einen weiteren Beleg für die Zweiteilung der ägyptischen Priesterschaft, der auch zugleich zur näheren Charakterisierung der beiden Gruppen beiträgt, verschafft uns dann eine Stelle der Rosettana (Z. 16/17), in der die priesterlichen Mitglieder der Synoden zusammenfassend als οἱ „ἐκ τῶν ἱερῶν ἐθνῶν" bezeichnet werden. Unberechtigt erscheint es mir ἱερὰ ἔθνη nur als eine abkürzende Bezeichnung für die verschiedenen vorher genannten Priestergruppen aufzufassen,[3]) vielmehr dürften die „heiligen Stämme" wohl bloß ein anderer Ausdruck für die sonst Phylen genannten Abteilungen der Priesterschaft sein.[4])

---

siehe ferner die Bezeichnung eines Hohenpriesters als der große wē-ʿ ᵉb (Erman, Ägypten II. S. 395). Eine Verwertung von Z. 3 des hieroglyphischen Textes von Kanopus, wo Lepsius die dem griechischen „οἱ ἄλλοι ἱερεῖς" entsprechende Stelle übersetzt hat „Priester ihres Gleichen", wonach allerdings auch die vorhergenannten Priestergruppen als wē-ʿ ᵉb's im weiteren Sinne des Wortes bezeichnet sein würden, ist nicht statthaft, da die Lepsiussche Übersetzung zu beanstanden ist; in Wirklichkeit steht da: Die wē-ʿᵉb's „insgesamt (mj ḳdśn)", ein Ausdruck, der zu farblos ist, um ihm etwas Sicheres entnehmen zu können. Hinzugefügt sei hier, daß die hieroglyphische Version der Rosettana ebenso wie die demotischen Texte der Dekrete einfach „die anderen Priester" (siehe das hieroglyphische: nꝫ kj, diese anderen) bieten.

1) Unpubl. P. Rainer 107 bei Wessely, Kar. u. Sok. Nes. S. 113 (das eine Beispiel für προφήτης); P. Grenf. I. 44. Col. 2, 1/2 u. 10/11; B. G. U. I. 321, 2/3 (322, 3); P. Berl. Bibl. u. Petersb. publ. von Wilcken, Hermes XXII (1887), S. 143, Z. 4; P. Oxy. II. 242, 5—7; der Ausdruck ist wohl auch im unpubl. P. Rainer 72 bei Wessely, Kar. u. Sok. Nes. S. 89 zu ergänzen.

2) C. I. Gr. III. 4717; Strack, Inschriften 103 (C. I. Gr. III. 4896), 140; P. Lond. 610 in P. Grenf. I. S. 24; P. Gizeh 10 371, publ. von Grenfell-Hunt im Archiv I. S. 61; P. Amh. II. 35.

3) So Mahaffy, Empire S. 319, Anm. zu Z. 17 ohne Berücksichtigung des charakteristischen Wortes ἔθνος, wohl allein im Anschluß an Revillouts Übersetzung der entsprechenden demotischen Stelle: „les hommes (qui parmi) les puissances des temples". In dem kürzlich erschienenen P. Tebt. I. 6, 24 werden auch die ἔθνη erwähnt; Grenfell-Hunt a. a. O. S. 63 denken bei ihnen an „Priesterklassen", d. h. wohl an die verschiedenen Gruppen der Priesterschaft.

4) Vergl. Bouriants Wiedergabe des hieroglyphischen Äquivalents durch „tribu"; Reitzenstein a. a. O. S. 25, A. 2 scheint übrigens der gleichen Ansicht wie ich zu sein.

Hieraus folgt aber, daß zu den Phylenpriestern nur die als Synoden-
mitglieder erwähnten priesterlichen Gruppen, also die vorher unter
dem Namen „Priester höherer Ordnung" zusammengefaßten zu zählen
sind — die Zugehörigkeit zu den Phylen läßt sich auch für Mitglieder der einzelnen Gruppen direkt belegen[1]) —, und daß die oben
ausgeschlossenen παστοφόροι, χοαχύται usw. auch von der Mitgliedschaft der Priesterphylen ausgeschlossen gewesen sind. In der Tat
nennt auch niemals ein Mitglied dieser Priesterklassen seine Phyle,
und weiterhin erscheint auch ihre ganze Lage, wenn man alle in
Betracht kommenden Momente zusammenfaßt, in vielem von derjenigen
der Phylenpriester verschieden, so daß man schon aus diesen Tatsachen allein ihre Nichtzugehörigkeit zu den Priesterphylen erschließen
könnte, ein Schluß, der zugleich einen weiteren Beleg für die Richtigkeit ihres Ausschlusses von der Gruppe der „οἱ ἄλλοι ἱερεῖς" bildet.

Nach dem soeben Ausgeführten wird es auch ganz verständlich,
daß die Priester höherer Ordnung — im Dekret von Kanopus (Z. 24
u. 71) werden sie auch einfach als „πλῆϑος τῶν ἱερέων" bezeichnet —
sehr oft nicht die Phyle, der sie angehört haben, nennen (vergl.
S. 33/34); sie charakterisierte ja schon der Titel, den sie führten,
als Mitglieder der Phylenpriesterschaft, also ist die Beifügung der
Phyle zu dem Priestertitel auch nicht als ein eigentlich notwendig
hinzuzufügendes Erkennungszeichen, sondern nur als eine allerdings
ganz wünschenswerte Bereicherung der Personalien aufzufassen, die
bei dem Gros der höheren Priesterschaft, bei den „ἱερεῖς κατ' ἐξοχήν",
auch eventuell als Unterscheidungsmerkmal z. B. bei gleichnamigen
in Betracht kommen konnte.

---

1) So läßt sich für Mitglieder der bereits erwähnten Hohenpriesterfamilie
von Memphis ihre Angehörigkeit zu der Phylenpriesterschaft feststellen (siehe
S. 31). Da sie vor der Hohenpriesterwürde auch andere Stellen in der Priesterschaft, wie die eines „Heiligen Vaters" (siehe im folgenden bei den πτεροφόραι),
eines ἱερογραμματεύς und eines Propheten innegehabt haben, so besitzen wir
zugleich für alle diese Priestergruppen den Beleg für die Zugehörigkeit ihrer
Mitglieder zur Phylenpriesterschaft. Nach der hieroglyphischen Version von
Kanopus (Z. 16) hat alsdann ein Prophet die Stelle des φύλαρχος bekleidet,
wohl der beste Beweis, daß diese Priestergruppe zu den Phylenpriestern gehört
hat. Einen Propheten u. Archistolisten als Mitglied der πενταφυλία nennt ferner
Strack, Inschriften 95, Z. 19 ff. („προφήτης . . . καὶ οἱ ἄλλοι [ἱερε]ῖς [ε̄ φ]υ-
λίας); siehe auch die hieroglyphische Inschrift der bereits erwähnten Statue
aus Tyrus (siehe S. 24, A. 2), der zufolge ein Prophet von sich behauptet „geliebt
von den Brüdern der Vierphylenschaft" (vielleicht bezeichnet er sich direkt
als Mitglied derselben). Sollte Wessely, Kar. u. Sok. Nes. S. 89 mit seiner
Gleichsetzung des Mitgliedes des leitenden Priesterkollegiums des Soknopaiostempels vom Jahre 190 n. Chr., Angehörigen der 1. Phyle dieses Heiligtums, mit
einem Stolisten von Soknopaiu Nesos vom Jahre 179 n. Chr. recht haben — die
Namensgleichheit erstreckt sich bei ihnen sogar auf den Namen des Großvaters —, so hätten wir auch ein Beispiel für die Zugehörigkeit der Stolisten
zu den Phylenpriestern.

Mit den hier verwerteten Nachrichten der Inschriften und Papyri lassen sich dann vorzüglich in Übereinstimmung bringen und bilden insofern eine weitere Bestätigung des bisher Erkannten die Mitteilungen, welche uns zwei griechische Schriftsteller der Kaiserzeit, Clemens von Alexandrien (Strom. VI. p. 757—58 ed. Potter) und Porphyrius (De abst. IV. 8), der hier wieder aus seinem priesterlichen Gewährsmanne Chaeremon schöpft, übermitteln. Sie sind, wenn man von dem hierfür ganz wertlosen Zeugnisse des Synesius (de provid. p. 95 ed. P.) absieht, von allen denen, die ägyptische Priester erwähnen[1]), die beiden einzigen, welche eine Gliederung der ägyptischen Priesterschaft bieten, und sie geben dabei deutlich zu erkennen, daß auch zu ihrer Zeit noch die alte Einteilung der Priester in solche höherer und niederer Ordnung bestanden hat.[2]) Denn so sind jedenfalls die beiden Gruppen zu deuten, die Porphyrius mit den Worten charakterisiert: καὶ τὸ μὲν κατ᾽ ἀλήθειαν φιλοσοφοῦν ἔν τε τοῖς προφήταις ἦν καὶ ἱεροστολισταῖς καὶ ἱερογραμματεῦσιν, ἔτι δὲ ὡρολόγοις. Τὸ δὲ λοιπὸν τῶν ἱερέων[3]) τε καὶ παστοφόρων καὶ νεωκόρων πλῆθος καὶ ὑπουργῶν τοῖς θεοῖς καθαρεύει μὲν ὁμοίως, οὔτι γε μὴν μετ᾽ ἀκριβείας καὶ ἐγκρατείας τοσῆσδε. Wenn dann ferner Clemens Alexandrinus nur eine große Priestergruppe erwähnt, in der er dieselben Priesterkategorien wie Porphyrius und außer ihnen noch den ᾠδός zusammenfaßt,[4]) so muß doch auch er neben ihr, die als die Gruppe der höheren Priester zu bezeichnen ist, eine zweite angenommen haben, da er z. B. die ihm wohl bekannten παστοφόροι in sie nicht aufnimmt, sondern diese sogar in einen gewissen Gegensatz zu ihr stellt[5]).

---

1) Ihre Nachrichten werden im folgenden bei der Darstellung der einzelnen Priestergruppen berücksichtigt werden, doch werden natürlich nicht etwa alle Stellen, in denen irgend ein ägyptischer Priester erwähnt wird, sondern nur die, welche wirklich einen Beitrag zur Charakteristik der Gruppe, der er angehört, liefern, angeführt werden; das Gleiche ist bei Belegen aus Inschriften und Papyri der Fall.

2) Dies hat schon Fr. Sam. de Schmidt, De sacerdotibus et sacrificiis Aegyptiorum S. 104 ff. erkannt. Das 1768 erschienene Buch Schmidts, das in seinen Resultaten ganz veraltet ist, ist heute noch ganz nützlich infolge seiner Zusammenstellungen der Nachrichten der klassischen Schriftsteller über den ägyptischen Kultus.

3) Wenn hier als Mitglieder der Gruppe, die der niederen Priesterschaft gleichzusetzen ist, ἱερεῖς genannt werden, so ist dies keineswegs als Beleg dafür anzuführen, daß auch ἱερεῖς im offiziellen Sinne des Wortes ihr damals angehört haben; ἱερεύς ist hier von dem Schriftsteller eben in der allgemeineren Bedeutung „priesterliche Persönlichkeit" gebraucht (anders der Gebrauch des Wortes in Urkunden, siehe S. 76), um verschiedene, vielleicht ihm nicht näher geläufige Kategorien der niederen Priester, die er in seiner Quelle Chäremon aufgezählt gefunden haben mag, zusammenfassen zu können.

4) Als verbindendes Element wird von Clemens ebenso wie von Porphyrius die Kenntnis einer gewissen Philosophie angesehen.

5) Strom. VI. p. 758 ed. Potter; es sei hier auch hervorgehoben, daß

Die von Clemens und Porphyrius als Mitglieder der Priester
höherer Ordnung bezeichneten Gruppen stimmen allerdings nur teilweise mit den aus den Dekreten von Kanopus und Rosette sich ergebenden überein, doch darf man deswegen nicht etwa eine inzwischen
erfolgte einschneidende Änderung in der Organisation der Priesterschaft annehmen und nicht daraus folgern, daß die von den Schriftstellern nicht genannten verschwunden und die von ihnen neu erwähnten erst neu geschaffen seien, sondern muß diese Verschiedenheiten im allgemeinen darauf zurückführen, daß einerseits die Schriftsteller zwei ähnliche Gruppen in eine zusammengefaßt haben, während
andererseits gewisse ihnen besonders ins Auge fallende Beschäftigungen
einzelner Priester sie verleitet haben mögen die Ausüber derselben
als eine besondere große Priesterklasse anzusehen. Dessen muß man
sich natürlich auch bewußt sein, daß in den Dekreten nur die Haupt-
gruppen der Priesterschaft unter Nennung ihrer wichtigsten, allgemein-
sten Namen angeführt werden, und daß man an die Erwähnung speziel-
lerer Titel und kleinerer Unterabteilungen in ihnen nicht denken darf.

So ist z. B. die schon früher hervorgehobene Nichterwähnung
der ἀρχιερεῖς bei den Schriftstellern auf die Zusammenfassung
zweier Gruppen in eine zurückzuführen, indem sie die Tempelleitung
als einen Bestandteil der Funktionen der Klasse der προφῆται hingestellt haben (vergl. S. 44/45). Wenn es auch, wie wir gesehen haben
(S. 43), in der Tat manchmal vorgekommen ist, daß kleineren und
von anderen Heiligtümern abhängigen Tempeln Propheten vorgestanden
haben, so darf man doch nicht die Leitung der Tempel als die eigentliche Aufgabe der Propheten ansehen, sondern muß diese vielmehr zu
allen Zeiten besonderen Tempelvorstehern zuweisen, denen dann
natürlich die Propheten untergeben waren. Diese Stellung der Propheten tritt außer in der Reihenfolge der Priestergruppen in den
Dekreten auch sonst noch deutlich hervor. Für die ptolemäische
Zeit bildet wohl das beste Beispiel die Laufbahn der Hohenpriester
des Ptah zu Memphis, die vor ihrer hohenpriesterlichen Würde stets
die Stellung eines Propheten innegehabt haben.[1]) Aus der Kaiserzeit
sind dann die Verhältnisse am Soknopaiostempel besonders bemerkenswert; denn an diesem Tempel führt ja ein Priesterkollegium und nicht
ein einzelner Tempelvorsteher die Leitung (siehe S. 47 ff.), und der hier
amtierende Prophet des Suchos[2]) ist also Priestern, bei denen es

---

Paedag. III. p. 253 ed. Potter der πασϕόρος von Clemens doch wohl mit Absicht
nicht als ἱερεύς, sondern umschrieben als ἱεροποιῶν περὶ τὸ τέμενος
bezeichnet wird.

1) Vergleiche die Angaben von Krall a. a. O. Sitz. Wien. Ak. Phil.-hist.
Kl. Bd. CV (1883), S. 374—76; siehe außerdem noch als besonders instruktiv den
Lebenslauf des Anemho und des Ns-kti in Brugsch, Thesaurus V. S. 902—909.

2) P. Lond. II. 262 (S. 176) (P. Wess. Taf. gr. tab. 1ᵃ u. 1ᵇ); P. Wess. Taf. gr.
tab. 6. N. 6 (7); tab. 5. N. 5; tab. 9, 10. N. 15 u. 16; tab. 8. N. 11; tab. 7. N. 8; tab. 4

durchaus nicht feststeht, daß sie an und für sich den Prophetenrang besessen haben, unterstellt gewesen.

Wenn auch somit den Propheten die Leitung der Tempel als spezielle Aufgabe abzusprechen ist und alle hieraufbezüglichen Angaben der Schriftsteller auf die ἀρχιερεῖς zu übertragen sind,[1]) so haben sie doch in hellenistischer Zeit, ebenso wie schon im alten Ägypten[2]), nach den Tempelvorstehern die vornehmste Stellung in der ägyptischen Priesterschaft eingenommen — hierin stimmen die Nachrichten der Inschriften und Schriftsteller überein[3]) —, und unter dieser Voraussetzung läßt sich auch nur ihre fälschliche Gleichsetzung mit den Tempelvorstehern erklären. Im übrigen kann man leider von ihren priesterlichen Funktionen kein ganz klares Bild gewinnen.[4])

Die Bedeutung des Titels, den sie im Hieroglyphischen führen, „ (ḥn-nṯr), Diener des Gottes", ist zu nichtssagend, um daraus etwas entnehmen zu können, und die besonderen, ganz verschiedenen Namen, welche an den meisten größeren Tempeln ihnen beigelegt worden sind,[5]) gestatten auch keine sicheren Schlüsse auf ihr priesterliches Amt.[6])

(P. Lond. II. 355 [S. 178]), tab. 11. N. 19; sie alle aus den Jahren 11—15 n. Chr.; B. G. U. I. 149, 3/4 u. 337, 16 (Ende des 2. Jahrh. n. Chr.). Es sei hier auch erwähnt, daß auch aus ptolemäischer Zeit (2. Hälfte des 2. Jahrh. v. Chr.) für den Soknopaiostempel, als diesem noch ein einzelner Tempelvorsteher vorstand (P. Amh. II. 35; 40; 41), ein an ihm amtierender Prophet sich nachweisen läßt (P. Amh. II. 56, 3; 57, 2).

1) Es sei gleich hier bemerkt, daß ebenso wie bei den ἀρχιερεῖς auch bei den hier behandelten Priestergruppen ihre eventuelle Tätigkeit in der Verwaltung ihrer Heiligtümer erst im VI. Kapitel dargestellt werden soll.

2) Vergl. z. B. die Nachrichten über die Rangstufen der thebanischen Amonspriester zur Zeit Ramses' II.; siehe die Belege in Anm. 3 von S. 76 und den hieratischen P. Berl., publ. von Erman, Ä. Z. XVII (1879) S. 72 und Ägypten I. S. 203, und von Revillout, Rev. ég. VII. S. 44 ff. in den Anmerkungen. Es sei noch erwähnt, daß sich in dieser Rangordnung auch Titel wie „2., 3. Prophet" finden (der Hinzufügung einer Zahl zu dem Prophetentitel begegnet man auch sonst öfters in hieroglyphischen Denkmälern), ähnliches ist mir jedoch aus hellenistischer Zeit nicht bekannt geworden.

3) In Kanopus und Rosette erscheinen sie in der Rangfolge an zweiter Stelle, bei Clemens Alexandrinus a. a. O. und Porphyrius a. a. O. an erster Stelle. Vergleiche dann die Stellung, die ihnen Synesius, de provid. p. 95 ed. P. zuweist, wo ihre Stimme so viel wie hundert andere bei der Königswahl gilt. Zu beachten ist dann auch, daß z. B. Heliodor (Aethiopica III, 16) und Aelius Aristides, Αἰγύπτιος (Orat. Bd. II. S. 437 ed. Dindorf) an Stellen, wo sie schlechthin von ägyptischen Priestern reden, die Propheten noch besonders hervorheben. Vergl. ferner Origines, Ep. ad Roman. II. 495. Siehe auch P. Leid. U. Col. 3, 14/15, wo neben dem ἀρχιερεύς allein noch der προφήτης genannt wird.

4) Vergl. Drumann, Die Inschrift von Rosette S. 98, der dort die Ansichten einiger Gelehrter vor ihm erwähnt.

5) Siehe Brugsch, Ägyptologie S. 280—82.

6) Es ist nicht meine Absicht, hier alle diese Titel, die ja meist uralt

Vor allen Dingen ist dann noch zu beachten, daß man sich nicht durch den griechischen Titel προφήτης verleiten lassen darf, sie in nähere Beziehung zu Orakeln und Orakelsprechen zu bringen[1]), hierfür giebt es sowohl aus der einheimischen wie aus der klassischen Tradition keinerlei Beweise, vielmehr wird ja von den Griechen gerade den ägyptischen Priestern insgesamt das προφητεύειν zuerkannt (Diodor I. 73, 4).

Ihrer vornehmen Stellung entsprechend werden die Propheten bei allen religiösen Gebräuchen, bei Festzügen, Opfern u. dergl., eine große Rolle gespielt haben[2]); die näheren Angaben über ihre priesterliche Stellung, die uns Clemens Alexandrinus bietet[3]), sind jedoch, da an sich unwahrscheinlich und sonst durch keine weiteren Belege gestützt, nicht zu verwerten[4]), nur ist es durchaus glaubhaft, daß sie in priesterlichem Wissen und Philosophie, d. h. natürlich in diesem Zusammenhang Religionsphilosophie, besonders erfahren waren. Verfehlt wäre es jedoch, etwa in Anschluß an die Worte des Clemens Alexandrinus (Strom. I. p. 359 ed. Potter): προέστησαν δ' αὐτῆς (sc. φιλοσοφία) Αἰγυπτίων τε οἱ προφῆται κ. τ. λ., die Propheten als die Philosophen κατ' ἐξοχήν unter den ägyptischen Priestern zu bezeichnen; dem stehen die früher zitierten Worte des Porphyrius, auch die sonstigen Angaben des Clemens (Strom. VI. 757—58) entgegen, wonach alle Priester höherer Ordnung als philosophiekundig anzusehen sind. Mithin sind in der obigen Stelle die Propheten offenbar nur als die bemerkenswerteste Gruppe der in Betracht Kommenden für die Gesamtheit derselben, für die ἱερεῖς, gesetzt.[5])

sind (bekanntlich läßt sich die Priestergruppe der Propheten schon im alten Reich nachweisen, siehe Erman, Ägypten II. S. 392), aber natürlich mit der Zeit auch ihre ursprüngliche Bedeutung verloren haben, ebenso wie die ägyptischen Spezialtitel der folgenden Priestergruppen zu erörtern, da sie meistens, falls ihre Anführung nicht eine bloße Aufzählung bedeuten sollte, nur zugleich mit der Darstellung der an dem betreffenden Heiligtum ausgeübten Religionsform erklären ließen und somit schon deswegen aus dem Rahmen der Untersuchung fallen. Zudem müssen auch erst einmal die ägyptischen Denkmäler auf solche Titel hin systematisch durchgearbeitet werden.

1) Dies behauptet z. B. in ausführlicher Darstellung Schmidt, De sacerdotibus S. 110 ff., widersprochen hat schon Drumann a. a. O. S. 102 ff. Vergl. hierzu auch Erman, Ägypten II. S. 392. Eine befriedigende Erklärung, wieso die Griechen dazu gekommen sind, diese ägyptische Priestergruppe als προφῆται zu bezeichnen, vermag ich nicht zu bieten.

2) Clemens Alex. Strom. VI. p. 758 ed. Potter; Macrobius, Saturn. VII. 13, 9; Synesius, Encom. Calvit. c. 10, p. 73 ed. P.; Aelian. de nat. anim. XI, 10.

3) Strom VI. p. 758 ed. Potter: Ἐπὶ πᾶσι δὲ ὁ προφήτης ἔξεισι, προφανὲς τὸ ὑδρεῖον ἐγκεκολπισμένος· ᾧ ἕπονται οἱ τὴν ἐκπεμψιν τῶν ἄρτων βαστάζοντες. Οὗτος, ὡς ἂν προστάτης τοῦ ἱεροῦ, τὰ ἱερατικὰ καλούμενα ι´ βιβλία ἐκμανθάνει, περιέχει δὲ περί τε νόμων καὶ θεῶν, καὶ τῆς ὅλης παιδείας τῶν ἱερέων.

4) So schon Drumann a. a. O. S. 102.

5) Ähnlich scheint mir der Gebrauch des Wortes „προφήτης" bei Jamblich, De mysteriis I, 1.

Propheten dürften in dem Priesterkollegium eines·jeden Tempels vertreten gewesen sein, **überhaupt werden wohl an jedem Heiligtume Priester aller Gruppen beschäftigt gewesen sein.** Ebensowenig wie eine örtliche ist auch eine zeitliche Beschränkung der Propheten anzunehmen, denn Mitglieder dieser Klasse sind uns noch aus der Zeit des ausgehenden Heidentums, z. B. aus dem Jahre 473/74 n. Chr., in Verbindung mit dem Tempel der Isis zu Philä bekannt geworden.[1])

An manchen Tempeln, vielleicht ist es sogar an allen der Fall gewesen, hat dann der Prophet die Würde des *ἀρχιστολιστής* bekleidet[2]), d. h. offenbar das Amt des Vorstehers der nach den Propheten vornehmsten Klasse der ägyptischen Priesterschaft, der Stolisten (*στολισταί*), einer Priestergruppe, die sich auch für die vorptolemäische Zeit belegen läßt.[3]) Bezüglich der Rangstufe dieser Gruppe stimmen Inschriften und Schriftsteller überein[4]), und der Umstand, daß z. B. ein Stolist „Stellvertreter des Propheten (*διάδοχος προφητείας*)" sein konnte[5]), bestätigt weiter ihre Angaben. Der Name dieser Priestergruppe wird verschieden wiedergegeben; außer als *στολισταί*[6]) werden sie noch als *ἱεροστολισταί* (Porphyrius a. a. O.) und als *ἱεροστόλοι* (Plutarch, De Isid. et Osir. c. 3) bezeichnet. Noch deutlicher als durch diese Titel werden dann ihre priesterlichen Funktionen in den Inschriften von Kanopus und Rosette durch die Bezeichnung charakterisiert „*οἱ εἰς τὸ ἄδυτον εἰσπορευόμενοι πρὸς τὸν στολισμὸν τῶν θεῶν*"; der diesem Ausdruck entsprechende des hieroglyphischen Teiles, vor allem derjenige in der Rosettana, besagt ge-

---

1) L. D. VI. 144 (dem. Inschr.), publ. bei Brugsch, Thesaurus V. S. 1008.

2) Strack, Inschriften 95, Z. 15: Tempel des Chnubo Nebieb in Elephantine, 2. Jahrh. v. Chr.; P. Lond. II. 262. (S. 176), Z. 6 (siehe P. Wess. Taf. gr. tab. 1a, 1b); P. Wess. Taf. gr. tab. 6. N. 6. Z. 18: Tempel des Soknopaios, 11 n. Chr.

3) Siehe Brugsch, Ägyptologie S. 279; vergleiche auch Bouriant a. a. O. Rec. de trav. VI. (1885) S. 16.

4) Kanopus; Rosette; Clemens Alex. Strom. VI. p. 757 ed. Potter; Porphyrius a. a. O. Inzwischen hat uns Lumbroso, Lettere al signor professore Wilcken IV. im Archiv II. S. 257 durch eine überzeugende Konjektur von Lucian, de sacrif. 14 eine neue Belegstelle für die Stolisten geschenkt; hier sind einmal die Stolisten vor den Propheten genannt, denen übrigens auch die *γραμματεῖς* vorgestellt sind; auf die im Text gegebene Rangfolge der Priestergruppen kann diese Stelle natürlich keinen Einfluß haben.

5) Siehe P. Straßb. 60, Col. 2, 6; unp. P. Rainer 121 bei Wessely, Kar. u. Sok. Nes. S. 65. Auch ohne gleichzeitige Nennung des Stolistentitels ist diese Würde uns bekannt geworden, z. B. C. I. Gr. III. 4945 für den Tempel der Isis zu Philä im Jahre 452 n. Chr.; es ist wahrscheinlich, daß auch hier ein Stolist sie bekleidet hat.

6) P. Oxy. II. 242, 7; B. G. U. I. 321, 2/3 (322, 3); P. Petersb. u. Berl. Bibl. publ. von Wilcken, Hermes XXII (1887) S. 143, Z. 4; P. Achmim. publ. von Wilcken, Hermes XXIII (1888) S. 593, Z. 10 u. 12; P. Straßb. 60, Col. 2, 6 u. 12; Plutarch, De Isid. et Osir. c. 39.

nau das Gleiche.[1]) Ihr Amt hat also demnach vornehmlich darin
bestanden, die Statuen der Götter mit ihren Gewändern und ihrem
Schmuck zu bekleiden; über die dabei vorzunehmenden umständlichen
religiösen Zeremonien unterrichten uns ganz vortrefflich einige alte
hieroglyphische Texte.[2])

Die Stolisten dürften auch die Aufsicht über das $\sigma\tau o\lambda\iota\sigma\tau\acute{\eta}\varrho\iota o\nu$
geführt haben, d. h. jenen Raum des Tempels, der zum Aufbewahren
der Götterkleidung und anderer beim Gottesdienst öfters gebrauchter
Gegenstände, wie z. B. Leuchter, gedient hat; in diesen Stolisterien
hat offenbar eine musterhafte Ordnung geherrscht, denn in dem einen,
über dessen Inventar wir etwas erfahren, scheinen die einzelnen Abteilungen zur leichteren Orientierung nummeriert gewesen zu sein.
(B. G. U. I. 338, 1—3.) Da in dem Stolisterion auch solche Gegenstände wie Leuchter aufbewahrt werden, darf man wohl den Schluß
wagen, daß die Stolisten überhaupt für die zum Gottesdienst nötigen
Requisiten zu sorgen hatten. Dadurch erfahren die Worte Clemens'
von Alexandrien eine schöne Bestätigung und dürften wohl auch
in ihren weiteren Ausführungen als richtig anzuerkennen sein, nach
denen die Stolisten die Kenntnis und damit natürlich auch die Aufsicht über alles irgendwie zum Kultus Gehörige besessen haben,
mochte es sich nun um Gebete, Gesänge, Festzüge u. dergl. oder um
Opfergaben handeln, wobei vor allem die Prüfung der Opfertiere auf
ihre Reinheit in Betracht gekommen sein wird.[3]) Wegen dieser
letzteren ihnen zugewiesenen Aufgabe, die sich sehr gut in ihre sonstigen Obliegenheiten einordnet und die darum zu Zweifeln an der
Richtigkeit der Aufstellungen des griechischen Kirchenvaters keinen
Anlaß bietet, muß man wohl die uns anderweitig begegnenden $\mu o\sigma\chi o$-
$\sigma\varphi\varrho\alpha\gamma\iota\sigma\tau\alpha\acute{\iota}$[4]), die die Untersuchung und Versiegelung der Opfertiere

---

1) Bouriant, a. a. O. Rec. de trav. VI (1885) S. 15/16. Firmicus, Mathes.
III. 9, 9 und 12, 5 bezeichnet die Stolisten — er spricht an diesen Stellen von
ägyptischen Priestern — als vestitores divinorum simulacrorum oder als vestitores deorum.

2) Erman, Ägypten II. S. 372; siehe auch Rosette, Z. 40: $\pi\alpha\varrho\alpha\tau\iota\vartheta\acute{\epsilon}\nu\alpha\iota$ $\alpha\grave{\upsilon}$-
$\tau\alpha\tilde{\iota}\varsigma$ (sc. Götterbildern) $\iota\epsilon\varrho\grave{o}\nu$ $\varkappa\acute{o}\sigma\mu o\nu$.

3) Clemens Alex. Strom. VI. p. 757 ed. Potter: $O\tilde{\upsilon}\tau o\varsigma$ (sc. $\sigma\tau o\lambda\iota\sigma\tau\grave{\eta}\varsigma$) $\tau\grave{\alpha}$
$\pi\alpha\iota\delta\epsilon\upsilon\tau\iota\varkappa\grave{\alpha}$ $\pi\acute{\alpha}\nu\tau\alpha$ $\varkappa\alpha\grave{\iota}$ $\mu o\sigma\chi o\sigma\varphi\varrho\alpha\gamma\iota\sigma\tau\iota\varkappa\grave{\alpha}$ $\varkappa\alpha\lambda o\acute{\upsilon}\mu\epsilon\nu\alpha\cdot$ $\delta\acute{\epsilon}\varkappa\alpha$ $\delta\acute{\epsilon}$ $\acute{\epsilon}\sigma\tau\iota$ $\tau\grave{\alpha}$ $\epsilon\grave{\iota}\varsigma$ $\tau\grave{\eta}\nu$ $\tau\iota$-
$\mu\grave{\eta}\nu$ $\acute{\alpha}\nu\acute{\eta}\varkappa o\nu\tau\alpha$ $\tau\tilde{\omega}\nu$ $\pi\alpha\varrho$' $\alpha\grave{\upsilon}\tau o\tilde{\iota}\varsigma$ $\vartheta\epsilon\tilde{\omega}\nu$ $\varkappa\alpha\grave{\iota}$ $\tau\grave{\eta}\nu$ $A\grave{\iota}\gamma\upsilon\pi\tau\acute{\iota}\alpha\nu$ $\epsilon\grave{\upsilon}\sigma\acute{\epsilon}\beta\epsilon\iota\alpha\nu$ $\pi\epsilon\varrho\iota\acute{\epsilon}\chi o\nu\tau\alpha$,
$o\tilde{\iota}o\nu$ $\pi\epsilon\varrho\grave{\iota}$ $\vartheta\upsilon\mu\acute{\alpha}\tau\omega\nu$, $\acute{\alpha}\pi\alpha\varrho\chi\tilde{\omega}\nu$, $\ddot{\upsilon}\mu\nu\omega\nu$, $\epsilon\grave{\upsilon}\chi\tilde{\omega}\nu$, $\pi o\mu\pi\tilde{\omega}\nu$, $\acute{\epsilon}o\varrho\tau\tilde{\omega}\nu$ $\varkappa\alpha\grave{\iota}$ $\tau\tilde{\omega}\nu$
$\tau o\acute{\upsilon}\tau o\iota\varsigma$ $\acute{o}\mu o\acute{\iota}\omega\nu$.

4) B. G. U. I. 250, 6 u. öft.; P. Oxy. I. 46, 11; P. Grenf. II. 64, 1; P. Gen. 32, 1;
gr. P. Straßb. 1105, publ. von Reitzenstein, Zwei religionsgeschichtliche Fragen
S. 7, A. 4; in den letzteren Urkunden lautet der Titel $\iota\epsilon\varrho o\mu o\sigma\chi o\sigma\varphi\varrho\alpha\gamma\iota\sigma\tau\acute{\eta}\varsigma$; siehe
auch B. G. U. I. 356, unpubl. P. Rainer 25 bei Wessely, Kar. u. Sok. Nes. S. 62.
Von Schriftstellern siehe Plutarch, De Isid. et Osir. c. 31: $T\grave{o}\nu$ $\delta\grave{\epsilon}$ $\mu\acute{\epsilon}\lambda\lambda o\nu\tau\alpha$
$\vartheta\acute{\upsilon}\epsilon\sigma\vartheta\alpha\iota$ $\beta o\tilde{\upsilon}\nu$ $o\grave{\iota}$ $\sigma\varphi\varrho\alpha\gamma\iota\sigma\tau\alpha\grave{\iota}$ $\lambda\epsilon\gamma\acute{o}\mu\epsilon\nu o\iota$ $\tau\tilde{\omega}\nu$ $\iota\epsilon\varrho\acute{\epsilon}\omega\nu$ $\varkappa\alpha\tau\epsilon\sigma\eta\mu\alpha\acute{\iota}\nu o\nu\tau o$, $\tau\tilde{\eta}\varsigma$ $\sigma\varphi\varrho\alpha$-
$\gamma\tilde{\iota}\delta o\varsigma$, $\acute{\omega}\varsigma$ $\iota\sigma\tau o\varrho\epsilon\tilde{\iota}$ $K\acute{\alpha}\sigma\tau\omega\varrho$, $\gamma\lambda\upsilon\varphi\grave{\eta}\nu$ $\mu\grave{\epsilon}\nu$ $\acute{\epsilon}\chi o\acute{\upsilon}\sigma\eta\varsigma$ $\ddot{\alpha}\nu\vartheta\varrho\omega\pi o\nu$ $\epsilon\grave{\iota}\varsigma$ $\gamma\acute{o}\nu\upsilon$ $\varkappa\alpha\vartheta\epsilon\iota\varkappa\acute{o}\tau\alpha$ $\tau\alpha\tilde{\iota}\varsigma$

vorzunehmen hatten, für eine Unterabteilung der Gruppe der Stolisten halten, obgleich ursprünglich die Untersuchung der Opfertiere zu den Funktionen des einfachen Priesters, des wē-ʿᵉb, gehört hat.[1]) Sehr wohl möglich ist es ferner, daß die Stolisten außer der Prüfung der Opfertiere noch eine andere Untersuchung auszuführen hatten, bei der es sich auch um die Feststellung der Reinheit des zu Prüfenden handelte, nämlich die Untersuchung dessen, der durch seine Beschneidung die Aufnahme in den Priesterstand erlangen wollte, auf etwa hindernde σημεῖα. (Näheres über diese Aufnahme siehe Kapitel III.) Allerdings werden die Stolisten in den über diese Beschneidung geführten Dokumenten nicht erwähnt, vielmehr sind nach diesen mit der Prüfung außer den ἱερογραμματεῖς nur noch die κορυφαῖοι und die ὑποκορυφαῖοι, und auch die nicht immer, betraut gewesen.[2]) Doch über diese, deren Titel keinen Anhaltspunkt zu ihrer Erklärung bietet — nur der Umstand, daß sie vor den ἱερογραμματεῖς in offiziellen Dokumenten genannt werden, zeigt, daß sie höheren Ranges als diese waren —, schweigen bisher Inschriften, Papyri und klassische Schriftsteller vollständig, es liegt also die Vermutung nahe, in ihnen keine besondere große Gruppe der Priesterschaft zu sehen, sondern Angehörige einer der bekannten Priesterklassen, die hier einen Spezialtitel erhalten haben. Von den etwa in Betracht kommenden Klassen scheint mir die der Stolisten diejenige zu sein, der sie am ehesten angehören könnten, denn es ließe sich wohl verstehen, wenn man

---

χερσὶν ὀπίσω περιηγμέναις, ἔχοντα κατὰ τῆς σφαγῆς ξίφος ἐγκείμενον. Vergl. ferner Porphyrius, De abst. IV. 7 (aus Chaeremon), der im Anschlusse an die Darstellung der zahlreichen Vorschriften über die Beschaffenheit der zu essenden Tiere ähnliche über die der zu opfernden aufstellt: Μυρίαι δ᾽ ἄλλαι παρατηρήσεις τῆς περὶ αὐτὰ τέχνης τῶν καλουμένων μοσχοσφραγιστῶν ἄχρι συντάξεων προάγουσαι βιβλιακῶν. Über die Versiegelung auch Herodot II, 38: Τοὺς δὲ βοῦς τοὺς ἔρσενας τοῦ Ἐπάφου εἶναι νομίζουσι, καὶ τούτου εἴνεκα δοκιμάζουσι αὐτοὺς ὧδε· τρίχα ἢν καὶ μίαν ἴδηται ἐπεοῦσαν μέλαιναν, οὐ καθαρὸν εἶναι νομίζει. Δίζηται δὲ ταῦτα ἐπὶ τούτῳ τεταγμένος τῶν τις ἱρέων καὶ ὀρθοῦ ἑστεῶτος τοῦ κτήνεος καὶ ὑπτίου καὶ τὴν γλῶσσαν ἐξειφύσας, εἰ καθαρὴ τῶν προκειμένων σημηίων — κατορᾷ δὲ καὶ τὰς τρίχας τῆς οὐρῆς, εἰ κατὰ φύσιν ἔχει πεφυκυίας. Ἢν δὲ τούτων πάντων ᾖ καθαρός, σημαίνεται βύβλῳ περὶ τὰ κέρεα εἰλίσσων καὶ ἔπειτα γῆν σημαντρίδα ἐπιπλάσας ἐπιβάλλει τὸν δακτύλιον καὶ οὕτω ἀπάγουσι. Ἀσήμαντον δὲ θύσαντι θάνατος ἡ ζημίη ἐπίκεαται. Siehe auch Porphyrius, De abst. II. 55: Ἐθύοντο (sc. Menschenopfer) δὲ τῇ Ἥρᾳ, καὶ ἐδοκιμάζοντο, καθάπερ οἱ ζητούμενοι καθαροὶ μόσχοι καὶ σφραγιζόμενοι. Zu verwerten ist auch Horapollon, Hieroglyphika I, 49: οἱ ἱερεῖς τοῦτο (ὄρυγα) μόνον τῶν κτηνῶν ἀσφάγιστον ἢ ἄσθίουσι.

1) Vergl. Erman, Ägypten II. S. 391. Daß der μοσχοσφραγιστής auch als ἱερεὺς καὶ μοσχοσφραγιστής bezeichnet wird, darf keineswegs als Beleg angeführt werden, daß er doch zu den ἱερεῖς gehört habe (siehe S. 76/77), es beweist nur, daß er der höheren Priesterschaft angehört hat.

2) B. G. U. I. 347. Col. 1, 13, Col. 2, 10/11; in B. G. U. I. 82, 9 sind nur die ἱερογραμματεῖς genannt.

diese, die schon das der Gottheit zu weihende Tier zu untersuchen
hatten, auch damit betraut hätte, diejenigen, welche sich selbst durch
Eintritt in den Priesterstand der Gottheit weihten, auf ihre Würdigkeit
hin zu prüfen.[1]) Diese Vermutung scheint mir durch eine inzwischen
bekannt gewordene Beschneidungsurkunde (P. Straßb. 60) eine gewisse
Bestätigung zu erfahren, da nach dieser auch ein Stolist bei der Aufnahme von Priestersöhnen in den Priesterstand mitgewirkt hat (Col. 2,
Z. 7 ff.).[2])

Außer dem bisher Hervorgehobenen läßt sich über die Kompetenzen der Stolisten nichts weiteres ermitteln; was noch darüber
hinaus aus den Attributen, die Clemens Alexandrinus (Strom. VI. p. 757
ed. Potter) ihnen zuspricht, aus der $\pi\tilde{\eta}\chi\nu\varsigma$ $\delta\iota\varkappa\alpha\iota\sigma\sigma\acute{\nu}\nu\eta\varsigma$ und dem $\sigma\pi\sigma\nu$-
$\delta\epsilon\tilde{\iota}\sigma\nu$, gefolgert worden ist[3]), ist unbedingt zu verwerfen und eine
Deutung dieser Attribute vorläufig erst nicht zu versuchen.

Eine Gruppe der Stolisten, die uns in ptolemäischer und in römischer Zeit begegnet, muß schließlich noch Erwähnung finden, es sind
die $\pi\varrho\omega\tau\sigma\sigma\tau\sigma\lambda\iota\sigma\tau\alpha\acute{\iota}$[4]). Sie darf man keineswegs mit dem schon erwähnten $\dot{\alpha}\varrho\chi\iota\sigma\tau\sigma\lambda\iota\sigma\tau\acute{\eta}\varsigma$ identifizieren, denn er ist sicher, wie die Übernahme dieses Amtes durch den Propheten zeigt, an jedem Heiligtum
nur einmal vertreten gewesen, während es dagegen an ein und demselben Tempel mehrere Protostolisten geben konnte (P. Grenf. I. 44);
besondere Funktionen derselben lassen sich bisher nicht nachweisen,
man wird wohl hier einfach an einen von Stolisten geführten Ehrentitel denken dürfen.[5])

Einer von den uns bekannt gewordenen Protostolisten (P. Grenf.
I. 44, Col. 2, 1—3), ein Priester der Aphrodite und des Suchos in
Pathyris, trägt auch den Titel „$\tau\tilde{\omega}\nu$ $\pi\tau\epsilon\varrho\sigma\varphi\sigma\varrho\tilde{\omega}\nu$". Wenig wahrscheinlich ist es mir, daß dieser Stolist gleichzeitig auch Mitglied der
Priestergruppe der Pterophoren gewesen ist, vielmehr möchte ich
auch in diesem Ausdruck (siehe den Genitiv!) nur einen ihm bei-
gelegten Ehrentitel sehen. Bezüglich der Rangstufe der eben er-
wähnten Klasse der $\pi\tau\epsilon\varrho\sigma\varphi\acute{\sigma}\varrho\alpha\iota$ in der Priesterhierarchie stimmen die

---

1) Inzwischen hat auch in anderer Verbindung Reitzenstein, Zwei religionsgeschichtliche Fragen S. 9 auf die Ähnlichkeit zwischen der Untersuchung des
Opfers und der Prüfung des in den Priesterstand Eintretenwollenden hingewiesen; im übrigen vergl. hierzu meine Ausführungen im III. Kapitel.

2) Der Papyrus ist leider an der entscheidenden Stelle verstümmelt, so daß
etwas Sicheres über die Tätigkeit der Stolisten nicht zu ermitteln ist. Vergl.
übrigens auch die Bemerkungen Wilckens, Zur Geschichte der Beschneidung I
im Archiv II. S. 5 ff. (S. 8).

3) Vergl. Schmidt, De sacerdotibus S. 132 ff. und Drumann, Die Inschrift
von Rosette S. 110 ff.

4) P. Grenf. II. 44, Col. 2, 2, 6 u. 11; C. I. Gr. III. 4945, 4946; L. D. VI. 2
(gr. Inschr.).

5) Hierfür spricht auch die Bezeichnung der Priester in Pathyris als „$\tau\tilde{\omega}\nu$
$\pi\varrho\omega\tau\sigma\sigma\tau\sigma\lambda\iota\sigma\tau\tilde{\omega}\nu$" (P. Grenf. I. 44).

Angaben in den Dekreten von Kanopus und Rosette nicht miteinander überein. Die griechische Redaktion der beiden Dekrete läßt sie zwar unmittelbar auf die Stolisten folgen, aber im demotischen und hieroglyphischen Teil werden zumeist die im Griechischen auf die πτερο-φόραι folgenden ἱερογραμματεῖς vorangestellt.[1]) Nur der demotische Teil von Kanopus bietet an erster Stelle die „Schreiber des Lebenshauses", welche wohl den πτεροφόραι, und an zweiter Stelle die „gelehrten Schreiber", welche wohl den ἱερογραμματεῖς entsprechen dürften; dagegen stehen in der demotischen Version der Rosettana die „gelehrten Schreiber" vor den „Schreibern des Lebenshauses". Der hieroglyphische Teil von Kanopus hat zuerst die „gelehrten Schreiber der Gottesbücher" (ἱερογραμματεῖς), zu zweit die „Gottesväter", ein auch sonst bekannter Priestertitel[2]), dem wohl im Griechischen πτεροφόραι entspricht, und ähnlich ist es in den entsprechenden Stellen von Rosette der Fall, auch hier sind die „Schreiber des Lebenshauses" an die zweite Stelle gesetzt.[3]) Dieses Schwanken in der Stellung der beiden Priestergruppen in offiziellen Dokumenten läßt sich meines Erachtens nur dadurch erklären, daß man sie nicht nur, worauf ja schon die ägyptischen Titel hinweisen, für einander sehr ähnlich hält, sondern in ihnen die im Rang gleichwertigen Unterabteilungen einer großen Priesterklasse sieht, die man etwa als die „priesterlichen Schreiber" bezeichnen könnte.[4])

Zu dieser Annahme paßt alsdann vorzüglich, daß von Porphyrius und Clemens in ihrer Aufzählung der höheren ägyptischen Priesterschaft an der entsprechenden Stelle nur eine Priestergruppe genannt wird, die sie beide als die ἱερογραμματεῖς bezeichnen. Hieraus braucht man wohl nicht zu entnehmen, daß die πτεροφόραι — urkundliche Belege aus griechischen Texten liegen allerdings bisher nur aus der Ptolemäerzeit und zwar in sehr geringer Anzahl vor,[5]) und von den

---

1) Um mich über die in Betracht kommenden Angaben der hieroglyphischen und demotischen Version von Kanopus und Rosette zu vergewissern, habe ich eine hierauf bezügliche Anfrage an Herrn Prof. Steindorff gerichtet; der von ihm liebenswürdigerweise erteilte Bescheid ist bei der obigen Darstellung benutzt worden.

2) In der schon mehrfach erwähnten Rangordnung der thebanischen Amonspriester steht der „Gottesvater" an vorletzter Stelle, direkt vor dem wē-ʿeb; es besteht also dasselbe Verhältnis zwischen diesen beiden Priestergruppen wie im Dekret von Kanopus.

3) Bouriant a. a. O. Rec. de trav. VI. (1885) S. 15—16, faßt das Verhältnis der verschiedenen Gruppen zu einander etwas anders auf, doch wohl mit Unrecht.

4) Die Pterophoren sind schon, bevor man die Bedeutung ihres ägyptischen Namens erkannte, von einigen Gelehrten als „heilige Schreiber" gedeutet worden; zusammengestellt sind die Namen dieser von Drumann, Die Inschrift von Rosette S. 119/20; hinzuzufügen ist noch Schmidt, De sacerdotibus S. 139.

5) Kanopus; Rosette; P. Grenf. I 44, Col. 2, 1—3.

Schriftstellern nennt sie nur Hesychius[1]) — in der Kaiserzeit nicht
mehr bestanden haben, sondern wohl nur folgern, daß von den Schriftstellern ganz mit Recht an Stelle der auch ihnen als nahe verwandt
bekannten πτεροφόραι und ἱερογραμματεῖς die eine, sie umfassende
Gruppe hervorgehoben wird, für die sie von den einen den auch für
die Gesamtheit durchaus passenden Namen der „heiligen Schreiber"[2]),
von den anderen das für diese charakteristische, ja auch in ihrem Namen
ausgedrückte Attribut, das „πτερόν, die Feder",[3]) entlehnt haben.[4])

Als priesterliche Spezialkompetenz der „heiligen Schreiber" läßt
sich, wie schon bemerkt, die Untersuchung der Priesteranwärter auf
etwa hindernde σημεῖα nachweisen. Außerdem ist ihnen auch beim
Tode der heiligen Tiere die Auffindung und Prüfung der neuen übertragen gewesen; die Nachricht Aelians (De nat. anim. XI, 10), die
uns von ihrer Tätigkeit bei dem Auffinden eines neuen Apis berichtet,
wird durch eine Angabe der Mendesstele (ptolemäische Zeit)[5]) aufs
schönste bestätigt, welche uns das Mitwirken der ἱερογραμματεῖς bei
der Installierung eines neuen Widders in das Heiligtum zu Mendes
eingehend schildert.[6]) Sonst läßt sich nur wenig Sicheres über sie
sagen.[7]) Den Angaben des Clemens Alexandrinus und des Jamblichus[8]),

1) s. v. πτεροφόροι (ich möchte dafür nach den Inschriften πτεροφόραι
emendieren), καλοῦνται δὲ οὕτως καὶ τῶν ἐν Αἰγύπτῳ ἱερέων τινές.

2) Aelian, De nat. anim. XI, 10 nennt „γραμματεῖς τῶν ἱερῶν"; in diesem
Ausdruck ist von ihm, wenn auch wohl unbewußt, eine vorzügliche zusammenfassende Bezeichnung der beiden Priestergruppen geschaffen worden. In Kanopus
sind einmal (Z. 73/74) „οἱ τοῦ ἱεροῦ γραμματεῖς" genannt; ob auch hier ein zusammenfassender Ausdruck gebraucht ist, ist zweifelhaft, da ihm im Hieroglyphischen die Hieroglyphe für ἱερογραμματεῖς entspricht.

3) Die von Drumann, Die Inschrift von Rosette S. 121 ff. auf Grund von
Hesychins s. v. πτερόν u. καλύβη, καλβίς aufgestellte Gleichsetzung der πτεροφόραι mit den παστοφόροι ist auf Grund des aus dem Ägyptischen sich ergebenden Namens der πτεροφόραι, „Schreiber des Lebenshauses", durchaus zu
verwerfen. Bezweifelt ist Drumanns Aufstellung schon von Letronne, Recueil
des inscriptions etc. I. S. 267 worden.

4) Clem. Alex. Strom. VI. p. 757 ed. Potter; Diodor I, 87, 8.

5) Z. 22 ff., die Mendesstele ist hier benutzt nach der 2. Publikation von
Brugsch, Thesaurus IV S. 629—31 u. 658 ff.

6) Allem Anschein nach sind übrigens die ἱερογραμματεῖς in Mendes bei
ihrer Tätigkeit noch von einer anderen Priestergruppe unterstützt worden;
näheres über diese vermag ich jedoch nicht zu ermitteln.

7) Die Angabe von Josephus, Antiq. Iud. II. § 205 (ed. Niese): τῶν ἱερογραμματέων τις καὶ γὰρ εἰσι δεινοὶ περὶ τῶν μελλόντων τὴν ἀλήθειαν εἰπεῖν (cf.
Suidas s. v. ἱερογραμματεῖς) hat weiter keinen besonderen Wert. Wenn sie ferner
in Kanopus Z. 69/70 mit der Aufbewahrung und Niederschrift der heiligen Gesänge in Verbindung gebracht werden, so spricht nichts dafür, in ihnen die Verfasser derselben zu sehen, die das betreffende religiöse Material besonders gut
beherrschten, sondern es sind dies offenbar einfach Sekretärsgeschäfte gewesen.
Siehe hierzu VI. Kapitel.

8) Clem. Alex. Strom. VI p. 757 ed. Potter: Ἑξῆς δὲ ὁ ἱερογραμματεὺς
προέρχεται ἔχων πτέρα ἐπὶ τῆς κεφαλῆς βιβλίον τε ἐν χερσὶ καὶ κανόνα, ἐν ᾧ

darf man wohl, wenn man auch nicht alle von ihnen berichteten Einzelheiten als richtig anerkennt, immerhin so viel entnehmen, daß man in den „heiligen Schreibern" die Hauptvertreter der weltlichen Gelehrsamkeit unter den Priestern zu sehen hat,[1]) ähnlich wie es der Prophet für das religiöse Wissen gewesen zu sein scheint. Diesem Umstande haben es denn wohl auch die „heiligen Schreiber" zu verdanken, daß sie im Dekret von Kanopus (Z. 73 ff.) neben den Tempelvorstehern, die offenbar nur als Oberaufsichtsbehörde genannt werden, damit beauftragt werden, die Niederschrift der Beschlüsse der Priesterversammlung vorzunehmen.

Auf die „heiligen Schreiber" folgt bei Clemens[2]) und Porphyrius die Gruppe der ὡροσκόποι bez. ὡρολόγοι, d. h. derjenigen Priester, welche, wie ihr Titel besagt, sich vor allem mit Astronomie und Astrologie abgegeben haben. Diese Gruppe, für die auch neuerdings ein hübscher Beleg aus hieroglyphischen Denkmälern (Zeit ungefähr 6. Jahrh. v. Chr.) erbracht worden ist[3]), wird in Kanopus und Rosette nicht besonders erwähnt, obwohl sie doch sicher damals bestanden hat; man kann deshalb wohl mit gutem Recht annehmen, daß für die

τό τε γραφικὸν μέλαν καὶ σχοῖνος, ᾗ γράφουσι. Τοῦτον τά τε ἱερογλυφικὰ καλούμενα περί τε τῆς κοσμογραφίας καὶ γεωγραφίας, τῆς τάξεως τοῦ ἡλίου καὶ τῆς σελήνης καὶ περὶ τῶν ε' πλανωμένων, χωρογραφίαν τε τῆς Αἰγύπτου καὶ τῆς τοῦ Νείλου διαγραφῆς, περί τε τῆς καταγραφῆς σκευῆς τῶν ἱερῶν καὶ τῶν ἀφιερωμένων αὐτοῖς χωρίων, περί τε μέτρων καὶ τῶν ἐν τοῖς ἱεροῖς χρησίμων εἰδέναι χρή; Jamblich. de mysteriis I, 1: οὐδὲ γὰρ ἂν εἴη πρέπον Πυθαγόραν μὲν καὶ Πλάτωνα καὶ Δημόκριτον καὶ Εὔδοξον καὶ πολλοὺς ἄλλους τῶν παλαιῶν Ἑλλήνων τετυχηκέναι διδαχῆς τῆς προσηκούσης ὑπὸ τῶν καθ᾽ ἑαυτοὺς γινομένων ἱερογραμματέων. Die von Demokrit als seine ägyptischen Lehrer genannten ἀρπεδονάπται (bei Clem. Alex. Strom. I. p. 357 ed. Potter u. Eusebius, praep. evang. X. 4, 23) sind wohl den ἱερογραμματεῖς gleichzusetzen; so auch Drumann, Die Inschrift von Rosette S. 124/25. Vergl. übrigens noch die Angaben bei Diodor I, 70, 9.

1) Dieselbe Auffassung auch bei Brugsch, Ägyptologie S. 149/50. Vergl. auch Lucian, Philopseudes c. 34 (60) ἀνὴρ τῶν ἱερογραμματέων θαυμάσιος τὴν σοφίαν καὶ τὴν παιδείαν πᾶσαν εἰδὼς τὴν Αἰγυπτίων. Ganz bemerkenswert ist es, daß die beiden ägyptischen Priester, die als griechische Schriftsteller in weiteren Kreisen bekannt geworden sind, Manetho und Chaeremon, beide von der griechischen Tradition als ἱερογραμματεῖς bezeichnet worden sind. (Vergl. VII. Kapitel.) Auf eine Linie hiermit ist wohl zu stellen, wenn man als Vater Homers gerade einen ägyptischen ἱερογραμματεύς angibt, siehe Ὁμήρου καὶ Ἡσιόδου ἀγών ed. Rzach Z. 21.

2) Clem. Alex. Strom. VI. p. 757 ed. Potter: Μετὰ τὸν ᾠδὸν ὁ ὡροσκόπος ὡρολόγιόν τε μετὰ χεῖρα καὶ φοίνικα ἀστρολογίας ἔχων σύμβολα πρόσεισιν. Τοῦτον τὰ ἀστρολογούμενα τῶν Ἑρμοῦ βιβλίων τέσσαρα ὄντα τὸν ἀριθμὸν ἀεὶ διὰ στόματος ἔχειν χρή. ὧν τὸ μέν ἐστι περὶ τοῦ διακόσμου τῶν ἀπλανῶν φαινομένων ἄστρων, τὸ δὲ περὶ τῶν συνόδων καὶ φωτισμῶν ἡλίου καὶ σελήνης, τὸ δὲ λοιπὸν περὶ τῶν ἀνατολῶν. Horapollon, Hieroglyphica I, 42 u. 49 erwähnt auch den ὡροσκόπος.

3) L. Borchardt: Ein altägyptisches astronomisches Instrument in Ä. Z. XXXVII (1899), S. 10 ff. Siehe auch hierzu den kürzlich erschienenen P. Oxy. III. 470, in dem von Z. 31 an die Konstruktion eines ὡρολόγιον beschrieben wird.

Redaktoren der Inschriften diese Priester nicht die Bedeutung besessen haben, um sie als eine besondere Klasse der Priesterschaft anzuführen, sondern daß nur für die Griechen, die ja vor der ägyptischen Astronomie und Astrologie stets die höchste Ehrfurcht besaßen,[1]) und denen daher auch die Spezialvertreter dieser Wissenschaften unter den Priestern besonders ins Auge fallen mußten, eine solche zu bestehen schien.

Fraglich ist es nur, welcher der übrigen Gruppen als Unterabteilung die Horoskopen zuzuzählen sind. Von diesen könnten einmal die ἱερογραμματεῖς in Betracht kommen, die ja nach Clemens Alexandrinus neben anderem auch astronomische Kenntnisse besessen haben, dann aber wäre es auch möglich in den Horoskopen, die die Schriftsteller am Ende der höheren Priesterschaft nennen, Angehörige der Klasse der einfachen „ἱερεῖς" (wē-ʿeb) zu sehen, bei denen ausnahmsweise ihre besondere Beschäftigung hervorgehoben würde.

Die gleiche Schwierigkeit wie bei den Horoskopen besteht bei den sicher gleichfalls nur als Unterabteilung aufzufassenden „ᾠδοί, den heiligen Sängern", die von Clemens Alexandrinus[2]) als die letzten Mitglieder der Priester höherer Ordnung angeführt werden; die Dekrete von Kanopus und Rosette und auch Porphyrius[3]) nennen sie in ihrer Aufzählung der Priestergruppen zwar nicht, doch haben sie sicher schon zur Zeit von Kanopus bestanden, da an anderer Stelle dieser Inschrift Bestimmungen über sie, die uns auch mit ihrem Leiter, dem ᾠδοδιδάσκαλος, bekannt machen, getroffen werden.[4]) Über ihre priesterliche Stellung erfahren wir dadurch zwar leider nichts, doch darf man auf keinen Fall in ihnen unter Beiseitesetzung der Angaben des Clemens Laiensänger erblicken.[5]) Mit den ᾠδοί zu identifizieren sind jedenfalls die anderwärts genannten ἱεροψάλται.[6])

Unser Schwanken, welcher der sonst bekannten Priesterklassen die ὡροσκόποι und ᾠδοί einzureihen sind, läßt sich vielleicht durch

---

1) Vergl. z. B. Diodor I, 81, 3 ff.; Strabo XVII, p. 806; Porphyrius, de abst. IV, 8; Lactantius, De origine erroris c. 13, 10.

2) Strom. VI, p. 757 ed. Potter: Πρῶτος μὲν γὰρ προέρχεται ὁ ᾠδὸς, ἔν τι τῶν τῆς μουσικῆς συμβόλων. Τοῦτόν φασι δύο βίβλους ἀνειληφέναι δεῖν ἐκ τῶν Ἑρμοῦ· ὧν θάτερον μὲν ὕμνους περιέχει θεῶν, ἐκλογισμὸν δὲ βασιλικοῦ βίου τὸ δεύτερον.

3) Bekannt sind sie ihm auch; er nennt sie ὑμνῳδοί (de abst. IV. 9).

4) Z. 68 ff.: ᾄδειν δ' εἰς αὐτὴν (sc. Βερενίκην) καθ' ἡμέραν καὶ ἐν ταῖς ἑορταῖς καὶ πανηγύρεσιν τῶν λοιπῶν θεῶν τούς τε ᾠδοὺς ἄνδρας καὶ τὰς γυναῖκας, οὓς ἂν ὕμνους οἱ ἱερογραμματεῖς γράψαντες δῶσιν τῷ ᾠδοδιδασκάλῳ.

5) Dieses scheint Mahaffy, Empire S. 238 Anm. anzunehmen (a very early form of congregational church music, unless these men and women were a professional choir, which seems very likely from what we see in much earlier Egyptian pictures).

6) B. G. U. II. 630. Col. 4, 14 u. 26; gr. Inschr. publ. von Maspero, Annales des services des antiquités de l'Égypte II. (1901) S. 285, Z. 16 Josephus, Hypomnest. in Fabricius, Codex Pseudepigraphus II. S. 330.

einen bisher noch nicht hervorgehobenen Umstand beseitigen. Merkwürdigerweise werden nämlich sowohl von Clemens als auch von Porphyrius die in den Dekreten als letzte der Priestergruppen höherer Ordnung genannten „ἱερεῖς (wē-ʿᵉb)" nicht erwähnt, obwohl diese in der Kaiserzeit in alter Weise fortbestanden haben; dies zeigen uns eine überaus große Reihe Papyri, in denen ἱερεῖς mit und ohne Erwähnung der Phyle, der sie angehörten, uns begegnen[1]), ja kürzlich hat uns auch eine der späten römischen Kaiserzeit angehörende Inschrift[2]) mit dem ägyptischen Äquivalent von ἱερεύς „wē-ʿᵉb" in griechischer Transkription (οὐέεπ)[3]) bekannt gemacht.

Man muß also nach Gründen suchen, um die Nichterwähnung der „ἱερεῖς" bei den Schriftstellern zu erklären. An ein direktes Nichtkennen ist wohl nicht zu denken, vor allem bei Porphyrius, da dieser ja seinen Bericht den allerdings für Griechen zugeschnittenen Ausführungen eines ägyptischen Priesters entnommen hat, vielmehr dürfte die Nichtnennung aus dem Sprachgebrauch der griechischen Schriftsteller zu erklären sein, in dem ja ἱερεῖς nur allgemein zur Bezeichnung einer priesterlichen Persönlichkeit, aber nicht zu der einer einzelnen Gruppe der Priesterschaft verwandt worden ist.[4]) Für griechische Leser, die nicht genau mit den Verhältnissen vertraut waren, hätte also die Anführung der ἱερεῖς sicher zu Mißverständnissen führen müssen, und, um sie zu vermeiden, ist man bestrebt gewesen — so scheint mir die von den Inschriften abweichende Erwähnung der ὡροσκόποι und ᾠδοί an letzter Stelle ihre einfachste Erklärung zu finden — Unterabteilungen der ἱερεῖς, die man nach besonders in die Augen fallenden priesterlichen Beschäftigungen derselben benannte, für die ganze Gruppe einzusetzen.

Im übrigen läßt sich, da die Belege für die ἱερεῖς fast ausschließlich ihre persönlichen Verhältnisse betreffen und da ihr Titel nichts besagt,[5]) über ihre priesterlichen Funktionen nichts Weiteres

---

1) Vergleiche hierfür die Indices der Papyruspublikationen s. v. ἱερεύς.

2) L. D. VI. 378 (gr. Inschr.), neu publiziert u. gedeutet von Wilcken im Archiv I. S. 412, bez. S. 417; siehe Z. 16.

3) Für die griechische Transkription hat Wilcken a. a. O. S. 417 mit Recht auf das koptische ⲞⲨⲎⲎⲂ hingewiesen.

4) Man vergleiche z. B. vor allem die Schriftstellerstellen, in denen προφῆται und ἱερεῖς zusammen genannt werden (siehe Belege S. 81, A. 3); würde man hier ἱερεῖς als Bezeichnung einer besonderen Gruppe fassen, so würde die Zusammennennung mit den Propheten ganz unverständlich bleiben; die Stellen sind vielmehr so zu deuten, daß hier einmal das Ganze genannt und daß außerdem ein vor allem in Betracht kommender Teil desselben noch besonders hervorgehoben wird; siehe auch z. B. Plutarch, de Isid et Osir. c. 39: οἱ στολισταὶ καὶ οἱ ἱερεῖς. Der Gebrauch von ἱερεῖς im ganz allgemeinen Sinne findet sich auch, wie schon hervorgehoben (S. 79, A. 3), bei Porphyrius gleich in den auf die Gruppe der ὡρολόγοι folgenden Angaben über die niedere Priesterschaft.

5) Öfters wird überhaupt nur der ἱερεύς-Titel, höchstens mit Angabe des Ortes (ἱερεὺς ἀπὸ τῆς κώμης X.), wo der Priester tätig war, gesetzt (vergl. z. B.

sicher ermitteln, doch wird man wohl nicht fehl gehen, wenn man in
ihnen diejenigen sieht, welche die meisten der alltäglichen religiösen
Zeremonien, die Räucherung und die Reinigung des Heiligtumes und
vor allem die Opfer zu besorgen hatten[1].)

Der Priesterschaft höherer Ordnung haben dann auch Frauen als
Mitglieder angehört.[2]) Hierauf weist mit unbedingter Sicherheit der
Titel „ἱέρεια“, den sie führen, hin; denn dieser ist doch nur der ins
Weibliche übertragene ἱερεύς-Titel. Die Richtigkeit dieser Annahme
zeigt sich wohl am besten darin, daß sich auch bei dem ἱέρεια-Titel
die Bezeichnung der Zugehörigkeit zu einer Phyle gefunden hat
(B. G. U. I. 28, 10/11). Aus ptolemäischer wie aus römischer Zeit läßt
sich das Bestehen der Gruppe der ἱέρειαι belegen[3]), und man darf nicht
etwa glauben, daß sie nur an den Tempeln weiblicher Gottheiten und
für diese tätig gewesen sind, denn auch männliche Götter haben
Priesterinnen besessen.[4]) Das Amt dieser ἱέρειαι wird dem der ἱερεῖς
ähnlich gewesen sein; so erfahren wir z. B. aus Kanopus (Z. 67 ff.),
daß sie als „heilige Sängerinnen“ vielfach Verwendung gefunden
haben.[5]) Diese „Sängerinnen“, die man auf Grund der ihnen im

B. G. U. I. 82, 3; 112, 6; II. 436, 3/4 usw.); die Bezeichnung des Gottes, dem er
diente, wird keineswegs immer hinzugefügt (für Hinzufügungen siehe z. B. P. Lond.
II. 258 (S. 28), Z. 214, 215 usw.)

1) Wenn z. B. bei Spiegelberg, Ägyptische und griechische Eigennamen usw.
S. 72* N. 59 ein μοσχοθύτης genannt wird, so wird man hieraus keine besondere
Priestergruppe folgern dürfen, sondern in dem Titel nur eine speziellere Bezeichnung eines ἱερεύς zu sehen haben. Inzwischen hat Wessely, ʽῬεαντής' in
Studien für Paläographie und Papyruskunde, 2. Heft S. 25 unter Heranziehung
von Angaben des unpubl. P. Rainer 171 in dem Wort ῥεαντής (B. G. U. I. 185, 10)
einen Priestertitel erkannt und als „Besprenger" (sc. τοῦ ἀδύτου) erklärt; man
wird ihn wohl der Gruppe der ἱερεῖς zuteilen dürfen.

2) Frauen als Priesterinnen lassen sich schon seit den ältesten Zeiten in
Ägypten nachweisen (siehe z. B. Maspero, Histoire I. S. 216); die Angabe von
Herodot II. 35: ἱρᾶται γυνὴ μὲν οὐδεμία οὔτε ἔρσενος θεοῦ οὔτε θελέης ist falsch;
er widerspricht sich sogar bekanntlich selbst (I. 54; II. 56, 171, 182). Ganz bemerkenswert ist es, daß auch Clemens Alexandrinus und Porphyrius in ihrer
Aufzählung der Gruppen der Priester höherer Ordnung Frauen als Mitglieder
dieser nicht erwähnen. Wenn weibliche höhere Priesterinnen in den Eingängen
der Dekrete von Kanopus und Rosette keine Erwähnung finden, so wird man
dies wohl dadurch erklären dürfen, daß sie nicht an den Priesterversammlungen
teilgenommen haben.

3) Ptolemäisch: Kanopus Z. 65 ff.; P. Par. 5, Col. 40, 3; römisch: B. G. U.
I. 28, 10; 78, 4 (II. 445, 4); 87, 6; 233, 24; 240, 4; II. 522, 3; P. Lond. II. 299 (S. 150),
Z. 13; 334 (S. 211), Z. 5; P. Wess. Taf. gr. tab. 6. N. 6, Z. 9; P. Straßb. 60, Col. 3 öft.

4) Priesterinnen weiblicher Gottheiten siehe Kanopus, Z. 65 ff., solche männ-
licher Götter z. B. P. Wess. Taf. gr. tab. 6. N. 6, Z. 9: ἱέρεια Σούχου in Soknopaiu Nesos; P. Lond. II. 299 (S. 150), Z. 13: ἱέρεια Σούχου κ. τ. λ. in Ptolemais
Euergetis; B. G. U. I. 28, 10 ff. u. P. Straßb. 60, Col. 3: ἱέρεια τοῦ θεοῦ Σοχνο-
παίου κ. τ. λ. Auch bei Priesterinnen kann die Gottheit, der sie dienen, weggelassen werden, vergl. z. B. B. G. U. I. 87, 6 u. öft. nur Ortsangabe.

5) Daß hier die ἱέρειαι sozusagen als αἱ ᾠδαί bezeichnet werden, bildet

hieroglyphischen Text von Kanopus (Z. 33) entsprechenden Hieroglyphe ⸺ auch als „Musikantinnen" bezeichnen kann, begegnen
uns auch sonst in ägyptischen Texten der ptolemäischen Zeit.[1]) Ein
Grund, in ihnen nicht einfache Priesterinnen, sondern Prophetinnen
zu sehen[2]), liegt meines Erachtens nicht vor.

Demnach sind auch die Musikantinnen nicht als Beispiel anzuführen, daß auch in hellenistischer Zeit Frauen höhere Priesterämter
bekleidet haben. Für das vorptolemäische Ägypten läßt sich dieses
bekanntlich belegen[3]), und auch für die hellenistische Epoche besitzen
wir einige Beispiele. So kann man der Nomosliste aus Edfu (ptolemäische Zeit) entnehmen, daß fast jeder ägyptische Gau seine Oberpriesterin besessen hat[4]), und auch die Titel „Oberpriesterin" und
„Prophetin"[5]), welche nach der Mendesstele (Z. 11) der Königin Arsinoe Philadelphos verliehen worden sind, setzen jedenfalls, wenn sie
auch in dieser Verbindung als reine Ehrentitel aufzufassen sind, das
Fortbestehen solcher Ämter voraus.[6])

Aus römischer Zeit ist mir allerdings kein Beispiel für eine Frau
in höherer priesterlicher Stellung bekannt geworden, aber sollte sich
auch wirklich keins nachweisen lassen, so darf man doch wohl, da ja
ein Grund für eine Änderung nicht ersichtlich ist, die gleichen Verhältnisse wie früher annehmen. Meines Erachtens ist man zu dieser
Annahme umsomehr berechtigt, da ja überhaupt die Organisation der
höheren Priesterschaft, wie dies ein Blick auf die einzelnen Priester-

---

für mich einen weiteren Beweis, daß die οἱ ὧδοι mit Recht als Unterabteilung
der ἱερεῖς erklärt worden sind.

1) Siehe z. B. hieroglyphische Stele im Britischen Museum der Ta-imhotp,
publ. von Brugsch, Thesaurus V. S. 918; bilingue Stele ebendaselbst der Ta-
nofr-ḥo, publ. von Brugsch, Thesaurus V. S. 934; siehe auch Revillouts Publikation in Rev. ég. II. S. 100.

2) Brugsch, Ägyptologie S. 282, faßt sie, beziehungsweise ihre gleichnamigen
Vorgängerinnen im vorptolemäischen Ägypten so auf; anders Erman, Ägypten
II. S. 400, der jedenfalls mit Recht in den „Musikantinnen" der früheren Zeit
einen Überrest des einst im Kultus so wichtigen Laïenelements sieht; das Gleiche
für die „heiligen Sängerinnen" der hellenistischen Zeit anzunehmen ist durch
die Angaben von Kanopus ausgeschlossen.

3) Vergl. z. B. Erman, Ägypten II. S. 393, 394, 400. Besonders bemerkenswert ist die Stellung des sogenannten „Gottesweibes" des Amon von Theben,
das seit dem Aufkommen der äthiopischen Dynastie bis in die Zeit des vorletzten Königs aus dem saitischen Hause, Amasis, sogar die Herrschaft des
thebanischen Kirchenstaates geführt hat, das also ganz den „ersten Propheten
des Amon" verdrängt hatte. Siehe Masperos zusammenfassende Darstellung,
Histoire III. S. 170, 210 ff., 490 ff., 558.

4) Brugsch, Dictionnaire géographique S. 1361 u. 1368.

5) So gibt Brugsch, Ägyptologie S. 283 (siehe auch im Thesaurus IV. S. 663)
den betreffenden ägyptischen Titel wieder.

6) Verweisen möchte ich auch auf Eusthatius, Schol. in Odyss. μ 65, wo
eine ägyptische προφῆτις erwähnt wird.

gruppen zeigt, keine einschneidende Änderung in der römischen Zeit erfahren hat.

b. Die Priester niederer Ordnung.

Nicht mit derselben Entschiedenheit kann man die soeben für die höheren ·Priester aufgestellte Behauptung der Gleichheit der Organisation in ptolemäischer und römischer Zeit bezüglich der Priester niederer Ordnung wiederholen — große Wahrscheinlichkeit hat sie allerdings auch hier für sich —, da über die niederen Priester nur verhältnismäßig wenig sichere Nachrichten erhalten sind. Vor allem fehlt uns bei ihnen eine zusammenfassende, den Rang der verschiedenen Gruppen genau angebende Aufzählung — was Porphyrius (De abst. IV, 8) mit den Worten: τὸ δὲ λοιπὸν τῶν ἱερέων τε καὶ παστοφόρων καὶ νεωκόρων πλῆθος καὶ ὑπουργῶν τοῖς θεοῖς bietet, ist doch sehr unbestimmten Charakters —, und deshalb besteht auch bei der Darstellung der niederen Priesterschaft eine der größten Schwierigkeiten darin, die zu ihnen gehörenden Gruppen richtig zu erkennen. In Betracht zu ziehen sind hier natürlich alle mit der Ausübung des Kultus in offizieller Verbindung stehende Personen, deren Titel sie nicht den Priestern höherer Ordnung zuweist, aber man muß bei ihnen stets mit der Möglichkeit rechnen, nicht Priester, sondern bloß Tempelbedienstete vor uns zu haben. Eine feste Rangstaffel läßt sich überhaupt nicht gewinnen, und es ist sehr wohl möglich, daß darin nur die tatsächlichen Verhältnisse zum Ausdruck kommen und daß eine solche auch garnicht bestanden hat.

Wenn ich hier die παστοφόροι voranstelle, so beruht dies darauf, daß sie besonderes, vielleicht das größte Ansehen unter den niederen Priestern genossen zu haben scheinen, da sie, wie schon erwähnt (S. 76), in Urkunden gleichsam als Vertreter der niederen Priesterschaft den Priestern höherer Ordnung gegenüber gestellt werden.

Daß die Pastophoren als Priester und nicht etwa nur als Tempelbedienstete aufzufassen sind, dafür sind nicht so sehr die von ihnen im Kulte ausgeübten Funktionen wie andere Momente ausschlaggebend. Denn auf Grund ihres Amtes könnte man immerhin in ihnen ebenso gut Tempeldiener wie Priester sehen. Der Name παστοφόρος, dessen ersten Teil das Wort παστός bildet, zeigt uns, daß man in ihnen die Träger von „Götterzellen" zu sehen hat. Nun sind bekanntlich in Ägypten bei den großen Götterprozessionen auch die im Allerheiligsten befindlichen, die Götterbilder enthaltenden kleinen Barken mit ihren tempelartigen Kajüten herumgetragen worden.[1]) Die Bezeichnung dieser

---

1) Siehe hierüber Erman, Ägypten II. S. 373. Auch in den κωμασίαι der hellenistischen Zeit ist dieser Brauch beibehalten worden, siehe Rosette, Z. 42 u. B. G. U. II. 362. p. 7, 17 ff.; 10, 18; 11, 13; 15, 14. Wenn in Rosette zu lesen ist: ἐν ταῖς μεγάλαις πανηγύρεσι, ἐν αἷς ἐξοδεῖαι τῶν ναῶν γίνονται, so muß man eben in diesen ναοί, die im Allerheiligsten der Tempel aufgestellt waren (Z. 42),

auf Grund ihres wichtigsten Bestandteils, der tempelartigen Kajüte, in der sich ja eben das Götterbild befand, mit dem Worte παστός bez. ναός darf als höchst wahrscheinlich angesehen werden, und so wird man die Pastophoren als die Träger der Götterbarken in den Prozessionen deuten dürfen[1]); mit dieser Erklärung stimmt aufs beste überein, daß direkt von der κωμασία τῶν παστοφόρων gesprochen werden konnte (P. Leid. T, Col 1, 9).[2]) Brugsch (Ägyptologie S. 219)

den tempelartigen Bestandteil des Götterschiffchens sehen; vergl. hierzu auch Herodot II, 63 u. Diodor I. 97, 9/10. In den Tempelrechnungen des Jupiter-Kapitolinus-Tempels (B. G. U. II. 362) wird zwar nur das in Prozession Herumtragen des ξόανον, d. h. des Götterbildes (zu ξόανον vergl. die kürzlich erschienenen treffenden Bemerkungen Dittenbergers, Orientis graecae inscriptiones selectae I. S. 160/61) erwähnt, doch sind hier für das κωμάζειν τὸ ξόανον den Tempelrechnungen nach zu urteilen eine größere Anzahl Träger erforderlich gewesen — wenigstens glaube ich dies der ihnen als Arbeitslohn gezahlten verhältnismäßig hohen Summe entnehmen zu dürfen —, und dies spricht gegen die Annahme des Herumtragens einer kleinen Statue, während für das der Götterbarken nach den uns erhaltenen Abbildungen (siehe z. B. L. D. III, 14) gerade eine größere Anzahl Leute nötig gewesen sind; man hat hier offenbar die Götterstatue als das Wichtigste für die sie enthaltende Barke gesetzt.

1) Der Name der παστοφόροι wird auch einmal Ostr. Wilck. 136 (137) als πασαθφόρος wiedergegeben, vergl. zu dieser Schreibung P. Grenf. I. 38, 4: πασθοφόρος. Die von Plutarch, De Isid. et Osir. c. 3 erwähnten ἱεραφόροι dürften wohl den παστοφόροι gleichzusetzen sein. Vergleiche auch die Übersetzungen ihres Namens durch die lateinischen Schriftsteller: Firmicus, Mathes. III. 9, 9: baiuli divinarum caerimoniarum, idem III. 10, 3: baiuli deorum, idem III. 12, 2: baiuli sacrorum simulacrorum; Apulejus, Metamorph. XI. c. 16 sacrorum geruli, c. 17 qui divinas effigies progerebant. In den inzwischen erschienenen P. Tebt. I. (siehe Index VII. c, s. v.) findet sich eine bisher nicht bekannte Priestergruppe, ϑεαγοί, für die Göttin Thoeris und den Gott Suchos in den Faijûmdörfern Kerkeosiris und Tebtynis [?] (Ende des 2. Jahrh. v. Chr.) belegt, ein demnächst erscheinender gr. P. Berl. (9832), dessen Kenntnis ich der Liebenswürdigkeit des Herrn Dr. Schubart verdanke, zeigt uns das Fortbestehen dieser Priestergruppe für das Dorf Tebtynis bis in die Zeit des Commodus. (ϑεακοί [= ϑεαγοί] Σοκοπιχόνσεως.) Sehr wahrscheinlich ist es mir, daß man in diesen „Gottesführern" nur eine andere Bezeichnung der Pastophoren zu sehen hat. Bestärkt wird diese Vermutung noch dadurch, daß es sich in dem P. Berl. um die Einreichung einer γραφὴ ϑεαγῶν an die Regierung handelt, also um genau dasselbe, was uns P. Lond. II. 345 (S. 113) für die Pastophoren berichtet. Die Deutung des Namens der παστοφόροι als Träger der Götterbilder ist nach Schmidt, De sacerdotibus S. 198 schon von Cuper, Harpokrates (?) S. 130 (mir nicht zugänglich) aufgestellt worden.

2) Den obigen Bemerkungen gegenüber sei hervorgehoben, daß die Bezeichnung κωμαστής (Synesius, de provid. p. 94 ff.) nicht mit παστοφόρος identifiziert werden darf, da auch die höheren Priester, wie ganz selbstverständlich, an den κωμασίαι teilgenommen haben (Clemens Alexandrinus führt uns ja die verschiedenen Gruppen der höheren Priesterschaft gerade als Mitglieder einer Prozession vor) und, wie uns ägyptische Darstellungen zeigen, auch dabei von ihnen eins der Götterbilder ihres Heiligtums, allerdings einfach auf ihren Armen, getragen worden ist (vergl. Kanopus Z. 60; siehe auch B. G. U. I. 1, 19/20; 149, 8/9; II. 489, 7; hieroglyphisch-griechische Inschrift auf der Statue von Tyrus a. a. O. Ä. Z. XXXI

hat demnach auch mit gutem Recht die uns auf den Denkmälern begegnende Hieroglyphe für „Kapellenträger" (...) als die den Pastophoren bezeichnende erklärt.

Demgegenüber ist Horapollons (Hieroglyphika I. 41) Ansicht, bei der den Pastophoren bezeichnenden Hieroglyphe schrieben die Ägypter einen „φύλακα οἰκίας", ebenso wie seine daraus abgeleitete Behauptung, den Pastophoren stehe das „φυλάττεσθαι τὸ ἱερόν" zu, völlig unhaltbar; der Irrtum dürfte wohl durch die falsche Auffassung des in der Hieroglyphe vorkommenden Hauses entstanden sein.[1]

Über die von den Pastophoren im Kultus ausgeübten Funktionen ist sonst nichts Sicheres bekannt geworden. Zu verwerfen sind ferner die Angaben des Clemens Alexandrinus (Strom. VI. p. 758 ed. Potter) über die Ausübung der ärztlichen Kunst durch die Pastophoren; in ihnen die priesterlichen Ärzte Ägyptens, die Pfleger der Heilkunde κατ' ἐξοχήν zu sehen, scheint mir in Anbetracht ihrer immerhin doch untergeordneten Stellung nicht sehr wahrscheinlich und dieses umsomehr, da bei der großen Bedeutung, die man der Mitteilung des Kirchenvaters einräumen müßte, im Falle der Wahrheit weitere bestätigende Belege, vornehmlich aus ägyptischen Quellen, zu erwarten wären.[2]

Wenn demnach die uns über das Amt der Pastophoren vorliegenden Nachrichten es nicht ermöglichen, in ihnen mit Sicherheit Angehörige des Priesterstandes zu sehen, so ist immerhin den Berichten der alten Schriftsteller zu entnehmen, daß für diese die priesterliche Qualität der παστοφόροι zweifellos festgestanden hat. So erhalten die Pastophoren bei Apulejus (Metamorph. XI, 17) das Beiwort „sacrosanctum collegium" und Clemens Alexandrinus (Paedag. III, p. 253 ed. Potter) bezeichnet sie als „ἱεροποιοῦντες περὶ τὸ τέμενος". Auch Diodor (I, 97, 9/10) bestätigt ihre priesterliche Stellung, indem er bei der Beschreibung einer κωμασία des Amon von Theben erzählt, daß die ναοί von ἱερεῖς[3] getragen worden seien.[4]

(1893) S. 102 u. Ä. Z. XXXII (1894) S. 64; unpubl. P. Rainer 135 bei Wessely, Kar. u. Sok. Nes. S. 63, wo ein Priester als ἱερεὺς καὶ κωμαστής bezeichnet wird; P. Oxy. III. 519ᵇ, 10 ff. (κωμασταί)).

1) Siehe auch Leemans in seiner Ausgabe der Hieroglyphika S. 260. Die Bedeutung als „Tempelwächter" wird dagegen noch aufrecht erhalten von Th. Devéria, L'Hiéroglyphique I, 41 d'Horapollon et le titre de pastophore dans les textes égyptiens und Pierret, Les Pastophores, beide in Mélanges d'archéologie égyptienne et assyrienne I (1873) S. 61, bez. 64 ff.

2) Die Angaben des Clemens Alexandrinus dürften wohl auf einer Verwechslung beruhen, mit wem, ist allerdings nicht zu sagen; so schon Lepsius, Chronologie der Ägypter S. 47; was Drumann, Inschrift von Rosette S. 228—29 hierüber gesagt, ist nicht haltbar.

3) Ἱερεύς ist hier auf jeden Fall in der weiteren Bedeutung „priesterliche Persönlichkeit" zu verstehen.

4) Vergl. auch Herodot II, 63 und Julius Valerius III. 91 ed. Müller.

Diesen Angaben widerspricht schließlich durchaus nicht, wie Lepsius (Die Chronologie der Ägypter, S. 47) seiner Zeit glaubte, die schon öfters zitierte Stelle des Porphyrius (siehe z. B. S. 79); denn die in ihr enthaltene Nebeneinanderstellung der Ausdrücke ἱερεῖς (siehe S. 96, A. 3) und παστοφόροι braucht keineswegs dahin gedeutet zu werden, daß die letztgenannten von den Priestern im weiteren Sinne des Wortes auszuschließen seien. Dies zeigt mit Sicherheit die Analogie aller jener Stellen, in denen die griechischen Autoren ἱερεῖς und προφῆται, ἱερεῖς und στολισταί zusammen nennen (siehe S. 81, A. 3 u. 91, A. 3), und wo natürlich an einen Ausschluß der προφῆται bezw. στολισταί von der Gesamtgruppe der ἱερεῖς nicht zu denken ist; daß hier die Verbindung von ἱερεῖς und παστοφόροι im gleichen Sinne aufzufassen und kein Gegensatz darin zu suchen ist, daß vielmehr die Pastophoren gegenüber den unter dem Sammelnamen ἱερεῖς Vereinigten nur besonders hervorgehoben werden sollen, darauf weist deutlich der Umstand hin, daß sie mit ihnen auf Grund gleicher Merkmale und Eigenschaften von Porphyrius zu einer großen Gruppe vereinigt werden, die er dann einer anderen, gleichfalls aus gleichen Elementen bestehenden gegenüberstellt.[1])

Den besten Beweis für die Richtigkeit der von den Schriftstellern behaupteten priesterlichen Stellung der Pastophoren bietet dann wohl die Tatsache, daß sie zusammen mit den Priestern höherer Ordnung an einer lokalen Priesterversammlung teilnehmen und sogar mit ihnen zusammen Beschlüsse über religiöse Angelegenheiten fassen konnten.[2])

Es sei noch hervorgehoben, daß die Pastophoren ebenso wie die übrigen Priester ihrem Titel den Namen des Gottes, dem sie dienten, beizufügen pflegten[3]); weniger häufig scheinen sie den Tempel, an dem sie beschäftigt waren, genannt zu haben[4]); niemals findet sich jedoch, wie zu erwarten, ebenso wie bei allen folgenden Gruppen der niederen Priesterschaft die Erwähnung der Angehörigkeit zu einer Priesterphyle.

---

1) Schon Drumann, Die Inschrift von Rosette S. 228 hat die Porphyriusstelle ebenso gedeutet.

2) L. D. VI. 26 u. 144 (dem. Inschr.), publ. von Revillout, Rev. ég. VI. S. 125/26.

3) Vergl. z. B. παστοφόρος Ἀμῶνος: P. Lond. I. 51 A. (S. 59) mit der Verbesserung Wilckens in G. G. A. 1894. S. 726; P. Par. 5, Col. 19, 7 usw.; παστοφόρος Ἴσιδος: P. Par. 5, Col. 19, 6; παστοφόρος Θρίπιδος: P. Par. 5. Col. 42, 2; παστοφόρος Ἀμενώφιος: P. Tor. 5, 4 (6, 5); παστοφόρος τοῦ θεοῦ ζωοῦ Βούχιος: gr. Mumienetikett in Straßb. publ. von Spiegelberg im Archiv I. S. 340 usw. usw.

4) P. Grenf. I. 38 (ptolemäisch): παστοφόρος τῶν ἐν Κροκοδίλων πόλει τοῦ Παθυρίτου Σούχου ἱεροῦ; P. Lond. II. 345 (S. 113) (römisch): παστοφόρος ἱεροῦ λογίμου τῆς ἐπὶ κώμης Νάβλα (so zu lesen an Stelle von Ναβάν[ης] laut einer Mitteilung von Herrn Professor Wilcken; vergl. Strack, Inschriften 141; darnach ist auch auf S. 18 der Name Nabane in Nabla zu verbessern) Ἴσιδος Ναναίας κ. τ. λ.

Aus ptolemäischer[1]) wie aus römischer Zeit, in letzterer bis ins 4. Jahrhundert n. Chr.[2]) sind Pastophoren bekannt geworden. Es scheint, daß sie an manchen Heiligtümern nicht vertreten gewesen sind, wenigstens sind im Jupiter-Kapitolinus-Tempel in Arsinoe im Beginn des 3. Jahrhunderts n. Chr. gemietete ἐργάται zum Tragen der ξόανα verwendet worden.[3])

Äußerst wahrscheinlich ist es ferner, daß sie an den Tempeln, an denen sie bestanden, ein besonderes Kollegium gebildet haben. Daß solche Kollegien auf jeden Fall vorhanden waren, zeigt das Vorkommen von Pastophoren in leitender Stellung, denn so sind die uns begegnenden ἀρχιπαστοφόροι[4]) und πρεσβύτεροι παστοφόρων[5]) (beide Titel aus römischer Zeit), sowie der ὁ ἐπὶ τῶν παστοφόρων[6]) (aus ptolemäischer Zeit) aufzufassen. Da weiterhin die eben erwähnten πρεσβύτεροι und damit das Pastophorenkollegium sich gerade für einen der sicher unbedeutenderen Tempel, für das Heiligtum eines nicht weiter bekannten Faijûmdörfchens, nachweisen lassen, so ist wohl die Verallgemeinerung und die Annahme gleicher Verhältnisse für die größeren Tempel gestattet, zumal da uns erhaltene aus ptolemäischer Zeit stammende Eingaben der Pastophoren des thebanischen Amonstempels[7]) und derjenigen des Gottes Amenophis[8]) auf das Vorhandensein eines Kollegiums auch an diesen Heiligtümern hinweisen.

Sicher kollegialen Charakter hat dann auch eine andere große Gruppe der niederen Priesterschaft, die der χοαχύται, besessen. Ihr Name, der nur aus griechischen Papyri bekannt geworden ist — die alten Schriftsteller erwähnen ihn merkwürdigerweise niemals —, ist

---

1) Z. B. alle im P. Par. 5 erwähnten παστοφόροι.

2) Z. B. B. G. U. II. 590, 2; 4. Jahrh. n. Chr.: P. Lond. II. 125 (S. 192), Z. 34.

3) Siehe B. G. U. II. 362. p. 7, 17 ff.; 10, 18; 11, 13; 15, 14.

4) Ostr. Wilck. 1174; P. Oxy. II. 241, 10 ff.: ἀρχιπαστοφόρος Θοήριδος καὶ Ἴσιδος καὶ Σαράπιδος καὶ Ὀσίριος καὶ τῶν συννάων θεῶν μεγίστων; demnach haben die Tempel in Oxyrhynchos ebenso wie ein gemeinsames Priester-, so auch ein gemeinsames Pastophorenkollegium besessen.

5) P. Lond. II. 345 (S. 113) (Tempel der Isis Nanaia in Nabla [Faijûm]): die πρεσβύτεροι παστοφόρων machen hier im Namen der Pastophoren ihres Tempels eine Eingabe an die Regierung, die einen von ihnen zu erstattenden Jahresbericht betrifft. Da auch von der höheren Priesterschaft solche Jahresberichte zu erstatten waren (siehe hierüber VI. Kapitel), so ist der selbständige Bericht der Pastophoren (nähere Angaben über ihn liegen leider nicht vor, nur erkennen wir, daß in ihm auch eine Pastophorenliste enthalten gewesen ist) sehr bemerkenswert, er zeigt uns eine gewisse Selbständigkeit, zugleich aber auch die schroffe Absonderung der niederen Priesterschaft von der höheren.

6) P. Par. 35, 12/13 u. 31 (37, 14 u. 43/44) (Großes Serapeum bei Memphis).

7) P. Lond. I. 51 A. (S. 59) mit der Verbesserung Wilckens in G. G. A. 1894. S. 726.

8) P. Tor. 5 (6. 7): Ὀσορόηρις καὶ οἱ ἄλλοι παστοφόροι.

lange strittig gewesen, indem verschiedene, und unter ihnen sehr bedeutende Gelehrte, die Form χολχύται für die richtige gehalten haben.[1]) Jetzt wird man den Streit wohl endgültig und mit gutem Recht zu Gunsten der ersterwähnten Form χοαχύται entscheiden dürfen. Denn einmal läßt sich paläographisch ein λ in diesem Namen niemals mit Sicherheit nachweisen, ferner gibt die Stelle der Turiner Papyri (1, Col. 8, 19): „ἐν ταῖς κατ' ἐνιαυτὸν γινομέναις τοῦ Ἀμμῶνος διαβάσεσιν εἰς τὰ Μεμνόνεια προάγοντας (sc. Choachyten) τῆς κωμασίας τὰς καθηκούσας αὐτοῖς λειτουργίας ἐπιτελεῖν καὶ χοαχυτοῦντας" bei Annahme der Lesung χολχυτοῦντας und der von Peyron (P. Tor. I. S. 81/82) im Anschluß an das Koptische angenommenen Bedeutung „περι(ἀνα)βάλλοντας (involventes)" keinen Sinn[2]), und schließlich ist es überhaupt unmöglich, eine Etymologie des Wortes χολχύται, sei es aus dem Griechischen, sei es aus dem Ägyptischen, aufzustellen. Außer diesen schwerwiegenden Bedenken gegen die Lesung χολχύτης ist vor allem zu betonen, daß an einigen Stellen, wo das Wort χοαχύτης vorkommt, sich ganz deutlich ein α erkennen läßt[3]); unbedingt ausschlaggebend zu Gunsten der Festlegung des Namens als „χοαχύτης" ist jedoch meines Erachtens der Umstand, daß all das, was mit Sicherheit ohne jede Vermutung über das Amt der Choachyten erschlossen worden ist, vorzüglich zu der aus dem Griechischen abzuleitenden Namensform χοαχύτης paßt, die als der „Totenspendendarbringer (Gießer)" zu deuten ist[4]); die von Brugsch (Ägyptologie S. 280) für den Choachyten nachgewiesene hieroglyphische Bezeichnung

---

1) Für χολχύται haben sich entschieden Th. Young (An account of some recent discoveries in hieroglyphical literature and Egyptian antiquities S. 145), Buttmann (Erklärung des griechischen Papyrus aus der Minutolischen Sammlung, S. 10), A. Peyron (P. Tor. I; siehe P. 1), Forshall (Description of the greek papyri of the British Museum I, siehe P. 1), Leemans (P. Leid., siehe P. F), Thesaurus linguae graecae, s. v. χολχύτης, Letronne (P. Par. siehe P. 5 u. a.), Brugsch (Lettre à M. de Rougé, S. 41, später hat er jedoch [siehe z. B. Ägyptologie S. 279] χοαχύτης angenommen, Witkowski, Prodromus grammaticae papyrorum graecarum aetatis Lagidarum (Berichte d. Krakauer Akad. 1897) S. 63; für χοαχύτης ist schon ein Gelehrter in der Dublin University Review, N. 3 eingetreten, dann Idcler (Hermapion, S. 70), Brunet de Presle (P. Par. zu P. 5, S. 158/59), Lumbroso (Recherches S. 136, A. 2), Carl Wolff (De causa Hermiana papyris Aegyptiacis tradita S. 12 ff.), und von den neueren Gelehrten seien noch Revillout (anfangs noch χολχύτης: dem. P. Bibliothèque Nationale 218 [Antigraphum Greyanum], publ. Chrest. dém. S. 62, im übrigen vergleiche z. B. seinen Artikel: Taricheutes et choachytes in Ä. Z. XVIII [1880] S. 70 ff.), Kenyon (P. Lond. I, siehe P. 3 [S. 44]), Wilcken (G. G. A. 1894. S. 724) und Spiegelberg (vor allem siehe dem. P. Berl.) genannt.
2) Wolff, De causa Hermiana S. 13/14; auf die Stelle und ihre Bedeutung für die richtige Erkenntnis der Choachyten hat zuerst Brunet de Presle in P. Par. S. 158—59 aufmerksam gemacht.
3) Siehe z. B. P. Leid. M. Col. 1, 4 u. 14; P. Par. 5, Col. 1, 5 u. 8.
4) Das Wort ist abzuleiten von χοή und χέω.

als „, der Wassergießer", ist demnach mit der griechischen aufs nächste verwandt.[1])

Über das Amt der Choachyten[2]), die bisher zwar nur für Theben und Memphis belegt sind[3]), die aber doch wohl ebenso wie die anderen Priestergruppen über ganz Ägypten verbreitet gewesen sein dürften, ergibt sich aus den griechischen und demotischen Papyri[4]) einmal mit voller Sicherheit, daß ihnen die Aufbewahrung und Bewachung der beerdigten Leichen, also der Mumien, obgelegen hat. Denn in ihrem Besitz haben sich die Häuser befunden, in denen die Mumien aufbewahrt worden sind, und ihnen hat nicht nur über die Grundstücke, sondern auch über die in diesen befindlichen Mumien volle Testierfreiheit zugestanden. Dies zeigen deutlich die zahlreichen Verträge, die von Choachyten über den Verkauf ihrer Grundstücke und der von ihnen aufbewahrten Leichen abgeschlossen worden sind.[5])

---

1) Vergl. zu der obigen Feststellung auch Spiegelbergs Bemerkung dem. P. Berl. S. 9, A. 2 über den demotischen Titel der Choachyten. Im übrigen scheinen mir die Übersetzungen der demotischen Bezeichnung der Choachyten zu wenig gesichert (Spiegelberg a. a. O. (vergl. auch z. B. seine Ausführungen in „Paapis" im Rec. de trav. XXIII [1901] S. 98 ff.) gibt dies auch immerhin zu), als daß sie hier irgendwie verwertet werden könnten. Bestreiten möchte ich nur noch Spiegelbergs Behauptung (a. a. O.), daß der demotische Titel im Griechischen auch durch παστοφόρος wiedergegeben werden konnte.

2) Über das Amt des Choachyten hat bisher am treffendsten geurteilt Wolff a. a. O. S. 12 ff., seine Beweisführung ist im folgenden vielfach benutzt. Inzwischen hat auch Spiegelberg, dem. P. Berl. S. 9, in kurzen Worten das Amt der Choachyten ebenso charakterisiert, wie ich es getan habe.

3) Vergl. Anm. 5; auch in P. Par. 66, Col. 2, 34 dürfte es sich um thebanische Choachyten handeln (vergl. Z. 1).

4) Die zahlreichen von Choachyten handelnden demotischen Papyri (publ. z. B. von Revillout, N. Chrest. dém., Chrest. dém., in den verschiedenen Jahrgängen der Rev. ég., dann von Spiegelberg, dem. P. Berl.), werden im folgenden nur mit größter Vorsicht verwertet werden. Vor allem wage ich es nicht, den großen dem. P. Berl. 3115 zu benutzen, der die Regeln einer Choachytengenossenschaft enthalten soll. (Öfters von Revillout erklärt, so in „Une famille de paraschistes ou taricheutes", Ä. Z. XVII [1879] S. 83 ff., in „Taricheutes et choachytes", Ä. Z. XVIII [1880] S. 70 ff., in „Une confrérie Égyptienne" in Rev. arch. 3e Sér. XI [1888] S. 307 ff.) Im Anschluß an die Spiegelbergsche Übersetzung dieses Textes (dem. P. Berl. S. 18 ff.) möchte ich nur darauf hinweisen, daß ein Abschnitt (siehe S. 18) überschrieben sein soll „Bestimmungen der Sänger, der gewöhnlichen Priester und der Choachyten und Coachytinnen", woraus man m. E. unbedingt schließen muß, daß außer den Choachyten eben auch noch andere priesterliche Personen der Genossenschaft angehört haben. Die Richtigkeit dieser Feststellung scheint dadurch bestätigt zu werden, daß erst bei ihrer Berücksichtigung andere Abschnitte des Papyrus recht verständlich werden.

5) P. Tor. 1; 2; 3; 4; P. Par. 5; 6; 15; P. Leid. M; P. Lond. I. 3 (S. 44) (dem. P. Bibliothèque nationale 218 in Chrest. dém. S. 62); dem. P. Berl. 121 in N. Chrest. dém. S. 7; dem. P. Louvre in Chrest. dém.: 2428 (S. 214), 2424 (S. 231), 2443 (S. 246), 2438 (S. 257), 2431 (S. 265), 2425 (S. 278), 2415 (S. 364), 3263 (S. 369), 3440 (S. 375), 2412 (S. 394); dem. P. Berl. 3099 u. 3100 u. 5508 in Chrest.

Daß mit der Aufbewahrung auch die Bewachung verbunden gewesen ist, ist selbstverständlich; sehr bezeichnend ist hierfür der in einem über den Verkauf von Choachytengrundstücken abgeschlossenen Kontrakte gebrauchte Ausdruck: προστασία τῶν ἐπιβαλλόντων αὐτῷ σωμάτων τῶν μεταγομένων εἰς τοὺς τάφους[1]), und ferner sei hier noch auf die Klage eines Choachyten gegen die Berauber einer der ihm gehörenden Grabstätten hingewiesen (P. Par. 6). Doch noch weiteres läßt sich sicher erschließen; so werden einmal ((P. Tor. 1, Col. 1. Z. 20/21) die Choachyten als „οἱ τὰς λειτουργίας ἐν ταῖς νεκρίαις[2]) παρεχόμενοι" bezeichnet. Es ist also demnach ihre Pflicht gewesen, an den Beerdigungsstätten, d. h. offenbar in ihren Häusern, wo die Leichen beigesetzt waren (P. Lond. I. 3. (S. 44) Z. 42), gewisse als λειτουργίαι bezeichnete Verrichtungen zu versehen[3]); diese müssen sich regelmäßig wiederholt haben, an eine nur einmalige Vornahme ist nicht zu denken, denn die aus den λειτουργίαι den Choachyten erwachsenden Sporteln haben diese gleichfalls regelmäßig wiederkehrend empfangen, da sie sonst von ihnen nicht zugleich mit den Toten hätten verkauft werden können.[4]) Demotische Texte zeigen uns, daß unter diesen Liturgien, worauf uns außerdem auch die schon erwähnte hieroglyphische Bezeichnung der Choachyten als „Wassergießer" hinweisen konnte, Wasserspenden für die Toten zu verstehen sind, welche die Choachyten an Stelle des eigentlich dazu verpflichteten Sohnes des Verstorbenen übernommen hatten.[5]) Für diese Totenopfer mögen auch vornehmlich jene „ἔπιπλα" bestimmt

---

dém. S. 313 u. bei Spiegelberg, dem. P. Berl. S. 12; dem. P. Marseille in Rev. ég. I. S. 134 A. 1; dem. P. Lond. in Rev. ég. I. S. 135 A. 1; dem. P. Berl. bei Spiegelberg: 3089 (S. 6), 3096 (S. 6), 3112 (S. 8), 3119 (S. 10), 3098 u. 5507 (S. 11), 3106 u. 3139 (S. 16); diese Papyri sämtlich aus Theben; außerdem beachte auch die zahlreichen in der N. Chrest. dém. und der Chrest. dém. publizierten demotischen Papyri, in denen allerdings nur der Verkauf von Choachytenhäusern berichtet wird; doch dürften diese auch zur Aufbewahrung von Leichen bestimmt gewesen sein. Beispiele aus Memphis für diese Mumienhäuser siehe dem. P. Leid. 379 in Rev. ég. I. S. 125 A. 1 (378 ist Druckfehler) und dem. P. Louvre 2408 in Chrest dém. S. 336. Siehe auch die zwei dem. P. Lond., welche Kontrakte zwischen Choachyten und Leuten, die einst in ihre Gräber aufgenommen werden wollen, enthalten (publ. Ä. Z. XVIII (1880) S. 111—112.

1) P. Par. 5. Col. 2, 2/3 (P. Leid. M. Col. 2, 1/2); vergl. auch P. Par. 16, 6.

2) νεκρίαι == νεκροπόλεις, vergl. Wolff a. a. O. S. 20.

3) Zu dem Ausdruck λειτουργίαι vergl. z. B. Diodor I. 21, 7: τὰς τῶν θεῶν θεραπείας καὶ λειτουργίας und die Plutarch, De defectu oracul. c. 13 genannten „λειτουργοὶ θεῶν".

4) Vergl. P. Lond. I. 3 (S. 44), siehe auch die S. 100 A. 5 genannten Papyri; näheres über diese Sporteln siehe Kapitel VII.

5) Vergl. Revillout a. a. O. der Ä. Z. XVIII (1880) S. 70 ff. (S. 78) u. S. 136 ff. (vor allem zusammenfassend S. 148). Darnach erübrigen sich die von Peyron, P. Tor I. S. 87 und Letronne, P. Par. S. 166 aufgestellten Vermutungen.

gewesen sein, die von den Choachyten in den Gräbern aufbewahrt wurden.[1])

Während aus allen diesen Funktionen hervorgeht, daß die Form χοαχύτης die richtige und auch seiner Zeit sehr zutreffend von den Griechen gewählt worden ist, läßt sich ebenso wenig wie der Name Cholchyt auch die aus diesem Namen abgeleitete Tätigkeit des Einwickelns der Leichen in die Mumienbinden (Peyron, P. Tor. I. S. 82) für die Choachyten nachweisen, diese Funktion ist also zugleich mit dem Namen zu streichen; Herodot (II, 86)[2]), der allein von den alten Schriftstellern[3]) hierüber berichtet, erwähnt denn auch in keiner Weise, daß eine besondere von den vorher von ihm genannten Einbalsamierern verschiedene Gruppe die Mumienwicklung vorgenommen habe, diese muß also demnach als eine weitere Aufgabe der Einbalsamierer angesehen werden (siehe S. 105).

Außer den Liturgien an den Begräbnisstätten läßt sich für die Choachyten, allerdings nur für die in Theben, auch die Anteilnahme an dem offiziellen Götterkulte belegen; so hatten sie an den großen Festtagen den Dromos, d. h. die zum Tempel führende Straße des Amonsheiligtums, dann dieses selbst sowie das Heiligtum der Mut (Hera) mit „Staub" (κονία) zu bestreuen, offenbar in Verbindung mit den an diesen Tagen stattfindenden Götterprozessionen und auf Grund einer nicht mehr erkennbaren religiös-mystischen Vorschrift (vergl. Peyron, P. Tor. I. S. 84/85). Ferner haben sie einen offiziellen Bestandteil der großen jährlichen Prozession des Amon in die thebanische Totenstadt gebildet, bei der sie die erste Stelle in dem Zuge eingenommen und während derselben Totenspenden dargebracht haben.[4]) Sehr wahrscheinlich erscheint es mir, daß die Choachyten diese letztere Funktion auch in den Totenprozessionen anderer Gegenden ausgeübt haben (vergl. Wolff a. a. O. S. 24, A. 1).

Auch Frauen haben das Amt des Choachyten versehen können

---

1) Vergl. Letronne, P. Par. S. 169 u. Wolff a. a. O. S. 23 im Anschluß an P. Par. 6, 15/16: ἃ ἐτύ[γχα]νον ἀπηρεισμένος ἐκ[εῖ ἔ]πιπλα.

2) . . . λούσαντες τὸν νεκρὸν κατειλίσσουσι πᾶν αὐτοῦ τὸ σῶμα σινδόνος βυσσίνης τελαμῶσι κατατετμημένοισι, ὑποχρίοντες τῷ κόμμι, τῷ δὴ ἀντὶ κόλλης τὰ πολλὰ χρέωται Αἰγύπτιοι.

3) Selbst Diodor (I. 91—92), der doch ausführlich die ägyptische Totenbestattung beschreibt, erwähnt merkwürdigerweise nicht die Einwicklung der Leichen. Vergl. jedoch Suidas s. v. Ἡραΐσκος . . . τὰς Ὀσίριδος ἐπὶ τῷ σώματι περιβολάς κ. τ. λ.

4) P. Tor. 1. Col. 8, 16 ff.: ἔτι δὲ (d. h. außer der Besorgung der Toten) καὶ ἐν ταῖς γινομέναις δημοτελέσιν ἐνθέσμοις καὶ ἐπωνύμαις ἡμέραις μεταφέροντας αὐτοὺς (sc. Choachyten) κονίαν καταστρωννύειν ἐπὶ τοῦ δρόμου τοῦ Ἀμμῶνος καὶ διὰ τοῦ ἱεροῦ, καὶ εἰς τὸ Ἡραῖον εἰσιόντας τὸ ὁμοῖον ἐπιτελεῖν, καὶ ἐν ταῖς κατ' ἐνιαυτὸν γινομέναις τοῦ Ἀμμῶνος διαβάσεσιν εἰς τὰ Μεμνόνεια (vergl. Peyron, P. Tor. II. S. 40—42) προάγοντας τῆς κωμασίας τὰς καθηκούσας αὐτοῖς λειτουργίας ἐπιτελεῖν, καὶ χοαχυτοῦντας.

($\chi o\alpha\chi\upsilon\tau\iota\delta\varepsilon\varsigma$); auch sie finden wir in dem Besitz von Häusern, die mit Toten angefüllt sind, und dadurch sind sie natürlich auch zu den Liturgien bei denselben verpflichtet gewesen.[1])

Die hier zusammengestellten Nachrichten über die Choachyten stammen sämtlich aus der Ptolemäerzeit; aus der römischen Epoche ist bisher meines Wissens noch kein Beleg für sie vorhanden, doch scheint es mir durchaus unberechtigt, etwa hieraus zu folgern, daß sie damals nicht mehr bestanden haben[2]). Im Falle ihres Fortbestehens scheint mir auch eine prinzipielle Änderung ihrer priesterlichen Stellung nicht recht wahrscheinlich. Wenn Revillout (a. a. O. der Ä. Z. XVIII. (1880) S. 138 u. 148) dies seiner Zeit für die thebanischen Choachyten im Ausgange der Ptolemäerzeit behauptet und erklärt hat, „ils avaient usurpé tous les droits du sacerdoce et étaient devenus les prêtres par excellence", so dürfte er aller Wahrscheinlichkeit nach im Unrecht sein[3]).

Aus den Amtsfunktionen der Choachyten[4]) ergibt sich deutlich die priesterliche Qualität dieser Gruppe. Doch deutet nichts darauf hin sie etwa als Priester höherer Ordnung aufzufassen.[5]) Durchaus unberechtigt ist es ferner, wenn man in ihnen, offenbar durch die allerdings gerade bei ihnen stark hervortretende kollegiale Gliederung verleitet, nur „staatliche anerkannte Zünfte, welche das alleinige Privileg besaßen zur Ausübung bestimmter Handlungen bei der ägyptischen Totenbestattung", sehen will (Ziebarth, Das griechische Vereinswesen, S. 100). Die kollegiale Gliederung ist bei den Choachyten wohl deshalb besonders ins Auge fallend, weil wenigstens in ihrem griechischen Titel die Zugehörigkeit zu einem Tempel nicht wie bei den anderen Priesterklassen hervorgehoben[6]), sondern nur der Ort, an dem sie

---

1) Choachytinnen in Theben: P. Tor. 1, Col. 5, 7—8 (P. Par. 15 bis), Col. 6, 33/34 u. öfters; P. Tor. 11, 4; dem. P. Louvre 2443 in Chrest. dém. S. 246 (Rev. ég. I. 7), dem. P. Louvre 2438 in Chrest. dém. S. 257 (Rev. ég. I. 7), dem. P. Marseille in Rev. ég. I. S. 134 A. 1, dem. P. Lond. in Rev. ég. I. S. 135 A. 1, dem. P. Berl. 3096 (S. 6), 3112 (S. 8), 3105 (S. 14 A. 3); in Memphis: dem. P. Leid. 379 in Rev. ég. I. S. 125 A. 1, dem. P. Louvre 2309 in Rev. ég. I. S. 129 A. 2 u. Ä. Z. XVIII (1880) S. 115, dem. P. Leid. 373 c in Rev. ég. I. S. 128 A. 1.

2) Auch Spiegelberg zu dem P. Straßb. 10 (S. 48) hält es für ziemlich sicher, daß in römischer Zeit die Choachyten weiter bestanden haben.

3) Revillouts einzige Stütze für seine Ansicht ist wohl der dem. P. Berl. 3115, das sogenannte Statut eines Choachytenordens, demzufolge als Choachyten auch höhere Priester bezeichnet sein sollen; doch vergl. hierzu meine Bemerkungen auf S. 100 A. 4 über die Zusammensetzung dieser Genossenschaft.

4) Es sei noch hervorgehoben, daß man in ihnen nicht die allein für den Totenkult in Betracht kommenden Priester sehen darf; besondere Priester, und zwar solche höherer Ordnung, haben für diesen neben ihnen, den niederen Priestern, immer bestanden; siehe z. B. Revillout, a. a. O. Ä. Z. XVIII (1880) S. 145/46 u. 148 und Brugsch, Ägyptologie S. 280.

5) Vergl. hierzu auch die S. 100 A. 4 erwähnte Überschrift eines Abschnittes des dem. P. Berl. 3115.

6) Die Nichterwähnung des Tempels muß als durchaus berechtigt bezeichnet

tätig waren, genannt wird[1]), und weil ferner die Choachyten eines Ortes in mehrere, untereinander nicht weiter näher verbundene Gruppen zerfallen sind, deren Leitung in den Händen eines Choachyten gelegen hat. Für Theben sind sie belegt[2]), und für Memphis lassen sie sich erschließen. Dort sollen nach Revillouts Angaben[3]),

werden, da ja die Choachyten im allgemeinen nicht zum Tempelkult gehört haben, sondern ihr priesterlicher Dienst ohne Rücksicht auf einen solchen stattfand.

1) Die thebanischen Choachyten nennen sich entweder „οἱ ἐκ τῶν Μεμνονείων χοαχύται" oder „οἱ χοαχύται ἀπὸ τῆς Διοσπόλεως τῆς μεγάλης", wodurch jedoch nicht, wie Peyron, P. Tor. I. S. 86 meinte, zwei verschiedene Gruppen bezeichnet werden, sondern das erste Mal ist nur eine engere Bezeichnung (Μεμνόνεια, die Totenstadt Thebens), das zweite Mal eine weitere gewählt. (So schon Wolff a. a. O. S. 19.) Siehe P. Par. 5. Col. 1, 5 (Leid. M. Col. 1, 4); P. Par. 6, 3; 7, 3—4; 15, Col. 1, 6; P. Lond. I. 3 (S. 44) Z. 3/4. Siehe auch die Ausdrücke: οἱ ἀπὸ τοῦ τόπου χοαχύται (P. Tor. 1, Col. 1, 10) und οἱ χοαχύται κατοικοῦντες τὴν αὐτὴν πόλιν (P. Tor. 3, 11/12; 4, 8); in beiden Fällen ist ἡ Διόσπολις ἡ μεγάλη zu ergänzen.

2) So treten uns z. B. ganz deutlich zwei verschiedene Gruppen im P. Par. 5 (Leid. M.) entgegen; die eine, deren Leiter Ὧρος Ὧρου ist (Col. 1, Z. 5), seine μέτοχοι erwähnt Col. 1, 6, eine andere geleitet von Ὀσορόηρις Ὧρου (Col. 1, Z. 10; Col. 2, 5), seine Genossen als ἀδελφοί bezeichnet (Col. 2, 5); ἀδελφός bedeutet hier nicht leiblicher Bruder, sondern nur Mitglied desselben Kollegiums, so schon Peyron, P. Tor. I. S. 60/61, während Mitteis, Reichsrecht und Volksrecht in den östlichen Provinzen des römischen Kaiserreiches S. 48 dies falsch auffaßt. Zwei Gruppen erwähnt auch der P. Par. 16. Eine besondere Choachytengruppe ferner z. B. die einmal (P. Tor. 1, Col. 6, 33/34) in Λοβάις σὺν τοῖς ἑαυτῆς ἀδελφοῖς zusammengefaßte; ihre Mitglieder erwähnt P. Tor. 1, Col. 5, 7 ff., ferner P. Par. 15, Col. 3, 41 ff. u. 15 bis, vergl. auch dem. P. Louvre 2416 in Chrest. dém. S. 343. Eine weitere Gruppe ist die des Ὧρος τοῦ Ἀρσιήσιος (P. Tor. 1, Col. 10/11, 18 ff. u. öfters, P. Tor. 2 (der Vatersname des Horus hier falsch), P. Par. 15, Col. 1, 10 ff. Auf verschiedene Gruppen deutet z. B. auch ein Ausdruck in P. Lond. I. 3 (S. 44) hin, wo Z. 16 ein Choachyt als zu „τῶν αὐτῶν χοαχυτῶν" gehörig bezeichnet wird. Die Leitung dieser Gruppen dürfte wohl in den Händen eines Choachyten gelegen haben; so wird z. B. die Korporation des Horus, Sohnes des Arsiesis bezeichnet als „οἱ περὶ τὸν Ὧρον" (P. Tor. 1, Col. 4, 35 u. öfters); siehe auch P. Par. 16, Col. 2, 20: οἱ περὶ τὸν Πετεαρόηριν. Vergl. auch P. Par. 5, Col. 1, 5 u. 10; Col. 2, 1 u. 5. Die Gruppen dürften ziemlich zahlreich gewesen sein; so werden z. B. P. Tor. 1, Col. 5, 5 ff. (P. Par. 15 bis) 17 Mitglieder, P. Par. 16 wohl auch zweimal 7 Mitglieder erwähnt; siehe auch die P. Par. 66, Col. 2, 34 angeführten 21 Choachyten, die wohl alle einem Gau angehören. Ob diejenigen, deren Name gegenüber den nur als ἀδελφοί Angeführten noch besonders hervorgehoben wird (siehe z. B. P. Tor. 1, Col. 1, 10/11 oder P. Par. 15 Col. 1, 10; Col. 2, 1 gegenüber Col. 2, 5), eine besondere Stellung in der Korporation eingenommen haben, läßt sich nicht nachweisen. Was Revillout, a. a. O. der Ä. Z. XVIII (1880) S. 136 ff. und Les papiers administratifs du Sérapéum in Rev. ég. V. S. 31 ff. (34/35) über die Organisation der Choachyten außerdem noch mitteilt, ist vorläufig, da die betreffenden demotischen Texte, auf die er sich stützt, noch nicht oder, wie er selbst sagt, ungenügend publiziert sind, nicht zu verwerten.

3) Vergl. Revillout a. a. O. der Ä. Z. XVII (1879) S. 83 ff. und a. a. O. der Ä. Z. XVIII (1880) S. 71—77 u. 147.

die sich allerdings auf demotische Texte stützen, deren nähere Prüfung mir nicht möglich ist, die Choachyten einen besonderen selbst nicht zum Choachytenstande gehörenden Leiter, den ⌐𓎛𓆓 — Revillout gibt dies mit „archentaphiaste"[1]) wieder — besessen haben, und solche Archentaphiasten lassen sich nun zu einer und derselben Zeit mehrere, und zwar alle im Amte befindlich, nachweisen.[2])

Diesen Archentaphiasten sollen in Memphis nicht nur die Choachyten, sondern auch noch die Einbalsamierer unterstanden haben (Revillout a. a. O. Ä. Z.). Über ihr Amt sind Nachrichten von Herodot (II, 86) und Diodor (I, 91) erhalten, die in den großen Zügen übereinstimmen; der demotische Papyrus Rhind aus römischer Zeit ergänzt die Angaben der Schriftsteller.[3]) Darnach sind nach Öffnung der Leiche durch bestimmte Schnitte sämtliche Eingeweide aus dem Körper entfernt worden, der alsdann antiseptisch behandelt wurde; darauf hat man wohlriechende Substanzen dem Leichnam eingefügt, und zuletzt ist die Einwicklung desselben in Binden erfolgt.[4]) Während Herodot besondere Namen für die Einbalsamierer nicht bietet, haben nach Diodor außer einer leitenden Persönlichkeit, die von ihm als „γραμματεύς" bezeichnet wird — in ihr will Revillout (a. a. O. Ä. Z. XVIII (1880), S. 147) den von ihm ermittelten Archentaphiasten sehen — zwei Gruppen, die παρασχίσται und die ταριχευταί, die Mumifizierung vorgenommen. Wie schon ihr Name anzeigt[5]), hat den Paraschisten die Öffnung der Leichen obgelegen, während den Taricheuten die eigentliche Einbalsamierung und Wicklung zugefallen ist (siehe S. 102).

Beide Gruppen lassen sich in griechischen Urkunden der ptolemäischen Zeit belegen[6]), und in Bestätigung dessen, was die Schrift-

---

1) Vergl. z. B. Übersetzungen von dem P. Louvre 3266 in Rev. ég. I. S. 124 A. 2, dem. P. Leid. 373 c in Rev. ég. I. S. 128 A. 1, dem. P. Louvre 2309 in Ä. Z. XVIII (1880) S. 115 u. Rev. ég. I. S. 129 A. 2, dem. P. Leid. 374 in Rev. ég. II. S. 91 A. 2, dem. P. Louvre 3268 in Rev. ég. II. S. 91 A. 3.

2) Vergl. Belege von Anm. 1, vor allem dem. P. Leid. 374 in Rev. ég. II. S. 91 A. 2.

3) Siehe eine kurze Inhaltsangabe bei Wiedemann, Herodots 2. Buch usw. S. 350—51; vergl. ferner volle Übersetzung von Nr. 1 bei Brugsch, Ägyptologie S. 189 ff. (Thesaurus V. S. 897 ff.).

4) Nähere Angaben über die Mumifizierung siehe vor allem bei Wiedemann a. a. O. S. 352 ff. und Brugsch, Ägyptologie S. 182/83. Vergl. auch P. Grenf. II. 77; P. Amh. II. 125.

5) Herodot a. a. O. gebraucht z. B. bei den entsprechenden Teilen der Mumifizierung die Verba παρασχίζειν und ταριχεύειν.

6) παρασχίσται: P. Tor. 8, 9; ταριχευταί: P. Leid. O, 9; P, 23; P. Par. 61, Verso Z. 8; P. Tor. 1; P. Amh. II. 125, 7; in allen übrigen Fällen (vergl. z. B. P. Par. 5. Col. 3, 9, Col. 18, 1, Col. 26, 10, Col. 27, 1, Col. 29, 5; P. Petr. II. 41, 10; P. Fay. 13, 4 auch 15, 4; B. G. U. I. 337, 21) dürften die Taricheuten einfach als die „Pökler" zu deuten sein.

steller gesagt haben, deuten auch sie, freilich ohne nähere Angaben
über die Amtsfunktionen, daraufhin, daß man den Paraschisten und
Taricheuten die Besorgung der Leichname anvertraut hat.[1]) Wenn
Revillout (a. a. O. Ä. Z. XVII (1879), S. 83 ff. u. XVIII (1880), S. 70)
behauptet, daß nach demotischen Urkunden Taricheuten und Paraschisten identisch seien, da das Wort ḫrj-ḥb für beide gebraucht werde,
so dürfte, falls Revillout mit seiner Behauptung das Richtige getroffen
hat, diese mit dem aus den griechischen Texten gewonnenen Resultate
dahin zu vereinigen sein, daß Paraschisten und Taricheuten als Unterabteilungen der ḫrj-ḥb aufzufassen sind.[2])

Was bisher über die Amtsfunktionen der Paraschisten und Taricheuten mitgeteilt worden ist, würde, da ja die Einbalsamierung an
und für sich ebenso gut von Laien hätte vorgenommen werden
können[3]), es noch nicht rechtfertigen, sie hier unter der niederen
ägyptischen Priesterschaft anzuführen; es sind also noch die Momente
hervorzuheben, die für diese Zuweisung maßgebend sind. Vor allem
ist in Betracht zu ziehen, daß sie, wie erwähnt, in Memphis mit der
Priestergruppe der Choachyten zu einer großen Gruppe mit gemeinsamen Leiter vereinigt gewesen sind, und daß es weiterhin möglich
gewesen ist die Taricheuten und Choachyten miteinander zu ver-
wechseln (siehe P. Tor. 1); eine Vereinigung und andererseits eine
Verwechslung mit Priestern wäre aber kaum denkbar, wenn die Paraschisten und Taricheuten Laien und nicht auch priesterliche Personen
gewesen wären; bezüglich der Verwechslung ist allerdings zu bemerken, daß die Choachyten, da diese ausdrücklich hiergegen pro-
testieren (P. Tor. 1, Col. 8. 14 ff.), offenbar ihren Stand für den
höher gestellten gehalten haben. Ferner[4]) läßt sich auch nur bei An-

---

1) P. Tor. 8, 9 handelt von dem Prozeß eines Paraschisten um ihm zukommende, von einem Kollegen widerrechtlich an sich genommene Leichname;
in P. Tor. 1 werden Taricheuten und Choachyten miteinander, allerdings wohl
absichtlich, verwechselt, doch ist diese Verwechslung natürlich nur möglich,
wenn die Taricheuten ebenso wie die Choachyten mit den Toten zu tun hatten.

2) In den ḫrj-ḥb finden wir eine uralte ägyptische Priestergruppe, die sogenannten Vorlesepriester (siehe Erman, Ägypten II. S. 391), wieder; allerdings
haben sie ihre frühere angesehene Stellung eingebüßt. Vielleicht darf man es
mit der Reduktion der priesterlichen Stellung der ḫrj-ḥb in Verbindung bringen,
daß sich zur Zeit des neuen Reiches in der Hierarchie des thebanischen Amonstempels keine besonderen ḫrj-ḥb's nachweisen lassen, sondern daß hier wie auch
sonst zu dieser Zeit die wē-ᶜᵉb's das Amt des Vorlesepriesters versehen haben
(siehe z B. Erman, Ägypten II. S. 397). Brugschs (Ägyptologie S. 279/80) und
Wiedemanns (Herodots II. Buch S. 350) Ausführungen über die ḫrj-ḥb's der
ptolemäischen Zeit sind nicht klar, da sie dabei Choachyten und Einbalsamierer
nicht trennen.

3) Siehe z. B. P. Oxy. I. 40 (2. Hälfte des 2. Jahrhunderts n. Chr.), in dem
ein ἰατρός, wohl sicher ein Laie, seine Fertigkeit in der ταριχεία erweisen soll.

4) Die im folgenden angeführten Gründe berühren sich vielfach mit den
Ausführungen Wolffs a. a. O. S. 17—19.

nahme einer priesterlichen Stellung recht erklären, daß die Genannten bei Ausübung ihres Amtes offiziell religiös-mystische Handlungen vorzunehmen hatten, und zwar der Paraschist nach Öffnung des Leichnams eilige Flucht von demselben (Diodor I, 91), der Taricheut nach Entfernung der Eingeweide ein Gebet im Namen des Toten an den Sonnengott (Porphyrius, de abst. IV, 10); an der Wahrheit des Berichteten zu zweifeln liegt kein Grund vor; so sind denn auch z. B. die Gedanken des Gebetes durchaus ägyptisch.[1])

Demnach dürfte Diodor (I, 91) ein ganz richtiges Urteil über die Taricheuten gefällt haben, wenn er sie mit den Worten charakterisiert: οἱ ταριχευταὶ δὲ καλούμενοι πάσης μὲν τιμῆς καὶ πολυωρίας ἀξιοῦνται, τοῖς τε ἱερεῦσι συνόντες καὶ τὰς εἰς ἱερὸν εἰσόδους ἀκωλύτως ὡς καθαροὶ ποιοῦνται. Diesem Urteil Diodors scheint auf den ersten Blick die Charakterisierung ihres Standes durch Hermias in seiner im 2. Jahrhundert v. Chr. gehaltenen Prozeßrede gegen die Choachyten völlig zu widersprechen[2]), wenn er hier behauptet (P. Tor. 1, Col. 2, 22): αἷς (sc. Ἥρᾳ καὶ Δημήτηρ) ἀθέμιτά ἐστιν νεκρὰ σώματα καὶ οἱ ταῦτα θεραπεύοντες. Man darf aber durchaus nicht, wie Peyron (P. Tor. I. S. 84/85 u. 124/25) dies getan hat, diesen Ausspruch für ganz unvereinbar mit den Worten Diodors halten und ihm unbedingt den Vorzug geben, sondern muß in Betracht ziehen, daß Hermias, um seine Gegner in ein möglichst schlechtes Licht zu stellen, es überhaupt mit der Wahrheit des von ihm Vorgebrachten nicht sehr genau nimmt. So wird man, zumal da in der ägyptischen Religion die Einbalsamierung der Leichen einen notwendigen Bestandteil des Totenkultus bildete, und da man schon deswegen diejenigen, die sie ausübten, auf keinen Fall als in religiöser Beziehung unrein ansehen konnte, in den Worten des Hermias wenn nicht eine direkte Unwahrheit, so doch wenigstens eine geschickte Übertreibung eines tatsächlichen Zustandes zu sehen haben. Sehr wohl möglich ist es, daß den Worten des Hermias nur ein vielleicht mit aus sanitären Gründen erlassenes Gesetz zugrunde liegt, das die Aufbewahrung von Leichen und die Ausübung des Gewerbes der Einbalsamierer in der Nähe von Tempeln verbot.

In Anbetracht der Funktionen der Taricheuten und Paraschisten und ihrer Vereinigung in Memphis[3]) mit den Choachyten zu einer

---

1) Vergl. Wiedemann, Herodots II. Buch S. 353 u. 354.

2) Hermias glaubt mit seinen Worten die Choachyten zu treffen, in Wahrheit aber verwechselt er hier Taricheuten und Choachyten; siehe hierzu vor allem die Worte des Advokaten der Choachyten (P. Tor. 1. Col. 8, 14): τοὺς γὰρ περὶ τὸν Ὧρον μὴ εἶναι ταριχευτὰς ἀλλὰ χοαχύτας, μηδὲ τὴν αὐτὴν ἐργασίαν ἐπιτελεῖν κ. τ. λ., vergl. zu der obigen Stelle dann noch besonders P. Tor. 1, Col. 8, 19, wonach die Choachyten im Heraheiligtum sogar amtliche Funktionen ausgeübt haben.

3) Revillout a. a. O. der Ä. Z. XVIII (1880) S. 72 hält es für wahrscheinlich,

großen Gruppe ist es nicht wahrscheinlich, daß sie zu bestimmten Tempeln gehört haben, obgleich uns Taricheuten bekannt geworden sind, die als Taricheuten des großen Asklepieums (P. Leid. O, 8) und des Anubieums[1]) bei Memphis bezeichnet werden.[2]) Die Angabe des Tempels, oder besser gesagt, des Tempelbezirkes mag hier nur zur Bezeichnung des Wohnsitzes der betreffenden, beziehungsweise ihrer Gruppe dienen; falls Revillouts Übersetzung richtig ist, würde ein demotischer Papyrus[3]) diese Deutung vollauf bestätigen, in der der Taricheut des Anubieums als „taricheute, habitant de l'Anubéium" angeführt wird.   Allem Anschein nach dürften vielmehr ähnliche Gruppen wie bei den Choachyten auch bei den Einbalsamierern bestanden haben; freilich lassen sie sich bisher urkundlich noch nicht belegen, doch liegt die Annahme sehr nahe, daß in Urkunden, wie z. B. im Turiner Papyrus 8, wo der Vertrag zweier Paraschisten über die Bestattung der Leichen größerer Gebiete erwähnt wird, diese als Vorsteher ihrer Gruppen und nicht für ihre eigene Person ihn abgeschlossen haben.[4])

Zweifelhaft ist es, ob die Einbalsamierer in der römischen Zeit ihren priesterlichen Charakter bewahrt haben. Sicheres läßt sich hier nicht feststellen, aber die sehr geringschätzige, ja direkt absprechende Art ihrer Erwähnung bei Pseudo-Manetho[5]) — hier haben sie den Titel *νεκροτάφοι* — spricht eigentlich dagegen. Die uns aus der 2. Hälfte des 3. Jahrhunderts n. Chr. bekannt gewordenen *νεκροτάφοι*

---

daß in römischer Zeit, als auch für Theben der Archentaphiast sich nachweisen läßt, auch dort die Choachyten neben den Taricheuten und Paraschisten unter seine Oberleitung gestellt worden sind. Erinnern möchte ich in diesem Zusammenhange an Ἁρπαήσιος τοῦ χοαχύτου τῶν ἀπὸ τῆς αὐτῆς Διοσπόλεως ἐνταφιαστῶν (P. Par. 7, 5 ff.) aus dem 1. Jahrh. v. Chr.   Dieser Bezeichnung ist vielleicht allerdings nur zu entnehmen, daß für alle, die mit der Besorgung der Leichen zu tun hatten, ein gemeinsamer Name bestanden hat, möglich ist es aber, daß dieser Ausdruck in Theben gebraucht worden ist, um anzudeuten, daß die Choachyten eine Unterabteilung einer ihnen übergeordneten besonderen Gruppe, der ἐνταφιασταί, gebildet haben, einer Gruppe, deren zweiter Bestandteil natürlich die Einbalsamierer gewesen wären.   Vergl. C. I. Gr. III. 4915ᵈ: Δημήτριος . . . ἐνταφιαστεύων τῇ Εἴσιδι Φιλῶν.

1) dem. P. Vatican, publ. Rev. ég. III. S. 25.

2) Auch diese Bezeichnungen der Taricheuten könnte man gegen die eben erwähnten Worte des Hermias anführen; denn es wäre ganz unverständlich, daß für Mut (Hera) und Isis (Demeter) die Taricheuten als unrein gegolten hätten, aber nicht für Imuth (Asklepios); für Anubis wäre es sogar ganz unmöglich, da er ja bei der Einbalsamierung eine große Rolle spielt (Papyrus Rhind. S. 105 A. 3) und selbst als Einbalsamierer erscheint (Brugsch, Religion und Mythologie der alten Ägypter S. 671).

3) dem. P. New-York 375, publ. Rev. ég. III. S. 26.

4) Es ist sehr wohl möglich, daß ähnliche Verhältnisse auch in manchen Choachytenverträgen, wo die Gruppe nicht genannt wird, vorgelegen haben.

5) Vergl. Apotelesm. IV. 190 ff. (siehe z. B. die Bezeichnung „ἄσεμνοι") und **VI. 459 ff.**

der sogenannten großen Oase El Kargeh[1]) bieten uns für die nähere Beurteilung ihres Standes keine Anhaltspunkte.[2])

Eine Gruppe der Einbalsamierer bedarf noch der besonderen Erwähnung, nämlich diejenigen, die ihr Amt nicht an Menschen, sondern an den heiligen Tieren der Ägypter[3]) ausgeübt haben. Über sie ist bisher leider nur wenig bekannt geworden; nach Diodor (I. 83, 5)[4]) und einem von Revillout publizierten demotischen Papyrus (dem. P. Louvre 3334 in Rev. ég. II, S. 76) zu urteilen, haben ihnen jedoch genau die gleichen Funktionen wie den Einbalsamierern der Menschen obgelegen, doch ob sie auch den Titel „Taricheut"[5]) getragen haben, ist fraglich; auf jeden Fall scheint jedoch das Tier, das sie einzubalsamieren hatten, in ihrem Titel stets vermerkt worden zu sein; so kennen wir z. B. ἰβιοτάφοι (P. Grenf. II. 15. Col. 2, 7), ferner einen ἀρχεντα-φιαστὴς τοῦ Ὀσοράπιος καὶ Ὀσορομνεύιος (P. Leid. G. (H, I, K.)), der in Verbindung mit dem großen Serapeum zu Memphis gestanden hat[6]); auch den uns bekannt gewordenen ἰβιοστολιστής[7]) möchte ich ihnen zuweisen.[8]) Der Titel des zu zweit genannten, sowie die Bezeichnung eines Ibiotaphos als ὁ „τῶν ἐκ Π[αϑύ]ρεως ἰβιο-τάφων" läßt deutlich erkennen, daß auch die Tiereinbalsamierer zu Gruppen zusammengefaßt gewesen sind. Man darf wohl stets in ihnen Angehörige des Priesterstandes sehen; denn wäre der Archen-taphiastes des Osorapis und des Osormnevis nicht eine priesterliche

---

1) P. Grenf. II. 68, 1; 69, 6; 70, 4 usw.; 71, Col. 1, 2 u. 8; 73, 7 u. 13; 75, 1, 2 usw.; 76, 1; 77, 3 u. 22; gr. P. Sayce I—VI, publ. von Sayce in Revue des études grecques VII (1894) S. 301 ff.

2) Die Annahme Deißmanns (Ein Originaldokument aus der diokletianischen Christenverfolgung S. 19), daß unter diesen νεκροτάφοι sich auch Christen befunden hätten, was natürlich jeden Zusammenhang mit den ägyptischen Priestern ausschließen würde, scheint mir durchaus nicht gesichert zu sein. Vergl. hierzu auch die soeben erschienene Rezension des Deißmannschen Buches von Dieterich, G. G. A. 1903 S. 550 ff.

3) Vergl. die Liste von Parthey in seiner Ausgabe von Plutarch, De Is. et Osir. S. 260 ff.

4) Ὅταν δ' ἀποϑάνῃ τι τῶν εἰρημένων (sc. Tieren), σινδόνι κατακαλύψαντες καὶ μετ' οἰμωγῆς τὰ στήϑη καταπληξάμενοι φέρουσιν εἰς τὰς ταριχείας· ἔπειτα ϑεραπευϑέντων αὐτῶν κεδρίᾳ καὶ τοῖς δυναμένοις εὐωδίαν παρέχεσϑαι καὶ πολυ-χρόνιον τοῦ σώματος τήρησιν ϑάπτουσιν ἐν ἱεραῖς ϑήκαις.

5) Revillout in seiner Übersetzung des demotischen Papyrus bezeichnet zwar den Tiereinbalsamierer als „taricheute d'ibis", aber es ist damit noch nicht gesagt, daß im Demotischen auch das für den Menschetaricheuten gebrauchte Wort steht; es könnte auch eine freiere Übersetzung Revillouts vorliegen.

6) Vergl. P. Leid. I. S. 46, andererseits Revillout, Leçon d'ouverture in Rev. ég. VI. S. 113 ff. (S. 143 ff.)

7) P. Fay. 246; der Titel dürfte, obwohl er nur ergänzt ist — ἰβιοστο-λ(ιστής) —, gesichert sein.

8) Siehe auch den inzwischen durch P. Tebt. I. 72, 411 (cf. 61ᵇ, 401) bekannt gewordenen κριοτάφος.

Persönlichkeit gewesen, so hätte er nie davon sprechen können, daß er „τὰς τῶν θεῶν λειτουργίας" zu vollbringen habe.[1])

Ebenso wie es Tiertaricheuten gegeben hat, so haben auch Choachyten bei den heiligen Tieren ihres Amtes gewaltet Der Name selbst läßt sich zwar in griechischen Texten[2]) nicht belegen, mag auch vielleicht in dieser Verbindung niemals angewandt worden sein, aber schließlich muß man, wenn z. B. Propheten eines Ibiotapheions erwähnt werden[3]), annehmen, daß diese an einem derartigen Heiligtume dieselbe Stellung eingenommen haben wie die Choachyten in den Nekropolen; auch ihnen dürfte vornehmlich die Bewachung der Leichname und Spenden an den Grabstätten obgelegen haben. An allen den Orten werden sie bestanden haben, an denen es besondere Begräbnisstätten für die heiligen Tiere gegeben hat; vor allem wird man sich hierbei des von Mariette entdeckten sogenannten ägyptischen Serapeums erinnern[4]), das eine große Anzahl Apisleichen enthalten hat.[5])   An diesem Serapeum dürfte auch der aus den Serapeumspapyri bekannt gewordene βουκόλος τοῦ Ὀσοράπι (P. Lond. I. 41 Recto (S. 27), Z. 7) tätig gewesen sein. Die bisher allgemein übliche Auffassung desselben als „Wächter des Apisstieres"[6]) scheint mir durchaus verfehlt zu sein, da ein solcher doch als βουκόλος τοῦ Ἄπιδος bezeichnet werden müßte und nicht in seinem Titel den Namen des verstorbenen Apis führen könnte. Deutet man ihn, wie es der Name unbedingt verlangt, als „Wächter des Osorapis"[7]), so ist wohl als sein Amt die Bewachung der Apisleichen im ägyptischen

---

1) An anderer Stelle der Papyri (z. B. in P. Leid. G, 11/12) ausgedrückt durch: χρείας πλείους καὶ ἀναγκαίας παρεχόμενος τοῖς προγεγραμμένοις (sc. Osorapis u. Osormnevis) θεοῖς. Der Archentaphiast erwähnt ferner auch, daß er „εὐχαί" und „θυσίαι" für den König und die Königin vollbringe; dieses darf man jedoch nicht als Beweis für seinen priesterlichen Charakter anführen, es kann auch ein Laie, der Opfer von Priestern darbringen läßt, sich dieses Ausdrucks bedienen.

2) Siehe jetzt auch dem. P. Berl. 3075 u. 3141 u. 3111 (Spiegelberg S. 7), wo Spiegelberg übersetzt: „Choachyt des Ibisgrabes" und „Choachyt der Ruhestätte des Ibis und des Sperbers".

3) Holztafel der Pariser Bibliothèque Nationale N. 1893, Département des Médailles und Holztafel des Brit. Mus. N. 5849, beide zuletzt publiziert von Wilcken, Ostr. I. S. 66—67 Anm.

4) Siehe Mariette, Le Sérapéum de Memphis I.

5) Jetzt sind auch im Faijûm sehr viele Mumien von Krokodilen entdeckt worden; von dem in Arsinoe einst vorhandenen, zum Suchostempel gehörenden κροκοδιλοταφίον dürfte ein demotischer Papyrus Näheres berichten, dessen griechische Beischrift von Grenfell in P. Grenf. II. 14ᵈ publiziert ist. Vergl. jetzt auch P. Tebt. I. 88, der uns mit dem ἰβιοταφεῖον und dem κροκοδειλοταφεῖον des Faijûmdorfes Kerkeosiris bekannt macht.

6) So auch noch zuletzt Kenyon in P. Lond. I. S. 27.

7) Vergl. übrigens Brunet de Presle: Mémoire sur le Sérapéum de Memphis in Mémoires présentés par divers savants à l'académie des inscriptions et belles lettres I. Série, tome 2, S. 552 ff. (S. 556 u. 562).

Serapeum anzunehmen, also auch er gewissermaßen als Choachyt aufzufassen[1]). Seine priesterliche Qualität ergibt sich mit Sicherheit
daraus, daß ihm die Darbringung offizieller Opfer übertragen werden
konnte und er dafür die priesterliche σύνταξις (vergl. Kapitel IV) erhalten hat (P. Lond. I. 41 Recto [S. 27]).

Nicht so sicher als für diejenigen, welche die toten heiligen
Tiere besorgt haben, läßt sich die Angehörigkeit zum Priesterstande
bei denjenigen nachweisen, denen die Pflege der lebenden heiligen
Tiere obgelegen hat[2]) (οἱ ἐπιμελούμενοι τῶν ζῴων, Diodor I, 83, 2).
Männer und Frauen sind in ihr tätig gewesen (Herodot II. 65), und
ihre Hauptaufgabe, worauf auch schon die für sie erhaltenen Bezeichnungen, wie ἰβιοβοσκοί[3]), ἱερακοβοσκοί (Aelian, De nat).
anim. VII. 9) hinweisen, scheint in der Fütterung der Tiere bestanden
zu haben[4]). Für den priesterlichen Charakter dieser Tierpfleger kann
man anführen, daß Strabo (XVII, p. 812) bei der Fütterung der Krokodile von Arsinoe ἱερεῖς tätig sein läßt, und ferner die von Diodor
(I. 83, 4) zur Charakterisierung ihres Amtes gebrauchten Worte: τὰς
δὲ γινομένας περὶ ταῦτα λειτουργίας οὐχ οἷον ἐκκλίνουσιν ἢ τοῖς
ὄχλοις γενέσθαι καταφανεῖς ἐπαισχύνονται, τοὐναντίον δ᾽ ὥσπερ εἰς
τὰς μεγίστας τῶν θεῶν γινόμενοι τιμὰς σεμνύονται καὶ μετὰ σημείων
ἰδίων περιέρχονται τὰς πόλεις καὶ τὴν χώραν· πόρρωθεν δ᾽ ὄντες
φανεροὶ τίνων ζῴων ἔχουσι τὴν ἐπιμέλειαν, ὑπὸ τῶν ἀπαντώντων

---

1) Bei dem Titel βουκόλος τοῦ Ὀσοράπι wird man unwillkürlich an die vor
allem für Kleinasien bezeugten βουκόλοι erinnert, welche Dieterich, De hymnis
orphicis S. 4 sehr glücklich als die „ministri ac cultores Bacchi dei summi,
ἀξίου ταύρου, quem antiquitus vocabant" bezeichnet hat (vergl. über diese
Bacchusmysten noch Fränkel, Inschriften von Pergamum, 2. Band, S. 324/25 zu
Nr. 485). Einen Zusammenhang zwischen ihnen und dem ägyptischen βουκόλος
zu konstruieren, scheint mir ausgeschlossen zu sein, man hat nur Übertragung
der bekannten griechischen Bezeichnung auf den ägyptischen Priester durch die
Griechen anzunehmen, die auch in der Tat durchaus gerechtfertigt ist, da ja
beide einem Gott, den man sich auch als Stier vorstellte, dienen.

2) Was Drumann, Die Inschrift von Rosette S. 217/18, gegen die
priesterliche Qualität der Hüter der heiligen Tiere angeführt hat, ist durchaus verfehlt.

3) Siehe die Belege S. 110 A. 3, ferner Berliner Holztafel N. 8131, publ.
von Wilcken, Ostr. I. S. 66 A. 2; P. Par. 11, 17; P. Tebt. I. 61ᵇ, 401; 72, 410;
113, 11; B. G. U. III. 995, Col. 3, 5. Die ägyptischen allgemeinen Bezeichnungen
bei Wiedemann, Herodots 2. Buch S. 280: „Wächter" und „Amme".

4) Am ausführlichsten hierüber Diodor I. 83, 3; siehe auch Strabo XVII.
p. 811/12; ferner Herodot II. 65: μελεδωνοὶ ἀποδεδέχαται τῆς τροφῆς χωρὶς ἑκά-
στων und Aelian, De nat. anim. VII. 9: οὗπερ (sc. ἱερακοβοσκοί) οὖν εἰσι τῶν
τοῦ θεοῦ ἱεράκων τροφεῖς καὶ μελεδωνοὶ μέντοι οἱ αὐτοί. Siehe jetzt außerdem
P. Tebt. I. 57, wo von der Fütterung der heiligen Tiere die Rede ist (vergl. auch
P. Tebt. I. 33, 13/14); aus P. Tebt. I. 57, 4 (cf. 211) ist uns jetzt auch ein neuer
Titel von „Tierpflegern" in der Bezeichnung σαυρήτης (doch wohl Skink(?)-
[Echsenart], und nicht Krokodilpfleger, vergl. hierzu auch Diels, Griech. κροκό-
διλος in Indogermanische Forschungen XV [1903] S. 1 ff. [S. 3]) belegt.

προσκυνοῦνται καὶ τιμῶνται. Schließlich sei auch auf die an sich natürlich nicht ganz richtige Nachricht Aelians (De nat. anim. VII, 9) hingewiesen: οἱ τοῦ Ἀπόλλωνος ἐν τῇ Αἰγύπτῳ θεραπευταὶ λέγουσι καλεῖσθαί τινας οὕτως ἱερακοβοσκούς.[1])

Weitere größere Gruppen innerhalb der niederen Priesterschaft scheinen nicht vorhanden gewesen zu sein, doch dürfte an verschiedenen Tempeln noch manche priesterliche oder halbpriesterliche Persönlichkeit tätig gewesen sein, die einer bestimmten Gruppe nicht eingegliedert werden kann, da sie nur für die besondere Kultform ihres Heiligtums erforderlich allein für sich gestanden hat.[2]) Bei der Eruierung solcher außerhalb der erwähnten Priesterklassen Stehender muß man jedoch die größte Vorsicht walten lassen, da hier natürlich am leichtesten eine Verwechslung mit einfachen Tempelbediensteten erfolgen kann[3]); anführen möchte ich für eine solche Verwechslung, z. B. die aus Serapeumsstelen bekannt gewordenen bi (Steinhauer), useb (Steinschneider), monḥ (Bildhauer) und ähnliche Gruppen, die Brugsch für eine besondere Priesterklasse gehalten hat[4]), in denen man aber offenbar nur im Dienste des Serapeums stehende Bauarbeiter zu sehen hat[5]); ebenso wie sie sind dann auch die ἱερογλύφοι aufzufassen.[6])

Überblicken wir die besprochenen Gruppen der Priester niederer Ordnung und vergleichen wir sie mit den schon öfters angeführten Worten des Porphyrius (De abst. IV. 8), nach denen ihnen „τὸ δὲ λοιπὸν τῶν ἱερέων τε καὶ παστοφόρων καὶ νεωκόρων πλῆθος καὶ ὑπουργῶν τοῖς θεοῖς" angehören soll, so muß sofort auffallen, daß der Schriftsteller nicht, wie bei der höheren Priesterschaft, detaillierte Angaben bietet, sondern hier zusammenfassende Ausdrücke, wie ἱερεῖς (siehe S. 79, A. 3) und ὑπουργοὶ τοῖς θεοῖς — letzterer sicher zur Be-

---

1) Vergl. auch noch die Angaben bei Lucian, Philopseudes c. 34 (60/61). In dem kürzlich erschienenen P. Tebt. I. 72, 411 führt ein ἰβιοβοσκός auch den Titel κριοτάφος, also den eines Priesters; auch dies spricht für die priesterliche Qualität der „Tierpfleger".

2) Man vergleiche z. B. die Zwillinge des Serapeums, die bei der Sarapis-priesterschaft ihre Besprechung finden werden.

3) Wenn Revillout (a. a. O. der Rev. ég. V. S. 37) die τοπο- und κωμογραμματεῖς für Angehörige des Priesterstandes hält, so braucht man wohl auf diesen groben Irrtum nicht näher einzugehen.

4) Brugsch, Der Apiskreis aus den Zeiten der Ptolemäer in Ä. Z. XXII (1884) S. 110 ff. (S. 118—122).

5) Diese Ansicht bestätigt mir auf eine Anfrage Herr Professor Sethe; was Revillout a. a. O. Rev. ég. VI. S. 142/43 über diese Personen ausgeführt hat, ist also jedenfalls zu verwerfen. Neuerdings bringt Spiegelberg, Über einen Titel des Apisstieres in Rec. de trav. XXIII (1901) S. 197 ff. (198) den Titel bi mit dem Kultus des toten Apis in Verbindung

6) Siehe P. Leid. U. Col. 4, 2 u. C. I. Gr. III. 4716^{d 14}; siehe jetzt auch den P. Oxy. III. 579 genannten ἱεροτέκτων Ἀθηνᾶς Θο[ήριδος].

zeichnung von Priestern niedrigsten Ranges — vorgezogen hat. Ferner lassen sich von den beiden von ihm besonders hervorgehobenen Gruppen, den παστοφόροι und den νεωκόροι, nur die παστοφόροι als eine für die ganze ägyptische Kirche in Betracht kommende Institution nachweisen; bei den νεωκόροι ist dieses dagegen nicht der Fall, jedoch darf man νεωκόρος nicht etwa hier als einen allgemeinen, verschiedene niedere ägyptische Priesterkategorien umfassenden Ausdruck auffassen, sondern diese Neokoren sind offenbar den griechischen gleichzusetzen und sicher mit den von Synesius (de provid p. 95 A ed. P.) in seiner im übrigen ja wertlosen Aufzählung der ägyptischen Priester genannten ζάκοροι[1]) zu identifizieren. Νεωκόροι finden sich als Glied der niederen Priesterschaft bei keinem der altägyptischen Götter, sondern sind nur für den neugeschaffenen Gott des hellenistischen Ägyptens, für Sarapis, belegt[2]); speziellere Nachrichten über ihre Amtsfunktionen sind nicht bekannt geworden.

c. Die Priester des Sarapis.

Daß die Neokoren in der Aufzählung der Priestergruppen von Porphyrius und Synesius besonders erwähnt werden, zeigt wohl aufs beste das große Ansehen, in dem damals der Kult des Sarapis und damit natürlich auch seine Priesterschaft gestanden hat. Verfehlt wäre es das alleinige Vorkommen dieser aus dem griechischen Kultus übernommenen Priestergruppe bei dieser Gottheit durch Zufall zu erklären; der Grund hierfür dürfte vielmehr in dem Charakter des Sarapis liegen, dem man ja, wie schon hervorgehoben (S. 14), griechische Bestandteile nicht absprechen darf. Auch eine Weiterbildung des Neokorats, die sich für die Sarapistempel in Alexandrien und in Hermupolis belegen läßt, hängt sicher hiermit zusammen und ist nach griechischem Vorbild entstanden. Es sind jene zahlreich vorkommenden νεωκόροι τοῦ μεγάλου Σαράπιδος, welche gleichzeitig angesehene weltliche Stellungen[3]) eingenommen haben, und in denen man in-

---

1) Suidas s. v. ζάκορος· νεωκόρος ... ἢ ὁ ἱερεὺς τὸν ναὸν σαρῶν, κορεῖν γὰρ τὸ σαίρειν παρὰ Ἀττικοῖς; vergl. Hesychius s. v. νεωκόρος· ὁ τὸν ναὸν κοσμῶν, κορεῖν γὰρ τὸ σαίρειν ἔλεγον. Der Neokoros hat dann nach weiteren Suidasstellen außer dieser ursprünglichen noch eine weitere Bedeutung erlangt, vergl. s. v. κόρη ... νεωκόρος δὲ, οὐχ ὁ σαρῶν τὸν νεὼν, ἀλλὰ ὁ ἐπιμελούμενος αὐτοῦ und s. v. νεωκόρος· ὁ τὸν νεὼν κοσμῶν καὶ εὐτρεπίζων. Siehe auch Theodoretus hist. eccl. III, 16 und die, wenn auch in bezug auf jüdisches Priestertum gesagten, doch sehr interessanten Ausführungen Philos, De praemiis sacerdot. § 6. Vergl. im übrigen W. Büchner, De neocoria (1888) S. 2 ff.

2) Siehe Firmicus Maternus, De errore profan. religion, c. 14: huius (sc. Sarapis) simulacrum neocororum turba custodit, und Rufinus, hist. eccl. II. 23, wo als Mitglieder des alexandrinischen Serapeums aeditui (= νεωκόροι) angeführt sind.

3) So führen öfters die ägyptischen ἀρχιδικασταί diesen Titel (B. G. U. I. 73, 1; 136, 21; II. 455, 1; III. 729, 2), auch ein alexandrinischer ἐξηγητής

Otto, Priester und Tempel.

folgedessen nicht niedere Priester sehen darf. Die Bezeichnung als
νεωκόρος wird ihnen sicher keine besonderen priesterlichen Funktionen
aufgelegt haben, sondern sie bedeutete für sie nur einen Ehrentitel[1]),
als dessen beste Parallele das Neokorenprädikat griechischer Städte aufzufassen ist, das an diese in römischer Zeit so vielfach als ehrender
Beiname verliehen worden ist.[2]) Ein ähnlicher Charakter wie diesen
Neokoren dürfte auch jenem alexandrinischen ἐπιμελητὴς τοῦ τόπου
(C. l. Gr. III. 4684, siehe auch 4685) zuzuschreiben sein, der den Titel
„ἱερόφωνος τοῦ Σαράπιδος" trägt; vielleicht ist dieser sogar als der
vornehmere Ehrentitel anzusehen.[3])

Im übrigen ist leider gerade über die Priesterschaft des alexandrinischen Serapeums nichts Bemerkenswertes bekannt geworden, doch
darf man wohl mit gutem Recht sie im großen und ganzen als gut
ägyptisch bezeichnen. Denn nach ihr als Vorbild dürfte diejenige
der Serapeen der griechisch-römischen Welt geschaffen worden sein,
und die über diese erhaltenen Nachrichten zeigen ganz deutlich,

---

(P. Oxy. III. 477, 1 ff.), ferner ein στρατηγὸς Ἀλεξανδρείας (P. Oxy. I. 100, 2),
ein ἐπιμελητὴς παντὸς τοῦ Ἀλεξανδρείνου στόλου (C. I. Gr. III. 5973 [J. Gr. S.
It. 917]), auch ein ἀρχιερεὺς τοῦ συμπάντος ξυστοῦ unter einer Reihe anderer
Titel, einmal sogar πρεσβύτατος τῶν νεωκόρων (obgleich die Inschrift aus Rom
stammt, dürfte hier doch der alexandrinische Sarapis gemeint sein, da der be-
treffende jedenfalls Ägypter gewesen ist) (C. I. Gr. III. 5912. 5913. 5914 [J. Gr.
S. It. 1104. 1102. 1103]). Siehe auch dann das Mitglied des alexandrinischen
Museums (C. I. Gr III. 4724). Ein Ehren-νεωκόρος des Sarapis zu Hermupolis
belegt durch unpubl. P. Rainer, erwähnt von Wessely in Mitteilungen aus der
Sammlung der Papyri Erzherzog Rainer IV. S. 58, vergl. auch P. Amh. II. 70, 18.
Vergl. auch die Neokoren beziehungsweise Zakoren von außerägyptischen Sarapis-
tempeln in C. I. Gr. III. 4470 (ἀρχιζάκορος). 5996. 5997. 6000. 6001. 6002. (J. Gr.
S. It. 1030. 915. 914. 919. 1026); dann die Inschriften aus Delos, publiziert von
Hauvette-Besnault im B. C. H. VI (1882) S. 326 ff. N. 20. 22. 23. 35 u. S. 490 ff.
N. 2. 15. 21. 23; siehe auch C. I. A. III. 162. 203 usw.; in allen diesen Inschriften
handelt es sich offenbar teils um Ehrenzakoren, teils aber auch um Priester
niederen Ranges.

1) Was Preuschen, Mönchtum und Sarapiskult usw. S. 28/29, über diese
νεωκόροι, wenn auch zweifelnd vorbringt, ist durchaus zu verwerfen. Sollte
übrigens meine Ergänzung von C. I. Gr. III. 4714 (S. 45 A. 4) mit νεωκόρος bez.
ἱερόφωνος das Richtige getroffen haben, so wäre auch für eine altägyptische Gottheit, hier Θριφίς, wieder ein Titularpriestertum nachzuweisen, also ein ähnlicher
Zustand, wie er schon im alten Reich zu finden ist (vergl. hierüber z. B. den
Aufsatz von Le Page Renouf: The priestly character of the earliest egyptian
civilization in P. S. B. A. XII [1889/90] S. 355 ff.); doch darf man hierin nicht
etwa eine Anknüpfung an jene alten Zeiten sehen wollen, denn für die ägyptische Kirche, wie sie sich allmählich ausgebildet hatte, war eine derartige Institution etwas ganz Fremdes geworden, man muß vielmehr annehmen, daß diese
nach griechischem Muster neu geschaffen worden ist.

2) Vergl. z. B. Büchner a. a. O. S. 21 ff.

3) Siehe C. I. Gr. III. 6000 (J. Gr. S. It. 914), wo nach ἱερόφωνοι datiert
wird; vergl. übrigens hierzu die Datierung nach ζάκοροι in den delischen Inschriften auf S. 113 A. 3.

daß sogar sie einen echt ägyptischen Charakter getragen hat.[1]) Es
hat nämlich an diesen Tempeln eine reich gegliederte Priesterhierarchie
bestanden, was ganz ungriechisch ist, und es lassen sich · ferner an
ihnen verschiedene der spezifisch ägyptischen Priestergruppen, Propheten[2]), Stolisten[3]), heilige Sänger[4]) und Pastophoren[5]) nachweisen.

Ebenso wie für die Priesterschaft des alexandrinischen Sarapis
läßt es sich auch für diejenige der anderen in Ägypten, namentlich
im unteren Lande, sehr zahlreich vorhandenen Serapeen — der Rhetor
Aristides (*Εἰς τὸν Σαρᾶπιν*, Orat. I. S. 96 ed. Dindorf) nennt deren
42 — mit voller Sicherheit belegen, ganz abgesehen davon, daß man
ja schon an und für sich analoge Verhältnisse wie bei dem alexandrinischen Heiligtum annehmen müßte, daß auch an ihnen Priester
ägyptischen Charakters tätig gewesen sind. Vor allem kommt hierbei
einmal die Tatsache in Betracht, daß in Oxyrhynchos in römischer
Zeit die Priester des Serapeums mit den Priestern von Tempeln altägyptischer Götter, wie Thoeris, Osiris und Isis, zu einem großen
Kollegium vereinigt waren (siehe S. 21), was natürlich nur bei
Priestern, die derselben Kirche angehörten, eintreten konnte; ihrer
priesterlichen Qualität nach sind denn auch die uns bekannt gewordenen Priester des Serapeums zu Oxyrhynchos Stolisten. Ferner sind
hierfür die Nachrichten aus ptolemäischer Zeit, die wir über die Priesterschaft des großen Serapeums bei Memphis besitzen[6]), zu verwerten.

1) Die Nachrichten sind gut zusammengestellt bei Lafaye, Histoire du culte
des divinités d'Alexandrie S. 132 ff.; völlig verfehlt ist es jedoch, wenn Lafaye
auf Grund seines Materials behauptet (S. 148), daß sich die Priesterschaft der
„alexandrinischen" Götter durchaus nicht von der griechischen unterschieden habe,
denn nur die angegliederten Kultvereine, welche, wie er selbst sagt, „ne faisaient
pas partie du sacerdoce" (S. 144), und einige immerhin unwichtigere Gruppen
(siehe S. 140. 142 ff.) zeigen griechischen Charakter; ob diese auch nach dem
Vorbild des alexandrinischen Serapeums geschaffen worden sind oder erst in
der Fremde entstanden, ist nicht zu entscheiden. Die vielen uns belegten ἱερεῖς
des Sarapis (siehe z. B. C. I. A. II. 985 D, 11; E, 7 u. 57; C. J. Gr. Sept. 3118)
sind natürlich nach keiner Richtung hin beweiskräftig.

2) C. I. Gr. III. 5898 (J. Gr. S. It. 1084).

3) C. I. A. III. 140, siehe auch 162. 163. 699.

4) C. I. Gr. III. 5898 (J. Gr. S. It. 1084): ἡ ἱερὰ τάξις τῶν παιανιστῶν, d. h.
das Priesterkollegium der ᾠδοί und nicht wie Ziebarth, Griechisches Vereinswesen S. 90 meint, ein Kultverein.

5) C. I. A. III. 162, wenigstens ist wohl der hier genannte ἀγιοφόρος dem
παστοφόρος gleichzusetzen; vergl. Dittenberger, Sylloge[2] II. N. 754, 1 und Plutarch, De Isid. et Osir. c. 3: ἱεραφόροι.

6) Siehe P. Lond. I. S. 7—35; P. Par. 11; 12; 22—60; P. Leid. B—E; G—K;
O; C Verso; S; T; P. Vat. IV u. V; P. Dresd.; P. Mil.; vergl. ferner demotische
Papyri, z. B. dem. P. Louvre 3334, publ. Rev. ég. II. S. 76, dem. P. Louvre 2423,
publ. Rev. ég. II. S. 79, ferner diejenigen, welche von Revillout in seinem Artikel:
Les papiers administratifs du Sérapéum in Rev. ég. V. S. 31 ff. verwertet sind.
Vergl. zu dem folgenden den Aufsatz von Brunet de Presle: Mémoire sur le Séra-
péum de Memphis usw. S. 552 ff.

Diese machen uns mit einem durchaus ägyptischen Heiligtum bekannt.[1]) Als Priester treten uns nur Vollblutägypter entgegen; die Leitung hat, wie schon näher ausgeführt (S. 41/42), ebenso wie in anderen ägyptischen Tempeln in den Händen eines ἀρχιερεὺς καὶ ἐπιστάτης gelegen; neben ihm haben Propheten eine leitende Stellung innegehabt[2]), und echt ägyptische Priesterklassen, wie παστο-φόροι[3]), Tiertaricheuten und -choachyten[4]), Pfleger von heiligen Tieren[5]), sind in ihm tätig gewesen. Dagegen läßt sich griechisches Kultpersonal bisher für das memphitische Serapeum nicht belegen.[6]) Denn ein etwa vorkommender griechischer Kulttitel darf nicht ohne weiteres dahin gedeutet werden, daß die Institution, der er beigelegt ist, aus dem Griechischen entlehnt ist, es kann sich in solchen Fällen immerhin um eine ungenaue Bezeichnung des Griechischen handeln; andererseits darf man allerdings auch nicht aus dem Fehlen von Nachrichten über griechisches Wesen tragendes Kultpersonal schließen, daß solches überhaupt nicht am memphitischen Serapeum tätig gewesen ist.

So ist denn auch durchaus kein Anlaß vorhanden in den als Mitgliedern des großen Serapeums uns bekannt gewordenen sogenannten „Zwillingen" (δίδυμαι[7]), den beiden Schwestern Thaes (?) (dieser Name sehr schwankend) und Taus (vergl. die sogenannten Serapeumspapyri), deswegen, weil sie einmal (P. Leid. D, 22 [Par. 30, 26/27]) als „ἱερόδουλοι"[8]) bezeichnet werden, einen aus dem Griechischen entnommenen Kultbestandteil zu sehen.[9]) Denn die „Zwillinge" haben keineswegs, was in dem Falle der Entlehnung zu er-

---

1) Die verschiedenen Nebentempelchen sind auch alle ägyptischen Gottheiten zuzuschreiben. Siehe S. 21/22.

2) dem. P. Louvre 3334, publ. Rev. ég. II. S. 76, dem. P. Louvre 2423, publ. Rev. ég. II. S. 79, siehe auch Rev. ég. V. a. a. O. S. 42.

3) P. Par. 11, 18; 35, 12/13 u. 31 (37, 14 u. 44); auch P. Par. 57, Col. 1, 2; P. Leid. S. Col. 7, 9; T. Col. 1, 10.

4) Taricheuten: dem. P. Louvre 3334, publ. Rev. ég. II. S. 76; P. Leid. O, 9; ἀρχεντα φιαστής: P. Leid. G, 10 (H. I. K.); Choachyt: βουκόλος τοῦ Ὀσοράπι: P. Lond. I. 41 Recto (S. 37) Z. 7.

5) ἰβιοβοσκοί: P. Par. 11, 17.

6) Rubensohn, Das Aushängeschild eines Traumdeuters in Festschrift Vahlen zum 70. Geburtstage, S. 3 ff. (S. 12) nimmt z. B., ohne Beweise zu bringen, „zahlreiches griechisches Kultpersonal" für das memphitische Serapeum an.

7) Siehe z. B. P. Par. 25, 5; P. Lond. I. 22 (S. 7) Z. 3 und sehr oft in den Serapeumspapyri. Über sie und ihr Amt finden sich eingehende Bemerkungen bei den verschiedenen Herausgebern der Serapeumspapyri; zuletzt hat die Nachrichten über sie zusammengestellt Preuschen a. a. O. S. 5 ff. (2. Aufl. S. 5 ff.)

8) Vergl. übrigens C. I. Gr. III. 6000 (J. Gr. S. It. 914), wo ἱεροδουλεία in Verbindung mit dem Sarapistempel von Porto (Tibermündung) erwähnt wird.

9) Preuschen, Mönchtum und Sarapiskult usw. S. 27/28 (2. Aufl. S. 47/48) bringt die Zwillinge sogar mit den orientalischen Hierodulen in Verbindung, ohne jedoch einen überzeugenden Beweis beizubringen.

warten wäre, die niedrig dienende, unfreie Stellung der griechischen
Hierodulen[1]) eingenommen, sondern sie, die freiwillig ihr Amt angetreten (vergl. Kapitel III), haben vielmehr ein bestimmtes priesterliches Amt ausgeübt; insofern können sie sich die „λειτουργοῦσαι ἐν
τῷ πρὸς Μέμφει μεγάλῳ Σαραπιείῳ"[2]) nennen. Ihr Amt hat darin
bestanden, wohl in dem dem ägyptischen Sarapis geweihten Teile des
großen Serapeums[3]), Spenden dem Gotte Sarapis und der mit ihm
verehrten Göttin Isis darzubringen[4]) und ferner den Opferdienst an
steinernen Opferbecken, die für Asklepios-Imhotep aufgestellt waren,
zu versehen (P. Lond. I. 41 Recto. [S. 27]). Für die priesterliche Qualität
der „Zwillinge" ist auch noch die ihnen gezahlte priesterliche σύνταξις
(näheres siehe Kapitel IV) als zwingender Beweis anzuführen.

Ihr Titel „δίδυμαι" ist daraus zu erklären, daß die betreffenden
Kulthandlungen im memphitischen Serapeum stets von Zwillingsschwestern ausgeübt werden mußten[5]); die „Zwillinge" bieten uns also
ein Beispiel für jene niederen ägyptischen Priester, welche die besondere
Kultform ihres Heiligtums erforderte (S. 112). Daß sie zur niederen

---

1) Vergl. Stengel, Die griechischen Kultusaltertümer, 2. Auflage, S. 48/49.

2) Siehe z. B. P. Par. 22, 2; P. Lond. I. 33 (S. 19), Z. 3; P. Leid. B, Col. 3, 17
und öfters in den Serapeumspapyri; zu dem Ausdruck vergl. S. 101.

3) So möchte ich es deuten, wenn die Zwillinge einfach von dem Σαραπιεῖον und ihren Beziehungen zu demselben sprechen (vergl. z. B. P. Par. 26, 6/7;
P. Lond. I. 18 (S. 22), Z. 17 und oft in den Serapeumspapyri). Denn da dieses in
Gegensatz zu einem der zum „großen Serapeum" gehörenden Tempel, dem Asklepieum (Imhotepheiligtum), gestellt wird (siehe besond. P. Par. 26), kann hier
nicht das „große Serapeum" gemeint sein, sondern nur eins der anderen das
„große Serapeum" bildenden Heiligtümer, zumal ja auch in dieser Verbindung
das Beiwort „μέγα" sich niemals findet. Daß der Tempel des ägyptischen und
nicht der des hellenistischen Sarapis hier in Betracht kommt, ist m. E. daraus
zu entnehmen, daß sie es einmal direkt aussprechen, daß ihre Dienste dem
Ὀροσᾶπις geweiht sind (siehe P. Par. 22, 3, vergl. S. 13 A. 1). Hierzu stimmt vorzüglich, daß einst, als „Zwillinge" ihr Amt vernachlässigten, die von ihnen schlecht
versehenen Funktionen einem am ägyptischen Serapeum tätigen Priester, dem
βουκόλος τοῦ Ὀσορᾶπι, übertragen worden sind. Schließlich spricht auch die
Teilnahme der „Zwillinge" an den Trauerfeierlichkeiten bei dem Tode des Apis
(P. Par. 22, 23/24 [23, 20/21]; Preuschen, a. a. O. S. 7 (2. Aufl. S. 10), deutet dieses
falsch, vergl. z. B. P. Lond. I. 18 [S. 22] Z. 23) für ihre Zugehörigkeit zur Apis-
grabstätte. Ganz bemerkenswert ist es, daß das dem ägyptischen Sarapis geweihte Heiligtum auch einfach Serapeum genannt wird und nicht etwa Ποσε-
ράπι, welchen Namen wir noch in dem Papyrus der Artemisia (siehe S. 13 A. 1)
für einen Tempel des Oserapis finden.

4) Vergl. z. B. P. Par. 22, 3: τῶν Ὀσοράπει χοὰς σπενδουσῶν; P. Par. 26,
Col. 2, 48: τὰ νομιζόμενα τῷ Σαράπει καὶ τῇ "Ισει; P. Par. 29, 22: τὰς χοὰς τῷ
μεγίστῳ θεῷ Σαράπει καὶ τἄλλα τὰ νομιζόμενα; P. Par. 31, 6 ff.: πρὸς τῇ θερα-
πείᾳ τοῦ Σαράπιος καὶ τῆς "Ισιος usw. Wenn hier meistens Sarapis und nicht,
was wohl richtiger wäre, Oserapis geschrieben ist, so zeigt dies, daß man den
altägyptischen Gott auch einfach Sarapis nennen konnte; siehe vorige Anm.

5) Frühere „Zwillinge" erwähnt z. B. P. Lond. I. 22, 9 ff. (S. 7); 41 Recto
(S. 27), Z. 4; P. Par. 26, 12/13 usw.

Priesterschaft zu rechnen sind, beweist die nicht auf Grund von Vererbung erfolgende Erlangung ihres Amtes (siehe III. Kapitel) und
wird weiterhin dadurch bestätigt, daß niemals bei ihnen die Zugehörigkeit zu einer Priesterphyle erwähnt wird. Jetzt wird auch der
ihnen beigelegte Titel ἱερόδουλοι verständlich; denn da sie nicht zur
Phylenpriesterschaft gehört haben, konnten sie ja nicht als ἱέρειαι
bezeichnet werden (siehe S. 92), und so hat man, um im Griechischen
ihre niedere priesterliche Stellung ausdrücken zu können, zu dem eben
genannten Ausdruck gegriffen, der allerdings leicht Mißverständnisse
hervorrufen konnte.[1])

Ähnlich wie die „Zwillinge" zu beurteilen, d. h. auch als niedere
Priester, die durch die besondere Kultform der Serapeen bedingt sind,
aufzufassen sind allem Anschein nach die an diesen tätigen Traumdeuter (ἐννπνιοκρίται[2])), die Orakelausleger[3]) und Wunder-
(bezw. Hymnen-) erzähler (ἀρεταλόγοι[4])). Denn priesterliche
Personen muß man wohl deshalb in ihnen sehen[5]), weil ja bekanntlich
Inkubation und mit ihr verbundene Traumorakel, sowie einfache
Orakel einen offiziellen und sogar sehr wichtigen Bestandteil des
Sarapiskultus gebildet haben (siehe S. 14) und weil auch an nichtägyptischen Serapeen die gleichen Personen offiziell zum Kultpersonal
gehört zu haben scheinen.[6]) Unberechtigt erscheint es mir jedoch, sie
ohne weiteres durch Übernahme aus dem griechischen Kultus zu er-

---

1) In dem inzwischen erschienenen P. Tebt. I. 6, 25 werden in Verbindung
mit einem ägyptischen Tempel auch ἱερόδουλοι genannt; hier sind sie in Gegensatz gestellt zu den Phylenpriestern (Z. 24, vergl. hierzu die Bemerkung auf
S. 77 A. 3), man wird also auch hier in dem Wort ἱερόδουλος eine zusammenfassende Bezeichnung der niederen Priester zu sehen haben, was die Ausführungen im Text schön bestätigt.

2) P. Par. 54, Col. 3, 78; für Traumdeutung bei Sarapis siehe auch Arte-
midor, Oneirocr. IV. 80.

3) Siehe z. B. die Erzählung in Xenophon, Ephesiaca V. 4, vergl. darin: οἱ
περὶ τὸν νεὼν παῖδες Αἰγύπτιοι, welche offiziell Orakel zu deuten haben.

4) Für die Erklärung des Wortes siehe Crusius bei Pauly-Wissowa II.
Sp. 670 ff. s. v. Daß ἀρεταλόγοι auch an den ägyptischen Serapeen tätig gewesen sind, kann man Strabo XVII. p. 801 (vergl. auch übrigens Pseudo-Manetho,
Apotelesm. IV, 444 ff.) entnehmen, wo Crusius a. a. O. als Lesung vorschlägt:
συγγράφουσι δέ τινες καὶ τὰς θεραπείας, ἄλλοι δὲ ἀρεταλογίαν (vielleicht besser
wegen θεραπείας: ἀρεταλογίας [Wilcken]); die ἀρεταλογίαι, welche die Geheilten
niederschreiben, setzen nun doch wohl ἀρεταλόγοι voraus, die diese angefertigt
haben. Es handelt sich hier um das Serapeum von Kanopus.

5) Rubensohns (a. a. O. S. 12) Beweis für die priesterliche Qualität des
Traumdeuters ist verfehlt, da seine Prämisse, P. Par. 54 sei eine Tempelrechnung,
falsch ist; dieser Papyrus ist eine durchaus private Abrechnung.

6) Traumdeuter belegt für das Serapeum zu Athen: C. I. A. III. 162 (ὀνει-
ροκρίτις); zu Delos z. B. Inschriften N. 16, 17, 18, 43, publ. in B. C. H. VI. (1882)
S. 324 ff. (ὀνειροκρίτης); in N. 43 trägt der ὀνειροκρίτης auch den Titel ἀρετα-
λόγος; der Schluß, daß die ἀρεταλόγοι an den Serapeen eine ähnliche Stellung
wie die ὀνειροκρίται eingenommen haben, scheint mir demnach wohl begründet.

klären; ebenso gut können sie eine rein ägyptische Institution sein, denn Träume und ihre Deutung haben ja auch bei den Ägyptern stets eine große Rolle gespielt (siehe S. 14).

Zu beachten ist freilich, daß außer den offiziellen Traumdeutern auch nichtpriesterliche im memphitischen Serapeum tätig gewesen sind; so ist uns z. B. das Aushängeschild eines solchen Mannes erhalten (vergl. Rubensohn a. a. O.).

Dagegen sind die in den Serapeumspapyri so oft genannten, im Serapeum, beziehungsweise in den verschiedenen Nebentempelchen (Ἀσταρτιεῖον wohl vornehmlich, siehe vor allem P. Par. 36) wohnenden κάτοχοι (οἱ ἐν κατοχῇ ὄντες, ἐγκάτοχοι [P. Par. 35, 18 ff.])[1] als gewerbsmäßige Traumdeuter auf keinen Fall anzusehen.[2] Das Wesen dieser κάτοχοι ist, wenigstens was die negative Seite anbelangt, kürzlich von Preuschen (a. a. O.) ohne Zweifel richtig erkannt worden. Darnach hat man in ihnen auf keinen Fall Angehörige des Priester-

---

1) Siehe z. B. P. Par. 22, 22 und sehr oft in den Serapeumspapyri; daß es eine größere Anzahl κάτοχοι gegeben hat, beweist der Umstand, daß sich z. B. der bekannteste von ihnen, Ptolemäos, als τίς „τῶν ἐν κατοχῇ ὄντων" bezeichnet; siehe auch P. Par. 35, 18 ff.: οἱ ἄλλοι ἐγκάτοχοι. Mit Namen sind noch bekannt geworden: der Bruder des Ptolemäos, Apollonios (P. Par. 40, 4 ff.; 41, 5 ff.); er ist schon als junger Mensch (παιδάριον) in das Heiligtum gekommen (P. Lond. I. 33 [S. 19], Z. 19/20 [P. Par. 33, 14/15]; vergl. P. Par. 39, 5 ff. u. P. Lond. I. 23, 8 ff.; in der Lücke des Pariser ist offenbar zu ergänzen: „der jüngere Bruder Apollonios kam zu mir", während darnach die 3 anderen, wohl auch noch jugendlichen Brüder [ἀδέλφια] des Ptolemäos, unter ihnen auch ein Apollonios, in der Heimat bleiben), doch anfangs nicht als κάτοχος, nur zur Unterstützung seines Bruders (vergl. z. B. P. Lond. I. 21 [S. 12], Z. 9 u. 21/22; 35 [S. 24] [24 Verso] Z. 7/8; P. Vat. V. S. 352 u. 356), sonst ἀπραγμάτευτος; erst vom Jahre 156/55 n. Chr. (P. Par. 40) läßt er sich als κάτοχος belegen (der P. Par. 41 auf dem Verso von P. Par. 40, also später als dieser geschrieben, ist zeitigstens demnach auch erst 156/55 n. Chr. anzusetzen). Die Zeitangabe von 15 Jahren in P. Par. 41, 16 bezieht sich nur auf die Anwesenheit im Serapeum, nicht auf die Dauer der κατοχή. Man muß sich hüten, die Angaben, die wir über seine früheren Jahre besitzen, vor allem die über sein häufiges Fernsein aus dem Serapeum (siehe z. B. P. Lond. I. 20 [S. 8], Z. 11 ff.; 21 [S. 12], Z. 8 ff.; 33 [S. 19], Z. 18 ff. [P. Par. 33, 13 ff.]; P. Lond. I. 23 [S. 37]; P. Par. 39; 49; P. Vat. V. S. 352 u. 356), bei der Erklärung der κάτοχοι zu verwerten (so z. B. Meyer, Heerwesen S. 73, dessen Darstellung der κάτοχοι [S. 72/73] ganz zu verwerfen ist; seine Literaturangaben ungenau). Zu beachten ist, daß die in den P. Par. 42; 44—47; 59 genannten Apollonii, wenigstens sicher die Absender dieser Briefe, nicht dem κάτοχος Apollonios gleichzusetzen sind; in P. Par. 44; 45; 47; 59 ist der Absender vielleicht der ältere Apollonios, Bruder des Ptolemäos; im übrigen ist in Betracht zu ziehen, daß in all diesen Papyri ἀδελφός häufig nur die Zugehörigkeit zu derselben Brüderschaft bezeichnen dürfte. Κάτοχοι sind ferner noch: Ἀρμαΐς (P. Lond. I. 24 Recto [S. 31]; P. Par. 35, 19; 36, 15/16 [P. Vat. IV. S. 445]), Δίφιλος (P. Lond. I. 44 [S. 33], Z. 18), Ἡφαιστίων (P. Vat. V. S. 601; P. Lond. I. 42 [S. 29]), vielleicht auch Κόνων καὶ οἱ ἄλλοι (P. Vat. V. S. 601).

2) So z. B. Brunet de Presle, Le Sérapéum de Memphis usw. (S. 566 u. 575 und in P. Par. S. 265); dagegen E. Plew, De Serapide S. 39 und Rubensohn a. a. O. S. 13.

standes zu sehen, denn für keinen κάτοχος, auch nicht für den Beschützer der Zwillinge, den Makedonier Ptolemäos[1]), den Sohn des Glaukias, läßt es sich nachweisen, daß er priesterliche Funktionen ausgeübt hat, und vor allem muß man die von Reuvens (Lettres à M. Letronne sur quelques papyrus bilingues et grecques [1830!] S. 84ff.) aufgestellte und seitdem allgemein angenommene Ansicht[2]) fallen lassen, die κάτοχοι als die „Eingeschlossenen (Klausner)"[3]) und im weiteren Verlauf als eine Art Mönche[4]) aufzufassen. Denn eine strenge Klausur, die man für immer auf sich nahm, ist durchaus nicht für die κάτοχοι nachzuweisen, vielmehr ist ihnen der Austritt aus der κατοχή ohne weiteres gestattet gewesen[5]), und während der Dauer derselben scheint ihnen zwar das Verlassen des Heiligtums nicht ohne weiteres erlaubt[6]), im übrigen aber der Verkehr mit der Außenwelt unbeschränkt gewesen zu sein[7]); von der Ein-

---

1) Preuschen a. a. O. S. 7 u. 8 (2. Aufl. S. 8 u. 10/11) nimmt dies noch an, doch sicher mit Unrecht; übrigens gibt er S. 8 A. 2 (2. Aufl. S. 57 A. 22) selbst zu, daß der von Ptolemäos gebrauchte Ausdruck „ὅπως διευσχημονῶν δύνωμαι ἐπιτελεῖν τὰς θυσίας" (P. Lond. I. 23 [S. 37], Z. 27) gar nicht auf eine priesterliche Funktion hinzuweisen braucht. Vergl. S. 110 A. 1.

2) Außer den Herausgebern der Serapeumspapyri vergl. noch H. Weingarten, Der Ursprung des Mönchtums im nachkonstantinischen Zeitalter; Revillout, Les reclus de Sérapéum, sa bibliothèque et ses occupations mystiques in Rev. ég. I. S. 160 ff. u. öfters in verschiedenen Abhandlungen; siehe auch die von Preuschen S. 4 (2. Aufl. S. 54 A. 4 u. 5) in den Anmerkungen zitierten Werke.

3) Die Deutung erfolgte im Anschluß an κατοχή („Gefängnis") und auf Grund der Gleichsetzung von Ausdrücken wie P. Par. 35, 8: Ἀσταρτι[εῖον] οὗ καὶ ἐν[κα]τέχομαι und P. Par. 37, 4: τὸ παστοφόριον ἐν [ᾧ ἐ]νκέκλει[μαι]. Kürzlich hat Bouché-Leclerq, Les reclus du Sérapéum de Memphis in Mélanges Perrot S. 17 ff. es versucht, gegen Preuschen die alte Bedeutung der κάτοχοι zu verteidigen, ohne mich jedoch zu überzeugen. Für Preuschen hat sich inzwischen Dräsecke, Zum Untergang des Heidentums in Zeitschrift für wissenschaftliche Theologie XLIV (1901) S. 71 ff. erklärt. Das Buch D. Völters, Der Ursprung des Mönchtums (1900), das auch über die κάτοχοι handeln soll, war mir leider nicht zugänglich.

4) Dies hat zuerst Brunet de Presle, Le Sérapéum de Memphis usw. S. 564 ausgesprochen.

5) Siehe P. Lond. I. 42 (S. 29), Z. 12, 20, 26; P. Vat. V. S. 601.

6) Dies geht z B. aus P. Lond. I. 42 (S. 29) u. P. Vat. V. S. 601 hervor, wo man erst auf Grund der Nachricht über die Beendigung der κατοχή die Rückkehr des betreffenden aus dem Heiligtum erwartet. Siehe ferner P. Lond. I. 24 Recto (S. 31), Z. 22/23, wo es von dem κάτοχος Harmais heißt: συμβαίνει μὴ δύνασθαι καταβῆναι εἰς Μέμφιν. (Kenyons Erklärung dieser Stelle, S. 33, ist nicht richtig.) Für Ptolemäos ist das Gleiche öfters belegt, z. B. P. Lond. I. 45 (S. 35), Z. 17/18: μὴ δύνασθαί με ἐξελθόντα ἐκ τοῦ ἱεροῦ; vergl. P. Par. 24, 8; 35, 4 u. 36; 37, 4; 38, 15; 39, 10/11; in P. Par. 35 u. 37 steht an Stelle von ἱερὸν „παστοφόριον". Vergl. noch P. Vat. V. S. 352. Ptolemäos hat denn auch, wenn er Geschäfte außerhalb des Serapeums erledigen muß, einen Stellvertreter nötig (siehe z. B. P. Leid. C.; P. Par. 35, 35), und den ihm eigentlich zukommenden militärischen Posten kann er deswegen nicht einnehmen. (P. Lond. I. 23 (S. 37), Z. 13.)

7) So verkehrt z. B. Ptolemäos völlig ungehindert in geschäftlichen Angelegenheiten mit den Zwillingen (vergl. seine zahlreichen für sie abgefaßten

schließung in eine Zelle, die man nicht verlassen durfte, kann nicht die Rede sein.[1])

Ferner bieten auch die Nachrichten über diese κάτοχοι des memphitischen Serapeums keinerlei Belege dafür, daß sie „Büßer" gewesen sind und daß Askese bei ihnen üblich gewesen ist[2]), obwohl

---

Petitionen in den Serapeumspapyri), er ist weiter der Anwalt einer anderen Frau (P. Par. 24; näheres zu erkennen verhindert der schlechte Zustand des Papyrus), ihm ist es ferner gestattet, Gäste bei sich aufzunehmen (P. Par. 22, 23 [23, 20] u. 49, 33 ff.); siehe auch noch P. Par. 32, 5—7 usw. Von seinem Bruder Apollonios ist überliefert, daß er als κάτοχος persönlich Einkäufe bei einem Kaufmann des Serapeums macht (P. Par. 40). Anzuführen ist auch Harmais und seine geschäftlichen Verbindungen mit einer in Memphis lebenden Ägypterin und deren sich im Serapeum aufhaltenden Tochter (P. Lond. I. 24 Recto [S. 31].

1) Vergl. das ebenerwähnte persönliche Einkaufen von Lebensmitteln durch Apollonios, ferner P. Par. 36, 16 (P. Vat. IV. S. 445), wo Harmais auf dem δρόμος des Heiligtums gefunden wird, weiterhin die Haussuchungen und Beraubungen der κάτοχοι in P. Par. 35 (37), dann den Umstand, daß Ptolemäos, als er einen Angriff gegen seine Person befürchtet, sich erst einschließen muß (P. Par. 36, 11 ff. [P. Vat. IV. S. 445]), und daß es ihm möglich ist, die Tür des Astartieions, um dieses vor einer eventuellen Plünderung zu schützen, zu schließen. Wenn ferner Ptolemäos betont, er habe seit Jahren sein παστοφόριον nicht verlassen (siehe S. 120 A. 6), so ist hierunter, wie Preuschen a. a. O. S. 13/14 (2. Aufl. S. 21/22) mit Recht ausführt, nicht eine Einsiedlerzelle, sondern nur ein anderer Ausdruck für ἱερόν zu verstehen. Der Erklärung bedürfen nur noch die Worte „διὰ τῆς θυρίδος", die vor allem zur Stütze der strengen Klausur des Ptolemäos angeführt worden sind. (Sie erinnern lebhaft an die Stelle des Palladius, Hist. Laus. c. 43, in der mit den gleichen Worten die strenge Klausur eines christlichen Mönches geschildert wird.) Kenyons Deutung derselben in P. Lond. I. 35 (S. 24), 5 als „opening of a folded papyrus sheet" ist verfehlt, man muß vielmehr tatsächlich im Anschluß an P. Vat. V. S. 352, in dem es von Ptolemäos heißt: ἐνέτυχόν σοι (sc. König) διὰ τῆς θυρίδος, vergl. P. Vat. I. 356 ἐνέτυχον αὐτῷ (sc. dem Strategen) διὰ τῆς θύρας, annehmen, daß Ptolemäos in den angeführten Fällen nur „durch das Fenster, bez. die Tür" mit den betreffenden Personen verkehrt hat. Da nun nach dem bisher Erwähnten Ptolemäos sicher im allgemeinen im Heiligtum selbst ungehindert umhergehen konnte, sonach also auch mit dem ins Heiligtum gekommenen König bez. Strategen hätte eigentlich direkt verkehren können, so müssen hier besondere Gründe vorliegen, daß es nicht geschieht. (Preuschens Erklärung [S. 13 (2. Aufl. S. 21)] ist nicht recht zufriedenstellend.) Man könnte vielleicht daran denken, daß ein spezielles Gelübde ihn in dieser Zeit ans Haus fesselte, wahrscheinlicher dünkt mir jedoch eine andere Erklärung zu sein, die ich allerdings nur mit allem Vorbehalt biete. Sie knüpft an jene, da strenge Klausur nicht anzunehmen, befremdlich erscheinende Tatsache an, daß Ptolemäos einen besonderen Helfer und Schützer, der ihm seine Nahrung und anderes besorgte und den er kaum entbehren konnte, nötig hatte (Belege siehe S. 119 A. 1), während dies bei den anderen κάτοχοι durchaus nicht der Fall gewesen zu sein scheint. Ist vielleicht Krankheit die Ursache gewesen, die diesen Helfer erforderlich machte, Krankheit, die dem Ptolemäos mitunter seine Bewegungsfähigkeit raubte, eine Lähmung, Gicht oder dergl.? So würde sein Verbleiben in seiner Wohnung aufs beste erklärt sein, zugleich aber auch ein Grund für seine κατοχή gefunden sein. Vergl. S. 124.

2) Vergl. Preuschen a. a. O. S. 29—30 (2. Aufl. S. 51). Es liegt kein Grund vor, die Worte bei Pseudo-Manetho, Apotelesmat. I. 239—244:

derartiges im Falle der Richtigkeit der bisherigen Deutung unbedingt zu erwarten wäre und sich auch erst daraus die Berechtigung ergeben würde, ihnen Mönchscharakter beizulegen.

Daß die κάτοχοι dem offiziellen Priesterstande nicht angehört haben beweist auch die Tatsache, daß sie allem Anschein nach vom Tempel keinerlei Bezahlung erhalten haben[1]), sondern daß sie vielmehr, wie ausdrücklich hervorgehoben wird, ihren Unterhalt entweder aus ihrem eigenen Vermögen bestritten haben[2]) oder, wenn sie, was wohl bei der Mehrzahl der Fall gewesen sein mag, kein solches besaßen[3]), durch Inanspruchnahme der Mildtätigkeit der zahlreichen Besucher des Serapeums ihr Leben fristeten.[4]) Sehr fraglich ist es auch, ob die κάτοχοι vom Tempel freie Wohnung in den zu diesem gehörenden παστοφόρια erhalten haben; beweisen läßt sich dieses nicht, und da wir außerdem wissen, daß diese παστοφόρια von den Tempeln verwertet zu werden pflegten, daß sie sogar in Privatbesitz von Laien übergehen konnten (siehe IV. Kapitel), so steht nichts der Annahme entgegen, daß auch hier Bezahlung für sie zu leisten war.

Trotzdem sonach den κάτοχοι jeder priesterliche Charakter abzusprechen ist, ergiebt sich doch durch Feststellung der positiven Seite ihres Wesens ein zwingender Grund zu ihrer Behandlung in diesem Zusammenhange. Um sie richtig aufzufassen, muß man, wie

οἱ δὲ καὶ ἐν κατοχῇσι θεῶν πεπεδήμενοι αἰεὶ
δεσμοῖσιν μὲν ἔδησαν ἑὸν δέμας ἀρρήκτοισιν,
εἵματα μὲν ῥυπόωντα, τρίχες δ᾽ οὐρῇσιν οἵμοιαι
ἵππων κηροπαγεῖς οὖλαι πληροῦσι κάρηνον·
οἱ δὲ καὶ ἀμφιτόμοισι σιδηρείοις πελέκεσσιν
ἔνθεα λυσσώοντες ἑὸν δέμας αἱμάσσουσιν

auf unsere κάτοχοι zu beziehen; immerhin zeigen aber diese Worte, wohin die κατοχή führen konnte; sie zeichnen uns Leute, deren Askese durchaus der der ersten Mönche zu vergleichen ist. Nun berichtet weiterhin Rufinus, hist. eccl. II. 23, daß im Serapeum zu Alexandrien Leute gelebt haben, „quos appellabat ἁγνεύοντας, id est, qui se castigant". Ist es gestattet, wie Preuschen a. a. O. S. 29 (2. Aufl. S. 50) dies tut, in ihnen die alten κάτοχοι zu sehen und bezieht man auf sie, was wohl möglich ist, die Worte des Pseudo-Manetho, dann haben wir in ihnen allerdings ein gewisses Urbild des ältesten Mönchtums vor uns, so daß man also doch von Sarapismönchen, allerdings erst zur Zeit des Absterbens der antiken Religionen, sprechen könnte.

1) Dies hat z. B. Brunet de Presle, Le Sérapéum de Memphis S. 575 angenommen.

2) So z. B. Ptolemäos, siehe P. Par. 38, besond. Z. 25 ff.; sehr bemerkenswert ist hier der Ausdruck: ὅπως . . . μὴ διαλύωμαι τῷ λιμῷ, für einen Asketen durchaus nicht passend. Vergl. P. Lond. I. 45 (S. 35), dann P. Par. 39, 14; 44; 59.

3) Insofern ist es allein möglich, daß sie einmal als πτωχοί bezeichnet werden; vergl. P. Par. 37, 21 mit P. Par. 35, 18/19.

4) So z. B. Harmais, P. Lond. I. 24 Recto (S. 31), Z. 3/4: διαζῶντα (sc. Harmais) δὲ καὶ ἀφ᾽ ὧν ἐπαιτῶ ἐν τῷ ἱερῷ; daß das Betteln im Heiligtum ganz lukrativ war, zeigt der Umstand, daß es möglich war sich Geld zu ersparen, vergl. P. Lond. I, 24 Recto (S. 31), 7 ff.; vergl. übrigens P. Par. 35, 19—20 (37, 22—23).

Preuschen erkannt hat, von der üblichen Bedeutung des Wortes κάτοχος, wenn es in Verbindung mit dem Kultus gebraucht wird, ausgehen und mithin die κάτοχοι des Serapeums als „die von einer Gottheit Besessenen, von ihr Erfüllten" deuten; unter der Gottheit ist natürlich in diesem Falle, wie nicht anders zu erwarten und wie uns weiterhin auch die Bezeichnung eines κάτοχος als τίς „τῶν παρακατεχομένων ὑπὸ τοῦ Σαράπιος θεραπευτῶν (P. Lond. I. 44 [S. 33] Z. 18/9)[1]) deutlich zeigt, der Gott Sarapis zu verstehen[2]). Diese Besessenheit, die Erfülltheit von der Gottheit, soll nun nach Preuschen (a. a. O. S. 18 [2. Aufl. S. 30]) allein durch Inkubation hervorgerufen worden sein; unter den κάτοχοι müsse man einfach nur die Sarapisinkubanten verstehen; für diese Behauptungen bleibt er uns jedoch den Beweis schuldig. Es können doch an sich ebensogut wie Inkubation auch andere Gründe zur κατοχή geführt haben, und deshalb darf man die κάτοχοι des Serapeums nur als diejenigen deuten, welche aus irgend einem inneren Drange sich für immer oder auf Zeit ganz dem Sarapis und seiner Verehrung geweiht haben. Daß Inkubation bei ihrem Gotte für sie von größter Wichtigkeit gewesen ist und daß insofern die κάτοχοι meistens auch Inkubanten gewesen sein werden, ist in Anbetracht dessen, daß im Sarapiskult Inkubation eine so wichtige Rolle gespielt hat, natürlich nicht zu bestreiten.

Es ist weiterhin sehr begreiflich, daß es das Streben dieser Gotterfüllten gewesen sein wird, sich stets im Heiligtume ihres Gottes aufzuhalten, da man ja nur hier allein sich ungestört seinem Dienste widmen und das höchste Stadium der Gotterfülltheit in der Inkubation erreichen konnte; so wird es schließlich dahin gekommen sein, daß die echte κατοχή durch den steten Aufenthalt im Tempelbezirk bedingt wurde und daß derjenige, der ihrer nicht verlustig gehen wollte, sich innerlich gebunden fühlte, diesen nicht zu verlassen.[3]) Daß dieses nicht eintrat, daran mußte natürlich vor allem denen viel gelegen sein, die nicht allein religiöse Begeisterung in die κατοχή des Sarapis getrieben hatte, sondern die durch die stete Hingabe an den Gott die Erreichung eines bestimmten Zweckes erhofften, bei dessen Erfüllung natürlich ihre κατοχή ein Ende nahm.

Als solch ein Zweck dürfte vor allem, da es sich ja um die

---

1) Vergl. C. I. Gr. II. 3163: ἐγκατοχήσας τῷ κυρίῳ Σαράπιδι und die Bemerkungen Preuschens a. a. O. S. 17/18 (2. Aufl. S. 29/30) u. Deubners De incubatione S. 6 A. 3 zu dieser Inschrift.

2) So auch Preuschen a. a. O. S. 18 (2. Aufl. S. 30); den weiteren Ausführungen Preuschens kann ich jedoch nicht zustimmen; Zweifel an ihrer Richtigkeit hat auch Deubner a. a. O. ausgesprochen.

3) Die κάτοχοι gebrauchen stets den Ausdruck „ich kann nicht das Heiligtum verlassen" (siehe S. 120 A. 6), niemals „ich darf nicht". Ist nicht vielleicht auch darin enthalten, daß ihre Handlungsweise allein auf eigenem Willen beruhte?

κατοχή des Heilgottes Sarapis handelt, die Heilung von einer Krankheit in Betracht gekommen sein; in der Tat ist es auch Preuschen
(a. a. O. S. 9—11 [2. Aufl. S. 12 ff.]) gelungen, unter den wenigen uns
bekannt gewordenen Serapeums-κάτοχοι in Hephaistion (P. Lond. I. 42
[S. 29]; P. Vat. V. S. 601) ein sicheres Beispiel hierfür nachzuweisen,
und es ist immerhin recht wahrscheinlich, wie ich früher (S. 121
A. 1) hervorgehoben habe, daß auch Ptolemäos, um Heilung von seinen
Leiden zu finden, das Heiligtum als κάτοχος aufgesucht hat.

Bei Annahme dieses Zweckes würde sich auch die lange Anwesenheit[1]) des Ptolemäos im Serapeum recht gut erklären. Vollständig abzulehnen ist dagegen die Erklärung, die Preuschen (a. a. O.
S. 24 u. 29 [2. Aufl. S. 41/42 u. 50]) hierfür bietet, indem er in Ptolemäos und weiterhin auch in anderen κάτοχοι professionsmäßige
Inkubanten sieht, die gegen Bezahlung für andere Orakel und dergleichen besorgten. Diese Deutung wird ja schon dadurch hinfällig, daß
man κάτοχος und incubans keineswegs unbedingt gleichsetzen darf;
weiterhin läßt sich aber auch nicht der geringste Beleg für eine derartige Tätigkeit der κάτοχοι, für eine so profane Ausnutzung der
„Gotterfülltheit" anführen. Denn die Papyri, welche uns von Träumen der κάτοχοι und der Zwillinge berichten[2]), sind hierfür nicht zu
verwerten. In ihnen darf man vielmehr nur rein privaten Charakter
tragende Aufzeichnungen derjenigen sehen, die diese Träume gehabt
haben, und die Niederschrift mag wohl deshalb erfolgt sein, um besonders wichtig erscheinende Träume nicht zu vergessen, eventuell
vielleicht auch, um sie als lehrreiche Beispiele für die Traumdeutung
zu benutzen. Denn ihre eigenen Träume dürften sich die κάτοχοι,
die längere Zeit im Serapeum weilten, selbst gedeutet haben, und
möglicherweise haben sogar, natürlich ohne daß dies gewerbsmäßig
wurde, die Erfahreneren ihre Genossen in der κατοχή darin unterstützt.

Sie konnten diese Unterstützung wohl um so leichter gewähren,
da sich ja die κάτοχοι, wie zuerst Preuschen (a. a. O. S. 24 [2. Aufl.
S. 41]) mit Recht hervorgehoben hat, am memphitischen Serapeum zu
einer Gilde zusammengetan haben[3]), was schon aus der Bezeichnung

---

1) Im Jahre 173/72 v. Chr. (9. Jahr des Ptolemäos VI. Philometors I.) hat
die κατοχή des Ptolemäos begonnen (vergl. z. B. P. Par. 34, 3/4 u. 24; P. Vat.
IV. S. 445), im Jahre 156/55 v. Chr. (26. Jahr des Königs) befindet er sich sicher
noch in ihr (P. Par. 40, 11 u. 41, 12—15 [Verso (!) des vorigen]).

2) P. Leid. C. Verso; P. Par. 50 u. 51; dem. P. publ. bez. erwähnt von Revillout, Les reclus de Sérapéum (suite) in Rev. ég. II. S. 143 ff. Siehe Preuschen
a. a. O. S. 24—26 (2. Aufl. S. 42 ff.) über diese Träume.

3) Hinweisen möchte ich immerhin, obgleich Schlüsse hieraus sehr schwierig
zu ziehen sind, auf die in den Serapeumspapyri (P. Par. 42—49; 59) oft vorkommenden Ausdrücke wie ἀδελφός und πατήρ, die durchaus nicht hier immer
einen verwandtschaftlichen Grad ausdrücken, sondern als Bezeichnung von Mitgliedern derselben Vereinigung gebraucht sein dürften; für πατήρ in diesem
Sinne siehe Belege bei Ziebarth, Griechisches Vereinswesen S. 154.

als τίς „τῶν ἐν κατοχῇ ὄντων" und aus ihrem nach außen immerhin geschlossen erscheinenden Auftreten deutlich hervorgeht. Wir finden also hier an einem durchaus ägyptischen Charakter tragenden Heiligtume eine Institution vor, deren Zweck es ist, neben dem offiziellen Kultus privatim die Verehrung einer Gottheit zu betreiben, sich ihr sogar ganz zu weihen. Ägyptischen Ursprungs kann eine solche Vereinigung nicht gewesen sein, denn in der ägyptischen Kirche war der von Privaten ausgehende, neben dem offiziellen bestehende Kultus schon seit Jahrtausenden verschwunden[1]), dagegen läßt sich aus dem Griechischen für die Vereinigung der κάτοχοι eine vorzügliche Parallele nachweisen, die denn auch das Vorbild abgegeben haben dürfte[2]), nämlich der griechische Kultverein. In beiden haben im großen und ganzen allein ideale Ziele die Mitglieder zusammengeführt, in beiden wird der erwählten Gottheit neben dem offiziellen Kultus ein privater geschaffen. Allerdings haben die κάτοχοι des Sarapis sozusagen eine potenzierte Form des griechischen Kultvereines gebildet, da sie ja die Verehrung ihres Gottes nicht nebenbei betrieben, sondern zur zeitweisen alleinigen Lebensaufgabe gemacht haben[3]).

J. Die ägyptischen Kultvereine.

Die soeben vorgebrachte Deutung der κάτοχοι und ihres Ursprunges findet dadurch ihre weitere Bestätigung, daß sich auch sonst in der ägyptischen Kirche der hellenistischen Zeit nicht nur in Verbindung mit dem ägyptisch-griechischen Sarapis, sondern auch mit rein ägyptischen Göttern das neue Element des Kultvereins nach-

---

1) Auf die Laienpriesterschaft des mittleren Reiches (siehe S. 23) darf man nicht verweisen, da diese ja nicht neben, sondern als Teil des offiziellen Kultus bestanden hat. Privatim ausgeübter Kultus läßt sich nur für die ältesten Zeiten in Ägypten belegen; siehe z. B. Maspero, Histoire I. S. 122.

2) Ebenso wie Sarapis selbst will Preuschen (S. 26 ff. [2. Aufl. S. 45 ff.]) auch die bei ihm sich findenden κάτοχοι aus dem orientalischen Kultus ableiten, doch liegt hierzu, da ja auch der Gott selbst nichts mit dem Orient zu tun hat, keine Veranlassung vor; der Begriff des von der Gottheit Erfüllten findet sich doch nicht nur in der orientalischen Religion. Ferner ist es auch, ganz abgesehen von der Frage nach der eventuellen Ableitung, von Preuschen verfehlt, in den קְדֵשִׁים (d. h. die Geweihten) der Israeliten eine den Sarapis-κάτοχοι ähnliche Institution zu sehen, da Preuschen (S. 27/28 [2. Aufl. S. 48]) hier den Begriff der griechischen Hierodule auf die κάτοχοι überträgt. Vielmehr dürften diese im großen und ganzen in den israelitischen „Propheten" (hebr. נְבִיאִים, vergl. 1. Sam. 10, 10—12; das ist doch wohl der technische Ausdruck und nicht das von Preuschen (S. 26 [2. Aufl. S. 46]) angegebene מְשֻׁגָּעִים) ihre Parallele finden.

3) Erwähnen möchte ich noch, daß auch einmal (P. Par. 50, 14) von der κατοχὴ τῶν διδύμων die Rede ist; da dies jedoch nur in der Niederschrift eines Traumes, in den Urkunden aber niemals geschieht, so ist es mir zweifelhaft, ob wirklich die Zwillinge auch der κάτοχοι-Gilde angehört haben; möglich wäre es immerhin.

weisen läßt. Hierbei ist besonders bemerkenswert, daß man infolgedessen für die Epoche des hellenistischen Ägyptens die Ausübung des
Priesteramtes nicht als ausschließliche Domäne der offiziellen berufsmäßigen Priesterschaft bezeichnen darf, sondern daß man neben ihr
auch Laien als Verseher priesterlicher Funktionen annehmen muß;
denn die ägyptischen Kultvereine haben allem Anschein nach die
gleiche Organisation wie die griechischen besessen.[1]) So haben sie
wie diese als Bezeichnungen die Namen ϑίασος (Strack, Inschriften 76),
σύνοδος (C. I. Gr. III. 4893), κλίνη[2]) und συντέλεια[3]) geführt[4]), und
der uns am besten bekannt gewordene Kultverein, derjenige der
βασιλισταί, der im 2. Jahrhundert v. Chr. auf der Nilinsel Setis bei
Syene seine Zusammenkünfte abhielt (Strack, Inschriften 108 [C. I. Gr.
III. 4893]), hat ebenso wie ein griechischer Kultverein der Leitung
eines προστάτης und eines ἱερεύς unterstanden.[5])

Als seine Kultgottheiten werden abgesehen von den schon durch
seinen Namen bedingten apotheosierten Ptolemäern die am ersten Nil-
katarakt verehrten ägyptischen Götter Chnubis-Amon, Satis, Anukis
Petempamentis (Osiris), Petensetis, Petensenis und andere genannt.[6])
Seine Mitglieder sind teils Griechen, teils Ägypter gewesen.[7]) Den
gleichen Göttern wie die Basilisten hat alsdann eine σύνοδος ihre Ver-

---

1) Die Angaben über griechische Kultvereine zusammengestellt von Ziebarth, Das griechische Vereinswesen S. 33 ff. (diejenigen Ägyptens siehe S. 61/62),
siehe ferner vornehmlich S. 191 ff.

2) L. D. VI. 378 (gr. Inschrift), publ. von Wilcken, Archiv I. S. 412 ff.

3) Siehe die παγανικαὶ συντέλειαι aus Oxyrhynchos (5. Jahrh. n. Chr.) in
B. G. U. III. 936, vergl. hierzu die Bemerkungen Wilckens, Heidnisches und Christ-
liches aus Ägypten, im Archiv I. S. 396 ff. S. 410. Mit Recht erblickt er in
ihnen reine Kultvereine, da damals die gewerblichen Vereine durchweg christlich sein mußten. Die Vereinsgötter sind allerdings nicht genannt, doch ist
es mir wahrscheinlich, daß es ägyptische gewesen sind, da sich die Verehrung griechischer Götter für Oxyrhynchos selbst für die vorchristliche Zeit fast
gar nicht nachweisen läßt.

4) Siehe Philo adv. Flaccum § 17: ϑίασοι κατὰ τὴν πόλιν εἰσὶ πολυάνϑρω-
ποι ... σύνοδοι καὶ κλῖναι προσονομάζονται ὑπὸ τῶν ἐγχωρίων.

5) Über die Leitung der griechischen Vereine siehe Ziebarth a. a. O. S. 146 ff.

6) Bei den oben genannten Göttern ist außer bei Chnubis-Amon der entsprechende griechische Gottesname an zweiter Stelle hinzugefügt, worin man
wohl eine Konzession an die dem Verein angehörenden griechischen Mitglieder
zu sehen hat. Der griechische Einfluß scheint überhaupt ziemlich stark vertreten
gewesen zu sein, da auf der von dem Verein aufgestellten Stele auch ein Krater
und Tyrsosstäbe abgebildet sind. Dies hängt zusammen mit der sich in der Inschrift findenden Gleichsetzung des Petempamentis (Osiris) mit dem Dionysos und
zeigt uns, daß man bei ihm mehr an den griechischen als an den ägyptischen Gott
gedacht hat. So bildet die Weihung des ägyptischen Kultvereins ein vorzügliches Beispiel für den Synkretismus der religiösen Anschauungen.

7) Das Verhältnis von Griechen und Ägyptern zu einander in der Liste
der Vereinsmitglieder läßt sich, da bloß Namen genannt sind, leider nicht feststellen.

ehrung gewidmet, von der ein Dekret, aus etwas früherer Zeit[1]) stammend als das der Basilisten, bekannt geworden ist (Strack, Inschriften 95). Auch sie hat ihren Sitz in der Gegend von Syene gehabt, denn die Priesterschaft des Chnubo von Elephantine hat zu ihren Mitgliedern gehört — eine an sich sehr merkwürdige Tatsache, ägyptische Priester in einem griechisches Gepräge tragenden Kultvereine! —, auch sie hat den Kult der Ptolemäer aufs eifrigste betrieben, und ferner wird der ihr angehörige Ἡρῴδης Δημοφῶντος auch als Mitglied der βασιλισταί genannt; nach allem diesem dürfte es wohl gestattet sein; obgleich der Titel βασιλισταί bei ihr nicht erwähnt wird und obgleich leider gerade der Ort, wo sie tagte, infolge einer Lücke nicht erhalten ist[2]), diese zu zweit genannte σύνοδος der der Basilisten gleichzusetzen.[3])

Ägyptische Götter, Osiris, Sarapis, Isis und Anubis, hatte ferner zum Gegenstand des Kultus der θίασος zu Taposiris bei Alexandrien in ptolemäischer Zeit gewählt (Strack, Inschriften 76), die ägyptische Göttin Thermuthis ist die Vereinsgottheit einer der Zeit des Tiberius angehörenden σύνοδος gewesen[4]), und weiterhin ist es mir sehr wahrscheinlich, daß die σύνοδος, die zur Zeit des Augustus uns in Memphis entgegentritt, auch den Kult ägyptischer Götter gepflegt hat, da von ihr eine Weihinschrift im Tempel des memphitischen Ptah errichtet worden ist[5]); ägyptische Vereinsgottheiten darf man wohl auch für den θίασος von Pathyris (ptolemäische Zeit) annehmen (P. Grenf. I. 31, 5/6).[6]) Schließlich sei noch erwähnt, daß im Anschluß an den

---

1) Das Dekret der Basilisten stammt wohl aus der ersten Zeit Ptolemäos' VIII. Euergetes' II., das jetzt zu behandelnde — es wird in ihm Ptolemäos VI., aber ohne Jahresangabe genannt — offenbar aus den letzten Jahren dieses Königs, denn ein und derselbe Mann Herodes, der Sohn des Demophon, ist in beiden in hoher Beamtenstellung im Süden Ägyptens tätig.

2) Strack ergänzt in der Lücke ἐν Σήτει; er scheint also auch die beiden Vereine gleichzusetzen, freilich hebt er dies im Index VIII S. 288 nicht hervor.

3) Mit Recht hat Wilcken, Archiv II. S. 123, die im P. Amh. II. 39 Verso Z. 2 (der P. jetzt vervollständigt durch P. Grenf. I. 30, siehe Seymour di Ricci, Papyrus de Pathyris au musée de Louvre im Archiv II. S. 515 ff. [517]) genannten φιλοβασιλισταί mit den oben behandelten βασιλισταί, sowie mit den P. Par. 15, Col. 1, 4 genannten φιλοβασιλισταί πρόθυμοι (beide Belege aus dem Ende des 2. Jahrh. v. Chr. für Oberägypten) auf eine Stufe gestellt und in ihnen Vereine gesehen. Die Vereinsgötter sind freilich nicht bekannt geworden; die ägyptischen Namen der Mitglieder legen es allerdings nahe, an ägyptische zu denken.

4) Gr. Inschrift, publ. von Botti im Bulletin de la société archéologique d'Alexandrie, Heft IV (1902) S. 99; über die Göttin Thermuthis vergl. Spiegelberg, Ägyptische und griechische Eigennamen usw. S. 12* ff. Der Ort, wo die σύνοδος tagte, läßt sich nicht mit Sicherheit feststellen.

5) Inschrift publ. von Miller in Mélanges d'archéologie égyptienne et assyrienne I (1873) S. 52.

6) Nicht ausgeschlossen erscheint es mir, daß auch das in Memphis, bez. in seiner Umgegend in ptolemäischer Zeit nachzuweisende πλῆθος τῶν μαχαιρο-

Kult der Isis von Philä, wie zu erwarten, Kultvereine bestanden haben
(C. I. Gr. III. 4938[b]), und daß diese sogar noch in christlicher Zeit
(im 5. Jahrhundert n. Chr.) in der Umgegend des Tempels in Blüte
gewesen sind.[1]) In der Stadt Talmis scheint sogar ein Kultverein
von der Stadtgemeinde aus gegründet worden zu sein.[2])

Selbständige Ausübung des Kultus ist weiterhin infolge ihres
echt griechischen Charakters für die beiden aus dem 1. Jahrhundert
v. Chr. bekannt gewordenen Ephebenvereine des Faijûm (Strack, Inschriften 142 und 143) anzunehmen[3]), und wie die Weihung ihres
Grundbesitzes an den Gott Suchos zeigt, ist auch bei ihnen die Pflege
ägyptischen Kultus' herrschend gewesen.

Ebenso wie ein Kultverein ist auch ein Berufsverband organisiert
gewesen, der im Anschluß an die Steinbrüche von Gertassi an der ägyptisch-
nubischen Grenze im 3. Jahrhundert n. Chr. bestanden hat, und dessen
Mitglieder sich „οἱ ἀπὸ τοῦ γόμου"[4]) genannt haben. Daß es sich

---

φόρων (Idumäer), dessen ἱερεύς wir kennen (gr. Inschrift, publ. von Maspero,
Annales du service des antiquités de l'Égypte II [1901] S. 285), ägyptischen
Kultus gepflegt hat. Seine Versammlungen hat es ἐν τῷ ἄνω Ἀπολλωνιείῳ abgehalten; in diesem soll auch die Weihung des Vereins aufgestellt werden und
seine Priesterschaft sich an der Ehrung des Vereins-ἱερεύς beteiligen. In dem
Gott des Heiligtumes hat man mithin mit Sicherheit den Vereinsgott zu sehen.
Daß dies Apollo gewesen ist, wie der Name des Tempels anzuzeigen scheint,
ist mir jedoch sehr fraglich. Einmal ist es wenig wahrscheinlich, daß es damals in der Umgegend von Memphis zwei Apolloheiligtümer gegeben hat (siehe
das ἄνω), und ferner erinnern mich die Bestimmungen des Ehrenbeschlusses lebhaft an die des Dekretes von Kanopus, in denen ebenso wie hier den Priestern
und Sängern aufgegeben wird, im Gottesdienst Hymnen auf die zu ehrende Person
zu singen. Dort handelt es sich um ägyptische Tempel; sollte es hier vielleicht
auch der Fall sein? Strack, Inschriften aus ptolemäischer Zeit im Archiv III.
S. 126 (S. 129/30) hat inzwischen die wichtige Inschrift sachkundig behandelt,
ohne jedoch die Frage nach dem Gott aufzuwerfen.

1) Dies hat Wilcken a. a. O. im Archiv I. S. 411 ff. im Anschluß an die
daselbst von ihm publizierte gr. Inschrift L. D. VI. 378 erwiesen, siehe auch
L. D. VI 314 (gr. Inschrift), z. T. publ. von Wilcken a. a. O. S. 413. Außerdem ist
mir Wilckens Vermutung (S. 418) sehr wahrscheinlich, daß der in demotischen
Inschriften (z. B. L. D. VI. 26 publ. Brugsch, Thesaurus V, S. X oder Inschrift publ.
ebenda S. XII) genannte „Kerni" oder „Klni" als „Klinarch" aufzufassen ist.

2) Hierauf scheint mir wenigstens der in der Wilckenschen Inschrift genannte δημοκλίναρχος bez. κλίναρχος τῆς πόλεως hinzuweisen. Neben diesem
städtischen Kultverein haben in Talmis nach den Angaben der Inschrift noch
drei andere σύνοδοι, jedoch anscheinend von geringerem Ansehen, bestanden.

3) Ob man in der kürzlich von Strack a. a. O. Archiv II. S. 553 unter N. 35
publizierten gr. Inschrift aus Theben (ptolem. Zeit) wirklich ἐ[φηβευκό]τες ergänzen darf, wodurch ein weiterer Ephebenverein belegt wäre, ist mir sehr
zweifelhaft; wenn Strack auf die in der Widmung erwähnten Götter Hermes und
Herakles als eine gewisse Stütze für die Ergänzung verweist, so ist dem gegenüber zu bemerken, daß immerhin ebenso wie sonst auch hier unter den griechischen Namen ägyptische Götter verborgen sein können, zumal ja auch mit
ihnen zusammen Amon genannt wird.

4) C. I. Gr. III. 4983, 4987, 4993, 4999, 5008, 5012, 5015, 5021, 5028.

bei ihnen um einen organisierten Verein, der selbständig Kultus getrieben hat, handelt, beweist das Vorkommen von „προστάται γόμου"[1])
und „ἱερεῖς γόμου"[2]). Der Verein dürfte, wie der mit γόμος („Schiffs-
last", auch einfach „Last") zusammengesetzte Name besagt, worauf
weiterhin sein Vorkommen an den ägyptisch-nubischen Steinbrüchen,
die Erwähnung des Transportes von Steinen durch seine Mitglieder[3])
hinweist, alle diejenigen, und zwar ohne Rücksicht auf die gesell-
schaftliche Stellung, offenbar sowohl Unternehmer wie Angestellte[4]),
zu seinen Mitgliedern gezählt haben, welche sich mit der Abfuhr der
Steine und ihrem Weitertransporte auf dem Nile befaßten; aus der
letzteren Tätigkeit erklärt es sich auch, daß sogar Bewohner von
Ptolemais in der Thebais dem Vereine angehört haben.[5])

Die Vereinsgottheiten scheinen Isis[6]), Πουρσεπμοῦνις[7]) und
Σρονπτῖχις[8]) gewesen zu sein; der letzteren Göttin ist auch ein Ver-
einsheiligtum geweiht gewesen (C. I. Gr. III. 5032)[9]); auch ein dem
Verein gehörendes κωμαστήριον[10]), d. h. wohl ein Versammlungsgebäude

---

1) C. I. Gr. III. 4981, 4982, 4983, 4991, 4994, 4996, 5015, 5032.
2) C. I. Gr. III. 4980—84, 4986—92, 4995—97, 4999—5010, 5012, 5014, 5015,
5018, 5020, 5021, 5027—32, 5035—37. Das Amt des ἱερεύς wird als ἱερωσύνη
γόμου (C. I. Gr. III. 5002, 5009) oder auch als ἀρχιερωσύνη γόμου (C. I. Gr. III.
5001, 5006, 5014) bezeichnet. Der ἀρχιερωσύνη entspricht der L. D. VI. 349 (gr.
Inschr. = C. I. Gr. III. 5033) sich findende dem Verein angehörende λασᾶνι, vergl.
hierzu S. 39. Ganz bemerkenswert ist auch die bei den ἱερεῖς γόμου-Inschriften
sich findende Abbildung eines Priesters durchaus ägyptischen Charakters, vergl.
Franz im C. I. Gr. III. S. 468 zu N. 5007ᵇ; siehe ferner das ägyptisch stili-
sierte Tor des Heiligtums, an dem die Inschriften angebracht sind, offenbar eben
das Vereinsheiligtum (L. D. VI. Blatt 94). Die bisherigen Erklärungen der ἱερεῖς
γόμου scheinen mir unrichtig zu sein, vergl. z. B. die von Franz im C. I. Gr.
III. S 460: videtur ideo institutum hoc sacerdotium esse, ut proficeret templo-
rum aedificatio und diejenige von Meyer, Heerwesen S. 140 im Anschluß hieran
als „Tragen der Kosten für den Transport von Steinen aus den Steinbrüchen zum
Tempelbau".
3) C. I. Gr. III. 4993, 5006, 5020, 5029.
4) So gehörten sogar βουλευταί dem Vereine an (C. I. Gr. III. 4989, 4996,
5000, 5032), auch ein τέκτων (C. I. Gr. III. 4997); siehe auch C. I. Gr. III. 4996:
ἔργα (= ἐργάται offenbar).
5) C. I. Gr. III. 5000, 5012, 5032, sehr wahrscheinlich auch 4989, 4996.
6) C. I. Gr. III. 4986, 4992.
7) C. I. Gr. III. 5006, 5008, 5014.
8) C. I. Gr. III. 4984, 5032.
9) Allem Anschein nach hat auch ein dem Verein gehörendes Heiligtum
der Φοιβητρία (Franz im C. I. Gr. III. S. 462 denkt bei ihr an Isis) bestanden
(C. I. Gr. III. 4987).
10) Siehe L. D. VI. 324 (gr. Inschrift); darnach ist C. I. Gr. III. 5028 die
Lesung κωμαιτήριον zu verbessern; vergl. für das Wort auch P. Lond. I. 131 Recto
(S. 166) Z. 408; zu dem Worte siehe auch Synesius, de provid. p. 73 A u. 94 D
ed. P. Dieselbe Lesung hat auch inzwischen Wilcken, Die Berliner Papyrus-
grabungen in Herakleopolis Magna im Archiv II. S. 294 ff. (S. 310, A. 2) hergestellt.

der *κωμασταί*, wodurch wir auf die vom Verein veranstalteten Prozessionen hingewiesen werden[1]), ist uns bekannt geworden. Ferner läßt sich auch ein besonderes Vereinsfest (*ἡμέρα τοῦ Καλαμῶνος*)[2]) belegen; auch Ehrentitel wie z. B. der eines „*πατὴρ τῶν ἱερέων, ᾧ οὐδεὶς τῶν ἱερέων συνκρίνεται*" (C. I. Gr. III. 5002) konnten den Vereinsmitgliedern verliehen werden.

Außer diesem oberägyptischen Berufsverbande ist uns noch ein alexandrinischer aus ptolemäischer Zeit (Ende des 3. Jahrh. v. Chr.), eine Vereinigung von Müllern (*ὀλυροκόποι*), bekannt geworden, der gleichfalls die Form des griechischen Kultvereins aufweist; so hat er seinen eigenen Priester besessen, als Vereinsgott ist Anubis genannt.[3])

Ob die übrigen aus dem hellenistischen Ägypten in großer Anzahl bekannt gewordenen Berufsverbände[4]) auch stets als Kultvereine organisiert gewesen sind, läßt sich vorläufig noch nicht entscheiden. Faßt man sie als eine Neuschöpfung der hellenistischen Zeit nach griechischem Muster, so wäre allerdings diese Frage zu bejahen, da ja die Anlehnung an einen Götterkult für die griechischen Vereine charakteristisch ist, doch ist dem gegenüber zu bemerken, daß sich griechische Berufsverbände überhaupt erst mit Sicherheit seit der hellenistischen Zeit nachweisen lassen[5]), daß also schon deswegen die Annahme, die ägyptischen, die seit dem 3. vorchristlichen Jahrhundert zu belegen sind, seien durch den Einfluß griechischer Sitte hervorgerufen, auf schwachen Füßen steht. Dagegen erscheint es mir recht

---

1) Vergl. hierzu die Bemerkungen über die *κωμασταί* und über die ägyptischen Prozessionen auf S. 95, A. 2.

2) Siehe C. I. Gr. III. 5035, vergl. hierzu auch den N. 5000 genannten *προστάτης τοῦ καινοῦ Καλαμῶνος* (nach L. D. VI. 358 [gr. Inschrift] steht das letztere Wort voll da); der Name ist mir nicht klar.

3) Gr. Inschr., publ. von Botti im Bullet. de la société arch. d'Alex. Heft IV (1902) S. 94. Kürzlich hat Strack diese Inschrift eingehender behandelt (Die Müllerinnung in Alexandrien in Zeitschrift für neutestamentliche Wissenschaft u. die Kunde d. Urchristentums IV [1903] S. 213 ff.; vergl. auch Inschriften aus ptolemäischer Zeit II im Archiv II. 537 ff. [S. 544/45]). Er knüpft an sie allerlei wichtige Folgerungen, vor allem die über den rein griechischen Ursprung der ägyptischen Berufsverbände. Dem gegenüber halte ich jedoch meine Ausführungen im Text aufrecht.

4) Belege für sie zusammengestellt bei Ziebarth a. a. O. S. 100, 101, 213; Wilcken, Ostr. I. S. 390 ff. u. 697 A. 1; Meyer, Heerwesen S. 49; allerdings läßt sich für die von dem letzteren angeführten Handwerker nicht stets ihre Gilde belegen, es ist nur wahrscheinlich, daß auch sie organisiert gewesen sind; Meyer begeht vor allem den Fehler, aus der Gewerbesteuer eines Handwerks auf den für dieses bestehenden Verein zu schließen, doch haben Gewerbesteuer (*χειρωνάξιον*) und Handwerkerverein nichts miteinander zu tun; vergl. Wilcken, Ostr. I. S. 332. Weitere sichere Belege für Berufsverbände ägyptischen Charakters siehe z. B. P. Oxy. II. 284, 4; Inschrift VI. in P. Fay. S. 54.

5) Vergl. Ziebarth a. a. O. S. 96 ff. und Schömann-Lipsius, Griechische Altertümer II[4] S. 571/72.

wahrscheinlich, daß die ägyptischen Berufsvereine nicht erst in hellenistischer Zeit entstanden sind, sondern daß man in ihnen vielmehr eine altägyptische Institution zu sehen hat. Allerdings zeigen
sie in manchem die Formen des griechischen Vereins; sie hätten also
mithin wie so vieles andere dem griechischen Einflusse nicht wider-
standen. So werden ihnen die technischen Bezeichnungen griechischer
Vereine, σύνοδος, κοινόν, πλῆϑος[1]) beigelegt, ferner haben sie besondere Vereinsbeamte besessen[2]), sie haben Beschlüsse zu Ehren
dieser gefaßt und ihnen Statuen errichtet[3]), haben aber auch selbst
Weihgeschenke erhalten[4]). Nur die selbständige Ausübung des Kultus
— in Anbetracht der Religionsverhältnisse des hellenistischen Ägyptens
könnte es sich natürlich bei diesen ägyptischen Handwerkergilden
und dergl. im allgemeinen nur um ägyptische Götter handeln — läßt
sich bei ihnen abgesehen von den beiden angeführten Beispielen nicht
belegen[5]). Dieses kann freilich auf einem Zufall beruhen, aber ebenso
gut kann dieses Fehlen auch der Wirklichkeit entsprechen, so daß
im Prinzip diese Vereine tatsächlich keinen eigenen Kultus gepflegt
haben, wodurch die Möglichkeit genommen wird, sie als griechische
Vereine aufzufassen, da diese ja alle der Form nach Kultvereine gewesen sind (Ziebarth a. a. O. S. 4). Außer dem Fehlen des Kultus
könnte man auch als weiteres Moment für den ursprünglich ägyptischen Charakter der im hellenistischen Ägypten sich findenden Berufsverbände anführen, daß Handwerkergilden mit Vorstehern sich
schon für das vorptolemäische Ägypten belegen lassen (Brugsch, Ägyp-

---

1) σύνοδος: z. B. gr. Inschrift N. 64 und eine andere Inschrift des alexandrinischen Museums, publ. bei Ziebarth a. a. O. S. 213; κοινόν: z. B. P. Oxy. I.
53; 84; 85; πλῆϑος: gr. Inschrift, publ. von Brugsch, Geographische Inschriften I.
S. 136/37 (siehe Lumbroso, Recherches S. 134). Für die griechischen Vereins-
bezeichnungen siehe Ziebarth a. a. O. S. 133 ff.

2) Siehe z. B. προστάτης: gr. Inschrift, publ. von Brugsch a. a. O.; ἀρχουνηλάτης:
Ostr. Wilck. 1154—56; ἡγούμενος γερδίων: P. Grenf. II. 43, 9; πρεσβύτεροι: Inschrift VI. in P. Fay. S. 54; Inschrift N. 47 des alexandrinischen Museums, publ.
bei Ziebarth a. a. O. S. 213; Inschrift, erwähnt S. 130, A. 3; Ziebarth a. a. O.
faßt πρεσβύτερος als einen Teil des Namens der betreffenden Vereine, man wird
wohl jedoch hierin die Bezeichnung der Vereinsvorsitzenden zu sehen haben; zu
der Form der Bezeichnung vergl. die der Priester-πρεσβύτεροι, S. 47/48; Strack
a. a. O. hat sich inzwischen hierüber in gleichem Sinne geäußert.

3) Z. B. gr. Inschrift, publ. von Brugsch a. a. O.

4) Z. B. gr. Inschrift N. 64 und eine andere Inschrift des alexandrinischen
Museums, publ. von Ziebarth a. a. O. S. 213.

5) Die τέκτονες in Ptolemais haben zwar als Vereinsbeamten einen ἱερεύς
besessen (siehe Inschrift N. 47 des alexandrinischen Museums, publ. von Ziebarth
a. a. O. S. 213), also mithin eigenen Kultus sicher betrieben, doch müssen sie
außer Betracht gelassen werden, da sie ja in einer echt griechischen Stadt bestanden haben, wo auch ein durchaus griechisch organisierter Verein zu erwarten ist; auch ist es mir sehr wahrscheinlich, daß diese ptolemaischen „τέκτονες" den Kult griechischer Götter gepflegt haben.

tologie S. 436). Schließlich sei auch darauf hingewiesen, daß die
ägyptische Gilde als solche, wie es scheint, im allgemeinen nicht eine
einzelne Ortschaft, sondern den ganzen Gau umfaßt hat (Wilcken,
Ostr. I. S. 331). Diese an sich merkwürdige Ausdehnung über den
ganzen Gau läßt sich eigentlich nur dann befriedigend erklären, wenn
man in den Berufsverbänden eine Institution des alten Ägyptens sieht,
wo ja bekanntlich der Gau eine sehr wichtige Rolle — im hellenistischen Ägypten hat er sich dieselbe übrigens immerhin zu wahren
verstanden — im politischen und wirtschaftlichen Leben gespielt hat,
während für den Griechen fast ausschließlich stets die einzelne Ortschaft in Betracht gekommen ist.[1])

Welchen Umfang der von Privaten neben dem offiziellen selbständig ausgeübte Kultus ägyptischer Götter besessen hat, läßt sich
infolge der nur vereinzelten Nachrichten nicht recht feststellen,
aber daß ein solcher, der den vorhergehenden Zeiten durchaus
fremd gewesen ist, überhaupt entstehen konnte, daß neben den Priestern von Beruf auch Laienpriester uns entgegentreten, ist doch sehr
bemerkenswert. Diese so wichtige Änderung in der ägyptischen
Kirche dürfte vor allem dadurch hervorgerufen worden sein, daß, wie
schon früher (S. 2 u. 6) hervorgehoben, viele Griechen in Ägypten auch
die ägyptischen Götter verehrt haben, und daß diese alsdann nicht
nur den ihnen gewohnten Privatkult unter den neuen Verhältnissen
beibehalten, sondern ihn sogar auch bei den Ägyptern heimisch gemacht haben. Die Einführung des neuen Elementes in den ägyptischen
Kultus dürfte aber weiterhin noch dadurch wesentlich gefördert und
zugleich erleichtert worden sein, daß die Ägypter ja in der hellenistischen Zeit im eigenen Lande echt griechischen Kultus mit allen
seinen Besonderheiten, somit auch bei griechischen Göttern ausgeübten
Privatkult stets vor Augen gehabt haben.

Das Vorhandensein griechischen Kultus' im damaligen Ägypten
ist schon an früherer Stelle (S. 3) von uns postuliert worden[2]), und
es ist uns in der Tat auch eine größere Anzahl griechischer Götter,

---

1) Sollte sich die oben vorgetragene Vermutung über den ägyptischen Ursprung der Berufsverbände des hellenistischen Ägyptens bestätigen, so nehme
ich deswegen noch keineswegs an, daß die seit der hellenistischen Zeit uns
allenthalben begegnenden Handwerkergilden von den ägyptischen abzuleiten sind.
M. E. bilden Handwerkergenossenschaften eine allgemeine Erscheinung einer bestimmten Stufe wirtschaftlicher Entwicklung, die Möglichkeit zu ihrer Entstehung ist jedenfalls überall vorhanden — insofern erscheint mir auch die alte
Streitfrage nach ihrem römischen oder griechischen Ursprung nicht richtig gefaßt —, unsere Untersuchung hat sich nur darauf zu richten, ob die Form, in
der sie uns entgegentreten, autochton oder entlehnt ist, d. h. inwieweit an dem
Ausbau fremde Elemente beteiligt gewesen sind.

2) Zu beachten ist, daß griechischer Kultus auf jeden Fall auch schon im
vorhellenistischen Ägypten bestanden haben muß, bei den griechischen Söldnern
der letzten einheimischen Könige und in Naukratis.

die in Ägypten Verehrung gefunden haben, bekannt geworden; die Mittelpunkte des griechischen Kultus in Ägypten haben natürlich die drei griechischen Städte des Landes, die beiden neugegründeten Alexandria und Ptolemais, sowie das schon in vorhellenistischer Zeit entstandene Naukratis gebildet.[1]) Leider ist es jedoch mit unserer Kunde über die Priester, die diesen Kult ausgeübt haben, sehr schlecht bestellt; von ähnlich reichem Material, wie wir es für die ägyptischen besitzen, ist nicht die Rede. Noch verhältnismäßig am besten sind wir über ihre Organisation unterrichtet, aber auch hier ist es im allgemeinen nur möglich, einzelne griechische Priester hervorzuheben und zu charakterisieren.

2. Die Priester der griechischen Götter.

A. Allgemeine Charakterisierung.

Wenn man es unternimmt die Organisation der griechischen Priester Ägyptens zur Darstellung zu bringen, muß man sich vor allem, um gegenüber derjenigen der ägyptischen Priester auch sie richtig zu beurteilen, dessen bewußt sein, daß es im griechischen Mutterlande einen eigentlichen Priesterstand und dementsprechend auch eine Priesterhierarchie niemals gegeben hat, und zwar wohl vor allem deshalb, weil stets die Ausübung des Kultus zum Teil in der Hand von Privaten, bei dem Haupte der Familie oder dem Vorstande des Geschlechts oder schließlich später bei dem Leiter privater Vereinigungen geblieben, zum Teil aber auch den Staatsbeamten als offizieller Bestandteil ihres Amtes zugewiesen worden ist.[2]) Die Worte des Isokrates (ad Nicod. 6) „ἱερωσύνην παντὸς ἀνδρὸς εἶναι" kennzeichnen vorzüglich, ohne geringschätzig sein zu wollen, die Ansicht, die der Grieche von dem Priesteramte besessen hat, und damit zugleich auch das Amt selbst.

Im allgemeinen scheint sich die griechische Priesterschaft Ägyptens durchaus nicht von derjenigen der Heimat unterschieden zu haben. So läßt sich auch bei ihr ein geschlossener Priesterstand mit einer einheitlichen, über ganz Ägypten sich erstreckenden Organisation, wie sie bei den ägyptischen Priestern bestanden hat, nicht nachweisen, von einer Gliederung, die z. B. den Phylen der ägyptischen Priester entsprechen würde, ist bei ihnen nichts zu bemerken. Auch in Ägypten ist der griechische Priester jedenfalls nur der Diener eines bestimmten Heiligtumes gewesen, ohne den Anschluß der Priester anderer Tempel zu erstreben. Von dem Zusammenschluß der Priester

---

1) Die in Ägypten verehrten griechischen Götter sind im Anhang am Schluß des Werkes zusammengestellt.

2) Vergl. Stengel, Die griechischen Kultusaltertümer. 2. Aufl., S. 31/32 und Burckhardt, Griechische Kulturgeschichte II. S. 135 ff.

verschiedener Tempel zu einer Korporation ist ebenso wenig wie von allgemeinen Priesterversammlungen oder der geistlichen Oberleitung eines Priesters[1]. etwas bekannt geworden. Das bisher Ausgeführte hat allerdings als seine einzige Stütze das argumentum ex silentio, aber hier darf man dieses wohl mit Recht anwenden, da das aus ihm gewonnene Urteil vortrefflich mit demjenigen übereinstimmt, das sich aus allgemeinen Deduktionen über den griechischen Priesterstand ableiten läßt.

Sehr wahrscheinlich ist es alsdann, daß auch an den griechischen Tempeln Ägyptens, ebenso wie an denen der griechischen Heimat meistens nur je ein Priester tätig gewesen ist,[2]) jedenfalls ist, wenn auch von den ἱερεῖς eines Heiligtumes gesprochen wird,[3]) an die großen Priesterscharen, wie wir sie bei den ägyptischen Heiligtümern finden, auf keinen Fall zu denken; die geringe Anzahl der Belege, die uns von griechischen Priestern in Ägypten berichten, dürfte wohl hiermit zusammenhängen und nicht auf bloßen Zufall zurückzuführen sein. Ferner darf man wohl annehmen, daß die allgemein üblichen Pflichten der griechischen Priester, die Sorge für das ihnen unterstellte Heiligtum, sowie für den an diesem gepflegten Kultus, auch den in Ägypten lebenden obgelegen haben.

B. Ἀρχιερεῖς und ἱερεῖς.

Ganz ausgeschlossen erscheint es mir, daß jeder Tempel — an denen mit nur einem Priester fällt ja diese Möglichkeit schon an und für sich fort — einen besonderen priesterlichen Vorsteher, einen „Oberpriester" sozusagen, besessen habe, obgleich das Vorkommen von ἀρχιερεῖς, die verschiedenen griechischen Heiligtümern Ägyptens angehört haben, eine derartige Annahme leicht hervorrufen könnte.

---

1) Die Oberleitung des Alexanderpriesters läßt sich auch für die griechische Priesterschaft nicht belegen; in römischer Zeit ist es sehr wohl möglich, daß auch die griechischen Priester der Aufsicht des Idiologus unterstanden haben, ein Beweis läßt sich jedoch hierfür nicht erbringen. Überhaupt lassen sich staatliche Aufsichtsbeamte für die griechischen Tempel Ägyptens bisher nicht nachweisen, doch darf man wohl annehmen, daß Staatsaufsicht auch hier ebenso wie sonst im griechischen Kultus bestanden hat.

2) Für die Priesterverhältnisse an griechischen Tempeln des Mutterlandes im Gegensatz zu denen an ägyptischen Heiligtümern vergl. z. B. Herodot II, 37; Diodor I. 73, 5; siehe im übrigen Stengel a. a. O. S. 34.

3) Siehe z. B. die ἱερεῖς Δήμητρος in B. G. U. II. 471, 12; sie sind sicher als griechische Priester anzusehen, da bei ihnen nicht daran zu denken ist, daß Demeter nur an Stelle der eigentlich gemeinten ägyptischen Gottheit im Titel genannt ist; denn Demeter ist bekanntlich von den Griechen (siehe z. B. Herodot, II, 59 u. 156; Diodor I, 13, 5) der Isis gleichgesetzt worden, und bei Priestern dieser den Griechen so durchaus vertrauten Göttin ist es natürlich völlig ausgeschlossen — noch dazu im 2. Jahrhundert n. Chr. —, daß ihnen der Name der von den Griechen einst als Korrelat der Isis auserwählten griechischen Göttin beigelegt worden wäre.

Gegen eine Verallgemeinerung spricht jedoch in Anbetracht der nur sehr wenigen Beispiele[1]) schon vor allem die Tatsache, daß sonst im griechischen Kultus die Einrichtung eines besonderen Leiters eines Kultes, eines ἀρχιερεύς, dem dann andere Priester unterstanden haben, — ganz abgesehen davon, daß eine solche Institution der älteren Zeit bis auf Alexander den Großen ganz fremd ist[2]) — auch in hellenistischer Zeit nur recht vereinzelt zu belegen[3]) und keineswegs als allgemein verbreiteter Bestandteil des griechischen Kultus anzusehen ist. Man muß nämlich in Betracht ziehen, daß sicher gar mancher der uns bekannt gewordenen griechischen ἀρχιερεῖς trotz seines Titels nicht als Tempelvorsteher und direkter Vorgesetzter anderer Priester aufzufassen ist, sondern daß bei vielen ihre ἀρχιερεύς-Bezeichnung einfach reintitularen Charakters gewesen ist.

In der Tat läßt sich auch bisher für keinen der uns bekannt gewordenen ἀρχιερεῖς mit Sicherheit belegen, sondern nur für einen von ihnen, nämlich für den dem arsinoitischen Δημητρεῖον angehörenden ἀρχιερεύς[4]) vermuten, daß ihm die Leitung eines Heiligtums und der an ihm tätigen Priester obgelegen hat.[5]) Als reintitulare ἀρχιε-

---

1) Vergl. außer den im folgenden Genannten auch die auf S. 45, A. 4 zusammengestellten ἀρχιερεῖς aus dem Faijûm, die der römischen Zeit angehören; von ihnen könnten, wie schon bemerkt, einige dem griechischen Kultus zuzuweisen sein.

2) Die Institution eines besonderen „Oberpriesters" dürfte wohl aus den orientalischen Religionen übernommen sein; bekanntlich hat Plato (leg. XII. p. 947ᵃ) überhaupt zuerst daran gedacht sie in seinen Kultus einzuführen, nachdem sie schon von Herodot (II, 37) im Anschluß an die Darstellung der ägyptischen Priesterschaft zum ersten Mal literarisch erwähnt worden war.

3) Vergl. über das Vorkommen von griechischen ἀρχιερεῖς die Ausführungen von Brandis bei Pauly-Wissowa II. Sp. 471 ff. s. v. ἀρχιερεύς; siehe auch Stengel a. a. O. S. 43.

4) B. G. U. II. 573, 2; diesem Tempel dürften wohl auch die S. 134, A. 3 erwähnten ἱερεῖς Δήμητρος zuzuweisen sein, die in einer Steuerabrechnung des Faijûmdörfchens Hexapotamos vorkommen; denn es ist nach allem, was wir von den Religionsverhältnissen des Faijûm wissen, nicht sehr wahrscheinlich, daß es außer in der Hauptstadt des Faijûms noch andere Tempel der Demeter in den kleinen Dörfern gegeben hat. Die eben Angeführten als Priester von Hexapotamos zu bezeichnen (so z. B. Milne, history S. 138), dazu liegt auch kein zwingender Grund vor, da sie ja in der Steuerabrechnung dieses Ortes nicht als Steuerzahler angeführt werden, sondern in den Worten: ἱερέων Δήμητρος vielmehr nur die Angabe der gezahlten Abgabe enthalten ist (vergl. IV. Kapitel).

5) Brandis a. a. O. Sp. 472/73 begeht einen groben Fehler, wenn er als Beispiel für die Tempelleitung durch ἀρχιερεῖς in Ägypten die in Kanopus und Rosette genannten ἀρχιερεῖς anführt; diese haben doch mit griechischem Kultus nichts zu tun, sondern sind als rein ägyptische Priester aufzufassen. Der in der Inschrift aus Lykopolis (C. I. Gr. III 4707) erwähnte Oberpriester — eine nähere Bezeichnung ist zwar nicht erhalten, doch darf man ihn dem griechischen Kultus zuweisen, da er früher auch das der ägyptischen Kirche ganz fremde Amt eines ἱεροποιός bekleidet hat — bietet keinen Anhaltspunkt, wie man seine Stellung zu beurteilen hat. Das Gleiche ist auch bei dem uns literarisch bezeugten

ϱεῖς dürften dagegen auf jeden Fall die verschiedenen Oberpriester aufzufassen sein, die dem Kaiserkult angehört haben und an den Hadrianeen in Alexandrien[1]) und Memphis (P. Lond. II. 317 (S. 209), Z. 3/4), sowie an den Cäsareen zu Alexandria und Hermupolis tätig gewesen sind, wie z. B. der Oberpriester des Trajan und des Antoninus Pius[2]), die ἀρχιερεῖς Σεβαστῶν (bez. τῶν κυρίων Σεβαστῶν)[3]), Ἀδριανοῦ und Φαυστίνης.[4])

So gut wie alle bisher bekannt gewordenen Belege für ἀρχιερεῖς des griechischen Kultus entstammen, so weit sie sicher datierbar sind[5]), der römischen Zeit, nur der ἀρχιερεύς aus Letopolis wäre, falls er mit Recht dem griechischen Kultus zugewiesen ist, ein sicheres Beispiel für die ptolemäische Zeit[6]), doch wird man aus diesen zufälligen Zeugnissen einen Schluß auf eine etwaige Entwicklung der Organisation der griechischen Priesterschaft wohl nicht ziehen dürfen.

Apollonios, ἀρχιερεύς aus Letopolis (siehe Steph. Byz. s. v. Λητοῦς πόλις und Suidas s. v. Ἀπολλώνιος Ἀφροδισιεύς) der Fall, den man wohl als Priester des griechischen Kultus auffassen darf (siehe S. 28 A. 2).

1) Gr. Inschrift N. 108 des alexandrinischen Museums, erwähnt bei Milne, history S. 149 u. 220; neuerdings ganz publiziert von Seymour di Ricci a. a. O., Archiv II S. 444, N. 66.

2) In Alexandrien; Beleg siehe vorige Anm.

3) Gr. Inschriften, publ. von Botti, Bulletin de la société archéologique d'Alexandrie, Heft I. (1898) S. 47 und Heft II. (1899) S. 31, sowie die in A. 1 erwähnte Inschrift, für Alexandrien; P. Amh. II. 124, 22, für Hermupolis. Unter den ἀρχιερεῖς Σεβαστῶν hat man natürlich Priester des augenblicklich regierenden und der verstorbenen apotheosierten Kaiser (divi) zu verstehen; vergl. Brandis a. a. O. Sp. 480.

4) P. Amh. II. 124, 26 u. 28, in Hermupolis; bei dem ἀρχιερεύς Φαυστίνης ist nicht zu entscheiden, ob die ältere oder die jüngere Faustina, die Gemahlin oder die Tochter des Antoninus Pius gemeint sind, da bekanntlich beide apotheosiert wurden; siehe jetzt auch den P. Oxy III. 502, 3/4 genannten ἱερεὺς Φαυστίνης Σεβαστῆς in Oxyrhynchos.

5) Nicht datierbar ist die S. 135, A. 5 erwähnte griechische Inschrift C. I. Gr. III. 4707. Ferner ist allerdings aus einer Inschrift zu Philä (C. I. Gr. III. 4915 Add.) ein ἀρχιερεύς ohne Bezeichnung der Gottheit, der er diente, aus der Zeit des Ptolemäos XIII. Neos Dionysos bekannt geworden, doch ist es nicht zu ermitteln, ob er dem griechischen Kultus zuzuweisen ist; sein und seines Sohnes griechischer Name, sowie der Umstand, daß bei letzterem ein Priestertitel nicht beigefügt ist, er also wohl auch nicht Priester gewesen ist, würden zu einem griechischen Oberpriester gut passen, doch unbedingt beweisend ist dieses nicht, wie man auch andererseits aus seinem προσκύνημα an die Isis von Philä etwa nicht seine Angehörigkeit zur ägyptischen Kirche erschließen darf. Bezüglich der Nichtnennung der Gottheit bei ihm ist zu beachten, daß sie, wenn wir einen von auswärts stammenden Oberpriester vor uns hätten, immerhin auffällig wäre, und diese Erwägung könnte uns dazu führen in ihm einen Oberpriester von Philä, also einen ägyptischen Priester, zu sehen, doch kann auch dieses natürlich keinen zwingenden Beweis liefern.

6) Siehe hierüber Susemihl, Geschichte der griechischen Literatur in der Alexandriner Zeit I, S. 648.

Während die ἀρχιερεῖς wenigstens einen Ansatz zu der Bildung einer Hierarchie auch unter den griechischen Priestern Ägyptens repräsentieren, lassen sich weitere Anzeichen für das Bestehen einer solchen — dieses dürfte denn auch durchaus den tatsächlichen Verhältnissen entsprechen — nicht nachweisen und demnach auch Priestergruppen, die an Rang verschieden sind, nicht belegen.

Als Titel mögen die offiziellen Vertreter des griechischen Kultus in Ägypten ebenso wie diejenigen des Mutterlandes im allgemeinen einfach die Bezeichnung ἱερεύς[1]), beziehungsweise die weiblichen, — denn auch solche lassen sich nachweisen — ἱέρεια[2]) geführt haben, doch dürfte wohl auch hier daneben noch der eine oder der andere spezielle griechische Priestertitel (vergl. Stengel a. a. O. S. 43) in Gebrauch gewesen sein.

C. Die eponymen Priester.

Bei einigen der eponymen Priester in Alexandria und Ptolemais, jener wohl bekanntesten griechischen Priestergruppe des hellenistischen Ägyptens[3]), begegnen uns solche speziellen Priestertitel, doch haben auch diese in der Mehrzahl sich mit dem einfachen ἱερεύς- und ἱέρεια-Titel begnügt. Daß man sie als griechische Priester aufzufassen hat, darauf weist nicht nur ihre Titulatur, bei der sich auch nicht die geringsten Anklänge an ägyptische Priesterbezeichnungen finden, sondern auch das ihnen inhärierende Recht der Eponymität hin, das als eine echt griechische, dem früheren Ägypten ganz fremde Sitte zu bezeichnen ist.[4]) Echt griechisch ist denn auch der Kultus, um den

---

1) Siehe z. B. aus ptolemäischer Zeit: ἱερεῖς τοῦ Διός in Strack, Inschriften 43 (Zeit des 3. Ptolemäers, Ort: bei Alexandrien), ebenso in Strack, Inschriften 94 (Zeit des 6. Ptolemäers, Ort: Ptolemais), ebenso jetzt auch P. Tebt. I. 120, 128 (vergl. 39, 22) für Kerkeosiris im Faijûm; ἱερεύς Ἀθηνᾶς in Naukratis, gr. Inschrift publ. bei Flinders Petrie, Naukratis I. Plate XXX, N. 3; als griechischer Priester, und nicht etwa als Priester des orientalischen Kultus dürfte auch der ἱερεύς aus der Zeit des 2. Ptolemäers aufzufassen sein, der dem phrygischen Zwitterwesen Ἀγδίστις ein Heiligtum weiht, da ja der mit ihm zusammenhängende Gottesdienst der großen Mutter schon früh in den griechischen Kultus Aufnahme gefunden hat (siehe Preller-Robert, Griechische Mythologie I⁴ S. 643/44) (Strack, Inschriften aus ptolemäischer Zeit I, N. 2, publ. Archiv I. S. 200); im übrigen siehe die eponymen Ptolemäerpriester; römische Zeit: ἱερεῖς Δήμητρος in B. G. U. II. 471, 12; sehr unsicher, da Gottheit nicht genannt, der ἱερεύς in P. Oxy. I. 56, 8.

2) Siehe die eponymen Ptolemäerpriesterinnen.

3) Ich möchte hier gleich auf die Abhandlung über die eponymen Priestertümer von Lepsius (Über einige Ergebnisse der ägyptischen Denkmäler für die Kenntnis der Ptolemäergeschichte in Abh. Berl. Ak. 1852, S. 455 ff.) hinweisen; obgleich natürlich in manchem, besonders in chronologischen Fragen, veraltet und überholt, besitzt sie auch jetzt noch hohen Wert.

4) Über griechische eponyme Priester usw. vergl. Wescher, Note relative à un prêtre d'Alexandre et des Ptolémées in Rev. arch. N. S. XIV (1866), S. 156 ff.; über die Bedeutung der eponymen Priestertümer Ägyptens siehe auch Kapitel VIII.

sich in beiden Städten als Mittelpunkt die verschiedenen eponymen Priestertümer gruppiert haben, da er die Verehrung des zum Stadtgott erhobenen Gründers der Stadt, in dem einen Falle Alexanders des Großen, in dem anderen Ptolemäos' I. Soters, zum Gegenstand hat.[1]) Griechen scheinen auch fast ausschließlich — dies darf man hier wohl den griechischen Namen der bekannt gewordenen Priester[2]) entnehmen — diese Priestertümer inne gehabt zu haben.

a. Eponyme Priester in Alexandrien.

Der berühmteste und wichtigste dieser Priester ist derjenige Alexanders des Großen, der ἱερεὺς Ἀλεξάνδρου[3]) gewesen.[4]) Außer dem Kulte Alexanders hat ihm später noch, wie die Titel der bekannt gewordenen Priester beweisen (vergl. Anhang II A, 1 dieses Kapitels), derjenige der apotheosierten Ptolemäer-Könige und ihrer Gemahlinnen obgelegen, die dem Alexanderkult, nachdem man mit dem Kulte des zweiten Ptolemäers und seiner Gemahlin Arsinoe Philadelphos, den ϑεοὶ ἀδελφοί, den Anfang gemacht hatte[5]), allmählich alle, und zwar noch bei Lebzeiten, angegliedert worden sind. Urkundlich zu belegen ist dies allerdings nur bis zu den ϑεοὶ Φιλομήτορες Σωτῆρες, d. h. den Königen Ptolemäos X. und XI. und ihrer Mutter Kleopatra III. (Wende des 2. und 1. Jahrhunderts vor Chr.) einschließlich[6]), doch erklärt sich das Fehlen von Nachrichten

---

1) Über den Gegenstand des Kultus dieser Priester vergl. außer den Ausführungen in diesem Kapitel auch Kapitel VIII.

2) Vergl. die Listen dieser eponymen Priester im Anhang II dieses Kapitels; wäre uns Charons Werk: Περὶ τῶν ἐν Ἀλεξανδρείᾳ καὶ ἐν Αἰγύπτῳ ἱερέων καὶ τῆς διαδοχῆς αὐτῶν καὶ περὶ τῶν ἐπὶ ἑκάστου πραχϑέντων (Suidas, s. v. Χάρων) erhalten, das Wilcken (Deutsche Literaturzeitung 1895, Sp. 368, Rezension von Lumbroso, L'Egitto²) mit Recht als eine annalistische Darstellung der Ptolemäergeschichte bezeichnet hat, der als chronologisches Gerüst die Listen der eponymen Priester zu grunde gelegt sind, so würden wir wohl nicht nur über die Namen, sondern auch über die Herkunft der einzelnen Priester näher unterrichtet sein, vergl. über letzteres auch Kapitel III.

3) „Ἀλέξανδρος" ist hier völlig als Gottesname behandelt, deshalb auch ϑεός mit Recht weggelassen; siehe Wilcken G. G. A. 1895. S. 141 A. 1. Vergl. übrigens schon Boeckh, Griechische Urkunde auf Papyrus S. 9/10.

4) Vergl. zu dem folgenden die Zusammenstellungen von Lumbroso, L'Egitto², Cap. XVII (Culto e Sacerdozio di Alessandro Magno) (S. 177 ff.).

5) Der erste Ptolemäer und seine Gemahlin Berenike, die ϑεοὶ Σωτῆρες, sind erst von Ptolemäos IV. Philopator angegliedert worden; sie stehen alsdann an erster Stelle der apotheosierten Ptolemäer. Vergl. die Alexanderpriesterliste im Anhang II A, 1 dieses Kapitels. Den Grund hierfür siehe S. 143. Diese sehr wichtige Änderung des Alexanderkultes durch Philopator mag den Anlaß gegeben haben zu der an sich falschen (siehe S. 140 ff.) Nachricht, daß erst Philopator den Tempel Alexanders und der Ptolemäer erbaut habe (Zenobius, Paroemiographi graeci ed. Gaisford III, p. 94).

6) Vergl. die Liste der Alexanderpriester im Anhang II A, 1 dieses Kapitels und für die ϑεοὶ Φιλομήτορες Σωτῆρες z. B. P. Par. 5. (Ptolemäos X.) und dem.

durchaus befriedigend dadurch, daß die bisherige Quelle für unsere Erkenntnis, daß der Kult der regierenden Könige demjenigen Alexanders angeschlossen worden ist, nämlich die Erwähnung des Alexanderpriesters mit seiner vollen Titulatur in den Aktpräskripten, von der Zeit Ptolemäos' XIII. Neos Dionysos an versiegt, da in diesen jetzt durchgängig nur mit einer allgemeinen Formel auf die eponymen Priester hingewiesen wird.[1])

Als Tempel, an dem dieser Priester Alexanders und der Ptolemäer tätig gewesen ist, muß man das sogenannte σῆμα Ἀλεξάνδρου, d. h. jenes Heiligtum, in welchem ursprünglich Alexander allein beigesetzt worden ist, und welches später auch die Begräbnisstätte der ptolemäischen Könige geworden ist[2]), annehmen, und demnach ergibt sich als Zeitpunkt der Einsetzung des Alexanderpriesters der Moment der Fertigstellung dieses Tempels. Denn später darf man sie deshalb nicht ansetzen, weil das Bestehen des Kultes auf jeden Fall das des ihn ausübenden Priesters einschließt, und vorher läßt sich für Alexandrien ein offizieller Kult Alexanders in Verbindung mit einem eigenen Heiligtum des Königs, an dem dann freilich der Alexanderpriester schon sein Amt ausgeübt haben könnte, nicht belegen.[3]) Im Gegenteil zeigt die Beisetzung Alexanders in

---

P. Berlin 3105 u. 3104 publ. in N. Chrest. dém. S. 20 ff. (Spiegelberg, dem. P. Berl. S. 15 u. 16) (Ptolemaeos XI.).

1) Siehe z. B. dem. P. Leid. 374 u. 374ᵇ, publ. Rev. ég. II. S. 91 A. 2, dem. P. Louvre 3268, publ. Rev. ég. II. S. 91 A. 2, dem. P. Bibliothèque Nationale 224 u. 225, publ. Rev. ég. II. S. 92 u. 93; das Aktpräskript lautet nach Revillouts Übersetzung: „sous les prêtres des rois qui sont inscrits à Racoti". Vergl. hierzu die Form des in den Tebtynispapyri (I) uns überlieferten Präskriptes: ἐφ' ἱερέως Ἀλεξάνδρου καὶ τῶν ἄλλων τῶν γραφομένων ἐν Ἀλεξανδρείᾳ (P. 104; 105; 106; 109; 166 (cf. P. Tebt. I. S. 182); Zeit: 107—92 v. Chr.). Siehe jetzt auch noch B. G. U. III 997; 998; 999 und 1000 (Zeit: 103—98 v. Chr.), wo wir die Formel „ἐφ' ἱερέων καὶ ἱερειῶν καὶ κανηφόρου τῶν ὄντων καὶ οὐσῶν" finden, und ferner die Angabe in B. G. U. III. 1002: „ἐφ' ἱερέως Ἀλεξάνδρου καὶ κοινῶν ὄντων ἐν Ἀλεξανδρείᾳ" vom Jahre 55 v. Chr.

2) Siehe Strabo XVII, p. 794; Zenobius, Paroemiographi graeci ed. Gaisford III. p. 94; auch Pseudo-Kallisthenes III, 34. Verfehlt ist es, das σῆμα mit dem von Herondas I, 30 erwähnten ϑεῶν Ἀδελφῶν τέμενος zu identifizieren (so Wilamowitz, Ein Weihgeschenk des Eratosthenes in Nachrichten der königl. Gesellschaft der Wissenschaften zu Göttingen, Phil.-hist. Kl. 1894. S. 15 ff. (S. 29), dagegen schon Wilcken, bei Pauly-Wissowa II. s. v. Arsinoe 26, Sp. 1286; Strack, Dynastie S. 125); ich möchte dieses τέμενος nur als einen Teil des σῆμα auffassen und zwar als denjenigen, in dem sich die Grabstätte der ϑεοὶ Ἀδελφοί befunden hat. In ähnlicher Weise ist auch das von Sueton, Augustus c. 18 (Dio Cassius LI. 16, 3; Joseph. c. Apion. II § 58 ed. Niese) erwähnte Πτολεμάειον zu erklären, nämlich als derjenige Teil des σῆμα, der die Gräber sämtlicher Ptolemäer enthalten hat. Ebenso Puchstein, in Pauly-Wissowa I. s. v. Alexandria Sp. 1385.

3) Dies hält z. B. Kaerst (Die Begründung des Alexander- und Ptolemäerkultes in Ägypten in Rh. M. LII. (1897), S. 42 ff. [S. 44]) für den Fall, daß Wilamowitz

Memphis[1]) ganz deutlich, daß vor Übernahme des Leichnams Alexanders durch Ptolemäos I. in Alexandrien ein Tempel des großen Königs nicht bestanden haben kann; denn dann hätte man doch Alexander, wenn auch nur vorübergehend, in diesem und nicht in Memphis bestattet, da ja schon damals (321 v. Chr.) Alexandrien zum entgültigen Beisetzungsort gewählt worden ist, was sich aus dem damals sofort gefaßten Beschluß in dieser Stadt ein dem Ruhme des großen Königs würdiges Heiligtum als Grabstätte zu erbauen (Diodor XVIII. 28, 4; Pseudo-Kallisth. III, 34) ohne weiteres klar ergibt. Daß während des Baues dieses Tempels in Alexandrien gleichzeitig noch ein anderer für Alexander auf Veranlassung des Staates in Angriff genommen, früher als das σῆμα fertiggestellt worden sei und daß so doch schon ein offizieller Kult des Königs vor dem am σῆμα gepflegten bestanden habe, ist meines Erachtens völlig ausgeschlossen.

Durchaus im Einklang hiermit steht dann die Nachricht des Pausanias (I. 7, 1), daß tatsächlich die Leiche Alexanders aus ihrem ursprünglichen Beisetzungsort Memphis nach Alexandrien erst überführt worden ist, als das σῆμα Ἀλεξάνδρου fertiggestellt war. Dies ist unter dem zweiten Ptolemäer erfolgt[2]), sodaß also erst dieser

---

a. a. O. S. 28 die Begründung des σῆμα richtig in die Zeit des Philadelphos verlege, für möglich. Bemerken möchte ich nur, daß ich, wenn ich auch den offiziellen Kult Alexanders als Stadtgott Alexandriens zur Zeit Ptolemäos' I. (es sei hier bemerkt, daß man als eigentlichen Stadtgott Alexandriens ja den Ἀγαθὸς Δαίμων anzusehen hat; siehe Ps. Kallisth. I. 32; vergl. hierzu die interessanten Ausführungen von Schiff, Inschriften von Schedia in der Festschrift zu Otto Hirschfelds 60. Geburtstage S. 372 ff. [S. 377 A. 1]) leugne, andererseits durchaus nicht bestreite, daß auch Ptolemäos I. schon Alexander als Gott anerkannt und verehrt hat. Vergl. z. B. Suidas, s. v. Ἀντιπάτηρ: Μόνος δὲ τῶν διαδόχων θεὸν καλέσαι Ἀλέξανδρον οὐχ εἵλετο, ἀσεβὲς τοῦτο κρίνας u. L. Müller, Numismatique d'Alexandre le Grand S. 29 ff. (Münzen des Alexander mit Emblemen Ptolemäos' I.).

1) So Pausanias I. 6, 3; siehe Curtius X. 10, 20 und auch Pseudo-Kallisth. III, 34. Die von Kaerst (a. a. O. S. 56) für falsch erklärte Angabe des Pausanias ist jetzt vollständig gesichert durch das neue Bruchstück des Marmor Parium, mitgeteilt von Krispi in M. A. I. XXII. (1897), S. 187, Z. 12. Daß die Beisetzung in Memphis in diese doch nur die Hauptereignisse registrierende Chronik aufgenommen worden ist, zeigt wohl deutlich, daß sie nicht als eine nur ganz vorübergehende aufzufassen ist. Dies wird auch dadurch bestätigt, daß die Bestattung in Alexandrien in dem bis 299/98 v. Chr. reichenden uns erhaltenen Teile des Marmor Parium nicht erwähnt wird. Daß dies geschehen wäre, wenn sie in dieser Zeit stattgefunden hätte, ist wohl ohne Zweifel.

2) Diese Nachricht bietet Pausanias I. 7, 1 (sie schon von Droysen, Geschichte des Hellenismus[2] II, 1. S. 112 A. 1 für richtig gehalten), während die anderen Schriftsteller, die von der Beisetzung Alexanders sprechen (Diodor XVIII. 28, 3/4; Strabo XVII, p. 794; Älian, V. H. XII, 64; Curtius X. 10, 20; Pseudo-Kallisth. III. 34), die Überführung nach Alexandrien schon dem ersten Ptolemäer zuschreiben, die ersteren, ohne überhaupt die Beisetzung in Memphis zu erwähnen. Dies muß uns schon darauf hinweisen, daß ihr Bericht minderwertig, d. h.

König als der Begründer des besonderen Kultes Alexanders als Stadt-

mindestens ungenau excerpiert ist. Neuerdings hat Kornemann a. a. O. in Beiträge zur alten Geschichte I. S. 61 A. 3 versucht, die widersprechenden Berichte
der Autoren dahin zu vereinen, daß er eine dreimalige Beisetzung Alexanders
annimmt: zuerst durch Ptolemäos I. in Memphis, dann durch denselben in
Alexandrien und schließlich durch Ptolemäos II. ebenda im σῆμα. Seine Annahme ist schon an sich nicht sehr wahrscheinlich und beruht auf einer doch
recht willkürlichen Vermischung der verschiedenen Quellen; ferner sind die von
ihm zur Stütze der zweimaligen Beisetzung in Alexandrien angeführten Worte
Strabos a. a. O. τὸ δὲ σῶμα τοῦ Ἀλεξάνδρου κομίσας ὁ Πτολεμαῖος ἐκήδευσεν ἐν τῇ
Ἀλεξανδρείᾳ, ὅπου νῦν ἔτι κεῖται· οὐ μὴν ἐν τῇ αὐτῇ πυέλῳ, was die letzten
Worte anbelangt, nur auf das darauffolgende Geschichtchen von dem Wechsel
des Sarges Alexanders zu beziehen und deuten sogar durch das ὅπου νῦν ἔτι
κεῖται im Gegenteil auf eine nur einmalige Bestattung in Alexandrien hin, und
schließlich besteht die Möglichkeit — dies macht Kornemanns Vermutung unbedingt
hinfällig — die aus Pausanias erschlossene Begründung des Alexanderkultes durch
Ptolemäos Philadelphos auch auf Grund anderer Gesichtspunkte zu gewinnen
(S. 143 ff.), so daß also auf jeden Fall die bei Pausanias gebotene Tradition als die
beste anzusehen ist. (Zu einer Abweisung der Kornemannschen Deutung und
einer mit meiner Auffassung gleichkommenden Ansicht ist inzwischen auch
Jakoby, die Beisetzungen Alexanders des Großen in Rh. Mus. LVIII (1903), S. 461/62
gelangt.) Hinweisen möchte ich noch auf ein Moment in der Darstellung des
Pausanias, das mir für die Beurteilung seines Wertes als Quelle von Wichtigkeit
zu sein scheint. Er bezeichnet nämlich den 2. Ptolemäer, um ihn von seinem
Vater zu unterscheiden, nicht, wie man bei diesem späten Autor erwarten müßte,
als „Ptolemäos Philadelphos", sondern einfach als „Ptolemäos, Bruder der
Arsinoe", d. h. so, wie ihn offenbar im Gegensatz zu späteren die zeitgenössischen
Schriftsteller genannt haben; denn den Beinamen Philadelphos haben sie ja noch
nicht anwenden können, da dieser Ptolemäos II. nicht ursprünglich eigen, sondern
sekundären Charakters gewesen ist und ihm erst später, nicht bei Lebzeiten bei-
gelegt worden ist. (Näheres siehe Kapitel VIII.) Aus der Nichtbenutzung des
Beinamens Philadelphos in den primären Quellen dürfte auch das Schwanken
der Tradition zu erklären sein, ob ein Ereignis, eine Einrichtung u. dergl. der Zeit
Ptolemäos' I. oder II. zuzuweisen ist; siehe z. B. Errichtung des Museions, dann
eben die Beisetzung Alexanders usw.) So weist also auch das Fehlen des Namens
Philadelphos darauf hin, daß den Angaben des Pausanias beste zeitgenössische
Tradition, und demnach wohl sicher der auch sonst für die Diadochengeschichte
von ihm wohl durch Benutzung einer Mittelquelle verwertete Hieronymus von
Kardia, zu grunde liegt. Dieser ist nun wohl auch als die Quelle von Diodor
XVIII, 28 anzunehmen, so daß die Verschiedenheit der Nachrichten der beiden
Autoren eigentlich verwundern müßte; doch hat man hier eben mit einer groben
Nachlässigkeit Diodors oder seiner Mittelquelle zu tun, die sich schon in der
Nichterwähnung von Memphis zeigt, und die wohl vor allem durch das Fehlen
des Beinamens Philadelphos bedingt sein dürfte. Im übrigen läßt sich der Bericht Diodors mit demjenigen des Pausanias wohl vereinigen, da auch er zwischen
der Übernahme der Leiche Alexanders durch Ptolemäos I. und der Beisetzung
in Alexandrien einen längeren Zwischenraum anzunehmen zwingt, indem er angibt, daß erst ein bedeutendes Heiligtum für Alexander erbaut werden mußte.
Daß die Fertigstellung desselben sich bis in die Zeit des Philadelphos verzögert
hat, dürfte sich wohl vornehmlich daraus erklären, daß ein großer Teil der Regierungszeit des 1. Ptolemäers wenig geeignet war, um solche Prachtbauten auszuführen, da in ihr Ägypten beständig um seine Existenz zu kämpfen hatte.

gott¹) des von diesem gegründeten Alexandriens²) und damit zugleich

Wie lange übrigens die Erbauung antiker Prachtbauten dauern konnte, darüber siehe z. B. die Bemerkungen Lumbrosos, L'Egitto ² S. 189/90 im Anschluß an den Artikel bei Suidas s. v. ἡμίεργον; er hat es recht wahrscheinlich gemacht, daß z. B. die Bauzeit des alexandrinischen Cäsareums ungefähr 15 Jahre betragen hat.

1) Durchaus unberechtigt ist es, wenn Kornemann a. a. O. S. 62—63 glaubt, der an das σῆμα sich anknüpfende alexandrinische Kult sei für Alexander zuerst nur als dem ἥρως κτίστης der Stadt eingerichtet worden. Alexander muß viel-mehr unbedingt sofort als Gott verehrt worden sein, da ja dieser Kult erst unter Philadelphos geschaffen worden ist. Nun sind aber damals bereits ganz sicher Diadochen zu Göttern erhoben gewesen (Kornemann a. a. O. S. 67—69 will auch hier nur anfängliche Heroisierung annehmen, doch überzeugt er nicht), wie z. B. Ptolemäos I. Soter (siehe S. 143 und vergl. z. B. noch die Inschrift aus Halikarnaß, Strack, Inschriften 1 (Zeit: noch bei Lebzeiten des 1. Ptolemäers, siehe Dittenberger, Orientis graeci inscriptiones selectae I. S. 48, dessen ge-nauere Zeitbestimmung mir freilich nicht ganz gesichert erscheint), wo er Σωτὴρ καὶ θεός genannt wird, Seleukos I. (Σέλευκος Ζεὺς Νικάτωρ, siehe Appian, Syr. c. 63; C. I. Gr. III. 4458), und Demetrios Poliorketes (siehe Athenaeus VI. 253 b—f (aus Demochares u. Duris, F. H. G. II S. 449 u. 476); siehe auch Plutarch, Demetrios c. 26) und deshalb ist es ganz ausgeschlossen, daß zu derselben Zeit ihr großes Vorbild an seiner wichtigsten Kultstätte zuerst nur als Heros verehrt worden ist. In der Tat ist auch nichts über eine derartige Verehrung Alexanders, son-dern nur über seine Apotheosierung bekannt geworden, denn die heroisierende Form, die für seinen Kultus in Alexandrien bekannt geworden ist (hierauf be-zieht sich offenbar Diodors Angabe XVIII. 28, 4 von θυσίαι ἡρωϊκαί), und aus der Kornemann seine Behauptung abgeleitet hat, kann nicht in Betracht kommen, da gerade dieser Kult, wie wir gesehen haben, unbedingt von Anfang an Alexander als „Gottheit" geweiht gewesen sein muß. Übrigens überschätzt Kornemann (S. 62) ganz bedeutend die heroischen Bestandteile des Alexander-kultes; denn als solcher ist doch nur die Errichtung der Kultstätte in Verbindung mit dem Grabe anzusehen; wieso „die Einsetzung von Opfern und Agonen, die Beibehaltung des bloßen Namens Alexander" (vergl. S. 138, A. 3) sichere Zeichen für eine Heroisierung sein sollen, kann ich nicht einsehen. Daß sich überhaupt ein heroisches Element im Kulte des Gottes Alexander findet, ist gar nicht so wunderbar und läßt sich auf einfachste Weise erklären, wenn man bedenkt, daß im Laufe der Zeit die Grenzen zwischen Heros und Gott fließend geworden sind und daß demnach auch die Form der beiden Kulte sich genähert hat. (Vergl. z. B. die Einrichtung von Agonen für Götter, sie ursprünglich nur im Heroen-kult; ferner siehe Rohde, Psyche ² I, S. 146 ff. (z. B. S. 183) und Denecken in Roscher, Lexikon der griechischen und römischen Mythologie II, s. v. Heros Sp. 2441 ff.) Natürlich mußte sich dergleichen am deutlichsten äußern bei einem Gotte, der mit dem Heros es gemeinsam hatte vorher Mensch gewesen zu sein, und gerade bei ihm lag es besonders nahe, aus der Heroenverehrung den Brauch zu übernehmen, als heiligsten und für die Ausübung des Kultes besonders geeigneten Ort die Begräbnisstätte des früheren Menschen anzusehen und demgemäß dort ein Heilig-tum zu erbauen. Dies ist denn auch im alexandrinischen Alexanderkult der Fall gewesen.

2) So Wilamowitz a. a. O. S. 28, Wilcken in G. G. A. 1895, S. 140/41, wäh-rend Kaerst und Kornemann a. a. O. Ptolemäos I. als Schöpfer des alexandri-nischen Alexanderkultes annehmen, beide allein auf Grund der Verwerfung der Angaben des Pausanias. Kaerst verwertet zwar noch urkundliches Material, aber es ergibt ihm für die Gestaltung der Verhältnisse unter dem ersten Ptolemäer

auch als der Schöpfer der Institution des Alexanderpriesters anzusehen ist.[1])

Die Richtigkeit dieser Annahme ergibt sich wohl am deutlichsten daraus, daß wir das gleiche Resultat auch auf ganz anderem Wege erhalten können. Hierzu muß man auf die schon (S. 138 A. 5) erwähnte, sehr merkwürdige Tatsache zurückgreifen, daß dem Kulte Alexanders, nicht wie zu erwarten, zuerst der Kult der $\vartheta\varepsilon o\grave{\iota}$ $\Sigma\omega\tau\tilde{\eta}\varrho\varepsilon\varsigma$, des Ptolemäos I. und seiner Gemahlin Berenike[2]), und dann erst die folgenden Ptolemäer angegliedert worden sind, sondern daß man mit dem Kult der $\vartheta\varepsilon o\grave{\iota}$ $'A\delta\varepsilon\lambda\varphi o\acute{\iota}$ den Anfang gemacht hat und erst im 8. Jahre Ptolemäos' IV. Philopators (215/14 v. Chr.) die $\vartheta\varepsilon o\grave{\iota}$ $\Sigma\omega\tau\tilde{\eta}\varrho\varepsilon\varsigma$ als $\sigma\acute{\upsilon}\nu\nu\alpha o\iota$ $\vartheta\varepsilon o\acute{\iota}$ eingeführt worden sind. Mit Recht hat schon Wilcken (G. G. A. 1895 S. 140) als die nächstliegende Lösung dieses Rätsels — mir erscheint sie sogar als die allein mögliche — die Annahme bezeichnet, daß Ptolemäos I. ausgeschlossen worden ist, weil er bereits seinen eigenen Kult hatte, als der Alexanderkult in Alexandrien geschaffen wurde. Man darf jedoch wohl noch einen Schritt weiter gehen und als Grund der Ausschließung das Vorhandensein eines besonderen Kultus der $\vartheta\varepsilon o\grave{\iota}$ $\Sigma\omega\tau\tilde{\eta}\varrho\varepsilon\varsigma$, nicht nur des $\vartheta\varepsilon\grave{o}\varsigma$ $\Sigma\omega\tau\acute{\eta}\varrho$, annehmen. Nun wird wohl von niemanden bestritten, daß Ptolemäos I. erst nach seinem Tode (283/82 v. Chr.) von seinem Sohne Philadelphos konsekriert worden ist[3]), und ferner darf man es wohl als völlig gesichert bezeichnen, daß der Kult der $\vartheta\varepsilon o\grave{\iota}$ $\Sigma\omega\tau\tilde{\eta}\varrho\varepsilon\varsigma$ erst nach dem Jahre 279/78 v. Chr. eingerichtet worden sein kann; denn in diesem Jahre wird noch ein Agon $\iota\sigma o\lambda\acute{\upsilon}\mu\pi\iota o\varsigma$ allein zu Ehren von $\Pi\tau o\lambda\varepsilon\mu\alpha\tilde{\iota}o\varsigma$

---

eigentlich nichts (siehe a. a. O. S. 51), da er nur einen mitten in der Regierung Ptolemäos' II. gelegenen terminus ante quem feststellt. Ganz unberechtigt ist es auch dann, wenn Kaerst (S. 57/58) aus der für die spätere Zeit belegten Feier des Todestages Alexanders, der in Alexandrien der „dies sacratissimus" geworden sein soll (Julius Valerius III, 35), den Schluß ableitet, dies müsse unmittelbar an den Tod Alexanders angeknüpft haben.

1) Wenn in dem Alexanderroman (Pseudo-Kallisth. III, 33) Alexander in seinem Testament selbst den Alexanderpriester einsetzt, so ist dies natürlich reine Erfindung; immerhin zeigt uns diese Nachricht, daß man auch im Altertum nicht daran gedacht hat, einen schon zu Lebzeiten Alexanders bestehenden Alexanderkult in Alexandrien anzunehmen.

2) Daß von den Gemahlinnen des ersten Ptolemäers die letzte, Berenike, mit ihm zusammen vergöttert worden ist, ist an und für sich zu erwarten und ergibt sich auch deutlich aus der Inschrift von Adulis (Strack, Inschriften 39 [C. I. Gr. III. 5127]) . . . $\tau\tilde{\omega}\nu$ $\beta\alpha\sigma\iota\lambda\acute{\varepsilon}\omega[\varsigma]$ $\Pi\tau o\lambda\varepsilon\mu\alpha\acute{\iota}o\upsilon$ $\varkappa\alpha\grave{\iota}$ $\beta\alpha\sigma\iota\lambda\acute{\iota}\sigma\sigma\eta\varsigma$ $B\varepsilon\varrho\varepsilon\nu\acute{\iota}\varkappa\eta\varsigma$, $\vartheta\varepsilon\tilde{\omega}\nu$ $\Sigma\omega\tau\acute{\eta}\varrho\omega\nu$.

3) Vergl. Scholien zu Theokrit, Idyll. XVII, 16: $\tau\grave{o}\nu$ $\Sigma\omega\tau\tilde{\eta}\varrho\acute{\alpha}$ $\varphi\eta\sigma\iota$ $\Pi\tau o\lambda\varepsilon\mu\alpha\tilde{\iota}o\nu$ $\tau\grave{o}\nu$ $\Lambda\acute{\alpha}\gamma o\upsilon$, $\varkappa\alpha\vartheta\grave{o}$ $\grave{\varepsilon}\xi\varepsilon\vartheta\varepsilon\acute{\omega}\vartheta\eta$ $\grave{\upsilon}\pi\grave{o}$ $\tau o\tilde{\upsilon}$ $\upsilon\acute{\iota}o\tilde{\upsilon}$; siehe auch Theokrit, Idyll. XV, 47; ferner: Kaerst a. a. O. S. 60; von Prott, Das $\grave{\varepsilon}\gamma\varkappa\acute{\omega}\mu\iota o\nu$ $\varepsilon\grave{\iota}\varsigma$ $\Pi\tau o\lambda\varepsilon\mu\alpha\tilde{\iota}o\nu$ und die Zeitgeschichte in Rh. M. LIII. (1898) S. 460 ff. (461), Kornemann a. a. O. S. 67/68. Die obige Behauptung bezieht sich natürlich nur auf das Verhältnis des ersten Ptolemäers zum griechischen Kultus.

$\Sigma\omega\tau\acute{\eta}\varrho$ gefeiert[1]), also ist offenbar Berenike dem Kult ihres Gemahls noch nicht angeschlossen gewesen.[2]) Demnach ergibt sich auch hieraus der sichere Schluß, daß der Alexanderkult und mit ihm der Alexanderpriester erst von Ptolemäos II. gegründet worden sind, und es ist uns hierdurch ferner in dem Jahre 279/78 v. Chr. ein bestimmterer terminus post quem bekannt geworden.

Was nun die Feststellung eines genaueren terminus ante quem für die Einsetzung des Alexanderpriesters anbelangt, so kommt hierfür einmal eine Urkunde aus dem Jahre 270/69 v. Chr. (16. Jahr Ptolemäos' II.) in Betracht, in welcher der $\iota\varepsilon\varrho\varepsilon\grave{\upsilon}\varsigma$ $'A\lambda\varepsilon\xi\acute{\alpha}\nu\delta\varrho\upsilon$ zum ersten Mal uns urkundlich entgegentritt.[3]) Weiteres urkundliches Material für diese Frage ist leider nicht vorhanden; wir kennen zwar noch eine zeitlich frühere Urkunde aus der Regierung des zweiten Ptolemäers, aus seinem 8. Jahre (278/77 v. Chr.)[4]), und in ihr wird der Alexanderpriester im Aktpräskript nicht genannt, doch darf man aus der Nichterwähnung durchaus nicht ohne weiteres das Nichtbestehen dieses Priesters ableiten[5]), da z. B. eine Urkunde vom Jahre 267/66 v. Chr. (19. Jahr Ptolemäos' II.)[6]), also aus einer Zeit, wo dieses Priestertum sicher bestanden hat, ihn auch im Datum nicht nennt.[7])

---

1) Dies ist von Prott a. a. O. S. 461 im Anschluß an das Dekret von Amorgos (Strack, Inschriften aus ptolemäischer Zeit N. 3, publ. Archiv I, S. 201; Dittenberger, Sylloge I², 202) richtig erkannt worden.

2) Ausgeschlossen erscheint es mir, daß damals ein Kultus des $\Pi\tau o\lambda\varepsilon$-$\mu\alpha\tilde{\iota}o\varsigma$ $\Sigma\omega\tau\acute{\eta}\varrho$ und der $\vartheta\varepsilon o\grave{\iota}$ $\Sigma\omega\tau\tilde{\eta}\varrho\varepsilon\varsigma$ nebeneinander bestanden habe. Wenn Theokrit XVII, 121 ff. von $\nu\alpha o\acute{\iota}$ spricht, die Philadelphos seinem Vater und seiner Mutter erbaut habe, so brauchen hiermit durchaus nicht zwei getrennte Tempel gemeint sein. Auf keinen Fall sind diese aber auf den offiziellen Kult in Alexandrien zu beziehen (siehe Lykos [F. H. G. II. S. 374, frg. 15] in den Scholien zu diesen Theokritversen: $\Phi\iota\lambda\acute{\alpha}\delta\varepsilon\lambda\varphi o\varsigma$ $\tilde{\omega}\kappa o\delta\acute{o}\mu\eta\sigma\varepsilon$ $\kappa\alpha\grave{\iota}$ $\tau\tilde{\omega}\nu$ $\gamma o\nu\acute{\varepsilon}\omega\nu$ $\dot{\alpha}\mu\varphi o\tau\acute{\varepsilon}\varrho\omega\nu$ $\pi\alpha\mu\mu\varepsilon$-$\gamma\acute{\varepsilon}\vartheta\eta$ $\nu\alpha\acute{o}\nu$ $\kappa\tau\lambda.$); höchstens könnte man an $\nu\alpha o\acute{\iota}$ in anderen Städten Ägyptens denken.

3) P. Petr. I. 24 N. 2. Z. 4/5 läßt sich mit voller Sicherheit ergänzen:
4) [$B\alpha\sigma\iota\lambda\varepsilon\acute{\upsilon}o\nu\tau o\varsigma$ $\Pi\tau o\lambda\varepsilon\mu\alpha\acute{\iota}o\upsilon$ $\tau o\tilde{\upsilon}$ $\Pi\tau]o\lambda\varepsilon\mu\alpha\acute{\iota}o\upsilon$ $\check{\varepsilon}\tau o\upsilon\varsigma$ $\dot{\varepsilon}\kappa\kappa\alpha\iota\delta\varepsilon\kappa\acute{\alpha}\tau o[\upsilon$ $\dot{\varepsilon}\varphi'$ $\iota\varepsilon\varrho\acute{\varepsilon}\omega\varsigma$ $X.]$
5) [$\tau o\tilde{\upsilon}$ $\Psi.$ $'A\lambda\varepsilon\xi\acute{\alpha}\nu\delta\varrho o\upsilon$ $\kappa\alpha\grave{\iota}$ $\vartheta]\varepsilon\tilde{\omega}\nu$ $'A\delta\varepsilon\lambda\varphi\tilde{\omega}\nu$ $\mu\eta[\nu\grave{o}\varsigma$ $\Pi\varepsilon\varrho\iota]\tau\acute{\iota}o\nu.$

4) dem. P. Louvre 2434 u. 2437, publ. in Chrest. dém. S. 209 ff.

5) Verfehlt wäre es auch meiner Ansicht nach, die Nichterwähnung des Alexanderpriesters in dieser Urkunde dadurch zu erklären, daß er wohl bestanden habe, daß ihm aber noch nicht die Eponymität verliehen worden sei, denn die Verleihung der Eponymität dürfte doch gleich bei seiner Einsetzung erfolgen; vergl. z. B. die Angaben Arrians, Anab. VII. 23, 8 bezüglich der von Alexander geplanten Einrichtung eines Kultes und Priesters für Hephaistion auf der Insel Pharus; auch diesem Priester sollte sofort Eponymität zukommen.

6) dem. P. Louvre 2424, publ. Chrest. dém. S. 231 ff., siehe auch Rev. ég. I S. 5 u. öfters.

7) In dieser Zeit darf man noch nicht wie bei den demotischen Papyri des 2. Jahrhunders v. Chr. das Auslassen eines Priestertums auf die große Schwülstigkeit der Aktpräskripte und die daraus entstehende Möglichkeit sich zu verschreiben zurückführen; hier dürfte es vielmehr aus der noch nicht genügenden

Eine literarische Notiz Theokrits ermöglicht uns alsdann einen zeitlich noch etwas früheren terminus ante quem als das Jahr 270/69 v. Chr. festzustellen. Theokrit erwähnt nämlich in seinem berühmten „ἐγκώμιον εἰς Πτολεμαῖον"[1]), dessen Abfassung von Prott (a. a. O. S. 475) mit Recht in die Zeit vor 271 v. Chr. verlegt hat, den alexandrinischen Alexanderkult, und somit haben wir zwei unbedingt sichere Grenzdaten für die Zeit seiner Entstehung, nach oben 279/78 und nach unten 271 v. Chr., gewonnen.

Es besteht nun die Möglichkeit auf Grund eines Zeugnisses, dem auf jeden Fall das Bestehen des Alexanderkultus in den 70er Jahren des 3. Jahrhunderts v. Chr. zu entnehmen ist, noch über diese beiden Daten hinauszugelangen und sogar den genauen Zeitpunkt der Begründung des Alexanderkultes festzulegen. Allerdings können die folgenden Ausführungen nicht den Anspruch auf gleiche Sicherheit wie die vorhergehenden erheben; sie knüpfen an die berühmte, von Ptolemäos II. Philadelphos veranstaltete πομπή in Alexandrien an[2]) und an die Möglichkeit den Charakter und die Zeit der Feier dieses großen Festes mit ziemlicher Genauigkeit zu ermitteln.

Wichtige Anhaltspunkte für die Zeit bietet uns vor allem eine der vielen kleineren πομπαί, aus denen sich der ganze Festzug zusammengesetzt hat; es ist diejenige, welche τοῖς τῶν βασιλέων γονεῦσι geweiht gewesen ist (Athenaeus V. 197ᵈ). Denn aus dieser Weihung der einen Unterabteilung an die „Eltern der Könige" ergibt sich einmal mit voller Sicherheit, daß damals die Eltern des Königs Philadelphos, Ptolemäos I. Soter und seine Gemahlin Berenike schon vergöttlicht gewesen sind, d. h. daß der Kult der ϑεοὶ Σωτῆρες damals schon bestanden hat, was uns auch weiterhin dadurch bestätigt wird, daß an anderen Stellen des Festzuges Götterbilder und Tempelchen des ersten Ptolemäers und seiner Gemahlin mitgeführt werden (Athenaeus V. 201ᵈ u. 202ᵈ; siehe auch 203ᵃ). Nun hat aber, wie wir gesehen haben (S. 143/144), im 7. Regierungsjahre des Philadelphos (279/78 v. Chr.) ein Kult der ϑεοὶ Σωτῆρες noch nicht existiert, es kann also auch unsere πομπή erst nach diesem Jahre stattgefunden haben.

Als unbedingte Voraussetzung der Weihung der kleinen πομπή

Vertrautheit des demotischen Schreibers mit der neuen Form der Datierung zu erklären sein; auch dies würde dann auf ein noch verhältnismäßig kurzes Bestehen des Alexanderpriesters hinweisen. Möglich ist es allerdings, daß diesem Auslassen auch eine gewisse bewußte Abneigung des Verfassers (er gehört den Kreisen der ägyptischen Priester an, siehe VIII. Kapitel) zu grunde liegt, nach griechischen Priestertümern datieren zu müssen.

1) Idyll. XVII, 17 ff. Hinweisen möchte ich dabei noch auf die Scholien zu diesen Versen, aus denen man wohl auch die Einführung des Alexanderkultes durch Philadelphos entnehmen kann.

2) Der Bericht hierüber stammt aus Kallixenos und ist uns erhalten bei Athenaeus V, 196ᵃ ff. (= F. H. G. III, S. 58 ff.).

an „die Eltern der Könige" ist ferner außer der Apotheosierung der
Eltern des Königs auch diejenige der Eltern der damals lebenden
Königin[1]) anzusehen; da die Eltern der ersten Gemahlin des Philadelphos, der Arsinoe I., Lysimachos von Thracien und seine erste
Gattin Nikaia[2]), in Ägypten nach ihrem Tode ganz sicher nicht apotheosiert worden sind, so kann auch der Festzug — der oben für
ihn gewonnene terminus post quem, 279/78 v. Chr., würde an sich
Arsinoe I. keineswegs ausschließen — nicht, solange sie Königin war,
erfolgt sein; er ist demnach vielmehr in die Zeit der zweiten Gemahlin des Königs, der Arsinoe II. Philadelphos, zu setzen, bei der
die Vorbedingung der Vergöttlichung in der Tat erfüllt wird, da sie
ja als die leibliche Schwester des zweiten Ptolemäers auch ein Kind
der ϑεοὶ Σωτῆρες gewesen ist.[3])

Die Festlegung der Feier der πομπή in die Zeit der Arsinoe
Philadelphos ist insofern von großer Wichtigkeit, weil uns dadurch
für sie ein genauer terminus ante quem, nämlich das Todesjahr dieser
Königin, das Jahr 271/70 v. Chr. (15. Jahr Ptolemäos' II.)[4]) bekannt
wird; außerdem wird auch der terminus post quem etwas hinter
279/78 v. Chr. herabgerückt, da in diesem Jahre Arsinoe Philadelphos
sicher noch nicht ihren Bruder Ptolemäos II. geheiratet hatte[5]); allerdings kann die Hochzeit bald nach diesem Termin, vielleicht schon
278/77 v. Chr. stattgefunden haben.[6])

---

1) Wäre die Königin nicht mehr am Leben gewesen, so würde man offenbar nicht den Ausdruck „βασιλεῖς" gebraucht haben.

2) Droysen, Geschichte des Hellenismus[2] II, 2 S. 318 dürfte wohl mit Recht
in ihr die Mutter der Arsinoe I. gesehen haben. Ganz verfehlt erscheint es mir
dagegen, wenn E. Rohde, Der griechische Roman und seine Vorläufer[2] S. 81 Anm.
Arsinoe Philadelphos als ihre Mutter annimmt. Dagegen schon Wilcken bei
Pauly-Wissowa II. s. v. Arsinoe 25 Sp. 1281.

3) Daß die Weihung der πομπή „τοῖς τῶν βασιλέων γονεῦσι" Arsinoe Philadelphos als Gemahlin des zweiten Ptolemäers voraussetze und daß der Festzug
deshalb nur zu der Zeit, als sie ägyptische Königin war, stattgefunden haben
könne, haben schon richtig bemerkt Droysen, Zum Finanzwesen der Ptolemäer,
Anhang I. Arsinoe Philadelphos, Kleine Schriften II, S. 295 ff., Wilcken bei Pauly-
Wissowa II, s. v. Arsinoe 25 Sp. 1281, Prott a. a. O. S. 462. Siehe auch Niese,
Geschichte der griechisch. u. makedonisch. Staaten seit der Schlacht bei Chae-
ronea II, S. 108 A. 4, der freilich zu einem bestimmten Urteile nicht gelangt.

4) Dieses steht jetzt fest durch ein neugefundenes Bruchstück der Mendesstele, publiziert bei von Prott a. a. O. S. 464 A. 1 nach einer Mitteilung F. von
Bissings.

5) Im Jahre 280 v. Chr. hat ja erst Arsinoe Philadelphos ihren Bruder
Ptolemäos Keraunos geheiratet, ist allerdings bald vor ihm geflüchtet, doch hat
sie sich, bevor sie wieder nach Ägypten zurückging, auf Samothrake einige
Zeit aufgehalten. Vor 279/78 v. Chr. dürfte sie daher wohl auf keinen Fall nach
Ägypten gekommen sein, und bis zu ihrer Heirat mit ihrem Bruder, bis es ihr
gelang dessen erste Gemahlin zu stürzen, ist doch sicher auch einige Zeit vergangen. Siehe auch Wilcken bei Pauly-Wissowa II, s. v. Arsinoe 26 Sp. 1282/83.

6) Der von Champollion-Figeac, Annales des Lagides II, S. 20 vermutete

Einen weiteren Anhaltspunkt für die Bestimmung des genauen Zeitpunktes der Feier der πομπή liefert dann die Nachricht des Kallixenos (Athenaeus V. 197[d], 198[b]), daß dieses große Fest ein penteterisches gewesen ist. Nun hat von Prott (a. a. O. S. 461) es sehr wahrscheinlich gemacht, daß im Jahre 279/78 v. Chr. das große, im Dekret von Amorgos erwähnte penteterische Fest des Πτολεμαῖος Σωτήρ zum erstenmal gefeiert worden ist, das von Philadelphos in kluger politischer Berechnung gegründet[1]) nach der Absicht seines Begründers panhellenischen Charakter annehmen sollte, zu dem er deshalb Aufforderungen zur Teilnahme an alle Hellenen erlassen hatte (Amorgos Z. 24/25) und das auch diejenigen der Griechen, an denen dem Könige sicher am meisten gelegen war, die νησιῶται, für alle Zeit zu beschicken beschlossen hatten.[2]) Unter diesen Umständen, bei dieser hohen politischen Bedeutung des Festes muß es ganz ausgeschlossen erscheinen, daß etwa der mit diesem Fest begonnene penteterische Turnus bald nach der Gründung wieder fallen gelassen worden und daß dafür ein anderer geschaffen worden ist; auch die Einrichtung eines zweiten bedeutenden, penteterischen Festes neben dem ersten in derselben Stadt und ungefähr zu derselben Zeit ist durchaus unwahrscheinlich, und deshalb muß man zweifellos das, wie wir gesehen haben, in den 70er Jahren des 3. Jahrhunderts v. Chr. gefeierte, uns von Kallixenos beschriebene penteterische Fest als ein Glied des 279/78 v. Chr. begründeten Festzyklus auffassen und es demnach entweder 275/74 oder 271/70 v. Chr., und zwar in den Winter dieser Jahre[3]) ansetzen.

Termin 277 v. Chr. dürfte der Wahrheit wohl sehr nahe kommen. So auch Wilcken bei Pauly-Wissowa II, s. v. Arsinoe 26 Sp. 1283. Unbegründet erscheint es mir dagegen, wenn U. Koehler, Zur Geschichte Ptolemäus' II. Philadelphos in Sitz. Berl. Akad. 1895, S. 965 ff. (971) auf Grund der Angaben der Pithomstele die Hochzeit in das Jahr 274/73 v. Chr. setzen zu müssen glaubt. (Dagegen schon von Prott a. a. O. S. 462 A. 1.) Das Jahr 275/74 v. Chr. als terminus ante quem der Hochzeit ergibt sich mit Sicherheit aus den Ausführungen des folgenden; Prott a. a. O. S. 463 nimmt mit Recht denselben terminus ante quem an, allerdings kann ich dem ihn hierzu führenden Beweise nicht zustimmen. Siehe S. 147 ff.

1) Recht hübsch charakterisiert von Prott a. a. O. S. 467 die Gründung mit den Worten: „Um Alexandria zum Mittelpunkte der hellenischen Welt zu machen, um den rivalisierenden Seleukiden den Rang abzulaufen, hat Philadelphos im Jahre 279 zum ersten Male in griechischer Geschichte einen panhellenischen ἀγὼν ἰσολύμπιος in Alexandria ins Leben gerufen. Die ägyptische Hauptstadt sollte ein Weltmarkt und zugleich das Olympia der neuen Welt werden, das Fest verkündete die Größe des ersten Königs, den Ruhm und die Frömmigkeit des zweiten."

2) Amorgos, Z. 35. Es ist sehr wohl möglich und recht wahrscheinlich, daß auch andere Griechen ähnliche Beschlüsse gefaßt haben; vielleicht erhalten wir auch sie einmal durch einen gütigen Zufall.

3) Athenaeus V. 196[d]. Schon Mahaffy, Greek life and thought from Ale-

Bedenken gegen diese Ansetzung könnte allerdings der Umstand erwecken, daß die πομπή des Kallixenos einen anderen Charakter getragen hat als der, den der Festzug von 279/78 v. Chr. gehabt haben dürfte; denn in diesem letzteren muß, da er allein Πτολεμαίῳ Σωτῆρι geweiht gewesen ist, auch dieser unbedingt die Hauptrolle gespielt haben, während dieses in der πομπή nach allem, was wir über ihre Zusammensetzung wissen, durchaus nicht der Fall gewesen ist. Diese Veränderung des ursprünglichen Charakters des Festes läßt sich jedoch durchaus befriedigend erklären; sie mußte sogar eintreten, da ja auch inzwischen der mit dem ἀγών in Verbindung stehende Kult des Πτολεμαῖος Σωτήρ eine Umgestaltung erfahren hatte und an seine Stelle derjenige der ϑεοὶ Σωτῆρες getreten war (siehe S. 143/144).

Allerdings hat die Änderung des Festzuges nicht nur, wie man erwarten könnte, darin bestanden, anstatt des Πτολεμαῖος Σωτήρ die ϑεοὶ Σωτῆρες zu setzen und ihnen das Fest zu weihen[1]), sondern man hat auch gleichzeitig die πομπή offenbar bedeutend erweitert[2]) und den bisherigen Hauptteil zu einer der Unterabteilungen gemacht; denn wären bei diesem neuen Feste die ϑεοὶ Σωτῆρες die Hauptpersonen gewesen, so hätte jedenfalls die ihnen geweihte πομπή den Festzug nicht eröffnet (Athenaeus V. 197[d]) und würde auch ebenso sicher, da doch andere Abteilungen der ganzen πομπή eingehend beschrieben werden, nicht mit der bloßen Erwähnung abgetan worden sein.

Die beiden wichtigsten Gruppen des Festzuges scheinen vielmehr unbedingt diejenige des Dionysos (Athenaeus V. 197[e] ff.) und die des Gottes Alexander (Athenaeus V. 200) gewesen zu sein; sie sind die beiden einzigen, deren Bestandteile aufs genaueste beschrieben werden, und in einem der beiden Götter muß man demnach auch die Hauptperson der ganzen Festlichkeit sehen. Nun sind aber beide πομπαί allem Anschein nach gleich prächtig ausgestattet gewesen, denn durch den bedeutend längeren und detaillierteren Bericht über die πομπή des

xander to the Roman conquest S. 202 hat die Feier richtig in diese Jahreszeit verlegt. Da das Fest im Winter stattfand kommt das Jahr 271/70, das Todesjahr der Arsinoe Philadelphos, noch in Betracht, da die Königin ja erst im Pachon des 15. Jahres Ptolemäos' II., d. h. etwa Ende Juni oder im Juli 270 v. Chr. gestorben ist.

1) von Prott a. a. O. S. 462 behauptet, daß die πομπή des Kallixenos Πτολεμαίῳ καὶ Βερενίκῃ ϑεοῖς Σωτῆρσι geweiht gewesen sei, ohne jedoch dafür einen Beweis zu erbringen. Denn die von ihm angeführte Stelle des Athenaeus V. 203[a] enthält für seine Behauptung auch nicht die geringste Begründung, namentlich, wenn man die schon von Wilamowitz in der Kaibelschen Ausgabe des Athenaeus (I. S. 450 Anm.) vorgeschlagene Umstellung der Sätze des betreffenden Paragraphen vornimmt, eine Umstellung, die mir durchaus erforderlich zu sein scheint.

2) Siehe z. B. die Angaben über ihre Bestandteile bei Athenaeus V. 197[d] u. 202[a].

Dionysos, in dem man sehr wohl nur den Ausfluß eines zufällig
größeren Interesses des Berichterstatters für die von ihm früher ge-
sehene Schaustellung sehen kann, darf man sich nicht täuschen lassen[1]),
und daher sind wir auch auf Grund des Äußeren der beiden Gruppen
nicht imstande, den Eponymos des Festzuges zu ermitteln.

Dieses scheint mir jedoch sehr wohl möglich zu sein durch Berücksichtigung und richtige Würdigung der Stellung, welche die beiden
πομπαί im Festzuge eingenommen haben. Während nämlich der des
Dionysos keine besonders merkliche Stellung angewiesen worden ist,
da sie mitten unter den anderen πομπαί genannt wird, hat diejenige,
die Alexander geweiht war, den Schluß des für die einzelnen Götter
bestimmten Teiles des Festzuges gebildet. Da sich an sie noch eine
sehr wichtige und wohl sogar die bei weitem umfangreichste Abteilung der ganzen πομπή, nämlich diejenige, welche das ganze
ägyptische Heer, 57 600 Mann zu Fuß und 23 200 Reiter, enthielt
(Athenaeus V. 202ᶠ), angeschlossen hat, sie also durchaus nicht etwa
am Ende des Festzuges gestanden hat, so darf man auf keinen Fall
in ihrer Einordnung als letzte der Götter-πομπαί eine Zurücksetzung
sehen, sondern muß dieses vielmehr als eine besondere Hervorhebung
vor den anderen auffassen und darin, daß die πομπή Alexanders als
die letzte erscheint, offenbar das Bestreben erblicken, als würdigen
Abschluß das Hauptstück des ganzen Festzuges zu bringen.
Bei dieser Annahme scheinen mir auch erst die Worte des Kallixenos
ins rechte Licht gerückt, mit denen er die Beschreibung der πομπή
Alexanders einleitet (Athenaeus V. 202ᵃ): καὶ μετὰ ταῦτα Διὸς ἤγετο
πομπὴ καὶ ἄλλων παμπόλλων θεῶν καὶ ἐπὶ πᾶσιν Ἀλεξάνδρου.

Daß Alexander und nicht Dionysos derjenige gewesen ist, zu
dessen Ehren der ganze Festzug gefeiert worden ist, dafür spricht
ferner auch die innere Wahrscheinlichkeit. Denn es ist kaum denkbar, daß das ursprünglich dem Ptolemäos Soter geweihte Fest, das
eben durch seine Anknüpfung an den Kult eines Mitgliedes des
Herrscherhauses den Ruhm der neuen Dynastie aller Welt verkünden
sollte, plötzlich ohne einen sichtbaren Grund in eins für einen der
alten Götter, für Dionysos, umgewandelt worden ist, da es ja dadurch
das Besondere, das ihm anhaften und das vor allem politisch wirken
sollte, ganz verloren hätte.[2]) Ganz anders liegt dagegen die Sache,

---

1) So z. B. Kornemann, a. a. O. S. 70.

2) Dionysos hat freilich als „Stammvater mütterlicherseits" (siehe Satyros,
frg. 21 in F. H. G. III. S. 164; Strack, Inschriften 39 [C. I. Gr. III. 5127]: Inschrift
von Adulis) in näheren Beziehungen zur ptolemäischen Dynastie gestanden; es
ist mir jedoch nicht wahrscheinlich, daß man deswegen ihm zu Liebe den Charakter des Festzuges vollständig geändert hätte; dann hätte man ja ebensogut
Herakles als „Stammvater väterlicherseits" (siehe die obigen Belege u. Theokrit,
Idyll. XVII, 26) zum Eponymos des Festzuges wählen können. Zudem sei hier
hervorgehoben, daß den ersten Ptolemäern aller Wahrscheinlichkeit nach Herakles

wenn man Alexander als Eponymos annimmt und den Grund in Betracht zieht, der offenbar die Ptolemäer ebenso wie schon zur Bereitung der Grabstätte für Alexander, so auch zur Gründung und Auf-
rechterhaltung eines besonderen offiziellen Kultes für ihn als Stadtgott der Hauptstadt ihres Reiches veranlaßt hat. Sicherlich wollten
sie hierdurch jedermann deutlich kundtun, daß sie Alexander vor allem
für sich in Anspruch nähmen, und hofften dadurch, daß sie sich als
die besonderen Schutzherren und Leiter des Kultes des großen Königs,
dem ja die ganze übrige Hellenenwelt die höchste Verehrung zollte,
aufspielten, an dem Ruhme teilzunehmen, der von seinem Namen aus-
ging, und so ihr politisches Ansehen zu erhöhen. Unter diesen Umständen ist es wohl zu begreifen, daß bei dem großen panhellenischen
Feste in Alexandrien, als der Kult Alexanders geschaffen wurde, an
Stelle Ptolemäos' Soters Alexander gesetzt worden ist, daß der große
Diadoche vor seinem größeren König hat zurücktreten müssen, zumal
da ja infolge des Aufhörens eines gesonderten Kultes des *Πτολεμαῖος
Σωτήρ* der Charakter des Festzuges bald nach seiner Begründung
ohnehin eine Änderung erforderte. In einer Alexander geweihten
πομπή erklärt sich auch das Vorkommen einer besonders prächtig
ausgestatteten Abteilung für Dionysos aufs einfachste; ist doch Dionysos derjenige von den Göttern gewesen, der am meisten in seinem
ganzen Wesen Alexander ähnelte[1]); hatte er doch auch wie dieser
siegreich die Welt durchzogen und sie sich unterworfen, und ist doch
auch vor allem der indische Feldzug Alexanders so oft dem des Dionysos an die Seite gestellt worden.[2])

Zu unserer Annahme, daß wir in der *πομπή* des Kallixenos eine
große für Alexander veranstaltete Festlichkeit vor uns haben, passen
dann sehr gut und bilden insofern eine Bestätigung die Nachrichten
von Festlichkeiten, die alljährlich Alexander zu Ehren in Alexandrien
begangen worden sind[3]); daß diese Feste alle Jahre gefeiert worden

---

und Dionysos an sich gar nicht so sehr am Herzen gelegen haben (bekanntlich
datiert die große Vorliebe des Ptolemäerhauses für Dionysos erst seit Ptolemäos IV.,
über ihn vergl. die interessanten Zusammenstellungen Lumbrosos, L'Egitto [2]
S. 141/42), sondern vielmehr die durch sie gebotene Möglichkeit sich väterlicher-
und mütterlicherseits von dem höchsten Gotte, von Zeus, ableiten zu können,
der so der eigentliche göttliche Ahnherr des Geschlechtes wurde (vergl. hierzu
die bemerkenswerten Worte in der Inschrift von Adulis: *ἀπόγονος τὰ μὲν ἀπὸ
πατρὸς Ἡρακλέους τοῦ Διὸς τὰ δὲ ἀπὸ μητρὸς Διονύσου τοῦ Διός*; siehe ferner
die besondere Hervorhebung des Zeus im *ἐγκώμιον εἰς Πτολεμαῖον*).

1) Siehe hierzu auch die Nachricht des Diogenes Laertios VI. 63, der zufolge Alexander von den Athenern den Beinamen *Διόνυσος* erhalten haben soll.

2) So erklärt sich auch, daß in der *πομπή* des Dionysos eine Statue Ale-
xanders mitgeführt wird (Athenaeus V. 201[d]); daß hier auch eine des Ptolemäos
Soter (Athenaeus a. a. O.) erscheint, erfolgt auf Grund der von ihm behaupteten
Abstammung mütterlicherseits von Dionysos.

3) Siehe Diodor XVIII. 28, 7; Athenaeus XIV. 620[d]; Julius Valerius III. 35:

sind, spricht durchaus nicht etwa gegen eine Gleichsetzung mit der
πομπή des Kallixenos, da man ja diese, wie von Prott (a. a. O. S. 460/61)
richtig erkannt hat, als die besondere penteterische Feier eines alljährlich stattfindenden Festes aufzufassen hat (Athenaeus V. 198ᵃ:
ὁ ἐνιαυτός).

Diese Identifizierung gewährt uns nun einen weiteren Anhaltspunkt für die Bestimmung der Zeit des Festzuges; da nämlich als
Tag der Feier der späteren Feste der Todestag Alexanders genannt
wird (Jul. Val. III, 35), so darf man wohl annehmen, daß auch die
πομπή des Kallixenos an diesem Tage, d. h. am 28. Daisios[1]) stattgefunden hat. In unsere Zeitrechnung läßt sich allerdings dieses
Datum infolge des so überaus unregelmäßigen Schaltsystems und der
daraus entspringenden häufigen Veränderungen des Jahresanfanges des
makedonischen Kalenders[2]) nicht mit voller Sicherheit übertragen,
doch wissen wir zufällig, daß in dem Jahre 277/76 v. Chr. der 1. Dios,
d. h. das makedonische Neujahr auf den 16. Juni 277 v. Chr. gefallen
ist,[3]) und demnach können wir mit einem gewissen Recht in den
beiden für die Abhaltung der πομπή nach den bisherigen Ausführungen in Betracht kommenden Jahren 275/74 und 271/70 v. Chr. den
28. Daisios in den Januar (Februar, siehe Anm. 3) 274 oder 270 v. Chr.
verlegen; diese Ansetzung erfährt außerdem eine große Stütze durch
die in der Beschreibung des Festes selbst angegebene Zeitbestimmung
„mitten im Winter" (S. 147).[4])

obitus eius (sc. Alexandri) diem etiam nunc Alexandriae sacratissimum habent;
Script. hist. Aug. vit. Alex. Sev. 5: die festo Alexandri.

1) In der Zeit des Philadelphos hat man natürlich für dieses große, vom
Staate veranstaltete Fest das makedonische Datum des Todes Alexanders benutzt;
später, als seit dem 2. Jahrhundert v. Chr. der makedonische Kalender nur noch
pro forma beibehalten wurde (vergl. vor allem Strack, Der Kalender im Ptolemäerreich im Rh. Mus. LIII [1898] S. 399 ff. [412 ff.]), mag allerdings das dem
makedonischen Datum seinerzeit entsprechende ägyptische (4. Pharmuthi) maßgebend gewesen sein, und so ist es zu erklären, daß in römischer Zeit der
Todestag Alexanders Ἀπριλλίου νεομηνίᾳ angesetzt worden ist (Ps. Kallisth.
III. 35).

2) Deshalb wäre es natürlich ganz verfehlt, die Feier des Festes daraufhin, daß der 28. Daisios des Todesjahres Alexanders auf den 13. Juni 323 v. Chr.
fällt, in den Juni zu verlegen.

3) Siehe Inschrift, publ. bei Néroutsos, L'ancienne Alexandrie S. 113; sollte
hier Ὑπερβερεταῖος ά und nicht λ΄ zu lesen sein, so würde allerdings für den
1. Dios der 14. Juli 277 in Betracht kommen. Übrigens ist ein fast gleicher
Jahresanfang, der 17. Juni, für das Jahr 229 v. Chr. zu belegen, siehe C. I. Gr.
Ins. fasc. III. 327. Vergl. auch die Tabelle bei Strack a. a. O. S. 420.

4) von Prott a. a. O. S. 463 A. 2 hat schon aus dieser Zeitangabe den
Schluß gezogen, daß Ptolemäos I. Soter im Winter 283/82 v. Chr. gestorben ist;
denn wenn sich auch der Charakter der penteterischen Feste geändert hat, so
dürfte doch wohl ebensowenig wie der Jahreszyklus der genaue Zeitpunkt eine
Änderung erfahren, also auch das Fest von 279/78 v. Chr., das offenbar ebenso
wie die Alexanderfeste am Todestage seines Eponymos gefeiert wurde, im Winter

Wir dürfen wohl in der Bestimmung des Charakters der von Kallixenos beschriebenen πομπή Alexanders noch einen Schritt weiter gehen. Es ist bereits festgestellt worden (S. 143 ff.), daß die Fertigstellung des σῆμα ᾿Αλεξάνδρου und damit die Einführung des offiziellen Alexanderkultes in Alexandrien in den 70er Jahren des 3. Jahrhunderts v. Chr. erfolgt sein muß, und es ist ferner ganz selbstverständlich, daß anläßlich eines so wichtigen Ereignisses die großartigsten Festlichkeiten stattgefunden haben werden, in denen man jedenfalls das Vorbild der späteren Alexander geweihten Feste zu sehen hat. Wenn uns nun aus eben dieser Zeit die Schilderung eines Alexanderfestes bekannt geworden ist, das als eine der glänzendsten und großartigsten Festlichkeiten des ganzen Altertums bezeichnet werden kann, so ist es wohl mehr als wahrscheinlich, daß uns hier die Beschreibung der Einführungsfeierlichkeiten des Alexanderkultes erhalten ist.[1]) Daß gerade sie durch Kallixenos der Nachwelt übermittelt worden sind, und nicht eins der späteren, gewöhnlichen Alexanderfeste, darauf scheint mir ferner auch die an sich immerhin merkwürdige Tatsache hinzuweisen, daß man es nicht für nötig hält den Zweck der geschilderten πομπή anzugeben, sondern sie einfach als die πομπή des Philadelphos bezeichnet (Athenaeus V. 196ª), eine Art der Bezeichnung, die eigentlich nur möglich ist, wenn es sich um ein hochberühmtes und allgemein bekanntes Fest, das einzig in seiner Art dastand, wie es wohl sicher die Festlichkeiten bei der Einführung des Alexanderkultes gewesen sind, handelt und nicht um einen der nach bestimmter Zeit immer wiederkehrenden, stets den gleichen Charakter tragenden Festzüge[2]).

---

stattgefunden haben. Vielleicht kann man sogar im Anschluß an die obigen Ausführungen den Tod Soters in den Januar (Februar) 282 v. Chr. ansetzen; aus dieser Ansetzung ergibt sich allerdings noch nicht mit Sicherheit, daß er etwa zufällig wie Alexander auch im Daisios gestorben ist; bei den großen Schwankungen des makedonischen Kalenders kann sehr wohl der Januar 282 v. Chr. einem ganz anderen makedonischen Monat entsprochen haben, es erscheint mir sogar nicht ausgeschlossen, daß hier, um den 28. Daisios dem Todestage Soters zu nähern, eine jener willkürlichen Kalenderänderungen, wie sie im makedonischen Kalender zu politischen Zwecken auch sonst erfolgt sind (siehe Ideler, Handbuch der mathemat. u. technischen Chronologie I. S. 405/6) vorgenommen worden ist.

1) Hinweisen möchte ich hier wenigstens noch auf die Ausstattung des Festzuges mit besonderen Abteilungen für alle wichtigen Götter (Athenaeus V. 197ᵈ u. 202ª); sie erscheint mir deshalb bemerkenswert, weil gerade bei einem Feste, bei dem es sich um die Einführung eines neuen Götterkultus handelt, die Anwesenheit der alten Götter am ehesten zu erwarten ist; denn durch sie dokumentiert sich wohl aufs deutlichste, daß der neue Gott voll und ganz in den Kreis der alten aufgenommen ist, sie giebt einem solchen Feste erst die rechte Weihe.

2) von Prott a. a. O. S. 462 charakterisiert die πομπή des Kallixenos u. a. dahin, daß in diesem Fest der Kult der θεοὶ Σωτῆρες mit dem Alexanders ver-

Trifft die eben ausgesprochene Vermutung über den Charakter der von Kallixenos beschriebenen πομπή das Richtige, dann scheidet von den beiden für die Zeit ihrer Feier möglichen Jahren das Jahr 271/70 v. Chr. aus, da ja der offizielle Alexanderkult in Alexandrien schon vor dem Jahre 271 v. Chr. bestanden hat (siehe S. 145), und es muß die πομπή, und somit auch die Einführung des Kultes, sowie die Errichtung des Alexanderpriestertums im Januar (Februar?) 274 v. Chr. (28. Daisios des 13. Jahres Ptolemäos' II.) stattgefunden haben.[1])

bunden worden sei; ihm schließt sich Kornemann a. a. O. S. 70 an. Protts Ansicht scheint mir durchaus verfehlt zu sein; denn einmal bietet die Zusammensetzung der πομπή keinen Anhaltspunkt für sie; wäre es so, wie Prott meint, so müßte man unbedingt eine Alexander und den ϑεοὶ Σωτῆρες gemeinsam geweihte πομπή annehmen; ferner ergiebt sich aber auch aus Protts Vermutung die schon von ihm selbst gezogene Folgerung, daß neben dem bekannten Kulte Alexanders und der Ptolemäer noch ein besonderer sonst durch nichts belegter Kult für Alexander und die ϑεοὶ Σωτῆρες das ganze 3. Jahrhundert v. Chr. hindurch bestanden habe, und dieses ist doch so unwahrscheinlich wie nur möglich. Siehe auch VIII. Kapitel.

1) Hinweisen möchte ich hier wenigstens darauf, daß mir dieses für die πομπή ermittelte Datum einen sicheren terminus post quem für den Beginn des 1. syrischen Krieges zu bieten scheint, für den bisher nur durch die für das Jahr 274/73 v. Chr. belegten kriegerischen Operationen ägyptischer Truppen westlich des Euphrats ein terminus ante quem bekannt war (siehe K. F. Lehmann in Zeitschrift für Assyriologie VII [1892] S. 354/55 und in Berl. Philolog. Wochenschr. 1892. Sp. 1465 im Anschluß an einen babylonischen astronomischen Text, veröffentlicht von Epping und Straßmair in Zeitschrift für Assyriologie VII. S. 233 ff.). Denn da an der πομπή das ganze ptolemäische Heer teilnimmt, so kann diese unmöglich während der Dauer dieses Krieges stattgefunden haben. Der Ausbruch des Krieges dürfte jedoch fast unmittelbar nach der Abhaltung des Festzuges erfolgt sein, etwa im Februar 274 v. Chr. Denn die Anwesenheit des ganzen Heeres in Alexandrien, läßt sich m. E., da es wohl ausgeschlossen ist, daß es allein zum Zwecke der πομπή zusammengezogen war, eigentlich nur durch die Annahme, der Ausbruch eines Krieges sei zu erwarten gewesen, befriedigend erklären, indem dann Alexandrien wie auch sonst (siehe z. B. Polyb. V, 63 ff., Rüstungen des 4. Ptolemäos gegen Antiochos III.) zum Mittelpunkt der Rüstungen und zum Sammelplatz des Heeres erhoben worden ist. Daß das große Fest mitten in den Kriegsrüstungen gefeiert worden ist, braucht nicht zu verwundern. Denn es wäre direkt politisch unklug gewesen seine Feier, die ja durch den Turnus bedingt war und zu der man jedenfalls infolge der Eigenart des Festes schon seit langem besondere Vorbereitungen getroffen hatte, wegen des drohenden Krieges zu unterlassen; die Feier des glänzenden Festes gerade zu dieser Zeit war wohl das beste Mittel, die Macht des Reiches nach außen zu dokumentieren und den zahlreichen Gästen die unerschütterliche Ruhe und Zuversicht der Regierung zu zeigen. Das Fest bildete gleichsam eine großartige Revue über die Bundesgenossen, sowie überhaupt über die Machtmittel des Staates. Mit der hier gewonnenen Datierung des Anfanges des Krieges stimmen aufs beste überein die Angaben der Pithomstele, Abschnitt E ff. (veröffentlicht von Brugsch-Erman, Die Pithomstele in Ä. Z. XXXII. [1894] S. 74 ff. [S. 79 ff.], denen zufolge allem Anschein nach im 11. Jahre des Philadelphos, d. h. 275/4 v. Chr., eine ägyptische Flotte an der persischen Küste gelandet ist und von dort früher geraubte ägyptische

Während sich so mit großer Wahrscheinlichkeit die Zeit der Einsetzung des Alexanderpriesters genau feststellen läßt, ist leider bisher der Zeitpunkt nicht bekannt geworden, bis zu dem eı bestanden hat. Die Ptolemäerzeit hat er sicher überdauert; denn noch in römischer Zeit ist ja der Alexanderkult in Alexandrien ein Gegenstand der höchsten Verehrung gewesen[1]), und sein Bestehen schließt natürlich dasjenige seines Priesters mit ein. Es ist immerhin recht wahrscheinlich, daß von den heidnischen Priestertümern Alexandriens die Institution des Alexanderpriesters bei dem großen und allgemeinen Ansehen, das der Gott, dem er diente, stets genossen hat, sich mit am längsten, vielleicht noch fast das ganze 4. Jahrhundert n. Chr. hindurch erhalten hat. Als Johannes Chrysostomos in Antiochien wohl in den 90er Jahren des 4. Jahrhunderts n. Chr.[2]) seine 26. Predigt zum 2. Korintherbriefe verfaßte, da kann der Kult nach den Worten des Predigers (c. 5) zu urteilen nicht mehr bestanden haben, doch kann man vielleicht ihnen zugleich entnehmen, daß der Kult und sein Tempel erst vor kurzem aufgehoben worden sind. Wunderbar muß es allerdings auf den ersten Blick dem gegenüber erscheinen, daß bisher ein ἱερεὺς Ἀλεξάνδρου für die römische Zeit noch nicht urkundlich belegt ist, doch läßt sich dieses Fehlen in befriedigender Weise dadurch erklären, daß der Alexanderpriester in der Datierung nicht mehr verwandt worden ist, der allein wir die Beispiele aus ptolemäischer Zeit verdanken. Viel befremdlicher ist es dagegen, daß auch Strabo (XVII, p. 797) dort, wo er die verschiedenen Beamten und Würdenträger Alexandriens bespricht, den Alexanderpriester gar nicht erwähnt. Hierfür hat je-

---

Götterbilder zurückgebracht hat (siehe Köhler a. a. O. in Sitz. Berl. Ak. 1895 S. 968/69; mit dieser Landung der ägyptischen Flotte wird man wohl die bisher nicht richtig verwertete Notiz des Plinius h. n. IX, 6 in Verbindung bringen dürfen). Auch die Ära von Tyrus, deren Anfangsjahr mit 274/73 v. Chr. anzusetzen ist (richtig v. Landau, Beiträge zur Altertumskunde des Orients II [1899], siehe phönizische Inschrift in Rev. arch. 3e Sér. V. [1885] S. 380 u. C. J. Sem. I. N. 7, S. 30 ff.), weist uns auf 274 v. Chr. als Anfangsjahr des Krieges hin. Vergl. zu diesen Ausführungen den inzwischen erschienenen Aufsatz C. F. Lehmanns, Hellenistische Forschungen I. Der erste syrische Krieg und die Weltlage um 275—272 v. Chr. in Beiträgen zur alten Geschichte III. S. 491 ff.

1) Sueton, August. c. 18, Dio Cassius LI. 16, 5 (Augustus); Lucian, Dial. Mort. 13, 3; Dio Cassius LXXV. 13 (Septimius Severus); Herodian IV, 8, 6 ff.; Suidas s. v. Ἀντωνῖνος (Caracalla); Script. hist. Aug. vit. Alex. Sev. c. 5 (Alexander Severus); Julius Val. III, 35; Joh. Chrysost. in Epist. II. ad. Cor. Homilie 26 c. 5 (Band X v. Mignes Patrologiae cursus, series graeca p. 625 ed. Montfaucon), die Angaben in c. 4 (p. 624) sind wohl nicht auf Alexander den Großen, sondern auf Alexander Severus zu beziehen; vergl. hierzu jetzt auch Usener, Divus Alexander im Rh. Mus. LVII. (1902) S. 171 ff. Siehe auch noch C. I. L. VIII. 8934 u. XIII. 1808.

2) Für die Bestimmung des Ortes, wo diese Homilie verfaßt war, und auch der Zeit vergl. die Angaben in der Migneschen Ausgabe des Johannes Chrysostomos (Patrologiae cursus, series graeca) Band X. S. 8.

doch schon Mommsen (Römische Geschichte V. S. 568 A. 1) offenbar die richtige Erklärung gefunden, indem er den von Strabo als vornehmsten stadtalexandrinischen Beamten genannten ἐξηγητής dem ἱερεὺς Ἀλεξάνδρου gleichsetzt[1]). Er tut dies auf Grund der auffälligen Übereinstimmung zwischen der von Strabo gebotenen Beschreibung des ἐξηγητής und den Nachrichten, die uns der in diesem Punkte jedenfalls gut unterrichtete Alexanderroman (Pseud. Kallisth. III, 33) über den Alexanderpriester bietet. So wird z. B. der letztere als ἐπιμελιστὴς τῆς πόλεως bezeichnet, während dem ἐξηγητής nach Strabo die ἐπιμέλεια τῶν τῇ πόλει χρησίμων obgelegen hat. Ferner haben beide den Purpur geführt, und die dem ἐξηγητής zugeschriebenen πάτριοι τιμαί haben wohl die denkbar beste Parallele in den Worten des Pseudo-Kallisthenes: μένει αὕτη ἡ δωρεὰ αὐτοῖς δὲ καὶ ἐγγόνοις. Schließlich spricht auch für die Möglichkeit der Gleichsetzung, daß beide Ämter als Jahresämter anzusehen sind, das eine als eponymes Priestertum, das andere als städtisches liturgisches Amt[2]).

Es sind also demnach zwei Ämter in der Hand des Alexanderpriesters vereinigt gewesen. Der Charakterisierung der Würde des ἐξηγητής durch Strabo als der ἐπιμέλεια τῶν τῇ πόλει χρησίμων wird man wohl nicht nur die Fürsorge für die Versorgung Alexandriens mit den nötigsten Lebensmitteln entnehmen dürfen[3]), sondern man wird wohl in dem ἐξηγητής 'eine Art obersten Gemeindevorstandes' zu sehen haben[4]).

---

1) Die weitere Identifizierung Mommsens (a. a. O.) des ἐξηγητής mit dem ἀρχιερεὺς Ἀλεξανδρείας καὶ Αἰγύπτου πάσης ist allerdings nicht anzunehmen. Siehe S. 60/61.

2) Für die Auffassung des alexandrinischen ἐξηγητής als liturgischen Beamten spricht einmal die Beschränkung der Würde auf einen bestimmten Kreis von Personen (siehe oben: πάτριοι τιμαί) und weiterhin der Umstand, daß die ἐξηγηταί der ägyptischen Metropolen, die doch im allgemeinen nach dem Vorbild der alexandrinischen geschaffen sein dürften, in römischer Zeit liturgische Beamte gewesen sind.

3) So schon Varges, De statu Aegypti provinciae Romanae I. et II. p. Chr. saeculis S. 49 und Franz im C. I. Gr. III. S. 291 (die von ihnen zum Beweise herangezogene Stelle des Polybius XV. 26 ist jedenfalls zu streichen, so auch Lumbroso, Recherches S. 213 A 1), dann weiterhin Hirschfeld, Römische Verwaltungsgeschichte I. S. 143 A. 4 (Alexandrinischer ἐξηγητής, das Vorbild des stadtrömischen praefectus annonae) und neuerdings Wilcken, Ostr. I. S. 657; letzterer denkt jedoch auch daran, daß die cura annonae nur eine Accedenz zu den ursprünglichen Kompetenzen des Exegeten gewesen sein könne. Der für das 2. Jahrh. n. Chr. belegte alexandrinische ὁ ἐπὶ εὐθηνίας (B. G. U. II. 578, 9, vergl. Wilcken, Ostr. I. S. 657/58), d. h. der Vorsteher der annona (vergl. auch den in einer alexandrinischen Inschrift [Milne, Inschriften 10] genannten ὁ ἐπὶ εὐθηνίας τοῦ Β γράμματος, d. h. des zweiten Stadtviertels), läßt sich übrigens gerade mit der modifizierten Ansicht Wilckens gut vereinigen.

4) Siehe Mitteis, Zur Berliner Papyruspublikation I im Hermes XXX (1895) S. 569 ff. (S. 588) und Kornemann, Ägyptische Einflüsse im römischen Kaiser-

Wann die Vereinigung der beiden Ämter erfolgt ist, läßt sich nicht ermitteln. Es sei nur hervorgehoben, daß das Amt des ἐξηγητής, was man schon Strabos Worten entnehmen mußte, der ptolemäischen Zeit nicht fremd gewesen ist; ungefähr seit der Mitte des 2. Jahrhunderts v. Chr. lassen sich alexandrinische ἐξηγηταί nachweisen[1]). Warum Strabo sich darauf beschränkt hat, nur den ἐξηγητής zu nennen, läßt sich nur vermuten; es wird ihm eben die Würde des ἐξηγητής von den beiden eng verbundenen Ämtern als die wichtigere erschienen sein.

Ganz klar sehen wir auch nicht, wie sich in römischer Zeit der Kult gestaltet hat, dem der Alexanderpriester vorgestanden hat; ganz selbstverständlich ist es, daß aus ihm die als σύνναοι θεοί verehrten Ptolemäer verschwunden sind, doch ob an ihre Stelle die divi Caesares getreten sind, läßt sich nicht entscheiden; möglich wäre es immerhin.

Was die eponymen Priester Alexandriens außer dem Alexanderpriester anbelangt (siehe auch Anhang II 1, B ff. dieses Kapitels), so kommen sie, da sie sämtlich nur den Kult der apotheosierten Ptolemäer gepflegt haben, nur für die ptolemäische Zeit in Betracht; mit dem Sturze der makedonischen Dynastie sind sie auf jeden Fall verschwunden[2]). Die bekanntesten von ihnen sind die

---

reich in Neue Jahrbücher für klassisches Altertum, Geschichte und Pädagogik III (1899) S. 118 ff. (S. 126). Ihre Ansicht wird jetzt aufs beste bestätigt durch den soeben erschienenen P. Oxy. III 477, in dem ein alexandrinischer Bürger an den ἐξηγητής und an die Prytanen (die Z. 5 genannten Καισάρειοι sind wegen des folgenden οἱ ἄλλοι πρυτάνεις auch als Prytanen und zwar wegen ihrer besonderen Hervorhebung als die der leitenden Prytanie, welche die Phyle Καισάρειος [vergl. P. Oxy. II. 373] gestellt hatte, aufzufassen) die Bitte um die Aufnahme seines Sohnes unter die Epheben richtet; der ἐξηγητής erscheint also hier in leitender Stellung in einer allgemeinen Gemeindeangelegenheit. P. Oxy. III. 477 ist weiterhin auch deshalb besonders bemerkenswert, weil in ihm (Z. 5) der ἐξηγητής als ἱερεὺς ἐξηγητής bezeichnet wird; in dem ohne Hinzufügung des Gottesnamens gebrauchten Priestertitel möchte ich den Hinweis auf die Würde des Alexanderpriesters sehen, so daß hierdurch die obigen Ausführungen weiter bestätigt werden.

1) Die Belege siehe Anhang II 1, A dieses Kapitels; daß diese ἐξηγηταί den gleichen Charakter wie der von Strabo geschilderte besessen haben, zeigt deutlich der Titel des einen: ἐξηγητής καὶ ἐπὶ τῆς πόλεως.

2) Das Fortbestehen des Ptolemäerkultes in der Kaiserzeit ist natürlich ganz ausgeschlossen; deshalb darf man wohl auch, wenn in einem Papyrus aus der Zeit des Alexander Severus (P. Berl. Bibl. 4) eine Ἀφροδίτη ἡ καὶ Κλεοπάτρα genannt wird, nicht daran denken, daß hier wirklich ein Residuum des Ptolemäerkultes vorliegt, das sich bis ins 3. Jahrhundert n. Chr. erhalten hat. Herr Professor Cichorius weist mich darauf hin, daß hier überhaupt vielleicht gar keine Göttin gemeint ist, sondern daß man etwa einfach in jenem Namen einen Frauendoppelnamen zu erkennen habe. Die uns in römischer Zeit gelegentlich begegnende, recht sonderbar anmutende Datierung nach eponymen Priestern, die in der Form im großen und ganzen der in der späten ptole

Priesterinnen der ersten ptolemäischen Königinnen. Über die Zeit ihrer Einsetzung läßt sich leider nichts Sicheres ermitteln; denn wenn man auch wohl bei ihnen annehmen darf, daß die Errichtung des Priestertumes und die Verleihung der Eponymität zusammengefallen sind, so darf man doch nicht ohne weiteres aus einer Nichterwähnung in den Aktpräskripten auf ein Nichtbestehen des betreffenden Priestertums schließen[1]). Zu welchen Irrtümern ein solches Verfahren führen kann, haben wir schon beim Alexanderpriester gesehen[2]); die Nachlässigkeit der Schreiber ist stets bei Schlüssen aus den Aktpräskripten in Betracht zu ziehen.

Die älteste der alexandrinischen eponymen Ptolemäerpriesterinnen ist die κανηφόρος Ἀρσινόης Φιλαδέλφου gewesen, welche für das Jahr 267/6 v. Chr. (19. Jahr Ptolemäos' II.) zuerst nachzuweisen ist[3]); ihr folgt dann die ἀθλοφόρος Βερενίκης Εὐεργετίδος (Gemahlin Euergetes' I.), die zuerst 211/10 v. Chr. (12. Jahr Ptolemäos' IV.) erwähnt wird[4]), und dann die ἱέρεια Ἀρσινόης Φιλοπάτορος (Gemahlin des 4. Ptolemäers), von der ein Papyrus aus dem 7. Jahre des Epiphanes (199/98 v. Chr.) zuerst berichtet[5]).

mäischen Zeit üblichen (siehe S. 139, A. 1) gleicht (öfters belegt im C. P. R. I), darf gleichfalls nicht für das Fortbestehen der Ptolemäerpriester in römischer Zeit verwertet werden; über diese Datierung siehe VII. Kapitel.

1) Beurlier, De divinis honoribus, quos acceperunt Alexander et eius successores S. 73 ff., der auch schon die Nachrichten über die Ptolemäerpriesterinnen, allerdings z. T. fehlerhaft zusammengestellt hat, begeht noch den groben Fehler als Jahr der Einsetzung dasjenige, in dem sie zum erstenmal genannt werden, anzusehen.

2) Siehe S. 144; vergl. übrigens auch diese Seite A. 4 und oft in den Listen von Anhang II dieses Kapitels.

3) dem. P. Louvre 2424 publ. Chrest. dém. S. 231 ff.; siehe auch Chrest. dém. S. LXXXVII A. 2 N. 3 u. Rev. ég. I. S. 5

4) dem. P. Lond., publ. v. Revillout, P. S. B. A. XIV (1891/92) S. 60 ff. und von Griffith, P. S. B. A. XXIII (1901) S. 294 ff.; dem. P. Berl. 3075, publ. N. Chrest. dém. S. 4 und von Spiegelberg, dem. P. Berl. S. 7; in dem gleichfalls aus dem 12. Jahre stammenden dem. P. Bologna, publ. Rev. ég. III. S. 2 A. 5 ist die Athlophore nicht genannt, obgleich er einem späteren Monat als der Londoner angehört (er dem Mecheir, jener dem Tybi), auch wieder ein Fall, der uns bezüglich unserer Ansetzungen zur Vorsicht mahnt. Revillout (Chrest. dém. S. LXXXVII A. 2) behauptet nun, daß die Athlophore schon für das 8. Jahr des Philopator nachzuweisen sei, doch ist er uns hierfür bisher den Beweis schuldig geblieben; ein mir bekannter dem. P. Lond. 37 (Anastasi?), publ. Rev. ég. I. S. 20 u. 135 A. 1 aus dem 8. Jahr des Philopator nennt sie z. B. nicht.

5) dem. P. Louvre 2435, publ. Chrest. dém. S. 389 ff. Beurlier a. a. O. S. 75 glaubt sie schon für das 23. Jahr des 4. Ptolemäers nachweisen zu können, doch mit Unrecht; denn die von ihm als Beleg angeführten dem. P. Berl. 3114 u. 3140, publ. N. Chrest. dém. S. 66 ff. und von Spiegelberg, dem. P. Berl. S. 7 gehören dem 23. Jahre Ptolemäos' V. Epiphanes' an; Revillout (Chrest. dém. S. LXXXVII A. 2. N. 7) nennt als Anfangsjahr das 2. Jahr des Epiphanes, doch ohne Belege anzuführen; in dem aus diesem Jahre stammenden dem. P. Leid. 373ᶜ (publ. Rev. ég. I. S. 128 A. 1) ist sie jedenfalls noch nicht genannt.

Von den folgenden ptolemäischen Königinnen — für die Ptolemäer des 1. Jahrhunderts v. Chr. ist uns allerdings infolge der schon erwähnten Verkürzung der Aktpräskripte überhaupt nichts über einen für sie errichteten Sonderkult überliefert — lassen sich nur noch für Kleopatra III., die Tochter Ptolemäos' VI. Philometors I. und zweite Gemahlin seines Bruders Ptolemäos' VIII. Euergetes' II., besondere eponyme Priestertümer nachweisen[1]). So sind uns eine $\sigma\tau\varepsilon\varphi\alpha\nu o$-$\varphi\acute{o}\varrho o\varsigma$[2]), eine [$\sigma\varkappa\eta\pi\tau\varrho o$?]$\varphi\acute{o}\varrho o\varsigma$[3]) und eine $\iota\acute{\varepsilon}\varrho\varepsilon\iota\alpha$[4]) dieser Königin bekannt geworden; das erste Beispiel für sie bietet ein demotischer Papyrus aus dem 6. Jahre Ptolemäos' X. Philometor Soters II. (112/11 v. Chr.) (dem. P. Boulaq 1 u. 2, publ. Chrest. dém. S. 401 ff.).

Zu erwähnen ist endlich noch von den eponymen Priestern Alexandriens ein $\iota\varepsilon\varrho o\pi\acute{o}\lambda o\varsigma$ $"I\sigma\iota\delta o\varsigma$ $\mu\varepsilon\gamma\acute{\alpha}\lambda\eta\varsigma$ $\mu\eta\tau\varrho\grave{o}\varsigma$ $\vartheta\varepsilon\tilde{\omega}\nu$, der zuerst für das Jahr 131/30 v. Chr. (40. Jahr des 8. Ptolemäers) belegt ist[5]). Der Titel $\iota\varepsilon\varrho o\pi\acute{o}\lambda o\varsigma$ dieses Priesters weist uns auf einen griechischen Priester hin; da er ferner mitten unter Ptolemäerpriestern genannt wird, so erscheint es mir ganz selbstverständlich, daß er auch selbst einer gewesen ist. Insofern halte ich auch die von Brugsch (Lettre à Monsieur Rougé S. 9) geäußerte Vermutung, daß unter der $"I\sigma\iota\varsigma$ $\mu\varepsilon\gamma\acute{\alpha}\lambda\eta$ $\mu\acute{\eta}\tau\eta\varrho$ $\vartheta\varepsilon\tilde{\omega}\nu$ Kleopatra III. zu verstehen sei, für durchaus wahrscheinlich. Wenn man allein die Zeit der Entstehung des Priestertums, das infolge der Gleichsetzung mit Isis nur einer weiblichen Gottheit geweiht gewesen sein kann, berücksichtigt, so könnte allerdings außer Kleopatra III. an und für sich auch Kleopatra II., die Schwester und Gemahlin Philometors I. und Euergetes' II. in Betracht kommen; zieht man dagegen auch in Betracht, daß der $\iota\varepsilon\varrho o\pi\acute{o}\lambda o\varsigma$ in der Zeit der Sammtherrschaft der Kleopatra und ihrer Söhne (Ptolemäos' X. und Ptolemäos' XI.) im Aktpräskript meist direkt

---

1) Daß Kleopatra I. u. II., die Gemahlinnen des 5. u. 6. Ptolemäers, in Alexandria eigene eponyme Priestertümer besessen haben, scheint mir ganz ausgeschlossen, da diese sonst sicher einmal in einem der zahlreichen Aktpräskripte des 2. Jahrhunderts n. Chr. erwähnt worden wären.

2) dem. P. Boulaq 1 u. 2, publ. Chrest. dém. 401 ff.; dem. P. Vatican, publ. Rev. ég. III. S. 25; dem. P. New York 375, publ. Rev. ég. III. S. 26.

3) Dieselben Belege wie in A. 2; in dem dem. P. Boulaq ist der Titel offenbar zu ergänzen, wo Revillout nur die Lesung ...phore bietet; vergl. für den Titel übrigens seine Ausführungen in Rev. ég. III. S. 26 A. 5.

4) Dieselben Belege wie in Anm. 2.

5) dem. P. Leid. 185, publ. Rev. ég. I. S. 91; Revillout bietet die Lesung ʿAeropoleʾ, doch hat hierfür Spiegelberg, Demotische Miscellen in Ä. Z. XXXVII (1899) S. 18 ff. (S. 38) mit Recht den Ausdruck ʿ$\iota\varepsilon\varrho o\acute{v}\pi\omega\lambda o\varsigma$ʾ, der in griechischen Papyri aus der Zeit des 10. u. 11. Ptolemäers sich findet, eingesetzt; vergl. z. B. P. Grenf. I. 25, Col. 2, 5; 27, Col. 2, 3; II. 20, Col. 2, 5; P. Par. 5, Col. 1, 2/3; siehe auch die inzwischen erschienenen B. G. U. III. 994, Col. 2, 5/6; 995, Col. 2, 5/6; 996, Col. 2, 5 und gr. Inschrift, publ. von Strack, a. a. O., Archiv II. S. 551. Der $\iota\varepsilon\varrho o\acute{v}\pi\omega\lambda o\varsigma$ der Papyri ist jedenfalls dem sonst belegten Worte $\iota\varepsilon\varrho o\pi\acute{o}\lambda o\varsigma$ (= $\iota\varepsilon\varrho\alpha\pi\acute{o}\lambda o\varsigma$) gleichzusetzen.

hinter dem Alexanderpriester, jedenfalls aber immer vor den berühmten alten Ptolemäerpriesterinnen erscheint[1]), eine Stellung, die
ihn unbedingt vor den andern hervorheben und besonders ehren
sollte, so ist es wohl so gut wie ausgeschlossen, an Kleopatra II. zu
denken, da die 3. Kleopatra dem Priester ihrer einst so erbitterten
Rivalin den Ehrenplatz unter den eponymen Priestern sicherlich nicht
gelassen und auf keinen Fall sogar die für sie neu geschaffenen
Priesterinnen teilweise erst hinter ihn eingeordnet hätte (Belege siehe
Anm. 1).[2])

Wenn man auch jedenfalls diejenigen der Ptolemäerpriester, die
man vor den andern auszeichnen wollte, an die ersten Stellen in den
Aktpräskripten gestellt hat und somit die Reihenfolge dieser Priester
uns einen Anhaltspunkt für die Wertschätzung des einzelnen zu bieten
vermag, so darf man doch keineswegs weiterhin aus dieser Reihenfolge die Folgerung ableiten, daß die zuerst Gestellten auch die an
Rang Höher-Stehenden gewesen sind und daß uns hier einmal ein
Beispiel für griechische Priesterhierarchie vorliege. Daß eine frühere
Erwähnung in der Datierung keinen höheren Rang einschließt, zeigt
wohl am deutlichsten die Tatsache, daß ehemalige Athlophoren der
Berenike Euergetis im Jahre nach der Bekleidung des Athlophorats
als Kanephoren der Arsinoe Philadelphos sich finden, obgleich diese
stets erst nach den Athlophoren in den Aktpräskripten angeführt
werden.[3])

---

1) Siehe Beispiele auf S. 158 Anm. 5; vergl. noch dem. P. Boulaq 1 u. 2,
publ. Chrest. dém. S. 401 ff.; dem. P. Vatican, publ. Rev. ég. III. S. 25; dem. P.
New York 375, publ. Rev. ég. III. S. 26.

2) Lepsius a. a. O. S. 495/96 bestreitet die Möglichkeit der Gleichsetzung
mit Kleopatra III.; seine Behauptung, keine Königin würde sich einen solchen
Beinamen gegeben haben, wird widerlegt durch den dem. P. Bibliothèque nationale,
publ. Chrest. dém. S. 62 ff., wo es von der Priesterin der Kleopatra I. in Ptolemais nach Revillouts Übersetzung des demotischen Textes heißt: 'prêtresse de
Cléopatre la mère d'Ammon, la Isis resplendissante'. Auch das vollständige
Fehlen des Namens der Kleopatra und die alleinige Nennung der ihr gleich-
gesetzten Göttin steht durchaus nicht beispiellos da; vergl. z. B. C. I. Gr. III.
4716°, wonach Plotina, die Gemahlin des Kaisers Trajan, als Ἀφροδίτη θεὰ
νεωτέρα verehrt worden ist. Bemerkenswert bleibt allerdings die Gleichsetzung
mit einer ägyptischen Göttin, da es sich doch um griechische Priester handelt,
immerhin; es ist ein sehr interessantes Beispiel des religiösen Synkretismus des
hellenistischen Ägyptens, es zeigt uns, wie wenig damals von den ägyptischen
Griechen Isis noch als fremde Gottheit empfunden wurde.

3) So ist z. B. Nikias, Tochter des Apelles Athlophore im 7. Jahre des
Ptolemäos V. (dem. P. Louvre 2435, publ. Chrest. dém. S. 389 ff.) und Kanephore
im 8. Jahre Ptolemäos' V. (dem. P. Louvre 2408, publ. Chrest. dém. S. 336 ff. u.
dem. P. Louvre 3266, publ. Rev. ég. I. S. 124 A. 2; siehe Letronne, Recueil des
inscriptions usw. I. S. 259) gewesen; Areia, Tochter des Diogenes, ist Athlophore im 8. Jahre des 5. Ptolemäers (Belege siehe oben) und Kanephore im
9. Jahre dieses Herrschers (Rosette Z. 5) gewesen.

An welchen Heiligtümern diese verschiedenen Ptolemäerpriesterinnen, bez. Priester ihr Amt ausgeübt haben, ist nicht ganz sicher zu entscheiden. Sehr wohl möglich ist es, daß die Königinnen, denen sie dienten, alle eigene Tempel in Alexandrien besessen haben — für Arsinoe Philadelphos[1]) und Berenike, die Gemahlin Euergetes' I.[2]) sind uns z. B. solche bekannt geworden — und daß dann an diesen die Priesterinnen tätig gewesen sind, es ist aber auch der Gedanke durchaus nicht abzuweisen daß, ebenso wie sie stets mit dem Alexanderpriester eng verbunden erscheinen, der Kult, dessen Pflege ihnen anvertraut war, mit dem großen Alexanderheiligtume, zu dem ja auch ein Πτολεμάειον gehört hat (siehe S. 139), in Verbindung gestanden hat.

b. Eponyme Priester in Ptolemais.

Ebenso wie in Alexandrien haben auch in Ptolemais, wie schon bemerkt, eponyme Ptolemäerpriester bestanden; leider sind jedoch die über sie erhaltenen Nachrichten noch vereinzelter und unsicherer als die über die alexandrinischen. Die erste Stelle unter diesen Priestern wird hier in der von Ptolemäos I. Soter gegründeten Stadt der Priester dieses Königs eingenommen haben, der demnach in der Reihe der Ptolemaispriester auch stets zuerst genannt wird.[3]) Es erscheint mir nun so gut wie sicher, daß der besondere Kult Soters als Stadtgott von Ptolemais im Anschluß an seine von seinem Sohne Ptolemäos II. vorgenommene Apotheosierung eingerichtet und daß auch damals das Priestertum geschaffen worden ist. In der Datierung wird es allerdings zum erstenmal erst im achten Jahre Ptolemäos' IV. Philopators (215/14 v. Chr.) erwähnt[4]), doch darf man bei den Ptolemaispriestern noch viel weniger als bei denen Alexandriens aus der Nichtnennung in den Aktpräskripten ein Nichtbestehen der betreffenden folgern[5]); denn hier hat man nicht nur mit der Nachlässigkeit der Schreiber zu rechnen[6]), sondern man hat vor allem in Betracht zu

---

1) Plinius, h. n. XXXIV, 148; XXXVI, 68; XXXVII, 108; Lykos in Schol. zu Theokrit, Idyllen XVII, 21 (F. H. G. II. S. 374, frg. 15).

2) Zenobius, Paroemiographi graeci III. p. 94 ed. Gaisford; dieser Tempel allerdings der Βερενίκη Σώζουσα errichtet.

3) Auf den Soterpriester folgt stets der Priester des regierenden Königs und dann die der verstorbenen Könige, zeitlich geordnet; den Schluß bilden die Priesterinnen; Belege siehe in den Anm. der beiden folgenden Seiten.

4) dem. P. Lond. (Anastasi?) 37, publ. Rev. ég. I. S. 20 u. 135 A. 1.

5) Allerdings wird man wohl, da eine größere Anzahl thebanischer Papyri aus der Zeit des 2. u. 3. Ptolemäers (Belege siehe Anhang II 1 dieses Kapitels in den Anm. bei der Erwähnung dieser Könige) erhalten ist und in den Aktpräskripten der Soterpriester niemals erwähnt wird, folgern dürfen, daß ihm die Eponymität erst später, nicht gleich bei der Gründung des Priestertums verliehen worden ist.

6) Im 12. Jahre Philopators ist z. B. der Soterpriester in zwei diesem

ziehen, daß der Brauch, die Ptolemäerpriester von Ptolemais in der Datierung anzuführen, sich stets auf Oberägypten beschränkt hat.[1])

Von Interesse ist alsdann, daß zu der Zeit, aus der zum erstenmal der Priester des ersten Ptolemäers in Ptolemais belegt ist, dem $\vartheta\varepsilon\grave{o}\varsigma$ $\Sigma\omega\tau\acute{\eta}\varrho$ das damals regierende Königspaar, die $\vartheta\varepsilon o\grave{\iota}$ $\Phi\iota\lambda o\pi\acute{\alpha}\tau o\varrho\varepsilon\varsigma$, als $\sigma\acute{\upsilon}\nu\nu\alpha o\iota$ $\vartheta\varepsilon o\acute{\iota}$ hinzugefügt gewesen ist (siehe Anhang II 2, A dieses Kapitels) und daß weiterhin unter der Regierung des 5. Ptolemäers an seine Stelle der $\vartheta\varepsilon\grave{o}\varsigma$ $'E\pi\iota\varphi\alpha\nu\grave{\eta}\varsigma$ $\varkappa\alpha\grave{\iota}$ $E\mathring{\upsilon}\chi\acute{\alpha}\varrho\iota\sigma\tau o\varsigma$ (Anhang II 2, B dieses Kapitels) getreten ist; ob auch schon unter Ptolemäos II. und III. dem Soterpriester der Kult des jeweils regierenden Königs gleichfalls obgelegen hat, ist nicht sicher zu entscheiden, doch erscheint es mir durchaus nicht ausgeschlossen.

Noch zur Zeit Ptolemäos' V. ist ein neues eponymes Priestertum in Ptolemais gegründet worden, das sich wohl unverändert bis zur Aufhebung des ganzen Kultes, die natürlich auch hier zugleich mit dem Sturze der Ptolemäer erfolgt ist, erhalten hat[2]); es ist das Kane-

---

Jahre angehörenden Papyri genannt, in einem dritten nicht; siehe Anhang II 2, A dieses Kapitels.

1) Einen sicheren Beweis, daß im Anfang des 2. Jahrhunderts v. Chr. die Datierung nach Ptolemaispriestern nicht offiziell im ganzen Lande durchgeführt war, bietet die Inschrift von Rosette, in der diese in allen Texten fehlt; siehe auch die Kopie der Rosettana vom 23. Jahre des Epiphanes (Stele von Damanhur). In solchen wichtigen, hochpolitischen Urkunden ist es natürlich ausgeschlossen, das Fehlen auf Unachtsamkeit des Redaktors oder des Schreibers zurückzuführen. Aber auch in allen bisher bekannt gewordenen, nicht aus Oberägypten stammenden Urkunden des täglichen Lebens (z. B. Zeit des Epiphanes: dem. P. Leid. 373ᶜ, publ. Rev. ég. I. S. 128 A. 1; dem. P. Louvre 2408, publ. Chrest. dém. S. 336, Rev. ég. I. S. 124 A. 2; dem. P. Louvre 2309, publ. Rev. ég. I. S. 129 A. 2, Ä. Z. XVIII (1880) S. 115, Letronne, Recueil des inscriptions usw. I. S. 259; 2. u. 1. Jahrh.. v. Chr.: dem. P. Leid. 378, publ. N. Chrest. dém. S. 113; dem. P. Leid. 185, publ. Rev. ég. I. S. 91; dem. P. Boulaq 1 u. 2, publ. Chrest. dém. S. 401 ff.; dem. P. Vatican, publ. Rev. ég. III. S. 25; dem. P. New York 375, publ. Rev. ég. III. S. 26; dem. P. Leid. 374 u. 374b, publ. Rev. ég. II. S. 91 A. 2; dem. P Louvre, publ. Rev. ég. II. S. 91 A. 3; sehr lehrreich ist die Gegenüberstellung der P. Amh. II. 42, 43 u. 44 gegenüber P. Amh. II. 45) sind die Ptolemaispriester nicht genannt, und bei der großen Anzahl erscheint es ausgeschlossen stets Nachlässigkeit der Schreiber anzunehmen.

2) Siehe z. B. Zeit des Philometor I.: dem. P. Berl. 3097 u. 3070, publ. N. Chrest. dém. S. 46 (53) ff. und von Spiegelberg, dem. P. Berl. S. 9; P. Grenf. I. 12; dem. P. Biblioth. Nationale 218, publ. Chrest. dém. S. 62; Zeit des Euergetes II.: dem. P. Berl. 3113, publ. N. Chrest. dém. S. 79 ff. und von Spiegelberg, dem. P. Berl. S. 11; dem. P. Berl. 3090 u. 3091, publ. N. Chrest. dém. S. 32 ff. und von Spiegelberg, dem. P. Berl. S. 12; P. Grenf. II. 15; Zeit der Kleopatra III. u. ihrer Söhne: P. Grenf. I. 25, 27; II. 20; P. Par. 5; belegt überhaupt bis zum Jahre 99/98 v. Chr. (16. Jahr Ptolemäos' XI. Alexanders I. [P. Grenf. II. 35, 2]), d. h. so lange, als in Aktpräskripten von Ptolemaispriestern gesprochen wird; aus der Folgezeit sind keine genau datierenden oberägyptischen Papyri bekannt geworden.

phorat der Arsinoe Philadelphos, das zuerst für das 23. Jahr des Epiphanes (183/82 v. Chr.) belegt ist.[1])

Unter Ptolemäos VI. Philometor I. hat dann eine bedeutende Vermehrung der Ptolemaispriester stattgefunden; in seinen ersten Jahren hat dieser König einen besonderen Priester für sich und seine Mutter Kleopatra I. geschaffen[2]), während der Priester des Soter und des Epiphanes Eucharistos unverändert fortbestanden hat (siehe Anhang II 2, C dieses Kapitels), und zwischen seinem 21. (161/160 v. Chr.) und 28. Jahre (154/53 v. Chr.) hat er die einschneidende Änderung vorgenommen, für jeden Ptolemäer einen besonderen Priester zu bestellen[3]), eine Einrichtung, die sich auch in der Folgezeit erhalten hat (siehe Anhang II 2, C dieses Kapitels)[4]) und weiter ausgebaut worden ist, da sich Priester des Ptolemäos Eupator[5]) und des Ptolemäos Euergetes II.[6]) nachweisen lassen. Priester für die späteren Ptolemäer nach Euergetes II. sind bisher allerdings noch nicht belegt, doch darf man hieraus auf keinen Fall ihr Nichtbestehen folgern, da ja die aus der Zeit dieser Könige stammenden Papyri in den Aktpräskripten die Ptolemaispriester nicht mehr einzeln anführen, sondern dafür die Formel anwenden 'ἐν δὲ Πτολεμαΐδι τῆς Θηβαΐδος ἐφ' ἱερέων καὶ ἱερειῶν καὶ κανηφόρου τῶν ὄντων καὶ οὐσῶν.'[7])

In der Zeit Philometors I. sind auch eigene Priesterinnen für Kleopatra I. (Gemahlin des Epiphanes), Kleopatra II. (Schwester und

---

1) dem. P. Berlin 3140 u. 3114, publ. N. Chrest. dém. S. 66 ff. und von Spiegelberg, dem. P. Berl. S. 7.

2) In einem Papyrus des 6. Jahres des Philometor I. erscheint er zum erstenmal, zum letztenmal belegt für das 11. Jahr dieses Königs. Siehe Anhang II 2, C dieses Kapitels.

3) Siehe Lepsius a. a. O. S. 496/97; er stützt sich dabei auf zwei bisher noch nicht veröffentlichte dem. P., einen aus Turin vom 21. Jahre und einen Londoner vom 28. Jahre; der P. Leid. 378, publ. N. Chrest. dém. S. 113 ff., vom 21. Jahre des Philometor, kommt leider als memphitischer Papyrus hier nicht in Betracht.

4) Für die in dem P. Grenf. II. 15 vom 32. Jahre Euergetes' II. (139/38 v. Chr.) genannten verschiedenen Priester der einzelnen Ptolemäer eine Erklärung zu suchen, halte ich für unnütz, da das Aktpräskript mit der größten Nachlässigkeit und Unkenntnis angefertigt ist (siehe auch z. B. Col. 1, 9); irgendwelche neuen Priester dürften wohl auch hier nicht angeführt sein, sondern es wird sich wohl nur um erweiterte, sonst nur im Demotischen gebrauchte Titel der bekannten Priester handeln, die hier mißverständlich wiedergegeben werden.

5) Siehe z. B. dem. P. Berl. 3097 u. 3070, publ. N. Chrest. dém. S. 46 (53) und von Spiegelberg, dem. P. Berl. S. 9; dem. P. Berl. 3090 u. 3091, publ. N. Chrest. dém. S. 32 ff. und von Spiegelberg, dem. Berl. S. 12; siehe ferner P. Grenf. I. 12; II. 15; P. Amh. II. 45.

6) dem. P. Berl. 3113, publ. N. Chrest. dém. S. 79 ff. und von Spiegelberg, dem. P. Berl. S. 11; dem. P. Berl. 3090 u. 3091, publ. N. Chrest. dém S. 32 ff. und von Spiegelberg, dem. P. Berl. S. 12; P. Grenf. I. 24; P. Amh. II. 45.

7) Siehe z. B. P. Grenf. I. 25; 27; P. Par. 5 usw.

Gemahlin Philometors I. und Euergetes' II.) und für die spätere Kleopatra III. (Tochter Philometors I. und Gemahlin Euergetes' II.) geschaffen worden, die ἱέρειαι Κλεοπάτρας τῆς μητρός[1]), βασιλίσσης
Κλεοπάτρας[2]) und (βασιλίσσης) Κλεοπάτρας τῆς θυγατρός.[3])
Die Kultstätte aller dieser Ptolemäerpriester dürfte wohl der
Tempel gewesen sein, der zuerst allein für Ptolemäos Soter bestimmt
gewesen ist, und der wohl allmählich zu einem großen Ptolemäer-
heiligtum erweitert worden ist; denn es ist mir wenig wahrscheinlich, daß besondere Tempel für die einzelnen Ptolemäer in Ptolemais
erbaut worden sind.

Außer den bisher besprochenen eponymen griechischen Priestern
lassen sich bemerkenswerte Priestergruppen des griechischen Kultus
in Ägypten nicht nachweisen, natürlich können sehr wohl im hellenistischen Ägypten noch solche bestanden haben; daß wir nichts von
ihnen wissen, braucht bei der Lückenhaftigkeit unserer Tradition
nicht zu verwundern.

D. Das Kultpersonal außer den eigentlichen Priestern.

Hat uns unser Material schon für die Organisation der griechischen Priester vielfach nur ungenügende und unsichere Nachrichten
geliefert, so läßt es uns leider so gut wie ganz bezüglich des mit
diesen Priestern zusammen tätig gewesenen Kultpersonals im Stich,
das bekanntlich im griechischen Kulte der Heimat eine sehr wichtige
Rolle gespielt hat (vergl. Stengel a. a. O. S. 44 ff.), da es hier die Aufgabe
hatte, den Priester in allen seinen Funktionen zu unterstützen, ihn
sogar z. T. zu ersetzen. Bekannt geworden sind uns zwar auch aus
Ägypten solche priesterliche Beamten, so z. B. ἱεροποιοί[4]), ἱεροθύται

---

1) Siehe z. B. P. Grenf. I. 12; P. Amh. II. 45; es wird auch in dem Titel
mitunter noch θεὰ Ἐπιφανής hinzugefügt, P. Grenf. II. 15; dem. P. Berl. 3097 u.
3070, publ. N. Chrest. dém. S. 46 (53) ff. und von Spiegelberg, dem. P. Berl.
S. 9 usw. Nach Lepsius a. a. O. S. 497 soll sie zuerst in einem dem. P. Lond.
vom 28. Jahre Philometors (154/53 v. Chr.) vorkommen.

2) Siehe z. B. P. Grenf. I. 12; P. Amh. II. 45; dem. P. Berl. 3090 u. 3091,
publ. N. Chrest. dém. S. 32 ff. und von Spiegelberg, dem. P. Berl. S. 12 usw.
In P. Grenf. I. 24 wird sie auch als [ἱέρεια (βασιλίσσης) Κλεοπάτρας] τῆς γυναικός
bezeichnet. Ein dem. P. Tor. (Lepsius a. a. O. S. 496) vom 21. Jahre Philometors (161/60 v. Chr.) erwähnt sie zum erstenmal.

3) Siehe z. B. P. Grenf. I. 24; II. 15; P. Amh. II. 45; zuerst belegt im dem.
P. Biblioth. Nationale 218, publ. Chrest. dém. S. 62 ff. vom 36. Jahre Philometors I. (146/45 v. Chr.); hier wird sie nach Revillouts Übersetzung einfach als
'prêtresse de Cléopatre la fille du roi' bezeichnet; der Königintitel fehlt noch.

4) P. Petr. II. 11 N. 2, 2 (Faijûm); C. I. Gr. III. 4683 (Antinoupolis; zu der
hier sich findenden Form ἐξ Ἀντινόου vergl. Chronik. Pasch. I. 475 u. Ammian.
Marc. XXII. 16, 2; Seymour di Riccis Auffassung a. a. O. Archiv II. S. 446 zu
N. 72 erscheint mir nicht richtig, da Ἀντινόου wohl nicht vor ἱεροποιῶν stünde,
wenn es den Gottesnamen bedeuten würde); 4707 (Lykopolis); 5012 (Ptolemais;

(P. Fay. 22, 8), ein ἱεροκήρυξ aus Naukratis (Athenaeus IV. 149), auch die τιμοῦχοι des Hellenions zu Naukratis[1]), der φροντιστὴς ἱεροῦ Ἀφρο-δίτης θεᾶς νεωτέρας (C. I. Gr. III. 4716ᶜ: Tentyris, 2. Jahrh. n. Chr.) und der νεωκόρος Τύχης[2]) dürften wohl zu ihnen zu rechnen sein, aber wir stoßen auf sie nur ganz vereinzelt und zufällig. Trotzdem dürfen wir aber wohl annehmen, daß sie und noch manche andere gleich-artige in größerer Anzahl auch im griechischen Kultus Ägyptens tätig gewesen sind. Über die von ihnen ausgeübten Funktionen, so-wie über ihre Gliederung und über ihre Stellung den offiziellen Priestern gegenüber sind leider nähere Angaben im allgemeinen nicht erhalten. Für die ἱεροποιοί und ἱεροθύται läßt sich wenigstens mit ziemlicher Sicherheit vermuten, daß sie auch in Ägypten vor allem mit den Opfern zu tun gehabt haben werden; die ἱεροθύται scheinen dann weiterhin bei der Eingehung von Ehen und bei der Vornahme von Ehescheidungen offiziell als Kultbeamte mitgewirkt zu haben[3]), und die Timuchen und den ἱεροκήρυξ von Naukratis finden wir bei großen Götterfesten ihrer Stadt in Tätigkeit.

Ob auch die für das hellenistische Ägypten, namentlich für die römische Zeit, so zahlreich belegten γυμνασίαρχοι, ἐξηγηταί und κοσμη-ταί[4]), in denen man lokal-kommunale Beamte griechischen Charakters zu sehen hat, in gewisser Weise als Mitglieder dieses Kultpersonals aufzufassen sind, läßt sich bisher nicht entscheiden, da über ihre Kompetenzen wenig Sicheres bekannt ist.[5]) Wenn sie vielleicht auch selbst nicht religiöse Funktionen ausgeübt haben[6]), so erscheint es

ebendorther auch die beiden folgenden Belege); Inschrift 26ᵃ bei Strack, In-schriften aus ptolemäischer Zeit I. im Archiv I. S. 209; gr. Inschrift, publ. von Seymour di Ricci in Rev. arch. 3ᵉ Sér. XXXVIII (1901), S. 307; Athenaeus IV. 149 f. (Naukratis).

1) Siehe P. Par. 60ᵇⁱˢ Z. 16; vergl. Athenaeus IV, 149ᵈ ff. Siehe auch Lum-broso, Recherches S. 222/23 und Mahaffy, Empire S. 81 A. 1.

2) P. Oxy. III. 507, 5; um einen niederen Tempelbediensteten kann es sich hier, wo der Titel von dem höchsten liturgischen Beamten von Oxyrhynchos, dem γυμνασίαρχος, geführt wird (2. Jahrh. n. Chr.), natürlich nicht handeln.

3) P. Fay. 22; Wilamowitz in seiner Rezension der Fayum towns usw. in G. G. A. 1901, S. 36 hat gegenüber Grenfell-Hunt hervorgehoben, daß es sich in diesem Papyrus nur um die Formen bei der Scheidung und nicht auch um die bei der Schließung einer Ehe handele, vergl. demgegenüber jedoch die Be-merkungen Nietzolds, Die Ehe in Ägypten zur ptolemäisch-römischen Zeit S. 35 ff. über diese Urkunde.

4) Belege finden sich zahlreich in den Indices der verschiedenen Papyrus-publikationen, s. v.; recht bemerkenswert für sie sind z. B. die Angaben von P. Amh. II. 124 Vergl. für sie auch die soeben erschienene Diss. von Fr. Prei-sigke, Städtisches Beamtenwesen im römischen Ägypten. Halle 1903.

5) Siehe z. B. P. Oxy. II. S. 197: Very little is known concerning the func-tions of κοσμητής, but it appears from other Oxyrhynchus papyri (unpublished) that one of his duties was the management of public festivals and games; siehe jetzt P. Amh. II. 124.

6) Siehe immerhin z. B. den κοσμητής τῶν θεῶν διὰ βίου in C. I. A. III. 697;

mir doch nicht ausgeschlossen, daß sie im Namen ihrer Gemeinden
für die Ausübung des Kultes zu sorgen hatten; in diesem Falle
würden sie natürlich nicht nur mit griechischem, sondern auch mit
ägyptischem Kultus zu tun gehabt haben.[1])

E. Die griechischen Kultvereine.

Während sich somit nichts Gewisses ermitteln läßt, inwieweit
das Laienelement, vertreten durch Beamte, an der Ausübung des
griechischen Kultus in Ägypten partizipiert hat, darf man wohl
andererseits mit gutem Recht annehmen, daß es in seiner Gesamtheit
in diesem die gleiche wichtige Stellung wie im Mutterlande eingenommen hat. Allerdings lassen sich gerade für den charakteristisch-
sten Beleg, für die reinen Kultvereine, nur sehr wenige Beispiele
anführen — außer der aus der Zeit Ptolemäos' III. aus Ptolemais bekannt gewordenen σύνοδος (Strack, Inschriften 35) kommen wohl nur
noch die naukratische σύνοδος Σαμβατική[2]) und eine der römischen
Zeit angehörende σύνοδος, welche nicht näher zu lokalisieren ist,[3]) in
Betracht[4]) —, doch dürfte dieses sicher durch die Ungunst der Überlieferung zu erklären sein; denn daß gerade in Ägypten die Griechen
sich weniger als anderswo zu Kultvereinen zusammengetan haben
sollten, erscheint mir schon deshalb ausgeschlossen, weil ja doch erst
nach ihrem Vorbilde die in hellenistischer Zeit auftauchenden Kultvereine des ägyptischen Kultus geschaffen worden sind. (Siehe S. 125 ff.)

---

natürlich darf man die κοσμηταί nicht etwa mit den στολισταί der ägyptischen
Priesterschaft in Verbindung bringen und daraus religiöse Funktionen für die
κοσμηταί folgern; so noch Wilcken a. a. O., Hermes XX (1885) S. 460 u. Hartel
Gr. P. S. 71. Bezüglich der ἐξηγηταί vergleiche die Bemerkung des Suidas s. v.
ἐξηγητής: ὁ ἐξηγούμενος τὰ ἱερά.
1) Als eine gewisse Bestätigung der obigen Vermutung möchte ich den
soeben erschienenen P. Oxy. III. 519[b] fassen; ihm zufolge sind aus den Beiträgen eines Gymnasiarchen (er wohl vor Z. 7 zu ergänzen; vgl. Wilcken, Archiv
III. S. 118), eines Exegeten und eines Kosmeten von Oxyrhynchos Gaben an die
κοσμηταί Νεῖλου und anderer Götter, sowie an andere Teilnehmer der κωμασίαι
gereicht worden.
2) gr. Inschrift bei Flinders Petrie - Gardner, Naukratis II. pl. XXII. n. 15;
vergl. Ziebarth, Griechisches Vereinswesen S. 61. N. 3.
3) gr. Inschr., publ. von Piehl, Ä. Z. XXVI (1888) S. 117.
4) Eine Entscheidung, ob griechischer oder ägyptischer Kultverein, ist
nicht möglich bei der alexandrinischen σύνοδος aus der Zeit des Augustus
(C. I. Gr. III 4684[a], siehe Miller in Mélanges d'archéol. égypt. et assyr. I S. 52), da
die Kultgottheiten nicht erwähnt sind. Ob die von Philo adv. Flacc. § 17 genannten alexandrinischen θίασοι griechischen Kult ausgeübt haben, läßt sich
auch nicht feststellen; übrigens darf man sie durchaus nicht als reine Kultvereine auffassen, in ihnen hat man wohl vielmehr politische Klubs zu sehen,
die sich nur des Namens θίασος als Deckmantel bedient haben und bei denen
die Ausübung eines Kultes sicher nur eine geringe Rolle gespielt hat.

Besser als um unsere Kenntnis der reinen Kultvereine ist. es alsdann um die derjenigen griechischen Vereine Ägyptens bestellt, die nicht aus Kultzwecken gegründet doch nebenbei eigenen Kultus getrieben haben. Unbedingt der bedeutendste und bekannteste von ihnen ist das alexandrinische *Movσεῖον*[1]) gewesen, das den griechischen wissenschaftlichen Vereinen, den Philosophenschulen, an die Seite zu stellen ist, und für das daher die Ausübung eigenen Kultus eine selbstverständliche Sache war.[2]) So hat es denn auch seinen eigenen Priester (*ἱερεύς*) besessen, der zugleich den *ἐπιστάτης*-Titel geführt hat, da ihm auch die oberste Leitung des Museions obgelegen hat.[3])

Die Institution des *ἱερεὺς τοῦ Movσείου* läßt sich sowohl für die ptolemäische als für die römische Zeit urkundlich belegen und für die letztere sogar ziemlich häufig. (Siehe Anhang III dieses Kapitels.) Freilich tritt er uns in dieser Zeit fast niemals unter seinem vollen Titel 'ἱερεὺς (ἐπιστάτης) τοῦ Movσείου' entgegen[4]), doch ermöglichen es in diesem Falle andere bei ihm sich findende Bezeichnungen immerhin ihn mit ziemlicher Sicherheit zu erkennen. Daß diejenigen, welche zwar einfach nur als 'ἱερεῖς' bezeichnet werden, bei denen aber durch das ihrem Namen hinzugefügte 'τῶν ἐν τῷ Movσείῳ σειτουμένων ἀτελῶν' ihre Mitgliedschaft zum Museion aufs deutlichste hervorgehoben wird[5]), unbedingt als Museionspriester aufzufassen sind[6]), ist wohl selbstverständlich. Die so Bezeichneten verhelfen uns jedoch auch dazu, noch weitere Priester des Museions zu ermitteln; sie haben nämlich alle auch noch das Amt des ägyptischen *ἀρχιδικαστής*[7]) bekleidet, und demnach ist ihr offizieller Titel in

---

1) Vergl. Strabo, XVII. p. 794; er bezeichnet hier das Museion auch als *σύνοδος*.

2) Vergl. Wilamowitz, Antigonos von Karystos, Exkurs 2, auch Lumbroso, L'Egitto[2] S. 129 ff. Der Unterschied des Museions von den attischen Philosophenschulen ist allein darin zu suchen, daß diese ganz private Vereinigungen gewesen sind, während das Museion in gewisser Beziehung als Staatsinstitut aufzufassen ist; es ist im großen und ganzen den heutigen Akademien der Wissenschaften gleichzusetzen.

3) Siehe Strabo a. a. O. Wie Ziebarth a. a. O. S. 73 von einer Ernennung des *ἱερεύς* und des *ἐπιστάτης*, also von 2 Personen sprechen kann, ist mir nicht ersichtlich.

4) Dieser Titel nur im C. I. Gr. III. 5900 (J. Gr. S. Jt. 1085).

5) Vergl. z. B. C. I. Gr. III. 4724 und J. Gr. S. Jt. 1103, wo noch *φιλοσόφων* hinzugefügt ist.

6) B. G. U. I. 73, 3—5; 136, 23/24; III. 729, 2/3; mit Sicherheit zu ergänzen in B. G. U. I. 231, 4/5. Siehe jetzt auch P. Oxy. III. 471 Col. VI; 142 ff., wozu Wilckens Herstellung der Col. VI. im Archiv III. S. 117 heranzuziehen ist.

7) Von Strabo XVII. 797 wird der *ἀρχιδικαστής* als stadtalexandrinischer Beamter bezeichnet. Wenn dann in römischer Zeit ein *ἀρχιδικαστής καὶ πρὸς τῇ ἐπιμελείᾳ τῶν χρηματιστῶν καὶ τῶν ἄλλων κριτηρίων* erscheint, dessen Kompetenz sich über ganz Ägypten erstreckt hat (vergl. über den römischen *ἀρχι-*

'ἱερεὺς καὶ ἀρχιδικαστής' zusammenzufassen. Wenn wir nun weiterhin eine größere Anzahl Personen finden, die eben diesen Titel führen,
bei denen aber allerdings die auf die Mitgliedschaft zum Museion
hindeutende Formel fehlt[1]), so darf man doch wohl auch in diesen
Museionspriester sehen. Das Fehlen des Zusatzes 'τῶν ἐν τῷ Μου-
σείῳ κ. τ. λ.' läßt sich leicht erklären; man wollte offenbar in Eingaben u. dergl. einfach den an sich schon überaus langen Titel des
ἀρχιδικαστής abkürzen. Diese Abkürzung, die Bezeichnung als ἱερεύς
ohne Hinzufügung eines Gottes, ist jedoch weiterhin nur erklärlich
und, da sie ferner in einem offiziellen Titel vorkommt, eigentlich auch
nur möglich, wenn es sich dabei um ein ganz bestimmtes, einzig in
seiner Art dastehendes Priestertum handelt, das für immer mit dem
Erzrichteramt verbunden gewesen ist. Da nun einige der ἀρχιδικασταί, wie wir gesehen haben, Museionspriester gewesen sind, so
scheint mir der Schluß so gut wie sicher, daß der ἀρχιδικαστής in
römischer Zeit stets die Stelle des ἱερεὺς τοῦ Μουσείου von Amts-
wegen bekleidet hat.[2]) Der erste ἀρχιδικαστής, der uns in dieser
Doppeleigenschaft bekannt geworden ist, gehört den Jahren 20—50
n. Chr. an (P. Oxy. II. 281, 1). Wann die Vereinigung der beiden

δικαστής Milne, history S. 196 ff. und Wenger, Rechtshistorische Papyrusstudien
S. 149 ff., neuerdings auch Paul Meyer a. a. O. Archiv III. S. 74/75), so möchte
ich vermuten, daß die Erweiterung der Kompetenz durch Verschmelzung des
Amtes des alexandrinischen ἀρχιδικαστής mit dem als 'πρὸς τῇ ἐπιμελείᾳ τῶν
χρηματιστῶν καὶ τῶν ἄλλων κριτηρίων' bezeichneten Amte, das seinem Titel zufolge für die ganze χώρα kompetent gewesen sein muß, erfolgt ist. (So erklärt
sich sehr gut der Doppeltitel; für die ptolemäische Zeit ist uns das zu zweit
genannte Amt belegt (B. G. U. III. 1001, 1; die Wilckensche Ergänzung 'ἀρχιδικαστής' im Archiv II. S. 389 erscheint mir doch zweifelhaft); für die Verschmelzung dürfte maßgebend gewesen sein einmal die Veränderung der Stellung
des alexandrinischen ἀρχιδικαστής, der nach Aufhebung der durch die βουλή
bedingten Abschließung Alexandriens von der ägyptischen Centralverwaltung
sehr wohl von dieser verwandt werden konnte, und weiterhin die Umgestaltung,
welche das Amt 'πρὸς τῇ ἐπιμελείᾳ τῶν χρηματιστῶν κτλ.' durch Aufhebung des
Chrematistengerichtes in römischer Zeit erfahren hat.)
    1) B. G. U. II. 455, 1; 578, 7 u. 9.; 614, 7; III. 741, 2; 832, 12; 888, 6;
P. Oxy. II. 281, 1; III. 489, 4/5 und 9; 592; P. Berl. Bibl. N. 8; P. Cattaoui,
Recto, Col. III, 8; unpubl. P. Rainer 98 bei Wessely, a. a. O. Wiener Studien
XXIV (1902) S. 107.
    2) In einigen Fällen (B. G. U. I. 114. Col. 2, 10; III. 885. 1 u. 5; P. Oxy.
II. 260, 11; 268, 1; C. I. Gr. III. 4734; 4755; [in B. G. B. I. 241, 1 kann man
ἱερεύς sehr wohl ergänzen]) fehlt allerdings der ἱερεύς-Titel, doch ist in fünf
von diesen Fällen der ganze Titel überhaupt ganz verkürzt wiedergegeben,
und dann ist in Erwägung zu ziehen, daß die Nennung des ἱερεύς-Titels in
Dokumenten, in denen es sich allein um die richterliche Kompetenz des An-
gerufenen handelte, an sich gar nicht nötig war; man sehe den analogen Fall
beim Idiologus-Oberpriester von Alexandrien und Ägypten. Daß der ἀρχιδικαστής auch ἱερεὺς τοῦ Μουσείου gewesen ist, ist z. B. schon von Wilcken,
Ostr. I. S. 644 A. 1 vermutet worden.

Ämter erfolgt ist, läßt sich jedoch nicht feststellen; der aus der Ptolemäerzeit (wohl 1. Jahrhundert v. Chr.) bekannt gewordene Museionspriester führt allerdings noch nicht den ἀρχιδικαστής-Titel[1]), doch möchte ich dies noch nicht als einen ganz sicheren Beweis gegen die Vereinigung auffassen, da aus römischer Zeit (Ende des 1. oder Anfang des 2. Jahrhunderts n. Chr.), also zu einer Zeit, wo die Vereinigung der beiden Ämter schon erfolgt war, uns ein gleicher Fall bekannt geworden ist.[2])

Außer dem alexandrinischen Μουσεῖον[3]) lassen sich für Ägypten von Vereinen, welche einen idealen Zweck verfolgt haben und bei denen die Pflege eigenen griechischen Kultes einen wichtigen Gegenstand der Vereinstätigkeit gebildet hat, in ptolemäischer Zeit bisher nur noch[4]) Vereine dionysischer Künstler, die stets als ursprüngliche θίασοι Διονύσου (so Sauppe in G. G. A. 1874 S. 769) den Kultcharakter ziemlich treu bewahrt haben, nachweisen, der eine für die Zeit des 3. Ptolemäers in Ptolemais[5]), von dem uns auch ein besonderer Kultbeamter 'ὁ πρὸς τοῖς ἱεροῖς' bekannt geworden ist, und ein anderer wohl für Alexandrien aus der Zeit des Epiphanes (Polyb. XVI. 21, 8); in römischer Zeit scheint in Oxyrhynchos ein solcher dionysischer Künstlerverein bestanden zu haben (P. Oxy. I. 171, publ. P. Oxy. II. S. 208). Diesen Vereinen sind dann aufs nächste verwandt die für das 2. Jahrhundert n. Chr. belegte περιπολιστικὴ σύνοδος in Alexandrien (J. Gr. S. Jt. 747) und die für das 3. Jahrhundert n. Chr. nachzuweisende alexandrinische ἱερὰ θυμηλικὴ καὶ ξυστικὴ σύνοδος.[6])

---

1) gr. Inschrift, publ. B. C. H. III. (1879) S. 470 N. 2. Ob wir es in der Inschrift, Dittenberger, Orient. gr. inscript. select. I. N. 147 auch mit einem Priester des Museions zu tun haben, ist mir doch noch zweifelhaft. Es ist uns übrigens auch ein ἀρχιδικαστής aus ptolemäischer Zeit bekannt geworden (Dittenberger a. a. O. N. 136); er führt nicht den Priestertitel.

2) C. I. Gr. III. 5900 (J. Gr. S. Jt. 1085); der Grund, daß hier der ἀρχιδικαστής-Titel nicht genannt wird, dürfte in der schon (S. 67) hervorgehobenen Absicht der Inschriftsetzer zu suchen sein, den hier genannten Vestinus vor allem als wissenschaftlich bedeutenden Mann zu feiern.

3) Ob sich an den 'Musen'tempel in Hermupolis (vergl. zu ihm S. 8 A. 7) auch eine gelehrte Anstalt angeschlossen hat (Wilcken, Archiv II. S. 126), ist mir doch noch zweifelhaft.

4) Die verschiedenen aus Alexandrien bekannt gewordenen Vergnügungsvereine (siehe Ziebarth a. a. O. S. 124) sind hier nicht zu berücksichtigen, da selbständig ausgeübter Kult wohl kaum von ihnen gepflegt sein dürfte.

5) Strack, Inschriften 35 u. 36; Titel: οἱ τεχνῖται οἱ περὶ τὸν Διόνυσον καὶ θεοὺς Ἀδελφούς. Die Zeit der Inschriften richtig festgestellt von Dittenberger, Orientis graeci inscriptiones selectae I. S. 75 ff. Wenn Poland, De collegiis artificum Dionysicorum im Programm des Dresdener Wettiner Gymnasiums 1895, S. 17 glaubt, aus der Inschrift könne man folgern, daß der Künstlerverein von Ptolemais ein Glied eines ganz Ägypten umfassenden Verbandes gewesen sei, so ist dies unbegründet; an und für sich ist jedoch das Bestehen eines solchen Verbandes ganz wahrscheinlich.

6) gr. Inschrift, publ. von Milne, Journal of hellenic studies XXI. (1901) S. 283, N. VI.

Von weiteren griechischen Kultus pflegenden Vereinsgruppen
sind noch aus dem 2. Jahrhundert v. Chr. ein Ephebenverein (Ort
unbekannt)[1]) und ein Berufsverband, eine alexandrinische Handels-
gilde (ἡ σύνοδος τῶν ἐν Ἀλεξανδρείᾳ πρεσβυτέρων ἐγδοχέων)[2]), bekannt geworden.

Auf eine Stufe mit dem von Vereinen ausgeübten Kultus ist
derjenige griechische Kultus zu stellen, welcher in kleinen von Privaten erbauten und auch in ihrem Besitz bleibenden Tempeln gepflegt
worden ist. Auch er hat mit dem offiziellen Kultus und mit offiziellen Priestern nichts zu tun, sondern an diesen Privatheiligtümern
ist stets der betreffende Besitzer sein eigener Priester gewesen. Im
griechischen Mutterlande ist diese Institution sehr verbreitet gewesen
(siehe z. B. Burckhardt, Griechische Kulturgeschichte II. S. 158), und
auch für Ägypten ist sie zu belegen. So ist uns ein solches Privat-
tempelchen z. B. aus dem Faijûm aus der Zeit des 3. Ptolemäers bekannt geworden (P. Petr. I. 21)[3]); es hat einem Libyer gehört, der
es dann in seinem Testament an eine ihm wohl verwandte Frau vererbte.[4]) Geweiht war es apotheosierten Mitgliedern der königlichen
Familie, Berenike[5]) und Aphrodite Arsinoe.

Vielleicht hat man dann ferner auch in jenen βωμοί, die nach
einem Papyrus des Faijûms (P. Petr. II. 12) im 3. Jahrhundert v. Chr.
an zahlreiche Häuser dieses Gaues angebaut waren[6]), Anzeichen des
von Privaten für sich allein gepflegten griechischen Kultus zu sehen
(siehe z. B. Plato, leg. X. 909. 910; Theophrast, Char. c. 16). Allerdings hat hier die Erbauer[7]) jedenfalls nicht allein ihre Frömmigkeit
zu dem Bau veranlaßt, sondern zugleich die Hoffnung, ihre Häuser
dadurch sakrosankt zu machen und sie so von der sonst unvermeid-

---

1) gr. Inschrift, publ. von Milne, Journal of hellenic studies XXI. (1901)
S. 286, N. IX; der Gegenstand der Verehrung ist Hermes, wohl in seinem griechischen Charakter als Patron des Gymnasiums.

2) Strack, Inschriften 115 u. 118; die Weihungen dieser σύνοδος galten
dem Apollo, der Artemis und der Leto.

3) Der inzwischen erschienene P. Tebt. I. 14 macht uns mit einem anderen
Privattempel des Faijûms (Zeit 114 v. Chr.) bekannt; er ist den Dioskuren geweiht gewesen.

4) Revillout, Mélanges S. 424 nimmt zwar als Erben einen Mann Namens
Demetrius an, doch ist seine Lesung paläographisch ganz ausgeschlossen. Damit fallen auch sämtliche Folgerungen Revillouts über die aus diesem Papyrus
zu entnehmende Kultform (S. 423/24).

5) Nicht sicher zu entscheiden ist es, ob unter Berenike die Gemahlin des
1. oder des 3. Ptolemäers gemeint ist; letztere erscheint mir jedoch als die wahrscheinlichere.

6) Mahaffy in P. Petr. II. S. 30 will sie mit den in Rosette Z. 42 genannten
ναοί identifizieren; dies ist schon von Wilcken, G. G. A. 1895. S. 151 mit Recht
zurückgewiesen worden.

7) Meyer, Heerwesen S. 47 hält sie unbedingt für Ägypter; irgend ein
zwingender Grund hierzu scheint mir jedoch nicht vorzuliegen.

lichen Einquartierung zu befreien.[1]) So gut wie ausgeschlossen erscheint es mir, daß die Altäre ägyptischen Göttern geweiht gewesen sind; denn ein derartiger durchaus privater Kult des einzelnen Ägypters dürfte zu jener Zeit auf keinen Fall bestanden haben.

3. Die Priester der römischen und der orientalischen Götter.

Wenn wir schon bei den griechischen Priestern Ägyptens auf speziellere Angaben im allgemeinen verzichten mußten, so können wir hier sogar leider ausschließlich nur zu ganz allgemeinen Feststellungen gelangen. So ist bisher für das hellenistische Ägypten noch kein Tempel echt römischen Kultus zu belegen, und ebenso läßt sich kein Priester römischer Götter nachweisen. Denn in dem Gymnasiarchen von Herakleopolis, der den bemerkenswerten Titel 'δημιουργὸς θεᾶς 'Ρώμης' getragen hat (3. Jahrhundert n. Chr., B. G. U. III. 937, 8), wird man wohl nicht einen Priester sehen dürfen, sondern man wird wohl diesen Titel mehr titular auffassen müssen, und auch die Legionspriester (ἱερεῖς λεγεῶνος) und den mit ihnen zugleich genannten ἀρχιερεύς, welche aus dem 4. Jahrhundert n. Chr. (323 n. Chr.) für die damals in Ägypten stehende 3. gallische und 1. illyrische Legion bekannt geworden sind (Milne, Inschriften 8[b]), darf man wohl nicht als römische Priester bezeichnen. Abgesehen davon, daß die römischen Truppenteile niemals meines Wissens eigene Priester für den römischen Kultus besessen haben, ist es des weiteren bei dem Charakter, den die Religion des römischen Heeres in dem 2. und 3. nachchristlichen Jahrhundert angenommen hat[2]), recht wahrscheinlich, daß diese Priester wohl mehr den Kult der verschiedensten fremden Götter als den der altrömischen gepflegt haben. Zu dieser Vermutung paßt aufs beste, daß der eine der in der Legionsinschrift genannten Priester den Namen Ἄξιζος geführt hat, d. h. den Namen des damals im römischen Heere verehrten Gottes Ἄξιζος (עזיזו), des orientalischen Mars.[3])

---

1) Der Altar am Hause sollte offenbar die unteren Räume schützen; das Obergeschoß ist dann durch Abdecken des Daches für die Einquartierung unbrauchbar gemacht worden.

2) Zu dem obigen vergl. Domaszewski, Die Religion des römischen Heeres in Westdeutsche Zeitschrift für Geschichte und Kunst XIV (1895) S. 1 ff.

3) Siehe für den Gott die Bemerkungen von Mordtmann, Mythologische Miscellen in Zeitschrift der deutschen morgenländischen Gesellschaft XXXII. (1878) S. 552 ff. (S. 564/65); vergl. Julian, Orat. IV. p. 195 ed. Hertlein. Über die Verehrung des Gottes im römischen Heere siehe Domaszewski a. a. O. S. 64 bis 66. Der Eigenname Ἄξιζος ist uns in griechischen Inschriften Palästinas, Syriens und aus dem Nabatäerlande bekannt geworden. (Siehe z. B. C. I. Gr. III. 4619; Lidzbarski, Ephemeris für semitische Epigraphik I. S. 218 N. 24 u. S. 335 N. 102.)

Vielleicht darf man sogar die Legionspriester direkt als **Priester orientalischer Götter** deuten. Sonst fehlen Belege für diese aus dem römischen Ägypten vollständig; bei der großen Verbreitung, welche die orientalischen Kulte im römischen Kaiserreiche gefunden haben, kann man jedoch ihr Vorhandensein auch für Ägypten mit Sicherheit postulieren. Setzt doch z. B. allein der Mithrasdienst, der auch in Ägypten Aufnahme gefunden hat, wenn er auch vielleicht dort nicht sehr verbreitet gewesen ist[1]), einen hierarchisch gegliederten Klerus voraus.[2])

Auch im ptolemäischen Ägypten dürfte es Priester orientalischer Götter gegeben haben; haben doch damals allem Anschein nach, abgesehen von den Juden, viele Orientalen in Ägypten gelebt[3]), und

---

1) Siehe die Angaben Cumonts, Textes et monuments figurés relatifs aux mystères de Mithra I. S. 241/42. Außer Origines, contr. Cels. VI. 21, Sokrates, hist. eccl. III. 2 u. 3, Sozomenes, hist. eccl. V. 7, Damascius bei Suidas, s. v. Ἐπιφάνιος καὶ Εὐπρέπιος, dem Mithräum im Memphis (über dieses siehe jetzt auch J. Strzygowski, Catalogue général des antiquités égyptiennes du Musée du Caire XII [Koptische Kunst] S. 9) kommt als wichtiger Beleg noch die jüngst von Dieterich scharfsinnig aus einem P. Par. (publ. von Wessely, Denkschrift d. Wien. Ak. Phil.-hist. Kl. XXXVI (1888) S. 56 ff., Z. 475—723) herausgeschälte Mithrasliturgie in Betracht (siehe A. Dieterich, Eine Mithrasliturgie). Die Zeugnisse beginnen ungefähr mit dem 2. Jahrhundert v. Chr.

2) Siehe Cumont a. a. O. I. S. 323; vergl. ferner hierfür auch Eusebius, praep. evang. VI. 10, 16, demzufolge Bardesanes berichtet hat: ἐξ ὧν (sc. μαγουσαῖοι [d. h. Magier] τῆς Περσίδος) εἰσι μέχρι νῦν (d. h. 2. Jahrh. v. Chr.) πολλοὶ ἐν Μηδίᾳ καὶ ἐν Αἰγύπτῳ κτλ.

3) Die Flinders-Petrie-Papyri bieten uns hierfür besonders zahlreiche Belege (siehe z. B. P. Petr. II 29ᵇ ᵘ·ᶜ; 30ᵇ, 19; 35ᵃ Col. 1, 12; vergl. jetzt auch P. Tebt. I. 30, 16; 79, 7, 11, 23; 104, 2 u. 10); siehe ferner die uns häufig begegnenden Πέρσαι τῆς ἐπιγονῆς (über sie vergl. die Bemerkungen des III. Kapitels) und die zahlreichen in den Papyri und Inschriften sich findenden orientalischen Namen. Es sei freilich hervorgehoben, daß allem Anschein nach die nichtjüdischen Semiten in Ägypten ihren alten Glauben bald aufgegeben und die ägyptischen Götter angebetet haben; wenigstens finden sich in allen mir bekannt gewordenen semitischen Inschriften Ägyptens nur solche erwähnt. Siehe C. I. Sem. II. 1 N. 122, 123, 135, 141, 142 (diese vielleicht aus vorptolemäischer Zeit), dann eine minäische Inschrift, publ. von Hommel P. S B. A. XVI (1894) S. 145 ff., eine phönicische Inschrift, publ. von Lidzbarski, Ephem. f. semit. Epigraphik I. S. 152 ff. In letzterer, die aus Memphis stammt (2. oder 1. Jahrhundert v. Chr.), wird außer Isis und den σύνναοι θεοί auch Astarte erwähnt. Herodot II. 112 bezeugt uns, daß in Memphis die „fremde Aphrodite", d. h. offenbar Astarte verehrt worden ist; wichtiger ist, daß ägyptischen Texten zufolge Astarte schon seit der Zeit des neuen Reiches in das ägyptische Pantheon aufgenommen, als Tochter des memphitischen Ptah bezeichnet und daß sie später allem Anschein nach mit Sechet identifiziert worden ist. (Siehe Wiedemann, Herodots II. Buch S. 433/34 u. Spiegelberg, Fragments of the Astarte Papyrus in P. S. B. A. XXIV [1902] S. 41 ff.) Hierdurch erklärt sich ihre Zusammennennung mit Isis und der durchaus ägyptische Charakter der mit der Inschrift verbundenen Weihung (Horus auf den Krokodilen). Dieser sozusagen ägyptischen

auch die Griechen dürften, ebenso wie in anderen Gegenden, auch in
Ägypten orientalischen Göttern gehuldigt haben. Es sind denn auch
die einzigen Priester eines orientalischen Kultus, die uns urkundlich für
die ptolemäische Zeit (Ende des 3., Anfang des 2. Jahrhunderts v. Chr.)
und zwar aus dem Faijûm belegt sind, zufällig Makedonen, die allerdings allem Anschein nach auch asiatisches Blut in sich gehabt
haben[1]); wie zu erwarten, hat dieser Kult — es handelt sich um die
'syrische Göttin' —[2]), einen ganz privaten Charakter getragen.

Ganz privater Charakter ist natürlich auch all den ägyptischen
Gemeinden und Sekten eigen gewesen, auf deren Bestehen in christlicher Zeit uns die ägyptischen Zauberpapyri und das Corpus herme-
tischer Schriften hinweisen. Einer bestimmten Religion sind sie
jedenfalls nicht zuzuteilen, sondern der von ihnen gepflegte Kultus
ist durchaus synkretistisch gewesen. Über die Leitung dieser Kult-
vereinigungen ist nichts Näheres zu ermitteln.

Anhang I zum zweiten Kapitel.

Liste der bisher bekannt gewordenen Ἀρχιερεῖς Ἀλεξανδρείας καὶ Αἰγύπτου πάσης (= ἐπίτροποι τοῦ ἰδίου λόγου).

Vergleiche hierzu die früher von J. Jung aufgestellte Liste in seinem Aufsatz: Die römischen Verwaltungsbeamten in Ägypten in Wiener Studien XIV
(1892) S. 227 ff. (S. 248 ff.).[3]

Astarte ist jedenfalls auch das einen Teil des großen Serapeums bei Memphis
bildende Ἀσταρτιεῖον geweiht gewesen (berichtige darnach S. 22, A. 3).

1) gr. Inschrift, publ. von Botti, Bulletin de la société archéologique d'Alexandrie Heft I (1898) S. 41; der kürzlich erschienene P. Magd. 2 dürfte von demselben Kulte handeln. Dies ist auch inzwischen von Strack, a. a. O. Archiv II.
S. 547 treffend auseinander gesetzt worden. Der Papyrus zeigt uns, daß es sich
hier um ein in Privatbesitz befindliches ἱερόν handelt, und weiterhin, daß die
Mutter bezw. die Großmutter der Priester Semitin gewesen ist.

2) Mit der ϑεὰ Συρία ist anfänglich noch der Kult der Ἀφροδίτη Βερενίκη
(bei ihr wird man wohl damals — in den 20er Jahren des 3. Jahrhunderts
v. Chr. — an die Gemahlin Euergetes' I. denken dürfen, siehe auch S. 169 A. 5)
verbunden gewesen, später ist sogar der Ζεὺς Σωτήρ mit ihr vereinigt worden,
eine Vereinigung, die natürlich nur in einem ganz privates Gepräge tragenden
Heiligtume möglich ist und die uns wieder ein vorzügliches Zeugnis für den
religiösen Synkretismus jener Zeit liefert.

3) Inzwischen hat auch Paul Meyer in seinem Aufsatz in der Festschrift
für Hirschfeld auf S. 159 u. S. 162/63 Listen der ἴδιοι λόγοι und der ἀρχιερεῖς
aufgestellt, und zwar für jeden gesondert entsprechend seiner Auffassung der
späten Vereinigung der beiden Ämter (siehe S. 58 A. 3).

Zeit	Namen	Titel
Römische Zeit.		
30. Juni 15 n. Chr. u. 2. Jahr d. Tiberius (15/16 n. Chr.)	Seppius Rufus [1])	[ἴδιος λόγος]
Kaiser Tiberius	M. Vergilius M. f. Ter(e-tina) Gallus Lusius [2])	idiologus ad Aegyptum
Kaiser Claudius	Vitrasius Pollio [3])	procurator (rei privatae)
Kaiser Hadrian	L. Julius Vestinus [4])	ἀρχιερεὺς Ἀλεξανδρείας καὶ Αἰγύπτου πάσης
17. September 120 n. Chr. (20. Thot des 5. Jahres des Hadrian)	Marcius Moesius [5])	[ὁ πρὸς τῷ ἰδί]ῳ λόγῳ (?)
7. Jahr des Hadrian (122/23 n. Chr.)	Julius Pardalas [6])	ὁ πρὸς τῷ ἰδίῳ λόγῳ
Kaiser Hadrian (136 n. Chr.)	T. Statilius Maximus Severus [7])	ἴδιος λόγος

1) P. Wess. Taf. gr. tab. 7 N. 8 u. tab. 11 N. 18 u. N. 19; P. Lond. II. 276 (S. 148), vergl. Wessely, Taf. gr. S. 6. Der Titel ist bei Seppius Rufus zwar nicht erhalten, aber aus seinen Amtsfunktionen zu folgern, vergl. S. 62, A. 2. Daß das 1. Jahr des Tiberius nicht, wie eigentlich zu erwarten, dem letzten Jahre des Augustus gleichzusetzen ist, sondern erst mit dem 29. August 14 n. Chr. beginnt, zeigt ganz sicher der eben erwähnte Londoner Papyrus, der von dem 6. Epiph des 1. Jahres des Tiberius datiert ist, eine Datierung, die eben nur unter der obigen Voraussetzung möglich ist. Dies hat schon Kenyon in P. Lond. II. S. 149, Anm. zu Z. 17 erkannt. Wilckens Ausführungen in Ostr. I. S. 789 A. 2, der diesen Papyrus noch nicht kannte, sind inzwischen von ihm selbst in seiner Rezension von Kenyon, Greek Papyri in the British Museum im Archiv I. S. 153 berichtigt. Merkwürdigerweise hat Wessely, Das erste Jahr des Tiberius in Ägypten in Wiener Studien XXIV (1902) S. 391 ff. die Frage noch einmal behandelt, ohne irgend etwas Neues zu bieten. Seppius Rufus bisher noch nicht bekannt.

2) C. I. L. X. 4862; siehe auch Prosopographia imperii Romani III. S. 401 N. 278.

3) Plinius h. n. XXXVI, 57; vergl. Kenyon in P. Lond. II. S. 167; anderer Ansicht ist Dessau in der Prosopographia usw. III. S. 456 N. 524.

4) C. I. Gr. III. 5900 (J. Gr. S. Jt. 1085). Die Reihenfolge der Idiologi zur Zeit Hadrians läßt sich leider nicht genau bestimmen. Vergl. zu Vestinus S. 59.

5) Siehe die kürzlich von Seymour de Ricci a. a. O. Archiv II. S. 440 N. 49 veröffentlichte Inschrift. Die Ergänzung scheint der Länge der Zeilen gut zu entsprechen.

6) B. G. U. I. 250, 19 ff. Bei der großen Seltenheit des Namens ist es naheliegend, ihn mit dem C. Julius Pardalas, einem kleinasiatischen Oberpriester der Roma und des Augustus (1. oder 2. Jahrhundert n. Chr., vergl. gr. Inschrift, veröffentlicht von S. Reinach, Rev. arch. 3ᵉ Sér. VI [1885] S. 104), in Verbindung zu bringen.

7) C. I. Gr. III. 4815ᶜ; C. I. L. III. 46 u. 47; der in den lateinischen Inschriften vom Jahre 136 n. Chr. genannte Statilius Maximus dürfte wohl dem in der griechischen erwähnten gleichzusetzen sein. Wann er das Amt des Idiologus

Zeit	Namen	Titel
22. November 135 n. Chr. (26. Athyr des 20. Jahres d. Hadrian) — 140 n. Chr.	Claudius Julianus [1]	ἴδιος λόγος und ὁ πρὸς τῷ ἰδίῳ λόγῳ
17. Jahr des Antoninus Pius (153/54 n. Chr.)	Claudius Agathokles [2]	ἀρχιερεὺς καὶ ἐπὶ τῶν ἱερῶν
Nach Mai 159 n. Chr. (nach dem Pachon des 22. Jahres des Antoninus Pius)	Flavius Melas [3]	derselbe Titel
14. Januar 171 n. Chr. (28. Tybi des 11. Jahres des Marc Aurel)	Ulpius Serenianus [4]	derselbe Titel
18. September 185 n. Chr. (21. Thot des 26. Jahres des Commodus)	Salvius Julianus [5]	derselbe Titel
Ende des 2. Jahrh. oder Anfang d. 3. Jahrh. n. Chr.	T. Aurelius Calpurnianus Apollonides [6]	ἐπίτροπος Αἰγύπτου ἰδιολόγου
Anfang des 3. Jahrh. n. Chr.	P. Sempronius Aelius Lycinus [7]	procurator ducenarius Alexandriae idiologu.

Nähere Angaben besitzen wir außerdem allerdings ohne Namensnennung über einen Idiologus des ausgehenden 2. Jahrhunderts n. Chr. bez. Anfang des 3. Jahrhunderts n. Chr.; er ist aus Nicäa gebürtig, doch ist er natürlich römischer Bürger gewesen; er führt den Titel ἐπίτροπος δουχηνάριος Ἀλεξανδρείας τοῦ ἰδίου λόγου[8].

bekleidet hat, ist nicht genau zu bestimmen. Vergl. Prosopographia usw. III. S. 260 N. 599 u. 603.

1) P. Cattaoui Recto Col. V u. unpubl. P. Rainer 107 bei Wessely, Kar. u. Sok. Nes. S. 66; sonst nicht bekannt.

2) Unpubl. P. Rainer 121 bei Wessely, Kar. u. Sok. Nes. S. 66; sonst nicht bekannt.

3) gr. P. Straßb. 60, publ. von Reitzenstein, Zwei religionsgeschichtliche Fragen S. 2 ff.; für das Datum vergl. die Neupublikation dieses Papyrus durch Wilcken im Archiv II. S. 4 ff. (siehe auch S. 13); siehe auch unpubl. P. Rainer 104 bei Wessely, Kar. u. Sok. Nes. S. 66 aus der Zeit des Antoninus Pius, wo bei dem Oberpriester Melas der Gentilname mit Sicherheit zu ergänzen ist. Sonst nicht bekannt.

4) B. G. U. I. 347, Col. 1, 1; vielleicht ist der in den unpubl. P. Rainer 139 u. 150 bei Wessely, Kar. u. Sok. Nes. S. 64 u. 66 genannte Ulpius Serenus (?) — die Zeit der Papyri gibt Wessely nicht an — ihm gleichzusetzen. Sonst nicht bekannt.

5) B. G. U. I. 82, 10; sonst nicht bekannt.

6) gr. Inschr., publ. Rev. arch. 3e Sér. I. (1883) S. 207 N. IV. Vergl. Prosopopraphia usw. I. S. 197 N. 1219.

7) C. I. L. III. 244; 6054 (6756); 6055 (6757).

8) C. I. Gr. II. 3751. Ob dieser Idiologus, wie Klebs, Prosopographia usw. I. S. 197 N. 1219, will, dem P. Aurelius Calpurnianus Apollonides gleichzusetzen ist, ist mir doch noch zweifelhaft.

Paul Meyer[1]) glaubte früher außer den oben genannten noch zwei ägyptische Idiologi mit Namen nachweisen zu können, für das Jahr 141/42 n. Chr. einen gewissen Eudaimon[2]) und für 201 n. Chr. den M.' Aquilius Felix[3]); beide sind jedoch von ihm jetzt mit gutem Recht fallen gelassen worden[4]).

Anhang II zum zweiten Kapitel.

Liste der bisher bekannt gewordenen eponymen Priester Ägyptens.[5])

1. Alexandria.

A) Die Alexanderpriester.[6])

Jahr d. Königs	vor Chr.	Name des Priesters	Titel
Ptolemäos II. Philadelphos.			
21.	265/64	Demokrites (?), Sohn des Aclepiadotos[7])	ἱερεὺς Ἀλεξάνδρου καὶ θεῶν Ἀδελφῶν

1) Zur Chronologie der Praefecti Aegypti im 2. Jahrhundert, im Hermes XXXII (1897) S. 210 ff. (S. 230 A. 3); vergl. auch seinen Aufsatz „Die ägyptischen Urkunden und das Eherecht der römischen Soldaten" in Zeitschrift der Savigny-Stiftung für Rechtsgeschichte, Röm. Abt. XVII (1897) S. 44 ff. (S. 66).

2) Über ihn siehe P. Cattaoui Recto, Col. IV, 16 ff. Ob er mit dem in der Prosopographia II. S. 41 N. 79 behandelten Eudaimon identisch ist, ist mir doch noch zweifelhaft. Grenfell-Hunt P. Oxy. III. S. 175 fassen ihn im Anschluß an P. Oxy. II. 237, Col. 8, 18 als Präfekten (ebenso P. Meyer, Archiv III. S. 67); an und für sich ist es jedoch ebenso gut möglich ihn mit dem ἀρχιδικαστής Eudaimon vom Jahre 143/44 n. Chr. (siehe Anhang III dieses Kapitels) zu identifizieren.

3) B. G. U. I. 156, 3; er ist nur einer der dem Idiologus untergebenen Prokuratoren und zwar der des οὐσιακὸς λόγος gewesen; vergl. C. I. L. X. 6657. Gegen Meyer hat sich schon Rostowzew a. a. O. Philologus LVII. (1898) S. 568 Anm. geäußert.

4) Siehe Kommentar zum Papyrus Cattaoui im Archiv III. S. 67 u. a. a. O. der Festschrift für Otto Hirschfeld S. 147.

5) Nachdem die folgende Liste im großen und ganzen fertiggestellt war, fand ich, daß auch Beurlier, De divinis honoribus usw. (1890) S. 127 ff. eine Liste der eponymen Ptolemäerpriester von Alexandria bietet. Ich habe mich jedoch entschlossen, meine Liste hier vollständig anzuführen, da abgesehen von dem reichen inzwischen neu hinzugekommenen Material die Liste Beurliers durchaus nicht fehlerfrei ist und da auch seine chronologischen Angaben Berichtigung fordern.

6) Die aus demotischen Papyri stammenden Namen sind in der von den Herausgebern gegebenen Form in die Liste eingesetzt, wenn nicht die Vergleichung mit griechischen Papyri, in denen dieselben Personen vorkommen, richtigere Namensformen ergaben; ein in der Liste den Namen hinzugefügtes Fragezeichen bezieht sich auf Bedenken, welche die Herausgeber der Richtigkeit ihrer Lesungen entgegenbringen; meine Zweifel an der Richtigkeit der Lesungen sowie eventuelle Verbesserungen finden sich in den Anmerkungen. Ebenso ist auch in den Listen der anderen eponymen Priester verfahren. Gleich-

Jahr d. Königs	vor Chr.	Name des Priesters	Titel
27.	259/58	. . . . Sohn des Laistos (?) ¹)	ἱερεὺς Ἀλεξάνδρου καὶ θεῶν Ἀδελφῶν
29.	257/56	Antimachos, Sohn des Cébès ²)	desgl.
33.	253/52	Aetos, Sohn des Apollonios ³)	desgl.
36.	250/49	Apinatus, Sohn des Apinatus ⁴)	desgl.
19. — 27.	267/66 — 259/58	Pelopidas, Sohn des Dexios ⁵)	desgl.
		Ptolemäos III. Euergetes I.	
2.	246/45	Tlepolemos, Sohn des Altibios ⁶)	ἱερεὺς Ἀλεξάνδρου καὶ θεῶν Ἀδελφῶν

setzungen der in den verschiedenen Papyri vorkommenden Personen sind nur mit größter Vorsicht vorgenommen, das rein Hypothetische überhaupt nicht erst erwähnt.

7) dem. P. Lond. publ. Rev. ég. I. S. 6, der griechische Name dürfte entweder Δημοκράτης oder Δημόκριτος ὁ Ἀκληπιοδότου gelautet haben.

1) P. Petr. publiziert im Appendix II der Rev. L. unter N. 2. Der Name der Kanephore ist leider nicht erhalten.

2) dem. P. Leid. 379, publ. in Rev. ég. I. S. 13; siehe auch Chrest. dém. S. LXXXVII. A. 2, N. 4; Sitz. Wien. Ak. Phil.-hist. Kl. Bd. CV (1883) S. 357 (publ. v. Krall). Rev. ég. I. S. 125 A. 1 publiziert Revillout einen dem. P. Leid. 378, der demselben Jahre und demselben Monate angehört; die Zahl 378 ist jedoch sicher für 379 verdruckt, da der dem. P. Leid. 378 aus dem 21. Jahre Ptolemäos' VI. Philometors stammt. (Siehe N. Chrest. dém. S. 113.) Griechisch ist der Name des Priesters mit Ἀντίμαχος ὁ Κέβητος anzusetzen.

3) dem. P. Louvre 2433, publ. Chrest. dém. S. LXXVI u. S. 241 ff., Rev. ég. I. S. 6 u. 14: Ἀετὸς ὁ Ἀπολλωνίου.

4) dem. P. Louvre 2443, publ. Chrest. dém. S. CXLVII u. S. 246 ff., Rev. ég. I. S. 6 u. 14; siehe auch P. Petr. I. 22, N. 1 und hierzu Wilcken in seiner Rezension der Flinders Petrie Papyri in G. G. A. 1895. S. 130 ff. (S. 141). Der Name Apinatus ist als griechischer Eigenname bisher noch nicht bekannt (Ἀπινάτης (?) ὁ Ἀπινάτου).

5) P. Petr. II, 24 (Πελοπίδας ὁ Δεξίου), ergänzt von Wilamowitz a. a. O. der Nachrichten der Kgl. Gesellschaften der Wissenschaften zu Göttingen, Phil.-hist. Kl. 1894. S. 30 A. 1. Das Jahr ist nicht erhalten; da jedoch der Sohn des Philadelphos als Mitregent genannt ist, können nur die obigen Jahre in Betracht kommen, vergl. Mahaffy in Rev. L. S. XXIII.

6) dem. P. Louvre 2438, publ. Chrest. dém. S. LXXXVIII, S. CXLIX u. S. 257 ff.; Rev. ég. I. S. 7 u. 14. In der Chrestomatie bietet Revillout den Namen Triporimos, in der Rev. ég. den Namen Tlepolemos; der letztere ist als griechischer Eigenname bekannt, der erstere noch nicht, doch ist die Bildung von Τρι-πόριμος durchaus möglich. Welcher Name der richtige ist, ließe sich nur am Original entscheiden. An Stelle des ungriechischen Namens Altibios ist vielleicht Ἀλκίβιος einzusetzen.

Jahr d. Königs	vor Chr.	Name des Priesters	Titel
4.	244/43	Archelaos, Sohn des Demos[1])	ἱερεὺς Ἀλεξάνδρου καὶ θεῶν Ἀδελφῶν
9.	239/38	Apollonides, Sohn des Moschion[2])	ἱερεὺς Ἀλεξάνδρου καὶ θεῶν Ἀδελφῶν καὶ θεῶν Εὐεργετῶν
10.	238/37	derselbe[3])	desgl.
11.	237/36	Seleukos, Sohn des Antimenides[4])	desgl.
12.	236/35	Eukles, Sohn des ?[5])	desgl.
13.	235/34	Sosibios, Sohn des Dioskoros[6])	desgl.
15. (?)	233/32	Hellenikus, Sohn des Hellenikus[7])	desgl.

1) dem. P. Louvre 2431, publ. Chrest. dém. S. LXXXIX, S. CLII u. S. 265 ff.; Rev. ég. I. S. 7. In der Chrestomathie bietet Revillout den sonst nicht bekannten Namen Alecros (bez. Arecros), in der Rev. ég. den Namen Archelaos; Ἀρχέλαος ὁ Δήμου dürfte wohl das richtige sein.

2) Kanopus, Z. 1/2: Ἀπολλωνίδης ὁ Μοσχίωνος.

3) P. Petr. I, 13, nach der Ergänzung in Wilckens Rezension G. G. A. 1895 S. 134; ebenso P. Petr. I, 14; 15; 16; 18 N. 2; 17 N. 3 und 21, in denen analog den vorhergehenden Papyri die Ergänzung des Aktpräskriptes vorgenommen werden muß; endlich noch P. Petr. II, S. 23, welcher in Verbindung mit P. Petr. I, 12 zu bringen ist.

4) P. Petr. I, 28, N. 2: Σέλευκος ὁ Ἀντιμενίδου.

5) P. Petr. I, 17, N. 1 u. 2: Εὐκλῆς ὁ [?]. Die Ergänzung des verloren gegangenen Namens durch Mahaffy in P. Petr. I, 28, N. 2 ist mit Recht von Wilcken a. a. O. G. G. A. 1895 S. 144 zurückgewiesen worden.

6) dem. P. Marseille, publ. Rev. ég. I. S. 134 Anm. Nach diesem demotischen Papyrus dürfte auch offenbar der P. Petr. I, 18 N. 1 zu ergänzen sein. Wilcken a. a. O. G. G. A. 1895 S. 138 hat schon mit Recht die Lesung und Ergänzung Mahaffys Z. 2 Γ[αλέστ?]ου verworfen und dafür Σ...ιου vorgeschlagen; ich schlage als Ergänzung Σ[ωσι]βίου τοῦ [Διοσκόρου] vor. Ist etwa der hier genannte Sosibios dem allmächtigen Freund und Minister des 4. Ptolemäers gleichzusetzen? Zeitlich wäre es immerhin möglich, sachlich sehr interessant; es wäre eine weitere Illustration für die hochangesehene Stellung des Alexanderpriesters.

7) dem. P. Louvre 2429, publ. Chrest. dém. S. 273 ff. und Rev. ég. I. S. 8. Der Name dürfte wohl der griechische Name Ἑλλάνικος sein; hier ist auch noch der Name des Großvaters angegeben, jedenfalls um ihn von einem Gleichnamigen, der auch zur Alexanderpriesterwürde berechtigt war, zu unterscheiden (siehe S. 180 A. 1); der Name dieses Großvaters Euphratoros ist bisher als griechischer Eigenname noch nicht bekannt gewesen; ist er vielleicht für Euphranor verlesen? Also ist der Name griechisch etwa durch Ἑλλάνικος Ἑλλανίκου τοῦ Εὐφράνορος wiederzugeben. Eine offene Frage muß es leider bleiben, ob dieser Hellanikos mit dem wohl ungefähr zu derselben Zeit in Alexandria lebenden angesehenen Grammatiker Hellanikos, dem sogenannten Chorizonten (über diesen siehe Suse-

Jahr d. Königs	vor Chr.	Name des Priesters	Titel
17.	231/30	Menneas, Sohn des Menetios [1])	ἱερεὺς Ἀλεξάνδρου καὶ θεῶν Ἀδελφῶν καὶ θεῶν Εὐεργετῶν
20.	228/27	Galestes, Sohn des Philistion [2])	desgl.
21.	227/26	derselbe [3])	desgl.

mihl, Geschichte der griech. Liter. in d. Alexandrinerzeit II. S. 149), zusammenhängt. Das Datum „Jahr 15" ist meines Erachtens nicht ganz sicher; im demotischen Teil des Papyrus ist es zerstört und nur in der griechischen Einregistrierung erhalten. Revillout (Rev. ég. I. S. 8 A. 2) liest nun zwar ⌐ιε, doch scheint es mir nach dem Chrest. dém. S. 277 gebotenen Faksimile ebenso gut möglich ⌐ιϛ, also „Jahr 16" zu lesen; das Zeichen für ϛ ist dann in diesem Falle etwas verschrieben; jedenfalls ist das ε im Gegensatz zu den gleich darauf folgenden Epsilons sehr undeutlich gemacht.

1) dem. P. Lond., publ. Chrest. dém. S. CXXXVI u. Rev. ég. I. S. 119; dem. P. Lond., publ. Rev. ég. I. S. 135 A. 1; dem. P. Lond., publ. Rev. ég. III. S. 15; dem. P. Berl. 3089 (Spiegelberg S. 6). Revillout bietet überall den Namen Mennas, Spiegelberg, der die griechischen Eigennamen in strengem Anschluß an ihre demotische Wiedergabe bietet (siehe S. 1), giebt Mnâs, jedoch dürfte Μεννέας im Anschluß an P. Petr. I. 22 N. 1 die allein richtige Form sein. Der Name Menetios (Spiegelberg: Mntiâš) ist wohl als Μένητος oder als Μενοίτιος aufzufassen.

2) dem. P. Louvre 2425, publ. Chrest. dém. S. 278 ff. u. Rev. ég. I. S. 8. Revillout giebt hier überall die Lesung des ersten Namens mit Calistos, aber diese ist, wie schon Wilcken a. a. O. G. G. A. 1895 S. 143 nachgewiesen hat, sicher falsch; denn im P. Petr. I, 27 vom Jahre 227/6 (siehe die Rekonstruktion dieses Papyrus bei Wilcken am eben angeführten Orte) erscheint als Alexanderpriester Γαλέστης ὁ Φιλιστίωνος, und diesen hat Revillout (Rev. ég. I. S. 115) gleichfalls mit Callistos wiedergegeben. Außerdem ergeben ja auch, wie Wilcken bemerkt, die in Betracht kommenden demotischen Buchstaben g.l.s.t.s (oder g.a.l.s.t.s) durchaus den griechischen Namen Γαλέστης. Dieser Galestes oder der Dittenberger, Sylloge[2] I. N. 268. Z. 134/35 für das Jahr 188/7 v. Chr. genannte dürfte wohl in Aelian V. H. I. 30 gemeint sein; der Name daselbst ist schon von Wescher, Note relative à un prêtre d'Alexandre et des Ptolémées in Rev. arch. N. S. XIV (1866) S. 156 ff. (159) richtig gestellt worden; E. Rohde: Scymnus von Chios im Rh. M. XXXIV (1879) S. 153 in Anm. 2 ist nach obigem zu verbessern. Für das 20. Jahr giebt Revillout einen dem. P. Lond., publ. Ä. Z. XVIII (1880) S. 111 noch einen Alexanderpriester Actitos, ohne Vatersnamen. Falls die Lesung Revillouts richtig ist, so würden in diesem Jahre zwei Alexanderpriester fungiert haben, doch wäre das natürlich als Ausnahme aufzufassen; Actitos mag während seiner Amtszeit gestorben sein, und Galestes ist sozusagen sein suffectus geworden. (Vergl. S. 183 A. 1).

3) dem. P. Lond. (Hay 479), publ. Chrest. dém. S. CXXXI u. Rev. ég. I. S. 115. Hier liegt jedenfalls ein Flüchtigkeitsfehler Revillouts vor, der in seiner Übersetzung nach der Angabe des Jahres ausgelassen hat: du roi Ptolémée, fils du usw. Beim ersten Anblick muß man den Kontrakt als einen nach Ptolemäos II. Philadelphos und wunderbarerweise seiner Gemahlin Arsinoe Philadephos datierten halten. P. Petr. I. 27; im übrigen vergl. die vorige Anmerkung.

Jahr d. Königs	vor Chr.	Name des Priesters	Titel
22.	226/25	Alexikrates, Sohn des Theogenes [1])	ἱερεὺς Ἀλεξάνδρου καὶ θεῶν Ἀδελφῶν καὶ θεῶν Εὐεργετῶν
24.	224/23	Alketes, Sohn des Jasou [2])	desgl.
25.	223/22	Dositheos, Sohn des Tripirus (Triphylos) [3])	desgl.
Unbestimmt	—	.. έους τοῦ Εὐβάτα [4])	desgl.
		Ptolemäos IV. Philopator.	
2.	221/20	Demetrios, Sohn des Apelles [5])	ἱερεὺς Ἀλεξάνδρου καὶ θεῶν Ἀδελφῶν καὶ θεῶν Εὐεργετῶν
3.	220/19	derselbe [6])	desgl.
5.	218/17	derselbe [7])	desgl.
7.	216/15	Aetos, Sohn des Aetos [8])	ἱερεὺς Ἀλεξάνδρου καὶ θεῶν Ἀδελφῶν καὶ θεῶν Εὐεργετῶν [καὶ θεῶν Φιλοπατόρων]

1) dem. P. Berl. 3109, publ. N. Chrest. dém. S. 1, Rev. ég. I. S. 8 u. Spiegelberg, dem. P. Berl. S. 7; dem. P. Louvre 2415, publ. Chrest. dém. S. 364; dem. P. Leid. 381, publ. Rev. ég. I. S. 135 A. 2 u. Rev. ég. II. S. 94 A. 1; siehe auch Letronne, Recueil des inscriptions grecques et latines de l'Egypte I. S. 259; P. Petr. I. 19; 20 N. 2; 28; vergl. hierzu Wilcken a. a. O. G. G. A. 1895 S. 138 u. S. 144. Revillout schwankt in den Publikationen der demotischen Texte zwischen Diogène und Théogène als Vatersnamen, Spiegelberg bietet: ꝫAlgsigrts, Sohn des Thugns, nach den Petriepapyri ist mit Sicherheit der Name Θεογένης einzusetzen; also Ἀλεξικράτης ὁ Θεογένους.

2) dem. P. Lond., publ. von Revillout Ä. Z. XVIII (1880) S. 112. Der daselbst gebotene Name Jasôu ist natürlich nicht richtig; man kann an 'Ιάσων und an "Ιασος denken; ist etwa versehentlich der griechische Genitiv des letzteren Namens ins Demotische übertragen worden (siehe übrigens auch S. 177, A. 7)? Der Name des Priesters also vielleicht Ἀλκέτας ὁ Ἰάσου.

3) dem. P. Berl. 3096, publ. Rev. ég. IV. S. 152 u. Spiegelberg, dem. P. Berl. S. 6; letzterer bietet als Namen des Priesters: Tusitus (Dosthoos?), Sohn des Tripirus (Triphylos), während Revillout Dositheos, Sohn des Dositheos gelesen hat; der eigene Name ist demnach wohl sicher mit Δωσίθεος anzusetzen, der Vatersname hat vielleicht Τρίπυλος oder Τρίφυλος gelautet.

4) P. Petr. I. 11, nach der Rekonstruktion und Datierung von Wilcken a. a. O. G. G. A. 1895 S. 133. Der Name der Kanephore ist nicht erhalten.

5) dem. P., publ. Rev. ég. IV. S. 153: Δημήτριος ὁ Ἀπελλοῦ.

6) dem. P. Vatican, publ. Rev. ég. I. S. 112/113; vergl. auch Letronne, Recueil des inscriptions usw. I. 259.

7) dem. P. Marseille, publ. Rev. ég. I. S. 20; derselbe dürfte auch unter der Bezeichnung: Photographie I. du Louvre in Chrest. dém. S. 300 ff. publiziert sein.

8) dem. P. Louvre 3263, publ. Chrest. dém. S. 369 ff. u. Rev. ég. I. S. 20;

Jahr d. Königs	vor Chr.	Name des Priesters	Titel
8.	215/14	Ptolemäos, Sohn des Ptolemäos [1])	ἱερεὺς Ἀλεξάνδρου καὶ θεῶν Σωτήρων καὶ θεῶν Ἀδελφῶν καὶ θεῶν Εὐεργετῶν καὶ θεῶν Φιλοπατόρων
12.	211/10	Atanus (?), Sohn des Atanus (?) [2])	desgl.
15.	208/07	Demosthenes, Sohn des Kraton [3])	desgl.
Ptolemäos V. Epiphanes.			
2.	204/03	Aristomachos, Sohn des Menneas [4])	ἱερεὺς Ἀλεξάνδρου καὶ θεῶν Σωτήρων καὶ θεῶν Ἀδελφῶν καὶ θεῶν Εὐεργετῶν καὶ θεῶν Φιλοπατόρων

vergl. für die Namen die Angaben von Letronne, Recueil des inscriptions usw. I. S. 259; die Namen, die Revillout in der Chrest. dém. bietet: Acdoaros, Sohn des Acdoaros, dürften sicher falsch sein. Mit Recht hat er dagegen in der Rev. ég. I. 20 darauf hingewiesen, daß die Lücke nach den θεοὶ Εὐεργέται durch θεοὶ Φιλοπάτορες ergänzt werden muß. Der hier genannte Ἀετὸς τοῦ Ἀετοῦ ist vielleicht der Sohn des Alexanderpriesters vom 33. Jahre des Ptolemäos II. Philadelphos; siehe ferner den gleichnamigen Alexanderpriester vom 9. Jahre des 5. Ptolemäers, der mit ihm wahrscheinlich identisch ist.

1) dem. P. Lond. (Anastasi [?] 37), publ. Rev. ég. I. S. 20 u. korrekter S. 135 A. 1; hier ist wieder einmal der Name des Großvaters Σωσικράτης genannt; hierdurch wird eine Gleichsetzung dieses Alexanderpriesters mit demjenigen vom 21. Jahre des 5. Ptolemäers, der dieselben Namen führt, unmöglich; vergl. S. 181 A. 3. Offenbar hat der zweite Ptolemäos, Sohn des Ptolemäos zu dieser Zeit schon gelebt, daher hier zur Unterscheidung die Angabe des Großvaters.

2) dem. P. Bologna, publ. Rev. ég. III. S. 2 A. 5 u. biling. P. Lond., publ. von Revillout, P. S. B. A. XIV (1891/92) S. 60 ff. und von Griffith, P. S. B. A. XXIII (1901) S. 294 ff. Revillout gibt den Namen des Alexanderpriesters im dem. P. Bologna durch Athénéos, Sohn des Athénéos wieder, im biling. P. Lond. durch Adonaios, Sohn des Adonaios, während Griffith hier zweifelnd Atanus, Sohn des Atanus bietet. In dem dem. P. Berl. 3075, publ. N. Chrest. dém. S. 4 u. Spiegelberg, dem. P. Berl. S. 7 ist leider der Name des Alexanderpriesters nicht erhalten. Eine griechische Transskription wage ich bei der Ungenauigkeit der demotischen Lesungen nicht zu geben. (Ebenso äußert sich jetzt auch Spiegelberg, dem. P. Berl. S. 7, Sp. 2, A. 1.) Hervorgehoben sei noch, daß der hier genannte Alexanderpriester sein Amt zum zweitenmal bekleidet hat. Nicht ganz ausgeschlossen erscheint mir die Annahme, daß seine erste Amtsperiode in das Jahr 212/11 v. Chr. gefallen ist, da sich öfters die zweite unmittelbar an die erste Amtsperiode angeschlossen hat; siehe die Angaben in dieser Liste hierfür.

3) dem. P. Lond., publ. Rev. ég. III. S. 2 A. 5: Δημοσθένης ὁ Κράτωνος.

4) dem. P. Leid. 373ᶜ, publ. Rev. ég. I. S. 128 A. 1. Zu dem Namen Menneas vergl. S. 178, A. 1; Ἀριστόμαχος ὁ Μεννέου.

Jahr d. Königs	vor Chr.	Name des Priesters	Titel
8.	198/97	Demetrios, Sohn des Sitaltes [1])	ἱερεὺς Ἀλεξάνδρου καὶ θεῶν Σωτήρων καὶ θεῶν Ἀδελφῶν καὶ θεῶν Εὐεργετῶν καὶ θεῶν Φιλοπατόρων „et du roi Ptolémée le maître du hopeš (le victorieux)"
9.	197/96	Aetos, Sohn des Aetos [2])	ἱερεὺς Ἀλεξάνδρου καὶ θεῶν Σωτήρων καὶ θεῶν Ἀδελφῶν καὶ θεῶν Εὐεργετῶν καὶ θεῶν Φιλοπατόρων καὶ θεοῦ Ἐπιφανοῦς Εὐχαρίστου
21.	185/84	Ptolemäos, Sohn des Ptolemäos [3])	ἱερεὺς Ἀλεξάνδρου καὶ θεῶν Σωτήρων καὶ θεῶν Ἀδελφῶν καὶ θεῶν Εὐεργετῶν καὶ θεῶν Φιλοπατόρων καὶ θεῶν Ἐπιφανῶν
23.	183/82	Ptolemäos, Sohn des Pyrrhides [4])	Dieselbe Formel wie im Jahre 9

1) dem. P. Louvre 2408, publ. Chrest. dém. S. 336 ff. und dem. P. Louvre 3266, publ. Rev. ég. I. S. 124 A. 2; Letronne, Recueil des inscriptions usw. I. S. 259. Der Name Sitaltes dürfte wohl nicht ganz richtig sein; ist er etwa für Σιτάλκης verlesen? (Also etwa Δημήτριος ὁ Σιτάλκου.) Der letzte Teil des Titels des Priesters ist nach Revillouts Übersetzung der betreffenden demotischen Stelle gegeben.

2) Rosette, Z. 4: Ἀετὸς ὁ Ἀετοῦ. Dieser Alexanderpriester dürfte demjenigen vom 7. Jahre Philopators gleichzusetzen sein.

3) dem. P. Louvre 2309, publ. Rev. ég. I. S. 129 A. 2; siehe auch Ä. Z. XVIII (1880) S. 115; Letronne, Recueil des inscriptions usw. I. S. 259. Wie schon hervorgehoben, ist dieser Ptolemäos, Sohn des Ptolemäos nicht identisch mit dem Alexanderpriester vom 8. Jahre Philopators, da der Großvater dieses Priesters Χρύσερμος heißt. (Also Πτολεμαῖος Πτολεμαίου τοῦ Χρυσέρμου.) Ebendenselben Mann kennen wir auch aus einer delphischen Proxenienliste (Dittenberger, Sylloge [2] I, N. 268, Z. 133/34), wo er für das Jahr 188/7 v. Chr. genannt wird; auch sein Vater, Ptolemäos, der Sohn des Chrysermos, ist uns aus der ersten Zeit Philopators bekannt geworden (Plutarch, Cleomenes c. 36). Vergl. zu diesem Wescher a. a. O. S. 158. Der in den inzwischen erschienenen P. Tebt. I. erwähnte P. Tebt. 176, dessen Datierung von Grenfell-Hunt nur allgemein angegeben werden konnte, ist auf Grund der in ihm genannten eponymen Priester (siehe auch die Angaben bei der Kanephore und Athlophore) in das Jahr 185/4 v. Chr. zu setzen; Z. 3 ist also zu ergänzen: [Πτο]λεμαίου τ[οῦ Πτολεμαίου].

4) U. Bouriant, a. a. O. Rec. de trav. VI. S. 1 ff., hieroglyph. Dekret von Damanhur Z. 6. Der Vatersname dürfte wohl dem griechischen Namen Πυρρίδας entsprechen (also Πτολεμαῖος ὁ Πυρρίδου). Daß hier im Titel des Alexanderpriesters nur der θεὸς Ἐπιφανής und nicht die θεοὶ Ἐπιφανεῖς erscheinen, dürfte auf einem Versehen beruhen, das dadurch zu erklären ist, daß ja abgesehen vom Datum die obige hieroglyphische Inschrift die Kopie der Rosettana ist. Vergl. S. 7, A. 5.

Jahr d. Königs	vor Chr.	Name des Priesters	Titel
		Ptolemäos VI. Philometor I.	
2.	180/79	**Poseidonios, Sohn des Poseidonios** [1])	ἱερεὺς Ἀλεξάνδρου καὶ θεῶν Σωτήρων καὶ θεῶν Ἀδελφῶν καὶ θεῶν Εὐεργετῶν καὶ θεῶν Φιλοπατόρων καὶ θεῶν Ἐπιφανῶν καὶ θεῶν Φιλομητόρων
8. (?)	174/73	**Herakleides, Sohn des Penaphos** (?) [2])	desgl.
21.	161/60	**?, Sohn des Menetios** [3])	desgl.
		Ptolemäos VIII. Euergetes II.	
33.	138/37	**.... Sohn des Eutyches** [4])	ἱερεὺς Ἀλεξάνδρου καὶ θεῶν Σωτήρων καὶ θεῶν Ἀδελφῶν καὶ θεῶν Εὐεργετῶν καὶ θεῶν Φιλοπατόρων καὶ θεῶν Ἐπιφανῶν καὶ θεοῦ Εὐπάτορος καὶ θεοῦ Φιλομήτορος καὶ θεῶν Εὐεργετῶν
		Ptolemäos X. Philometor II. Soter	
3., 4., 6., 8. u. 11. [5])	115/14 114/13 112/11 110/09 107/06	**der König selbst** [6])	ἱερεὺς Ἀλεξάνδρου καὶ θεῶν Σωτήρων καὶ θεῶν Ἀδελφῶν καὶ θεῶν Εὐεργετῶν καὶ θεῶν Φιλοπατόρων καὶ θεῶν Ἐπιφανῶν καὶ θεοῦ Εὐπάτορος καὶ θεοῦ Φιλομήτορος καὶ θεοῦ Νέου Φιλοπάτορος καὶ θεοῦ Εὐεργέτου καὶ θεῶν Φιλομητόρων Σωτήρων

1) P. Amh. II. 42, 2 ff., 22 ff.: Ποσειδώνιος ὁ Ποσειδωνίου.

2) P. Amh. II. 43, 2: Ἡρακλείδης ὁ Πεναφου; Penaphos ein bisher nicht bekannter Personenname; die Lesung erscheint mir sehr unsicher, allerdings wage ich auch nicht eine andere vorzuschlagen; die Jahresangabe ist unsicher.

3) dem. P. Leid. 378, publ. N. Chrest. dém. S. 113 ff.; für den Namen vergl. S. 178, A. 1.

4) P. Amh. II. 44, 2 u. 18.

5) P. Grenf. I. 25 (3. Jahr); P. Par. 5, P. Grenf. II. 20 u. B. G. U. III. 994 (4. Jahr); dem. P. Boulaq (1 u. 2), publ. Chrest. dém. S. 401 ff. (6. Jahr); B. G. U. III. 995 (8. Jahr); B. G. U. III. 996 (11. Jahr). Vielleicht wäre hier noch für das 4. Jahr der dem. P. Berl. 3103, publ. N. Chrest. dém. S. 121 u. Spiegelberg S. 15 anzuführen; die in Betracht kommende Stelle lautet nach Revillout (siehe auch Spiegelberg): sous le prêtre d'Alexandre ...... des Euergètes, du Philométor Sotère; sie ist sicher verderbt, da Philometor Soter auf keinen Fall allein als σύνναος θεός des Alexander genannt gewesen sein dürfte. Der

Jahr d. Königs	vor Chr.	Name des Priesters	Titel
6.	112/11	**Artemidoros, Sohn des Sotion** [1])	ἱερεὺς Ἀλεξάνδρου καὶ θεῶν Σωτήρων καὶ θεῶν Ἀδελφῶν καὶ θεῶν Εὐεργετῶν καὶ θεῶν Φιλοπατόρων παὶ θεῶν Ἐπιφανῶν καὶ θεοῦ Εὐπάτορος καὶ θεοῦ Φιλομήτορος καὶ θεοῦ Νέου Φιλοπάτορος καὶ θεοῦ Εὐεργέτου καὶ θεᾶς Εὐεργέτιδος καὶ [Φιλ]ομή-[τορος Σωτ]ῆρος [2])

Erklärung von Lepsius a. a. O. der Abh. Berl. Ak. 1852. S. 493/94 kann ich nicht beistimmen, da jetzt schon für das 3. Jahr die Φιλομήτορες Σωτῆρες im Titel des Alexanderpriesters belegt sind. Vielleicht ist die Stelle zu ändern in . . . des Euergètes [des Philométors Sotères le roi] Philométor Sotère; vergl. den dem. P. Boulaq.

6) Man hat gezweifelt (z. B. Brugsch und dagegen schon Brunet de Presle in P. Par. S. 153, ebenso Lepsius a. a. O. S. 492—93), daß hier der König selbst Alexanderpriester gewesen ist, und man hat an ein Verschreiben der Schreiber gedacht, das durch die Schwülstigkeit der Aktpräskripte zu erklären sei; jetzt, wo mehrere von einander ganz unabhängige Urkunden aus verschiedenen Jahren die gleichen Angaben bieten, ist ein Zweifel wohl nicht mehr möglich. (Auch Grenfell in P. Grenf. I. S. 53 sagt: Ptolemy Soter II. was therefore priest of himself.) So besonders ungewöhnlich, daß man deshalb an der Richtigkeit zweifeln müßte, brauchte auch gar nicht die Nachricht, daß der König Priester gewesen ist, erscheinen, da auch von einem anderen griechischen Fürsten, von Hieron von Syrakus, berichtet wird (Scholien zu Pindar Olymp. VI. 160, auch 162), er habe als Priester der bedeutenderen Heiligtümer seines Landes (der Demeter und Kore in Syrakus, des Zeus in Aitne) fungiert. Auch das brauchte nicht aufzufallen, daß der König hier Priester seiner eigenen Gottheit war; bekanntlich haben auch die Pharaonen sich selbst als Gott geopfert (am bekanntesten ist dies wohl von Amenemhet III.; bei ihm erscheint es auch am deutlichsten; das Richtige hat hier schon Lepsius, Briefe aus Ägypten und Nubien S. 246, 415—17, erkannt; siehe noch Osarkon II. in Naville, The festive hall of Osarkon I'. in the great temple of Bubastis). Außerdem ist hierbei zu beachten, daß seine eigene Gottheit gar nicht besonders hervortritt, keineswegs Hauptgott, sondern nur σύνναος θεός ist. Siehe auch Kapitel VII.

1) Inschrift N. 33 bei Strack, Inschriften aus ptolemäischer Zeit II. im Archiv II. S. 551. Ἀρτεμιδῶρος ὁ Σωτίωνος amtiert im Phaophi, während uns für den Phamenoth, also 6 Monate später, der König selbst als Alexanderpriester belegt ist (siehe oben). Strack a. a. O. S. 552 irrt, wenn er nicht diesen, sondern Kratoteros, Sohn des Kratoteros, als Alexanderpriester annimmt; dieser ist damals ἱεροπόλος gewesen, vergl. meine Bemerkungen S. 193, die durch diese neue Inschrift (man vergl. ihren Text mit der Revilloutschen Übersetzung des dem. P. Boulaq) durchaus bestätigt werden.

2) Strack bietet als Ende des Titels des Alexanderpriesters: θεᾶς Εὐεργέτιδος [τῆς] καὶ [Φιλ]ομή[τορος Σωτ]είρας; bei dieser Lesung ist nur der Kult der regierenden Königin und nicht des regierenden Königs in dem Titel genannt, während in gleichzeitigen Dokumenten der Kult beider erwähnt wird, was man auch an und für sich erwarten muß. Ich möchte deshalb obige Lesung

·Jahr d. Königs	vor Chr.	Name des Priesters	Titel
		Ptolemäos XI. Alexander I.	
7.—13.ist möglich [1])	108/07 — 102/01	**der König selbst**	$\iota\varepsilon\varrho\varepsilon\acute{\nu}\varsigma$
		Nicht genau datierbar aus ptolemäischer Zeit.	
2. (?) Jahrhundert vor Chr.		**Lykarion, Sohn des Nu- menios** [2])	$\dot{\varepsilon}\xi\eta\gamma\eta\tau\dot\eta\varsigma$ $\varkappa\alpha\grave{\iota}$ $\dot{\varepsilon}\pi\grave{\iota}$ $\tau\tilde\eta\varsigma$ $\pi\acuteo$- $\lambda\varepsilon\omega\varsigma$
1. (?) Jahrhundert vor Chr.		**Chrysermos, Sohn des Herakleitos** [3])	$\dot{\varepsilon}\xi\eta\gamma\eta\tau\dot\eta\varsigma$

vorschlagen; sollte sie epigraphisch nicht möglich sein, so muß man unbedingt den Ausfall von $\varkappa\alpha\grave{\iota}$ $\vartheta\varepsilon o\tilde\nu$ $\Phi\iota\lambda o\mu\dot\eta\tau o\varrho o\varsigma$ $\varSigma\omega\tau\tilde\eta\varrho o\varsigma$ am Schluß des Titels annehmen.

1) Siehe den inzwischen bekannt gewordenen P. Tebt. 166 (vergl. S. 182); das Jahr nicht näher zu bestimmen, die obige Zeitspanne jedoch durch die im Papyrus erwähnte Mitherrschaft der Kleopatra III. gesichert; der Titel des Alexanderpriesters ist wie das ganze Aktpräskript aufs äußerste verkürzt.

2) Griechische Inschrift, publ. von Néroutsos-Bey, L'ancienne Alexandrie S. 98 ($\varLambda\nu\varkappa\alpha\varrho\acute{\iota}\omega\nu$ $\acute{o}$ $No\nu\mu\eta\nu\acute{\iota}o\nu$). Falsch ist es, wenn Néroutsos S. 100 glaubt, der Alexanderpriester vom 21. Jahre des Epiphanes wäre der in der Inschrift genannte Bruder $\varPi\tau o\lambda\varepsilon\mu\alpha\tilde{\iota}o\varsigma$; dessen Vater heißt ja gleichfalls Ptolemäos, während der des hier genannten doch den Namen Numenios geführt haben muß. Möglicherweise ist Lykarion verwandt mit dem bekannten Epistolographen Ptolemäos' VIII. Euergetes' II. (vergl. z. B. Strack, Inschriften 103 C [C. I. Gr. III. 4896]); vielleicht war dieser sein Vater, vielleicht auch, was mir wahrscheinlicher ist, der in der Inschrift wunderbarerweise hervorgehobene Sohn seines Bruders Ptolemäos. Doch könnten auch noch andere Träger des Namens Numenios in Betracht kommen; vergl. z. B. Polybius XXX, 11 (Zeit Ptolemäos' VI. Philometors), P. Grenf. I, 38, 1 u. P. Fay. 14, 3 (Zeit Ptolemäos' VIII. Euergetes' II.). Bei dem Titel des Lykarion darf $\varkappa\alpha\grave{\iota}$ $\dot{\varepsilon}\pi\grave{\iota}$ $\tau\tilde\eta\varsigma$ $\pi\acuteo\lambda\varepsilon\omega\varsigma$ nicht, wie es Néroutsos tut, von dem vorhergehenden $\dot{\varepsilon}\xi\eta\gamma\eta\tau\dot\eta\varsigma$ durch ein Komma getrennt werden, denn beides bildet zusammen einen Ausdruck; der letzte Teil ist dem $\dot{\varepsilon}\pi\iota\mu\varepsilon\lambda\iota\sigma\tau\dot\eta\varsigma$ $\tau\tilde\eta\varsigma$ $\pi\acuteo\lambda\varepsilon\omega\varsigma$ des Alexanderromans durchaus identisch. Vergl. S. 155/56. Ob der auf einer cyprischen Inschrift (Strack, Inschriften 171) vorkommende $\dot{\varepsilon}\pi\grave{\iota}$ $\tau\tilde\eta\varsigma$ $\pi\acuteo\lambda\varepsilon\omega\varsigma$, Namens Ammonios, als alexandrinischer Beamter zu fassen ist (seine Frau wird ausdrücklich als Alexandrinerin bezeichnet), ist nicht mit Sicherheit zu entscheiden.

3) Griechische Inschrift, publ. B. C. H. III (1879) S. 470 N. 2 ($X\varrho\acute{\nu}\sigma\varepsilon\varrho\mu o\varsigma$ $\acute{o}$ $\Dot H\varrho\alpha\varkappa\lambda\varepsilon\acute{\iota}\tau o\nu$). Von Strack, Griechische Titel im Ptolemäerreich im Rh. M. LV. (1900) S. 161 ff. (S. 186), ist schon mit Recht die Annahme zurückgewiesen worden, diese Inschrift sei in die Zeit des 3. Ptolemäers, also in das 3. Jahrh. v. Chr. zu setzen. Der Titel '$\sigma\nu\gamma\gamma\varepsilon\nu\dot\eta\varsigma$' des hier Genannten bildet einen durchaus sicheren Anhaltspunkt, daß die Inschrift höchstens ganz am Ende des 3. Jahrhunderts v. Chr. oder besser noch erst im 2. Jahrhundert v. Chr. gesetzt sein kann. (Siehe hierzu S. 44, A. 1.) Ganz wahrscheinlich ist es, da der Name Chrysermos ein sehr seltener ist, daß unser Chrysermos mit dem uns aus dem 3. Jahrhundert v. Chr. bekannt gewordenen (vergl. S. 181, A. 3) verwandt gewesen ist, zumal da ja auch gerade die Familie dieses Chrysermos wohl zu denen gehört hat, deren Mitglieder durch Erbrecht für den Posten des Alexanderpriesters designiert waren. (Vergl. Kapitel III.) In das 1. Jahrhundert v. Chr. habe ich, natürlich unter allem Vorbehalt, den $\dot{\varepsilon}\xi\eta\gamma\eta\tau\dot\eta\varsigma$ Chrysermos deswegen gesetzt, weil er auch den Titel $\dot{\varepsilon}\pi\grave{\iota}$ $\tau\tilde\omega\nu$ $\iota\alpha\tau\varrho\tilde\omega\nu$ führt und uns gerade aus

Zeit	Name des Priesters	Titel
Römische Zeit.		
132/33 n. Chr.	M. Claudius Serenus [1])	ἱερεὺς ἐξηγητής
Anfang des 3. Jahrh. n. Chr.	Aurelius Demetrius [2])	ἐξηγητὴς τῆς Ἀλεξανδρέων πόλεως
Ganz unbestimmt, wohl erste drei Jahrhunderte n. Chr.	Lucius Licinnius Hierax [3])	ἐξηγητής
Mitte des 3. Jahrhunderts n. Chr.	Appianos [4])	ἐξηγητὴς Ἀλεξανδρείας

B) Die Kanephoren der Arsinoe Philadelphos.

Jahr d. Königs	vor Chr.	Name der Kanephore
Ptolemäos II. Philadelphos.		
19.	267/66	Aristomache, Tochter des Aristomachos [5])
21.	265/64	Kassandra, Tochter des Axipolos (?) [6])

dieser Zeit ein Arzt mit dem seltenen Namen Chrysermos, dessen bisher unbekannte Heimatsstadt wohl Alexandria gewesen sein kann, bekannt geworden ist. Daß dieser Arzt als Herophileer bezeichnet wird, würde gerade zu Alexandria gut passen (vergl. Susemihl, Geschichte der griechischen Literatur in der Alexandrinerzeit I. S. 778 u. 785/86). Natürlich kann er aber auch dem 2. Jahrhundert v. Chr. angehört haben und dann vielleicht dem alexandrinischen Stoiker Chrysermos gleichzusetzen sein. Vergl. hierzu Pauly-Wissowa III. Sp. 2495 s. v. Chrysermos. Meyer, Heerwesen S. 79, A. 280 setzt ihn vor 145. v. Chr., doch ohne zwingenden Grund; der Vater Herakleitos braucht doch keineswegs der Sohn des Πτολεμαίου Πτολεμαίου τοῦ Χρυσέρμου zu sein.

1) P. Oxy. III. 477, 1 ff.

2) B. G. U. II. 362. p. 9, 10; 16, 20 (Αὐρήλιος Δημήτριος); sicher vor 215 v. Chr., da er in diesem Jahre schon als ἐξηγητεύσας bezeichnet wird.

3) C. I. Gr. III. 4688. (Λούκιος Λικίννιος Ἱέραξ). Er ist wohl ein alexandrinischer Exegetes, da die Inschrift, auf der er erwähnt wird, in Alexandria gefunden worden ist. Die übrigen, aus Inschriften und aus Papyri bekannt gewordenen Exegeten dürften wohl alle ἐξηγηταί von Orten der χώρα gewesen sein, haben also mit dem auch die Würde des ἐξηγητής bekleidenden Alexanderpriester nichts zu tun; warum die Inschrift in C. I. Gr. III. 4976ᶜ aus Alexandrien stammen muß, ist mir nicht ersichtlich.

4) Siehe gr. Ostraka, publ. von Jouguet, Ostraka du Fayoum in Bulletin de l'institut français d'archéologie orientale, le Caire II. (1902) S. 91 ff.; siehe besonders Ostr. 14—25. Appianos ist sicher vor 249 im Amte gewesen, da er in diesem Jahre bereits als ἐξηγ(ητεύσας) bezeichnet wird (Ostr. 3—13); siehe hierzu Friedrich Preisigke, Kornfrachten im Fayûm im Archiv III S. 44.

5) dem. P. Louvre 2424, publ. Chrest. dém. S. 231 ff.; siehe auch Chrest. dém. S. LXXXII A. 2. N. 3 u. Rev. ég. I. S. 5: Ἀριστομάχη ἡ Ἀριστομάχου. Der Alexanderpriester ist hier garnicht erwähnt.

6) dem. P. Lond., publ. Rev. ég. I. S. 6: Der Name des Vaters ist wohl aus

Jahr d. Königs	vor Chr.	Name der Kanephore
29.	257/56	Demonike, Tochter des Philon [1])
33.	253/52	Demetria, Tochter des Dionysios [2])
36.	250/49	Echetime, Tochter des Menneas [3])
Ptolemäos III. Euergetes I.		
2.	246/45	Ptolemäa, Tochter des Theon [4])
4.	244/43	Arsinoe, Tochter des Polemokrates [5])
9.	239/38	Menekrateia, Tochter des Philammon [6])
10.	238/37	dieselbe [7])
11.	237/36	Pasikrateia, Tochter des Athenodoros [8])
12.	236/35	Stratonike, Tochter des Kallianax [9])
13.	235/34	Berenike, Tochter des Ptolemäos [10])
15. (?)	233/32	Socia, Tochter des Licotas [11])

dem Demotischen nicht richtig wiedergegeben; ob man hier an einen Namen wie Ἀστύπυλος denken darf, ist immerhin zweifelhaft.

1) dem. P. Leid. 379, publ. in Rev. ég. I. S. 13 u. 125 A. 1 (vergl. S. 176 A. 1); siehe auch Chrest. dém. S. LXXXVII A. 2 N. 4 u. Sitz. Wien. Ak. Phil.-hist. Kl. Bd. CV (1883) S. 357 (Krall): Δημονίκη ἡ Φίλωνος.

2) dem. P. Louvre 2433, publ. Chrest. dém. S. LXXVI u. 241 ff., Rev. ég. I. S. 6 u. 14: Δημητρία ἡ Διονύσου.

3) dem. P. Louvre 2443, publ. Chrest. dém. S. CXLVII u. 246 ff., Rev. ég. I. S. 6 u. 14; P. Petr. I. 22, N. 1. Der griechische Papyrus hat uns mit dem richtigen Namen der Kanephore: Ἐχετίμη ἡ Μεννέου bekannt gemacht; darnach ist die von Revillout aus demotischen Texten allerdings mit Fragezeichen gegebene Form: Atis zu verbessern. Vergl. Wilcken, a. a. O. G. G. A. 1895. S. 141.

4) dem. P. Louvre 2438, publ. Chrest. dém. S. LXXXVIII u. CXLIX u. 257 ff.; Rev. ég. I. S. 7 u. 14. Den Vatersnamen bietet Revillout offenbar allein richtig in Rev. ég. I. S. 7 mit Θέων; Thian oder dergl. ist natürlich falsch; der Name der Kanephore selbst dürfte wohl Πτολεμαῖς gelautet haben.

5) dem. P. Louvre 2431, publ. Chrest. dém. S. LXXXIX, CLII u. 265 ff., Rev. ég. I. S. 7: Ἀρσινόη ἡ Πολεμοκράτους.

6) Kanopus, Z. 2: Μενεκρατεία ἡ Φιλάμμωνος.

7) P. Petr. I. 13 nach der Ergänzung von Wilcken a. a. O. G. G. A. 1895. S. 134; ebenso P. Petr. I. 14; 15; 16; 18 N. 2; in 17 N. 3 u. 21 muß die Ergänzung des Aktpräskriptes analog den vorhergehenden Papyri vorgenommen werden. Vergl. endlich noch P. Petr. II, S. 23, welches in Verbindung mit P. Petr. I, 12 zu bringen ist.

8) P. Petr. I, 28 N. 2. Die Lesung Wilckens a. a. O. G. G. A. 1895. S. 144: Πασικρα[τείας τῆς] Ἀθηνοδ[όρο]υ dürfte gegenüber der Mahaffyschen das Richtige bieten.

9) P. Petr. I, 17 N. 1 u. 2: Στρατονίκη ἡ Καλλιάνακτος.

10) dem. P. Marseille, publ. Rev. ég. I. S. 134 A. 1; P. Petr. I, 18 N. 1: Βερενίκη ἡ Πτολεμαίου.

11) dem. P. Louvre 2429, publ. Chrest. dém. S. 273 ff. u. Rev. ég. I, S. 8. Für

Jahr d. Königs	vor Chr.	Name der Kanephore
17.	231/30	**Berenike, Tochter des Atis** [1]
20.	228/27	**Berenike, Tochter des Sosipolis** [2]
21.	227/26	**dieselbe** [3]
22.	226/25	**Berenike, Tochter des Kallianax** [4]

die Chronologie vergl. S. 177 A. 7. Der Name der Kanephore dürfte von Revillout kaum richtig wiedergegeben sein; der Name des Vaters entspricht vielleicht dem auch sonst bekannten griechischen Namen Λυκόρτας.

[1] dem. P. Lond., publ. Chrest. dém. S. CXXXVI u. Rev. ég. I. S. 119; dem. P. Lond., publ. Rev. ég. I. S. 135 A. 1; dem. P. Lond., publ. Rev. ég. III, S. 15; dem. P. Berl. 3089 (Spiegelberg S. 6). Die Wiedergabe der Namen durch Revillout schwankt sehr; in dem erstgenannten Londoner Papyrus führt die Kanephore einmal den Namen: **Cleonica**, Tochter des Atis (Chrest.), ein andermal den Namen: **Cerdica**, Tochter des Adeos. In den beiden letztgenannten heißt sie übereinstimmend: **Berenice**, Tochter des Adaeus. Daß in den verschiedenen von Revillout publizierten Papyri zwei verschiedene Kanephoren gemeint sind, ist bei der Ähnlichkeit des Vatersnamens (siehe auch Spiegelbergs Angabe) und der zum großen Teil miteinander übereinstimmenden Buchstaben der eigenen Namen (siehe hierzu auch Anm. 4) wohl nicht anzunehmen. Spiegelberg bietet: **Brniga**, Tochter des ꜣAtis (Aetios?). Auf Grund dieser Angaben den Namen des Vaters der Kanephore mit Sicherheit festzustellen ist natürlich nicht möglich; der Vorschlag Spiegelbergs Ἀέτιος hat noch die größte Wahrscheinlichkeit, also etwa: Βερενίκη ἡ Ἀετίου.

[2] dem. P. Louvre 2425, publ. Chrest. dém. S. 278 ff. u. Rev. ég. I. S. 8. Der von Revillout gegebene Name des Vaters Sosipatros ist falsch; für das folgende Jahr, wo ebendieselbe Kanephore auch in demotischen Texten erscheint, ist eine Parallele in einem griechischen Text vorhanden (P. Petr. I, 27); er bietet die Namen Βερενίκη ἡ Σωσιπόλ[εως]. Vergl. im übrigen zu der Lesung Revillouts Wilcken a. a. O. G. G. A. 1895. S. 143. In einem dem. P. Lond., publ. von Revillout Ä. Z. XVIII (1880) erscheint ferner eine Kanephore [. . .] Tochter des Alexilaos; bei der Verstümmelung des Namens läßt sich leider kein Urteil darüber fällen, ob wir hier dieselbe Frau oder eine zweite Kanephore dieses Jahres vor uns haben.

[3] dem. P. Lond. (Hay 479), publ. Chrest. dém. S. CXXXI u. Rev. ég. I. S. 115 (siehe S. 178 A. 3); P. Petr. I. 27. Vergl. die vorige Anmerkung.

[4] dem. P. Berl. 3109, publ. N. Chrest. dém. S. 1, Rev. ég. I. S. 8 u. Spiegelberg S. 7; dem. P. Louvre 2415, publ. Chrest. dém. S. 364; dem. P. Leid. 381, publ. Rev. ég. I. S. 135 A. 2 u. Rev. ég. II. S. 94 A. 1; Letronne, Recueil des inscriptions usw. I. S. 259; P. Petr. I. 19; 20 N. 2; 28. Die griechischen Papyri lehren uns erst den richtigen Namen des Vaters der Kanephore kennen, den Revillout mit Cleonicus, Spiegelberg mit Griangs widergibt: Καλλιάναξ. Vergl. Wilcken a. a. O. G. G. A. 1895. S. 138. Die demotischen Buchstaben lassen sich durchaus mit dem griechischen Worte vereinen; bei dem von Spiegelberg gebotenen Worte Griangs hat man sich daran zu erinnern, daß griechisches λ im Demotischen mitunter durch r wiedergegeben wird (siehe z. B. Ptolemäos durch Ptrumis, vergl. Spiegelberg dem. P. Berl. S. 1). Βερενίκη ἡ Καλλιάνακτος ist demnach unbedingt gesichert. Vielleicht ist diese Berenike eine Schwester der Kanephore vom 12. Jahre des 3. Ptolemäers, Namens Stratonike, Tochter des Kallianax.

Jahr d. Königs	vor Chr.	Name der Kanephore
24.	224/23	Dionysia, Tochter des Silas [1]
25.	223/22	Berenike, Tochter des Phi??timigrs [2]
Ptolemäos IV. Philopator.		
2.	221/20	Numenia, Tochter des Numenios [3]
3.	220/19	M...ptias, Tochter des Menapion [4]
5.	218/17	Numenia (?), Tochter des Numenios [5]
7.	216/15	Philesia, Tochter des Demetrios [6]
8.	215/14	Arsinoe, Tochter des Sosibios [7]
12.	211/10	Kenian (?), Tochter des Temestos (?) (Tybi) Ptolemäa, Tochter des Dionysios (?) (Mechir) [8]

1) dem. P. Lond., publ. von Revillout Ä. Z. XVIII (1880) S. 112: *Διονυσία ἡ Σίλα.*

2) dem. P. Berl. 3096, publ. Rev. ég. IV. S. 152 u. Spiegelberg S. 6, der den Vatersnamen auch eventuell Khi?timigrs lesen will; ihn genauer zu bestimmen scheint mir hiernach nicht möglich.

3) dem. P., publ. Rev. ég. IV. S. 153: *Νουμηνία ἡ Νουμηνίου.* Siehe die Kanephore vom 5. Jahre des 4. Ptolemäers.

4) dem. P. Vatican., publ. Rev. ég. I. S. 112/13. Bei Letronne, Recueil des inscriptions usw. I. S. 259 fehlt leider der Name ganz.

5) dem. P. Marseille, publ. Rev. ég. J. S. 20; derselbe dürfte auch unter dem Titel: Photographie I du Louvre in Chrest. dém. S. 300 publiziert sein; hier sind freilich noch die Namen der Kanephore ganz verfehlt wiedergegeben. Bestätigt sich Revillouts Lesung Numenia, so ist hier wieder die Kanephore vom 2. Jahre des 4. Ptolemäers im Amte. (*Νουμηνία ἡ Νουμηνίου.*)

6) dem. P. Louvre 3263, publ. Chrest. dém. S. 369 ff. u. Rev. ég. I. S. 20; für den oben gegebenen Namen Philesia vergl. Letronne, Recueil des inscriptions usw. I. S. 259; Revillout bietet nur Phil.... oder Phil..so... (*Φιλησία ἡ Δημητρίου*).

7) dem. P. Lond. (Anastasi ? 37), publ. Rev. ég. I. S. 20 u. korrekter S. 135 A. 1 (*Ἀρσινόη ἡ Σωσιβίου*). Ist der hier genannte Sosibios der bekannte Minister dieses Namens? Zeitlich wäre es wohl möglich. Vergl. auch S. 177, A. 6.

8) Die an erster Stelle genannte Kanephore findet sich in dem biling. P. Lond., publ. zuerst von Revillout, P. S. B. A. XIV (1891/92) S. 60 ff. und dann von Griffith, P. S. B. A. XXIII (1901) S. 294 ff. Der Name ist nach Griffith oben eingesetzt (Qny'n, Tochter des Tmsts S. 297); die Lesung ist sehr unsicher; Revillout bietet Gennaia, Tochter des Themistios. Vielleicht ist der Frauenname als *Γενναΐς* zu transkribieren; bezüglich des Vatersnamens wage ich keine Entscheidung. Dieser Papyrus gehört dem Monat Tybi an. Aus dem auf ihn folgenden Monat Mechir stammt der dem. P. Bologna, publ. Rev. ég. III S. 2 A. 5; als Namen der Kanephore bietet Revillout den oben an zweiter Stelle genannten Namen (*Πτολεμαΐς ἡ Διονύσου*), der sich mit dem ersten in keiner Weise vereinigen läßt. Ist Revillouts Lesung richtig, so muß man für das 12. Jahr das Amtieren zweier Kanephoren annehmen. Der dem. P. Berl. 3075, publ. N. Chrest. dém. S. 4 ff. u. Spiegelberg S. 7 gehört dem Payni des

Jahr d. Königs	vor Chr.	Name der Kanephore
13.	210/09	**Jamneia, Tochter des ? [1])**
15.	208/07	**Proce (?), Tochter des Sentoous (?) [2])**
Ptolemäos V. Epiphanes.		
2.	204/03	**Eirene, Tochter des Kleon [3])**
7.	199/98	**Phami....., Tochter des ? [4])**
8.	198/97	**Nikias, Tochter des Apelles [5])**
9.	197/96	**Areia, Tochter des Diogenes [6])**
21.	185/84	**Demetria, Tochter des Philinos [7])**

12. Jahres an; nach Revillout ist hier ein Name für die Kanephore nicht genannt, nach Spiegelberg hat die Athlophore der Berenike Euergetis (siehe diese im folgenden) auch das Amt der Kanephore verwaltet. Hat Spiegelberg Recht, so würde auch die 2. Kanephore nur kurze Zeit ihr Amt innegehabt haben. Die merkwürdige Tatsache, daß hier einmal beide Priesterämter in einer Hand vereinigt gewesen sind, ist vielleicht dadurch zu erklären, daß man in demselben Jahre nicht noch eine 3. Kanephore bestellen wollte, zumal da das Jahr zu Ende ging, und deshalb das Kanephorenamt der amtierenden Athlophore übertrug. Der Name dieser ist nach Griffith Imna (?), Tochter des Perigenes (?) (Spiegelberg: Phrgns [Philogenes?]). Siehe die folgende Anmerkung.

1) P. Petr. II. 47. Gegenüber Mahaffy hat schon Wilcken a. a. O. G. G. A. 1895. S. 164 hervorgehoben, daß dieser Papyrus in die Regierungszeit Philopators und nicht in die des 5. Ptolemäers zu setzen ist. Ἰάμνεια als Frauenname bisher noch nicht bekannt (nur ein Männername Ἴαμνος ist uns durch Steph. Byz. s. v. Ἰάμνια bekannt geworden). Es erscheint mir recht wohl möglich, daß die hier genannte Kanephore mit der Athlophore des vorhergegangenen Jahres identisch ist; daß ebendieselbe unmittelbar hintereinander erst das Amt der Athlophore, dann dasjenige der Kanephore bekleidet hat, ist uns auch für das 7., 8. u. 9. Jahr des 5. Ptolemäers bezeugt. Der Name des Alexanderpriesters ist nicht erhalten.

2) dem. P. Lond., publ. Rev. ég. III. S. 2 A. 5. Der Name der Kanephore ist vielleicht mit Πρόκ⟨λ⟩η oder mit Πρόκ⟨ν⟩η anzusetzen. Der von Revillout nur unsicher gelesene Vatersname könnte sehr wohl der ägyptische Name Sentous sein, es würde dann also augenscheinlich eine Ägypterin einmal das Amt der Kanephore bekleidet haben; bei der Unsicherheit der Lesung wage ich jedoch einen so wichtigen Schluß nicht zu ziehen.

3) dem. P. Leid. 373ᶜ, publ. Rev. ég. I. S. 128 A. 1: Εἰρήνη ἡ Κλέωνος.

4) dem. P. Louvre 2435, publ. Chrest. dém. S. 389 ff. Der Name des Alexanderpriesters ist nicht erhalten.

5) dem. P. Louvre 2408, publ. Chrest. dém. S. 336 ff. u. dem. P. Louvre 3266, publ. Rev. ég. I. S. 124 A. 2; Letronne, Recueil des inscriptions usw. I. S. 259. Νικιὰς ἡ Ἀπελλοῦ. Ist sie vielleicht eine Schwester des Alexanderpriesters vom 2. Jahre des 4. Ptolemäers? Vergl. S. 179. Siehe die gleichnamige Athlophore vom 7. Jahre des 5. Ptolemäers, die jedenfalls mit ihr identisch ist.

6) Rosette, Z. 5: Ἀρεία ἡ Διογένους.

7) dem. P. Louvre 2309, publ. Rev. ég. I. S. 129 A. 2; siehe auch Ä. Z. XVIII (1880) S. 115 u. Letronne, Recueil des inscriptions usw. I. 259: Δημητρία ἡ

Jahr d. Königs	vor Chr.	Name der Kanephore
23.	183/82	Arsinoe, Tochter des Kadmos [1])
	Ptolemäos VI. Philometor I.	
2.	180/79	Σιλ...... τῆς .. αφ[ρα]νορ[ο]ς [2])
8. (?)	174/73	Aristokleia, Tochter des Demetrios [3])
21.	161/60	Aelia, Tochter des Alexander (?) [4])
	Ptolemäos VIII. Euergetes II.	
33.	138/37	Ptolemais (?), Tochter des ? [5])
	Ptolemäos X. Philometor II. Soter.	
6.	112/11	Dionysia, Tochter des Dionysios [6])

C) Die Athlophoren der Berenike Euergetis.

Jahr d. Königs	vor Chr.	Name der Athlophore
	Ptolemäos IV. Philopator.	
12.	211/10	Imna (?), Tochter des Perigenes (?) oder Philogenes (?) [7])

Φιλίνου. Siehe auch den inzwischen bekannt gewordenen P. Tebt. 176; Z. 7/8 ist also zu ergänzen: [Δημητρίας τῆς Φι]λείνου.

1) Hieroglyph. Inschrift von Damanhur bei Bouriant a. a. O. Rec. de trav. VI (1885) S. 1 ff., Z. 6: Ἀρσινόη ἡ Κάδμου.

2) P. Amh. II. 42, 5 u. 27; das Ende des Vatersnamens dürfte wohl sicher mit φράνωρ gebildet gewesen sein; das α vor dem φ glauben Grenfell-Hunt in Z. 5 zu erkennen, dies ist mir jedoch zweifelhaft; sollte man nicht Εὐφράνωρ lesen und ergänzen können?

3) P. Amh. II. 43, 4: Ἀριστοκλεία ἡ Δημητρ⟨ί⟩ου; das Jahr sehr unsicher gelesen.

4) dem. P. Leid. 378, publ. N. Chrest. dém. S. 113. Der von Revillout gegebene Name Aelia dürfte wohl auf keinen Fall richtig sein.

5) P. Amh. II. 44, 5 u. 21 möchte ich ergänzen: Πτ[ολεμαΐδος] τῆς?; Grenfell-Hunt ergänzen Πτ[ολέμας].

6) dem. P. Boulaq N. 1 u. 2, publ. Chrest. dém. S. 401 ff.: Διοννσία ἡ Διοννσου.

7) dem. P. Lond., publ. zuerst von Revillout, P. S. B. A. XIV. (1891/92) S. 60 ff. und dann von Griffith, P. S. B. A. XXIII. (1901) S. 294 ff. Die oben eingesetzten Namen sind die von Griffith gebotenen (Revillout liest I(s)mene, Tochter des Kalligenes), die Spiegelberg auch in dem dem. P. Berl. 3075 (S. 7) zu finden glaubt. (Revillout, N. Chrest. dém. S. 4 hatte seinerzeit den eigenen Namen der Athlophore gar nicht, den ihres Vaters Philinos gelesen.) Den Namen Imna griechisch als Ἰάμνεια zu transkribieren scheint mir recht wohl

Jahr d. Königs	vor Chr.	Name der Athlophore
13.	210/09	Eirene, Tochter des Metrophanes [1])
15.	208/09	Diogenes, Tochter des Philetos [2])

Ptolemäos V. Epiphanes.

2.	204/03	Didyme, Tochter des Menandros [3])
7.	199/98	Ni[kias], Tochter des Apelles [4])
8.	198/97	Areia, Tochter des Diogenes [5])
9.	197/96	Pyrrha, Tochter des Philinos [6])
21.	185/84	Tryphaena, Tochter des Menapion [7])
23.	183/82	Demetria, Tochter des Telemachos [8])

Ptolemäos VI. Philometor I.

2.	180/79	Ἐπι .... τῆς Ἀ ...... ου [9])
8. (?)	174/73	Arsinoe, Tochter des ..... ου [10])
21.	161/60	Nicaena, Tochter des Cle..... nos [11])

möglich zu sein. Siehe S. 189, A. 1. Im dem. P. Bologna, publ. Rev. ég. III. S. 2
A. 5 ist die Athlophore nicht genannt.

1) P. Petr. II. 47. Vergl. S. 189, A. 1 (Εἰρήνη ἡ Μητροφάνους).

2) dem. P. Lond., publ. Rev. ég. III. S. 2. A. 5. Bei dem ersten Namen kann
sicher nicht, falls die Lesung richtig, die männliche Form des Namens dastehen,
dafür muß man wohl die weibliche einsetzen, also Διογένεια ἡ Φιλήτου (?).

3) dem. P. Leid. 373ᶜ, publ. Rev. ég. I. S. 128 A. 1: Διδύμη ἡ Μενάνδρου.

4) dem. P. Louvre 2435, publ. Chrest. dém. S. 389 ff. Der Name dürfte offenbar nach der Kanephore vom 8. Jahre des Epiphanes zu ergänzen sein, die
beiden Priesterinnen sind wohl identisch: Νικιὰς ἡ Ἀπελλοῦ.

5) dem. P. Louvre 2408, publ. Chrest. dém. S. 336 ff. u. dem. P. Louvre 3266,
publ. Rev. ég. I. S. 124 A. 2; Letronne, Recueil des inscriptions usw. I. S. 259 ff.
(Ἀρεία ἡ Διογένους). Sie hat im folgenden (9.) Jahre das Amt der Kanephore
bekleidet.

6) Rosette, Z. 5: Πύρρα ἡ Φιλίνου. Eine Tochter eines Philinos ist im
21. Jahre des Epiphanes Kanephore. Sind die beiden Priesterinnen Geschwister?
Möglich wäre es immerhin.

7) dem. P. Louvre 2309, publ. Rev. ég. I. S. 129 A. 2; siehe auch Ä. Z. XVIII
(1880) S. 115; Letronne, Recueil des inscriptions usw. I. S. 259 (Τρύφαινα ἡ
Μεναπίωνος). Siehe auch den inzwischen bekannt gewordenen P. Tebt. 176;
Z. 6 ist zu ergänzen: Τρυφα[ίνης τῆς Μεναπίωνος].

8) Hierogl. Inschr. von Damanhur bei Bouriant a. a. O. Rec. de trav. VI
(1885) S. 1 ff., Z. 6: Δημητρία ἡ Τελεμάχου.

9) P. Amh. II. 42, 4 u. 26; die Zahl der zu ergänzenden Buchstaben nicht
ganz sicher.

10) P. Amh. II. 43, 3; das Jahr sehr unsicher gelesen; Ἀρσινόη ἡ ..... ου.

11) dem. P. Leid. 378, publ. N. Chrest. dém. S. 113. Den Vatersnamen wage
ich nicht zu ergänzen; der weibliche Name ist vielleicht als die bisher noch
nicht belegte weibliche Form des Männernamens Νικηνός aufzufassen.

Jahr d. Königs	vor Chr.	Name der Athlophore
Ptolemäos VIII. Euergetes II.		
33.	138/37	?, Tochter des Magnes [1]
Ptolemäos X. Philometor II. Soter.		
6.	112/11	Cratea, Tochter des Deuteros [2]

D) Die Priesterinnen der Arsinoe Philopator.

Für das 7.[3], 8.[4], 9.[5], 21.[6] und 23.[7] Jahr des Königs Ptolemäos V. Epiphanes und für das 2.[8] und 8. (?)[9] Jahr des Ptolemäos VI. Philometor I.:

Eirene, die Tochter des Ptolemäos;

für das 21.[10] Jahr des Königs Ptolemäos VI. Philometor I.:

T....., Tochter des Metrophanes;

für das 6.[11] Jahr des Königs Ptolemäos X. Philometor II. Soter:

Aretine, Tochter des Selotos (?).

E) Verschiedene Priester der Kleopatra III.

Seit Ptolemäos VI. Philometor I. sind leider, wie wir gesehen haben, Namen der eponymen Priester Alexandriens fast gar nicht mehr erhalten; hiervon macht nur eine demotische Urkunde aus dem

---

1) P. Amh. II. 41, 4 u. 21; ? $\dot{\eta}$ $M\acute{\alpha}\gamma\nu\eta\tau o[\varsigma]$.

2) dem. P. Boulaq N. 1 u. 2, publ. Chrest. dém. S. 401 ff. Cratea ist als Name wohl nicht möglich, vielleicht ist dafür $K\varrho\acute{\alpha}\tau\varepsilon\varrho\alpha$ einzusetzen; gegen den bisher unbekannten Namen Deuteros ist nach Analogie von $\Pi\varrho\tilde{\omega}\tau o\varsigma$ kaum etwas einzuwenden, also: $K\varrho\acute{\alpha}\tau\varepsilon\varrho\alpha$ (?) $\dot{\eta}$ $\varDelta\varepsilon\upsilon\tau\acute{\varepsilon}\varrho o\upsilon$. Die kürzlich von Strack publizierte Inschrift N. 33 in Inschriften aus ptolemäischer Zeit II im Archiv II, S. 551 bietet $K\varrho\alpha\tau\acute{\varepsilon}\alpha\varsigma$ $\tau\tilde{\eta}\varsigma$ $\varDelta\varepsilon\upsilon\tau\acute{\varepsilon}\varrho o\upsilon$; eine Ergänzung ist zwar nicht bemerkbar gemacht, aber sollte wirklich die betreffende Zeile, so wie angegeben, ganz erhalten sein, während alle anderen sehr erheblich verstümmelt sind?

3) dem. P. Louvre 2435, publ. Chrest. dém. S. 389 ff. ($E\iota\varrho\dot{\eta}\nu\eta$ $\dot{\eta}$ $\Pi\tauo\lambda\varepsilon\mu\alpha\acute{\iota}o\upsilon$).

4) dem. P. Louvre 2408, publ. Chrest. dém. S. 336 ff. u. dem. P. Louvre 3266, publ. Rev. ég. I. S. 124 A. 2; Letronne, Recueil des inscriptions usw. I. S. 259.

5) Rosette, Z. 5/6.

6) dem. P. Louvre 2309, publ. Rev. ég. I. S. 129 A. 2; siehe auch Ä. Z. XVIII (1880) S. 115; Letronne, Recueil des inscriptions usw. I. S. 259. Siehe auch den inzwischen bekannt gewordenen P. Tebt. 176, wo in Z. 8/9 [$E\iota\varrho\dot{\eta}\nu\eta\varsigma$ $\tau\tilde{\eta}\varsigma$ $\Pi\tauo\lambda\varepsilon\mu\alpha\acute{\iota}o\upsilon$] zu ergänzen ist.

7) Hierogl. Inschr. von Damanhur bei Bouriant a. a. O. Rec. de trav. VI (1885) S. 1 ff., Z. 6.

8) P. Amh. II. 42, 5 u. 28.

9) P. Amh. II. 43, 5; die Jahresangabe ist unsicher.

10) dem. P. Leid. 378, publ. Chrest. dém. S. 113.

11) dem. P. Boulaq N. 1 u. 2, publ. Chrest. dém. S. 401 ff., der obige Name ist vielleicht $'A\varrho\varepsilon\tau\acute{\iota}\nu\eta$ $\dot{\eta}$ $Z\eta\lambda\omega\tauo\tilde{\upsilon}$ (?) wiederzugeben.

6. Jahre .Ptolemäos' X. Philometors II. Soters (112/11)[1]) eine Ausnahme, und ihr verdanken wir auch die Kenntnis einiger Priestertümer der berühmten Kleopatra III.:

a) ʿΙεροπόλος (= ἱεραπόλος) ῎Ισιδος μεγάλης μητρὸς θεῶν [2]): **Cratoteros, Sohn des Cratoteros.**

b) Στεφανοφόρος „de la reine Cléopatre Philométor Sotère, qui aime la justice, la dame du ḥopeš"[3]): **Aretine, Tochter des Deuteros.**[4]) (Ἀρετίνη ἡ Δευτέρου.)

c) [Σκηπτρο?]φόρος[5]) „de la reine Cléopatre Philométor Sotère, qui aime la justice, la dame du ḥopeš": **Deuteris, Tochter des Deuteros** (Δευτέρα ἡ Δευτέρου).

d) ἱέρεια „de la reine Cléopatre Philométor Sotère usw.": **Mnemosyne, Tochter des Nicanor** (Μνημοσύνη ἡ Νικάνορος).

2. Ptolemais.

Für Ptolemais lassen sich bisher nur sehr vereinzelt Namen von eponymen Priestern belegen. Der Grund ist darin zu suchen, daß bald, nachdem Priester von Ptolemais als eponym nachzuweisen sind, die Sitte abkommt, die Namen der eponymen Priester zu nennen.

A) ʿΙερεὺς Πτολεμαίου Σωτῆρος καὶ θεῶν Φιλοπατόρων.

Er ist für das 8.[6]), 12.[7]) und 15.[8]) Jahr des Königs Ptole-

---

1) dem. P. Boulaq 1 u. 2, publ. Chrest. dém. S. 401 ff.

2) In der Urkunde bietet zwar Revillout: Aeropole grande Isis Euergète, mère divine (vergl. dem. P. Leid. 185, publ. Rev. ég. I. 91; dem. P. Vatic., publ. Rev. ég. III, 25 [ihn führt Spiegelberg,· siehe im folgenden, auch als Beleg für ʿAeropole' an, die Revilloutsche Übersetzung enthält freilich das Wort nicht]; dem. P. New York 375, publ. Rev. ég. III. 26); Spiegelberg, Demotische Miscellen in Ä. Z. XXXVII (1899) S. 18 ff. (S. 38) hat jedoch mit Recht diese Lesung bezweifelt und dafür vorgeschlagen zu lesen ʿder Hierupólos der großen Isis, der göttlichen Mutter', d. h. jenen Priester, der uns auch aus gleichzeitigen griechischen Papyri bekannt geworden ist. (Vergl. S. 158/159). Spiegelberg dürfte mit seinem Vorschlag sicher Recht haben, da dann erst z. B. das Aktpräskript des demotischen Papyrus von Boulaq verständlich wird. Siehe S. 183, A. 1. Strack a. a. O. Archiv II. S. 551 faßt ἱεροπόλος als die Bezeichnung einer Priesterin, was jedoch infolge des oben angegebenen Namens nicht möglich ist. Über die Gleichsetzung der ῎Ισις μεγάλη, μήτηρ θεῶν mit Kleopatra III. vergl. S. 159. Die Namen des Priesters bedürfen wohl noch der Verbesserung.

3) Die weiteren Titel der Stephanophore nach Revillouts Übersetzung.

4) Der hier genannte Deuteros scheint eine sehr angesehene Stellung eingenommen zu haben, denn wir finden in diesem 6. Jahre drei seiner Töchter als eponyme Priesterinnen. Vergl. S. 192 und oben c.

5) Für den Titel vergl. S. 158, A. 3.

6) dem. P. Lond. (Anastasi [?] 37), publ. Rev. ég. I S. 20 u. S. 135 A. 1.

7) dem. P. Bologna, publ. Rev. ég. III S. 2 A. 5 u. biling. P. Lond., publ. zuerst von Revillout P. S. B. A. XIV. (1891/92) S. 60 ff., dann von Griffith P. S. B. A. XXIII (1901) S. 294 ff. Im dem. P. Berlin 3075 aus demselben Jahre, publ. N. Chrest. dém. S. 4 ff. u. Spiegelberg S. 7 ist der Priester in Ptolemais nicht genannt, trotzdem der Papyrus aus einem späteren Monat, aus dem Payni, stammt.

8) dem. P. Lond., publ. Rev. ég. III, S. 2 A. 5.

mäos IV. Philopator (215/14, 211/10 u. 208/7 v. Chr.) bekannt geworden; die von Revillout aus den demotischen Papyri gebotenen Namen sind zwar alle von einander verschieden[1]), aber doch sowohl in dem eigenen, wie in dem Vatersnamen so ähnlich, daß man wohl mit Recht hier eine teilweise Verlesung Revillouts annehmen und ein und denselben Priester für alle diese Jahre postulieren kann; ich wähle diejenige Lesung Revillouts, die sich ohne weiteres als griechischer Eigenname wiedergeben läßt: Νικάνωρ ὁ Βάκιδος.

B) Ἱερεὺς Πτολεμαίου Σωτῆρος καὶ θεοῦ Ἐπιφανοῦς Εὐχαρίστου.

Jahr des Königs	vor Chr.	Name
7. des Ptolemäos V. Epiphanes	199/98	**Cali..., Sohn des Dikaiarchos**[2])
23. des Ptolemäos V. Epiphanes[3])	183/82	
6. des Ptolemäos VI. Philometor I.[4])	176/75	
11. des Ptolemäos VI. Philometor I.[5])	171/70	**Hippalos, Sohn des Sas**[7])
1. (?) — 27. (?) des Ptolemäos VI. Philometor I.[6])	181/80 — 155/54	

1) Jahr 8: **Nicandros**, fils de Bécias u. **Nicandra** (?!) fille (!) de **Bekias**; Jahr 12: **Nicanor**, fille (!) de **Bésis** u. **Nicanor**, fils de Bacis (so auch Griffith a. a. O., Bacis allerdings mit Fragezeichen); Jahr 15: **Ninios** (?), Sohn des . . . .; der zuletzt genannte Ninios könnte vielleicht allerdings nicht mit dem vorhergenannten Priester identisch sein, wenn es mir auch sehr wahrscheinlich ist; eine sichere Entscheidung ist wegen des fehlenden Vatersnamens nicht möglich.

2) dem. P. Louvre 2435, publ. Chrest. dém. S. 389 ff. Revillout bietet: Dicéarque, natürlich ist der griechische Name: Δικαίαρχος gemeint.

3) dem. P. Berl. 3114 u. 3140, publ. N. Chrest. dém. S. 66 ff. u. Spiegelberg dem. P. Berl. S. 7.

4) dem. P. Berl. 3111 u. 3141, publ. N. Chrest. dém. S. 134 ff. u. Spiegelberg dem. P. Berl. S. 8; dem. P. Louvre 3440, publ. Chrest. dém. S. 375 ff.

5) dem. P., publ. Rev. ég. I. S. 93.

6) Strack, Inschriften N. 94. Ein genaueres Datum ist nicht angegeben, nur der König Ptolemäos VI. Philometor I. als Regent erwähnt, mithin das 1. Jahr desselben als terminus post quem gegeben; als letztes kann das 27. Jahr dieses Königs in Betracht kommen, da im 28. Jahre schon ein ἱερεὺς Πτολεμαίου Σωτῆρος καὶ θεοῦ Ἐπιφανοῦς Εὐχαρίστου nicht mehr existiert. Vergl. Lepsius, a. a. O. Abh. Berl. Ak. 1852 S. 497; er führt einen mir sonst nicht bekannten dem. Londoner Papyrus vom 28. Jahre des 6. Ptolemäers an, in dem Priester für jeden Ptolemäer einzeln genannt sein sollen. Vergl. auch den dem. P. Berl. 3097 u. 3070 vom 31. Jahre des Königs, publ. N. Chrest. dém. S. 46 ff. u. 53 ff. u. Spiegelberg S. 9.

7) Die von Revillout aus den demotischen Kontrakten gebotenen Namen

C) Verschiedene Priester.

a) Kanephore der Arsinoe Philadelphos.

23. Jahr des Ptolemäos V. Epiphanes (183/82 v. Chr.): **Dionysia, Tochter des Zenon.** (?) [1])

Zeit Ptolemäos' VIII. Euergetes' II.[2]: **Eirene, Tochter des Antipatros, des Sohnes des Peisianax.** [3])

b) $\iota\varepsilon\varrho\varepsilon\dot\upsilon\varsigma\ \beta\alpha\sigma\iota\lambda\dot\varepsilon\omega\varsigma\ \Pi\tau o\lambda\varepsilon\mu\alpha\dot\iota o\upsilon\ \varkappa\alpha\dot\iota\ K\lambda\varepsilon o\pi\dot\alpha\tau\varrho\alpha\varsigma\ \tau\tilde\eta\varsigma\ \mu\eta\tau\varrho\dot o\varsigma.$[4])

6. Jahr des Ptolemäos VI. Philometor I. (176/75 v. Chr.) [5]) **Ginas (Cetas), Sohn des Dositheos.**[7])

11. Jahr des Ptolemäos VI. Philometor I. (171/70 v. Chr.) [6])

c) Priester ungefähr vom Jahre 148 vor Chr. [8])

α) $\iota\varepsilon\varrho\varepsilon\dot\upsilon\varsigma\ \beta\alpha\sigma\iota\lambda\dot\varepsilon\omega\varsigma\ \Pi\tau o\lambda\varepsilon\mu\alpha\dot\iota o\upsilon\ \Phi\iota\lambda o\mu\dot\eta\tau o\varrho o\varsigma:$ .... $\dot o\ 'A\nu\tau\iota\pi\dot\alpha\tau\varrho o\upsilon.$

lauten sehr verschieden; Jahr 23 des Epiphanes: Apollos, Sohn des Sas, Jahr 6 des Philometor: Hippalos (?), Sohn des Sas (?) (dem. P. Louvre 3440: Meaeos, Sohn des ?), Jahr 11 des Philometor: Happalos, Sohn des Sas. Spiegelberg bietet: Hiplus (Hpålus), Sohn des Sas (Sos). Schon hieraus darf man als griechische Transkription des Namens „$"I\pi\pi\alpha\lambda o\varsigma$" entnehmen; bestätigt wird dies nun durch die Anm. 6 angeführte Inschrift bei Strack, in der als Name des Priesters $"I\pi\pi\alpha\lambda o\varsigma$ angegeben ist; leider ist hier der Name des Vaters nicht erwähnt, was immerhin sehr wunderbar ist; das oben gebotene Sas (Sos) läßt sich mit einem griechischen Eigennamen nicht identifizieren. Sollte etwa in der griechischen Inschrift absichtlich der Vatersname weggelassen sein, weil er ägyptisch war und wir in Hippalos, dem Ptolemäerpriester und Epistrategen der Thebais, einen hellenisierten Ägypter vor uns haben, der jedoch seine ägyptische Abkunft nicht hervorgehoben wissen wollte; der im Demotischen erwähnte Name Sas wäre alsdann wohl zu erklären.

1) dem. P. Berl. 3140 u. 3114, publ. N. Chrest. dém. S. 66 ff. u. von Spiegelberg, dem. P. Berl. S. 7; wohl $\varDelta\iota o\nu\nu\sigma\dot\iota\alpha\ \dot\eta\ Z\dot\eta\nu\omega\nu o\varsigma$ (?).

2) Grenfell-Hunt geben die Zeit des Beleges, P. Amh. II. 45, mit 150 bis 145 v. Chr. an, doch mit Unrecht; in Ptolemais wird stets der Priester des regierenden Königs an 2. Stelle, sofort nach dem Priester des Soter genannt; da nun Philometor I. an vorletzter Stelle, hinter ihm folgt nur noch Eupator, erscheint, kann er nicht mehr unter den Lebenden sein, der Papyrus muß in die Zeit seines Nachfolgers Euergetes' II. fallen. Vergl. S. 160, A. 3 u. S. 196.

3) P. Amh. II. 45, 7: $E\iota\varrho\dot\eta\nu\eta\ \dot\eta\ 'A\nu\tau\iota\pi\dot\alpha\tau\varrho o\upsilon\ \Pi\varepsilon\iota\sigma\iota\dot\alpha\nu\alpha\varkappa\tau o\varsigma$; trotz des fehlenden $\tau o\tilde\upsilon$ der 3. Name wohl der des Großvaters.

4) In demotischen Texten führt dieser Priester nach Revillouts Übersetzung den Titel: prêtre (de) Ptolémée (et) Cléopatre sa mère (siehe Anm. 5) oder prêtre du roi Ptolémée et de la reine Cléopatre (siehe Anm. 6), vergl. hierzu z. B. P. Grenf. I. 10, Z. 5/6 (8. Jahr des Philometor I. [174/73 v. Chr.]).

5) dem. P. Berl. 3111 u. 3141, publ. N. Chrest. dém. S. 134 ff. u. Spiegelberg, dem. P. Berl. S. 8.

6) dem. P., publ. Rev. ég. I. S. 93.

7) Trotz des scheinbar verschiedenen eigenen Namens möchte ich doch wegen des gleichen Vatersnamens und der Ähnlichkeit von Ginas (Revillout: Cinas) und Cetas eine Verlesung Revillouts in einem Falle annehmen. Am wahrscheinlichsten dünkt mir, daß der griechische Name $K\dot\iota\nu\varepsilon\alpha\varsigma\ \dot o\ \varDelta\omega\sigma\iota\vartheta\dot\varepsilon o\upsilon$ hier einzusetzen ist; Spiegelberg denkt an $Ko\tilde\iota\nu o\varsigma$.

8) P. Grenf. I, 12.

β) ἱερεὺς Πτολεμαίου Φιλαδέλφου: ...... ὁ Ὧρου.
γ) „ Πτολεμαίου Εὐεργέτου: **Πτολεμαῖος ὁ** .....
δ) „ Πτολεμαίου Φιλοπάτορος: Ὧρος ὁ Δι[....
ε) „ Πτολεμαίου Ἐπιφανοῦς Εὐχαρίστου: **Νικίας ὁ** ....
ζ) ἱέρεια βασιλίσσης Κλεοπάτρας: **Θεοδώρα ἡ** ...
η) „ Κλεοπάτρας τῆς μητρός: .....**της ἡ Διονύσου.**

Gar nicht erhalten sind die Namen des ἱερεὺς Πτολεμαίου Σωτῆρος, des ἱερεὺς Πτολεμαίου Εὐπάτορος und der κανηφόρος Ἀρσινόης Φιλαδέλφου; angeführt sind jedoch diese Priestertümer.

d) Priester aus der Zeit Ptolemäos' VIII. Euergetes' II.[1)

α) ἱερεὺς Πτολεμαίου [Φιλαδέλφου]: ...... ὁ [Λε]ωνίδου.
β) „ Πτολεμαίου Φιλοπάτορος: .... **μένου ὁ** .....
γ) „ Πτολεμαίου θεοῦ Φιλομήτορος: .... ὁ Ἀπολλωνίου.
δ) „ Πτολεμαίου Εὐπάτορος: **Λυσίμαχος ὁ Λυσιμάχου.**
ε) ἱέρεια βασιλίσσης Κλεοπάτρας: **Τιμαρέτη ἡ** ...
ζ) „ βασιλίσσης Κλεοπάτρας τῆς θυγατρὸς[2)]: **Βερενίκη ἡ Ἑρμίου.**
η) „ Κλεοπάτρας τῆς μητρός: **Νικασὼ ἡ Ἀριστονίκου.**

Die κανηφόρος Ἀρσινόης Φιλαδέλφου schon S. 195 angeführt.

Der Papyrus ist im Anfang sehr verstümmelt; zuerst dürfte natürlich der ἱερεὺς Πτολεμαίου Σωτῆρος genannt gewesen sein. Den in Z. 1 genannten Εὐεργέτης möchte ich als Euergetes II. auffassen, und deshalb Z. 1—3 ergänzen: Z. 1) ..... βασιλέως Πτολεμαίου δὲ θεοῦ Εὐ]εργέτ[ου X, Sohn des Y, Sohn des Z.; hier wohl 3 Namen wegen der großen Lücke, Z. 2) welche im Anfang einen Teil des Namens des Euergetespriesters enthält, Πτολε]μαίου [δὲ Φιλαδέλφου X τοῦ Λε]ωνίδου, [Πτολεμαίου δὲ Εὐεργέτου 3) X, Sohn des Y, Πτολεμαίου δὲ Φ]ιλοπ[άτορος usw.; die Lücke in Z. 2/3 ist zwar nach den Angaben Grenfell-Hunts etwas klein (32 Buchstaben bis zu Z. 3: Πολεμαίου) für die vorgeschlagene Ergänzung, trotzdem scheint mir diese gesichert; vielleicht haben Grenfell-Hunt einige Buchstaben zu wenig angegeben, vielleicht hat aber auch der Papyrus selbst hier eine fehlerhafte Angabe enthalten. Die Namensangabe ist ganz verloren gegangen bei dem auf den Philopatorpriester folgenden ἱερεὺς Πτολεμαίου Ἐπιφανοῦς Εὐχαρίστου.

---

1) P. Amh. II, 45; für die Zeitangabe vergl. S. 195, A. 2.
2) Der Titel dieser Priesterin, in dem Kleopatra III. schon als Königin bezeichnet wird, weist auch auf die Zeit Euergetes' II. hin, und zwar in die Zeit nach seiner Verheiratung mit seiner Nichte Kleopatra III. (wohl 143 v. Chr., vergl. Strack, Dynastie S. 198, A. 25).

Anhang III zum zweiten Kapitel.

Liste der bisher bekannt gewordenen ʿΙερεῖς (ἐπιστάται) τοῦ Μουσείου
(= ἀρχιδικασταί)[1].

Zeit	Name
2. Jahrhundert vor Chr.	Dionysios, Sohn des Timonax[2]
1. Jahrhundert (?) vor Chr.	Chrysermos, Sohn des Herakleitos[3]
20—50 n. Chr.	Herakleides[4]
29. März 58 n. Chr. (5. Neronios Sebastos [Pharmuthi] des 4. Jahres des Nero)	Theon[5]
3. Juli 59 n. Chr. (9. Epiph des 5. Jahres des Nero)	Sarapion[6]
Kaiser Vespasian (?)	Komon[7]
Vor Kaiser Hadrian	L. Julius Vestinus[8]
122/23 n. Chr.	Sarapion[9]
130 n. Chr.	G. Julius Dionysios[10], Sohn des Theon

1) Für den genauen Titel des ἀρχιδικαστής in römischer Zeit vergl. S. 166, A. 7.

2) Dittenberger, Orientis graeci inscriptiones selectae I. N. 136; nur der ἀρχιδικαστής-Titel; ob er auch ἐπιστάτης τοῦ Μουσείου gewesen ist, läßt sich nicht entscheiden; siehe hierzu u. zu A. 3 S. 167/68.

3) Griechische Inschrift, publ. B. C. H. III. (1879) S. 470 N. 2. Für die Chronologie vergl. S. 184, A. 3. Dieser einzige aus ptolemäischer Zeit namentlich bekannt gewordene ἐπιστάτης τοῦ Μουσείου braucht natürlich nicht ἀρχιδικαστής zu sein.

4) P. Oxy. II. 281, 1; sonst nicht bekannt.

5) P. Oxy. II. 268, 1. Ob er mit dem Vater des ἀρχιδικαστής vom Jahre 130 n. Chr. (siehe diesen) identisch ist, der denselben Namen führt und auch ἀρχιδικαστής gewesen ist, läßt sich nicht entscheiden; nimmt man eine Identität an, so muß man zugleich annehmen, daß der Vater in sehr jungen Jahren, der Sohn erst im hohen Alter sein Amt bekleidet hat; im anderen Falle ist der obigen Liste ein ἀρχιδικαστής Θέων, aus unbestimmter Zeit, wohl um die Wende des 1. Jahrhunderts n. Chr. amtierend, hinzuzufügen.

6) P. Oxy. II. 260, 11; sonst nicht bekannt.

7) B. G. U. II. 455, 1; sonst nicht bekannt.

8) C. I. Gr. III. 5900 (J. Gr. S. It. 1085); vergl. S. 59. Vor Hadrian muß Vestinus deshalb die Würde des ἐπιστάτης τοῦ Μουσείου bekleidet haben, weil dieses Amt eins seiner ersten gewesen ist und er ja in den ersten Jahren Hadrians in Rom gelebt hat.

9) P. Oxy. III. 592; sonst nicht bekannt.

10) C. I. Gr. III. 4734; sein Vater Theon ist auch ἀρχιδικαστής gewesen; vergl. Anm. 5. Zweifelhaft erscheint es mir, ob man aus der Inschrift den Schluß ziehen darf, daß auch sein Sohn Theon ἀρχιδικαστής gewesen ist; ist der Schluß berechtigt, so ist das Archidikastat des Sohnes Theon natürlich vor dem seines Vaters anzusetzen, der Vater also sicher während der Bekleidung seines Amtes in ziemlich hohen Jahren. Dieses würde es dann ganz wahrscheinlich machen, daß er der Sohn des ἀρχιδικαστής Theon von 58 n. Chr. ist.

Zeit	Name
25. Februar 134 n. Chr. (1. Phamenoth des 18. Jahres des Hadrian)	Ulpius Asklepiades [1])
24. März 135 — 20. Juni 135 (28. Phamenoth — 26. Payni des 19. Jahres Hadrians)	Claudius Philoxenos [2])
143/144 n. Chr.	Eudaimon [3])
Oktober 144 n. Chr. (6. od. 16. Phaophi des 8. Jahres des Antoninus Pius)	Antonius Dionysios, Sohn des Antonius Deios [4])
3. Oktober 159 n. Chr. (6. Phaophi des 23. Jahres des Antoninus Pius)	Nikolaos, Sohn des Herodianos [5])
6. Februar 160 n. Chr. (12. Mechir des 23. Jahres des Antoninus Pius)	Ἀχιλλεὺς ὁ καὶ Ἡρωδιανός [6])
178 n. Chr.	Ἀντωνῖνος ὁ καὶ Πούδης [7])
22. Februar 189 n. Chr. — Juni/Juli 189 n. Chr. (28. Mechir des 29. Jahres — Epiph desselben Jahres des Commodus)	Diodotos [8])
26. Dezember 216 n. Chr. — 16. Februar 217 n. Chr. (30. Choiak — 22. Mechir des 25. Jahres des Caracalla)	Aurelius Apollonios [9])
3. Jahrh. n. Chr.	Σεπτίμιος Ἑρμίας ὁ καὶ Ἑρμαΐσκος [10])
Unbestimmte Zeit, doch vor der Mitte des 2. Jahrh. v. Chr.	Valerius (?) Kallineikos [11])

1) P. Cattaoni Recto. Col. III, 6 ff.; sonst nicht bekannt.

2) B. G. U. I, 73, 3—5; 136, 23/24; sonst nicht bekannt.

3) B. G. U. III, 741, 2; wenn dieser Eudaimon mit dem P. Cattaoni Recto, Col. IV, 16 ff. genannten Eudaimon zu identifizieren ist (siehe S. 175), so hätte er schon im Jahre 142 v. Chr. sein Amt bekleidet.

4) B. G. U. III, 729, 2—3; der Gentilname, sowie der des Vaters ergibt sich aus P. Oxy. I. 100, 1 ff., sonst nicht bekannt.

5) B. G. U. III. 888, 5; sein Vater ist auch ἀρχιδικαστής gewesen, vergl. diesen, sonst nicht bekannt.

6) B. G. U. III, 888, 1, sonst nicht bekannt; wohl ein Verwandter des Letztgenannten, vielleicht Sohn oder Bruder.

7) P. Oxy. III. 485, 4/5 u. 8—10; sonst nicht bekannt.

8) B. G. U. II. 578, 9; sonst nicht bekannt; Krebs gibt fälschlich als Datum den 24. Januar.

9) B. G. U. II. 614, 7, 10. Ein procurator Augusti gleichen Namens, dessen Zeit jedoch nicht zu ermitteln ist, wird in zwei pisidischen Inschriften (C. I. Gr. III. 3969 und 3970) erwähnt; vielleicht ist er mit dem ἀρχιδικαστής identisch.

10) Unpubl. P. Rainer 98 bei Wessely a. a. O. Wiener Studien XXIV (1902) S. 107; sonst nicht bekannt.

11) P. Oxy. III. 471 Col. VI, 142 ff. auf Grund der Neulesung Wilckens, siehe Archiv III. S. 117; der Gentilname ist zweifelhaft, erhalten ist nur: Ο[. . . .]ριος. Für die Zeit siehe auch Wilcken a. a. O.

Zeit	Name
Unbestimmte Zeit, doch 2. Jahrh. n. Chr. vor 159 n. Chr.	Herodianos [1]
Unbestimmte Zeit	Ammonios [2]
Unbestimmte Zeit	Balbeinianos [3]

Mommsen a. a. O. Zeitschrift der Savignystiftung für Rechtsgeschichte Rom. Abt. XVI (1895) S. 190 dürfte wohl mit Recht bemerkt haben, daß der ägyptische ἀρχιδικαστής zu den Beamten mit römischem Bürgerrecht gehört und Ritterrang gehabt hat, und zwar wohl schon vor der Zeit Trajans. Daß bei den meisten der hier Genannten kein römischer Gentilname erscheint, ist noch keineswegs ein Beweis dagegen; denn von dem ἀρχιδικαστής des Jahres 144 n. Chr. Dionysios erfahren wir ja z. B. nur ganz zufällig aus einer anderen Urkunde (siehe S. 198, A. 4), daß er den Gentilnamen Antonius geführt hat; in derjenigen, in der er selbst handelnd erscheint, fehlt dieser, wieder ein Beweis, wie vorsichtig man in der Ableitung von Schlüssen aus Namen sein muß.

Verfehlt erscheint es mir, wenn Schwartz (Pauly-Wissowa III. Sp. 2225 s. v. Chairemon 7) für den ersten Teil des 1. Jahrhunderts n. Chr. den bekannten alexandrinischen Grammatiker Apion [4] und weiter als seine direkten Nachfolger den ägyptischen Priester und Philosophen Chairemon und einen Grammatiker Διονύσιος Ἀλεξανδρεύς, Sohn des Glaukos, als ἐπιστάται τοῦ Μουσείου annimmt. Er tut dies auf Grund von Stellen des Suidas s. v. Ἀπίων u. Διονύσιος Ἀλεξανδρεύς, in denen von der διαδοχή der betreffenden Gelehrten die Rede ist (eigentlich hätte Schwartz darnach auch den Grammatiker Theon erwähnen müssen); die Vorsteherschaft des Museums legt er jedoch meines Erachtens ganz willkürlich als Gegenstand der διαδοχή zu Grunde, vor allen Dingen hat man doch, wenn die διαδοχή von Gelehrten erwähnt wird, an die Nachfolge im Lehramt zu denken, an die Ablösung des Hauptes einer wissenschaftlichen Schule durch einen seiner Schüler. So dürften denn auch die Suidasstellen zu erklären sein. [5]

1) B. G. U. III. 888, 5; vergl. S. 198, A. 5. Im Jahre 159 v. Chr. wird er als 'weiland' (γενόμενος) ἀρχιδικαστής bezeichnet; sonst nicht bekannt.

2) Berl. Bibl. N. 8. Z. 1 u. 2 sind zu ergänzen: Ἀμμωνίῳ ἱερεῖ ἀρχιδ[ικαστῇ καὶ πρὸς τῇ ἐπιμε]λείᾳ τῶν χρηματιστῶν [καὶ τῶν ἄλλων κριτηρίων]; sonst nicht bekannt.

3) C. I. Gr. III. 4755; sonst nicht bekannt.

4) Vergl. für ihn den Artikel von L. Cohn bei Pauly-Wissowa I. Sp. 2803 s. v. Apion 3.

5) Nachträglich finde ich, daß schon Parthey, Das alexandrinische Museum S. 75, ebenso die Stellen gedeutet hat.

Drittes Kapitel.

Die Priesterlaufbahn.

1. Die Priester der ägyptischen Götter.

A. Ablehnung der Auffassung der ägyptischen Stände als Kasten.

Den Nachrichten der klassischen Schriftsteller über die Stände des alten Ägyptens glaubte man früher entnehmen zu dürfen, daß in Ägypten ähnlich wie in Indien strenggeschlossene Kasten bestanden hätten,[1] doch hat diese Ansicht durch die ägyptischen Denkmäler und Urkunden, die jedenfalls für uns den Ausschlag geben müssen, keine Bestätigung erfahren.[2] Die charakteristischen Zeichen der Kaste, Verbot des Austrittes ihrer Mitglieder, sowie des Eintrittes fremder Elemente und des Konubiums zwischen den Angehörigen der verschiedenen Stände,[3] lassen sich für die ägyptischen Stände nicht nachweisen; dem gegenüber ist es von keiner größeren Bedeutung, es entspricht einfach den konservativen Grundsätzen des antiken Gesellschaftslebens, wenn es uns öfters begegnet, daß ein Beruf sich in einer Familie Jahrhunderte lang vererbt hat.

Man hätte übrigens schon allein auf Grund der Angaben der alten Autoren gegen die Kastentheorie Zweifel hegen müssen, denn

---

1) Eine gute Zusammenstellung der Nachrichten der alten Schriftsteller und der Urteile der neueren Gelehrten über die ägyptische Kastenfrage siehe bei Wiedemann, Les Castes en Égypte in Le Muséon V (1886), S. 79 ff.

2) Siehe z. B. Wiedemann a. a. O. und Herodots 2. Buch S. 573; auch D. Mallet, Les premiers établissements des Grecs en Égypte, in Mémoires publiés par les membres de la mission archéologique française en Caire XII. S. 410. Auf eine Anfrage bei Herrn Professor Sethe teilte mir dieser liebenswürdigerweise mit, daß auch nach seiner Ansicht die ägyptischen Texte es nicht gestatten, den Bestand von Kasten für Ägypten anzunehmen.

3) Man muß natürlich, wenn man das Wort Kaste wissenschaftlich verwenden will, den Begriff der indischen Kaste zugrunde legen; über ihn vergl. Pischel im Handwörterbuch der Staatswissenschaften[2] V. S. 45 ff. s. v. Kaste, der denn auch für Ägypten das Vorhandensein von Kasten bestreitet.

diese Angaben lauten doch sehr verschieden[1]); bei Herodot (II. 164
u. VI. 60) und Diodor (I. 28, 5 u. 73/74) finden sich sogar Wider-
sprüche mit sich selbst, überhaupt läßt sich aus den Nachrichten der
Alten, was bei dem Vorhandensein strenggeschlossener Kasten sehr
merkwürdig wäre, ein auch nur einigermaßen klares Bild über die
Abgrenzung der verschiedenen Kasten von einander nicht gewinnen,
wenn auch natürlich einzelne Stände bei allen in Betracht kommenden
Schriftstellern erwähnt werden.

Zu diesen von allen genannten gehört auch der Priesterstand.
Wohl vornehmlich im Anschluß hieran, indem man noch Nachrichten
über die Vererbung des priesterlichen Berufes damit vereinigte,
hat man sich vor allem in den der Ägyptologie fernerstehenden
Kreisen fast allgemein daran gewöhnt, von einer ägyptischen Priester-
kaste wie von einer feststehenden Tatsache zu reden.[2]) Doch was
von den Ständen im allgemeinen gesagt ist, gilt auch vom Priesterstande. Die typischen Zeichen der Kaste lassen sich auch bei ihm
nicht nachweisen,[3]) sondern nur die Tendenz, seinen eigenen Stand
auf seine Nachkommen zu vererben; je besser ein Stand gestellt ist,
desto weniger wird man, wenn eine solche Tendenz vorhanden ist, geneigt sein ihn zu verlassen, und so finden sich denn auch gerade für
die Vererbung des priesterlichen Berufes zahlreiche Beispiele seit der

---

1) Vergl. hierzu die Tabelle bei Wiedemann a. a. O. Le Muséon V (1886)
S. 90 und etwas abgeändert bei ihm in Herodots 2. Buch S. 573.

2) Sogar Heinrich Brugsch hat sich in seiner Ägyptologie S. 275 zu dem
Ausspruch verstiegen: „Vom König und seiner Gemahlin an bis zum letzten
ägyptischen Edelmann hin war das Priesteramt in der Kaste des Adels erblich“,
wobei er zugleich noch Priester und Adelsstand ohne weiteres gleichgesetzt hat.
Neuerdings hat sich Reitzenstein, Zwei religionsgeschichtliche Fragen S. 29, A 3
(siehe auch S. 17/18 u. ff.), ganz im Sinne von Brugsch geäußert; neues Material
bringt er nicht bei, seine eigenen Ausführungen wirken in keiner Weise überzeugend.

3) Es sei z. B. hervorgehoben, daß in der hieroglyphischen Inschrift des
Chnemhotep (öfters veröffentlicht; siehe Maspero, La grande inscription de Beni
Hassan in Rec. de trav. I (1870) S. 161 ff.; zuletzt herausgegeben von F. Krebs,
De Chnemothis (Ḫnmḥtp) nomarchi inscriptione aegyptiaca commentatio und
Brugsch, Thesaurus VI. S. 1513 ff.; Zeit der Inschrift: 12. Dynastie) in Z. 92 ausdrücklich bemerkt ist, daß der Priester bei nicht ordnungsgemäßer Versehung
seines Amtes aus seinem Stande ohne weiteres ausgestoßen werden kann; ferner
sei darauf hingewiesen, daß die Priestersöhne auch einen anderen Beruf als den
priesterlichen ergreifen und daß andererseits auch Söhne von Nichtpriestern in
den priesterlichen Stand eintreten konnten (siehe z. B. die Angaben der von
Brugsch als „Familiendenkmal von Neapel“ bezeichneten hieroglyphischen Inschrift (Thesaurus V. S. 951 ff.), wonach der Sohn eines thebanischen Hohenpriesters als Polizeioberst tätig gewesen ist; seine Söhne haben teils priesterliche, teils weltliche Ämter bekleidet; ganz die gleichen Verhältnisse finden sich
in der Familie des Gouverneurs Paser (siehe über ihn Erman, Ägypten II S. 397
A. 5 u. 398 A. 6); Zeit: 19. Dynastie.)

Zeit des mittleren Reiches.[1]) Welche Grundsätze für den Antritt des
Priesteramtes abgesehen von der soeben erwähnten Möglichkeit, es
durch Erbgang zu erlangen, maßgebend gewesen sind, darüber läßt
sich vorläufig für die ältere Zeit kein klares Bild gewinnen; dies ist
uns erst für die hellenistische Zeit einigermaßen möglich, allerdings
auch nur für die Priester höherer Ordnung, deren strenge Scheidung
von den niederen Priestern gerade hierbei sehr bemerklich wird.

---

1) Im alten Reiche hat es berufsmäßige Priester nur in geringer Anzahl
gegeben, jedenfalls infolge des priesterlich-religiösen Charakters, der die ganze
damalige Gesellschaft kennzeichnete (vergl. z. B. den schon erwähnten Aufsatz
von Le Page Renouf, siehe S. 114 A. 1). Inwieweit sich schon damals der priesterliche Beruf vererbt hat, läßt sich nicht feststellen. Dagegen läßt sich die
Ergänzung des Priesterkollegiums durch Erbgang mehrfach für das mittlere
Reich belegen. So bezeichnet sich in einem alten Opferritual zu Abydos der
die Kulthandlungen vollziehende Priester als „Prophet und Sohn eines Propheten" (Erman, Ägypten II. S. 371); der Nomarch von Siut, Hapidjefa, nennt
die ständigen Priester seines Tempels „Priestersöhne" (große Inschrift von
Siut Z. 28, siehe S. 24 A. 4) und außerdem spricht er davon, daß für gewöhn-
lich der Sohn dem Vater im Priesteramt nachfolge (große Inschrift von Siut,
Z. 9—12; über diese Zeilen siehe Erman, Ägypten I. S. 213; publ. von Maspero,
Egyptian documents relating to the statues of the dead in Transactions of the
Society of Biblical Archaeology VII (1882) S. 6 ff.); auch die Ausführungen des
Gaufürsten Chnemhotep lassen uns die Erblichkeit des in Betracht kommenden
Priesteramtes erkennen (Inschrift des Chnemhotep, Z. 92). Für die Zeit des
neuen Reiches haben Erman (Ägypten II. S. 398) und Wiedemann (Herodots
II. Buch S. 179) behauptet, daß der priesterliche Stand im allgemeinen sich nicht
mehr vererbte, Maspero (Histoire I. S. 305 A. 2, vergl. S. 304/05) hat sich dagegen für „hérédité des charges sacerdotales" entschieden, und wohl mit Recht.
Die Möglichkeit, seinen Nachkommen die Priesterwürde zu hinterlassen, wird
wohl dieselbe geblieben sein wie früher. So besitzen wir denn auch eine Anzahl Beispiele, welche uns die Vererbung des Priesterstandes erkennen lassen
(siehe z. B. L. D. III, 62[b]; 237[c] (Lieblein, Dictionnaire de noms hiéroglyphiques
559); 237[e]; Lieblein a. a. O. 585; 905 [vergl. Erman, Ägypten II. S. 398, A. 4, 5
u. 7; für L. D. III. 237[c] vergl. auch Brugsch, Thesaurus V. S. 1321 ff.]; Berliner
Relief 12410, publ. von Erman, Aus dem Grabe eines Hohenpriesters von Memphis in Ä. Z. XXXIII (1895) S. 18 ff. (S. 21 ff.); auch auf die hohepriesterliche
Familie zu Theben zur Zeit der 20. Dynastie sei hier hingewiesen, siehe für sie
Maspero, Les momies royales de Deir el Bahari in den Mémoires publiés par
les membres de la mission archéologique française en Caire, I. S. 662 ff. und
Maspero, Histoire II. S. 560 ff.; Herodots, II. 143, Angaben von der jahrhunderte-
langen Vererbung der thebanischen Hohenpriesterwürde in einer Familie sind
übertrieben). Im allgemeinen dürfte die Nachricht bei Herodot II. 37: ἐπεὰν δέ
τις (sc. Priester) ἀποθάνῃ, τούτου ὁ παῖς ἀντικατίσταται, ebenso für die Zeit des
neuen Reiches wie für die folgenden Perioden viel Richtiges enthalten, wenn man
davon absieht, aus dieser Stelle eine unbedingte Erblichkeit des Priesterstandes herauslesen zu wollen. Belege für die Vererbung des Priesterstandes
aus der Zeit nach dem neuen Reich siehe z. B. bei Maspero, Histoire I. S. 305
A. 2 (Särge der Priester des thebanischen Mont, Zeit: 25. Dynastie bis in die
Ptolemäerzeit) und bei Brugsch, Thesaurus V. S. 947 (hieroglyph. Serapeums-
inschrift, Zeit: ungefähr 26. Dynastie).

B. Die Priester höherer Ordnung.

a. Ersatz.

Über den Ersatz der höheren Priesterschaft liefert uns das Dekret von Kanopus eine sehr wertvolle Angabe. Bei der Einrichtung der neuen, fünften Priesterphyle (vergl. S. 26 ff., bes. S. 26, A. 4) findet sich die Bestimmung (Z. 26/27), daß man ihr nicht nur „τοὺς ἀπὸ τοῦ πρώτου ἔτους γεγενημένους ἱερεῖς καὶ τοὺς προσκαταταγησομένους ἱερεῖς ἕως μηνὸς Μεσορὴ τοῦ ἐν τῷ ἐνάτῳ ἔτει" zuweisen werde, sondern auch „τοὺς τούτων ἐκγόνους εἰς τὸν ἀεὶ χρόνον", und ebenso wird für die vier bisherigen Priesterphylen hervorgehoben, daß sie sich aus der Nachkommenschaft der augenblicklichen Phylen- mitglieder rekrutieren sollen.[1]) Nach der ganzen Fassung der Be- stimmung ist nicht anzunehmen, daß es sich bei ihr um ein neu- geschaffenes Prinzip des Ersatzes handelt, sondern es ist in ihr jeden- falls nur die augenblicklich geltende Norm zum Ausdruck gebracht; ihre Aufnahme in das offizielle Priesterdekret bedeutet die staatliche Anerkennung des alten Rechtes der Phylenpriester, den prie- sterlichen Stand auf ihre Nachkommen, welche in die Phyle des Vaters eintreten müssen, zu vererben. Unter den ἔκγονοι — schon der Gebrauch des allgemeinen Ausdruckes weist darauf hin — sind Söhne und Töchter der Priester zu verstehen. Tatsächlich haben ja auch Priesterinnen den Phylen angehört (siehe S. 92), und ferner zeigt uns jene Bestimmung des Dekretes von Kanopus (Z. 71), der zufolge die Töchter der Phylenpriester vom Tage ihrer Geburt an einen bestimmten Anteil an den Tempeleinkünften erhalten sollten,[2]) aufs deutlichste, daß diese sogar gleich bei ihrer Geburt ohne wei- teres Aufnahme in den Priesterstand gefunden haben (siehe auch S. 210).[3])

---

1) Z. 28/29: τοὺς δὲ προυπάρχοντας ἱερεῖς ἕως τοῦ πρώτου ἔτους εἶναι ὡσαύτως ἐν ταῖς αὐταῖς φυλαῖς, ἐν αἷς πρότερον ἦσαν, ὁμοίως δὲ καὶ τοὺς ἐκγόνους αὐτῶν ἀπὸ τοῦ νῦν καταχωρίζεσθαι εἰς τὰς αὐτὰς φυλάς, ἐν αἷς οἱ πατέρες εἰσίν.

2) Vielleicht darf man hiermit die Angaben einer demotischen Inschrift der späteren römischen Zeit (publ. von Heß, Der demotische Teil der drei- sprachigen Inschrift von Rosette S. 51 ff.) in Verbindung bringen, der zufolge ein Geschenk für den Isistempel zu Philä im besonderen bestimmt ist „für die Propheten und die Priester und die Kinder der Priesterinnen-Gemahlinnen".

3) Ähnlich hat sich inzwischen Reitzenstein a. a. O. S. 27, A. 1 geäußert. Der Anteil an den Tempeleinkünften ist freilich erst eine Neueinrichtung von Ka- nopus; dies besagt jedoch durchaus noch nicht, daß auch die halbsakrale Stel- lung der jugendlichen Priestertöchter erst damals geschaffen worden ist. Vergl. zu der obigen Bemerkung auch die Bestimmungen in Kanopus Z. 65 ff., denen zufolge αἱ πάρθενοι τῶν ἱερέων bestimmte gottesdienstliche Handlungen (auch Opfer) zu versehen haben; es haben also tatsächlich die Töchter der Priester schon in früher Jugend priesterliche Funktionen ausgeübt. Im Anschluß hieran sei auf

Die Hinzufügung der Formel „εἰς τὸν ἀεὶ χρόνον" bei der Bestimmung über den Ersatz der Priesterschaft weist uns darauf hin, daß diese für alle Zeit in Geltung bleiben sollte.[1]) In der Tat läßt sich auch die Vererbung des priesterlichen Berufes vom Vater auf Söhne und Töchter für die ganze hellenistische Zeit belegen. Ein besonders lehrreiches Beispiel bieten uns die Grabinschriften einer Priesterfamilie zu Memphis, deren Mitglieder abgesehen von einer kurzen Unterbrechung[2]) von der Zeit des ersten Ptolemäers an bis zum 22. Jahre der letzten Kleopatra (31/30 v. Chr.), also fast 300 Jahre lang die Würde des Hohenpriesters des Ptah zu Memphis innegehabt haben.[3]) Einer von ihnen, der Hohepriester‘ Petubast[4]),

B. G. U. I. 28 verwiesen, das die den Behörden erstattete Anzeige der Geburt der Tochter eines Phylenpriesters enthält (römische Zeit). Wilcken, Ostr. I. S. 454 hat mit Recht hervorgehoben, daß allem Anschein nach nur die Knaben, nicht auch die Mädchen durch besondere Geburtsanzeigen anzumelden waren, und glaubt deshalb, zumal in der Anzeige Z. 14 ff. maskuline Partizipia mit ϑυγατέρα in Verbindung gebracht sind, dieses in υἱόν verbessern zu dürfen. Doch läßt sich m. E. diese vereinzelte Geburtsanzeige auch ohne Vornahme einer Änderung durch die Annahme erklären, daß die Geburt von Mädchen nur in allen jenen Fällen anzumelden war, in denen der Staat ein besonderes Interesse daran hatte, von ihrer Geburt in Kenntnis gesetzt zu werden. (Vergl. hierzu die Vermutung Wilckens a. a. O., daß auch die Anmeldung der Knaben aus Rücksicht auf ein besonderes staatliches Interesse, das militärische, verlangt worden sei.) Es handelt sich hier um die Tochter eines Phylenpriesters; vielleicht darf man vermuten, daß die Anzeige ihrer Geburt deswegen erfolgt ist, weil sie ja gleich durch ihre Geburt Mitglied eines bevorzugten Standes geworden ist, über dessen Mitglieder der Staat genau unterrichtet sein wollte. Ist diese Vermutung richtig, so wäre erwiesen, daß sich, was an sich sehr wahrscheinlich ist, der Brauch der ptolemäischen Zeit bis in die römische erhalten hat. Beachte übrigens auch die genaue Form der Anzeige. Bei Vater und Mutter finden wir die Angabe ihres priesterlichen Standes und der Phylen, denen sie angehören, also starke Betonung des ἱερατικὸν γένος ihrer Tochter.

1) Aus dem obigen Zusatze darf man jedenfalls nicht herauslesen, daß die Priestersöhne stets und unter allen Umständen gezwungen waren, den Priesterberuf zu ergreifen und ein Ausscheiden aus dem Priesterstande ihnen nicht gestattet war. So faßt die Stelle Lumbroso, Recherches S. 269, im Anschluß an seine Auffassung (a. a. O. S. 55 ff.) der ägyptischen Stände, die gerade in hellenistischer Zeit zu Kasten erstarrt seien.

2) Es ist uns nämlich ein memphitischer Oberpriester des Ptah Amasis, wohl aus der Zeit des Epiphanes, bekannt geworden, der einer anderen, auch priesterlichen Familie (sein Vater ist Prophet des Ptah gewesen, sein Sohn bekleidet auch diese Würde) angehört hat (siehe Berliner und Pariser hieroglyph.-demot. Inschriften, publ. von Brugsch, Thesaurus V. S. 909 ff., und hieroglyph. Inschrift in Bologna, publ. von Brugsch a. a. O. S. 945/46). Vielleicht darf man das Eindringen des fremden Elementes dadurch erklären, daß bei dem Tode des amtierenden Hohenpriesters seine Nachkommen noch nicht das für den Antritt der hohenpriesterlichen Würde erforderliche Alter besessen haben.

3) Vergl. hierzu die Belege auf S. 38 A. 4, siehe auch S. 41.

4) Die Namensformen sind im Anschluß an die von Brugsch gebotenen ge-

der um die Wende des 2. vorchristlichen Jahrhunderts gelebt hat, giebt uns die genaue Genealogie seiner hohenpriesterlichen Vorfahren[1]), von denen uns die zur Zeit des 2. und des 3. Ptolemäers amtierenden Oberpriester Ns-ḳdj, auch Petubast genannt[2]), und sein Sohn Anemho[3]) auch aus eigenen Denkmälern bekannt sind. Außerdem kennen wir von den Mitgliedern dieser 'Familie noch den Sohn des Petubast, Pšere-n-ptaḥ, dessen Amtstätigkeit unter Neos Dionysos und in die Zeit der berühmten Kleopatra anzusetzen ist,[4]) und ferner noch seinen Sohn und Nachfolger Imhotep-Petubast, der sehr jung, erst 16 Jahre alt, gestorben ist und dessen Todesjahr gerade mit dem Jahre der Eroberung Ägyptens durch Augustus zusammenfällt.[5]) Daß sein Nachfolger Pšereamon˙ sein Bruder gewesen˙ ist, wie Revillout behauptet[6]) — in diesem Falle ließe sich die hohepriesterliche Familie bis in die römische Zeit verfolgen —, ist mir sehr zweifelhaft; es dürfte wohl eine falsche Lesung Revillouts vorliegen, denn es wird sonst ausdrücklich nur ein Sohn des Pšere-n-ptaḥ genannt,[7]) und außerdem wäre Pšereamon, da er als Sohn des Pšere-n-ptaḥ frühestens im 7. Jahre der letzten Kleopatra geboren sein könnte,[8]) bei seiner im 20. Jahre dieser Königin erfolgten Heirat[9]) erst 12 Jahre alt gewesen, was immerhin auch gegen die Annahme Revillouts spricht.

Es ergibt sich demnach für die memphitische Priesterfamilie folgende Genealogie:

wählt, da kleinere Änderungen oder genaue Transkription gegenüber dem Vorteile, daß diese Namen schon bekannt sind, nicht angebracht erschienen.

1) Hieroglyph. Inschrift Wien, Saal IV, N. 1, publ. von Krall a. a. O. Sitz. Wien. Ak. Phil. hist. Kl. Bd. CV. (1883) S. 372 ff.

2) Hieroglyph. Londoner Inschrift, publ. von Brugsch, Thesaurus V. S. 906 ff.

3) Hieroglyph. Inschrift Wien, Saal IV, N. 88, publ. von Brugsch, Thesaurus V. S. 902 ff.

4) Hieroglyph. Inschrift in London, publ. von Birch, Archaeologia XXXIX S. 315 ff.; Brugsch, Thesaurus V. S. VIII (vergl. S. 941 ff.); siehe auch hieroglyph. Inschrift in London, publ. von Brugsch, Thesaurus V. S. 918 ff.; Revillout, Le Comput de Ptolémée Dénys et le canon des rois, Rev. ég. V. S. 130 ff. (S. 131) nennt ihn Pseptah.

5) Hieroglyph.-demotische Inschrift in London, publ. von Brugsch, Thesaurus V. S. 928 ff.

6) Un prophète d'Auguste et sa famille in Rev. ég. II. S. 98 ff. (S. 101); vergl. für ihn die hieroglyph.-demotische Inschrift seiner Frau (in London), publ. von Revillout a. a. O. S. 100 und von Brugsch, Thesaurus V. S. 934 ff.

7) Vergl. seine Inschrift, letzter Abschnitt (siehe A. 4); vergl. auch die Inschrift seiner Frau (hieroglyph. in London), publ. von Brugsch, Thesaurus V. S. 918 ff.

8) Der erste Sohn des Pšere-n-ptaḥ, Imhotep-Petubast, ist im 6. Jahre der letzten Kleopatra geboren worden; vergl. Inschrift des Pšere-n-ptaḥ, letzter Abschnitt (siehe A. 4).

9) Vergl. die Inschrift seiner Frau (siehe A. 6).

Namen	Amtszeit
Anemho I.[1]	Soter—Philadelphos
Ns-ḳdj (Petubast I.)[2]	Philadelphos—Euergetes I. (?)
Anemho II.	Euergetes I. — 5. Jahr des Philopator
Harmachis ?[3]	Philopator
Pšere-n-ptah I.[4]	Epiphanes (?)[5]
Petubast II.	Philometor I.
Pšere-n-ptah II.	Euergetes II. — Ptolemaios Alexander I
Petubast III.	Ptolemaios Alexander I.—5. Jahr des Neos Dionysos
Pšere-n-ptah III.	Neos Dionysos—11. Jahr der Kleopatra VII.
Imhotep-Petubast IV.	Kleopatra VII.

Außer den genannten Hohenpriestern sind noch zwei weitere Mitglieder der memphitischen Priesterfamilie näher bekannt geworden, welche hohe priesterliche Stellungen bekleidet haben, der eine ein zweiter Sohn Anemhos II., Namens Teos[6]), der andere ein Bruder

---

1) Krall a. a. O. S. 377 setzt mit Unrecht diesen Anemho dem uns durch ein eigenes Denkmal bekannt gewordenen Hohenpriester Anemho (siehe S. 205) gleich; dieser ist vielmehr mit Anemho II. zu identifizieren. Vielleicht sind auf Anemho I. die Angaben Kralls a. a. O. S. 377 (unten) zu beziehen.

2) In der genealogischen Aufzählung des Petubast ist dieser Name verwischt (siehe Krall a. a. O. S. 376); ob Ns-ḳdj noch unter Euergetes I. gelebt hat, läßt sich nicht mit Sicherheit feststellen.

3) Zwischen Anemho II. und Pšere-n-ptah I. ist in der Genealogie der Name eines Hohenpriesters verloren gegangen (Krall a. a. O. S. 376). Wir kennen nun einen Sohn des Anemho II. Namens Harmachis, der nach Brugsch (Thesaurus V S. 915/16, hieroglyph.-demotische Stele Wien, Saal IV, N. 52; siehe auch Krall a. a. O. S. 377) den Hohenpriestertitel geführt hat. Daß er etwa vor seinem Vater gestorben ist, ist nicht zu belegen; es ist also immerhin wahrscheinlich, daß er der Nachfolger seines Vaters im hohenpriesterlichen Amte geworden ist.

4) Krall a. a. O. bietet ähnlich wie Revillout (siehe S. 205 A. 4) für Pšere-n-ptah den Namen Psiptah.

5) Die Zeit Pšere-n-ptahs I. ist nicht mit Sicherheit zu bestimmen, da es sich nicht feststellen läßt, ob jener einer anderen Familie angehörende, wohl unter Epiphanes amtierende memphitische Hohepriester (siehe S. 204, A. 2) vor oder nach ihm im Amte gewesen ist.

6) Hieroglyph. Stele Wien, Saal IV. N. 98, publ. von Brugsch, Thesaurus V. S. 912 ff.; siehe auch Krall a. a. O. S. 352. Brugsch bezeichnet Teos auch als Hohenpriester; da dieser jedoch schon vor seinem das Oberpriesteramt bekleidenden Vater gestorben ist, so kann er auf keinen Fall Hoherpriester des memphitischen Ptah gewesen sein.

desselben Anemho mit Namen Chonswa[1]). Ferner kennen wir noch zwei Frauen der memphitischen Hohenpriester, die des Pšere-n-ptah III. und des Pšereamon, welche aus priesterlichem Geblüt stammen und auch ihrerseits priesterliche Stellungen erlangt haben;[2]) sie bieten uns mithin ein Beispiel für die Vererbung des priesterlichen Berufes auf die Töchter der Priester.

Abgesehen von der memphitischen Hohenpriesterfamilie läßt sich für Memphis auch bei anderen der ptolemäischen Zeit angehörenden Priestern höherer Ordnung der Übergang des Priesterstandes vom Vater auf die Kinder belegen[3]), und auch z. B. für Theben und für Pathyris ist dieses nachzuweisen[4]), so daß der Schluß, daß die gleichen Verhältnisse damals in ganz Ägypten bestanden haben, wohl berechtigt erscheint.

Für die römische Zeit lehren uns vor allem die erhaltenen Listen der Phylenpriester das Fortbestehen der Bestimmungen des Dekretes von Kanopus. Die in den Listen beständig wiederkehrenden Eigennamen wie Stotoetis, Satabus, Panephremmis u. a. erschweren freilich die Untersuchung und machen es fast unmöglich, mit Sicherheit eine Familie durch mehrere Generationen zu verfolgen,[5]) aber die zahlreichen Beispiele, daß Vater und Sohn[6]), daß 2 bis 3 Brüder[7]), daß Verwandte

---

1) Hieroglyph. Inschrift, publ. von Brugsch, Thesaurus V. S. 907.

2) Hieroglyph. Inschrift in London, publ. von Brugsch, Thesaurus V. S. 918 ff. (Frau des Pšere-n-ptah III.); hieroglyph.-demotische Inschrift in London, publ. von Revillout a. a. O. Rev. ég. II. S. 100 und von Brugsch, Thesaurus V. S. 934 ff. (Frau des Pšereamon).

3) Siehe z. B. hieroglyph.-demotische Inschrift in Gizeh, publ. von Brugsch, Thesaurus V. S. 889 ff.; P. Par. 26 setzt für den Sohn des Vorstehers des großen Serapeums bei Memphis eine höhere priesterliche Stellung voraus, da dieser den Angaben des Papyrus zufolge als Vertreter seines Vaters einem zum großen Serapeum gehörenden Priester, dem Vorsteher des Asklepieums, Befehle erteilte.

4) Theben: siehe z. B. dem. P. Berl. 3097 u. 3070, publ. von Revillout, N. Chrest. dém. S. 46 ff. (S. 53 ff.) und von Spiegelberg, dem. P. Berl. S. 9 ff.; siehe auch dem. P. Berl. 3098 u. 5507, publ. von Spiegelberg, dem. P. Berl. S. 11 u. dem. P. Tor., publ. Rev. ég. II. S. 109, es handelt sich hier um eine Priestertochter; dem. P. Tor. 24, publ. Rev. ég. II. S. 110. Pathyris: drei Brüder sind ἱερεῖς des Suchos und der Aphrodite (P. Grenf. II. 33, 4; 35, 4 u. 5); da es sich hier um Phylenpriester handelt, darf man wohl die Gleichheit des Standes der Brüder auf seine Erlangung durch Erbgang zurückführen.

5) Wessely, Kar. u. Sok. Nes. versucht verschiedentlich (siehe z. B. S. 97, 122, 138, 144, 165) Priesterstemmata aufzustellen, doch verfährt er bei der Verwertung der Namen nicht vorsichtig genug, so daß seine Versuche als mißlungen zu bezeichnen sind.

6) Siehe z. B. B. G. U. II. 406, Col. 1, 20 (vergl. B. G. U. II. 627 frg. 1, 20) u. Col. 2, 1; Col. 2, 2 u. 4; Col. 2, 8 u. 9; Col. 2, 19 u. Col. 3, 1; Col. 3, 3 u. 5; Col. 4, 3 u. 4; Col. 4, 7, 8 u. 9 (Vater mit zwei Söhnen); B. G. U. II. 627, frg. 1, 15 u. 16.

7) Siehe z. B. 3 Brüder: B. G. U. II. 406, Col. 1, 20 (vergl. B. G. U. II. 627, frg. 1, 20) u. Col. 2, 2 u. 4 (in B. G. U. II. 627, frg. 1, 20 ist im Anfang jedenfalls

verschiedenen Grades[1]) in den Listen als Priester derselben Phyle genannt werden, zeigen deutlich, daß die Vererbung des Priesterstandes
und der Angehörigkeit zu einer Priesterphyle in der höheren Priesterschaft durchweg üblich gewesen ist.

Auch sonst weisen uns allerlei Beispiele aus römischer Zeit auf
das unter den Priestern höherer Ordnung herrschende Prinzip, ihr
Amt durch Erbgang zu erlangen, hin.[2]) Besonders wichtig ist unter

---

zu ergänzen: [*Στοτοῆτις πρεσβ(ύτερος)*]; Col. 2, 11, 13 u. 14; Col. 3, 6, 7 u. 8; B. G. U.
II. 627, frg. 2, 3, 4 u. 5; 10, 11 u. 12; 2 Brüder: B. G. U. II. 406 Col. 2, 6 u. 7;
Col. 2, 19 u. Col. 3, 2; Col. 4, 10 u. 11; 14 u. 15; B. G. U. II. 627, frg. 1, 5 u. 6;
10 u. 12; 17 u. 19; frg. 2, 17 u. 18.

1) Siehe die folgenden Priesterstemmata:
B. G. U. II. 406, Col. 1, 20 (vergl. B. G. U. II. 627, frg. 1, 20) u. Col. 2, 1—4.

B. G. U. II. 406, Col. 2, 19 u. Col. 3, 1 u. 2.

B. G. U. II. 406, Col. 3, 10 u. 12.

B. G. U. II. 627, frg. 1, 4—6.

2) Siehe z. B. P. Lond. II. 257 (S. 19), Z. 82—84: zwei Brüder und der Sohn
des einen von ihnen sind Priester (der Zweifel Rostowzews [Geschichte der Staats-
pacht in der römischen Kaiserzeit bis Diokletian im Philologus, Ergänzungs-
band IX. S. 486/87] an der Richtigkeit der Deutung Kenyons der hier und auch
anderwärts [es handelt sich um *λαογραφία*-Listen] stehenden Abkürzung *ιερ.* oder
ιε. als *ιερεύς* und seine eigene Erklärung derselben als Pächter der *ιερὰ γῆ* sind
unberechtigt. Denn die Zahl dieser *ιε.* ist durchaus nicht so groß, als daß
nicht alle Priester gewesen sein könnten [vergl. hierzu die Angaben auf S. 36/37],
und die Voraussetzung Rostowzews, daß die Priester nicht Kolonen werden
durften — bei einigen dieser *ιε.* findet sich der Zusatz *δή(μοσιος) γε(ωργός)* — ist
falsch [siehe hierzu VII. Kapitel]. Es ist also kein Grund für die an sich schon
nicht sehr wahrscheinliche Rostowzewsche Auflösung der Abkürzung vorhanden);
P. Lond. II. 269 (S. 36), Z. 19/20, zwei *ιερεῖς* sind Brüder; ebenda Z. 48 ff., wo
drei Brüder Priester sind; ob der vierte auch Priester gewesen ist, ist unsicher,

diesen Zeugnissen der Stammbaum einer priesterlichen Familie, die mit dem Isistempel zu Philä in Verbindung gestanden hat;[1] denn er zeigt uns, daß die Möglichkeit, seinen priesterlichen Stand auf seine Kinder, auf Söhne und Töchter zu vererben, sich bis in die Zeit des ausgehenden Heidentums (5. Jahrhundert n. Chr.) erhalten hat. Da der Stammbaum auch sonst recht bemerkenswert ist, so sei er hier mitgeteilt:

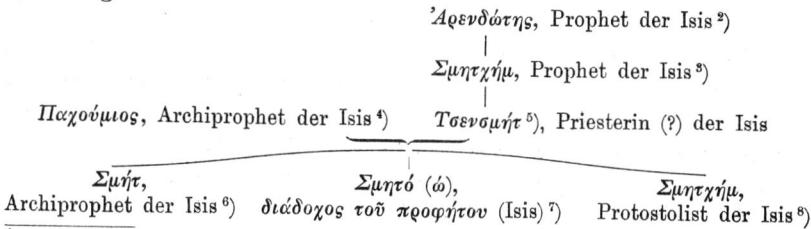

Ἀρενδώτης, Prophet der Isis [2]

|

Σμητχήμ, Prophet der Isis [3]

|

Παχούμιος, Archiprophet der Isis [4]   *Τσενσμήτ* [5]), Priesterin (?) der Isis

Σμήτ,   *Σμητό* (ώ),   *Σμητχήμ*,
Archiprophet der Isis [6])   *διάδοχος τοῦ προφήτου* (Isis) [7])   Protostolist der Isis [8])

da in seiner Titulatur eine Lücke ist; immerhin erscheint mir die Ergänzung *ἱε.* nicht ausgeschlossen; falls er wirklich nicht Priester gewesen ist, so könnte dies vielleicht damit zusammenhängen, daß er von einer andern Mutter als seine Brüder stammt; P. Lond. II. 281 (S. 65), zwei Brüder sind Priester; P. Oxy. I. 46, zwei Brüder sind *μοσχοσφραγισταί*; P. Lond. II. 338 (S. 68), zwei Verwandte nicht näher bezeichneten Grades sind Priester bez. der eine Priesteranwärter (siehe S. 211) und gehören derselben Phyle an; P. Straßb. 60, Col. 1, 12 (siehe Wilckens Neupublik. Arch. II. S. 4), Priester und ihre Söhne und Verwandten, welche Priesteranwärter sind; vielleicht machen uns P. Lond. II. 262 (S. 176) (vom Jahre 11 n. Chr.) u. 299 (S. 150) (vom Jahre 128 n. Chr.) mit einem Priester des Suchos und seinem 117 Jahre jüngeren Nachkommen, der auch Priester des Suchos im Faijûm ist, bekannt, wahrscheinlich macht dies die Nomenklatur der beiden, in der sich bei jedem so selten gebrauchte Namen wie *Ἡρώδης* und *Χαιρήμων* vereinigt finden; P. Lond. II. 299 (S. 150), ein Priester und seine Schwester, die Priesterin ist; B. G. U. I. 87, ein Priester wird als der *συγγενής* einer Priesterin bezeichnet; hingewiesen sei hier auch auf Eusthatius, Scholien zur Odyss. *μ* 65, wo von einer Prophetin ausdrücklich bemerkt wird, daß sie Tochter eines Priesters gewesen ist.

1) Siehe Brugsch, Vier bilingue Inschriften von Philä, Ä. Z. XXVI (1888) S. 57 ff. (S. 67/68).

2) dem. Inschrift Bᵇ, publ. von Brugsch a. a. O.; L. D. VI. 114 (dem. Inschrift), publ. von Brugsch, Thesaurus V. S. 1008; falsch ist jedenfalls die von Brugsch gelesene Jahreszahl; Brugsch bietet ferner im Anschluß an das demotische den Titel „2. Prophet", es wäre also, wenn Brugsch Recht hat, hier einmal dieser mir sonst nur aus älteren ägyptischen Texten bekannte (siehe S. 81, A. 2) Priestertitel für die hellenistische Zeit belegt. Die von Brugsch gebotenen demotischen Namen habe ich hier und bei den folgenden Priestern nicht berücksichtigt.

3) dem. Inschrift Bᵇ; L. D. VI. 114 (dem. Inschrift). Ungefähr derselben Zeit gehört ein in L. D. VI. 24 (dem. Inschrift), publ. von Brugsch, Thesaurus V. S. 1008, erwähnter *Σμητχήμ*, Priester der Isis, Sohn des Propheten der Isis, *Σμήτ* an; vielleicht hat man in ihm auch ein Mitglied der Priesterfamilie zu sehen.

4) dem. Inschrift A (publ. von Brugsch, a. a. O.) u. Bᵇ; C. I. Gr. III. 4945 (L. D. VI. 292 [gr. Inschrift], gut herausgegeben von Wilcken, Archiv I. S. 405); 4946, siehe dem. Inschrift, publ. von Brugsch, Thesaurus V. S. 1005; während im Griechischen sich nur der Titel *προφήτης* findet, übersetzt Brugsch das Demo-

So darf man mit gutem Recht die Ererbung des Priesterstandes als eine und zwar auch wohl als die wichtigste Form
des Ersatzes der höheren Priesterschaft bezeichnen, doch ist
dabei zu beachten, daß die Priestersöhne nicht ohne weiteres
gleich bei ihrer Geburt, wie dies allem Anschein nach bei den Priestertöchtern üblich gewesen ist (siehe S. 203), in die Priesterschaft aufgenommen worden sind. Dies zeigt uns deutlich die schon erwähnte
Stelle des Dekretes von Kanopus (Z. 70/71), in welcher Priestersöhne
und -töchter in einen gewissen Gegensatz zu einander gestellt sind,
und derzufolge den letzteren sofort von ihrer Geburt an von den
Tempeln ein gewisser Unterhalt gewährt werden soll, den ersteren
dagegen erst, $\dot{\epsilon}\pi\grave{\alpha}\nu$ $\dot{\epsilon}\pi\alpha\chi\vartheta\tilde{\omega}\sigma\iota\nu$ $\epsilon\dot{\iota}\varsigma$ $\tau\grave{o}$ $\pi\lambda\tilde{\eta}\vartheta o\varsigma$ (sc. $\tau\tilde{\omega}\nu$ $\dot{\iota}\epsilon\varrho\dot{\epsilon}\omega\nu$). Auch
dort, wo das Dekret von der Rekrutierung der einzelnen Phylen
spricht (Z. 26 ff.), heißt es nicht, daß diese einfach durch die Geburt
von Priestersöhnen erfolge, sondern es wird hier der Begriff des „$\dot{\iota}\epsilon\varrho\epsilon\tilde{\iota}\varsigma$
$\gamma\epsilon\nu\dot{\epsilon}\sigma\vartheta\alpha\iota$, bez. $\dot{\iota}\epsilon\varrho\epsilon\tilde{\iota}\varsigma$ $\pi\varrho o\sigma\kappa\alpha\tau\alpha\tau\dot{\alpha}\tau\tau\epsilon\sigma\vartheta\alpha\iota$" ausdrücklich hervorgehoben.

tische mit „**1.** Prophet", was dem griechischen $\dot{\alpha}\varrho\chi\iota\pi\varrho o\varphi\dot{\eta}\tau\eta\varsigma$ entsprechen würde,
d. h. jenem Titel, welcher sich als der des Tempelvorstehers des Isistempels zu
Philä nachweisen läßt (siehe hierzu S. 42); C. I. Gr. III. 4946 wird denn auch
Pachumios ausdrücklich als $\pi\varrho o\varphi\dot{\eta}\tau\eta\varsigma$ $"I\sigma\iota\delta o\varsigma$ $\Phi\iota\lambda\tilde{\omega}\nu$ bezeichnet.

5) dem. Inschrift B^{b}; C. I. Gr. III. 4945 (L. D. VI. 292 [gr. Inschrift]). Der
im Demotischen sich findende Titel der $T\sigma\epsilon\nu\sigma\mu\dot{\eta}\tau$ ist leider nicht entziffert; es
dürfte sich jedoch wohl hier um einen priesterlichen handeln.

6) C. I. Gr. III. 4945 (L. D. VI. 292 [gr. Inschrift]). In der griechischen In-
schrift führt $\Sigma\mu\dot{\eta}\tau$ nur den Titel $\pi\varrho o\varphi\dot{\eta}\tau\eta\varsigma$. Nun tritt uns in der griechischen
Inschrift L. D. VI. 314 (inzwischen publ. von Wilcken, Archiv I. S. 413, Zeit:
wenige Jahre nach den zuerst angeführten Inschriften) ein $\dot{\alpha}\varrho\chi\iota\pi\varrho o\varphi\dot{\eta}\tau\eta\varsigma$ $\Sigma\mu\dot{\eta}\tau$
der Isis zu Philä entgegen (daß er an diesem Tempel amtiert hat, darf man
wohl daraus entnehmen, daß die obige aus Philä stammende Inschrift ihn als
Eponym verwertet); man darf wohl die beiden $\Sigma\mu\dot{\eta}\tau$ einander gleichsetzen, umsomehr da auch bei Pachumios im Griechischen unkorrekterweise der Titel
$\pi\varrho o\varphi\dot{\eta}\tau\eta\varsigma$ zur Bezeichnung des Archipropheten verwandt ist; siehe A. 4.

7) C. I. Gr. III. 4945 (L. D. VI. 292 [gr. Inschrift]); dem. Inschrift B^{b}; der
Name richtig gestellt von Wilcken, a. a. O. Archiv I. S. 405.

8) C. I. Gr. III. 4945 (L. D. VI. 292 [gr. Inschrift]); 4946, siehe dem. Inschrift,
publ. von Brugsch, Thesaurus V. S. 1005. Mit Recht hat Wilcken, a. a. O.
Archiv I. S. 406/7 darauf hingewiesen, daß $\Sigma\mu\eta\tau\chi\dot{\eta}\mu$ nicht in Philä selbst sein
priesterliches Amt bekleidet hat, sondern als ein in blemyschen Diensten stehen-
der Priester anzusehen ist. Dies zeigt uns, daß die Mitglieder derselben Familie
durchaus nicht alle an demselben Tempel tätig zu sein brauchten, sondern auch
an andere Heiligtümer übertreten konnten, ein deutlicher Beweis für die Einheit
der Priesterschaft der ägyptischen Götter (siehe auch dieses Kapitel im folgenden
Abschnitt). Wilckens Zweifel daran, daß die anderen Glieder dieser Priesterfamilie in Philä selbst tätig gewesen sind, scheinen mir nämlich unberechtigt;
vergl. die vorhergehenden Anm.; bezüglich des $\Sigma\mu\eta\tau\dot{\omega}$ sei noch bemerkt, daß wohl
von ihm, wenn er zusammen mit seinem Bruder, der eine niedere Priesterwürde
als er selbst bekleidet, von auswärts nach Philä gekommen wäre, das $\pi\varrho o\sigma\kappa\dot{\upsilon}$-
$\nu\eta\mu\alpha$ gesetzt worden wäre und daß dann anstatt $\tilde{\eta}\lambda\vartheta\alpha$ wohl $\tilde{\eta}\lambda\vartheta\alpha\mu\epsilon\nu$ dastehen
würde; zudem wird er ja als $\delta\iota\dot{\alpha}\delta o\chi o\varsigma$ des sicher in Philä amtierenden $\Sigma\mu\dot{\eta}\tau$ bezeichnet.

Es haben also die Söhne der Phylenpriester bei ihrer Geburt nur die Anwartschaft auf eine Priesterstelle erlangt. Um diese Priesteranwärter handelt es sich jedenfalls, wenn wir in Urkunden die Bezeichnung „$\iota \varepsilon \varrho \varepsilon \dot{\upsilon} \varsigma \ \dot{\alpha} \varphi \tilde{\eta} \lambda \iota \xi$[1]), bez. $\dot{\alpha} \varphi \tilde{\eta} \lambda \iota \xi \ \upsilon \dot{\iota} \dot{\varrho} \varsigma \ \iota \varepsilon \varrho \dot{\varepsilon} \omega \varsigma$ X. $\varphi \upsilon \lambda \tilde{\eta} \varsigma$[2]) antreffen (siehe S. 35); es werden denn auch aus ihren Reihen die neuen Phylenpriester entnommen.[3])

Die Bezeichnung der Priesteranwärter als „$\dot{\alpha} \varphi \acute{\eta} \lambda \iota \varkappa \varepsilon \varsigma$" weist uns schon darauf hin, daß der Antritt des Priesteramtes von der Erreichung eines bestimmten höheren Alters[4]), aller Wahrscheinlichkeit nach von dem Eintritt der Mannbarkeit abhängig gewesen ist (vergl. hierzu S. 214/15). Hiermit läßt sich vortrefflich die Angabe des memphitischen Hohenpriesters Psere-n-ptah III. (siehe seine Inschrift, Beleg S. 205, A. 4) vereinen, daß er mit 14 Jahren in die Priesterschaft aufgenommen worden sei.[5])

Außer der Erreichung eines bestimmten Alters sind für die Aufnahme der Priestersöhne in die Priesterschaft noch andere Faktoren maßgebend gewesen. Für die ptolemäische Zeit verschafft uns der hieroglyphische Teil des Dekretes von Kanopus hierüber einigermaßen Aufklärung. In ihm wird nämlich an allen Stellen, in denen von dem Antritt des Priesteramtes durch Priestersöhne gesprochen wird, im Gegensatz zu den Angaben des griechischen Textes ausdrücklich hervorgehoben, daß hierbei der König mitgewirkt habe.[6]) Diese

---

1) P. Lond. II. 338 (S. 68), Z. 13; siehe auch B. G. U. I. 258, 11 u. unpubl. P. Lond. 364 (P. Lond. II. S. XXXIV).

2) Unpubl. P. Rainer 72, erwähnt von Wessely, Kar. u. Sok. Nes. S. 64.

3) B. G. U. II. 258, 10 ff. u. unpubl. P. Lond. 364 (P. Lond. II. S. XXXIV).

4) Daß ein bestimmtes Alter festgesetzt war, darf man wohl auch daraus entnehmen, daß im voraus für die einzelnen Jahre diejenigen, welche aus den Reihen der $\dot{\alpha} \varphi \acute{\eta} \lambda \iota \varkappa \varepsilon \varsigma$ auszuscheiden hatten, feststanden; siehe B. G. U. I. 258, 10 ff. u. unpubl. P. Lond. 364 (P. Lond. II. S. XXXIV). Über das Alter, das für den Antritt des Priesteramtes erforderlich war, hat inzwischen auch Reitzenstein, a. a. O. S. 14 ff. gehandelt und sich in ähnlichem Sinne wie oben geäußert.

5) Der memphitische Hohepriester Petubast III. ist vielleicht sogar schon mit 10 Jahren zum Priester geweiht worden (siehe seine Inschrift, Beleg S. 205, A. 1). Es ist übrigens sehr wohl möglich, daß für die Mitglieder dieser hochangesehenen Hohenpriesterfamilie die sonst geltende Altersgrenze nicht so genau beachtet worden ist. Im Anschluß hieran sei hervorgehoben, daß abgesehen von diesen memphitischen Hohenpriestern der jüngste mir bekannt gewordene Phylenpriester 17 Jahre alt ist (B. G. U. II. 406, Col. 2, 14; Wesselys, Kar. u. Sok. Nes. S. 64, Erwähnung eines 16 jährigen Priesters ist unberechtigt). Bei der Beurteilung dieses Alters ist in Betracht zu ziehen, daß aller Wahrscheinlichkeit nach zwischen dem Eintritt des Alters, das für Priesterkandidaten vorgeschrieben war, und ihrer Aufnahme in die Priesterschaft stets ein mehr oder weniger langer Zeitraum verstrichen ist (siehe S. 215).

6) Siehe Z. 13/14 u. 34 des hieroglyphischen Textes. Reitzenstein a. a. O. S. 7 (cf. S. 19) hat inzwischen auch auf die Mitwirkung des Königs bei der Bestellung der Priester hingewiesen, seine Bemerkungen sind jedoch zu allgemein und insofern nicht ganz richtig. Falsch ist es, wenn er als Beleg seiner Ansicht

Hervorhebung als leere Phrase aufzufassen, dazu scheint mir kein
Grund vorzuliegen, vielmehr wird man ihr entnehmen dürfen, daß
ohne Zustimmung des Königs kein erbberechtigter Priestersohn in die Priesterschaft aufgenommen werden durfte. Die
Bestimmung des Dekretes von Kanopus wird alsdann aufs beste durch
eine Stelle der Grabinschrift des memphitischen Hohenpriesters Petubast III. (Beleg S. 205, A. 1) illustriert, welche uns anläßlich des An-
trittes des Priesteramtes durch diesen berichtet: „es ließ der König
ihn (d. h. Petubast) eintreten in das Gotteshaus". In ähnlicher Weise
bezeugt auch die Grabinschrift Pšere-n-ptaḥs III. die Mitwirkung des
Königs bei der Übernahme des Priesteramtes.

Bei der Priesterweihe des Petubast ist übrigens der König selbst
zugegen gewesen; natürlich ist dies als eine außergewöhnliche Ehrung
für den Sprößling der hochangesehenen Priesterfamilie aufzufassen;
im allgemeinen dürfte sich wohl der König persönlich um die Zulassung der Priestersöhne zum Priesteramte nicht näher gekümmert
haben,[1] sondern dies wird in seiner Vertretung durch seine Beamten
geschehen sein.

Mit der vom Staat zu erteilenden Erlaubnis, deren jeder Erb-
berechtigte bei dem Eintritt in die höhere Priesterschaft bedurfte,
darf man wohl die Zahlung der $\tau\varepsilon\lambda\varepsilon\sigma\tau\iota\varkappa\acute{o}\nu$-Abgabe in Verbindung
bringen, welche dem Dekret von Rosette (Z. 16) zufolge allen $\iota\varepsilon\varrho\varepsilon\tilde{\iota}\varsigma$
vom Staate auferlegt war.[2] Mit Recht ist diese Abgabe im Anschluß
an ihre griechische Bezeichnung ($\tau\varepsilon\lambda\varepsilon\tilde{\iota}\nu$-weihen) und auf Grund der
ihr entsprechenden Angabe im demotischen Teile der Rosettana („Taxe,
um Priester zu werden")[3] als „Weihgebühr" erklärt worden, die beim
Antritt des Priesteramtes zu entrichten war.[4] Da als die Zahler die
$\iota\varepsilon\varrho\varepsilon\tilde{\iota}\varsigma$, d. h. die Priester höherer Ordnung (vergl. S. 76) genannt werden, so wird man in der Zahlung des $\tau\varepsilon\lambda\varepsilon\sigma\tau\iota\varkappa\acute{o}\nu$ das Entgelt zu
sehen haben, welches von den ihr Priesteramt antretenden Priester-
söhnen für die ihnen vom Staate hierzu erteilte Erlaubnis an diesen
zu leisten war.[5] Die Entrichtung einer Gebühr erscheint in diesem

die demotische Fassung der Z. 69 von Kanopus anführt; denn diese entspricht
durchaus der griechischen.

1) Wenn bei der Zulassung im Dekret von Kanopus der König allein genannt ist, so entspricht dies seiner Stellung als oberster Leiter der Priesterschaft (siehe S. 54 ff.); im übrigen liegt kein Anlaß vor die Bestimmung des
Dekretes wörtlich zu fassen, der König ist eben hier wie so oft als erster Vertreter des Staates für diesen gesetzt.

2) Vergl. für diese Abgabe auch die weiteren Ausführungen im VII. Kapitel.

3) Siehe die Übersetzung von J. J. Heß, a. a. O. S. 10; Revillout, Chrest.
dém. S. 17 übersetzt „redevance pour faire prêtre".

4) Siehe Letronne, Recueil des inscriptions I. S. 276; Lumbroso, Recherches
S. 299/300; Wilcken, Ostr. I. S. 397/98.

5) Nach der Angabe der Rosettana muß man übrigens annehmen, daß
auch diejenigen höheren Priester, welche nicht durch Erbgang ihr Priesteramt

Falle ganz berechtigt, da ja dafür die Zahler Mitglieder einer bevorzugten Klasse wurden (siehe VII. Kapitel), und da außerdem auch ein jeder von ihnen dem Staate dauernde Ausgaben verursachte (siehe z. B. die σύνταξις, IV. Kapitel).

Wie lange sich die Zahlung der τελεστικόν-Abgabe erhalten hat, läßt sich nicht ermitteln; es ist mir jedoch recht wahrscheinlich, daß man sie auch in römischer Zeit erhoben hat,[1]) hat doch auch die Mitwirkung des Staates bei der Kreierung neuer Phylenpriester aus den Reihen der Erbberechtigten in dieser Zeit weiter fortbestanden. Entsprechend den veränderten Verhältnissen in der obersten Leitung der Priesterschaft (siehe S. 58 ff.) tritt uns jetzt als derjenige, von dessen Erlaubnis die Aufnahme der Priestersöhne in den Priesterstand abhängig ist, der „Oberpriester Ägyptens" entgegen. Die sogenannten ägyptischen Beschneidungsurkunden, deren Angaben sich gegenseitig aufs beste ergänzen,[2]) machen uns mit der Form dieser Erlaubniserteilung näher bekannt und erweitern gleichzeitig unsere Kenntnis der Bedingungen, deren Erfüllung durch die Priesteranwärter für den Antritt des Priesteramtes erforderlich gewesen ist.

Allen diesen Urkunden liegt eine Verhandlung zu Grunde, welche

---

erlangt haben — auch solche hat es gegeben (siehe S. 223 ff.) —, das τελεστικόν gezahlt haben; inwiefern dies tatsächlich geschehen ist läßt sich nicht entscheiden.

1) Nach Wesselys, Kar. u. Sok. Nes. S. 64, Angaben aus dem unpubl. P. Rainer 107 scheint es, als ob die in ptolemäischer Zeit als τελεστικόν bezeichnete Abgabe in römischer Zeit unter dem Namen εἰσκριτικόν erhoben worden sei; vor der Publikation des Papyrus wage ich jedoch keine Entscheidung zu treffen. Siehe auch Wesselys Angaben über dieses εἰσκριτικόν a. a. O. S. 65, 69 u. 70. Wenn er auch in B. G. U. I. 162, 16 [εἰσκρ]ιτικόν ergänzen will, so ist diese Ergänzung, wie mir schon früher Herr Dr. Schubart mitteilte und wie ich mich selbst am Originale überzeugt habe, paläographisch ganz ausgeschlossen. Über das εἰσκριτικόν siehe übrigens dieses Kapitel 1, C a.

2) Es sind dies B. G. U. I. 82; 347; P. Straßb. 60, publ. Reitzenstein a. a. O. S. 2 ff.; siehe auch Wesselys, Kar. u. Sok. Nes. S. 65, Angaben über den unpubl. P. Rainer 121. Für diese Urkunden vergl. die Abhandlungen von Krebs, Aus dem Tagebuche des römischen Oberpriesters von Ägypten, Philologus LIII (1894) S. 577 ff., Reitzenstein a. a. O. S. 1 ff. und den Reitzensteins Ausführungen vielfach berichtigenden Aufsatz im Archiv II. S. 4 ff., Zur Geschichte der Beschneidung: I. U. Wilcken, Die ägyptischen Beschneidungsurkunden (hier auch eine verbesserte Neupublikation der Urkunden); II. H. Gunkel, Über die Beschneidung im alten Testament; III. P. Wendland, Die hellenistischen Zeugnisse über die ägyptische Beschneidung. Diese Abhandlungen sind natürlich bei den Ausführungen im Text voll ausgenutzt; besonders kenntlich gemacht sind jedoch nur diejenigen Punkte, in denen ich von meinen Vorgängern abweiche. Außer den Beschneidungsurkunden unterrichtet uns über die Form der Aufnahme der Priesteranwärter auch der unpubl. P. Rainer 107 (siehe Wessely, Kar. u. Sok. Nes. S. 64); Angaben, die denen der Beschneidungspapyri widersprechen, scheint er nicht zu bieten, eine genauere Verwertung ohne Kenntnis des ganzen Textes allein auf Grund von Wesselys Angaben wage ich jedoch nicht.

zwischen Phylenpriestern des arsinoitischen Gaues und dem „Oberpriester" geführt worden ist. Vor diesem, der sich zur Zeit der Verhandlung jedenfalls nicht im arsinoitischen Gau — das eine Mal ist der
Verhandlungsort Memphis — aufgehalten hat (siehe S. 59), sind die
betreffenden Priester persönlich erschienen und haben beantragt, ihre
gleichfalls anwesenden Söhne, bez. Verwandten[1]) zur Beschneidung
nach priesterlichem Ritus[2]) zuzulassen, d. h. sie haben die einleitenden
Schritte zur Aufnahme dieser in den Priesterstand unternommen.
Diese Auffassung des Antrages der Priester findet ihre Bestätigung
in den tatsächlichen Verhältnissen; denn zu der Zeit, in der alle diese
Verhandlungen geführt worden sind, in der zweiten Hälfte des 2. Jahrhunderts n. Chr., ist infolge des hadrianischen Beschneidungsverbotes[3])
in Ägypten im Gegensatz zu der früher herrschenden Sitte der allgemeinen Beschneidung[4]) in der Tat die Beschneidung nur an
Priestern vollzogen worden.[5])
     Die Vornahme der Beschneidung kurz vor dem Antritt des
Priesteramtes bestätigt unsere Feststellung über das Lebensalter, welches für die Aufnahme in die Priesterschaft erforderlich gewesen ist
(siehe S. 211); denn in Ägypten ist die Beschneidung nicht in früher

---

     1) In dem einen Falle (P. Straßb. 60, Col. 3, 7 ff., vergl. Col. 1, 4 u. 12)
stellt anstatt des verstorbenen Vaters der Bruder den Antrag; ähnlich liegt
es vielleicht auch in dem unpubl. P. Rainer 121. Vergl. hierzu P. Lond. II. 338
(S. 68), wo ein Priester den Tod eines ihm verwandten (συγγενής) ἱερεὺς ἀφῆλιξ
anzeigt.
     2) Siehe P. Straßb. 60, Col. 1, 11: ἱερατικῶς περιτεμεῖν; mit diesem „ἱερα-
τικῶς" hat man den in den anderen Beschneidungsurkunden sich findenden
Ausdruck „κατὰ τὸ ἔθος" (B. G. U. I. 82, 12; 347, Col. 1, 17; 2, 15) auf eine Stufe
zu stellen.
     3) Script. hist. Aug. vit. Hadr. 14; siehe Mommsen, Römisches Strafrecht
S. 637.
     4) Gegenüber Reitzensteins Auffassungen a. a. O. S. 9 ff. haben Gunkel
a. a. O. und Wendland a. a. O. auf Grund der Zeugnisse des alten Testaments
und der Nachrichten der klassischen Schriftsteller (zu Eusebius, praep. ev. IX,
27, 10 [aus Artapanos] siehe Wendland, Berl. Philolog. Wochenschr. 1902. Sp. 1322)
mit Recht die Beschneidung als eine im vorrömischen Ägypten allgemein verbreitete, nicht nur auf die Priester beschränkte Sitte erwiesen; siehe auch
E. Schürer, Geschichte des jüdischen Volkes im Zeitalter Jesu Christi I³ S. 675 ff.
Zu den von Wendland behandelten Belegen für die allgemeine Ausübung der
Beschneidung ist noch Agatharchides in Geographi Graeci minores I. p. 154 ed.
Müller nachzutragen. Vergl. übrigens auch Wiedemann, Beschneidung im alten
Ägypten in Orientalist. Literaturzeitung VI (1903) Sp. 97 ff., der darauf hin-
weist, daß die Beschneidungssitte im alten Ägypten wohl in den verschiedenen
Zeiten gewechselt habe; hierdurch wird jedoch die Feststellung Gunkels und
Wendlands nicht berührt, da diese natürlich nur für jene Periode Ägyptens,
auf die sich die behandelten Zeugnisse beziehen, also etwa für das 1. Jahrtausend
v. Chr., Anspruch auf unbedingte Giltigkeit machen kann.
     5) Dies berichten uns einstimmig die zahlreichen der nachhadrianischen
Zeit angehörenden Zeugnisse, welche von der ägyptischen Beschneidung handeln;
sie sind gut zusammengestellt bei Wiedemann, Herodots II. Buch S. 410.

Kindheit, sondern erst bei Eintritt der Mannbarkeit, ungefähr im 14. Jahre vollzogen worden.[1])

Hierbei ist jedoch zu beachten, daß aller Wahrscheinlichkeit nach zwischen dem frühest möglichen Termin und der tatsächlichen Vornahme der Beschneidung meistens ein mehr oder weniger langer Zeitraum gelegen hat. Die vor dem „Oberpriester" erscheinenden Priester haben bezüglich ihrer Söhne bestimmte Dokumente, die von der Heimatsbehörde ausgestellt sind, beizubringen (siehe S. 217). Um diese für jeden Fall sofort bereit zu haben, wird man natürlich ihre Ausfertigung sogleich beantragt haben, wenn die Söhne das für die Beschneidung übliche Alter erreichten. Diese Dokumente sind nun in den beiden Fällen, in denen sich das Datum kontrollieren läßt,[2]) bei ihrer Überreichung $3/4$ bez. $1^1/4$ Jahr alt. Dieser Verzug hängt jedenfalls mit der von den Priestern und ihren Söhnen geforderten persönlichen Vorstellung vor dem „Oberpriester" zusammen. Sie wird eben, damit nicht die betreffenden Priester eine zu weite Reise machen mußten, regelmäßig nur dann stattgefunden haben, wenn der „Oberpriester" auf einer seiner Inspektionsreisen einigermaßen in der Nähe weilte, was z. B. für die Priester des Faijûms bei einem Aufenthalte des „ἀρχιερεύς" in Memphis eingetreten ist.

Mit dieser Wartezeit der mannbar gewordenen Priesteranwärter wird man die in einer Priesterliste (B. G. U. I. 258, 9) sich findende Bezeichnung „ἀνεικόνιστ(ος) ἁ φυλ(ῆς)" in Verbindung bringen dürfen. Sie steht am Schluß einer Aufzählung von Phylenpriestern, gefolgt von einem Namen und der Bemerkung, daß sich dem betreffenden im nächsten Jahre mehrere ἱερεῖς ἀφήλικες hinzugesellen würden. Man darf wohl demnach den Ausdruck ἀνεικόνιστος dahin deuten, daß sein Träger noch nicht aus der Liste der ἱερεῖς ἀφήλικες in die der ἱερεῖς übertragen ist,[3]) d. h. eben, daß er noch nicht unter

---

1) Siehe P. Lond. I. 24 Recto (S. 31) Z. 11/12; Philo, Quaestiones in Genesim III. 47, p. 247 Aucher, der, wie Wendland a. a. O. S. 24 bemerkt, die Vorlage des St. Ambrosius, De patr. Abrah. II. 11, p. 348 gewesen ist.

2) B. G. U. I. 347, Col. 1, 2/3 u. 12; Col. 2, 2 u. 9; der Einwand von Milne, history S. 206 gegen das Datum in Z. 12 ist unbegründet.

3) Zu dieser Auffassung von ἀνεικόνιστος siehe P. Meyer, Aus ägyptischen Urkunden im Philologus LVI (1897) S. 193 ff. (S. 196/97), Mitteis, Papyri aus Oxyrhynchos im Hermes XXXIV (1899) S. 88 ff. (S. 97) über εἰκονίζειν = kopieren (im Anschluß an P. Oxy. I. 34 Verso, Z. 12 ff.), Wessely, Epikrisis S. 17 ff. (Sitz. Wien. Ak. Phil.-hist. Kl. Bd. XLII [1900] N. 9) im Anschluß an die in P. Lond. II. 260 (S. 42), Z. 110 u. P. Lond. II. 261 (S. 53) Z. 38/39 u. 85 sich findenden Ausdrücke (ε)ἱκο(νισθέντες, ? νιστοι), und vergl. ferner den Gebrauch von εἰκονίζειν in P. Fay. 36, 23, wo es an Stelle von γράφειν steht. Siehe auch den inzwischen publizierten P. Rainer bei Wessely, Die jüngsten Volkszählungen und die ältesten Indiktionen in Ägypten in Studien zur Paläographie und Papyruskunde, 2. Heft S. 26, in welchem anläßlich einer κατ᾽ οἰκίαν ἀπογραφή von ἀνεικ[όν]ισ[τοι] und bald darauf von der γραφῇ ἀφηλίκων die Rede ist.

die ἰερεῖς eingereiht ist. Vielleicht darf man auf eine Stufe mit den
ἀνεικόνιστοι die ἱερώμενοι stellen, die uns in einem Bericht an den
Oberpriester Ägyptens begegnen.[1]) Da allem Anschein nach ἰερεῖς
mit ihnen eng verbunden genannt werden,[2]) so ist es m. E. ausgeschlossen sie als die „Geweihten (ἱερωμένοι)" zu erklären, weil alsdann der Unterschied zwischen ihnen und den ἰερεῖς, der unbedingt
bestanden haben muß, nicht ersichtlich wäre; sind doch eben gerade
die ἰερεῖς alle insgesamt als die „Geweihten" aufzufassen. Dagegen
darf man wohl als guten Gegensatz zu den ἰερεῖς, d. h. zu denen, die
bereits ein Priesteramt höheren Grades versehen, alle jene bezeichnen,
welche dazu ausersehen sind ein solches erst anzutreten,[3]) und
da an sich die ἱερώμενοι sich sehr wohl als diejenigen deuten lassen,
die demnächst als Priester fungieren sollen, so erscheint mir ihre
Gleichsetzung mit den die letzte Wartezeit durchmachenden Priesteranwärtern recht wohl möglich.[4])

---

1) P. Rainer bei Hartel, Gr. P. S. 70.

2) Siehe: μηδένα δὲ τῶν ἱερέω[ν ἢ] ἱερωμένων; die Annahme, daß hier zwei
verschiedene Gruppen erscheinen, scheint mir, die Richtigkeit der Lesung vorausgesetzt, für die Ergänzung der jedenfalls nur kleinen Lücke noch das beste zu
treffen, jedenfalls bei weitem befriedigender als die Einsetzung eines Komposi-
tums von ἱερόω oder ἱεράομαι und die dadurch sich ergebende Herstellung nur
einer Gruppe. Beide Gruppen unterliegen auch einer gewissen staatlichen Aufsicht; es wird darüber gewacht, daß niemand von ihnen seine „religiösen Pflichten" (θρησκαῖαι [beachte den Plural] wird man wohl hier in diesem allgemeinen
Sinne fassen dürfen; vergl. z. B. Acta Apost. 26, 5; Epist. Jac. 1, 27; Paulus ad
Col. 2, 18) vernachlässigt, eine Forderung, deren Erfüllung natürlich auch von den
demnächst ihr priesterliches Amt antretenden Priesteranwärtern verlangt werden kann.

3) An und für sich könnte man als guten Gegensatz zu den ἰερεῖς, d. h.
den Mitgliedern der höheren Priesterschaft auch die Priester niederer Ordnung
in Betracht ziehen, aber es ist nicht möglich eine Erklärung für ἱερώμενος zu
finden, welche auch nur einigermaßen die Wahl dieses Ausdruckes zur Bezeichnung der niederen Priester begründete; außerdem sind aller Wahrscheinlichkeit
nach diese im Gegensatz zu den ἰερεῖς zusammenfassend als ἱερόδουλοι bezeichnet worden (siehe S. 118). Ganz abzulehnen ist die Erklärung, welche
Reitzenstein a. a. O. S. 27 für die Scheidung von ἱερεῖς und ἱερώμενοι gegeben
hat, zumal da auch seine Prämisse von der eventuellen ἀτέλεια eines Teiles
der Priester nicht richtig ist. (Siehe auch VII. Kapitel.)

4) Zu der hier vorgeschlagenen Deutung der ἱερώμενοι siehe Heliodor,
Aethiopica III. 14, wo es von dem Sohne eines Propheten in Memphis (der betreffende ist Homer, dessen Jugendgeschichte hier erzählt wird) heißt: ἐδιώχθη
ὑπὸ τοῦ πατρός, ὅτε ἐξ ἐφήβων εἰς τοὺς ἱερωμένους ἐνεκρίνετο (beachte das
Imperfektum, das übrigens sowohl plusquamperfektisch als auch als Imperfectum
de conatu gefaßt werden kann); also auch hier, wo es sich um das Priesterwerden eines Priestersohnes handelt (siehe auch S. 220, A. 5), werden die ἱερώμενοι
und nicht etwa die ἰερεῖς als diejenigen bezeichnet, unter die der Priestersohn
vorerst aufgenommen wurde; ἱερώμενος erscheint hier durchaus als technischer
Ausdruck. Im Anschluß hieran sei eine Konjektur der Heliodorstelle vorgeschlagen, nämlich anstatt „ἐξ ἐφήβων" zu schreiben: ἐξ ἀφηλίκων. Paläographisch ist die Verderbnis des den Schreibern in diesem Zusammenhange nicht

Die Dokumente, welche, wie bereits erwähnt, die vor dem „Oberpriester" erscheinenden Priester diesem vorzulegen hatten, machen uns mit einer weiteren von den Priesteranwärtern vor der Aufnahme in die Phylenpriesterschaft zu erfüllenden Vorbedingung bekannt, mit dem von ihnen beizubringenden **Nachweise ihrer Abstammung aus priesterlichem Geschlechte**.[1]) In welcher Weise dieser zu führen war, läßt sich leider im einzelnen nicht mit Sicherheit feststellen. Jedenfalls ist über das *ἱερατικὸν γένος* der Priesteranwärter von ihrer Heimatsbehörde[2]) im Anschluß an die dereinst von ihren Vätern und Großvätern eingereichten *κατ᾽ οἰκίαν ἀπογραφαί*[3]) eine Untersuchung angestellt worden, bei der sich, da die Phylenpriester in ihren Subjektsdeklarationen im Unterschied zu den anderen Deklaranten ihren Stand angegeben haben,[4])

mehr recht verständlichen *ἀφηλίκων* in das allgemein bekannte *ἐφήβων* sehr wohl möglich, und sachlich würde dann der Autor ganz mit den Angaben der Papyri (siehe S. 215) übereinstimmen, während die Erwähnung der Epheben an dieser Stelle nicht recht passend ist.

1) Siehe: *αἱ τοῦ γένους ἀποδείξεις* in B. G. U. I. 82, 7; P. Straßb. 60, Col. 1, 4/5 und die Hervorhebung des *ἱερατικὸν γένος* der *γονεῖς* in P. Straßb. 60, Col. 1, 15/16.

2) Reitzenstein a. a. O. S. 5/6 konstruiert einen gewissen Gegensatz zwischen der Tätigkeit der lokalen Beamten und der des „Oberpriesters", er beachtet dabei nicht, daß wir es bei beiden mit staatlichen Beamten zu tun haben. Die Mitwirkung der Gaubeamten, des Strategen oder seines Stellvertreters, also der gewöhnlichen lokalen Vorgesetzten der Priesterschaft (siehe S. 52 ff.) beruht allein auf praktischen Gründen; ihnen standen ja doch die lokalen Akten zur Verfügung, welche das Material für die Prüfung der priesterlichen Abstammung der Priesteranwärter lieferten, während für den nicht an Ort und Stelle weilenden „Oberpriester" die Einsicht dieser Akten nicht oder jedenfalls nur mit größeren Schwierigkeiten möglich war. Deswegen ist es mir auch sehr wahrscheinlich, daß schon immer die Strategen bei der Aufnahme der Priesteranwärter mitgewirkt haben. Wilcken a. a. O. S. 11/12, der diese Frage noch offen läßt, weist auf einen sich auf diese Tätigkeit der Lokalbeamten beziehenden Erlaß der Regierung hin (P. Straßb. 60, Col. 1, 5); dieser dürfte jedoch wohl nicht die Mitwirkung inauguriert, sondern nur die Form geregelt haben.

3) Zum Zweck der Prüfung hatten die Petenten beglaubigte Abschriften der Zensuseingaben der Behörde vorzulegen. Übrigens wird diese sicher noch andere Akten bei der Untersuchung verwertet haben (so vielleicht die der Regierung eingereichten Phylenpriesterlisten, siehe über sie VI. Kapitel); denn hätte man seine Entscheidung allein auf die Subjektsdeklarationen basiert, so hätte man die Mittelinstanz der lokalen Behörde gar nicht nötig gehabt, sondern die Petenten hätten ebenso gut ihr Beweismaterial sogleich dem „Oberpriester" vorlegen können. Schon Wilcken a. a. O. S. 12/13 hat mit Recht im Anschluß an P. Straßb. 60, Col. 2, 1—7 ähnliches vermutet. Es sei übrigens daran erinnert, daß auch die Feststellung des *ἱερατικὸν γένος* der jüdischen Priester auf Grund der Aufzeichnungen in den öffentlichen Urkunden (*δημόσιοι δέλτοι*) erfolgt ist; siehe Josephus, Vita 1.

4) Siehe B. G. U. III. 706; P. Lond. II. 452 (S. 65); P. Oxy. II. 254; P. Amh. II. 74; P. Rainer, enthaltend 5 *κατ᾽ οἰκίαν ἀπογραφαί*, publ. von Wessely a. a. O. der Studien zur Paläographie und Papyruskunde, 2. Heft S. 29 ff. Allem Anschein

sehr wohl die Priesterqualität des Vaters und Großvaters feststellen
ließ.[1]) Nicht recht verständlich ist es dagegen, wie es möglich gewesen ist, aus diesen κατ' οἰκίαν ἀπογραφαί auch das ἱερατικὸν γένος
der Mütter zu eruieren — auch dieses soll erfolgt sein[2]) —, denn in
allen uns erhaltenen Subjektsdeklarationen von Phylenpriestern trägt
die Frau des Priesters nicht den Priesterinnentitel.[3]) Man könnte vielleicht vermuten, daß in diesen Zensuseingaben der ἱέρεια-Titel der
Frau als selbstverständlich weggelassen worden sei,[4]) weil die Frau

<hr>

nach sind die Subjektsdeklarationen der Priester in einem besonderen Aktenbande,
geordnet nach der Phyle der Deklaranten, vereinigt worden; siehe den P. Rainer.
   1) Siehe P. Straßb. 60, Col. 1, 13 ff. u. Col. 2, 4 ff. Wilcken a. a. O. S. 11, A 2
hebt mit Recht hervor, daß mit den hier genannten γονεῖς stets nur die Eltern
der Priesteranwärter, nicht die der petitionierenden Priester gemeint sein können;
im übrigen faßt er die κατ' οἰκίαν ἀπογραφαί nicht ganz richtig auf. Daß die
Zensuseingaben sowohl vom Jahre 131/32 als auch vom Jahre 145/46 n. Chr.
vorzulegen sind, muß doch einen bestimmten Grund haben; denn diejenigen vom
Jahre 145/46 n. Chr. hätten vollauf genügt, um die Priesterqualität der petitionierenden Väter festzustellen (siehe Col. 2, 6/7). Nun sollen zudem die Zensuseingaben vom Jahre 131/32 n. Chr. das ἱερατικὸν γένος der Petenten bekunden
(Col. 1, 13—16); durch von diesen selbst verfaßte Deklarationen ist dies jedoch
eigentlich ausgeschlossen, da in diesen ja nur die Namen der Eltern angegeben
sind; wohl ist dies aber der Fall, wenn man annimmt, daß jene Zensuseingaben
von 131/32 von den Vätern der Petenten verfaßt sind, die ebenso wie ihre
Söhne im Jahre 145/46 n. Chr. ihre Kinder in den Deklarationen mitgenannt
haben. Zu dieser Deutung der Vorlegung je zweier Subjektsdeklarationen sei
auch auf den unpubl. P. Rainer 107 bei Wessely, Kar. u. Sok. Nes. S. 64 verwiesen, in dem auch allem Anschein nach von der Nachfolge auf den Vater und
Großvater die Rede ist.
   2) Siehe P. Straßb. 60, Col. 1, 15/16: τοὺς γονεῖς ὡς ὄντας ἱερατικοῦ γένους.
Für ganz ausgeschlossen halte ich es allerdings nicht, daß wir es bei dieser
Angabe mit einer Ungenauigkeit zu tun haben. In Col. 2, 3 ff. wird die Prieste-
rinnenqualität der Mütter allem Anschein nach auf Grund der Einsicht in andere
Akten (siehe S. 217, A. 3) besonders hervorgehoben; sollte etwa dieses Ergebnis
die Abfassung des Passus in Z. 15 unbewußt beeinflußt haben?
   3) Ganz klar tritt dies in P. Amh. II. 74 und dem S. 217, A. 4 genannten
P. Rainer, Col. 2—5 hervor. Die Col. 1 dieses Papyrus, sowie B. G. U. III. 706,
P. Lond. II. 452 (S. 65) u. P. Oxy. II. 254 sind leider an den entscheidenden Stellen
verstümmelt. In Col. 4 des P. Rainer ist auch noch die Mutter eines Priesters
besonders angeführt, auch sie ohne Priesterinnentitel.
   4) Zur Stütze dieser Ansicht könnte man darauf hinweisen, daß in diesen
Zensuseingaben sich auch bei den anderen Familienmitgliedern des deklarie-
renden Priesters, den erwachsenen Kindern und den leiblichen Brüdern, soweit
es sich feststellen läßt, kein Priestertitel findet — nur einmal ist ein Oheim
väterlicherseits des einen Priesters selbst als Priester bezeichnet (P. Rainer
Col. 3, 10) —, obgleich man an sich sie als nahe Verwandte eines Phylenpriesters
auch als Priester auffassen möchte. Der Erklärung, daß auch hier der Priestertitel als selbstverständlich weggelassen worden ist, steht immerhin jene eine
Ausnahme entgegen. Zudem ist zu beachten, daß sich ja nur die Möglichkeit
der Vererbung des Priesterstandes nachweisen läßt und nicht ein den Erbberechtigten auferlegter Zwang Priester zu werden, ganz abgesehen davon, daß
selbst für die Erbberechtigten die Erlangung des Priesteramtes an die Erfül-

eines Phylenpriesters notwendig Priesterin sein mußte, doch für das Bestehen eines derartigen Zwanges läßt sich der Beweis nicht erbringen,[1] im Gegenteil, wir besitzen Belege, welche uns darauf hinweisen, daß dieses nicht der Fall gewesen ist.[2] Deswegen könnte man auch daran denken, daß uns zufällig nur κατ' οἰκίαν ἀπογραφαί von Priestern erhalten sind, deren Frauen nicht Priesterinnen waren, daß jedoch, wenn die Frau die Priesterqualität besaß, dies auch in den Deklarationen angegeben worden ist, so daß doch aus ihnen eine Feststellung über das ἱερατικὸν γένος der Mütter der Priesteranwärter möglich war.

Jedenfalls läßt sich vorläufig hier eine Entscheidung nicht fällen, ebenso wie es auch m. E. noch unentschieden bleiben muß, ob überhaupt für die Mutter des Priesteranwärters unbedingt Priesterqualität erforderlich gewesen ist. Wilcken (a. a. O. S. 10/11) hält dies für sicher, weil in dem uns erhaltenen Dokument über die ἀπόδειξις τοῦ γένους ausdrücklich auch die Priesterqualität der Mütter hervorgehoben werde,[3] doch ist dies mit Sicherheit nur bei zwei Müttern der Fall, bei der dritten fehlt dagegen der Priesterinnentitel (P. Straßb. 60, Col. 3, 4 ff.).[4] Wilcken erklärt das Fehlen des Titels durch den Hinweis darauf, daß ein Sohn dieser Mutter bereits als Priester erscheint;

---

lung bestimmter Bedingungen gebunden war. Die Nichterwähnung von Priestertiteln kann also doch sehr wohl den tatsächlichen Verhältnissen entsprechen.

1) Ein Beweis ist es natürlich nicht, daß wir in der Tat eine größere Anzahl Belege dafür besitzen, daß die Frauen der Priester Priesterinnen gewesen sind (siehe z. B. die Frauen der memphitischen Hohenpriester in ptolemäischer Zeit [vergl. S. 207]; siehe ferner dem. Inschrift, publ. von Heß, a. a. O. S. 51 ff. [„Die Priesterinnen-Gemahlinnen"]; B. G. U. I. 28; P. Lond. II. 299 [S. 150] [hier ist die Frau des Priesters zugleich auch seine leibliche Schwester]; unpubl. gr. P. Rainer in Führer durch die Ausstellung der Papyri Erzherzog Rainer S. 72, N. 227). Häufige Heiraten von Mitgliedern desselben Standes mit einander sind erklärlich bei den konservativen Grundsätzen des damaligen Wirtschaftslebens.

2) Siehe z. B. B. G. U. I. 86; 87; Spiegelberg, dem. P. Straßb. 6 (S. 22); P. Lond. II. 334 (S. 211), Z. 8/9; das letzte Beispiel ist besonders wichtig, weil es bei ihm ganz ausgeschlossen ist, das Fehlen des Priesterinnentitels durch Ungenauigkeit zu erklären (siehe hierzu S. 34), vergl. Z. 5—8 mit Z. 8—10. Übrigens hat schon Wilcken a. a. O. S. 11/12 die Vermutung geäußert, daß die Frau eines Priesters an sich nicht Priesterin zu sein brauchte. Im Anschluß hieran sei hervorgehoben, daß eine Priesterin sich auch mit einem nicht dem Priesterstande angehörenden Manne verheiraten konnte (P. Amh. II. 113, 8 ff.). Beide Feststellungen zeigen, daß einschränkende Bestimmungen über das conubium der Mitglieder des Priesterstandes nicht bestanden haben können.

3) P. Straßb. 60, Col. 1, 15/16 (siehe hierzu S. 218, A. 2); Col. 2, 3 ff.

4) Es sei hervorgehoben, daß infolge der Verstümmelung des Anfanges der Col. 2 des P. Straßb. 60 es durchaus nicht sicher ist, daß die Bemerkung in Z. 3 ff. über die Priesterqualität der Mütter sich auf alle drei bezieht, sie kann sehr wohl nur in Bezug auf die zwei auch in Col. 3 als Priesterinnen bezeichneten Mütter gesagt sein, während über die dritte in der Lücke vorher das Nötige bemerkt war.

dadurch sei ihre Priesterqualität genügend gekennzeichnet, da diese
ja die Vorbedingung für das Priesterwerden des ersten Sohnes gewesen sei; der Titel sei als irrelevant weggelassen. Die Erklärung
Wilckens kann richtig sein,[1]) aber so lange wir nicht weiteres seine
Auffassung bestätigendes Material besitzen hat sie m. E. doch nur den
Wert einer Vermutung.[2]) Auf jeden Fall ist jener Legitimationsurkunde
der Priesteranwärter mit Bestimmtheit nur das zu entnehmen, daß
außer der Prüfung der Vorfahren väterlicherseits auch eine solche
der Mütter vorgenommen worden ist. Worauf sich diese erstreckt
hat, ob sie etwa ähnlich wie bei den Frauen der jüdischen Priester,
die ja dem Priesterstande nicht anzugehören brauchten, sondern an
die nur bestimmte allgemeine Anforderungen gestellt worden sind,[3])
verlaufen ist, ist eben vorläufig noch nicht zu entscheiden. Wenn
bei der Prüfung des $\gamma \acute{\varepsilon} \nu o \varsigma$ des Priesteranwärters die Priesterqualität
der Mutter betont wird, so kann dies sehr wohl einfach damit zu-
sammenhängen, daß jede Frau, welche geeignet war ein Priesteramt
zu bekleiden, selbstverständlich auch den Vorschriften entsprach, deren
Erfüllung von der Mutter eines Priesters verlangt wurde, so daß also
die Hervorhebung der Priesterqualität der Mutter dasselbe wie ein
günstiger Bericht über die stattgefundene Prüfung besagen würde.[4])

Allem Anschein nach sind neben der Heimatsbehörde der Priesteranwärter auch Vertreter der lokalen Priesterschaft, der ihre Väter
angehörten, bei der Prüfung der Abstammung tätig gewesen[5]). Näheres
über diese Mitwirkung läßt sich vorläufig nicht feststellen.

Außer dem günstigen Ausfall der „Ahnenprobe" ist für die Er-

---

1) Siehe hierzu z. B. auch P. Lond. II. 334 (S. 211), Z. 5 ff., wo bei der
Mutter eines $\iota \varepsilon \varrho \varepsilon \acute{\upsilon} \varsigma$ der $\iota \acute{\varepsilon} \varrho \varepsilon \iota \alpha$-Titel gesetzt ist.

2) Gegen Wilcken scheint übrigens auch B. G. U. I. 76 zu sprechen, dem-
zufolge aller Wahrscheinlichkeit nach die Mutter eines $\iota \varepsilon \varrho \varepsilon \acute{\upsilon} \varsigma$ von Soknopaiu
Nesos nicht Priesterin gewesen ist.

3) Siehe hierzu E. Schürer a. a. O. II³. S. 227 ff.; die Frau eines jüdischen
Priesters durfte z B. keine öffentliche Dirne, keine entweihte Jungfrau, keine
Geschiedene, keine freigelassene Sklavin usw. sein; es ist auch der Stammbaum
der Frau einer Prüfung unterzogen worden.

4) Diese Möglichkeit, die Hervorhebung der Priesterqualität auch anders
als Wilcken zu erklären, muß übrigens auch bei der Beurteilung der Sicherheit
seiner Deutung berücksichtigt werden.

5) Siehe P. Straßb. 60, Col. 2, 7 ff., leider gerade an der entscheidenden
Stelle verstümmelt (vergl. Wilcken a. a. O. S. 8 u. 13). Daß es sich bei der Mitwirkung der Vertreter der lokalen Priesterschaft um die Prüfung der Abstammung handelt, dafür sprechen die Angaben Wesselys aus dem unpubl. P. Rainer 121
(Kar. u. Sok. Nes. S. 65). Auf eine derartige Beteiligung der Priester weist auch
immerhin die bereits erwähnte Notiz bei Heliodor, Aethiopica III, 14 hin, der
zufolge der Vater des Priesteranwärters, ein Prophet, Einspruch gegen dessen
Aufnahme in die Priesterschaft erhebt, da dessen Abstammung nicht legitim
(er bezeichnet ihn als $\nu \acute{o} \vartheta o \varsigma$) sei. Der Priesteranwärter muß also in legitimer
Ehe erzeugt sein.

teilung der Erlaubnis zur Aufnahme in die Priesterschaft der Nachweis der körperlichen Makellosigkeit des Priesteranwärters
erforderlich gewesen,[1]) eine Forderung, die auch andere Völker des
Altertums, wie z. B. Babylonier[2]), Juden[3]), Griechen[4]) und Römer[5])
an ihre Priester gestellt haben. Die Feststellung der Makellosigkeit
ist durch Priester aus der Umgebung des „Oberpriesters" erfolgt (siehe
S. 85), welche dann diesem über ihre Prüfung zu berichten hatten.
Was alles als hindernde σημεῖα gegolten hat, entzieht sich unserer
Feststellung.[6])

So gut wie sicher erscheint es mir, daß die Vorbedingungen für
den Antritt des Priesteramtes, welche von den Priesteranwärtern im
2. Jahrhundert n. Chr. zu erfüllen waren, das γένος ἱερατικόν und
die Makellosigkeit[7]), schon seit alters her in Geltung gewesen
sind. Dagegen ist es mir sehr unwahrscheinlich, daß auch schon in
der Zeit, in der die Beschneidung noch allgemein bei den Ägyptern

1) Siehe B. G. U. I. 82, 9/10; 347, Col. 1, 12 ff.; Col. 2, 10 ff.; für P. Straßb. 60
vergl. die Bemerkungen Wilckens a. a. O. S. 8.

2) Siehe H. Zimmern, Beiträge zur Kenntnis der babylonischen Religion
S. 87. Die Bestimmungen scheinen hier recht streng gewesen zu sein; so durfte
der Priesteranwärter z. B. nicht „schiel(?)äugig, zahnlückig" sein, keinen verstümmelten Finger haben u. dergl.; siehe Text 24, Z. 30 ff. u. Text 1—20, Z. 4—5
bei Zimmern S. 117 f. (S. 119) u. S. 97.

3) Vergl. E. Schürer a. a. O. II[3] S. 230. Es sei hier gleichzeitig hervorgehoben, daß für den jüdischen Priester außer der Makellosigkeit ebenso wie
für den ägyptischen der Nachweis seines Stammbaums das wichtigste Erfordernis
für die Zulassung zum Priesteramt gewesen ist. Die gleichen Verhältnisse
lassen sich auch für die babylonisch-assyrischen baruti, d. h. die Wahrsagepriester
nachweisen; siehe Zimmern a. a. O. u. den von ihm S. 117 unter N. 24 publizierten Text Z. 27 ff., in dem für den Priesteranwärter „priesterliches Geblüt"
und „legitime Abstammung" (ellu eigentlich „glänzend, edel" darf man wohl
hier in dieser prägnanten Bedeutung fassen) gefordert wird; siehe auch Diodor
II. 29, 2—4. Es liegt mir übrigens fern, als Grund der gleichartigen Verhältnisse, die wir in der ägyptischen, babylonisch-assyrischen und jüdischen Priesterschaft antreffen, Entlehnung von einem zum anderen Volke anzunehmen; sie
können sich auch sehr wohl ganz unabhängig von einander herausgebildet haben.

4) Vergl. Stengel a. a. O. S. 35.

5) Siehe z. B. Dionys II, 73; Gellius N. A. I. 12, 2; Fronto ad M. Antonium
de eloq. p. 149 (ed. Naber).

6) An gewöhnliche Narben u. dergl. ist allem Anschein nach bei den σημεῖα
nicht zu denken, da sich in Kontrakten, die von Priestern handeln, in der Charakteristik dieser dergleichen erwähnt findet (siehe z. B. B. G. U. I. 86 u. 87); es
sind also gröbere Leibesfehler als Hinderungsgrund anzunehmen. Bei Heliodor,
Aethiopica III, 14 wird von dem Priesteranwärter festgestellt „κηλῖδα φέρειν
ἐπὶ τοῦ σώματος".

7) Reitzenstein und Wilcken haben die zu erfüllenden Vorbedingungen
nicht ganz richtig aufgefaßt; sie stellen nämlich „Ahnenprobe" und Beschneidung auf eine Linie. Die letztere ist jedoch keine Vorbedingung, sondern nur
die allerdings regelmäßig eintretende Folge der Erfüllung der gestellten Anforderungen.

üblich gewesen ist, diese derartig in den Vordergrund getreten ist, daß die vom Staate erteilte Erlaubnis der Beschneidung seine Einwilligung zum Antritt des Priesteramtes bedeutet hat. Natürlich wird die Beschneidung des Priestersohnes nach priesterlichem Ritus stets der Aufnahme in die Priesterschaft vorausgegangen sein — man hat in ihr jedenfalls einen Teil der Weihezeremonien zu sehen —, aber erst die Beschränkung der Beschneidung auf die Priester wird es mit sich gebracht haben, daß der Staat bei seiner Erlaubniserteilung an sie angeknüpft hat, während er früher sich kaum um sie gekümmert haben dürfte.

In all den Fällen, über die uns die Beschneidungsurkunden berichten, haben die Priesteranwärter den an sie gestellten Anforderungen entsprochen, und es ist ihnen die staatliche Erlaubnis zum Antritt des Priesteramtes erteilt worden. Fraglich ist es mir übrigens, ob für die Zustimmung der Regierung stets nur die Erfüllung der uns bekannt gewordenen offiziellen Bedingungen maßgebend gewesen ist, oder ob hierbei nicht noch andere Faktoren, sei es persönlicher sei es politischer Art, mitgewirkt haben.[1])

Es ist nun noch die Frage zu beantworten, was aus den Priestersöhnen geworden ist, welche bei der Prüfung den Anforderungen nicht genügt und deshalb auch nicht die staatliche Erlaubnis erhalten haben. Wir werden wohl annehmen dürfen, daß sie daraufhin die Zugehörigkeit zur Phylenpriesterschaft eingebüßt haben, denn wir besitzen auch nicht das geringste Anzeichen dafür, daß sie trotz des Ausschlusses von der Versehung des Priesteramtes doch weiterhin dem Stande der höheren Priester angehört haben.[2]) Im Gegenteil, die in der bereits

---

1) Im Anschluß hieran sei darauf hingewiesen, daß sich in den Priesterlisten, in denen doch sämtliche nahe Verwandten, welche Priester sind, nebeneinander angeführt werden, höchstens drei Söhne desselben Vaters als Priester finden (eine höhere Zahl tritt uns auch in keinem Beispiel außerhalb der Priesterlisten entgegen), einige Male zwei (Belege siehe S. 207, A. 7) und sehr oft nur einer. (Es sind dies z. T. schon ältere Leute [siehe z. B. B. G. U. II. 406, Col. 2, 5: 42 Jahr, Col. 2, 10: 66 Jahr], so daß die Annahme, ihre Brüder seien für das Priesteramt noch zu jung gewesen, nicht möglich ist.) Daß uns nur solche immerhin kleine Zahlen für die männlichen priesterlichen Mitglieder einer Priesterfamilie bisher überliefert sind, kann natürlich auf Zufall beruhen, aber es erscheint mir doch sehr wohl möglich, daß diese Zahlen mit irgend einer uns unbekannten beschränkenden Bestimmung über die Aufnahme der Priestersöhne in die Priesterschaft zusammenhängen.

2) Dies ist z. B. bei den mit Leibesfehlern behafteten Söhnen der jüdischen Priester der Fall gewesen, bei denen ferner als Gegenstück zu der Unmöglichkeit, den legitim geborenen Priestersohn aus dem Stande auszuschließen, das Verbot tritt jemanden, der nicht durch Geburt dem Priesterkreise angehörte, in diesen aufzunehmen (vergl. E. Schürer a. a. O. II³ S. 226). Übrigens sind auch in dem zweiten Punkte die Verhältnisse bei den ägyptischen Priestern anders gewesen (siehe S. 223 ff.). Dagegen scheinen, wenigstens was den Ausschluß von Priestersöhnen anbelangt, bei den babylonisch-assyrischen baruti die gleichen

verwerteten Heliodorstelle sich findende Angabe, daß der betreffende, einen Makel aufweisende Priesteranwärter „vertrieben" worden ist (ἐδιώχϑη), sowie die Tatsache, daß sich Kinder und leibliche Brüder von Phylenpriestern in nichtpriesterlicher Stellung nachweisen lassen,[1]) zeigen uns, daß ein vollständiger Ausschluß möglich gewesen ist.

Diese Feststellung vereinigt sich aufs beste mit der im vorhergehenden (S. 219) gemachten Beobachtung, daß die Phylenpriester auch nicht der Priesterschaft angehörende Frauen heiraten konnten; beides weist uns darauf hin, daß auch bei der Gruppe der höheren Priesterschaft trotz des bei ihr stark hervortretenden Erbrechts an eine Kaste nicht zu denken ist, da die für diese geltenden Bedingungen auch von ihr nicht erfüllt werden. Durchaus im Einklang hiermit steht es, daß der Ersatz der Phylenpriesterschaft nicht allein aus den erbberechtigten Priestersöhnen bestanden hat, sondern daß auch fremde Elemente in sie aufgenommen worden sind.

Allerdings sind die verschiedenen Beispiele für das Eindringen fremder, vor allem griechischer Elemente in die ägyptischen Priesterphylen, welche vor kurzem Reitzenstein (a. a. O. S. 20 ff.) angeführt hat, wohl alle als falsch zu bezeichnen; vor allen Dingen hat die

---

Gepflogenheiten wie bei den ägyptischen Priestern bestanden zu haben. Die mit σημεῖα behafteten Priesteranwärter müssen hier aus dem Stande der baruti ausscheiden, wenigstens wie ich die betreffenden Stellen (Text 24, Z. 34—37 bei Zimmern a. a. O. S. 119) auffasse. Zimmern scheint mir nämlich hier nicht das Richtige zu treffen; er übersetzt die Worte: Z. 34 la na-ṣir parṣē ša ᴵᴵ Šamaš u ᴵᴵ Adad Z. 35 ana a-šar ša ᴵᴵ Ea ᴵᴵ Šamaš ᴵᴵ Marduk Z. 36 u ᴵᴵ Bēlit-ṣēri ša-suk-kat šamē (—e) u ersitim Z. 37 mi-nu-tu at-ḫi-e Ša (wohl = šakānu) ana pu-russē baruti la ṭe-ḫi-e mit „Z. 34 nicht (darf ein solcher, d. h. ein mit σημεῖα behafteter) die Gebote des Šamaš und Hadad bewahren Z. 35 für die Stätte des Ea, Šamaš, Marduk Z. 36 und der Belit-ṣēri, der . . . . . . von Himmel und Erde, Z. 37 (mag er) die Zahl der Genossen vermehren, (aber) der Entscheidung des Wahrsagerdienstes sich nicht nahen". Die Hinzufügung des „aber" in Z. 37 scheint mir überflüssig zu sein, wenn man, was grammatisch wohl möglich ist, den ersten Abschnitt von Z. 37 noch von dem „la" (nicht) in Z. 34 abhängen läßt; dadurch entstehen dann nebeneinander drei negative Satzglieder und das merkwürdig anmutende positive Zwischenglied zwischen den beiden negativen ist beseitigt. Die drei Sätze enthalten dann den von verschiedenen Seiten beleuchteten Ausspruch, daß der betreffende den baruti nicht angehören dürfe. Zimmern gibt übrigens selbst zu, daß es bei seiner Übersetzung keine befriedigende Erklärung der Stelle gäbe. Man muß also übersetzen: Z. 34 nicht darf ein solcher die Gebote usw. bewahren usw., Z. 37 nicht darf er die Zahl der Genossen vermehren, nicht sich der Entscheidung des Wahrsagerdienstes nahen. Vergl. übrigens zu meiner Deutung auch Z. 38 ff. desselben Textes und auf S. 97 Text 1—20, Z. 4 ff.

1) Siehe z. B. P. Lond. II. 258 (S. 28), Z. 206 u. 207; B. G. U. III. 855; P. Gen. 3; P. Lond. II. 258 (S. 28), Z. 215—218. In all diesen Fällen ist die Annahme, daß die Priestertitel bei den betreffenden nur ausgelassen sind (siehe S. 34), so gut wie ganz ausgeschlossen.

Gründung der fünften Priesterphyle durch Ptolemaios III. (S. 26 ff.) nicht die Eingliederung griechischer Geschlechter in die ägyptische Priesterschaft zur Folge gehabt (siehe S. 26, A. 4 u. S. 28, A. 2). Somit verbleiben uns verhältnismäßig recht wenige sichere Belege.

Zu diesen gehört der im 3. Jahrhundert v. Chr. in Memphis lebende Chahapi, welcher dort verschiedene höhere Priesterämter bekleidet hat[1]). Sein Vater ist nicht Priester, sondern „Soldatenoberst"[2]) gewesen, und er selbst hat auch dieses Amt innegehabt[3]). Es sei auch hervorgehoben, daß sogar Chahapi und sein Vater von nichtägyptischer Abkunft gewesen sind[4]).

Genau den gleichen Fall, einen staatlichen Beamten, der nicht Ägypter ist — hier handelt es sich um einen Griechen —, als Mitglied der Priesterschaft höherer Ordnung, können wir in der zweiten Hälfte des 2. Jahrhunderts v. Chr. für die vereinigten Priesterkollegien des Isistempels zu Philä und der Heiligtümer von Elephantine und Abaton (siehe S. 43) belegen (Strack, Inschriften 95). Von diesem Priester besitzen wir noch eine zeitlich spätere Nachricht, die uns mit einer weiteren Etappe seiner Beamtenlaufbahn bekannt macht — er ist inzwischen Stratege geworden —, in der aber seine priesterliche Stellung nicht erwähnt ist (C. I. Gr. III. 4893 [Strack, Inschriften 108]); er ist also jedenfalls zugleich mit seinem Avancement wieder aus der Phylenpriesterschaft ausgeschieden[5]). So bietet er uns gleichzeitig einen Beleg dafür, daß es auch dem amtierenden Phylenpriester möglich war, aus seiner Gilde auszutreten.

Als ursprünglich fremde Elemente, die dem alten Stamm der Phylenpriester nicht angehören, sind dann auch alle jene Priester aufzufassen, die als *Πέρσαι*, bez. *Πέρσαι τῆς ἐπιγονῆς* bezeichnet

---

1) Siehe Stern, Die bilingue Stele des Chahap in Ä. Z. XXII (1884) S. 101 ff. Neuerdings ist diese Stele von Schäfer, Ein Phönizier auf einem ägyptischen Grabstein der ptolemäischen Zeit (Ä. Z. XXXX [1903] S. 30 ff.) wieder behandelt worden.

2) Schäfer a. a. O. faßt den Titel als „Polizeioberst"; der Unterschied ist geringfügig, da im ptolemäischen Ägypten neben der eigentlichen Polizei auch Soldaten zu Polizei- bezw. Gendarmeriediensten verwendet worden sind. Siehe übrigens Strack, a. a. O. Archiv III. S. 129/30. Es sei noch hervorgehoben, daß auch Schäfer Chahapi an sich als staatlichen Beamten auffaßt, der nebenbei auch Priesterämter bekleidet hat.

3) Es ist bedauerlich, daß es sich für die beiden uns bekannt gewordenen ἐπιστάται τοῦ Ἀνουβιείου nicht feststellen läßt, ob auch bei ihnen ein staatliches und ein priesterliches Amt vereinigt gewesen ist (siehe S. 42, A. 4); wäre dies letztere der Fall, so würden sie das beste Seitenstück zu Chahapi bilden.

4) Schäfer weist nach, daß es Phönizier gewesen sind.

5) Dieses Ausscheiden zeigt deutlich, daß wir es hier mit einem staatlichen Beamten, der Priester geworden ist, zu tun haben und nicht mit einem Priester, der nebenbei auch Staatsämter bekleidet.

werden. Diese Bezeichnung weist uns darauf hin, daß die betreffenden Priester bez. ihre Vorfahren Mitglieder der in ptolemäischer Zeit gegründeten, militärisch geordneten „Perser"kolonien gewesen sind. Inwieweit die ihre „Perser"qualität hervorhebenden Personen oder ihre Vorfahren auch wirklich Perser waren, entzieht sich einer genaueren Feststellung; aus den meistens ägyptischen oder griechischen Namen der betreffenden dürfen natürlich nicht ohne weiteres Schlüsse gezogen werden (siehe S. 2, A. 1). Jedenfalls ist jedoch für die *Πέρσαι τῆς ἐπιγονῆς*, in denen man eins der nach Ländern benannten ptolemäischen Soldatenkorps zu sehen hat, ebenso wie für die übrigen ein landsmannschaftlicher, also hier persischer Grundstock anzunehmen.[1] Demnach ist es zwar zweifelhaft, ob die betreffenden Priester Nachkommen von Persern, also sogar wieder Nichtägypter gewesen sind,[2] aber auf jeden Fall darf man mit Rücksicht auf sie die dereinstige Aufnahme ehemaliger ptolemäischer Soldaten in die Phylenpriesterschaft als gesicherte Tatsache hinstellen. „Perser"priester sind uns bisher aus ptolemäischer Zeit (2. Jahrhundert v. Chr.) für das Priesterkollegium der Aphrodite und des Suchos zu Pathyris (siehe S. 20/21) bekannt geworden[3] und aus römischer Zeit für das Soknopaiosheilig-

---

1) Meyers Behandlung der *Πέρσαι* in seinem Heerwesen S. 83—86 ist durchaus verfehlt. Vergl. dem gegenüber die vortrefflichen vorsichtigen Bemerkungen von W. Schubart, Quaestiones de rebus militaribus, quales fuerint in regno Lagidarum und Schubarts Rezension von Meyers Heerwesen im Archiv II. S. 147 ff. (S. 154). Siehe zu dem obigen auch Strack, a. a. O. Archiv III. S. 129, welcher treffend die Bezeichnung der Soldatenkorps nach Ländern mit den Namen der heutigen Studentenkorps, Preußen, Schwaben u. dergl., verglichen hat, bei denen auch trotz des Namens auf Landsmannschaft nicht mehr gehalten wird. Man wird jedoch wohl die Parallele noch weiter ausdehnen dürfen; ebenso wie die Namen der Korps durch ihre ursprüngliche landsmannschaftliche Zusammensetzung bedingt sind, so wird es auch bei den ptolemäischen Regimentern der Fall gewesen sein. Eine vorzügliche Parallele aus dem Altertum bieten übrigens die Ethnika der Auxiliartruppen der römischen Kaiserzeit, deren Zusammensetzung nur im Anfang ihrem Namen entsprochen hat; siehe Mommsen, Die Konskriptionsordnung der römischen Kaiserzeit im Hermes XIX (1884) S. 1 ff. (S. 41 ff. u. 210).

2) Es ist sehr zu bedauern, daß sich für die in Ägypten gefundene aramäische Inschrift, C. I. Sem. II, 1 N. 130 nicht feststellen läßt, ob sie der Perser- oder der ptolemäischen Zeit angehört. Ihr zufolge ist nämlich ein Semit (der Name ist unsicher, vielleicht ägyptisch; das Aramäisch kann übrigens sehr wohl von einem Perser herrühren, denn gerade von ihnen ist ja Aramäisch zur offiziellen Verkehrssprache auch in ihren nichtsemitischen Provinzen erhoben worden, für Ägypten siehe z. B. C. I. Sem. II, 1 N. 138, 144, 146, 147) Priester des Osiris in Abydos gewesen. Die Inschrift ist auf jeden Fall ein weiterer Beweis für die Möglichkeit des Eintritts fremder Elemente in die Priesterschaft und möglicherweise sogar ein Seitenstück zu den oben verwerteten Angaben der griechischen Papyri.

3) Siehe P. Grenf. I. 44. Unberechtigt ist die von Meyer, Heerwesen S. 85 aufgestellte Behauptung, daß der Tempel von Pathyris überhaupt ganz im Besitz der Perserkolonisten und ihrer Nachkommen gewesen ist; denn keiner der uns

tum zu Soknopaiu Nesos zu belegen.[1]) Wann die Aufnahme der
„Perser"priester in die Priesterschaft erfolgt ist, ist nicht zu ermitteln,
da ja bei jedem von ihnen die Möglichkeit vorliegt, daß nicht schon
seine Vorfahren, sondern er selbst erst in die Phylen eingereiht worden ist.[2])

Als Eindringling in den Kreis der durch Erbgang zu ihrem Amte
gelangten Priester wird man auch den einen ἀρχιερεὺς καὶ ἐπιμελητής des Jupiter-Capitolinus-Tempels ansehen dürfen,
dessen Ernennungsdekret vom Jahre 214 n. Chr. wir besitzen (B. G. U.
II. 362. p. 5, 1—12). In diesem sind nämlich seine bisherigen Titel
nur mit κοσμητής und βουλευτής angegeben[3]); hätte er schon vor
seiner Ernennung zum Oberpriester dem Priesterstande angehört, so
würde man dies doch gerade in dem Bestallungsschreiben durch den
ihm bisher zukommenden Priestertitel zum Ausdruck gebracht haben.
Ob er nach Ablauf seiner Amtsdauer (siehe hierzu S. 51 u. im folgenden) ganz aus dem Priesterstande ausgeschieden oder nur in die
Reihen der Priester zurückgetreten ist[4]), läßt sich nicht entscheiden,
denn der von seinem Vorgänger geführte Titel „ἀρχιερατεύσας"
(B. G. U. II. 362. p. 3, 20)[5]) beweist durchaus nicht, daß sein Träger
nicht mehr dem Priesterstande angehört hat, woraus man allerdings
dann auch das Ausscheiden des Nachfolgers folgern könnte; als ἀρχιερατεύσας kann sich auch sehr wohl ein Angehöriger der Priester-

---

bekannt gewordenen Priester, außer diejenigen in P. Grenf. I. 44, führt den Titel
Πέρσης, bez. Πέρσης τῆς ἐπιγονῆς; siehe P. Grenf. I. 25, Col. 2, 11; 27, Col. 3, 7;
II. 33, 3; 35, 4, 5 u. 16. Warum Meyer a. a. O. S. 85 (Z. 4 des Textes von unten)
gerade die beiden zuletzt genannten Papyri als Beleg für seine Behauptung anführt, ist mir nicht ersichtlich; denn was er vorher ausspricht: „die Zugehörigkeit der Bewohner (sc. von Pathyris) zu der Klasse der Πέρσαι wird als so
selbstverständlich betrachtet, daß ihrem Namen oft nicht die Klassenbezeichnung
hinzugesetzt wird", schwebt natürlich völlig in der Luft und wird eigentlich gerade durch die von Meyer selbst angeführten zahlreichen Belege, in denen
die Perserqualität des Namensträgers sich nicht findet, widerlegt.

1) P. Wess. Taf. gr tab. 12 N. 28, Z. 5; B. G. U. I. 290, 6/7.
2) Wir haben mit der Möglichkeit zu rechnen, daß schon im 3. Jahrh. v. Chr.
„Perser"priester kreiert worden sind, da das zeitlich früheste Beispiel für einen
Πέρσης τῆς ἐπιγονῆς dieser Zeit angehört (P. Petr. I. 16). Dieses frühzeitige Erscheinen des Korps der Πέρσαι τῆς ἐπιγονῆς könnte man übrigens immerhin als
Stütze der Ansicht verwerten, daß sie in direkten Zusammenhang mit den von
Alexander und seinen Generalen neuformierten orientalischen Truppenkörpern
zu bringen sind.
3) B. G. U. II. 362. p. 5, 3; siehe auch p. 3, 3. Zu dem Titel κοσμητής siehe
S. 164, A. 6.
4) Der Rücktritt der Tempelvorsteher in die Reihen der Priester ist damals etwas ganz Übliches gewesen; vergl. die Bemerkungen über die Tempelvorsteher im folgenden Abschnitt.
5) Es sei hervorgehoben, daß es damals, wie uns die Papyri zeigen, allgemeine Sitte war, seine früheren Titel zu führen.

schaft bezeichnen, der nur seine frühere hohe Stellung hervorheben will.[1])

Sehr wichtig ist es, daß uns das Ernennungsdekret des arsinoitischen Oberpriesters auch einen Anhaltspunkt bietet, auf welche Weise
die fremden Elemente in die Priesterschaft aufgenommen worden sind.
Die Aufnahme des $\dot{\alpha}\varrho\chi\iota\varepsilon\varrho\varepsilon\dot{\upsilon}\varsigma$ ist durch Wahl der $\beta ov\lambda\dot{\eta}$ von Arsinoe
d. h. durch die der Priesterschaft vorgesetzte lokale staatliche Auf-
sichtsbehörde (siehe S. 54 u. VI. Kapitel) erfolgt; auch hier erweist
sich also der Staat als der bestimmende Faktor. Von einer Mitwirkung der Priester ist hier nicht die Rede. Ob dies sonst der Fall
gewesen ist, ist vorläufig noch nicht mit Sicherheit zu entscheiden.
Denn die von den Phylenpriestern allem Anschein nach regelmäßig
zu entrichtende Abgabe „$\varepsilon\dot{\iota}\varsigma\varkappa\varrho\dot{\iota}\delta\varepsilon\omega\varsigma$" — belegt ist sie uns für
die römische Zeit[2]) — darf durchaus nicht ohne weiteres als das vom
Staate den Phylenpriestern auferlegte Entgelt für das ihnen gestattete
„Hineinwählen" von $\iota\varepsilon\varrho\varepsilon\tilde{\iota}\varsigma$ gedeutet werden, wobei man alsdann
allerdings gerade an die Aufnahme der fremden Elemente in die
höhere Priesterschaft denken möchte[3]). Es ist nämlich m. E., da ja
die Person der Gewählten in der Bezeichnung der Abgabe nicht her-

---

1) Insofern braucht man auch alle uns sonst begegnenden $\dot{\alpha}\varrho\chi\iota\varepsilon\varrho\alpha\tau\varepsilon\dot{\upsilon}\delta\alpha\nu\tau\varepsilon\varsigma$,
soweit sie für die ägyptische Kirche in Anspruch zu nehmen sind (siehe S. 51,
A. 3), nicht als frühere Angehörige der Priesterschaft aufzufassen und darf in
ihnen keine Belege für das Ausscheiden von Phylenpriestern aus ihrem Stande
sehen. Man könnte darauf hinweisen, daß die Kinder von zwei dieser $\dot{\alpha}\varrho\chi\iota\varepsilon\varrho\alpha$-
$\tau\varepsilon\dot{\upsilon}\delta\alpha\nu\tau\varepsilon\varsigma$ (C. P. R. I. 20, Col. 1, 2 u. P. Gen. 44, letzterer ist wohl ziemlich sicher
Oberpriester eines ägyptischen Heiligtums gewesen) aller Wahrscheinlichkeit
nach nicht dem Priesterstande angehört haben, aber hieraus zu folgern, daß
auch die Väter nicht oder nicht mehr ägyptische Priester waren, scheint mir
doch unstatthaft.

2) P. Lond. II. 329 (S. 113); unpubl. P. Münch. (vergl. S. 8, A. 7; siehe jetzt
auch Archiv III. S. 238/39). Daß es sich bei der „Hineinwahl" um Priester
handelt, darauf weist uns außer der Person der Wähler der Zusatz bei $\varepsilon\dot{\iota}\varsigma$
$\varkappa\varrho\dot{\iota}\delta\varepsilon\omega\varsigma$ „$\iota\varepsilon\varrho o\tilde{\upsilon}$ bez. $\iota\varepsilon\varrho\tilde{\omega}\nu$" hin. Wenn wir für diesen, der in Quittungen über
die Zahlung der $\varepsilon\dot{\iota}\varsigma\varkappa\varrho\dot{\iota}\delta\varepsilon\omega\varsigma$-Abgabe durch $\iota\varepsilon\varrho\varepsilon\tilde{\iota}\varsigma$ gebraucht ist, in einer mehrere
derartige Zahlungen zusammenfassenden Abrechnung den Zusatz „$\iota\varepsilon\varrho\dot{\varepsilon}\omega\nu$" finden,
so ist dieser nicht etwa als Hinweis auf die Person der Gewählten zu fassen, son-
dern er dient nur zur Hervorhebung der Zahler. In den bekannt gewordenen Ur-
kunden handelt es sich um Priesterstellen an dem '$E\varrho\mu\alpha\tilde{\iota}ov$, einer Dependenz des
Soknopaiostempels (siehe S. 19), und auch am Soknopaiostempel selbst. Viel-
leicht darf man auch in dem unpubl. P. Rainer 150 lesen: $\iota\varsigma\varkappa\varrho\dot{\iota}\delta\varepsilon\omega(\varsigma)$ [Wessely,
Kar. u. Sok. Nes. S. 65 liest $\iota\varsigma\varkappa\varrho\iota\tau\iota\varkappa(o\tilde{\upsilon})$] $\iota\varepsilon\varrho(\dot{\varepsilon}\omega\nu$ oder $\tilde{\omega}\nu$).

3) An die Aufnahme der erbberechtigten Priesteranwärter unter die $\iota\varepsilon\varrho\varepsilon\tilde{\iota}\varsigma$
kann hier wohl nicht gedacht werden, da ja bei diesen von einer Hineinwahl
durch die Priester nicht die Rede ist; der in der bereits mehrfach verwerteten
Heliodorstelle sich findende Ausdruck „$\dot{\varepsilon}\nu\varepsilon\varkappa\varrho\dot{\iota}\nu\varepsilon\tauo$" darf deshalb auch nicht mit
der obigen $\varepsilon\dot{\iota}\varsigma\varkappa\varrho\iota\delta\iota\varsigma$ $\iota\varepsilon\varrho\dot{\varepsilon}\omega\nu$ in Verbindung gebracht, sondern muß allgemein
gedeutet werden. Es sei noch bemerkt, daß man bei der $\varepsilon\dot{\iota}\varsigma\varkappa\varrho\iota\delta\iota\varsigma$ sogar auch
an die Hineinwahl in eine bestimmte Stelle der Priesterschaft und nicht nur
an die Aufnahme unter die Priester denken kann.

vorgehoben wird, die Annahme sehr wohl möglich, daß die Gebühr
„εἰςκρίσεως“ zu entrichten war für das den Phylenpriestern verliehene
Recht für ihre Tempel Priester niederer Ordnung wählen zu dürfen;
zu Gunsten dieser Ansicht könnte man geltend machen, daß sich für
Priester niederer Ordnung die Wahl als einer der Wege zum Priesteramte zu gelangen tatsächlich nachweisen läßt (siehe dieses Kapitel
C, a). Trotzdem wird man gut tun, eine definitive Entscheidung hier
nicht zu treffen.

Gegenüber der Ungewißheit, inwieweit und in welcher Form die
ἱερεῖς bei der Aufnahme fremder Elemente in die Priesterschaft mitgewirkt haben, darf es als sicher bezeichnet werden, daß diese niemals allein durch Kooptation der Priester erfolgt ist, sondern daß
stets auch der Staat hierbei beteiligt gewesen ist; haben doch die
Priester nicht einmal ihre Nachkommen, die von vornherein zum
Priesteramte designiert waren, in ihre Reihen ohne die offizielle Zustimmung des Staates kooptieren dürfen, und da wird doch ihnen erst
recht nicht die Aufnahme von Fremden, auf welchem Wege diese
auch stattgefunden haben mag, ohne weiteres gestattet gewesen sein!
So ergibt sich die wichtige Feststellung, daß die letzte, in manchen Fällen vielleicht die alleinige Entscheidung über den
Eintritt in die Priesterschaft höherer Ordnung durchaus in
der Hand der Regierung gelegen hat.

Trotz der wenigen sicheren Beispiele über das Eindringen fremder Elemente in die Phylenpriesterschaft[1]) braucht man doch nicht

---

1) Nicht ganz sichere Beispiele ließen sich noch eine ganze Reihe anführen; so etwa Milne, Inschriften 2ᵃ u. 3, beides Weihungen an die Isis in
Apollinopolis parva; die erste geht von einem Vater und seinem Sohne aus,
beide führen keinen Titel, die zweite nur von dem Sohne, der sich jetzt als
προστάτης Ἴσιδος bezeichnet. Siehe ferner ein hieratisches Totenbuch aus hellenistischer Zeit in Wien (Führer durch die Ausstellung der Papyri Erzherzog
Rainer S. 34 [N. 103]), das der Priesterin des Ptah Tarinna, der Tochter der
Berenike, gehört hat. Sehr zu bedauern ist es, daß eine von Wilcken, Ostr. I.
S. 66 A. 2 publizierte Holztafel Heß m. E. vorläufig noch nicht voll verwertet
werden darf, da, wie Wilcken selbst andeutet, seine Lesung der entscheidenden
Stelle mit „ἱερατίας (= ἱερατείας)“ unsicher ist. Übrigens ist auch auf Grund
von Wilckens Lesung eine sichere Deutung nicht möglich. Ihr zufolge ist um
die Mitte des 3. Jahrhunderts v. Chr. von zwei Männern — der eine führt einen
durchaus griechischen, der andere einen völlig ägyptischen Namen (eigenen und
Vatersname) — als τιμὴ ἱερατείας eine Zahlung in natura an den Staat entrichtet worden. Da hier ein Ägypter erscheint, ist zumal in dieser frühen Zeit
an den Erwerb eines griechischen Priestertums nicht zu denken. Weiterhin
könnte man infolge des Ausdruckes ἱερατεία zu der Annahme geneigt sein, daß
es sich hier um eine Priesterstelle höherer Ordnung handele. Merkwürdig wäre
es nun auf jeden Fall, daß eine Priesterstelle an zwei Bewerber vergeben
wird. Die Nichtnennung eines Titels und der echt griechische Name des einen
Zahlers, aus dem in jener Zeit wohl auch noch seine griechische Nationalität
erschlossen werden darf, lassen die Deutung der Zahlung als τελεστικόν wenig
wahrscheinlich erscheinen und legen es nahe, hier an die Aufnahme fremder

anzunehmen, daß dies nur sehr selten vorgekommen ist; unter den vielen uns bekannt gewordenen Priestern können sehr wohl gar manche stecken, die nicht durch Erbgang ihr Amt erlangt haben, wir wissen es bloß nicht. Wichtig ist es, daß wir auch hier Belege sowohl für die ptolemäische als auch für die römische Zeit besitzen. **Der Ersatz der höheren Priesterschaft hat sich also während der ganzen hellenistischen Zeit[1] im großen und ganzen in der gleichen Form vollzogen.** Mit der Form des Priesterersatzes im alten Ägypten stimmt er darin überein, daß auch damals neben den erbberechtigten fremde Elemente zu den Priesterämtern gelangen konnten (siehe dieses Kapitel 1, A); ob aber auch damals bereits der Staat einen so gewichtigen Einfluß auf die Rekrutierung der Priester ausgeübt hat wie im hellenistischen Ägypten, entzieht sich vorläufig unserem Urteile.

Es bedarf nun nur noch der Feststellung, welche Stelle in der Hierarchie in der Regel den neuen Priestern zugewiesen worden ist. Von den Nachkommen der Priester berichten uns die alten Schriftsteller, daß diese stets die Priesterwürde des Vaters erhalten hätten[2]. Diese Nachricht ist an sich schon, zumal da doch oft mehrere Söhne desselben Vaters, sogar im Verein mit diesem im Priesteramt tätig gewesen sind (siehe S. 207, A. 6 u. 7), wenig wahrscheinlich, sie kann aber auch nicht einmal in der abgeschwächten Form, daß der Sohn wenigstens bei dem Tode des Vaters unbedingt dessen Stelle erreicht hat, aufrecht erhalten werden, denn es sind einige Fälle bekannt geworden, in denen die Söhne zum Teil niedrigere, zum Teil aber auch höhere Rangstufen als ihre Väter bekleidet haben[3]. Der falschen

---

Elemente in die höhere Priesterschaft zu denken. Trotzdem wird man gut tun, die Holztafel für die Untersuchung noch nicht näher zu verwerten.

1) Es ist freilich zu beachten, daß gerade für die Zeit des christlichen Staates ein Beleg für die Form der staatlichen Mitwirkung bei der Kreierung der heidnischen Priester Ägyptens fehlt (vergl. hierzu S. 33, A. 1); es erscheint mir jedoch wenigstens für die erste Zeit wenig wahrscheinlich, daß einschneidende Änderungen eingetreten sind; vergl. hierzu die Belege über die Stellung der christlichen Kaiser zu den heidnischen Priesterwahlen außerhalb Ägyptens (z. B. Symmachus, relat. III. 6, 7; Cod. Theod. IX. 17, 2; XII. 1, 46 u. 60).

2) Siehe Diodor I. 88, 2: τούς τε ἱερεῖς τοὺς παραλαβόντας τὰς πατρικὰς ἱερωσύνας (siehe auch I. 73, 5); Euseb., praep. evang. II. 1, 40 gebraucht genau die gleichen Worte, er hat sie entweder direkt Diodor entlehnt oder wie dieser hier Hekataios von Abdera benutzt (siehe auch die Übereinstimmung in den vorhergehenden Sätzen); über Hekataios als Quelle Diodors in diesen Partieen siehe Schwartz, Hekataios von Teos, Rh. M. XL (1885) S. 223 ff. (S. 225); Heliodor, Aethiop. I. 19: ἐγὼ γάρ, ὡς ἴσθε, παῖς μὲν προφήτου τοῦ ἐν Μέμφει γεγονὼς ἀποτυχὼν δὲ τῆς ἱερωσύνης μετὰ πατρὸς ὑπαναχωρήσιν ἀδελφοῦ νεωτέρου ταύτην παρελέσθαι παρανομήσαντος (siehe auch I. 33); Heliodor zufolge nur allerdings nur der älteste Sohn Erbe der väterlichen Priesterstellung; Herodot II. 37 scheint übrigens auch die Erblichkeit der Priesterstelle vorgeschwebt zu haben.

3) So ist z. B. ein Sohn des memphitischen Hohenpriesters Ns-ḳdj nur Prophet

Behauptung der alten Schriftsteller liegt jedenfalls eine falsche Verallgemeinerung zu Grunde. Auch sie werden die Beobachtung gemacht haben, daß gerade die höchsten Stellen immer wieder von den
Mitgliedern derselben Familie besetzt worden sind[1]); hieraus darf man
jedoch nur einen gewissen Nepotismus, nicht aber das Bestehen einer
fest geregelten Amtsnachfolge erschließen. So wird denn die Annahme,
daß die erbberechtigten Priesteranwärter ihre Priesterlaufbahn mit der
untersten Rangstufe der höheren Priesterschaft, der des ἱερεύς oder wē-ᶜᵉb,
begonnen haben[2]), wohl das Richtige treffen. Eine Bestätigung für die
Richtigkeit all dieser Ausführungen sehe ich auch darin, daß sich die
gleichen Verhältnisse für die Priesterlaufbahn des alten Ägyptens nachweisen lassen (Erman, Ägypten II. S. 395 u. 398). Zweifelhaft ist es mir
dagegen, ob dieses auch bei den fremden Elementen, die in die Phylenpriesterschaft aufgenommen worden sind, die Regel gewesen ist.

b. Aufrücken in höhere Stellen.

Aller Wahrscheinlichkeit nach haben im Prinzip jedem „ἱερεύς"
die höheren Priesterstellen offen gestanden[3]), aber die meisten der
„ἱερεῖς" werden wohl lebenslänglich in ihrer Stellung geblieben

---

geworden (Beleg siehe S. 207 A. 1); das Gleiche ist bei dem Sohne des Oberpriesters von Memphis Amasis der Fall gewesen (Beleg siehe S. 204 A. 2); die
auf S. 209 mitgeteilte Genealogie der Isispriester zeigt uns, daß drei Brüder,
Söhne eines Tempelvorstehers, ganz verschiedene Stellungen in der Hierarchie
einnehmen konnten; P. Lond. II. 299 (S. 150) nennt einen ἱερεύς des Suchos, der
allem Anschein nach Nachkomme eines Propheten gewesen ist (P. Lond. II. 262
[S. 176], siehe S. 208 A. 2); einen niedrigeren Rang als sein Sohn hat der Vater
des soeben an zweiter Stelle genannten memphitischen Hohenpriesters bekleidet.

1) Ein vorzügliches Beispiel hierfür bietet uns die memphitische Hohepriesterfamilie aus ptolemäischer Zeit (siehe S. 204 ff.); siehe auch die Genealogie der Priester des Isistempels zu Philä aus römischer Zeit auf S. 209.

2) Mit Ausnahmen hat man natürlich zu rechnen; so sind z. B. die Mitglieder der memphitischen Hohenpriesterfamilie, Pšere-n-ptaḥ III. und Petubast IV. (siehe ihre Inschriften, Belege S. 205 A. 4 u. 5), sofort Oberpriester geworden (bei dem ersteren ergibt sich dies klar aus seinem Lebenslauf, bei dem
letzteren ist es wenigstens sehr wahrscheinlich, da er schon im Alter von
16 Jahren gestorben ist), doch hat man es hier jedenfalls mit außergewöhnlichen,
wohl durch die allgemeine politische Lage mithervorgerufenen Verhältnissen zu
tun (siehe auch VIII. Kapitel). Ihre hohenpriesterlichen Vorfahren haben dagegen auch einen cursus honorum bis zur Erlangung der Hohenpriesterwürde
durchmachen müssen (siehe z. B. die Inschriften des Ns-ḳdj, Anemho II., Teos,
Chonswa, Petubast III., Belege in den Anm. von S. 204 u. 205; siehe auch S. 231);
ob sie freilich alle mit der untersten Rangstufe begonnen haben, wage ich nicht
zu entscheiden.

3) Krebs a. a. O. Ä. Z. XXXI (1893) S. 35/36 hat sich in entgegengesetztem
Sinne entschieden im Anschluß an seine niedrige Einschätzung der „ἱερεῖς" und
da er ferner nicht erkannte, daß sie mit den Inhabern der höheren Priesterstellen eine große engverbundene Gruppe gebildet haben; siehe hierzu auch
S. 24, A. 2.

sein[1]), da es höhere Stellen im Gegensatz zu der großen Zahl der
ἱερεῖς jedenfalls nur wenige gegeben hat[2]).

Beim Aufrücken in die höheren Stellen ist es möglich gewesen
niedere Stufen zu überspringen[3]). Für die ptolemäische Zeit
beweist uns dies der cursus honorum der memphitischen Hohenpriester, welche in ihrer Titulatur immer nur einzelne der verschiedenen
mittleren Priesterämter, z. B. der eine das des heiligen Vaters (= ἱερογραμματεύς, siehe S. 87), des Stolisten und des Propheten[4]), ein
anderer das des heiligen Schreibers und des Propheten[5]) anführen[6]).
Aus römischer Zeit besitzen wir dann ein einwandsfreies.Beispiel[7]) in

---

1) So kennen wir z. B. ἱερεῖς im Alter von 64 (P. Amh. II. 113, 5 ff.), von
55 (P. Grenf. II. 35, 4), von 50 (P. Grenf. II. 35, 5) Jahren, eine ἱέρεια von 50
Jahren (P. Lond. II. 334 [211], Z. 5/6), und Wessely, Kar. u. Sok. Nes. S. 64 erwähnt auf Grund eines unpubl. P. Rainer sogar eine von 77 Jahren. In den
Phylenpriesterlisten begegnen uns ferner zwei Priester im Alter von 73 Jahren
(B. G. U. II. 627, Col. 1, 14 [= B. G. U. II. 406, Col. 1, 13] u. 15 [= B. G. U. II.
406, Col. 1, 14]), ein bestimmterer Titel ist hier jedoch nirgends hinzugefügt.
Dies zeigt uns, daß die Priester auch nicht im hohen Alter ihr Amt niedergelegt haben. Die Ergänzung Wilckens von P. Par. 69, Col. 2, 9 (siehe die Neupublikation dieses Papyrus von Wilcken, Philologus LIII [1894] S. 80 ff.), welche
uns einen Beleg für einen gewesenen ἱερεύς (ἱερατεύσας) verschaffen würde (der
ägyptische Name kennzeichnet ihn, zumal im 3. Jahrhundert n. Chr., als ägyptischen Priester), erscheint mir sehr unwahrscheinlich; das dastehende ἱερα kann
vielmehr vielleicht als ἱερέα aufgefaßt werden, oder es ist etwa zu ῾Ιερα[κος] (so
jetzt Wilcken) zu ergänzen; in der dann folgenden Lücke scheint mir die Ein-
fügung von καί dem Stile angemessener (deswegen vielleicht vorher keine Ergänzung); also Z. 8—10: [ἔ]στεψεν εἰς γυμνασιάρχ[ην Αὐρήλιον Π]ελαιᾶν ᾽Αρπαήσιος
ἱερα (sic) (oder ῾Ιερα[κος]) [καὶ ἔθυσ]εν κτλ.

2) Dies darf man wohl den wenigen uns bekannt gewordenen Belegen für
die höheren Priesterämter im Vergleich zu der großen Anzahl Belege für ἱερεῖς
entnehmen.

3) Im alten Ägypten scheint dies nicht üblich gewesen zu sein; siehe Erman,
Ägypten II. S. 398.

4) Siehe Inschrift des Teos, Beleg S. 206, A. 6.

5) Siehe Inschrift des Petubast III., Beleg siehe S. 205, A. 1.

6) Priesterämter mittleren Grades werden auch in der Titulatur der Hohenpriester Pšere-n-ptaḥ III. und Petubast IV. erwähnt (siehe ihre Inschriften), obgleich diese doch sogleich die Oberpriesterwürde erlangt haben; dies ist nur
dadurch zu erklären, daß man gewöhnt war die betreffenden Titel in der Titulatur der memphitischen Hohenpriester zu finden, wohl das beste Zeichen, daß
die Bekleidung der betreffenden Ämter durchaus üblich gewesen ist. Daß die
Titel sonst nicht nur formelhaft stehen, zeigen uns die Inschriften des Ns-ḳdj
(Beleg siehe S. 205, A. 2) und des Petubast III., welche direkte Angaben über
die Priesterlaufbahn dieser beiden bieten, die erstere allerdings nur für den
Schluß der Laufbahn.

7) Hingewiesen sei immerhin auch auf das eine der für das Jahr 190
n. Chr. uns bekannt gewordenen Mitglieder des leitenden Priesterkollegiums des
Soknopaiostempels, das aller Wahrscheinlichkeit nach 11 Jahre vorher das Amt
eines Stolisten bekleidet hat (siehe Wessely, Kar. u. Sok. Nes. S. 89). Wie seine
Karriere in der Zwischenzeit sich gestaltet hat, ist leider nicht zu ermitteln.

der Bewerbung zweier ἱερεῖς um Stolistenstellen[1]). Bei der Bewerbung um höhere Priesterämter ist man übrigens nicht allein auf diejenigen des eigenen Tempels angewiesen gewesen, sondern man konnte
auch, wie uns vornehmlich die Laufbahn der memphitischen Hohenpriester zeigt (siehe ihre Inschriften; vergl. ferner S. 210, A. 8), solche
an anderen Tempeln übernehmen, auch dies ein Zeichen für die Einheitlichkeit der ägyptischen Priesterschaft in hellenistischer Zeit (siehe
S. 23).

Ganz bemerkenswert sind die gelegentlich uns erhaltenen Angaben
über das Alter der Verseher höherer Priesterstellen[2]). So hat der
Hohepriester Petubast III. sein hohenpriesterliches Amt schon mit
28 Jahren erreicht (siehe seine Inschrift), während sein Vorfahre
Ns-ḳdj erst in ziemlich vorgeschrittenem Alter, etwa mit 50 Jahren,
Prophet und dann Oberpriester geworden ist[3]). Ferner kennen wir
aus ptolemäischer Zeit Stolisten im Alter von 35 und 50 Jahren
(P. Grenf. I. 44), aus römischer Zeit einen Propheten, der 43 Jahre
alt ist (P. Lond. II. 262 [S. 176]), und ein im 41. Jahre stehendes
Mitglied eines leitenden Priesterkollegiums (P. Lond. II. 287 [S. 202],
siehe S. 48, A. 2). Auf Grund dieser allerdings recht wenigen Angaben[4]) darf man wohl vermuten, daß die Schnelligkeit des Avancements ganz allein von den besonderen örtlichen Verhältnissen und
nicht von irgend welchen festen Vorschriften abhängig gewesen ist,
welche die Dauer der Bekleidung eines niederen Amtes, bevor man
ein höheres übernehmen durfte, und dergleichen festsetzten.

Eine Begrenzung der Dauer der Amtsführung läßt sich
nur für die zur Zeit des Dekretes von Kanopus (siehe Z. 29—31) an
allen Tempeln amtierenden βουλευταὶ ἱερεῖς, dem nur auf ein Jahr
gewählten Ausschuß der Phylenpriesterschaft (siehe S. 37/38), und in
einzelnen Fällen für die Tempelvorsteher belegen. An und für sich
wird ebenso wie im alten Ägypten auch noch in hellenistischer Zeit
mit dem oberpriesterlichen Amt, als dem höchsten aller Ämter, die
Lebenslänglichkeit verbunden gewesen sein — die schon so oft erwähnte
Hohepriesterfamilie in Memphis bietet uns auch hierfür eine Reihe

---

1) P. Achmim, publ. von Wilcken, a. a. O. Hermes XXIII (1888) S. 593.
2) Vergl. hierzu die Angaben, die der thebanische Hohepriester Bokenchonsu in seinem Lebenslauf (siehe Beleg S. 76, A. 3) über das Alter, in dem
er die verschiedenen Priesterämter bekleidet hat, macht; mit 16 Jahren ist er
wē-ʿeb, mit 20 Jahren heiliger Vater, mit 32 Prophet und mit 59 Tempelvorsteher geworden.
3) Als Ns-ḳdj im 23. Jahre des Philadelphos zum Propheten ernannt wird,
ist sein Sohn Anemho II., der im 16. Jahre des ersten Ptolemäers geboren worden ist (siehe dessen Inschrift), schon ungefähr 27 Jahre alt.
4) Das Alter des Pšere-n-ptaḥ III. und des Petubast IV., in welchem sie
Hohepriester werden, 14 Jahre und vor dem 16. Jahre, ist im Text nicht verwertet, da wir es hier mit ganz außergewöhnlichen Verhältnissen zu tun haben.

Belege —, doch schon seit dem Ende des 2. Jahrhunderts v. Chr. können wir eine Änderung der ursprünglichen Gepflogenheit feststellen. So tritt uns in dieser Zeit ein Tempelvorsteher des Soknopaiosheiligtumes entgegen, dem aller Wahrscheinlichkeit nach seine Würde nur auf ein Jahr verliehen war; in römischer Zeit ist alsdann die Oberpriesterstelle im Jupiter-Capitolinus-Tempel in Arsinoe nur auf Zeit vergeben worden, und die Amtsführung der an einigen Tempeln an Stelle des ἀρχιερεύς getretenen leitenden Priesterkollegien ist, soweit wir sahen, auf ein Jahr beschränkt gewesen[1]).

Auch auf das Avancement der Priester höherer Ordnung hat der Staat ebenso wie auf den Ersatz der Phylenpriesterschaft bestimmenden Einfluß ausgeübt. Schon für das alte Ägypten läßt sich die Mitwirkung des Königs bei der Besetzung der hohen Priesterstellen belegen (siehe z. B. Maspero, Histoire I. S. 304). In ptolemäischer Zeit berichten alsdann einige Mitglieder der memphitischen Hohenpriesterfamilie, daß sie ihre verschiedenen Priesterstellen durch Ernennung durch den König erlangt haben[2]). Auf eine Stufe hiermit darf man die in römischer Zeit von der βουλή in Arsinoe vorgenommene Ernennung des Vorstehers des arsinoitischen Jupiter-Capitolinus-Tempels stellen[3]), denn auch sie bezeugt uns ein dem Staat zustehendes Ernennungsrecht, hier allerdings nicht ausgeübt von seinem obersten Vertreter, sondern delegiert an eins der ihm untergeordneten Organe.

In welchem Umfange das staatliche Ernennungsrecht zur Anwendung gekommen ist, darüber läßt sich vorläufig noch kein Urteil fällen, wir können nur, was jedoch von Wichtigkeit ist, auch hier feststellen, daß der Brauch der ptolemäischen Zeit sich auch in der römischen erhalten hat. Aus dieser besitzen wir alsdann ein Zeugnis[4]), welches uns eine andere Form der Beförderung der Prie-

---

1) Siehe S. 51/52. Auch die in römischer Zeit als Jahresabgabe entrichtete Gebühr „ἐπιστατικὸν ἱερέων" weist uns auf einen jährlichen Wechsel der Tempelvorsteher hin; über diese Gebühr siehe im folgenden S. 238 ff.

2) Siehe die Inschriften der Hohenpriester Ns-ḳdj, Petubast III., Pšere-n-ptaḥ III. und Imhotep-Petubast IV. (Belege S. 205 in den Anm.); besonders bemerkenswert sind die beiden zuerst genannten.

3) B. G. U. II. 362 p. 3, 3—5; p. 5, 1 ff. Wenn in dem Ernennungsdekret von der Übertragung der „ἐπιμέλεια τῶν προσηκόντων τῷ παρ' ἡμῖν θεῷ Διὶ Καπιτωλίνῳ" an den von der βουλή Gewählten die Rede ist, so darf man nicht etwa folgern, daß der Ausdruck ἐπιμέλεια nur mit Rücksicht auf den vom Tempelvorsteher neben dem ἀρχιερεύς-Titel auch geführten Titel ἐπιμελητής (siehe S. 45, A. 4) angewandt sei und daß die oberpriesterlichen Befugnisse hier gar nicht übertragen worden seien; denn gerade die Allgemeinheit des Zusatzes zu ἐπιμέλεια „Alles, was den Jupiter Capitolinus angeht" deutet darauf hin, daß unter der ἐπιμέλεια auch die religiöse Oberleitung verstanden werden muß.

4) P. Achmim, veröffentlicht von Wilcken a. a. O. Hermes XXIII (1888) S. 593; vergl. zu dem folgenden seinen Kommentar ebenda S. 594.

ster, bei der aber auch der Staat beteiligt gewesen ist, kennen lehrt; man hat nämlich den Priestern gestattet, sich **höhere Priesterstellen zu kaufen.**

In unserem aus dem Ende des 2. Jahrhunderts n. Chr. stammenden Zeugnis handelt es sich um zwei vakant gewordene Stolistenstellen im panopolitanischen Gau. Um diese haben sich bei einem im Gau tätigen direkten Unterbeamten des „Oberpriesters von Ägypten", einem ταβουλάριος τῆς ἀρχιερωσύνης, zwei ἱερεῖς beworben und haben, um sich das Vorkaufsrecht zu sichern, sofort je 100 Drachmen angezahlt. Auf einen an die vorgesetzte Behörde, die ἀρχιερωσύνη, von dem tabularius über dieses Angebot eingesandten Bericht hin befiehlt diese den zuständigen Gaubeamten, dem στρατηγός und dem βασιλικὸς γραμματεύς, die Stellen zu versteigern (τὰς τάξεις προκηρῦξαι)[1]. Für die Versteigerung wird angeordnet, daß niemandem der Zuschlag erteilt werden soll, der weniger als die amtliche Taxe (συντίμησις) bietet[2]; die beiden bisherigen Bewerber sollen hierbei infolge ihrer ja unter Umständen à fond perdu gegebenen Anzahlung bei gleichem Angebot vor den anderen berücksichtigt werden. Die Erwähnung der συντίμησις ist sehr bemerkenswert; sie weist uns darauf hin, daß von der Regierung gleichsam eine Preisskala für die verschiedenen Ämter aufgestellt gewesen ist, woraus man wohl die Häufigkeit des Verkaufes von Priesterstellen folgern darf. Ob es sich hier um Verkauf — natürlich nur auf die Lebenszeit des Käufers — oder um Verpachtung handelt, ist auf Grund der Angaben über die Vorverhandlungen nicht festzustellen; mir ist das erstere wahrscheinlicher, da auch bei den Priestern niederer Ordnung die Vergebung von Priesterstellen durch Verkauf,ʼ nicht durch Verpachtung erfolgt ist (siehe dieses Kapitel C, b). Dieses läßt sich für die ptolemäische Zeit, für das 3. Jahrhundert v. Chr., erweisen, und so möchte ich annehmen, daß man auch schon damals Priesterstellen höherer Ordnung durch Verkauf ver-

---

1) Vergl. zu dieser Vergebungsform der Priesterstellen die Formen, welche bei Verpachtungen von Staatsbesitz und von Steuern üblich gewesen sind (Wilcken, Ostr. I. S. 525 ff.); eine vorherige Anzahlung der Bewerber läßt sich übrigens m. W. hierbei nicht belegen. Es sei hier noch bemerkt, daß in dem bereits öfters erwähnten unpubl. P. Rainer 107 bei Wessely, Kar. u. Sok. Nes. S. 64 auch von dem προκηρύττειν einer Priesterstelle (τάξις) die Rede ist; vielleicht darf man in diesem Papyrus einen weiteren Beleg für die Form des Avancements der höheren Priester sehen, in dem sich gleichzeitig Angaben über den dereinstigen Eintritt der in ihm in Betracht kommenden Priester in die höhere Priesterschaft finden.

2) Nicht recht verständlich ist es mir, daß neben der amtlichen Taxe noch eine weitere untere Zuschlagsgrenze, der sonst für die Stellen erzielte Preis, angegeben wird; die eine Grenze ist doch eigentlich überflüssig, man müßte höchstens die zu zweit genannte dahin interpretieren, daß womöglich auch nicht unter dem früheren Preise der Zuschlag erfolgen sollte.

geben hat, obgleich ein direktes Beispiel hierfür bisher noch nicht vorliegt[1]).

Wilcken (Archiv II. S. 139) hat freilich vor kurzem behauptet, auch für die ptolemäische Zeit (2. Jahrhundert v. Chr.) aus den sogenannten thebanischen Bankakten (Theb. Bank. II) ein Beispiel für die Verpachtung von Priesterstellen durch den Staat nachweisen zu können, doch, wie ich glaube, mit Unrecht[2]). Seine Deutung, daß das in den Akten erwähnte Ἀσκληπιεῖον nicht, wie er früher (Theb. Bank. S. 31; Ostr. I. S. 525 ff.) annahm, als Domanialgut, sondern als ein Heiligtum aufzufassen ist, trifft allerdings das Richtige, denn nur so läßt es sich erklären, daß mit ihm zugleich als ein inhärierender Bestandteil die προστασία, d. h. die Würde des Vorstehers, und die λειτουργία, d. h. jedenfalls eine höhere Priesterstelle[3]), vergeben worden ist. Auch darin ist Wilcken zuzustimmen, daß es sich hier um die Erneuerung einer abgelaufenen Pacht handelt[4]). Daß das thebanische Asklepieion trotz seines Namens als ägyptisches Heiligtum aufzufassen ist, darauf weist uns das Bestehen der Würde eines besonderen Tempelvorstehers und die ägyptische Nationalität der Pächter — es sind eine Frau und ein Mann — hin. Dagegen erhebt sich gegen die Annahme, daß die Pächter durch die Pacht sich die von ihnen bisher schon bekleideten Priesterstellen von neuem gesichert haben, schon das eine Bedenken, daß sie keinen Priestertitel führen; hätte man es hier wirklich mit Priestern zu tun, so könnte man die Erwähnung ihres priesterlichen Titels gerade in diesem amtlichen Bericht über die Verpachtung unbedingt erwarten[5]). Außerdem scheint

---

1) Aus den inzwischen erschienenen P. Tebt. I. 5, 80 ff. u. 6, 21 ff. läßt sich auch für die ptolemäische Zeit der staatliche Verkauf höherer Priesterstellen direkt folgern. Auch sonst bieten uns gerade die P. Tebt. über die Form des Avancements der Priester manche bemerkenswerte Mitteilung. Hier soll nur an den betreffenden Stellen kurz auf sie verwiesen werden; die näheren Ausführungen behalte ich mir für einen anderen Ort vor.

2) Auf Grund von B. G. U. III. 916 glaubt übrigens Wilcken a. a. O. auch ein weiteres Beispiel für Verpachtung von Priesterstellen für die römische Zeit zu besitzen, doch ist seine Auffassung des Papyrus verfehlt; siehe IV. Kapitel. Über den auch der römischen Zeit angehörenden P. Gen. 7, in dem auch der Verkauf von Priesterstellen erwähnt wird, siehe S. 240 ff.

3) Für die hier vorgeschlagene Auffassung von λειτουργία sei auf die Bedeutung von λειτουργός, „Gottesdiener, Priester", verwiesen, welche dieses Wort seit der hellenistischen Zeit erlangt hat (siehe z. B. Plutarch, De defectu orac. c. 13; Paulus ad Rom. 15, 16; vergl. auch Du Cange, Glossar. med. et infim. graecitatis s. v. λειτουργεῖν; siehe zu dieser Auffassung jetzt auch P. Tebt. I. 5, 66.

4) Siehe Wilcken, Ostr. I. S. 525; Nabers, Observatiunculae ad papyros iuridicae, Archiv II. S. 32 ff. (S. 37/38) Einwendungen gegen Wilckens Auffassung und seine Gründe dafür, daß es sich hier ebenso wie in den ähnlichen Aktenstücken um einen Verkauf handele, scheinen mir nicht stichhaltig zu sein; ebenso urteilt auch P. Meyer a. a. O. der Festschrift für Otto Hirschfeld S. 134.

5) Vergl. hierzu die Dokumente über die Erwerbung von Priesterstellen

mir bei der Wilckenschen Deutung derjenige Passus der Urkunde nicht richtig aufgefaßt zu sein, in dem von dem „κρατεῖν" der Pächter über das Asklepieion die Rede ist. Denn es ist mir wenig wahrscheinlich, daß man κρατεῖν in der Bedeutung von possidere, die wir in Domanialpachtverträgen finden[1]), auch bei der Übergabe von Priesterstellen an Priester angewandt hat; schon die Konsequenz, daß alsdann für die betreffenden Priester eine so eigenartige Bezeichnung wie κρατοῦντες τῆς ἱερατείας anzunehmen wäre, spricht dagegen, und ferner ist in all den Fällen, in denen die Vergebung von Priestertümern in einer der Wilckenschen Auffassung analogen Weise erfolgt, von Übertragung des κρατεῖν auf die Inhaber der Priesterstellen nicht die Rede. Man wird also hier für κρατεῖν eine Sonderbedeutung annehmen dürfen. Halten wir uns an die ursprüngliche Bedeutung von κρατεῖν „Kraft, Gewalt über etwas haben", so ergibt sich, daß die Pächter durch die Pacht vom Staat nur die „Gewalt" über das Asklepieion und die zu ihm gehörenden Priesterstellen erlangt haben, und diese Übertragung der „Gewalt über die Priesterstellen" wird man wohl kaum anders deuten können, als daß der Staat das ihm zustehende Recht der Besetzung der Stellen den Pächtern eingeräumt hat[2]). Zieht man moderne kirchliche Verhältnisse zur Erläuterung heran, so stellt sich die Verpachtung als die zeitweise Überlassung der Patronatsrechte des Staates an Privatpersonen dar[3]). Die in die königliche Kasse fließende Pachtsumme von 4000 Kupferdrachmen sollte jedenfalls die Summen ersetzen, die der Staat bei der direkten Vergebung der betreffenden Priesterstellen erzielt hätte. Wir haben also hier genau das gleiche System wie bei der Steuererhebung (über sie siehe Wilcken, Ostr. I. S. 515ff.) vor uns: zwischen den eigentlich zur Zahlung an den Staat verpflichteten Personen und dem Staat sind Private als Mittelglieder eingeschaltet, welche die Erhebung der Zahlung und das Risiko bei ihrer Eintreibung auf sich genommen haben. Denn ganz selbstverständlich erscheint es mir, daß die Erwerber der Patronatsrechte nun ihrerseits die Priesterstellen verkauft haben[4]).

niederer Ordnung, in denen der Priestertitel der Käufer besonders hervorgehoben wird, siehe dieses Kapitel 1. C, b; vergl. auch das eben behandelte Zeugnis über die Bewerbung um die Stolistenstellen.

1) Siehe z. B. Mitteis, The Amherst Papyri 68 in Zeitschr. d. Savignystift. f. Rechtsgesch. Rom. Abt. XXII (1901) S. 151 ff. (S. 156/57).

2) Die Erklärung des „κρατεῖν τοῦ Ἀσκληπιείου = Patronatsrechte ausüben über das Asklepieion" siehe im VI. Kapitel.

3) Die hier für κρατεῖν ermittelte Bedeutung „Patronatsrechte ausüben" ist auch bei der Deutung von P. Tebt. I. 5, 73 ff. u. 88 zu Grunde zu legen. Grenfell-Hunt fassen, weil sie die Bedeutung von κρατεῖν verkennen, diese Zeugnisse nicht ganz richtig auf.

4) Aller Wahrscheinlichkeit nach dürfte es sich auch in den aus dem Faijûm stammenden Urkunden der römischen Zeit, B. G. U. III. 719, 10 ff. u. 734,

Abgesehen davon, daß uns die thebanischen Bankakten mit einer neuen eigenartigen Form der Besetzung der höheren Priesterstellen bekannt machen, zeigen auch sie uns wieder den Anteil des Staates an dem Avancement der Priester und legen so die Frage nahe, ob nicht durchweg bei dem Aufrücken der Priester in höhere Stellen der Staat direkt oder wenigstens indirekt beteiligt gewesen ist. Nun besitzen wir freilich allerlei Zeugnisse dafür, daß die Vergebung höherer Priesterämter auch von den Priestern selbst vorgenommen worden ist, aber dies hat an sich durchaus noch nicht die Verneinung der obigen Frage zur Folge, es darf nur nicht die Besetzung der betreffenden Stellen ständig den Priestern reserviert gewesen sein, sondern es muß ihnen diese vom Staate ebenso wie den soeben behandelten Privatpersonen nur auf Zeit zugestanden worden sein[1]).

Aus den der ptolemäischen Zeit angehörenden Belegen über Vergebung von Priesterstellen durch Priester läßt sich freilich hierüber nichts entnehmen. Das eine Zeugnis hierfür findet sich in dem Bericht über den Lebenslauf der Frau des memphitischen Hohenpriesters Pšereamon (Beleg siehe S. 205, A. 6), wo es bei der Erwähnung der von ihr bekleideten priesterlichen Ämter heist: „Sie machten ihre Erhebung zu einer Musikantin des Ptah". Da hier also die in diesen memphitischen Grabinschriften sonst stets stehende Formel „der König bewirkte sein Aufrücken in die und die Priesterstelle" nicht gebraucht ist, so ist es mir recht wahrscheinlich, daß man unter den „sie" die Priester zu verstehen hat.

Ebenso dürfte auch die alljährliche Wahl der in der Inschrift von Kanopus (Z. 29/30) erwähnten βουλευταὶ ἱερεῖς in der Hand der Priesterschaft gelegen haben. Auf die Beteiligung der Priester weist uns schon die durch Wahl erfolgende Besetzung der Stellen hin, denn bei Wahl denkt man doch an eine Körperschaft und nicht an die Regierung als bestimmenden Faktor, und da ferner an anderen Stellen des Dekretes von Kanopus, wo von Priesterernennungen die Rede ist, ausdrücklich die staatliche Mitwirkung hervorgehoben wird (siehe S. 211), während dies hier nicht der Fall ist, so erscheint die Inanspruchnahme der Priester als Wähler erst recht begründet.

Schließlich zeigt uns eine dem Ausgang des 2. Jahrhunderts v. Chr. angehörende Nachricht aus dem Soknopaiostempel, daß dessen Priester damals aller Wahrscheinlichkeit nach alljährlich selbst ihr Oberhaupt aufgestellt haben, denn nur unter dieser Annahme läßt es sich be-

Col. 2, 7 u. 33, um die Patronatsrechte von Privaten über Priesterstellen (in beiden Fällen um die Würde des Tempelvorstehers, λεσωνεία) handeln (beachte in 719 die Erwähnung des δέκατον λεσωνείας und seine Vererbung, in 734 die Erwerbung zugleich mit Grundstücken durch Ersteigerung), eine bestimmte Erklärung wage ich jedoch nicht zu geben.

1) P. Tebt. I. 5, 80—82 enthält zur Beantwortung dieser Frage neues wichtiges Material; siehe auch P. Tebt. I. 6, 21 ff.

friedigend erklären, daß dieser mit ihnen über seine Befugnisse einen
Vertrag abgeschlossen hat[1]).

Diese Annahme wird um so wahrscheinlicher, als wir auch für
die römische Zeit die gleichen Verhältnisse mit ziemlicher Sicherheit
nachweisen können, und zwar auf Grund der Kenntnis zweier Abgaben, welche damals von den Tempeln entrichtet worden sind, des
$\dot{\epsilon}\pi\iota\sigma\tau\alpha\tau\iota\varkappa\grave{o}\nu$ $\dot{\iota}\epsilon\varrho\acute{\epsilon}\omega\nu$[2]) und der Gebühr „$\dot{v}\pi\grave{\epsilon}\varrho$ $\lambda\epsilon\sigma\omega\nu\epsilon\acute{\iota}\alpha\varsigma$"[3]).

Das stets zu $\dot{\epsilon}\pi\iota\sigma\tau\alpha\tau\iota\varkappa\acute{o}\nu$ hinzugefügte $\dot{\iota}\epsilon\varrho\acute{\epsilon}\omega\nu$ zeigt mit un-
bedingter Sicherheit, daß es sich nur um eine Abgabe handeln kann,
welche in irgend einer Weise mit der aus einer oder aus mehreren
Personen bestehenden Tempelleitung (siehe S. 38 ff.) zusammenhängt.
Der Wilckenschen Deutung dieser Abgabe (Ostr. I. S. 366), daß sie
für den Unterhalt des $\dot{\epsilon}\pi\iota\sigma\tau\acute{\alpha}\tau\eta\varsigma$ $\tauο\tilde{v}$ $\dot{\iota}\epsilon\varrhoο\tilde{v}$ von den betreffenden
Priesterschaften entrichtet worden ist, haben sich Grenfell-Hunt
(P. Fay. S. 165 u. 170 u. P. Amh. II. S. 44) angeschlossen[4]) und haben
dieselbe Deutung für die Abgabe „$\dot{v}\pi\grave{\epsilon}\varrho$ $\lambda\epsilon\sigma\omega\nu\epsilon\acute{\iota}\alpha\varsigma$" im Anschluß an
ihre Erklärung von $\lambda\epsilon\sigma\tilde{\omega}\nu\iota\varsigma$ gleich Tempelvorsteher (siehe S. 39 u.

---

1) Siehe P. Amh. II 35 u. hierzu Wilcken, Archiv II. S. 122; vergl. auch S. 51.

2) B. G. U. I. 337, 2; II. 471, 6; P. Lond. II. 352 (S. 114), Z. 4; P. Fay. 23ᵃ
Verso (S. 130); 42ᵃ Col. 2, 8; 51, 5; unpubl. P. Rainer 171 bei Wessely, Kar. u.
Sok. Nes. S. 73. Daß die Abgabe von den Tempeln entrichtet worden ist, ist uns
für den Soknopaiostempel durch ihre Erwähnung in den Tempelrechnungen
(B. G. U. I. 337 u. unpubl. P. Rainer) belegt (P. Lond. II. 352 (S. 114), der eine
Steuerquittung „$\dot{\epsilon}\pi\iota\sigma\tau\alpha\tau\iota\varkappa(ο\tilde{v})$ $\dot{\iota}\epsilon\varrho(\acute{\epsilon}\omega\nu)$ γ ($\ddot{\epsilon}\tauοv\varsigma$) $\Sigmaο\varkappa\nuο\pi(\alpha\acute{\iota}ο\nu)$" (siehe Wilcken a. a. O.
Archiv III. S. 240) enthält, spricht durchaus nicht, obgleich hier allem Anschein
nach ein Priester als Zahler genannt ist, gegen diese Deutung, denn der Priester dürfte eben diese Zahlung im Namen seines Tempels geleistet haben.) Auch
das in B. G. U. II. 471 uns vorliegende Beispiel für die $\dot{\epsilon}\pi\iota\sigma\tau\alpha\tau\iota\varkappa\acute{o}\nu$-Abgabe deutet
sicher auf Zahlung durch einen Tempel, und zwar durch den des Phemnoeris in
Hexapotamon. Denn eine von der Priesterschaft dieses Heiligtums unter der
Bezeichnung „$\pi\alpha\varrho\grave{\alpha}$ $\dot{\iota}\epsilon\varrho\acute{\epsilon}\omega\nu$ $\Phi\epsilon\mu\nuο\acute{\eta}\varrho\epsilon\omega\varsigma$ ... $\dot{\alpha}\pi\alpha\iotaο\tilde{v}(\mu\epsilon\nu\alpha)$" gezahlte Abgabe (über
sie siehe V. Kapitel) ist durch $\varkappa\alpha\acute{\iota}$, das hier offenbar wie oft im Griechischen
das deutsche „und überhaupt" wiedergibt, mit dem $\dot{\epsilon}\pi\iota\sigma\tau\alpha\tau\iota\varkappa\acute{o}\nu$ $\dot{\iota}\epsilon\varrho\acute{\epsilon}\omega\nu$ aufs
engste verbunden, indem nämlich für beide Abgaben nur eine Zahlung gebucht
und auch die Zuschlagszahlung der $\pi\varrhoο\sigma\delta\iota\alpha\gamma\varrho\alpha\varphi\acute{o}\mu\epsilon\nu\alpha$ (siehe über sie V. Kapitel)
nur einmal notiert ist. Die übrigen Belege sind im allgemeinen indifferent,
bezeugen nur die Zahlung des $\dot{\epsilon}\pi\iota\sigma\tau\alpha\tau\iota\varkappa\grave{o}\nu$ $\dot{\iota}\epsilon\varrho\acute{\epsilon}\omega\nu$, ohne den Zahler zu nennen;
deshalb darf man sie wohl nach Analogie der zuerst genannten beurteilen.
(P. Fay. 51 ist an der entscheidenden Stelle (Z. 3/4) nicht sicher gelesen; sollten
hier tatsächlich zwei Brüder als die Zahler genannt sein, so steht nichts der
Annahme im Wege, daß sie als Priester die Zahlung im Namen ihres Tempels
geleistet haben (siehe hierzu VI. Kapitel).) Weitere Belege für das $\dot{\epsilon}\pi\iota\sigma\tau\alpha\tau\iota\varkappa\grave{o}\nu$
$\dot{\iota}\epsilon\varrho\acute{\epsilon}\omega\nu$ und zwar aus ptolemäischer Zeit bieten uns jetzt auch P. Tebt. I. 5, 62 ff.
u. 97, welche sich übrigens bei richtiger Interpretation durchaus mit der hier
vertretenen Auffassung vereinigen lassen.

3) B. G. U. I. 337, 13; erwähnt in der Abrechnung des Soknopaiostempels.

4) Neuerdings haben übrigens Grenfell-Hunt Bedenken gegen die Richtigkeit der Wilckenschen Deutung geäußert, ohne jedoch diese ganz aufzugeben
(P. Tebt. I. S. 40 u. 426/27).

S. 49) aufgestellt. Hierbei haben sie jedoch nicht beachtet, daß für
beide Abgaben in derselben Tempelrechnung Zahlungen gebucht
sind, wodurch natürlich eine Gleichsetzung ohne weiteres ausgeschlossen
wird. Hierzu kommt noch, daß die Abgabe durchaus nicht einfach
die Bezeichnung „Für den $\lambda \varepsilon \sigma \tilde{\omega} \nu \iota \varsigma$" geführt hat — nur in diesem
Falle würde sich Grenfell-Hunts Deutung einigermaßen halten lassen —,
sondern daß in ihrem Namen ausdrücklich hervorgehoben gewesen ist,
daß ihre Zahlung „für das Amt, die Würde des $\lambda \varepsilon \sigma \tilde{\omega} \nu \iota \varsigma$" erfolge.
In einer Zahlung „für die Würde des $\lambda \varepsilon \sigma \tilde{\omega} \nu \iota \varsigma$" wird man jedoch wohl
kaum etwas anderes sehen dürfen als den Entgelt für die Erlangung
dieser Würde, d. h. die Abgabe „$\dot{\upsilon} \pi \dot{\varepsilon} \varrho \ \lambda \varepsilon \sigma \omega \nu \varepsilon \iota \alpha \varsigma$" ist als die Bestallungsgebühr des $\lambda \varepsilon \sigma \tilde{\omega} \nu \iota \varsigma$ aufzufassen[1]).

Ebenso wie für diese Gebühr ist m. E. bisher auch für die Ab-
gabe „$\dot{\varepsilon} \pi \iota \sigma \tau \alpha \tau \iota \varkappa \dot{o} \nu \ \iota \varepsilon \varrho \dot{\varepsilon} \omega \nu$" noch keine befriedigende Erklärung aufgestellt worden. Bei der Wilckenschen Deutung müßte man es min-
destens als recht merkwürdig bezeichnen, wenn allein die Tempel
besondere Abgaben an den Staat zur Bestreitung des Gehaltes ihrer
eigenen Vorsteher entrichtet hätten; wollte der Staat eine derartige
Ausgabe nicht allein auf sich nehmen, so wäre es doch das natür-
lichste gewesen, wenn die Tempel direkt ihren Vorstehern ihr Gehalt
gezahlt hätten. Nicht angängig ist es alsdann die „Tempelvorsteher"-
abgabe als Bestallungsgebühr zu fassen, da ja, wie wir oben gezeigt
haben, der zugleich mit ihr gezahlten Gebühr „$\dot{\upsilon} \pi \dot{\varepsilon} \varrho \ \lambda \varepsilon \sigma \omega \nu \varepsilon \iota \alpha \varsigma$" dieser
Charakter auf Grund ihres Namens mit größerem Recht zuzusprechen
ist[2]). Sollte man dem gegenüber nicht das Richtige treffen, wenn
man die $\dot{\varepsilon} \pi \iota \sigma \tau \alpha \tau \iota \varkappa \dot{o} \nu \ \iota \varepsilon \varrho \dot{\varepsilon} \omega \nu$-Abgabe als eine Gebühr ansieht,
welche von der Priesterschaft für das ihr vom Staat zu-
gestandene Recht den Tempelvorstand selbst wählen zu
dürfen zu entrichten war? Es wäre alsdann für die Priester der
römischen Zeit dieselbe Berechtigung wie für die des 2. Jahrhunderts
v. Chr. erwiesen; die hierfür gezahlte Gebühr wäre in ihrer Eigenschaft als Äquivalent für die Ausübung eines eigentlich dem Staate
zustehenden Rechtes auf eine Stufe zu stellen mit den Zahlungen der
Privatleute für die Erwerbung der Patronatsrechte.

Das „$\dot{\varepsilon} \pi \iota \sigma \tau \alpha \tau \iota \varkappa \dot{o} \nu \ \iota \varepsilon \varrho \dot{\varepsilon} \omega \nu$" läßt sich — es handelt sich um die

---

1) Daß die Bezahlung durch den Tempel, nicht durch den, der die $\lambda \varepsilon \sigma \omega$-
$\nu \varepsilon \iota \alpha$ erlangt hat, erfolgt, spricht durchaus nicht gegen die Richtigkeit der obigen
Deutung. Der Tempel hat hier eben wie auch sonst z. B. bei der $\lambda \alpha o \gamma \varrho \alpha \varphi \iota \alpha$
die Entrichtung staatlicher Abgaben, welche eigentlich seinen Priestern oblag,
auf sich genommen; siehe V. Kapitel.

2) Rostowzew a. a. O. Philologus LVII (1898) S. 575 hat, ohne näher darauf
einzugehen, die Abgabe „$\dot{\varepsilon} \pi \iota \sigma \tau \alpha \tau \iota \varkappa \dot{o} \nu \ \iota \varepsilon \varrho \dot{\varepsilon} \omega \nu$" so gedeutet („Zahlung für die Ernennung"); ihm hat sich Viereck, Die Papyrusliteratur von den 70er Jahren bis
1898 in Bursians Jahresberichten über d. Fortschr. d. klass. Altertumswissenschaft 1899, Bd. CII. S. 262 angeschlossen.

Tempel von Theadelpheia und Soknopaiu Nesos im Faijûm — mit
Sicherheit als eine alljährlich gezahlte Gebühr erweisen[1]). Mit der hier
vorgeschlagenen Deutung der Abgabe ist dies aufs beste zu vereinen, da
man ja bei einer Anzahl von Tempeln mit dem jährlichen Wechsel
der Vorsteher zu rechnen hat (siehe S. 50/51), man darf also auch
für diese, soweit die Priesterschaft an der Aufstellung der Tempelvorsteher beteiligt gewesen ist, die jährliche Zahlung der Abgabe annehmen. Aus dem Namen dieser ist übrigens nicht zu entnehmen,
ob es sich in dem einzelnen Falle um einen Tempelvorsteher oder um
ein leitendes Priesterkollegium handelt. Zu belegen ist das $\dot{\varepsilon}\pi\iota\sigma\tau\alpha\tau\iota\varkappa\dot{o}\nu$
$\iota\varepsilon\varrho\dot{\varepsilon}\omega\nu$ für das Heiligtum des Soknopaios (B. G. U. I. 337, 2; P. Lond.
II. 352 [S. 114]; unpubl. P. Rainer 171 bei Wessely, Kar. u. Sok. Nes.
S. 73), für dasjenige des Phemnoeris zu Hexapotamon (B. G. U. II.
471, 6) und für die Tempel zu Theadelpheia (P. Fay. 23ᵃ Verso u. 51)
und Pharbetha (P. Fay. 42ᵃ, Col. 2, 8).

Erweist sich meine Erklärung des „$\dot{\varepsilon}\pi\iota\sigma\tau\alpha\tau\iota\varkappa\dot{o}\nu$ $\iota\varepsilon\varrho\dot{\varepsilon}\omega\nu$" als richtig,
so erhielten wir durch die Abgabe einen weiteren Einblick in die in
den verschiedensten Formen sich äußernde Abhängigkeit der Priester
vom Staat beim Aufrücken in höhere Priesterstellen. Übrigens ist
auch die zugleich mit ihr erhobene Gebühr „$\dot{v}\pi\dot{\varepsilon}\varrho$ $\lambda\varepsilon\sigma\omega\nu\varepsilon\dot{\iota}\alpha\varsigma$" von
Wichtigkeit für die Beurteilung der Stellung des Staates zum Avance-
ment der Priester; denn dieser wird man ähnlich wie dem $\tau\varepsilon\lambda\varepsilon\sigma\tau\iota\varkappa\dot{o}\nu$
den Charakter einer Prüfungs- bezw. Bestätigungsgebühr beilegen
dürfen. Ob solche bei der Übernahme eines höheren Priesteramtes
stets erhoben worden sind — abgesehen natürlich von jenen Fällen,
in denen die Priester durch Kauf vom Staate ihre höheren Stellen
erworben haben —, läßt sich vorläufig nicht entscheiden. Immerhin
aber darf man wohl auf Grund all der verschiedenen Feststellungen
über die Beteiligung des Staates an dem Avancement der Priester
höherer Ordnung unser Urteil hierüber dahin zusammenfassen, daß
dieses ebenso wie der Ersatz im großen und ganzen vom
Staate abhängig gewesen ist.

Dieses Urteil ließe sich noch bestimmter formulieren, wenn es
möglich wäre aus einer wohl dem 1. Jahrhundert n. Chr. angehörenden
Urkunde, welche uns von Verhandlungen zwischen der „$\dot{\alpha}\varrho\chi\iota\varepsilon\varrho\omega\sigma\dot{v}\nu\eta$
Ägyptens (?)" und dem Tempelvorsteher eines ägyptischen Heiligtums
($\dot{\alpha}\varrho\chi\iota\pi\varrho\sigma\varphi\dot{\eta}\tau\eta\varsigma$) des Faijûms berichtet[2]), den Charakter der in ihr be-

---

1) P. Fay. 51: $\dot{\varepsilon}\pi\iota\sigma\tau(\alpha\tau\iota\varkappa\sigma\tilde{v})$ $\iota\varepsilon\varrho\dot{\varepsilon}\omega(\nu)$ $\dot{\varepsilon}\beta\delta\dot{o}\mu\sigma\upsilon$ $\varkappa\alpha\dot{\iota}$ $\varepsilon\dot{\iota}\varkappa\sigma\sigma\tau\sigma\tilde{v}$ ($\dot{\varepsilon}\tau\sigma\upsilon\varsigma$);
P. Lond. II. 352 (S. 114), vergl. S. 234, A. 2.

2) P. Gen. 7. Der Papyrus ist jedenfalls ein Blatt aus einem liber litterar-
rum missarum; er enthält die Abschrift eines Briefes mit der angehängten Kopie
eines anderen; der Absender ist in beiden nicht genannt (deshalb ist auch der
erste mit Sicherheit nur als Abschrift zu fassen), der Adressat ist bei dem ersten
ein $\beta\alpha\sigma\iota\lambda\iota\varkappa\dot{o}\varsigma$ $\gamma\varrho\alpha\mu\mu\alpha\tau\varepsilon\dot{v}\varsigma$, bei dem zweiten ein $\dot{\alpha}\varrho\chi\iota\pi\varrho\sigma\varphi\dot{\eta}\tau\eta\varsigma$. Der Absender
muß ein den Gaubeamten übergeordneter staatlicher Beamter sein, da er diesen

handelten Priesterstellen ($τάξεις$[1]) zu erkennen, ob sie nämlich für Priester höherer oder für Priester niederer Ordnung bestimmt gewesen sind. Wir erfahren, daß dem betreffenden $ἀρχιπροφήτης$ vom Staate das Verfügungsrecht über einige Priesterstellen, d. h. doch wohl ihre Besetzung zugestanden worden ist und zwar schon von den Vorgängern des augenblicklich amtierenden „priesterlichen Oberbeamten" gemäß einem alten Herkommen[2]). Widerrechtlicher Weise haben sich Bewerber um diese Stellen nicht an den Tempelvorsteher, sondern an Beamte der Gauverwaltung mit einem Kaufangebot gewandt[3]), welches von diesen angenommen worden ist. Auf die Beschwerde des $ἀρχιπροφήτης$ hin werden von der Oberinstanz die von der lokalen Verwaltung begangenen Unregelmäßigkeiten rückgängig gemacht, die Rechte des Tempels werden ausdrücklich bestätigt, und diejenigen, welche sich durch ihr Angebot vergangen haben[4]), werden

Befehle erteilt; da es sich hier um priesterliche Angelegenheiten handelt, so liegt es nahe, woran auch schon Nicole gedacht hat, als den hier fungierenden Oberbeamten den „Oberpriester Ägyptens" anzunehmen. Sollte diese Vermutung das Richtige treffen und sollte tatsächlich der Papyrus dem 1. Jahrhundert n. Chr. angehören (Herr Prof. Wilcken billigt nach Einsicht des Originals die Ansetzung Nicoles), so wäre der P. Gen. 7 auch für die Feststellung der Zeit der Einsetzung der $ἀρχιερωσύνη$ von großer Wichtigkeit. An den prinzipiellen Folgerungen, die uns der P. Gen. 7 gestattet, ändert sich übrigens, wenn man auch den „Oberpriester" als Absender ablehnt, nichts, da der Staat als der die Entscheidungen treffende Faktor auf jeden Fall erhalten bleibt.

1) Daß es sich um Priesterstellen handelt, ist zwar nicht direkt gesagt, aber über was für andere sollte denn einem $ἀρχιπροφήτης$ ein offizielles Verfügungsrecht zugestanden worden sein? Zudem ist $τάξις$ durch den P. Achmim (S. 234) gerade als technischer Ausdruck für Priesterstelle belegt.

2) Dies ergibt sich aus einer soeben von Wilcken gefundenen neuen Lesung von P. Gen. 7, 8/9: $κατὰ$ [$τ$]$ὸ$ $ἐξ$ $ἀρχῆς$ $ἔϑ$[$ος$].

3) Daß man hier an Beamte der Gauverwaltung zu denken hat — direkt genannt ist allerdings die Stelle, an die sich die Bewerber gewandt haben, nicht —, wird schon dadurch wahrscheinlich, daß bei der Umgehung des Tempelvorstehers eine andere Instanz als die staatliche kaum in Betracht kommt. Für die obige Annahme spricht ferner, daß der Gegenerlaß der $ἀρχιερωσύνη$ an den $βασιλικὸς$ $γραμματεύς$ gerichtet ist und daß diesem befohlen wird, die Anzahlungen der Bewerber zurückzubehalten, eine Anordnung, welche die Entrichtung dieser Anzahlungen an die staatlichen Behörden des Nomos zur Voraussetzung hat. Da der Staat die Anzahlungen empfangen hat, so sind natürlich auch an ihn die Bewerbungen um die betreffenden Stellen gerichtet worden; da deren Besetzung nun aber dem Tempelvorsteher reserviert war, so haben die Bewerber auf Priesterposten, für die sie beim Staat gar nicht bieten durften (vergl. Z. 19: $ὧν$ $οὐκ$ $ἔδει$), Angebote gemacht, sie haben sich also an die falsche Stelle gewandt.

4) Vergl. hierzu auch den im Papyrus sich findenden Ausdruck (Z. 9/10 u. 18/19) „$τοὺς$ $κακῶς$ $ὑπεσχημένους$". Das $κακῶς$ weist uns darauf hin, daß von den Bewerbern angenommen wird, daß sie von dem alleinigen Verfügungsrecht des $ἀρχιπροφήτης$ über die betreffenden Stellen gewußt haben. Warum sie sich an die falsche Stelle gewandt haben, läßt sich nur erraten; sie mochten wohl fürchten von dem $ἀρχιπροφήτης$ bei ihrem Gesuch nicht berücksicht zu werden.

durch Einziehung der von ihnen bereits entrichteten Anzahlungen[1]) bestraft.

All diese Angaben sind sehr wertvoll. Abgesehen davon, daß sie einen weiteren Beleg für den Verkauf von Priesterstellen durch den Staat enthalten, weisen sie uns einmal darauf hin, daß auch in den Tempeln der Brauch bestanden hat, erledigte Priesterstellen durch Verkauf neu zu besetzen; denn es ist höchst unwahrscheinlich, daß, z. B. in unserem Falle, die Bewerber daran gedacht hätten, vom Staate ihre Ämter durch Kauf zu erwerben, wenn nicht der Tempel das Gleiche von ihnen verlangt hätte. Ferner bieten uns die obigen Angaben einen einwandsfreien Beleg für die Parallelität von staatlichen Behörden und Priesterschaft bei der Besetzung von Priesterstellen, zeigen uns aber zugleich, daß die Mitwirkung der Priester sekundären Charakter trägt, da sie ihnen vom Staate, dem offenbar an und für sich allein die Vergebung der Stellen zustand, erst immer ausdrücklich bewilligt werden mußte; allerdings hat diese Bestätigung unter dem Einfluß des Usus anscheinend einen rein formalen Charakter angenommen. Gegenüber diesen wichtigen Feststellungen ist es um so bedauerlicher, daß es, da jeder Anhaltspunkt für die Beurteilung des Charakters der in Betracht kommenden Priestertümer fehlt, unentschieden bleiben muß, ob es sich hier um Priester höherer oder niederer Ordnung handelt[2]).

Vergleichen wir die mannigfaltigen Möglichkeiten, unter denen Priester höherer Ordnung in hellenistischer Zeit ihre höheren Ämter erlangen konnten, mit dem, was wir aus dem alten Ägypten bisher hierüber wissen, so finden wir, worauf bereits (S. 233) hingewiesen ist, auch hier die Ernennung durch den König, also die Mitwirkung des Staates, vertreten. Ob freilich auch schon in der älteren Zeit der Anteil des Staates an der Beförderung der Priester derartig präponderierend gewesen ist wie in hellenistischer Zeit, ist sehr zweifelhaft und erscheint mir so gut wie ausgeschlossen für die Zeit der höchsten Macht der Priesterschaft gegen Ende des neuen Reiches, als (um 1050 v. Chr.) ein Hoherpriester des Amon von Theben es sogar wagen

---

Die lokalen Beamten haben übrigens auch nicht legal gehandelt. Sollte man nicht dies und das Angehen der falschen Stelle durch die Bewerber mit einander vereinen und daran denken dürfen, daß die beiden Parteien gemeinsame Sache gemacht haben; auch im alten Ägypten sind Beamte für ein Bachschisch sehr empfänglich gewesen (siehe z. B. P. Fay. 117; P. Amh. II. 40). Das im Papyrus stehende „κακῶς" würde dann erst recht am Platze sein.

1) τιμαί in Z. 11 u. 19 fasse ich so im Anschluß an die hierzu zu vergleichenden Angaben des P. Achmim (siehe S. 234).

2) Haben wir es hier mit Priesterstellen höherer Ordnung zu tun, so wären aller Wahrscheinlichkeit nach die Bewerber als Priester aufzufassen, welche höhere Priesterstellen zu erlangen suchten; handelt es sich hier um Priester niederer Ordnung, so ist es möglich sowohl an Eintritt als auch an Avancement zu denken.

konnte die Doppelkrone Ägyptens sich aufzusetzen[1]). Ob sich nach dem Sturze der Priesterherrschaft der überragende Einfluß des Staates auf das Avancement der Priester allmählich herausgebildet hat oder ob dieser im wesentlichen erst in hellenistischer Zeit entstanden ist, ist leider vorläufig nicht zu entscheiden[2]). So gut wie sicher erscheint es mir alsdann, daß auch schon im alten Ägypten die Priester selbst bei der Besetzung der höheren Stellen mitgewirkt haben[3]); ob auch schon damals Privatpersonen als Patrone dabei beteiligt gewesen sind, muß dagegen unentschieden bleiben[4]). Sehr unwahrscheinlich ist es mir schließlich, daß wir es bei der eigenartigen Einrichtung, höhere Priesterstellen zu verkaufen, mit einer altägyptischen

---

1) Vergl. hierzu und zu dem folgenden vor allem Maspero a. a. O. der Mém. publ. par les membres de la miss. archéol. franç. en Caire I. S. 662 ff. u. Histoire II. S. 560 ff.; 759 ff.; 770; 772.

2) Die Hohenpriester des Amon von Theben sind zwar z. B. schon wieder von den Königen aus der 22. (lybischen) Dynastie ernannt worden (siehe z. B. Maspero, Histoire III. S. 162; auch Erman, Zu den Legrainschen Inschriften in Ä. Z. XXXV [1897] S. 19 ff. [N. 1]); auch sonst haben diese auf die Besetzung der bedeutendsten priesterlichen Ämter einen bestimmenden Einfluß ausgeübt (siehe z. B. Stern, Die 22. manethonische Dynastie, Ä. Z. XXI [1883] S. 15 ff. [S. 18—19]), aber aus diesen durch die besonderen politischen Verhältnisse bedingten Maßnahmen (die Könige haben die betreffenden Priesterstellen mit Angehörigen ihrer Familien besetzt) allgemeine Folgerungen zu ziehen erscheint mir nicht angängig.

3) Wenn z. B. in der Priesterlaufbahn des Bokenchonsu (Beleg siehe S. 76, A. 3) anläßlich der Ernennung zum ersten Propheten die königliche Mitwirkung besonders hervorgehoben wird, während bei der Erlangung der anderen priesterlichen Würden nur die Tatsache des Amtsantrittes zum Ausdruck kommt, so zeigt dies, daß der Staat hierbei nicht mitgewirkt hat, und legt es nahe, in den Priestern selbst die Ernennenden zu sehen.

4) Sehr wahrscheinlich ist es mir, daß z. B. die Nomarchen im alten und im mittleren Reiche, welche in ihrem Nomos auch die höchste priesterliche Gewalt, die Aufsicht über den Kultus besessen haben [siehe z. B. die Grabinschriften der Prinzen von Elephantine (Zeit: 6. Dynastie): Bouriant, Les tombeaux d'Assouan in Rec. de trav. X (1888) S. 181 ff., Budge, Excavations made at Assuan by Mayor-General Sir F. Grenfell during the years 1885 and 1886, P. S. B. A. X (1887/88) S. 4 ff.; Dekret von Koptos, hieroglyph. Inschrift im Gizeh-Museum, publ. von Flinders Petrie, History of Egypte I. S. 316 und von Revillout, Rev. ég. VIII. S. 146; Inschriften des Hapidjefa (siehe S. 24, A. 4) und der anderen Prinzen von Siut (siehe z. B. Inschriften bei Rougé, Inscriptions hiéroglyphiques 284, 285, 286, 290; Mariette, Monuments divers recueillis en Égypte 68), des Chnemhotep (S. 201, A. 3) und des Ameni von Beni-Hassan (L. D. II. 122, veröffentlicht von Maspero, La grande inscription de Beni-Hassan in Rec. de trav. I (1870) S. 160 ff. (S. 171) und Brugsch, Geschichte Ägyptens unter den Pharaonen, nach den Denkmälern bearbeitet, S. 128 ff.), die letztgenannten Beispiele gehören alle dem mittleren Reiche an], auch bei der Besetzung der Priesterstellen mitgewirkt haben; wenn nun auch diese Nomarchen von der Zentralgewalt mitunter recht unabhängig gewesen sind, so wird man doch wohl ihre eventuelle Mitwirkung als Ausfluß ihres staatlichen Amtes und nicht als ein Anzeichen für das von Privaten ausgeübte Patronatsrecht auffassen dürfen.

Gepflogenheit zu tun haben, sie dürfte wohl erst in hellenistischer Zeit in Ägypten aufgekommen sein. Es ist aber auch nicht angängig, hier an die Übertragung eines spezifisch griechischen Brauches auf ägyptische Verhältnisse zu denken, denn die Sitte des Verkaufes von Priestertümern läßt sich bei den Griechen auch erst für die Zeit nach Alexander dem Großen belegen[1]). Vielleicht trifft man das Richtige, wenn man diese eigenartige Form der Priesterbestellung als eine Neuschöpfung der hellenistischen Zeit, als die Erfindung eines Finanzpolitikers ansieht, der seinem Staate dadurch, daß man den Antritt eines Priesteramtes in geschickter Weise mit einer Steuer belegte, neue Einnahmequellen verschaffen wollte[2]). Für die Stellung der hellenistischen Zeit zur Religion ist diese staatliche Ausbeutung des Kultus recht wichtig; die abnehmende Religiosität der Zeit der Aufklärung spiegelt sich auch in solchen kleinen Zügen wider[3]).

C. Die Priester niederer Ordnung.

a. Ersatz.

Für die niedere Priesterschaft besitzen wir leider kein Zeugnis, welches ähnlich wie die den Ersatz der Phylenpriesterschaft behandelnden Angaben des Dekretes von Kanopus (siehe S. 203) uns mit allgemein gehaltenen Bestimmungen über die Form des Ersatzes der Priester niederer Ordnung bekannt machte. Es ist sehr wohl möglich, daß sich hierin die tatsächlichen Verhältnisse widerspiegeln, daß es nämlich überhaupt keine allgemein gültige Ordnung für die Aufnahme der niederen Priester gegeben hat. Weiterhin ist es fraglich, ob sich der Staat auch auf den Amtsantritt der niederen Priester einen derartig bestimmenden Einfluß vorbehalten hat wie

1) Siehe Stengel, a. a. O. S. 42; E. T. Bischof, Kauf und Verkauf von Priestertümern bei den Griechen Rh. M. LIV (1899) S. 9 ff.; Strack, a. a. O. Rh. M. LV (1900) S. 172, A. 3.

2) Herbrecht, De sacerdotii apud Graecos emptione et venditione S. 36 ff. (Straßb. Diss. 1885) hat auf Grund der Herkunftsorte der ihm bekannten Belege vermutet, daß die Sitte des Verkaufes der Priestertümer von den griechischen Städten Kleinasiens ausgegangen sei; ob diese Vermutung richtig ist, erscheint mir jetzt, wo uns auch Beispiele aus Ägypten vorliegen, doch noch zweifelhaft.

3) Mit Recht ist allerdings schon von Herbrecht a. a. O. S. 38 und neuerdings von E. T. Bischof a. a. O. S. 11 gegen die von Boeckh, De Graecorum sacerdotiis, Kleine Schriften IV. S. 337, vorgeschlagene Gleichsetzung der griechischen Sitte des Verkaufes von Priestertümern mit der mittelalterlichen Simonie Einspruch erhoben worden; der Verkauf ist rechtlich erlaubt, die Simonie dagegen ein Verstoß gegen die bestehenden Gesetze. Dagegen wird von den Neueren nicht genügend hervorgehoben, daß auch schon die Mitwelt das Odium, das die geschäftsmäßige Verwertung des Priestertums in sich schließt, empfunden und absprechend über den Verkauf von Priesterstellen geurteilt hat. Die Bemerkungen bei Dionys Halikarn. II. 21 wird man als die Ansicht einer ganzen großen Gruppe fassen dürfen.

auf den der Phylenpriester. Es scheint fast, als ob dies nicht der Fall gewesen ist.

Da eine feste. Rangstaffel der einzelnen zur niederen Priesterschaft gehörenden Gruppen aller Wahrscheinlichkeit nach nicht bestanden hat (siehe S. 94), so darf man die Frage nach der Form des Ersatzes der Priester niederer Ordnung nicht im allgemeinen, sondern muß sie für die einzelnen Gruppen gesondert behandeln.

Für die Pastophoren besitzen wir einen gewissen Anhaltspunkt über die bei ihnen gebräuchliche Form der Aufnahme in der $εἰς$-$κριτικόν$-Abgabe, welche von zwei Pastophoren des Amon in Elephantine (siehe S. 95, A. 1) in römischer Zeit an den Staat gezahlt worden ist (Ostr. Wilck. 136; 137). Mit Recht hat Wilcken[1]) diese Abgabe als eine Gebühr gedeutet, welche diejenigen an den Staat zu entrichten hatten, die in die Reihen der $παστοφόροι$ hineingewählt worden sind[2]). Wer der Wähler gewesen ist, ist leider nicht zu ermitteln. Infolge der Entrichtung der Abgabe an den Staat könnte man geneigt sein, in diesem den Wähler zu sehen, aber einmal erscheint es wenig wahrscheinlich, daß man, wenn der Staat die betreffenden Stellen besetzt hätte, dies als Wahl und nicht als Ernennung bezeichnet haben würde, und außerdem kann man das $εἰσκριτικόν$ einfach als eine Bestallungsgebühr erklären, welche der Staat für die Anerkennung der Wahl erhob. Jedenfalls weist uns aber diese Abgabe auf eine gewisse Anteilnahme des Staates an dem Amtsantritt der Pastophoren hin. Weiterhin könnte man daran denken, daß Priester höherer Ordnung die Wahl der Pastophoren vorgenommen haben, und könnte als Stütze dieser Ansicht auf die von den $ἱερεῖς$ zu entrichtende Abgabe „$εἰσκρίσεως$" (siehe S. 227) verweisen; da jedoch die $ἱερεῖς$ diese Gebühr sehr wohl allein für das Recht Priester höherer Ordnung wählen zu dürfen gezahlt haben können, so verhilft uns ihre Verknüpfung mit dem $εἰσκριτικόν$ auch zu keinem zwingenden Schluß. Schließlich ist noch in Betracht zu ziehen, daß auch die Pastophoren selbst als Wähler ihrer Amtsgenossen fungiert haben können.

Ob es bei den Pastophoren Brauch gewesen ist ihr Amt auf ihre Nachkommen zu vererben, darüber ist uns nichts bekannt geworden;

---

1) Siehe Ostraka I. S. 184. Soeben hat Wilcken a. a. O. Archiv III. S. 238/9 dieses $εἰσκριτικόν$ und die $εἰσκρίσεως$-Abgabe (siehe S. 227) einander gleichgesetzt, doch sicher mit Unrecht; denn die eine Abgabe wird von Priestern niederer, die andere von Priestern höherer Ordnung gezahlt, die eine besteuert den zum Priester Gewählten, die andere ist von dem Priester, der eine Wahl vornimmt, zu entrichten.

2) Nach Wesselys Angaben aus unpubl. P. Rainer scheint es, als ob eine $εἰσκριτικόν$ genannte Abgabe auch von Mitgliedern anderer Priestergruppen erhoben worden ist; bis zur Veröffentlichung der betreffenden Papyri läßt sich jedoch hierüber kein rechtes Urteil gewinnen; siehe S. 213, A. 1.

dagegen kennen wir einen ἀρχιπαστοφόρος (Oxyrhynchos: römische Zeit), dessen Bruder jedenfalls nicht Pastophore gewesen ist (P. Oxy. II, 240); es zeigt sich also auch hier bei dieser Gruppe der niederen Priester, daß für die Mitglieder einer Familie kein Zwang bestanden hat, denselben Beruf zu ergreifen.

Dasselbe läßt sich auch für die Choachyten belegen[1]), doch tritt uns bei ihnen im Gegensatz zu den Pastophoren die Sitte den priesterlichen Beruf auf die Nachkommen, auf Söhne und Töchter, zu vererben deutlich vor Augen; so können wir für einige Familien (Theben: 3. u. 2. Jahrhundert v. Chr.; Memphis: 3. Jahrhundert v. Chr.) feststellen, daß ihre Mitglieder während mehreren Generationen dem Stande der Choachyten angehört haben[2]). Wie sich der Antritt des Choachytenamtes des Näheren gestaltet hat, die Erfüllung welcher Vorbedingungen von den erbberechtigten Anwärtern eventuell verlangt worden ist, darüber besitzen wir weiter keine Angaben[3]); es sei nur

---

1) Siehe dem. P. Leid. 375, publ. Chrest. dém. S. 303 (2. Jahrh. v. Chr.); siehe auch Revillouts, Mélanges S. 178 Bemerkungen hierzu, der freilich fälschlich von einer Choachyten„kaste" spricht.

2) Die Aufstellung von Stammbäumen von Choachyten wird durch das häufige Wiederkehren derselben Eigennamen recht erschwert; ein sicheres Beispiel für Theben bietet uns Spiegelberg, dem. P. Berl. S. 9 im Anschluß an Brugsch, Lettre à Monsieur Rougé S. 59 (die wichtigsten Belege für diesen Stammbaum finden sich: dem. P. Berl. 3098 u. 5507 (Spiegelberg, S. 11); P. Lond. I. 3 (S. 44) [= dem. P. Bibliothèque nationale 218 in Chrest. dém. S. 62 u. dem. P. Berl. 3119 (Spiegelberg, S. 10)]; dem. P. Berl. 3118 (Revillout, N. Chrest. dém. S. 7 u. Spiegelberg, S. 14); P. Berl. 3099 u. 3100 u. 5508 (Revillout, Chrest. dém. S. 312 u. Spiegelberg, S. 12); P. Par. 5 (P. Leid. M.) (mit Unrecht habe ich S. 104, A. 2 geleugnet, daß die in diesen griechischen Papyri genannten Choachyten mit einander verwandt sind, die zuletzt angeführten demotischen Papyri zeigen uns vielmehr deutlich, daß es sich hier um den Vater und seine Söhne handelt); dem. P. Berl. 3105 (Revillout, N. Chrest. dém. S. 20 u. Spiegelberg, S. 15)); siehe ferner z. B. die Choachytenfamilien in: dem. P. Berl. 3089 (Spiegelberg, S. 6); dem. P. Berl. 3096, publ. Revillout, Rev. ég. IV. S. 152 u. Spiegelberg, S. 6; Choachytenfamilie in Memphis: dem. P. Leid. 379, publ. Rev. ég. I. S. 125. A. 1.

3) Der große dem. P. Berl. 3115 (Spiegelberg, S. 18 ff.) dürfte übrigens für die Form der Aufnahme in den Stand der Choachyten auch nichts ergeben, da es sich ja hier nicht um einen Choachytenorden, sondern, wie schon bemerkt (S. 100, A. 4), um eine Genossenschaft, der neben anderen priesterlichen Personen auch Choachyten angehörten, handelt; im übrigen scheint mir Kralls Bemerkung in seiner Rezension der dem. P. Berl. (Wiener Zeitschrift für die Kunde des Morgenlandes XVIII. [1904] S. 113 ff. [S. 115]), daß die von Spiegelberg S. 18 als Strafgelder gedeuteten Zahlungen vielmehr als Einkünfte der Funktionäre der Genossenschaft aufzufassen wären, auch nicht das Richtige zu treffen; sollte man nicht in ihnen die Aufnahmegelder der betreffenden, bez. Zahlungen für die Erlangung eines besonderen Amtes sehen dürfen? Auch über die Mitwirkung des Staates bei der Besetzung der Choachytenstellen läßt sich nichts Sicheres ermitteln. Revillout, Mélanges S. 204 ff. (bes. S. 209) glaubt allerdings aus demotischen Urkunden eine Steuer nachweisen zu können, die von den Choachyten für die Ausübung ihres Amtes zu entrichten war; seine Folgerungen, die allein

noch hervorgehoben, daß jedenfalls der Besitz von Grabstätten, an denen ja die Choachyten ihre priesterlichen Obliegenheiten ausgeübt haben (siehe S. 100 ff.), zur Übernahme des Amtes erforderlich gewesen ist[1]).

Die Vererbung des Priesteramtes scheint auch bei den Priestergruppen der Totenbestatter und der Tierpfleger durchaus üblich gewesen zu sein. Für die ersteren liegen uns eine Reihe Belege aus gleichzeitigen Dokumenten für den Übergang des Standes des Vaters auf die Kinder vor[2]), und auch Diodor (I. 91, 3) berichtet uns hiervon; die Erblichkeit des Standes der Tierpfleger bez. -choachyten behauptet alsdann Herodot (II. 65), und außerdem besitzen wir für sie ein positives Zeugnis aus der Zeit des Philadelphos in einer um ein thebanisches ἰβιοταφεῖον sich gruppierenden Familie[3]). Natürlich muß man bei der Beurteilung der hier verwerteten Nachrichten der alten Schriftsteller berücksichtigen, daß diese ebenso wie bei der Schilderung der ägyptischen Stände überhaupt so auch hier gegenüber der ihnen entgegentretenden Tendenz der Vererbung der betreffenden Ämter die Möglichkeit sie auch auf anderem Wege zu erlangen übersehen haben werden.

Für die letztgenannte Möglichkeit, d. h. für die Aufnahme fremder Elemente in die niedere Priesterschaft können wir als Beispiel die „Zwillinge" des großen Serapeums bei Memphis anführen. Vererbung ist bei ihrem Amte schon an und für sich ausgeschlossen, da es stets von Zwillingsschwestern verwaltet werden mußte (siehe S. 117, A. 2)[4]); außerdem zeigen uns aber die aus dem

---

auf der Anwendung des zweischneidigen Mittels der Namensgleichheit beruhen, sind mir jedoch sehr zweifelhaft, und außerdem ist es, falls Revillout Recht hat, fraglich, ob diese Abgabe mit dem Antritt des Amtes in Verbindung zu bringen ist oder ob sie jährlich wiederkehrend etwa als eine Art gewerblicher Lizenzsteuer aufzufassen ist (siehe auch VII. Kapitel).

1) Vergl. die zahlreichen Papyri, die uns von dem Verkaufe dieser Grabstätten berichten (Belege siehe S. 100, A. 5); unter ihnen scheint übrigens keiner zu sein, der von dem Verkauf von Grabstätten an einen nicht dem Choachytenstande Angehörenden berichtet, fände sich ein solcher, so könnte man freilich folgern, daß man sich durch Kauf von Grabstätten das Choachytenamt erwerben konnte.

2) Siehe C. I. Gr. III. 4915ᵈ; der in P. Leid. O, Z. 8/9 genannte ταριχευτής ist jedenfalls der Sohn des in P. Leid. G, H, J, K erwähnten ἀρχενταφιαστής; siehe ferner dem. P. Louvre 3628, publ. Rev. ég. II. S. 91, A. 3, dem zufolge ein Taricheut Vater eines Archentaphiasten ist; siehe auch dem. P. Leid. 374 u. 374ᵇ, publ. Rev. ég. II. S. 91, A. 2 u. dem. P. Bibliothèque Nationale N. 224, publ. Rev. ég. II. S. 92.

3) Siehe Holztafel der Pariser Bibliothèque Nationale N. 1893, Département des Médailles; Holztafel des Berl. Mus. N. 8131; Holztafel des Brit. Mus. N. 5849, alle drei zuletzt und am besten publ. von Wilcken, Ostr. I. S. 65, A. 1, S. 66, A. 1 u. 2; vergl. hierzu die Bemerkungen auf S. 249 ff.

4) Preuschen a. a. O. 2. Aufl. S. 9 bestreitet neuerdings, daß man bei den

2. Jahrhundert v. Chr. uns bekannt gewordenen Zwillinge, daß Personen zu diesem Amte berufen werden konnten, deren Eltern nicht dem Priesterstande angehört und die auch selbst bis dahin keinerlei priesterliche Funktionen ausgeübt haben (P. Par. 22 [23]). Auf welchem Wege die „Zwillinge" ihre Priesterstellen erlangt haben, können wir nicht mit Sicherheit feststellen. Daß ihr Beschützer, der κάτοχος Ptolemaios, sie ihnen verschafft habe, wird zwar allgemein behauptet[1]), doch läßt sich ein positiver Beleg hierfür nicht erbringen; möglich ist es natürlich, daß er wie auch sonst auch hierbei ihnen behilflich gewesen ist. Die „Zwillinge" selbst, die sich schon vor ihrer Aufnahme in die Priesterschaft im großen Serapeum bei ihrem Beschützer aufgehalten haben[2]), erwähnen den Antritt ihres Amtes einfach mit den Worten: κατάγουσιν ἡμᾶς πενϑεῖν τῷ ϑεῷ (sc. Ἆπι) (P. Par. 22, 24 [23, 21]). Diese schlichten Worte machen es recht unwahrscheinlich, daß es sich hier um königliche Ernennung oder um Kauf des Amtes handelt. Dagegen liegt die Annahme nahe, daß als Subjekt zu κατάγουσιν „ἱερεῖς" zu ergänzen ist; darnach würden die „Zwillinge" also durch Wahl der Priester ihr Amt erhalten haben[3]). Daß dieses irgendwie zeitlich begrenzt gewesen ist, läßt sich nicht erweisen[4]), andererseits erfahren wir aber, daß die „Zwillinge" selbst ihr Amt jederzeit niederlegen konnten[5]).

„Zwillingen" des großen Serapeums an Zwillingsschwestern zu denken habe; es handele sich hier nur um einen durch die früheren Verhältnisse bedingten Namen. Sein Grund, daß es nicht genügend Zwillingsschwestern für den Tempeldienst gegeben haben dürfte, wäre stichhaltig, wenn die „Zwillinge" sich als eine größere Gruppe innerhalb der niederen Priesterschaft nachweisen ließen was jedoch nicht der Fall ist; sie erscheinen vielmehr als Priester, die für die besondere Kultform ihres Heiligtums erforderlich waren.

1) Siehe z. B. Kenyon, P. Lond. I. S. 2; Viereck, Bericht über die ältere Papyrusliteratur, Bursians Jahresberichte, Bd. XCVIII (1898) S. 135 ff. (S. 156); Preuschen, a. a. O. S. 7 (2. Aufl. S. 8 u. 9).

2) P. Par. 22, 21 ff. (23, 17 ff.); dieser Aufenthalt der „Zwillinge" vor Antritt ihres Amtes braucht nicht zu verwundern, da auch zahlreiche andere nichtpriesterliche Personen im großen Serapeum gelebt haben; siehe IV. Kapitel.

3) Vergl. hierzu die Formel, die aller Wahrscheinlichkeit nach die durch Priester erfolgte Wahl eines Mitgliedes der höheren Priesterschaft anzeigt: „Sie machten ihr Erhebung zur Musikantin des Ptah"; siehe S. 237.

4) Gegen B. Peyron (Papyri Greci del museo Britannico di Londra e della biblioteca Vaticana in Memorie della reale academia delle scienze di Torino, Ser. II, tom. III [1851], S. 19), welcher annahm, daß die Amtsperiode der „Zwillinge" stets mit dem Tode eines Apis aufhöre, hat Viereck a. eben a. O. S. 156 schon mit Recht angeführt, daß die „Zwillinge" in diesem Falle sicher nicht in ihren Petitionen beständig darauf hinweisen würden, daß sie ihr Amt seit dem Begräbnisse des zuletzt verstorbenen Apis bekleiden; einen derartigen Hinweis hätte man vielmehr alsdann als selbstverständlich weggelassen.

5) Als die „Zwillinge" ihre σύνταξις nicht erhalten, sprechen sie davon, daß sie im Falle der Nichtberücksichtigung ihrer Forderungen das Heiligtum verlassen müßten; siehe P. Par. 27, 14 (P. Leid. E², 14/15; P. Mil.).

b. Aufrücken in höhere Stellen.

Auch für die niedere Priesterschaft ist ebenso wie für die höhere die Vererbung als ein wichtiger Faktor der Rekrutierung nachgewiesen worden, aber auch hier wird sich jedenfalls nur der Stand und nicht die betreffende Stelle vererbt haben. Wir kennen denn auch einen Taricheuten, dessen Vater Archentaphiast gewesen ist, und umgekehrt finden wir den Sohn eines Archentaphiasten als Taricheuten tätig (Belege siehe S. 247, A. 2).

Ebenso wie beim Ersatz kann man auch bei dem Avancement der niederen Priester infolge des Fehlens einer festen Rangstaffel der verschiedenen Gruppen nur das Aufrücken der Priester in derselben Gruppe ins Auge fassen. Wir besitzen übrigens auch keinen Beleg für den Übertritt eines niederen Priesters aus einer Gruppe in eine andere, ebensowenig wie für ein Aufsteigen eines Mitgliedes der niederen in die höhere Priesterschaft.

Ein einziges[1]), allerdings sehr interessantes Beispiel unterrichtet uns über die Form des Avancements der niederen Priester[2]). Es gehört der Zeit Ptolemaios' II. Philadelphos an. Zwei ἰβιοβοσκοί kaufen sich vom Staate ein in der Thebais gelegenes ἰβιοταφεῖον, mit dem eine Prophetie verknüpft war[3]). An Pacht ist hier wohl nicht zu

---

1) Sollte der P. Gen. 7 von Stellen für niedere Priester handeln (siehe S. 240/241), so könnte man ihn mit dem obigen Beispiel in eine Linie stellen.

2) Belege siehe S. 247 A. 3; siehe hierzu Wilcken, Ostr. I. S. 398 u. 557, A. 1; Archiv II. S. 139. Auf die wunderliche Erklärung, die seiner Zeit Revillout, Un bilingue monétaire in Rev. ég. II. S. 266 unter Benutzung der demotischen Beischriften der griechischen Quittungen gegeben hat, braucht man wohl nicht erst einzugehen; merkwürdigerweise hat sich ihm Viereck a. a. O., Bursians Jahresberichte Bd. CII. (1899) S. 262 angeschlossen.

3) Die Propheten an einem derartigen Heiligtum darf man nicht als Mitglieder der höheren Priesterschaft, sondern nur als Inhaber höherer Stellen innerhalb der niederen Priesterschaft fassen; siehe S. 110. Zu dieser Auffassung vergl. jetzt auch P. Tebt. I. 5, 70 ff. Meyer, Heerwesen S. 225 spricht davon, daß vor den ἰβιοβοσκοί der staatliche Beamte Dorion Inhaber des ἰβιοταφεῖον nebst der Prophetie gewesen sei. Mir ist es jedoch undenkbar, daß in der ersten Hälfte des 3. Jahrhunderts v. Chr. ein staatlicher Beamter griechischer Abkunft Mitglied der niederen ägyptischen Priesterschaft geworden ist. Ich möchte daher die Worte: ἰβιοταφείου καὶ τῆς προφητείας καὶ τοῦ ἡμίσους τῆς δωρεαίας γῆς, ἧς μετέχει τὸ ἐπάνω ἰβιοταφεῖον τὸ ἥμισυ, ἃ ἦν Δωρίωνος κ. τ. λ. dahin deuten, daß nur der Grund und Boden, auf dem das Heiligtum stand (vielleicht auch das Gebäude selbst), sowie das Land, das zu ihm gehörte, einst im Besitze des Dorion gewesen ist, auf dessen Namen — daher hier seine Erwähnung — es noch in den Grundbüchern eingetragen stand (in den Papyri finden wir bei Besitzobjekten sehr oft den früheren Besitzer erwähnt). Daß auch die προφητεία, deren Hervorhebung in diesen Quittungen nötig erscheinen mußte, in diesem Zusammenhange mitgenannt wird, ist vielleicht darauf zurückzuführen, daß die Quittierenden die Genauigkeit dem Prinzip der Kürze geopfert haben; man könnte aber auch die Erwähnung der προφητεία damit begründen, daß

denken[1]), da Wendungen, die auf Verpachtung deuten, in den Quittungen über die für das ἰβιοταφεῖον an den Staat geleisteten Zahlungen nicht vorkommen[2]) und da außerdem die in den Quittungen gebrauchte Formel: die Zahlung erfolge „εἰς τὴν τιμὴν τοῦ ἰβιοταφείου κ. τ. λ." gerade für ein Kaufgeschäft durchaus angebracht erscheint. Der Kaufpreis[3]) hat 210 Drachmen betragen und ist in drei Raten zu je 70 Drachmen erlegt worden[4]). Als Zahler der beiden ersten Raten erscheinen dieselben Personen, zwei Brüder, während die letzte von den beiden Söhnen des einen Bruders entrichtet wird. Allem Anschein nach haben die beiden Brüder ihren Söhnen bez. Neffen die von ihnen erworbenen Ämter cediert, ohne daß der Staat für die Erlaubnis der Vornahme der Cession eine besondere Vergütigung verlangt hat[5]).

---

dem Dorion als dem früheren Besitzer des Landes des Heiligtumes einst die Verfügung über die προφητεία zugestanden hat, d. h. daß er die Patronatsrechte ausgeübt hat, die alsdann an den Staat übergegangen sind. In diesem Falle müßte man annehmen, was sonst durchaus nicht nötig ist, daß von Dorion selbst das Land für das ἰβιοταφεῖον gestiftet worden ist — kulturgeschichtlich wäre dies vornehmlich bei Berücksichtigung der Zeit der Stiftung recht bemerkenswert — und daß aus dieser Stiftung die Patronatsrechte resultieren.

1) Dies tut Wilcken a. eben a. O.; der Verkauf erfolgt natürlich höchstens für die Lebenszeit des Käufers; siehe S. 234.

2) So findet sich, abgesehen davon, daß von einer Begrenzung der Besitzzeit nicht die Rede ist, keine Andeutung, daß die Zahlungen, über die hier quittiert wird, sich alljährlich wiederholen, sie erstrecken sich vielmehr über einen Zeitraum von 1½ Jahren, nach dem erst die festgesetzte Gesamtsumme erreicht ist. Daß sie (P. Meyer, Heerwesen S. 225 irrt, wenn er hier nur eine Zahlung annimmt, über die wir verschiedene Quittungen besitzen, es sind vielmehr drei verschiedene Zahlungen; vergl. die Daten der Quittungen und die Namen der Zahler) als Kauf- und nicht als Pachtraten zu fassen sind, dafür spricht ferner auch, daß allem Anschein nach die ersten Raten die Zahler noch nicht in den Besitz ihres Erwerbes gesetzt haben, da sie ihre alten Priestertitel beibehalten, sondern daß dies wohl erst geschehen sollte, als die ganze von ihnen zu bezahlende Summe erlegt war.

3) Meyer, Heerwesen S. 225 faßt die Zahlung nicht als Kaufpreis, sondern sieht in ihr „das für die Vergebung einmalig zu leistende τέλος", doch kann ich mich ihm hierin nicht anschließen; man ist nur berechtigt, den Kaufpreis mit den Bestallungsgebühren der Priester auf eine Stufe zu stellen.

4) Siehe Londoner Holztafel Z. 15/16: εἰς ἀναπλήρωσιν (δραχμῶν) Σι (δραχμὰς) ἑβδομήκοντα; hier ist die letzte Zahlung verrechnet, über die erste in Höhe von 70 Drachmen ist in der Pariser, über die zweite von gleicher Höhe in der Berliner Holztafel quittiert. Während in diesen beiden die Wendung εἰς τὴν τιμήν sich findet, steht in der letzten Quittung einfach τιμήν; man darf vielleicht diese Variante durch den Gegensatz der Schlußquittung zu den übrigen erklären.

5) Siehe Londoner Holztafel Z. 11 ff.: ἃ προσεβάλοντο Τέως καὶ Σμῖνις (d. h. die ἀδελφοί) . . . καὶ παρεχίρησαν (= παρεχείρησαν) Ταϑαύτει καὶ Ταλ[ί]βει (d. h. die Söhne des Σμῖνις) κ. τ. λ. Die oben vorgetragene Deutung ist mir jedenfalls viel wahrscheinlicher als die Annahme, daß die beiden Brüder gestorben seien und daß daraus der Eintritt der Söhne des einen in den Kaufvertrag zu erklären sei.

Ist diese Annahme richtig, so hätten wir hier einen Beleg für die Sitte der διασύστασις, welche sich bei griechischen Priestertümern der hellenistischen Zeit nachweisen läßt (siehe Stengel a. a. O. S. 42).

Die Wichtigkeit der hier behandelten Quittungen ergibt sich schon daraus, daß sie allein uns deutlich den Einfluß des Staates auch auf die Laufbahn der niederen Priester zeigen, sie beruht aber außerdem auch darin, daß uns durch sie die aller Wahrscheinlichkeit nach unägyptische Sitte des Verkaufes von Priestertümern auch für die niedere Priesterschaft belegt ist. Inwiefern im übrigen die Laufbahn der Priester niederer Ordnung in hellenistischer Zeit den im alten Ägypten für sie üblichen Maximen entsprochen hat, entzieht sich vorläufig noch unserem Urteil.

D. Die Priester der ägyptischen Kultvereine.

Die ägyptischen Kultvereine sind bereits (S. 125 ff.) als ein erst seit der hellenistischen Zeit nachweisbarer Bestandteil der ägyptischen Kirche gekennzeichnet worden, der nach dem Vorbilde der griechischen Kultvereine geschaffen worden ist. Insofern ist es an sich recht wahrscheinlich, daß auch für die Besetzung der Priesterämter dieser Vereine das griechische Muster maßgebend gewesen ist[1]).

Nur für einen Verein[2]), für den der späteren römischen Zeit angehörenden Berufsverband der „οἱ ἀπὸ τοῦ γόμου" (siehe S. 128 ff.), können wir genauer die Form der Bestallung seiner Priester ermitteln. Diese ist durch Verkauf des Priesteramtes erfolgt, denn die von den ἱερεῖς γόμου entrichteten Summen müssen als Kaufpreise gedeutet werden[3]). Die Zahlungen der Priester sind verhältnismäßig hoch und

---

1) Wahl und Los sind die beiden wichtigsten Modi für die Besetzung der Vereinsämter gewesen; für die spätere Zeit ist auch ihr Verkauf zu belegen; vergl. hierzu Ziebarth, a. a. O. S. 146.

2) Für drei σύνοδοι der Isis in Talmis im 5. Jahrhundert n. Chr. unterrichtet uns eine griechische Inschrift (L. D. VI. 378, publ. u. eingehend erklärt von Wilcken, Archiv I. S. 412 ff.) über die Form der Bestallung ihrer Vereinsbeamten, des κλίναρχος (= Vereinsvorsitzender) und des ἐπισαλτικός (?, vielleicht = Obertänzer); darnach hat der König — aller Wahrscheinlichkeit nach der blemysche — die betreffenden ernannt, ein interessanter Beleg für die engen Beziehungen der Vereine jener Gegend zum Staat (vergl. hierzu auch den gleichfalls in Talmis bestehenden Kultverein der Isis, der mit der Stadtgemeinde in engster Beziehung gestanden hat [siehe S. 128] und dessen Vorsitzender, δημοκλίναρχος bez. κλίναρχος τῆς πόλεως, wohl von dieser ernannt worden sein dürfte). Wenn sich auch leider unter diesen Vereinsbeamten kein priesterlicher findet, so darf man doch vielleicht vermuten, daß der hier uns entgegentretende Modus der Beamtenbestallung auch sonst bei der Besetzung von Vereinspriestertümern in Anwendung gekommen ist.

3) Dies ist bisher immer verkannt worden, siehe S. 129, A. 2. Vergl. jedoch C. J. Gr. III. 5002: ἔδωκ[ε] τῆς ἱερωσύνης τοῦ ιβ ᷉Ƶ χρυσ(ᾶ) λ; ähnlich 5009; 5014; ferner 5001: τὰ ἀναλωθέντα ὑπ' ἐμοῦ ὑπὲρ τῆς ἀρχιερωσύνης (das ὑπὲρ deutet doch wohl an, daß es sich hier um Aufwendungen für die Erlangung der ἀρχι-

dabei von recht verschiedener Höhe gewesen; so sind für ein Priestertum 15, 20, 25, 30, 32, ungef. 38 Aurei[1]) und sogar noch mehr[2]) gezahlt worden. Die Dauer des Priesteramtes hat ein Jahr betragen[3]), doch war es gestattet es mehrmals, auch unmittelbar hintereinander zu bekleiden[4]); so ist z. B. der eine ἱερεὺς γόμου während eines Zeitraumes von fast 40 Jahren bis ins hohe Alter immer wieder, im ganzen acht Mal, Vereinspriester geworden[5]).

ερωσύνη handelt, nicht um Leistungen während ihrer Dauer; auch solche sind uns übrigens bekannt geworden, siehe IV. Kapitel); ähnlich 5006; 5008; siehe auch 5005; 5007.

1) Siehe C. J. Gr. III. 5003 (15); 5002, 5003, 5008, 5010 (20); 5007, 5007ᵇ, 5009 (25, vergl. hierzu C. J. Gr. III. S. 460); 5002, 5010 (30); 5006 (= L. D. VI. 348 [gr. Inschrift] und hierzu die Bemerkungen Wilckens, Zum Kurs der ägyptischen Drachme in Zeitschrift für Numismatik XV. S. 325 ff. [S. 328]) (5600 Drachmen = 32 Aurei, da 1 Aureus = 175 Drachmen, siehe Wilcken a. a. O.); 5001 (= L. D. VI. 344 [gr. Inschrift], siehe hierzu Wilcken, a. a. O.) u. 5014 (= L. D. VI. 329 [gr. Inschrift], siehe hierzu Wilcken, a. a. O.) (6600 Drachmen, bez. 6700 Drachmen = ungefähr 38 Aurei).

2) Aus C. J. Gr. III. 5005 gegenüber 5002 u. 5003 folgt, daß für die zweimalige Erwerbung des Priestertumes 110 Aurei gezahlt worden sind. C. J. Gr. III. 5009 enthält die Zusammenfassung der Summen, die ein ἱερεὺς γόμου im Laufe der Jahre für die wiederholte (8malige) Erwerbung des Priestertums gezahlt hat; es sind 240 Aurei, also durchschnittlich 30 Aurei für jedes. Zur Lesung dieser Inschrift im Corpus sei nur bemerkt, daß sie nach L. D. VI. 330 (gr. Inschrift) zu verbessern ist. In Z. 3 ist nicht ση nach ἱερεὺς γόμων zu lesen; der Zahlenstrich steht nur über dem ersten Buchstaben und dieser ist als ς zu fassen, ebenso ist auch in Z. 10 an Stelle des σ „ς" zu setzen. Durch diese neuen Lesungen wird die Deutung des Corpus hinfällig. In der Inschrift ist vielleicht, wie Herr Professor Wilcken vermutet, ursprünglich das 6. Priestertum des Γάϊος Διόσκορος Μακρεῖνος (über dieses fehlte uns bisher ein προσκύνημα, während für alle anderen Priestertümer dieses Mannes solche vorliegen) verewigt gewesen; die Inschrift mag nicht ganz vollendet worden sein und ist später zur Verherrlichung der acht Priestertümer des Makreinos weiter ausgestaltet worden (Z. 3 also ursprünglich ἱερεὺς γόμων (ἕξ), korrigiert dann in (ὀκτώ); die Annahme der späteren Korrektur ist möglich, da H am Schluß der Zeile steht).

3) Siehe vor allem C. J. Gr. III. 4995; 5001; 5002; 5003; 5006; 5008; 5030.

4) Siehe C. J. Gr. III. 5000; 5010; 5028; die Belege in Anm. 5; 5033 zeigt zugleich die Möglichkeit, das Priesteramt zwei Jahre hintereinander bekleiden zu können (vergl. hierzu Wilcken, Archiv II. S. 122).

5) Siehe C. J. Gr. III. 4980; 4988; 4995; 5002; 5003; 5005; 5007; 5007ᵇ; 5009. Das erste Priestertum fällt ins Jahr 209/10 n. Chr. (C. J. Gr. III. 4980 ist für die Feststellung der Zeit dieses Priestertums nicht zu verwenden, da das im Corpus gebotene Datum 204 n. Chr. gar nicht zu dieser Inschrift gehört, siehe L. D. VI. 366 [gr. Inschrift]; das vom Corpus für 4980 angegebene Datum findet sich vielmehr bei L. D. VI. 375 [gr. Inschrift]; vergl. auch die Anordnung dieser Inschriften auf der Tempelmauer, dargestellt bei L. D. VI. Blatt 94; das richtige Datum für das erste Priestertum liefern uns L. D. VI. 331 [gr. Inschrift] = C. J. Gr. III. 5003 u. 362 [gr. Inschrift] = C. J. Gr. III. 4995), das letzte Priestertum gehört dem Jahre 244 (C. J. Gr. III. 5007) n. Chr. an. Da im Jahre 209/10 n. Chr. der Priester bereits verheiratet ist und Kinder besitzt (C. J. Gr. III. 4980), so muß er zur Zeit seines letzten Priestertums schon ziemlich betagt gewesen sein.

2. Die Priester der griechischen Götter.

Stehen uns schon für die Darstellung der Organisation der griechischen Priesterschaft Ägyptens nur verhältnismäßig wenige Nachrichten zur Verfügung, so versagt unser Material fast ganz bei dem Versuch, die für die Besetzung der Priestertümer der griechischen Götter geltenden Normen zu ermitteln. Man darf allerdings wohl annehmen, daß ebenso wie bei der Organisation auch hier gegenüber den allgemein-griechischen Verhältnissen[1]) ein prinzipieller Unterschied nicht bestanden hat.

Im griechischen Kultus ist besonders häufig die Wahl der Priester durchs Los erfolgt. Für Ägypten läßt sich dies freilich noch nicht nachweisen, ebenso auch nicht der Verkauf bez. die Verpachtung von Priesterstellen; da wir jedoch die letztere Form der Priesterbestellung in der ägyptischen Kirche der hellenistischen Zeit angetroffen haben (siehe S. 234, 240 ff. u. 249 ff.), so darf man m. E. mit Sicherheit vermuten, daß sie auch bei der Besetzung griechischer Priestertümer in Anwendung gekommen ist.

Direkt zu belegen ist alsdann die Vererbung des Priesteramtes in bestimmten Familien. So scheint im 2. Jahrhundert n. Chr. eine Familie alle Priester für den alexandrinischen Kaiserkult gestellt zu haben[2]). In welcher Weise innerhalb dieser Familie die Nachfolge im Priesteramte geregelt war, läßt sich nicht näher ermitteln, jedenfalls haben jedoch diese durch Erbrecht berufenen Priester ihr Amt nicht lebenslänglich, sondern nur auf Zeit verwaltet[3]).

Zeitweise, nicht lebenslängliche Versehung des Priestertumes tritt uns auch bei dem anderen uns das Forterben des Priesteramtes anzeigehden Beispiele entgegen. Denn man darf wohl dem Berichte des Pseudo-Kallisthenes über den Alexanderpriester[4]) entnehmen, daß ein bestimmter Kreis vornehmer Personen durch Erbrecht zur Ausübung dieses Amtes prädestiniert gewesen ist[5]). Die im vorher-

---

1) Über die allgemein-griechischen Verhältnisse siehe Stengel a. a. O. S. 40 ff.

2) Siehe gr. Inschriften publ. von Botti, Bullet. de la société archéol. d'Alex. Heft I. (1898) S. 47 (= Seymour de Ricci, a. a. O. Archiv II. S. 567, Nr. 131) u. Seymour de Ricci, a. a. O. Archiv II. S. 444, Nr. 66.

3) Siehe die in der gr. Inschrift 66 genannten ἀρχιερατεύσαντες und den ἀποδεδειγμένος ἀρχιερεύς.

4) Siehe: Λήψεται δὲ ὁ τοιοῦτος τὴν τάξιν ταύτην ὁ διαφέρων ἐν γένει τῶν ἄλλων πάντων, καὶ μένει αὕτη ἡ δωρεὰ αὐτοῖς δὲ καὶ ἐγγόνοις. Vergl. hierzu auch die von Strabo XVII. p. 797 erwähnten πάτριοι τιμαί des alexandrinischen ἐξηγητής und die Bemerkungen auf S. 155.

5) Vergl. Mommsen, Römische Geschichte V. S. 568, A. 1; Lumbroso, L'Egitto ² S. 182. Aus der allerdings noch sehr lückenhaften Namensliste der Alexanderpriester (Anhang II zum 2. Kapitel, 1 A) lassen sich nur wenige ge-

gehenden (Anhang II zum 2. Kapitel, 1 A) mitgeteilte Liste der bisher bekannt gewordenen Alexanderpriester macht es alsdann wahrscheinlich, daß einem größeren Kreise von Familien das Amt vorbehalten gewesen ist. Dem Herrscher scheint es freigestanden zu
haben diesen Kreis jeder Zeit zu erweitern[1]); wenigstens berichtet
uns der Autor des 3. Makkabäerbuches (3, 21), Ptolemaios Philopator
habe beabsichtigt den Juden den Eintritt zu den eponymen Priestertümern Alexandriens zu gewähren[2]). An sich ist natürlich diese
Notiz der jüdischen Tendenzschrift falsch; die ihr zugrunde liegende
Anschauung, daß die Aufnahme fremder Elemente in die Reihen der
Anwärter auf die eponymen Priesterämter möglich und eine besondere
Auszeichnung gewesen sei, darf man jedoch wohl, da ein Fälscher
wenn irgend möglich stets darauf bedacht sein wird, das seine Fäl-
schung umgebende Milieu möglichst wahrheitsgetreu wiederzugeben,
auf tatsächliche Vorkommnisse zurückführen und somit auch annehmen, daß nicht nur das Amt des Alexanderpriesters, sondern auch
die anderen eponymen Priestertümer in Alexandrien einem
Kreise erbberechtigter Familien, allem Anschein nach demselben für
alle Priesterstellen[3]), vorbehalten gewesen sind.

Mit den zu diesem Kreise gehörenden Personen sind alsdann die
verschiedenen eponymen Priestertümer durch Ernennung durch den
König besetzt worden. Es lehrt uns dies die in den Aktpräskripten
demotischer Papyri sich findende Formel: die Priester „wie sie ernannt worden sind in Rakotis (= Alexandrien) und welchen der
König zum Priester des Ptolemaios Soter im thebanischen Gau (= Ptole-

---

sicherte Belege für Verwandtschaft der Priester anführen, siehe den Priester
vom Jahre 253/52 v. Chr. und den vom Jahre 216/15 v. Chr., ferner den vom
Jahre 231/30 v. Chr. und den vom Jahre 204/03 v. Chr., schließlich den vom
Jahre 185/4 v. Chr. (siehe S. 181, A. 3) und den auf S. 184, A. 3 behandelten.

1) Von ihm dürfte wohl auch dieser Kreis überhaupt erst geschaffen worden sein.

2) Siehe: ἐβουλήθημεν καὶ πολιτείας αὐτοὺς Ἀλεξανδρέων καταξιῶσαι καὶ
μετόχους τῶν ἀεὶ ἱερε(ι)ῶν καταστῆσαι und hierzu die Bemerkungen
Mahaffys, Empire S. 268, A. 3.

3) Es haben z. B. Athlophoren auch das Kanephorat bekleidet, siehe z. B.
die vom 7., 8. und 9. Jahre des 5. Ptolemäers; siehe ferner S. 188, A. 8, S. 189,
A. 1 u. S. 190, A. 7.   Geschwister sind ferner vielleicht die Kanephore und die
Athlophore vom 21., bez. 9. Jahre Ptolemaios' V. Im Jahre 112/11 v. Chr. werden
drei verschiedene eponyme Priestertümer von Geschwistern bekleidet, siehe
S. 192 u. 193.   Verwandtschaft zwischen Alexanderpriestern und Kanephoren,
bez. Athlophoren scheint vorzuliegen: Priester vom Jahre 235/34 v. Chr., Priesterin vom Jahre 215/14 v. Chr., Priester vom Jahre 221/20 v. Chr., Priesterinnen
vom Jahre 216/15, 199/98, 198/97 v. Chr., Priester vom Jahre 198/97 v. Chr.,
Priesterin vom Jahre 174/73 v. Chr.; es sei hier auch auf die Kanephoren vom
12. und vom 22. Jahre des 3. Ptolemäers hingewiesen, welche aller Wahrscheinlichkeit nach Geschwister waren.

mais) designieren wird"[1]); im ersten Teil dieser Formel ist allerdings
der König nicht direkt genannt, doch wird man ihn in ihm ergänzen
dürfen, und diese an sich schon sehr nahe liegende Ergänzung[2]) wird
noch dadurch wahrscheinlicher, daß in anderen demotischen Papyri
auch bei den Priestern in Ptolemais der König als der die Ernennung
vornehmende Faktor nicht besonders hervorgehoben wird[3]). Ob auch
in Ptolemais der König die eponymen Priester einem Kreise erbberechtigter Personen entnommen hat, können wir nicht ermitteln. Urkundlich belegen läßt sich die Ernennung der Priester durch den König
bisher nur für das 2. Jahrhundert v. Chr.[4]), man darf jedoch wohl
die gleiche Form der Besetzung der eponymen Priestertümer auch
für die Zeit vor- und nachher annehmen, zumal da das Fehlen von
Nachrichten sich durch das Versagen unserer einzigen Quelle, der
soeben erwähnten demotischen Aktpräskripte, befriedigend erklärt.

Außer für die eponymen Priester können wir Ernennung durch
den ptolemäischen König, bez. durch seinen Rechtsnachfolger, den
römischen Kaiser, auch noch für den Priester des alexandrinischen Museions erweisen. Strabo (XVII. p. 794) berichtet uns hiervon, und für die Zeit nach Strabo weist uns die offizielle Vereinigung
des Priesteramtes mit dem Archidikastat (siehe S. 166 ff.) auf staatliche Ernennung hin. Ob das Amt des ἱερεὺς τοῦ Μουσείου einem
Kreise erbberechtigter Personen vorbehalten gewesen ist, ist noch
zweifelhaft[5]).

Wie lange die Museionspriester in der Regel ihre Priesterstellen
verwaltet haben, vermögen wir nicht zu ermitteln[6]); an lebensläng-

---

1) Siehe z. B. dem. P. Berl. 3119, 3113, 3090 u. 3091, publ. von Spiegelberg,
S. 10, 11 u. 12.

2) Es sei hier auch daran erinnert, daß auch in anderen Diadochenstaaten,
in Pergamon und im Seleukidenreich, die Priester des Königs- bez. Reichskultus
von den Königen ernannt worden sind (siehe Fränkel, Inschrift. von Pergamon
Bd. I. Nr. 248; Dittenberger, Orient. gr. inscript. sel. I. Nr. 224 u. 244).

3) Siehe z. B. dem. Berl. 3098 u. 5507; 3099, 3100 u. 5508; 3101; 3080;
3102; 3103; 3104; 3106 u. 3139, publ. von Spiegelberg dem. P. Berl. S. 11, 12,
13, 14, 15 u. 16.

4) Der zeitlich früheste Beleg (dem. P. Berl. 3114 u. 3140, publ. von Spiegelberg S. 7) gehört dem Jahre 182 v. Chr., der späteste (dem. P. Berl. 3106 u.
3139, publ. von Spiegelberg S. 16) dem Jahre 98 v. Chr. an.

5) Als magistratus ut videtur hereditarius hat den ἀρχιδικαστής Franz zu
C. J. Gr. III. 4734 bezeichnet. Aus der Namensliste der ἀρχιδικασταί = ἱερεῖς
τοῦ Μουσείου (siehe Anhang III zum 2. Kapitel) können wir allerdings — von
unsicherem sei hier abgesehen — zwei sichere Beispiele aus römischer Zeit für
die Erlangung des väterlichen Amtes durch den Sohn entnehmen (siehe S. 197,
A. 10 u. S. 198, A. 5; vergl. auch Anm. 6), doch darf man aus ihnen allein noch
nicht ein erbliches Anrecht auf das Amt konstruieren. Es sei auch darauf
hingewiesen, daß z. B. der uns bekannt gewordene Vater des einen ἀρχιδικαστής
allem Anschein nach nicht Erzrichter gewesen ist; siehe B. G. U. III. 729, 1 ff.

6) P. Meyer a. a. O. Archiv III. p. 75 hat kürzlich den ἀρχιδικαστής als

liche Priester hat man bei ihnen jedenfalls nicht zu denken[1]). **Zeitlich begrenzte Amtsdauer** ist auch für alle eponymen Priester
anzunehmen; der Begriff der Eponymität schließt ein einjähriges Amtieren des eponymen Beamten in sich, und dies läßt sich denn auch
für die Priester des ägyptischen Alexander- und Königskultus öfters
belegen[2]). Es war übrigens gestattet, dasselbe Priesteramt mehrere
Male, auch unmittelbar hintereinander zu bekleiden[3]); insofern erscheint es mir berechtigt, auch in jener Priesterin der Arsinoe Philopator, die wir im 7., 8., 9., 21., 23. Jahre des Epiphanes und im 2.
und 8. (?) Jahre des Philometor im Amte finden (siehe S. 192), ebenso
wie auch in einigen Priestern von Ptolemais, welche jeder eine Reihe
von Jahren hindurch nachweisbar sind (siehe S. 193 u. 194, auch 195),
keine Durchbrechung des durch ihre Eponymität bedingten Prinzipes
der einjährigen Amtsführung zu sehen; diese Priestertümer sind eben
ihren Inhabern nicht etwa gleich lebenslänglich, sondern nur immer
wieder auf ein Jahr verliehen worden.   Mit der prinzipiellen einjährigen Amtsdauer läßt es sich alsdann auch vereinen, wenn uns ausnahmsweise in einem Jahre verschiedene Alexanderpriester und Kanephoren begegnen[4]); die an zweiter Stelle fungierenden hat man allem
Anschein nach als suffecti aufzufassen[5]), für die Neubesetzung der
Stelle kann Tod, Amtsentsetzung und dergl. maßgebend gewesen sein.

Jahresbeamten bezeichnet, ohne jedoch den Beweis hierfür zu erbringen; direkt
widerlegt wird seine Ansicht durch die Angabe von P. Oxy. III. 471 Col. 6, 146/147
(Wilckensche Fassung im Archiv III. S. 117), wonach ein ἀρχιδικαστής 10 Jahre
lang im Amte gewesen sein soll.

1) Siehe z. B. die Laufbahn des ἱερεὺς τοῦ Μουσείου L. Julius Vestinus
(S. 59), auch die Bezeichnung ἔναρχος ἀρχιδικαστής in C. J. Gr. III. 4755.

2) Siehe die Namenslisten im Anhang II zum 2. Kapitel.   Vergleiche auch
die Bezeichnung des Amtes des Alexanderpriesters als annuus bei Julius Valerius III, 124 (Pseud. Kallisth. III, 33: ἐνιαύσιος?).

3) Siehe S. 177 den Apollonides, Sohn des Moschion, S. 178 den Galestes,
Sohn des Philiston (vergl. zu ihm jedoch diese Seite A. 5), S. 179 den Demetrios, Sohn des Apelles, und den Aetos, Sohn des Aetos (siehe S. 181), S. 180
den Atanus, Sohn des Atanus (siehe A. 2), S. 186 die Menekrateia, Tochter des
Philammon, S. 187 die Berenike, Tochter des Sosipolis (vergl. zu ihr jedoch
diese Seite A. 5), S. 188 die Numenia, Tochter des Numenios.

4) Siehe das 20. Jahr Ptolemaios' III., in ihm zwei Alexanderpriester und
wohl auch zwei Kanephoren (S. 178, A. 2 u. S. 187, A. 2); ferner das 12. Jahr
des 4. Ptolemäers, wohl drei Kanephoren (S. 188, A. 8); schließlich das 6. Jahr
Ptolemaios' X. (S. 182, A. 5 u. S. 183, A. 1).   Wilcken, G. G. A. 1895. S. 138 hat
das Fungieren zweier Priester in einem Jahre gegenüber Mahaffys, P. Petr. I.
S. 56 Annahme mit Unrecht bezweifelt.

5) Krall, Zum makedonischen Kalender in Ägypten in Festschrift f. Hirschfeld S. 113 ff. (S. 115 ff.) hat vor kurzem daran gedacht, das Vorkommen zweier
eponymer Priester derselben Kategorie in demselben Königsjahre dadurch zu
erklären, daß das Amtsjahr der Priester nicht mit dem offiziellen Regierungsjahre zusammengefallen sei, indem das eine nach dem makedonischen, das
andere nach dem ägyptischen Kalender berechnet sei.   Seine Ansicht halte ich

Auch für die griechischen Kultbeamten Ägyptens besitzen wir ein Beispiel für die zeitlich beschränkte Dauer ihres Amtes, nämlich jenen ἱεροποιός aus Lykopolis, der später ἀρχιερεύς geworden ist (C. J. Gr. III. 4707).

Als Beleg für lebenslängliche Amtsführung griechischer Priester können wir nur den ἱερεὺς διὰ βίου der Athena aus Naukratis anführen[1]).

Schließlich sei noch hervorgehoben, daß hier bei den griechischen Priestern die Frage nach der Form ihres Avancements wegfällt, da ja die Vorbedingung hierfür, eine festgeordnete Hierarchie, nicht nachzuweisen ist (siehe S. 137)[2]).

jedoch in dieser Form jedenfalls für falsch, da derjenige Priester, der für ein bestimmtes Königsjahr eponym gewesen ist, auch unbedingt mit Beginn desselben sein Amt angetreten haben muß. Etwas anderes ist es, wenn man von der Beobachtung Smylys (Mr. Kenyons palaeography of greek papyri in Hermathena X. S. 425 ff. [S. 432]) ausgeht, der zufolge für die Zählung der Regierungsjahre je nach dem Zweck bald das Neujahr des ägyptischen Kalenders, bald ein anderer Termin, sei es der Jahrestag des Regierungsantrittes, sei es das Neujahr des makedonischen Kalenders, maßgebend gewesen ist; dieser zweiten Form der Zählung habe sich auch das eponyme Amtsjahr der Priester angeschlossen. Man könnte alsdann, um den gleichzeitigen Wechsel der Priester im 20. Jahre des 3. Ptolemäers (228/7 v. Chr.) zu erklären, annehmen, daß in den betreffenden demotischen Papyri nach dem durch den ägyptischen Kalender bedingten Regierungsjahre datiert gewesen sei; da dieses eben nicht mit dem offiziellen Regierungsjahr, dem das Amtsjahr der Priester entsprach, zusammenfiel, so mußte ein Wechsel der eponymen Priester eintreten. Krall a. a. O. S. 117 setzt ihn in den Mesore; nun soll nach dem Almagest des Ptolemaios (XI, 7; ed. Heiberg II. S. 419) der Dios, d. h. der Beginn des makedonischen Jahres im Jahre 230/29 v. Chr. in den Mesore gefallen sein (vergl. hierzu Strack, Der Kalender im Ptolemäerreich, Rh. M. LIII [1898] S. 398 ff. [S. 417 u. 421]), und dies könnte man als Stütze dafür, daß der Wechsel im Mesore durch den Beginn des makedonischen Jahres bedingt gewesen sei, verwerten. Immerhin sind jedoch alle diese Ausführungen nicht gesichert genug, um eine bestimmte Entscheidung treffen zu können. Der Wechsel im 12. Jahre des 4. Ptolemäers läßt sich jedenfalls nur durch Annahme einer Nachwahl erklären, zumal da der Alexanderpriester stets der gleiche ist; auch der Wechsel im 6. Jahre Ptolemaios' X. ist nur durch den Begriff des suffectus zu deuten, da damals nach Abschaffung des Doppelkalenders unter Gleichsetzung der makedonischen mit den ägyptischen Monaten (siehe Strack, a. a. O. S. 408 ff.) eine doppelte Zählungsart der Regierungsjahre ausgeschlossen erscheint.

1) Gr. Inschrift, publ. bei Flinders Petrie, Naukratis I. Plate XXX, Nr. 3.

2) Auf einen besonderen Abschnitt über die Priester bez. die Tempel der römischen und der orientalischen Götter muß leider sowohl in diesem als auch in jedem der folgenden Kapitel verzichtet werden, da uns hier unsere Tradition vollständig in Stich läßt.

Viertes Kapitel.

Besitz und Einnahmen der Tempel.[1]

1. Der Reichtum der Tempel in der vorhellenistischen Zeit.

Wohl alle Religionen haben als den Hauptzweck ihrer Bestrebungen die Erreichung idealer Ziele hingestellt, und doch haben wohl zu allen Zeiten ihre offiziellen Vertreter bald erkannt, daß es hiermit allein nicht getan sei, daß vielmehr daneben auch die Gewinnung politischer Macht und großer reicher Besitztümer für die Kirche nicht nur an sich erstrebenswert, sondern sogar von höchster Bedeutung sei, um eben die idealen Ziele in wünschenswerter Weise erreichen zu können.

Dieses Streben nach Macht und Besitz ist auch jederzeit der ägyptischen Kirche eigentümlich gewesen und von Erfolg gekrönt worden. Den hohen Ruhm, den die ägyptische Priesterschaft im Altertum besessen hat, dürfte sie neben dem allgemeinen Glauben an ihre große Gelehrsamkeit vor allem den Erzählungen zu verdanken haben, die von den ungeheuren Reichtümern dieser Priester berichteten, und die tatsächlich durchaus der Wahrheit entsprachen.

Schon zur Zeit des mittleren Reiches müssen die ägyptischen Heiligtümer einen ganz bedeutenden Besitz ihr eigen genannt haben[2].

---

1) In dieses und in die beiden folgenden Kapitel ist ein besonderer Abschnitt, der die betreffenden Verhältnisse der griechischen Tempel behandelt, nicht eingefügt, da hierfür nicht genügend Material vorhanden ist; die wenigen über diese erhaltenen Nachrichten sind gelegentlich berücksichtigt. Zugleich möchte ich noch bemerken, daß man in diesem Kapitel (ebenso wie im V. Kapitel, das die Ausgaben der Tempel bespricht) nicht erwarten darf, eine Zusammenstellung des Tempelbesitzes (bez. der Ausgaben) geordnet nach den einzelnen Heiligtümern und mit Berücksichtigung der im Laufe der Zeit erfolgten Veränderungen zu finden; zu einer derartigen Darstellungsweise fehlt uns noch durchaus das nötige Material, wir müssen uns vielmehr darauf beschränken, verschiedene typische Besitzobjekte und Einnahmequellen der Tempel an der Hand der erhaltenen Angaben über den Besitz einzelner Heiligtümer hervorzuheben. Vergl. hierzu den inzwischen erschienenen P. Tebt. I. 6, der uns einen Überblick über typische Einkommensquellen eines ägyptischen Heiligtums bietet; siehe auch P. Tebt. I. 5, 50 ff.

2) Interessante Nachrichten über die Höhe der Einnahmen eines Tempels, und zwar über die des Tempels zu Siut, enthält die Inschrift des Gau-

Dies zeigen z. B. schon die vielen uns bekannt gewordenen priesterlichen Beamten, die zu seiner Verwaltung nötig waren[1]) und deren
Amt sicher nicht eine bloße Sinekure gewesen ist. Die Tempelbauten
haben schon damals große Dimensionen angenommen[2]); reiche Geschenke sind den Tempeln von Königen (siehe Erman, Ägypten II.
S. 404) und jedenfalls auch von Privaten[3]) zugeflossen.

Eine gewaltige Vermehrung des Besitzes der Tempel ist alsdann
im neuen Reiche erfolgt. Ein großer Teil der Beute der glücklichen
Kriegszüge der 18. und 19. Dynastie ist gleichsam als der schuldige
Tribut für die Gottheit, der man die Siege zu verdanken glaubte, in
die Schatzkammern der Heiligtümer gewandert. Von Thutmosis III.
und von Seti I. sind uns Inschriften erhalten, in denen die fürstlichen
Geschenke dieser Könige an die Priester aufgezählt werden (vergl.
Erman, Ägypten II. S. 404). Vor allem bietet jedoch der große Papyrus Harris (Harris I.) ein treffliches Bild von den Reichtümern,
welche zur Zeit Ramses' III. die ägyptischen Tempel besessen haben[4]).
Bis in die Millionen gehen hier die Zahlen bei einzelnen Besitztümern,
und sie stellen natürlich dementsprechend auch einen sehr bedeutenden
Wert dar; tausende Pfund der edelsten Metalle, Massen von Getreide,

---

fürsten Hapidjefa (große Inschrift von Siut; siehe S. 24, A. 4). Erman (a. a. O.
Ä. Z. XX [1882] S. 172) scheint sie mir etwas zu niedrig zu berechnen, da einmal der Tempel jedenfalls noch andere Einkünfte als Brot und Getreide gehabt
hat, Fleisch wird sogar z. B. besonders erwähnt (große Inschrift von Siut, Vertrag N. 3), und da außerdem doch die Multiplikation des Gehaltes eines Priesters mit der Zahl dieser sicher nicht die Gesamteinnahmen des Tempels
ergibt, denn es hat doch auch wohl die sogenannte Stundenpriesterschaft und
die Dienerschaft des Tempels Anteil an den Einkünften gehabt, und ferner sind
auch aus diesen Opfer u. dergl. bestritten worden.

1) Vergleiche die Titel der ständigen Priester; siehe Erman, Ägypten II.
S. 395/96; auch I. S. 164.

2) Siehe hierfür die Zusammenstellung der Monumente bei Flinders Petrie,
History of Egypt. I am Beginn eines jeden Abschnittes.

3) Siehe z. B. die Dotierungen der Totenkulte durch Private (z. B. große
Inschrift von Siut Z. 9—12 bei Erman, Ägypten I. S. 213; Inschrift des Chnemhotep [siehe S. 201, A. 3] Z. 83—84); wenn in diesen der Totenpriester für die
Besorgung des Kultes mit Äckern, Leuten, Vieh usw. ausgestattet wird, so bedeutet dies auf keinen Fall eine persönliche Schenkung an einen Totenpriester —
sonst würde doch der Name des betreffenden genannt sein —, sondern eine
Schenkung an den Tempel, der dafür verpflichtet ist einen Totenpriester zu bestellen. Zudem erscheint es mir nicht glaubhaft, daß die Totenopfer, die als
Äquivalent für die Gaben dargebracht werden sollten (Erman, Ägypten II. S. 396
im Anschluß an große Inschrift von Siut, 5. Vertrag möchte ich nicht zustimmen),
diesen an Wert ganz gleichgekommen sind.

4) Aus dem großen Papyrus Harris bieten Auszüge Erman, Ägypten II.
S. 405—409 u. Brugsch, Ägyptologie S. 271—274; ersterer hat übrigens vor
kurzem mit Recht davor gewarnt den Reichtum der Tempel auf Grund des
Papyrus Harris allzusehr zu überschätzen (siehe: Zur Erklärung des Papyrus
Harris in Sitz. Berl. Akad. 1903).

Bier, Wein und sonstigen Lebensmitteln sind damals den verschiedensten
Heiligtümern zugeflossen; ein überaus großer Landbesitz mit Tausenden
von Sklaven, sogar ganze Städte haben ihnen gehört. Reichtümer, wie
sie zu jener Zeit der angesehenste aller ägyptischen Tempel, der des
Amon zu Theben, sein eigen nannte, dürfte wohl kaum ein anderer
Tempel des Altertums besessen haben[1].

Nach dem Ende des neuen Reiches wird infolge der beständigen
Wirren und der verschiedenen Fremdherrschaften zugleich mit dem
politischen Einfluß der Priester auch der Tempelbesitz eine bedeutende
Einschränkung erfahren haben[2], aber es wäre durchaus falsch infolgedessen zu glauben, daß etwa zu Beginn der hellenistischen Zeit
Ägyptens der Reichtum der ägyptischen Heiligtümer ganz verschwunden gewesen ist. Es läßt sich vielmehr noch bei mehreren Tempeln

---

1) Vergl. z. B. auch die Bemerkung des Pausanias (I. 9, 3), der den Reichtum des thebanischen Tempels über den der reichsten griechischen Heiligtümer,
der Tempel zu Delphi und Orchomenos, stellt.

2) Hin und wieder begegnen uns allerdings noch Nachrichten über ganz
bedeutende Reichtümer, selbst im Besitz kleinerer Tempel, siehe z. B. das In-
ventarverzeichnis eines der unbedeutenderen Heiligtümer zu Abydos aus der
Zeit der 22. Dynastie, der darnach an Gold und Silber immerhin Tausende von
Pfund besessen hat (vergl. E. Naville, Bubastis S. 61); siehe ferner auch die
Angaben des dem. P. Goleništcheff aus der Zeit Darius' I. (vergl. Rev. ég. III.
S. 62/63 in den Anm.). Von reicher Ausstattung der Tochter Psammetichs I. durch
den Vater und einer ihr von den ägyptischen Tempeln zu zahlenden jährlichen
Rente berichtet uns anläßlich ihrer Adoption durch das „Gottesweib" des Amon
von Theben, d. h. ihrer Annahme als Nachfolgerin in der Herrschaft über den
thebanischen Kirchenstaat, eine hieroglyphische Inschrift (siehe Legrainsche Inschrift Nr. 2, publ. von Erman, Zu den Legrainschen Inschriften, Ä. Z. XXXV [1897]
S. 19 ff.); da jedoch ohne zwingende Gründe Psammetich seine Tochter kaum so
reich ausgestattet haben würde, so darf man wohl annehmen, daß an sich die
Einkünfte des thebanischen Gottesweibes verhältnismäßig nicht mehr allzu hoch
gewesen sein mögen. Die verschiedensten Nachrichten besitzen wir über die Alie-
nierung von Tempelgut durch die Könige; siehe z. B. die Angaben der sogenannten
demotischen Chronik von Paris bezüglich des Königs Amasis, des vorletzten
Herrschers aus der saitischen Dynastie (siehe Revillout, Premier extrait de la
chronique démotique de Paris in Rev. ég. I. S. 49 ff., vor allem S. 57 ff. u. 60;
siehe auch Revillout, Le budget des cultes sous Ptolémée Philadelphe in Rev.
ég. III. S. 105 ff. u. vergl. Herodot II. 154 u. Diodor I. 67, 1); ferner den Bericht
der Satrapenstele über Beraubung des Tempels von Buto durch Xerxes und
Artaxerxes I. (er ist auch beteiligt, da er gleichfalls die Strafe der Götter er-
leiden soll) (Mariette, Monuments divers 13; zuerst veröffentlicht von Brugsch,
Ein Dekret Ptolemäus', des Sohnes Lagi, des Satrapen, Ä. Z. IX [1871] S. 1 ff.,
zuletzt herausgegeben von Wilcken, Zur Satrapenstele, Anhang zu seinem Aufsatze: Zur bilinguen Inschrift von Philä, Ä. Z. XXXV [1897] S. 70 ff. [S. 81 ff.],
der endlich das richtige Verständnis der Inschrift erschlossen hat); weiterhin
die Erzählung der sich hier auf vortreffliche lokale Quellen stützenden Oikonomika des Pseudo-Aristoteles (II. 2, 23) (vergl. hierzu Erman u. Wilcken, Die
Naukratisstele, Ä. Z. XXXVIII [1900] S. 127 ff. u. Wilcken, Zu den pseudoaristo-
telischen Oikonomika im Hermes XXXVI [1901] S. 187 ff.) vom König Taos.

— besonders bedeutende sind es zudem gar nicht — ein beträchtlicher Besitz, der sich aus den verschiedensten Besitzobjekten zusammensetzt, nachweisen, und auch noch bei anderen mag er vorhanden gewesen sein, nur fehlen leider infolge unserer so überaus dürftigen Tradition die nötigen Belege hierfür.

2. Der Besitz und die aus ihm den Tempeln zufließenden Einnahmen.

In hellenistischer Zeit hat man auf jeden Fall mit einer von der früheren stark abweichenden Verteilung des Besitzes der „toten Hand" unter die verschiedenen Heiligtümer zu rechnen, da ja auch die Stellung der einzelnen Tempel zu einander sich geändert hat. So haben sich Heiligtümer, die früher nicht sonderlich hervorgetreten sind, wie z. B. der Tempel des Horus zu Edfu und derjenige der Isis zu Philä zu höchster Blüte entwickelt, andere von hohem Ansehen und großem Reichtum, wie z. B. die Serapeen zu Memphis und Alexandrien, sind ganz neu entstanden; dagegen hat von den in alter Zeit hochberühmten Tempeln der des Amon zu Theben jedenfalls ganz sicher nach der Zerstörung dieser Stadt durch Ptolemaios X. Philometor II. Soter (88 v. Chr.) (Pausanias I. 9, 3) seine Bedeutung vollends verloren, und das Gleiche dürfte bei manchem anderen der alten Heiligtümer der Fall gewesen sein[1]).

Auch für die hellenistische Zeit ist anzunehmen, daß jeder ägyptische Tempel besonders fundiert gewesen ist; an Besitztümer, die der Gesamtheit der Tempel gemeinsam gehört haben, ist wohl nicht zu denken[2]); so wird denn auch ebenso wie stets im alten Ägypten als Eigentümer des Heiligtums und seines Besitzes der betreffende in ihm verehrte Gott genannt[3]).

---

1) Allerdings darf man aus dem Fehlen jeglicher Nachrichten über ihre Stellung und Besitz noch keine Schlüsse ableiten.

2) In ptolemäischer und römischer Zeit wird zwar oft ἱερὰ γῆ ohne Nennung des Tempels, dem sie gehört hat, genannt (siehe z. B. Rev. L. Col. 36, 8; P. Par. 63. Col. 6, 178; B. G. U. I. 20, 4; 188, 12 u. 20; 218, 6; II. 483, 5; 656, 5; P. Lond. II. 256e, 3 [S. 93]; unpubl. P. Lond. 604a, siehe P. Lond. II. S. 96 Anm.; vergl. endlich die große Anzahl der im VI. Kapitel hierfür anläßlich der Besprechung der Verwaltung der Tempelländereien angeführten Beispiele); daß das Heiligtum nicht hinzugefügt wird, darüber braucht man sich jedoch nicht zu wundern, da es sich in allen diesen Fällen um staatliche Verfügungen oder Einrichtungen handelt, die für die Gesamtheit des „heiligen Landes" in Betracht kommen.

3) Besonders charakteristische Beispiele sind z. B. P. Oxy. II. 242, 17 ff.: ἐπὶ τῷ ἐᾶσαι τοὺς ὠνουμένους τόπους τῷ κυρίῳ Σαράπιδι πρὸς χρηστίαν κ.τ.λ., und B. G. U. II. 362 p. 3, 10 (12, 24; 14, 7; 15, 24): ἀπὸ τόκων ὀφειλομένων τῷ θεῷ (sc. Jupiter Capitolinus); zu letzterem vergl. übrigens die ganz ähnliche Formel in delischen Tempelrechnungen, publ. von Homolle in B. C. H. VI (1882) S. 1 ff. Col. 1, 42: δανείων ὀφειλομένων τῷ θεῷ; an Entlehnung ist jedoch, da ja der Brauch auch in Ägypten ebenso wie in Griechenland (siehe z. B. Plato,

A. Die Ländereien.

Einen wichtigen Bestandteil des Besitzes der ägyptischen Kirche haben stets die in ihrer Hand befindlichen Ländereien gebildet. Als unberechtigt ist die Annahme zurückzuweisen, daß in hellenistischer Zeit der Tempelbesitz an Land nur noch dem Namen nach bestanden habe, daß man in Wirklichkeit als Eigentümer den Staat ansehen müsse, da dieser die Einkünfte aus der ἱερὰ γῆ bezogen und nur einen geringen Bruchteil, die sogenannte ἀπόμοιρα (Rosette Z. 15), den Heiligtümern überlassen habe[1]). Gegen diese Ansicht hätte eigentlich schon der Umstand Bedenken erregen müssen, daß die Tempel von ihrem Landbesitz Steuern zu zahlen hatten (Rosette, Z. 29)[2]), vollständig hinfällig wird jedoch diese Vermutung durch die uns jetzt durch den sogenannten Revenue Papyrus gelieferte richtige Erklärung der ἀπόμοιρα (siehe dieses Kapitel 3, A a), die darnach mit den Erträgen der Tempelländereien nichts zu tun hat. Daß das Besitzrecht der Tempel an ihrem Lande intakt geblieben ist, zeigt auch der von der Priesterschaft im Namen ihres Heiligtums ausgeführte Kauf und Verkauf von Landbesitz desselben[3]). Irgendwelche Nachrichten oder Hinweise auf Konfiskationen von Tempelland in größerem Umfange sind auch nicht vorhanden — gelegentliche Alienationen mögen natürlich vorgekommen sein[4]) —, im Gegenteil besitzen wir auch aus hellenistischer Zeit mancherlei Belege von Schenkungen von neuem Land an die Tempel (siehe im folgenden).

Eine sicher verbürgte Nachricht, welchen Gesamtumfang die ἱερὰ γῆ damals besessen hat, ist leider nicht erhalten. Diodor berichtet uns zwar an zwei verschiedenen Stellen (I. 21, 7[5]) u. 73, 2), daß der

---

Leges V. p. 738) heimisch ist, nicht zu denken. Genau dieselben Formeln lassen sich übrigens auch für babylonische Tempel nachweisen.

1) Letronne, Recueil des inscriptions I. S. 275; Revillout a. a. O. Rev. ég. I. S. 58, A. 1; a. a. O. Rev. ég. III. S. 106; Rev. ég. VII. S. 55.

2) So schon Lumbroso, Recherches S. 279 A. 1 (seine Erklärung der ἀπόμοιρα ist natürlich verfehlt). Falsch war auch die Ansicht von Letronne und Revillout schon deswegen, weil sie die Worte der Rosettana Z. 15: ὁμοίως δὲ καὶ τὰς καθηκούσας ἀπομοίρας τοῖς θεοῖς ἀπό τε τῆς ἀμπελίτιδος γῆς καὶ τῶν παραδείσων καὶ τῶν ἄλλων ὑπαρξάντων τοῖς θεοῖς interpretierten, als ob alle Landsorten hier erwähnt wären, während doch gerade die wichtigste, das mit Getreide bebaute Land, fehlt, denn daß es in τὰ ἄλλα ὑπάρξαντα einbegriffen sei, ist ganz ausgeschlossen.

3) Siehe z. B. P. Oxy. II. 242; P. Lond. II. 285 (S. 201); C. P. R. I. 221.

4) Neuerdings hat P. Meyer (a. a. O. der Festschrift für Otto Hirschfeld S. 142, A. 2 u. S. 160) von größeren Konfiskationen von Tempelland in hellenistischer Zeit gesprochen; die Belege, welche ihm dies zu bezeugen scheinen (die Zeugnisse über die γῆ ἐν δωρεᾷ sind jedenfalls überhaupt ganz auszuschließen, siehe S. 268 A. 2), sind jedoch nur als Beweise für den Übergang der Verwaltung des Tempellandes in die Hand des Staates zu deuten; vergl. VI. Kapitel.

5) Die hier gebotene Nachricht, daß Isis selbst den Priestern den dritten

dritte Teil des ganzen Ägyptens im Besitz der Tempel gewesen sei, aber seine, bez. seines Gewährsmannes Hekataios Angabe bezieht sich sicher auf die Pharaonenzeit, von der der ganze Abschnitt spricht; ob sie für jene Zeit das Richtige bietet, ist mir immerhin recht zweifelhaft[1]), für das ptolemäisch-römische Ägypten dürfte sie jedenfalls viel zu hoch sein, obgleich sich für diese Zeit bei einzelnen Heiligtümern noch ein recht bedeutender Landbesitz nachweisen läßt.

Vor allem ist uns dieses möglich für den **Tempel des Horus zu Edfu (Apollinopolis magna)**. Es ist uns sogar für ihn aus dem Ende des 2. Jahrhunderts v. Chr. die Höhe seines gesamten Areals bekannt geworden. An der östlichen Umfassungsmauer dieses Heiligtums befinden sich nämlich zwei große hieroglyphische Inschriften, beide aus der Zeit der Söhne Ptolemaios' VIII. Euergetes' II.[2]), die uns die

---

Teil von ganz Ägypten übergeben habe, dürfte aus den Kreisen der Priesterschaft stammen, welche durch die schlau erfundene Legende von dem göttlichen Ursprung ihres Besitzes diesen möglichst vor Beraubungen zu schützen suchten.

1) Kürzlich hat Erman a. a. O. Sitz. Berl. Akad. 1903. S. 472 versucht, die Größe der Tempelländereien in der Zeit Ramses' III. gegenüber dem Gesamtbetrage des für jene Zeit anzunehmenden ägyptischen Kulturlandes abzuschätzen; es haben darnach je nach den Zahlen (die von v. Kremer, Ägypten I. S. 195 gebotene Zahl scheint mir übrigens Erman gegenüber einer von mir früher angestellten Berechnung um circa 800 qkm zu niedrig anzugeben), die man der Schätzung zugrunde legt, die Tempel etwas über ein Fünftel oder ein Achtel bis ein Neuntel des bebauten Landes besessen. Wenn man auch noch vielleicht eine Vermehrung des Tempelbesitzes unter den letzten Ramessiden annehmen darf, so wird doch dieser niemals die von Diodor angegebene Höhe erreicht haben.

2) Publiziert von Brugsch, Thesaurus III. S. 604 ff. u. S. 531 ff. (549 ff.); die letztere ist schon teilweise besprochen von Lepsius: „Über eine hieroglyphische Inschrift am Tempel von Edfu (Apollinopolis magna), in welcher der Besitz dieses Tempels an Ländereien unter der Regierung Ptolemaios' XI. Alexanders I. verzeichnet ist," in Abh. Berl. Ak. 1855. S. 69 ff. Die Chronologie dieser beiden Inschriften ist bisher noch nicht richtig erkannt worden. Obgleich in der erstgenannten nur allgemein von einem König Ptolemaios die Rede ist (ein Königsschild ist unausgefüllt), ist doch ein terminus post quem für die Inschrift durch ihren Standort, die östliche Umfassungsmauer des Tempels, gegeben; er ist das Jahr 54 (das letzte) des Königs Ptolemaios VIII. Euergetes II. (117/16 v. Chr.), da erst in diesem Jahre der Bau dieser Mauer begonnen worden ist (siehe Dümichen, Bauurkunde der Tempelanlagen von Edfu in Ä. Z. VIII (1870) S. 1 ff. (S. 4). Andererseits weist aber wohl die Größe des in der Inschrift genannten Tempellandes, die bedeutend kleiner ist als der Umfang der in der zweiten Inschrift genannten Ländereien, darauf hin, daß sie in die Zeit vor die großen Schenkungen der Söhne Euergetes' II., von denen eben die zweite Inschrift berichtet, anzusetzen ist. Daß man sie nach diesen Schenkungen unter den 13. Ptolemäer, Neos Dionysos, zu verlegen habe, indem man annimmt, daß dieser König den Tempel eines großen Teiles seiner Ländereien beraubt hat, erscheint mir so gut wie ausgeschlossen, da ein derartiges Verfahren des Neos Dionysos durchaus unwahrscheinlich ist. Man muß also demnach die erste Inschrift in die erste Zeit Ptolemaios' X. Philometors II. Soters oder Ptolemaios' XI. Alexan-

nötigen Angaben liefern. Erschwert wird freilich die Berechnung der
Größe des Besitzes durch eine Reihe von Fehlern, die sich in die
Zahlen der zeitlich späteren Inschrift, die sehr ins Detail geht (Brugsch
a. a. O. S. 531 ff.), eingeschlichen haben[1]), und vor allem dadurch, daß
gerade einige der wichtigsten Zahlen am Schluß nicht erhalten sind.

Immerhin läßt sich mit voller Sicherheit feststellen, daß in der
ersten Zeit der Söhne Euergetes' II. der Horustempel 12 700 Aruren[2])
(circa 35 qkm)[3]) fruchtbaren Landes besessen hat, wovon 10 900
Aruren (circa 30 qkm) mit Getreide und die übrigen mit anderen
Nutzpflanzen bebaut gewesen sind[4]).

Dieser doch schon sehr bedeutende Besitz hat im Laufe der
Regierung der Söhne des 8. Ptolemäers durch königliche Schenkungen

---

ders I. setzen; welcher Bruder gemeint ist, ist allerdings nicht zu bestimmen.
Was die zweite Inschrift anbelangt, so ist die Bestimmung des terminus ante
quem durch Brugsch (a. a. O. S. 594) auf das 36. Jahr des Königs Ptolemaios XI.
Alexander I. falsch, da ja dieser König bekanntlich gar nicht 36 Jahre, sondern nur 26 Jahre regiert hat (siehe z. B. Strack, Dynastie S. 205). Nun ist
aber der Königsname in der Inschrift (Tafel VIII, Z. 18 unten auf S. 548) fast
ganz verwischt, so daß also auch an der Brugschschen Lesung Ptolemaios Alexander I. nicht festgehalten zu werden braucht, und man wohl für ihn den
König Ptolemaios X. Philometor II. Soter, den Bruder Alexanders I., dessen Nennung nach dem Beginn der Inschrift zu urteilen gleichfalls möglich wäre, einsetzen kann; er hat tatsächlich im ganzen 36 Jahre geherrscht. Ferner liegt
meines Erachtens gar kein Grund vor, wie Brugsch (a. a. O. S. 590 u. 594) es
tut, die überlieferte, freilich auf jeden Fall verstümmelte Zahl 31 (Tafel VIII,
Z. 18 unten) gerade auf 36 zu erhöhen, es kann ebenso gut jedes andere zwischen dem 31. und 36. Jahre Philometors II. Soters (87/86—82/81 v. Chr.) liegende Jahr in Betracht kommen. Daß die Inschrift noch unter diesem König
gesetzt ist, daß somit also auch die seit seinem 31. + x. Jahre erwähnten Schenkungen (Tafel VIII, Z. 18/19, siehe Tafel I, Z. 1) noch alle von ihm herrühren,
ergibt sich mit Sicherheit daraus, daß der Name eines späteren Königs in der
ganzen Inschrift nicht genannt ist und daß keiner der späteren Ptolemäer über
31 Jahre regiert hat; vergl. auch den Eingang der Inschrift.

1) Eine große Anzahl sind schon von Lepsius a. a. O. verbessert worden.

2) Es wird hier das Maß: s(3)t-t genannt; dieses ist mit Recht von Brugsch,
Ägyptologie S. 372/73 der Arure gleichgesetzt worden; vergl. auch Revillout,
Un papyrus bilingue du temps de Philopator in P. S B. A. XIV (1892) S. 62 ff.

3) Ich habe hier die ägyptische Arure mit Hultsch, Griechische und römische Metrologie[2] S. 356 ff. unter Anwendung der großen königlichen Elle von
0,525 m mit 2756 qm (Arure = 100 königl. □ Ellen) angesetzt; so auch Nissen,
Griechische und römische Metrologie S. 854. Lepsius hat freilich der Berechnung
der Arure stets die kleine Elle von 0,45 m zugrunde gelegt und gelangt so zu
2025 qm, doch darf man ihm wohl hierin nicht folgen. Brugsch, Ägyptologie
S. 372 entscheidet sich nicht. Darauf hinweisen möchte ich noch, daß Brugsch,
Die Lösung der altägyptischen Münzfrage in Ä. Z. XXVII (1889) S. 1 ff. (4 ff.), die
Länge der königlichen Elle etwas höher als Lepsius mit 0,52686, abgekürzt
0,527 m bestimmt hat; in diesem Falle würde dann die Arure 2777 qm enthalten, doch kann man wohl die alte Ansetzung von Hultsch beibehalten.

4) Inschrift (1 als die zeitlich frühere) bei Brugsch a. a. O. S. 604 ff.; für
die Chronologie siehe S. 263, A. 3.

noch eine große Erweiterung erfahren[1]). So ist einmal dem Tempel
der alte Besitzstand aus dem Ende des 17. Jahres des Königs Nektanebo I. (ungefähr 362 v. Chr.), von dem er im Laufe der Jahre
manches eingebüßt haben mochte, restituiert worden (Inschrift 2,
Tafel I, 1 ff.)[2]). Um sich eine Urkunde von dauernder Beweiskraft für
die Zukunft zu verschaffen, haben die Priester eine genau detaillierte
Aufstellung dieses Landbesitzes[3]) in die Wände ihres Tempels ein-
meißeln lassen[4]). Er allein hat 13 209$^1/_{16}$ Arure (nicht ganz 36$^1/_2$ qkm)
anbaufähigen Landes[5]) betragen (Inschrift 2, Tafel I, Z. 3). Er hat sich
auf vier Nomen verteilt, auf den Pathyrites (Inschrift 2, Tafel I),
den Nomos von Esne (Inschrift 2, Tafel II), den von Edfu (Inschrift 2,
Tafel III bis VIII, Z. 15) und einen Gau, dessen Name nicht erhalten
ist (Inschrift 2, Tafel VIII, Z. 15 ff.), der jedoch aller Wahrscheinlichkeit den eben genannten benachbart gewesen sein dürfte[6]). In dem
Nomos von Edfu hat die Hauptmasse des Besitzes gelegen[7]), doch sind

1) Inschrift (2 als die zeitlich spätere) bei Brugsch a. a. O. S. 531 ff. (Chronologie siehe S. 263, A. 3).

2) Diese Restituierung ist nicht als volle Neuschenkung, sondern nur als
Kompletierung des von jenem alten Besitztume dem Tempel noch verbliebenen
Restes aufzufassen; vergl. hierzu die auf S. 264 angegebene Größe der Tempel-
ländereien, in der allerdings die Neuschenkungen des 11. und 12. Ptolemäers
(S. 266) z. T. inbegriffen sein werden.

3) Es werden von jedem einzelnen Felde genau die Maße und auch seine
Grenzen angegeben; eine Karte des Tempelgebietes läßt sich jedoch trotzdem
nicht rekonstruieren, da die Felder nicht immer aneinander, sondern oft an
fremdes Eigentum grenzen, und die Örtlichkeiten, in denen sie liegen, im übrigen
nicht genauer bekannt sind.

4) Zur Feststellung ihres Besitzes benutzen die Priester übrigens teilweise
sogar die Grundbücher aus dem letzten Jahre Darius' II. (404 v. Chr.) (Inschrift 2,
Tafel I, Z. 5 ff.); offenbar mochten für die betreffenden Ländereien die Kataster
aus dem letzten Jahre Nektanebos I. nicht erhalten sein. Auf das Fehlen der
Kataster wird man es auch zurückführen dürfen, daß in der Inschrift die Schenkungen Nektanebos I., sowie die Darius' II. noch besonders hervorgehoben werden (siehe z. B. Inschrift 2, Tafel I, Z. 18; Tafel II, Z. 7; Tafel VIII, Z. 19 u. öfters),
obgleich diese in der auf das letzte Jahr Nektanebos I. sich beziehenden Aufstellung eo ipso enthalten sein müßten. Man kann für die besondere Erwähnung
auch noch darauf verweisen, daß diese Schenkungen, die den Zeiten des Aufstandes Ägyptens gegen Persien (es handelt sich ja um die Jahre 404—361
v. Chr.) angehören, vielleicht bald wieder dem Tempel alieniert worden sind,
und daß man diesem sein ehemaliges Besitzrecht bestritten hat.

5) Das unfruchtbare Land, das dem Tempel gehört, auch Wasserläufe sind
nicht mit berechnet; siehe Brugsch a. a. O. S. 599; vergl. z. B. Inschrift 2,
Tafel II, Z. 5.

6) Da die Gaue von Norden nach Süden in der Aufstellung angeführt
werden, so halte ich es für sehr wohl möglich, daß hier der Grenzgau Ägyptens
an Nubien, der alte Gau „Vorderland" (Hauptort: Elephantine) genannt war.

7) Leider läßt sich nicht ermitteln, welchen Bruchteil der Größe des
fruchtbaren Landes des ganzen Gaues der Edfuer Tempelbesitz ausgemacht hat,
da die Größe des einzelnen Gaues und das Verhältnis von fruchtbaren und un-
fruchtbaren Land nicht bekannt ist.

gerade hier die Zahlen zu unsicher überliefert, um eine genaue Angabe bieten zu können, es dürften ungefähr 9000 Aruren[1]) gewesen
sein; im Pathyrites haben dann $2242\frac{1}{4}\frac{1}{8}\frac{1}{16}\frac{1}{32}$ Aruren[2]) (Inschrift 2,
Tafel I, Z. 24) und im Gau von Esne $1801\frac{1}{2}\frac{1}{4}\frac{1}{16}\frac{1}{32}$ Aruren[3]) (Inschrift 2, Tafel II, Z. 20) dem Tempel gehört; die Größe der Lände-
reien in dem unbenannten Nomos ist nicht erhalten (Inschrift 2,
Tafel VIII, Z. 16).

Zu diesem alten Tempelbesitz haben dann noch die Könige Ptolemaios X. Philometor II. Soter und Ptolemaios XI. Alexander I.[4]) im
ganzen $5127\frac{1}{8}\frac{1}{16}\frac{1}{32}$ Aruren (Inschrift 2, Tafel VIII, Z. 18) hinzu-
geschenkt, so daß das Heiligtum zu Edfu infolge dieses wahrhaft
fürstlichen Geschenkes den sehr bedeutenden Landbesitz von

---

1) Die Gesamtzahl des Nomos ist nicht erhalten (siehe Inschrift 2, Tafel VIII,
Z. 15), ferner sind auch die Zahlen in Tafel V, Z. 12 ff., Tafel VI u. Tafel VII,
Z. 1—5 ganz verderbt. (Allzu hoch sind sie allerdings nicht gewesen.) Aus den
übrigen Tafeln der Inschrift 2 ergeben sich folgende Summen (die Brüche lasse
ich weg):

Tafel III	circa 1467	Aruren
„ IV	„ 3213 (?)	„
„ V, Z. 1—12	„ 1033	„
„ VII, Z. 6 ff. —		
„ VIII, Z. 15	„ 2795	„
	circa 8508 Aruren	

Im einzelnen möchte ich noch zu den Zahlen bemerken, daß erstens die Zahl
1467, die als Gesamtzahl in Tafel III, Z. 22 steht, wohl nicht richtig ist, sondern
daß es, da nach Tafel III, Z. 8 offenbar 12½ Aruren abzurechnen sind, 1455 heißen
müßte. Die Zahl 3213 (?) von Tafel IV setzt sich ferner zusammen aus den
Zahlen 166 (Z. 1) + 1336 (Z. 5) + 1711 (Z. 10); diese letztere Zahl ist jedoch
ganz sicher falsch, da schon unter den Summanden, aus denen sie sich zusammensetzt, Fehler vorhanden sind; so müßte wohl Z. 11 anstatt 260 die Zahl 360
stehen, also Z. 15 mithin: 719½; auch die in Z. 18 genannte Zahl 609 ist ganz
unerklärlich. In Tafel VIII, Z. 9 ist bei 31 circa 8 zu wenig und in Z. 14 10
zu viel gerechnet. In Tafel VI sind zwar wohl einzelne Zahlen korrekt (die in
Z. 6 + 12 + 16 + 18 genannten ergeben 459 Aruren), doch ist eine Kontrolle
im ersten Teil ganz unmöglich, siehe z. B. Z. 8 u. Z. 10 die beiden unmotivierten
hohen Zahlenangaben.

2) Die Zahl in Inschrift 2, Tafel I, Z. 13 u. 20 muß in 1150 verbessert werden (siehe Tafel I. Z. 23). Ich biete hier und im folgenden einmal die Angaben
der Brüche, um die Genauigkeit der Vermessung dieser Ländereien zu zeigen.

3) Die Gesamtzahl von Inschrift 2, Tafel II (in Z. 20) lautet zwar 1802
Aruren, doch muß es in Z. 11/12: 260 anstatt 261 heißen, mithin die obige
Angabe.

4) Die Namen dieser beiden Könige, von denen man nach dem Eingang
der Inschrift erwarten muß, daß sie in dieser als Donatoren genannt werden
werden, sind jedenfalls in Inschrift 2, Tafel VIII, Z. 18 herzustellen, und zwar ist
wie schon bemerkt (S. 263, A. 3) Philometor II. Soter mit dem daselbst genannten 31. + x. Jahre, und Alexander I. alsdann mit dem 15. Jahre in Verbindung zu bringen. Daß das Regierungsjahr des jüngeren Bruders zuerst genannt
ist, ist durchaus in Ordnung, da es ja auch zeitlich dem hier erwähnten Jahre
des älteren Bruders vorausgegangen ist.

18336$\frac{1}{4}$$\frac{1}{32}$ Aruren (ungefähr 50$\frac{1}{2}$ qkm)[1]) sein eigen genannt hat. Wie lange er ihm unvermindert geblieben ist, läßt sich freilich nicht ermitteln.

Aus denselben Gauen ist noch für eine Reihe anderer Tempel durch dieselbe Urkunde Landbesitz belegt, nämlich derjenige, welcher als Grenzgebiet der Horusfelder erwähnt wird. So grenzt im Nomos von Pathyris z. B. Besitz des Amon-Re (Inschrift 2, Tafel I, Z. 10/11, Größe unbestimmt), des Chnum von Elephantine (Inschrift 2, Tafel I, Z. 11, Größe unbestimmt), des Month (Inschrift 2, Tafel I, Z. 10 u. 15, Größe unbestimmt und 25 Aruren[2])), des Ptah (Inschrift 2, Tafel I, Z. 15, 16, 17, Größe im ganzen 295$\frac{1}{2}$$\frac{1}{4}$ Aruren), des Anubis

---

1) Die Zahl, die in Inschrift 2, Tafel VIII, Z. 17 den Gesamtbesitz des Tempels geben soll, ist leider gerade weggebrochen, doch dürfte die im Text angegebene Zahl zu ergänzen sein. In Gedanken ist sie jedenfalls auch am Ende von Z. 19 einzufügen und nicht die von Brugsch gebotene Zahl, in der er Verschiedenartiges zusammenfaßt. Die im Schluß der Inschrift angegebenen Zahlen für die Schenkungen der Könige Darius' II. und Nektanebos I. darf man nämlich nicht besonders rechnen, da sie ja in der im Anfang der Inschrift angeführten Summe, die den Tempelbesitz am Ende der Regierung Nektanebos I. angibt, enthalten sein müssen; in der Tat werden auch in der diese Gesamtsumme erläuternden Aufzählung der Ländereien Schenkungen der beiden Könige öfters (siehe Inschrift 2, Tafel I, 5 u. 9/10; I, 18; II, 7; II, 19; III, 19; IV, 18) erwähnt, und der Umfang der von beiden Königen zusammen geschenkten Ländereien (die einzelnen Zahlen stimmen freilich nicht ganz) entspricht ungefähr dem im Schluß angegebenen Betrage. (Mitverrechnet ist dabei jedenfalls eine Schenkung aus dem ersten Jahre Nektanebos II. [wohl 360 v. Chr.] [siehe Inschrift 2, Tafel I, 9 u. III, 6]; eigentlich sollte man ihre Erwähnung, da ja als Endtermin der Aufzählung das Jahr 362 v. Chr. [siehe S. 265] zugrunde gelegt ist, gar nicht erwarten, doch mag man sich zu ihr infolge der beiden zeitlich so naheliegenden Termine berechtigt gehalten haben; eine neue besondere Rubrik für sie am Schluß einzurichten, dazu ist man jedoch nicht geschritten, sondern hat sie einfach den anderen Schenkungen zugezählt.) Im Gegensatz zu den Zahlen für die Schenkungen der früheren Könige ist dagegen die am Schluß der Inschrift sich gleichfalls findende Größenangabe der Landüberweisung der beiden ptolemäischen Könige nicht als ein Bruchteil der im Anfang angegebenen Summe zu fassen, sondern besonders zu zählen. Die Restitution der früheren Ländereien ist eben von den Neuschenkungen zu trennen, und es ist der Gedanke abzuweisen, daß man in den von den Königen geschenkten 5127 Aruren gerade jene Ländereien zu sehen habe, welche nötig waren, um den alten Komplex von 13209 Aruren wieder herzustellen; denn in diesem Falle müßte man, da ja in der detaillierten Aufzählung dieser sogar die Schenkungen der früheren Könige genau angegeben werden, erst recht in ihr die Erwähnung der Gaben der jetzigen Könige erwarten, was jedoch nicht der Fall ist; vergl. auch den genauen Wortlaut des ersten und des letzten Abschnittes von Inschrift 2.

2) Landbesitz des Month von Hermonthis im pathyritischen Gau (eine Insel) wird auch im unpubl. P. Lond. 590 (erwähnt P. Grenf. I. S. 24 u. Archiv I. S. 57) genannt; derselbe wird jedoch auch von den Priestern der Tempel zu Pathyris und Krokodilopolis (Priester der Hathor und des Suchos) beansprucht (siehe P. Gizeh 10351 u. 10371, publ. von Grenfell-Hunt im Archiv I. S. 57 ff.).

(Inschrift 2, Tafel I, Z. 21, Größe unbestimmt) und der Hathor[1]) (Inschrift 2, Tafel I, Z. 22, Größe: 130 Aruren) an das Gebiet des Tempels von Edfu. Auch Felder, die zum Unterhalt verschiedener heiliger Tiere, des Ibis, des Falken, der Katze[2]) bestimmt gewesen sind[3]), also entweder zu Heiligtümern, bei denen diese Tiere gehalten wurden, oder die speziell ihnen geweiht waren, gehört haben, sind uns aus dem Pathyrites bekannt geworden.

Felder für „heilige Tiere" lernen wir auch in den anderen hier in Betracht kommenden Gauen kennen[4]) und auch in ihnen werden

---

1) Im Besitz der Hathor (gr. Aphrodite) hat sich wohl auch jene im pathyritischen Nomos gelegene νῆσος Ἀφροδίτης (P. Grenf. II. 15. Col. 2, 5/6) befunden; an sich könnte man hierunter allerdings auch bloß eine Ortsbezeichnung verstehen; der Umstand jedoch, daß zu Hathor-Aphrodite noch besonders der Ort ihrer Verehrung Pathyris hinzugesetzt wird, scheint mir darauf hinzuweisen, daß hier ein Besitztitel ausgedrückt werden soll. Vergl. die angrenzende νῆσος Λητοῦ in P. Grenf. II. 15. Col. 2, 5. Auf Besitz der Hathor im pathyritischen Gau weist uns, wenn auch in recht unbestimmter Form der dem. P. Straßb. 9 (Spiegelberg, S. 26) hin; auch die Zeit dieser beiden Belege um die Wende des 2. u. 1. Jahrh. v. Chr.

2) Siehe Inschrift 2, Tafel I, Z. 15 (Ibis: 30 Aruren), Z. 16 (Katze: 6 Aruren, Falke: 5 Aruren) (vergl. hierzu jetzt auch die Angaben über für ἰβίων τροφῆς bez. einfach ἰβίων bestimmtes Land aus dem Faijûm in P. Tebt. I. 62, 19 u. 23; 63, 28; 64[a], 9 ff.; 82, 38 u. 43; 98, 34); ferner das Land, das zu dem ἰβιοταφεῖον gehört, das aus der Zeit des Philadelphos bekannt geworden ist (Belege bei Wilcken, Ostr. I. S. 65—67 in den Anm); es wird zwar als zugehörig zum περὶ Θήβας τόπος bezeichnet, doch dürfte dieser damals noch mit dem Pathyrites einen Gau gebildet haben. (So Wilcken in Theb. Bank S. 33, A. 2; Meyers, Heerwesen S. 55, A. 193 Aufstellungen sind im allgemeinen abzulehnen; ganz falsch ist es, wenn Viereck a. a. O. in Bursians Jahresber. über die Fortschritte d. klass. Altertumswissenschaft Band CII. [1899] S. 262 von einem στρατηγὸς περὶ Θήβας für die Zeit des Philadelphos spricht.) Das dem ἰβιοταφεῖον gehörende Land wird als γῆ ἐν δωρεᾷ (siehe Rev. L. 36, 12; 43, 11) bezeichnet, worunter ich (vergl. auch Grenfell, Rev. L. S. 137; Mahaffy, ebenda S. XXXVIII ist jedenfalls nicht zuzustimmen) Land verstehen möchte, das vom Staat unter gewissen Bedingungen verschenkt worden ist; vielleicht stand dem Inhaber nur ein beschränktes Besitzrecht an ihm zu (siehe zu dieser Erklärung z. B. auch Diodor I. 73, 6, der vom Königsland sagt: τοὺς μὲν ἀνδραγαθήσαντας δωρεαῖς κατὰ τὴν ἀξίαν τιμῶσι [sc. βασιλεῖς], vergl. auch die Deutung der γῆ ἐν συντάξει im folgenden). Verfehlt und durch nichts begründet erscheint mir Meyers, Heerwesen S. 55—57 aufgestellte Behauptung, daß γῆ ἐν δωρεᾷ stets vom Staate konfiszierte, ursprüngliche ἱερὰ γῆ gewesen sei; wenn auch wirklich einmal die γῆ ἐν δωρεᾷ aus solcher ἱερὰ γῆ besteht, so braucht dies doch nicht gleich immer der Fall zu sein. Dagegen erscheint mir Meyers Gedanke, das in einem biling. P. Lond. (publ. von Revillout, P. S. B. A. XIV [1391/92] S. 62 ff.) (siehe S. 125) erscheinende τέλος δωρεᾶς als eine Spezialabgabe bei der Veräußerung von γῆ ἐν δωρεᾷ zu fassen, gegenüber Wilcken, Ostr. I. S. 362 ganz glücklich. Neuerdings haben Jouguet und Lefebure im B. C. H. XXVII (1904) S. 185 im Anschluß an P. Magd. 28 die Frage der Bedeutung der γῆ ἐν δωρεᾷ ähnlich wie ich entschieden.

3) Vergl. die Angaben bei Diodor I. 83, 2.

4) Im Nomos von Esne: Weideland für den Ibis (Inschrift 2, Tafel II, Z. 2/3: Größe unbestimmt); siehe ferner jetzt auch die B. G. U. III. 995. Col. 3, 5

öfters als Nachbargebiet des Horustempels anderen Göttern gehörige Ländereien genannt. So im Bezirk von Esne: Felder des Chnum von Elephantine (Inschrift 2, Tafel II, Z. 6, 8, 11, 15 u. 17, Größe über 759$\frac{1}{8}$ Aruren) und der Nechebt von El Kab (Inschrift 2, Tafel II, Z. 13 u. 19, Größe: 979$\frac{1}{32}$ Aruren), und im Gau von Edfu: Felder des Chnum von Elephantine (Inschrift 2, Tafel III, Z. 9, 11, 18 u. 20, Größe: 378 Aruren), des Chnum von Esne und seiner σύνναοι ϑεοί (Inschrift 2, Tafel III, Z. 9 u. 18, Größe: 231$\frac{1}{2}$$\frac{1}{4}$$\frac{1}{8}$ Aruren), des Gottes Ḥr-smꜣ-tꜣwj (vergl. hierzu Brugsch, Ägyptologie S. 443) und der Götter von ḳḥśt (Inschrift 2, Tafel III, Z. 8, IV, Z. 1, Größe: 203 Aruren), ferner des Osiris der nördlichen Festung (Inschrift 2, Tafel III, Z. 8, Größe: 2$\frac{1}{2}$ Aruren) und der Nechebt (Inschrift 2, Tafel III, Z. 3, Größe unbestimmt).

Fassen wir zusammen, was uns die eine Inschrift über die Ausdehnung der ἱερὰ γῆ in den vier[1]) südlichsten Nomen Oberägyptens am Ende des 2. Jahrhunderts v. Chr. gelehrt hat, so läßt sich in ihr für 12 Götter und für verschiedene heilige Tiere Landbesitz nachweisen, und dieser hat, obgleich nur der Besitz eines Heiligtums, das allerdings vom königlichen Hause sehr begünstigt worden ist, vollständig genannt wird und obwohl bei einigen Besitzobjekten die Größenangaben fehlen, im ganzen 21477$\frac{1}{2}$$\frac{1}{16}$ Aruren (ungefähr 59 qkm)[2]) betragen; allerdings ist bei dieser Berechnung angenommen, was, wenn es auch sehr wahrscheinlich ist, sich nicht sicher beweisen läßt, daß die dem Horustempel neugeschenkten Ländereien (siehe S. 266) auch in diesen Gauen gelegen haben[3]). Von großem Interesse

---

erwähnte γῆ τῶν ἰβιοβοσκῶν (Latopolites), die wohl, da die Namen der ἰβιοβοσκοί nicht genannt sind, als einem Ibisheiligtum gehörendes, aber für seine ἰβιοβοσκοί bestimmtes Land aufzufassen ist. Im Gau von Edfu: Land des Ibis (Inschrift 2, Tafel IV, 4: Größe 60 Aruren) und Land der „heiligen Gans" (Inschrift 2, Tafel IV, 1).

1) Für den südlichsten Gau ist durch die Urkunde nur für einen Gott und auch für diesen anscheinend nur in geringer Ausdehnung ἱερὰ γῆ belegt, es kommen also mithin eigentlich nur 3 Nomen hier in Betracht.

2) Die 11 übrigen Götter außer Horus und den heiligen Tieren besitzen zusammen im Pathyrites: 491$\frac{1}{2}$$\frac{1}{4}$, im Gau von Esne 1774$\frac{1}{8}$$\frac{1}{32}$ und in dem von Edfu 875$\frac{1}{4}$$\frac{1}{8}$ Aruren, im ganzen also 3141$\frac{1}{4}$$\frac{1}{32}$ Aruren.

3) Es sei hier wenigstens eine ungefähre Schätzung des Verhältnisses des Tempelbesitzes im Süden Ägyptens zu dem dortigen Kulturlande versucht. Den hier in Betracht kommenden 4 südlichen Nomen dürfte ungefähr, wenn es auch vielleicht etwas größer ist, das Muddirijjeh von Kenne und Esne entsprechen; in diesem hat nach v. Kremer, Ägypten I. S. 194 in den 60er Jahren des vorigen Jahrhunderts das Kulturland circa 1568 qkm (351700 Feddan, der Feddan = circa 4460 qm) betragen. Die entsprechende Zahl im Altertum dürfte eher größer gewesen sein, doch mag sich dies durch den geringeren Umfang des Gebietes wieder ausgleichen; der uns bekannt gewordene Tempelbesitz hätte demnach ungefähr $\frac{1}{25}$ des ganzen umfaßt. Berücksichtigt man, daß für 11 von den in Betracht kommenden 12 Göttern jedenfalls nur ein Bruchteil ihres Be-

ist es auch, daß der Landbesitz der hier erwähnten Tempel sich
keineswegs nur auf den Gau beschränkt, in dem das betreffende Heilig-
tum liegt, sondern daß er sich ziemlich weit über die benachbarten
Nomen erstreckt, wie z. B. der Chnum von Elephantine noch bei
Theben Besitzungen hat, eine Tatsache, die deutlicher als einzelne
Zahlen uns von der großen Ausdehnung der $\iota\varepsilon\varrho\grave{\alpha}$ $\gamma\tilde{\eta}$ im allgemeinen
und von der Wichtigkeit des Landbesitzes für das einzelne Heiligtum
Zeugnis ablegt.

Von den bisher genannten Göttern läßt sich mit Sicherheit aus
anderen Dokumenten nur noch für Chnum von Elephantine[1]) in diesen
Gegenden und zwar auf der Nilinsel $\Psi\acute{\omega}$ Landbesitz nachweisen[2]).
Für Amon von Theben wird zwar in verschiedenen demotischen Kontrakten in der Umgegend von Theben gelegenes neter-hotep d. h.
Göttergut erwähnt, aber es scheint sich in einigen dieser Fälle[3]) überhaupt nicht mehr um Besitz des Amontempels zu handeln, sondern
dieser ist inzwischen volles, unbeschränktes Eigentum von Privatleuten

---

sitzes genannt ist, daß weiter Landbesitz des wichtigsten Tempels des Südens,
des Isisheiligtumes von Philä, hier gar nicht erscheint (siehe hierzu im folg. die
Bemerkungen über die Dodekaschoinos), daß eigentlich nur für einen Gau (den
von Edfu), d. h. etwa für den vierten Teil des Gebietes genaue Angaben vorliegen, so scheint mir eine Schätzung, die etwa $^1/_{10}$ des Kulturlandes in den
südlichen Gebieten den Tempeln zuweist, durchaus nicht zu hoch gegriffen zu sein.

1) Dies bedeutet der hier erscheinende Name $Xvo\mu\grave{\omega}$ $N\varepsilon\beta\iota\acute{\eta}\beta$ (hnmw ꜥꜣ
nb ỉbw).

2) Die in Strack, Inschriften 140, Z. 43 genannte $\iota\varepsilon\varrho\grave{\alpha}$ $\gamma\tilde{\eta}$ möchte ich als
Besitz des Chnum von Elephantine auffassen und dann etwa ergänzen: $\iota\varepsilon\varrho\tilde{\alpha}\varsigma$
$\gamma\tilde{\eta}\varsigma$ $v\acute{\eta}\sigma o\upsilon$ $\varkappa\alpha\lambda o\upsilon\mu\acute{\varepsilon}v\eta\varsigma$ $\Psi\acute{\omega}$ $\grave{\alpha}v\iota\varepsilon\varrho\omega[\mu\acute{\varepsilon}v\eta\varsigma$ (hierzu vergl. jetzt P. Tebt. I, wo dieser
Ausdruck öfters begegnet) $Xvo\mu\grave{\omega}$ $N\varepsilon\beta\iota\acute{\eta}\beta$]. Soeben hat auch Wilcken, Archiv
III. S. 332 dieselbe Ergänzung vorgeschlagen, der gleichzeitig auf Z. 60 zur
Stütze der Ergänzung verweist. Es sei noch bemerkt, daß der hier verwertete
Beleg zufällig aus ungefähr derselben Zeit wie die Inschriften von Edfu stammt.

3) Siehe z. B. dem. P. Bologna, publ. Rev. ég. III. S. 2 A. 5; dem. P., publ.
Rev. ég. III. S. 130; dem. P. Louvre 2328, publ. Rev. ég. III. S. 134; biling. P. Lond.,
publ. P. S. B. A. XIV (1891/92) S. 62 ff.; dem. P. Berl. 3142 u. 3144, publ. N. Chrest.
dém. S. 126/7, Spiegelberg, dem. P. Berl. S. 17; dem. P. Berl. 3146 A u. B, publ.
Rev. ég. II. S. 146, Spiegelberg, dem. P. Berl. S. 17; dem. P. Berl. 3111 u. 3141,
publ. N. Chrest. dém. S. 134 ff., Spiegelberg, dem. P. Berl. S. 8; dem. P. Berl. 3080,
publ. N. Chrest. dém. S. 157, Spiegelberg, dem. P. Berl. S. 13; vergl. hierzu auch
dem. P. Straßb. 7 (Spiegelberg S. 7), welcher neter-hotep der Hathor im Pathyrites
erwähnt, das auch im Privatbesitz zu sein scheint. Ähnlich wie die Bezeichnung dieser Felder als neter-hotep ist der Ostr. Wilck. 793 (aus Theben) er-
wähnte $\vartheta\eta\sigma\alpha\upsilon\varrho\grave{o}\varsigma$ $\iota\varepsilon\varrho\tilde{\omega}v$ $\varkappa\omega\mu\tilde{\omega}v$ zu beurteilen; es handelt sich hier offenbar nicht
um im Tempelbesitz befindliche Dörfer, sondern ʿI$\varepsilon\varrho\alpha\grave{\iota}$ $K\tilde{\omega}\mu\alpha\iota$ ist Ortsname, in
dem sich vielleicht ein früheres Besitzrecht des Tempels widerspiegelt; vergl.
zu diesem Namen die ganz ähnlichen aus dem Faijûm: ʿI$\varepsilon\varrho\grave{\alpha}$ $N\tilde{\eta}\sigma o\varsigma$ im Pole-
monsbezirk (P. Petr. II. 28. Col. 1, 14; 3, 15; 4, 11 [?]) und das gleichnamige
Dorf im Herakleidesbezirk (P. Petr. II. 28. Col. 7, 9); siehe auch P. Petr. II.
29ᵈ, 6. Vergl. ferner B. G. U. II. 540, 20: $K\acute{\omega}\mu\eta$ ʿI$\varepsilon\varrho\acute{\alpha}$, das Gleiche wohl B. G. U.
III. 802, Col. 1, 27 u. öft.; 835, 13; siehe auch Ostr. Wilck. 1092 u. 1306.

geworden, und nur im Demotischen ist die alte Bezeichnung der Lage der betreffenden Felder, wie sie sich in den alten Grundbüchern fand, beibehalten worden[1]).

Genauere Nachrichten über oberägyptischen Landbesitz einer bisher nicht erwähnten Gottheit sind nur noch für die Isis von Philä erhalten, aber sie sind bei weitem nicht so eingehend wie beim Horustempel, und vor allem ist aus ihnen leider nicht das Gesamtareal des berühmten Heiligtumes zu Philä zu ermitteln. Es handelt sich in ihnen um einen Landstrich, dessen Schenkung an den Isistempel zuerst für Ptolemaios II. Philadelphos[2]) belegt ist; Bestätigungsurkunden dieser Schenkung[3]) sind uns dann weiterhin noch von verschiedenen ptolemäischen Königen und römischen Kaisern, von Ptolemaios VI. Philometor I.[4]), Ptolemaios VIII. Euergetes II.[5]), Ptolemaios X. Philometor II. Soter[6]), dann von Augustus oder Tiberius[7]), von einem der Antonine[8]) und von einem unbekannten Kaiser[9]) bekannt geworden[10]). Ob die Schenkung erst von Ptolemaios Phila-

---

1) So wird in dem biling. P. Lond. (Anm. 1) nur im Demotischen das ehemalige Eigentumsrecht des Gottes hervorgehoben, im Griechischen ist nichts davon zu finden.

2) Hieroglyphische Inschrift bei G. Bénédite, Le temple de Philae I. S. 10 u. 31 in den Mémoires publiés par les membres de la mission archéologique française en Caire Band XIII, Fascikel 1.

3) Man braucht wohl nicht anzunehmen, daß den verschiedenen Schenkungsurkunden stets eine Alienation des Tempellandes vorhergegangen ist.

4) L. D. IV. 27[b]; vergl. Brugsch, Dictionnaire géographique de l'ancienne Égypte S. 843.

5) L. D. IV. 38[d] und Piehl, Varia in Ä. Z. XXI (1883) S. 131.

6) L. D. IV. 42[c].

7) Bénédite a. a. O. S. 87 (Augustus) = Brugsch, Recueil des monuments égyptiens II. 79, 1; (Tiberius) (siehe auch Brugsch, Dictionnaire géographique S. 842).

8) J. de Morgan, Catalogue des monuments et inscriptions de l'Égypte antique 1e sér. Haute Égypte I. S. 47.

9) K. Sethe, Dodekaschoinos, das Zwölfmeilenland an der Grenze von Ägypten und Nubien in „Untersuchungen zur Geschichte und Altertumskunde Ägyptens" herausgegeben von K. Sethe. II. 3. Heft. S. 3. Vergl. auch noch zu Anm. 2, 4—8 dieser Seite die Anm. 1—6 bei Sethe a. a. O. S. 3.

10) Bemerken möchte ich noch, daß auch ein nichtptolemäischer König, der nubische König Ergamenes (Zeitgenosse des 4. Ptolemäers, vergl. Mahaffy, Empire S. 273 u. history S. 136, Diodor III, 6 berichtet Falsches) die Dodekaschoinos der Isis von Philä bestätigt hat (siehe Brugsch, Dictionnaire géographique S. 844). Man wird wohl annehmen dürfen, daß damals die Dodekaschoinos nicht zu Ägypten, sondern zu dem nubischen Reiche gehört hat (vergl. hierzu die Tempelbauten des Ergamenes auf Philä (Mahaffy a. a. O.) und die sogenannten einheimischen Könige in Oberägypten zur Zeit des Epiphanes [vergl. dem. P. Berl. 3142 u. 3144, publ. N. Chrest. dém. S. 126 ff., Spiegelberg, dem. P. Berl. S. 17; dem. P. Berl. 3145, publ. N. Chrest. dém. S. 109, Spiegelberg, dem. P. Berl. S. 17; dem. P. Berl. 3146 A u. B, publ. Rev. ég. II. S. 146, Spiegelberg, dem. P. Berl. S. 17], in denen ich nubische Könige sehen möchte; so auch schon

delphos herrührt, oder ob auch er sie bloß bestätigt hat, ist nicht
mit Sicherheit zu entscheiden; immerhin ist mir die erste Annahme
bei weitem wahrscheinlicher, da ja das Aufblühen des Philäheiligtums
eigentlich von ihm erst inauguriert worden ist[1]).

Das dem Tempel geschenkte Land ist die sogenannte Dodekaschoinos gewesen[2]), die sich zu beiden Seiten des Nils von Syene bis
Takompso erstreckt hat. Dieser Ort ist nun, wie Sethe (a. a. O. S. 4ff.)
vor allem im Anschluß an Herodots Angaben (II. 29) nachgewiesen
hat[3]), nicht gegenüber von Pselkis (Dakkeh), sondern an der Grenze
von Ägypten und Nubien, unmittelbar oberhalb des ersten Nilkatarakts
in der Nähe von Philä zu suchen. Deshalb muß man auch, wie
Sethe weiter ausführt, die bisher allgemein übliche Ansicht[4]) von der
großen Ausdehnung der Dodekaschoinos bis nach Hierasykaminos[5])
aufgeben. Daß nur das zwischen Syene und Philä gelegene Gebiet
des ersten Nilkatarakts, also eine einen verhältnismäßig kleinen Umfang besitzende Grenzstrecke Ägyptens gegen Nubien, für die Dodekaschoinos in Betracht kommen kann, erweist Sethe (a. a. O.) auch auf
Grund eines reichen ägyptologischen Materials. Es wird nämlich
erstens in hieroglyphischen Inschriften aus der Zeit Ptolemaios' II.
bis auf Augustus bez. Tiberius die Dodekaschoinos als „Grenze bis
an das Bogenland (Nubien)" bezeichnet und weiterhin sogar ausdrücklich von Nubien, zu dem die bisher für sie angenommene Strecke
Philä—Hierasykaminos doch damals sicher gerechnet worden ist
(Sethe a. a. O. S. 15), unterschieden (siehe Sethe a. a. O. S. 13—18).

Krall, Studien zur Geschichte des alten Ägyptens II in Sitz. Wien. Ak. Bd. CV.
[1883] S. 329 ff. [S. 369, A. 2]).

1) Vergl. z. B. Mahaffy, Empire S. 134.

2) Der Name genannt bei Ptolemaios IV. 5, 74; in der griechischen Inschrift,
veröffentlicht von Borchardt u. Lyons in Abh. Berl. Ak. 1896. S. 496 Anm.; ferner
aller Wahrscheinlichkeit nach in der von Wilcken, Hermes XXIII (1888) S. 595
verbessert herausgegebenen Inschrift C. J. Gr. III. 5069 (L. D. VI, 379); Sethes
a. a. O. S. 32 erhobene Bedenken gegen die Wilckensche Lesung erscheinen mir
nicht stichhaltig; siehe auch Wilcken, Archiv II. S. 176/177 u. Dittenberger,
Orient. gr. inscript. select. I. N. 210. Ob auch in der von Sayce, Revue des études
grecques VII. (1894) S. 284 neu herausgegebenen Inschrift C. J. Gr. III. 5039 auf
die Dodekaschoinos angespielt ist, ist mir zweifelhaft.

3) Außer Herodot verwendet Sethe zur Stütze seiner Ansicht noch Steph.
Byz., s. v. Τάκομψος, Ταχεμψώ, Χομψώ; Pomponius Mela I. 9, 2; Plinius h. n.
VI. 178—80; Ptolemaios, IV. 5, 74, die ersteren mit Recht, den letzteren jedoch
wohl mit Unrecht; siehe S. 273/74.

4) Es sei übrigens bemerkt, daß schon Wiedemann, Herodots II. Buch
S. 119—122 über das der Isis von Philä geschenkte Gebiet eine den Setheschen
Ergebnissen nahekommende, wenn auch im einzelnen nicht richtige Ansicht vor-
getragen hat.

5) Die Größe dieses Gebietes tritt einem deutlich vor Augen, wenn man
sich erinnert, daß Hierasykaminos von Syene auf dem Wasserwege mindestens
136 km entfernt ist, siehe Sethe a. a. O. S. 7.

Gut vereinigen läßt sich ferner mit einem Landstrich von nur geringer Ausdehnung, wie es doch das Gebiet des ersten Katarakts gewesen ist, die ihm beigelegte Bezeichnung „Feld" (siehe Sethe a. a. O. S. 12), und das zur Berechnung angewandte ägyptische Maß „jr", das allem Anschein nach als ein Maß lokalen Charakters und von nur geringer Länge zu fassen ist[1]), läßt sich eigentlich auch nur mit dem Kataraktenland, das auf dem Flusse gemessen 10 km, in der Luftlinie von Norden nach Süden sogar nur 7,5 km lang gewesen ist (Sethe a. a. O. S. 7 u. 16), in Einklang bringen; schließlich enthält auch die sogenannte Inschrift von den „sieben Jahren der Hungersnot"[2]) eine sehr wichtige Bestätigung des bisher Behaupteten, da die in ihr dem Chnum von Elephantine von König Doſer (3. Dynastie) geschenkte Dodekaschoinos, die unbedingt dem der Isis von Philä später überwiesenen Zwölfmeilenlande gleichzusetzen ist (Sethe a. a. O. S. 20), nur als das Gebiet des ersten Nilkatarakts oberhalb von Syene (Elephantine) gedeutet werden kann[3]).

Mit der Setheschen Auffassung der Dodekaschoinos lassen sich jedoch nicht vereinen die Angaben des Claudius Ptolemaios (IV. 5, 7[4])) über dieses Gebiet und eine griechische Inschrift aus dem 3. Jahr-

---

1) Sethe S. 10—11 berechnet es auf höchstens $1^2/_3 — 2^1/_6$ km und für die Ptolemäerzeit sogar nur auf 431 m. Jedenfalls darf man sich nicht durch das von Herodot II, 29 hierfür eingesetzte σχοῖνος-Maß verleiten lassen, der in Betracht kommenden Strecke eine zu große Ausdehnung zu geben; denn es ist zu beachten, daß der Schoinos durchaus nicht bei Herodot, wie man nach seiner Angabe (II, 9) denken sollte, stets eine Länge von 60 Stadien (11,88 km) besessen hat, sondern er hat ihn zur Bezeichnung verschiedener Längen gebraucht (vergl. Sethe a. a. O. S. 7 ff.; über den Schoinos überhaupt siehe die guten Untersuchungen von W. Schwarz, Der Schoinos bei den Ägyptern, Griechen und Römern in Berliner Studien für klassische Philologie u. Archäologie XV. [1894] Heft 3; seine Bemerkungen über die Dodekaschoinos S. 91 sind jedoch verfehlt). Überhaupt scheint das Wort σχοῖνος für die verschiedensten ägyptischen Längenmaße (auch solche unter 30 Stadien) angewandt worden zu sein; siehe Sethe a. a. O. S. 10. Vergl übrigens die gleichen Verhältnisse bei der ägyptischen Artabe (Wilcken, Ostr. I. S. 741 ff.). Neuerdings hat Loret, L'Atour et la Dodekaschène in Sphinx VII, S. 1 ff. gegen die Sethesche Berechnung des Schoinos Einspruch erhoben; er greift im Anschluß daran auch die alte Ansicht über die Ausdehnung der Dodekaschoinos wieder auf, doch scheint er mir Sethes Hauptresultat nicht erschüttert zu haben.

2) Brugsch, Die sieben biblischen Jahre der Hungersnot nach dem Wortlaut einer altägyptischen Felseninschrift. Für alles weitere vergl. Sethe a. a. O. S. 19 ff., der auch wichtige Verbesserungen, vor allem eine neue Lesung (12 Schoinenland anstatt 20) bringt.

3) Vergl. Sethe a. a. O. S. 22 ff. Das im Vorhergehenden Angeführte sind die Hauptpunkte der Untersuchung Sethes, von denen freilich die genauere Berechnung des jr-Maßes am wenigsten gesichert erscheint.

4) Sethes Auffassung der Ptolemaiosstelle (a. a. O. S. 28 ff.), der sie mit seinen Ergebnissen in Einklang bringen will, ist schon von Wilcken, Archiv II. S. 176 mit Recht bekämpft worden. Die Stelle ist jedenfalls verderbt; allem Anschein nach

hundert n. Chr., der zufolge auch die nubische Stadt Talmis zur
Dodekaschoinos gehört hat[1]); beide Zeugnisse weisen uns auf eine
Ausdehnung der Dodekaschoinos bis nach Hierasykaminos gegen Ende
des 2. und im 3. nachchristlichen Jahrhundert hin. Wilcken (Archiv
II. S. 177) scheint mir bereits durch die Annahme, daß erst seit jener
Zeit der Ausdruck *Δωδεκάσχοινος*, der ursprünglich nur die Gegend
des ersten Kataraktes zwischen Syene und Takompso bezeichnete,
auch auf das südlich angrenzende Gebiet ausgedehnt worden sei, den
richtigen Ausweg aus dem Dilemma gefunden zu haben. Eine Bestätigung für die Richtigkeit dieser Auffassung sehe ich auch darin,
daß gleichzeitig nicht mehr wie früher der Katarakt von Syene als
Grenze Ägyptens gegen Nubien genannt wird, sondern daß man damals zu Ägypten auch noch die Strecke von Philä bis Hierasykaminos
gerechnet hat[2]); gleichzeitig mit der Erweiterung des Grenzlandes ist
eben auch der Name auf das weitere Gebiet übertragen worden[3]).

---

hat Sethe mit seiner Änderung von *Μετακομψώ* in *μετὰ (Τα)κομψώ* recht, ebenso
mit der im Anschluß hieran vorgenommenen Umstellung der Namen ʽ*Ιερὰ Συκά-
μινος*, *Φίλαι* und *Μετακομψώ* in die umgekehrte Reihenfolge; dagegen erscheint
mir die Hinzufügung eines *καί* vor der Aufzählung dieser Namen nicht gehörig,
da eigentlich erst hierdurch Sethes Auffassung der Ptolemaiosstelle größere
Wahrscheinlichkeit enthält. M. E. ist vielmehr die der sonst von Ptolemaios
angewandten Manier widerstreitende Aufzählung verschiedener Ortsangaben ohne
jegliche verbindende Partikeln recht bemerkenswert, darf also auch nicht geändert werden; die unveränderte Aufeinanderfolge der einzelnen Angaben soll
sie jedenfalls als Unterteile eines verbundenen Gliedes kennzeichnen, soll ihre
engste Verbindung mit demjenigen Satzgliede dokumentieren, das zuletzt mit
den anderen durch eine Partikel verknüpft ist, also mit *Δωδεκάσχοινος*; dieses
ist eben als Überschrift zu dem folgenden zu fassen. Siehe hierzu auch unten A. 3.

1) Sethe a. a. O. S. 32 ff. hat zwar versucht durch eine andere Deutung
dieser Inschrift (siehe S. 272, A. 2) sie mit seinem Resultat in Übereinstimmung
zu bringen, dieser Versuch ist jedoch schon mit Recht von Wilcken, Archiv II.
S. 176 zurückgewiesen worden. Die epigraphisch allerdings ungewöhnliche
Schreibung der Dodekaschoinos = *τῆς ιβ σχοί(νου)* möchte ich dadurch erklären,
daß der Steinmetz den Erlaß getreu nach dem auf Papyrus geschriebenen Originale, wo eine derartige Schreibung nicht zu verwundern braucht (siehe S. 31,
A. 1), eingemeißelt hat.

2) Siehe Sethe a. a. O. S. 36, der dort seine Angaben von S. 15 berichtigt.

3) Auch die Form der Darstellung des Ptolemaios scheint mir die damals
vorgenommene Erweiterung des ursprünglichen Gebietes anzudeuten. Die Anknüpfung der Dodekaschoinos durch *εἶτα* an die vorhergehenden, gleichfalls
durch *εἶτα* verbundenen Ortsangaben, die sie doch gewissermaßen mit diesen
auf eine Stufe stellt, wird verständlich im Hinblick auf die bisherige, ihnen
einigermaßen analoge Stellung der Dodekaschoinos. Ferner sei hier darauf verwiesen, daß, obgleich durch die Überschrift „Dodekaschoinos" die Lage der von
Ptolemaios genannten Orte, die übrigens alle dem neu hinzugekommenen Gebiet
angehören, genügend gekennzeichnet ist, doch noch ausdrücklich betont wird,
daß sie hinter Takompso, d. h. dem früheren Endpunkte der Dodekaschoinos, gelegen haben; sollte nicht auch durch diese an sich gar nicht nötige Hinzu-

Als Gebiet, das dem Heiligtum der Isis von Philä geschenkt war, kommt jedenfalls nur die Gegend um den ersten Katarakt herum in Betracht. Wie schon angegeben (S. 273) hat die Länge dieses Landstriches, der mit allen seinen Erzeugnissen dem Tempel zu vollem Besitz überwiesen worden ist[1]), in der Luftlinie von Norden nach Süden 7,5 km betragen, er hat sich ferner auf beiden Seiten des Nils erstreckt, was aus der Angabe der Länge des Gebietes für jedes (Ost- und West-) Ufer zu entnehmen ist[2]), und seine Breite, die allerdings nicht genannt ist, ist eben einfach der Breite des Niltals an jener Stelle gleichzusetzen, das hier an seiner breitesten Stelle vielleicht eine Ausdehnung von 7 km gehabt hat (Sethe a. a. O. S. 12), sonst aber bedeutend schmäler gewesen ist[3]). Demnach ist unbedingt die Ansicht von Lepsius (a. a. O. Abh. Berl. Ak. 1855. S. 109), der sich auch andere angeschlossen haben[4]), daß nämlich das Zwölfmeilenland der Isis im ganzen nur 24 Aruren, 12 auf jeder Seite des Flusses, betragen habe, zu verwerfen; wenn sich auch der Umfang nicht mathematisch sicher feststellen läßt, so ist doch auf jeden Fall die sogenannte Dodekaschoinos als ein größeres Gebiet, wohl eins von einigen 1000 Aruren, anzusehen[5]).

Allerdings ist zu beachten, daß ein großer Teil desselben, nament-

---

fügung absichtlich die Erweiterung des Gebietes gegen früher dem Leser vor Augen geführt werden?

1) Vergl. die Angaben der verschiedenen in Betracht kommenden hieroglyphischen Inschriften, nach denen das Land mit allen seinen Feldern, Steinen, Bäumen, Tieren, Fischen, Vögeln usw. geschenkt wird, und nach denen die Einwohner des Gebietes Untertanen des Tempels sein sollen (siehe Sethe a. a. O. S. 16). Falsch ist sicherlich die Übersetzung von Brugsch (Ägyptologie S. 266) von L. D. IV. 27[b], wonach nur der Zehnte von allen Produkten dieses Gebietes dem Tempel zufallen soll (alle anderen Angaben deuten ja auf richtige Schenkung des Landes), aus der dann auch Maspero, Histoire I. S. 330 die falsche Folgerung abgeleitet hat, daß die Grundsteuer in Ägypten damals (und auch früher) nach dem Quotensystem erhoben worden sei. (Dies ist nicht der Fall gewesen, siehe Wilcken, Ostr. I. S. 194 ff.) Die falsche Übersetzung von Brugsch dürfte wohl auf einer anderen von ihm mißverstandenen Bestimmung des Schenkungsdekretes beruhen; siehe darüber dieses Kapitel Abschnitt 3, A b.

2) Dieses, sowie das gleichfalls in den Inschriften auftretende Addieren der beiden Uferstrecken ist echt ägyptisch. Dadurch wird u. A. auch der Fluß mit etwaigen Inseln (vergl. die Erwähnung der „Fische") als Teil der Schenkung bezeichnet.

3) Vergl. für das hier in Betracht kommende Gebiet von Syene bis Philä die sehr instruktive Karte bei Dümichen, Geographie des alten Ägyptens, Schrift und Sprache seiner Bewohner. S. 30. (Einleitung zu E. Meyer, Geschichte des alten Ägyptens.)

4) Vergl. z. B. Lumbroso, Recherches S. 280, Wiedemann, Herodots II. Buch usw. S. 122.

5) Sethe a. a. O. S. 16 unterschätzt doch wohl etwas den Wert des Geschenkes; vergl. noch das, was er ebenda über den ideellen Wert des Gebietes, über seine Heiligkeit, sagt.

lich das ganze auf dem Westufer des Nils gelegene Stück, öde und unfruchtbar gewesen ist (siehe auch Sethe a. a. O. S. 16), sich also landwirtschaftlich nicht verwerten ließ, doch sind auch diese Strecken durchaus nicht finanziell ganz wertlos für den Tempel gewesen; die Ausbeute aus den hier gelegenen, gleichfalls dem Heiligtum über-wiesenen Steinbrüchen[1]) dürfte immerhin teilweise den Ausfall an landwirtschaftlichem Gewinn ersetzt haben.

Außer den bisher angeführten Belegen für Landbesitz ober-ägyptischer Tempel liegen meines Wissens vorläufig keine weiteren, aus denen sich irgendwie bestimmtere Angaben über $ἱερὰ\ γῆ$ der verschiedenen Heiligtümer in Oberägypten für die hellenistische Zeit entnehmen ließen, vor. Dagegen finden sich noch solche für Unter-ägypten[2]). So ist aus der Zeit des ersten Ptolemäers eine Land-schenkung von größerem Umfange für die Götter der unterägyp-tischen Stadt Buto belegt[3]). Ptolemaios I. hat nämlich noch als Satrap im Jahre 311 v. Chr. diesen eine alte Tempeldomäne[4]), das an der See gelegene Land Ptenuto, restituiert; die genaue Größe des Landes ist freilich leider nicht angegeben, aber das zum Dank für die Schenkung verfaßte Priesterdekret mit seinen historischen Rückblicken läßt doch wohl mit Sicherheit auf ein größeres Gebiet schließen.

$Ἱερὰ\ γῆ$ von größerer Ausdehnung läßt sich dann noch bei dem Faijûmdorfe Bubastos nachweisen; hier haben in ptolemäischer Zeit $2270\frac{1}{2}\frac{1}{8}\frac{1}{32}\frac{1}{64}$ Aruren der Göttin Philadelphos, der apotheosierten Gemahlin des 2. Ptolemäers, gehört; in der Kaiserzeit sind sie dann allerdings, als der Kult dieser Gottheit aufgehoben worden ist, zur $οὐσιακὴ\ γῆ$ der Kaiser eingezogen worden[5]). Natürlich wird ein ganz

---

1) So ist es zu deuten, wenn in den Inschriften als Bestandteile der Schen-kung „Steine" genannt werden; siehe S. 275, A. 1. Die Steinbrüche sind hier nicht in den das Niltal begleitenden Randgebirgen zu suchen, sondern in dem diese in der Gegend des ersten Katarakts durchbrechenden, vom roten Meer aus-gehenden Quergebirgszug. Siehe Dümichen a. a. O. S. 30.

2) Die P. Tebt. I. haben inzwischen noch einige weitere bestimmte Zeugnisse über $ἱερὰ\ γῆ$ in Unterägypten — sie gehört Tempeln des Faijûms und liegt in den Grenzmarken der Dörfer Kerkeosiris und Magdola (Umfang: 461⅞ Aruren) — gebracht; siehe P. 60, 7—14; 61ᵃ, 157; 62, 4—26; 63, 4—31; 64ᵃ, 1—12; 82; siehe auch P. 81 (Einleitung) u. 83, 79 u. 83.

3) Vergl. die sogenannte Satrapenstele; Belege S. 260, A. 2.

4) Schon vor der Zeit des Xerxes ist dieses Land im Besitz des Tempels gewesen; dies hat Wilcken a. a. O. Ä. Z. XXXV (1897) S. 85 mit Recht erkannt.

5) Vergl. B. G. U. II. 512, 6 (2. Jahrhundert n. Chr.): $Φιλαδέλφου\ οὐσία$. Als ehemaligen Privatbesitz der Königin Arsinoe Philadelphos darf man dies Land wohl nicht auffassen, da es in diesem Falle sicher nicht einfach als der „Phila-delphos" gehörig bezeichnet worden wäre, eine Ausdrucksweise, die bei der Göttin ganz korrekt ist (der Gottestitel wird oft weggelassen), sondern da man dann gewiß einen genaueren Titel gewählt hätte; vergl. z. B. P. Fay. 88, 5/6; Wilcken, Archiv I. S. 150, A. 2 hält auch $οὐσία\ Φιλαδέλφου$ für $ἱερὰ\ γῆ$; seine Vergleichung von B. G. U. II. 512 Anfang mit B. G. U. I. 20 Anfang scheint

bestimmter Tempel der Philadelphos im Besitz der Ländereien gewesen sein. Es scheint mir, da es sich hier um ein im Faijûm gelegenes Gebiet, und zwar um eins von recht bedeutendem Umfange
handelt, die Annahme ganz berechtigt zu sein, daß es demjenigen
Heiligtum der Philadelphos gehört hat, welches ihr als Gaugöttin des
nach ihr umgenannten Faijûms (des Ἀρσινοΐτης νομός) wohl in der
Hauptstadt Arsinoe geweiht gewesen ist; wir haben es also hier, da
ja die Gaugötter als Angehörige des ägyptischen Pantheons aufzufassen
sind (siehe auch S. 5), mit einem der ägyptischen Kirche angehörenden
Tempel zu tun[1]).

Über den Landbesitz ägyptischer Tempel in ptolemäischer und
römischer Zeit finden sich dann noch eine große Reihe Nachrichten
unbestimmteren Charakters, sei es daß in ihnen nur allgemein von der
ἱερὰ γῆ ohne Angabe eines bestimmten Tempels als Besitzer gesprochen wird[2]), sei es daß zwar ein solcher genannt wird, daß aber dann

---

mir allerdings unbegründet, da es sich ja in B. G. U. II. 512 nur um ehemalige ἱερὰ γῆ, die jetzt οὐσιακὴ γῆ geworden ist, handelt. Auch seine Bemerkung, „die οὐσία konnte sich bis in die Kaiserzeit erhalten, da es sich nicht
um die Königin, sondern um die Göttin handelt", ist einmal durch P. Fay. 88,
5/6 erschüttert, wo noch im 3. Jahrhundert n. Chr. Land, das ehemals der Gemahlin des 13. Ptolemäers Neos Dionysos (Kleopatra V. Tryphäna) gehört hat,
mit ihrem der früheren Besitzerin Namen bezeichnet wird (Grenfell-Hunt in
P. Fay. S. 222 treffen mit ihrer Bemerkung nicht ganz das Richtige). Ferner
ist auch zu beachten, daß der Kult der Göttin Philadelphos in der Kaiserzeit
aufgehört hat, und zugleich mit dem Aufhören des Kultus dürfte auch der
Besitz der Göttin vom Staat jedenfalls für die kaiserliche Privatkasse eingezogen
worden sein. (Meyers [a. a. O. Festschrift für Otto Hirschfeld S. 142 A. 2] Bemerkung, daß die Φιλαδέλφου οὐσία schon in frühptolemäischer Zeit eingezogen
sei, scheint mir durch nichts begründet.) Die Beibehaltung des alten Namens
braucht nicht zu verwundern, da es bei Land, das für den οὐσιακὸς λόγος des
Kaisers eingezogen worden ist, in Ägypten durchaus üblich war, in der Bezeichnung den Namen des früheren Besitzers fortzuführen. Verschiedene Beispiele
bei Rostowzew a. a. O. des Philologus LVII (1898) S. 565—67; Wilcken, Ostr. I.
S. 392/93; siehe ferner die P. Chic; auch B. G. U. I. 188, 12 u. öft., III. 810, 5
u. öft.; P. Fay. 60, 6; 82, 15; auch 88, 5/6; vergl. jetzt auch Hirschfeld a. a. O.
Beiträge zur alten Geschichte II. S. 293/94.

1) Über die verschiedenen Formen der göttlichen Verehrung der Arsinoe
Philadelphos siehe dieses Kapitel Abschnitt 3, A a.

2) Verschiedene derartige Belege sind schon auf S. 261, A. 2 zusammengestellt.
Vor allem siehe jedoch die zahlreichen Zeugnisse, die bei der Besprechung der
in der Hand des Staates liegenden Verwaltung der ἱερὰ γῆ (VI. Kapitel 3 A a)
verwertet sind. Neuerdings bieten auch die P. Tebt. I. eine ganze Anzahl unbe-
stimmterer Nachrichten über Tempelländereien (siehe die Angaben im Index
VII d). Verweisen möchte ich hier auch noch wenigstens auf Lepsius, Denkmäler usw. Band IV (Inschriften ptolemäischer und römischer Zeit), wo in den
den Inschriften beigegebenen Abbildungen öfters Landschenkungen bez. -bestä-
tigungen symbolisch angedeutet werden, d. h. der die Schenkung ausführende
König hält in der dem zu beschenkenden Gotte entgegengestreckten Hand die
Hieroglyphe für „Feld", „Acker": 𓈖𓈖𓈖 .

die Größe des Besitzes nicht näher festzustellen ist. Jedenfalls berechtigen sie in ihrer Gesamtheit im Verein mit den bisher besprochenen Belegen für ἱερὰ γῆ zu dem Schluß, daß Ländereien stets eins der wichtigsten Besitzobjekte und demnach auch eine der Haupteinnahmequellen ägyptischer Heiligtümer gebildet haben müssen. Nur einige wenige dieser unbestimmteren Angaben seien hier noch besonders hervorgehoben.

So wird unsere obige Behauptung von der großen Ausdehnung der ἱερὰ γῆ wohl aufs beste illustriert, wenn wir erfahren, daß selbst zwei offenbar ganz unbedeutende, sonst nicht weiter bekannte Götter, wie Ἀρσεμθεῦς und Νεχθαραῦς (?)[1], Landbesitz (im pathyritischen Gau) ihr eigen genannt haben (Zeit: 100 v. Chr.)[2].

Von größerem Interesse sind dann auch jene aus dem 2. Jahrhundert v. Chr. stammende Nachrichten, die uns endlich, nachdem wir schon über die verschiedenartigsten Besitzobjekte des Soknopaiostempels unterrichtet worden waren (vergl. dieses Kapitel), auch mit ihm gehörenden Ländereien bekannt gemacht haben; leider gestatten diese Zeugnisse jedoch keinerlei Rückschlüsse, ob dem Heiligtum des Soknopaios ein größerer Landbesitz gehört hat oder nicht[3].

Erwähnt sei hier auch noch jene, allerdings sehr unbestimmt gehaltene Notiz Strabos (XVII. p. 800), nach der im oberen Nildelta Papyruspflanzungen von größerem Umfang den Tempeln gehört haben sollen.

Über Landbesitz griechischer Tempel — vorhanden dürfte auch er gewesen sein — liegt vorläufig keine auch nur einigermaßen orientierende Nachricht vor[4]. Wenn wir z. B. als Besitz zweier τεμένη

---

1) Siehe Krebs, Zur ägyptischen Religion in griechisch-römischer Zeit in Ä. Z. XXXV (1897) S. 100/01.

2) P. Grenf. I. 33, 3, 22 u. 46 u. P. Grenf. II. 33, 5; in letzterem läßt sich die jährliche Pachtsumme für das betreffende Gebiet (γῆ σιτοφόρος) mit 3825 Kupferdrachmen, d. h. etwa 10 Silberdrachmen (siehe hierzu Grenfell-Hunt, P. Tebt. I. Appendix II, siehe Z. 6--10), berechnen; darnach dürfte es allerdings von geringer Größe gewesen sein, doch ist es ja auch nur ein nicht näher zu bestimmender Bruchteil des Tempellandes gewesen.

3) P. Amh. II. 40: Landbesitz im Umfang von 25 Aruren (Geschenk); P. Amh. II. 35, 16/17: der gezahlte Pachtpreis sind 225 Artaben Weizen (Z. 19, 43), doch ist nicht zu erkennen, für welche Zeit diese entrichtet werden; auch hier handelt es sich um einen ganz unbestimmten Bruchteil des gesamten Landbesitzes des Soknopaiostempels. Übrigens möchte ich bemerken, daß in gewisser Weise als Beleg für Vorhandensein von Landbesitz des Soknopaiostempels auch der Umstand hätte angeführt werden können, daß im Dorfe Soknopaiu Nesos nach einem besonderen Getreidemaß des Gottes gemessen werden konnte (P. Lond. II. 216, 15/16 [S. 186]; siehe auch P. Tebt. I. 208). Neuerdings weist uns auch ein unpubl. P. Rainer 171 nach den Angaben Wesselys, Kar. u. Sok. Nes. S. 77 auf Landbesitz des Soknopaiostempels in römischer Zeit hin.

4) P. Tebt. I. 86, 52 berichtet uns neuerdings von Landbesitz des Zeus in der Nähe von Arsinoe im 2. Jahrhundert v. Chr.

des Zeus in der Nähe von Alexandria γῆ erwähnt finden (Strack, Inschriften 43), so möchte ich in ihr keinen landwirtschaftlich zu verwertenden Besitz sehen, sondern den zu den Heiligtümern gehörenden
Tempelbezirk (τεμένη καὶ τὴν συνκύρουσαν αὐτοῖς γῆν). Zweifelhaft
ist es ferner, ob man in der im pathyritischen Gau gelegenen νῆσος
Λητοῦ (P. Grenf. II. 15 Col. 2, 3) Landbesitz eines griechischen Tempels
sehen darf.

Ihren großen Landbesitz scheinen die Heiligtümer in hellenistischer Zeit nicht selbst bewirtschaftet zu haben. Einerseits finden sich
hierfür keinerlei Belege, und andererseits war dieses für sie auch deswegen nicht gut möglich, da damals, wie wir noch nachweisen werden
(Kapitel VI 3 A a), der Staat die Verwaltung der ἱερὰ γῆ in seine
Hand genommen und diese verpachtet hatte. In den Pachtertägen
haben somit für die Tempel die Einnahmen aus ihren Ländereien bestanden[1]). Über die Höhe der Einnahmen aus den Pachtgeldern, die
teils in natura teils in Geld je nach den Bestimmungen des Pacht-
vertrages entrichtet worden sind[2]), sind Zahlen nicht überliefert,
und Schätzungen lassen sich im allgemeinen nicht anstellen; sie
führen nicht einmal bei einem Tempel wie bei dem des Horus zu
Edfu, wo wir die Größe des landwirtschaftlich zu verwertenden Areals
kennen, zu einem wirklich befriedigenden Ergebnis[3]). Denn die Pacht-

---

1) Allerlei Belege, daß ἱερὰ γῆ verpachtet worden ist, siehe S. 261, A. 2 und
vor allem Kapitel VI 3 A a. Besonders instruktiv sind u. a. die Urkunden P. Grenf.
II. 33 und P. Amh. II. 35. Demotische Pachturkunden über Tempelland vereinzelt
von Revillout erwähnt (vergl. z. B. Rev. ég. III. S. 131 u. 136); in einzelnen der
von ihm genannten Urkunden handelt es sich jedoch nur um früheres Tempelland (vergl. z. B. Rev. ég. III. S. 130 u. 134). Auch Diodor I. 74, 1 spricht davon,
daß die Tempel ihren Landbesitz verpachteten; freilich beziehen sich seine hier
gebotenen Angaben auf die Pharaonenzeit (vergl. Wilcken, Ostr. I. S. 700).

2) Belege wie in Anm. 1; Geldzahlung für Tempelland z. B. Ostr. Wilck.
503; 1234; P. Lond. I. 119 (S. 140) u. 109 A (S. 150) (daß es sich hier auch wirklich
um Pachtzahlung für ἱερὰ γῆ handelt, dafür siehe Kapitel VI 3 A a). Es ist nicht
ausgeschlossen, daß ähnlich wie bei der Grundsteuer (siehe Wilcken Ostr. I. S. 150
A. 1 u. 199) die Kulturart des gepachteten Landes Einfluß darauf hatte, ob in
natura oder in Geld der Pachtzins gezahlt werden sollte, siehe z. B. P. Lond. I.
119 (S. 140) u. 109 A (S. 150), wo für Wein- und Palmenland Geld gezahlt wird.
In P. Grenf. II. 33 wird allerdings auch für γῆ σιτοφόρος die Pachtsumme in
Geld entrichtet, doch ist hier in Betracht zu ziehen, daß es sich um Afterpacht
handelt, also ein sicherer Schluß auf die eigentliche Pachtleistung kaum möglich ist.

3) Wir wissen von dem Tempel zu Edfu, daß gegen Ende des 2. Jahrhunderts v. Chr. 10 900 Aruren seiner ἱερὰ γῆ mit Getreide und 1800 Aruren mit
anderen Nutzpflanzen bebaut gewesen sind (siehe S. 264). Bei einer Schätzung
des Ertrages kann die letztere Zahlenangabe uns gar nichts nützen, da wir
nicht wissen, was es für Pflanzen waren und in welchem Verhältnis zu einander
sie angebaut waren. Als Getreide kann Weizen, Gerste und Durrah in Betracht
kommen; auch hier ist jedoch die Verhältniszahl des Anbaues dieser drei Ge-
treidearten nicht zu ermitteln, da moderne Anbauverhältnisse kaum berücksich-

sätze sind doch, wie ganz selbstverständlich, stets nach der Güte des Bodens und unter Berücksichtigung mancher anderer Momente recht verschieden bemessen worden[1]), und vor allem ist es nicht möglich festzustellen, wieviel Land jedesmal mit den verschiedenen Getreidesorten bebaut worden ist und wieviel als Wein-, Öl-, Palmen- oder Gemüseland Verwendung gefunden hat, während doch natürlich die Art der angebauten Fruchtsorten die Höhe der Erträge sehr wesentlich beeinflußt hat.

Ob die Tempel ihre Pachteinnahmen in natura im eigenen Haushalt verbraucht haben oder ob sie mit ihnen Handel getrieben, hat sich jedenfalls ganz nach den jeweiligen Verhältnissen gerichtet; gewiß sind aber alle Heiligtümer mit nur irgendwie größerem Landbesitz in der Lage gewesen, nach Deckung des eigenen Bedarfs Getreide und andere Produkte ihrer Felder zu verkaufen (siehe auch Wilcken, Ostr. I. S. 673). Auf Verkauf von Getreide durch die Tempel scheint mir dann auch der Umstand hinzuweisen, daß nicht nur für einzelne Heiligtümer besondere Getreidemaße belegt sind, sondern daß sogar Privatleute sich dieser bedient haben[2]).

Wie bereits öfters hervorgehoben, ist die ἱερὰ γῆ vom Staat verwaltet und verpachtet worden, und deswegen könnte der Schluß,

---

tigt werden dürfen. Nach v. Kremer a. a. O. I. S. 194 verhielt sich in den 60er Jahren des vorigen Jahrhunderts in der hier in Betracht kommenden Gegend der Anbau von Weizen zu Gerste zu Durrah wie 8 : 4 : 1; der Ertrag stellte sich pro $44\frac{1}{2}$ Ar für Weizenland auf ca. 8 hl, für Gerstenland auf ca. $13\frac{1}{2}$ hl, für Durrahland auf ca. 16 hl. Legt man den gleichen Ertrag für die alte Zeit auch zugrunde, so würde die Arure ($27\frac{1}{2}$ Ar) ca. 5 hl Weizen, ca. $8\frac{1}{2}$ hl Gerste, ca. 10 hl Durrah ergeben. Schätzt man auf Grund all dieser Zahlen den Jahresertrag an Getreide der Ländereien des Tempels von Edfu auf ungefähr 80000 hl, so muß man sich der großen Unsicherheit dieser Schätzung wohl bewußt sein; ob die durch die Pachtgelder erzielte tatsächliche Einnahme des Tempels ungefähr gleich $\frac{2}{3}$ dieser Summe zu veranschlagen ist, bleibt auch ungewiß.

1) Verschiedene Pachtsätze sind zusammengestellt von Wessely in C. P. R. I. S. 154 ff., von Milne, history S. 229/30 und von Wilcken, Ostr. I. S. 186 ff.; die Pachtsätze variieren z. B. zwischen 1 Artabe und 7 Artaben pro Arure; vergl. auch ferner als besonders instruktiv P. Lond. I. 119 (S. 140), wo für die Arure Weinland 75, 150 und sogar auch 350 Drachmen als Pachtgeld entrichtet werden (vergl. Kapitel VI 3 A a). Darin dürfte Wessely recht haben, daß die Pachtsätze in römischer Zeit höher als in ptolemäischer gewesen sind; Diodors Angabe (I. 74, 1), daß die Pacht in Ägypten sehr niedrig gewesen sei, ist, da sie sich ja auf die Pharaonenzeit bezieht (siehe S. 279, A. 1), hier nicht zu verwerten.

2) Siehe P. Lond. II. 216, 15 (S. 186): Maß des Soknopaios; C. P. R. I. 38, 18: Maß des Gottes von Dionysias im Faijûm (Wilcken, Ostr. I. S. 773); C. P. R. I. 39, 19: Maß des Ἀθηναῖον in Hermupolis; vergl. jetzt auch P. Amh. II. 87, 21/22; 89, 7/8; zweifelhaft ist es, ob hier ein griechischer Tempel der Athena gemeint ist oder ob, wie so oft, nur eine Gräcisierung des Namens der ägyptischen Gottheit vorliegt; sollte das erstere der Fall sein, so wäre hier eine Andeutung über griechischen Tempelbesitz erhalten; siehe S. 278/79; P. Tebt. I. 61[b], 385; 72, 390; 105, 40; 106, 28; 109, 20: Maß des Suchos in Kerkeosiris.

daß die ägyptischen Tempel sich mit selbständigem Betrieb der Landwirtschaft gar nicht befaßt haben, durchaus berechtigt erscheinen;
trotzdem darf man diesen Schluß wohl nicht wagen, es besteht die
Möglichkeit, daß die Tempel ihrerseits sich Ländereien zur eigenen
Bewirtschaftung gepachtet haben. Es läßt sich nämlich für das
Soknopaiosheiligtum (2. Jahrhundert v. Chr.) nachweisen, daß es Ländereien vom Staate in Pacht genommen hat[1]). Wenn auch gerade in
diesem Falle der Tempel das gepachtete Land nicht selbst bewirtschaftet, sondern es seinerseits Afterpächtern anvertraut hat[2]), so kann
dies mit der eigenartigen Bestimmung dieser Ländereien — sie sind
den ἱερεῖς des Soknopaios gleichsam als Pfründe überwiesen worden
(siehe V. Kapitel, 6) — zusammenhängen. Wir besitzen dann noch
einige Beispiele, in denen die Gesamtheit der ἱερεῖς eines Heiligtums
als Pächter genannt wird; es läßt sich jedoch nicht mit Sicherheit
feststellen, ob in diesen Fällen der Tempel selbst oder eine Associa-
tion der ἱερεῖς die Pacht eingegangen ist[3]). Hoffentlich bringt uns

---

1) P. Amh. II. 35. Die ἱερεῖς des Soknopaios werden in dieser Urkunde
als βασιλικοὶ γεωργοί bezeichnet; daß sie die Pacht jedoch nicht etwa auf eigene
Rechnung übernommen haben, sondern daß der Tempel selbst der eigentliche
Pächter ist, zeigt deutlich Z. 43/44, wo die Pachtzahlung εἰς τὸν τοῦ ϑεοῦ λόγον
verrechnet werden soll. Siehe auch das Abkommen der Priester mit dem λεσῶνις
des Tempels (siehe S. 39) in Z. 25 ff., das, wenn es sich um ein Privatunternehmen der Priester handelte, ziemlich überflüssig wäre; der ausdrückliche Verzicht des Tempelvorstandes auf das Eintreiben der Pachtgelder von den Afterpächtern beweist wohl vielmehr deutlich, daß ihm hierzu an sich ein Recht zugestanden hat, daß also der Tempel der eigentliche Vergeber der Afterpacht
und somit auch Inhaber der Pacht gewesen ist. Bemerkenswert ist noch, daß
hier der Tempel eigenes Gebiet in Pacht genommen hat (Z. 16/17). Eingehender wird diese wichtige Urkunde im V. Kapitel, 6 behandelt werden.

2) Wie bei den Steuern (vergl. Wilcken, Ostr. I. S. 547 u. 555) scheint auch
bei der Landpacht Afterpacht ziemlich verbreitet gewesen zu sein; vergl. z. B.
P. Grenf. II. 33; 57; B. G. U. I. 166; II. 512, 19 u. 661; siehe VI. Kapitel, 3 A a zu
diesen Urkunden.

3) Siehe P. Amh. II. 59 u. 60 (ptolemäische Zeit), die ich als Quittungen für
die von ἱερεῖς des Soknopaios an den Staat entrichtete Landpacht auffasse (siehe
VI. Kapitel, 3 A a). Wenn dann in Milne, Inschriften N. 5 (1. Jahrhundert
n. Chr.) es vom Staate untersagt wird, die Priester des Soknopaios zwangsweise
zur Landpacht heranzuziehen (die zwangsweise Übernahme der staatlichen Landpacht finden wir auch sonst öfters bezeugt, siehe z. B. P. Par. 63 u. seine Erklärung durch Wilcken, Ostr. I. S. 702; B. G. U. I. 7 [Revillout, Mélanges S. 148/49]
u. II. 648; P. Lond. II. 445 [S. 166] [vergl. Wilcken, Archiv I. S. 154]; P. Fay. 123;
P. Amh. II. 65 [siehe Wenger, Archiv II. S. 65 u. Wilcken, ebenda S. 124]; 94
[siehe Wilcken, Archiv II. S. 132]; C. J. Gr. III. 4957, 10), so scheint es mir sich
hier um eine persönliche Befreiung des einzelnen Priester zu handeln und nicht
um einen Erlaß für die Priesterschaft als Repräsentantin ihres Tempels. Siehe
ferner P. Grenf. II. 33 (ptolemäische Zeit). In dieser Pachtcessionsurkunde heißt
es nämlich von den die Pacht Cedierenden, sie hätten das Land des Gottes
Nechtharaus παρὰ τῶν ἱερείων (ἱερέων) gepachtet; daß hier einmal der Tempel
selbst seine Ländereien verwaltet und dann verpachtet hatte, darf man wohl

bald weiteres Material die Entscheidung darüber, ob man auch selbständigen landwirtschaftlichen Betrieb als eine der Einnahmequellen
der Tempel ansehen darf.

Keinen Beitrag zu der Lösung dieser Frage scheint mir die schon
bekannte Tatsache zu enthalten, daß Faijûmheiligtümer, wie aus den
von ihnen dafür gezahlten Steuern deutlich hervorgeht, Rinder-[1])
und Schafherden[2]) besessen haben; denn das Halten solcher Herden
braucht keineswegs mit dem Betrieb von Landwirtschaft in Verbindung
gebracht zu werden, es erklärt sich vollkommen durch die Annahme,
daß aus ihnen der Fleischbedarf der Priester und vor allem die Opfer
auf billigere Weise, als wenn man die notwendig werdenden Tiere
einzeln kaufte, bestritten werden sollten, und erscheint so als eine
vom wirtschaftlichen Standpunkte sehr zu billigende Maßnahme.

B. Der Tempelbezirk.

Außer landwirtschaftlich verwerteten Grund und Boden haben die
Tempel in Ägypten aber auch noch anderen Grundbesitz ihr eigen
genannt; so ist natürlich vor allen Dingen das Gebiet, auf dem das
Heiligtum errichtet war, stets in ihrem Besitz gewesen, wobei zu beachten ist, daß sehr viele Tempel infolge der mannigfachen im Laufe
der Zeit erfolgten Erweiterungsbauten (z. B. die Anlage mehrerer
Vorhöfe u. dergl.) eine verhältnismäßig recht große Fläche bedeckt
haben[3]).

Außer dem Grund und Boden, auf dem der Tempel gestanden hat,
dürfte man geneigt sein auch den sogenannten Tempelbezirk, d. h.
jenes die eigentlichen Tempelgebäude oft in sehr weitem Umkreise
umgebende und von hohen Umfassungsmauern ($\pi\varepsilon\varrho\acute{\iota}\beta o\lambda o\varsigma$) eingeschlos-

---

nicht hieraus entnehmen, wohl aber, daß die Priester bez. der Tempel selbst
ihr eigenes Land (da bei den Priestern kein Gottestitel steht, so darf man wohl
annehmen, daß es Priester des Nechtharaus waren) vom Staate gepachtet und
dann in Afterpacht weiter gegeben haben. Vielleicht darf man P. Grenf. II. 33
mit P. Amh. II. 35 ganz auf eine Stufe stellen. Vergl. übrigens auch dem. P.
Louvre 10350, publ. von Revillout, Mélanges S. 182 Anm.

1) Vergl. P. Lond. II. 460 (S. 70) Z. 3 u. 5 (römische Zeit; Faijûm), wo
Wilcken, Archiv I. S. 141 wohl richtig βo^ι als $\varphi\acute{o}\varrho o\varsigma$ $\beta o\tilde{\omega}\nu$ gedeutet hat; daß es
sich hier um eine von einem Faijûmtempel gezahlte Steuer handelt, zeigt das
von dem gleichen Zahler entrichtete $\varphi\acute{o}\varrho o\varsigma$ $\beta\omega\mu\tilde{\omega}\nu$ (vergl. V. Kapitel, 7). Siehe auch
B. G. U. I. 292, 2, wo an Stelle des φ des von dem Herausgeber Krebs gebotenen
Wortes $\varkappa[\varepsilon]\varphi[\acute{\alpha}\lambda\varepsilon\iota o\nu]$ sicher β zu lesen und dann zn $\beta[o]$ zu ergänzen sein dürfte;
das Nähere im V. Kapitel, 7 s. v. $\varphi\acute{o}\varrho o\varsigma$ $\beta\omega\mu\tilde{\omega}\nu$.

2) B. G. U. I. 292, 3 (römische Zeit, Faijûm); hier hat offenbar der Oberpriester im Namen seines Tempels die quittierten Steuern entrichtet (er zahlt
ja auch $\varphi\acute{o}\varrho o\varsigma$ $\beta\omega\mu\tilde{\omega}\nu$); der Soknopaiostempel dürfte also wohl ausgeschlossen
sein, da hier ja ein Priesterkollegium in römischer Zeit an der Spitze der Ver-
waltung gestanden hat (siehe S. 47 ff.).

3) Über die Anlage ägyptischer Tempel vergl. Erman, Ägypten II. S. 378 ff.

sene Gebiet[1]) als ein sich immer findendes unumschränktes Besitzobjekt eines jeden ägyptischen Heiligtums anzusehen. Diesen Tempelbezirk darf man sich nun bei den ägyptischen Heiligtümern nicht nach dem Muster desjenigen griechischer Tempel[2]) als einen einen besonders heiligen Charakter tragenden und somit profanen Zwecken nicht dienenden Bezirk vorstellen, er scheint vielmehr stets sehr intensiv wirtschaftlich ausgenützt und die Stätte eines regen weltlichen Verkehrs gewesen zu sein. So haben sich in ihm die Verwaltungsgebäude u. dergl. des Tempels befunden[3]), auch Wohnhäuser für die Priester (παστοφόρια)[4]) sind hier errichtet worden, in denen übrigens mitunter sogar nichtpriesterliche Personen, wie z. B. im großen Serapeum bei Memphis die κάτοχοι, gewohnt haben[5]). Überhaupt dürfte in manchen Heiligtümern, vor allem natürlich jedoch in den größeren, eine ganze Reihe nicht zum Priesterstande gehörender Leute gelebt haben[6]), die alsdann auch in den Tempelbezirken ihr Gewerbe ausgeübt haben; so lassen sich für das große Serapeum bei Memphis z. B. ein ϑρυοπώλης (Binsenverkäufer)[7]), ein ἱματιοπώλης (Kleiderhändler)[8]), ein σιτοκάπηλος (Getreidehändler), ein ἀσιλλοφόρος (Lastträger), ein σακκοφόρος (Sackträger[9])), dann ἀρτοκόποι (Bäcker)[10]), ein

---

1) Vergl. Erman, Ägypten II. S. 386 ff. Besonders erwähnt sei hier noch die Größe des Tempelbezirks des öfters zu behandelnden Soknopaiostempels, die 15 576 □m, d. h. über 5½ Arure betragen hat (die Breite betrug 88 m, die Länge 177 m, nach Krebs a. a. O. der Ä. Z. XXXI [1893] S. 33).

2) Für griechische Tempelbezirke vergl. Stengel, Griechische Kultusaltertümer S. 19.

3) Siehe z. B. Strack, Inschriften 89: Tempel der Isis, dessen Lage nicht näher zu ermitteln ist; Inschrift Nr. III in P. Fay. 33: Tempel des Pnepheros und Petesuchos in Karanis. Solche Gebäude können natürlich auch außerhalb des Tempelbezirks gelegen sein (siehe S. 288), und so läßt sich ihre Lage oft nicht feststellen; siehe z. B. P. Par. 60bis, 31; P. Amh. II. 41.

4) Vergl. Erman, Ägypten II. S. 386 ff.; so auch Krebs a. a. O. Ä. Z. XXXI (1893) S. 33 für den Soknopaiostempel. Aus griechischen Papyri sind im Tempelbezirk gelegene παστοφόρια für den Tempel zu Pathyris (P. Grenf. II. 34 u. 35) und dann vor allem für das große Serapeum zu Memphis (P. Par. 11, 6, 22, 25 und 27; Verso, Z. 6; 35, 4; 37, 4; 40, 29 u. 37; 41, 18) bekannt geworden.

5) Siehe P. Par. 35; 37; 40; 41; siehe übrigens auch P. Grenf. II. 34 u. 35, wo ein Privatmann παστοφόρια kauft.

6) Auch die inzwischen erschienenen P. Tebt. I erweisen das Wohnen von Laien in den Heiligtümern als eine häufiger sich findende Gepflogenheit; siehe z. B. 6, 40; 39, 5 ff.; 44, 12—14.

7) P. Par. 40, 25 ff.; das hier sich findende ϑροιοπώλιον ist offenbar ϑρυοπώλιον gleichzusetzen; vergl. auch Crönert im Archiv I. S. 212.

8) P. Par. 36, 8; P. Vat. IV. S. 445; P. Lond. I. 44, 32 (S. 33); vergl. im übrigen die folg. Anm.

9) P. Lond. I. 44, 32—34 (S. 33); daß sie alle Bewohner des Serapeums sind, zeigt die sie zusammenfassende Bezeichnung: οἱ ἐκ τοῦ (oder ἐν τῷ αὐτῷ) ἱεροῦ (ἱερῷ) καλλυνταί, vergl. P. Lond. I. 44, 6 (S. 33), P. Par. 36, 5/6, P. Vat. IV. S. 445.

10) P. Lond. I. 44, 33 (S. 33); P. Par. 36, 6; P. Vat. IV. S. 445.

Arzt[1]) und ein Traumdeuter[2]) als seine Bewohner nachweisen[3]).
Natürlich müssen für sie besondere Wohnhäuser vorhanden gewesen
sein und für einige von ihnen auch besondere Geschäftslokale[4]).
Ein besonders lebhafter geschäftlicher Verkehr scheint sich dann
auf den sogenannten δρόμοι der Tempelbezirke, d. h. steingepflasterten
und meistens mit zwei Reihen Sphinxe geschmückten Plätzen, die
vor dem ersten Pylonenpaar der Tempel (Eingang zum inneren Tempel-
hof) lagen (siehe auch Strabo XVII. p. 805), entwickelt zu haben.
Dies läßt sich mit Sicherheit einmal daraus folgern, daß besondere
Getreidemaße für den Marktverkehr auf dem Dromos üblich gewesen
sind und daß sogar diese Dromosmaße bei Geschäften und Vermes-
sungen, die sich außerhalb der Tempelbezirke abgespielt haben, Anwendung gefunden haben[5]), und weiterhin ergibt es sich auch daraus,
daß sogar der Staat auf diesen δρόμοι Versteigerungen von Staats-
gütern vornehmen ließ[6]), offenbar, weil er sicher war hier am leichtesten geeignete Bewerber zu finden[7]).

Sehr kennzeichnend für das Leben und Treiben in diesen Tempelbezirken ist es dann auch, daß in dem des memphitischen Serapeums,
das sich allerdings durch besondere Größe auszeichnete, und das
wohl alljährlich der Wallfahrtsort von Tausenden gewesen ist[8]), sogar

---

1) P. Par. 36, 8; P. Vat. IV. S. 445.

2) Gr. Inschrift bei Fröhner, Inscriptions grecques du musée de Louvre S. 32.
N. 21 (vergl. O. Rubensohn: Das Aushängeschild eines Traumdeuters in Festschrift Vahlen zum 70. Geburtstag S. 1 ff.) u. P. Par. 53, 78.

3) Recht wahrscheinlich ist es mir auch, daß die P. Par. 11, 3 u. P. Par.
34, 13 genannten κικιουργοί (Kikiölarbeiter) Bewohner des Serapeums gewesen
sind; nicht zu entscheiden ist dies bei einem ὑδροφόρος (Wasserträger) in
P. Par. 34, 20.

4) Dies ist z. B. bei dem Traumdeuter der Fall gewesen, siehe sein Aushängeschild; ferner wird ein θρυοπώλιον (siehe S. 283, A. 7) erwähnt, ganz sicher
dürften auch der ἱματιοπώλης, die ἀρτοκόποι und der σιτοκάπηλος Geschäftslokale
besessen haben.

5) Vergl. z. B. C. P. R. I. 31, 15; 45, 21; B. G. U. I. 86, 10; 290, 14; II. 604,
15; 644, 24; P. Fay. 16, 8; 101, Col. 1, 3; 285 (in den Faijûmpapyri ist wohl
besser anstatt δρό(μῳ): δρό(μου oder μων) zu ergänzen; P. Amh. II. 90, 11; 91, 9;
P. Tebt. I. 90, 4; 110, 7; siehe Wilcken, Ostr. I. S. 770/71 u. Grenfell-Hunt, P. Tebt.
I. S. 232. Ein in einem Tempelbezirk angewandtes Maß scheint mir auch das
Κολοφώνιον ἀπὸ τοῦ Νεφωτίου (Tempel des Gottes Nephotes) in Ostr. Wilck. 1166
gewesen zu sein; vergl. Wilcken Ostr. I. S. 715 u. 764.

6) Theb. Bank I. Col. 1, 9; II. Z. 13: δρόμος τοῦ μεγίστου θεοῦ Ἀμμῶνος.

7) Hinweisen möchte ich hier noch wenigstens auf jenen θη[σ(αυρὸς)]
[δ]ρόμου, der sich in einem Papyrus des hermopolitischen Gaues (P. Amh. II.
122, 8) findet; die Lesung ist jedoch zu ungewiß, um hieraus den Schluß zu
ziehen, daß auf dem Tempeldromos sogar staatliche θησαυροί (Magazine) angelegt worden sind.

8) Den besten Beweis für die große Zahl der Wallfahrer bietet wohl die
Tatsache, daß im Serapeum die verschiedenen Landesteile Ägyptens wohl alle
ihre eigenen Herbergen besessen zu haben scheinen (P. Par. 34, 5: κατάλυμα τῶν

verschiedene Herbergen ($\varkappa\alpha\tau\alpha\lambda\dot{\upsilon}\mu\alpha\tau\alpha$) unterhalten worden sind[1]), an denen dann ein Wirt mit seinen Angestellten tätig gewesen ist[2]). Ganz bemerkenswert ist es ferner, daß im Tempelbezirk des großen Serapeums auch eine Schule bestanden hat (P. Par. 51, 10). Zieht man den überaus regen Verkehr in Betracht, der demnach in den Tempelbezirken meistens geherrscht zu haben scheint, so wird es durchaus verständlich, wenn wir gerade in ihnen öfters Gendarmerie ($\varphi\upsilon\lambda\alpha\varkappa\tilde{\imath}\tau\alpha\iota$) und Polizei ($\varphi\dot{\upsilon}\lambda\alpha\varkappa\varepsilon\varsigma$) (vergl. Wilcken, Archiv I. S. 129) stationiert finden[3]); sie müssen natürlich ihre besonderen Wachtlokale besessen haben, und so erweitert sich der Kreis der Gebäude immer mehr, die eventuell einem Tempelbezirk angehören konnten; man muß sich eben einen solchen Bezirk, wenn er ein nur einigermaßen bedeutendes Heiligtum umgab, ganz wie ein kleines Stadtviertel vorstellen[4]).

$\mathit{A}\varrho\sigma\iota\nu\text{o}\ddot{\imath}\tau\tilde{\omega}\nu$). Diese Einrichtung erinnert durchaus und hat ihre beste Parallele im Mittelalter in den Absteigequartieren der verschiedenen Nationen in den großen Handelsstädten. Siehe dann noch P. Par. 12.

1) Siehe P. Par. 34, 5, 10 u. 11; 49, 35/36 cf. 34, 11; siehe auch P. Par. 12, 8.

2) Vergl. P. Par. 34, 11; 49, 35/36: $\tau\grave{o}\ \Pi\varrho\omega\tau\acute{\alpha}\varrho\chi\text{o}\upsilon\ \varkappa\alpha\tau\acute{\alpha}\lambda\upsilon\mu\alpha$; auf Angestellte weist uns P. Par. 34, 9—11 hin.

3) $\Phi\upsilon\lambda\alpha\varkappa\tilde{\imath}\tau\alpha\iota$ sind im Serapeum bei Memphis stationiert gewesen; ihr Wachtlokal hat sich in einem der kleinen Dependenztempelchen des großen Serapeums, im Anubieum, befunden; es waren mehrere Mann mit einem besonderen Kommandanten ($\mathit{\dot{\alpha}}\varrho\chi\iota\varphi\upsilon\lambda\alpha\varkappa\acute{\imath}\tau\eta\varsigma$); vergl. P. Par. 11, 26; 35, 6, 7 u. 10/11 (37, 6 u. öft.); 42, 4 u. 6; eine solche Wache ist wohl auch für den Tempel zu Pathyris anzunehmen, siehe P. Grenf. I. 38; $\varphi\dot{\upsilon}\lambda\alpha\varkappa\varepsilon\varsigma$ finden sich im Serapeum zu Oxyrhynchos (P. Oxy. I. 43 Verso Col. 2, 7: 6 Mann) und in derselben Stadt im Isistempel (P. Oxy. I. 43 Verso Col. 2, 14) und im Heiligtum der Thoeris (P. Oxy. I. 43 Verso Col. 4, 16: 7 Mann). Siehe hierzu auch VI. Kapitel, 5.

4) Oben im Text sind nur die Nachrichten verwertet, bei denen jeder Zweifel, daß ein Tempelbezirk gemeint ist, ausgeschlossen ist. Für verfehlt halte ich es nämlich, in jeder Ortsbezeichnung, die mit einem Gottesnamen und der Endung $\varepsilon\iota\text{o}\nu$ ($\eta\text{o}\nu$) gebildet ist, ohne weiteres die Erwähnung des engeren Tempelbezirks zu finden, es können dergleiche Namen doch ebensogut auch zur Bezeichnung eines nach einer Gottheit benannten weltlichen Bezirkes verwendet worden sein. (Ähnlich z. B. das Dorf $\mathit{I}\sigma\tilde{\imath}\text{o}\nu$ im memphitischen Gaue in Ostr. Wilck. 1111.) So muß man wohl auf jeden Fall das in thebanischen Ostraka (Ostr. Wilck. 446, 454, 558, 575, 609, 688, 856, 862, 1397, 1406, 1424, 1458, 1475, 1561; siehe auch Inschrift des Cornelius Gallus, herausgegeben von Erman-Hirschfeld in Sitz. Berl. Akad. 1896. S. 469 ff.) genannte $\mathit{\Omega}\varphi\iota\tilde{\eta}\text{o}\nu$ einfach als ein Quartier von Theben auffassen und nicht als einen Tempelbezirk (siehe zu dem Namen Wilcken Ostr. I. S. 713; in den nach Göttern benannten weltlichen Bezirken dürfte natürlich oft der Tempel des betreffenden Gottes gelegen haben). Unentschieden, ob Tempel- oder weltlicher Bezirk, muß es wohl bleiben z. B. bei dem $\tau\acute{o}\pi\text{o}\varsigma$ $\mathit{A}\sigma\varkappa\lambda\eta\pi\acute{\imath}\varepsilon\text{o}\varsigma$ in Memphis (P. Zois I. Col. 1, 12 [II. Col. 1, 13]); es handelt sich hier um in diesem Distrikt gelegenen Grundbesitz (Wilcken, Theb. Bank S. 43 sieht in dem $\tau\acute{o}\pi\text{o}\varsigma$ einen Tempelbezirk; mit Recht hat er jedenfalls schon darauf hingewiesen, daß $\tau\acute{o}\pi\text{o}\varsigma$ hier nicht der $\tau\text{o}\pi\alpha\varrho\chi\acute{\imath}\alpha$ gleichgesetzt werden darf). Siehe ferner z. B. den $\tau\acute{o}\pi\text{o}\varsigma$ $\mathit{A}\mu\mu\omega\nu\acute{\imath}\varepsilon\text{o}\varsigma$ in Theben (Strack, Inschriften 72, ein $\varphi\upsilon\lambda\alpha$-

Nach alledem ist es wohl fraglos, daß ein größerer ägyptischer Tempelbezirk seinem Besitzer reiche Erträge abwerfen und demnach ein recht wertvolles Besitztum repräsentieren mußte, doch wäre es verfehlt ohne weiteres als diesen Besitzer das Heiligtum, zu dem er gehörte, zu bezeichnen. Ursprünglich dürfte natürlich der Tempelbezirk, ebenso wie der Tempel selbst, der Gottheit, der er geweiht war, unumschränkt zu eigen gewesen sein, aber im Laufe der Zeit müssen Veränderungen oder sonstwie Alienationen erfolgt sein, denn für die hellenistische Zeit läßt sich mit unbedingter Sicherheit auch Privatbesitz innerhalb dieser Bezirke belegen. So haben z. B. in dem des Hathor(Aphrodite-)tempels zu Pathyris παστοφόρια den Priestern dieses Heiligtums gehört, und sie sind sogar teilweise aus ihrer Hand in die eines Laien übergegangen, wohl eines Unternehmers, der durch Vermietung dieser so günstig gelegenen Häuser ein gutes Geschäft zu machen hoffte[1]). Auch für das Serapeum bei Memphis, für den Soknopaiostempel in Soknopaiu Nesos, für einen Suchostempel im Faijûm sind Laien als Besitzer von Hausgrundstücken, Bauplätzen (τόποι ψιλοί) und dergl. nachzuweisen, die in den betreffenden Tempelbezirken gelegen haben[2]).

Immerhin dürfte wohl auch noch in hellenistischer Zeit ein

κίτης desselben erwähnt), dem man wohl das in P. Tor. 8, 12, sowie in P. Grenf. I. 21, 15 genannte Ἀμμωνιεῖον gleichsetzen darf. Bemerken möchte ich nur noch, daß wohl in all den vielen demotischen Papyri, in denen nach Revillouts Übersetzung das thebanische „Ammonium" erscheint (z. B. dem. P. Louvre 2434 u. 2437, publ. Chrest. dém. S. 209 ff. [S. 210], dem. P. Louvre 2427, publ. ebenda S. 217 ff. [S. 219], dem. P. Louvre 2424, publ. ebenda S. 231 ff. [S. 232] usw.), dafür einfach das Wort „Quartier" (Viertel) einzusetzen ist; Revillout verbessert allerdings seine Übersetzung nur in dem dem. P. Louvre 2418, publ. Chrest. dém. S. 85 ff. (S. 94) (siehe Errata in Chrest. dém. S. 428), siehe jedoch z. B. für dem. P. Berl. 3090 u. 3091, publ. N. Chrest. dém. S. 32 ff. (S. 38, Z. 9) Spiegelberg dem. P. Berl. S. 12.

1) P. Grenf. II. 34 u. 35. Diese Belege sind darum besonders wertvoll, weil sie mir aufs beste zu illustrieren scheinen, wie leicht Tempelbesitz alieniert werden konnte; denn diese παστοφόρια sind natürlich ursprünglich im Besitz des Heiligtums gewesen und einfach den Priestern und ihrer Familie als Wohnung angewiesen worden. Dieselbe priesterliche Familie mag dann mehrere Generationen hindurch dasselbe Haus bewohnt und sich so allmählich ein gewisses Besitzrecht ersessen haben, daß man es sogar schließlich wagen konnte, das Haus auf eigene Rechnung zu verkaufen.

2) Serapeum: dem. P. Leid. 378, publ. N. Chrest. dém. S. 113 ff. (S. 115); Soknopaiostempel: B. G. U. I. 183, 18 u. 42; 251, 16; Suchostempel: Strack, Inschriften 142, vielleicht auch 143. Siehe ferner P. Lond. I. 50 (S. 48), in besserer Fassung bei Wilcken, Hermes XXVIII (1893) S. 231; er berichtet uns m. E. von einem in Privatbesitz befindlichen Hause, welches in einem memphitischen Tempelbezirk liegt, das seinerseits wieder zum Hellenionviertel von Memphis gehört. Auch P. Tebt. I. 39, 5 ff. bietet uns neuerdings einen interessanten Beleg für ein in Privatbesitz befindliches, in dem Heiligtum der Thoeris zu Kerkeosiris gelegenes Hausgrundstück.

größerer Teil des Tempelbezirks dem betreffenden Tempel gehört haben, stets jedenfalls der sogenannte δρόμος. Ferner mögen auch wohl die Tempel bestrebt gewesen sein den ihnen gehörenden Anteil am Tempelbezirk zu vergrößern, sei es durch Erwerbung von Gebiet innerhalb des Bezirkes, das sich in Privatbesitz befand — am angenehmsten mußte es ihnen natürlich sein, wenn dies auf dem Wege des Geschenkes geschah[1] —, sei es, indem man außerhalb der Umfassungsmauer des Bezirkes gelegenes Terrain erwarb und dieses dann in diesen mit hineinzog, wie es z. B. für das Serapeum in Oxyrhynchos belegt ist[2].

Fraglich ist es allerdings, ob und wie gerade der dem Heiligtume gehörende Teil des Tempelbezirkes, abgesehen von seiner Verwendung zu Tempelnebenbauten, wirtschaftlich ausgenutzt worden ist; nur für den δρόμος läßt sich dies mit Sicherheit nachweisen (siehe S. 284), und man darf wohl auch annehmen, daß das betreffende Heiligtum daraus, daß es seinen δρόμος als allgemeinen Geschäftsplatz einrichtete, einen finanziellen Vorteil gezogen hat, etwa in der Weise, daß es von den beteiligten Geschäftsleuten bestimmte Abgaben (Platzgebühr) erhoben hat. Im übrigen ist leider für die obige Frage bisher Material noch nicht vorhanden, denn wenn wir auch z. B. für das memphitische Serapeum Geschäftslokale, Herbergen, den Betrieb verschiedener Gewerbe belegt finden (siehe S. 283 ff.), so läßt sich doch nicht entscheiden, ob dies alles auf Rechnung des Tempels auf seinem Grund und Boden oder ob dies von Privatleuten betrieben worden ist[3]. Immerhin halte ich es für sehr wahrscheinlich, daß im großen und ganzen die Tempel ihren im Tempelbezirk gelegenen Grundbesitz nicht haben brach liegen lassen, sondern möglichst vorteilhaft zu verwerten gesucht haben[4].

---

1) Suchostempel im Faijûm: Strack, Inschriften 142, 143 (?); Isistempel: Strack, Inschriften 141 (siehe S. 286, A. 2).

2) P. Oxy. II. 242; daß das hier erwähnte Gebiet (siehe besond. Z. 14) zum Tempelbezirk geschlagen werden soll, darauf scheint mir vor allem die im Kaufvertrage enthaltene Bedingung des περιτειχίζειν (Z. 19) hinzuweisen; siehe auch Z. 19 ff.: τοὺς δ᾽ αὐτοὺς τόπους οὐκ ἐμφόρους ποιήσουσι πρὸς τὸ μένειν αὐτοὺς χρηστήρια τοῦ αὐτοῦ θεοῦ καὶ τοῦ ἱεροῦ. Hier scheint es sich übrigens wohl auch um ein halbes Geschenk von seiten der Verkäufer an den Tempel zu handeln, denn sonst würde sich wohl die Priesterschaft nicht zu den Bedingungen des Kaufkontraktes verstanden haben, das gekaufte Terrain niemals weiter zu verkaufen und es nicht wirtschaftlich auszunutzen.

3) Im letzteren der oben genannten Fälle wäre es immerhin möglich, daß die, denen der Tempel erlaubte in seinem Bezirke ihr Gewerbe zu betreiben, an ihn gewisse Abgaben zu zahlen hatten.

4) Wenn P. Oxy. II. 242 ausdrücklich die wirtschaftliche Verwertung eines dem Tempel gehörenden Terrains im Tempelbezirk verboten wird, so scheint mir das gerade darauf hinzudeuten, daß eine derartige Handlungsweise sonst nicht üblich war.

C. Die Hausgrundstücke.

Außer landwirtschaftlich genutzten Ländereien und Tempelbezirk läßt sich an Grundbesitz für ägyptische Tempel noch derjenige von außerhalb des Tempelbezirks gelegenen Hausgrundstücken, d. h. von Miets- und Vorratshäusern, bez. von Bauplätzen, belegen; bezeugt ist uns dieser Besitz allerdings nur für wenige Heiligtümer, für den Tempel des Horus zu Edfu[1]), den des Soknopaios[2]) und denjenigen des Jupiter Capitolinus zu Arsinoe[3]), aber es dürften wohl noch viele andere Tempel diese vorteilhaften Besitzobjekte ihr eigen genannt haben.

Eingehender sind wir allein über den Besitz des Jupitertempels im 3. Jahrhundert n. Chr. unterrichtet. Dieser hat sich auf verschiedene Dörfer aus der Umgegend von Arsinoe, auf Τρικωμία, Πυρρεία, Πτολεμαῒς Δρυμοῦ, Ἀλεξάνδρου Νῆσος und Κερκεσῆφις, verteilt. Dies ist denjenigen Steuerquittungen des Tempels zu entnehmen, die unter dem Titel: εἰς διαγραφὴν δημοσίων τελεσμάτων κώμης X. Y. gebucht sind. Wenn nun auch die hier für die Steuer gewählte Bezeichnung die Objekte, für die die Steuer entrichtet wird, nicht direkt angibt, da sie den allgemeinen Ausdruck „δημόσια τελέσματα" (vergl. Wilcken, Ostr. I. S. 178/79) enthält, so ist doch immerhin aus dem ganzen Zusammenhange mit ziemlicher Sicherheit zu folgern, daß hier wie auch sonst mitunter[4]) eine speziellere Bedeutung mit dem Ausdruck verbunden gewesen ist[5]), und zwar diejenige der Grundsteuer für den in den betreffenden Dörfern gelegenen Grundbesitz[6]). Um Landbesitz kann es sich hier nicht handeln; denn in diesem Falle würde der Pächter, der die in Betracht kommenden Besitzobjekte des Tempels übernommen hat, seine Pachtzahlung ganz sicher an die Staatskasse abgeführt haben, durch die dann erst die Übermittlung an den

---

1) Hieroglyphische Inschrift von Edfu, publ. bei Brugsch, Thesaurus III. S. 531 ff., Tafel I, Z. 5 u. Tafel VIII, Z. 9: Bauplätze.

2) P. Lond. II. 216 (S. 186); 335 (S. 191) (römische Zeit); hier handelt es sich um ein ἐποίκιον (Gehöft), zu dem u. a. eine größere ϑησαυρός- (Vorratshaus) anlage (siehe Wilcken, Ostr. I. S. 651/52) und auch eine Mühle gehört hat. Die erstere wird für einen jährlichen Afterpachtpreis von 45 Artaben Weizen verpachtet; das ganze Gehöft dürfte wohl ein größerer Komplex gewesen sein.

3) B. G. U. I. 362. p. 4, 4/5; 5, 21 ff.; 6, 12—15, 18; 10, 20—23, 26; 11, 1—2; 13, 14 ff.; 14, 20 ff.; siehe auch frg. 1, 2 ff.; p. 1, 22 ff.

4) Siehe z. B. Ostr. Wilck. 767; B. G. U. I. 227, 19; 339, 21 usw.

5) Um einen Ausdruck, der mehrere vom Tempel entrichtete Steuern ganz verschiedenen Charakters zusammenfassen sollte, kann es sich hier m. E. deshalb nicht handeln, weil neben ihm noch ganz spezielle Abgaben des Tempels für dieselben Orte (siehe z. B. das στεφανικόν und die Badabgabe) erscheinen.

6) Siehe Wilcken a. a. O. Hermes XX (1885) S. 450 u. Ostr. I. S. 167/68; an letzterem Orte hat er mit Recht seine frühere Vermutung, daß die Dörfer ganz dem Tempel gehört haben, zurückgezogen.

Tempel erfolgt wäre (siehe VI. Kapitel, 3 A a), was hier jedoch nicht geschieht, es wird vielmehr die Pachtsumme direkt an die Tempelkasse gezahlt (B. G. U. II. 362. p. 5, 21 ff.). Man muß also offenbar an Häuser, Bauplätze und dergl. denken[1]) und demnach die gezahlte Steuer noch genauer als eine Art Gebäudesteuer definieren[2]).

Der Wert dieses Grundbesitzes muß ein ganz bedeutender gewesen sein. Dieses ergibt sich einmal aus den dafür entrichteten Steuerraten. Zwar läßt sich die Gesamthöhe dieser für ein Jahr nicht genau berechnen; da jedoch der Tempel in der Zeit von 5 Monaten jedenfalls weit über 372 Silberdrachmen ($\dot{\alpha}\varrho\gamma\upsilon\varrho\acute{\iota}o\upsilon$ $\delta\varrho\alpha\chi\mu\alpha\acute{\iota}$)[3]) gezahlt hat[4]) — bei einigen Zahlungen ist der Betrag nicht erhalten[5]) —, so darf man wohl die Höhe der Jahreszahlung auf mehrere 100 Silberdrachmen[6]) schätzen, obwohl das auch hier uns entgegentretende

---

1) Der oben genannte Pächter ist mithin in gewisser Weise dem $\dot{\varepsilon}\nu o\iota\kappa\iota o$-$\lambda\acute{o}\gamma o\varsigma$ der „heiligen großen Kirche" in B. G. U. I. 47 u. 173 gleichzusetzen. Hinzugefügt sei noch, daß an Fabrikgebände u. dergl. hier wohl nicht zu denken ist. An sich könnten natürlich in dieser Gebäudesteuer auch derartige Baulichkeiten versteuert werden, aber in diesem Fall erscheint dies ausgeschlossen, weil alsdann wohl kaum die Pachtzahlung des Pächters der hier in Betracht kommenden Besitzobjekte in den allgemeinen Ausdrücken für das Dorf X. Y. gebucht wäre, sondern sicher etwa darunter befindliche Fabrikbetriebe besonders hervorgehoben wären.

2) Die hier behandelte Steuer dürfte auf eine Stufe zu stellen sein mit Abgaben wie: $\pi\varrho o\sigma\acute{o}\delta\omega\nu$ $o\check{\iota}\kappa o\pi(\dot{\varepsilon}\delta\omega\nu)$ (Wilcken, Ostr. I. S. 390), $\varepsilon\dot{\iota}\kappa o\sigma\tau\acute{\eta}$ (Wilcken, Ostr. I. S. 363) und wohl auch $\dot{\varepsilon}\nu o\acute{\iota}\kappa\iota o\nu$ (Wilcken, Ostr. I. S. 192). Vielleicht darf man in ihr sogar eine zusammenfassende Bezeichnung derartiger dasselbe Steuerobjekt treffen sollender Steuern sehen.

3) In den Rechnungen des Jupitertempels zu Arsinoe (B. G. U. II. 362) muß, wie die verschiedenen Monatsabrechnungen deutlich zeigen, stets dieselbe Drachme verrechnet worden sein. Da nun an einigen Stellen die $\dot{\alpha}\varrho\gamma\upsilon\varrho\acute{\iota}o\upsilon$ $\delta\varrho\alpha\chi\mu\acute{\eta}$ genannt wird (p. 13, 3; 15, 10 u. 21), so ist sie auch dort einzusetzen, wo eine Drachme ohne nähere Bezeichnung erscheint; den besten Beweis für die Richtigkeit dieser Behauptung bietet p. 8, 4 ff., wo eine Drachme von 7 Obolen der Rechnung zugrunde liegen muß; diese Drachme von 7 bez. 7¼ Obolen ist nun aber eben die $\dot{\alpha}\varrho\gamma\upsilon\varrho\acute{\iota}o\upsilon$ $\delta\varrho\alpha\chi\mu\acute{\eta}$ gewesen (siehe P. Lond. I. 131 [S. 166 ff.]). Nach Mommsens überzeugenden Ausführungen (Zum ägyptischen Münzwesen im Archiv I. S. 273 ff.) ist weiterhin diese $\dot{\alpha}\varrho\gamma\upsilon\varrho\acute{\iota}o\upsilon$ $\delta\varrho\alpha\chi\mu\acute{\eta}$ in römischer Zeit als die Drachme des römischen ägyptisch als Tetradrachmon gefaßten Denars aufzufassen, und nicht als Drachme des ägyptischen Billontetradrachmons; diese ist vielmehr als $\chi\alpha\lambda\kappa o\tilde{\upsilon}$ $\delta\varrho\alpha\chi\mu\acute{\eta}$ bezeichnet und zu 6 Obolen gerechnet worden. Der Silbergehalt des Billontetradrachmons und des Denars ist wenigstens ursprünglich der gleiche, 3,9 g, gewesen.

4) Siehe B. G. U. II. 362 p. 4, 5; 10, 20 ff.; 11, 2; 13, 14 ff.; 14, 20 ff.; siehe übrigens auch frg. 1, 4/5. Es sei bemerkt, daß die Steuerzahlungen für die einzelnen Dörfer sehr unregelmäßig erfolgen; auch die Höhe der einzelnen Zahlungen ist recht verschieden.

5) Siehe B. G. U. II. 362 p. 6, 12 ff., 18; 10, 23 ff., 26; 11, 1; siehe auch p. 1, 25/26.

6) Der innere Wert dieser Drachme in der Gegenwart, sowie das Verhältnis ihres Kaufwertes zu dem der ptolemäischen Silberdrachme bedarf noch beson-

Prinzip der unregelmäßigen Raten- und der Nachtragszahlungen (siehe hierzu auch V. Kapitel, 1) jede Schätzung sehr unsicher macht. Weiterhin kommt für die Beurteilung des Wertes des Tempelgrundbesitzes auch die eine für diesen in den Tempelrechnungen sich findende Pachtgeldzahlung in Höhe von 1345 (?) Silberdrachmen in Betracht[1]), die ja schon an sich eine ganz hübsche Einnahme darstellt, obwohl sie sicher nur eine Ratenzahlung sein dürfte; allerdings sind aus ihr irgendwelche weiteren Schlüsse auf die Höhe der gesamten Pachtsumme und damit auf die genaue Größe des Besitzes nicht zu entnehmen, da man nicht feststellen kann, wie oft im Jahre und in welchem Betrage Ratenzahlungen erfolgt sind[2]), und für welche der genannten Dörfer die Zahlung geleistet worden ist[3])

derer, eingehender Untersuchungen. (Es sei hier nur kurz darauf hingewiesen, daß der Münzwert der ptolemäischen und der römischen Silberdrachme sehr verschieden gewesen ist, der der letzteren war ungefähr der vierte Teil der ersteren; vergl. Mommsen a. a. O. Archiv II. S. 280.) Prinzipiell sei zu dieser wichtigen Frage bemerkt, daß sich ihre Lösung nur auf dem Wege erreichen läßt, daß man feststellt, wieviel Getreide und andere notwendige Gebrauchsgegenstände für eine bestimmte Menge Silber bez. Gold in ptolemäischer, in römischer Zeit und in unseren Tagen sich erwerben läßt, und daß man dann die erhaltenen Zahlen unter einander in Beziehung bringt. Die heutige, wohl meistens übliche Berechnungsmethode des Wertes antiker Münzen halte ich für unzweckmäßig, da bei ihr nur der Silbergehalt von 5 g der deutschen Reichsmark zugrunde gelegt wird, wobei man z. B. für die ptolemäische Drachme von 3,6383 g einen Wert von 72 Pf. (Brugsch, a. a. O. Ä. Z. XXVII (1889) S. 1 ff.; 75 Pf. [wohl abgerundet] E. Meyer im Handwörterbuch der Staatswissenschaften[2] V. S. 913) herausgerechnet hat (den römischen Denar, der, wie wir gesehen haben, als das römisch-ägyptische Silbertetradrachmon aufzufassen ist, setzt man bekanntlich ungefähr gleich $\frac{1}{4}$ preußisch. Taler). Unzweckmäßig erscheint mir diese Berechnung ganz abgesehen davon, daß auf den Kaufwert des Geldes dabei gar keine Rücksicht genommen wird, einmal deshalb, weil ja die deutsche Reichsmark zur vollständigen Scheidemünze herabgesunken ist (sie beruht auf dem Verhältnis von Gold zu Silber wie 1 : 15½, heute ist es ungefähr 1 : 35) und ihr nur der Zwangskurs ihren Wert verleiht, weil weiterhin bei diesen Berechnungen sogar die für die Reichsmark (wie überhaupt für deutsche Gold- und Silbermünzen) gewählte Legierung $^{900}/_{1000}$ mit berücksichtigt worden ist (so kommt man zu der Festsetzung 1 g = 20 Pf.) und weil man dabei schließlich das in den hier in Betracht kommenden Jahrhunderten in Geltung gewesene Verhältnis von Gold und Silber von ungefähr (durchschnittlich) 12 : 1 ganz außer Acht läßt.

1) Siehe B. G. U. II. 362 p. 5, 21—24 u. vergl. dazu p. 5, 20 — 6, 8. Die Gesamtsumme der Einnahmen des $\Phi\alpha\mu\epsilon\nu\dot\omega\vartheta$, in dem die Pachtzahlung erfolgt, beträgt 1605 Drachmen; außer ihr läßt sich noch sicher eine Zahlung von 260 Drachmen feststellen, mithin bliebe also für die Pachtzahlung die oben genannte Summe, doch ist es nicht ausgeschlossen, daß noch ein weiterer unabhängiger Einnahmeposten in 5, 25 — 6, 1 gebucht gewesen ist.

2) Für fünf Monate ($M\epsilon\chi\iota\varrho$ bis $\Pi\alpha\tilde\upsilon\nu\iota$: 26. Januar bis 24. Juni) sind die Tempeleinnahmen erhalten; daß in dieser Zeit nur einmal Pachtgeld entrichtet wird, kann auf Zufall beruhen (die Pachtraten wurden offenbar ebenso wie die Steuerraten nicht an bestimmten Terminen entrichtet); auch die Höhe der anderen Pachtraten kann ganz verschieden gewesen sein.

3) In p. 5, 20—24 sind nur die Namen der Dörfer $\Pi\upsilon\varrho\epsilon\iota\alpha$ und $T\varrho\iota\varkappa\dot\omega\mu\iota\alpha$

D. Die gewerblichen Anlagen und die für die Tempel arbeitenden Handwerke.

Auf Tempelgrundbesitz weisen schließlich auch verschiedene gewerbliche Anlagen hin, die wir im Besitz ägyptischer Heiligtümer finden (siehe das folgende); denn man darf wohl mit Recht annehmen, daß sie auf eigenem Grund und Boden der Tempel errichtet worden sind. Allerdings ist in diesem Falle der in dem Grund und Boden und in den Gebäuden liegende Wert als der sekundäre zu bezeichnen, den Hauptwert hat der betreffende Betrieb repräsentiert, der in ihnen untergebracht war.

In den gewerblichen Anlagen ist nun neben dem Grundbesitz das zweite große Besitzobjekt und demnach eine sehr wichtige Einnahmequelle der Tempel in hellenistischer Zeit zu sehen. Früher im pharaonischen Ägypten dürfte dies wohl keineswegs auch nur in annähernd gleicher Weise der Fall gewesen sein, wenn sich auch die Ausübung von Gewerben durch Angestellte der Heiligtümer nachweisen läßt, und außerdem scheint es fast so, als ob man damals im allgemeinen nur solche betrieben hat, die geeignet waren, für den eigenen Bedarf zu arbeiten[1]). In der hellenistischen Zeit sind dagegen nicht nur überaus viele und verschiedenartige gewerbliche Betriebe der Tempel zu belegen, sondern es tritt auch, wenn wir die für die Tempel arbeitenden Gewerbe überblicken, klar hervor, daß man jetzt gleich von vornherein daran gedacht hat, mit den erzeugten Produkten nicht nur den eigenen Bedarf zu decken, sondern sie auch an Kunden, sei es nun an Konsumenten sei es an Zwischenhändler, abzusetzen. Der große Aufschwung, den die gewerblichen Unternehmungen der Heiligtümer im Laufe der Zeit erfahren haben, dürfte vor allem einfach als Folge des allgemeinen wirtschaftlichen Fortschritts, der immer mehr um sich greifenden Loslösung von den hauswirtschaftlichen Formen des Wirtschaftslebens aufzufassen sein, auch in die Tempelwirtschaft hat eben der echt hellenistische Geist der allgemeinen wirtschaftlichen Regsamkeit seinen Einzug gehalten. Der Aufschwung dürfte weiterhin aber auch durch das Bestreben der Priesterschaft hervorgerufen sein, den bedeutenden Ausfall, der ihnen durch die Verkleinerung ihres Besitzes entstanden war, wenigstens einigermaßen durch intensivere Bewirtschaftung der ihnen gebliebenen Güter zu ersetzen.

Bei ihrem Bestreben die Tempeleinnahmen durch Errichtung gewerblicher Anlagen zu erhöhen scheinen es die Priester, was natür-

---

erhalten, doch dürfte in den Lücken (Z. 21/22 u. vielleicht 22 Ende) noch sicher ein anderes Dorf, vielleicht sogar zwei zu ergänzen sein.

1) Belege siehe z. B. bei Erman, Ägypten I. S. 155, II. S. 411, 554/55.

lich ihr Vorhaben unterstützen mußte, gut verstanden zu haben, solche Gewerbe auszuwählen, die den Bedürfnissen der Zeit Rechnung trugen und demnach auch aller Wahrscheinlichkeit nach reiche Erträge abwerfen mußten. Sehr bemerkenswert ist es in dieser Beziehung, wenn wir öffentliche Bäder ($\beta\alpha\lambda\alpha\nu\epsilon\tilde{\iota}\alpha$), die wie in allen Ländern hellenistischer Kultur, so auch in Ägypten damals eine große Rolle gespielt haben (siehe Wilcken, Ostr. I. S. 170), als offenbar weitverbreitetes Besitzobjekt der Tempel finden. Hierauf weist uns, wenn auch nur ein Heiligtum, das eine Badeanstalt besessen hat, namentlich bekannt geworden ist, nämlich der Jupitertempel zu Arsinoe[1]), die große Anzahl von Quittungen über die an den $\vartheta\eta\sigma\alpha\nu\varrho\grave{o}\varsigma$ $\iota\epsilon\varrho\tilde{\omega}\nu$ gezahlte Badeabgabe, das $\beta\alpha\lambda\alpha\nu\iota\varkappa\acute{o}\nu$, (siehe Wilcken, Ostr. I. S. 165 ff.) hin[2]). Leider ist in ihnen niemals der Tempel, welchem das in Betracht kommende Bad gehört hat, genannt, auch über die Höhe der soweit ersichtlich stets in Geld erfolgenden Zahlungen des $\beta\alpha\lambda\alpha\nu\iota\varkappa\acute{o}\nu$ läßt sich nichts Bestimmtes ermitteln[3]) und demnach natürlich auch nichts über den Wert des Bäderbesitzes der Tempel.

Die hier verwerteten Belege über Tempelbäder stammen zwar alle aus römischer Zeit, doch darf man wohl mit ziemlicher Sicherheit annehmen, daß auch schon in ptolemäischer Zeit Bäder im Besitz der Tempel gewesen sind. Es hat nämlich allem Anschein nach in der Kaiserzeit ein staatliches Bädermonopol bestanden, und nur zu Gunsten der Tempel scheint eine Ausnahme von diesem gemacht worden zu sein (siehe VI. Kapitel, 3 A b); nun ist es aber völlig unwahrscheinlich, daß dies geschehen wäre, wenn es nicht schon zur Zeit der Errichtung des Monopols Tempelbäder gegeben hätte, sondern wenn diese erst, während das Monopol schon in Geltung war, angelegt worden wären[4]).

---

1) Das Bad hat in dem Faijûmdorfe $\Phi\iota\lambda\alpha\gamma\varrho\acute{\iota}\varsigma$ gelegen; siehe B. G. U. II. 362 p. 1, 24; 6, 20; 9, 3; 10, 24. Ob so ein einzelnes Bad einen höheren Wert repräsentiert hat, ist schwer zu entscheiden; der Jupitertempel entrichtet im Laufe von 6 Monaten drei Ratenzahlungen für die Bädersteuer (siehe die angeführten Belege außer p. 9, 3), doch nur in einem Falle ist die Höhe der Zahlung — es sind 20 Silberdrachmen — erhalten.

2) Die nähere Begründung, daß es sich hier um Tempelbäder handeln muß, sowie die Belegstellen siehe Kapitel VI, 3 A b.

3) In den meisten wird die Summe gar nicht näher angegeben, nur in Ostr. Wilck. 1251 u. 1252 auf je 1 Drachme.

4) Mit Recht hat Wilcken, Ostr. I. S. 166 das in der Kaiserzeit so sehr oft begegnende $\beta\alpha\lambda\alpha\nu\iota\varkappa\acute{o}\nu$ als eine Steuer erklärt, die den Staat für seine Aufwendungen für die von ihm unterhaltenen öffentlichen Bäder (siehe z. B. hierzu auch P. Amh. II. 64) entschädigen sollte. Diese Steuer dürfte an Stelle eines besonderen Eintrittsgeldes für Benutzung der Bäder entrichtet worden sein (Ostr. Fay. 5 ist m. E. auf keinen Fall als Quittung für gezahltes Badegeld zu fassen); bekräftigt wird diese Ansicht dadurch, daß auch zu Gunsten der Tempelbäder dieses $\beta\alpha\lambda\alpha\nu\iota\varkappa\acute{o}\nu$ erhoben wird, und für Privateigentum dürfte doch kaum eine

Noch in einem anderen Falle läßt sich das Durchbrechen eines Staatsmonopols durch gewerbliche Anlagen der Tempel feststellen. Im Beginn der Ptolemäerzeit scheint die Fabrikation von Öl in eigenen Fabriken fast allgemein von den ägyptischen Heiligtümern betrieben worden zu sein[1]), einige haben sogar mehrere Ölfabriken (ἐλαιουργία) besessen (Rev. L. Col. 50, 23). Diese sind natürlich dazu bestimmt gewesen einmal den eigenen Bedarf an Öl für die λυχναψία (siehe S. 10 A. 7), für das Salben der Statuen (B. G. U. II. 362 p. 1, 8; 8, 14; 10, 15), für die Rationen an Nahrungsmitteln, die den Priestern als ein Teil ihres Gehaltes geliefert worden sind[2]) (siehe im folgenden) und dergleichen mehr herzustellen, sie haben dann aber weiterhin Öl auch zu Verkaufszwecken produziert. Daß im Anfang der Ptolemäerzeit das letztere stattgefunden hat, wird uns indirekt bezeugt; als nämlich wohl von Ptolemaios II. Philadelphos[3]) das staatliche Ölmonopol eingeführt worden ist, da ist zwar den Tempeln gestattet worden, eigene Ölfabriken für Bereitung von Sesamöl weiter zu unterhalten, aber man hat ihnen ausdrücklich den Handel mit dem von ihnen fabrizierten Öl

---

reinen Steuercharakter tragende Abgabe eingetrieben worden sein. Das βαλα-νικόν wird wohl als Zwangsbeitrag von allen zu entrichten gewesen sein. (Man vergl. hierzu etwa die heutige Kirchensteuer, die auch jeder entrichten muß, mag er nun in die Kirche gehen oder nicht.) Wie sollte man denn, wenn es sich um eine nur Einzelne treffende Abgabe handelte, ihre Charakterisierung als, Abgabe des und des Ortes erklären? Außerdem scheint mir eine Quittung wie Ostr. Wilck. 617: ὑπ(ὲρ) μερισ(μοῦ) βαλ(ανικοῦ) (so möchte ich ergänzen anstatt des Wilckenschen βαλ(ανείων), siehe unten) δύο die kopfsteuerartige Auflage der Badesteuer, d. h. eine Repartition zu gleichen Teilen auf die Köpfe der Bevölkerung vollständig zu sichern (vergl. Wilckens Ostr. I. S. 256 ff. Ausführungen über ὑπὲρ μερισμοῦ; seine Auffassung [Ostr. I. S. 167] von Ostr. Wilck. 617 scheint mir unbegründet; was soll die Erwähnung der Zahl der Bäder eines Ortes in dieser Steuerquittung besagen? Das δύο soll m. E. vielmehr andeuten, daß hier zwei Quoten für das βαλανικόν entrichtet worden sind). Diese Feststellung, daß das βαλανικόν eine auf allen lastende staatliche Steuer gewesen ist, scheint mir ein indirekter Beleg für das Bestehen eines staatlichen Bädermonopols zu sein; da eben jeder so wie so sein Geld für die Benutzung der Bäder an den Staat zu zahlen hatte, so hat man zur Vereinfachung des Verfahrens zur Erhebung einer Badesteuer gegriffen. Außerdem läßt sich ermitteln, daß die Tempelbäder vom Staat selbst verwaltet worden sind (siehe VI. Kapitel, 3, A b); die Annahme eines staatlichen Bädermonopols macht diese Übernahme der Bäder in Staatsregie wohl begreiflich.

1) Auf große Verbreitung deutet unbedingt der Umstand hin, daß in die im Revenue Papyrus sich findenden Verordnung über das Ölmonopol (Rev. L. Col. 38 ff.) ein besonderer Passus über Tempelölfabriken (Rev. L. Col. 50, 20 ff.) eingefügt ist, und daß sie von dem Monopol eximiert werden.

2) Es ist zu beachten, daß Öl damals eins der wichtigsten Nahrungsmittel gewesen ist.

3) Das Ölmonopol ist sicher vor dem 27. Jahre des Philadelphos eingeführt worden, da in diesem Jahre schon Änderungen an ihm vorgenommen werden (Rev. L. Col. 38).

verboten; von jetzt an durften sie nur noch den eigenen Bedarf an
Sesamöl durch ihre Fabriken decken (Rev. L. Col. 51, 17 ff. u. 24 ff.).
Um ein Nichtbefolgen dieser letzteren Bestimmung von seiten der Tempel
zu verhindern, hat die Regierung gleichzeitig über die Ölfabrikation der
Tempel die sorgsamste Kontrolle eingeführt; so mußten diese die Zahl
und Größe ihrer Ölfabriken genau bei den zuständigen Behörden an-
geben, so z. B. die Anzahl der in ihnen aufgestellten Ölmörser ($\delta\lambda\mu\omega\iota$)
und -pressen ($\iota\pi\omega\tau\eta\rho\iota\alpha$) (Rev. L. Col. 50, 23 ff.), sie durften ferner im
ganzen nur zwei Monate im Jahre und außerdem nur unter Kontrolle
der von der Regierung dazu ausersehenen Personen arbeiten lassen
(Rev. L. Col. 51, 11 ff.), während des Betriebsstillstandes sind sogar
die Werkzeuge usw. von Regierungsbeamten versiegelt worden[1]), alles
Maßnahmen, die einer Überproduktion über den eigenen Bedarf und
der daraus resultierenden Verlockung das überschüssige Öl zu verkaufen wirksam entgegentreten mußten. Auf denselben Zweck zielt
endlich auch die Bestimmung, daß die Tempel schon vor Beginn der
Ölbereitung ihren voraussichtlichen Jahresbedarf der Regierung angeben
mußten[2]).

Ob infolge dieser strengen Aufsichtsmaßregeln und des Verbotes
des Sesamölverkaufes die Ölfabrikation von den Heiligtümern teilweise
aufgegeben worden ist, läßt sich nicht entscheiden, weil die nötigen Belege hierfür fehlen[3]); mir erscheint es wenig wahrscheinlich, da der
eigene Bedarf der Tempel an Öl doch immerhin ein ganz beträchtlicher gewesen zu sein scheint, also auch der Vorteil bei eigener
Produktion gegenüber dem Kauf zu hohen, leicht veränderlichen
Monopolpreisen[4]) ein ganz bedeutender gewesen sein muß[5]).

---

1) Siehe Rev. L. Col. 51, 2 ff.; vergleiche hierzu Rev. L. Col. 46, 11, wonach
in den königlichen Fabriken die Werkzeuge während der betriebslosen Zeit auch
versiegelt werden mußten; siehe endlich noch Rev. L. Col. 26, 7.

2) Rev. L. Col. 51, 20 ff.; sogar den höchsten Spitzen der Verwaltung, dem
$\delta\iota o\iota\kappa\eta\tau\eta\varsigma$ und dem königlichen Kabinett, sollte dies besonders mitgeteilt werden.

3) Wenn aus ptolemäischer Zeit keine weiteren Belege für Tempelölfabriken
vorhanden sind, so möchte ich dies für Zufall halten. Jedenfalls halte ich es
für vorläufig ganz unbegründet, wenn Mahaffy, Rev. L. S. 148 es für möglich hält,
daß im 2. Jahrhundert v. Chr. die Tempel das Recht der eigenen Sesamölbereitung
verloren hatten. Die $\kappa\iota\kappa\iota o\nu\rho\gamma o\iota$ (Kikiölarbeiter), die wir im 2. Jahrhundert v. Chr.
im großen Serapeum bei Memphis vorfinden (P. Par. 11, Verso Z. 3; 34, 12), für
Angestellte des Tempels zu halten, dazu liegt kein Grund vor, wenn es auch
an sich ja nicht direkt unmöglich wäre. In dem letzteren Falle müßte man
annehmen, daß inzwischen gegenüber den Bestimmungen des Revenue Papyrus
(Rev. L. Col. 51, 18—19) auch die Kikiölbereitnng den Tempeln erlaubt worden wäre.

4) Vergl. Rev. L. Col. 40, 8 ff. und die daselbst angebrachten Preisände-
rungen.

5) Wie hoch z. B. die Ausgaben eines Tempels für Öl sein konnten, ist aus
den Rechnungen des Jupitertempels zu Arsinoe zu entnehmen, wo jedoch nur
Ausgaben für die $\lambda\nu\chi\nu\alpha\psi\iota\alpha$ und für das Salben von Tempelgerät gebucht sind

Aus der Kaiserzeit[1]) ist uns dann auch ein Tempel namentlich bekannt geworden, der eine Ölfabrik besessen hat; es ist dies der schon oft erwähnte Soknopaiostempel[2]). Das von ihm entrichtete $\tau\acute{\epsilon}\lambda o\varsigma$ $\vartheta v\ddot{\iota}\tilde{\omega}v$ ist mit dem Besitz dieser Ölfabrik in Verbindung zu bringen. Freilich muß man die von Wilcken (Ostr. I. S. 374) aufgestellte Erklärung dieser Steuer aufgeben, die im Anschluß an den im Altertum hochgeschätzten afrikanischen Baum namens $\vartheta v\acute{\iota}\alpha$ die Abgabe als eine „für Thyahölzer gezahlte" auffaßt. Den Schlüssel zu der richtigen Erklärung der Steuer bietet das auf $\tau\acute{\epsilon}\lambda o\varsigma$ $\vartheta v\ddot{\iota}\tilde{\omega}v$ in B. G. U. I. 337, 11 folgende Wort $\acute{\epsilon}\lambda\alpha\iota o\upsilon\varrho\gamma\iota[..]$[3]), das einfach zu $\acute{\epsilon}\lambda\alpha\iota o\upsilon\varrho\gamma\iota[o\upsilon]$ zu ergänzen ist. Legt man alsdann dem Wort $\vartheta v\ddot{\iota}\alpha$ die von Wilcken abgelehnte Bedeutung „Mörser" zu Grunde, so ist das $\tau\acute{\epsilon}\lambda o\varsigma$ $\vartheta v\ddot{\iota}\tilde{\omega}v$ als eine Abgabe zu deuten, die von dem Tempel „für die Mörser seiner Ölfabrik" entrichtet wird. Verständlich wird uns diese Steuer sofort, wenn wir uns erinnern, daß in der Verordnung über die Einführung des Ölmonopols unter anderem die Bestimmung enthalten war (Rev. L.

während eventuelle Ölrationen an die Priesterschaft, die jedenfalls viel teurer kommen mußten, nicht erwähnt werden. Es haben hier z. B. die Ausgaben im Monat $T\tilde{\upsilon}\beta\iota$, für den sie sich genau feststellen lassen, 66 Drachmen betragen (B. G. U. II. 362 p. 1, 3, 5, 9 u. 19; p. 2, 3, 6 u. 9), während die vier ständigen Unterbeamten des Tempels zusammen nur ein monatliches Gehalt von 117 Drachmen (B. G. U. II. 362 frg. 1, 17—20 u. öft.) bezogen haben. Auf jeden Fall darf man daraus wohl schließen, daß die Ausgabe für Öl jährlich mehrere 100 Drachmen betragen hat.

1) Ob in der Kaiserzeit noch das Ölmonopol und damit die Bevorrechtigung der Tempel bestanden hat, läßt sich meines Erachtens bisher nicht mit Bestimmtheit entscheiden. Allerdings finden sich in dieser Zeit mehrfach $\acute{\epsilon}\lambda\alpha\iota o\upsilon\varrho\gamma\acute{\iota}\alpha$ in privatem Besitz (vergl. z. B. B. G. U. I. 26, 14; 61, Col. 2, 6; II. 447, 14; 612, 3; P. Lond. II. 280 [S. 193], 4 ff.; C. P. R. I. 11, 7; P. Fay. 91; 95; 96; 110; P. Wess. Taf. gr. tab. 11, N. 20; 21; P. Amh. II. 93), aber es ist sehr wohl möglich, daß in allen diesen Fabriken Oliven- oder Raphanosöl produziert worden ist — in den in den P. Fay. 96 u. 110 (vergl. zu diesem z. B. P. Fay. 116) u. P. Amh. II. 93 genannten Fabriken ist dies sicher der Fall gewesen — und diese Ölsorten scheinen seiner Zeit nicht mit monopolisiert worden zu sein (siehe Wilcken, Ostr. I. S. 188, A. 5, und jetzt auch Archiv I. S. 553 [Rezension der Faijûmpapyri]). Eine Entscheidung, ob Ölmonopol oder nicht möchte ich deshalb noch aussetzen (Grenfell-Hunt, P. Fay. S. 234 u. P. Amh. II. S. 113 entscheiden sich dagegen dafür, daß das Ölmonopol nicht mehr bestanden hat). Bemerken möchte ich im Anschluß hieran nur noch, daß man natürlich $\acute{\epsilon}\lambda\alpha\iota o\upsilon\varrho\gamma\acute{\iota}o\upsilon$ niemals, wie dies Gradenwitz, Einleitung in die Papyruskunde I. S. 31, A. 3 tut, als „Ölgarten" auffassen darf.

2) Siehe B. G. U. I. 337, 11, dessen Angaben durch den unpubl. P. Rainer 171 (Wessely, Kar. u. Sok. Nes. S. 73) ergänzt werden. In dem unpubl. P. Rainer 132 (Wessely, Kar. u. Sok. Nes. S. 72) wird ein $\acute{\epsilon}\lambda\alpha\iota o\upsilon\varrho\gamma\acute{\iota}o\upsilon$ erwähnt, das, nach dem Zusammenhang zu schließen, in dem es Wessely anführt, dem Soknopaiostempel gehört haben dürfte; aus den Angaben Wesselys über den Inhalt des Papyrus ergibt sich dies freilich nicht ohne weiteres.

3) Inzwischen haben Grenfell-Hunt in P. Amh. II. S. 118 für dieses Wort das Wilcken a. a. O. nicht zu ergänzen wagt, $\acute{\epsilon}\lambda\alpha\iota o\upsilon\varrho\gamma\acute{\iota}[\omega\nu?]$ vorgeschlagen.

Col. 50, 23 ff.), jeder Tempel solle genau die Zahl der Mörser seiner Ölfabrik angeben, eine Bestimmung, die offenbar deshalb erlassen war, um nach der Zahl der aufgestellten Mörser die Besteuerung der Ölfabrikation vorzunehmen. Wir haben also in diesem τέλος ϑυϊῶν eine Steuer vor uns, die z. B. an die Maischbottichsteuer (Braukessel-) für Bier und Branntwein, die noch heutigen Tages in einzelnen Ländern erhoben wird[1]), lebhaft erinnert[2]).

Leider läßt sich, obgleich uns für den Soknopaiostempel von dem τέλος ϑυϊῶν, der wichtigsten der von ihm für seine Ölfabrik gezahlten Abgaben[3]), da sie ja die von dieser Fabrik erarbeiteten Erträge treffen sollte, der Jahresbetrag[4]) bekannt geworden ist, die Größe des Betriebes und somit der Wert einer solchen Anlage nicht genauer feststellen, weil uns alle Anhaltspunkte fehlen, in welcher Höhe das· τέλος ϑυϊῶν entrichtet worden ist, d. h. wie hoch sich die jährliche Steuerquote für einen Mörser zu dem von ihm in dieser Zeit gelieferten Ölertrag gestellt hat (weiteres siehe V. Kapitel, 7). Immerhin darf man jedoch wohl die Ölfabrik des Soknopaiostempels in Anbetracht der nicht sehr hohen Jahressteuerquote von 142 Drachmen 2 Obolen[5]) höchstens als eine Anlage von mittlerer Größe bezeichnen.

Weit größeren Umfang als die eben besprochene hat dann eine priesterliche Ölfabrik besessen, die uns durch eine τέλος ϑυϊῶν-Zahlung aus dem Jahre 201 n. Chr. belegt ist (P. Lond. II. 347 [S. 70] Z. 9); hier handelt es sich allem Anschein nach um eine Ratenzah-

---

1) Siehe die Artikel: „Bier, Bierbrauerei, Bierbesteuerung" u. „Branntweinbesteuerung" im Handwörterbuch der Staatswissenschaften ² II. S. 801 ff. (810 ff.) u. S. 1056 ff.

2) Über τέλος ϑυϊῶν siehe noch V. Kapitel, 7. Die obige Erklärung dieser Steuer ist von mir schon vor längerer Zeit aufgestellt worden (vergl. Wilcken, Archiv I. S. 552), sie ist inzwischen durch den P. Wess. Taf. gr. tab. 11 N. 20 u. 21 durchaus bestätigt worden, indem die ϑυϊα als Werkzeug der Ölfabrik erwähnt wird. Wessely a. a. O. S. 7 hat übrigens auch schon die Bedeutung dieses Papyrus für unsere Steuer erkannt; siehe auch Wessely, Kar. u. Sok. Nes. S. 68 und die Angaben auf S. 73 aus dem unpubl. P. Rainer 171, Z. 19, welche denen von B. G. U. I. 337, 11 gleichzusetzen sind; dagegen haben Grenfell-Hunt, P. Fay. S. 165 u. P. Amh. II. S. 118 die Wilckensche Erklärung, die er selbst inzwischen aufgegeben hat (Archiv I. S. 552), wiederholt.

3) Die Besitzer einer Ölfabrik haben natürlich für diese außer der Mörsersteuer, abgesehen von der mit ihr gezahlten Gebühr der προσδιαγραφόμενα (B. G. U. I. 337, 12; vergl. Wilcken, Ostr. I. S. 287), noch andere Steuern, wie wohl z. B. sicher die Gebäudesteuer zu zahlen gehabt; siehe P. Amh. II. 93, 15 ff.

4) B. G. U. I. 337 ist ein Teil der Jahresabrechnung des Soknopaiostempels, in der die einzelnen Ratenzahlungen für verschiedene Steuern in je einen Posten zusammengezogen waren.

5) Auch in dem unpubl. P. Rainer 171 (Wessely, Kar. u. Sok. Nes. S. 73) soll der gleiche Jahresbetrag für das τέλος ϑυϊῶν angegeben sein (bei Wessely a. a. O. hat sich jedenfalls ein Druckfehler eingeschlichen).

lung[1]), und doch beträgt diese schon 185 Drachmen. Der besitzende Tempel — sicher jedoch ein im Faijûm gelegener — ist leider nicht genannt[2]).

Hervorgehoben sei hier nur noch schließlich, daß die Anlage von zahlreichen Ölfabriken durch die Tempel großenteils sicher deswegen erfolgt ist, weil ja die meisten von ihnen infolge des Besitzes von Ländereien, die mit zur Ölbereitung dienenden Pflanzen bestellt waren, das zur Ölfabrikation nötige Rohmaterial durch die gewiß meistens in natura erfolgenden Pachtzahlungen besaßen, und weil sie erkannten, daß es viel vorteilhafter sei, dieses selbst zu verarbeiten als es zu verkaufen[3]).

Das Bestreben, das eigene Rohmaterial soweit als möglich selbst zu verarbeiten, ist es dann auch wohl vor allem gewesen, das die Tempel dazu getrieben hat, Mühlen ($\mu \acute{v} \lambda \alpha \iota \alpha$) anzulegen. So läßt sich eine solche wohl aus ptolemäischer Zeit für das Osirisheiligtum zu Heliopolis belegen[4]). Sie scheint in großem Maßstabe betrieben worden zu sein, da sogar noch fremdes Getreide zum Mahlen aufgekauft worden ist. Auch der Soknopaiostempel hat eine Mühle besessen, die uns in einem Papyrus des 2. nachchristlichen Jahrhunderts (P. Lond. II. 335 [S. 191]) entgegentritt. Sie ist allerdings damals nicht vom Tempel selbst betrieben worden, sondern er hat sie verpachtet. Er scheint mit ihr vorher keine guten Geschäfte gemacht zu haben, da er den Pächtern gestattet, während der ersten fünf Jahre ihrer Pachtzeit die Höhe des Pachtgeldes nach eigenem Belieben zu bestimmen; erst vom sechsten Jahre ab wird eine feste jährliche Pachtsumme von 120 Silberdrachmen vereinbart[5]). Diese Summe, die ja wegen ihrer Kleinheit im allgemeinen nicht viel besagen würde, ist doch für uns von großem Interesse, da sie allein uns einmal über die Höhe der Jahreseinnahme aus einer gewerblichen Tempelanlage Auskunft gibt.

---

1) Siehe den Ausdruck: $\dot{\alpha} \varrho \iota \vartheta (\mu \acute{\eta} \sigma \varepsilon \omega \varsigma)$ $^{\prime} A \delta \varrho \iota \alpha \nu o \tilde{v}$ in Z. 4 u. vergl. Wilcken, Ostr. I. S. 619.

2) Der Fundort des Londoner Papyrus ist allerdings nicht angegeben, doch weisen Namen wie $\Pi \alpha \varkappa \tilde{v} \sigma \iota \varsigma$, $\varSigma \tau o \tau o \tilde{\eta} \tau \iota \varsigma$, $^{\prime} O \nu \nu \tilde{\omega} \varphi \varrho \iota \varsigma$ auf das Faijûm hin. An den Soknopaiostempel zu denken erscheint mir deshalb nicht angebracht, weil die in P. Lond. II. 347 (S. 70) quittierten Steuerzahlungen, obgleich nur Ratenzahlungen bei weitem höher sind als die jährlichen Steuerleistungen dieses Tempels (die Zeit ist ungefähr dieselbe; siehe B. G. U. I. 337).

3) Es sei auch daran erinnert, daß nach Einführung des Ölmonopols sogar die Verkaufspreise für das zur Ölbereitung dienende Rohmaterial den Ölpflanzen-Bauern vorgeschrieben worden sind; siehe Rev. L. Col. 39.

4) Dem. P. publ. von Revillout, Mélanges S. LXXIII; die Zeit, aus der der Papyrus stammt, fügt Revillout nicht bei, doch schreibt mir Herr Professor Steindorff, daß er vermutlich der ptolemäischen Zeit angehöre.

5) Außerdem sollen noch verschiedene Naturalien geliefert werden, sie scheinen jedoch keinen besonderen Wert gehabt zu haben.

Der Besitz einer eigenen Mühle läßt sich dann noch für das große Serapeum zu Memphis zwar nicht direkt belegen, aber mit ziemlicher Sicherheit erschließen. In den sogenannten Serapeumspapyri (siehe z. B. P. Lond. I. 18 [S. 22]) wird nämlich bei dem Gehalt der Zwillinge[1]) ausdrücklich hervorgehoben, daß diesen anstatt des für sie vom Staat gelieferten Getreides vom Tempel, der es ihnen übermitteln sollte, eine bestimmte Anzahl Brote gegeben wird; dieses würde nun meines Erachtens wohl kaum geschehen sein, wenn das Serapeum damals nicht seine eigene Mühle, in der es das ihm übergebene Getreide ohne weiteres zu Mehl verarbeiten lassen konnte, und weiterhin auch seine eigene Brotbäckerei besessen hätte. Eine gewisse Bestätigung für die letztere Vermutung liegt wohl darin, daß sich in jener Zeit (2. Jahrhundert v. Chr.) unter den Bewohnern des Serapeums Brotbäcker (ἀρτοκόποι) nachweisen lassen (siehe S. 283).

Direkt belegen läßt sich dann eine Bäckerei im Tempelbesitz für das Heiligtum des Soknopaios (Strack, Inschriften 144; ptolemäische Zeit), und demnach darf man wohl den Betrieb der Bäckerei auch unter die von ägyptischen Heiligtümern ausgeübten Gewerbe aufnehmen; inwieweit freilich die Bäckerei als direkte Einnahmequelle aufzufassen ist, ob sie nur für den Bedarf der Priesterschaft oder ob sie auch für außerhalb des priesterlichen Kreises stehende Personen gearbeitet hat, ist nicht zu entscheiden.

Im Anschluß an die bisher besprochenen Tempelbetriebe sei hier noch ein weiterer Betriebszweig der Tempelwirtschaft erwähnt, der sich auch wie diese mit der Herstellung eines Genußgegenstandes beschäftigt hat, die Bierbrauerei. Das ägyptische Gerstenbier (ζῦθος oder ζύτος) ist stets von den alten Zeiten an bis in die hellenistische Periode bei den Ägyptern ein sehr beliebtes Genußmittel gewesen[2]), eine Brauerei mußte demnach auch als ein aller Voraussicht nach recht lohnendes Unternehmen erscheinen; außerdem konnte auch durch sie der gewiß recht bedeutende Bierbedarf der Priesterschaft[3]) auf die leichteste Art beschafft werden. So hat denn auch der Soknopaiostempel eine solche im Dorfe Soknopaiu Nesos besessen (Ende des 2. Jahrhunderts n. Chr.), was aus der unter den Tempelausgaben verzeichneten Steuer ὑπὲρ ζυτηρᾶς, die von Wilcken (Ostr. I. S. 369 ff.) mit Recht als die von den Bierbrauern für ihre

---

1) Näheres über dieses Gehalt (σύνταξις) siehe dieses Kapitel. 3 B.

2) Vergl. Wessely, Zythos und Zythera in XIII. Jahresbericht des Gymnasiums in Hernals (1887); Wiedemann, Herodots II. Buch usw. S. 327 ff.

3) Aus hellenistischer Zeit liegt uns zwar bisher kein direktes Zeugnis vor, daß die Priester neben anderen Naturaleinnahmen auch Bier vom Tempel erhalten haben, doch besitzen wir hierfür für die Zeit des mittleren Reiches genauere Angaben. Darnach hat im Tempel von Siut jeder ständige Priester täglich einen Krug Bier bekommen, was eine jährliche Bierlieferung von mehreren Tausend Krügen Bier bedeutet (siehe Erman a. a. O. Ä. Z. XX [1882] S. 171).

Brauerei entrichtete Ertragssteuer aufgefaßt worden ist, mit Sicherheit zu entnehmen ist [1]). Die Brauerei dürfte immerhin schon einen größeren Umfang besessen haben, da der Jahresbetrag der für sie entrichteten Brauabgabe die Höhe von 220 Drachmen erreicht hat [2]). Mit Recht ist schon von Wilcken (Ostr. I. S. 371) darauf aufmerksam gemacht worden, daß wir in dieser Tempelbrauerei des Faijûm den ersten nachweisbaren Vorläufer der mittelalterlichen Klosterbrauereien vor uns haben. Es scheint mir nun überhaupt ziemlich sicher zu sein, daß für die von den christlichen Klöstern

---

1) Das hinter ζυτηρά hinzugefügte Σοκνοπαίου Νήσου soll einfach die Lage der betreffenden Brauerei bezeichnen; zu Wilckens (a. a. O. S. 371) Vermutung, daß die Priester hier eventuell die Biersteuer nur im Namen anderer entrichtet haben, siehe S. 304 ff.

2) B. G. U. I. 1, 2; auch der unpubl. P. Rainer 171 enthält nach Wessely, Kar. u. Sok. Nes. S. 74 einen Posten in gleicher Höhe für die vom Soknopaiostempel zu zahlende Biersteuer. Erwähnt sei hier wenigstens, daß wir noch für eine andere Brauerei des Faijûms, und zwar aus dem 1. Jahrhundert v. Chr., die Höhe der jährlichen Brauabgabe kennen (P. Grenf. II. 39, siehe hierzu Wilcken, Ostr. I. 372/73); diese hat 60 Kupfertalente betragen. Wieviel Silberdrachmen diese gleichzusetzen sind, ist nicht genau zu ermitteln; vielleicht hat damals in den 70er (?) Jahren ein ähnliches Verhältnis zwischen den beiden Drachmen wie in den letzten Jahren des 1. vorchristlichen Jahrhunderts bestanden, wo 350 Kupferdrachmen auf eine Silberdrachme gerechnet worden sind; siehe P. Fay. 44 u. 308 (vergl. jetzt hierzu die zahlreichen Angaben in den P. Tebt. I über die Zahl der auf eine Silberdrachme gerechneten Kupferdrachmen seit der Zeit des 10. Ptolemäers; die Angaben schwanken zwischen 375 [P. Tebt. I. 185] und 500 Stück [P. Tebt. I. 35]; eine vorzügliche Erörterung dieser Angaben mit zahlreichen Schlüssen auf die ptolemäische Numismatik überhaupt findet sich P. Tebt. I. S. 580 ff.; vor allem erscheint mir wichtig die von Grenfell-Hunt zum ersten Mal klar ausgesprochene Behauptung [im Anschluß an Reglings Untersuchungen, Zeitschrift für Numismatik 1901 S. 115 ff. hatte sie sich auch mir gebildet], daß auf Grund der Umrechnung der Kupfer- in Silberdrachmen das Verhältnis von Kupfer zu Silber in jener Zeit nicht festzustellen sei, und ferner ihre Polemik gegen die Ansetzung des Silbers zum 120 fachen Werte des Kupfers; gegenüber Grenfell-Hunts Bemerkungen bedeuten die später erschienenen Ausführungen von Hultsch, Die ptolemäischen Münz- und Rechnungswerte in Abh. Sächs. Gesellsch. d. Wiss. Phil.-hist. Kl. Bd. XXII. N. 3 keinen Fortschritt, sondern eher einen Rückschritt). In diesem Falle wären die 60 Kupfertalente einer Summe von etwas über 1000 Silberdrachmen gleichzusetzen. Die im Text genannten 220 Drachmen sind wohl, da nichts Näheres dabeisteht, als Drachmen des Billontetradrachmon aufzufassen (Mommsen a a. O. Archiv I. S. 282; siehe S. 289, A. 3), also gleich etwas über 188 römischer Silberdrachmen (die ἀργυρίου δραχμή zu 7 Obolen gerechnet). Ein Vergleich zwischen den beiden Steuerquoten, von denen die der ptolemäischen Zeit sicher eine Brauerei von sehr großem Umfange voraussetzt, ist nun leider so gut wie unmöglich; denn einmal wissen wir nicht, ob in den fast 300 Jahren, die zwischen den beiden Zahlungen liegen, der Maßstab, nach dem die Biersteuer erhoben worden ist, derselbe geblieben ist, und außerdem dürfte sich wohl auch der Kaufwert der römischen von dem der ptolemäischen Silberdrachme unterschieden haben, ganz abgesehen davon, daß ja auch der Münzwert der beiden Drachmen verschieden gewesen ist (siehe S. 289, A. 6).

Ägyptens bald nach ihrem Aufkommen in intensiver Weise ausgeübte Klosterindustrie (vergl. z. B. Sozomenos, hist. eccl. VI. 28) vor allem die Industrieen der ägyptischen Tempel vorbildlich gewesen sind, daß insofern die Mönche als die Nachfolger der ägyptischen Priester aufzufassen sind. Denn ohne einen Anstoß von außen, ohne ein besonders kenntliches Vorbild dürften die Mönche der ersten christlichen Zeit wohl nicht auf den Gedanken gekommen sein, Industrieen in großem Maßstabe zu betreiben, da ja solche weltliche Beschäftigungen an sich eigentlich vollständig dem fanatischen, weltflüchtigen Geiste der ältesten Mönche fern lagen. Von Ägypten aus mögen dann die Klöster des Abendlandes die Pflege des Gewerbes in Klostermauern überkommen haben.

Während sich die letztgenannten Betriebe nur für wenige Tempel belegen ließen, wenn es auch durchaus wahrscheinlich ist, daß auch sie weiter verbreitet gewesen sind, ist es für den jetzt zu behandelnden, der einen neuen Zweig der Tempelgewerbe repräsentiert, für denjenigen, der die Verfertigung von feinen Leinen- oder Byssosstoffen (ὀθόνια bez. ὀθόνια βύσσινα)[1]) zum Gegenstand hat, mit Sicherheit nachzuweisen, daß er ebenso wie die Ölfabrikation, wenigstens auf jeden Fall in ptolemäischer Zeit, von zahlreichen Heiligtümern eifrig betrieben worden ist[2]). Allerdings ist bisher nur für einen Tempel, für den des Amon von Theben (Ende des 3. Jahrhunderts v. Chr.)[3]), eine Byssosfabrik direkt belegt, aber der Umstand, daß das Dekret von Rosette, das sonst nur die wichtigsten, die Allgemeinheit der Tempel angehenden Fragen behandelt, auch Bestimmungen über ihre Othonionfabrikation enthält (Z. 17/18 u. 29), zeigt wohl am deutlichsten, daß diese bei den Tempeln ziemlich allgemein verbreitet gewesen ist[4]). Aller Wahrscheinlichkeit nach hat sogar hierbei die Priesterschaft wieder eine Ausnahmestellung gegenüber der Masse des Volkes eingenommen, da wohl Wilcken (Ostr. I. S. 267 ff.) mit seiner Behauptung im Recht sein dürfte, daß auch die Othonion-

---

1) Siehe Marquardt, Das Privatleben der Römer II² S. 489; siehe auch S. 481.

2) Viel zu weit geht sicher Ameilhon (Eclaircissements sur l'inscription grecque du monument trouvé à Rosette), wenn er glaubt, daß die Priester für die Herstellung der Mumienbinden sogar ein Monopol besessen hätten.

3) Siehe dem. P. Vatican, publ. von Revillout in Rev. ég. I. S. 113. Wenn übrigens Leemans in P. Leid. S. 107/108 glaubt, auf Grund von P. Leid. S Col. 1, 4 schließen zu dürfen, daß im Serapeum zu Memphis von den niederen Priestern die Othonionfabrikation betrieben worden ist, so ist das unbegründet, wenn ja auch an sich die Sache sehr wohl möglich wäre; an der betreffenden Stelle steht nichts davon, daß das ὀθόνιον von den Zwillingen gewebt worden ist, es scheint mir hier vielmehr überhaupt erst von anderen gekauft werden zu sollen.

4) Bestätigt wird dies jetzt auch durch P. Tebt. I. 5, 63/64 u. 245 ff., da auch hier in einem für die Allgemeinheit bestimmten Königsedikt die Othonionfabrikation der Tempel besonders erwähnt wird.

fabrikation ebenso wie die Herstellung des Öles vom Staate monopolisiert gewesen ist[1]). In diesem Falle wäre weiterhin die Annahme ganz
wahrscheinlich, daß die Tempel ὀθόνια auch nur für den eigenen Bedarf herstellen durften[2]).

Dafür, daß auch in römischer Zeit von den Heiligtümern Byssos-
fabriken betrieben worden sind, sind sichere Belege noch nicht vorhanden, doch ist dies natürlich kein Grund für jene Zeit das Nichtvorhandensein solcher Anlagen im Besitze der Tempel zu folgern.
Dies darf meines Erachtens sogar nicht einmal geschehen, wenn wir
von einem Heiligtum, wie es z. B. beim Soknopaiostempel der Fall
ist, erfahren, daß er für die Bekleidung seiner Götterstatuen die
nötigen ὀθόνια βύσσινα kaufen mußte (2./3. Jahrhundert n. Chr.)[3]).
Der Kauf kann sehr wohl bei diesem Tempel mit einem augenblicklichen Darniederliegen der Tempelindustrie zu erklären sein (Wilcken,
Ostr. I. S. 269), denn eine andere Nachricht über das Soknopaiosheiligtum (P. Gen. 36) aus dem 1. Jahrhundert n. Chr. scheint mir
vielmehr gerade darauf hinzuweisen, daß dieses eine Byssosfabrik besessen hat. Es wird uns nämlich berichtet, daß es damals bei der
allgemeinen Spende für die Apotheose des Apis 10 Ellen Byssos-
stoffe[4]) beigesteuert habe, und daß der Tempel gerade dies gegeben
hat, erklärt sich wohl am besten, wenn man annimmt, daß er die
βύσσινα στολίσματα nicht erst zu kaufen brauchte, sondern sie einfach dem von seiner Weberei angefertigten Vorrat entnehmen konnte
(vergl. hierzu dieses Kapitel, 3 D). Diese Vermutung, daß der
Soknopaiostempel die Othonionfabrikation betrieben hat, würde wohl
um ein gutes Stück gesicherter erscheinen, wenn sich für dieses
Heiligtum der Betrieb der Weberei überhaupt nachweisen ließe.
Nun ist allerdings eine Steuerquittung (P. Amh. II. 119) bekannt geworden (Zeit: 200 n. Chr.), nach der die Priester des Soknopaios eine
Steuer „κοπῆς τριχὸς καὶ χειρωναξίου" entrichtet haben. Diese
Abgabe, deren erster Bestandteil auf den ersten Blick ganz unver-
ständlich erscheint, während der zweite der technische Ausdruck für
die gewerbliche Licenzsteuer[5]) ist, findet sich auch in einigen

---

1) Siehe hierzu jetzt auch Grenfell-Hunt, P. Tebt. I. S. 40/41. Wie mit
einer streng durchgeführten Monopolisierung von Fabrikation und Verkauf der
Othonia, wenigstens was das 2. Jahrhundert v. Chr. anbetrifft, Angaben verschiedener Serapeumspapyri (siehe z. B. P. Par. 59; außerdem P. Par. 52; 53; 54)
zu vereinen sind, bedarf noch der weiteren Untersuchung.

2) Siehe Wilcken, Ostr. I. S. 269. Dies wird jetzt bestätigt durch P. Tebt.
I. 5, 245 ff. Über den Bedarf der Tempel an Byssosstoffen siehe V. Kapitel, 2.

3) B. G. U. I. 1, 3 ff. u. unpubl. P. Rainer 171 bei Wessely, Kar. u. Sok.
Nes. S. 74.

4) Im Papyrus ist in Z. 19/20 nach einer freundlichen Mitteilung von Herrn
Professor Wilcken zu lesen: βυσσοῦ στολίσματος πήχεις δέκα.

5) Wilcken, Ostr. I. S. 321 ff. definiert das χειρωνάξιον einfach als Gewerbe-

anderen Quittungen[1]), und da das χειρωνάξιον mit dem „κοπῆς τριχός"
stets aufs engste verbunden ist — die Steuerzahlung erfolgt immer
für beide Abgaben gemeinsam, ohne Kenntlichmachung, wieviel für
die eine und wieviel für die andere entrichtet wird —, so darf man
es wohl als sicher bezeichnen, daß hier über zwei Zahlungen verschiedenen Charakters, aber für denselben Gegenstand zusammenquittiert

steuer, obwohl er ausdrücklich feststellt, daß es nicht als Quote des Gewinnes
des betreffenden Gewerbetreibenden, sondern als ein für alle Angehörigen desselben Gewerbes gleiches Fixum erhoben worden ist. Bei seiner Erklärung verkennt Wilcken den nationalökonomisch-technischen Begriff der Gewerbesteuer;
da sie als Ertragssteuer zu fassen ist, muß sie auch stets den speziellen Ertrag
der in Betracht kommenden gewerblichen Unternehmungen treffen, was bei dem
ägyptischen χειρωνάξιον eben nicht der Fall ist. Deshalb muß man das χειρωνάξιον sowie die ihm gleichzustellenden bloß nach den Gewerbetreibenden bezeichneten Abgaben (siehe Wilcken a. a. O.) — auch die Art der Bezeichnung
spricht für die folgende Erklärung — als gewerbliche Licenzsteuern der Gewerbetreibenden fassen, d. h. als Abgaben, die einfach für die Erlaubnis zur Ausübung eines Gewerbes gezahlt werden (sie sind z. B. heute noch in England
Sitte; vergl. auch das Lösen eines Wandergewerbescheines). Die Richtigkeit
meiner Deutung wird auch dadurch bestätigt, daß neben der als Licenzsteuer
zu fassenden Abgabe in einigen Fällen für dasselbe Gewerbe eine zweite Abgabe
nachzuweisen ist, welche dann als Ertragssteuer zu deuten ist und in der man
die eigentliche Gewerbesteuer zu sehen hat. Siehe z. B. B. G. U. III. 753, Col. 4,
wo neben dem γερδιακόν eine als ἱστωναρχικόν bezeichnete Abgabe erscheint,
die erste die Licenz-, die zweite wohl die Ertragssteuer des Webergewerbes; ferner
B. G. U. II. 652, 12 gegenüber B. G. U. I. 10, 11; 25, 16; 199 Verso, 4; Wilcken,
Ostr. I. S. 373 trennt hier nicht scharf zwischen den τελέσματα ζωγράφων und
dem φόρος γενῶν ζωγραφικῶν, d. h. der wohl auf Grund des Verbrauches an
Malermaterialien erhobenen Ertragssteuer des Malergewerbes (siehe auch im fol-
genden); weiterhin siehe die ζυτηρά, neben der eine κατ᾽ ἄνδρα erhobene Bier-
verfertigungsabgabe erscheint (siehe z. B. P. Fay. 47; 47ᵃ; 262; P. Amh. II. 121;
Ostr. Fay. 10; die Bezeichnung scheint geschwankt zu haben), die letztere offenbar die auf den einzelnen Bierbrauer lastende Licenzsteuer; vergl. auch die
Ausführungen im Text über κοπῆς τριχός καὶ χειρωναξίου und ferner das durch
Ostr. Wilck. 527 belegte χειρωνάξιον βαλανευτοῦ, das als Ertragssteuer auf keinen
Fall gedeutet werden darf, da der βαλανευτής ja im Dienste des Staates gestanden haben dürfte; als Licenzsteuer ist es dagegen verständlich; siehe endlich auch P. Petr. II. 32ᶜ; die dort angeführte Abgabe βύρσης wird man als Ertragssteuer der Gerber deuten dürfen.

1) B. G. U. II. 617; P. Grenf. II. 60; P. Fay. 58 u. 59. In dem P. Fay. 58
wird die Steuer durch „κοπῆς καὶ τριχὸς καὶ χειρωναξίου" bezeichnet; Grenfell-
Hunt halten diese Bezeichnung für die richtige und postulieren im Anschluß
hieran drei verschiedene Steuern. Ich halte die in den übrigen Belegen gebotene Bezeichnung ohne καί nach κοπῆς für richtig (in P. Fay. 59 wird sogar
das τριχός weggelassen, was doch recht sonderbar wäre, wenn es für sich allein
eine Steuer bedeutete) und das erste καί in P. Fay. 58 nur für eine Verschreibung; denn abgesehen davon, daß bei der Annahme Grenfell-Hunts der ganze
Ausdruck noch unverständlicher wird, erscheint sie mir deswegen wenig wahrscheinlich, weil bei ihr es unerklärt bleibt, wieso man in der Mehrzahl der
Fälle, obgleich drei parallele Begriffe vorhanden sind, doch nur den letzten durch
καί mit den beiden ersten verknüpft hat.

ist, d. h., da die eine Zahlung die gewerbliche Licenzsteuer betrifft, für dasselbe Gewerbe. Bei dem „κοπῆς τριχός" dürfte es sich dann weiterhin, da es mit der Gewerbesteuer in einer Linie genannt wird, wohl auch um eine Hauptsteuer handeln, und ich möchte deshalb in diesem Ausdruck die Bezeichnung für die von dem Besitzer des betreffenden Gewerbebetriebes für diesen gezahlte Ertragssteuer sehen. Nun hat schon Wilcken (Ostr. I. S. 381) darauf hingewiesen, daß in zwei Fällen die „κοπῆς τριχὸς καὶ χειρωναξίου"-Abgabe von einem Weber bez. einer Weberin gezahlt wird (B. G. U. II. 617 u. P. Grenf. II. 60), und hat daraus den Schluß gezogen, daß hiermit eine von Webern für ihr Gewerbe entrichtete Abgabe gemeint sein müsse; eine Deutung für das „κοπῆς τριχός" aus dem Webergewerbe heraus weiß er allerdings nicht zu geben[1]).

Nimmt man die Wilckensche Erklärung an[2]), so wäre mit Sicherheit für den Soknopaiostempel der Betrieb der Weberei belegt, aber man wird sich wohl besser, da ja nur in 2 von 5 Fällen Weber als Zahler genannt werden, ihr gegenüber abwartend verhalten, und zwar um so mehr, da der Ausdruck „κοπῆς τριχός", wenn man ihn mit einem anderen Gewerbe, mit der Walkerei in Verbindung bringt, sich wenigstens einigermaßen erklären läßt. In dieser findet sich nämlich κόπτειν als technischer Ausdruck (siehe Hippokrates p. 345, 35); es wird hier für jenen Arbeitsvorgang angewandt, in dem das schon in Wasser eingeweichte und mit Füßen durchstampfte Gewebe, dessen Wollfasern sich schon zu verfilzen beginnen, durch Schlagen mit Stöcken oder Ruten vollends zur Verfilzung gebracht wird (Blümner, a. a. O. I. S. 164); demnach könnte man vielleicht den Ausdruck „κοπῆς τριχός" als eine Bezeichnung für eine Steuer erklären, die im Anschluß an das „Schlagen des Filzes in der Walkerei" erhoben wird, bei der also ein bestimmter Arbeitsvorgang des Walkergewerbes ausgewählt worden ist, um nach ihm als Grundlage die Walkerei überhaupt zu besteuern; eine nähere Erklärung der Erhebungsmethode dieser Steuer vermag ich allerdings nicht zu bieten.

Trifft dieser Deutungsversuch das Richtige, so würde, wenn der Ausdruck „κοπῆς τριχὸς καὶ χειρωναξίου" in der Steuerquittung erscheint, stets der Betrieb einer Walkerei der Zahlung zu grunde liegen, das χειρωνάξιον müßte wegen seiner engen Zusammengehörigkeit mit κοπῆς τριχός immer als die gewerbliche Licenzsteuer des Walkers aufgefaßt werden, auch dann wenn ein Weber es ent-

---

1) Mit dem Festschlagen des Einschlagfadens in der Weberei darf man den obigen Ausdruck wohl kaum in Verbindung bringen; die betreffenden technischen Ausdrücke hierfür sind außerdem ganz andere. Vergl. Blümner, Technologie und Terminologie der Gewerbe und Künste bei Griechen und Römern. I. S. 136 u. 147.

2) Grenfell-Hunt, P. Fay. S. 187 haben sie im allgemeinen acceptiert.

richtet[1]). Dieser würde alsdann die seinem Hauptgewerbe so nahe-
stehende Walkerei als Nebenberuf mitbetrieben haben; daß in der
Steuerquittung sein Stand genannt wird, dürfte wohl deswegen erfolgt
sein, weil man sonst den Zahler infolge der von ihm entrichteten
Steuer für einen Walker gehalten hätte, was immerhin zu Mißverständnissen hätte Anlaß geben können[2]).

Als durchaus sicher kann diese zweite Erklärung der eigenartigen
Steuer natürlich auch nicht bezeichnet werden, und man darf deshalb
auch auf Grund der Entrichtung dieser Steuer durch den Soknopaiostempel keine Entscheidung darüber fällen, ob dieses Heiligtum eine
Weberei oder eine Walkerei[3]) besessen hat.

Eine Frage von höchster prinzipieller Wichtigkeit ist bisher bei
der Deutung dieser Steuerquittung, sowie auch schon an den Stellen,
an denen auf Grund der von den Tempeln gezahlten Steuern Rückschlüsse auf ihren Besitz gezogen worden sind, noch unberücksichtigt
geblieben: darf man nämlich stets sowohl in den obigen als auch in
den übrigen uns bekannt gewordenen Fällen, wo von ägyptischen
Tempeln[4]), beziehungsweise von ihren Vertretern, den leitenden Priestern[5]), Abgaben für Besitzobjekte oder gewerbliche Licenzsteuern
entrichtet werden, aus diesen Zahlungen ohne weiteres entnehmen,
daß diese den Tempeln gehört und die Gewerbe für sie gearbeitet
haben, oder muß man etwa annehmen, daß von der Priesterschaft
diese Steuern nur im Namen anderer übermittelt worden sind, d. h.
daß die Vertreter der Priester als staatliche Steuererheber in all diesen
Fällen fungiert haben[6])?

---

1) Wilcken, der diese enge Zusammengehörigkeit nicht betont, erklärt das
χειρωνάξιον ohne weiteres für die Gewerbesteuer des die Zahlung leistenden
Webers (siehe Ostr. I. S. 173).

2) Es sei hierzu bemerkt, daß sonst in den Quittungen über die Entrichtung gewerblicher Licenzsteuern meistenteils der Stand des Zahlers erst nicht
erwähnt wird.

3) Eine Walkerei läßt sich übrigens auf Grund anderer Zeugnisse mit
Sicherheit für den Soknopaiostempel belegen; siehe im folgenden.

4) Hierfür kommen die Tempelrechnungen in Betracht, in denen ja der die
einzelne Zahlung Bewirkthabende nicht genannt wird, B. G. U. I. 1 u. 337; unpubl. P. Rainer 171 bei Wessely, Kar. u. Sok. Nes. S. 72; siehe auch immerhin
II. 362.

5) B. G. U. II. 392; 639; 652 (nähere Erklärung im folgenden); P. Amh. II. 119;
daß hier im Namen des Tempels und nicht etwa von einzelnen Priestern privatim
gezahlt wird, zeigt die Formel der Quittung: X. Y. und V. Z. καὶ οἱ λοιποὶ ἱερεῖς,
die ganz gleichlautend der Formel derjenigen Quittungen ist, in denen nur
speziell von Tempeln gezahlte Steuern genannt sind; vergl. P. Lond. II. 345
(S. 70), auch B. G. U. I. 199.

6) Hiervon ganz unabhängig ist die Frage zu untersuchen, ob der einzelne
Priester als Privatmann zu dem Steuererhebungsgeschäft verwandt werden
konnte; siehe VII. Kapitel.

Wilcken, der diese Frage untersucht hat[1]), hat sie in letzterem Sinne beantwortet[2]) und hat seine Entscheidung namentlich für die gewerblichen Licenzsteuern eingehend begründet; sollte er hiermit das Richtige getroffen haben, so würden nicht nur einige der bisher ermittelten Besitztümer der Tempel zum mindesten zweifelhaft werden, sondern es dürften auch im folgenden die von den Heiligtümern entrichteten gewerblichen Licenzsteuern nicht bei der Feststellung des Tempelbesitzes verwertet werden. Seine Deutung stützt Wilcken erstens auf den Umstand, daß in Steuerabrechnungen der πράκτορες ἀργυρικῶν (Erheber der in Geld gezahlten Steuern) (B. G. U. II. 392 Col. 2, 6 u. 639 Col. 2, 40) in der Rubrik der Steuerzahler sich auch die Bemerkung findet „διὰ τῶν ἱερέων πρεσβυτέρων"; aus dem „διὰ" sei die Vermittlerrolle, welche die Ältesten bei der Entrichtung der Abgaben eingenommen haben, und somit ihr Erheberamt zu folgern. Weiterhin seien Urkunden vorhanden, laut denen durch verschiedene Handwerker die Zahlung gerade derjenigen Gewerbesteuern an die Priester erfolge[3]), die wir in den Tempelrechnungen als Ausgaben gebucht fänden, es wären also die Handwerker die eigentlichen Zahler, die Priester nur die Erheber gewesen und daran, daß die Gewerbe den Tempel gehört hätten, sei demnach nicht zu denken.

Trotzdem die Erklärung Wilckens auf den ersten Blick recht einleuchtend erscheint, lassen sich doch so viele Einwände gegen sie geltend machen, daß sie jedenfalls aufzugeben ist. Einmal erscheint es mir ganz ausgeschlossen, daß jemals staatliche Steuererheber ihre Steuerablieferungen an die gewöhnlichen πράκτορες, bez. die sie vertretenden ἐπιτηρηταί[4]), d. h. also auch wieder an Erheber und nicht stets an die Regierungskassen abgeführt haben[5]), wie dies bei der Wilckenschen Deutung die Priester[6]) tun, und ferner halte ich es für

---

1) Ostr. I. S. 227, 371 und vor allem S. 616—17 und auch Archiv I. S. 156.

2) Inzwischen haben auch Grenfell-Hunt in P. Amh. II. S. 146 die Wilckensche Erklärung im allgemeinen angenommen; übrigens hatte schon vor Wilcken sich Rostowzew a. a. O. des Philologus LVII (1898) S. 567 ähnlich wie Wilcken geäußert.

3) Gr. P., angeführt von Wilcken, Ostr. I. S. 616/17, früher im Besitz von H. Brugsch, jetzt in Wien, siehe hierzu Wessely, Kar. u. Sok. Nes. S. 71 (unpubl. P. Rainer 8) (Wilcken dürfte mit seiner Lesung χε[ιρωναξί]ων unbedingt gegenüber dem Wesselyschen χω[ματικ]ῶν Recht haben; denn was die Dammsteuer als Einnahmeposten in einer Tempelrechnung zu tun haben sollte, ist nicht ersichtlich; im übrigen vergl. die Erklärungen im folgenden); P. Lond. II. 286 (S. 183).

4) Über sie vergl. Wilcken, Ostr. I. S. 601 ff. (πράκτορες [die römischen durchaus anders als die ptolemäischen aufzufassen]), S. 599 ff. (ἐπιτηρηταί).

5) Außer B. G. U. I. 199, II. 392, 639 u. 652 siehe noch P. Amh. II. 119; bemerken möchte ich noch, daß selbst stellvertretende πράκτορες an die Regierung direkt und nicht an den von ihnen vertretenen πράκτωρ abgeliefert haben; siehe P. Lond. II. 306 (S. 118) u. hierzu Wilcken, Ostr. I. S. 606/07.

6) Im folgenden bezeichne ich die, welche die Ablieferung vornehmen, der

direkt unmöglich, daß die πράκτορες in ihren κατ᾽ ἄνδρα Abrechnungen, wo sonst ausschließlich die einzelnen Steuerzahler genannt werden, die Priester angeführt hätten, wenn diese hier als Steuererheber fungiert hätten; das würde allem widersprechen, was wir
sonst von der überaus genauen Buchführung dieser Praktoren erfahren
haben[1]). Schließlich würde sich dann noch bei dem Festhalten an
der Ansicht Wilckens für die Priester von Soknopaiu Nesos die doch
recht unwahrscheinliche Tatsache ergeben, daß diese als Steuererheber,
die schon anderen Praktoren unterstellt waren, ihrerseits wieder die
Erhebung von sich abgewälzt hätten, und daß diese Abwälzung sogar
noch durch Verpachtung erfolgt wäre[2]).

Alle diese Möglichkeiten lassen sich nun aufs einfachste durch
die Annahme beseitigen, daß in den Abrechnungen die Formel „διὰ
τῶν ἱερέων πρεσβυτέρων deswegen an die Stelle des sonst üblichen Nomi-
nativs getreten ist, weil man dokumentieren wollte, daß hier die πρέ-
σβύτεροι ἱερεῖς nicht für sich als Privatleute, was wohl möglich gewesen wäre (siehe VII. Kapitel), Steuern gezahlt, sondern daß sie
als die offiziellen Vertreter ihres Heiligtums diejenigen Abgaben entrichtet haben, die dieses als wirtschaftlich bedeutendes und deshalb
auch besteuertes (siehe V. Kapitel, 7) Glied des Staates zu bezahlen hatte.

Was weiterhin die gewerblichen Licenzsteuern anbelangt, welche
die Priester in die Tempelrechnungen als Ausgaben eingetragen haben,
so halte ich es auch hier wieder wegen der schon angeführten sorg-
samen Buchführung der Steuererheber für unmöglich, daß dies die
Priester getan haben würden, wenn diese Zahlungen nur die Ablieferung von kraft ihres Praktorenamtes eingezogenen Geldern bedeutet
hätten; denn in diesem Falle hätten sie ganz sicher ebenso wie die
anderen staatlichen Praktoren eigene Bücher über die von ihnen erhobenen und an die Regierung abgeführten Gelder führen müssen[3]),
eine Eintragung in die Tempelrechnungen wäre also als eine ganz
ungerechtfertigte Dublette anzusehen. Ferner spricht auch die überaus
geringe Höhe der von den Priestern für vier verschiedene in Soknopaiu

---

Kürze halber als „Priester", gemeint sind aber stets die Vertreter der Priester,
die πρεσβύτεροι ἱερεῖς.

1) Vergl. Wilcken, Ostr. I. S. 589, 607, 609, 622.

2) P. Lond. II. 286 (S. 183); die Deutung dieses Papyrus von Wilcken im
Archiv I. S. 156.

3) Bemerken möchte ich noch, daß es für die Priester als staatliche Erheber unbedingt nötig gewesen wäre, auch in der Ablieferungsrubrik die Namen
der einzelnen Steuersubjekte, für die sie die Ablieferung bewirkt hatten, aufzuführen, da ja die ihnen von der Regierung über abgeführte Steuern ausgestellten
Quittungen nicht auf ihren, der Erheber Namen, sondern auf den Namen des
der Zahlung des Erhebers eigentlich zu grunde liegenden Steuersubjekts gelautet
haben (Wilcken, Ostr. I. S. 87/88).

Nesos arbeitende Gewerbe, unter denen sich z. B. das wichtige Walkergewerbe befindet, entrichteten Steuer — sie hat jährlich nur 68 Drachmen betragen[1]) — unbedingt dagegen, daß diese Summe von ihnen
als staatliche Steuererheber abgeführt worden ist. Denn einmal ist
diese Summe viel zu niedrig, als daß man in ihr den Gesamtbetrag
der Abgaben sehen könnte, den vier Gewerbe eines immerhin so
bedeutenden Dorfes, wie es allem Anschein nach Soknopaiu Nesos
gewesen ist, während eines Jahres entrichtet haben, sie läßt aber
weiterhin meines Erachtens sogar nicht einmal die Annahme zu, daß
sich hier, wie auch sonst belegbar, mehrere Praktoren zu gleichen
Teilen in die Erhebung einer Steuer desselben Steuerbezirks geteilt
hatten (siehe Wilcken, Ostr. I. S. 604/05), da ja alsdann — vergleicht
man die hier genannten Zahlen (siehe A. 1) mit den übrigen bekannt
gewordenen Angaben über die Höhe der gewerblichen Licenzsteuern
(siehe Zusammenstellung bei Wilcken, Ostr. I. S. 322 ff.) — jedem
Praktor für jede Steuer ungefähr nur ein, höchstens jedoch zwei
Steuerzahler zugefallen wären[2]).

Demnach darf man es wohl als ein durchaus sicheres Resultat
betrachten, daß die Priester in allen diesen Fällen nicht als staatliche
Erheber fungiert, sondern daß sie die betreffenden Abgaben, insbesondere auch die in ihren Tempelrechnungen als Ausgaben gebuchten
Licenzsteuern im Namen ihres Heiligtums entrichtet, d. h. daß die betreffenden Gewerbe zum Tempelbesitz gehört haben; bei dieser Annahme ist dann auch die geringe Höhe dieser letzteren Abgaben, da
ja hier für den einzelnen Privatbesitz gesteuert wird, verständlich.

Es handelt sich jetzt nur noch, um das gewonnene Ergebnis gegen
jeden Einwand zu sichern, darum, eine befriedigende Erklärung für
jene schon erwähnten (S. 305) Urkunden zu finden, in denen die
Priesterschaft als Empfänger der gewerblichen Licenzsteuern erscheint.
Die eine von ihnen (unpubl. P. Rainer 8) enthält nämlich eine Abrechnung der Priester von Soknopaiu Nesos über gewerbliche Licenzsteuern, die von verschiedenen Gewerbetreibenden — es sind zufällig
dieselben, für die an anderer Stelle, in den Rechnungen des Soknopaiostempels, die Abgaben von der Priesterschaft entrichtet werden —
an sie gezahlt worden sind[3]), die andere, ein Londoner Papyrus (II,

---

1) B. G. U. I. 337, 20—23 (daß hier ebenso wie in B. G. U. I. 1 eine Jahresabrechnung vorliegt, siehe S. 314, A. 1 u. VI. Kapitel, 4, C); die Summe setzt sich
zusammen aus 24, 16, 12 und wieder 16 Drachmen; dieselben Zahlen finden sich
auch nach Wessely, Kar. u. Sok. Nes. S. 73 in dem unpubl. P. Rainer 171.

2) Den obigen Bemerkungen sei noch hinzugefügt, daß auch der Umstand,
daß die Priester sich als Praktoren gerade nur für die gewerblichen Licenzsteuern belegen ließen, mindestens als wunderbar zu bezeichnen wäre.

3) Mit Recht hat Wilcken, Ostr. I. S. 617 hervorgehoben, daß dies unbedingt
aus dem vor den einzelnen Titeln stehenden „παρά" zu entnehmen ist. Nach
Wesselys, Kar. u. Sok. Nes. S. 71, Angaben über den betreffenden Papyrus bilden

286 (S. 183), der sich gleichfalls auf das Soknopaiosheiligtum bezieht,
berichtet uns, daß dessen Priester an vier γναφεῖς (Walker) die Erhebung der γναφική, d. h. der Walkergewerbesteuer[1]) verpachtet haben.
Diese auf den ersten Blick allerdings unsern bisherigen Feststellungen widersprechend erscheinenden Angaben der beiden Urkunden
lassen sich jedoch mit ihnen aufs beste durch die Annahme vereinigen, daß der Staat sich bei der gewerblichen Licenzsteuer allein
an die selbständigen Gewerbetreibenden gehalten hat, die diese entweder nur für sich allein, was wohl meistens der Fall gewesen
sein wird, oder nach der Zahl der von ihnen in dem betreffenden Gewerbe beschäftigten Arbeiter zu entrichten hatten; er ersparte sich so
viel Mühe beim Eintreiben und war auch bezüglich der einkommenden Summen sicherer gestellt. Offenbar ist es dann aber den Besitzern
der Gewerbebetriebe, in unserem Falle also dem Soknopaiostempel, erlaubt gewesen die für das χειρωνάξιον gezahlten Summen von den
für sie arbeitenden Handwerkern wieder einzuziehen, so daß ihnen
durch diese Abgaben direkte Ausgaben nicht erwachsen sind. Dem
persönlichen Eintreiben der Licenzsteuern, das oft recht schwierig
gewesen sein mag, da es ja hier bei einem der ärmsten Teile (unselbständige Arbeiter!) der schon an und für sich als säumige Steuerzahler bekannten Bevölkerung vorzunehmen war[2]), haben sich nun die

die Eintragungen über die Licenzsteuern einen Teil des Einnahmenkontos der
allgemeinen Tempelabrechnung; ähnlich wie bei den unter den Ausgaben erscheinenden Licenzsteuern (siehe S. 306) ist auch hier zu bemerken, daß ihre Eintragung in die allgemeine Tempelrechnung nicht verständlich wäre, wenn es
sich um Einnahmen handelte, die von den Priestern als staatliche πράκτορες erhoben wären.

1) Die ursprüngliche Deutung, die von Kenyon P. Lond. II. S. 183 der
γναφική gegeben war, als Bezeichnung für „das Monopol der Walkerei", hat
Wilcken, Archiv I. S. 156 mit Recht bekämpft (Hinweis auf B. G. U. I. 337, 19
u. 23, wo für die gewerblichen Licenzsteuern der γναφεῖς 256 Drachmen entrichtet
werden; da nun hier bloß 240 Drachmen für die γναφική gezahlt werden, kann
es sich auf keinen Fall um die Abgabe für ein Monopol handeln) und dafür die
obige vorgeschlagen; Kenyon (Classical Review XIV [1900] S. 171) hat sich ihm
inzwischen angeschlossen, während Grenfell-Hunt, P. Fay. S. 150 weiter die γναφική als „the trade of a γναφεύς" fassen wollen; ihre Einwendungen gegen
Wilckens Deutung erscheinen mir jedoch unbegründet. Dieselbe Bedeutung wie
die hier angenommene für γναφική findet sich Ostr. Wilck. 1487 (Wilcken, Ostr. I.
S. 226); ähnliche Bildungen von Steuernamen lassen sich öfters belegen, siehe
z. B. die χρυσοϊκή (Wilcken, Ostr. I. S. 403), die ἰχθυϊκή (ephesische Inschrift,
publ. v. E. Curtius, Hermes IV [1870] S. 187, dazu Wilcken, Ostr. I. S. 137, A. 3)
und ἰχθυϊκά (Ostr. Wilck. 343, Wilcken, Ostr. I. S. 137 ff.), ferner die γνψική
(B. G. U. II. 471, 15 u. P. Fay. 23a Verso; Wilcken, Ostr. I. S. 401 ist darnach zu
verbessern); siehe noch die ἁλική (Wilck. Ostr. I. S. 141 ff.), νιτρική (ebenda
S. 264 ff.), die ὑϊκή (ebenda S. 310 ff.), das ἑταιρικόν (ebenda S. 217 ff.), das
ἱματιοπωλικόν (ebenda S. 377 ff.) und noch andere.

2) Vergl. hierzu die Worte des Ammianus Marcellinus XXII. 16, 23: eru-
bescit apud eos (sc. Aegyptios), si qui non infitiando tributa plurimas in corpore

Priester des Soknopaios, wie es uns z. B. für die γναφική belegt ist[1]), dadurch zu entziehen gewußt, daß sie diese verpachtet haben.[2])

Aus der Zahlung der γναφική ist also nunmehr ohne weiteres mit Sicherheit zu entnehmen, daß von dem Soknopaiostempel die Tuchwalkerei betrieben worden ist. Zu belegen ist dieser Betrieb vom Ende des 1. bis zum Ende des 2. nachchristlichen Jahrhunderts[3]); er scheint sich während dieser Zeit in ziemlich gleichem Umfang erhalten zu haben, wenigstens variiert die für ihn gezahlte gewerbliche Licenzsteuer nur ganz unbedeutend[4]). Vornehmlich haben wohl in dem Nachbardorfe von Soknopaiu Nesos, in Neilupolis, Tuchwalker im Dienste des Tempels gestanden, und zwar eine größere Anzahl, da das für sie entrichtete χειρωνάξιον in einem Jahre 240 Drachmen betragen hat (B. G. U. I. 337, 19 u. unpubl. P. Rainer 8 u. 171), während in Soknopaiu Nesos selbst zu derselben Zeit nach der niedrigen Höhe der Gewerbesteuer zu schließen (16 Drachmen: B. G. U. I. 337, 23 u. unpubl. P. Rainer 8 u. 171) vielleicht nur ein γναφεύς für das Heiligtum gearbeitet hat. (Siehe A. 1).

Ebenso wie aus der γναφική läßt sich nun auch aus den von dem Soknopaiostempel bezahlten Steuern λαχανοπωλῶν (Gemüse-

---

vibices ostendat; siehe noch Wilcken, Ostr. I. S. 567 ff. u. 620. Vergl. hierzu die Angaben Wesselys, Kar. u. Sok. Nes. S. 71 aus dem unpubl. P. Rainer 8, wonach die Handwerker des Soknopaiostempels mit der Zahlung der gewerblichen Licenzsteuern im Rückstande sind.

1) Zu γναφική ist als nähere Bestimmung noch hinzugefügt: κωμῶν Νείλου πόλεως καὶ Σοκνοπαίου Νήσου (P. Lond. II. 286 [S. 183], Z. 13 ff.); natürlich soll auch hier die Hinzusetzung des Ortes nur bedeuten, daß die betreffenden Walker des Tempels ihr Gewerbe in diesen beiden Dörfern ausgeübt haben. Siehe auch B. G. U. I. 337, 19 u. 23 u. unpubl. P. Rainer 8 u. 171.

2) Die Verpachtung ist hier an 4 Walker, also an Standesgenossen der Steuerzahler erfolgt; diese mögen wohl die bestsituiertesten der γναφεῖς gewesen sein, und man mochte annehmen, daß gerade sie als Standesgenossen die Steuereintreibung am leichtesten bewerkstelligen würden.

3) P. Lond. II. 286 (S. 183): 88 n. Chr.; unpubl. P. Wien. bei Wilcken, Ostr. I. S. 616/17 (= unpubl. P. Rainer 8 bei Wessely, Kar. u. Sok. Nes. S. 71): 116/17 n. Chr.; B. G. U. I. 337 u. unpubl. P. Rainer 171 bei Wessely, Kar. u. Sok. Nes. S. 73: 2./3. Jahrhundert n. Chr.

4) Das eine Mal beträgt die Gesamtsumme 240 Silberdrachmen (P. Lond. II. 286 [S.183]), die drei anderen Male 256 Drachmen (B. G. U. I. 337 u. unpubl. P. Rainer 8 u. 171); in letzterem Falle läßt sich allerdings nicht entscheiden, ob Silber- oder Billondrachmen gemeint sind; kommen die letzteren hier in Betracht, so würde die zweite Summe um ein Kleines kleiner sein als die erste (219½ Silberdrachmen), sonst ist jedoch das Umgekehrte der Fall; zu berücksichtigen ist allerdings noch die Möglichkeit, daß sich in der zwischen beiden Zahlungen liegenden Zeit die Steuerquote etwas geändert hat. Dieses, sowie die Nichtübereinstimmung des Münzfußes der hier in Betracht kommenden Drachmen ist mir wenig wahrscheinlich, da man wohl die Zahlen 256, 240 u. 16 (siehe oben) mit einander in Verbindung bringen darf.

verkäufer), *ταριχευτῶν* und *ζυγοστασίου* (Abgabe für den *ζυγοστά-*
της)[1]) ohne weiteres folgern, daß die in diesen Abgaben genannten
Gewerbetreibenden damals, im 2. Jahrhundert n. Chr., in Diensten
des Tempels gestanden haben; die Gemüseverkäufer werden das
vom Tempel selbstgezogene Gemüse zum Verkauf gebraucht haben,
die Taricheuten, die Einpökler, dürften wohl mit der von der Sok-
nopaiospriesterschaft gleichfalls betriebenen Fischerei[2]) in Verbindung
zu bringen sein[3]), und was schließlich den *ζυγοστάτης*, d. h. den
Wagemeister, der die Prüfung der in Kurs befindlichen Münzen und
die aestimatio frumenti vorzunehmen hatte (Cod. Theod. XII. 7, 2 u.
XIV. 26, 1), anbetrifft, so darf man ihn, der uns allerdings in der späteren Kaiserzeit als Beamter entgegentritt, doch wohl in dieser Zeit,
d. h. am Ende des 2. Jahrhunderts n. Chr. noch als Angestellten des
Tempels auffassen, da ja die für ihn gezahlte Abgabe in der Abrechnung mitten unter den gewerblichen Licenzsteuern genannt und sogar
mit ihnen zusammen besonders verrechnet wird (B. G. U. I. 337, 18
bis 24 u. unpubl. P. Rainer 171), was doch mindestens als merkwürdig zu bezeichnen wäre, wenn das *ζυγοστάσιον* die Gebühr für einen
Beamten dargestellt hätte[4]). Sehr ertragsreich dürften freilich die drei
zuletzt genannten Gewerbe für den Soknopaiostempel nicht gewesen
sein, da nach der Höhe der Gewerbesteuern (12, 16 und 24 Drachmen)
zu urteilen nur sehr wenig Leute in ihnen, — vielleicht in jedem nur
einer — beschäftigt worden sind.

---

1) B. G. U. I. 337, 20—22 u. hierzu Wilcken, Ostr. I. S. 369, 382 u. 396;
unpubl. P. Rainer 8 u. 171 bei Wessely, Kar. u. Sok. Nes. S. 71 u. 73.

2) Der Betrieb der Fischerei ergibt sich mit Sicherheit aus der vom Tempel
gezahlten Steuer: *ἁλιευτικῶν πλοίων* (Fischerboote), siehe Wilcken, Ostr. I. S. 391.
Wie uns die in den unpubl. P. Rainer 8 u. 171 (Wessely, Kar. u. Sok. Nes. S. 72 u.
74) genannten Steuersummen, die mehrere Hundert Drachmen betragen, zeigen,
muß der Fischereibetrieb recht umfangreich gewesen sein und wird demnach
auch dem Tempel wohl größere Einnahmen verschafft haben. Zu all den verschiedenen hier genannten Steuern vergleiche die betreffenden Paragraphen in
dem Tempelabgabenkatalog des V. Kapitels.

3) Siehe z. B. Diodor I. 52, 6; vergl. auch P. Fay. 15, 4. Auf jeden Fall
scheint es mir ausgeschlossen zu sein, in den Taricheuten hier die „Einbalsamierer" zu sehen; selbst angenommen, daß diese, die doch priesterlichen Charakter hatten (siehe S. 105 ff.), eine Art Licenzsteuer für die Ausübung ihres Amtes
zu zahlen hatten und daß der Tempel diese für sie entrichtet habe, so würde
sie doch sicherlich nicht bloß 12 Drachmen betragen haben, da doch gewiß zum
Soknopaiostempel eine große Zahl Taricheuten (Einbalsamierer) gehört hat;
ferner würde man doch auch diese nicht mitten unter den gewöhnlichen Tempelhandwerkern genannt haben.

4) Wilcken, Ostr. I. S. 369, der die beiden für die Erklärung des *ζυγοστά-*
σιον in Betracht kommenden Deutungen eruiert hat, hat sich für keine der
beiden entschieden. Die aus dem 2. Jahrhundert n. Chr. stammenden P. Grenf.
II. 46 a u. P. Lond. II. 301 (S. 256), in denen die *ζυγοστασία* erwähnt wird (Z. 8/9),
lassen leider nicht erkennen, ob damals bereits der *ζυγοστάτης* amtlichen Charakter gehabt hat oder nicht.

Für den Soknopaiostempel läßt sich dann weiterhin für die römische Zeit noch der Betrieb des Malergewerbes nachweisen. In der Steuerabrechnung eines Praktors von Soknopaiu Nesos, in der ohne Nennung der einzelnen Zahler einfach die Gesamteinnahmen eines Monats für verschiedene Steuern gebucht sind, (also Steuerobjektsabrechnung, nicht Steuersubjekts (κατ' ἄνδρα) abrechnung) (B. G U. II. 652 : 207 n. Chr.; vergl. auch Wilcken, Ostr. I. S. 622), wird nämlich auch (Z. 12) der φόρος τελεσμάτων ζωγράφων (Maler), also eine Steuer, die mit der Ausübung des Malergewerbes zusammenhängt, verrechnet.[1]) Hierauf folgen dann unmittelbar in der nächsten Zeile (Z. 13) die Worte „ἱερέων ὁμοί[ως ʿʹ ...]“. Diesen Ausdruck darf man nun meines Erachtens auf keinen Fall als die Bezeichnung für eine neue Steuer, etwa für ein φόρος ἱερέων[2]), auffassen, dem widerspricht unbedingt das hinzugefügte „ὁμοίως“, das die Verbindung mit der vorhergehenden Zeile herstellen soll.[3]) Es muß sich also vielmehr in beiden Zeilen um die gleiche Steuer handeln, nur daß das zweite Mal die Priester als die Zahler hinzugesetzt worden sind. Die Hinzufügung der Zahler muß an und für sich allerdings in dieser Steuerobjektsabrechnung wunderbar berühren, und deswegen könnte man vielleicht geneigt sein die obige Deutung ohne Weiteres als unrichtig zu verwerfen, sie findet jedoch ihre völlige Erklärung, wenn man sie mit unseren Ausführungen über die von den Tempeln gezahlten gewerblichen Licenzsteuern in Verbindung bringt, und bildet somit ihrerseits eine weitere Bestätigung für ihre Richtigkeit. Durch diese Art der Buchung will nämlich jedenfalls der betreffende Praktor nur hervorheben, daß die „Malersteuer“ keineswegs durchweg von den einzelnen Malern selbst entrichtet, sondern daß sie auch zum Teil indirekt, nämlich von der Priesterschaft für die von ihnen beschäftigten Maler abgeführt worden ist, d. h. er unterscheidet hier in seiner Abrechnung, was ja auch der Kontrolle wegen unbedingt nötig war, zwischen der Steuer, die von den selbständigen Handwerkern, und derjenigen, die von den größeren Unternehmern desselben Gewerbebetriebes gezahlt worden ist.

---

1) Vielleicht ist die „aus den Malerabgaben bestehende Steuer“ als zusammenfassende Bezeichnung für verschiedene von den Malern entrichtete Steuern aufzufassen, etwa für die gewerbliche Licenzsteuer und für die nach der Menge des verbrauchten Materials ausgeschriebene Ertragssteuer, das φόρος γενῶν ζωγραφικῶν (siehe S. 301, A. 5). Eine engere Zusammenfassung von Ertrags- und gewerblicher Licenzsteuer desselben Betriebes, freilich, ohne daß sich dort ein besonderer Name dafür herausgebildet hat, ist ja schon anläßlich der Deutung von „κοπῆς τριχὸς καὶ χειρωναξίου“ (S. 301 ff.) konstatiert worden.

2) So Krebs im Index VIII von B. G. U. II.

3) Außerdem findet sich ὁμοίως in dieser Abrechnung, in der sonst in jeder Zeile eine neue, von den übrigen ganz verschiedene Steuer genannt wird, natürlich nicht.

Unter den im Dienste des Soknopaiostempels stehenden Malern
darf man wohl Kunstmaler im allgemeinen nicht verstehen[1]) — insofern erscheint mir der früher (S. 311) gebrauchte Ausdruck „Malergewerbe" durchaus berechtigt —, es dürften wohl diese Dorfmaler
das Malen mehr handwerksmässig betrieben haben, ihre Hauptbeschäftigung mag die Bemalung von Häusern, Zimmerwänden[2])
u. dergl. gewesen sein. Dies schließt freilich nicht aus, daß der
eine und der andere von diesen ζωγράφοι künstlerisch tätig gewesen
ist und daß man sie auch mit den uns aus dem Faijûm bekannt gewordenen sogenannten hellenistischen Portraits, welche in späterer
Zeit an Stelle der früher üblichen Totenmasken auf den Mumien
über dem Gesichte der Toten angebracht waren, in Verbindung bringen darf[3]).

In der letzteren Eigenschaft als „Bemaler" sind sie dann sicher
vielfach für den Tempel bei seinen eigenen Bauten tätig gewesen,
wie überhaupt wohl zu diesem Zweck die meisten größeren Heiligtümer, ebenso wie es uns für die früheren Zeiten belegt ist (Erman,
Ägypten II. S. 554/55), auch noch in hellenistischer Zeit eigene Maler
und andere Bauhandwerker sich gehalten haben werden. In größerer
Anzahl sind uns diese Steinhauer, Steinschneider, Bildhauer
usw. für das Serapeum zu Memphis bekannt geworden.[4])

Bei ihren vielen Bauten mußte es dann weiterhin für die Tempel
sehr vorteilhaft sein, wenn sie das Material zu diesen zum Teil aus
eigenen Steinbrüchen und Ziegeleien beziehen konnten; so hat denn
auch z. B. der Isistempel zu Philä Steinbrüche besessen[5]), und für
das Heiligtum des Horus zu Edfu läßt sich der Besitz einer Ziegelei
direkt belegen[6]); zu erschließen ist er dann vielleicht noch für einen

---

1) Der Bezeichnung der Maler als „ζωγράφοι" ist wohl hier nichts weiter
über die Art der von ihnen ausgeübten Malerei zu entnehmen.

2) Vergl. hierzu Ermans, Ägypten I. S. 239 Bemerkungen über die reiche
Farbenpracht der ägyptischen Häuser.

3) Siehe über sie G. Ebers, Antike Porträts. Die hellenistischen Bildnisse
aus dem Faijûm untersucht und gewürdigt; H. Heydemann, Über die gemalten
Bildnisse aus dem Faijûm in Besitz des Herrn Theodor Graf in Wien in Sitzungsberichte Leipz. Gesell. d. Wiss. Phil.-hist. Kl. 1888. S. 295 ff.; Wilcken, Die hellenistischen Porträts aus El-Faijûm, in Archäologischer Anzeiger, Beiblatt zum
Jahrbuch des k. deutschen archäologischen Instituts, 1889, S. 1 ff.

4) Siehe Brugsch, Der Apiskreis aus den Zeiten der Ptolemäer I. in Ä. Z.
XXII (1884) S. 110 ff. (bes. S. 122); vergl. hierzu S. 2. Näher wage ich auf
diese Tempelhandwerker hier nicht einzugehen, da die Deutung der in Betracht
kommenden hieroglyphischen Inschriften mir nicht ganz gesichert erscheint.
Es sei hier auch auf den uns durch den dem. P. Straßb. 1 (Spiegelberg, S. 18)
bekannt gewordenen „Zimmermann vom Amonstempel" (wohl der thebanische)
und seinen den gleichen Titel führenden ältesten Sohn verwiesen.

5) Siehe die Dodekaschoinosinschriften S. 271, A. 2—8 u. S. 276.

6) Siehe Große Schenkungsurkunde von Edfu bei Brugsch, Thesaurus III.
S. 531 ff. Tafel II. Z. 1 (S. 555); daselbst wird auch der zum Betrieb einer

Tempel des Faijûm, da uns in einer wohl aus diesem Gau stammenden Urkunde der römischen Zeit möglicherweise πλ(ινθουργοί) (Ziegelstreicher) θεοῦ begegnen.[1])

Unter den von den Tempeln betriebenen Gewerben ist endlich auch noch das Kunsthandwerk vertreten gewesen; so sind z. B. bei der Ausschmückung des Heiligtums der Hathor zu Dendera (ptolemäisch - römische Zeit) dessen eigene Gold- und Silberschmiede und andere kunstgewerbliche Arbeiter tätig gewesen[2]). Daß dieses schon im alten Ägypten mit den Tempeln in enger Verbindung gewesene Gewerbe[3]) auch in hellenistischer Zeit von ihnen eifrig gepflegt worden ist, scheint mir überaus wahrscheinlich, obgleich ich außer dem eben genannten direkte Belege hierfür nicht anführen kann[4]).

So lassen sich denn sehr viele und recht verschiedenartige Gewerbebetriebe als Besitzobjekte ägyptischer Heiligtümer nachweisen. Die große Zahl und die Mannigfaltigkeit ist um so beachtenswerter, da uns ja eingehendere Nachrichten in dieser Hinsicht nur für ein Heiligtum, und noch dazu für eins von höchstens mittlerer Größe und Bedeutung, wie es deren allein im Faijûm sicher sehr viele gegeben hat, für den Dorftempel von Soknopaiu Nesos, bekannt geworden sind, während für die großen und berühmten Tempel so gut wie nichts, höchstens eine gelegentliche Notiz auf uns bisher überkommen ist.

Für die Beurteilung der Bedeutung der gewerblichen Betriebe in einem Tempelhaushalt dürfte alsdann die Feststellung von Wichtigkeit sein, daß das Soknopaiosheiligtum in einem Jahre für seine gewerblichen Betriebe, soweit uns bekannt, eine Steuerquote von 1295 Drach

---

Ziegelei unbedingt nötige Lehmboden als im Besitz des Tempels befindlich erwähnt.

1) P. Lond. II. 266 (S. 233), Z. 45, 284 u. öft.; siehe die Erklärung Kenyons S. 235 Anm. Wesselys, Kar. u. Sok. Nes. S. 74, Deutung als πλ(οῖον) θεοῦ ist mir dem gegenüber nicht wahrscheinlich.

2) Siehe Bauinschriften dieses Tempels, verwertet von Brugsch, a. a. O. Ä. Z. XXII (1884) S. 122/23 u. Ägyptologie S. 414.

3) Siehe Erman, Ägypten II, S. 553; Brugsch, Ägyptologie S. 413.

4) Bei einer planmäßigen Durcharbeitung der ägyptischen Quellen dürften wohl noch weitere Belege sich finden. Brugsch, Ägyptologie S. 414, scheint mir allerdings die Menge der „priesterlichen Künstler" weit zu überschätzen; man darf eben, wie so oft im Ägyptischen, auf Titel, die in Dokumenten späterer Zeit sich finden, nicht allzuviel geben und keinesfalls z. B. aus einem Titel wie etwa „Künstler des Ptah von der und der Stadt" ohne weiteres folgern, daß der betreffende Träger als Kunsthandwerker in Diensten dieses Gottes gestanden hat, da ja Ptah als der „Künstler unter den Göttern" stets mit den Künstlern in enge Beziehung gebracht worden ist, was auch in den Titeln zum Ausdruck kommen mußte. Ähnlich muß man sich nun auch sicher anderen Künstlerbezeichnungen gegenüber verhalten. Siehe auch Erman, Ägypten II. S. 552/53.

men $3\frac{1}{2}$ Obolen[1]), d. h. fast den 8. Teil seiner Gesamteinnahmen in Geld[2]) entrichtet hat.

Nach alledem darf man wohl immerhin die Vermutung wagen, daß in ihrer Gesamtheit die ägyptischen Tempel in hellenistischer

---

1) Die Zuschlagszahlungen bei einzelnen dieser Steuern, die προσδιαγραφό-μενα (siehe Wilcken, Ostr. I. S. 287), sind oben nicht mitverrechnet; siehe die einzelnen Zahlungen: B. G. U. I. 1, 2 (220 Drachmen); B. G. U. I. 337, 11/12 (142 Drachmen 2 Obolen), 18—24 (308 Drachmen), 26 (625 Drachmen, $1\frac{1}{2}$ Obolen; diese Summe muß man hier ergänzen; da B. G. U. I. 1 und 337 zwei nebeneinander gehörende Seiten derselben Abrechnung des Soknopaiostempels sind [siehe Krebs, B. G. U. I. S. 396] und 1 als die direkte Fortsetzung von 337 anzusehen ist [so auch Wilcken, Ostr. I. S. 353], so muß man, da die Schlußsumme in B. G. U. I. 1, 12, in der die Zahlungen von B. G. U. I. 337, 25/26 u. 1, 1—11 zusammengefaßt sind, 1901 Drachmen $1\frac{1}{2}$ Obolen beträgt, in B. G. U. I. 337, 26 unbedingt 625 Drachmen $1\frac{1}{2}$ Obolen einsetzen. Die Richtigkeit dieser Ergänzung bestätigt nach den Angaben Wesselys, Kar. u. Sok. Nes. S. 74 der unpubl. P. Rainer 171, der gleichfalls eine Abrechnung des Soknopaiostempels [2. Jahrh. n. Chr., die genaue von Wessely a. a. O. S. 73 ermittelte Zeit ist mir doch noch zweifelhaft] enthält; in ihr finden wir genau dieselben Steuerzahlungen für gewerbliche Anlagen wie in den Berliner Papyri. Dagegen scheint in einer anderen fragmentarisch erhaltenen Abrechnung, unpubl. P. Rainer 8, Wessely, Kar. u. Sok. Nes. S. 72, die für die Fischerei bezahlte Abgabe, die hier etwas über 625 Drachmen beträgt, weit höher gewesen zu sein.) Außer den hier verrechneten Beträgen dürfte der Tempel in dem Rechnungsjahre, von dem die Berliner Papyri berichten, für weitere gewerbliche Betriebe keine Steuern in Geld bezahlt haben; denn der Anfang von B. G. U. I. 337: ἐξ ὧν τελοῦμεν scheint mir darauf hinzudeuten, daß hier der Beginn des λόγος ἀργυρικός der Ausgaben ist Nun erreichen allerdings die von Krebs notierten Zahlen für Z. 1—16 nur die Höhe von ungefähr 3470 Drachmen (in Z. 10 ist eine Zahlung nicht erhalten, doch dürfte sie nach der zu ihr gehörenden προσδιαγραφόμενα-Zahlung von 6 Drachmen zusammen mit dieser ungefähr 100 (? 101) Drachmen betragen haben; vergl. hierzu Wessely, Kar. u. Sok. Nes. S. 73 u. den unpubl. P. Rainer 171), während als Schlußsumme dieser Rubrik in Z. 17: 1 Talent 2470 Drachmen 4 Obolen genannt wird, es besteht jedoch m. E. sehr wohl die Möglichkeit, in der Lücke auf Z. 2 vor: φ (500) „έ" (5000) zu ergänzen (diese Höhe der Zahlung für das ἐπιστατικὸν ἱερέων braucht nicht zu verwundern, da uns durch P. Lond. II. 352 [S. 114] eine Monatszahlung für diese Abgabe in Höhe von 500 Drachmen bekannt geworden ist), wodurch jede Schwierigkeit gehoben ist. Ob in dem unpubl. P. Rainer 171 außer den hier erwähnten noch weitere Geldzahlungen für gewerbliche Betriebe gebucht gewesen sind, ist nicht zu entscheiden; der Anfang der Geldabrechnung ist verloren, die Möglichkeit, daß hier eine derartige Eintragung gestanden hat, immerhin vorhanden, da ja die gleichartigen Abgaben durchaus nicht alle nebeneinander gebucht worden sind.

2) Gesamteinnahmen in B. G. U. I. 1, 13 ff.: 1 Talent 5337 Drachmen $4\frac{1}{2}$ Obolen 2 Chalkus; im unpubl. P. Rainer 171 scheinen sie nach Wesselys Angaben — die genaue Zahl ist nicht erhalten — etwas niedriger gewesen zu sein (siehe Kar. u. Sok. Nes. S. 74 oben: 1 Talent 555 Drachmen $4\frac{1}{2}$ Obolen [wohl die Zusammenfassung des ganzen ersten Abschnittes der Abrechnung], dann 2231 Drachmen $4\frac{1}{2}$ Obolen, dann 905 Drachmen $1\frac{1}{2}$ Obolen, dann S. 75: 1340 Drachmen [die eine halbe Obole ist wohl zu streichen] = 1 Talent 5032 Drachmen $4\frac{1}{2}$ Obolen).

Zeit, wenn man vom Staat absieht, der vielleicht hierin ihr Konkurrent gewesen sein könnte[1]), die größten Industriellen Ägyptens gewesen sind.

E. Die Sklaven.

Eine wichtige Frage ist bisher bei der hier gebotenen Aufzählung der von den Tempeln betriebenen Gewerbe noch ganz ausser Acht gelassen werden, nämlich die, ob freie Arbeiter oder eigene Sklaven in allen diesen Betrieben beschäftigt worden sind; die Behandlung dieser an sich schon sehr interessanten Frage ist in unserem Falle besonders wichtig, weil sich, würde man sie in dem letzteren Sinne beantworten, als ein neues wertvolles Besitzobjekt der Tempel größere Sklavenscharen ergeben würden. Allem Anschein nach ist jedoch die Verwendung von Sklaven, wie ja überhaupt im hellenistischen Ägypten die Ausübung der Gewerbe vor allem in der Hand der freien Bevölkerung gelegen hat (siehe Wilcken, Ostr. I. S. 695), auch in den Tempelgewerbebetrieben im allgemeinen nicht erfolgt; denn in allen Fällen, wo wir etwas Näheres über die Tempelarbeiter erfahren, wie in der Ölfabrikation (Rev. L. 50, 20 ff., vergl. Wilcken, Ostr. I. S. 696), in der Walkerei (siehe P. Lond. II. 286 [S. 183]), im Bau- und Kunsthandwerk, erscheinen diese als freie Leute.

Überhaupt dürften die Sklaven in der Tempelwirtschaft keine große Rolle gespielt haben, da sich ja auch der Betrieb der Landwirtschaft d. h. jenes Wirtschaftszweiges, für den es immerhin noch nahe liegen könnte wenigstens bei größeren Latifundien ein stärkeres Heranziehen der Sklavenarbeit anzunehmen — die Sklaverei hat allerdings auch hier allem Anschein nach im hellenistischen Ägypten keinen wichtigen Faktor gebildet (siehe Wilcken, Ostr. I. S. 698 ff.) — für die Tempel, die ja ihren eigenen Landbesitz verpachtet hatten, bisher nicht belegen läßt (siehe S. 280 ff.). Natürlich hat es Tempelsklaven auch im hellenistischen Ägypten gegeben, für einen nicht näher bekannten Tempel des Faijûm ist uns sogar ihr Besitz direkt belegt[2]), aber man wird ihnen wohl durchweg den Charakter von Haussklaven beilegen müssen; selbst als solche scheinen sie nicht allzu verbreitet gewesen zu sein, so mußte z. B. der Jupitertempel in Arsinoe für ganz gewöhnliche, stetig wiederkehrende Arbeiten fremde freie Arbeiter

---

1) Allerdings ist zu beachten, daß sich bisher für privatwirtschaftliche Unternehmungen des Staates außer für seine Domänen und für monopolisierte Betriebe nur verhältnismäßig wenig Belege gefunden haben; sie gedenke ich demnächst an anderer Stelle zusammenzustellen.

2) Siehe B. G. U. I. 176, 9/10. Die in P. Tor. 8, 12 u. 17 erwähnten δοῦλοι τῶν ἱερέων τοῦ Ἄμμωνος können sehr wohl Privatsklaven der Amonpriester gewesen sein.

annehmen[1]), und auch seine niederen Beamten sind freie Leute gewesen.[2])

Die ἱερόδουλοι, die in Verbindung mit den Tempeln genannt werden, sind jedenfalls nicht als Tempelsklaven aufzufassen.[3])

F. Die kaufmännischen Unternehmungen.

Schon anläßlich der überaus großen Ausdehnung des Landbesitzes der Tempel ist hervorgehoben worden, daß diese, soweit als sie Ländereien von größerem Umfange besessen haben, auf keinen Fall ihre landwirtschaftlichen Produkte ganz im eigenen Haushalte verbraucht haben können, sondern daß sie hiervon auch bedeutende Mengen verkauft haben müssen. (Siehe S. 280.) Nun weist uns auch die reiche Entwicklung der Tempelindustrieen, namentlich wenn wir sehen, daß diese sogar von kleineren Heiligtümern eifrig gepflegt worden sind, wenn wir ferner z. B. ein Gewerbe wie die Walkerei von dem Soknopaiostempel intensiv betrieben finden, mit unbedingter Sicherheit darauf hin, daß die Heiligtümer gezwungen waren auch mit ihren gewerblichen Erzeugnissen, um sie verwerten zu können, einen regen Handel zu treiben; manche der Gewerbebetriebe werden offenbar überhaupt direkt zu Handelszwecken angelegt worden sein. (Siehe auch S. 291.) Wir haben also demnach in den ägyptischen Tempeln auch größere Handeltreibende zu sehen.

Freilich besitzen wir leider bisher für diese aus inneren Gründen erfolgende Annahme nur einen einzigen direkten Beleg[4]), nämlich jene schon erwähnte Bestimmung des Ölmonopols, aus der für die priester-

---

1) B. G. U. II. 362. p. 1, 10; 7, 16—18; 10, 17/18; 11, 13; 14, 14.

2) Daß sie nicht Sklaven waren, geht daraus hervor, daß sie monatliches Gehalt vom Tempel erhielten. Siehe V. Kapitel, 5.

3) Siehe hierzu S. 77, A. 3 u. S. 118. Unstatthaft erscheint es mir dann auch, diese ἱερόδουλοι mit in den Diensten der Tempel stehender Prostitution in Verbindung zu bringen; so Preuschen a. a. O. S. 25 u. 27 (2. Auflage S. 45 u. 47) und Grenfell-Hunt, P. Tebt. I. S. 64 im Anschluß an P. 6, Col. 2, 25 u. 29. Die ebenda genannten ἀφροδίσια scheinen allerdings darauf hinzudeuten, daß den Tempeln aus dem Verdienst von Tempelhetären Einnahmen zugeflossen sind.

4) Erwähnt sei hier wenigstens noch der Besitz von Eseln durch ein Isisheiligtum eines Faijûmdorfes (Ostr. Fay. 38). Sie sind bekanntlich im ägyptischen Handel neben Schiffen und Kamelen als Transportmittel benutzt worden (siehe z. B. Wessely, Kar. u. Sok. Nes. S. 35 ff.), und zu diesem Zweck sind sie auch allem Anschein nach vom Faijûmtempel verwandt worden (vergl. hierzu jetzt auch Preisigke a. a. O. Archiv III. S. 48, A. 1). Ob man aus der Mendesstele Z. 14/15 (Brugsch, Thesaurus IV. S. 658 ff.) auf den Besitz von Handelsschiffen durch den Tempel des Widders von Mendes schließen darf, ist zweifelhaft (vergl. hierzu die soeben erschienene Neuausgabe der Stele durch Sethe in den „Urkunden des ägyptischen Altertums" [herausgegeb. von Steindorff] II, 2).

lichen Ölfabriken vor Errichtung des Ölmonopols der Verkauf des produzierten Öles zu entnehmen ist (siehe S. 293/94)[1]).

Während immerhin der Handel der Tempel mit den eigenen Erzeugnissen als ein gesichertes Faktum anzunehmen ist, läßt sich dagegen nicht sicher feststellen, ob sie auch Handel nur allein um des
Handels willen getrieben haben, d. h. ob sie auch als Zwischenhändler[2])
mit fremden Produkten tätig gewesen sind. Allerdings berichtet uns
Arrian (III. 4, 3)[3]), daß von der Priesterschaft der Amonsoase Steinsalz, welches in den daselbst liegenden Salinen[4]) gewonnen wurde,
nach Ägypten gebracht worden ist, doch darf man wohl wegen des
von ihm hinzugefügten „δῶρον τῷ βασιλεῖ ἢ εἴ τῳ ἄλλῳ" hierin nicht
einen regelrechten Salzexporthandel sehen[5]); daß die Notiz Arrians
Verhältnisse der persischen Zeit wiedergibt, halte ich nicht für wahrscheinlich[6]).

So sind wir zwar über die Einzelheiten des Tempelhandels so
gut wie gar nicht unterrichtet, aber als sicher darf man es wohl
trotzdem bezeichnen, daß der Handel denjenigen Heiligtümern, die in
der Lage waren sich ihm zu widmen, größere Geldeinnahmen verschafft
haben muß, da ja in hellenistischer Zeit in Ägypten die Geldwirtschaft die durchaus dominierende Wirtschaftsform gewesen ist (siehe
Wilcken, Ostr. I. S. 665 ff.). Diese Einnahmen werden freilich bei
den verschiedenen Tempeln je nach ihrer wirtschaftlichen Lage und
den von ihnen befolgten Wirtschaftsprinzipien[7]) auch eine verschiedene

---

1) Wilcken, Ostr. I. S. 673/74 schließt daraus, daß den Priestern bei Erlaß
des Ölmonopols verboten wird, mit dem von ihnen produzierten Öl Handel zu
treiben, „daß sie in anderen Produktionszweigen, die nicht vom König monopolisiert waren, als Handeltreibende bekannt waren". Wie sehr ich auch mit
dieser Behauptung an sich einverstanden bin, so scheint mir doch ihre Ableitung
aus dem genannten Verbot nicht richtig, da meiner Ansicht nach dieses nur den
im Text gebotenen Schluß gestattet.

2) Daß im hellenistischen Ägypten der Zwischenhandel entwickelt gewesen ist, darauf, sowie auf die daraus sich ableitenden wichtigen allgemeinen
wirtschaftlichen Folgerungen hat schon Wilcken, Ostr. I. S. 697 aufmerksam
gemacht.

3) Vergl. hierzu Athenaeus II. 67[b] (aus Deinons Περσικά); er erzählt nur
die Tatsache des Salzexportes aus der Amonsoase.

4) In Ägypten sind die Salinen ebenso wie die Bergwerke stets als königliches Eigentum aufzufassen, so Wilcken, Ostr. I. S. 142. Wenn in einem Ostr.
Wilck. 1227 die ἁλικὴ ἱερῶν erwähnt wird, so verbietet es schon die Erklärung
der ἁλική, hierin etwa die Erwähnung von Salinen in Tempelbesitz sehen zu
wollen, siehe V. Kapitel, 7.

5) Lumbroso, Recherches S. 147 glaubt sogar, daß die Amonspriester vielleicht das Monopol (!) des Salzexporthandels gehabt haben.

6) Man könnte allerdings auf die Notiz des Athenaeus verweisen, der Deinons
Bemerkung natürlich nur im Auszuge wiedergibt und der dabei hervorhebt, daß
von dem Salz der Amonsoase auch welches an den König (hier den persischen)
geliefert worden sei.

7) Es sei bei dieser Gelegenheit noch einmal besonders betont, daß man

Verwendung gefunden haben, sie dürften wohl im allgemeinen nicht
nur zur Deckung der Ausgaben benutzt worden sein, sondern auch
zum Teil eine Vermehrung des Besitzes bewirkt haben, sei es, daß
man sie zur Anlage neuer Unternehmungen, zum Kauf von Ländereien
u. dergl. verwandt, oder daß man sie einfach thesauriert und so die
Kapitalien des Tempels vermehrt hat[1]).

G. Das Darlehnsgeschäft.

Wie es überhaupt mit den Kapitalien d. h. mit dem Besitz der
Tempel an barem Geld, beziehungsweise an Gold- und Silberbarren
in hellenistischer Zeit bestellt gewesen ist, darüber lassen sich im allgemeinen nur Vermutungen aussprechen[2]). An die großen Mengen
Gold und Silber, die die Heiligtümer im alten Ägypten ihr eigen genannt haben (siehe S. 259/60), ist in dieser Zeit sicher nicht mehr zu
denken, denn bei den großen Beraubungen, durch die im Laufe der
Jahrhunderte die Tempel heimgesucht worden sind, wird man sich
wohl vor allem auch an diese Schätze gehalten haben, da sie doch am
leichtesten zu verwerten waren[3]). Immerhin darf man aber wohl
schon einfach auf Grund des großen allgemeinen Besitzes der Tempel
behaupten, daß sie damals in der Zeit der vorwiegenden Geldwirtschaft auch eine größere Geldmacht repräsentiert haben müssen, und
für diese Annahme ist es wohl die beste Bestätigung, daß sich in der
Tat für die ägyptischen Tempel der hellenistischen Zeit, ähnlich wie
es uns bei den babylonischen und griechischen Heiligtümern möglich
ist[4]), das Betreiben von Darlehnsgeschäften nachweisen läßt. Wir besitzen

---

sich auf keinen Fall den Besitz der verschiedenen Tempel irgendwie schablonen-
mäßig zusammengesetzt und so in gewisser Beziehung uniform vorstellen darf.
Die Neigung der einzelnen Tempel für die verschiedenen Erwerbszweige ist
jedenfalls ganz verschieden gewesen, der eine hat eben diesen, der andere jenen
bevorzugt; dazu wird auch vielen direkt die Möglichkeit gefehlt haben, gewisse
Erwerbszweige zu betreiben.

1) Dieses letztere Verfahren läßt sich z. B. anläßlich der Geldgeschäfte des
Jupitertempels in Arsinoe belegen, wo die im Kreditgeschäft in einer bestimmten
Zeit neuausgeliehenen Kapitalien die in derselben Zeit zurückgezahlten um
1 Talent 3600 Drachmen übersteigen, und wo dieses Mehr einfach den in dieser
Zeit eingenommenen Geldern entnommen wird; Belege siehe S. 322, A. 3.

2) Vergl. hierzu auch die Nachrichten über Geschenke an Gold und Silber,
die der Staat den Tempeln dargebracht hat. Siehe dieses Kapitel passim.

3) Diese Beraubungen der Tempelkapitalien mögen oft, um das dem Raube
anhaftende Odium zu mildern, unter dem Mäntelchen eines Darlehns erfolgt
sein, auf dessen Zurückzahlung die Priester freilich vergebens warten konnten.

4) Für die babylonischen Tempel siehe Br. Meißner, Beiträge zum altbabylonischen Privatrecht S. 8 und Maspero, histoire I. S. 697, für die griechischen: Swoboda, Über griechische Schatzverwaltung in Wiener Studien für klassische Philologie X (1888) S. 278 ff. u. XI (1889) S. 65 ff. Durchaus unberechtigt
ist es jedenfalls, wenn Swoboda (a. a. O. XI. S. 84/85) behauptet, die Kredit-

allerdings bisher hierfür nur wenige Belege, aber trotzdem halte ich
es bei der großen wirtschaftlichen Regsamkeit der Tempel für recht
wahrscheinlich, daß sie, um ihre Kapitalien nicht ungenützt liegen zu
lassen, das lohnende und doch verhältnismäßig sichere Kreditgeschäft
in größerem Umfange betrieben haben[1]).

Aus ptolemäischer Zeit läßt sich freilich bis jetzt nur eine
Urkunde, deren Erklärung noch dazu durchaus nicht als gesichert betrachtet werden darf, anführen, die uns über das Darlehnsgeschäft
eines Tempels mit Privaten Aufschluß gibt. (P. Grenf. I. 14.) Nach
dieser Urkunde sollen nämlich in einem Tempel der Thebais zu
Händen eines seiner Priester[2]) eine große Anzahl der verschiedensten
Haushaltungsgegenstände, wie Kasten, Körbe, irdene Gefäße, Holz
u. dergl. deponiert worden sein; der Aufzählung der betreffenden
Sachen schließt sich (von derselben Hand geschrieben) eine 6 Monate
umfassende Abrechnung über Getreide an, von der jedoch leider nur
der Anfang erhalten ist. Daß diese Abrechnung in irgend einem
inneren Zusammenhang mit den vorher erwähnten deponierten Gegenständen gestanden hat, ist schon an sich unbedingt anzunehmen.

Zu welchem Zwecke mögen denn nun überhaupt all die Gegenstände im Tempel deponiert worden sein? Ein Geschenk ist hier
wegen des in der Urkunde gebrauchten Ausdruckes „παρατίϑεσϑαι
ἐν ἱερῷ παρὰ Πάτουτι ἱερεῖ" kaum anzunehmen, ferner schließt auch die
Qualität des Deponierten den Gedanken aus, woran man z. B. vor
allem bei einem Gelddepositum in Erinnerung an entsprechende Verhältnisse in griechischen Tempeln leicht denken könnte, daß hier durch
die Niederlegung im Heiligtum diesem die Verwaltung der betreffenden Gegenstände anvertraut werden sollte[3]). Demnach dürfte dann

---

geschäfte der ägyptischen Tempel seien als Nachahmung derjenigen der griechischen aufzufassen; ebenso gut könnten dann auch die babylonischen Heiligtümer das Vorbild gewesen sein. Das Wahrscheinlichste ist es wohl, daß die
ägyptischen Tempel sich ganz von selbst dem Kreditgeschäft zugewandt haben;
wenn auch bisher meines Wissens keine Beweise vorliegen, so ist es doch nicht
ausgeschlossen, daß schon in alter Zeit, lange vor unserer Periode, die ägyptische Priesterschaft sich auch an Darlehnsgeschäften beteiligt hat.

1) Hierin dürften den Tempeln allerdings in Ägypten die hier in höchster
Blüte stehenden Banken größere Konkurrenz gemacht haben; einzelnes über sie
bei Mitteis, Trapezitika in der Zeitschrift der Savigny-Stiftung, Rom. Abt. XIX
(1898) S. 198 ff. Das überaus reiche Material über ägyptisches Bankwesen bedarf
jedoch noch weiterer Erklärung, doch dieses an anderem Orte.

2) Daß der Tempel bei der Niederlegung auch erwähnt wird, zeigt wohl
deutlich, daß es sich hier nicht um ein Privatgeschäft des Priesters handelt.

3) Für die griechischen Tempel ist Depositenverwaltung öfters zu belegen,
z. B. vor allem für den Tempel zu Ephesos, siehe Le Bas-Waddington, Inscriptions de l'Asie mineure III. 56 u. 136ª; für ägyptische Heiligtümer ist ähnliches
noch nicht bekannt geworden (P. Par. 35, 19 ff. [37, 22 ff.] werden παραϑῆκαι
der Serapeums-κάτοχοι im ᾿Ασταρτιεῖον erwähnt, darunter auch ein σταμνός mit

wohl die Deponierung erfolgt sein, um dem Tempel ein Unterpfand
für ein von ihm gewährtes Darlehen zu verschaffen[1]), und in der Tat
wird παρατίθεσθαι auch in den griechischen Urkunden Ägyptens als
der technische Ausdruck für „verpfänden" gebraucht. (Siehe z. B.
C. P. R. I. 12, 3.) Diese Auffassung scheint mir durch den in der
Getreideabrechnung sich findenden Ausdruck „συνυπέδω(κε)"[2]) eine
weitere Stütze zu erfahren. Das „συν" soll offenbar die Verbindung
mit dem Vorhergehenden anzeigen, d. h. zusammen mit den vorhergenannten Gegenständen ist nach und nach im Laufe von 6 Monaten
auch eine bestimmte Menge Getreide dem Tempel übergeben worden[3]);
das hier stehende ὑποδιδόναι wird man wohl ὑποτιθέναι gleichsetzen
dürfen. Die ganze Urkunde möchte ich als die Schlußquittung eines
Darlehnsgeschäfts auffassen, in der noch einmal zur Sicherheit für
den Schuldner dessen verpfändetes Eigentum aufgezählt wird[4]).

Aus römischer Zeit sind dann mit voller Sicherheit Geldgeschäfte, und zwar in größerem Umfange, für den Tempel des
Jupiter Capitolinus in Arsinoe zu belegen (3. Jahrhundert n. Chr.).
Unter seinen Einnahmen haben die Zinsen der ausgeliehenen Gelder
einen sehr bedeutenden Bestandteil gebildet; so hat er während eines
Zeitraumes von 5 Monaten im ganzen über 1 Talent 1259 Silberdrachmen an Zinsen eingenommen[5]). Leider kann man aus diesen

---

χαλκοῖ; zweifelhaft ist es jedoch, ob man sie als offizielle, dem Tempel zur Verwaltung übergebene Deposita auffassen darf; sie können auch sehr wohl von
den κάτοχοι in dem Heiligtume, das ihnen für ihren Besitz größere Sicherheit
zu bieten schien, inoffiziell aufgehoben worden sein; siehe hierzu Z. 15 ff., wo
die παραθῆκαι ganz abgesondert von dem Besitz des Heiligtumes erscheinen),
wie sich überhaupt kein Zeugnis für das Betreiben des eigentlichen Bank-
geschäfts durch sie nachweisen läßt, doch ist dies noch kein Grund anzunehmen,
daß sich die Geldgeschäfte der ägyptischen Priesterschaft allein auf Darlehen
beschränkt haben. Nun hat allerdings in Ägypten sowohl in ptolemäischer als
auch in römischer Zeit ein staatliches Bankmonopol bestanden (siehe Wilcken,
Ostr. I. S. 635 ff.; für die römische Zeit haben Grenfell-Hunt im Anschluß an
P. Oxy. III. 513, 37 ff. sein Fortbestehen erwiesen, was übrigens schon aus prinzipiellen Gründen anzunehmen war), doch ist das Bankgeschäft nicht vom Staate
selbst betrieben, sondern die Banken sind verpachtet worden; an diesen Pachtungen könnten sich nun doch auch die Tempel beteiligt haben.

1) In diesem Falle würde der Tempel gewissermaßen als Pfandleihinstitut
aufzufassen sein; von einem solchen im römischen Ägypten berichtet uns z. B.
der P. Lond. II. 193 Verso (S. 245). Vergl. zu den obigen Ausführungen auch
P. Grenf. II. 17.

2) So ist in Z. 21 nach einer freundlichen Mitteilung von Herrn Professor
Wilcken an Stelle von συνεπιέδω(κε) zu lesen.

3) Während die erstgenannten Gegenstände von mehreren deponiert worden
sind, hat das Getreide nur einer der Schuldner geliefert.

4) In dem verloren gegangenen Schluß der Urkunde wird dann die Ab-
tragung der Schuld vermerkt worden sein.

5) Siehe B. G. U. II. 362; von 6 Monaten, vom Μεχίρ bis zum Ἐπίφ, sind
uns hier die Einnahmen erhalten (p. 3—16), aber im Ἐπίφ (p. 16) sind leider

Zinszahlungen keine Rückschlüsse auf das ihnen zu Grunde liegende Kapital ziehen; der Zinsfuß, zu dem der Jupitertempel für gewöhnlich seine Gelder auszuleihen pflegte, ist uns zwar bekannt, er hat 6% jährlich betragen[1]), aber unbekannt ist uns in den meisten Fällen, für welche Zeit die betreffenden Zinszahlungen erfolgt sind, und da diese allem Anschein nach recht unregelmäßig eingegangen sind[2]), so läßt sich auch kein allgemeines Zahlungsprinzip konstruieren, in welchem Falle ja allerdings die einzelne Zeitangabe zu entbehren wäre. Diese Unregelmäßigkeit der Zinszahlung, die wohl auch vornehmlich die so durchaus verschiedene Höhe der monatlichen Zinseinnahme[3]) hervorgerufen hat[4]), macht es uns weiterhin unmöglich

bei den Zinszahlungen nicht nur die einzelnen Zahlen zerstört, sondern es ist hier auch nicht möglich wenigstens die monatliche Gesamteinnahme an Zinsen festzustellen. Für den $M\varepsilon\chi\iota\varrho$ (p. 3) ist die Einnahme an Zinsen gleich der Gesamteinnahme; diese hat jedenfalls unter 253 Drachmen betragen, da in dieser Summe noch der Überschuß des vorhergegangenen Monats enthalten ist. Im Monat $\Phi\alpha\mu\varepsilon\nu\omega\vartheta$ ist dann überhaupt keine Zinszahlung erfolgt (p. 5 u. 6), während im Monat $\Phi\alpha\varrho\mu o\tilde{v}\vartheta\iota$ 5100 Drachmen gezahlt worden sind (p. 8 u. 9); die Summe ergibt sich, wenn man von der Gesamteinnahme des Monats (p. 9, 22): 2 Talente 2100 Drachmen die in p. 9 Z. 13 u. 20 gezahlten Beträge abzieht; alle übrigen Zahlungen sind Kapitalzinsen. Der Monat $\Pi\alpha\chi\omega\nu$ hat eine Gesamteinnahme von 499 Drachmen, nur Zinszahlungen sind gebucht (p. 12—13), und schließlich sind im Monat $\Pi\alpha\tilde{v}\nu\iota$ 1660 Drachmen an Zinsen eingenommen worden (p. 14). Bezüglich der Gesamteinnahmen des Tempels in dieser Zeit siehe S. 324.

1) Diesen Zinsfuß hat Wilcken a. a. O. Hermes XX (1885) S. 448/49 auf Grund des in den Rechnungen gebrauchten Ausdruckes „$\dot{\varepsilon}\pi\grave{\iota}$ $\tau\tilde{\omega}$ $\sigma\upsilon\nu\acute{\eta}\vartheta\varepsilon\iota$ $\tau\acute{o}\varkappa\omega$ $\tau\varrho\iota\omega\beta o\lambda\acute{\iota}\omega$ $\dot{\alpha}\varrho\gamma\upsilon\varrho\iota\varkappa\tilde{\omega}$" berechnet (3 Obolen monatlich für 100 Drachmen); siehe auch Wilcken, Ostr. I. S. 735. Wenn dieser Zinsfuß als $\sigma\upsilon\nu\acute{\eta}\vartheta\eta\varsigma$ bezeichnet wird, so soll offenbar damit nur gesagt sein, daß dies der für Darleihen des Jupitertempels übliche Zinsfuß gewesen ist, daß aber der Tempel eventuell auch einen anderen Prozentsatz mitunter zu grunde gelegt hat; irgend ein Hinweis auf den damals üblichen, von andern Darleihern geforderten Zinsfuß scheint mir gar nicht damit beabsichtigt zu sein (als einen solchen Hinweis faßt es Wilcken a. a. O. S. 449 auf; Hartel, Gr. P. S. 68 tritt dem zwar entgegen, folgert aber noch daraus, daß dies wenigstens ein Hinweis auf die Höhe des bei Tempeldarleihen geforderten $\tau\acute{o}\varkappa o\varsigma$ sei). Im übrigen mag Billeter, Geschichte des Zinsfußes im griechisch-römischen Altertum bis auf Justinian, S. 208 Recht haben, aus dem vom Jupitertempel geforderten Zinsfuß von 6% zu folgern, daß dieser in Ägypten der damals übliche gewesen ist („denn was konnte den Tempelleiter veranlassen, über oder unter das Gewöhnliche zu gehen"?).

2) Verschiedene Beispiele hierfür hat Wilcken, a. a. O. Hermes XX (1885) S. 449 zusammengestellt; es werden z. B. das eine Mal für 3 (p. 9, 10 ff.), ein anderes Mal für 16 Monate (p. 9, 2 ff.) zusammen die Zinsen gezahlt. Das Verfahren bei der Zinseintreibung darf man demnach wohl als ein recht humanes bezeichnen.

3) Die einzelnen Monatszahlungen sind detailliert in Anm. 5 auf S. 320 angegeben.

4) Bemerken möchte ich hierzu noch, daß natürlich auch bei regelmäßiger Zinszahlung ganz verschiedene Monatseinnahmen an Zinsen entstehen können,

irgend eine Vermutung auszusprechen, welche Höhe die Zinseinnahmen des Jupitertempels während eines Jahres erreicht haben.

Wenn sich auch demnach aus der festgestellten Gesamtsumme der Zinseinnahmen im einzelnen keine Folgerungen ableiten lassen, so weist sie uns doch infolge ihrer recht beträchtlichen Höhe darauf hin, daß das Kreditgeschäft des Jupitertempels eine sehr bedeutende Ausdehnung gehabt und daß der Tempel über größere Kapitalien verfügt haben muß. Bestätigt wird uns diese Annahme noch durch einige weitere Angaben der Tempelrechnungen. So hat z. B. der Tempel einem seiner Schuldner ein Kapital in der bedeutenden Höhe von 2 Talenten 2000 Drachmen in Silber geborgt (B. G. U. II. 362 p. 9, 12/13 u. 16, 21/22), und ein sehr großes Darlehen muß auch jener Schuldner einst erhalten haben, der im Laufe von 6 Monaten dreimal Zinsen entrichtet und dessen eine Zinsenzahlung, die sich feststellen läßt, schon allein 1000 Silberdrachmen betragen hat[1]. Weiterhin erfahren wir, daß der Tempel innerhalb von 7 Monaten Kapitalien im Gesamtbetrage von 3 Talenten 600 Drachmen in Silber neu verborgt hat[2], und daß ihm andererseits während eines Zeitraumes von 6 Monaten mindestens 2 Talente 3000 Drachmen von seinen Schuldnern zurückgezahlt worden sind[3]. Schließlich sei noch zur weiteren Illustrierung des überaus regen und bedeutenden Geldgeschäftes des Jupiterheiligtums angeführt, daß von ihm zu ein und derselben Zeit

---

nämlich dann, wenn in den einzelnen Monaten für verschieden hohe Kapitalien die Zinsen fällig werden.

1) Siehe B. G. U. II. 362, p. 8, 21; p. 14, 9 u. p. 16, 3 (auf p. 3 u. 5 ist unter den Einnahmen keine Zinszahlung dieses Schuldners gebucht); im ersten und letzten Beleg sind leider Zahlen nicht erhalten; mit Recht hat schon Wilcken a. a. O. Hermes XX (1885) S. 475 darauf hingewiesen, daß es sich hier in allen drei Fällen um dasselbe Darlehen handelt, obgleich die Zahler nicht ganz dieselben sind; bei der letzten Zahlung sind eben die Erben für den eigentlichen Debitor, der inzwischen gestorben ist, eingetreten.

2) Es handelt sich um die Monate Χοίακ bis Παῦνι (November/Dezember bis Mai/Juni). Im Χοίακ (frg. 1, 13 ff.) hat er 3000 Drachmen, im Τῦβι (p. 1, 11 ff.) 600 Drachmen, im Φαρμοῦθι (p. 11, 20 ff.) 1 Talent 3000 Drachmen und im Παῦνι (p. 15, 2 ff.) 1 Talent verborgt; in den dazwischen liegenden Monaten Μεχίρ, Φαμενώθ und Παχών sind Darlehnsverleihungen nicht erfolgt.

3) Diese sechs Monate decken sich nur zum Teil mit den eben genannten sieben Monaten, es kommt hier die Zeit vom Μεχίρ bis zum Ἐπίφ, d. h. Januar/Februar bis Juni/Juli in Betracht (für Χοίακ und Τῦβι sind die Einnahmen nicht erhalten, während im Ἐπίφ wiederum die Ausgaben verloren sind). Die Zurückzahlungen haben im Φαρμοῦθι (p. 9, 9 ff.) = 1 Talent 3000 Drachmen und im Ἐπίφ (p. 16, 19 ff.) = 1 Talent (dieses Talent darf man nicht mit der neuverborgten Summe verrechnen, da seine Rückzahlung ja erst erfolgt, nachdem jene schon ausgezahlt war; so erklärt sich die Berechnung auf S. 318 A. 1) stattgefunden, in den übrigen Monaten ist keine gebucht. Übrigens können im Ἐπίφ noch weitere Zurückzahlungen erfolgt sein, da von diesem Monat nur ein Teil der Einnahmenkolumne erhalten ist.

mindestens 21 Personen größere und kleinere Kapitalien entliehen hatten.[1])

So besitzen wir wenigstens in dem einen sicheren Beispiel, das uns von den Geldgeschäften der Tempel berichtet, ein recht instruktives Zeugnis für diesen neben dem Gewerbebetrieb wohl interessantesten Zweig der so überaus reich entwickelten Tempelwirtschaft. In jeder Beziehung hat sich uns diese demnach als ein von größter wirtschaftlicher Regsamkeit beherrschter Teil der Gesamtwirtschaft erwiesen, und zwar anscheinend ebenso für die ptolemäische, wie für die römische Periode des hellenistischen Ägyptens; unter dem werbenden Tempelgut ägyptischer Götter haben sich in gleicher Weise Handel und Industrie, Ackerbau, Viehzucht und endlich auch das Betreiben von Geldgeschäften vertreten gefunden.

Dem gegenüber ist es um so bedauerlicher, daß wir uns von dem Besitz der griechischen Tempel Ägyptens bisher noch so gar keine rechte Vorstellung machen können. Verfehlt wäre es jedoch m. E. auf Grund der fehlenden Belege zu folgern, daß sie im allgemeinen in der Tat nur wenig oder sogar so gut wie keinen eigenen Besitz gehabt haben; mir scheint es vielmehr ziemlich sicher zu sein, daß auch sie über mannigfaltige Besitztümer verfügt haben.

Ebenso wissen wir vorläufig nur sehr wenig über das Korporationsvermögen der Kultvereine, mögen sie nun ägyptischen oder griechischen Kultus gepflegt haben; einige von ihnen haben jedenfalls ihre eigenen Kultstätten besessen[2]), andere auch Grundbesitz ihr eigen genannt[3]).

H. Die Höhe der Einnahmen aus dem eigenen Besitz.

Leider läßt sich bisher für keinen einzigen ägyptischen Tempel, geschweige denn für ihre Gesamtheit, auch nur annähernd bestimmen, welcher Wert dem Gesamtbesitz an werbendem Tempelgut

---

1) Schuldner des Tempels sind genannt: B. G. U. II. 362 frg. 1, 16; p. 1, 15 (p. 14, 11); p. 3, 12; p. 3, 14 (p. 9, 15); p. 3, 17/18 (hier erhalten zwei Personen zusammen ein Darlehen); p. 8, 20 (p. 14, 9; 16, 3, siehe S. 322, A. 1); p. 8, 24; p. 8, 25; p. 9, 2; p. 9, 6; p. 9, 10 (p. 12, 20); p. 12, 3; p. 12. 4; p. 12, 25; p. 13, 1; p. 13, 2 (p. 16, 15); p. 13, 7 (p. 16, 7); p. 13, 9 (p. 16, 11); p. 14, 13 (p. 16, 12); p. 14, 14 (p. 16, 13); p. 15, 10 (p. 16, 9, wohl derselbe mit anderem Titel); p. 16, 16.

2) Siehe z. B. C. J. G. III. 5028 u. 5032 (Der γόμος-Verein, S. 129); Strack, Inschriften 76. Mitunter haben freilich die Vereine ihren Kult im Anschluß an ein schon bestehendes Heiligtum ausgeübt, siehe z. B. gr. Inschrift, publ. von Maspero, Annales du service des Antiquités de l'Égypte II. (1901) S. 205 (Idumäerverein); gr. Inschrift, publ. von Miller, Mélanges d'archéologie égyptienne et assyrienne I (1873) S. 52; auch wohl Strack, Inschriften 35.

3) Strack, Inschriften 142 u. 143 (Ephebenvereine des Faijûm); gr. Inschrift (N. 47 des alexandrinischen Museums), publ. von Ziebarth a. a. O. S. 213; Strabo, XVII. p. 794 [Μουσεῖον: περίπατος, ἐξέδρα u. οἶκος (συσσίτιον)].

beizulegen ist. Für den Soknopaiostempel ist uns zwar die
Höhe seiner gesamten Geldeinnahme für ein Jahr im Betrage von
1 Talent 5337 Drachmen $4\frac{1}{2}$ Obolen 2 Chalkus bekannt geworden[1])
(Zeit: Ende des 2. Jahrhunderts n. Chr.), aber allzuviel ist dieser Summe,
die ja an sich auf ein recht stattliches Besitztum hinweist, auch nicht
zu entnehmen; denn einmal scheint das betreffende Rechnungsjahr für
den Tempel gerade zufällig nicht besonders günstig gewesen zu sein,
da er es mit einem Defizit abschließt, seine Steuern sogar nicht ganz bezahlen kann[2]), und außerdem ist auch für ihn die Höhe derjenigen
Einnahmen, die in Naturalien bestanden haben, und die wohl gleichfalls nicht unbedeutend gewesen sein werden[3]), nicht erhalten; mithin
würde also eine auf der obigen Jahreseinnahme basierende Berechnung
des zu Grunde liegenden Besitzes ein ganz unbrauchbares Resultat
ergeben.

Auch für den Jupitertempel in Arsinoe sind uns nur über
die Höhe der Geldeinnahmen einige Angaben erhalten (Anfang des
3. Jahrhunderts n. Chr.), und insofern ist es auch bei diesem Heiligtum von vornherein ausgeschlossen, zu einer genaueren Feststellung
des Wertes seines Besitzes zu gelangen[4]). Außerdem sind uns hier
die Geldeinnahmen auch nur für einen Zeitraum von 5 Monaten und
nicht für das ganze Jahr bekannt geworden, und leider ist aus der
in dieser Zeit eingenommenen Summe von ungefähr $1\frac{1}{2}$ Silbertalenten[5])

---

1) Diese Summe ergibt sich durch Addieren der Gesamthöhe der Ausgaben
von 1 Talent 4700 Drachmen $\frac{1}{2}$ Obole (B. G. U. I. 1, 13) und des in B. G. U. I.
1, 14 genannten Überschusses der Einnahmen in Höhe von 637 Drachmen
4 Obolen 2 Chalkus. Erst ein Kapital von ungefähr 190 000 Drachmen, d. h.
von über 31 Talenten würde bei 6% Verzinsung diese Summe als jährliche
Zinsen gebracht haben. Siehe auch die Berechnung der Höhe der Geldeinnahmen
des Soknopaiostempels auf Grund des unpubl. P. Rainer 171 auf S. 314, A. 2.

2) Dieses Defizit ergibt sich aus der richtigen Interpretation der Zeilen
14—16 von B. G. U. I. 1; vergl. hierzu S. 37, A. 3. Mit einem Defizit scheint übrigens
auch die im unpubl. P. Rainer 171 enthaltene Abrechnung des Soknopaiostempels
geschlossen zu haben; siehe Wessely, Kar. u. Sok. Nes. S. 77 (in Z. 20 der von
ihm genannten Col. 6 des Papyrus wird man doch wohl nicht [$\pi\varepsilon\varrho\iota\varepsilon\gamma\acute\varepsilon\nu\varepsilon$]$\tau o$,
sondern wohl etwa [$\acute\varepsilon\tau\varepsilon\tau\acute\varepsilon\lambda\varepsilon\sigma$]$\tau o$ ergänzen müssen).

3) Daß der Soknopaiostempel auch bedeutende Naturaleinnahmen gehabt
hat, scheint mir daraus hervorzugehen, daß er für den Unterhalt seiner Priesterschaft z. B. ein größeres Quantum Getreide alljährlich verwandt hat (siehe B. G. U.
I. 1, 17 ff. u. 149, 5 ff.; auch unpubl. P. Rainer 171 bei Wessely, Kar. u. Sok.
Nes. S. 76); dies dürfte wohl auf keinen Fall geschehen sein, wenn er es nicht
den eigenen, ihm wohl meist als Pachtpreis für seinen Landbesitz zufließenden
Vorräten hätte entnehmen können.

4) Daß auch der Jupitertempel Einnahmen in natura gehabt hat, scheint
mir ganz sicher zu sein, wenn uns auch nichts über sie bekannt geworden ist.

5) B. G. U. II. 362; der Monat $\mathit{E}\pi\iota\varphi$ (p. 16) kann hier nicht mit benutzt
werden, da ja für ihn nicht die Höhe seiner Gesamteinnahme bekannt ist; die
obige Summe setzt sich zusammen aus:

ein Schluß auf die Höhe der jährlichen Einnahmen nicht möglich, da in den einzelnen Monaten ganz verschieden hohe Beträge vereinnahmt worden sind[1]); auch hier ist eben nur die allgemeine Behauptung gestattet, daß der Besitz des Jupitertempels einen ganz beträchtlichen Wert gehabt haben muß.

Über die jährliche Höhe der Naturaleinnahmen ägyptischer Heiligtümer, die ihnen natürlich vor allem aus ihrem Landbesitz zugeflossen sind, sind uns bisher noch gar keine Nachrichten erhalten.

So müssen wir unsere Betrachtungen über das werbende Tempelgut ägyptischer Götter, und zwar gerade in einer der allerwichtigsten Fragen, mit einem vollständigen „non liquet" schließen.

J. Das nicht werbende Göttergut.

Mit dem werbenden Tempelgut ist die Reihe der Besitztümer, die sich für ägyptische Tempel nachweisen lassen, noch nicht erschöpft. Es bedarf hier noch vor allem ein Besitzobjekt eingehender Erörterung, das zwar den Tempeln irgend welchen Ertrag nicht gebracht hat, das aber, abgesehen von seinem hohen materiellen Werte, sicher auch für ihr Ansehen von größter Bedeutung gewesen ist, nämlich die Tempelschätze, die in ihnen der fromme Eifer der Gläubigen und das Bestreben der Priester ihr Heiligtum zu schmücken angehäuft hatte. Allerdings werden auch sie, die einst zur Zeit der höchsten Blüte der ägyptischen Priesterschaft einen sehr bedeutenden Wert repräsentiert hatten, ebenso wie die Tempelkapitalien infolge der Beraubungen der späteren Zeiten eine wesentliche Verminderung erfahren haben, aber trotzdem haben allem Anschein nach die ägyptischen Heiligtümer auch noch in hellenistischer Zeit größere Schätze geborgen.

Μεχίρ, p. 3, 22:	253 Drachmen	— x	(p. 3, 19 ff.)
Φαμενώθ, p. 6, 8:	1605 „		
Φαρμοῦθι, p. 9, 23: 2 Tal.	2100 „	— 1 Tal. 3000 Drachm.	
Παχών, p. 13, 10:	499 „	(p. 9, 9 ff.)	
Παῦνι, p. 14, 16:	1660 „		

Summe: 1 Tal. 3117 Drachmen — x.

Unter x ist hier der in den 253 Drachmen mitverrechnete Überschuß des Τῦβι in unbekannter Höhe zu verstehen; die Summe von 1 Talent 3000 Drachmen war abzuziehen, da sie ja Kapitalzurückzahlungen enthält. Siehe auch frg. 5 von B. G. U. II. 362, das uns für einen nicht näher zu bestimmenden Monat eine Einnahme von 657 Drachmen 4 Obolen angibt; bemerkenswert ist es auch, daß der für diesen Monat aus dem vorhergehenden Monat übernommene Kassenbestand die beträchtliche Höhe von 5718 Drachmen 2 Obolen (diese Zahl ist in Z. 3 zu ergänzen) erreicht hat.

1) Es ist auch bei der Beurteilung der Höhe der Einnahmen des Jupitertempels zu berücksichtigen, daß wir es mit einem recht günstigen Etatsjahr zu tun haben, da der Tempel in ihm Steuerrückstände abstoßen (siehe V. Kapitel, 1) und aus seinen Einnahmen neue Kapitalien ausleihen kann (siehe S. 318, A. 1)

Aus ptolemäischer Zeit sind uns freilich für das Vorhandensein
von Tempelschätzen meines Wissens bisher keine ausführlicheren Belege, wie sie uns Inventarverzeichnisse bieten können, erhalten, wir
müssen uns mit einigen allgemeinen Nachrichten begnügen, wie z. B.
mit jener, nach der für den Hathortempel zu Dendera eine große
Anzahl wertvoller Kunstgegenstände aus Gold, Silber und anderem
kostbarem Material von seinen „Künstlern" angefertigt worden sind[1]),
oder mit jener bekannten Erzählung, der zufolge Kleopatra nach der
Schlacht bei Aktium die Heiligtümer ihres Landes ihrer Kostbarkeiten
beraubt hat.[2])

Als indirekte Zeugen für die ptolemäische Zeit darf man dann
wohl die direkten Belege für Tempelschätze bezeichnen, die aus der
Kaiserzeit stammen. Es sind dies eine Reihe von Tempelinventar-
verzeichnissen[3]), die sich durch die große Mannigfaltigkeit und auch
durch die Menge der in ihnen genannten Gegenstände auszeichnen,
obgleich sie allem Anschein nach nur sehr fragmentarisch überliefert
sind. Hervorzuheben ist noch, daß sie soweit ersichtlich keinem der
altberühmten oder auch erst in hellenistischer Zeit berühmt gewordenen Heiligtümer angehört haben, was für die Beurteilung des
in ihnen Gebotenen von großer Wichtigkeit ist und namentlich
in Betracht gezogen werden muß, wenn man aus ihnen einen Schluß
über die Verbreitung von Tempelschätzen in ägyptischen Heiligtümern

---

1) Bauinschriften des Denderatempels verwertet bei Brugsch, Ägyptologie
S. 414.

2) Siehe Dio Cassius LI. 5, 5 u. 17, 6 (ἀναθήματα der ἁγιώτατα ἱερά). Diese
allgemeinen Beispiele ließen sich wohl noch leicht vermehren, siehe z. B. die in
P. Par. 35 u. 37 erwähnte Beraubung der Schätze eines Anubieions; eine λεκάνη
χαλκῆ τῆς θεᾶς wird hier (Z. 25) direkt genannt.

3) Siehe B. G. U. I. 162, 1—14; 338; II. 387; 488; 590; III. 781 (bei der
letzteren, sehr ausführlichen Urkunde ist zwar nirgends ausdrücklich hervorgehoben, daß die in ihr angeführten Gegenstände einem Tempel gehört haben,
aber die ganze Form der Urkunde und die Menge und die Art des Genannten
[siehe z. B. Col. 6, 1 ein βωμός] weisen darauf hin); dem. P. Berl. 6848 bei
Spiegelberg, dem. P. Berl. S. 24. Auch der unpubl. P. Rainer 8 enthält nach
Wessely, Kar. u. Sok. Nes. S. 58/59 ein Inventarverzeichnis. Wieso auch B. G. U.
I. 40 von Wilcken (Archiv I. S. 12) als Tempelinventar bezeichnet wird, ist mir
nicht ersichtlich; vor allen Dingen ist dieser Papyrus sicher kein Inventarverzeichnis, sondern wegen der nach jedem Gegenstande angegebenen Summe
eine Rechnung über allerlei gekaufte (beziehungsweise verkaufte) Sachen gewesen. Es sind fast ausschließlich Haushaltungsgegenstände in ihm verzeichnet,
wie z. B. ein Backtrog (μαγίς), Töpfe (κυθρόκαυλος, wohl mit χύτρος zusammengesetzt), mit Leder bezogene „Flaschen" (ἀνπύλλη = ampulla), Polster (τύλη),
Decken (εἰμιτύλιον), Sessel (καθέδρα, mit Leder überzogen), Körbe (κάμπτρα =
κάμψα) und dergleichen mehr; nirgends findet sich eine Andeutung, daß sie
einem Tempel gehört haben könnten. Hinweisen möchte ich hier noch auf jene
Stelle bei Lucian, Toxaris c. 28, wo von dem Schatze eines ägyptischen Anubis-
heiligtums die Rede ist und auch einige goldene und silberne Gegenstände:
φιάλαι, κηρύκιον, κυνοκέφαλοι (Anubis = der hundsköpfige Gott) genannt werden.

überhaupt ableiten will[1]). Über die Schätze der berühmten, großen Tempel ist leider so gut wie nichts uns bekannt geworden; die Fülle der Kostbarkeiten, die in ihnen aufgespeichert gewesen ist, läßt jedoch jene Dédikationsinschrift des Tempels von Philä aus dem 3. Jahrhundert n. Chr. wenigstens ahnen[2]), nach der anläßlich von Festlichkeiten wenige Spender eine größere Anzahl kostbarer goldener Gegenstände von beträchtlichem Gewicht, Kannen, Krüge, Vasen, Trinkschalen u. s. w., diesem Heiligtume gespendet haben.

Die Schatzverzeichnisse, die uns erhalten sind, stammen alle aus dem Faijûm (1. u. 2. nachchristliches Jahrhundert). Einige von ihnen gehören dem Soknopaiostempel an[3]), und eins berichtet uns von einem sonst ganz unbekannten Tempel des Συκατοῖμις (B. G. U. II. 488); der genaue Herkunftsort der bei weitem größten und reichsten Liste (B. G. U. III. 781) ist jedoch gerade leider nicht festzustellen.

Im allgemeinen enthalten die Inventarlisten nur eine Aufzählung der Schatzgegenstände; so ist denn auch aus ihnen über den Ort und die Art ihrer Aufbewahrung nur sehr wenig zu entnehmen. Bezüglich des ersteren bietet uns überhaupt nur eine Urkunde (B. G. U. I. 338) eine kurze Notiz. Nach dieser ist auch das στολιστήριον als solcher benutzt worden; unter ihm hat man einen zum eigentlichen Tempelgebäude gehörenden, in der Erde gelegenen Raum zu verstehen[4]), der wegen seiner verborgenen Lage für Aufbewahren von Kostbarkeiten besonders gut geeignet erscheinen mußte. Wie der Name besagt, dürfte er der besonderen Aufsicht der Stolisten unterstellt gewesen sein. Weiterhin werden neben den Kulträumen gelegene

---

1) Da diese Inventarverzeichnisse kleineren Tempeln angehören (siehe oben), so wäre es ganz verfehlt, die Bedeutung der in ihnen genannten Tempelschätze festzustellen, indem man sie mit denen bekannter griechischer Heiligtümer vergleicht, etwa mit denen des Apolloheiligtums zu Delos (siehe hierzu vor allem Inschriften, publ. von Homolle, B. C. H. VI [1882] S. 1 ff.; X [1886] S. 461 ff. u. XV [1891] S. 113 ff.) und denen der athenischen Heiligtümer (Die Schätze des 4. Jahrhunderts n. Chr. zusammengestellt und gewürdigt bei H. Lehner, Über die athenischen Schatzverzeichnisse des 4. Jahrhunderts [Straßb. Dissert. 1890] im Anschluß an C. I. A. II. 642—738 [Nachträge S. 506—510]; für die des 5. Jahrhunderts siehe C. I. A. I. 117—175 u. 194—225.).

2) Demotische Inschrift, bei Brugsch, Thesaurus V. S. X (L. D. VI. N. 21).

3) In B. G. U. II. 387 ist der Tempel direkt genannt; in B. G. U. I. 162 u. II. 590 ist dieses zwar nicht der Fall, aber die auf einzelnen Gegenständen abgebildeten Götter Soknopaios und Isis Nepherses weisen auf dieses Heiligtum hin; vielleicht hat man auch den dem P. Berl. 6848 (Spiegelberg S. 24) dem Soknopaiostempel zuzuteilen. Auch das Inventarverzeichnis im unpubl. P. Rainer 8 bei Wessely, Kar. u. Sok. Nes. S. 58/59 bezieht sich auf den Soknopaiostempel mit seinen Dependenzheiligtümern.

4) Siehe Plutarch, De Is. et Osir. c. 20. Vergl. hierzu die Bemerkungen Grenfell-Hunts, P. Fay. S. 30 über eine unterirdische Kammer im Tempel zu Karanis; vielleicht darf man in ihr ein στολιστήριον sehen. In welchem Tempel das oben erwähnte στολιστήριον gelegen hat, ist nicht zu ermitteln.

Kammern und ferner besondere Häuser ebenso wie in der alten Zeit[1]) auch damals noch den Tempeln als Schatzmagazine gedient haben. In den eigentlichen Kultusräumen werden sich dagegen im Gegensatz zu dem in griechischen Heiligtümern üblichen Brauche, abgesehen von Statuen[2]) und etwa einigen direkt für den Kultus nötigen Gegenständen, nur selten Schatzstücke befunden haben; das Schmücken der Wände mit ihnen, das ja bei den Griechen weit verbreitete Sitte war, verbot sich im allgemeinen hier von selbst, da ja die Wände der ägyptischen Tempel schon ihre Dekoration durch die Wandmalereien und hieroglyphischen Inschriften besaßen (Erman, Ägypten II. S. 382 ff.), die sonst verdeckt worden wären.

Was die Art der Aufbewahrung und die Verteilung der einzelnen Schatzgegenstände anbelangt, so dürften die in Form und Material gleichartigen neben einander aufgestellt gewesen sein, wenigstens werden sie in den Inventaren im allgemeinen zusammen genannt[3]). Besonders kostbare Stücke sind offenbar in besonderen Behältern aufbewahrt worden[4]).

Eingehendere Nachrichten als über die Aufbewahrung bieten dann die Inventarverzeichnisse über die einzelnen Gegenstände des

---

1) Vergl. z. B. die Kammern auf der Rückseite des Allerheiligsten in einigen Tempeln von Karnak; siehe Erman, Ägypten II. S. 381. Vergl. ferner Erman, Ägypten II. S. 387 u. 390; siehe „das Weißhaus" (früher übersetzte man fälschlich „Silber"haus) bei den alten Heiligtümern, Erman a. a. O. S. 399.

2) Daß in griechischer Zeit in den ägyptischen Tempeln eine ganze Anzahl Statuen aufgestellt waren, zeigen uns z. B. die Dekrete von Kanopus und Rosette. Ganz instruktiv ist auch B. G. U. II. 362. p. 3, 26 ff.; 6, 24 ff.; 10, 5 ff.; 15, 11 ff.; hier ist der Tempel, es ist der des Jupiter in Arsinoe, auch mit ἀγάλματα und ἀσπίδεια ausgestattet; die reichere Ausstattung darf man vielleicht auf den ursprünglichen Charakter des Gottes, dem der Tempel geweiht war, zurückführen.

3) Hinweisen möchte ich noch auf einen Ausdruck in B. G. U. III. 781, Col. 1, 5 ff. (vergl. auch Z. 1 ff., wo vielleicht vor πινακίων „σύνϑεσις" zu ergänzen ist), σύνϑεσις von 4 πινάκια mit 4 παροψίδες und 4 ὀξύβαφα, d. h. auf jedem Tablett hat jedenfalls eine Schale und ein Trinkgefäß gestanden; durch eine solche Anordnung wollte man offenbar eine künstlerische Wirkung erzielen (siehe auch S. 334).

4) B. G. U. III. 781, Col. 1, 10 wird vielleicht z. B. ein Korb (κάμπτρα), der die Aufschrift γαλχον (?) trägt, als Behälter genannt, an anderer Stelle (Col. 5, 16, 18) dient eine ϑήκη (Kiste) zur Aufbewahrung; die Kisten werden aus Holz und aus Erz gewesen sein, siehe B. G. U. II. 387, Col. 2, 13, und ferner ist auch ein hölzerner Kasten mit ehernen Handgriffen z. B. kürzlich in dem Tempel von Bakchias gefunden worden; siehe P. Fay. S. 37. Vergl. auch den in der Schatzliste des dem. P. Berl. 6848 erwähnten Kasten, der mit silbernen Uräusschlangen geschmückt war. Bei einigen Schatzstücken sind jedenfalls zum Schutze Teppiche (B. G. U. III. 781 Col. 1, 10: aus Oxyrhynchos) oder wertvolle Gewänder (B. G. U. III. 781 Col. 6, 6: παλλίολον [= palliolum] παλαιὸν [?..] ἀπὸ ψειλῆς [sc. wohl στολῆς]) darunter gebreitet worden.

Tempelschatzes[1]). So wird von ihnen nicht nur der Name genannt, sondern sie werden meistens noch genauer beschrieben, ob sie groß oder klein sind, verziert oder schmucklos, ob sie Henkel und Füße besitzen oder nicht, und dergleichen mehr. Auch das Material, aus dem sie verfertigt waren, wird in der Regel hinzugesetzt. Gold[2]), Silber, Erz, Holz, Stein u. a. ist benutzt worden. Bei Edelmetallen wird auch mitunter das genaue Gewicht des betreffenden Stückes angegeben[3]) entweder nach Minen, beziehungsweise deren Unterabteilungen[4]), also dem griechisch-ptolemäischen[5]), oder nach Pfunden ($\lambda i \tau \rho \alpha$), Unzen ($\ddot{o}\gamma \varkappa \iota \alpha$) und Scrupeln ($\gamma \rho \dot{\alpha} \mu \mu \alpha$) (B. G. U. III. 781), also dem römischen Gewichtssystem[6]). Für den einen, leider nicht namentlich bekannt gewordenen Tempel läßt sich auf Grund solcher Gewichtsangaben das Gewicht seines Silberschatzes, so weit er in dem uns erhaltenen Inventarverzeichnis genannt ist, auf 310 Pfund 1 Unze[7]) berechnen, wir haben also einen Schatz von recht bedeutendem Werte vor uns[8]).

---

1) Eine kurze Zusammenstellung von Gegenständen der Tempelinventarverzeichnisse findet sich auch bei Wessely, Kar. u. Sok. Nes. S. 59. Zu dem folgenden vergleiche man die Inventare der griechischen Tempel, die ganz ähnliche Angaben bieten; deswegen darf man nun jedoch nicht glauben, daß sie das Vorbild gewesen sein müssen; die ähnlichen Formeln der ägyptischen Tempel können sich ganz von selbst entwickelt haben.

2) Sehr interessant ist es, daß bei Gold noch ausdrücklich hervorgehoben wird, daß es gestempeltes Gold gewesen ist (B. G. U. II. 387, Col. 1, 19), wodurch es offenbar als ganz vollwertiges, den offiziellen Ansprüchen genügendes bezeichnet werden sollte.

3) Die Gewichtsangabe ist vielleicht auf den Gegenständen selbst eingeritzt gewesen; dem steht nicht entgegen, daß z. B. in B. G. U. III. 781 das Gewicht verschiedener gleichartiger Stücke zusammengefaßt wird; vergl. hierzu die Bemerkungen von R. Schoene, Zum Hildesheimer Silberfund, Hermes III (1869) S. 469 ff. (S. 475), wonach auf einzelnen Stücken vor der Gewichtsangabe die Zahl der in ihr zusammengefaßten Gegenstände vermerkt ist.

4) Siehe B. G. U. II 387, Col. 2, 12 u. 18 (die Zeilen leider gerade sehr verstümmelt); in den Tempelrechnungen des Jupitertempels in Arsinoe wird auch nach Minen gerechnet, B. G. U. II. 362. p. 6, 6.

5) Siehe Hultsch, Griechische und römische Metrologie[2] S. 642 ff.; vergl. hierzu auch Brugsch a. a. O. Ä. Z. XXVII (1889) S. 4 ff.

6) Vergl. Hultsch, a. a. O. S. 144—161; das $\gamma \rho \dot{\alpha} \mu \mu \alpha$ gleich dem scripulum (scriptulum), also gleich $1/24$ der Unze, $1/288$ des Pfundes, siehe Hultsch S. 134 u. 145, A. 3.

7) B. G. U. III. 781, Col. 1, 9; 6, 5, 8, 10/11, 12, 13, 14/15, 16; die oben gebotene Zahl ist etwas abgerundet, da die Zahlen für die Scrupeln in zwei Posten verloren sind.

8) Bei einer Ausmünzung in die damaligen römischen Silbertetradrachmen (3,9 g die Silbertetradrachme normal, siehe S. 289, A. 3) würden sich aus der obigen Silbermasse 21 706 Stück ergeben haben (das oben genannte römische Pfund ist offenbar nur gleich $5/6$ des alten gesetzlichen Pfundes von 327,85 g gewesen [Hultsch S. 161], also mit 273 g anzusetzen; dieses Gewicht bezeugt uns für das 2. Jahrhundert n. Chr. Galen XIII. p. 893 Kühn; also 310 Pfund 1 Unze: 84 630 g); der Metallwert des Schatzes hat mithin 86 824 Silberdrachmen betragen. Eine

In der Schatzliste ist allerdings das verarbeitete Material gerade nicht angegeben; da jedoch bei einigen Stücken ausdrücklich ein Silberschmied als ihr Verfertiger genannt wird (B. G. U. III. 781 Col. 4, 5; 6, 8), und da das Gewicht dieser ohne weiteres mit dem der übrigen am Schluß zusammen verrechnet wird, was doch sicher nicht geschehen wäre, wenn sie aus verschiedenen Metallen bestanden hätten, so dürfte wohl die obige Annahme, daß alle im Inventar angeführten Gegenstände aus Silber gewesen sind, das Richtige getroffen haben[1]).

Außer Namen, Gewicht und Material wird bei einigen Stücken auch ihr Verfertiger erwähnt; so wird bei einigen kleinen silbernen Schalen offenbar mit Stolz hervorgehoben, daß sie der Silberschmied Apollonios aus dem Faijûm verfertigt habe (B. G. U. III. 781 Col. 4, 5)[2]). Dieses ist sicher deswegen geschehen, weil Silberarbeiten des betreffenden Künstlers besonders geschätzt waren und infolgedessen auch einen besonders hohen Wert besaßen.

Dem gleichen Zweck wie diese Hinzufügungen dürften dann wohl auch jene anderen gedient haben, durch die die betreffenden Gegenstände als „ἀρχαῖα" (B. G. U. II. 387 Col. 2, 1; III. 781 Col. 1, 1 u. 17; Col. 4, 3) und als „νεώτερα" (B. G. U. II. 387 Col. 2, 17; III. 781 Col. 3, 18; 4, 13) bezeichnet werden; unter den ersteren wird man wohl solche von altertümlicher Arbeit zu verstehen haben, die deshalb besonders wertvoll erschienen[3]), während bei den letzteren eine besonders moderne Form das Bemerkenswerte gewesen sein mag[4]). Überhaupt mögen sich wohl gerade im Besitz der Tempel viele schon durch ihren Kunstwert überaus wertvolle Stücke befunden haben.

Nur äußerst selten wird in den ägyptischen Schatzlisten der Name eines Dedikanten erwähnt; wieso dies geschieht, ist nicht ersichtlich, dagegen darf man wohl, wenn ein solcher einmal ge-

---

Umrechnung in Silbermark vorzunehmen halte ich für zwecklos, siehe meine Ausführungen auf S. 289, A. 6.

1) Wenn stets dasselbe Material angewandt ist, dann ist es ganz begreiflich, daß man es nicht erst bei jedem Gegenstande besonders genannt hat; das ganze Inventar dürfte eben nach dem Material der einzelnen Stücke geordnet und deshalb nur vor jeder neues Material enthaltenden Abteilung dieses genannt gewesen sein.

2) Die betreffenden Gefäße werden eine entsprechende Inschrift getragen haben; vergl. hierzu etwa Seneca, consol. ad Helv. 11, 3 u. de tranquill. animi 1, 7, wo die Anbringung von Künstlerinschriften auf Arbeiten der Toreutik erwähnt wird.

3) Vergl. hierzu die Angaben der alten Schriftsteller über die hohe Wertschätzung des argentum vetus in der römischen Kaiserzeit (siehe z. B. Seneca, consol. ad Helv. 11, 3; Plinius, h. n. XXXIII, 157; Juvenal I. 76; Martial VIII, 6).

4) Daß die obigen Bezeichnungen nicht bloß angewandt worden sind, um die schon altbesessenen und die erst kürzlich angeschafften Schatzstücke von einander zu unterscheiden, geht wohl daraus hervor, daß sie nur sehr selten und niemals bei Gegenständen derselben Art gesetzt sind.

nannt wird[1]), annehmen, daß es sich alsdann um besonders kostbare oder aus sonst einem Grunde bemerkenswerte Dedikationen
handelt[2]).

Endlich sei noch bezüglich der Abfassung der Inventarlisten
hervorgehoben, daß in ihnen, die wohl alljährlich neu angefertigt
worden sind (siehe VI. Kapitel, 4), auch angemerkt wird, wenn sich
irgend welche Schatzgegenstände zur Zeit der Aufstellung der Liste
nicht im Gewahrsam der Priesterschaft befunden haben. Dies dürfte
natürlich nicht oft vorgekommen sein, meistens wohl überhaupt nur,
wenn Reparaturen an ihnen nötig waren[3]); so ist es jedenfalls zu
erklären, wenn wir den Zusatz finden, das betreffende Stück sei
augenblicklich bei einem Silberarbeiter (B. G. U. III. 781, Col. 6, 8),
oder wenn ein Pastophore als Aufbewahrer von Tempeleigentum genannt wird (B. G. U. II. 590, 2)[4]).

So viel wir sehen können, haben die Schätze der ägyptischen
Heiligtümer, wie zu erwarten, im allgemeinen aus Kult- und Luxus-
gegenständen bestanden. Unter den ersteren werden gewiß die
Statuen einen wichtigen Platz eingenommen haben[5]), sowohl die der
Götter und apotheosierten Könige[6]), als auch solche, die von Privaten
für Private errichtet worden sind[7]), oft wohl mit der Bestimmung,
daß der Totenkult für die betreffende Person vor der Statue stattfinden
sollte[8]). So finden wir denn auch in den Inventarverzeichnissen des

---

1) B. G U. III. 781, Col. 1, 7 (4, 19/20); 2, 17 (3, 1; 4, 15; 6, 8); 6, 14.

2) Daß sie als besonders bemerkenswert gegolten haben, geht wohl auch
daraus hervor, daß sie dazu benutzt worden sind, die Aufstellung anderer
Schatzstücke näher zu bestimmen.

3) In B. G. U. III. 781 Col. 1, 12 ff. wird eine κάμπτρα, die Schatzgegenstände enthält, als παρατεθειμένη Ἀπολλωνίῳ Βανᾶ bezeichnet; ob man hieraus
folgern darf, daß diese Stücke direkt verpfändet gewesen sind, ist mir zweifelhaft.

4) Dieses Tempeleigentum scheint jedoch dabei verloren gegangen zu sein,
ohne daß die Tempelbehörden etwas näheres über den Verlust angeben können.

5) Vergl. z. B. hierfür auch das Tempelinventar von El Kahun aus der
Zeit des mittleren Reiches; siehe Borchardt a. a. O. Ä. Z. XXXVII (1899) S. 95/96.

6) Siehe z. B. Kanopus Z. 58, Rosette Z. 38, Mendesinschrift Z. 13 u. 24/25;
in der Kaiserzeit ist ein wichtiger Beleg die Steuer „ὑπὲρ ἀνδριάντων" (Wilcken,
Ostr. I. S. 152); die für ihren Ertrag errichteten oder ausgebesserten Kaiserstatuen dürften wohl meistens in den Tempeln aufgestellt gewesen sein; vielleicht ist die eherne Kolossalbüste des Caracalla, deren Aufstellung im Jupitertempel zu Arsinoe in den Rechnungen dieses Heiligtums erwähnt wird (B. G. U.
II. 362. p. 6, 5), als eine auf solche Weise zustande gekommene Statue anzusehen
(ein einzelner Spender wird jedenfalls nicht genannt), aber sicher ist dies natürlich nicht.

7) Vergl. z. B. C. J. Gr. III. 4717. In einer überaus großen Anzahl griechischer Inschriften wird uns von derartigen oder ähnlichen Geschenken Privater
an die Tempel berichtet; siehe auch dieses Kapitel 3, D.

8) Vergl. z. B. hierfür die Inschriften des Hapidjefa in der Zeit des mittleren Reiches, siehe S. 24, A. 4.

Soknopaiostempels Bildsäulen und Büsten (προτομαί) erwähnt[1]), unter
ihnen z. B. silberne und eherne Statuen des Gottes Bes[2]) und die
Darstellungen heiliger Tiere, wie z. B. des Ibis (B. G. U. II. 387 Col. 2,
22)[3]). Als einen sich stets findenden Bestandteil der Inventarverzeichnisse wird man alsdann auch die kleinen ναοί, in denen die Götterbilder aufgestellt waren (siehe S. 94), ansehen dürfen; in dem einen
der Inventare (unpubl. P. Rainer 8) werden sie uns als aus Holz mit
Goldüberzug bestehend, beschrieben[4]).

Als Gegenstände, die im Kultus Verwendung gefunden haben,
sind außerdem noch auf Grund der Angaben der Inventarlisten zu
nennen: die in größerer Anzahl erwähnten ehernen Lampen (λύχνα)[5])
und Leuchterständer (λυχνεῖαι) (B. G. U. II. 387 Col. 2, 7; unpubl. P. Rainer 8), die natürlich besonders bei der Feier der λυχναψία gebraucht
worden sind, ferner die ehernen Räucherfässer (θυμιατήρια)[6]) (B. G. U.
II. 387, Col. 2, 8 u. 20; 488, 11; unpubl. P. Rainer 8.), weiterhin Trank-
opferschalen aus Erz (σπονδεῖα, B. G. U. II. 590, 9—11; unpubl. P. Rainer 8) und schließlich wohl auch die ehernen Trompeten (unpubl.
P. Rainer 8) und jene silbernen Glöckchen (κωδώνια), die uns zu
11 Stück in einer Schatzliste des Soknopaiosheiligtums begegnen
(B. G. U. I. 162, 10)[7]).

In gewisser Weise darf man dann wohl den Kultgegenständen auch
die verschiedenen Platten und Armbänder aus Gold, Silber und Erz[8])
zurechnen, in die Götterbilder (Soknopaios und Isis Nepherses) ein-

---

1) B. G. U. II. 387, Col. 2. Für Nebentempel des Soknopaiosheiligtums
bietet uns der unpubl. P. Rainer 8 (Wessely, Kar. u. Sok. Nes. S. 58/59) Angaben über von ihnen besessene Bildsäulen aus Erz, Stein und Holz mit
Goldüberzug. Aus Faijûmtempeln sind z. B. kürzlich eine kleine Osirisstatue
(P. Fay. S. 45) und ein kleiner bronzener Osiriskopf (P. Fay. S. 38) ausgegraben
worden.

2) B. G. U. II. 387, Col. 2, 9, 11 u. 24; dem. P. Berl. 6848 (Spiegelberg, dem.
P. Berl. S. 24).

3) Die B. G. U. II. 387, Col. 2, 3 erwähnten λέοντες dürften wohl in gleicher Weise zu deuten sein; siehe auch die im unpubl. P. Rainer 8 erwähnten
ζῳδάριδια.

4) In Verbindung mit dem einen ναός werden uns κωπίωνες (?) genannt;
vielleicht hat man hierunter Ruder zu verstehen; vergl. das auf S. 94 über das
Götterschiffchen Gesagte. Auf ein Götterschiffchen (ἱερὸν πλοῖον) im Besitz eines
thebanischen Tempels weist uns, worauf Herr Professor Wilcken mich aufmerksam macht, ein gr. P. Par., publ. von Revillout, Mélanges S. 344 hin.

5) B. G. U. I. 338, 1—7; II. 488, 7 (?); dem. P. Berl. 6848 (Spiegelberg, dem.
P. Berl. S. 24).

6) Steinerne Räucherbecken sind im dem. P. Berl. 6848 (Spiegelberg, dem.
P. Berl. S. 24) erwähnt.

7) Siehe übrigens auch dem. P. Berl. 6848. Eine eherne Glocke ist z. B. im
Tempel zu Bakchias ausgegraben worden (siehe P. Fay. S. 37).

8) πλάτυμμα, B. G. U. I. 162, 3—7; ψέλια (?), B. G. U. II. 590, 14 ff.

ciseliert gewesen sind („$\dot{\varepsilon}\nu$ $\overset{\zeta}{\dot{\omega}}$")[1]); denn in ihnen möchte ich Amulette erblicken[2]).

Das dem Gott Amonapis geweihte kleine Altärchen aus Silber ($\beta\omega\mu\dot{\iota}\sigma\varkappa\iota o\nu$, B. G. U. I. 162, 12) und ein anderer kleiner silberner Altar[3]), für den ein bestimmter Gott nicht genannt ist, leiten schon, da diese Altäre bei ihrer großen Kleinheit natürlich niemals gebraucht worden sind, zu den in den Inventaren sich findenden Luxusgegen-ständen über. Diese treten uns nun in größter Menge und in den verschiedensten Formen entgegen; meistens bestehen sie aus Edel-metall, doch finden sich auch nur versilberte (B. G. U. II. 387 Col. 1, 20) und bronzierte Stücke (B. G. U. II. 387 Col. 2, 6).

Besonders zahlreich sind in dem einen Verzeichnis silberne Tablets vertreten[4]), die teilweise dazu benutzt werden andere Schatzstücke auf ihnen aufzustellen. Es werden uns solche von runder Form ($\sigma\tau\varrho\dot{o}\gamma\gamma\upsilon\lambda o\varsigma$, B. G. U. III. 781 Col. 1, 5/6) genannt, doch dürfte es

---

1) Vergl. z. B. die im Tempel zu Euhemeria (Faijûm) aufgefundenen Ringe, auf denen eine Sphinx abgebildet ist (P. Fay. S. 45). Siehe hierzu auch B. G. U. I. 338, 8/9: $\Sigma\alpha\varrho\dot{\alpha}\pi\iota$ $\tau\alpha\varkappa\tau\dot{\upsilon}\lambda o\upsilon$ β; vielleicht darf man hierunter Ringe mit dem Bilde des Sarapis verstehen.

2) Vielleicht darf man mit den obigen Gegenständen in gewisser Weise den im unpubl. P. Rainer 8 erwähnten ehernen $\mu\alpha\sigma\vartheta\dot{o}\varsigma$ auf eine Stufe stellen. Die Darstellung einer weiblichen Brust könnte man mit der im Soknopaios-heiligtum und in seinen Nebentempeln verehrten Isis in Verbindung bringen und an die bekannte Darstellung der den Horus säugenden Isis erinnern. Dieser $\mu\alpha\sigma\vartheta\dot{o}\varsigma$ würde dann vorzüglich die Bemerkung des Apulejus, Metam. XI, 10: idem gerebat (bei der Isisprozession) et aureum vasculum in modum papillae rutundatum de quo lacte libabat illustrieren. Vielleicht darf man in der Deu-tung des $\mu\alpha\sigma\vartheta\dot{o}\varsigma$ noch einen Schritt weiter gehen. Vor kurzem machte mich Herr Professor Skutsch zufällig auf antike Sparbüchsen aufmerksam, die als die Darstellung der weiblichen Brust zu deuten seien (Abbildungen bei Graeven, Die tönerne Sparbüchse im Altertum, Jahrbuch des kais. deutsch. archäol. In-stituts XVI (1901) S. 160 ff. (S. 170 u. 173). (Noch heute sind übrigens solche Sparbüchsen in Deutschland und in Italien in Gebrauch.) Nun ist wahrschein-lich die Schöpfung der antiken Sparbüchse durch die im Kult gebräuchlichen $\vartheta\eta\sigma\alpha\upsilon\varrho o\dot{\iota}$, Opferstöcke, angeregt worden (Graeven a. a. O. S. 167). Kürzlich ist nun in Ägypten ein solcher Opferstock gefunden worden, stammend aus dem Tempel des Asklepios und der Hygieia in Ptolemais (griechisch-römische Zeit) (siehe Edgar, A Thesaurus in the museum of Cairo in Ä. Z. XL (1902/03) S. 140); er hat die Gestalt einer Schlange, die religio loci hat also auf die Form des $\vartheta\eta\sigma\alpha\upsilon\varrho o\dot{\varsigma}$ eingewirkt. Sollte nun unser $\mu\alpha\sigma\vartheta\dot{o}\varsigma$ auch etwa einen Opferstock dar-stellen und man in ihm ein Vorbild der die mamma nachahmenden Sparbüchsen sehen dürfen? (Über Opferstöcke in ägyptischen Tempeln siehe dieses Kapitel, 3 D.) Dagegen möchte ich ihn nicht mit dem bei den Paphiern gebräuchlichen, wegen seiner Form $\mu\alpha\sigma\tau\dot{o}\varsigma$ genannten Pokal (Athenaeus XI. p. 487[b]) in Verbindung bringen.

3) B. G. U. III. 781, Col. 6, 1; er hat nur etwas über 1⅗/₄ römische Pfund (also ungefähr 500 g) gewogen.

4) B. G. U. III. 781; hier wird auch Col. 5, 16 ein großes Tablet ($\pi\dot{\iota}\nu\alpha\xi$) ge-nannt; siehe ferner Col. 4, 8, wo $\pi\dot{\iota}\nu\alpha\varkappa\iota\alpha$ „$\sigma\varkappa\dot{o}\tau o\upsilon\lambda\alpha\iota$ (= scutula, Platte) $\lambda\varepsilon\gamma\dot{o}$-$\mu\varepsilon\nu\alpha$" erscheinen; siehe auch B. G. U. II. 387, Col. 2, 10.

auch eckige gegeben haben. Alle waren mehr oder weniger verziert; bei den einen wird ihre halb erhabene Arbeit hervorgehoben
(ἀνάγλυπτος, z. B. B. G. U. III. 781 Col. 1, 5). Andere waren mit
kleinen silbernen Löwen (vielleicht als Füße) und mit kernartigen
Verzierungen geschmückt[1]), oder es waren goldene Röschen in sie
eingelegt (B. G. U. III. 781 Col. 3, 19). Mehrere Tablets werden als
βωλητάρια bezeichnet (B. G. U. III. 781 Col. 1, 1; 3, 8, 10), d. h. ihre
Form mag einem boletarium, jener in der Kaiserzeit uns öfters genannten Schüssel irgendwie geähnelt haben[2]). Mehrere haben am
Boden Füße (πόδια, B. G. U. III. 781 Col. 3, 8) gehabt, die wohl der
größeren Haltbarkeit wegen mit Querleisten (διαπήγιον) untereinander verbunden waren, und andere haben, um das Anfassen zu
erleichtern, besondere Henkel besessen[3]). Von den verschiedenen
Arten sind stets mehrere Exemplare (sehr oft gerade 4 Stück), größere
und kleinere vertreten gewesen; bekanntlich ist ja überhaupt in
hellenistischer Zeit die Sitte verbreitet gewesen, Kostbarkeiten möglichst
paarweise mit Gegenstücken aufzustellen, um eine größere dekorative
Wirkung zu erzielen, und hiernach scheinen auch die Dedikanten der
ägyptischen Tempel, bez. die Priester gehandelt zu haben[4]).

   Außer Tablets sind dann noch in besonders großer Anzahl in
den verschiedenen Schatzlisten allerlei Trinkgefäße vertreten, die teils
aus Silber, teils aus Erz bestanden haben. So werden uns ποτήρια
(B. G. U. II. 387, Col. 2, 16), ἀγγείδια (B. G. U. II. 590, 8) und vor

---

1) B. G. U. III. 781, Col. 3, 9: λεοντάρια und ποιρηνίδιον, letzteres wohl mit
πυρήν = Kern zusammenhängend. (Der Wechsel von οι und υ ist in jener Zeit
in Ägypten häufig, siehe z. B. λοιπός und λυπός z. B. Ostr. Wilck. 70, Χύαχ und
Χοίαχ in B. G. U. II. 362, frg. 1, 20, κατύκων statt κατοίκων in B. G. U. III. 819,
Z. 3 usw.) An den Edelstein πυρήν (siehe Plinius h. n. XXXVII, 188) ist wohl nicht
zu denken; in diesem Falle würde man es mit einem mit Edelsteinen geschmückten Tablet zu tun haben. Vergl. zu ποιρηνίδιον auch B. G. U. II. 590, 1
(auch unpubl. P. Rainer 8 bei Wessely, Kar. u. Sok. Nes. S. 58), wo nicht näher
zu bestimmende Gegenstände eines Tempelinventars als πυρίναι (das Wort ist
vielleicht adjektivisch zu fassen oder sollte es bloß einfach der Plural zu πυρίνη
= Kern sein?) bezeichnet werden.

   2) Dies ist mir wahrscheinlicher als eine Ableitung von βωλίτης = boletus
= Pilz und eine Erklärung der Bezeichnung durch die pilz(?)förmige Form der
Tablets. Latinismen finden sich in diesen Inventarlisten übrigens häufig, siehe
im folgenden.

   3) B. G. U. III. 781, Col. 3, 16; sie werden als ἀμυγδάλια bezeichnet, sie
scheinen also aus dem Holze des Mandelbaumes verfertigt gewesen zu sein; das
Beiwort ἀμυγδάλια auf das ganze Tablet zu beziehen scheint mir, abgesehen
von den früheren Ausführungen über das Material der Gegenstände in B. G. U.
III. 781 (siehe S. 330/31), ganz ausgeschlossen, da ja auch hier das Gewicht der
Tablets angegeben wird.

   4) Vielleicht darf man überhaupt annehmen, daß in allen Fällen, in denen
in den Inventaren Schatzstücke in der Mehrzahl ohne bestimmte Zahlangabe
angeführt werden, diese in der üblichen paarweisen Form vorhanden gewesen sind.

allem ὀξύ(ο)βαφα (B. G. U. III. 781 Col. 1, 3, 7, 15, 17) genannt. In den letzteren hat man kleine, flache Becher zu sehen, die hier stets einen Fuß (πυθμήν) und meistens auch noch Henkel (ὠτάρια, B. G. U. III. 781, Col. 1, 8, 15) besessen haben. Auch sie sind im allgemeinen sehr kunstvoll gearbeitet gewesen (siehe z. B. die ἀνάγλυπτα in B. G. U. III. 781, Col. 1, 2/3); besonders seien jene hervorgehoben, deren Außenseite schuppenförmig gestaltet war (φολιδωτός, B. G. U. III. 781, Col. 1, 6/7)[1]).

Auch größere eherne Behälter für Getränke und Wasser, ein κάδος (B. G. U. II. 387, Col. 2, 14), ein ὑδρεῖον (B. G. U. II. 387 Col. 2, 15) und καμψάκια (B. G. U. II. 387. Col. 2, 19) haben den Tempelschätzen angehört.

Als eine weitere Gruppe der Luxusgegenstände sind dann die in dem einen Inventar sehr zahlreich vertretenen silbernen Fruchtschüsseln (σατύρια wohl das gräcisierte lateinische satura[2]) anzuführen. Die Form ist nicht bei allen ganz die gleiche gewesen, doch waren alle mit Henkeln und die Mehrzahl auch mit Füßen versehen; nur bei der einen Gruppe (Z. 4—7) haben diese gefehlt, hier scheint die halbmondförmige Krümmung der Schalen (ἐπικαμπής) einen besonderen Fuß unnötig gemacht zu haben. Mit Verzierungen sind auch sie alle geschmückt gewesen.

Zu den kostbarsten Stücken des großen Schatzverzeichnisses hat

---

1) Das Beiwort einer Gruppe der ὀξύβαφα „ὀπο(ω)ροφόρα" (B. G. U. III. 781 Col. 3, 5) wird wohl nicht auf die Verzierung zu beziehen sein, sondern soll sie wohl als flaches, für Obst bestimmtes Tischgeschirr charakterisieren; diese ὀξύβαφα werden denn auch bei den λουτηρίδια aufgezählt.

2) B. G. U. III. 781, Col. 1, 17—2, 11; am Ende von Z. 1 von Col. 2 steht das Merkwort der ganzen Gruppe, σατύρια, also merkwürdigerweise nicht wie sonst am Anfang der Zeile; eine gleiche Stellung findet sich bei den λουτηρίδια in Col. 2, 18, hier ist jedoch schon das Merkwort der Gruppe einige Zeilen vorher (Z. 12) richtig am Anfang genannt; vielleicht darf man deshalb am Beginn von Col. 1, 17 das Wort σατύρια ergänzen; daraus, daß die σατύρια in Col. 2, 1 mit ἄλλα eingeführt werden, ist allerdings nicht zu entnehmen, daß schon die gleichen Gegenstände vorher genannt gewesen sein müssen, denn in dieser Aufzählung und auch in anderen (B. G. U. I. 162) sind auch verschiedenartige Stücke mit ἄλλα miteinander verknüpft (siehe Col. 2, 12; Col. 3, 5). Das Wort σατύρια als ein gräcisiertes lateinisches Wort aufzufassen, ist umsomehr berechtigt, als sich in dieser selben Urkunde noch eine Reihe weiterer solcher gräcisierter Wörter findet; siehe z. B. ἀργεντάριος = argentarius (Col. 6, 8) und verschiedene Bezeichnungen von Schatzgegenständen. (Vergl. zu den gräcisierten lateinischen Wörtern dieser Inventarverzeichnisse auch Wessely a. a. O. Wiener Studien XXIV [1902] S. 99 ff. [S. 123 ff.].) Diese Bezeichnungen müssen immerhin in diesem griechisch-ägyptischen Tempelinventar Befremden erregen; sind sie etwa den Stücken von den revidierenden römischen Beamten (Kapitel VI, 4) verliehen worden oder sind sie von den Spendern ihnen beigelegt und alsdann so in die Schatzlisten eingetragen worden? Man müßte alsdann wohl in diesen Dedikatoren Römer, vielleicht gar die römische Regierung sehen.

dann sicher eine andere Sorte von Schalen gehört, die als λανκλεῖα[1]) (B. G. U. III. 781 Col. 4, 1—8) bezeichnet werden. Bei den einen wird die altertümliche Arbeit (Z. 3), bei anderen der Künstler (Z. 3), der sie verfertigt hat, hervorgehoben und die eine Gruppe wird als χρυσέμπαικτα (Z. 1) (wohl = χρυσέμπηκτα) bezeichnet, worunter ich Silberschalen mit eingelegten Figuren in Gold verstehen möchte[2]).

An schalenförmigen Gefäßen sind dann ferner noch die λουτηρίδια (B. G. U. III. 781 Col. 2, 12 — 3, 4) zu nennen, die diesen Namen natürlich ihrem wannenähnlichen Aussehen zu verdanken hatten. Sie haben Fußgestell und Henkel besessen; bezüglich der letzteren wird bei der einen Sorte (Z. 12) bemerkt, daß sie oben am Rande befestigt waren, wodurch wohl angedeutet werden soll, daß die Henkel hier nicht wie üblich nach seitwärts gerichtet gewesen sind, sondern in die Höhe gestanden haben. Auf ihre äußere Ausschmückung ist auch sonst großes Gewicht gelegt worden; einige werden als λεῖα, d. h. als glänzend poliert (Col. 2, 15; 3, 1) bezeichnet; und bei andern ist die Außenseite schuppenartig (φολιδωτός, Col. 2, 14) gestaltet gewesen.

Eine solche schuppenförmige Außenfläche haben dann auch einige Schüsseln des Tempelschatzes (παροψίδες, B. G. U. III. 781, Col. 1, 16) besessen, es scheint also ein sehr beliebtes Muster gewesen zu sein; andere Exemplare derselben Art (B. G. U. III. 781, Col. 1, 2 u. 14) sind durch halb erhabene Arbeit geziert und mit Füßen versehen gewesen.[3])

Als letzte größere Gruppe der unter den Tempelschätzen sich findenden Luxusgegenstände seien kleine silberne Prunktischchen (μησύλαι)[4]) (B. G. U. III. 781, Col. 4, 10 — 5, 15) erwähnt, die lebhaft an die Abaki der griechischen Heiligtümer erinnern. Sie haben die verschiedensten Formen besessen, sind teils viereckig (τετράγωνος) (Col. 4, 10; 5, 3 u. 11), teils rund (στρόγγυλος), (Col. 4, 15, 19; 5, 9), teils eiförmig (ὤάρια) (Col. 5, 6), teils länglich (παραμήκης) (Col. 5, 12) gewesen. Fast alle waren mehr oder weniger verziert; bei einigen hatte man auf der Platte Stacheln (κεντηταί, Col. 4, 17), bei andern Buckeln (κεγχρωταί, Col. 5, 14) angebracht. Während die Mehrzahl der Tischchen wohl 4 Füße besessen hat, sind bei einigen nur 3 vorhanden gewesen, sodaß sie das Aussehen von Dreifüßen

---

1) λανκλεῖον ist wieder ein gräcisiertes lateinisches Wort, hängt mit lancula (Deminutiv von lanx) zusammen, die Glosse ist lancla; das letztere Wort findet sich auch direkt in diesem Inventar Col. 5, 18; 6, 9: λάνγλα; diese Schüssel hat einen großen Silberwert gehabt, da sie über 9 Pfund gewogen hat.

2) Eine derartige Silberschale alexandrinischer Herkunft befindet sich z. B., worauf mich Herr Professor Cichorius liebenswürdiger Weise aufmerksam macht, im Museum in Klausenburg (wohl noch unpubliziert).

3) Eine weitere Schüssel desselben Schatzinventars wird mit πατέλλον (lat. patella) bezeichnet, B. G. U. III. 781, Col. 6, 2.

4) μησύλη offenbar das gräcisierte mensula; diese Gleichsetzung verdanke ich Herrn Professor Cichorius.

($\dot{\omega}\varsigma$ $\tau\varrho\iota\pi\dot{o}\delta\iota\alpha$, Col. 4, 17) erhalten haben. An einigen Tischchen haben sich schließlich offenbar wohl bloß zur weiteren Ausschmückung auch Henkel befunden (Col. 5, 3, 4 u. 9).

Zum Schluß möchte ich noch auf einige kleinere in den Inventarverzeichnissen genannte Gegenstände hinweisen, auf die größere Zahl silberner Löffel[1]), die Armbänder und Ringe (siehe S. 332/33), die silbernen Kränze (dem. P. Berl. 6848, Spiegelberg dem. P. Berl. S. 24), die goldenen Kämmchen (? $\varkappa\tau\varepsilon\nu\dot{\iota}\alpha$, B. G. U. I. 162, 9) und verschiedene andere kleine Sächelchen aus Gold wie $\sigma\varepsilon\lambda\eta\nu\dot{\alpha}\varrho\iota\alpha$ und $\gamma\lambda\omega\sigma\sigma\dot{\alpha}\varrho\iota\alpha$ (B. G. U. I. 162, 1—2).

Schon dieser kurze Überblick, der auf Grund von recht unzulänglichem, fragmentarischem Material gegeben werden mußte, und der keineswegs den Anspruch erhebt diese interessanten Schatzlisten erschöpfend behandelt zu haben[2]), dürfte wohl klar erkennen lassen, daß auch noch in hellenistischer Zeit die ägyptischen Heiligtümer ganz ansehnliche Schätze besessen haben, nur ist es leider nicht möglich, aus ihm auch nicht einmal annähernd den Besitz eines bestimmten Tempels an Schatzgegenständen festzustellen[3]).

Hier bei den Tempelschätzen bietet sich uns endlich einmal wieder die Möglichkeit unsere Untersuchungen über ägyptischen Tempelbesitz auch auf die griechischen Tempel Ägyptens auszudehnen. So läßt sich wenigstens für ein Heiligtum, nämlich für das des großen Alexander in Alexandrien, der Besitz eines Tempelschatzes direkt und sicher belegen, wenn auch die über ihn erhaltenen Nachrichten nur sehr allgemeiner Natur sind[4]); so berichtet uns die eine von ihnen, daß Kleopatra, als sie nach der Schlacht von Aktium die Tempel ihres Landes ihrer Schätze beraubte (siehe S. 326), auch den Schatz

---

1) $\lambda\dot{\iota}\nu\gamma\lambda\alpha$, das gräcisierte lingula, siehe B. G. U. III. 781, Col. 6, 3 u. 16; in Zeile 3 ist ein etwas größerer Löffel genannt, der über 4 Unzen gewogen hat.

2) Den Archäologen dürfte es wohl leicht gelingen, zu manchem der besprochenen Schatzstücke uns erhaltene oder wenigstens genau beschriebene Parallelen anzuführen. In Ägypten selbst sind allerdings bisher m. W. Silberarbeiten u. dergl. aus hellenistischer Zeit nur ganz vereinzelt zu Tage gekommen (vergl. z. B. E. Pernice, Zwei griechische Silberschalen aus Hermupolis in Zeitschrift für bildende Kunst X (1898/99) S. 241 ff.; siehe auch die in der Wochenschrift für klassische Philologie 1902 Sp. 1022 erwähnte ägyptisch-hellenistische Silberschale [bei Karnak gefunden]), wir kennen jedoch eine große Anzahl Werke der Toreutik von alexandrinischem Stile, die anderswo gefunden sind, siehe hierzu die Zusammenstellungen von Th. Schreiber, Die alexandrinische Toreutik I in Abh. Sächs. Gesellsch. d. Wiss. XIV (1894).

3) Ein ganz bemerkenswertes Gegenstück zu den hier besprochenen Schatzlisten heidnischer Tempel ist ein Inventarverzeichnis, das einer ägyptischen christlichen Kirche des 5. oder 6. Jahrhunderts n. Chr. angehört hat, P. Grenf. II. 111. Siehe auch den von Strzygowski a. a. O. (vergl. S. 171 A. 1) S. 340 ff. eingehend besprochenen silbernen Kirchenschatz von Luksor, dessen Entstehungszeit er in das 5. bis 6. Jahrhundert n. Chr. setzt.

4) Vergl. zu dem folgenden Lumbroso, L'Egitto[2] S. 178.

des Alexanderheiligtums nicht verschont habe[1]), und den anderen zufolge hätten römische Kaiser wie Augustus (Sueton, Augustus c. 18, vergl. dazu Dio Cassius LI 16, 3 ff.) und Caracalla (Herodian IV, 8, 9; Suidas s. v. Ἀντωνῖνος) anläßlich ihres Besuches des Tempels diesem verschiedene Kostbarkeiten geschenkt.

Außer den Tempelschätzen läßt sich für die ägyptischen Tempel der hellenistischen Zeit noch ein weiteres großes Besitzobjekt nachweisen, das ihnen ebenfalls keinen Ertrag gebracht, dessen materieller und ideeller Wert aber trotzdem sehr hoch zu bemessen ist; es ist dies die Tempelbibliothek, die wohl bei fast allen irgendwie bedeutenden Heiligtümern vorhanden gewesen sein mag[2]). Hierauf scheint mir einmal jene Nachricht des Dio Cassius (LXXV, 13) hinzuweisen, der zufolge unter dem Kaiser Septimius Severus der Befehl ergangen ist, in den ägyptischen Tempeln alle irgendwie anstößigen Bücher zu konfiszieren, und außerdem läßt sich für eine Reihe ägyptischer Heiligtümer der Besitz einer Bibliothek tatsächlich belegen[3]), so für das Serapeum zu Alexandrien, dessen schon von Philadelphos gegründete, umfangreiche Bibliothek in der wissenschaftlichen Welt recht berühmt gewesen ist[4]), ferner für die Tempel des Horus zu Edfu und der Isis zu Philä (vergl. Brugsch, Ägyptologie S. 156 ff.), für das Jupiterheiligtum in Arsinoe (B. G. U. II. 362 frg. 1, 19 u. öfters) und schließlich sogar für den Dorftempel des Soknopaios; für den letzteren darf man wohl das Vorhandengewesensein einer eigenen Bibliothek daraus entnehmen, daß sich in den Trümmern dieses Heiligtums unter anderem auch ein Fragment aus einer Tragödie „Hektor" des griechischen Dichters Astydamas gefunden hat[5]), wohl der letzte Rest einer einst vielleicht ganz umfangreichen Büchersammlung. Dieser Fund ist um so interessanter, als er uns auch einmal einen wertvollen Einblick in den Bücherbestand einer solchen

---

1) So muß man wohl die Kleopatra betreffende Stelle des Josephus c. Apion II, § 58 ed. Niese: „sepulcra progenitorum depopolata est" deuten; für die Deutung der sepulcra progenitorum und ihre Verbindung mit dem Alexanderheiligtum siehe S. 139, A. 2.

2) Es sei hier darauf hingewiesen, daß im Altertum auch sonst gerade mit den Tempeln häufig Bibliotheken vereinigt gewesen sind; verschiedene Belege zusammengestellt von Hartel, Gr. P. S. 71.

3) Man möge sich hierbei auch an die von Diodor I. 49, 3 erwähnte Bibliothek des Osymandyas erinnern. Außerdem siehe Orosius VI. 15, 32, der im allgemeinen die früheren Tempelbibliotheken Alexandriens erwähnt.

4) Ammianus Marcellinus XXII. 16, 12; Epiphanius περὶ μέτρων καὶ σταθμῶν c. 11; Dziatzko s. v. Bibliotheken in Pauly-Wissowa II. Sp. 405 ff. (409/10) verweist noch auf Tzetzes, Prolegom. scholiorum in Aristoph. (herausgeg. v. H. Keil, Rh. M. VI (1848) S. 117 ff.).

5) P. Amh. II. 10; der Inhalt dieses Papyrus ist gleichzeitig richtig erkannt worden von Radermacher „Aus dem 2. Bande der Amherst Papyri" im Rh. M. LVII (1902) S. 137 ff. (S. 138) und von H. Weil im Journal des Savants 1901, Dezemberheft.

hellenistisch-ägyptischen Tempelbibliothek tun läßt[1]); man darf sich
eben diese nicht nur als eine Sammlung ägyptischer Ritualbücher und
ähnlicher Texte, sondern muß sie sich eher ähnlich umfangreich und
allgemeineren Inhalts wie die späteren Klosterbibliotheken vorstellen[2]),
wie sie ja wohl auch im allgemeinen ebenso wie diese im Anschluß
an das Tempelarchiv und an die Aufbewahrung der „heiligen Bücher"
entstanden sein werden. Für den Jupitertempel besitzen wir dann sogar einen vorzüglichen, wenn auch indirekten Beweis für die Bedeutung und den größeren Umfang seiner Bücherei in der Tatsache, daß
er sich ständig einen besonderen Bibliothekar gehalten hat. (Beleg
siehe oben.)

Kurz erwähnt sei wenigstens noch, daß bekanntlich die berühmteste
aller ägyptischen Bibliotheken, die große alexandrinische Bibliothek,
im Anschluß an einen der griechischen Kultus pflegenden ägyptischen
Vereine, das Μουσεῖον in Alexandrien, bestanden hat (siehe z. B.
„Dziatzko a. a. O.").

Als ein weiterer wichtiger Bestandteil des nicht werbenden Tempelgutes der ägyptischen Götter sind dann noch die nur für die Ausübung des Kultus benutzten Baulichkeiten zu nennen; der
Wert dieses Besitzobjektes, dessen wir schon als ein Teil des Tempelgrundbesitzes Erwähnung getan haben (siehe S. 288), wird wohl bei
den meisten Heiligtümern ein recht bedeutender gewesen sein, da ja
die Tempelbauten teilweise mit dem allergrößten Prunk aufgeführt
worden sind[3]) und da man dabei größere Kapitalien verbraucht
haben muß.

Außer den verschiedenen bisher aufgestellten Besitzkategorien
für Tempelbesitz sind andere m. W. bisher nicht bekannt geworden,
und es dürften sich wohl auch im allgemeinen keine weiteren ergeben;
eine jede von ihnen bedarf natürlich noch gar sehr des Ausbaus durch
neues Material, wobei wir dann hoffentlich auch zu genaueren Angaben über den Wert des Tempelbesitzes und über die Höhe der aus
diesem Besitz fließenden Einnahmen gelangen werden.

---

1) Für den Horustempel zu Edfu ist uns dann noch ein hieroglyphisches
Bücherverzeichnis erhalten (Brugsch, Ägyptologie S. 156/157), das aber wohl
nicht den ganzen Bücherbestand, sondern vielleicht nur eine Abteilung wiedergeben mag. Über die Bedeutung des obigen Fundes siehe noch VII. Kapitel.

2) Vergl. hierzu Hartel, Gr. P. S. 36. Man darf natürlich andererseits sich
keine zu großen Vorstellungen machen und etwa die berühmte Bibliothek des
alexandrinischen Serapeums als Muster dieser Bibliotheken hinstellen, da diese
eben in jeder Beziehung eine ganz besondere Stellung eingenommen hat.

3) Vergl. hierzu z. B. als Belege für die hellenistische Zeit die Angaben
der Baugeschichte des Horustempels zu Edfu (siehe hier u. a. die mit Goldblech
beschlagenen Türen) bei Dümichen, Bauurkunde der Tempelanlage von Edfu in
Ä. Z. VIII (1870) S. 1 ff. und diejenigen über den Bau des Hathortempels in Dendera (Dümichen, Baugeschichte des Denderatempels und Beschreibung der einzelnen Teile des Bauwerkes).

3) Die den Tempeln von seiten des Staates und von Privaten zugewiesenen Einnahmen.

Die Feststellung der Höhe der Tempeleinnahmen aus eigenem Besitz wäre nicht nur um ihrer selbstwillen sehr wertvoll, sondern sie würde auch insofern von größter Wichtigkeit sein, weil sie uns einen Anhaltspunkt zur Beurteilung der wichtigen Frage liefern würde, inwieweit der Tempelhaushalt damals auf dem Einkommen aus dem eigenen Besitz basiert und inwieweit er von anderen Einnahmequellen abhängig gewesen ist. Denn auch solche und zwar anscheinend in großer Fülle haben den ägyptischen Tempeln neben dem eigenen Besitz zu Gebote gestanden, und diese Einnahmen haben sogar gleichfalls einen regelmäßigen Einnahmeposten im Tempeletat gebildet.

A. Die Kirchensteuern.

a) Die ἀπόμοιρα.

Einige dieser Einnahmen dürfte man wohl am besten unter dem Namen „Kirchensteuern" zusammenfassen und unter diesen nimmt eine besonders bemerkenswerte Stellung die ἀπόμοιρα ein[1]), deren richtige Deutung wir, wie schon hervorgehoben (siehe S. 262), allein den Angaben des Revenue Papyrus zu verdanken haben[2]). Hiernach haben zur Zeit des 2. Ptolemäers die Besitzer von Weingütern (ἀμπελῶνες) und Nutzgärten (παράδεισοι)[3]) von dem jährlichen Er-

---

1) Die folgenden Bemerkungen über die ἀπόμοιρα sind im großen und ganzen schon Ostern 1900 niedergeschrieben worden, im Sommer desselben Jahres ist dann ein Aufsatz von Wachsmuth, Wirtschaftliche Zustände in Ägypten während der griechisch-römischen Periode in den Jahrbüchern für National-ökonomie und Statistik (3. Folge Bd. XIX (1900) S. 771 ff.) erschienen, in dem er gleichfalls S. 790 u. S. 793 näher auf die ἀπόμοιρα eingegangen ist. In ihm hat W. seine früher („Das Königtum in heilenistischer Zeit, besonders in Pergamon" in der Historischen Vierteljahrsschrift II [1899] S. 297 ff. [S. 300]) ausgesprochene Ansicht, die sich mit derjenigen Mahaffys, Stracks u. a. (siehe S. 343) deckte, geändert, und sieht jetzt auch in den Bestimmungen des Philadelphos über die ἀπόμοιρα (siehe oben im Text) die Fundierung eines neuen Kultus; seinen spezielleren Ausführungen kann ich jedoch leider nicht beistimmen, und insofern habe ich mich auch nicht veranlaßt gesehen meine eigenen Aufstellungen zu ändern; die Widerlegungen der Ausführungen W.s siehe an den betreffenden Stellen. Grenfell-Hunt haben neuerdings P. Tebt. I. S. 37 ihre alte Ansicht über die ἀπόμοιρα weiter zu stützen versucht, ohne mich jedoch zu überzeugen.

2) Siehe Rev. L. Col. 23—37; im folgenden sind vielfach Wilckens Aus-führungen über die ἀπόμοιρα in Ostr. I. S. 134 ff., 157 ff. u. 615 ff. benutzt.

3) Mit Recht hat m. E. Wilcken Ostr. I. S. 157, A. 2 die Grenfellsche Deu-tung der παράδεισοι (Rev. L. S. 94 ff.) gegenüber derjenigen Mahaffys (Rev. L. S. XXXIII, siehe auch sein „Empire" S. 143) angenommen; darnach haben die παράδεισοι, um die es sich im Revenuepapyrus handelt, Obstbäume, Palmen u. dergl. enthalten und nicht Wein produziert; vergl. die von Wilcken für die

trage derselben den sechsten Teil (die ἕκτη)[1]) als ἀπόμοιρα an die verschiedenen ägyptischen Tempel zu entrichten gehabt; die Abgaben von den ἀμπελῶνες sollten in Natura, d. h. hier jedoch nicht etwa von dem Beerenertrage, sondern von dem aus diesem produzierten Weine erfolgen (Rev. L. Col. 24, 4 ff. u. öfters), während von den παράδεισοι die Abgabe in Geld (πρὸς ἀργύριον) erhoben worden ist (Rev. L. Col. 24, 12 u. öfters). Jedem Heiligtum waren bestimmte, offenbar wohl die in seiner Nähe gelegenen Grundstücke zugewiesen[2]), von denen es selbst die ἀπόμοιρα eintreiben durfte[3]).

Wie lange vor der Zeit des Philadelphos, in der wir ja die ἀπόμοιρα als Kirchensteuer zum ersten Mal mit Sicherheit nachweisen können[4]), diese schon bestanden hat, ist leider nicht zu ermitteln; ihrem ganzen Wesen nach zu urteilen — man möge nur berücksichtigen, daß ganz Ägypten ihr unterworfen gewesen ist, und daß der Ertrag, den sie alljährlich gebracht hat, ein bedeutender gewesen sein muß —, ist es jedoch recht wahrscheinlich, daß man in ihr keine Einrichtung neueren Datums zu sehen hat, sondern daß sie schon zur Zeit der Blüte der Priesterschaft im alten pharaonischen Ägypten bestanden hat[5]).

Richtigkeit seiner Ansicht angeführten Belege: P. Petr. II. 27, 1; 39i; 43a u. b; B. G. U. I. 50, 6.

1) Rev. L. Col. 24, 3—13 (siehe hierzu auch P. Petr. II. 43b); ganz bemerkenswert ist es, daß gewisse sonst stets privilegierte Landbesitzer, wie Kleruchen usw. zur ἀπόμοιρα anfangs auch in vollem Maße herangezogen worden sind (Col. 36, 11 ff.) und daß ihnen erst später, vom 27. Jahre des 2. Ptolemäers ab (259/58 v. Chr.), die Vergünstigung zuteil wurde, von dem Wein nur die δεκάτη, im übrigen jedoch das gleiche wie die anderen zu entrichten.

2) Siehe Rev. L. Col. 37, 15, wo der Bauer angeben soll: εἰς ποῖον ἱερὸν [ἐδ]ίδο[σ]αν τὴν γινομένην ἕκτην und Z. 17, Angabe der Priester: ἐκ ποίου κτήματος ἕκαστος ἐλάμβ[α]νον (vergl. zu dieser Formel jetzt P. Tebt. I. 5, 52/53). Wilckens Erklärung (Rev. L. S. 119) dieses κτῆμα als ἱερὰ γῆ ist zu verwerfen; unter κτῆμα sind gerade die privaten Grundstücke, die den Tempeln steuerten, zu verstehen. Dieselbe Auffassung jetzt auch bei Wachsmuth a. a. O. Übrigens findet sie sich auch schon bei Viereck, Rezension der Rev. L. in Berl. Phil. Wochenschr. 1896 Sp. 1646 ff., freilich ohne daß dieser seine vom Herausgeber abweichende Ansicht besonders hervorhebt.

3) Daß die Tempel selbst und nicht der Staat die ἀπόμοιρα erhoben haben, daß der letztere überhaupt hieran in keiner Weise beteiligt war, zeigen deutlich die eingehenden Bestimmungen in Col. 36 u. 37, die anläßlich der Steuerreform des Philadelphos (über sie siehe oben im Text) erlassen werden müssen, um die jetzt sicher eintretende staatliche Erhebung der ἀπόμοιρα zu ermöglichen; so auch Wilcken, Ostr. I. S. 158, A. 4.

4) Nach Revillout, Rev. ég. I. S. 58 Anm. soll schon ein demotisches Ostrakon aus der Zeit des Artaxerxes (der wievielte ist nicht angegeben) die ἀπόμοιρα erwähnen; Revillouts Angabe erscheint mir jedoch insofern durchaus nicht sicher, da er damals, als er sie bot, ja noch die falsche Erklärung des griechischen Wortes benutzt hat.

5) Es sei darauf hingewiesen, daß sich in jener Zeit andere Kirchensteuern direkt nachweisen lassen; vergl. die Bemerkungen im folgenden. Eine Parallele

In der zweiten Hälfte (S. 344, A. 3) des 21. Jahres des 2. Ptolemäers (265/64 v. Chr.)[1]) ist dann eine einschneidende Veränderung mit
der ἀπόμοιρα vorgenommen worden; Philadelphos hat nämlich bestimmt, daß von seinem 22. Jahre ab diese Kirchensteuer nicht mehr
an die bisherigen Empfänger gezahlt werden sollte, sondern daß sie
vielmehr von diesem Zeitpunkt an „[Ἀρσ]ινόῃ Φ[ι]λαδ[έλ]φῳ εἰ[ς]
τ[ὴν] θυσίαν κα[ὶ] τὴν σπ[ο]νδ[ὴν] (Rev. L. Col. 36, 19, siehe auch
Z. 9/10) zu entrichten sei.[2]) Gleichzeitig sind auch die Priester der
einzelnen Tempel als Erheber der ἀπόμοιρα ausgeschaltet worden,
der Staat hat von jetzt an die Verwaltung dieser Steuer in eigene
Regie genommen; staatliche Pächter und Staatsbeamte, die letzteren
allerdings nur subsidiär, sind bei der Eintreibung der ἀπόμοιρα tätig

zu der ἀπόμοιρα in der griechischen Welt bildet jene ungefähr seit dem pelo-
ponnesischen Kriege im attischen Reiche an den eleusinischen Tempel gezahlte
Abgabe, welche $1/12$ des Ertrages an Gerste und $1/6$ des Ertrages des Weizens
der Demeter zuführte; siehe C. J. A. IV. 27[b]; 225[k]; auch 834[b]; Isokrates
Paneg. 31. Zum näheren Verständnis dieser Abgabe sei an die damals herrschende
Auffassung der Demeter als Erdmutter und an Ausführungen wie Plato, Menexenos
p. 237[a]ff. (vornehmlich 237[e], 238[a]) erinnert.

1) Das Jahr 21 ist zwar nirgends direkt genannt, es ist aber m. E. mit
Sicherheit daraus zu erschließen, daß die neuen Bestimmungen über die ἀπόμοιρα vom 22. Jahre ab (siehe Rev. L. Col. 33, 14; 36, 7; 37, 14) in Kraft gewesen sind; im Jahr 23 sind dann offenbar nur die Schlußverordnungen erlassen worden, so sind die betreffenden Daten, Rev. L. Col. 36, 2 u. 37, 9 zu
erklären. Grenfell Rev. L. S. 115 glaubt nun auf Grund dieser annehmen zu
müssen, das ganze Gesetz sei überhaupt erst in diesem Jahre erlassen worden
(ebenso Mahaffy, history S. 81, etwas anders vorher Empire S. 144), doch sei
ihm rückwirkende Kraft für das 22. Jahr verliehen worden. Die letztere Annahme ist jedoch aus steuertechnischen Gründen unmöglich, da doch sicher,
wenn das neue Gesetz im 22. Jahre noch nicht bestanden hätte, in diesem Jahre
die Priester die Steuer selbst erhoben und weiterhin auch teilweise verbraucht
hätten, so daß die Bestimmung, der Ertrag solle vom 22. Jahre an (einschließlich) der Arsinoe gehören, eigentlich unsinnig wäre. Ferner besitzen
wir auch in dem P. Leid. Q. (mit Unrecht leugnet neuerdings Naber, Observatiunculae ad papyros iuridicae Archiv III. S. 6 ff. [S. 9, A. 8] die Verwertung
dieses Papyrus als Beleg für die ἀπόμοιρα; von der von ihm angenommenen
Verbindung des κεράμιον mit der Arure ist im Papyrus keine Rede) einen
Beleg, daß tatsächlich schon die ἀπόμοιρα des 22. Jahres an die Regierung entrichtet werden mußte; allerdings handelt es sich hier um einen Steuerrückstand,
der erst viel später, im 26. Jahre, abgeführt wird.

2) Ausgenommen von der Zahlung der ἀπόμοιρα sollte nur die ἱερὰ γῆ
sein (Rev. L. Col. 36, 7/8); dies ist natürlich keine Neuerung, sondern nur die
Beibehaltung des bisherigen Usus, da ja sonst die Heiligtümer bisher an sich
selbst die Steuer bezahlt hätten. Fraglich ist es mir nur, ob auch von der
königlichen Domäne, d. h. von deren Pächtern, die ἀπόμοιρα geleistet werden
mußte; daß ihre Exemption nicht erwähnt wird, könnte freilich darauf beruhen,
daß sie bei ihr selbstverständlich erschien; weiterhin wird das Pachtland auch
allem Anschein nach nicht genannt, als später gewissen Ständen eine Ermäßi-
gung der Höhe der ἀπόμοιρα gewährt wird (Rev. L. Col. 24), obwohl man doch
die Nennung der γῆ βασιλική, wenn sie überhaupt steuerte, hier erwarten müßte.

gewesen, und an die Staatskassen und -Magazine ist die Abgabe abgeführt worden.[1])

Das Vorgehen des Philadelphos hat die verschiedenartigste Beurteilung gefunden; die einen[2]) wollen in ihm eine kluge Finanzoperation des Königs sehen, der unter dem Vorwande, die ἀπόμοιρα für den Kultus seiner apotheosierten königlichen Schwester und Gemahlin zu verwenden, sie einfach dem Staatssäckel einverleibt, die Priesterschaft dadurch bedeutender Einnahmen beraubt und sie so in größere Abhängigkeit vom Staat gebracht habe; andere[3]) dagegen erblicken in ihm die tatsächliche Fundierung des Kultus der neuen Göttin, die erfolgt ist ohne irgend wie die Absicht zu haben den Staat zu bereichern.

Die letzteren dürften unbedingt das Richtige getroffen haben; es liegt doch wahrlich kein Grund vor an den klaren Worten des Erlasses, daß die ἀπόμοιρα εἰς τὴν θυσίαν καὶ τὴν σπονδὴν im Kult der Arsinoe Philadelphos verwandt werden sollte, zu zweifeln, wir besitzen keinen Beleg dafür, daß die Erträgnisse der Kirchensteuer nicht für den angegebenen Zweck, sondern für staatliche Bedürfnisse ausgegeben worden sind, im Gegenteil wird im Dekret von Rosette, (Z. 15—17), also über 60 Jahre nach dem Erlaß des Ediktes des Philadelphos, die ἀπόμοιρα ausdrücklich neben den πρόσοδοι τῶν ἱερῶν und den σύνταξεις als Einnahme der Tempel aufgeführt (siehe jetzt auch P. Tebt. I, 50 ff.). Freilich darf man die Überweisungsworte schon in Anbetracht der z. T. in Geld erfolgenden Entrichtung der ἀπόμοιρα nicht ganz wörtlich auffassen; es wird eben nicht die ganze Einnahme an Wein und an Geld gerade nur für θυσία und σπονδή verbraucht worden sein, sondern es werden außerdem aus den Überschüssen, die man ja auch thesaurieren konnte, die andern Bedürfnisse dieses Kultes,

---

1) Belege für die ptolemäische Zeit außer Rev. L. Col. 23—37 noch P. Grenf. I. 9, 6; P. Leid. Q.; P. Petr. II. 27, 1; 30 c u. e; 31, Z. 1: τὴν ἕκτην (?); 43 a u. b; 46 (in allen diesen Belegen weniger der Name ἀπόμοιρα als ἕκτη oder δεκάτη gebraucht); jetzt auch P. Tebt. I. 5, 17 u. 52; Ostr. Wilck. 1 (?), 322, 332, 352, 354, 711, 1234, 1235, 1278, 1315, 1316, 1344, 1345, 1491, 1518, 1526 (in einzelnen nicht die ἀπόμοιρα, sondern die ἕκτη ἀκροδρύων erwähnt, siehe Wilcken, Ostr. I. S. 134); unpubl. gr. Ostr. Berlin 4412 bei Wilcken, Ostr. I. S. 158, A. 2; Ostr. 4 bei Sayce in P. S. B. A. XXIII (1901) S. 212; Belege für römische Zeit: P. Lond. II. 195ᵃ (S. 127); P. Fay. 41, Col. 1, 13; 2, 15; 190; unpubl. gr. P. Berlin P. 1422, 15 bei Wilcken, Ostr. I. S. 159; Ostr. Wilck. 2 (?), 355.

2) Siehe Mahaffy, Rev. L. S. XXIX u. history S. 81; Grenfell (Hunt) in Rev. L. S. 120/21; P. Fay. S. 162; P. Tebt. I. S. 37; Strack, Dynastie S. 118/119 u. Rh. M. LV. (1900) a. a. O. S. 161 ff.; diese Ansicht ist sogar schon in Handbücher übergegangen, siehe Niese, Geschichte der griechischen und makedonischen Staaten seit der Schlacht bei Chäronea II. S. 120; Beloch, Griechische Geschichte III, 1 S. 337.

3) Siehe Wilcken, Ostr. I. S. 615, A. 1 (hier Aufgabe seiner früheren, Mahaffy zustimmenden Ausführungen auf S. 158) u. Wachsmuth a. a. O.

der Unterhalt der Priesterschaft u. a. bestritten worden sein, d. h. es sind hier offenbar die wichtigsten Bestandteile des Kultes, ϑυσία und σπονδή[1]) gesetzt, um den Kultus überhaupt zu bezeichnen.

Um die eben vorgetragene Deutung der Bestimmungen des Philadelphos ganz zu sichern, ist es allerdings noch nötig einen zwingenden Grund zu finden, der den König zu seiner wichtigen Änderung veranlaßt haben dürfte. Sehr nahe liegt jedenfalls die Annahme, der König habe dies getan, um mit der den bisherigen Eigentümern entzogenen Kirchensteuer den neuen Kultus seiner Schwester Arsinoe auf die für ihn billigste Weise auszustatten und um so allerdings durch Beraubung der Tempel selbst weiter keine oder wenigstens nur geringe Ausgaben zu haben. Die Macht zu diesem Schritte, zu einer Beschneidung der Einkünfte der ägyptischen Priesterschaft hätte Philadelphos sicher besessen, aber es ist schon an und für sich nicht recht glaublich, daß er, der sonst stets bemüht gewesen ist die Ägypter durch Güte für sein Regiment zu gewinnen, hier einmal völlig seinem Prinzip untreu geworden wäre und gerade die einflußreichsten Angehörigen dieses Volkes so offenkundig und empfindlich geschädigt hätte; bewußt und absichtlich die Entrüstung der gesamten Priesterschaft hervorzurufen, dies scheint mir eine Handlungsweise zu sein, die man Philadelphos, einem der feinsten diplomatischen Köpfe der hellenistischen Zeit, wohl nicht zutrauen darf.

Gegen die Annahme, daß durch die Entziehung der ἀπόμοιρα eine bedeutende Schmälerung der Einkünfte der Tempel beabsichtigt gewesen ist, spricht dann weiterhin auch eine Nachricht, die in der von den Priestern von Pithom errichteten Inschrift uns erhalten ist[2]); nach ihr hat der 2. Ptolemäer gerade in seinem 21. Jahre, also zu derselben Zeit, in der er das Edikt über die ἀπόμοιρα erlassen hat, den ägyptischen Heiligtümern eine große Schenkung gemacht[3]). 750 000 Deben Silber, welche einen Wert von 18$\frac{3}{4}$ Millionen Silber-

---

1) ϑυσία und σπονδή sind wenigstens sicher dem griechischen Verfasser des Ediktes als die wichtigsten Bestandteile erschienen, indem er nur seinen eigenen griechischen Kultus dabei vor Augen hatte; daß in dem ägyptischen Kult der Arsinoe Philadelphos, der hier in Betracht kommt (siehe S. 350), noch andere Zeremonien neben diesen eine ebenso wichtige Rolle gespielt haben, hat er nicht weiter beachtet.

2) Siehe Abschnitt S der Pithominschrift; diese ist benutzt in der Ausgabe von Brugsch-Erman: Die Pithomstele in Ä. Z. XXXII (1894) S. 74 ff.; Herr Professor Sethe hatte außerdem die Liebenswürdigkeit, die in der Inschrift vorkommenden Zahlen an dem Abklatsch des Berliner Museums noch einmal für mich nachzuprüfen. Siehe jetzt auch die kürzlich erschienene neue Übersetzung von E. Naville, La stèle du Pithom in Ä. Z. XL (1902/03) S. 66 ff.

3) Die Schenkung erfolgt im Pharmuthi; in ihm dürfte demnach auch wohl die Fundierung des Arsinoekultes stattgefunden haben. Sollte die letztere etwa im Hinblick auf die unmittelbar bevorstehende Wiederkehr des Todestages der Arsinoe (Pachon, siehe S. 147, A. 3) erfolgt sein?

drachmen oder 3125 Silbertalenten[1]) repräsentieren, sollen damals anstatt der bis dahin gezahlten 150 000 Deben Silber d. h. 625 Silbertalenten als alljährlicher staatlicher Beitrag[2]) den Tempeln bewilligt
worden sein, und man darf wohl mit gutem Recht in dieser Schenkung die beabsichtigte Entschädigung für die entzogene Kirchensteuer
sehen[3]). Jedenfalls ist also die Fundierung des neuen Kultes dem
König durchaus nicht besonders billig gekommen[4]).

---

1) Für die Umrechnung des deben (früher falsch uten) Silber siehe die
Ausführungen von Brugsch a. a. O. der Ä. Z. XXVII (1889) S. 4 ff.; hiernach ist
der deben = 10 kite (der kite = 9,09591 g) = 25 Silberdrachmen zu setzen.
Die Richtigkeit der schon von Naville (The store city of Pithom and the route
of Exodus) und von Brugsch-Erman gebotenen Zahl wird von Herrn Professor
Sethe bestätigt. Trotzdem habe ich Bedenken gegen sie. Hierüber siehe im
folgenden Abschnitt B.

2) Siehe Abschnitt Q der Pithominschrift; die nähere Charakterisierung
dieses Beitrages siehe im folgenden Abschnitt B.

3) Hierauf hat zuerst Mahaffy, Rev. L. S. XXIX und Empire S. 143/44 hingewiesen; die Erklärung, die Revillout a. a. O. Rev. ég. III. S. 112 der Schenkung
des Philadelphos gibt, es handele sich darum die Kosten seiner Vergötterung
zu bezahlen, ist verfehlt; denn da alle Tempel Ägyptens an dem Geschenk des
Königs Anteil haben sollten, so könnte nur jene Form der Apotheosierung in
Betracht kommen, durch die der König offizieller *σύνναος θεός* in allen Tempeln wurde (siehe VIII. Kapitel), und daß dies damals geschehen wäre, läßt sich
durch nichts belegen (der von Revillout angeführte Alexanderkult ist abgesehen
davon, daß die von ihm benutzten Zahlen jetzt hinfällig geworden sind, hierfür
nicht zu verwerten).

4) Nähere Angaben über die Höhe der Einnahmen aus der *ἀπόμοιρα* —
sie würden gestatten uns ein Urteil über die Höhe der Entschädigung zu bilden — sind nicht erhalten, nur einen freilich nur wenig besagenden Hinweis besitzen wir. Es ist uns nämlich eine Bürgschaftsurkunde für einen
ἀπόμοιρα-Pächter der Faijûmdörfer Philadelphia und Bubastos bekannt geworden
(P. Petr. II. 46, Zeit des Epiphanes); der Bürge verbürgt sich in dieser für
die richtige Ablieferung einer Summe von 2 Silbertalenten (Silber und nicht
Kupfer wegen Rev. L. Col. 24, 12), und demnach hat die der Bürgschaft zugrunde
liegende Pachtsumme, da die Bürgschaft nicht nur für diese, sondern noch für
$\frac{1}{20}$ außerdem geleistet werden mußte (Rev. L. 34, 3: *τῶν ἐφεικοστῶν*, siehe
Wilcken, Ostr. I. S. 549), ungefähr 1 Talent 5428 Drachmen (die Bürgschaftssumme dürfte wohl abgerundet sein) betragen. Nun ist es aber leider nicht
sicher zu ermitteln, ob in diesem Falle der Bürge sich für die Gesamtsumme,
die der betreffende *ἀπόμοιρα*-Pächter zu zahlen hatte, allein verbürgt hat oder
ob sich noch andere Bürgen mit ihm in sie geteilt haben (Wilcken, Ostr. I. S. 550
entscheidet sich für das letztere); vielleicht könnte man allerdings daraus, daß
die ganze Bürgschaftssumme in zwei ungleiche Teile geteilt wird, von denen
sich die eine auf die *ἀπόμοιρα* von Philadelphia, die andere auf die von Bubastos
bezieht (für Philadelphia 1 Talent 3000 Drachmen, für Bubastos 3000 Drachmen),
folgern, daß wir es hier mit nur einem Bürgen zu tun haben, aber sicher ist
dieser Schluß natürlich nicht. Jedenfalls ist auch schon die oben für die *ἀπόμοιρα* berechnete Summe recht hoch, doch muß man, wenn man sie richtig bewerten will, die sehr große, jedoch erst seit der Zeit des Philadelphos ein-
getretene Fruchtbarkeit des Faijûm, in dem gerade Wein- und Obstanpflanzungen
in höchster Blüte gestanden haben, berücksichtigen.

Eine Handhabe, um den tatsächlich für die Verfügung des Philadelphos maßgebend gewesenen Grund zu finden, scheint mir nun jene
Bestimmung seines Ediktes zu bieten, durch die den Priestern die selbständige Erhebung der ἀπόμοιρα ganz genommen worden ist. Dem
Staate mag es eben schon lange ein Dorn im Auge gewesen sein, daß
eine so bedeutende, sich über das ganze Staatsgebiet erstreckende und
von der Masse der Untertanen zu leistende Abgabe wie die ἀπόμοιρα
nicht durch seine Vermittlung, sondern von einer ihm unterstehenden
Korporation ohne jede staatliche Aufsicht ganz nach derem Belieben
erhoben worden ist. Es war dies auch eigentlich mit der in ihm
sonst herrschenden Ansicht von der Omnipotenz des Staates nicht zu
vereinen. Er mag daher schon immer nach einer günstigen Gelegenheit gesucht haben den Abusus der alten Zeit zu beseitigen, doch
wollte er jedenfalls mit seiner Änderung, durch die er die Priesterschaft eines ihr sicherlich sehr wichtig erscheinenden Rechtes beraubte,
möglichst keinen Anstoß erregen, was aller Wahrscheinlichkeit nach
eingetreten wäre, wenn er die Priester als Erheber einfach durch seine
Organe ersetzt hätte; er mußte also, wenn er die Änderung vornahm,
sein eigentliches Vorhaben, soweit es ging, zu verschleiern suchen.

Als die langgesuchte geeignete Gelegenheit ist ihm dann endlich
die Fundierung des neuen Kultes erschienen; dadurch, daß er diesem
natürlich unter Entschädigung der alten Besitzer die ἀπόμοιρα über-
wies, wurden ja die bisherigen Eintreiber dieser Abgabe ohne weiteres
ausgeschaltet, und doch trat nirgends direkt hervor, daß diese Beseitigung der eigentliche Grund der Überweisung war. Daß die Erhebung der Kirchensteuer nicht den Priestern des neugeschaffenen
Kultus übertragen wurde, sondern daß sie der Staat selbst in die
Hand nahm, konnte jedenfalls niemanden direkt verstimmen, weil ja
dadurch alte Rechte nicht verletzt wurden; sehr wahrscheinlich dürfte
es sogar ganz gerechtfertigt erschienen sein, da ja die Eintreibung
einer über ganz Ägypten sich erstreckenden Abgabe den Priestern
des einen, doch immerhin auf jeden Fall lokalbeschränkten Kultes
(siehe S. 351/52) technisch viel zu große Schwierigkeiten bereitet hätte.

So ist denn also die Überweisung der ἀπόμοιρα an Arsinoe
Philadelphos vor allem als eine in geschickter Weise inscenierte und
aus Gründen der Staatsraison erfolgende Änderung in der Steuer-
verwaltung aufzufassen. Allerdings dürfte wohl für die Neuordnung
noch als ein weiterer Grund jener sehr in die Augen springende
Vorteil in Betracht gekommen sein, daß infolge der Fundierung auf
eine vom Staate eingezogene Steuer der neugeschaffene Kultus von
diesem völlig abhängig wurde; denn eventuell konnte der Staat ihm
ja seine Einnahmen vorenthalten oder wenigstens beschneiden.

Ein wichtiger Punkt der Bestimmungen des Philadelphos über
die ἀπόμοιρα bedarf jetzt noch der näheren Erklärung. Nach den

Worten des Dekretes (Col. 36, 19) ist, wie ja schon öfters hervorgehoben, die *ἀπόμοιρα* der „*Ἀρσινόῃ Φιλαδέλφῳ*" überwiesen worden,
doch bietet der Erlaß leider keinerlei Anhaltspunkte, wo der in Frage
kommende Kult der vergöttlichten Königin ausgeübt worden ist. Es
heißt hier also einmal vor allem zu prüfen, ob mit Arsinoe Philadelphos die griechische Göttin oder ob die zwar in hellenistischer
Form, aber von ägyptischen Priestern und in ägyptischen Tempeln
verehrte Gottheit[1]) gemeint ist, denn in beiden Religionen hatte ja
Arsinoe Philadelphos als Göttin Aufnahme gefunden[2]).

Als griechische Göttin ist sie teils mit Aphrodite identifiziert[3]),
teils aber auch als Arsinoe Philadelphos verehrt worden, worauf ihre
Kanephoren in Alexandria und Ptolemais (siehe S. 157 u. 161/62) und
einige Weihinschriften aus Ägypten und anderen hellenistischen Ländern[4]) hinweisen. Auch das bekannte *Ἀρσινόειον* in Alexandria[5]) dürfte
ihr als „der bruderliebenden" Göttin geweiht gewesen sein, da seinem
Namen nach zu urteilen eine Gleichsetzung der Arsinoe mit einer
anderen Göttin hier nicht stattgefunden haben kann. Fraglich ist es
nur, ob dieses Heiligtum dem griechischen oder dem ägyptischen
Kultus angehört hat; seine Lage in Alexandria, seine Erbauung durch
griechische Künstler u. s. w. würden das erstere wahrscheinlicher erscheinen lassen[6]), andererseits weist aber der Umstand, daß auch die

---

1) Daß die apotheosierte Königin im ägyptischen Kultus in hellenistischer
Form Aufnahme gefunden hat, zeigt der Beinahme Philadelphos, unter dem sie
verehrt wird, was durchaus unägyptisch ist, näheres siehe VIII. Kapitel. Im
folgenden spreche ich der Kürze halber von dieser Göttin als der „ägyptischen
Arsinoe Philadelphos".

2) Dies hat z. B. Kornemann a. a. O. der Beiträge zur alten Geschichte I.
S. 71 durchaus nicht genügend hervorgehoben; für das folgende vergl. auch die
Ausführungen Wilckens bei Pauly-Wissowa II. a. a. O. Sp. 1284 ff.

3) Siehe ihren Tempel am Vorgebirge Zephyrion in der Nähe von Alexandria,
die Belege vollständig zusammengestellt von Jessen bei Pauly-Wissowa II.
Sp. 1281 s. v. Arsinoe 23. Vergl. dazu Strack, Inschriften aus ptolemäischer
Zeit II, Archiv II. S. 537 ff., Nr. 3 und ferner Theokrit, Idyll. XV, 106 ff. u. XVII,
45 ff. Siehe schließlich das P. Petr. I. 21 erwähnte Heiligtum der Berenike und
Aphrodite Arsinoe.

4) Siehe z. B. Strack, Inschriften 22[b] (C. I. Gr. III. 4959), 23 (C. I. Gr. II.
2168[c]), 26 (C. I. Gr. III. 4836[b]), 28 (?) (C. I. Gr. III. 5184). Daß Inschriften wie
die bekannten „*Ἀρσινόης Φιλαδέλφου*" (vergl. über sie z. B. Strack a. a. O. Archiv
II. S. 540) als Weihinschriften für die Göttin aufzufassen sind, ist mir zweifelhaft; siehe hierzu auch Dittenberger, Orient. gr. Inscript. select. I. S. 59/60.

5) Siehe Plinius h. n. XXXIV, 148; XXXVI, 68; XXXVII, 108; F. H. G. II.
S. 374 frg. 15 des Lykos (Schol. zu Theokrit XVII. 121). Warum das Arsinoeion
gerade als Grabmal der Arsinoe errichtet gewesen sein soll (so Droysen, Kleine
Schrift. II. S. 298, Wiedemann a. a. O. Rh. M. XXXVIII (1883) S. 387, Mahaffy,
Empire S. 160, so wohl auch v. Prott a. a. O. Rh. M. LIII (1898) S. 465 u. Korne-
mann a. a. O. S. 71, A. 2), ist mir nicht recht ersichtlich (ebenso Wilcken, Pauly-
Wissowa II. Sp. 1285).

6) Die uns von Plinius h. n. XXXVI, 68 berichtete Errichtung eines Obe-

Schwester der Arsinoe, Philotera, hier verehrt werden sollte (Lykos frg. 15 in F. H. G. II. S. 374), eigentlich mehr auf einen ägyptischen Kultus hin; denn es ist mir ziemlich unwahrscheinlich und auch sonst nicht bezeugt, daß Philotera von griechischen Kreisen apotheosiert worden ist, während sie sich als ägyptische Göttin belegen läßt[1]).

Als ägyptische Göttin tritt uns dann Arsinoe Philadelphos zuerst im 15. Jahre des 2. Ptolemäers (271/70 v. Chr.) entgegen[2]); unmittelbar nach ihrem Tode (Juli 270 v. Chr.) ist sie nämlich, was bisher noch nicht richtig erkannt worden ist[3]), auf Befehl des Königs σύνναος θεά in allen ägyptischen Tempeln Ägyptens geworden[4]). Zu entnehmen ist dies einer Stelle der Mendesstele (Z. 13/14 siehe Z. 11 auch), die uns im Anschluß an die feierliche Inthronisation der Arsinoe im Widdertempel zu Mendes berichtet; „es befahl seine Majestät, daß ihr Bild aufgestellt würde in jedem Tempel ... und daß ihr Name lauten

---

lisken in Verbindung mit dem Heiligtum möchte ich nicht als sicheres Zeichen für seinen ägyptischen Charakter ansehen.

1) Siehe z. B. hieroglyphische Stele London, publ. von Brugsch, Thesaurus V. S. 907 ff.; vergl. auch die Beispiele ebenda S. 856; ferner auch die Angaben der Pithomstele Z. 21 in der Navilleschen Ausgabe.

2) Ihre Aufnahme in das ägyptische Pantheon kann allerdings schon einige Jahre früher erfolgt sein, doch besitzen wir hierfür keinen sicheren Beleg, denn jene Stelle der Pithomstele (Abschnitt J), in der bei einer Schilderung eines Ereignisses des 12. Jahres des Philadelphos (274/73 v. Chr.) auch seine Gemahlin erwähnt und als die bruderliebende Göttin bezeichnet wird, halte ich nicht für einen sicheren terminus ante quem der Erhebung der Arsinoe zur θεά Φιλάδελφος (dies tat z. B. Wilcken, Pauly-Wissowa II. Sp. 1284, neuerdings jedoch von ihm stillschweigend zurückgenommen [Archiv III. S. 318/19]); denn die Pithomstele ist ja erst mehrere Jahre nach dieser Zeit (sicher nach dem 21. Jahre des 2. Ptolemäers) errichtet worden, also in einer Zeit, wo Arsinoe schon lange als Φιλάδελφος vergöttert war, und da ist es doch sehr wohl möglich, daß der Redaktor der Inschrift, als er die verstorbene Gemahlin seines Herrschers zu erwähnen hatte, sie unter dem ihm jetzt für sie geläufigen Namen als eine Göttin aufgeführt hat, ohne vorher zu bedenken, ob sie auch zu jener Zeit schon als Arsinoe Philadelphos apotheosiert war. Jedenfalls wird man wohl diese Stelle nicht als einen beweiskräftigen Beleg ansehen dürfen. Immerhin scheint mir aber die im Text hervorgehobene Einführung der Arsinoe Philadelphos als σύνναος θεά in allen Tempeln im Jahre 271/70 v. Chr. dafür zu sprechen, daß die Königin bereits als Göttin, wenn auch wohl noch nicht als Philadelphos (siehe den im Text angeführten Wortlaut der Mendesstele) in das ägyptische Pantheon eingereiht war.

3) Siehe z. B. v. Prott a. a. O. Rh. M. LIII (1898) S. 465 u. Strack a. a. O. Rh. M. LV (1900) S. 164, A. 1, welche auf Grund der Angaben der Mendesstele nur von der Einrichtung des Kultus der Arsinoe im Widdertempel zu Mendes sprechen.

4) Insofern ist es auch durchaus verfehlt, wenn man mit der doch erst 265/4 v. Chr. erfolgten Überweisung der ἀπόμοιρα an die Arsinoe Philadelphos ihre Einsetzung zur σύνναος θεά in allen Tempeln in Verbindung bringt; so z. B. Strack, Dynastie S. 118/19, Wachsmuth a. a. O. (er sagt z. B.: die ἀπόμοιρα sei der Arsinoe Philadelphos überwiesen worden, um deren Kultus durch seine

sollte: die Freundin des Widders, die Göttin, die Freundin ihres Bruders (Philadelphos) Arsinoe"[1]) (Übersetzung von Brugsch, Thesaurus IV S. 664). In der Tat ist auch Arsinoe Philadelphos als mitthronende Göttin seit dieser Zeit in einer Reihe von Heiligtümern zu belegen, so z. B. im Tempel des heiligen Widders von Mendes (15. Jahr Ptolemaios' II. [271/70 v. Chr.]: Mendesstele Z. 11), im Muttempel zu Theben (19. Jahr Ptolemaios' II. [267/66 v. Chr.])[2]), im Heiligtum der Neith zu Sais (20. Jahr Ptolemaios' II. [266/65 v. Chr.])[3]), in einem Tempel des Sobk (*Σοῦχος*) im Faijûm (35. Jahr Ptolemäos' II. [251/51 v. Chr.]: P. Petr. I. 25, 2 Z. 1), in dem berühmten Heiligtum des Ptah zu Memphis (3. Jahrhundert v. Chr.)[4]) und im Tempel des Month zu Hermonthis (33. Jahr Ptolemaios' VI. Philometors I. [149/48 v. Chr.])[5]).

Ein eigener, dem ägyptischen Kult angehörender Tempel der Arsinoe Philadelphos läßt sich dann in Memphis nachweisen, und zwar von dem Ende der 60er Jahre des 3. Jahrhunderts v. Chr.[6]) bis in die Zeit des Neos Dionysos (also 1. Jahrhundert v. Chr.)[7]), er

---

finanzielle Fundierung bei den verschiedenen Heiligtümern Eingang zu verschaffen; so hätten diese die ihnen genommene *ἀπόμοιρα* wieder zurückerhalten können) und Kornemann a. a. O. S. 71, A. 2. Weiteres gegen die Auffassung der mit der *ἀπόμοιρα* in Verbindung stehenden Arsinoe Philadelphos als *σύνναος ϑεά* siehe S. 351.

1) Vergleiche hierzu die ganz gleichartigen Bestimmungen in Kanopus Z. 58 ff. und Rosette Z. 38 ff.

2) L. D. IV, 8, vergl. Wiedemann a. a. O. Rh. M. XXXVIII (1883) S. 390.

3) Hieroglyphische Inschrift bei Clarac II. pl. 242, N. 406, publ. von Revillout Rev. ég. I. S. 184 u. Rev. ég. III. S. 112, ferner siehe Wiedemann a. a. O. Rh. M. XXXVIII (1883) S. 390 ff. Nach der hier verwerteten Nachricht der Mendesstele bezüglich der Einsetzung der Arsinoe Philadelphos als *σύνναος ϑεά* im 15. Jahre des 2. Ptolemäers ist die bisher übliche Auffassung dieser hieroglyphischen Inschrift, daß nämlich im 20. Jahre des Philadelphos die Arsinoe überhaupt erst in den Kult von Sais aufgenommen worden ist, aufzugeben, es kann sich in ihr bloß um die feierlichere Ausgestaltung des schon für sie hier bestehenden Kultus handeln.

4) Siehe hieroglyph. Inschrift Wien, Saal IV, N. 1 bei Krall a. a. O. Sitz. Wien. Akad. Phil. hist. Kl. Bd. CV (1883) S. 373 ff.; hierogl.-dem. Stele Gizeh bei Brugsch, Thesaurus V. S. 889 ff. (S. 892).

5) Siehe P. Lond. 590 bei Grenfell in P. Grenf. I. S. 24; hier wird die Göttin allerdings nur als „*Ἀρσινόη*" bezeichnet, doch dürfte die Philadelphos wohl gemeint sein, denn sie steht in dem Priestertitel vor den *ϑεοὶ ἀδελφοί*; überhaupt konnte wohl der offizielle Name „*Ἀρσινόη Φιλάδελφος*" (cf. Rev. L. 36, 19; unpubl. gr. Ostr. Berl. 4412 bei Wilcken, Ostr. I. S. 158, A. 2) verkürzt werden, sei es nun wie oben in *Ἀρσινόη* (siehe auch den Gaunamen: *Ἀρσινοΐτης νομός*) oder sei es in *Φιλάδελφος*, siehe z. B. so in Rev. L. Col. 36, 10; P. Petr. I. 25, 2 Z. 1; II. 46° Z. 9; P. Leid. Q.

6) Hieroglyph. Inschrift London bei Brugsch, Thesaurus V. S. 907 ff. (909).

7) Hieroglyph. Inschrift Wien bei Brugsch, Thesaurus V. S. 902 ff. (S. 903) (3. Jahrhundert v. Chr.), hierogl.-dem. Inschrift Gizeh bei Brugsch, Thesaurus

hat also wohl bis zum Sturz der ptolemäischen Herrschaft bestanden.

Einen eigenen, ägyptischen Kult muß dann schließlich die apotheosierte Königin auch im Faijûm besessen haben, und zwar von der Zeit an, wo nach ihr dieser bisher $K\varrho o\varkappa o\delta\iota\lambda o\pi o\lambda i\tau\eta s$ $vo\mu os$ oder $\lambda i\mu\nu\eta$ (so z. B. vornehmlich im Rev. L. öfters) genannte Gau in $\mathcal{A}\varrho\sigma\iota\nu o\ddot{\iota}$-$\tau\eta s$ $vo\mu os$ umgetauft worden ist, d. h. seit den letzten Jahren des 2. Ptolemäers[1]), denn die Benennung des Gaues nach ihrem Namen bedeutet nach ägyptischer Sitte einfach ihre Proklamation zur Gaugottheit und somit die Errichtung eines besonderen Kultus[2]).

Kultstätten, an denen Arsinoe Philadelphos Verehrung gefunden hat, hat es also in größerer Zahl in Ägypten gegeben und insofern ist es durchaus nötig festzustellen, für welche von ihnen die $\dot\alpha\pi\delta\mu o\iota\varrho\alpha$ bestimmt worden ist. Diejenigen, welche der griechischen Religion angehört haben, sind von vornherein auf jeden Fall auszuscheiden, da in dem Dekret von Rosette, das doch nur von Priestern der ägyptischen Kirche und von deren Gerechtsamen handelt, diesen die $\dot\alpha\pi\delta\mu o\iota\varrho\alpha$ als Einnahme der von ihnen vertretenen Götter ausdrücklich bestätigt wird (Z. 15).

Von den ägyptischen Kulten, die demnach allein noch in Betracht kommen, fällt gleichfalls ohne weiteres derjenige weg, der ihr als Gaugöttin eingerichtet worden ist, da dessen Einrichtung ja erst eine ganze Reihe Jahre nach dem Edikt des Philadelphos erfolgt ist; führt doch gerade im Edikt selbst (Rev. L. Col. 31, 12) das Faijûm noch den alten Namen „$\lambda i\mu\nu\eta$".

V. S. 889 ff. (S. 892) (1. Jahrhundert v. Chr.); vergl. auch Lepsius a. a. O. Abh. Berl. Akad. 1852. S. 500.

1) Im **29.** Jahr des Philadelphos (257/6 v. Chr.) hat das Faijûm noch den Namen $\lambda i\mu\nu\eta$ geführt, siehe P. Petr. II. 13, 5 Z. 9; vergl. im übrigen die Bemerkungen Mahaffys, Empire S. 157/58 und Rev. L. S. XXXIV, wo nach einer Mitteilung Grenfells ein unpubliziertes Papyrusfragment aus dem **30.** Jahre des Philadelphos (256/55 v. Chr.) angeführt wird, in dem der neue Name $\mathcal{A}\varrho\sigma\iota\nu o\ddot{\iota}$-$\tau\eta s$ $vo\mu os$ schon vorkommen soll.

2) Meyer, Heerwesen S. 28/29 verkennt dies, wenn er z. B. sagt „Sie wird nach ihrem Tode (271/70 v. Chr.) Gaugöttin an Stelle des Suchos; der Gau erhält gegen Ende der Regierung des 2. Königs den Namen seiner Kultgöttin". Vergl. hierzu die andere Einführung eines neuen Gaugottes in der hellenistischen Zeit Ägyptens, die des Antinous, und die Errichtung des antinoitischen Gaues (S. 5, A. 3). Bei der Erhebung der Arsinoe Philadelphos zur Gaugöttin darf man natürlich nicht daran denken, daß sie etwa irgendwie dem alten Gaugott, dem Krokodilgott, gleichgesetzt worden ist, beide haben vielmehr als besondere Gottheiten neben einander bestanden (siehe z. B. P. Petr. I. 25, 2 Z. 1), und es ist durchaus nicht der neuen Göttin gelungen, den alten Gaugott ganz von seiner primären Stellung zu verdrängen. Immerhin zeigt diese Erhebung zur Gaugöttin deutlich, welche hohe Stellung man der Arsinoe Philadelphos im ägyptischen Pantheon verschaffen wollte, da doch nur die bedeutendsten ägyptischen Götter als Gaugötter fungiert haben.

Als nicht für die *ἀπόμοιρα* in Betracht kommend sind dann weiterhin aus der Zahl der genannten ägyptischen Kulte noch jene auszuscheiden, welche der Arsinoe Philadelphos nur als *σύνναος θεά* anderer Götter geweiht gewesen sind. Einige Gelehrte[1]) haben zwar gerade diese als die Empfänger der *ἀπόμοιρα* bezeichnet, aber ihre Annahme wird schon dadurch hinfällig, daß ihre Prämisse, erst zur Zeit der Überweisung der *ἀπόμοιρα* sei die Einsetzung der Arsinoe Philadelphos als *σύνναος θεά* offiziell an allen ägyptischen Tempeln erfolgt, sich als falsch herausgestellt hat (siehe S. 348). Sie erweist sich aber weiterhin auch schon deswegen als durchaus verfehlt, weil der mit der *ἀπόμοιρα* in Verbindung stehenden Arsinoe Philadelphos andere Götter, die *θεοὶ Φιλοπάτορες*, als *σύνναοι θεοί* zugesellt worden sind[2]), wodurch ihre Stellung als eine Hauptgottheit wohl aufs offenkundigste ausgesprochen wird[3]). Zu einer solchen paßt denn auch aufs beste, daß die apotheosierte Königin, wenn sie in Verbindung mit der *ἀπόμοιρα* genannt wird, stets einfach als *Ἀρσινόη Φιλά-δελφος* bez. als *ἡ Φιλάδελφος*[4]) bezeichnet wird, d. h. mit einem richtigen Gottesnamen wie etwa Amon, Isis usw.[5]) und nicht bloß mit einem Kultnamen, bei dem ja noch *θεά* dabei gestanden haben müßte.

Nach alledem kann die *ἀπόμοιρα* nur jenen ägyptischen Tempeln zugewiesen worden sein, in denen Arsinoe Philadelphos als Haupt-gottheit verehrt worden ist; von solchen Heiligtümern ist uns aller-dings, da für das alexandrinische Arsinoeion keine Entscheidung mög-lich ist, ob es dem griechischen oder dem ägyptischen Kultus an-gehört hat[6]), bisher nur eins, der bereits erwähnte Tempel in Mem-

---

1) Strack, Wachsmuth, Kornemann, a. a. O. a. a. O.

2) P. Petr. II. 46ᶜ. Z. 9. Siehe hierzu auch die Bestimmung im Dekret von Rosette (Z. 15), daß die *ἀπόμοιρα* „τοῖς θεοῖς" wieder abgeliefert werden solle; näheres S. 353.

3) Arsinoe nimmt hier den *θεοὶ Φιλοπάτορες* gegenüber ganz die gleiche Stellung ein, wie im alexandrinischen Alexanderkult Alexander gegenüber den *θεοὶ ἀδελφοί* usw.; siehe hierzu auch S. 352/53.

4) Siehe Rev. L. Col. 36, 10, 19; P. Leid. Q. (siehe Wilckens Verbesserung der Lesung *τῷ Φιλαδέλφῳ* in *τῇ Φιλ.*); P. Petr. 46ᶜ, Z. 9; unpubl. gr. Ostr. Berl. 4412 bei Wilcken, Ostr. I. S. 158, A. 2; P. Grenf. I. 9, 6.

5) So auch richtig Mahaffy, Empire S. 156/157 u. Rev. L. S. XXXIX; ver-fehlt und eigentlich im Widerspruch hiermit stehend ist dagegen seine Bemer-kung, Empire S. 219, A. 1.

6) Zeitlich wäre eine Überweisung der *ἀπόμοιρα* an das Arsinoeion wohl möglich; denn wenn dieser Tempel auch bei dem Tode des Philadelphos (246 v. Chr.) noch nicht ganz vollendet gewesen sein soll (Plinius h. n. XXXIV. 148), so kann er doch sehr wohl in seinen wichtigsten Teilen schon in den 60er Jahren bestanden haben, da die Bauzeit berühmter antiker Tempel bis zu ihrer voll-ständigen Vollendung oft eine große Reihe von Jahren umfaßt hat (siehe z. B. S. 146, A. 2 (am Ende) und vergl., was uns über die lange Bauzeit ägyptischer Heiligtümer, wie z. B. Edfu, bekannt geworden ist).

phis bekannt geworden, und da er in der Tat bereits für die 60er
Jahre des 3. vorchristlichen Jahrhunderts sich nachweisen läßt, so
darf man in ihm einen Empfänger der ἀπόμοιρα sehen[1]). Außer ihm
dürfte es wohl aber noch andere Tempel gegeben haben, die für den
selbständigen Kultus der Arsinoe Philadelphos bestimmt gewesen sind[2]),
und mit denen er sich in den Ertrag der ἀπόμοιρα zu teilen hatte,
denn sonst würde wohl nicht in dem Edikt des 2. Ptolemäers ganz
allgemein von der Arsinoe Philadelphos als zukünftiger Besitzerin der
ἀπόμοιρα gesprochen worden sein, sondern man würde wohl den
Arsinoetempel in Memphis speziell genannt haben; außerdem ist es
auch schwer denkbar, daß eine so große Einnahme, wie sie Jahr für
Jahr die ἀπόμοιρα darstellte, einem einzigen Heiligtum, mag dieses
auch noch so bedeutend gewesen sein[3]), überwiesen worden wäre.

Die ganze Ptolemäerzeit hindurch hat sich die ἀπόμοιρα-Abgabe
erhalten; auch in der Kaiserzeit hat sie fortbestanden und läßt sich
hier bis ans Ende des 2. Jahrhunderts n. Chr. nachweisen[4]). Der
Charakter der Abgabe scheint sich jedenfalls bis in die Zeit des Epiphanes unverändert erhalten zu haben. Im Jahre 202/1 v. Chr. ist
sie einem Faijûmpapyrus (P. Petr. II. 46ᶜ) zufolge auf Rechnung der
Arsinoe Philadelphos und der ϑεοὶ Φιλοπάτορες erhoben worden. Eine
prinzipielle Änderung der alten Bestimmungen ist aus der Erwähnung
der Götter Philopatoren nicht zu erschließen, vielmehr ist diese dahin zu interpretieren, daß auch hier im Anschluß an die allgemeine

---

1) Mir ist es durchaus wahrscheinlich, daß im allgemeinen der s e l b s t ä n -
d i g e Kultus der Arsinoe Philadelphos und somit auch der Arsinoetempel in
Memphis erst in der Zeit des ἀπόμοιρα-Ediktes entstanden sind, daß dieses
sozusagen diesen Kultus erst ins Leben gerufen hat. Insofern war es auch
berechtigt, wenn ich im vorhergehenden von einem neugegründeten Kultus
u. dergl. gesprochen habe.

2) Falsch ist es, wenn Strack, Dynastie S. 13/14 einen solchen den Worten
P. Petr. II. 46ᶜ, Z. 8 ff.: τὴν γινομένην ἀπόμοιραν τῇ Φιλαδέλφῳ καὶ τοῖς Φιλο-
πάτορσι ϑεοῖς τῶν περὶ Φιλαδέλφειαν καὶ Βούβαστον τόπων (letzteres Wort von
Wilcken, a. a. O. G. G. A. 1895 hergestellt) εἰς τὸ βˡ entnehmen will (so muß
man es wohl auffassen, wenn er behauptet: „in den Dörfern Euergetis, Phila-
delpheia, Bubastos desselben Bezirks scheinen die 2. Arsinoe und die Götter
Philopatoren eine engere Verbindung eingegangen zu sein“); die Worte τῶν περὶ
. . . . . τόπων sind doch sicher nicht mit den Göttern, sondern mit der ἀπόμοιρα
zu verbinden, und das Ganze bedeutet einfach, die ἀπόμοιρα der betreffenden
Dörfer falle ebenso wie die aller anderen Ortschaften jenen Göttern zu (vergl.
zu dieser Erklärung P. Petr. II. 46ᵇ).

3) Daß wir in dem memphitischen Arsinoetempel ein angesehenes Heiligtum vor uns haben, dafür ist wohl der beste Beweis, daß Mitglieder der berühmten memphitischen Hohenpriesterfamilie (siehe S. 41 u. 204 ff.) Prophetenstellen an ihm bekleidet haben (siehe S. 349, A. 6 u. 7).

4) Die Belege siehe S. 343, A. 1; der zeitlich jüngste aus ptolemäischer
Zeit ist Ostr. Wilck. 354 vom Jahre 101 v. Chr., in römischer Zeit wird die ἀπόμοιρα im Jahre 186 n. Chr. zuletzt erwähnt (P. Fay. 41).

Sitte der Hauptgottheit andere Götter, die mit ihr zusammen verehrt wurden, zugesellt worden sind. Auch das Dekret von Rosette
(Z. 14—16) vom Jahre 196 v. Chr. weist uns auf das Fortbestehen
der Bestimmungen des 2. Ptolemäers hin[1]). Denn wenn auch die
ἀπόμοιρα hier als Glied einer Gruppe zusammen mit den πρόσοδοι
τῶν ἱερῶν und den an die Tempel gezahlten συντάξεις erwähnt wird,
so wird sie doch nicht mit ihnen auf eine Stufe gestellt; während
nämlich für diese als Empfänger ganz allgemein die ἱερά genannt
werden, wird die ἀπόμοιρα als „καθήκουσα τοῖς θεοῖς" bezeichnet[2]).
An einen zufälligen Wechsel des Ausdruckes ist hier in dem offiziellen
Dekret nicht zu denken, vielmehr werden jedenfalls bewußt der Allgemeinheit der ἱερά ganz bestimmte Götter gegenübergestellt. Die
Nichtnennung von Namen zeigt uns, daß eine Neuerung hier nicht
vorgenommen worden sein kann, sondern daß Götter, die schon bisher mit der ἀπόμοιρα in Verbindung gestanden haben und allgemein
bekannt waren, gemeint sein müssen; die Folgerung, daß dies Arsinoe
Philadelphos und die mit ihr verehrten Ptolemäer gewesen sind,
scheint mir so gut wie sicher (vergl. auch Grenfell, Rev. L. S. 121).

Wie sich das Schicksal der ἀπόμοιρα in der Folgezeit gestaltet
hat, bedarf noch der näheren Aufklärung[3]).

Sehr fraglich ist es vor allem, ob sie auch in römischer Zeit
ihren Charakter als Kirchensteuer bewahrt hat und an wen sie in
jener Zeit abgeführt worden ist; an die Göttin Arsinoe Philadelphos
kann die Abführung auf jeden Fall nicht erfolgt sein, da ja deren
Kult damals sicher nicht mehr bestanden hat, und daß sie etwa, was
an sich gar nicht unmöglich wäre, dem Kaiserkult zugewiesen, also
weiterhin zur Fundierung des Herrscherkultes verwandt worden ist,
läßt sich durch nichts belegen. Dagegen würde sich eine der für die
ἀπόμοιρα der römischen Zeit bekannt gewordenen Angaben gut mit
der Annahme vereinigen lassen, daß damals die ἀπόμοιρα ihren Charakter als Kirchensteuer verloren und daß der Staat sie, die durch
die Aufhebung des Arsinoe- bez. Ptolemäerkultes herrenlos geworden
war, in der Folgezeit für seine eigenen Kassen erhoben hat[4]); es wird

---

1) Mahaffy, Empire S. 311 u. 319, auch history S. 151, A. 6 glaubt, in der
Rosettana sei die Zurückgabe der ἀπόμοιρα an alle Tempel ausgesprochen;
siehe jetzt auch Grenfell-Hunt, P. Tebt. I. S. 37.

2) Grenfell, Rev. L. S. 121 hat zuerst auf diesen wichtigen Gegensatz aufmerksam gemacht; P. Tebt. I. S. 37 scheinen allerdings Grenfell-Hunt hierauf
weiter kein Gewicht mehr zu legen.

3) P. Tebt. I. 5, 50 ff. gestattet uns leider auch keine bestimmte Entscheidung,
ob im Jahre 118 v. Chr. eine wichtige Änderung in der Bestimmung der ἀπόμοιρα eingetreten ist, das entscheidende Wort in Z. 51: λ[ημψε]σθαι ist zu unsicher gelesen; immerhin ist es sehr wohl möglich, daß damals die ἀπόμοιρα
ihrer Sonderbestimmung entzogen und allen Tempeln restituiert worden ist.

4) Augustus würde also darnach dasjenige getan haben, was viele jetzt
noch dem Philadelphos zuschreiben.

nämlich bei einer ἀπόμοιρα-Zahlung erwähnt, daß diese mit anderen
Steuern zusammen an eins der gewöhnlichen für Staatseinnahmen bestimmten Ressorts der Regierungskasse (δημοσία τράπεζα: διοίκησις;
siehe Wilcken, Ostr. I. S. 656) erfolgt ist[1]), obwohl doch sonst alle
von der Regierung für die Tempel erhobenen Einnahmen in ein besonderes Kassenressort, den θησαυρὸς ἱερῶν abgeführt worden sind
(siehe VI. Kapitel, 3). Ein abschließendes Urteil über die Bestimmung
der ἀπόμοιρα in römischer Zeit möchte ich jedoch auf Grund dieses
einen, immerhin doch nur einen indirekten Charakter tragenden Zeugnisses nicht fällen.

Zur Geschichte der ἀπόμοιρα ist noch nachzutragen, daß für die
römische Zeit auch eine Änderung in den Erhebungsbedingungen zu
belegen ist; die Ertragsquote ist aufgegeben, auch die Zahlung in
natura für Weinland ist abgeschafft worden, und dafür ist eine feste
Taxe pro Arure Wein- (ἀμπελῶνες) und Gartenland (παράδεισοι) eingetreten, für ersteres 10, für letzteres 5 Drachmen[2]). Möglich ist es
nun allerdings, daß diese Adärierung der ἀπόμοιρα schon in ptolemäischer Zeit erfolgt ist[3]); denn nur für das 3. Jahrhundert v. Chr.
lassen sich Naturalzahlungen für die ἀπόμοιρα nachweisen[4]), dagegen
enthalten die verschiedenen Ostrakaquittungen über die ἀπόμοιρα, die
dem 2. Jahrhundert v. Chr. angehören[5]), alle nur Geldzahlungen. Nun
muß man freilich zugeben, daß es sich in ihnen allen zufälligerweise um Zahlungen für die παράδεισοι handeln kann, und insofern
ist diesen Belegen nach keiner Richtung hin großer Wert beizulegen,
aber wir besitzen außerdem zwei Faijûmpapyri aus dem Ausgang
des 3. Jahrhunderts v. Chr., denen zufolge die ἀπόμοιρα auch für
Weinland in Geld gezahlt zu sein scheint, ohne daß sich ein besonderer Grund für die Adärierung ermitteln ließe[6]). In dem einen

---

1) Siehe P. Fay. 41; Grenfell-Hunt ebenda S. 162 heben diese Tatsache
gleichfalls hervor, doch erscheint es mir unbedingt falsch, wenn sie daraus, daß
eventuell in der Kaiserzeit der Staat die ἀπόμοιρα für sich selbst verwandt hat,
den Schluß ableiten, schon Philadelphos habe diese Tempelberaubung ausgeführt;
in der römischen Zeit liegt doch die Sache ganz anders, denn inzwischen war
ja der Kult verschwunden, für den Philadelphos die ἀπόμοιρα bestimmt hatte,
also ein Anheimfall dieser Steuer an den Staat leicht zu bewirken.

2) P. Lond. II. 195ᵃ (S. 127) Z. 8/9: Zeit des Tiberius; auch alle übrigen
aus der Kaiserzeit bekannt gewordenen ἀπόμοιρα-Zahlungen sind in Geld erfolgt
(Belege S. 343, A. 1).

3) Siehe für das folgende auch die Ausführungen Wilckens, Ostr. I. S. 160—61
und von früheren Grenfell, Rev. L. S. 121.

4) Siehe Ostr. Wilck. 711 aus der Mitte des 3. Jahrhunderts v. Chr., Quittung über ἀπόμοιρα, ferner P. Petr. II 27, 1 u. 30ᵉ, welche Selbsteinschätzungen
von Landbesitzern über die von ihnen für ihre ἀμπελῶνες zu entrichtende ἀπόμοιρα enthalten, siehe auch P. Petr. II. 30ᶜ, Z. 8/9.

5) Die Belege siehe S. 343, A 1. (alle außer Ostr. Wilck. 711).

6) Geldzahlungen für die ἀπόμοιρα von ἀμπελῶνες lassen sich außer den

von ihnen, in einem Steuerabrechnungsbuche (P. Petr. II. 43ᵇ), sind
unter der Rubrik „*ἕκτης καὶ δεκάτης*" (= *ἀπομοίρας*, siehe Rev. L.
Col. 24) auch Geldzahlungen für Weinland gebucht[1]). Die Zahler
der adärierten Weinapomoira sind hier im allgemeinen gewöhnliche
ägyptische Bauern (Z. 47, 48, 56 u. 57), die eingetragenen Zahlungen
stellen, soweit ersichtlich, die üblichen Steuereingänge dar, also ein
Grund dafür, daß nicht in natura gesteuert wird, ist nicht ersichtlich.
Auch die andere der beiden Urkunden (P. Petr. II. 46ᵇ: 4. Jahr Ptolemaios' V. Epiphanes, 202/01 v. Chr.) könnte man sehr wohl dahin
deuten, daß schon damals reine Geldzahlung für die *ἀπόμοιρα* eingeführt gewesen ist. In ihr wird uns von der Schuld eines *ἀπόμοιρα*-
Pächters[2]) für seine Pacht berichtet, und es wird diese nur in Geld
angegeben. Freilich wäre es immerhin möglich, daß der betreffende
Pächter den Teil der Pachtsumme, der in Wein bestanden hat, voll
abgeführt hat und nur gerade mit seinen Geldzahlungen im Rückstande
geblieben ist, aber eine solche Annahme ist auf jeden Fall als ein Notbehelf zu bezeichnen. Ausgeschlossen erscheint es mir außerdem,
was ja an sich möglich wäre, die Geldschuld des Steuerpächters dadurch erklären zu wollen, daß hier der Staat, um die Höhe der
Schuld bestimmter zu fixieren, eine Umrechnung der geschuldeten
Naturalien in Geld vorgenommen habe, denn in diesem Falle würde
ziemlich sicher nicht bloß das Geld, sondern auch die Weinmenge,
für die jetzt die Zahlung in Geld erfolgen soll, angegeben sein.

Nach alledem wird man mit einem bestimmten Urteil darüber,
ob schon in der Ptolemäerzeit der Systemwechsel in der Erhebung
der *ἀπόμοιρα* eingetreten ist, noch zurückhalten, jedoch die Möglichkeit eines solchen wohl zugeben müssen[3]). An und für sich wäre

---

im Text angeführten Beispielen auch sonst noch belegen, doch sind diese nur
als Adärierungen für die eigentlich abzuführende Naturallieferung aufzufassen;
im P. Leid. Q wird dies auch ausdrücklich bemerkt, und eine Adäratio erscheint
hier, wo für Rückstände des 22. und 23. Jahres erst im 26. Jahre Zahlung geleistet wird, auch ganz angemessen; auch die Geldzahlungen für *ἀμπελῶνες* im
P. Petr. II. 30ᶜ sind nur als Adärationen anzusehen, da daneben für die Weinapomoira auch in natura gesteuert wird. Wenn Grenfell aus Rev. L. Col. 30,
20 ff. schließt, daß Geldzahlung regelmäßig zu erfolgen hatte, wenn der zu entrichtende Wein nicht rechtzeitig abgeliefert worden ist, so ist dies, wie Wilcken,
Ostr. I. S. 159, A. 2 nachgewiesen hat, sachlich sehr unwahrscheinlich und beruht
auf einer falschen Ergänzung von Col. 31, 2/3, wo an Stelle *ἀπ[ομοίρας] .. ἀπ[ο-
κομιδῆς]* zu ergänzen ist.

1) In dem Rechnungsbuche sind Naturalzahlungen für *ἀπόμοιρα* von Weinland nicht daneben gebucht.

2) Er hat die *ἀπόμοιρα* sowohl von *ἀμπελῶνες* als auch von *παράδεισοι* gepachtet, siehe P. Petr. II. 46ᵇ, 4.

3) Erwähnt sei hier wenigstens jenes Ostr. Fay. 7 vom Jahre 4 n. Chr., in
dem über eine Geldzahlung als „*τιμὴ τῶν δύο κελ(αμίων)* (= *κεραμίων*) *τοῦ
οἴν(ου) γενη(μάτων)*" quittiert wird. Irgend ein Anlaß hierin die Adäratio einer

auch eine Änderung der Erhebungsbedingungen nicht allzu lange nach dem Edikt des Philadelphos ganz begreiflich. Denn so lange als die ἀπόμοιρα unter alle ägyptischen Heiligtümer verteilt worden ist, wird dem einzelnen Tempel der auf ihn entfallende Anteil an dem gelieferten Weine sehr erwünscht gewesen sein, da es ihn im allgemeinen der Mühe enthob selbst welchen zu kaufen; als dann aber immerhin nur wenige Heiligtümer die ἀπόμοιρα erhalten haben, mag diesen mitunter die große Menge des ihnen überwiesenen Weines nicht mehr besonders angenehm gewesen sein, da man ihn nicht ganz im eigenen Haushalt verbrauchen konnte, sondern ihn erst, um ihn zu verwerten, zum Verkauf bringen mußte. Erfolgte dagegen die Zahlung der ἀπόμοιρα ganz in Geld, so war man dieser Mühe enthoben, und man wird wohl deshalb auf eine Änderung der alten Erhebungsbedingungen nach dieser Richtung hin hingearbeitet haben; die alte Naturalleistung paßte eben nicht mehr zu den modernen Verhältnissen, die einen Sieg der Geldwirtschaft über die alte Naturalwirtschaft auch auf vielen anderen Gebieten des Wirtschaftslebens herbeigeführt haben.

b) Verschiedene kleinere Steuern.

Einen der ἀπόμοιρα ähnlichen Charakter hat dann eine andere Abgabe an die Tempel, die διδραχμία τοῦ Σούχου, besessen, die sich für die Zeit Neros (61/62 n. Chr.) in der Stadt Arsinoe (Faijûm) belegen läßt (B. G. U. III. 748 Col. 3, 5)[1]), denn auch sie ist auf ein bestimmtes Objekt fundiert gewesen. Die Zahlung dieser 2 Drachmen an den Suchos erfolgt nämlich anläßlich des Verkaufes eines Hausgrundstückes, das in der arsinoitischen Straße Φρεμεί gelegen war[2]), und man darf demnach vielleicht aus ihr folgern, daß bei jedem Hausverkauf in Arsinoe die διδραχμία an den alten Stadt- und Gaugott Suchos zu entrichten war; allerdings wäre es auch möglich, daß sie hier durch die Art oder Lage des verkauften Grundstückes bedingt gewesen ist, und daß man demnach in ihr eine Abgabe zu sehen hätte, die nur vereinzelt, d. h. in etwaigen analogen Fällen erfolgt ist, doch scheint mir die zuerst gebotene Deutung wahrscheinlicher zu sein.

ursprünglich in Wein zu entrichtenden ἀπόμοιρα-Leistung zu sehen, woran Grenfell-Hunt vornehmlich denken, und wodurch dann allerdings das Fortbestehen der Naturalzahlung für diese Steuer bis in die Kaiserzeit bezeugt wäre, scheint mir nicht vorzuliegen; von den bekannt gewordenen Abgaben dürfte am ehesten die „ὑπὲρ τιμῆς οἴνου"-Abgabe als Parallele heranzuziehen sein; über sie siehe Wilcken, Ostr. I. S. 271.

1) Die Deutung dieser Urkunde im allgemeinen im Anschluß an Wilcken, Ostr. I. S. 360 (er gibt hier die Zeit der Urkunde falsch an); siehe auch für sie J. C. Naber, Observatiunculae ad papyros juridicae im Archiv I. S. 85 ff. (90).

2) Der Käufer entrichtet daneben noch die übliche Verkaufsabgabe, das ἐγκύκλιον (vergl. über dieses Wilcken, Ostr. I. S. 182).

Welchen Ertrag diese $\delta\iota\delta\varrho\alpha\chi\mu\iota\alpha$ dem Suchostempel gebracht hat, ist schwer zu bestimmen, um so mehr, da es dabei sehr darauf ankommt, welche Erklärung man für sie annimmt; allzuhoch dürfte er jedoch auf keinen Fall gewesen sein. Fraglich ist es dann auch weiterhin, ob man aus der Entrichtung der $\delta\iota\delta\varrho\alpha\chi\mu\iota\alpha$ $\tau o\tilde{\upsilon}$ $\varSigma o\upsilon\chi o\upsilon$ beim Hausverkauf in Arsinoe allgemeinere Schlüsse ableiten und etwa annehmen darf, daß auch für andere Verkäufe eine Tempelabgabe stipuliert gewesen ist, und daß auch andere Götter Ägyptens ähnliche Einnahmen bezogen haben. Zur Entscheidung dieser wichtigen Fragen bietet uns leider das bisher vorhandene griechische Material keinerlei Anhaltspunkte, nur einige Vermutungen lassen sich auf Grund verschiedener von Revillout angestellter Untersuchungen demotischer Papyri[1]) anführen. Revillout zufolge ist nämlich in der Zeit vor der Herrschaft der Ptolemäer die später $\dot{\varepsilon}\gamma\varkappa\upsilon\varkappa\lambda\iota o\nu$ genannte Abgabe, durch die der Verkauf von Mobilien und Immobilien besteuert worden ist (10% vom Werte des Kaufpreises), an die die Notariatsgeschäfte damals allein versehende Priesterschaft gefallen[2]), in ptolemäischer Zeit hat dagegen der Staat unter Beseitigung des offiziellen Tempelnotariats[3]) bekanntlich diese Steuer für sich selbst erhoben (Wilcken, Ostr. I. S. 182 ff.)[4]), und da wäre es ja immerhin möglich, daß man den Tempeln, um ihnen einen gewissen Ersatz für die verloren gegangene Einnahme zu verschaffen, eine bestimmte Gebühr zugewiesen hat, die der Staat neben dem $\dot{\varepsilon}\gamma\varkappa\upsilon\varkappa\lambda\iota o\nu$ bei Kaufgeschäften erhoben hat, und daß man in der $\delta\iota\delta\varrho\alpha\chi\mu\iota\alpha$ $\tau o\tilde{\upsilon}$ $\varSigma o\upsilon\chi o\upsilon$ einen Beleg für diese Einrichtung, die sich bis in die Römerzeit erhalten hat, zu sehen hat.

---

1) Siehe Revillout, Authenticité des actes in Rev. ég. II. S. 103 ff. (S. 113/14), Un papyrus bilingue du temps de Philopator in P. S. B. A. XIV (1891/92) S. 120 ff. (S. 121) (hier weitere Belege) und Rev. ég. VII. S. 59.

2) Man hat sie, deren Erhebung, wie Wilcken (Ostr. I. S. 182) schon hervorgehoben hat, sich bisher nur bei schriftlich abgeschlossenen Kaufgeschäften nachweisen läßt, als ein Analogon der heutigen Stempelsteuer (war sie nicht gezahlt, so war das betreffende Geschäft nicht rechtsgiltig) nnd als Notariatsgebühr aufzufassen.

3) Das Tempelnotariat läßt sich inoffiziell, d. h. die von den Tempelnotaren abgeschlossenen demotischen Verträge bedürfen, um rechtsgiltig zu werden, der Mitwirkung von Regierungsbeamten, allerdings noch längere Zeit in der Ptolemäerzeit belegen (siehe VIII. Kapitel); die Tempelnotare dürften für ihre Mühewaltung wohl auch Gebühren bezogen haben, doch tragen diese jetzt jedenfalls ganz privaten Charakter. Man darf wohl aus diesen Gebühren eine weitere Einkommenskategorie der Tempel konstruieren.

4) Revillout spricht zwar das eine Mal (Rev. ég. II. S. 114) davon, daß diese Abgabe auch noch unter dem 3. Ptolemäer an die Tempel gefallen ist, aber in seinen späteren Ausführungen erwähnt er dies nicht wieder, und der von ihm als Beleg angeführte dem. P. Louvre 2431 (publ. Chrest. dém. S. 265 ff. [S. 271]) scheint mir auch seine Bemerkung nicht weiter zu bestätigen.

Aller Wahrscheinlichkeit nach darf man als eine der διδραχμία τοῦ Σούχου verwandte Kirchensteuer jene „καθήκοντα τέλη θεᾷ Βερενίκῃ" ansehen, von denen uns eine Klageschrift des 2. vorchristlichen Jahrhunderts (P. Grenf. I. 17, 12) berichtet; jedenfalls scheint es sich bei ihnen um eine Abgabe zu handeln, welche an die Gottheit im Anschluß an eine Besitzübertragung — hier ist sie durch Vererbung erfolgt — zu entrichten war. Näheres über den Charakter der Abgabe vermag ich nicht anzugeben[1]). In der θεὰ Βερενίκη darf man vielleicht die vergöttlichte Gemahlin des 3. Ptolemäers sehen[2]); ob sie hier als Mitglied des ägyptischen oder des griechischen Pantheons zu fassen ist, ist nicht zu ermitteln.

Als eine besonders fundierte Kirchensteuer kann man dann wohl auch jenen Zehnten auffassen, der dem Isisheiligtum zu Philä von dem Werte aller Waren zufließen sollte, die durch die ihm gehörende Dodekaschoinos aus Nubien nach Ägypten eingeführt wurden[3]). Allerdings muß man, wenn diese Auffassung des Zehnten zu Recht bestehen soll, annehmen, daß von eben diesen Waren auch noch ein besonderer Einfuhrzoll an den Staat zu entrichten gewesen ist, was ja eine große Wahrscheinlichkeit für sich hat[4]), sonst wäre freilich die Bezeichnung dieses Zehnten als Kirchensteuer nicht recht passend. Man müßte alsdann vielmehr in der Überweisung des Zehnten an den Isistempel richtiger eine vollständige Entäußerung des sonst nur dem Staate zustehenden Rechtes Grenzzölle zu erheben d. h. die Übertragung der Zollgerechtsamkeit an eine Priesterschaft sehen[5]), aber ein solches Verfahren des sonst so omnipotenten Staates ist doch für die hellenistische Zeit wenig wahrscheinlich[6]).

---

1) Naber, Observatiunculae ad papyros iuridicae, Archiv III. S. 6 ff. (S. 9) hat inzwischen die Abgabe als die ἀπαρχή, die Erbschaftssteuer (siehe Wilcken, Ostr. I. S. 345), charakterisiert; gesichert erscheint mir seine Deutung jedoch nicht.

2) Siehe Grenfell zu dem Papyrus; auch Naber a. a. O. S. 9, A. 8.

3) Dies ist von Sethe, Dodekaschoinos S. 16/17 nachgewiesen im Anschluß an L. D. IV. 27[b], Piehl, Varia in Ä. Z. XXI (1883) S. 131 u. Morgan, Catalogue usw. I. S. 47.

4) Man darf freilich nicht die von der ὁρμοφυλακία von Syene handelnden Urkunden (Ostr. Wilck. 262, 263, 274, 277, 302—304, 1276) als Beweis für einen vom Staat erhobenen Einfuhrzoll auf nubische Waren anführen; vergl. Wilcken, Ostr. I. S. 274 gegenüber Lumbroso, Recherches S. 312.

5) Vergl. hierzu auch ähnliche Gerechtsame, die sich z B. für den Apollotempel zu Delos nachweisen lassen, siehe Stengel a. a. O. S. 21.

6) Eine bemerkenswerte Parallele zu der hier behandelten Überweisung eines Einfuhrzolles an einen Tempel bietet uns für die vorhellenistische Zeit, für das 4. Jahrhundert v. Chr., die Naukratisstele (herausgegeben von Erman u. Wilcken, a. a. O. Ä. Z. XXXVIII [1900] S. 127 ff. [S. 131 u. 134]), der zufolge der Neith von Sais von Nektanebo II. ein Teil des von griechischen Waren an der Deltaküste erhobenen Einfuhrzoles zugewiesen worden ist. Vielleicht hat schon zur Zeit des Endes des neuen Reiches eine ähnliche Vergünstigung für die ägyptische Astarte bestanden (siehe Spiegelberg a. a O. P. S. B. A. XXIV [1902] S. 50).

Außer den bisher genannten Tempelabgaben[1]) lassen sich dann noch einige andere Kirchensteuern anführen, die jedoch allem Anschein nach eine besondere Fundierung nicht besessen haben, sondern ganz allgemein der Bevölkerung aufgelegt gewesen sind, und die man deshalb, obgleich sie verschiedene Namen führen, doch wohl im großen und ganzen alle einander gleichsetzen darf. Der Name der einen von ihnen, λογεία, scheint mir auch anzudeuten, wie man sich die Entstehung dieser Abgaben zu denken und was man unter ihnen zu verstehen hat; darnach hat ihnen der Begriff der „Kollekte"[2]) zu grunde gelegen, doch dürften sie allmählich aus der ursprünglich freiwillig von der Bevölkerung für die Tempel aufgebrachten „Kollekte"[3]) zu einer Zwangsabgabe geworden sein, ein Entwicklungsgang, der sich auch für andere Steuern des hellenistischen Ägyptens nachweisen läßt[4]). Daß z. B. die λογεία-Abgabe tatsächlich ihren ursprünglichen Charakter verloren hat und zur vollkommenen Steuer geworden ist, darf man wohl mit Sicherheit daraus folgern, daß wir auf Grund der über die λογεία erhaltenen Ostrakaquittungen[5]), die in der Form durchaus den sonst üblichen Steuerquittungen entsprechen, ein und denselben Zahler für die Jahre 62—68 n. Chr. feststellen können, daß dieser ferner sogar schon im Jahre 52/53 n. Chr. diese Abgabe entrichtet hat[6]) und daß schließlich seine Zahlungen stets so ziemlich von gleicher Höhe gewesen sind. Auch die anderen hier in Betracht kommenden Abgaben[7]) stellen sich uns als regelrechte Steuern dar, denn sie wer-

---

1) Neuerdings macht uns aller Wahrscheinlichkeit nach B. G. U. III. 992 Col. 2, 7 mit einer weiteren, der ptolemäischen Zeit angehörenden fundierten Kirchensteuer bekannt; sie scheint neben den ἐκφόρια ein vom Staat eingezogenes Landgrundstück belastet zu haben. Ob aus P. Tebt. I. 84, 8—10 mit Grenfell-Hunt eine Überweisung der von dem Ertrage von Taubenhäusern erhobenen Abgabe an den Gott Soknebtynis zu entnehmen ist, ist mir noch zweifelhaft; sollte man nicht die Angaben des Papyrus vielmehr dahin deuten dürfen, daß hier dem Gotte ein Drittel des Ertrages der Taubenhäuser überwiesen worden ist? (Das sich hier findende ἀνιεροῦν ist gerade der technische Ausdruck bei Schenkungen an die Tempel zu nicht ganz unbeschränktem Besitz.)

2) Zu λογεία = Kollekte siehe gesammelte Belegstellen bei Deißmann, Bibelstudien S. 139 ff.

3) Für eine solche besitzen wir noch einen vortrefflichen Beleg aus römischer Zeit, siehe diesen Abschnitt unter D. Vergl. ferner jetzt P. Tebt. I. 6, 26, der uns von Tempelkollekten aus ptolemäischer Zeit berichtet.

4) Vergl. z. B. die στέφανος-Abgabe, siehe Wilcken, Ostr. I. S. 295 ff.

5) Ostr. Wilck. 402, 412—418, 420; über dieselbe Abgabe soll auch in den dem. Ostr. Berl. 1657—1660 quittiert sein (Revillout, Rev. ég. VI. S. 12, A. 1). Ob die Ostr. Wilck. 360 erwähnte λογεία auch als Tempelkollekte zu fassen ist, ist mir zweifelhaft, ebenso, ob Wilcken, Ostr. I. S. 821 (zu S. 253) in B. G. U. I. 337, 13 . . .]γείας mit Recht zu λο]γείας ergänzt hat.

6) Daß das Ostr. Wilck. 402 dieselbe Abgabe wie die anderen in A. 5 genannten Ostraka enthält, darüber siehe S. 362.

7) Ostr Wilck. 1361; P. Fay. 39; 42ᵃ Col. 2, 10; P. Lond. II. 478 (S. 111);

den von den üblichen Steuerorganen des Staates, Pächtern oder Praktoren, eingetrieben und in deren Abrechnungen mit anderen Steuern
zusammen verrechnet. In der Erhebungsform hat allerdings gerade
die λογεία eine Ausnahme von der üblichen Regel gebildet, indem die
Empfänger, d. h. hier die Priester, in den uns bekannt gewordenen
Fällen stets selbst die Erhebung vorgenommen haben[1]), man hat aber
hierin offenbar nur den letzten Anklang an die ursprüngliche Form
dieser Abgabe zu sehen und sie deswegen nicht aus der Reihe der
Steuern zu streichen. Man darf sich eben die Entwicklung der den
Charakter einer Kollekte tragenden Kirchensteuern nicht gleichmäßig
vorstellen, die einen mögen früher, die anderen später den Steuercharakter angenommen haben, alte mögen verschwunden sein, um
neuen Platz zu machen u. dergl. mehr, es ist also ein steter Fluß in
dieser Abgabengruppe anzunehmen; so mag denn auch in der Zeit,
in der uns die λογεία entgegentritt, diese gerade eben erst den Steuercharakter angenommen haben, und so ist es zu erklären, daß die
Regierung noch nicht ihre Eintreibung wie die der anderen Kirchensteuern in die Hand genommen hat, was jedoch wohl sehr bald geschehen sein dürfte.

Sowohl für die Ptolemäer- als auch für die Kaiserzeit läßt sich
die Erhebung einer nicht besonders fundierten Kirchensteuer nachweisen[2]). Eine allen ägyptischen Heiligtümern gemeinsame Einnahme,
die etwa nach einem bestimmten Prinzip unter sie verteilt worden
wäre, hat man in ihr nicht zu sehen, denn in den erhaltenen Belegen
wird die Gottheit, bez. das Heiligtum, in dessen Kasse sie fließen soll,

---

P. Fay. 42ᵃ Col. 2, 12 u. 54, 7; B. G. U. II. 471, 12; eventuell auch Ostr. Wilck.
359 u. 721; P. Berl. Bibl. 23, 8 ff. Näheres über die einzelnen Steuern siehe
S. 363 ff.

1) In allen λογεία-Quittungen (siehe Anm. 5 auf S. 359) außer in einer
(Ostr. Wilck. 402) hebt der Steuererheber ausdrücklich seine priesterliche Qualität
hervor. Die eine, wo dies nicht geschieht, sondern wo der bloße Name des
Erhebers erscheint, ist 10 Jahre früher als die zeitlich erste der anderen Quittungen ausgestellt. Ein zwingender Grund in dem hier genannten Erheber einen
staatlichen Praktor zu sehen (so Wilcken, Ostr. I. S. 584) liegt nun m. E. nicht
vor. Keiner der aus dieser Zeit bekannt gewordenen Praktoren führt diesen
Namen, und es ist doch an sich sehr wohl möglich, daß der erhebende Priester
seinen Stand nicht erst genannt hat, weil er ja schon aus der Abgabe, über die
er quittierte, zu ersehen war. (Die Quittungsform bietet nach keiner Richtung
hin Anhaltspunkte.) Dazu kommt noch, daß man, wenn hier tatsächlich ein
staatlicher Erheber genannt wäre, entweder ein Konkurrieren zwischen diesem
und den beteiligten Priestern oder gar die rückläufige Bewegung von staatlicher
Steuererhebung zu der von den Steuerempfängern selbständig betriebenen annehmen müßte, was doch bei ein und derselben Abgabe wenig wahrscheinlich ist.

2) Von den auf S. 359, A. 5 u. 7 angeführten Belegen gehören der Ptolemäerzeit nur Ostr. Wilck. 1361 und Ostr. Wilck. 721 (?) an, doch dürfte dies
auf Zufall beruhen.

meistens besonders hervorgehoben[1]); in den Fällen, wo dies nicht geschieht, mag vielleicht der Bestimmungsort ohne weiteres klar gewesen sein. Da die Abgabe nicht als gemeinsame aufzufassen ist, so ist es auch verständlich, daß sich mehrere Namen, verschieden offenbar nach Ort und Zeit, für sie herausgebildet haben. Daß jeder selbständige größere Tempel seine eigene Kirchenkollektensteuer besessen hat, ist mir sehr wahrscheinlich, da wir eine solche, trotzdem uns nur sehr wenige Belege für sie bisher bekannt geworden sind, gerade für einige sicher nicht sehr bedeutende Dorfheiligtümer des Faijûms nachweisen können.

Fraglich ist es nun, ob diese Abgaben von den verschiedenen sie besitzenden Heiligtümern nach demselben Prinzip erhoben worden sind, wer alles von ihnen betroffen worden ist und wie der Erhebungsbezirk der einzelnen beschaffen gewesen ist. Material zur Entscheidung dieser Fragen besitzen wir leider so gut wie gar nicht. Nur zweimal wird uns der Zahler näher bezeichnet; das eine Mal bei der λογεία ist es ein ὁμολόγος, d. h. ein den ärmeren Teilen der Bevölkerung angehörender ländlicher Arbeiter[2]), das andere Mal ein Priester (P. Lond. II. 478 [S. 111]), es scheinen also demnach die verschiedensten Schichten der Bevölkerung zu den Kollekten beigetragen zu haben. Weitere Schlüsse auf Grund von positivem Material sind nicht möglich, jedoch darf man wohl aus allgemeinen Gründen behaupten, daß das Prinzip nicht immer das gleiche gewesen sein mag, und daß weiterhin der Erhebungsbezirk im allgemeinen ein lokal beschränkter gewesen sein wird, daß ihn etwa ähnlich wie bei der ἀπόμοιρα vor dem Erlaß des Philadelphos genau bestimmte, wohl meist in der näheren Umgebung des betreffenden Tempels gelegene Distrikte gebildet haben werden. Die für die großen, hochberühmten Heiligtümer bestimmten Kirchensteuern mögen allerdings auch außerhalb der lokalen Grenzen dieser erhoben worden sein, wenigstens läßt sich dies ziemlich sicher für den Isistempel von Philä belegen.

Es ist uns nämlich als Erhebungsort der bereits namentlich erwähnten λογεία[3]) die Stadt Theben, beziehungsweise ihre nächste Umgebung bekannt geworden. Nun bezeichnet sich der Erheber dieser Kirchensteuer sowohl als „φεννῆσις", d. h. als Priester der Isis[4]) als

---

1) Dies geschieht nicht P. Fay. 42ᵃ Col. 2, 10; P. Fay. 42ᵃ Col. 2, 12 u. 54, 7; in Ostr. Wilck. 359 u. 721 allerdings auch nicht, doch sind sie als Belege sehr zweifelhaft.

2) Vergl. hierzu im Anschluß an Cod. Theod. XI. 24, 6 Wilcken, Ostr. I. S. 254, A. 1, dessen speziellere Ausführungen freilich nicht gesichert sind.

3) Vergl. für das folgende die Bemerkungen Wilckens, Ostr. I. S. 253 ff., der die λογεία ziemlich eingehend erörtert hat; die urkundlichen Belege siehe S. 359, A. 5.

4) Die Erklärung dieses nur griechisch transskribierten, sonst durchaus ägyptischen Wortes hat Wilcken a. a. O. mit Hilfe Revillouts ermittelt.

auch als „προστάτης τοῦ θεοῦ“; er hat also der Priesterschaft eines
Tempels der Isis angehört, ist aber offenbar gleichzeitig in dem Heiligtum eines hier nicht näher bezeichneten Gottes, dessen Priester mit
denen des Isistempels ein gemeinsames Kollegium gebildet haben
müssen (siehe hierzu S. 19 ff.), Tempelvorsteher gewesen (siehe besonders
Ostr. Wilck. 420). Zu dieser Annahme, daß es sich hier um zwei
allerdings aufs engste mit einander verbundene Heiligtümer und nicht
um eins, in dem Isis und der betreffende männliche Gott gemeinsam
verehrt worden sind (so Wilcken a. a. O.), handelt, paßt es alsdann
aufs beste, daß die λογεία bald als „λογεία Ἴσιδος“ (Ostr. Wilck. 413
u. 415), bald als „λογεία τοῦ θεοῦ“ (Ostr. Wilck. 412 u. 414) bezeichnet wird, und daß diese beiden Abgaben keineswegs einander
gleichzusetzen sind, sondern selbständig neben einander bestanden
haben[1]).

Als Empfänger der λογεία können mithin aus der großen Zahl
ägyptischer Isistempel nur jene in Betracht kommen, mit denen das
Heiligtum eines männlichen Gottes verbunden gewesen ist, und diese
Bedingung erfüllt nun aufs beste derjenige Tempel, der meines Erachtens schon ganz allein auf Grund jener λογεία-Quittung zu erschließen ist, in der „ὑπὲρ λογείας ἐνφιλας“ quittiert worden ist
(Ostr. Wilck. 402), nämlich der berühmte Isistempel zu Philä[2]).
Wilcken (a. a. O.) hat schon dieses ἐνφιλας durchaus richtig als für
„εἰς Φίλας“ stehend erklärt[3]), und weiterhin darf man wohl unbedingt
die λογεία für Philä, über die hier quittiert wird, mit der 10 Jahre
später[4]) als λογεία Ἴσιδος bez. τοῦ θεοῦ bezeichneten Abgabe gleichsetzen, denn der Erhebungsort ist bei beiden derselbe (Theben), auch
der Zahler ist der gleiche, und schließlich sind auch die gezahlten
Summen von gleicher Höhe[5]). Daß die Form der Quittungen nicht
mit einander übereinstimmt, ist dem gegenüber ohne Belang; einmal

---

1) Es hat nämlich ein und derselbe Zahler zu derselben Zeit beide Abgaben besonders entrichtet; siehe Ostr. Wilck. 413 u. 414.

2) Für das Philäheiligtum haben wir schon (S. 43) nachgewiesen, daß seine
Priesterschaft mit derjenigen des Chnum von Elephantine und der des Tempels
von Abaton ein großes Priesterkollegium gebildet hat. Vielleicht ist hier unter
dem nicht namentlich genannten Gott der Chnum von Elephantine gemeint,
jedenfalls muß es ein Gott gewesen sein, dessen Verbindung mit der Isis wohl-
bekannt war, sonst hätte man sicher seinen Namen nicht weggelassen.

3) Bei der Wilckenschen Deutung ist in Betracht zu ziehen, daß der quit-
tierende ägyptische Priester mit der griechischen Sprache auf sehr schlechtem
Fuße gestanden hat; so verweist Wilcken darauf, daß er auch sonst Pronomina,
περί und ὑπέρ, verwechselt und beide sogar zu ὑπερί (!) in dem Ausdruck ὑπὲρ
δημοσίων κ. τ. λ. (siehe S. 363) vermengt.

4) Ostr. Wilck. 402 gehört dem Jahre 52/53 n. Chr. an, das zeitlich ihm
am nächsten stehende Ostr. Wilck. 412 dem Jahre 62 n. Chr.

5) Die λογεία ἐν (sic!) Φίλας beträgt 4 Drachmen 2 Obolen, diejenige
Ἴσιδος, bez. τοῦ θεοῦ im allgemeinen 4 Drachmen 1 oder 2 Obolen.

sind sie ja von verschiedenen Personen ausgestellt worden, und außerdem unterscheiden sich sogar die von demselben Erheber ausgefertigten λογεία-Quittungen ganz beträchtlich von einander[1]).

Bei Erklärung dieser Quittungen ist bisher noch ein wichtiger Ausdruck unberücksichtigt geblieben; in zwei von ihnen findet sich nämlich der Zusatz „ὑπὲρ τῶν δημοσίων τῆς φεννησίας"[2]) (Ostr. Wilck. 416 u. 420) und in denjenigen, in denen bloß „ὑπὲρ τῶν δημοσίων" steht (Ostr. Wilck. 410—415, 417, 418), ist jedenfalls der volle Ausdruck zu ergänzen. Wilcken (a. a. O.) sieht in diesem Zusatz einen Hinweis darauf, daß die λογεία-Zahlungen eigentlich als Beitrag für die öffentlichen Leistungen oder Abgaben der Isispriester und nicht für die Isis selbst entrichtet worden seien; seine Deutung, die, wenn sie richtig wäre, die λογεία aus dem Kreise der eigentlichen Kirchensteuern ausschließen würde, erscheint mir jedoch nicht haltbar. Einmal ist es wohl ausgeschlossen, daß eine Abgabe, welche unter der doch sehr merkwürdigen Begründung, durch sie sollten die privaten Steuern der Isispriester eines Heiligtums bestritten werden, erhoben worden ist, jemals direkten Steuercharakter erlangt hätte, und außerdem hätte ganz sicher eine solche Abgabe niemals an anderer Stelle einfach als Kirchensteuer des und des Gottes bezeichnet werden können (siehe Ostr. Wilck. 402 u. 412). Eine zwingende Erklärung des eigenartigen Zusatzes vermag ich auch nicht zu geben. Er scheint mir einmal anzudeuten, daß die Kirchensteuern nicht beliebig im Haushalt des Isistempels, sondern nur zu gunsten seiner Priesterschaft verwendet werden sollten[3]). Ferner sei hier auf den Gebrauch von δημόσιος in der Abrechnung des arsinoitischen Jupitertempels verwiesen, in welcher diese selbst aller Wahrscheinlichkeit nach als δημόσιοι λόγοι bezeichnet werden (B. G. U. II. 362. p. 3, 1); es kann also δημόσιος durchaus nicht nur in dem Sinn von „öffentlich, staatlich" gebraucht worden sein, sondern man wird ihm hier etwa den Begriff „amtlich, offiziell" unterlegen dürfen. Sollte man etwa dementsprechend in den Steuerquittungen bei δημόσια an die amtlichen Bezüge der Priesterschaft denken dürfen?

Außer für den Isistempel von Philä sind uns auch für ein nicht näher zu bestimmendes Isisheiligtum und für die Tempel der Faijûmdörfer Soknopaiu Nesos, Βουκόλων und Φαρβῆθα (?) nicht fundierte Kirchensteuern bekannt geworden[4]). Die für das erstere

---

1) So ist z. B. in einigen dieser Quittungen (Ostr. Wilck. 416, 417, 418 u. 420) sogar das Wort λογεία weggelassen, und nur aus ihrer ganzen übrigen Form ist es möglich zu erkennen, daß die λογεία-Abgabe in ihnen gemeint ist.

2) Φεννησία bedeutet natürlich sicher Isispriestertum.

3) Es sei hierzu daran erinnert, daß z. B. bei Geschenken an die Tempel auch oft ausdrücklich die Art ihrer Verwendung, z. B. die Fundierung bestimmter Opfer, angegeben wird.

4) Vergl hierzu Grenfell-Hunt, P. Fay. S. 155.

zu belegende Abgabe (Ostr. Wilck. 1361) stammt aus ptolemäischer Zeit, wird in Theben von einem staatlichen Steuerpächter[1]) in Höhe von 300 Kupferdrachmen erhoben und wird einfach als ($\dot{v}\pi\dot{\varepsilon}\varrho$) ῎$Iσιδος$ bezeichnet[2]); die drei anderen Abgaben gehören der Kaiserzeit an und führen die Bezeichnungen: $ἱερὸς$ $χειρισμὸς$ $Σοκνοπαίου$ $Νήσου$ (P. Lond. II. 478 [S. 111]), $τέλος$ $ἱερο(ῦ)$ $Βουκόλ(ων)$ (P. Fay. 39) und $ἱερῶν$[3]), ihre Erhebung hat teils staatlichen Steuerpächtern (diese Erhebungsform bei den beiden erstgenannten), teils Praktoren obgelegen. Näheres über all diese Abgaben ist leider nicht zu ermitteln[4]).

In die Kategorie der nicht fundierten Kirchensteuern darf man wohl auch jene $ἱερατικῶν$-Abgabe einreihen, die sich mit Sicherheit in römischer Zeit für das Faijûmdorf Euhemeria nachweisen läßt[5]); eine nähere Erklärung wage ich jedoch nicht zu bieten.

Besonderes Interesse verdient es alsdann, daß auch eine an einen griechischen Tempel gezahlte Kirchensteuer uns bekannt geworden ist. Sie ist in einer Steuerabrechnung des Dorfes $Ἐξαπόταμον$ (?)

---

1) Daß es sich hier um einen staatlichen Steuerpächter und nicht etwa wie bei der $λογεία$ um einen Priester handelt, zeigt außer der Form der Quittung deutlich Ostr. Wilck. 323, wo derselbe Mann über eine andere von ihm eingetriebene Steuer quittiert.

2) Es wäre allerdings auch möglich, da die obige Abgabe der Ptolemäerzeit angehört, sie nicht als Kirchensteuer, sondern etwa als Pachtzahlung für Tempelbesitz aufzufassen (näheres siehe Kapitel VI, 3 A a), doch ist mir immerhin die oben gebotene Deutung die wahrscheinlichere.

3) P. Fay. 42ᵃ Col. 2, 10. (Die Erwähnung von ‚$ἱερῶν$‘ zusammen mit den verschiedenartigsten Steuerbezeichnungen sichert die Deutung als Kirchensteuer.) Der Bestimmungsort der Abgabe ist zwar bei $ἱερῶν$ nicht hinzugesetzt, dies dürfte jedoch wohl geschehen sein, weil er bei dem jedenfalls herrschenden Prinzip, daß jeder Tempel seine besondere Kollektensteuer besaß, offenbar einfach daraus zu entnehmen war, daß die Abgabe in einer Steuerabrechnung des Dorfes $Φαρβῆθα$ gebucht war; jedenfalls erscheint es mir nicht angängig, aus dieser Nichtnennung des Bestimmungsortes folgern zu wollen, daß wir hier einen Beleg für eine allen ägyptischen Tempeln gemeinsame Kirchensteuer vor uns haben.

4) Bemerkt sei hier noch, daß nur bei der $ἱερῶν$-Abgabe eine Angabe über die Höhe erhalten ist; es sind für sie in einem Monat 21 Drachmen 4 Obolen gezahlt worden.

5) P. Fay. 54, 7 (117/18 n. Chr.) (den Steuercharakter darf man aus der Buchung der Zahlung mitten unter Steuereingängen folgern); ob man die P. Fay. 42ᵃ Col. 2, 7 (2. Jahrh. n. Chr.) für das Dorf $Φαρβῆθα$ genannte Abgabe $ἱερα$-$τ(ι)κ(ῶν)$ $ἐπι($) der im Text genannten gleichsetzen darf, ist mir immerhin recht zweifelhaft, eine Deutung scheint mir bei der ganz unsicheren Lesung ausgeschlossen. Bemerken möchte ich noch, daß man vielleicht Ostr. Wilck. 359 (9 v. Chr.) u. 721 (ptolemäische Zeit) als Beleg für die Abgabe ‚$ἱερατικῶν$‘ fassen könnte (es handelt sich in ihnen um Quittungen für eine Zahlung: $ἱερατικῶν$ in Geld und um eine in natura), doch ist es vor allem in dem ersten Falle wahrscheinlicher, daß man hier Zahlungen für Tempelbesitz an die Regierung anzunehmen hat; siehe Kapitel VI, 3 A a.

(2. Jahrhundert n. Chr.) unter der Bezeichnung „$\iota\varepsilon\varrho\acute{\varepsilon}\omega\nu\ \varDelta\acute{\eta}\mu\eta\tau\varrho o\varsigma$"[1] (d. h. für die Priester der Demeter) gebucht (B. G. U. II. 471, 11); die für sie entrichtete Summe beträgt 31 Drachmen[2].

Weitere Kirchensteuern außer den bisher genannten lassen sich nicht nachweisen[3]), doch dürfte man immerhin auf Grund des hier verwerteten Materials, wenn es uns auch nur für wenige Tempel Angaben bietet, und obgleich sich bei keiner einzigen der bekannt gewordenen Tempelabgaben auch nur annähernd ihr Wert feststellen läßt, wohl zu der Annahme berechtigt sein, daß die Kirchensteuern insgesamt den ägyptischen Heiligtümern größere Einnahmen verschafft haben, und daß sich somit die Bevölkerung an der Fundierung des Tempelhaushaltes mit ganz beträchtlichen festen Zwangsbeiträgen beteiligt hat.

---

1) Daß wir die Priester der Demeter als griechische Priester auffassen müssen, dafür siehe S. 134, A. 3.

2) Daß man in „$\iota\varepsilon\varrho\acute{\varepsilon}\omega\nu\ \varDelta\acute{\eta}\mu\eta\tau\varrho o\varsigma$" die Angabe der Steuer und nicht etwa die der Zahler zu sehen hat, dafür spricht auch die Form der Eintragung, die in jeder Weise mit derjenigen übereinstimmt, die z. B. in Z. 15 u. 17 angewandt ist, wo zweifellos nur die Steuern ohne Angabe der Zahler (in den Fällen, in denen die Zahler genannt sind, werden sie durch $\pi\alpha\varrho\acute{\alpha}$ eingeleitet) gebucht sind.

3) Im P. Berl. Bibl. 23, 8 ff. ist vielleicht auch von Abgaben an die Tempel die Rede (vergl. Wilcken, Ostr. I. S. 373/74), eine sichere Deutung erscheint mir jedoch vorläufig nicht möglich (in Z. 8 u. 9 könnte z. B. auch mit $\mathring{\alpha}\varrho\chi\iota\varepsilon\varrho\acute{\varepsilon}\omega\varsigma$ und $\iota\varepsilon\varrho\tilde{\omega}\nu$ der Zahler genannt sein). Die bei Wilcken, Ostr. I. S. 146 u. S. 221 ff. genannten Abgaben $\varepsilon\mathring{\iota}\varsigma\ \mathring{A}\mu\mu\omega\nu\varepsilon\tilde{\iota}o\nu$ und $\iota\varepsilon\varrho o\tilde{\upsilon}\ (\pi\upsilon\varrho o\tilde{\upsilon})$, sc. $\iota\varepsilon\varrho\tilde{\alpha}\varsigma\ (\varkappa\varrho\iota\vartheta\tilde{\eta}\varsigma)$ sind nicht, wie W. meint, als Kirchensteuern aufzufassen, ebenso haben auch nichts die Zahlungen unter dem Titel „$\mathring{\upsilon}\pi\grave{\varepsilon}\varrho\ \varphi o\iota\nu\iota\varkappa\acute{\omega}\nu\omega\nu\ \iota\varepsilon\varrho\alpha\tau\iota\varkappa\tilde{\omega}\nu$" mit Abgaben für die Tempel zu tun; näheres siehe Kapitel VI, 3 A a. Die von Revillout in seinen Mélanges etc angeführten, nicht im Text erwähnten Kirchensteuern scheinen mir gleichfalls zu Unrecht als solche gedeutet zu sein, so vor allem das $\lambda\varepsilon\iota\tau o\upsilon\varrho\gamma\iota\varkappa\acute{o}\nu$ (siehe a. a. O. S. 311 Anm., vergl. S. 94), da Revillout irrtümlich $\lambda\varepsilon\iota\tau o\upsilon\varrho\gamma\acute{\iota}\alpha$ stets als eine für einen Gott bestimmte Leistung ansieht (die richtige Deutung der Abgabe findet sich bei Wilcken, Ostr. I. S. 382). Weiterhin nennt Revillout a. a. O. S. 202/3 eine Ölabgabe „parmi les redevances sacrées", doch kann ich den auf den genannten Seiten für seine Ansicht von ihm angeführten demotischen Beispielen keinerlei Beweiskraft zusprechen (vergl. übrigens hierzu meine Bemerkungen im V. Kapitel, 7 über die $\mathring{\alpha}\lambda\iota\varkappa\grave{\eta}\ \iota\varepsilon\varrho\tilde{\omega}\nu$); ebenso zweifelhaft erscheint es mir, was er S. 199 über die an die Tempel gezahlte Salzsteuer sagt, wenn auch seine Übersetzung der demotischen Belege seine Ansicht zu rechtfertigen scheint; auf eine Anfrage an Herrn Professor Steindorff hatte dieser die Liebenswürdigkeit mir mitzuteilen, daß er meine Zweifel an der Richtigkeit der Revilloutschen Behauptungen teile. Endlich muß ich auch noch einen indirekten Beleg für Kirchensteuern als unzutreffend bezeichnen, der von Naber a. a. O. Archiv I. S. 90 beigebracht worden ist, indem er in Rev. L. Col. 20, Z. 14 ff.: [$\mathring{o}\sigma\alpha\ \delta\grave{\varepsilon}\ \sigma]\upsilon\gamma\gamma\varrho\acute{\alpha}\varphi o\nu\tau\alpha\iota\ o\mathring{\iota}\ o\mathring{\iota}\varkappa o\nu\acute{o}\mu o\iota\ \ldots.\ \pi\varepsilon\varrho\grave{\iota}\ \tau[\tilde{\omega}\nu\ \varepsilon\mathring{\iota}\varsigma\ \tauo\grave{\upsilon}\varsigma]\ (\ldots)\upsilon\varsigma\ \sigma\upsilon\gamma\varkappa\upsilon\varrho\acute{o}\nu$-$\tau\omega\nu,\ \mu\grave{\eta}\ \pi\varrho\alpha\sigma\sigma\acute{\varepsilon}\sigma\vartheta\omega\sigma\alpha\nu\ o\mathring{\iota}\ \pi\varrho\alpha\gamma\mu\alpha[\tau\varepsilon\upsilon\acute{o}\mu\varepsilon\nuo\iota]\ \ldots.\ \tau\tilde{\omega}\nu\ \sigma\upsilon\gamma\gamma\varrho\alpha\varphi\tilde{\omega}\nu\ \ldots\ \mu\eta\delta\acute{\varepsilon}\nu$ das $(\ldots)\upsilon\varsigma$ zu [$\vartheta\varepsilon o]\grave{\upsilon}\varsigma$ ergänzt und die Stelle erklärt: rursus ab omni vectigali excipiebantur eorum vectigalium conductiones, quae res publica elocabat solvenda diis; Nabers Ergänzung [$\vartheta\varepsilon o]\grave{\upsilon}\varsigma$ scheint mir ganz unberechtigt zu sein.

Als eine Neueinrichtung der hellenistischen Zeit ist dies nicht
aufzufassen, da´ ja bei einzelnen der besprochenen Kirchensteuern auf
entsprechende Zustände des vorptolemäischen Ägyptens rekurriert werden
konnte (siehe S. 358, A. 6). Ob schon damals die Auflage von Kirchensteuern weiter verbreitet gewesen ist, ist freilich nicht mit Sicherheit
zu entscheiden[1]), recht wahrscheinlich ist es mir dagegen, daß die
intensive Mitwirkung des Staates bei der Erhebung von Abgaben für
die Tempel als eine erst der hellenistischen Zeit angehörende Neuerung anzusehen ist.

B. Die σύνταξις der Priester.

Für den Staat haben die den Tempeln überlassenen Kirchensteuern keine Einbuße an Einnahmen bedeutet, da er ja allem Anschein nach ihm eigentlich zukommende Steuern nicht der Kirche
überwiesen, sondern nur solche Abgaben an die Tempel übermittelt
hat, welche neben den eigentlichen Staatssteuern erhoben worden sind.
Insofern hat sich also der Staat bei den Kirchensteuern auch nicht
indirekt finanziell an der Fundierung des Kultus beteiligt, dagegen
hat er aus eigenen Mitteln sehr bedeutende Summen als festen jährlichen Beitrag an die Tempel gezahlt, so daß also auch er als ein
wichtiger Faktor bei der Bilanzierung des Tempeletats in Betracht zu
ziehen ist.

Diese vom Staate den Heiligtümern zugewandten jährlichen festen
Beiträge, welche die Bezeichnung „σύνταξις" geführt haben[2]), sind den

---

1) Vielleicht darf man in den im großen Papyrus Harris als eine Einnahmenskategorie der ägyptischen Tempel (Zeit: Ramses III.) angeführten „Pflicht-
mäßigen Lieferungen, Abgaben aller Untertanen der und der Tempel, die der
König in ihre Schatzhäuser, Speicher und Scheunen als ihre jährliche Steuer
gegeben hat" (Übersetzung von Erman a. a. O. Sitz. Berl. Ak. 1903 S. 468) Kirchensteuern von der Art der im Text besprochenen sehen. Erman a. a. O. S. 471
hat schon wegen der für sie genannten verhältnismäßig kleinen Zahlenangaben
daran gezweifelt, sie als die Einnahmen der Tempel aus dem eigenen Besitz zu
fassen. Aus der Erwähnung des Königs in Verbindung mit diesen Abgaben ist
jedoch noch nicht ohne weiteres zu schließen, daß der Staat schon damals die
Erhebung dieser Abgaben in seine Hand genommen hatte; vergl. hierzu die Bemerkungen Ermans a. a. O. S. 468.

2) Belege siehe: Rosette Z. 14; Serapeumspapyri: P. Lond. I. 21 (S. 12) Z. 23;
33 (S. 19) Z. 7; 35 (S. 24) Z. 11 u. 20 (24 Verso [S. 26] Z. 10 u. 20); P. Par. 26, 6 ff.;
27, 19 (P. Leid. E₂, 9 u. 21; P. Mil. Z. 15); 33, 6; P. Leid. B, Col. 1, 10, Col. 2, 11,
13, 20, Col. 3, 4; C, 4/5; E₁ (am Rande), 2; P. Vat. V. S. 602 (in den beiden dort
stehenden Papyri); P. Dresd. Verso Z. 12 u. öft.; ferner wird die σύνταξις und
ihre Überweisung an die Tempel ohne direkte Nennung des Namens noch sehr
oft in den von den „Zwillingen" handelnden Serapeumspapyri erwähnt, siehe
z. B. P. Leid. D₁ (P. Leid. E₁; P. Par. 30; P. Dresd.), P. Lond. I. 17 (S. 10) usw.; gr.
P. Par. bei Revillout, Mélanges S. 327; Strack, Inschriften 140, 21; P. Tebt. I.
5, 54; P. Petersb. u. P. Berl. bei Wilcken, Hermes XXII (1887) S. 143; B. G. U.
III. 707; unpubl. P. Rainer 107 bei Wessely, Kar. u. Sok. Nes. S. 72 (die drei

Tempelkassen mit der Bestimmung zugewiesen worden, sie unter die Priester zu verteilen[1]); den Tempeln hat also über ihre Verwendung nicht das gleiche freie Verfügungsrecht wie über die ihrer anderen Einnahmen zugestanden, und insofern hat man den συντάξεις eine ganz besondere Stellung unter den Tempeleinnahmen zuzuweisen. Man hat eben in diesen συντάξεις das **jährliche staatliche Gehalt**[2])

letzten Belege gehören der römischen Zeit an); völlig unberechtigt erscheint es mir, wenn Revillout, Mélanges S. 327, A. 2 und Meyer, Heerwesen S. 57, A. 196 den P. Petr. I. 25, 2 als Beleg für die σύνταξις anführen; der Papyrus ist sehr schlecht erhalten, ein sicherer Anhaltspunkt, daß die in ihm genannte τετρα-καιεικοστή-Abgabe einem Tempel zugewiesen worden ist, wie Revillout und Meyer glauben, läßt sich nicht gewinnen (vergl. übrigens zu dieser Abgabe Wilcken, Ostr. I. S. 400) und vor allem ist doch auch nicht die leiseste Andeutung, ganz abgesehen davon, daß das Wort σύνταξις nicht erwähnt wird, vorhanden, daß, wenn tatsächlich die Überweisung der Abgabe an den Tempel erfolgt sein sollte, dieser sie nun wieder als Gehalt an seine Priesterschaft verteilt hat (siehe oben im Text); man darf doch nicht jede Spende der Regierung an die Tempel als σύνταξις bezeichnen, eine solche, wie sie alsdann hier stattgefunden hätte, wäre vielmehr etwa als fundierte Kirchensteuer zu deuten und dem Zehnt der Isis von Philä gleichzusetzen.

Über die σύνταξις der Priester hat Revillout öfters gehandelt, vergl. vor allem seine Arbeiten: Note annexe sur la syntaxis des temples ou budget des cultes sous les Ptolémées in Rev. ég. I. S. 82 ff. und Le budget des cultes sous Ptolémée Philadelphe in Rev. ég. III. S. 105 ff.

1) Dies läßt sich direkt belegen bei den „Zwillingen" des Serapeums (siehe Serapeumspapyri), auch bei dem βουκόλος τοῦ Ὀσοράπιος (P. Lond. I. 41 Recto [S. 27]). Vielleicht darf man auch hierfür die Stolisten des alexandrinischen Ptahheiligtums anführen, in dem Fall nämlich, wenn diese von dem Tempelbeamten ihres Stammheiligtumes in Memphis die σύνταξις persönlich für sich und nicht als die offiziellen Vertreter ihres Tempels für diesen erhalten haben; siehe P. Petersb. u. P. Berl., publ. Wilcken, a. eben a. O. und zu ihm die Bemerkungen S. 22 und im VI. Kapitel, 4 A. Infolge der doppelten Auszahlung der σύνταξις, einmal aus der königlichen Kasse in die priesterliche und dann aus dieser in die Hand der Empfänger, wird es verständlich, daß in den Serapeumspapyri die eigentlichen Empfänger die σύνταξις bald als σύνταξις ἐκ τοῦ βασιλικοῦ, bald als σύνταξις ἐκ τοῦ ἱεροῦ bezeichnen; siehe z. B. P. Lond. I. 17 (S. 10), Z. 5; P. Par. 23, 25; 27, 15 (P. Leid. E₂, 15/16; P. Mil); P. Leid. C, 5 und P. Lond. I. 22 (S. 7), Z. 18/19; P. Par. 27, 19 (P. Leid. E₂, 20/21; P. Mil.). Wenn uns in P. Lond. I. 31 (S. 15) u. P. Leid. C einmal eine direkte Zahlung der σύνταξις durch die Regierung an die „Zwillinge" (bez. ihren Vertreter) entgegentritt, so hat man hierin nicht das Normale zu sehen, sondern sie ist allein bedingt durch die trotz aller Mahnungen der „Zwillinge" nicht erfolgende Auszahlung der σύνταξις durch die Priester (siehe die Serapeumspapyri). Kein persönlicher Empfang der σύνταξις aus der Regierungskasse durch Priester liegt im gr. P. Par. publ. bei Revillout, Mélanges S. 327 und in B. G. U. III. 707 vor, da hier die betreffenden Priester als Vertreter ihrer Heiligtümer für diese die σύνταξις erhalten. Nähere Angaben über die Form der Überweisung der σύνταξις an die Tempel und der Verteilung unter die Priester siehe im VI. Kapitel, 4 B.

2) Irreleitend wenn auch ziemlich üblich ist es, so auch Wilcken, Ostr. I. S. 672, diese Priestersyntaxis mit „Pension" zu übersetzen, da nach deutschem Sprachgebrauch eine solche doch nur dem nicht mehr in seinem Amte Tätigen

der ägyptischen Priester zu sehen, wobei jedoch zu beachten ist, daß
σύνταξις in Ägypten keineswegs ausschließlich das Priestergehalt bedeutet hat, sondern auch dasjenige anderer Beamten mit diesem Worte
bezeichnet worden ist[1]).

An dem Empfange der σύνταξις haben — dies scheint mir ziemlich sicher zu sein — alle ägyptischen Heiligtümer partizipiert[2]), da-
zugewiesen wird, während die σύνταξις doch gerade den amtierenden Priestern
ausgezahlt wird.

Übrigens sind diese συντάξεις der ägyptischen Priester als eine im Altertum einzig dastehende Erscheinung zu bezeichnen, da meines Wissens eine offizielle, vom Staat für die gesamte Priesterschaft besonders ausgezahlte Besoldung
sich bisher für keinen antiken Staat belegen läßt; erst die christlichen Priester
haben ein richtiges staatliches Gehalt erhalten (siehe z. B. Sozomenos, hist. eccl.
II. 8; Eusebius, Vita Const. IV. 8; hist. eccl. X. 6).

1) Abgesehen davon, daß allgemein σύνταξις zur Bezeichnung eines beliebigen Gehaltes gebraucht worden ist (cf. Stephanus, Thesaurus, s. v.), und daß
z. B. gerade die Remuneration der Mitglieder des alexandrinischen Museums
(Athenaeus XI. 494ᵃ) ebenso wie die der ägyptischen Richter (Diodor I. 75, 4)
als σύνταξις bezeichnet wird (vergl. auch Plutarch, Lucullus c. 2), findet es sich
in dieser Bedeutung auch in den griechisch-ägyptischen Papyri; siehe z. B.
P. Oxy. I. 167, P. Fay. 302, vergl. auch Ostr. Fay. 47; in P. Fay. 15 dürfte die
Bedeutung „beliebiges Gehalt" die einfachste Erklärung liefern. Schließlich
vergl. noch P. Grenf. I. 45; P. Lond. II. 359 (S. 150); siehe jetzt auch P. Tebt.
I. 209; P. Oxy. IV. 729, 12. Da σύνταξις also „beliebiges Gehalt" und durchaus
nicht bloß das priesterliche Gehalt in Ägypten bedeutet hat (Grenfell-Hunt
P. Fay. S. 107 u. 169 ziehen dies z. B. niemals in Betracht), wird auch Meyers,
Heerwesen S. 57, A. 196 Erklärung der γῆ ἐν συντάξει (Rev. L. Col 43, 12) hinfällig, die schon an sich wenig wahrscheinlich erscheinen mußte; er hat diese
nämlich als im Besitz von Privatleuten befindliche γῆ ἱερά erklärt, für die von
den augenblicklichen Besitzern eine jährliche σύνταξις an die Priester der ursprünglichen Gotteigentümer zu entrichten war. Insofern hat auch Grenfell
Unrecht, wenn er Rev. L. S. 137 ausspricht: In any case the holders of land
ἐν συντάξει were no doubt mainly, if not wholly, the priests (vergl. hierzu jetzt
auch P. Tebt. I. S. 38); auch Mahaffys Erklärung (Rev. L. S. XXXVIII) dieser
Landart ist abzuweisen. γῆ ἐν συντάξει ist einfach als Land aufzufassen, dessen
Einkünfte der Inhaber an Stelle eines ihm zukommenden, besonders auszuzah-
lenden Gehaltes empfangen hat, d. h. das Gehalt ist in diesem Falle auf Grund
und Boden fundiert gewesen (siehe auch die Nachrichten bei Athenaeus I. 30
über die dem Themistokles vom Perserkönig gleichsam als Gehalt zugewiesenen
Einnahmen). Vergl. Lumbrosos Bemerkungen Rev. L. S. 137. Natürlich kann
eventuell auch die Priesterschaft anstatt der σύνταξις staatliches Land, dessen
Einkünfte zur Bezahlung des Priestergehaltes benutzt werden sollten, empfangen
haben. Die Vergebung von γῆ ἐν συντάξει ist nach alledem als eine der Formen
zu betrachten, durch die man in Ägypten die königliche Domäne, ohne selbst
die Mühe der Bewirtschaftung zu haben, verwertet hat. Vergl. hierzu P. Tebt.
I. S. 550, wo Belege dafür zusammengestellt sind, daß Zivilbeamte staatliches
Land zu beschränktem Besitzrecht erhalten haben.

2) Siehe die Angaben der Pithomstele über die σύνταξις (?), in der es einfach
heißt, daß sie den Tempeln Ober- und Unterägyptens zugewiesen worden ist
(siehe im folgenden), ebenso Rosette Z. 14: συντάξεις „διδομένας εἰς αὐτά (sc. ἱερά)",
jetzt auch P Tebt. I. 5, 53: εἰς τὰς συν[τ]ά[ξεις τῶν ἱερ[ῶ[ν; hierzu kommt, daß
sich der Empfang von σύνταξις für die verschiedensten Heiligtümer belegen läßt.

gegen kann man leider darüber zu keiner sicheren Entscheidung gelangen, ob dieses Gehalt von allen Priestern ohne jede Ausnahme bezogen worden oder ob es nur auf bestimmte Gruppen der Priesterschaft
beschränkt gewesen ist. Das bisher über die Priestersyntaxis bekannt
gewordene Material läßt uns in diesem Punkte teilweise im Stich,
denn mehrere von den erhaltenen Belegen sind hier nicht zu verwerten,
indem sie uns das Priestergehalt zwar als eine auf jeden Fall sehr
weit verbreitete Institution kennzeichnen, aber in keiner Weise andeuten, an welche Priester es abgeführt worden ist. So läßt sich
denn der Empfang von σύνταξις nur für ἱερεῖς[1]), vielleicht auch für
Stolisten[2]), ferner für die Zwillinge des Serapeums[3]) und für den gleichfalls dem memphitischen Serapeum angehörenden βουκόλος τοῦ Ὀσοράπιος[4]) direkt belegen, d. h. also sowohl für Priestergruppen, die den
Priestern höheren Ranges angehören, die man wohl schon an und für
sich geneigt wäre als σύνταξις-Bezieher anzusehen, als auch — und
dies ist besonders wertvoll — für Angehörige der niederen Priesterschaft. Für recht wahrscheinlich halte ich es hiernach, da ja die

---

1) Unpubl. P. Rainer 107 bei Wessely, Kar. u. Sok. Nes. S. 72; B. G. U.
III. 707 darf hier, wie soeben bemerkt (S. 367, A. 1), nicht verwertet werden.

2) Die Stolisten sind auszuscheiden, falls sie in P. Berl. u. P. Petersb.
(publ. Wilcken a. eben a. O.) nur als Vertreter ihres Tempels die σύνταξις in
Empfang nehmen; siehe auch S. 367, A. 1.

3) Siehe die Serapeumspapyri; das Gehalt der Zwillinge darf man nicht
als eine erst kurz vor ihrer Zeit geschaffene Zuwendung der Regierung auffassen,
eine Auffassung, die natürlich für die Frage, wer alles aus der Priesterschaft
an sich zum Empfange der σύνταξις berechtigt war, von größter Wichtigkeit
wäre, denn den Worten des P. Par. 26, 10 ff.: ὑμῶν (sc. Ptolemaios VI. u. Kleopatra II.) γὰρ ἐκτιθέντων ἔτι ἀπὸ τῶν ἔμπροσθεν χρόνων σύνταξιν τῷ τε Σαραπιείῳ καὶ τῷ Ἀσκληπιείῳ, καὶ ἐκ τούτων καὶ τῶν προτοῦ γενηθεισῶν δ[ι]δυμῶν
κομισαμένων τὰ ἑαυτῶν καθ᾽ ἡμέραν δέοντα, καὶ ἡμῖν κ. τ. λ. darf man auf
keinen Fall entnehmen, daß die Zwillingssyntaxis überhaupt erst von dem
6. Ptolemäer etwa für die Vorgängerinnen der Zwillinge (diese werden z. B. auch
sonst noch öfters als σύνταξις-Bezieherinnen bezeichnet; siehe P. Lond. I. 22
[S. 7], Z. 10 ff.; P. Lond. I. 41 Recto [S. 27]; P. Vat. V. S. 602) eingerichtet worden ist; in diesem Falle müßte man ja außerdem folgern, daß für das Serapeum
und Asklepieum auch erst von Philometor I. σύνταξις bewilligt worden ist, was
durchaus unwahrscheinlich wäre; dazu kommt noch, daß die Zwillings-σύνταξις
als eine sehr alte Institution bezeichnet wird (siehe P. Leid. B Col. 1, 9 ff., besonders Z. 13, die „ἀρχαῖοι διαλογισμοί“, in denen die σύνταξις eingetragen ist),
eine Bezeichnung, die man wohl nicht angewandt hätte, wenn ihre Einrichtung
erst wenige Jahre (höchstens 15 Jahre) vorher erfolgt wäre. Die Worte der
Petition besagen demnach offenbar nur, daß auch von Philometor, jedenfalls bei
seinem Regierungsantritt, die Auszahlung der betreffenden σύνταξις angeordnet
worden ist.

4) P. Lond. I. 41 Recto (S. 27); hier handelt es sich allerdings um eine σύνταξις,
die ihm nur zeitweise zugewiesen ist, weil er die priesterlichen Obliegenheiten
anderer versehen hat, aber die Tatsache der Zuweisung bezeugt doch immerhin,
daß er zu dem Kreise derjenigen Personen gehört haben muß, die zum Empfang
von σύνταξις berechtigt gewesen sind.

Priester höherer Ordnung uns im allgemeinen stets als eine einheitliche Gruppe entgegentreten, daß für diese alle insgesamt vom Staate Gehalt ausgesetzt gewesen ist. Man könnte dann weiterhin, da ja hier die verschiedenartigsten Priester genannt werden, vielleicht sogar geneigt sein anzunehmen, daß alle ägyptischen Priester staatliches Gehalt bezogen haben, aber einer solchen Annahme scheint meines Erachtens immerhin entgegenzustehen, daß sich z. B. für die Choachyten, obwohl wir über deren Bezüge ziemlich genau unterrichtet sind (siehe VII. Kapitel), der Bezug von σύνταξις nicht nachweisen läßt. Nach alledem scheint es mir, namentlich wenn man mit in Betracht zieht, daß die Abführung der σύνταξις an die Priester durch die Tempelkassen erfolgt ist, recht wahrscheinlich zu sein, daß nur diejenigen Priester, die in einem festen Verhältnis zu einem ganz bestimmten Heiligtum gestanden haben, σύνταξις empfangen haben, daß aber die anderen, bei denen dies wie z. B. bei den Choachyten nicht der Fall gewesen ist, auch an dem in seiner Auszahlung eben auf ein bestimmtes Heiligtum basierten Staatsgehalt keinen Anteil gehabt haben; als sicher kann ich diese Vermutung natürlich nicht bezeichnen.

Trotzdem die σύνταξις somit als eine den einzelnen Priester ganz persönlich angehende, für seinen Unterhalt bestimmte Zuwendung des Staates aufzufassen ist, so muß sie doch hier unter den Tempeleinnahmen behandelt werden, da sie ja nicht direkt an den betreffenden Priester von der Regierung abgeführt worden ist (siehe VI. Kapitel 4 B).

Sowohl für die Ptolemäer- als auch für die Kaiserzeit ist uns die regelmäßige staatliche Beihilfe für den Kultus durch die συντάξεις bezeugt. Fraglich ist es nun, wann diese entstanden ist. Revillout (Rev. ég. I. S. 83) hat seinerzeit behauptet (später [Rev. ég. III. S. 107 ff] hat er allerdings diese Ansicht aufgegeben)[1]), daß dies erst nach dem Dekret von Kanopus, aber vor demjenigen von Rosette geschehen sei, da in dem ersteren die σύνταξις nicht erwähnt werde, während sie in den Angaben der Rosettana (Z. 14) schon als eine richtige Einnahmenskategorie der Tempel erscheine. Revillouts Argument ist jedoch in keiner Weise stichhaltig; die Nichterwähnung der σύνταξις im Dekret von Kanopus ist durchaus verständlich, da ja in diesem an keiner Stelle die Einnahmen der Priesterschaft genauer spezialisiert werden; so wird ja auch z. B. eine andere der in der Rosettana genannten Tempeleinnahmen, die ἀπόμοιρα, in Kanopus nicht genannt, und doch hat diese damals schon seit langer Zeit bestanden.

Revillout (Rev. ég. I. S. 82) führt weiterhin für seine Ansicht, daß

---

1) Die Widerlegung der früheren Ansicht Revillouts (er selbst geht Rev. ég. III. S. 107 ff. mit keinem Worte auf sie ein) scheint mir deshalb nötig, weil seine neue Auffassung, derzufolge die σύνταξις schon unter dem 2. Ptolemäer nachweisbar ist, nicht ganz gesichert ist; siehe S 380 ff.

die σύνταξις erst eine Schöpfung der ptolemäischen Zeit sei, an, daß im demotischen Teile der Rosettana (siehe seine Chrest. dem. S. 1 ff. [S. 15]) dieses Wort genau transkribiert wiedergegeben ist und daß eine entsprechende altägyptische feste Bezeichnung der σύνταξις bisher nicht nachweisbar sei[1]). Hiermit hat er allerdings einen gewichtigen Grund für die Richtigkeit seiner Behauptung gewonnen[2]), doch könnte man dem immerhin entgegenhalten, es sei doch möglich, daß für die schon längst bestehende Institution der neue, von der griechischen Regierung gegebene Name auch in einheimischen Kreisen sich derartig eingebürgert habe, daß er unter Verdrängung des alten wörtlich übernommen worden ist. Ferner ist auch bei der Beurteilung der Berechtigung der Revilloutschen Ansicht zu berücksichtigen, daß man vielleicht einige Nachrichten, die dem vorhellenistischen Ägypten angehören, dahin deuten darf, daß schon damals die Priester ein staatliches Gehalt bezogen haben. Einmal sei hier z. B. an die großen Schenkungen Ramses' III.[3]) für den Tempel von Medinet Habu erinnert, auf Grund deren diesem Heiligtum jahraus und jahrein vom Staat nicht nur für die große Zahl von Festtagen besondere sehr beträchtliche Opfergaben geliefert worden sind, sondern denen zufolge es ferner auch alltäglich feste staatliche Zuwendungen an den verschiedensten Naturalien erhalten hat, die natürlich vor allem zum Unterhalt der Priester gedient haben werden; wäre mit Sicherheit zu ermitteln, daß der Staat die Weiterabführung dieser von ihm gelieferten Naturalien an die Priester in genauerer Weise vorher bestimmt hatte, so hätten wir einen sicheren Beleg für ein in Naturalien bestehendes staatliches Priestergehalt vor uns. Weiterhin ist ein demotischer Papyrus aus der Zeit des Amasis[4]) in Betracht zu ziehen, in dem eine Geldzahlung an die Priesterschaft eines nicht näher zu bestimmenden Tempels gebucht ist; es wird in ihm angegeben, wie viel der einzelne Priester davon erhalten soll — dabei scheint es sich um eine außergewöhnliche Zuwendung nicht zu handeln —, doch wird nicht hervorgehoben, wer die Zahlung veranlaßt hat; sollte es die Regierung gewesen sein, was sehr wohl möglich ist, so wäre man wohl berechtigt den Papyrus als eine Quittung über die Auszahlung von Priester-σύνταξις zu deuten.

So ist es wohl das beste, die Frage nach der Entstehungszeit des staatlichen Priestergehaltes noch unentschieden zu lassen, wenn es mir auch an und für sich wenig wahrscheinlich ist, daß die

---

1) In der hieroglyphischen Übersetzung der Rosettana finden wir keinen terminus technicus für die σύνταξις, sondern nur eine mangelhafte Umschreibung.

2) Aus Revillouts Ausführungen in der Rev. ég. III. S. 105 ist nicht zu ersehen, ob er etwa inzwischen auch hierin seine alte Ansicht geändert hat.

3) Vergl. Dümichen, Über einige altägyptische Rechnungen aus der Zeit des Rampsinit in Ä. Z. VIII (1870) S. 41 ff. (42); siehe auch Erman, Ägypten II. S. 375.

4) Publ. von Revillout in P. S. B. A. XIV (1891/92) S. 91.

Priester-σύνταξις erst eine Neueinrichtung der Ptolemäer gewesen ist,
zumal da ja in der griechischen Welt eine Parallele für diese Institution nicht vorhanden gewesen zu sein scheint (siehe S. 367, A. 2),
und da auch außerdem ein zwingender Grund sich nicht nachweisen
läßt, der gerade die ersten Ptolemäer veranlaßt haben könnte, eine
derartig eigenartige, für den Staat recht kostspielige Neuschöpfung
ins Leben zu rufen.

Wie schon den Angaben der Rosettana (Z. 14/15: συντάξεις
σιτικαὶ καὶ ἀργυρικαί) zu entnehmen ist, ist das Priestergehalt vom
Staate teils in Geld, teils in natura ausgezahlt worden; für beide
Formen sind wir in der glücklichen Lage, spezielle Belege zu besitzen.

Über die σύνταξις ἀργυρική unterrichtet uns als einziges spezielles Beispiel aus ptolemäischer Zeit [134/33 v. Chr. (37. Jahr
Ptolemaios' VIII. Euergetes' II.)] ein Aktenstück der königlichen Kasse
in Theben, das von der Auszahlung der σύνταξις ἀργυρική an die Priester des Amonrasonther von Theben handelt[1]). Die Summe, die darnach an die Priester abgeführt wird, ist allerdings sehr gering, sie
hat nur 7020 Kupferdrachmen (d. h. noch nicht 20 Silberdrachmen)
betragen, kann also infolge dieser geringen Höhe unmöglich die gesamte, jährlich diesem berühmten Tempel zufließende σύνταξις-Zahlung
darstellen, zumal da sich meines Erachtens ein irgendwie einleuchtender
Grund nicht ermitteln läßt, der uns die in der geringfügigen σύνταξις
ausgesprochene außerordentliche Benachteiligung und direkte Zurücksetzung des Amonstempels erklärlich machte[2]).

Früher hat man deshalb versucht die Richtigkeit der Lesung der
Zahlen dieser Quittung zu bezweifeln[3]), aber mit Unrecht; denn die
die Höhe der die σύνταξις angebenden Worte: χαλκοῦ $\wedge$ (τάλαντον) ἓν
L (δραχμὰς) χιλίας εἴκοσι werden durch die in der Quittung sich
gleichfalls und zwar öfters findenden Zahlenangaben: $\overset{\alpha}{\chi}$ $\wedge$α άκ bestätigt. Wir müssen also in der uns genannten Summe eine Teil-
zahlung der Jahressyntaxis sehen, und darauf scheint mir auch der
griechische Wortlaut der mit der Quittung verbundenen Zahlungs-
anweisung hinzuweisen, in der nämlich nicht angeordnet wird, daß
die σύνταξις des Amonstempels zur Auszahlung kommen solle, sondern nur dem Kassenbeamten mitgeteilt, es solle die bewußte alljährlich εἰς σύνταξιν gezahlte Geldsumme zur Auszahlung gelangen.

1) P. Par., zuerst erwähnt bei Egger, Mémoires d'histoire ancienne S. 149
u. S. 155—158, jetzt neu publiziert von Revillout, Mélanges S. 327.

2) Als irgendwie zwingende Gründe für die Niedrigkeit der σύνταξις kann
ich nicht ansehen solche, wie etwa: der Tempel habe wegen großen eigenen
Besitzes ihrer nicht bedurft, oder er habe wegen besonders großer Höhe seiner
σύνταξις σιτική nur eine geringfügige in Geld bezogen.

3) So z.B. Lumbroso, Recherches S. 278, A. 3 und auch Revillout, Rev. ég.
I. S. 86, der jedoch im Nachtrag zu dem betreffenden Aufsatz schon das Richtige bietet.

Aus ptolemäischer Zeit sind uns dann noch einige Belege für die σύνταξις σιτική der Priester bekannt geworden. Der eine von ihnen (Strack, Inschriften 140, Z. 20/21) bezieht sich auf den Tempel des Chnubo Nebieb von Elephantine; nach ihm haben Kleopatra III. und Ptolemaios X. Philometor II. Soter im Jahre 116/15 v. Chr. die σύνταξις σιτική dieses Tempels um 200 Artaben Getreide erhöht[1]).

Die beiden anderen erhaltenen Nachrichten stehen mit dem großen Serapeum bei Memphis in Verbindung; diejenige von ihnen, die aus der Zeit der letzten Kleopatra stammt und uns von der Lieferung einer Naturalsyntaxis an die Priester dieses Heiligtums berichtet, ist allerdings etwas zweifelhafter Natur[2]), dafür ist aber die andere um so wertvoller, die genaue Angaben über das Gehalt der beiden bekannten „Zwillinge" des großen Serapeums (2. Jahrhundert v. Chr.) enthält[3]) und dieses Gehalt zugleich als einen Teil derjenigen σύνταξις bezeichnet, die an das Serapeum und Asklepieum, wo die „Zwillinge" ihr priesterliches Amt ausgeübt haben, ausgezahlt worden ist (P. Par. 26, 10—13). Aus diesen Angaben tritt uns am klarsten der Charakter der σύνταξις entgegen. Hier sind einmal, da wir sowohl von der Lieferung der σύνταξις durch die Regierung an den Tempel hören, als auch davon, daß sie von diesem weiter an seine Priester abgeführt werden mußte[4]), um diesen zur Bestreitung ihrer

---

1) Der Annahme, die Strack a. a. O. der M. A. J. XX (1895) S. 337 seinerzeit vertreten hat, daß vor der Schenkung des Chnubotempel überhaupt keine σύνταξις bezogen hat, kann ich schon aus allgemeinen Gründen (siehe S. 368) nicht zustimmen (damit werden auch Stracks Schlüsse über die Bedeutung dieses Heiligtums hinfällig), außerdem scheint mir der in Z. 21 gebrauchte Ausdruck „ἡ ὑποκειμένη σύνταξις" sogar vielmehr mit Sicherheit auf das Gegenteil hinzuweisen. Das unmögliche διδομένων möchte ich etwa in διδομένην ändern, wonach sich die im Text vertretene Auffassung ergibt. Vergl. hierzu jetzt Wilcken, Archiv III. S. 328/29, der freilich auch an die Möglichkeit denkt, daß eine schon bestehende σύνταξις nur ausdrücklich bestätigt wird; dann wäre διδομένων in δίδοσθαι zu ändern, was jedoch vom paläographischen Standpunkt weniger wahrscheinlich ist.

2) Demotische Serapeumsstele Nr. 24 in Paris, publ. von Revillout, Rev. ég. VI. S. 127; es werden hier allerlei Zuwendungen für das Serapeum, offenbar von der Königin Kleopatra ausgehend, angeführt; ein Teil von ihnen ist für Opfer u. dergl. bestimmt gewesen, ein anderer, bestehend aus allerlei Naturalien: Wein, Milch, Öl, Broten, soll dagegen den Priestern übermittelt werden; möglich ist es nun allerdings, daß es sich hier um eine einmalige Zuwendung an die Priester handelt, in welchem Falle ein Beispiel für die σύνταξις nicht vorliegen würde.

3) Siehe die sogenannten Serapeumspapyri.

4) Diese beiden Tatsachen werden des öfteren in den zahlreichen Petitionen der Zwillinge hervorgehoben, die diese an die Regierung einreichen, weil ihnen ihr Gehalt von der Tempelbehörde vorenthalten wird; die nähere Behandlung dieser Petitionen und die einzelnen Belege siehe VI. Kapitel, 4.

persönlichen Bedürfnisse zu dienen[1]), die beiden vornehmlichen Kennzeichen der σύνταξις vereinigt, während die übrigen σύνταξις-Belege stets nur eins von ·ihnen enthalten.

Als σύνταξις haben die beiden „Zwillinge" zusammen einmal pro Jahr je einen Metretes (zu 12 Choës, siehe Wilcken, Ostr. I. S. 758) Sesam- und Kikiöl, in ptolemäischer Zeit die beiden beliebtesten Ölsorten (siehe z. B. Rev. L. Col. 38 ff.), erhalten und außerdem sind ihnen noch täglich für ihre Dienste am Serapeum 8 Brote und für diejenigen am Asklepieum 4 Brote geliefert worden[2]). Die Brote

1) Daß die Zwillinge aus der ihnen gegebenen σύνταξις ihren Lebensunterhalt bestritten haben, ist mit Sicherheit daraus zu entnehmen, daß sie, als sie ihr Gehalt einige Zeit nicht erhalten, in die bitterste Not geraten und sogar erklären, sie seien, wenn dies so weiter gehe, dem Hungertode ausgesetzt (siehe z. B. P. Par. 22, 29/30; P. Lond. I. 22 [S. 7] Z. 23; P. Par. 26, 9, 13 [ἐκ τούτων καὶ τῶν προτοῦ γενηθεισῶν δ[ι]δυμῶν κομισαμένων τὰ ἑαυτῶν καθ᾽ ἡμέραν δέοντα]; 27, 13 [28, 13; P. Leid. E₂, 14; P. Mil.]; P. Lond. I. 35 [S. 24] Z. 19/20 [P. Lond. I. 24 Verso (S. 26) Z. 18/19]). Neuerdings hat Preuschen a. a. O. S. 7 (2. Auflage S. 9) behauptet, die σύνταξις der Zwillinge sei diesen zur Bestreitung der von ihnen darzubringenden Tempelopfer übergeben worden. Abgesehen davon, daß eine derartige Verwendung der σύνταξις zum mindesten sonderbar berühren müßte (die Tempel haben doch sonst die Opfer stets direkt bestritten) und auch sonst nicht belegbar ist (die σύνταξις erscheint stets als eine dem einzelnen Priester ganz persönlich zukommende Zuwendung, siehe z. B. auch B. G. U. III. 707), hat Preuschen einerseits die eben angeführten, seiner Ansicht unbedingt entgegenstehenden Belege gar nicht beachtet, andererseits aber auch die von ihm benutzten Stellen (siehe z. B. P. Lond. I. 22 [S. 7] Z. 27; P. Par. 26, 47 ff.; 29, 22 ff. u. ähnlich öfters in den Serapeumspapyri) falsch ausgelegt; denn in diesen sprechen die Zwillinge doch nur aus, daß sie für den Fall, daß sie ihr Gehalt erhalten, Dankesopfer, die natürlich rein privater Natur sind, für das Wohlergehen der königlichen Familie darbringen werden (es sei hierzu noch bemerkt, daß die Erwähnung der Darbringung von Opfern für das Königshaus in Bittschriften an den König eine offenbar allgemein übliche Formel gewesen ist; siehe z. B. P. Amh. II. 35, 49 ff.; Strack, Inschriften 103, C) und daß sie auch nur in diesem Falle ihr Amt weiter ausüben können, sonst müßten sie dieses niederlegen und das Heiligtum verlassen (siehe P. Par. 27, 14 ff. [P. Leid. E₂ Z. 15; P. Mil.]; P. Lond. I. 21 [S. 13] Z. 28 [vergl. Wilcken, G. G. A. 1894 S. 721]). Auch der von Preuschen für seine Ansicht angeführte P. Lond. I. 41 Recto (S. 27) ist falsch erklärt; in diesem ist nur ausgesprochen, daß ein anderer priesterliche Funktionen, die eigentlich die Zwillinge zu erfüllen hatten, ausübt, und da ist es ja nur folgerichtig, daß er dafür auch die dafür ausgesetzte Bezahlung erhält.

2) Für die Ölsyntaxis siehe vor allem die Angaben des P. Lond. I. 17 (S. 10); vergl. auch ferner P. Lond. I. 22 (S. 7); 20 (S. 8); 21 (S. 12); 27 (S. 14); 31 (S. 15); 19 (S. 16); 34 (S. 17); 33 (S. 19) (P. Par. 33); P. Par. 22 (23); 25; 29; 30 (P. Leid. D₁, E₁; P. Dresd.); P. Par. 31; P. Leid. B, C, D₂; für die Brotsyntaxis vergl. vor allem P. Lond. I. 18 (S. 22), siehe ferner P. Lond. I. 35 (S. 24) (P. Lond. I. 24 Verso [S. 26]); 41 Recto (S. 27); P. Par. 27 (28; P. Leid. E₂; P. Mil.); P. Vat. V. S. 602; P. Leid. B. Die Zahl 4, die oben im Text als Zahl für die Brote angegeben ist, die für das Asklepieum geliefert werden, ist die richtige und nicht die Zahl 3, die wunderbarerweise von den Bearbeitern der Serapeumspapyri stets angeführt worden ist; die letztere steht zwar P. Lond. I. 41 Recto (S. 27) Z. 2 u. P. Leid. E₁

haben aus Speltweizen (ὄλυρα) bestanden und haben den Namen κυλλησταί[1]) geführt. Eigentlich ist für die Zwillinge allerdings von der
Regierung anstatt der Brote eine monatliche σύνταξις an Getreide,
für das Serapeum 8 Artaben ὄλυρα und für das Asklepieum 4 (die
Artabe wird hier zu 24 Choinikes gerechnet, siehe Wilcken, Ostr. I.
S. 743), ausgesetzt gewesen, doch ist diese Getreidespende von dem
die σύνταξις auszahlenden Tempel in die erwähnte Brotlieferung umgewandelt worden, wobei man 1 Artabe ὄλυρα 30 Broten gleichgesetzt
hat, d. h. es sollten zu einem Brote eigentlich ⁴/₅ Choinix Olyra verwandt werden[2]). Den Empfängern der σύνταξις dürfte damit ein
Gefallen geschehen sein, da sie auf diese Weise nicht selbst die Mühe
des Brotbackens hatten, aber auch der Tempel wird dabei seinen Vorteil gehabt haben, indem er wohl das Backen nicht umsonst vorgenommen hat, sondern, um sich für seine Mühe bezahlt zu machen,
das offizielle Gewicht der Brote verringert haben wird.

Daß den „Zwillingen" auch eine σύνταξις ἀργυρική zugestanden
hat, darüber besitzen wir keinerlei Andeutung[3]).

Abzuweisen ist alsdann der Gedanke, zu dem uns vielleicht einer
der Londoner Serapeumspapyri[4]) verleiten könnte, daß die Naturalsyntaxis der „Zwillinge" eventuell in Geld umgewandelt werden konnte.

am Rande Z. 2, doch dürfte sie hier sicher verschrieben sein, denn die Zahl 4,
die sich auch P. Lond. I. 35 (S. 24) Z. 19 u. P. Par. 27, 21 findet, ist diejenige,
die im P. Lond. I. 18 (S. 22) Z. 33 der Umrechnung der eigentlich zu liefernden
Olyra in die tatsächlich gelieferten Brote (siehe S. 375) zugrunde gelegt wird,
und es ist doch nicht anzunehmen, daß diese Umrechnung mit einer falschen
Zahl ausgeführt worden ist.

1) κυλλησταί werden schon bei Herodot II, 77 die ägyptischen Olyrabrote
genannt.

2) Siehe hierzu vor allem P. Lond. I. 18 (S. 22); vergl. z. B. die Angaben in:

Z. 3: κατὰ μῆνα ὀλύρων ἀρτάβας η̄

u. Z. 33: ὀλύρων κατὰ μῆνα ἀρτάβας ιβ̄.

Z. 6/7: Παῦνι ᾱ ἕως λ̄ οὐκ ἰλήφασι ἀλλ᾽ ἢ λ̄ ζεύγη

u. Z. 12/13: Παῦνι ᾱ ἕως λ̄ γίνονται ἀρτάβας η̄, τούτων ἀπέχουσι ἀρτάβας β̄.
Es sind also 30 ζεύγη (Paar, siehe Wilcken, Ostr. I. S. 755) Brote = 2 Artaben,
30 Brote = 1 Artabe zu setzen.

3) Daraus, daß die Zwillinge des Serapeums ihr Gehalt allem Anschein
nach nur in natura erhalten haben, darf man keineswegs ein besonderes Präponderieren der Naturalwirtschaft folgern. Die Gehaltzahlung in den notwen-
digsten Lebensmitteln ist ihnen, den kleinen Leuten, sicher sehr willkommen
gewesen, bedeutete diese doch für sie eine Vereinfachung ihres Haushaltes; man
brauchte sich das betreffende nicht erst zu kaufen. Man vergl. hierzu z. B. das
heutigentags in der Zeit der entwickelten Geldwirtschaft noch allgemein übliche
„Deputat" auf dem Lande. Es sei noch bemerkt, daß aus P. Par. 22, 28 keine
Lieferung von Leinwand an die „Zwillinge" zu entnehmen ist; man muß nämlich, wie mir Herr Prof. Wilcken freundlichst mitteilt, anstatt: λίνον τόν „γινό-
μεν[ο]ν" lesen.

4) P. Lond. I. 27 (S. 14), dieser Papyrus ist jedoch nur mit den Verbesserungen Wilckens, G. G. A. 1894 S. 721 zu benutzen.

In der eben genannten Urkunde wird nämlich über eine Zahlung der königlichen Bank in Höhe von 43 Drachmen 4 Obolen[1]) quittiert, die an königliche Beamte für das den Zwillingen von ihrer σύνταξις noch geschuldete Öl erfolgt. Falsch wäre es nun anzunehmen, daß diese Geldsumme alsdann an die „Zwillinge" weiter ausgezahlt worden ist, denn diese, beziehungsweise der sie vertretende Bekannte, Namens Demetrios, haben vielmehr die rückständige Ölsyntaxis schließlich in natura erhalten[2]). Für die Geldzahlung der königlichen Bank, die auf den ersten Blick in der Luft zu schweben scheint, ist es nötig eine Erklärung zu finden, was denn auch bei Berücksichtigung der hier vorliegenden außergewöhnlichen Verhältnisse ohne große Schwierigkeit möglich ist.

Es ist oben hervorgehoben worden, daß den „Zwillingen" ein Teil ihrer Ölsyntaxis geschuldet worden ist[3]); diese ist zwar von der Regierung an das Serapeum abgeführt, aber von den die Auszahlung bewirkenden priesterlichen Organen nicht den Zwillingen eingehändigt worden. Infolge der verschiedenen Petitionen der Priesterinnen ist dann das königliche Magazin (θησαυρός, Abteilung ἐλαϊκή) beauftragt worden (P. Lond. I. 31 (S. 15); P. Leid. C, 5), ausnahmsweise an die „Zwillinge" selbst die restierende σύνταξις zu verabfolgen und ist so in die Lage versetzt für ein und denselben Posten zweimal Zahlung zu leisten. Um für diese im Etat nicht vorgesehene Ausgabe Deckung zu erhalten, hat es sich nun offenbar den entsprechenden Geldbetrag für das von ihm zu verabreichende Öl von der Regierungskasse, der τράπεζα, überweisen lassen — Überweisungen von Geldbeträgen aus einer Staatskasse in die andere sind ja auch in unserer Zeit etwas durchaus Übliches —, und die Quittung über diese Zahlung ist eben

---

1) P. Lond. I. 27 (S. 14) Z. 6 ff.; die obengenannte Summe ist erst nachträglich aus der zuerst dastehenden von 42 Drachmen 4 Obolen verbessert worden; obgleich diese 42 Drachmen 4 Obolen den beiden in der Quittung erwähnten Teilsummen von je 21 Drachmen 2 Obolen durchaus entsprechen, so scheint mir doch die im Text genannte Summe die wirkliche Zahlung darzustellen, da sie auch in einer Abschrift dieser Quittung erscheint, ohne daß überhaupt in dieser der 42 Drachmen Erwähnung getan ist (siehe P. Lond. I. 31 (S. 15) Z. 6 ff. mit meiner Verbesserung der Lesung auf S. 377, A. 4). Man hat es hier offenbar mit einer Flüchtigkeit des quittierenden Bankbeamten zu tun, der anfangs die Summen falsch berechnet hatte und der bei der Richtigstellung alsdann nur die Schlußsumme verbessert, die Einzelposten aber unverbessert gelassen hat. Daß in der Abschrift dieser Quittung die Einzelposten wieder falsch angegeben werden, braucht uns nicht zu verwundern, da diese von einem ganz mechanisch arbeitenden Schreiber verfaßt worden ist (so hat er auch z. B. die in der Hauptquittung sich findende Sigle für τέτακται fälschlich in μέτρησον aufgelöst).

2) P. Lond. I. 31 (S. 15), Z. 1—5; 19 (S. 16); P. Leid. C; P. Par. 31.

3) Vergl. zu dem folgenden die weiteren Ausführungen mit Belegen im VI. Kapitel, 4.

in dem erwähnten Londoner Papyrus uns erhalten[1]). Die Deckung
der außeretatsmäßigen Ausgabe des ϑησαυρός durch die τράπεζα ist
auch insofern als durchaus angemessen zu bezeichnen, da ja die τράπεζα sicher im weiteren Verfolg dieser σύνταξις-Angelegenheit nicht
vorausgesehene Einnahmen bezogen hat; denn es werden jedenfalls
diejenigen, welche an der Nichtauszahlung der Ölsyntaxis der „Zwillinge" schuld gewesen sind, zum Ersatz herangezogen worden sein;
dieser Ersatz dürfte nun aber aller Wahrscheinlichkeit nach in einer
Geldsumme bestanden haben[2]), die dann gewiß zusammen mit den
sicher verhängten Strafgeldern[3]) an die τράπεζα geflossen sein wird[4]).

Die an und. für sich schon sehr interessante τράπεζα-Quittung
ist weiterhin auch für die Beurteilung des Wertes der den „Zwillingen"
ausgesetzten σύνταξις von großer Bedeutung, da sich auf Grund ihrer
Angaben feststellen läßt, wie hoch die Regierung das von ihr gelieferte Öl geschätzt hat; sie berechnet nämlich in ihr den Metretes
Sesamöl auf 21 Drachmen 5 Obolen[5]) (natürlich kann es sich hier
nur um Silberdrachmen handeln), und da sie andererseits 2 Metretai

---

1) Daß nach der obigen Deutung auch einmal eine Geldzahlung an den
ϑησαυρός geflossen ist, macht die Erklärung durchaus nicht etwa unmöglich;
denn wenn auch in der Regel an den ϑησαυρός nur Naturalien abgeführt worden
sind, so besitzen wir doch z. B. auch einen Beleg für eine an ihn entrichtete
Geldzahlung, in welchem Fall es sich um Adäratio der ursprünglichen Naturalleistung handeln dürfte, vergl. Ostr. Wilck. 1372. Für die Beteiligung des ϑησαυρός an der Ausstellung der Quittungen ist auch auf die schon erwähnte
falsche Auflösung der Sigle für τέτακται in μέτρησον hinzuweisen. Dies ist
jedenfalls darauf zurückzuführen, daß der Abschreiber gewohnt war in den
Quittungen den Begriff des μετρεῖν zu finden, also beim ϑησαυρός beschäftigt
gewesen ist.

2) Bei Nachtragszahlungen von Naturalsteuern ist uns z. B. sehr häufig
bezeugt, daß dafür eine Geldzahlung eingetreten ist, siehe z. B. die Bemerkungen
von Wilcken, Ostr. I. S. 291; ein schöner Beleg ist auch P. Leid. Q.

3) Für sie vergl. Wilcken, Ostr. I. S. 289 u. 366.

4) Einen indirekten Beweis, daß die im Text vorgebrachte Erklärung der
Geldzahlung für die Ölsyntaxis richtig ist, bildet wohl der Umstand, daß bei
ihr allein uns der P. Lond. I. 31 (S. 15) ganz verständlich wird. Er enthält alsdann in seinem ersten Teil Z. 1—5 die Bescheinigung des Demetrios, des Beauftragten der Zwillinge, an den ϑησαυρός-Beamten, von ihm 2 Metretai Sesamöl
erhalten zu haben, in der zweiten Hälfte, Z. 6 ff., ist alsdann — bei der umständlichen Buchführungsform der ägyptischen Beamten braucht dieses nicht
sonderbar zu berühren — die Abschrift jener Quittung angeschlossen, die von
dem ϑησαυρός-Beamten der königlichen Bank ausgestellt worden ist; dies ist
offenbar deswegen geschehen, um eine einfache Kontrolle zu haben, daß die Öl-
lieferung des ϑησαυρός der Höhe des ihnen von der Bank dafür angewiesenen
Geldes entsprochen hat. Zu verbessern ist die Lesung Kenyons von Z. 12 dieses
Papyrus: με (er meint wohl Abkürzung von μετρηταί) γ ρ; nach der Photographie
ergibt sich ganz deutlich die auch sachlich zu erwartende Lesung μγ ρ (sc.
Drachmen).

5) Daß die im Text gebotene Zahl und nicht die im Papyrus stehende bei
der Berechnung zu benutzen ist, dafür siehe meine Bemerkungen auf S. 376, A. 1.

Kikiöl einem Metretes Sesamöl gleichsetzt (P. Lond. I. 17 [S. 10] Z. 41), so hat nach ihren Ansätzen der Wert der Ölsyntaxis 32 Silberdrachmen 4½ Obolen betragen[1]).

Nicht mit der gleichen Sicherheit läßt sich der Wert der Getreide-(Brot-) σύνταξις der „Zwillinge" feststellen, da der ihr zugrunde liegende Preis der hier in Betracht kommenden, 24 Choinikes enthaltenden Artabe ὄλυρα nirgends direkt angegeben ist. Wir erfahren nur durch den Beschützer der „Zwillinge", Ptolemaios, daß diese in der Zeit, wo sie kein Gehalt erhalten haben, sich selbst Olyra, die Artabe zu 300 Kupferdrachmen, gekauft haben (P. Lond. I. 35 [S. 24], Z. 19 [24 Verso (S. 26), Z. 18]). Legen wir diesen, vielleicht absichtlich etwas hoch gegriffenen Preis[2]) zugrunde, so ist der Wert der den Zwillingen alljährlich gelieferten 144 Artaben Olyra auf 43 200

---

1) Ob der von der Regierung der Berechnung zugrunde gelegte Preis des Sesam- und Kikiöls mit dem damals üblichen Preise dieser Ölsorten übereingestimmt hat, ist vorläufig nicht festzustellen. Die Berechnungen, die Leemanns, P. Leid. S. 23 u. 116, Lumbroso, Recherches S. 11, und Revillout, Le valeur de l'huile in Rev. ég. II. S. 162 ff. über die Ölpreise angestellt haben, beruhen alle auf durchaus unsicheren Angaben, so daß sie keinen Anspruch auf Verwertung haben; auch die Untersuchungen von P. Saluzzi, Sui prezzi in Egitto nell' età Tolemaica in Rivista di storia antica N. S. VI (1901) S. 9 ff. (S. 44 ff.) haben keine positiven Ergebnisse gezeitigt. Bemerken möchte ich nur zu dem im Texte genannten Ölpreise, daß zur Zeit des Revenue Papyrus (60er Jahre des 3. Jahrhunderts v. Chr.) der Metretes Sesamöl 48 Silberdrachmen, und das gleiche Maß Kikiöl 30 oder auch 48 Silberdrachmen gekostet hat, siehe Rev. L. Col. 40, 11, 13 u. 15 (der Fassungsgehalt der beiden Metretai ist der gleiche (12 Choës) gewesen, siehe Wilcken, Ostr. I. S. 757/58).

2) Wir besitzen allerdings aus jener Zeit verschiedene Preisangaben für die Artabe ὄλυρα (vergl. die Zusammenstellungen von Lumbroso, Recherches S. 1—8, siehe auch Revillout, Données métrologiques des prêts de blé in Rev. ég. II. S. 150 ff., auch Les mesures de capacité in Rev. ég. II. S. 165 ff. [S. 169, A. 1]; Saluzzi a. a. O. S. 37); doch sind diese zur Kontrolle der Richtigkeit der Angaben nicht weiter zu verwerten, da die Artabe nach Wilckens Ausführungen (Ostr. I. S. 741—44) nicht mehr als ein konstantes Maß aufzufassen ist, z. B. 24, aber auch eventuell 40 Choinikes enthalten konnte, und da bei allen diesen Artabenangaben nicht bemerkt ist, zu wieviel Choinikes die einzelne gerechnet worden ist; durch die verschiedene Größe sind auch die teilweise stark von einander abweichenden Preisangaben für die Artabe ὄλυρα zu erklären. Bedauerlich ist es, daß sich bezüglich der Angaben von P. Par. 56, 11/12 über den Preis eines Choinix σῖτος in Höhe von ungefähr 8 Kupferdrachmen (10 Choinikes = 80 Kupferdrachmen, 30 Choinikes = 240 Kupferdrachmen) nicht feststellen läßt, ob etwa, was wohl möglich ist, hier ὄλυρα gemeint ist (Saluzzi a. a. O. irrt, wenn sie σῖτος einfach dem πυρός gleichsetzt; vergl. hierzu auch Grenfell-Hunt, P. Tebt. I. S. 584, A. 1); der allem Anschein nach recht niedrige Preis würde zu einer geringeren Getreidesorte sehr gut passen. Was den von Ptolemaios angegebenen Preis anbetrifft, so sei nur bemerkt, daß dieser jedenfalls im Interesse seiner Schützlinge, um deren Ausgaben recht hoch erscheinen zu lassen, den höchstmöglichen gewählt haben dürfte; ich halte es sogar nicht für ausgeschlossen, daß er sogar einen für eine größere Artabe zugrunde gelegt hat.

Kupferdrachmen zu berechnen[1]). Leider lassen sich diese Kupferdrachmen in Silberdrachmen mit Gewähr auf Sicherheit des Resultates nicht umrechnen, da wir nicht genau ermitteln können, wieviel Kupferdrachmen man für jene Zeit (60er Jahre des 2. Jahrhunderts v. Chr.) auf eine Silberdrachme zu rechnen hat; schätzen wir sie auf ungefähr 100 Silberdrachmen, so werden wir wohl nicht allzu sehr von dem Richtigen abirren[2]).

Mithin ist das Gehalt eines jeden der beiden Zwillinge auf ungefähr 60 Silberdrachmen zu bewerten, eine Summe, die für damalige Verhältnisse und für Priesterinnen so niedrigen Ranges, wie die „δίδυμαι" es waren, ganz bedeutend genannt werden muß[3]).

---

1) Hiernach ist die Angabe Revillouts, a. a. O. Rev. ég. II. S. 85, der die Getreidesyntaxis der Zwillinge mit 36 000 Kupferdrachmen bewertet, zu modifizieren.

2) Siehe hierzu P. Lond. I. 29 (S. 163) und P. Par. 59, 2 ff. (richtige Lesung von Z. 3 [statt Ⱶ M: Ⱶ η] bei Revillout, Lettres à M. Lenormant sur les monnaies égyptiennes S. 212), beide Papyri ungefähr aus der Mitte des 2. Jahrhunderts. Ihnen beiden zufolge sind über 500 Kupferdrachmen auf eine Silberdrachme gerechnet worden (P. Lond.: 4100 = 8; P. Par.: 4260 = 8). Siehe ferner Ostr. Wilck. 1480 u. 1496 (2. Jahrhundert n. Chr.) und hierzu Wilcken, Ostr. I. S. 723, A. 2 (1 Silberdrachme = 455 oder 450 Kupferdrachmen). Vergl. hierzu auch Grenfell-Hunt, P. Tebt. I. S. 585/86, die auch auf P. Petr. II. 39ᵈ, 7 ff. verweisen (auch Z. 5/6 möchte ich dahin deuten, daß über 500 Kupferdrachmen auf eine Silberdrachme gerechnet worden sind, denn aus diesem Grunde werden doch wohl die Z. 6 genannten 500 Kupferdrachmen mit den vorher erwähnten Silberdrachmen nicht zusammengezogen worden sein). Das große Schwanken bei der Umrechnung von Kupfer- in Silberdrachmen zeigen recht deutlich die P. Tebt. I, siehe S. 299, A. 2

3) Von größtem Interesse wäre es, wenn man das Gehalt der Zwillinge mit anderen damals vom Staate gezahlten Gehältern vergleichen könnte; hierfür ist allerdings bisher nur sehr wenig, und dazu noch schwer zu verwertendes Material vorhanden (vergl. übrigens auch Wilcken, Ostr. I. S. 669 ff.); dieses bezieht sich auf das Gehalt ptolemäischer Soldaten, die zur ἐπιγονὴ κατοίκων in Memphis gehört haben (P. Lond. I. 23 [S. 37] Z. 46—49 u. 71—72). Vergl. auch noch für das folgende Theb. Bank. V—VII (S. 49 ff.), aus denen sich jedoch m. E. irgendwie sichere Angaben gar nicht feststellen lassen. Die Angehörigen der Epigonentruppe haben darnach monatlich an barem Gelde 350 Kupferdrachmen (200 Drachmen für ursprünglich ihnen zu liefernde 2 Artaben Weizen) und eine Artabe Weizen (πυροῦ) erhalten. Bei der Umrechnung hat die Regierung für die Artabe, mag es sich hier auch um eine besonders kleine handeln, jedenfalls einen außergewöhnlich niedrigen Preis (100 Kupferdrachmen) zugrunde gelegt (vergl. Lumbroso, Recherches S. 1 ff. u. Saluzzi a. a. O. S. 32 ff.; hier stört die schon erwähnte fälschliche Gleichsetzung von πυρός und σῖτος); jedenfalls muß bei der Bewertung des Gehaltes die in natura gelieferte Artabe höher als mit 100 Kupferdrachmen angesetzt werden, wie hoch wage ich allerdings nicht zu entscheiden. Geht man selbst sehr hoch hinauf und bewertet die Artabe Weizen mit fast einer Silberdrachme (siehe etwa P. Par. 8, 6: 400 Kupferdrachmen [um 130 n. Chr.]; unpubl. P. Petr. bei Wilcken, Ostr. I. S. 668: 1 Silberdrachme, 2 Obolen [Artabe zu 40 (!) Choinix] [3. Jahrhundert n. Chr.]), so erreicht der jährliche Sold eines Mitgliedes der Epigonentruppe (4200 Kupferdrachmen +

Die aus römischer Zeit für die priesterliche σύνταξις erhaltenen
Belege bieten leider keine eingehenderen Nachrichten. Der eine stammt
aus dem Ende des 2. nachchristlichen Jahrhunderts und berichtet von
der Auszahlung der σύνταξις ἀργυρική an die Vorsteher der Priesterschaft (οἱ ϛ ἱερέων, siehe S. 48/49) des Tempels des Petesuchos und
Pnepheros im Faijûmdorfe Karanis (B. G. U. III. 707). Die Höhe der
Zahlung ist nicht angegeben. Der zweite bekannt gewordene Beleg
gehört dem Anfang des 3. Jahrhunderts n. Chr. an[1]); er enthält die
von 7 ἱερεῖς καὶ στολισταί einem anderen Priester (siehe hierzu S. 22)
ausgestellte Quittung über den Empfang von σύνταξις, die aller Wahrscheinlichkeit nach in Naturalien bestanden hat[2]). Die Priester haben
einem in Alexandria gelegenen Dependenztempel des berühmten Ptahheiligtums angehört (siehe S. 22).

Gegenüber all diesen Belegen für das Priestergehalt, in denen
die Deutung infolge des Vorkommens des Wortes σύνταξις sich ohne
weiteres mit Sicherheit ergibt, stehen einige in der Pithomstele sich
findende, also auf die Zeit des Philadelphos sich beziehende Nachrichten[3]),

12 Artaben Weizen; das einigen alljährlich gezahlte σιτώνιον von 100 Kupferdrachmen [P. Lond. I. 23 (S. 37) Z. 73—75] kommt der ganzen Summe gegenüber
nicht allzusehr in Betracht) bei weitem nicht das Gehalt der „Zwillinge"; wenn
man ihn mit etwa 20 Silberdrachmen ansetzt, so dürfte er nicht zu niedrig geschätzt sein und beträgt doch nur ein Drittel der Syntaxis der δίδυμαι. Bei
der Beurteilung der Höhe dieses Soldes ist jedoch in Betracht zu ziehen, daß
man vielleicht die den Mitgliedern dieser Epigonentruppe zufließenden staatlichen Zuwendungen dem Charakter dieser Truppe entsprechend (siehe hierzu
Meyer, Heerwesen S. 72 ff.) besser als „Rente", als eine Art einer vom Vater
auf die Söhne sich forterbenden Pension aufzufassen hat; dadurch erklärt sich
immerhin einigermaßen die Niedrigkeit der Aufwendung.

Ein Vergleich des Gehaltes der „Zwillinge" mit anderen in jener Zeit
außerhalb Ägyptens gezahlten Gehältern, etwa den in den delischen Tempelrechnungen (publ. im B. C. H. passim) vermerkten, scheint mir nicht statthaft.
Denn einmal würde die σύνταξις der δίδυμαι, da sie vor allem auf Getreide
basiert ist, überall weit mehr wert gewesen sein als in Ägypten, wo als in einem
Hauptproduktionslande für Getreide der Preis desselben besonders niedrig nor-
miert sein mußte (vergl. etwa die für diese Bemerkungen besonders interessante
Angabe der pergamenischen Inschrift des Eumenes 1. [Inschriften von Pergamon,
1. Band N. 13], wo ein seinen Söldnern zustehender Medimnos Weizen mit
4 Silberdrachmen angesetzt wird [der größere Umfang des Medimnos gegenüber
der Artabe wird ungefähr durch den größeren Silbergehalt der attischen gegenüber der ptolemäischen Silberdrachme ausgeglichen]). Ferner muß man auch
als werterhöhend bei dem Geldwerte der Zwillings-σύνταξις in Betracht ziehen,
daß bei der damals in Ägypten herrschenden Kupferwährung eine gegenüber
anderen Währungsgebieten außerordentlich geringfügige kleinste Münzeinheit
(4—500 auf die Silberdrachme) — diese ist auf die Bildung der Preise stets von
großem Einfluß — bestanden hat.

1) P. Petersb. u. P. Berl. Bibl. publ. von Wilcken, Hermes XXII (1887) S. 143.
2) Ich möchte nämlich Z. 11 ergänzen: . . . . . [σι]τική . . . . . (sc. σύνταξις).
3) Abschnitt Q, R u. S. Die Angaben in S beziehen sich auf das 21. Jahr
(265/4 v. Chr.), die in Q und R sind nicht genau zu datieren.

in denen zwar von Priestergehalt direkt nichts steht, die man aber doch vielleicht mit diesem in Verbindung bringen darf[1]). Die Priester erwähnen bedeutende Beiträge des Staates für die Tempel mit den Worten: „Verzeichnis alles dessen, was seine Majestät tat als Wohltat in den Tempeln von Ober- und Unterägypten, als jährliche Steuer und Goldkranz, der seiner Majestät gegeben wurde"[2]). Wenn auch die Deutung dieser Worte im einzelnen strittig sein kann[3]), so scheinen sie mir doch mit Sicherheit zu zeigen, daß es sich in ihnen um einen vom Staate alljährlich an alle Tempel überwiesenen festen Beitrag handelt[4]).

Als ein derartiger staatlicher Beitrag ist uns für die hellenistische Zeit bisher eigentlich nur die Priestersyntaxis bekannt geworden; höchstens könnte man noch an allgemeine, einfach für die Ausübung des Kultus bestimmte feste Jahreszuwendungen des Staates an die Tempel denken, doch sind solche allem Anschein im ptolemäisch-römischen Ägypten nur sehr selten vorgekommen (siehe S. 384 ff.) und lassen sich im Gegensatz zu der σύνταξις nicht als eine allen Heilig-

---

1) Revillout a. a. O. Rev. ég. III. S. 107 hat zuerst diese Angaben der Pithom-stele mit der Priestersyntaxis in Verbindung gebracht, freilich ohne eine nähere Begründung seiner Ansicht zu bieten.

2) Dies die Übersetzung des Abschnittes Q durch Erman bei Wilcken, Ostr. I. S. 298/99 (sie ist die verbesserte Fassung derjenigen in der Ä. Z.). Sie scheint mir gegenüber der Navilles in der Ä. Z. XL (1902/3) S. 74 den Vorzug zu verdienen. In Einzelheiten weichen zwar die Abschnitte Q, R und S von einander ab, doch zeigt uns der hieroglyphische Text, in dem immer wieder dieselben Ausdrücke wiederkehren, noch deutlicher als die Übersetzung, daß alle drei aufs engste miteinander zu verbinden sind und daß sie ein und denselben Gegenstand betreffen; R steht S besonders nahe (am Schluß von S ist der Ausdruck als „jährliche Abgabe" nicht allein mit dem letzten Satz zu verbinden, wozu Ermans Übersetzung verleiten könnte, sondern ebenso wie in R auf den ganzen Abschnitt zu beziehen); R und Q sind vor allem durch den als ter-

minus technicus wiederkehrenden Ausdruck: „jährliche Steuer"
eng verknüpft, und R ist nur als eine Spezialisierung von Q zu fassen.

3) Es sei hervorgehoben, daß die Übersetzung der Pithomstele infolge des sehr schlechten Zustandes der Inschrift außerordentliche Schwierigkeiten bietet.

4) So schon Brugsch, Ägyptologie S. 274, der freilich, offenbar nur durch die von ihm fälschlich gelesenen sehr hohen Zahlenangaben (siehe S. 382, A. 2) verleitet, falsche weitere Schlüsse daran knüpft. Auch Navilles neue Übersetzung zeigt deutlich, daß ihr die obige Auffassung zugrunde liegt. Wilcken, Ostr. I. S. 299, A. 1 sieht in den Angaben der Stele nur die Erwähnung einer einmaligen Schenkung, doch wohl mit Unrecht. Wenn er als Übersetzung von Q vorschlägt „von der jährlichen Steuer und dem Goldkranz" (diesen bringt er mit der uns für das hellenistische Ägypten öfters belegten στέφανος-Abgabe in Verbindung, siehe Ostr. I. S. 295 ff.), so scheint mir auch diese Übersetzung mit der im Text gebotenen Deutung zu vereinen zu sein, denn wenn eine Schenkung besonders auf jährliche Steuern fundiert wird, so hat dies doch nur einen Sinn, wenn es sich um eine alljährlich wiederkehrende handelt.

tümern gemeinsame Einrichtung nachweisen. Wie man nun auch über den Umfang dieser Zuwendungen denken mag, jedenfalls wird man wohl zugeben müssen, daß aller Wahrscheinlichkeit nach in den in der Pithomstele erwähnten staatlichen Beiträgen die σύνταξις der Priesterschaft zum mindesten mit enthalten sein werden[1]), wenn sie nicht sogar diese ganz allein ausmachen sollten.

Der Staat hat ursprünglich bis zum 21. Jahre des Philadelphos (265/64 v. Chr.) an alle Tempel zusammen 150 000 deben (siehe S. 345, A. 1) Silber, d. h. 625 Silbertalente gezahlt[2]); davon soll der

---

1) Daß kein besonderer Name für die σύνταξις in dieser hieroglyphischen Inschrift erscheint, braucht nicht zu befremden; wie schon bemerkt (S. 371) findet sich auch in der Inschrift von Rosette keine ägyptische Spezialbezeichnung der σύνταξις. Man könnte vielleicht geneigt sein auch eine von Letronne in seiner Behandlung der Inschrift von Rosette Z. 11 über die σύνταξις aufgestellte Behauptung (Revillout a. a. O. Rev. ég. III. S. 109, A. 1 stimmt ihm bei) hier dafür zu verwerten, daß der staatliche Beitrag als σύνταξις zu deuten sei. Nach Letronne soll der Gebrauch des Namens σύνταξις zur Bezeichnung eines staatlichen Gehaltes damit zusammenhängen, daß die σύνταξεις „ne provenaient peut-être pas directement du trésor royal, elles devaient résulter plutôt d'un impôt particulier etc." Nun ist tatsächlich die staatliche Beisteuer der Pithomstele auf besondere Abgaben fundiert gewesen (vergl. vor allem Abschnitt R und S). Ferner ist uns aus den Papyri in letzter Zeit eine Abgabe bekannt geworden, die teils als συντάξιμον, teils einfach als σύνταξις bezeichnet wird und die kopfsteuerartig aufgelegt zu sein scheint (siehe P. Grenf. I. 45 [vergl. Wilcken, Archiv II. S. 395; III. S. 120]; P. Lond. II. 181[b], Col. 2, 18; P. Fay. 45, 3; 53, 4; 54, 6; 230; 256; 315; 316; B. G. U. III. 791, 2; 881, 3; P. Tebt. I. 103, 2; 189; ptolemäische und römische Zeit). Die Erklärung dieser Abgabe als allgemeiner Zwangsbeitrag für die staatlichen σύνταξεις (natürlich auch für die an andere Leute als an die Priester gezahlten) scheint mir recht wohl möglich zu sein (vergl. hierzu auch besonders P. Tebt. I. 189, wo gleichzeitig mit der σύνταξις-Abgabe das ἐπιστατικόν entrichtet wird). Man könnte also vielleicht daran denken, diese Steuer mit den in der Pithomstele genannten ungefähr gleichzusetzen und so eine weitere Stütze für die Deutung der Beisteuer der Pithomstele als σύνταξις zu gewinnen. Immerhin bedürfen diese Bemerkungen noch der weiteren Prüfung.

2) Siehe Abschnitt Q der Pithomstele. Die von Brugsch-Erman gebotene Zahl 10 050 000 (die Münzeinheit ist jedenfalls deben, da diese, die auch an sich zu erwarten ist, an einer korrespondierenden Stelle [Abschnitt S] ausdrücklich genannt ist) ist falsch; man hat vielmehr die alte von Naville schon in seiner ersten Ausgabe und jetzt wieder gebotene Zahl 150 000 einzusetzen. Herr Professor Sethe, der, wie schon bemerkt, die große Güte hatte, auf meine Bitte hin die Pithomstele an dem Abklatsch des Berliner Museums für mich nachzuprüfen, schreibt mir über die Zahlen im Abschnitt Q: „⎮⎮⎮⎮⎮ (50 000) ist ganz sicher, ebenso ⟋ (100 000); statt des unter diesem von Brugsch-Erman gelesenen ⊚ (100) sehe ich jedoch ●, was, wenn es nicht ein zufälliges Loch ist, das Zeichen ◯ sein könnte, auf dem die Hieroglyphe ⟋ oft sitzt; freilich ist im Abschnitt S ⟋ ohne ein darunter stehendes ◯ geschrieben, doch würde das natürlich nicht die andere Schreibart ausschließen (siehe hierzu meine Vermutung S. 383, A. 4). Ein klares ⊚ (100) steht jedenfalls auf keinen

Tempel von Pithom 950 deben Silber, d. h. 3 Talente 5750 Drachmen erhalten haben[1]). Die verhältnismäßig recht kurze Form der Erwähnung der staatlichen Beisteuer weist uns mit ziemlicher Sicherheit darauf hin, daß sie nicht die Neuschöpfung dieser wichtigen Tempeleinnahme anzeigen soll, sondern daß wir es hier mit einer Institution zu tun haben, die schon vor der Regierung des Philadelphos bestanden hat[2]). Daß sie von der Priesterschaft ausdrücklich erwähnt wird, dürfte mit der Neuordnung dieser Institution durch Philadelphos zusammenhängen; man wollte die alten und die neuen Verhältnisse einander gegenüberstellen. Im 21. Jahre des zweiten Ptolemäers soll nämlich der staatliche Beitrag auf 750 000 deben Silber, d. h. 3125 Silbertalente erhöht worden sein[3]). So gesichert die Erhöhung des Staatsbeitrages an und für sich ist, so bedenklich erscheinen mir die angegebenen Zahlen. Wären diese richtig, so wäre den ägyptischen Tempeln mehr als der 5. Teil der Gesamteinnahme Ägyptens (siehe S. 382, A. 2) reserviert gewesen, und dies erscheint mir, zumal doch die Tempel neben der festen Beisteuer auch noch allenthalben vom Staate reiche Geschenke erhalten haben (siehe folgenden Abschnitt), zu hoch. Man wird also annehmen dürfen, was bei der schlechten Erhaltung der Pithominschrift sehr wohl möglich ist, daß in den Zahlenangaben irgend ein Fehler steckt[4]).

Fall im Abschnitt Q, im Abschnitt R sieht dieses Zeichen auch ganz anders aus". Auch sachlich erweist sich die Brugsch-Ermansche Lesung als unmöglich. Die 10 050 000 deben Silber würden 41 875 Silbertalenten entsprechen, also eine Summe ergeben, welche fast dreimal so hoch wäre, als nach der gar nicht unglaubwürdig erscheinenden Angabe des Hieronymus (ad Daniel. XI, 5 p. 1122 [Bened.]) die gesamten Geldeinnahmen Ägyptens zur Zeit des Philadelphos (14 800 Silbertalente) betragen haben. Selbst derjenige, der in der Zuweisung nur eine einmalige Schenkung sehen will, wird zugeben müssen, daß auch für eine solche die gebotene Summe zu hoch erscheinen muß.

1) Siehe Abschnitt R der Pithomstele. Der Pithomtempel erhält darnach ungefähr den 158. Teil der ganzen Summe; dies erscheint mir als ein ganz angemessenes Verhältnis, da es sich hier um den angesehenen Haupttempel eines Gaues handelt.

2) Zu dieser Annahme paßt aufs beste, daß eine Jahresangabe im Abschnitt Q der Pithomstele fehlt, während sie sich in S findet.

3) Siehe Abschnitt S der Pithomstele. (90 000 + 660 000 deben.)

4) Eine Vermutung bezüglich der zweiten Zahlenangabe in Abschnitt S sei hier wenigstens geäußert, deren Richtigkeit sich wohl am Original der Stele entscheiden ließe. Es soll hier nämlich stehen: (d. h. 600 000).

Nun hat Herr Professor Sethe die Vermutung geäußert, daß das im Abschnitt Q unter stehende Zeichen vielleicht als ◯ aufzufassen sei, allerdings sei in S 100 000 ohne dieses Zeichen geschrieben. Sollte man nun etwa an Stelle der drei unteren „Kaulquappen" stets das Zeichen ◯ lesen müssen? Dann wäre eine gleichartige Schreibung von 100 000 für die Pithomstele hergestellt. Paläographisch erscheint mir die Verlesung wohl möglich. Sachlich würde die Änderung ein ganz befriedigendes Resultat ergeben. Es wäre dann laut dem Ab-

Ganz gesicherte Einzelangaben über die Priestersyntaxis vermögen
wir demnach der Pithomstele leider nicht zu entnehmen, nur der allgemeine Schluß wird durch sie noch wahrscheinlicher, daß die σύν-
τάξεις im Tempelhaushalt eine recht wichtige Rolle gespielt haben
müssen und zwar schon seit Beginn der hellenistischen Periode Ägyptens.

Als σύνταξις darf man dann wohl auch die Summe in Höhe von
einem Talent (natürlich Silber) auffassen, die nach dem Alexanderroman (Pseud. Kallisth. III. 33) der Alexanderpriester alljährlich
vom Staate erhalten haben soll; die Höhe des Gehaltes erscheint
durchaus angemessen, wenn man bedenkt, daß es sich hier um den
vornehmsten griechischen Priester Ägyptens handelt. Damit ist uns,
was das Wichtigste an dieser Nachricht ist, der Empfang von σύνταξις auch für griechische Priester bezeugt. Weitere Belege für
sie haben sich bisher allerdings noch nicht gefunden[1]), und es ist
mir überhaupt recht zweifelhaft, daß in gleichem Umfange wie an
die ägyptischen Priester auch an die griechischen σύνταξις vom Staat
gezahlt worden ist, da man in dem offiziellen Priestergehalt doch
ziemlich sicher eine zuerst bei der ägyptischen Kirche eingeführte
und speziell für sie geschaffene Institution zu sehen hat.

C. Die Geschenke des Staates an die Tempel.

An die ägyptischen Tempel sind vom Staate außer der den Priestern gewährten σύνταξις noch andere feste Beisteuern regelmäßig
entrichtet worden, die als Beitrag zu den eigentlichen Kultkosten anzusehen sind; allerdings scheinen solche feste Opfergaben des Staates
in hellenistischer Zeit im Gegensatz zu der Sitte früherer Zeiten
(vergl. z. B. Erman, Ägypten II. S. 375) nicht allzuhäufig gewesen zu
sein[2]). Bisher ist mir überhaupt erst ein sicheres Beispiel hierfür
bekannt geworden, wenn man nicht die eben (S. 380ff.) besprochenen
Angaben der Pithomstele verwenden will. Es ist in jener schon erwähnten Urkunde aus römischer Zeit (B. G. U. III. 707) enthalten,
in der die leitenden Priester des Tempels von Karanis über den

---

schnitt S ein Beitrag von 450 000 (90 000 + 360 000) deben Silber, d. h. etwas
über 1833 Silbertalente den Tempeln ausgezahlt worden, d. h. fast der 8. Teil
der Staatseinnahmen wäre seit dem 21. Jahre des Philadelphos an Stelle des
bisherigen 24. Teils für die ägyptischen Heiligtümer reserviert gewesen. Die
Erhöhung der Staatsbeisteuer um circa 1200 Silbertalente kann ganz angemessen
erscheinen, da ja die Priesterschaft gleichzeitig die wichtige Einnahmequelle
der ἀπόμοιρα verloren hat; siehe S. 344.

1) Es dürfte allerdings z. B. noch der ἱερεὺς Μουσείου eine σύνταξις empfangen haben, aber diese darf man nicht als das Gehalt des Priesters, sondern
muß sie sicher als das des Gelehrten auffassen (siehe Athenaeus XI. 494ᵃ).

2) Vielleicht darf man in den neben den συντάξεις in P. Tebt. I. 5, 54 erwähnten ἐκ τοῦ βασιλικοῦ den Tempeln zufließenden „τἆλλα τὰ συνκεκριμένα"
einen Hinweis auf die festen Beisteuern des Staates für die Tempel sehen.

Empfang von σύνταξις und über eine zweite gleichzeitig von der
Regierungskasse an sie gezahlte Summe quittieren, welche „εἰς τὰς
γινομένας ἐν τῷ ἱερῷ δαπάνας τὰς κατὰ συνήθιαν ἐπιστελλομένας"[1])
verwandt werden sollte; in dieser Summe ein einmaliges staatliches
Geschenk zu sehen, scheint mir durch die ganze Form der Quittung
ausgeschlossen zu sein.

In gewisser Weise als eine regelmäßige Zuwendung des Staates
an den Kultus, und zwar sowohl an den griechischen als an den
ägyptischen, darf man dann vielleicht jene Opfer auffassen, die von
Staatsbeamten im Auftrage des Staates[2]) — mitunter hat auch der
Herrscher selbst ihre Stelle eingenommmen[3]) — den Göttern dargebracht worden sind; die Regelmäßigkeit solcher staatlicher Opfer
darf man wohl der Tatsache entnehmen, daß in römischer Zeit, um
die Ausgaben dieser Opfer zu decken, eine besondere Steuer unter der
Bezeichnung „ἱερέων (= ἱερείων) δη(μοσίων)" erhoben worden ist
(P. Fay. 42ᵃ Col. 1, 12).

Zweifelhaft ist es mir alsdann, ob man die von Philadelphos für
den Tempel von Pithom gestifteten Opfergaben als regelmäßige Beisteuer oder als einmalige Schenkung aufzufassen hat[4]), und das Gleiche
ist z. B. bei einer von der berühmten Kleopatra für das memphitische
Serapeum ausgesetzten Opferspende der Fall[5]). Vielleicht könnte man
ferner noch geneigt sein das Vorhandensein von festen staatlichen
allgemeinen Zuwendungen an die Tempel jenen Worten des Dekretes
von Rosette zu entnehmen, in denen die Priester von Ptolemaios V.
Epiphanes rühmend hervorheben, er habe dafür gesorgt, „ὅπως τὰ
εἰθισμένα συντελῆται τοῖς (sic) θεοῖς κατὰ τὸ προσῆκον" (Z. 18/19),
aber zu einer sicheren Entscheidung kann man m. E. auch hier nicht
gelangen.

Während somit allem Anschein nach die festen Kultbeiträge des
Staates im Tempelhaushalt in hellenistischer Zeit keine allzugroße
Rolle gespielt haben, haben dagegen diejenigen staatlichen Zuwen-

---

1) Siehe Z. 11 ff.; leider sind gerade die in Z. 11 enthaltenen sicher recht
wichtigen Eingangsworte nicht erhalten, vielleicht hat in ihnen sogar ein technischer Ausdruck für diese Kultbeisteuer gestanden.

2) Siehe z. B. P. Par. 69 (in der neuen Ausgabe von Wilcken, Philologus
LIII [1894] S. 81 ff.) Col. 2, 10, 14; Col. 3, 10 (siehe Col. 3, 15 u. Col. 4, 14 die
Anwesenheit des Strategen bei der κωμασία; vergl. P. Berl. Bibl. 1); vergl.
ferner P. Lond. I. 21 (S. 12) Z. 4.

3) Bei den mannigfachen Besuchen ägyptischer Heiligtümer durch die
ptolemäischen Könige (siehe VIII. Kapitel) mußten natürlich von ihnen offizielle
Opfer dargebracht werden; siehe z. B. Mendesstele Z. 10; P. Par. 26, 5; 29, 5;
Strack, Inschriften 140, 4.

4) Siehe Abschnitt L der Pithominschrift, dessen Übersetzung sehr unsicher
ist; vergl. auch Abschnitt C.

5) Siehe dem. Stele Par. 24 publ. von Revillout, Rev. ég. VI. S. 127.

dungen an die Tempel, die den Charakter einmaliger Spenden getragen haben, auch damals noch einen wichtigen Teil der
Tempeleinnahmen gebildet, sei es nun, daß durch sie direkt eine Vergrößerung des Tempelbesitzes hervorgerufen worden ist oder daß sie
eine Entlastung des Ausgabenetats zur Folge gehabt haben; die hierfür uns erhaltenen Nachrichten sind zwar auch verhältnismäßig vereinzelt und großenteils unbestimmter Natur, aber in ihrer Gesamtheit
gestatten sie wohl das eben ausgesprochene Urteil, zumal da aus der
Regierung fast eines jeden ptolemäischen Königs[1]) und der meisten
römischen Kaiser der drei ersten Jahrhunderte n. Chr. Belege für
staatliche Schenkungen bekannt geworden sind.

Es haben denn auch die Priester selbst die Freigebigkeit der
Könige gegen den Kultus in verschiedenen der von ihnen verfaßten
Inschriften wiederholt anerkannt, indem sie außer der Nennung der
speziellen königlichen Geschenke auch allgemeine Ausdrücke zur Kennzeichnung der königlichen Liberalität gefunden haben[2]). Die Geschenke an die Tempel dürften wohl auch griechische Schriftsteller,
wie Theokrit und der Verfasser des 3. Makkabäerbuches, vor allem
vor Augen gehabt haben, wenn der eine (Theokrit XVII, 108/09) von
Ptolemaios II. Philadelphos, der andere (III. Makk. 3, 16) von dem
4. Ptolemäer, indem er diesen natürlich nur willkürlich, als Typus
für die ganze Gruppe, gewählt hat, die überaus große Freigebigkeit
gegen die Priesterschaft hervorhebt. Da der eine der Gewährsmänner
der nur echt griechischen Kultus besingende Theokrit ist, so darf
man seine Angaben wohl nur auf die griechischen Tempel Ägyptens beziehen.

Was im einzelnen diejenigen staatlichen Zuwendungen anbelangt,
die den Tempeln eine Vermehrung ihres Besitzes gebracht haben, so

---

1) Nur für Ptolemaios VII. Eupator, Ptolemaios IX. Neos Philopator und
Ptolemaios XII. Alexander II., die alle drei ja nur sehr kurze Zeit (wenige Tage
bez. Monate) regiert haben, fehlen uns meines Wissens solche Belege.

2) Siehe z. B. Mendesinschrift (Ptolemaios II.) Z. 5: „Alle Tempel sind über-
flutet von seinen Geschenken"; Kanopus (Ptolemaios III.) Z. 8/9: διατελοῦσιν (sc.
die Könige) πολλὰ καὶ μεγάλα εὐεργετοῦντες τὰ κατὰ τὴν χώραν ἱερὰ καὶ τὰς τιμὰς
τῶν θεῶν ἐπὶ πλέον αὔξοντες; Z. 15/16: προστάντες κηδεμονικῶς τῶν τε ἐν τοῖς
ἱεροῖς; Rosette (Ptolemaios V.) Z. 9: κατὰ πολλὰ εὐεργέτηκεν τὰ θ᾽ ἱερὰ καὶ τοὺς
ἐν αὐτοῖς ὄντας; Z. 11: ἀνατέθεικεν εἰς τὰ ἱερὰ ἀργυρικάς τε καὶ σιτικὰς προσό-
δους (Wilckens, Ostr. I. 199 Auffassung dieser Stelle, er sieht in den πρόσοδοι
bestimmte „königliche" Einnahmen, die den Tempeln überwiesen werden, erscheint mir unbegründet, m. E. sprechen die Priester hier einfach von königlichen Geschenken, die den Tempeln Einnahmen in Geld und in Natura verschafft haben); Stele von Assuan (Strack, Inschriften 140) Z. 12 u. 47: „φιλάνθρωπα", d. h. hier sind wohl auch „Geschenke" darunter zu verstehen (siehe
Rosette Z. 12: ταῖς τε ἑαυτοῦ δυνάμεσιν πεφιλανθρώπηκε πάσαις), 1) der regierenden Königin Kleopatra III. und ihres Sohnes Ptolemaios X. Philometor II.
Soter und 2) des 8. Ptolemäers.

sei einmal an die mannigfachen, schon im anderen Zusammenhang eingehend besprochenen großen Landschenkungen erinnert, die sowohl in ptolemäischer als auch in römischer Zeit erfolgt sind[1]). Ferner hat man hier die große Bautätigkeit der ptolemäischen Könige und römischen Kaiser in Betracht zu ziehen, durch die in allen Teilen des Landes die alten Heiligtümer durch allerlei Anbauten vergrößert und kostbar ausgeschmückt worden und neue Tempel von großem Umfange und höchster Pracht entstanden sind. Daß so zahlreiche Tempelbauten im großen und ganzen auf Kosten des Staates ausgeführt worden sind, hat für die Heiligtümer außer einer beträchtlichen Erhöhung des Wertes ihres nicht werbenden Tempelgutes auch eine wichtige Entlastung des Ausgabenetats gebildet[2]).

Aus der großen Reihe der uns bisher bekannt gewordenen hellenistisch-ägyptischen Tempelbauten[3]), zu deren Errichtung fast jeder

---

1) Siehe hierfür die Angaben auf S. 265 ff.

2) Die von Erman kürzlich (a. a. O. Sitz. Berl. Akad. 1903 S. 474 Anm.) ausgesprochene Vermutung, daß ebenso wie schon im alten Ägypten auch in hellenistischer Zeit alle die Tempel, welche im Namen der Herrscher erbaut sein wollen, in der Hauptsache aus dem eigenen Vermögen der Götter errichtet sein werden, bedarf noch des Beweises; jedenfalls ist sie geeignet uns vor Überschätzung zu bewahren. Auch ich glaube, daß die Tempel auch zu jenen Bauten, wo der Herrscher als alleiniger Bauherr genannt wird, beigesteuert haben werden; daß dies jedoch in überwiegendem Maße geschehen sei, ist mir noch zweifelhaft. Auf ein indirektes Zeugnis für die Aufführung von Tempelbauten durch den Staat sei in diesem Zusammenhang noch aufmerksam gemacht, auf Cod. Theod. XV. 1, 3, wo Constantin den Vorständen der Provinzen befiehlt, die angefangenen Tempelbauten nicht fortzuführen, sondern unvollendet liegen zu lassen.

3) Ursprünglich beabsichtigte ich in einem Anhang zu diesem Kapitel eine chronologisch und geographisch geordnete Zusammenstellung der uns bekannt gewordenen Bauten ptolemäischer Könige und römischer Kaiser zu bieten, doch habe ich meine ursprüngliche Absicht aufgegeben, da ich erkannte, daß eine wirklich erschöpfende Zusammenstellung nur bei einer systematischen Durcharbeitung aller aus dieser Zeit erhaltenen Tempelinschriften u. dergl. möglich wäre. Augenblicklich vermag ich jedoch eine solche nicht vorzunehmen, meine Arbeit würde also auch nicht im entferntesten den Anspruch erheben dürfen einigermaßen vollständig zu sein und sich somit nicht von den bereits vorliegenden Zusammenstellungen unterscheiden. Ich habe mich deshalb begnügt oben im Text einige besonders instruktive Beispiele anzuführen und verweise im übrigen bezüglich der Ptolemäerbauten auf die Mitteilungen Mahaffys, Empire S. 70 ff.; 127 (cf. 489/90); 132 ff.; 272 ff.; 314 ff.; 386 ff.; 410; 417; 423, A. 1; 442; 470 u. history S. 35; 82 ff.; 119 ff.; 126; 136 ff.; 179; 195 ff.; 216 ff.; 233; 248; vergl. ferner Holm, Griechische Geschichte IV. S. 388 u. 587; für die Römerzeit siehe die Zusammenstellungen Milnes in seiner history bei jedem einzelnen Kaiser (zu beachten ist jedoch, daß ein Teil der von ihm genannten Bauten nicht von dem betreffenden Kaiser, sondern nur unter ihm von Privaten errichtet worden ist); vergl. im übrigen Bücher wie Dümichen, Geographie des alten Ägyptens, Schrift und Sprache seiner Bewohner, II. Kapitel und Bädecker, Ober- und Unterägypten, wo sich bei der nach geographischen Gesichtspunkten geordneten Besprechung

Herrscher Ägyptens von Ptolemaios I. an bis zum Kaiser Decius (249—51 n. Chr.)[1]) beigetragen hat, seien hier nur einige der
bemerkenswertesten besonders genannt. Zu ihnen sind sicherlich einmal die vielen, prächtigen Bauten auf der Insel Philä zu rechnen,
die vornehmlich zu gunsten des dortigen Isistempels errichtet worden sind, der in der Form, wie wir ihn in hellenistischer Zeit antreffen, überhaupt erst von Ptolemaios II. Philadelphos begründet
worden ist[2]), und an dessen beständiger Vergrößerung und Ausschmückung sich die verschiedensten ptolemäischen Könige und römi-

der Heiligtümer auch Angaben über an ihnen ausgeführte Bauten der ptolemäischen Könige und römischen Kaiser finden. Das Material zu den Zusammenstellungen ist noch immer großenteils Leps. Denkm. IV. zu entnehmen; außer
diesem Werke kommen ferner vornehmlich in Betracht: Dümichen, Altägyptische
Tempelinschriften I u. II (Edfu u. Dendera), Bauurkunde der Tempelanlagen von
Dendera und Bauurkunde der Tempelanlagen von Edfu in Ä. Z. VIII (1870) S. 1 ff.;
die letztere jetzt neu herausgegeben von Brugsch, Thesaurus II. S. 252 ff.; weiterhin ist in Betracht zu ziehen die Herausgabe der Texte der Insel Philä und des
Tempels von Edfu in den Mémoires publ. par les membres de la mission archéol.
franç. au Caire, tome X u. XIII (für Philä siehe auch Captain Lyons: Philae);
die übrigen hieroglyphischen Inschriften sind in verschiedenen Publikationen
und Zeitschriften verstreut (darauf hingewiesen sei hier noch, daß auch die
schon oft erwähnten Inschriften von Mendes und Pithom [beide Zeit des Phila-
delphos] von königlichen Bauten berichten, siehe Mendes Z. 9 u. 19, Pithom,
Abschnitt C u. M). Von griechischen Inschriften seien hier noch erwähnt: Strack,
Inschriften 40 (C. I. Gr. III. 4694): Ptolemaios III., Kanopus-Osiris; Strack, In-
schriften aus ptolemäischer Zeit I (Archiv I. S. 200 ff.), Nr. 14: Ptolemaios III., Philae-
Isis u. Harpokrates; Rosette Z. 33/34: Ptolemaios V., Apieion und verschiedene
Bauten; Strack, Inschriften 70 (C. I. Gr. III. 4894): Ptolemaios V., Philae-Imhotep
(Asklepios); Strack, Inschriften 81 (C. I. Gr. III. 4712): Ptolemaios VI., Antaio-
polis-Antaios; ebenda auch die Restaurationsinschrift Marc Aurels, dies meines
Wissens die einzige von einem römischen Kaiser erhaltene griechische
Weihinschrift für einen ägyptischen Tempel (in den verschiedenen Inschriften,
in denen Weihungen „ὑπὲρ des und des Kaisers" [ebenso sind auch analoge für
ptolemäische Könige erhalten] vorkommen, muß man jedenfalls das ὑπὲρ doch
mit „für das Wohlergehen, Heil" und nicht, wie es mitunter geschehen ist, mit
„im Namen" übersetzen, sie scheiden also als Belege für kaiserliche, bez. königliche Bauten aus); Strack, Inschriften 103ᵃ (C. I. Gr. III. 4895): Ptolemaios VIII.,
Philae-Hathor (Aphrodite), vergl. hierzu Captain Lyons, Philae S. 27 pl. 1 2;
Strack, Inschriften 131 (C. I. Gr. III. 4716ᵉ): Ptolemaios X., Apollinopolis parva-
Haroeris; gr. Inschrift, publ. von Botti, Bulletin de la société archéologique
d'Alexandrie, IV. Heft 1902, S. 96: Ptolemaios XIII., Ort?-Isis; nicht in Betracht zu ziehen ist z. B. eine Inschrift wie Strack, Inschriften 66, Zeit Ptolemaios IV., obgleich sie Mahaffy, Empire S. 73 als Weihinschrift dieses Königs deutet.

1) Eine größere Lücke findet sich in unserer Tradition nur von Macrinus
bis einschließlich Gordianus III., also von 217—244 n. Chr.; Milne, history S. 75
bringt auch keine Belege für den Kaiser Philippus, doch hat er in Esne gebaut,
siehe Lepsius, Der letzte Kaiser in den hieroglyphischen Inschriften in Ä. Z. VIII
(1870) S. 25 ff.

2) Siehe z. B. Mahaffy, history S. 83; nach einer Mitteilung Wilbours an
Mahaffy (ebenda Anm. 3) hat dieser Tempel in seinen ersten, bescheidenen An-
fängen schon unter Amasis bestanden (also nicht erst unter Nektanebo II.)

schen Kaiser bis auf Marc Aurel beteiligt haben[1]). Ferner sind hier
die glänzenden Neubauten der uralten Heiligtümer des Horus von
Edfu (Apollinopolis magna), der Hathor von Dendera (Tentyra)
und des Chnum von Esne (Latopolis) anzuführen. Der Horustempel
ist eine Schöpfung der Ptolemäerzeit, an ihm haben die Könige von
Ptolemaios III. bis auf Ptolemaios XIII. Neos Dionysos gebaut[2]). Die
Bauzeit der beiden anderen Tempel hat sich dagegen auf Ptolemäer-
und Römerzeit verteilt, sie hat bei beiden ungefähr im 2. Jahrhundert
v. Chr. begonnen; während in Dendera als letzter Bauherr der Kaiser
Antoninus Pius erscheint, ist das Heiligtum von Esne noch von den
meisten Nachfolgern dieses Herrschers bis auf den Kaiser Decius
weiter ausgebaut worden[3]). Erwähnung verdient es auch, daß sich
für den Tempel des kleinen nubisch-ägyptischen Ortes Dakkeh (Pselkis) auf Staatskosten ausgeführte Bauten von der Regierung des
4. Ptolemäers an bis in die Zeit des Augustus nachweisen lassen[4]).
Großes historisches Interesse haben dann die Bauten Ptolemaios' X.
Philometor II. Soter (Mahaffy, Empire S. 423, A. 1) und Ptolemaios' XIII.
Neos Dionysos an den Tempeln von Karnak (Mahaffy, history

---

1) Von Königs-, bez. Kaiserbauten auf der Insel Philä sind mir bekannt:
Ptolemaios III.: Strack, Inschriften aus ptolemäischer Zeit I. (Archiv I. S. 200 ff.),
Nr. 14; Ptolemaios IV.: Mahaffy, history S. 137/38; Ptolemaios V. und Ptole-
maios VI.: Strack, Inschriften 70; Ptolemaios VIII.: Strack, Inschriften 103ª
(C. I. Gr. III. 4895) u. Lyons, Philae S. 27, pl. 12; Ptolemaios X.: Mahaffy, history
S. 217; Ptolemaios XIII.: Mahaffy, history S. 233; Augustus, Tiberius, Claudius,
Trajan, Hadrian und Marc Aurel siehe Milne, history bei dem betreffenden
Kaiser.

2) Siehe hierzu Dümichen, Bauurkunde der Tempelanlagen von Edfu in
Ä. Z. VIII (1870) S. 1 ff. (verschiedene andere Aufsätze in Ä. Z. IX [1871], X [1872]
u. XI [1873]) und Brugsch, Thesaurus II. S. 252 ff.; in seinen hauptsächlichsten
Teilen ist der Tempel schon unter Ptolemaios VIII. fertiggestellt worden (deshalb ist unter ihm auch schon ein großes Einweihungsfest des Tempels gefeiert
worden).

3) Für Dendera siehe die wichtigen Bemerkungen Dümichens, Geographie
des alten Ägyptens usw. S. 140, wonach der Bau des Tempels schon vor Ptolemaios X. begonnen worden ist (siehe auch sein großes Werk „Baugeschichte
des Denderatempels und Beschreibung der einzelnen Teile des Bauwerks"); außer
dem 10. Ptolemäer sind als Bauherren nachzuweisen Ptolemaios XIII. (Mahaffy,
history S. 233), die berühmte letzte Kleopatra (Mahaffy, history S. 245), die
Kaiser: Augustus, Tiberius, Gaius, Claudius, Nero, Domitian, Trajan, Antoninus
Pius, hierzu siehe Milne, history bei dem betreffenden Kaiser, Domitian wird
nur von Dümichen a. a. O. genannt, während er Antoninus Pius nicht erwähnt.
Für Esne vergl. die Zusammenstellung der an der Erbauung dieses Tempels be-
teiligt gewesenen ptolemäischen Könige und römischen Kaiser bei Lepsius a. a. O.
Ä. Z. VIII (1870) S. 25; es haben sich darnach beteiligt: Ptolemaios VI., Ptole-
maios VIII. (Kleopatra II.), Claudius, Nero, Vespasian, Titus, Domitian, Nerva,
Trajan, Hadrian, Antoninus Pius (er von Milne, history S. 60 genannt), Marc
Aurel, Commodus, Septimius Severus, Caracalla (Geta), Philippus und Decius.

4) Siehe Mahaffy, history S. 139/40, wo Ptolemaios IV., VIII. und Augustus
als Bauherren genannt werden.

S. 233), denn sie zeigen, daß trotz der kurz vorher (87/86 v. Chr.) erfolgten Zerstörung Thebens durch den 10. Ptolemäer (Pausanias I. 9, 3) der Staat seine Zuwendungen für die Tempel der einst so mächtigen Stadt nicht eingestellt hat; in der Folgezeit sind denn auch sowohl von Augustus als von Tiberius in Theben verschiedene Tempelbauten, unter ihnen auch die Restauration des Amonstempels durch Tiberius, zu belegen[1]). Bemerkt sei noch, daß sich selbst für die Kaiser Galba und Otho, die doch nur sehr kurze Zeit regiert haben, die Beteiligung an Tempelbauten nachweisen läßt[2]). Sicher ganz ein Werk ptolemäischer Freigebigkeit dürfte alsdann das alexandrinische Serapeum gewesen sein, und das Gleiche darf man dann wohl für die meisten großen, dem griechischen Kultus dienenden Heiligtümer Ägyptens behaupten, wenn es sich auch direkt nur für wenige, wie etwa für den berühmten Alexandertempel und seine Nebenbauten (siehe S. 140 ff.) und das Caesareum in Alexandria (siehe Suidas s. v. ἡμίεργον) feststellen läßt; auch an die Erbauung eines Tempels für Homer in Alexandrien durch Philopator (Aelian, V. H. XIII, 22) und an die Restaurierungsbauten der ptolemäischen Könige am Hellenion in Naukratis sei in diesem Zusammenhange erinnert (siehe Flinders Petrie, Naukratis I. S. 25 ff.)[3]).

Gelegentliche Geschenke des Staates an die Tempel mögen ziemlich oft erfolgt sein. So berichtet z. B. die Mendesstele (Z. 21), daß anläßlich größerer Festlichkeiten das Heiligtum des Widders von Mendes von Philadelphos „mit vielem Erdgold, mit Getreidevorrat, mit feinen Gewändern und mit sonstigen herrlichen Geschenken" beschenkt worden ist[4]). Ferner sei hier an die Darstellungen auf hieroglyphischen Denkmälern erinnert, auf denen die Überreichung goldener Kränze durch die Könige an die Götter abgebildet ist; so erscheint z. B. auf einer solchen Ptolemaios VI. als Spender eines Goldkranzes für die Isis zu Philä (L. D. IV. 26). Auch auf die Dedikation wertvoller Weihgeschenke, wie sie uns beispielsweise in der Stiftung der Kaiser- und Götterstatuen entgegentritt[5]), sei hier hingewiesen[6]).

1) Siehe die Ausführungen Bensons und Gourlays, erwähnt in Ä. Z. XXXVIII (1901) S. 123 und Legrains im Rec. de trav. XXII (1900) S. 63.

2) Siehe Milne, history S. 39 u. 40 (L. D. IV. 80): Tempel von Medinet Habu bei Theben.

3) Sollte das Arsinoeion in Alexandrien als ein Tempel des griechischen Kultus aufzufassen sein (siehe S. 347/48), so wäre es als ein weiteres Beispiel oben zu vermerken.

4) Über ein einmaliges Geschenk des Philadelphos an den Tempel von Pithom, das aus einer größeren Menge Silber besteht, scheint der Abschnitt L der Pithomstele zu berichten.

5) Über die Statuen in ägyptischen Tempeln siehe S. 331/32; die Kosten für sie werden in römischer Zeit durch die von der Bevölkerung erhobene „Statuen- (ὑπὲρ ἀνδριάντων) Abgabe" wohl im großen und ganzen gedeckt worden sein.

6) Die Tempelinventare bieten leider, da ja die Dedikantennamen in ihnen

Sehr bemerkenswert ist es ferner, daß die griechischen Herrscher des Nillandes — wie die Priester stets rühmend betonen — auch den Kult der heiligen ägyptischen Tiere, des Apis, des Mnevis und der anderen reich ausgestattet, und daß sie auch besondere, größere Beihilfen für die Begräbnisse dieser Tiere, die bekanntlich, vornehmlich jedoch dasjenige des Apis, mit dem größten Pomp gefeiert worden sind[1]), gewährt haben[2]). Unter diesen Umständen erscheint auch die Erzählung Diodors (I. 84, 8) durchaus glaublich, daß Ptolemaios I. der Priesterschaft für die Bestattung eines Apis 50 Talente vorgeschossen habe, und es ist mir sogar fraglich, ob er überhaupt die Zurückerstattung dieser Summe von den Priestern verlangt haben wird. Die römischen Kaiser haben dann gleichfalls allem Anschein nach den heiligen Tieren der Ägypter weitgehende Beachtung geschenkt[3]); wenigstens wird uns berichtet, daß Titus, allerdings noch nicht als Kaiser, bei seinem Besuche in Ägypten auch den Einführungsfeierlichkeiten eines neuen Apis beigewohnt habe (Sueton, Titus c. 5), und man darf wohl annehmen, daß er hierbei auch die nötigen Opfergaben gespendet haben wird.

D. Die Beiträge der Privatleute für den Kultus.

Dem Beispiele der Herrscher in der Fürsorge für die heiligen Tiere sind übrigens die Untertanen gefolgt; Plutarch (De Isid. et Osir. c. 21) überliefert uns, daß von ihnen, um die Kosten der Bestattung dieser zu decken, in ganz Ägypten Kollekten erhoben worden sind[4]), und durch einen Papyrus aus römischer Zeit (P. Gen. 36)

---

im allgemeinen fehlen (siehe S. 330), keinen Aufschluß darüber, welche von den in ihnen genannten Schatzstücken eventuell von der Regierung herrühren.

1) Diodor I. 84, 8 berichtet, daß zu seiner Zeit noch die Kosten für das Begräbnis eines Apis 100 Talente betragen haben; an der Trauer um einen Apis hat sich bekanntlich ganz Ägypten beteiligt, die Belegstellen siehe bei Pietschmann in Pauly-Wissowa I. s. v. Apis 5 Sp. 2407 ff.

2) Ptolemaios II.: Pithom, Abschnitt P; Mendesstele Z. 22 ff.; Ptolemaios III.: Kanopus Z. 9 u. 10, 54; Ptolemaios V.: Rosette Z. 31 u. 32 (die hier erwähnten Aufwendungen für die „ἴδια ἱερά" betreffen, wie mir Herr Professor Wilcken bemerkt, Heiligtümer der heiligen Tiere [ἴδια = die ihnen gehörenden; Mahaffy, history S. 156 übersetzt falsch]); in allen Fällen wird stets hervorgehoben, daß die anderen Herrscher es ebenso gemacht haben; siehe jetzt auch P. Tebt. I. 5, 77.

3) Allein von Augustus haben wir Nachrichten, daß er sich gegen den Apisdienst ablehnend geäußert habe (Sueton, Augustus 93, Dio Cassius LI. 16, 5; Zonaras X, 31); die häufige Erwähnung dieser Tatsache scheint mir der beste Beweis zu sein, daß das Verhalten des Augustus im Widerspruch zu dem sonst geübten Brauch gestanden hat und deshalb auch besonders aufgefallen ist; siehe übrigens auch den Besuch des Germanicus bei dem Apis in Memphis, Plinius, h. n. VIII, 185.

4) Den Charakter der Kirchensteuer, d. h. einer Zwangsabgabe, möchte ich

ist jetzt die Angabe des Schriftstellers aufs beste bestätigt worden. Der Urkunde zufolge ist nämlich anläßlich des Hinganges eines Apis eine Kommission, die aus einem vornehmen memphitischen Priester und mehreren angesehenen, wohl auch aus Memphis stammenden Bürgern zusammengesetzt gewesen ist, beauftragt gewesen, zur würdigen Ausstattung der Trauerfeierlichkeiten Beiträge einzusammeln und über einen solchen, der aus 10 Ellen Byssosstoff (siehe S. 301) bestanden hat, quittiert sie hier dem Soknopaiostempel[1]).

Auch sonst haben sich in hellenistischer Zeit fromme Privatleute an der Fundierung des Kultus in bemerkenswerter Weise durch Gaben aller Art beteiligt[2]), die sie den Göttern teils als Dank für gewährte Hilfe, teils aber auch, um Bitten für weiteren göttlichen Beistand größeren Nachdruck zu verleihen, dargebracht haben. Vor allem dürfte dies durch die Darbringung von Opfern geschehen sein, wofür wir denn auch eine größere Reihe direkter Belege besitzen[3]).

---

trotz des von Plutarch gebrauchten Ausdruckes „συντεταγμένα τελεῖν“ diesen Beiträgen nicht beilegen; denn wenn Plutarch des weiteren berichtet — so wenig wahrscheinlich die Sache auch an sich ist (siehe z. B. die von Plutarch angegebene Begründung) —, daß die Bewohner der Thebais sich an diesen Kollekten nicht beteiligt haben, so darf man hieraus wohl immerhin entnehmen, daß es möglich gewesen ist, sich von diesen Zahlungen auszuschließen. Was das „συντεταγμένα“ anbetrifft, so werden sich wohl nicht so sehr beim einzelnen, aber doch bei Korporationen u. dergl im Laufe der Zeit bestimmte Beiträge eingebürgert haben.

1) Die Urkunde ist auch insofern interessant, weil sie uns bezeugt, daß auch die Tempel zu solchen Kollekten herangezogen worden sind. Daß die ägyptischen Heiligtümer überhaupt andere Tempel bei besonders wichtigen Feierlichkeiten durch Geschenke unterstützt haben, dafür findet sich z. B. auch ein Beleg in der großen Bauurkunde von Edfu, der zufolge bei der Einweihungsfeier dieses Tempels „die Tempel ihre Gaben herbeigebracht haben" (siehe Brugsch, Thesaurus II. S. 263).

2) Bei der im folgenden gebotenen Übersicht über die Zuwendungen von Privatleuten für den Kultus kommt es mir nur darauf an, die einzelnen Geschenkkategorien hervorzuheben, da das einzelne Geschenk meist zu unbedeutend ist, um selbständig genannt zu werden; was die für die einzelne Kategorie angeführten Belege anbetrifft, so bin ich bestrebt gewesen, um einen ungefähren Begriff von der Verbreitung dieser Geschenke zu vermitteln, deren möglichst viele anzuführen, doch dürften vor allem aus demotischen Texten noch weit mehr Beispiele beizubringen sein. Eine wirklich bedeutende Einzelstiftung eines Privaten ist mir bisher nicht bekannt geworden, denn die Angaben Revillouts aus einem demotischen Text (Rev. ég. VI. S. 102), die offenbar sehr phantastisch sind, wage ich nicht zu verwerten. Im alten Ägypten sollen nach Erman (Ägypten II. S. 370, 375, 403) die Gaben der Privaten für die Götter verschwindend gering gewesen sein. Ob man hier eine prinzipielle Änderung seit der hellenistischen Zeit annehmen darf, ist mir noch zweifelhaft; man kann auch denken, daß Erman die privaten Zuwendungen der früheren Zeit unterschätzt hat.

3) Siehe z. B. P. Par. 12 (2. Jahrhundert v. Chr.) regelmäßige Opfer eines βασιλικὸς γεωργός aus dem herakleopolitischen Gau in dem Serapeum von Memphis erwähnend; vergl. hierzu, was ich über Wallfahrten ins Serapeum

Indirekt wird uns dann die weite Verbreitung privater Opfer durch
die libelli libellaticorum[1]) des 3. Jahrhunderts n. Chr.
bezeugt; daß man bei Leuten, die als Anhänger des Christentums verdächtig
erschienen, daran denken konnte, durch die diesen auferlegte Darbringung eines Opfers zu ergründen, ob sie noch dem alten Glauben
anhingen, ist wohl der beste Beweis, daß solche Opfer etwas durchaus Übliches gewesen sind. In den libelli bezeichnet sich auch tatsächlich der Angeschuldete als „ἀεὶ ϑύων τοῖς ϑεοῖς".

Die Opfer der Privaten haben demnach für die Tempel einmal
eine wichtige Entlastung ihres Ausgabenetats bedeutet, denn je mehr
die Privatleute zu den Opfern beigetragen haben, desto weniger Opfer
haben natürlich die Heiligtümer aus eigenen Mitteln bestreiten müssen,
sie haben aber auch weiterhin den Heiligtümern direkte Einnahmen

bemerkt habe, S. 284/85); siehe die Dankesopfer, welche in ihren Petitionen die
„Zwillinge" des Serapeums darzubringen versprechen (S. 374, A. 1); P. Lond. I. 23
(S. 38) Z. 28: Dankesopfer, die der κάτοχος Ptolemaios für die königliche Familie
darzubringen verspricht; vergl. auch in P. Par. 55 bis, 2 ff. die Ausgabe der „Zwillinge" für Naturalien, die als ἀνήλωμα „τοῦ πένϑους Μνήγειος" (sic, natürlich
ist der Stier „Mnevis" in Heliopolis gemeint) gebucht ist, jedenfalls sind
die Naturalien für Opfer anläßlich des Todes eines Mnevis bestimmt gewesen; in Betracht zu ziehen ist hier auch P. Leid. T (2. Jahrhundert v. Chr.),
in ihm sind Ausgaben eines Privatmannes für Räucherwerk, Brennholz, Öl u. dergl.
gebucht, an einer Stelle der Abrechnung (Col. 1, 9/10) findet sich der Ausdruck
„κομασίας (sic) τῶν παστοφόρων", die Ausgaben scheinen also anläßlich derselben
stattgefunden zu haben, man wird hier demnach auch wohl an Ausgaben für
Opfer denken müssen; vergl. hierzu auch P. Oxy. III 519 b, 10 ff.; siehe ferner
dem. P. Louvre 2423 publ. von Revillout, Rev. ég. II. S. 79 (ptolemäische Zeit), wo
ein Privatmann eine jährlich zu wiederholende Stiftung von Öl, offenbar für
die λυχναψία, an das Asklepieum bei Memphis macht. Recht zahlreich sind
die Belege aus römischer Zeit: B. G. U. I. 30, hier eine ἀπαρχή gleich
für mehrere Male festgelegt; C. I. Gr. III. 5068 (Opfer von 100 Hähnen an
den Gott Mandulis in Talmis); dem. P. Straßb. 50 (Spiegelberg S. 50) (eine Abrechnung über gelieferte Opfergaben); P. Oxy. I. 118 Verso (Opfergaben für ge-
nossene Gastfreundschaft der Priester, in Z. 20 möchte ich χ[ύσ]ιν ergänzen);
B. G. U. II. 646, 21 (Opfer für den Kaiserkultus); P. Fay. 115, 7 u. 121, 13 (Opfer
eines im Faijûm lebenden römischen Bürgers; hier könnte es sich allerdings
auch um Hausopfer handeln); L. D. VI. 21 (dem. Inschr., Brugsch, Thesaurus V.
S. X ff.), hier Opfer von Blemyern für die Isis von Philä erwähnt; L. D. VI. 26
u. 144 (dem. Inschr.), nach Revillouts, Rev. ég. VI. S. 125/126 Deutung handelt
es sich in ihnen um private Zuschüsse von Priestern für die Opfer ihrer Tempel
(Philä und Abaton). Die Priester werden wohl überhaupt oft ihrem Heiligtum
Geschenke gemacht haben; siehe etwa Strack, Inschriften aus ptolemäischer
Zeit II (Archiv II. S. 537 ff.) N. 3; Seymour de Ricci, a. a. O. Archiv II. S. 432
N. 19. Über Beiträge der Priester siehe noch den Schluß dieses Abschnittes.
1) B. G. U. I. 287; vergl. hierzu Krebs, Ein Libellus eines Libellaticus vom
Jahre 250 n. Chr. aus dem Faijûm in Sitz. Berl. Ak. 1893. S. 1007 ff.; P. Rainer,
publ. in Sitz. Wien. Ak. 1894. S. 3 ff. Siehe ferner den soeben publ. P. Oxy. IV.
658 und einen noch unpublizierten Papyrus in Alexandrien (erwähnt von Wilcken,
Archiv I. S. 174, A. 1 und von Seymour de Ricci, Revue des études grecques XIV
[1901] S. 203).

verschafft, da ja durch das Opfer die Opfergaben nur teilweise vernichtet worden sind und da auch wohl die Opfernden selbst nur einen geringen Bruchteil ihrer Opfer verzehrt haben werden[1]); das Übrigbleibende wird vom Tempel in seinem und seiner Priester[2]) Interesse verwandt worden sein. Daß dies in Ägypten ebenso wie in Griechenland und Rom[3]) üblich gewesen ist, darauf weist uns mit Sicherheit der von den Tempeln gezahlte „$\varphi \acute{o} \varrho o \varsigma \ \beta \omega \mu \tilde{\omega} \nu$"[4]) hin, der als eine Abgabe aufzufassen ist, welche die Tempel von dem Wert der an den einzelnen Altären dargebrachten Opfergaben zu entrichten hatten. Mit der den Tempeln aus den Opfern an den $\beta \omega \mu o \iota$ zufließenden Einnahme darf man dann jedenfalls die uns einmal begegnende Verpachtung eines solchen $\beta \omega \mu \acute{o} \varsigma$ in Verbindung bringen (B. G. U. III. 916; 1. Jahrhundert n. Chr.); es ist ein Altar der Isis Nephremis in Neilupolis, der zu dem Tempel der Isis Nephremis in Gynaikon Nesos gehört hat[5]). Die Pächter sind Laien — ein Mann und eine Frau — und verpflichten sich zu einer jährlichen Pachtzahlung von 400 Silberdrachmen und einigen Naturallieferungen[6]); dafür haben ihnen natürlich alle Einnahmen, die sonst der Tempel aus den am Altar dargebrachten Opfern gezogen hätte, zugestanden. Der Tempel hat hier also die Aussicht auf eine bestimmte Einnahme den wohl höheren, aber unsicheren Erträgen bei der Selbstverwaltung vorgezogen.

---

1) Das allgemein übliche Essen des Opfernden von dem von ihm der Gottheit Dargebrachten ist uns jetzt durch die soeben erwähnten libelli libellaticorum auch für das hellenistische Ägypten belegt; vergl. Harnacks Bemerkungen in der Theologischen Literaturzeitung 1894, Sp. 152; vergl. auch die Ausführungen Ermans, Ägypten II. S. 376 über die Beköstigung der an den großen Götterfesten teilnehmenden Laien aus den übrigbleibenden Opfergaben.

2) Es sei hier auf die von den Priestern privatim gezahlte Opfertiersteuer und die Abgabe für die Versiegelung der Opfertiere (siehe über beide VII. Kapitel) verwiesen. Die Entrichtung dieser Abgaben durch die Priester (und nicht vom Tempel) ist offenbar deswegen erfolgt, weil für sie ein bestimmter Teil des von ihnen geopferten Opfertieres gleich von vornherein bestimmt gewesen ist.

3) Für Griechenland sind allerlei Belege von Stengel, a. a. O. S. 38, 45 u. 104 angeführt; für Rom siehe z. B. C. I. L. I. 603 (IX. 5313), wonach die Häute der Opfertiere an den Tempel fallen sollten; erinnert sei hier auch an jene Stelle des berühmten Briefes des jüngeren Plinius an den Kaiser Trajan (epist. ad Traian. 96, 11), in der er sich beklagt, daß in Bithynien das Opferfleisch der Tempel keine Käufer mehr fände.

4) Näheres über diese Steuer und die einzelnen Belege im V. Kapitel, 7.

5) Unberechtigt ist es, wenn Wilcken, Archiv II. S. 139 die Verpachtung des Altars als die zeitweise Übertragung der Priesterwürde an die Pächter deuten will; zumal bei einem Priester des ägyptischen Kultus halte ich eine derartige formlose Einführung in das Priesteramt — die Pächter führen keinen priesterlichen Titel — für ganz ausgeschlossen.

6) Die Höhe der Naturallieferungen läßt sich nicht näher bestimmen (siehe Z. 21 ff.). In Z. 19 wird man nach $\tau \varrho \iota \acute{a} \varkappa o \nu \tau a$ „$\acute{o} \nu o$" ergänzen dürfen. Über die eigenartige Abführung des Jahrespachtgeldes im Laufe von 10 Monaten siehe die Bemerkungen im VI. Kapitel.

Die Pachtsumme bedeutet eine recht ansehnliche Einnahme für das Heiligtum und weist uns auf zahlreiche an diesem Altar dargebrachte Opfer hin. Auch die Höhe der für den φόρος βωμῶν abgeführten Steuersummen — im Soknopaiostempel sind z. B. in einem Jahre für 2 Altäre 2100 Drachmen Steuer bezahlt worden[1]) — zeigt uns, daß Opfer von Privaten damals (Ende des 2. Jahrhunderts n. Chr.) in überaus großer Menge erfolgt sein müssen.

In gewisser Weise als ein Teil der Einnahmen, die die Heiligtümer den Opfern von Privaten zu verdanken hatten, ist alsdann auch eine auf den ersten Blick recht merkwürdig anmutende Einnahme zu bezeichnen, die aus ptolemäischer Zeit für einen griechischen Tempel zu Ptolemais, nämlich den des Asklepios, belegt ist[2]). Es handelt sich hier um Eintrittsgelder in den Tempel, die von Personen erhoben worden sind, die sich vorher durch geschlechtlichen Umgang, durch Geburt, Abort, Menstruation u. dergl. verunreinigt hatten. Bekanntlich durften Unreine nach den Bestimmungen der griechischen Religion den Tempel nicht betreten, sondern mußten sich erst einer Reinigung unterziehen[3]). Hier sind nun offenbar in prosaischer Weise die sonst üblichen Reinigungsopfer einfach durch eine Geldzahlung an den Tempel, die zwischen 2 und 60 Silberdrachmen geschwankt hat, abgelöst worden; die Ablösung ist recht charakteristisch für die Zeit, die den idealen Glauben früherer Geschlechter verloren hatte[4]).

Diese Erklärung der Eintrittsgelder des Asklepiostempels verbietet es, sie mit den Tempeleintrittsgeldern, die auch sonst gelegentlich aus dem Altertum bekannt geworden sind[5]), auf eine Stufe zu stellen, denn diese sind ja neben und nicht als ein Entgelt für ein Opfer entrichtet worden[6]). Auch derartige Eintrittsgelder lassen sich nun allem Anschein nach für die ägyptischen Tempel nachweisen.

---

1) B. G. U. I. 337, 3 ff. u. unpubl. P. Rainer 171 bei Wessely, Kar. u. Sok. Nes. S. 74; diese Steuerzahlung setzt eine bei weitem höhere Einnahme voraus, als sie oben für den einen Altar ermittelt ist.

2) Gr. Inschrift in Rev. arch. 3ᵉ Sér. II. (1883) S. 181; vergl. auch Baillet, La stèle de Menschieh in Rev. arch. 3ᵉ Sér. XIII (1889) S. 70 ff.

3) Vergl. über die im griechischen Kultus als Verunreinigungen geltenden Handlungen Stengel a. a. O. S. 147/48; über die Form der Reinigung von Unreinen bei den Griechen Stengel a. a. O. S. 138 ff. (Siehe auch S. 19 u. 119.)

4) Obgleich uns ähnliche Inschriften aus dem griechischen Mutterlande und aus Pergamon auch aus hellenistischer Zeit bekannt sind (vergl. die Bemerkungen Kretschmers, Lesbische Inschriften, Jahreshefte des österreichischen archäologischen Instituts V. [1902] S. 139 ff. im Anschluß an die von ihm publizierte gr. Inschrift aus Eresos), so unterscheiden sie sich doch alle deutlich von der ägyptischen infolge des Fehlens der Geldzahlungen.

5) Siehe z. B. für Athen: C. J. A. II. 610; 631; 632; für Rom (römische Kaiserzeit): C. J. L. VI. 712; 820; Tertullian ad nat. I. 10; apolog. 13, 42.

6) Man darf sie etwa als eine Entschädigung auffassen, die der Opfernde für die Benutzung des Tempelraumes, der Tempelgeräte u. dergl. zu zahlen hatte,

Wir erfahren, daß sich an ihren Eingängen kupferne Ringe befunden
haben, welche die Besucher zu drehen pflegten, um sich dadurch zu
reinigen[1]). Wenn uns des weiteren durch Heron von Alexandrien
(Pneumatika II. 32. p. 298 [ed. Schmidt]) berichtet wird, daß ein ϑησαυϱός, d. h. ein Opferstock mit solchen Kupferringen in Verbindung
gebracht worden ist, so darf man wohl, zumal da der Berichterstatter
aus Ägypten stammt und da ϑησαυϱοί für das griechisch-römische
Ägypten sich nachweisen lassen[2]), hieraus die Entrichtung von Eintrittsgeldern in hellenistisch-ägyptischen Tempeln erschließen[3]). Auch
andere Angaben Herons darf man wohl hierauf beziehen. Mit den
eben erwähnten Kupferringen sind auch mitunter Wasserbecken in
Verbindung gewesen, die beim Drehen des Ringes Wasser zum Besprengen der Besucher herausfließen ließen[4]). Aus ägyptischen Tempeln stammende Wasserbecken sind noch heute eine ganze Anzahl

---

1) Heron, Pneumatika I. 32 p. 148 (ed. Schmidt); Clem. Alex. Strom. V
p. 672 ed. Potter; Plutarch, Numa c. 14.

2) Siehe Edgar, a. a. O. Ä. Z. XL (1902/3) S. 140 u. vergl. S. 332, A. 10;
Graevens, a. a. O. S. 160 ff. Bemerkungen lassen mir den ägyptischen (jedenfalls
wohl nicht einen altgriechischen) Ursprung der ϑησαυϱοί nicht unwahrscheinlich
erscheinen. Siehe hierzu endlich P. Tebt. I. 6, 27, wo in Verbindung mit einem
ägyptischen Tempel Einnahmen aus den ϑησαυϱοί, φιάλαι und ποτήϱια genannt
werden. Grenfell-Hunt erkennen hier nicht den Begriff des ϑησαυϱός; gerade
die Verbindung mit den φιάλαι zeigt uns deutlich, daß hier der Opferstock gemeint ist. Vergl. hierzu die Angaben der delischen Tempelrechnungen über die
Einnahmen aus den ϑησαυϱοί und φιάλαι (publ. B. C. H. VI [1882] S. 70 u. XIV
[1890] S. 460); zu der bemerkenswerten Bezeichnung φιάλη, in der man wohl
eine kleinere Sammelbüchse zu sehen hat (Graeven a. a. O. S. 160), vergl. die
Angaben Graevens a. a. O. S. 162 über Opferstöcke von schalenförmiger Form.
Die ποτήϱια sind natürlich mit den φιάλαι auf eine Stufe zu stellen; hierzu
siehe auch Graeven a. a. O. S. 170 über Sparbüchsen in der Gestalt eines Wein-
kruges oder dergl. und die Beobachtung, daß die Schöpfung der Sparkassen
durch die Opferstöcke angeregt ist.

3) Vergl. Erman, Kupferringe an Tempeltoren, Ä. Z. XXXVIII (1900) S. 53 ff.
Wiedemann, Bronze circles and purification vessels in egyptian temples, P. S.
B. A. XXIII (1901) S. 263 ff. lehnt eine Verbindung dieser Heronstelle mit den in
Anm. 1 genannten Stellen ab, doch wohl mit Unrecht (verfehlt ist auch seine
[S. 263, Anm.] gebotene Deutung des ϑησαυϱός bei Heron). Außerdem ist auch
kürzlich allem Anschein nach in Ägypten ein solcher ϑησαυϱός mit einem Kupferringe der Spätzeit angehörend (die ägyptische Inschrift leider nicht recht ver-
ständlich) gefunden worden; siehe v. Bissing, Zu Ermans Aufsatz: Kupferringe
an Tempeltoren, Ä. Z. XXXIX (1901) S. 144 ff. Die weitere Frage, inwieweit
man die „reinigenden" Bronzeringe als eine altägyptische Einrichtung auffassen darf, bedarf noch trotz Wiedemanns a. a. O. Bemerkungen der weiteren
Untersuchung; vergl. hierzu auch Capart, Ä. Z. XXXIX (1901) S. 145, auch
W. Schmidt, Aus der antiken Mechanik, Neue Jahrbücher für klass. Altertum usw.
XIII (1904) S. 329 ff. (S. 332/33).

4) Heron, Pneumatika I. 32 p. 148 (ed. Schmidt); vergl. hierzu Philon von
Byzanz, Pneumatika c. 61 ff. in der arabischen Übersetzung, herausgeg. von Carra
de Vaux, erwähnt von Schmidt a. a. O.

erhalten[1]). So möchte ich denn auch den von Heron (Pneumatika I. 21, p. 110 ed. Schmidt) beschriebenen Weihwasserautomaten, den er auch als ϑησαυρός bezeichnet, für die Tempel Ägyptens in Anspruch nehmen; er hat den Tempelbesuchern gegen den Einwurf eines Pentadrachmons[2]) das nötige Weihwasser geliefert.

Die hier beschriebenen Formen der automatischen Erhebung von Eintrittsgeldern mögen wohl die Priester in kluger Berechnung gewählt haben, um die arme Bevölkerung leichter zur Entrichtung des Geldes zu bewegen; der abergläubische Fellache mag gewiß gern seinen Nickel entrichtet haben, da er ja dadurch Zeuge eines ihm sicher ganz unerklärlichen und deshalb als große Zauberei erscheinenden Vorganges werden konnte.

Die ägyptischen Priester dürften es wohl überhaupt verstanden haben, den überaus großen Aberglauben der Bevölkerung zum Nutzen ihrer Tempel auszubeuten. Vor allem dürfte dies bei den ägyptisch-griechischen Serapeen der Fall gewesen sein, deren Wunderkuren (siehe z. B. Strabo XVII. 801, Tacitus hist. IV. 82) ihnen sicher viel Geld eingebracht haben werden[3]), aber auch die anderen Tempel werden es nicht verabsäumt haben, die Leichtgläubigkeit der Massen auszubeuten, wozu ihnen wohl namentlich die Tempelorakel, die weit verbreitet gewesen zu sein scheinen[4]), behilflich gewesen sind.

---

1) Siehe Erman a. a. O.; Wiedemann a. a. O. Letzterer bemerkt (S. 263 Anm.), daß der Gebrauch von Weihwasser κατ’ ἐξοχήν, was man dem von Heron zur Bezeichnung der Wasserbecken angewandten Ausdruck περιῤῥαντήριον entnehmen könnte, sonst für den ägyptischen Kultus nicht belegt sei. Doch erscheint es mir nicht nötig hier an geweihtes Wasser zu denken; es dürfte sich nur um Wasser, das zur Weihung des Tempelbesuchers dient, handeln, d. h. um Wasser, mit dem er die nötigen Waschungen und Reinigungen vor sich nehmen kann. Diese mögen mit der Zeit nur mehr symbolisch ausgeführt worden sein, womit dann das Aufkommen eines besonderen Weihwassers (mit ihm bespritzt man sich ja nur oder wird bespritzt) zusammenhängen dürfte.

2) Es dürfte wohl eine ägyptische Kupfermünze gemeint sein; vergl. hierzu Maas, Zur heronischen Frage, Philologus LIX (1900) S. 605 ff. und Hultsch, Die ptolem. Münz- und Rechnungswerte S. 32, die freilich im Einzelnen nichts Gesichertes bieten.

3) Vergl. hierzu auch P. Amh. II. 35, 31, wo die Priester des Soknopaios einen στρατηγός daran erinnern, daß er ἐν τῇ ἀῤῥωστίᾳ von den Göttern ihres Heiligtumes errettet worden ist; es dürfte sich hier wohl auch um eine Wunderkur des Tempels handeln.

4) So läßt sich Orakelerteilung z. B. für den Tempel des Soknopaios öfters belegen (B. G. U. I. 229 [230]; P. Wess. Taf. gr. tab. 12 N. 26); ferner für den Tempel von Bakchias (P. Fay. 137 u. 138); siehe auch z. B. die Ausführungen Xenoph. Eph. V, 4 über das Orakel zu Memphis, die interessante Notiz bei Ammian. Marcell. XIX. 12 über das Orakel des Bes in Oberägypten (vergl. hierzu die Bemerkungen von Sayce und die von ihm publizierten griechischen Inschriften: Some greek graffiti from Abydos P. S. B. A. X [1887/88] S. 377 ff. u. XI [1888/89] S. 318), auch die demotischen Texte bei Revillout, Rev. ég. VI. S. 111, denen zufolge ein Blemyer das Orakel des Thot von Dakkeh befragt hat.

Auch an dem Ausbau der Tempel haben sich Private in hellenistischer Zeit eifrig beteiligt, sei es nun, daß sie verschiedene Vorbauten der Tempel, einen πρόναος, ein πρόπυλον[1]), den περίβολος u. dergl. gestiftet, oder daß sie die eigentlichen Tempelräume ausgeschmückt (z. B. Errichtung von βωμοί) und durch ihre Bauten (ναός, σηκός) erweitert haben. Sowohl für ägyptische[2]) als auch für

---

1) Über das πρόπυλον bei ägyptischen Tempeln vergl. jetzt die Bemerkungen Dittenbergers, Orient gr. inscript. select. I. S. 187.

2) Siehe z. B. (ich führe nur die Beispiele an, in denen der durch die Spende des betreffenden Dedikanten erbaute Gegenstand direkt genannt ist; in einigen der erwähnten Beispiele steht übrigens an Stelle des hier eingesetzten ägyptischen Götternamens der entsprechende griechische; daß der ägyptische Gott gemeint ist, ergibt sich jedoch aus verschiedenen Momenten, siehe auch meine Bemerkungen im I. Kapitel) ptolemäische Zeit: Strack, Inschriften 76 (Mandara — Osiris); 88 (C. J. Gr. III. 4859) (Ombos — Haroeris); 89 (Ort? — Isis); Strack, Inschriften aus ptolemäischer Zeit I (Archiv I. S. 200 ff.): 10 (Memphis [?] — Sarapis, Isis); 21 (Hermupolis magna — Gott?); 24 (Koptos — Gott?); gr. Inschrift in Rev. arch. 2e Sér. XXVII (1874) S. 51 (Ort? — Isis, Harpokrates); gr. Inschrift in Rev. arch. 3e Sér. II. (1883) S. 174 (Ptolemais — Isis); gr. Inschrift, publ. von Botti, Bull. de la société arch. d'Alexandrie Heft IV (1902) S. 96 (Alexandrien — Isis); Strack, Inschriften aus ptolemäischer Zeit III (Archiv III. S. 126 ff.): 3 (Leontopolis [?] — Λέων, vergl. hierzu die Bemerkungen Stracks a. a. O. S. 127 im Anschluß an Strabo XVII. p. 812 u. Aelian, de nat. anim. XII, 7); besonders bemerkenswert ist, daß auch die nubischen Könige (vergl. hierzu S. 271, A. 10) zu dem Bau der ägyptischen Tempel beigesteuert haben: Ergamenes (Zeitgenosse Ptolemaios' IV. Philopators): Philä und Dakkeh (Mahaffy, history S. 138—140), Atkheramon (Zeitgenosse Ptolemaios' VI. Philometors I.): Debot (Mahaffy, history S. 179). Römische Zeit: C. I. Gr. III. 4711 (Athribis — Thriphis), 4714c u. 4716 (Dendera — Hathor), 4715 (Dendera — Isis), 4831 (Latopolis — Amon), 4839 (Sekket bei Edfu — Sarapis, Isis usw.), 4948 (Kysis — Sarapis, Isis), 4955 (Tchonemyris [Oase Thebarum] — Amenebis); gr. Inschrift in Rev. arch. 3e Sér. II. (1883) S. 176 (Koptos — Isis); gr. Inschrift in Nachrichten der Gesellschaft der Wissenschaften zu Göttingen 1892, S. 536 (Soknopaiostempel — Soknopaiu Nesos); gr. Inschrift in B. C. H. XX (1896) S. 168 (Ombos — Hathor [Aphrodite]), interessant ist hier (Domitians Zeit) die Stifterin Petronia Magna, also eine Römerin; Milne, Inschriften 2a u. b (Apollinopolis parva [?] — Isis-Harpokrates); 9 (Apollinopolis parva [?] — Harpokrates); gr. Inschriften in P. Fay. S. 32 (N. I., vielleicht ptolemäisch), S. 33 (III) u. S. 34 (IV) (Karanis — Pnepheros u. Petesuchos); Seymour de Ricci, Bulletin épigraphique de l'Égypte romaine I u. II (Archiv II. S. 427 ff. u. 561 ff.): 4 (Ort? — Bubastis u. Paschitis [?]); 19 (Ort? — Κυνοκεφάλος θεός d. h. Anubis, Ricci ergänzt: Κυ[νὸς] κεφαλήου); 60 (Ort? — Amon); 76 (Redesieh — Sarapis); 85a u. 90 (Koptos — Gott? [wohl ägyptisch]); 97 (Theben — die Gottheit zweifelhaft); gr. Inschrift, publ. Journal of hellenic studies XXI (1901) S. 284 (Ort? — Hera, offenbar gleich der entsprechenden ägyptischen Göttin, vielleicht Mut; Milne a. a. O. irrt, wenn er in der Hera hier die rein griechische Göttin sieht; ganz abgesehen von dem ägyptischen Namen der Weihenden erweist sich auch die Ausstattung der Stele als ägyptisch: Sonnenscheibe und Uräusschlangen; auch die beiden dargestellten Kühe passen zu der für Hera angenommenen ägyptischen Göttin Mut (Brugsch, Religion und Mythologie der alten Ägypter S. 131 u. 406); Hera = Mut siehe S. 40, A. 1 u. 102 ff.); bilingue Stele, publ. Rev. ég. VI. S. 98 (Abydos — Horus, Isis).

griechische Tempel[1]) ist solche private Bautätigkeit vielfach zu belegen; in Syene erfahren wir sogar von der Restaurierung eines Heiligtumes eines orientalischen Kultes (Milne, Inschriften 8[b]), und für Koptos ist uns die Errichtung eines Altars für eine palmyrenische Gottheit belegt[2]) (beides aus römischer Zeit).

Von großer Wichtigkeit ist es alsdann, daß unter diesen privaten Bauherren auch einmal eine der griechischen Stadtgemeinden Ägyptens erscheint — es ist Ptolemais in der Thebais, das in der Zeit Trajans den in der Stadt gelegenen Tempel des Asklepios und der Hygieia restauriert hat[3]) —, denn wir erhalten hierdurch, was ja schon an sich zu vermuten war, die urkundliche Bestätigung, daß die griechisch organisierten Gemeinden Ägyptens offiziell den griechischen Kultus unterstützt haben, und wir dürfen wohl weiterhin mit Sicherheit annehmen, daß solche offiziellen Zuwendungen sich auch auf andere Ge-

---

1) Siehe z. B. ptolemäische Zeit: Strack, Inschriften 43 (in der Nähe von Alexandrien — Zeus); 94 (Ptolemais — Ptolemaios I. Soter, also Königskult); Strack, Inschriften aus ptolemäischer Zeit I (Archiv I. S. 200 ff.) Nr. 2 (Ort? — Agdistis); gr. Inschrift in Rev. arch. 2e Sér. XXI (1870) S. 109 (Memphis — Apollo, Zeus; die Ergänzung des Hephaistos scheint mir nicht begründet; es handelt sich ja hier um einen griechischen Tempel, der damit, daß in Memphis im ägyptischen Kultus Ptah-Hephaistos der hauptsächlich verehrte Gott gewesen ist, nichts zu tun hat); gr. Inschrift, publ. von Botti, Bulletin de la société archéologique d'Alexandrie Heft IV (1902) S. 49 (Schedia — Kleopatra III. [wohl als griechische Göttin]) und S. 93 (Alexandrien); Strack, Inschriften aus ptolemäischer Zeit II (Archiv II. S. 538 ff.): 30 (Cousieh in Mittelägypten — Zeus Soter); siehe ferner den von dem Admiral Kallikrates gegründeten Tempel der Arsinoe Aphrodite auf dem Vorgebirge Zephyrion (Athenaeus VIII, 318[d] u. griech. Epigramm veröffentlicht von Blaß, Rh. M. XXXV [1880] S. 91 ff.) und den Privattempel der Berenike und Arsinoe Aphrodite im Faijûm, P. Petr. I. 21. Römische Zeit: C. I. Gr. III. 4713[a] u. 4713[f] (Tempel des Zeus Helios Sarapis auf dem Mons Claudianus; die zu zweit genannte Inschrift ist besonders interessant, weil hier [Zeit Hadrians] als Dedikant der praefectus Aegypti erscheint); C. I. Gr. III. 4716[c] (Dendera — Ἀφροδίτη θεὰ νεωτέρα d. h. Plotina, die Gemahlin des Kaisers Trajan, also ein Beleg für den Kaiserkult); vielleicht wird man, da hier Dendera in Betracht kommt, in der Umdeutung noch weiter gehen und Ἀφροδίτη = Hathor setzen müssen (vergl. hierzu die Gleichsetzung der Kleopatra III. in ptolemäischer Zeit mit Ἶσις μεγάλη μήτηρ θεῶν, siehe S. 158/59; in diesem Falle würde es sich darum den einen Bestandteil des ägyptischen Kultus bildenden Kaiserkult handeln); gr. Inschrift, publ. Rev. arch. 3e Sér. XXXVIII (1901) S. 307 (Ptolemais — θεοὶ Σωτῆρες [siehe den ἱεροποιός]); gr. Inschrift bei Seymour de Ricci a. a. O. N. 121 (Kôm-el-Gizeh — Aphrodite); N. 145 (Sais — Athena, siehe ihren Beinamen Τριτογενής).

2) Gr. Inschrift, publ. Rev. arch. 3e Sér. XXIX (1896) S. 408; der hier genannte Ἱεραβλός ist nach Clermont-Ganneau, Les archers palmyréniens à Coptos in Recueil d'archéologie orientale II. S. 118 ff. dem palmyrenischen Gott יריחבול gleichzusetzen. Im Anschluß hieran sei auf die von Clermont-Ganneau Rec. d'archéol. orient. V. S. 300 publ. griechisch-palmyrenische Inschrift aus Ägypten verwiesen.

3) Gr. Inschrift, publ. Rev. arch. 3e Sér. XIII (1889) S. 70.

biete des Tempelhaushaltes und wohl auch auf die in der Stadt gelegenen ägyptischen Heiligtümer erstreckt haben werden. Als dann
im 3. Jahrhundert n. Chr. auch in Ägypten allenthalben die griechische
Stadtverfassung eingeführt worden ist und als die Stadtbehörden sogar
eine der Aufsichtsbehörden der Tempel geworden sind (siehe S. 54
u. VI. Kapitel), da dürften wohl ganz sicher alle diese neuen πόλεις
in ihren Ausgabenetat auch Ausgaben für die städtischen Tempel eingestellt haben[1])

Von Privaten ist dann weiterhin auch durch die Spendung von
allerlei Weihgeschenken, wertvollen goldenen und silbernen Schatzstücken, Statuen, Stelen u. dergl., der Besitz der Tempel vermehrt
worden[2]). Besonders hervorgehoben seien hier noch die mannigfaltigen goldenen Gefäße, die nebst einer größeren Summe Geld zur
Zeit des Kaisers Trebonianus Gallus (251—253 n. Chr.) von blemyschen Gesandten in ihrem und ihres Königs Namen der Isis von Philä

---

1) Nach Liebenam, Städteverwaltung in der römischen Kaiserzeit S. 68 ff.
scheinen allerdings Ausgaben der Städte für die Tempel ihrer Stadt im allgemeinen so gut wie gar nicht erfolgt zu sein; dem gegenüber sei jedoch nur
auf das durch Sozemenus hist. eccl. I. 8 uns bekannt gewordene Edikt Konstantins
hingewiesen, dem zufolge die Städte einen bestimmten Teil ihrer Einkünfte für die
christlichen Kirchen aufwenden sollten. Aus dieser Anordnung darf man wohl
über ihr Verhalten zu den heidnischen Tempeln Rückschlüsse ziehen, denn es
ist nicht wahrscheinlich, daß Konstantin mit seinem Erlaß ein neues Prinzip
eingeführt hat, er wird vielmehr schon bestehende Institutionen auf die christliche Kirche nur ausgedehnt haben.

2) Vergl. meine Bemerkungen über die Dedikanten bei Besprechung der Tempelinventare (S. 330/31); für die goldenen Schatzstücke siehe S. 401, A. 1; silberne
Gefäße z. B. auch dem Tempel des Sarapis, Isis usw. in Sekket bei Edfu im
3. Jahrhundert n. Chr. dediziert, siehe C. I. Gr. III. 4839; Widmung von Statuen
belegt z. B. Milne, Inschriften 10 (Alexandrien — Isis); Strack, Inschriften 154
(Faijûm — Krokodilstatue, darstellend den Gott Petesuchos); gr. Inschrift, publ.
Classical Review XII (1898) S. 281 (Koptos — Isis); gr. Inschrift, publ. Journal of
hellenic studies XXI (1901) S. 273 (Sakha — Sarapis); gr. Inschrift, publ. von Botti,
Bull. de la société arch. d'Alex. Heft I (1898) S. 44 (N. 17) (Alexandrien — Sa-
rapis); Seymour de Ricci a. a. O. Archiv II. S. 447 N. 74 (Alexandrien — Isis);
87 (Abukir — Zeus Helios Sarapis; Statue des Herakles Bel: der Spender ein
Syrer); die Spende von Stelen, die mit Bildnissen geschmückt sind, auf denen
der römische Kaiser vor dem ägyptischen Gott adoriert, findet sich z. B. Milne,
Inschriften 2, 3 u. 11 (Apollinopolis parva (?) — Isis); gr. Inschrift, publ. B. C. H.
XXI (1897) S. 142, A. 1 (Pathyris — Isis u. σύνναοι θεοί); daß Private derartige
Stelen geschenkt haben (die letztgenannte [Zeit Trajans] gestattet wohl auf
keinen Fall einen Zweifel daran, daß der Private der Dedikant ist), mahnt zur
Vorsicht; nicht jeder Gegenstand, auf dem oder mit dem in Verbindung ein
Herrscher adorierend vor der Gottheit erscheint, braucht eine Dedikation des-
selben darzustellen; vergl. hierzu Erman a. a. O. Sitz. Berl. Ak. 1903. S. 468.
Außer den hier angeführten Weihinschriften gibt es noch eine große Reihe weiterer, in denen der betreffende geweihte Gegenstand jedoch nicht besonders genannt ist.

dargebracht worden sind[1]), weil es sich hier einmal um ein Geschenk von größerem Werte handelt, dem man auch politische Bedeutung zusprechen darf[2]). Ganz bemerkenswert ist auch die Stiftung eines Fonds an den Isistempel zu Philä (römische Zeit)[3]), der zum Unterhalt der Priesterschaft und ihrer Kinder verwandt werden sollte[4]).

Von uns bekannt gewordenen Zuwendungen von Laien, die eine Vergrößerung des Tempelbesitzes bewirkt haben, sind dann schließlich auch noch Schenkungen von Grundbesitz zu nennen; die erhaltenen drei Belege[5]) stammen zufällig alle aus der Zeit des 11. Ptolemäers, und bezieht sich der eine von ihnen auf ein Isisheiligtum, die beiden anderen auf einen Suchostempel[6]) des Faijûm; derartige Geschenke dürften natürlich oft erfolgt sein[7]). Von Interesse ist in zwei von diesen Fällen die Persönlichkeit des Stifters, es sind dies zwei ägyptische Ephebenvereine; es haben sich also die Privaten gedrungen gefühlt nicht nur einzeln, sondern auch, wenn sie sich korporativ zusammengeschlossen hatten, dem Kultus Geschenke zukommen zu lassen, ein weiteres Zeichen dafür, daß unter ihnen die Sitte die Tempel zu beschenken allgemein verbreitet gewesen ist.

Für derartige, durch eine Korporation an die Heiligtümer entrichtete Beisteuern ist uns noch ein sehr bemerkenswertes Beispiel

---

1) dem. Inschrift bei L. D. VI. 21, publ. von Brugsch, Thesaurus V. S. X; zu den Gefäßen vergl. S. 327; die Geldsumme gibt Brugsch auf 10 Talente an; mir ist es zweifelhaft, ob er hiermit eine richtige Angabe bietet, da sonst in der Inschrift stets das ägyptische Gewichts- bez. Münzsystem gebraucht ist.

2) Eine Parallele zu diesem Geschenk bieten z. B. die Bauten nubischer Könige in ptolemäischer Zeit.

3) Siehe dem. Inschrift, publ. von Heß, Der demotische Teil der dreisprachigen Inschrift von Rosette S. 51 ff. Vergl. hierzu auch die auf S. 203, A. 2 besprochene Quittung.

4) Fromme Spenden (Getreide, Öl u. dergl.) von Laien an den Soknopaiostempel werden von Wessely, Kar. u. Sok. Nes. S. 71 u. 73 auf Grund der unpubl. P. Rainer 172 u. 171 erwähnt; siehe auch P. Tebt. I. 88.

5) P. Tebt. I. 60, 10; 62, 7; 63, 19 haben uns inzwischen für das 2. Jahrhundert v. Chr. mit ἀνιερωμένη γῆ des Gottes Soknebtynis (Faijûm) bekannt gemacht, welche dieser von einer Abteilung der eingeborenen Truppen erhalten hat; vergl. hierzu P. Tebt. I. 6, 20/21; siehe auch P. Tebt. I. 5, 57 ff., wo die Spender nicht genannt sind und wo deshalb auch der Staat als solcher in Betracht zu ziehen ist. An dieser ἀνιερωμένη γῆ hat übrigens, dies sei schon hier bemerkt, den Tempeln im Gegensatz zu der ἱερὰ γῆ kein unbeschränktes Besitzrecht zugestanden.

6) Strack, Inschriften 141 (Isistempel [Harpokrates und Premarres mit verehrt]: Spender Dionysos mit Familie), Strack, Inschriften 142 u. 143 (Suchostempel).

7) Vergl. hierzu die kürzlich von Strack, Inschriften aus ptolemäischer Zeit III (Archiv III. S. 126 ff.) N. 8 veröffentlichte gr. Inschrift aus der Zeit des 13. Ptolemäers, die den oben besprochenen Inschriften überaus ähnlich ist: Weihung von Grund und Boden an Isis durch einen Kultverein (Ort?).

aus ptolemäischer Zeit bekannt geworden[1]). Es haben sich nämlich
im 19. Jahre Ptolemaios' XI. Alexanders I. (96/95 v. Chr.) die Unterbeamten des οἰκονόμος σιτικῶν des Herakleidesbezirkes (arsinoitischer
Gau) (οἱ ὑπασχολούμενοι ἐν τῇ οἰκονομίᾳ τῆς μερίδος oder οἱ διὰ τῆς
μερίδος ἀσχολούμενοι ὑπ' αὐτούς (sc. vorgesetzte Beamten)[2]) verpflichtet, dem Soknopaiostempel eine jährliche Getreidesubvention von
182½ Artaben Weizen (d. h. täglich ½ Artabe) zu gewähren. Zwei
Jahre darauf ist dieselbe Schenkung noch einmal in einer offiziellen
Urkunde ausgesprochen worden, offenbar deswegen, weil sich der seitdem neu ernannte οἰκονόμος bereit erklärt hat, sich an der Weihung
seiner Unterbeamten zu beteiligen, und weil eine derartig wichtige
Änderung in der Reihe der Dedikanten auch ein neues Weihdokument
erforderte. Zugleich hat man es sich angelegen sein lassen, die Aus-
führungsbestimmungen der Schenkung genauer festzulegen; man hat
nämlich angeordnet, daß auch die Amtsnachfolger der Weihenden[3])
die Getreidesubvention dem Tempel gewähren sollten, eine Bestimmung,
die einen sehr interessanten Beitrag zur Organisation der ptolemäischen Beamten liefert, da ihr mit Sicherheit zu entnehmen ist, daß
diese Beamten eine feste Korporation gebildet haben, der die neu-
ernannten beitreten mußten. Die Getreideschenkung soll an die Bäckerei
des Soknopaiostempels abgeführt werden, d. h. jedenfalls, der Tempel
sollte aus ihr einen Teil der Brotration seiner Priesterschaft (siehe
z. B. V. Kapitel, 6) bestreiten.

Diese von Korporationen den Tempeln gemachten Geschenke
weisen uns auf die Aufwendungen hin, die Privatleute in ihrer Eigenschaft als Vereinsmitglieder für den Kultus geleistet haben. Denn
außer der Unterstützung des offiziellen Kultus hat es ihnen obgelegen
den von ihrem Verein geübten Kultus auszustatten, durch Errichtung
und Ausschmückung der Vereinsheiligtümer, durch Aufbringung der
Kosten für die ständigen Kultushandlungen u. dergl. Hierfür liegen
uns verschiedene Beispiele vor[4]). Auch die Zahlungen für den Er-

---

1) Strack, Inschriften 144 u. 145: die Inschriften schon behandelt von
Krebs a. a. O. Ä. Z. XXXI (1893) S. 32 und vor allem (alle beide) von Mahaffy,
Hermathena XI (1895) S. 162 ff.; seine Ausführungen erscheinen mir, da er offen-
bar viel zu viel in diese Inschriften hineinlegt, unannehmbar.

2) Die richtige, oben im Text stehende Deutung dieser Ausdrücke stammt
von Wilcken, Ostr. I. S. 387/88.

3) Krebs a. a. O. im Anschluß an seine falsche Deutung der „ἀσχολούμενοι“
denkt hier an „Erben“.

4) Siehe etwa C. J. Gr. III. 4987; 5028; 5032 (Heiligtümer des γόμος-Vereins);
Strack, Inschriften 76 (Errichtung eines βωμός etc. durch einen ägyptischen
ϑίασος); gr. Inschrift (N. 47 des alexandrinischen Museums), publ, von Ziebarth
a. a. O. S. 213 („ἐπικοσμεῖν τὸν ἑαυτῶν τόπον“ durch den wohl griechischen
Kultus treibenden τέκτονες-Verein in Ptolemais); gr. Inschrift, publ. von Maspero,
Annales du service des Antiquités de l'Égypte II (1901) S. 205 (καταλιφῇ καὶ

werb der Vereinspriestertümer, die, wie wir für den γόμος-Verein feststellen konnten (siehe S. 251/52), verhältnismäßig hoch gewesen sind, werden wohl hauptsächlich für den Kultus verwandt worden sein, während bei anderen Beiträgen es zweifelhaft ist, ob sie nicht den speziellen Vereinszwecken gedient haben[1]).

Schließlich sei hier noch einer auch von privater Seite, und zwar von den eigenen Priestern den Tempeln zufließenden steten Einnahme gedacht, für die freilich genauere Belege fehlen: der allem Anschein nach auch von den Tempeln vorgenommene **Verkauf von Priesterstellen** dürfte nämlich diesen gewiß gar nicht unbedeutende Einnahmen verschafft haben[2]).

4. Die allmähliche Abnahme der Tempeleinnahmen in der späteren Kaiserzeit.

Überblicken wir noch einmal zum Schluß die mannigfaltigen Angaben, die sich über Besitz und Einnahmen der Tempel Ägyptens in hellenistischer Zeit haben ermitteln lassen, so darf man wohl behaupten, daß auch damals noch der Kultus aufs reichste fundiert gewesen ist; denn die Priester haben es wohl verstanden den den Tempeln gebliebenen eigenen großen Besitz aufs vorteilhafteste zu verwerten — es sind also in Ägypten mit Häufung des Besitzes in der sogenannten „toten Hand" durchaus keine wirtschaftlichen Nachteile verbunden gewesen — und außerdem hat sowohl die Munificenz des Staates als auch die der Bevölkerung reiche Beischüsse den Heiligtümern zu den Einnahmen aus dem eigenen Besitz geliefert. Leider sind wir allerdings nicht imstande auf Grund des vorhandenen Materials auch nur annähernd den Wert des Tempelbesitzes und die Höhe der Gesamteinnahmen, selbst nicht für ein einzelnes Heiligtum, festzustellen, auch ·ist es nicht möglich, genauer zu ermitteln, in welchem

---

κονίασις eines Ἀπολλωνιεῖον [vergl. für dieses S. 127, A. 6], das von einem Idumäerverein als Vereinsheiligtum mitbenutzt worden ist, durch den Priester des Vereins); gr. Inschriften, publ. Strack, Inschriften 35, C. J. Gr. III. 4990, Ä. Z. XXVI (1888) S. 117, Ziebarth a. a. O. S. 213, Botti, Bull. de la société archéol. d'Alex. Heft IV (1902) S. 99, Seymour de Ricci, Archiv II. S. 432 N. 15 (Errichtung von allerlei Weihgeschenken durch griechische und ägyptische Kultvereine); Strack, Inschriften 108 („στήλη καὶ τὰ πρὸς τὰς θυσίας καὶ σπονδάς . . . . δι᾽ ἑκάστου εἰσενηνεγμένα χρήματα"-Verein der βασιλισταί in Setis); siehe auch L. D. VI. 378 (gr. Inschrift), publ. von Wilcken, Archiv I. S. 412 ff. (Talmis).

1) Siehe z. B. für den γόμος-Verein C. J. Gr. III. 5009; 5014 (hier scheint neben der Zahlung für die Erwerbung des Priestertums noch eine zweite genannt zu sein); als Hinweise auf Beiträge für den speziellen Vereinszweck möchte ich dagegen die Angaben von C. J. Gr. III. 4993; 5020; 5029 (γόμος-Verein) fassen.

2) Siehe hierzu S. 242; P. Tebt I. 6, 80 ff. bietet uns hierfür jetzt einen direkten Beleg.

Verhältnis die Beiträge der drei an ihnen beteiligten Faktoren: eigener Besitz der Tempel, Staat und Bevölkerung zu einander gestanden haben.

Von der 2. Hälfte des 3. nachchristlichen Jahrhunderts an fehlen alsdann leider alle direkten Belege für die Einnahmen der Tempel Ägyptens, und so besitzen wir auch keine bestimmteren Angaben, wie sich ihre wirtschaftliche Lage im 4. Jahrhundert n. Chr. gestaltet hat, als sich der Sieg des Christentums über die antiken Religionen vollständig entschied; eine allgemein gehaltene Notiz, die ungefähr dem Jahre 350 n. Chr. angehört, zeigt uns jedoch, daß diese auch damals noch gar nicht so schlecht gewesen sein kann. So berichtet der allerdings für Ägypten sehr begeisterte, gut heidnische Verfasser einer Reichsbeschreibung[1]): Nusquam enim deorum misteria sic perficitur quomodo ibi (sc. Ägypten) ab antiquo et usque modo . . . . Et sunt sacra omnia et templa omnibus ornata; aeditimi enim et sacerdotes et ministri et aruspices et adoratores et divini obtimi habundant. Et fit omnia ordine. Aras itaque invenies semper igne splendentes et sacrificiorum et ture plenas, vittas simul et turabula plena aromatibus divinum odorem spirare[n].

Jedenfalls wird sich auch in Ägypten der Vernichtungsprozeß des Tempelgutes nur langsam vollzogen haben[2]). Allmählich werden allerdings die Beisteuern aus den Kreisen der Privaten immer geringer geworden sein, die Beiträge des Staates ganz aufgehört haben[3]) und

---

1) Expositio totius mundi et gentium (anonym), c. 34 u. 36 in Geographi latini minores ed. A. Riese p. 112 ff.; neu herausgegeben von Th. Sinko, Archiv für lateinische Lexikographie XIII (1904) S. 531 ff. (der hier gewählte Titel scheint mir nicht berechtigt); Lumbrosos Neuausgabe war mir nicht zugänglich.

2) Die Wirkung der mannigfaltigen Edikte der christlichen Kaiser des 4. Jahrhunderts v. Chr., durch die Schließung der Tempel, Konfiskation der Tempelgüter u. dergl. angeordnet worden ist (siehe vor allem Cód. Theod. XVI, 10 [De paganis, sacrificiis et templis]; vergl. hierzu z. B. Sokrates, hist. eccl. I, 3; Cedrenus, histor. compend. J. p. 478; Ammian. Marc. XXII. 4, 3; Libanius, Orat. XVII, 7; XVIII, 23 [ed. Förster]; seine ganze Rede περὶ τῶν ἱερῶν [ed. Reiske II, p. 155 ff.]), darf man bekanntlich nicht überschätzen; wie solche Edikte ausgeführt worden sind, dafür haben wir gerade für Alexandrien einen hübschen Beleg in der Anekdote des Athanasius bei Sozomenus, hist. eccl. IV. 10, die sich auf das bekannte Edikt des Constantius vom Jahre 353 n. Chr. (Cod. Theod. XVI, 10, 4, siehe § 6) bezieht, das seiner Form nach eigentlich die offizielle Ausübung jedes antiken Kultus verbot. Nachrichten darüber, wie eifrig dieser im 4. Jahrhundert n. Chr. selbst verhältnismäßig offiziell betrieben worden ist, sowie über die damalige Blüte der Tempel im römischen Reich überhaupt besitzen wir in großer Anzahl; siehe etwa Amm. Marc. XVI, 10, 14; XIX, 10, 4; Sokrates, hist. eccl. III, 25; Zosimus IV, 3; Theodoretus, hist. eccl. IV, 21; Ambrosius, Epist. 18, 31; vergl. auch einzelne Kaiserkonstitutionen im Cod. Theod. XVI, 10; auch XII, 1, 112 (vom Jahre 386 n. Chr.).

3) Allzufrüh darf man wohl das Aufhören der staatlichen Beiträge an den alten Kultus nicht ansetzen; noch in den späteren Jahren Constantius' II.

ein Teil des eigenen Besitzes der Tempel nach dem andern vom Staat sei es für sich selbst sei es zugunsten christlicher Kirchen konfisziert worden sein[1]). Am Ende des 4. Jahrhunderts n. Chr.[2]) dürfte dann wohl, wenn man von dem eine Ausnahmestellung einnehmenden Tempel der Isis zu Philä (vergl. VIII. Kapitel) absieht, von dem einst so reichen Gut ägyptischer Heiligtümer so gut wie nichts mehr vorhanden gewesen sein.

läßt sich die Auszahlung von solchen (allerdings nicht für Ägypten) belegen, siehe Symm. rel. III, 6 u. 7; Cod. Theod. IX, 17, 2.

1) Außer gelegentlichen Nachrichten über Schließung von Tempeln in Ägypten sind meines Wissens noch keine näheren Belege für Konfiskationen ägyptischen Tempelgutes bekannt geworden.

2) Es sei hierzu einmal auf Zosimus IV, 37, 5/6 hingewiesen, demzufolge im Jahre 386 n. Chr. Theodosius den durch seine Heidenverfolgungen bekannten Präfekten Kynegios eigens nach Ägypten geschickt habe, um dort die Tempel zu schließen; die Zerstörung des alexandrinischen Serapeums, der Hochburg des ägyptischen Heidentums, ist dann bekanntlich 391 n. Chr. erfolgt.

Nachträge und Berichtigungen zum I. Bande.

In dem **ersten** Teil des Werkes **bis** S. 196 findet sich die Namensform „Ptolemäos"; an ihrer Stelle bitte ich stets die vom 3. Kapitel an gebrauchte korrektere Form „Ptolemaios" zu lesen. Ich habe mich überhaupt bemüht die echt griechischen Namensformen zu bieten; in einzelnen Fällen — mitunter ist dies auch mit Bewußtsein geschehen — mag sich freilich die eine oder andere Ungenauigkeit eingeschlichen haben[1]).

S. 6, A. 2. Der $Z\varepsilon\grave{v}\varsigma$ $\varkappa\alpha\lambda o\acute{v}\mu\varepsilon\nu o\varsigma$ $N\varepsilon\varphi\acute{\omega}\tau\eta\varsigma$ ist vielleicht zu streichen; wenigstens liest Seymour de Ricci a. a. O. Archiv II. S. 439 N. 43 anstatt $\varDelta\iota\grave{o}\varsigma$ $\varkappa\alpha\lambda o\upsilon[\mu\acute{\varepsilon}\nu o\upsilon]$: $[\pi\varrho]o\sigma\varkappa\alpha\lambda o\upsilon[\mu\acute{\varepsilon}\nu o\upsilon]$. L. D. VI. Blatt 82, gr. N. 188 hilft uns hier nicht weiter.

S. 7, A. 2. Eine Parallele zu den hier angeführten archäologischen Beispielen bildet eine kürzlich in Ägypten gefundene, aus dem 4. Jahrhundert v. Chr. stammende Isisstatue, welche in der auf ihr angebrachten Inschrift als Astartebildnis bezeichnet wird; siehe Clermont - Ganneau, Comptes rendus des séances de l'académie des inscriptions et de belles lettres 1904, Sitzung vom 26. August.

S. 9. Hier ist wie auch an einigen späteren Stellen Jupiter Capitolinus anstatt Jupiter Kapitolinus zu lesen.

S. 18, A. 8. Weitere Belege für die ägyptischen $\varkappa\omega\mu\alpha\sigma\acute{\iota}\alpha\iota$ siehe Diodor XVII. 50, 6/7; Curtius IV. 7, 24; C. I. Gr. III. 4717, 25; P. Berl. Bibl. 1; unpubl. P. Rainer 171 bei Wessely, Kar. u. Sok. Nes. S. 76; vergl. S. 94/95 mit Anm.

S. 11 ff. Wilcken, Sarapis und Osiris - Apis Archiv III. S. 249 ff. erhebt gegen die Ableitung des Namens Sarapis aus Osiris-Apis sprachliche Einwände, welche viel für sich haben. Mag nun auch wirklich der Name des hellenistischen Sarapis nicht ägyptisch sein, der Gott selbst ist jedenfalls in Anlehnung an den alten ägyptischen Gott Osiris-Apis und unter Verschmelzung seines Kultes mit dem dieses Gottes als im wesentlichen ägyptischer Gott gestaltet worden; von einer orientalischen Gottheit kann bei Sarapis nicht die Rede sein. Lehmanns soeben erschienene Miscelle, Sarapis contra Oserapis, Beitr. z. alt. Geschichte IV (1904) S. 396 bringt nichts Neues, das mich veranlassen könnte, meine bisherige Ansicht zu ändern.

S. 11, A. 8. Siehe Preuschen 2. Aufl. S. 31 ff.; **S. 12, A. 2.** Preuschen 2. Aufl. S. 39.

S. 18. Das Dorf Nabane heißt Nabla, vergl. S. 97, A. 4.

S. 18, A. 3. Als Tempel erster Klasse ist nach Wilckens, Archiv III. S. 331 Ergänzung der Inschrift von Assuan (Strack, Inschriften 140, 42)

---

1) Es sei im Anschluß hieran bemerkt, daß ich geringfügigere Druckfehler in diesem Nachtrage nicht angebe; das ist m. E. nicht Sache eines Nachtrages, der verständige Leser verbessert solche stillschweigend für sich selbst.

auch der Tempel des Chnubo Nebieb von Elephantine zu fassen. Es sei ferner hervorgehoben, daß das eine der in P. Tebt. I. genannten πρῶτα ἱερά, das des Soknebtynis, nach Grenfell-Hunt, P. Tebt. I. S. 543 wahrscheinlich im Dorfe Tebtynis gelegen hat.

S. 22, A. 3. Für die Deutung des Ἀσταρτιεῖον vergl. S. 171, A. 3.

S. 25. Der hier genannte „Prophet in seinem Monat" findet sich in der hieroglyphischen Stele des Louvre N. 1160, publ. bei Revillout, Mélanges S. 475 ff. erwähnt; vergl. auch Brugsch, Hieroglyphisch-Demotisches Wörterbuch V. S. 917/18.

S. 27, A. 3. Ein Demos Φιλομητόρειος hat vielleicht auch in Naukratis bestanden; siehe Dittenberger, Orient. gr. inscript. select. I. N. 120.

S. 32, A. 6. 6 Mitglieder der 3. Priesterphyle des Soknopaiostempels vom Jahre 215/16 n. Chr. nennt uns ein P. Rainer, publ. von Wessely, Studien zur Paläographie und Papyruskunde 2. Heft S. 28 ff.

S. 39. Der ägyptische Ausdruck für λεσώνης hat ursprünglich ἰμἰ r3 gelautet (A. H. Gardiner, The group ![hieroglyph] „Overseer", Ä. Z. XL. [1902/3] S. 142 ff.); die Gleichsetzung: λεσώνης = Tempelvorsteher wird durch diese Neulesung nicht berührt. Die von Krall gegen die Gleichsetzung vorgebrachten Bedenken (Wiener Zeitschrift für die Kunde des Morgenlandes XVIII [1904] S. 118/19) sind belanglos, da er bei ihnen den ἀρχιερεὺς Ἀλεξανδρείας καὶ Αἰγύπτου πάσης mit den gewöhnlichen Tempelvorstehern vermengt.

Der hier besprochene Titel διάδοχος ὁρασείας ist zu streichen, da man οραπειας zu lesen hat; siehe Wilcken, Zu den Genfern Papyri, Archiv III. 3. Heft; dort wird man Vermutungen über die Bedeutung dieses dunklen Wortes finden.

S. 39, A. 2. Einen Beleg für den Titel λεσώνης bieten vielleicht auch zwei Inschriften in der Nähe von Assuan (römische Zeit), publ. von Griffith, P. S. B. A. XI (1888/89) S. 231/32, cf. Plate III. Griffith selbst ist sich hier seiner Lesung nicht sicher; sollte man nicht in Z. 4/5, bez. 2/3, wo ein Priestertitel zu erwarten ist, das unverständliche ΛΕΜΥϹΟΥ in ΛΕϹШΝΟΥ ändern dürfen?

S. 39/40. Spiegelberg, Demotische Miscellen XXV, Rec. de trav. XXVI (1904) S. 53/54 will auf Grund des demotischen und hieroglyphischen Textes des Dekretes von Kanopus in dem ἐπιστάτης καὶ ἀρχιερεύς zwei verschiedene Personen sehen, doch wohl mit Unrecht. Daraus, daß der griechische Ausdruck in beiden ägyptischen Übertragungen (Z. 36 der hieroglyphischen, letzte Zeile der demotischen, meine Bemerkungen über diese auf S. 40 sind nicht korrekt) mit zwei Titeln wiedergegeben wird, darf man dies doch nicht ohne weiteres folgern, sondern hat hierin nur eine genaue Übersetzung zu sehen. Für ἐπιστάτης (sc. τῶν ἱερῶν) mußte zudem ein besonderer Ausdruck geprägt werden, da man den hierfür vorzüglich passenden Titel ![hieroglyph] (= Vorsteher der Tempel) ja schon zur Bezeichnung des ἀρχιερεύς (vergl. hieroglyph. Version Z. 2, auch die der Rosettana Z. 7) verwandt hat. Daß man übrigens mit diesem hieroglyphischen Titel den ἀρχιερεύς bezeichnet hat, scheint mir ein weiterer

Beweis für die Richtigkeit der Gleichsetzung von ἀρχιερεύς und ἐπιστάτης τῶν ἱερῶν zu sein.

S. 45. Verbessere hier und an etwa zwei weiteren Stellen ἐπιμελετής in ἐπιμελητής.

S. 45, A. 4. Denselben προστάτης Ἴσιδος wie Milne, Inschriften 3 nennt auch gr. Inschrift, publ. von Seymour de Ricci a. a. O. Archiv II. S. 432 N. 17.

S. 48, A. 7. Dittenberger, Orient. gr. inscript. select. I. S. 653 (zu S. 277) hat inzwischen ebenso wie Deißmann die in C. I. Gr. III. 4717, 2 genannten πρεσβύτεροι mit den Priester-πρεσβύτεροι in Verbindung gebracht, hiergegen spricht jedoch vom Inhalt der Inschrift ganz abgesehen (siehe z. B. allein Z. 38) schon die Stellung des Wortes in der in Betracht kommenden Formel: τοῖς ... [ἱ]ερεῦσι ... καὶ τοῖς πρεσβυτέροις καὶ τοῖς ἄλλοις πᾶσι; wir finden sonst stets die Floskel: οἱ πρεσβύτεροι ἱερεῖς καὶ οἱ λοιποὶ ἱερεῖς. Vergl. zu den Angaben der Inschrift auch P. Gizeh 10371, publ. von Grenfell-Hunt, Archiv I. S. 61.

S. 49, A. 1. Vergl. über die Steuer ὑπὲρ λεσωνείας S. 238/39.

S. 51, A. 3. Siehe auch P. Oxy. III. 533, 25.

S. 56. In Strack, Inschriften 140, 50 kann man m. E. sowohl den ἐπιστολογράφος als auch den ὑπομνηματογράφος ergänzen. Es ist übrigens ziemlich wahrscheinlich, daß man den hier in Betracht kommenden Abschnitt der Inschrift als eine von Nichtpriestern ausgehende Petition zu deuten hat (vergl. S. 56, A. 1); siehe Wilcken, Archiv III. S. 331.

S. 56, A. 3. Siehe noch P. Tebt. I. 43. Eine Zusammenstellung der Petitionen an den König, auch der aus der Zeit vor der 2. Hälfte des 2. Jahrhunderts v. Chr. findet sich jetzt bei R. Laqueur, Quaestiones epigraphicae et papyrologicae selectae (Straßb. Diss. 1904) S. 2 ff.

S. 58. Zu dem Titel des ἀρχιερεὺς Ἀλεξανδρείας καὶ Αἰγύπτου πάσης vergl. den in der Philäinschrift (S. 69) genannten des Cornelius Gallus: praefectus Alexandreae et Aegypti.

S. 58, A. 4. In weiterer Ausführung meiner Bemerkung, daß ich mich mit meinen auf S. 57 ff. vorgetragenen Ansichten in einigen Punkten mit inzwischen erschienenen Ausführungen des Herrn Dr. Paul M. Meyer berühre, sei hervorgehoben: zu S. 60, A. 3 vergl. Archiv III. S. 72 u. 74; zu S. 62, A. 2 Hirschfeldfestschrift S. 150 ff., zu S. 63, A. 4 ebenda S. 162, zu S. 64, A. 3 ebenda S. 161.

S. 70. Die Vermutung, daß die Verwaltung der ἱερὰ γῆ zu dem Ressort des ἴδιος λόγος gehört hat (sie auch von P. Meyer in der Hirschfeldfestschrift S. 161 geäußert), ist jetzt durch den P. Oxy. IV. 721 (vergl. zu ihm S. 62, A. 2 u. 173) bestätigt worden. Die Bemerkungen über die Verwaltung der Krondomäne in römischer Zeit sind zu modifizieren; die als βασιλικὴ γῆ bezeichnete hat gleichfalls dem ἴδιος λόγος unterstanden (P. Oxy. IV. 721). Auf die Frage der Bodenverwaltung im römischen Ägypten beabsichtige ich demnächst im Zusammenhang mit einer Darlegung der Verwaltungsressorts näher einzugehen.

S. 77, A. 3. Dittenberger, Or. gr. inscr. sel. I. S. 151/52 deutet den Ausdruck ἱερὰ ἔθνη ebenso wie Mahaffy.

S. 80, A. 2 lies Ns-ḳdj.

S. 81, A. 2. Vergl. zu den Titeln „2., 3. Prophet" S. 209, A. 2.

S. 89. Ein weiterer Beleg für den ὡροσκόπος findet sich jetzt in einer hieroglyphisch-demotischen Stele bei Spiegelberg, Demotische Miscellen XXVII, Rec. de trav. XXVI (1904) S. 56/57.

S. 91. Die Identifizierung der ᾠδοί mit den ἱεροψάλται ist mir zweifelhaft geworden, zumal es nicht sicher ist, ob man die ἱεροψάλται als Träger ägyptischen Kultus' zu fassen hat; bezüglich ihrer Erwähnung in der Masperoschen Inschrift sei auf den Nachtrag zu S. 127 A. 6 verwiesen; in ihr erscheinen sie auch neben den ἱερεῖς, erinnern somit an die milesische Sängergilde, über die Wilamowitz kürzlich Sitz. Berl. Ak. 1904 gehandelt hat.

S. 94, A. 1. Siehe noch Diodor XVII. 50, 6; auch I. 15, 5; Curtius IV. 7, 24.

S. 95, A. 1. gr. P. Berl. 9832 = B. G. U.·IV. 1032.

S. 99. Für die Namensform Cholchyten hat sich Ziebarth a. a. O. S. 100 entschieden.

S. 100, A. 5. Siehe auch dem. P. Berl. 3118, Spiegelberg S. 14.

S. 101. Siehe auch den Ausdruck „ποιεῖν λειτουργίας τῷ θεῷ" in P. Lond. I. 22 (S. 7) u. S. 117.

S. 104, A. 2. Vergl. S. 246, A. 2; darnach ist der zuerst angeführte Beleg für verschiedene Choachytengruppen zu streichen; die Bemerkung, daß mit ἀδελφός auch ein Mitglied derselben Genossenschaft (vergl. die „Brüder"schaften des Mittelalters), nicht nur der leibliche Bruder bezeichnet worden ist, halte ich jedoch aufrecht. Lies ferner: P. Par. Col. 2, 41 ff. statt Col. 3, 41 ff., P. Tor. 1, Col. 1, 10/11, 18 ff. statt Col. 10/11, 18 ff.; P. Par. 15, Col. 2, 1 gegenüber Col. 2, 5 ist zu streichen.

S. 107, A. 3. Aus P. Par. 7, 5 ff. sind keinerlei Schlüsse zu ziehen, da man nach einer Mitteilung von Herrn Professor Wilcken anstatt der bisherigen Lesung zu lesen hat: Ἁρπαήσιος τοῦ Χεσθῶτον. Zu den in diesem Papyrus genannten ἐνταφιασταί vergl. jetzt P. Oxy. III. 476; siehe zu ihnen auch P. Oxy. I. 51; 52; III. 475 und die Bemerkungen Lumbrosos, Lettere al signor professore Wilcken V, Archiv III. S. 163.

S. 110. Lies βουκόλος τοῦ Ἄπιος statt Ἄπιδος.

S. 111, A. 3. Siehe noch P. Magd. 19, 11.

S. 111, A. 4. Crönert, Zur Kritik der Papyrustexte (Sonderabdr. aus Wessely, Studien zur Palaeographie u. Papyruskunde 4. Heft) S. 23, A. 3 dürfte mit Recht aus B. G. U. III. 734, Col. 2, 7 u. 33 die Erwähnung eines κροκοδιλοβοσκός herauslesen.

S. 113, A. 3. Zwei Ehren-νεωκόροι des Serapeums in Pachnemunis genannt in gr. Inschrift, publ. Journal of hellenic studies XXIV (1904) S. 7.

S. 116. Statt P. Leid. D, 22 (Par. 30, 26/27) lies P. Leid. D$_1$, 22 (= E$_1$; Par. 30, 26/27; Dresd.).

S. 118, A. 1. Als Titel begegnet ἱερόδουλος auch in C. I. Gr. III. 5082; der Träger bezeugt dem Thot von Pselkis (vergl. C. I. Gr. III. 5073) seine Verehrung.

S. 120, A. 3. Der Ansicht Bouché-Leclerqs hat sich inzwischen auch A. Dieterich in seiner Rezension der Preuschenschen Schrift in der Berl. Phil. Wochenschr. 1905 Sp. 13 ff. angeschlossen. Dieterichs Behauptung,

daß den Papyri zufolge die κάτοχοι den Tempelbezirk überhaupt nicht verlassen durften, ist falsch; siehe P. Lond. I. 24 (Recto) S. 31, der bei
richtiger Deutung (vergl. S. 120, A. 6) das Gegenteil zeigt.

S. 120, A. 6. Die richtige Deutung von P. Lond. I. 24 Recto (S. 31)
Z. 22/23 schon bei B. Peyron, Papyri greci del museo britannico di Londra
et della biblioteca vaticana S. 89, Sonderabdr. aus den Memor. della real.
acad. della scienze di Torino Ser. II. Vol. III.

S. 125. Zur Stütze meiner Auffassung der κάτοχοι als einer Art von
Kultverein sei auf die in P. Lond. I. 44 (S. 33) Z. 19 sich findende Bezeichnung der κάτοχοι als ϑεραπευταί verwiesen; gerade die Bezeichnung
ϑεραπευταί haben sich verschiedene in Demetrias in Thessalien, in Delos
und Kyzikos nachzuweisende Kultvereine, welche ägyptische Götter (Sarapis
und Isis) verehrten, als offiziellen Titel beigelegt; siehe gr. Inschrift, publ.
M. A. I. VII (1882) S. 335; C. I. Gr. II. 3295; gr. Inschriften, publ. B. C. H.
VI (1882) S. 318, 323, 332 und bei Drexler, Numismatische Zeitschrift
XXI (1889) S. 50/51, unter b, α u. β. Verwiesen sei auch auf die von
Philo περὶ βίου ϑεωρητικοῦ uns geschilderten jüdischen ϑεραπευταί, gleichsam ein ins Jüdische übertragener potenzierter griechischer Kultverein,
dessen Mitglieder ebenso wie die κάτοχοι die Beschäftigung mit religiösen
Dingen sich zur Lebensaufgabe gemacht hatten. Über die Therapeuten
siehe Wendland, Die Therapeuten und die Philonische Schrift vom be-
schaulichen Leben, Jahrbücher f. klass. Philol. XXII. Supplementband (1896)
S. 695 ff.

S. 125 ff. Strack, a. a. O. Archiv III. S. 131 N. 8 berichtet uns von
einer σύνοδος, die sich die Isis Ἐσεγχῆβις zur Vereinsgöttin erkoren hatte
(ptolemäische Zeit — Ort unbekannt). Den Beinamen der Göttin möchte
ich aus dem Ägyptischen etwa folgendermaßen erklären. In den beiden
letzten Silben dürfte das altägyptische ḥ3b-t (Schatten) stecken, das wir
im Bohairischen als ϧΗΙΒΙ, im Saʿîdischen als ϨⲀⲈⲒⲂⲈ̄ wiederfinden;
das εγ stellt die Partikel n (ⲛ) dar, und εσ darf man wohl koptisch durch
ⲥ wiedergeben, d. h. als 3. Pers. fem. Sing. der Pronominalform des un-
eigentlichen Nominalsatzes deuten (siehe das koptische ⲟ ⲛ̄ϨⲀⲒⲂⲈⲤ). (Weniger wahrscheinlich ist es mir, εσ als Abkürzung von koptisch ⲏⲤⲈ =
Isis (vergl. einen Namen wie ⲈⲤⲞⲨⲈⲢⲈ) aufzufassen, da der Beiname
nicht selbständig, sondern mit Ἶσις verbunden erscheint.) Den Beinamen
könnte man demnach etwa mit „umbrosa est" wiedergeben und dabei
an die Beziehungen der Isis zur Unterwelt (vergl. z. B. Brugsch, Religion
und Mythologie der alten Ägypter S. 43, 651, 652) denken, es könnte
jedoch auch schon diesem Beinamen die Entwicklung des Begriffes des
Schattens zu dem des Schutzes (siehe das Koptische) zugrunde liegen.
Als reiner Kultverein ist wohl auch die bei Seymour de Ricci, a. a. O.
Archiv II. S. 432 N. 15 genannte σύνοδος τῶν νεωτέρω⟨ν⟩ τῆς [ἀ]μφόδου
(Ort unbekannt) zu fassen; unentschieden muß jedoch bleiben, ob sie ägyptische oder griechische Götter verehrt hat (vergl. hierzu auch S. 165, A. 4).
Vielleicht darf man auf eine Stufe mit den ägyptischen Kultvereinen die
in dem dem. P. Berl. 3115 (Spiegelberg S. 18) genannte Genossenschaft
(siehe S. 100, A. 4) stellen. Sie erinnert an die römischen collegia funeraticia; bei den Griechen haben dagegen spezifische Begräbnisvereine allem

Anschein nach nicht bestanden, siehe Ziebarth, Griechisches Vereinswesen S. 17. Es scheint, als ob nur Mitglieder des Priesterstandes ihr angehört haben.

S. 127, A. 6. Mein Zweifel, daß man in dem Ἀπολλωνιεῖον des Idumäervereins kein Apolloheiligtum zu sehen habe, wird durch die von Lumbroso, Lettere al signor professore Wilcken VI Archiv III. S. 164 angeführte Bemerkung des Joseph. c. Apion II, 112 ed. Niese über die Verehrung des Apollon bei den Idumäern bestärkt. Hinter dem Apollon des Josephus steckt natürlich ein orientalischer Gott; sollte es auch hier der Fall sein? (Der idumäische Apollon ist mit dem von Josephus, Antiqu. XV, 253 ed. Niese genannten idumäischen Gott Κωζαί (Κοζέ), dem vorislamitischen Gewitterdämon der Araber: قزح, identifiziert worden; vergl. Mordtmann, Mythologische Miscellen in der Zeitschrift der deutschen morgenländischen Gesellschaft XXXII (1878) S. 552 ff. (S. 563).) Vergl. auch die Formel der Inschrift Z. 14/15: ἐπὶ ... ϑυσιῶν ἀναγορεύεσϑαι αὐτῷ ϑάλλον κατὰ τὸν πάτριον νόμον. Kultvereine bei orientalischen Göttern lassen sich in hellenistischer Zeit übrigens auch sonst nachweisen; siehe etwa Clermont-Ganneau, Un thiase palmyrénien im Recucil d'archéologie orientale IV. S. 374 ff.; vergl. auch III. S. 28 ff. und V. S. 210.

S. 128. Von einem Ephebenverein, wohl einem des Faijûm, aus römischer Zeit berichtet uns auch gr. Inschrift N. 24 bei Seymour de Ricci a. a. O. Archiv II. S. 434; ob er den Kult ägyptischer oder griechischer Götter gepflegt hat, ist nicht zu ermitteln.

S. 136, A. 5. Die in der gr. Inschrift von Pachnemunis (publ. von Hogarth, Journal of hellenic studies XXIV (1904) S. 7 genannten ἀρχιερεῖς τοῦ Ἀπόλλωνος dürften wohl für den griechischen Kultus in Anspruch zu nehmen sein (römische Zeit).

S. 158. Anstatt der [σκηπτρο?]φόρος ist eine πυροφόρος einzusetzen; siehe Spiegelberg, Demotische Miscellen XIX, Rec. de trav. XXV (1903) S. 13, der auf Grund eines griechischen Papyrus (wohl Straßb.) das Protokoll der dem. P. Vatican u. New-York neu übersetzt hat. Den Namen des von mir als ἱεροπόλος Ἴσιδος κ. τ. λ. bezeichneten Priesters hat inzwischen G. A. Gerhard, ΙΕΡΟΣ ΠΩΛΟΣ, Archiv f. Religionswissenschaft VII (1904) S. 520 richtig gestellt; das von ihm postulierte ἱερὸς πῶλος entspricht dem paläographischen Befunde des Griechischen und wird auch durch die demotische Transkription des Wortes bestätigt, welche nach der Transkription von ἱερός ein besonderes Fremddeterminativ setzt (siehe Spiegelberg a. a. O. Rec. de trav. XXV (1903) S. 10, A. 6) und damit dieses als selbständiges Wort erweist. Mit Recht faßt Gerhard ebenso wie ich den ἱερὸς πῶλος als männlichen Priester; seiner Gleichstellung desselben mit Kultdienern, welche die Bezeichnung βόες, ταῦροι, τράγοι usw. geführt haben, kann ich jedoch nicht zustimmen, denn diese Tiernamen dienen immer zur Bezeichnung einer ganzen Klasse von Leuten, niemals eines einzelnen, und außerdem handelt es sich bei ihnen um Mysten, während hier ein regulärer, eponymer, also hochangesehener Priester in Betracht kommt. Es ist also nur eine Ähnlichkeit der Bezeichnungen zuzugeben. Der Erklärung bedarf es dann des weiteren, wieso gerade der πῶλος hier gewählt ist. Hingewiesen sei nur darauf, daß in C. I. Gr. I.

1449 ein πῶλος in Verbindung mit der Demeter, d. h. derjenigen Göttin, welcher Isis stets gleichgesetzt wurde, vorkommt und daß Isis hier nur als Beiname der eigentlich gemeinten Königin erscheint. Darf man vielleicht den Priestertitel als das Resultat einer äußerst geschickt vorgenommenen Religionsmischung ansehen? Eigentlich handelt es sich um Königskult, doch der Titel des Priesters weist uns zugleich auf eine bekannte Göttin der griechischen Heimat und auf ihr berühmtes ägyptisches Korrelat hin. Mit Recht sieht dann Gerhard in der „großen Göttermutter Isis" Kleopatra III. (er verweist richtig als Analogon auf die Bezeichnung der berühmten Kleopatra als Νέα Ἶσις; sein Hinweis auf dem. P. Louvre 2463a u. b, Chrest. dem. S. 110 ist jedoch aufzugeben, da nach einer freundlichen Mitteilung Herrn Prof. Spiegelbergs dort Kleopatra einfach als „die wohltätige Göttin" bezeichnet wird [nicht jumelle d'Osiris]; ebenso ist auch mein Verweis auf S. 159, A. 2 auf den Beinamen der ersten Kleopatra zu streichen, da dieser nur „Mutter der glänzenden Götter" [nach Herrn Prof. Spiegelberg] lautet; dagegen sei hier als weiterer Beleg für die Berechtigung der Gleichsetzung eine Pariser Kamee [E. Babelon, Catalogue des camées antiques et modernes de la bibliothèque nationale Taf. XXII, 229] angeführt, auf der Berenike II. als Isis dargestellt ist); Laqueurs a. a. O. S. 42 ff. unternommener Versuch, sie als Kleopatra II. zu erweisen, erscheint mir nicht geglückt (er begeht übrigens auch z. B. den Fehler, das Jahr der Erwähnung eines Priestertumes als das seiner Einsetzung anzusehen); damit fallen auch eine ganze Reihe weiterer Folgerungen Laqueurs. Überhaupt scheint er mir bei seinen scharfsinnigen Ausführungen über die Aktpräskripte (S. 31 ff.) oft viel zu viel aus diesen herauszulesen.

S. 159, A. 1. Weitere Belege für den ἱερὸς πῶλος für die Jahre 115/14—112/11 v. Chr. finden sich P. Straßb. 59, 62, 56, 57 bei Laqueur a. a. O. S. 33, A. 1.

S. 162, A. 3. Ein interessantes Seitenstück zu P. Grenf. II. 15, das die Angaben dieses Papyrus ergänzt, findet sich in einem unpubl. P. Lond. vom Jahre 123 n. Chr.; für seine Mitteilung bin ich F. G. Kenyon zu großem Danke verpflichtet. Die Formel für die Ptolemaispriester lautet dort: ἐφ᾽ ἱερείων Πτολεμαίου μὲν Σωτῆρος καὶ βασιλέως Πτολεμαίου θεοῦ Εὐεργέτου καὶ Σωτῆρος ἑαυτῶν Εὐχαρίστου τοῦ δὲ βήματος τοῦ χρυσοῦ τοῦ βασιλέως Πτ. θεοῦ Εὐεργέτου τοῦ μεγάλου βασιλέως ἑαυτῶν Εὐχαρίστου καὶ Πτ. Φιλαδέλφου καὶ Πτ. Εὐεργέτου καὶ Πτ. Φιλοπάτορος καὶ Πτ. θεοῦ Ἐπιφανοῦς καὶ Εὐχαρίστου καὶ Πτ. θεοῦ Εὐπάτορος. Es besteht also hier wieder ein gemeinsamer Priester für Soter und den regierenden König, sowie besondere Priester für die verschiedenen Ptolemäer, unter ihnen auch noch einer für Euergetes II., der hier den merkwürdigen Beinamen ἑαυτῶν Εὐχαρίστου führt; ein Priester des Philometor wird nicht genannt.

S. 165. Mit Unrecht scheint mir Dittenberger, Or. gr. inscr. sel. I. S. 77 die von mir angenommene σύνοδος in Ptolemais, die neben den dionysischen Künstlern dort bestanden hat, zu streichen; vergl. dagegen Poland a. a. O. (S. 168, A. 5) S. 17; zur Deutung des für D.'s abweichende Ansicht Ausschlag gebenden Ausdruckes „οἱ τὴν σύνοδον νέμοντες" siehe z. B. gr. Inschrift, publ. von Miller, Mélang. d'arch. égypt. et assyr. I (1873) S. 52; vergl. auch C. I. Gr. Ins. fasc. V. 664, 11.

S. 167, A. 1. Siehe auch P. Oxy. IV. 719, 3/4 u. 7; 727, 2.

S. 168, A. 6. Nach einer frdl. Mitteilung von Herrn Prof. Mitteis belegt uns ein unpubl. lat. P. Leipzig die alexandrinische synodus xysticorum et thymelicorum auch für die Zeit Diocletians.

S. 169. Zu griechischen Berufsverbänden vergl. die Bemerkungen S. 131, A. 5 über den τέκτονες-Verein in Ptolemais.

S. 170, A. 2. Über die Religion des römischen Heeres in Ägypten siehe auch gr. Inschrift, publ. von Cagnat, Rev. arch. 3ᵉ Sér. XXIX (1896) S. 408 N. 131 (palmyrenische Gottheit: ירחבול); mit orientalischer Religion im römischen Heere darf man auch wohl den bei Seymour de Ricci a. a. O. Archiv II. S. 451 N. 94 genannten ἀρχιερεύς Dionysios in Verbindung bringen (siehe auch die in dieser Inschrift erwähnten Ἐμεσηνοί).

S. 171, A. 1. Lies Origenes statt Origines. Die Ausführungen Cumonts, Un livre nouveau sur la liturgie paienne, Revue de l'instruction publique en Belgique XLVII (1904) S. 1 ff. lassen die bestechende Hypothese Dieterichs über die Mithrasliturgie weniger wahrscheinlich erscheinen.

S. 171, A. 3. Streiche P. Tebt. I. 79, 7. Von einem Priester der ägyptischen Astarte (Zeit 26. Dynastie; auch hier in Verbindung mit Ptah gebracht) berichtet Newberry, P. S. B. A. XXIII (1901) S. 219/20.

S. 174, A. 6. Die Inschrift von neuem publ. von Milne, Journal of hellenic studies XXI (1901) S. 294, der den richtigen Vornamen Titus bietet (A. 8 ist P. Aurelius in T. Aurelius zu verbessern; man darf doch wohl die in A. 6 u. 8 genannten ἴδιοι λόγοι einander gleichsetzen).

S. 175, A. 6. Um Mißverständnissen in der Auffassung der mitunter allerdings recht seltsamen Namensformen der griechischen Eigennamen im Anhang II vorzubeugen, sei hier hervorgehoben, daß die ungriechischen Namensformen allein auf die Beibehaltung der Namenstranskriptionen aus dem Demotischen zurückzuführen sind. In Anbetracht der teilweisen Unsicherheit der Lesungen und der Schwierigkeit, griechische Wörter mit dem ägyptischen Alphabet wiederzugeben, schien es mir nicht gestattet selbst anscheinend geringfügige Änderungen im Text vorzunehmen und griechische Namen aus nicht ganz verständlichen demotischen Transkriptionen zu konstruieren. Die Berechtigung meiner Vorsicht ergab sich mir recht deutlich bei einer frdl. Mitteilung J. G. Smylys über Namen von eponymen Priestern in unpubl. P. Petr. **S. 176, A. 6** hatte ich einmal ausnahmsweise für den von Revillout gebotenen Namen Altibios „Ἀλκίβιος" vermutet, ohne zu bedenken, daß bei Berücksichtigung der Schreibweise des Demotischen auch das l nicht als sicher anzusehen war, sondern daß man für dieses eigentlich r einsetzen mußte. Nun lautet nach Smyly der Name Ἀρταπᾶτος, der sich mit der demotischen Namensform wohl vereinigen läßt. Der von Smyly gebotene Name erregt freilich auch Bedenken; man könnte bei ihm an eine Verschreibung des persischen Namens Ἀρταπάνος denken, vielleicht darf man ihn aber auch als einen der makedonischen Namen auf ᾱτος (vergl. Λεοννᾶτος usw.) deuten, dessen weitere Erklärung ich allerdings nicht zu bieten vermag.

S. 176 ff. Auf Grund von Angaben J. G. Smylys aus unpubl. P. Petr. und seinen mir mitgeteilten Neulesungen der bisher publ. P. Petr., wofür ich ihm auch an dieser Stelle meinen aufrichtigsten Dank sage, sowie auf Grund eigener weiterer Studien ergeben sich zu den Listen der eponymen Priester folgende Berichtigungen, bez. Zusätze:

A. Alexanderpriester.

Jahr	Name des Priesters
259/58 v. Chr.	...... ὁ Λα...ονος
267/66 — 259/58 v. Chr.	Πελοπ[ίδας ὁ Ἀλ]εξά[νδρου]
246/45 v. Chr.	Τληπόλεμος ὁ Ἀρταπάτου (?)
237/36 v. Chr.	Σέλευκος ὁ Ἀντι...ου
236/35 v. Chr.	Εὐκλῆς ὁ Εὐβάτα [1])
235/34 v. Chr.	Σωσίβιος ὁ Διοσκουρίδου [2])
223/22 v. Chr.	Πτολε[μαῖος ὁ ....]ου [3])
vor 154 n. Chr.	Ἰσί[δ]ωρος [4])

B. Kanephoren.

Jahr	Name der Kanephore
259/58 v. Chr.	Μάτελα ἡ Ἀναδ..καδους [5])
267/66 — 259/58 v. Chr.	Μνησιστράτη ἡ Πε[
246/45 v. Chr.	Πτολεμαῖς ἡ Θύιωνος
237/36 v. Chr.	Ἀσ]πασία ἡ Ἀθηνίω[νο]ς
223/22 v. Chr.	Τιμ..... ἡ Ἀλεξάνδρου [3])
145 oder 136/35 oder 126/25 v. Chr.	Φίλιννα ἡ ? [6])

Dittenberger, Or. gr. inscr. sel. I. S. 89 zu N. 55 möchte ebenso wie der erste Herausgeber der Inschrift, Bérard, B. C. H. XIV (1890) S. 164, den in der bekannten Inschrift von Telmessos aus dem 7. Jahre des 3. Ptolemäers (241/40 v. Chr.) genannten eponymen Priester Θεόδοτος ὁ

1) P. Petr. I. 11 (S. 179, A. 4), dem ich einen Alexanderpriester ... ἐους τοῦ Εὐβάτα für ein unbestimmtes Jahr des ersten Euergetes entnommen hatte, ist hierher zu ziehen.

2) Den aus dem Demotischen gebotenen Vatersnamen Διόσκορος wird man wohl im Anschluß an die Angaben der Inschriften 79 u. 80 bei Dittenberger, Or. gr. inscr. select. I. u. C. I. Gr. Sept. I. 3166: Σωσίβιος Διοσκουρίδου Ἀλεξανδρεύς in Διοσκουρίδης ändern dürfen; die bereits vorgeschlagene Gleichsetzung dieses Sosibios mit dem Minister des 4. Ptolemäers möchte ich jetzt als gesichert ansehen; vergl. Foucart, B. C. H. IV (1880) S. 98.

3) Da uns bereits für dieses Jahr ganz andere Namen für den Alexanderpriester und die Kanephore (S. 179 u. 188) bekannt geworden sind, so haben wir hier also das Amtieren von 2 Priestern und 2 Kanephoren in einem Jahre anzunehmen.

4) P. Oxy. IV. 727, 1; er ist der Vater eines 154 n. Chr. amtierenden ἀρχιδικαστής und wird als γενόμενος ἐξηγητής bezeichnet.

5) Der Name der Kanephore ist mir sonst nicht bekannt

6) P. Tebt. I. 137; Namen anderer eponymer Priester finden sich hier nicht.

Ἡρακλείδου (er bekleidet übrigens sein Amt zum zweiten Mal) als Alexander-priester auffassen; bei dem Fehlen eines jeglichen näheren Zusatzes zu dem ἱερεύς-Titel halte ich dies jedoch immer noch für wenig wahrschein-lich. Ebenso möchte ich auch den bei Seymour de Ricci, a. a. O. Archiv II. S. 436 N. 33 genannten alexandrinischen ἐξηγητής Titus Ignatius Tiberinus noch nicht in die Liste aufnehmen, da die Lesung des Wortes ἐξηγητής ganz unsicher ist.

S. 182, A. 5. Weitere Belege für das 3., 4. und 6. Jahr enthalten die unpubl. P. Straßb. 59, 62, 56, 57, erwähnt von Laqueur a. a. O. S. 33, A. 1.

S. 182, A. 6. Zu meinen Bemerkungen über den 10. Ptolemäer als Priester seiner eigenen Gottheit verweist mich Herr Professor Sethe noch auf die Bezeichnungen für den König und die Königin: ⌡ „sein Diener (Priester)" und ⌡ „ihre Dienerin (Priesterin)", denen ein ähn-licher Gedanke zu grunde liegen könnte.

S. 183, A. 2. Laqueurs Bemerkungen (a. a. O. S. 44, A. 1) zu der Strackschen Inschrift kann ich nicht zustimmen; die besondere Erwähnung der 2. Kleopatra hat man hier nicht zu erwarten; vergl. auch die Be-merkung Gerhards a. a. O. S. 523 über den Beinamen Euergetis, der allein von der 3. Kleopatra geführt ist.

S. 193. Statt [σκηπτρο?]φόρος lies πυροφόρος, siehe Nachtrag zu S. 158.

S. 194, A. 7. Sollte der Name Sas als Sos zu fassen sein, so läge hier ein griechischer Eigenname Σῶς vor; vergl. Spiegelberg, Ägyptische und griechische Eigennamen usw. S. 47*.

S. 195, A. 2 u. 196. Die genauere Datierung von P. Amh. II. 45 (S. 196, A. 2) bezweifelt G. A. Gerhard, Ὠνὴ ἐν πίστει, Philologus LXIII (1904) S. 498 ff. (S. 557, A. 170), doch mit Unrecht. Eponyme Priester sind im ptolemäischen Ägypten nur für den König oder die Königin eingerichtet worden; daß bei Kleopatra III. von dieser stets befolgten Regel eine Ausnahme gemacht worden ist, ist nicht wahrscheinlich; aus der Erwähnung einer Priesterin für sie ist also ihre Verheiratung mit dem Könige zu erschließen.

S. 197 ff. Weitere ἱερεῖς καὶ ἀρχιδικασταί finden sich P. Oxy. IV. 727, 2: Ἰ. ρ. μ..ης, Sohn des Isidoros (154 n. Chr.) und P. Oxy. IV. 719, 3 u. 7: Vitalius (193 n. Chr.).

S. 204, A. 2. Spiegelberg, Varia LXXII, Rec. de trav. XXVI (1904) S. 42 ff. bringt neues Material für den hier genannten Oberpriester und bezeichnet ihn einfach als Hohenpriester von Letopolis; daß er auch hier, in der nahe bei Memphis liegenden Stadt, das Oberpriesteramt verwaltet hat, ist nach Spiegelbergs Angaben erwiesen, hierdurch scheint mir jedoch sein weiteres Amtieren am Ptahtempel in Memphis nicht berührt zu wer-den. Vergl. meine Bemerkungen über den Übertritt von Priestern von einem Tempel zu einem anderen, S. 232, auch S. 210, A. 8.

S. 210 (vergl. auch S. 203). Dittenberger, Or. gr. inscr. sel. I. S. 109 im Anschluß an Mahaffy, Empire S. 239 behauptet, daß in der demo-tischen Version von Kanopus neben den Töchtern der Priester auch ihre Frauen genannt werden, und hält eine solche Angabe für ganz passend.

Wäre dies richtig, so könnte man aus dieser Stelle einen Gegensatz in der Behandlung der Priestersöhne und -töchter freilich nicht mehr herauslesen. Doch nach Brugsch, Übersetzung der demotischen Version, Thesaurus VI. S. XVI sind die Frauen hier nicht erwähnt, und in dem hieroglyphischen Texte kommen sie auf jeden Fall nicht vor (Z. 35).

S. 219, A. 1. Über Ehen von Priestern mit Priesterinnen sollen auch die unpubl. P. Rainer 136 u. 165, Wessely, Kar. u. Sok. Nes. S. 64 berichten. Vielleicht ist auch die verstorbene Frau des B. G. U. IV. 1036 erwähnten ἱερεύς als Priesterin anzusehen; vergl. die als ihr Besitz genannten: στολὴν λεινοῦν καὶ δακτυλίδρυα (sic) ἀργυρᾶ ἱερευτικῶν δύο (Z. 10/11).

S. 232. In der Inschrift 110, Seymour de Ricci a. a. O. Archiv II. S. 563 wird uns ein προστάτης eines (wohl ägyptischen) Heiligtumes in Lykopolis (das zu ἱερὸν hinzugesetzte ἐκεῖ dürfte sich wohl auf diese Stadt beziehen; in Abydos hat er sich nur beerdigen lassen) im Alter von nur etwas über 20 Jahren genannt (römische Zeit).

S. 253, A. 3. Auf zeitlich begrenzte Dauer des Oberpriesteramtes weist uns auch der Titel ἔναρχος ἀρχιερεύς (gr. Inschrift, publ. von Botti, Bullet. de la société arch. d'Alex. Heft II. S. 31 hin. Ein ἀποδεδειγμένος ἀρχιερεύς des Apollon aus Pachnemunis (römische Zeit) erscheint in einer gr. Inschrift, publ. Journ. of hell. stud. XXIV (1904) S. 7; er soll ein Jahr lang sein Amt bekleiden; sein Bruder bekleidet gerade das betreffende Oberpriesteramt.

S. 256. Zwei Priester und zwei Kanephoren sind jetzt auch für das Jahr 223/22 v. Chr. nachzuweisen; siehe den Nachtrag zu S. 176 ff. unter Anm. 3.

S. 262. P. Tebt. I. 5, 50 bietet uns, zumal wenn man auch die Angaben in Z. 57 ff. damit verbindet, wohl den besten allgemeinen Beweis für die Intaktheit des Besitzrechtes der Tempel an der ἱερὰ γῆ. Von einer geringfügigen Konfiskation von Tempelland berichtet uns dagegen z. B. P. Tebt. I. 61^b, 207; vergl. 72, 128 u. 74, 59/60.

S. 268, A. 1. Eine Insel der Nut im pathyritischen Gau erwähnt der dem. P. Straßb. 44 (Spiegelberg, S. 30).

S. 268, A. 2. Wenn im dem. P. Straßb. 6 (Spiegelberg, S. 31) als Grenzbestimmung eines Grundstückes einfach „die Katzen" genannt werden, so möchte ich hierin gegenüber Spiegelberg und Wilcken, Archiv II. S. 146 die Erwähnung von Land, das für den Unterhalt dieser Tiere bestimmt gewesen ist, sehen, und nicht an eine Katzenbegräbnisstätte denken. Lies ferner: P. Tebt. I. 62, 19—23; 63, 28—30; 98, 34—38. Crönerts a. a. O. Stud. z. Paläogr. u. Papyruskunde 4. Heft S. 23 gemachten Vorschlag anstatt ἰβίων „ἰβιών" zu akzentuieren, vermag ich nicht zuzustimmen, man wird hier einfach stets τροφή ergänzen dürfen. Auch seine Gleichsetzung von ἰβίων τροφή und Ἑρμαῖον scheint mir nicht genügend begründet; diese Ἑρμαῖα (vergl. P. Tebt. I. 88, 53 ff.) werden einfach als Heiligtümer des Thot aufzufassen sein (vergl. S. 19); Ibisse können natürlich bei ihnen gehalten worden sein. Über den περὶ Θήβας τόπος vergl. jetzt G. A. Gerhard a. a. O. Philologus LXIII (1904) S. 523 ff.

S. 269. Mit Recht erkennt Spiegelberg, dem. P. Straßb. S. 30 in

Hr-sm₃-t₃wj (oder t₃) den in P. Grenf. I. 33 genannten Gott ᾿Αρσεμθεύς; vergl. hierzu S. 278.

S. 271 ff. In Ä. Z. XLI (1904) S. 58 ff. handelt Sethe von neuem über die Dodekaschoinos (Schoinos und Dodekaschoinos). Mit Recht weist er Lorets Einwände gegen seine früheren Ausführungen zurück, glaubt jedoch trotzdem diese für die hellenistische Zeit nicht aufrecht erhalten zu können. Da in einem aus römischer Zeit stammenden Tempel bei Hierasykaminos der Osiris von Abaton und die Isis von Philä als

⸻ [Hieroglyphen] ⸻ (bez. [Hieroglyphen]) d. h. als „wohnend (als Gäste) in Takompso" bezeichnet werden, so müßte Takompso der Ort sein, zu dem der Tempel gehört hat, d. h. die Dodekaschoinos hat sich bis Hierasykaminos erstreckt. M. E. lassen sich jedoch diese Angaben sehr wohl mit meinen Ausführungen im Text vereinen, selbst wenn man nicht zu dem Ausweg greift, daß gleichzeitig mit der Übertragung des Namens Δωδεκάσχοινος auf ein größeres Gebiet auch der Name der alten Grenzstadt auf die neue übertragen worden sei (man könnte hierauf auch die Verwirrung im Ptolemaiostexte zurückführen). Herr Dr. Junker hat schon Sethe darauf verwiesen, daß Götter, welche bereits in Edfu als Gäste verehrt werden, auch in Dendera Aufnahme gefunden haben. Ebenso wie hier kann man nun m. E. auch in dem Tempel bei Hierasykaminos die Verehrung der Gastgötter eines anderen Tempels durch die nahen Beziehungen zu diesem Tempel erklären (für Dendera-Edfu gibt dies Sethe a. a. O. S. 61 auch zu). Die Erweiterung des ursprünglichen Gebietes hat eben zwischen dem alten und dem neuen Endpunkte die engsten Beziehungen hergestellt; man mag gewünscht haben, daß die berühmten Götter, welche schon seit Jahrhunderten die Grenze des heiligen Bezirkes bewachten, auch die neue Grenze in ihren besonderen Schutz nehmen möchten, und hat sie daher in dem Tempel der neuen Grenzstadt installiert; vielleicht ist dieser Tempel überhaupt erst damals erbaut worden.

S. 273 (vergl. A. 3). Lies jtr statt jr.

S. 276, A. 2. Siehe auch P. Tebt. I. 88.

S. 276, A. 5. Nach einer Mitteilung Nicoles, Le domaine du roi Ptolémée, Archiv III. S. 225/26 wird in einem Papyrus seiner Privatsammlung vom Jahre 142/43 n. Chr. ein Grundstück bezeichnet als „οἶκο[ν ἀ] βασιλέως Πτολεμαίου [νυνὶ δὲ τοῦ ἱερω]τά[του ταμιεί]ου.

S. 280, A. 2. Über das Maß des ᾿Αθηναίον in Hermupolis bietet erschöpfende Zusammenstellungen Vitelli, Rendiconti della reale academia dei lincei XIII (1904) S. 133 (siehe außer den daselbst publ. Florentiner Papyri [1, 3; 2, 11; 3, 13] noch P. Grenf. I. 53, 10; B. G. U. III. 900, 5; P. Rainer in Stud. z. Paläogr. u. Papyrusk. 2. Heft S. 33, 3. Heft N. 311 u. 447).

S. 281. P. Tebt. I. 62, 10/11, vergl. 63, 18 werden die Priester des Soknebtynis als die γεωργοί ihres eigenen Landbesitzes genannt; wenn sie hier einmal nicht als Pächter fungiert haben sollten, so läßt sich die Eigenbewirtschaftung durch den Charakter des betreffenden Landes — es ist ἀνιερωμένη, nicht ἱερὰ γῆ (der Unterschied zwischen beiden ergibt sich klar aus P. Tebt. I. 50 ff., gegenüber 57 ff.) — erklären; näheres an anderem Orte.

S. 282. Die in P. Tebt. I. 53 genannten προβατα ἱερά, die im Dorfe Kerkeosiris ὑπάρχοντα τοῖς ἐκ τῆς κώμης γεωργοῖς, weisen uns m. E. auf Schafherden im Besitz der Tempel hin; ich möchte nämlich annehmen, daß die betreffenden Herden an die γεωργοί verpachtet gewesen sind (aus ὑπάρχειν braucht man nicht das direkte Besitzrecht herauszulesen). Zu dieser Deutung bin ich vornehmlich durch meine Auffassung von P. Petr. II. 10, N. 1 gelangt. Wilcken, Ostr. I. 389 faßt die hier genannten βασιλικοὶ χηνοβοσκοί als Angestellte des Königs, ich möchte in ihnen dagegen die Pächter der königlichen Gänseherden sehen und sie mit den βασιλικοὶ γεωργοί auf eine Stufe stellen. Bei meiner Annahme werden die Klagen dieser χηνοβοσκοί über Vergewaltigung durch königliche Beamte, die von ihnen zu große „Gastgeschenke" (ξένια) verlangen, verständlicher; ferner ist es mir nicht glaubhaft, daß man ein von einem Gau für königliche Beamte zu leistendes Gastgeschenk auf Privatbesitz und selbstverwaltetes königliches Eigentum prozentualiter nach dem Wert des Besitzes verteilt hat, was man, stimmt man Wilckens Erklärung bei, annehmen muß. Schließlich wird auch die Bemerkung der χηνοβοσκοί „ἵνα δυνώμεθα τὰ δίκαια ποιεῖν τῷ βασιλεῖ" eigentlich erst recht verständlich, wenn man annimmt, daß sie Pachtabgaben dem König zu leisten haben.

S. 285. Die Nachrichten über die Herbergen im memphitischen Serapeum bilden eine ganz interessante Parallele zu den Angaben verschiedener griechischer Inschriften der hellenistischen Zeit aus Stratonike (publ. B. C. H. XI [1887] S. 375, 379 u. 384, auch neuerdings B. C. H. XXVIII [1904]) S. 22, 32, 38, 243, 247, die uns von der Aufnahme und Bewirtung der Besucher des Heiligtumes des Zeus Panamaros berichten.

S. 288. Für Tempelgrundstücke siehe auch die Strack, Inschriften 89 erwähnten ταμιεῖα eines Isistempels (Ort unbekannt), ferner die bei Seymour de Ricci, a. a. O. Archiv II. S. 565 N. 12 genannten ἐργαστήρια und das ζυτοπό(ω)λιον, in denen man selbständige, zu einem in der Nähe von Alexandrien gelegenen Ἀφροδίσιον gehörige Gebäude zu sehen hat (vergl. hierzu S. 291). Ob man es hier mit einem Tempel des ägyptischen oder einem des griechischen Kultus zu tun hat, ist nicht zu entscheiden; wäre das letztere der Fall, so hätten wir hier endlich einmal wichtigere Nachrichten über die Eigentumsverhältnisse an griechischen Tempeln Ägyptens.

S. 298. Das soeben erwähnte ζυτοπώλιον darf man wohl als Hinweis auf eine von demselben Heiligtume betriebene Bierbrauerei auffassen, die zum Zweck des Handels mit Bier angelegt war (siehe hierzu auch S. 316).

S. 314, A. 2. Die Bemerkungen über die Angaben des unpubl. P. Rainer 171 sind nicht korrekt. Die hier genannten Zahlen stellen die geleisteten Ausgaben dar; soviel haben also zum mindesten die Geldeinnahmen betragen. Allerdings scheint es, als ob die Geldausgaben die Einnahmen ganz erschöpft haben; vergl. auch S. 324, A. 2.

S. 327, A. 4. Auch im Tempel zu Bakchias haben sich unterirdische Kammern gefunden; siehe Grenfell-Hunt, P. Fay. S. 38.

S. 328, A. 1. Siehe auch die Strack, Inschriften 89 genannten ταμιεῖα eines Isistempels, welche als προσόντα αὐτῷ bezeichnet werden.

PRIESTER UND TEMPEL
IM HELLENISTISCHEN ÄGYPTEN

EIN BEITRAG
ZUR KULTURGESCHICHTE DES HELLENISMUS VON

WALTER OTTO

ZWEITER BAND

1908
LEIPZIG UND BERLIN
DRUCK UND VERLAG VON B. G. TEUBNER

ALLE RECHTE, EINSCHLIESSLICH DES ÜBERSETZUNGSRECHTS VORBEHALTEN.

Vorwort.

Dies diem docet.

Bedeutend längere Zeit, als ich s. Z. bei der Herausgabe des ersten Bandes gehofft habe, hat die Vollendung des zweiten Bandes in Anspruch genommen. Vor allem hängt diese Verzögerung mit einer Änderung in der Anlage des Werkes zusammen. Bei der langen Dauer des Druckes wäre es wissenschaftlich nicht mehr zu billigen gewesen, wenn ich auch weiterhin das seit dem Herbst 1902 erschienene neue reiche Material in den Anmerkungen nur kurz referierend angeführt hätte. Ich habe mich deshalb entschlossen mich mit ihm, sowie mit den über dieses Material bereits erschienenen Ausführungen übrigens zumeist in den Anmerkungen, aber auch in den Nachträgen am Ende dieses Bandes eingehender auseinanderzusetzen. Ferner hat die lange Zeit, die seit der ersten Niederschrift dieses Werkes verflossen ist, naturgemäß einen Wandel in manchen meiner früher gewonnenen Überzeugungen hervorgerufen. In vielen Fällen erschien es nötig über bereits behandelte Probleme neue umfassende Untersuchungen anzustellen. So finden sich denn sowohl im Text als auch in den leider sehr umfangreich gewordenen Nachträgen[1]) zahlreiche Zusätze oder Korrekturen zu früheren Aufstellungen. Ich bin mir der großen Unbequemlichkeit, die hierdurch für den Benutzer meines Buches entsteht, wohl bewußt und bedaure es selbst wohl am lebhaftesten, ich hoffe jedoch dieser Unzulänglichkeit durch die Anlage der Register[2]) wenigstens etwas abgeholfen zu haben.

Rechenschaft muß ich hier alsdann noch ablegen über eine weitere Änderung in der Form meines Werkes; ich habe nämlich den Anhang, der den Schluß dieses Buches bilden sollte (siehe Bd. I. S. 3, A. 1 u. 133, A 1), weggelassen, die Aufzählung der uns aus

---

[1]) Ich bitte dringend zumal bei allen strittigen Punkten auch sie heranzuziehen. Ich habe übrigens, um die Nachträge nicht zu sehr anschwellen zu lassen, in sie vieles, was ich für sie gesammelt hatte, was mir jedoch weniger wichtig erschien (z. B. einzelne übersehene oder neu hinzugekommene Belege u. dergl.) nicht aufgenommen.

[2]) Bei der Anfertigung der meisten Register, vor allem bei dem Quellenregister bin ich von Herrn cand. phil. K. Ziegert-Breslau durch Sammlung des Materials unterstützt worden.

dem hellenistischen Ägypten bisher bekannt gewordenen Götter. Einmal erschienen mir bei näherer Prüfung meine hierfür angestellten Sammlungen, soweit das ägyptologische und das archäologische Material in Betracht kamen, doch noch nicht ausreichend, um mir auch nur einigermaßen Vollständigkeit zu verbürgen, vor allem aber hätte die geplante Art dieses Anhanges, einfache Registrierung der Götter unter Eingliederung in die verschiedenen Religionen des hellenistischen Ägyptens, doch nur einen sehr bedingten Wert gehabt. Ich erkannte, daß in vielen Fällen die Beigabe eingehender zusammenfassender religionsgeschichtlicher Untersuchungen unbedingt notwendig gewesen wäre; von ihnen wollte ich aber dieses Werk aus den im Vorwort des ersten Bandes dargelegten Gründen möglichst freihalten. So habe ich mich denn entschlossen meine Sammlungen für ein besonderes Buch über die Götter und Tempel des hellenistischen Ägyptens zurückzustellen, das ich in Angriff zu nehmen gedenke, sobald andere, ihre Vollendung in allernächster Zeit erfordernde wissenschaftliche Arbeiten zu Ende geführt sein werden.

Für alles weitere, was man in einem Vorwort zu finden erwartet, verweise ich auf die Vorbemerkungen zum ersten Bande.

Breslau, im Oktober 1907.

Walter Otto.

Inhalt des zweiten Bandes.

Fünftes Kapitel.

Die Ausgaben der Tempel.

1. Die Höhe der Gesamtausgaben.

Den bedeutenden Einnahmen, über die, wie ich nachgewiesen zu haben glaube, die ägyptischen Heiligtümer verfügten, haben auch soweit ersichtlich recht beträchtliche Ausgaben gegenübergestanden, die entsprechend der Fundierung des Tempelhaushaltes auf Geld- und Naturaleinnahmen auch in Geld und Naturalien bestanden haben.

Natürlich haben sich infolgedessen diejenigen Tempel, welche großen Landbesitz und mannigfache gewerbliche Anlagen besaßen, durch den teilweisen Verbrauch ihrer eigenen Produkte viele Geldausgaben erspart, und insofern darf man auch Angaben über größere oder kleinere Höhe der jährlichen Geldausgaben im Tempelhaushalt nicht ohne weiteres dazu benutzen, um aus ihnen Rückschlüsse auf die Gesamtaufwendungen der betreffenden Heiligtümer zu ziehen. Bei der Beurteilung der uns für die Höhe der Tempelausgaben bekannt werdenden Zahlen ist ferner in Betracht zu ziehen, daß einzelne an sich eigentlich den Tempeln obliegende Ausgaben, wie etwa diejenigen für die Opfer, die Tempelbauten und in gewisser Weise auch die für den Unterhalt der Priester,[1]) zum Teil von anderer Seite, vom Staate[2])

---

1) Es sei an die staatliche σύνταξις erinnert, die den Tempeln bedeutende Summen erspart haben muß. Ihre Erwähnung im Verein mit den staatlichen und privaten Aufwendungen für Tempelbauten und Opfern ist insofern begründet, als auch sie, sowohl als Einnahme als auch als Ausgabe, nicht in die allgemeine Tempelabrechnung eingetragen worden ist; über sie ist vielmehr, was ja auch bei der besonderen Stellung, die sie einnimmt, verständlich ist, besonders Buch geführt worden (siehe VI. Kapitel, 4). Unter den allgemeinen Tempelausgaben tritt also auch sie nicht hervor. Im Anschluß hieran sei noch bemerkt, daß auch die von den Tempeln selbst für ihre Priesterschaft gewährten Zuwendungen nur z. T. als Ausgaben in den Tempelrechnungen erscheinen, da die Bezüge der Priester teilweise in dem Genuß von Pfründen bestanden haben; siehe dieses Kapitel, Abschnitt 6.

2) Was die staatlichen Opfer anbelangt, so sind hier nur die von Staatswegen dargebrachten in Betracht zu ziehen, aber wohl nicht etwaige regel-

und von Privaten übernommen und direkt von diesen bestritten
worden sind (vergl. hierzu IV. Kapitel, 3, B u. C); es kommen also in
den Abrechnungen der Tempel nicht alle für den Kultus geleisteten
Ausgaben zum Ausdruck, und da die von den Tempeln nicht bestrit-
tenen sich nicht zahlenmäßig fixieren lassen, so können uns die in
den Tempelrechnungen sich findenden Zahlen nur einen ungefähren
Begriff von der Höhe der gesamten Aufwendungen für den Kultus
verschaffen. Schließlich muß man auch bei der Bewertung der Angaben über die Tempelausgaben berücksichtigen, daß die uns erhaltenen Zahlen den Generalabrechnungen der Tempel entstammen. Nun
ist es so gut wie sicher, daß in Heiligtümern, welche größere gewerbliche Anlagen u. dergl. besessen haben, für diese Sonderabrechnungen
geführt worden sind (vergl. VI. Kapitel, 4), aus denen dann offenbar
nur der eventuell erzielte Überschuß als Einnahme in die Hauptrech-
nung übertragen worden ist. Aus dieser ist also auch ein Teil der
vom Tempel selbst geleisteten Ausgaben nicht zu ersehen (vergl. auch
Bd. II. S. 1, A. 1).

Für die Gesamtheit der ägyptischen Heiligtümer sind uns über
die Höhe der Jahresausgaben keinerlei Zeugnisse erhalten, und nur
für einen einzigen Tempel, für den des Soknopaios in Soknopaiu
Nesos, können wir einige bestimmtere Zahlen über den Betrag seiner
jährlichen Aufwendungen ermitteln. So ist einer Abrechnung des
2. Jahrhunderts n. Chr. zu entnehmen, daß er in einem Jahre an Geld
1 Talent 5032 Drachmen 4$\frac{1}{2}$ Obolen verausgabt und an Naturalien,
soweit sich diese feststellen lassen, 1267 Artaben Weizen, weit über
2000 Metretai Öl und über 40 Krüge Wein verbraucht hat.[1]) In
einem anderen Jahre — es gehört gleichfalls dem 2. nachchristlichen
Jahrhundert an — haben die Geldausgaben des Soknopaiostempels
im ganzen 1 Talent 5337 Drachmen 4$\frac{1}{2}$ Obolen 2 Chalkus betragen
(B. G. U. I. 1, 13—16). Die Höhe des Verbrauches an Naturalien ist
für dieses Jahr nur für einen kleinen Zeitraum und auch für den
nur teilweise zu ermitteln; in den ersten 128 Tagen des Jahres hat
der Tempel an Getreide an seine Priester höherer Ordnung 388 Artaben Weizen geliefert (B. G. U. I. 1, 17 ff.), und hat ferner für diese

mäßige Zuwendungen des Staates an Opfergaben, da diese wohl sicher in den
Tempelrechnungen eingetragen worden sind.

1) Siehe unpubl. P. Rainer 171 bei Wessely, Kar. u. Sok. Nes. S. 72 ff. Die
Höhe der Geldausgaben ist Bd. I. S. 314, A. 2 (vergl. Bd. I. S. 418) berechnet. Die
Zahl der Artaben ergibt sich aus den Angaben Wesselys auf S. 75 u. 76. Die Menge
des Öls läßt sich nicht mit Sicherheit feststellen, da es ungewiß ist, ob die von
Wessely a. a. O. S. 76 als Sonderausgabe an den κωμασίαι erwähnten 6 Metretai
für die ganze Dauer des betreffenden Festes oder pro Festtag bestimmt gewesen
sind. Die Aufwendungen an Wein lassen sich wegen Lücken in dem Papyrus
nicht genauer ermitteln. Weitere Ausgaben an Naturalien außer den angegebenen
werden von Wessely nicht angeführt.

im Laufe des Jahres noch auf jeden Fall 237 Artaben Weizen ausgegeben (B. G. U. I. 1, 17/18).[1]) Bezüglich der Höhe der Geldausgaben
des Soknopaiostempels in dem zuletzt genannten Jahre sei noch bemerkt, daß in diesem ein Teil der von dem Tempel zu entrichtenden
Steuern von ihm nicht bezahlt worden ist (B. G. U. I. 1, 14—16, siehe
hierzu Bd. I. S. 37, A. 3), da ihm hierzu offenbar infolge eines ungünstigen Wirtschaftsjahres die Mittel gefehlt haben[2]); unter günstigeren
Verhältnissen würden also die Gesamtausgaben höher gewesen sein.

Außer für den Soknopaiostempel besitzen wir dann noch über
die Höhe der Ausgaben des Jupiterheiligtumes in Arsinoe einige
Angaben, die gleichfalls der späteren Kaiserzeit (214/15 n. Chr.) angehören (B. G. U. II. 362). Sie bieten jedoch genauere Zahlen nur
für eine Zeit von 6 Monaten und auch für diese nur über die Höhe
der Geldausgaben; von Naturalausgaben des Tempels erfahren wir
durch sie nichts. Sie vermögen also erst recht nicht uns befriedigenden
Aufschluß zu geben.

In den betreffenden 6 Monaten sind von dem Jupitertempel un-

---

1) Diese Aufwendungen des Tempels an Weizen entsprechen denen, welche
der Tempel laut der zuerst besprochenen Abrechnung in der gleichen Zeit des
anderen Jahres gemacht hat. Hieraus nun den Schluß zu ziehen, daß auch die
Ausgaben im weiteren Verlauf des Jahres die gleichen wie die des anderen gewesen
sind, scheint mir nicht angängig. Denn es zeigt uns eine weitere, leider nur
sehr fragmentarisch erhaltene Abrechnung des Soknopaiostempels (B. G. U. I. 149),
daß die Anlässe, auf Grund deren die betreffenden Naturalausgaben erfolgt sind,
die Feste, nicht alle Jahre regelmäßig wiederkehrten (siehe Bd. II. S. 9, A. 2);
aus der Übereinstimmung des Festeskalenders zweier Jahre in einem Teile darf
also noch nicht die Übereinstimmung des ganzen und damit die Gleichheit der
Ausgaben gefolgert werden.

2) Die Einnahmen des Tempels an Geld sind sicher vollständig aufgebraucht
worden (siehe B. G. U. I. 1, 14—16), und das Gleiche dürfte auch bei den in
Naturalien bestehenden Einnahmen der Fall gewesen sein, indem man sie wohl
teils zu den Naturalausgaben verwandt, teils aber auch, um Geld für die
Geldausgaben zu erhalten, verkauft haben wird; wären damals am Schluß des
Rechnungsjahres von den vereinnahmten Naturalien noch größere nicht verkaufte Bestände vorhanden gewesen, so hätte man sie doch gewiß veräußert,
um seine Schuld zu decken (möglich wäre es auch immerhin, daß das Defizit
des Tempels durch einen Ausfall an Naturaleinnahmen entstanden ist; dann hat
der Tempel natürlich alles ihm an Naturalien zur Verfügung stehende erst recht
verbraucht), jedenfalls ist es bemerkenswert, daß der Tempeletat hier mit einer
Unterbilanz abschließt. Ob dies öfters geschehen ist, entzieht sich noch einem
sicheren Urteil. Der unpubl. P. Rainer 171 scheint allerdings auch von einem
sich für den Soknopaiostempel ergebenden Defizit zu berichten (Bd. I. S. 324, A. 2)
und auch in den Rechnungen des arsinoitischen Jupitertempels finden wir von
diesem geschuldete Steuerrückstände früherer Jahre erwähnt (Bd. II. S. 5). Allerdings zeigt uns eben dieselbe Abrechnung andererseits ein günstiges Bild von
dem Verhältnis zwischen Einnahmen und Ausgaben, da der Tempel in dem betreffenden Rechnungsjahre diese Steuerrückstände abzustoßen und außerdem sogar ein
Teil der Einnahmen zu thesaurieren vermag (siehe Bd. I. S. 318, A. 1 u. 322, A. 3).

gefähr 3150 Silberdrachmen verausgabt worden.[1]) Man könnte vielleicht geneigt sein, aus dieser Summe einen Schluß auf die Höhe der
Jahresausgaben zu ziehen, ein solcher scheint mir jedoch nicht angebracht, da einmal, wie die erhaltenen Monatsabschlüsse zeigen (siehe
unten), in den einzelnen Monaten doch recht verschieden hohe
Summen verausgabt worden sind, und da man außerdem mit ziemlicher Sicherheit annehmen darf, daß gerade in dem verloren gegan-

---

1) Diese 3150 Silberdrachmen setzen sich zusammen aus den Ausgaben des:

Τῦβι:	ungefähr	600 Drachmen[a])	
Μεχίρ:		229 „	(p. 4, 21)
Φαμενώθ:		732 „ 2 Chalkus	(p. 8, 16)
Φαρμοῦθι:		553[b]) „	
Παχών:		338 „ 4 Obolen	(p. 15, 4)
Παῦνι:	ungefähr	700[c]) „	

6 Monate (27. Dezember bis 24. Juni): ungefähr 3150 Drachmen.

a) Siehe p. 1 u. 2. Die Gesamtsumme (p. 2, 15) ist nicht erhalten, sondern
muß berechnet werden. Die Ausgabe in p. 1, 16 von 600 Drachmen ist nicht zu
berücksichtigen, da es sich in ihr um ein ausgeliehenes Kapital handelt. Für
einige Zahlungen dieses Monats (p. 1, 22, 25 u. 26) fehlen Zahlenangaben,
nach ähnlichen in der Abrechnung sich findenden Ausgaben dürften sie jedoch
60—80 Drachmen betragen haben; ferner scheinen auch ein oder gar mehrere
Posten aus den ersten Tagen des Monats verloren gegangen zu sein. Die erhaltenen Zahlungen betragen im ganzen 507 Drachmen; die oben angegebene
Summe von 600 Drachmen dürfte daher wohl auf keinen Fall zu hoch sein,
eher könnte sie zu niedrig sein, da es immerhin möglich wäre, daß einer der
verlorenen Posten ausnahmsweise besonders hoch gewesen ist; siehe ähnliche
Posten frg. 1, 6 u. p. 15, 1 (vergl. diese Anm. unter u. nach Titel c).

b) Siehe p. 10, 11 u. 12; p. 12, 20 bietet als Gesamtsumme der Ausgaben
zwar 1 Talent 3553 Drachmen, doch sind hiervon zwei vom Tempel neu aus-
geliehene Kapitalien im Betrage von 1 Talent (p. 12, 3) und von 3000 Drachmen
(p. 12, 7) abzuziehen, die in demselben Monat dem Heiligtum von seinen alten
Schuldnern zurückgezahlt worden sind (p. 9, 13 u. 20).

c) p. 14, 20 ff. u. p. 15; die Gesamtsumme (p. 15, 21) ist nur teilweise erhalten: 1 Talent ? Drachmen, von ihr ist jedoch 1 Talent auf jeden Fall abzuziehen, da diese Summe als neues Kapital ausgeliehen ist und somit keine
eigentliche Ausgabe darstellt (p. 15, 10). Bei einigen Zahlungen dieses Monats
fehlen die Zahlenangaben (p. 15, 13, 14 u. 15; auch in Z. 1 ist eine Zahlung gebucht gewesen), für Z. 13—15 darf man wohl ihre Gesamthöhe nach ähnlichen
Ausgaben auf ungefähr 50 Drachmen ansetzen, die Höhe der Zahlung in Z. 1
muß dagegen recht beträchtlich gewesen sein, da von der in diesem Monat zur
Verfügung stehenden Summe von 1 Talent 1263 Drachmen 3 Obolen (p. 14, 18)
als Transport für den nächsten Monat nur etwas über 500 Drachmen übrig
bleiben (p. 15, 22, genaue Zahl nicht erhalten), und da die uns bekannt gewordenen Zahlungen sich im ganzen einschließlich des ausgezahlten Kapitales von
1 Talent nur auf 1 Talent 249 Drachmen belaufen; die Zahlung in Z. 1 dürfte
demnach ungefähr 400 Drachmen betragen haben.

Für den Monat *Χοίαχ* (November-Dezember) sind ferner noch einige Angaben über seine Ausgaben bekannt geworden (frg. 1), doch ist nicht festzustellen, wieviel Tage des Monats sie umfassen; die Höhe der erhaltenen Ausgaben
beträgt 453 Drachmen, darunter allein eine Zahlung von 200 Drachmen (Z. 6).
(Nicht mitgerechnet ist die Ausleihung des Kapitals von 3000 Drachmen, Z. 16).

genen Teile der Tempelrechnungen unter den Ausgaben eine größere
Zahl staatlicher Abgaben, für die ganz gewiß auch der Jupitertempel
bedeutendere Summen zu entrichten hatte[1]) — in dem erhaltenen
Abschnitt der Abrechnung sind ja nur drei solcher Abgaben genannt,
darunter keine der speziell von den Tempeln gezahlten[2]) — gebucht
gewesen sind. Diese in dem Rechnungsfragment sich findenden Steuerzahlungen erweisen sich übrigens alle — dies ist bei der Bewertung
der aus der Abrechnung sich ergebenden Höhe der Ausgaben des
Jupitertempels immerhin in Betracht zu ziehen — als Steuerrückstände der beiden verflossenen Jahre, während eine Steuerablieferung
für das laufende Jahr in dem erhaltenen Teile der Abrechnung nicht
gebucht ist.[3])

1) Siehe z. B. B. G. U. I. 337, wo Steuerausgaben des Soknopaiostempels
gebucht sind, und vor allem den Abschnitt 7 dieses Kapitels, in dem die von
den Tempeln nachweislich gezahlten Steuern und Gebühren zusammengestellt
sind; namentlich dürfte doch sicher auch der Jupitertempel die speziell auf den
Tempeln lastenden Abgaben entrichtet haben, denn daß er Sonderprivilegien
besessen hat, ist wohl nicht anzunehmen (VIII. Kapitel).

2) Es findet sich nur eine Abgabe für Tempelgrundbesitz, für die im Besitz
des Heiligtums befindliche Badeanstalt und für die στεφανικά (siehe dieses Kapitel unter den betreffenden Steuerrubriken); siehe hierzu A. 3 am Schluß.

3) Die in dem erhaltenen Teil der Tempelrechnungen gebuchten Steuerzahlungen beziehen sich alle auf die Jahre 212/13 n. Chr. (frg. 1, 2/3) und
213/14 n. Chr. (frg. 1, 6/7 u. öfters), während die Abrechnung sonst die Ausgaben
des Jahres 214/15 n. Chr. enthält. Zwischen den Steuerzahlungen der Jahre
212/13 und 213/14 n. Chr. einen Unterschied zu konstruieren, wie dies Wilcken
(Hermes a. a. O. XX [1885] S. 451) tut, indem er wegen des bei den Zahlungen
für das Jahr 212/13 n. Chr. hinzugefügten „τὰς λοιπάς" (sc. δραχμάς) diese zwar
als Restzahlungen rückständiger Steuern ansieht, dagegen annimmt, daß die
betreffenden Zahlungen für das Jahr 213/14 n. Chr., weil hier „τὰς λοιπάς" fehlt
und weil für das Jahr 214/15 n. Chr. gezahlte Steuern in dem erhaltenen Teile
der Abrechnung nicht erwähnt sind, in normaler Weise für die Steuern des
vorhergehenden Jahres entrichtet worden seien, scheint mir verfehlt zu sein.
Einmal ist der Ausdruck „τὰς λοιπάς" bei den Zahlungen des Jahres 212/13
n. Chr. sicher nur deswegen gesetzt, weil die beiden uns erhaltenen die
Schlußzahlung für das betreffende Jahr darstellen; der Ausdruck konnte also
insofern nicht zu den verschiedenen für die Steuern des Jahres 213/14 n. Chr.
abgeführten Summen hinzutreten. Weiterhin spricht aber auch gegen die
Wilckensche Deutung die von ihm selbst inzwischen durchaus evident nachgewiesene Tatsache, daß in Ägypten die Steuern im Prinzip (d. h. abgesehen
von Nachtragszahlungen) nur für das laufende und nicht für das abgelaufene
Jahr entrichtet worden sind (siehe Wilcken, Ostr. I. S. 213 u. 510/11 gegenüber
Krall im C. P. R. II. S. 17) (ein Grund dafür, daß gerade für den Jupitertempel
dieses Prinzip nicht in Geltung gewesen sein soll, ist nicht ersichtlich). Schließlich deutet wohl auch der Umstand, daß in den Rechnungen des Jupiterheiligtumes bei jeder Steuerzahlung das betreffende Steuerjahr besonders hervorgehoben
wird, während z. B. in den Abrechnungen des Soknopaiostempels (B. G. U. I. 1 u. 337;
unpubl. P. Rainer 171) die entrichteten Steuern ohne jegliche Jahresangabe gebucht sind, darauf hin, daß es sich hier eben nicht um die eigentlich zu erwartenden Steuerzahlungen für das laufende Jahr, sondern um nicht normale

Unser Versuch, die Höhe der Gesamtausgaben ägyptischer Tempel festzustellen, ergibt nach alledem ein wenig befriedigendes Resultat, es ist eben vorläufig nur möglich die verschiedenen großen Ausgabekategorien, von denen eine jede mehr oder weniger im Etat eines jeden Tempels stets vertreten gewesen ist, namhaft zu machen und bei der einzelnen die wichtigsten Gesichtspunkte hervorzuheben. Schon Diodor hat einen derartigen Versuch unternommen.[1]) Nachdem er die Einnahmen der ägyptischen Priesterschaft erwähnt hat, berichtet er nämlich über ihre Ausgaben mit folgenden Worten (I. 73, 3): ἐκ δὲ τούτων τῶν προσόδων τάς τε θυσίας ἁπάσας τὰς κατ' Αἴγυπτον συντελοῦσι (sc. die Priester) καὶ τοὺς ὑπηρέτας τρέφουσι καὶ ταῖς ἰδίαις χρείαις χορηγοῦσιν. Diodors Bemerkungen sind zwar, wie wir sehen werden, nicht erschöpfend, treffen aber im übrigen durchaus das Richtige.

2. Die Ausgaben für die Ausübung des Kultus.

Auch in den Tempeln Ägyptens haben die Aufwendungen für den eigentlichen Kultus stets einen wichtigen Teil der Gesamtausgaben gebildet; dies darf man wohl immerhin behaupten, obgleich die hier zu verwertenden Nachrichten gerade recht vereinzelt sind und vielfach durch allgemeine Erwägungen ersetzt werden müssen.

Schon allein die täglich darzubringenden Opfer (Speis- und Trankopfer)[2]) werden trotz der Zuschüsse, die Staat und Private geleistet haben, auch von den Tempeln einen bedeutenden Aufwand an Opfertieren, Wein, Bier, Öl, Milch, Honig, Brot, Früchten und anderen Opfergaben[3]) gefordert haben. Diese Aufwendungen für die Opfer sind

---

Nachtragszahlungen handelt. Im Anschluß an die Deutung der in dem erhaltenen Teile der Jupitertempelrechnungen gebuchten Steuern als Nachtragszahlungen erklärt sich wohl auch am einfachsten die an sich ja befremdende Tatsache, daß hier nur 3 verschiedene Steuern genannt sind; die übrigen Abgaben der verflossenen Jahre sind eben seiner Zeit pünktlich bezahlt worden, und die Steuern des laufenden sind wohl an späteren uns aber nicht mehr erhaltenen Stellen der Abrechnung eingetragen gewesen.

1) Diodors Angaben finden sich zwar in seiner großen Schilderung der Verhältnisse des vorhellenistischen Ägyptens (siehe z. B. Diodor I. 72, 6 u. 74, 8; vergl. hierzu Wilcken, Observationes ad historiam Aegypti provinciae Romanae S. 10), sie können jedoch in ihrer allgemeinen Fassung auch für die hier behandelte Zeit verwertet werden.

2) Über die täglichen Kultushandlungen im ägyptischen Kultus siehe Erman, Ägypten II. S. 370 ff.

3) Vergl. Erman, Ägypten II. S. 375/76; für die hellenistische Zeit siehe z. B. die Angaben über verschiedenartige Opferspenden in dem Abschnitt L der Pithomstele. Die zahlreichen Stellen, in denen die klassischen Schriftsteller über die Art der ägyptischen Opfer berichten, finden sich gut zusammengestellt bei Fr. Sam. de Schmidt, De sacerdotibus et sacrificiis Aegyptiorum S. 226—37, 252—76, 283—324.

allerdings auf jeden Fall der Priesterschaft dadurch sehr erleichtert und verbilligt worden, daß sie die Zutaten zu ihnen im allgemeinen nicht zu kaufen brauchte, sondern den eigenen Naturaleinnahmen entnehmen konnte.[1]) Eine gute Illustration hierzu bietet jene schon besprochene Bestimmung des ἀπόμοιρα-Dekretes des Philadelphos, der zufolge der für diese Abgabe gelieferte Wein im Kulte der Arsinoe Philadelphos „εἰς τὴν θυσίαν καὶ τὴν σπονδήν" verwandt werden sollte (Rev. L. Col. 36, 19). Als besonders bemerkenswert sei außerdem noch hervorgehoben, daß z. B., worauf schon hingewiesen ist (Bd. I. S. 282), von den Tempeln allem Anschein nach vornehmlich direkt zu Opferzwecken eigene Viehherden gehalten worden sind.

Eine weitere alltäglich den ägyptischen Priestern obliegende Kulthandlung und somit auch eine stetig wiederkehrende Ausgabe hat alsdann die **Bekleidung der Götterbilder, das Schminken bez. Salben derselben und das Räuchern und Sprengen im Allerheiligsten** gebildet. Bei der umständlichen Toilette eines ägyptischen Gottes (siehe Erman, Ägypten II. S. 372) muß man, zumal wenn mehrere Götterbilder von derselben Priesterschaft zu bedienen waren, für die Bekleidung dieser jahraus jahrein recht viel Stoffe gebraucht haben, und insofern müssen sich diejenigen Heiligtümer, welche die Herstellung feiner Leinenstoffe selbst betrieben, größere Summen erspart haben. So hat denn beispielsweise der Soknopaiostempel zu einer Zeit, wo seine Othonionfabrikation darniederlag (möglicherweise hat er sie damals gar nicht betrieben) (siehe Bd. I. S. 301), pro Jahr 9 neue Byssusgewänder für seine Götterstatuen zum Gesamtpreise von 300 Drachmen gekauft.[2]) Zum Besprengen des ἄδυτον sind ferner z. B. im Soknopaiostempel in einem Jahre im ganzen 36 Krüge Wein gebraucht worden.[3]) Auch die Anschaffung der für die Räucheropfer nötigen Materialien[4]) dürfte allem Anschein nach größere Ausgaben

---

1) Nur bei dieser Annahme wird es verständlich, daß wir unter den uns bekannt gewordenen Geldausgaben des Jupiter- und des Soknopaiostempels nur einmal, und zwar gelegentlich eines Festes eine solche „εἰς θυσίας" finden (vergl. hierzu Bd. II. S. 11).

2) B. G. U. I. 1, 3—6; unpubl. P. Rainer 171 bei Wessely, Kar. u. Sok. Nes. S. 74/75. Der Tempel hat offenbar außer den hier genannten Gewändern keine weiteren in den betreffenden Jahren gekauft; denn da in diesen Zeilen schon mehrere zeitlich verschiedene Ankäufe zusammengestellt sind, würde man doch sicher auch etwaige andere Ausgaben für sie hier gebucht haben; zweifelhaft ist es mir allerdings, ob 9 neue Gewänder an sich für den Bedarf des Tempels genügt haben, da mit ihnen mehrere Götterbilder bekleidet werden sollten (στολισμοὶ τῶν θεῶν), hier dürfte wohl wieder private Freigebigkeit unterstützend eingegriffen haben.

3) Siehe unpubl. P. Rainer 171 bei Wessely, Kar. u. Sok. Nes. S. 76.

4) Angaben antiker Schriftsteller über die verschiedenen von den Ägyptern zum Räuchern verwandten Materialien sind von Schmidt, De sacerdotibus usw. S. 244—51 zusammengestellt.

verursacht haben, wenigstens finden wir in den Rechnungen des Soknopaiosheiligtumes in dem einen Jahre eine Summe von mindestens 500
Drachmen (B. G. U. I. 149, 1/2), in zwei anderen sogar über 596
Drachmen[1]) hierfür als Ausgabe gebucht. Für Salben ist schließlich
z. B. anläßlich eines Festes im Tempel zu Soknopaiu Nesos eine Ausgabe von nicht ganz 60 Drachmen[2]) kontrahiert worden.[3])

---

1) B. G. U. I. 1, 7—8; unpubl. P. Rainer 171 bei Wessely, Kar. u. Sok. Nes.
S. 75. Als Räucherstoff wird speziell das κῦφι genannt; bemerkt sei noch, daß
in Z. 7 die gebuchte Summe „τειμῆς κύφ[εω]ς καὶ ἄλλων δαπανῶν“ ausgegeben
ist, infolge der Zusammenrechnung möchte ich jedoch in den ἄλλαι δαπαναί Ausgaben für andere Räuchermaterialien sehen. Aufwendungen von unbestimmter
Höhe (zusammen jedoch sicher weit unter 100 Drachmen) für Räucherwerk (das
eine Mal sind es Myrrhen) finden sich noch Z. 9—11; daß sie besonders gebucht
sind, dürfte damit zusammenhängen, daß sie als Teil der Gesamtausgabe bei
bestimmten Festen, die offenbar in der Kladde dieser Tempelrechnung als ein
Posten eingetragen gewesen ist, auch jetzt wieder der größeren Einfachheit
halber mit dieser zusammen verrechnet werden.

2) Siehe B. G. U. I. 1, 11; für die 60 Drachmen ist außer Salben auch noch
Räucherwerk gekauft worden. Ein bestimmtes Fest ist im Anschluß an diese
Ausgabe allerdings nicht genannt, aber in den hierbei besonders erwähnten drei
Tagen möchte ich gewöhnliche Werktage auf keinen Fall sehen, die Form der
Buchung scheint mir vielmehr auf Festtage hinzuweisen. Über die Verwendung
des im Soknopaiostempel nach Wessely, Kar. u. Sok. Nes. S. 76 alltäglich verbrauchten Öles gibt Wessely zwar nichts näheres an, aber ich glaube, daß es
wohl außer für die λυχναψία und den Unterhalt der Priester auch zum Salben
der Statuen gedient haben wird.

3) In der Anmerkung sei wenigstens auf zwei Papyri aus ptolemäischer
Zeit hingewiesen, bei denen mir einige Angaben dafür zu sprechen scheinen,
daß es sich in ihnen um Ausgaben ägyptischer Tempel für Opfer u. dergl.
handelt; immerhin erscheint mir aber meine im folgenden gebotene Deutung
durchaus nicht sicher genug, um diese Urkunden im Text zu verwerten. Der
eine der Papyri (P. Grenf. I. 39 Verso) stammt aus der Thebais, enthält einmal
eine längere Namensliste, und daneben sind auf ihm verschiedene Geldzahlungen
notiert, die für einen Pastophoren, für den Kauf von Wein, Salben und Weih-
rauch erfolgt sind; die einzelnen Zahlungen sind am Schluß zusammengefaßt
(Betrag: 570 Kupferdrachmen), der die Auszahlung Bewirkende muß also in allen
Fällen derselbe gewesen sein; sehr wahrscheinlich ist es mir nun, da sich sowohl Ausgaben anscheinend für Opfer als auch eine Zahlung an einen Priester
finden, daß der Zahler ein Tempel gewesen ist, wir hätten also in diesem Falle
eine natürlich nur ganz vorläufigen Charakter tragende Buchung von Tempelausgaben vor uns. Der andere hier in Betracht kommende Papyrus (P. Par. 57)
gehört der Gruppe der Serapeumspapyri an; seine zweite Columne trägt die
Überschrift „Πατῶτος παστοφόρος (sic) λόγος, ὧν ὀφίλει (sic) μοι ἐκ τοῦ ἱεροῦ“
(sic); als Schuldposten sind alsdann u. a. nicht bezahlte Lampendochte, Räucherwerk, Brennholz, Feigen usw. angeführt, also Gegenstände, die auf jeden Fall zu
Kultzwecken gebraucht sein werden (zu dem Lampendocht vergl. z. B. die Dedikationen des Gaufürsten Hapidjefa im mittleren Reich, große Inschrift zu Siut,
5. Vertrag, publ. in Ä. Z. XX [1882] S. 159 ff.); der Gläubiger ist nicht genannt,
der κάτοχος Ptolemaios braucht es durchaus nicht gewesen zu sein. Die
Schwierigkeit der Erklärung dieser Schuldrechnung liegt in dem Zusatze „ἐκ
τοῦ ἱεροῦ“; vielleicht darf man sie dahin deuten, daß ein Pastophore im Namen

In besonders umständlicher Weise sind natürlich die einzelnen
Kultushandlungen an den Kirchenfesten, deren Zahl auch in hellenistischer Zeit in den ägyptischen Tempeln überaus groß gewesen
ist[1]), begangen worden. Es hat augenscheinlich fast mehr Fest- als
Werktage gegeben. Schon einige wenige Belege zeigen uns die Richtigkeit dieser Behauptung. Vom Soknopaiostempel sind z. B. in einem
Jahre 17 große Feste, welche im ganzen 155 Tage in Anspruch genommen haben, gefeiert worden[2]); die längsten von ihnen haben je
19 Tage gedauert[3]). Von einer noch größeren Anzahl von Tempel-

---

des Tempels Materialien für Opfer gekauft hat, die er schuldig geblieben ist;
auch diese Deutung gebe ich natürlich mit allem Vorbehalt. Vergl. zu ihr etwa
P. Tebt. I. 57, wo auch niedere Priester gleichsam als die die Kultausgaben
Vornehmenden erscheinen.

1) Über Kirchenfeste im alten Ägypten vergl. z. B. die Bemerkungen von
Erman, Ägypten II. S. 375 und die Zusammenstellungen von Brugsch, Thesaurus
II. S. 231 ff.

2) Die in den ägyptischen Tempeln gefeierten Kirchenfeste haben sich
natürlich abgesehen von einigen allen gemeinsamen nach dem Charakter des in
ihnen gepflegten Kultus gerichtet, und ist demnach auch die Festzeit in den
einzelnen Heiligtümern recht verschieden gewesen; sogar an demselben Tempel
haben nicht alle Jahre die gleichen Feste stattgefunden. So sind z. B. im
Soknopaiostempel in dem einem Jahre im Verlauf von 128 Tagen (29. August bis
3. Januar) 7 große Kirchenfeste begangen worden, die zusammen 65 Tage gedauert haben (B. G. U. I. 1, 19—28; ebenso im unpubl. P. Rainer 171 bei Wessely, Kar. u. Sok. Nes. S. 76), in einem anderen Jahre sind in demselben Tempel
in der Zeit vom 29. August bis 3. November (67 Tage) 4 übrigens teilweise
andere Feste in der Gesamtdauer von 43 Tagen gefeiert worden (B. G. U. I. 149,
8—16). Die in Z. 11 unter dem 9. Phaophi gebuchte Ausgabe: ὑπὲρ Χρυσώσεως
ναοῦ Σοκνοπαίου κ. τ. λ. ist natürlich für das aus diesem Anlaß 9 Tage lang gefeierte Fest bestimmt gewesen; Wesselys, Kar. u. Sok. Nes. S. 60 Erklärung dieser
Ausgabe als die Kosten der Vergoldung usw. dürfte wohl jeder als falsch
verwerfen.

3) Siehe unpubl. P. Rainer 171 bei Wessely, Kar. u. Sok. Nes. S. 76. Außer
den vom Haupttempel begangenen Festen erwähnt Wessely noch 4 besondere,
welche von dem mit dem Soknopaiostempel verbundenen Isisheiligtum zu Gynaikon
Nesos (siehe Bd. I. S. 20, A. 3) gefeiert worden sind. Außerdem sind auch die
Geburtstage der apotheosierten Kaiser vom Tempel festlich begangen worden. Zu
den von Wessely angeführten Festen einige aphoristische Bemerkungen. Das
Fest „ὑπὲρ ἁγνείας" am 1. Thot ist zu streichen, es ist einfach das Neujahrs-
fest; zu ἁγνεία vergl. dieses Kapitel, Abschnitt 6. Sehr bemerkenswert sind die
am 19. Thot begangenen Ἑρμαῖα, ein Fest, das natürlich nicht zu Ehren des
Hermes, sondern zu denen des Thot gefeiert worden ist (siehe auch Bd. I. S. 19).
Das gleiche Fest begegnet uns auch z. B. in einem Kalender thebanischer Festtage
aus römischer Zeit (Brugsch, Thesaurus II. S. 518 ff. [S. 520]), und erweist sich
ferner als ein schon seit den ältesten Zeiten bestehendes Fest, das auch im
Totenkultus eine besondere Rolle gespielt hat (siehe Brugsch, Thesaurus II.
S. 234 ff.). Bezüglich des Festes „Χαρμόσυνα" hilft uns Plutarchs, De Isid. et
Osir. c. 20 (ed. Parthey) Bemerkung, daß es von den Ägyptern σαΐρεί genannt
worden sei, nicht weiter, da das hier zugrunde liegende ägyptische Wort (es
hängt wohl mit dem koptischen ϣⲁ-Fest und dem Verbum ⲉⲓⲣⲉ-machen zu-

festen während eines Jahres berichtet uns ein Kalender thebanischer
Festtage aus römischer Zeit (hieratischer Papyrus Leyden, publ. von
Brugsch, Thesaurus II. S. 518 ff.) und eine Inschrift des memphitischen
Serapeums (dem. Stele Par. 82, publ. von Revillout, Rev. ég. VI. S. 129),
der zufolge in diesem allmonatlich sogar 5—6 Feste stattgefunden
haben sollen. Für den Jupitertempel in Arsinoe läßt sich ferner z. B.
für die Zeit von 6 Monaten die Feier von 20 Tempelfesten (ihre
Dauer ist nicht angegeben, scheint aber im allgemeinen nur kurz gewesen zu sein) belegen.[1]) Schließlich gibt uns das Dekret von Kanopus die Zahl der während der Monate Choiak, Tybi und Payni des
Jahres 238 v. Chr. von der in Alexandrien versammelten Priesterschaft
gefeierten Kirchenfeste auf 13 an.[2]) Besonders bemerkenswert für die
Dauer ägyptischer Tempelfeste ist eine dem 3. nachchristlichen Jahr-

---

sammen) auch nichts näheres über den religiösen Charakter der $Xαρμόσυνα$ erkennen läßt. Auch über den Charakter der Feste $"Ηρανα$ und $'Ροδοφόρια$ vermag ich nichts sicheres anzugeben; das von Wessely konstruierte Fest: $'Ελε[υ$-
$θέρι]α$ ist mir recht zweifelhaft. Ausführlichere Erörterungen über die Tempelfeste hier vorzubringen verbietet sich von selbst, da dies nur im Zusammenhang
mit einer Darstellung der hellenistisch-ägyptischen Religion zu befriedigenden
Ergebnissen führen kann; dann wird man vor allen Dingen die großen Festkalender von Dendera, Edfu und Esne (publ. von Brugsch, Thesaurus II. S. 365ff.)
heranziehen müssen.

　　1) B. G. U. II. 362 frg. 1, 10 ff.; p. 1, 4 ff.; 3, 24 ff.; 4, 6 u. 11 ff.; 6, 22 ff.;
7, 3 ff.; 10, 3 u. 9 ff; 11, 3, 8 u. 15 ff.; 12, 8 u. 16 ff.; 16, 11; siehe auch p. 1, 1 u.
17 ff.; p. 2, 3, 5 u. 7 ff. Die zu Ehren der durchreisenden hohen Beamten gefeierten Feste sind hier nicht berücksichtigt, über sie siehe Bd. II. S. 15. Die Mehrzahl der Feste des Jupitertempels hat mit dem Kaiserkult zusammengehangen
(alle für den Kaiser und die kaiserliche Familie im Tempel gefeierten Feste
sind bei der göttlichen Natur der Geehrten als Götter- und nicht als einfache
Repräsentationsfeste aufzufassen), wie überhaupt der Herrscherkult in Ägypten
sowohl in ptolemäischer als auch in römischer Zeit eine große Reihe Feste beansprucht hat; siehe außer Bd. II. S. 9, A. 3 etwa B. G. U. II. 646 und P. Berl. Bibl. 1
und vor allem Kanopus Z. 34, wo 3 allmonatlich von den Tempeln zu feiernde
Feste, der Geburtstag des Königs, der der Königin (so ist wohl das Fest am
9. jeden Monats zu deuten) und das Thronbesteigungsfest genannt werden,
vergl. Rosette Z. 46 ff. Die monatliche Geburtstagsfeier für den Herrscher hat
sich auch in der Kaiserzeit erhalten, siehe die $ἡμέραι$ $σεβασταί$ und ihre Erklärung durch E. Schürer, Zu II. Macc. 6, 7 in Zeitschrift für neutestamentliche
Wissenschaft II (1901) S. 98 ff.; bemerkenswert ist immerhin, daß in der Aufzählung der Feste im Soknopaios- wie im Jupitertempel die monatliche Geburtstagsfeier nicht erwähnt ist (im Jupitertempel wird z. B. nur die Feier des richtigen Geburtstages des Kaisers Caracalla angeführt [p. 10, 9]), ich möchte hieraus
aber nicht entnehmen, daß sie damals abgeschafft gewesen ist, sondern ihr
Fehlen dadurch erklären, daß sie als offenbar kleineres Fest keine besonderen
Ausgaben an Geld oder an Extragaben für die Priester nötig gemacht hat.
Überhaupt ist zu beachten, daß eine Nichterwähnung von Festen
in einer Ausgabenabrechnung durchaus noch nicht ihre Nichtfeier
bedeutet.

　　2) Siehe die Zusammenstellung von Lepsius, Das bilingue Dekret von Kanopus I. S. 18; 7 von diesen 13 Festen haben übrigens dem Herrscherkult gedient.

hundert angehörende Nachricht (L. D. VI. 21 [dem. Inschr.] bei Brugsch, Thesaurus V. S. X); nach ihr sollen im Isistempel zu Philä Feierlichkeiten zu Ehren von Isis und Osiris 4 Monate lang, wenn auch wohl mit kleinen Unterbrechungen gedauert haben.

An den Festtagen sind jedenfalls besonders umfangreiche Opfer dargebracht worden[1]) und dementsprechend müssen auch hieraus den Tempeln, wenn ihnen nicht zufällig hierfür von anderer Seite spezielle Beisteuern ausgesetzt gewesen sind[2]), außergewöhnliche Ausgaben erwachsen sein; so ist denn auch die einzige Geldausgabe für Opfer, die wir in den Rechnungen des Soknopaiostempels finden, anläßlich eines Festes kontrahiert worden (B. G. U. I. 1, 9/10).

Über die mannigfaltigen weiteren Ausgaben, die den Tempeln aus der Feier der Kirchenfeste entstehen konnten, unterrichten uns alsdann aufs beste die Rechnungen des Jupitertempels in Arsinoe.[3]) Darnach hat dieser für die bei allen seinen Festen stattfindende λυχνα-ψία, d. h. das „Lichtanzünden" im Allerheiligsten (siehe Bd. I. S. 10), stets eine bestimmte Menge Öl gebraucht, für deren jedesmaligen Einkauf er teils 8, teils 6, teils aber auch nur 4 Drachmen aufgewandt hat.[4]) An wichtigeren Festtagen hat der Tempel auch für das Salben der in ihm aufgestellten Statuen[5]) Öl in immerhin größerer Menge, nämlich zum Betrage von 28 bez. 20 Drachmen kaufen müssen.[6]) Unter den Ausgaben eines jeden Festtages erscheint ferner eine in Höhe von 16, 20 oder 24 Drachmen für die Bekränzung aller im Tempel befindlichen Statuen, Schilde und heiligen Geräte.[7]) Mitunter

---

1) Siehe z. B. die allgemeinen Bemerkungen in Rosette Z. 48 u. 50; über die große Reichhaltigkeit der Opfer an wichtigen Festen vergl. z. B. Bauinschrift von Edfu bei Brugsch, Thesaurus II. S. 263 (über die Festtagsopfer im alten Ägypten siehe Erman, Ägypten II. S. 375/76).

2) Siehe z. B. die in Anm. 1 angeführte Inschrift von Edfu a. a. O.; vergl. eventuell auch Pithomstele, Abschnitt L. (Die Fundierung des Krönungsfestes [?]).

3) B. G. U. II. 362; die Belege für die einzelnen Feste sind Bd. II. S. 10, A. 1 zusammengestellt; vergl. zu dem folgenden Wilcken, a. a. O. Hermes XX (1885) S. 456—59.

4) Siehe z. B. 8 Drachmen: p. 12, 17; 6 Drachmen: p. 1, 12 u. ö.; 4 Drachmen: p. 4, 3 u. ö.

5) Wilcken, Zu den arsinoitischen Tempelrechnungen im Hermes XXIII (1888) S. 629 glaubt aus einem von ihm daselbst publizierten in Paris befindlichen Fragment der Tempelrechnungen schließen zu müssen, daß es sich hierbei nur um die Kaiserstatuen handele; vielleicht hat er Recht, da das hier stehende ἀνδριάς im Gegensatz zu ἄγαλμα das Menschenbild bezeichnen haben dürfte. Jedenfalls werden jedoch auch die Götterbilder gereinigt worden sein; über die Sitte des Salbens der Statuen mit Öl vergl. seine Ausführungen a. a. O. Hermes XX (1885) S. 458. Auch im Soknopaiostempel hat man anläßlich eines Festes Salben gekauft (siehe Bd. II. S. 8), die doch wohl zum Salben der Statuen verwandt worden sind.

6) Siehe z. B. 28 Drachmen: p. 1, 8/9; 20 Drachmen: p. 10, 15; siehe auch das Pariser Fragment in Anm. 5.

7) Vergl. vor allem p. 10, 5—7, wo die Phrase „στέψεως τῶν [ἐ]ν τῷ ἱερῷ

hat man sich jedoch mit dieser Ausschmückung noch nicht begnügt, sondern hat außerdem noch das ganze Heiligtum mit Palmzweigen und grünen Baumzweigen, bezw. kleinen Bäumchen ($\delta\acute{\varepsilon}\nu\delta\varrho\alpha$ $\varkappa\alpha\grave{\iota}$ $\beta\alpha\tilde{\iota}\varsigma$) geschmückt. Das Material hat in diesem Falle dem Tempel allerdings nichts gekostet[1]; der eigene Grund und Boden mag es vielleicht geliefert haben, doch hat er zum Herbeischaffen desselben ein oder auch mehrere Esel mieten müssen, für die er als Mietsgeld pro Esel und pro Tag 4 Drachmen bezahlt hat.[2] Für den Fall, daß bei einem der Feste eine $\varkappa\omega\mu\alpha\sigma\acute{\iota}\alpha$ stattgefunden hat,[3] ist auch das $\xi\acute{o}\alpha\nu\nu\nu$ $\tau\nu\tilde{\nu}$ $\vartheta\varepsilon\nu\tilde{\nu}$, das bei der Prozession herumgetragen worden ist (vergl. Bd. I. S. 94/95), mit Blumenschmuck versehen worden, der jedesmal eine Ausgabe von 4 Drachmen erfordert hat[4]. Schließlich hat auch noch der Tempel an einzelnen Festtagen zu den Räucheropfern besonderes Räucherwerk ($\sigma\tau\varrho\acute{o}\beta\varepsilon\iota\lambda\nu\iota$, $\grave{\alpha}\varrho\acute{\omega}\mu\alpha\tau\alpha$ $\varkappa\alpha\grave{\iota}$ $\ddot{\alpha}\lambda\lambda\alpha$, bez. noch genauer an Stelle des $\ddot{\alpha}\lambda\lambda\alpha$: $\lambda\iota\beta\alpha\nu\omega\tau\acute{o}\varsigma$)[5] gebraucht, für das er Summen in Höhe von 4—12 Drachmen ausgegeben hat.[6]

Nach alledem hat die Beschaffung des eigentlichen Kultmaterials selbst für eins der gewöhnlichen Kirchenfeste, an dem jedoch alle die verschiedenen erwähnten Geldausgaben nötig wurden, dem Jupitertempel verhältnismäßig ziemlich viel an barem Gelde, an 80 Drachmen

---

$\grave{\varepsilon}\sigma\pi\iota\delta\varepsilon\acute{\iota}\omega\nu$ $\varkappa\alpha\grave{\iota}$ $\grave{\alpha}\nu\delta\varrho\iota\acute{\alpha}\nu\tau\omega\nu$ $\varkappa\alpha\grave{\iota}$ $\grave{\alpha}\gamma\alpha\lambda\mu\acute{\alpha}\tau\omega\nu$ $\pi\acute{\alpha}\nu[\tau]\omega\nu$" vollständig erhalten ist; an anderen Stellen findet sich auch bloß die allgemeine Formel „$\tau\tilde{\omega}\nu$ $\grave{\varepsilon}\nu$ $\tau\tilde{\omega}$ $\iota\varepsilon\varrho\tilde{\omega}$ $\pi\acute{\alpha}\nu\tau\omega\nu$", siehe z. B. p. 4, 8/9.

1) Einem Isistempel in dem faijûmitischen Pelusion hat dagegen z. B. allem Anschein nach die Beschaffung von $\beta\alpha\tilde{\iota}\alpha$ Ausgaben verursacht, siehe unpubl. P. Rainer 111 bei Wessely, Kar. u Sok. Nes. S. 61.

2) Siehe z. B. p. 12, 19: $\nu\alpha\tilde{\nu}\lambda\nu\nu$ $\check{o}\nu\nu\nu$ $\grave{\varepsilon}\nu\grave{o}\varsigma$ $\acute{\nu}\pi\grave{o}$ $\delta\acute{\varepsilon}\nu\delta\varrho\alpha$ $\varkappa\alpha\grave{\iota}$ $\beta\alpha\tilde{\iota}\varsigma$ $\check{\iota}$ δ; die Erklärung des Ausdruckes bei Wilcken im Hermes XXVIII (1893) S. 163, A. 1 und hierzu Erman, $\H{O}\nu\nu\varsigma$ $\acute{\nu}\pi\grave{o}$ $\nu\check{\iota}\nu\nu\nu$ im Hermes XXVIII (1893) S. 479; diese Ausgabe ist erwähnt p. 1, 6 u. 20 (12 Drachmen); p. 10, 13 (Höhe unbestimmt); p. 12, 19 (4 Drachmen); frg. 9, 5 (8 [?] Drachmen).

3) Als ständiger besondere Ausgaben erfordernder Bestandteil der großen Feste erscheint die $\varkappa\omega\mu\alpha\sigma\acute{\iota}\alpha$ z. B. im Soknopaiostempel, B. G. U. I. 1, 19/20; 149, 8/9; unpubl. P. Rainer 171 bei Wessely, Kar. u. Sok. Nes. S. 76; Ausgaben, die solche $\varkappa\omega\mu\alpha\sigma\acute{\iota}\alpha\iota$ erfordert haben, werden auch P. Leid. T, Col. 1 und B. G. U. II. 489, 5 erwähnt.

4) Siehe p. 10, 19; 11, 14; 15, 15.

5) Man darf wohl nicht annehmen, daß das für einzelne Festtage eingekaufte Räucherwerk auch für die Räucheropfer der Folgezeit bis zum nächsten Einkauf verwandt worden ist, für diese dürfte dem Tempel anderes Material zur Verfügung gestanden haben, sei es nun, daß er dieses auf einmal eingekauft hat oder daß er es selbst durch seine Naturaleinnahmen besessen hat. Der Einkauf besonderen Räucherwerks für Feste neben dem sonst zum Räuchern gebrauchten Material findet sich auch in den Rechnungen des Soknopaiostempels, B. G. U. I. 1, 11—12.

6) Siehe z. B. 4 Drachmen: p. 12, 18 (hier allerdings nur $\sigma\tau\varrho\acute{o}\beta\varepsilon\iota\lambda\nu\iota$ und $\lambda\iota\beta\alpha\nu\omega\tau\acute{o}\varsigma$), 12 Drachmen: p. 1, 7 u. 21; p. 10, 13; 11, 12 u. frg. 8, 9 (die Zahlenangaben nicht erhalten).

und eventuell noch mehr, gekostet.[1]) Was außerdem zur Ausstattung der Feste das Heiligtum noch den eigenen Naturaleinnahmen entnommen hat, entzieht sich leider ganz unserer Berechnung; insofern kann man sich auch kein rechtes Bild davon machen, wie teuer eigentlich solche Feste gekommen sind.[2]) Da nun weiterhin über derartige Naturalaufwendungen des Jupitertempels zu Kultzwecken überhaupt nichts bekannt geworden ist[3]), so ist auch die Summe, die wir für die Höhe der hier in Betracht kommenden Geldausgaben feststellen können — für reichlich 6 Monate mindestens ungefähr 650 Drachmen[4]) —, als Maßstab für die Beurteilung der Höhe der gesamten Kultusausgaben des Tempels nur mit aller Vorsicht zu verwerten. Ganz das gleiche ist der Fall, wenn wir erfahren, daß der Soknopaiostempel in einem Jahre an barem Geld mindestens 996 Drachmen für seinen Kultus aufgewandt hat (B. G. U. I. 1, 3—11). Jedenfalls darf man jedoch wohl das eine aus all diesen Angaben folgern, daß, wie schon

---

1) Auf p. 10, 9 ff. ist ein Fest erwähnt, das alle die bekannt gewordenen Ausgabeposten erforderlich gemacht hat, doch fehlen leider bei einzelnen derselben die Zahlenangaben; bezüglich der im Text genannten Summe vergl. die verschiedenen bei den einzelnen Ausgaben angeführten Zahlen.

2) Bemerkt sei hier noch, daß diese Feste außer den Ausgaben für Anschaffung von Kultmaterial auch noch solche an Arbeitslöhnen für angenommene Hilfskräfte erforderlich gemacht haben, über diese siehe Bd. II. S. 20.

3) Daß auch der Jupitertempel seine eigenen Naturaleinnahmen zur Beschaffung des Kultmaterials verwandt hat, dafür ist neben anderem wohl der beste Beleg, daß sich unter seinen Geldausgaben keine einzige für Speis- oder Trankopfer findet.

4) Diese Summe setzt sich zusammen aus den Ausgaben des:

(Ende des Monats) *Χοίακ*: 30 Drachmen (frg. 1)

Τῦβι:	210	„	(p. 1 u. 2)
Μεχίρ:	24	„	(p. 3 u. 4)
Φαμενώϑ:	24	„	(p. 6—8)
Φαρμοῦϑι:	176	„	(p. 10—12)

Sa.: 464 Drachmen.

Im Monat *Παχών* (p. 13 u. 14) sind Geldausgaben für den Kultus nicht gebucht, im *Παϑνι* (p. 14 u. 15) zwar solche (einmal für Bekränzung und einmal für Kränze für das *ξόανον*) vorhanden, aber die Zahlenangaben fehlen. Auch in den obengenannten Monaten sind bei einer Reihe von Kultausgaben die Zahlenangaben verloren gegangen (und nicht sicher zu ergänzen), so im *Μεχίρ* zweimal für Bekränzung und einmal für Öl zur *λυχναψία*, im *Φαμενώϑ* einmal für Bekränzung und für Öl zur *λυχναψία*, im *Φαρμοῦϑι* einmal für Bekränzung, zweimal für Räucherwerk, einmal für Kränze für das *ξόανον*, einmal für Öl zur *λυχναψία* und einmal für Mietsgeld für Esel; legt man für die Berechnung der Höhe all dieser Ausgaben die sonst für die einzelnen Posten überlieferten Zahlenangaben zugrunde, so haben sie ungefähr 130—160 Drachmen betragen. Außerdem ist es recht wahrscheinlich, daß auch auf p. 2, 4, 5 u. 7, wo nur Zahlenangaben erhalten sind — sie ergeben im ganzen 56 Drachmen —, Kultausgaben gebucht waren; schließlich ist es auch nicht ausgeschlossen, daß für den Monat *Τῦβι* (die allerersten Tage desselben kämen in Betracht, siehe p. 1 u. Bd. II. S. 4, A. 1) nicht alle Kultausgaben uns bekannt geworden, sondern einige verloren gegangen sind.

bemerkt, die Bestreitung des Kultus den ägyptischen Heiligtümern trotz aller Beiträge von anderer Seite ganz beträchtliche Kosten verursacht hat.

Das eben gefällte Urteil findet eine hübsche Bestätigung durch einige schon in anderem Zusammenhange (Bd. I. S. 391) erwähnte Angaben Diodors (I. 84, 8) über die Ausgaben für ein Kirchenfest, das allerdings, obgleich es wohl das wichtigste Fest Ägyptens gewesen und unter Anteilnahme des ganzen Landes gefeiert worden ist, durchaus nicht alle Jahre, sondern meistens in langen Zwischenräumen begangen worden ist, nämlich die Festlichkeiten beim Tode eines Apis. Insofern haben auch die Ausgaben für diese den Kultusetat nicht regelmäßig belastet, sondern sind nur selten und ausnahmsweise erfolgt, unter welcher Voraussetzung auch allein ihre sehr bedeutende Höhe sich erklären läßt. Nach Diodors Angaben ist nämlich z B. zur Zeit Ptolemaios' I. bei der Bestattung eines Apis von der Priesterschaft nicht nur ihr ganzer recht bedeutender eigener Schatz aufgebraucht worden, sondern sie hat sich sogar noch hierfür vom Könige 50 Talente borgen müssen, und auch zu Diodors Zeit sollen die Kosten eines Apisbegräbnisses an 100 Talente betragen haben.

Sehr beachtenswert ist es alsdann, daß, wie schon anläßlich der für das Apisbegräbnis erhobenen Kollekte bemerkt worden ist (siehe Bd. I. S. 392), zu den Kosten desselben auch Heiligtümer beigesteuert haben, die mit dem Apiskult in gar keiner Beziehung gestanden haben; es haben also den Tempeln eventuell auch außer der Feier der eigenen Feste die Festlichkeiten anderer Tempel Ausgaben verursacht, und es scheint mir überhaupt, daß eine Festesbeisteuer der Tempel stets Sitte gewesen ist, wenn ein anderes Heiligtum irgend eine außergewöhnliche kirchliche Festlichkeit veranstaltete; so erfahren wir z. B., daß anläßlich der Einweihungsfeierlichkeiten des Tempels von Edfu „die Tempel ihre Gaben herbeigebracht haben" (Brugsch, Thesaurus II. S. 263).

An einer größeren Anzahl von Tempeln muß schließlich auch der Unterhalt der bei ihnen gehaltenen heiligen Tiere[1]) — auch ihn darf man den eigentlichen Kultkosten zuzählen — größere Ausgaben erfordert haben, vornehmlich natürlich an jenen Tempeln, die speziell heiligen Tieren geweiht gewesen sind.[2])

---

1) Parthey in seiner Ausgabe von Plutarchs De Iside et Osiride S. 260 ff. bietet eine gute Zusammenstellung der in verschiedenen Gegenden Ägyptens verehrten heiligen Tiere.

2) Siehe hierzu die Angaben Bd. I. S. 268 (siehe auch Bd. I. S. 416) über Felder, die ausdrücklich als zum Unterhalt heiliger Tiere bestimmt bezeichnet werden. Vergl. ferner die Angaben Bd. I. S. 391 über die besonderen Spenden für die heiligen Tiere. Vergl. auch Strabo XVII. 811/12, wo die Fütterung der heiligen Krokodile des Suchos in Arsinoe näher beschrieben wird. Siehe hierzu jetzt P. Tebt. I. 33, 13/14. Auch P. Tebt. I. 57 ist jetzt hier zu verwerten.

3. Die Aufwendungen für Repräsentation und für verwandte Zwecke.

Den ägyptischen Tempeln sind übrigens durchaus nicht nur durch die Feier der direkten Kirchenfeste sondern auch durch die Veranstaltung von allerlei Festlichkeiten, die nur repräsentativen Zwecken gedient haben, erhebliche Ausgaben erwachsen. Vor allem scheinen derartige Feste z. B. stets gefeiert worden zu sein, wenn hochgestellte Beamte oder gar die Herrscher selbst[1]) den Tempeln die Ehre ihres Besuches erwiesen oder wenigstens die Stadt, in der das betreffende Heiligtum lag, besucht haben.

Einen vorzüglichen Beleg hierfür enthalten die arsinoitischen Tempelrechnungen. Ihnen zufolge (p. 7, 8—23) ist z. B. anläßlich eines Besuches des praefectus Aegypti in Arsinoe von dem Jupiterheiligtum eine größere Festlichkeit veranstaltet worden, bei der alle bei den Kirchenfesten des Tempels üblichen besonderen Ausgaben, und zwar die für die $\varkappa\omega\mu\alpha\sigma\acute\iota\alpha$, mit welcher der Präfekt empfangen wurde[2]), für die $\lambda\nu\chi\nu\alpha\psi\acute\iota\alpha$, für die Bekränzung und Salbung der Statuen, für die Ausschmückung des Heiligtums usw., gleichfalls kontrahiert worden sind. Außerdem sind noch 60 Drachmen einem Rhetor gezahlt worden, den man engagiert hatte, um den Präfekten feierlich zu begrüßen und ihm zugleich den Dank der Priesterschaft für eine dem Tempel geschenkte Statue der Siegesgöttin auszusprechen, das ganze fürwahr ein kulturgeschichtlich recht interessanter Vorgang, der uns die Verbreitung und Beliebtheit der so echt hellenistischen Institution des gewerbsmäßigen Rhetors auch für die ägyptische Landstadt bezeugt. Im ganzen hat das Fest zu Ehren des Präfekten dem Tempel einschließlich des Arbeitslohnes für notwendig gewordene besondere Hilfskräfte an baren Auslagen anscheinend 170 Drachmen[3]) gekostet, also eine ziemlich bedeutende Summe. Auch anläßlich der Anwesenheit eines speziellen Vorgesetzten der Priesterschaft, des Stellvertreters des Oberpriesters von ganz Ägypten ($\delta\iota\alpha\delta\varepsilon\chi\acute\omega\mu\varepsilon\nu\upsilon\varsigma$ $\tau\grave\eta\nu$ $\grave\alpha\varrho\chi\iota$-$\varepsilon\varrho\omega\sigma\acute\upsilon\nu\eta\nu$ $\varkappa\alpha\grave\iota$ $\grave\varepsilon\pi\acute\iota\tau\varrho\upsilon\pi\upsilon\varsigma$ $\tau\tilde\omega\nu$ $\upsilon\grave\upsilon\sigma\iota\alpha\varkappa\tilde\omega\nu$, vergl. Bd. I. S. 64), hat der Jupitertempel eine allerdings kleinere Festlichkeit veranstaltet; bei ihr sind ihm nur durch die Bekränzung der Statuen und durch die $\lambda\nu\chi\nu\alpha$-$\psi\acute\iota\alpha$ Ausgaben entstanden (p. 7, 24—8, 1)[4]).

---

1) Verschiedene Besuche des Herrschers (es ist der 2. Ptolemäer) und die Schilderung daran sich anschließender Feste sind z. B. in der Pithomstele erwähnt.

2) Vergl. hierzu die Bemerkungen Wilckens a. a. O. Hermes XX (1885) S. 468.

3) Bei zwei Ausgaben sind Zahlenangaben nicht erhalten, doch sind sie immerhin mit einer gewissen Sicherheit zu ergänzen.

4) Es sei schon hier darauf hingewiesen, daß neben diesen einen freiwilligen Charakter tragenden Ausgaben zu Ehren der Beamten von den Tempeln auch Zwangsbeiträge für durchreisende Beamte erhoben worden sind, siehe dieses Kapitel, 7 B.

Eine ganz eigenartige Repräsentationsfestlichkeit ist alsdann für das Serapeum in Oxyrhynchos in römischer Zeit zu belegen. Es ist uns nämlich eine formell abgefaßte Einladungskarte zu einem vom Sarapistempel gegebenen Diner bekannt geworden (P. Oxy. I. 110). Die Einladung ist zwar von einem einzelnen erlassen, dessen Titel nicht genannt ist, aber es dürfte sich wohl hier um den Tempelvorsteher handeln, und man darf wohl annehmen, daß die Einladung vom Tempel ausgegangen ist; denn die betreffende zu Ehren des Sarapis stattfindende Festlichkeit (εἰς κλείνην τοῦ κυρίου Σαράπιδος) soll im Serapeum selbst abgehalten werden.[1]) So bietet diese Einladungskarte eine bemerkenswerte Illustration zu den Klagen des Tertullian (apolog. 39) über die Schmausereien bei Götterfesten, unter denen er die coena Serapiaca besonders hervorhebt. Man wird sich wohl auch unwillkürlich bei dieser Einladung an die berühmten schlemmerhaften Diners der großen römischen Priesterkollegien erinnern und daran denken, wie teuer diese Veranstaltungen zu kommen pflegten. Jedenfalls dürfte es wohl kaum jemand erwartet haben, daß auch derartige Ausgaben den Haushalt ägyptischer Tempel belastet haben.[2])

Als Ausgaben repräsentativen Charakters sind auch jene zu fassen, welche den ägyptischen Tempeln durch die Entsendung der Priesterdeputationen zu den großen öfters stattfindenden allgemeinen Priesterversammlungen (siehe Bd. I. S. 72 ff.) entstanden sein müssen. Besonders teuer dürften der Priesterschaft jene Versammlungen so lange gekommen sein, als sie noch alljährlich regelmäßig in Alexandrien abgehalten wurden; denn der an sich schon kostspielige Aufenhalt in der Hauptstadt am Hofe des Königs wird noch durch allerlei Geschenke für den Herrscher, durch die man diesem seine Ergebenheit bezeugen wollte, verteuert worden sein. Übrigens dürfte noch manche andere Gelegenheit Priester an den königlichen Hof geführt haben; so erfahren wir z. B. aus der Mendesstele (Z. 21) von einer aus den

---

1) An ein einfaches Opfermahl, bei dem die am Kirchenfeste teilnehmenden Laien die Überreste der Opfer erhielten (siehe hierzu Bd. I. S. 394), ist hier jedenfalls nicht zu denken; es weist uns vielmehr die ganze Form der Einladung (vergl. andere uns erhaltene Einladungskarten, z. B. P. Oxy. I. 111; 112; P. Fay. 132) auf eine, wenn man den Ausdruck gebrauchen darf, richtige Gesellschaft hin. P. Oxy. III. 523 bietet uns jetzt einen weiteren Beleg für eine Einladung εἰς κλείνην τοῦ κυρίου Σαράπιδος. Hier handelt es sich jedoch jedenfalls nicht um eine von dem Tempel veranstaltete Festlichkeit, denn das Fest findet nicht in den Räumen des Tempels, sondern in irgend einem Privathause statt. Hingewiesen sei in diesem Zusammenhange auch auf die gr. Inschrift 76 bei Seymour de Ricci a. a. O. Archiv II. S. 447, in der ein „συνπόσιον τοῦ κυρίου Σεράπιδος" erwähnt wird.

2) Könnte man das bei dem Tempel der Pnepheros und Petesuchos in Karanis gelegene δειπνητήριον (Inschrift 3 in P. Fay. S. 33 [siehe S. 31 u. 35]) mit Sicherheit als ein Tempelgebäude in Anspruch nehmen, so besäßen wir auch für dieses Heiligtum einen vorzüglichen indirekten Beleg dafür, daß es Diners u. dergl. veranstaltet hat.

vornehmsten Mitgliedern der Priesterschaft des Mendestempels bestehenden Dankesdeputation nach Alexandrien anläßlich der Vollendung des Neubaues des Heiligtumes. Näheres über diese Ausgabenkategorie, welche vielleicht in römischer Zeit zugleich mit den Priestersynoden weggefallen oder wenigstens sehr eingeschränkt worden ist, vermögen wir vorläufig nicht festzustellen.

Auf Tempelausgaben, welche den soeben besprochenen verwandt sind, scheint mir alsdann ein Papyrus aus Oxyrhynchos (P. Oxy. I. 118 Verso Z. 17 ff., römische Zeit) zu verweisen. Ihm zufolge haben nämlich allem Anschein nach[1]) Priester einem privaten Reisenden Gastfreundschaft erwiesen, wofür sich dieser erkenntlich zeigen soll (siehe Bd. I. S. 392, A. 3). Falls man nicht annimmt, daß die Aufnahme aus freundschaftlichen Gründen erfolgt ist, darf man wohl Aufwendungen für einen derartigen Zweck als Ausfluß einer gewissen Mildtätigkeit auffassen. Für das Ausüben dieser ist einer Nachricht des Athenaeus (III. 110[b]) ein weiterer Beleg zu entnehmen. Darnach sind im Kronostempel zu Alexandrien jedem, der sich an den Tempel wandte, eine bestimmte Sorte Brote, welche die Alexandriner dem Kronos geweiht hatten („Kronos"brote)[2]), umsonst zur Beköstigung verabreicht worden. Nimmt man nun an, was doch überaus wahrscheinlich ist, daß nur arme Leute die Beköstigung durch den Tempel nachgesucht haben werden, so besitzen wir den, so viel ich weiß, ersten Beleg dafür, daß auch von einem Tempel der antiken Religionen offiziell Wohltätigkeit ausgeübt worden ist. Bemerkenswert ist es, daß uns gerade aus Ägypten hierüber die erste Kunde gekommen ist. Irgend eine Verallgemeinerung auf Grund dieser Notiz des Athenaeus wäre jedoch gänzlich unberechtigt, man wird vielmehr auch noch ferner daran festhalten können, daß erst das Christentum das Üben von Wohltätigkeit, die Unterstützung der Armen, zu einer unbedingten Aufgabe der Kirche gemacht hat.[3])

Von größerem Interesse wird die soeben behandelte Athenaeusstelle auch dadurch, daß sie uns die einzige sichere Nachricht über

---

1) Bei der Deutung dieses Papyrus ist die außerordentlich ungelenke Ausdrucksweise des Schreibers in Betracht zu ziehen.

2) Zu diesen Kronosbroten vergl. die Bemerkungen über die Berenikebrote in diesem Kapitel, Abschnitt 6, B.

3) Ausgaben eines Tempels für Mildtätigkeit — in dem betreffenden Falle würde es sich um solche für Krankenpflege handeln — sind kaum dem P. Petr. I. 30 N. 1 zu entnehmen. Ihm zufolge scheint mit einem memphitischen Asklepiostempel (ob es ein Tempel des griechischen oder einer des ägyptischen Kultus ist, läßt sich allein auf Grund des Namens nicht feststellen) eine Art von Spital verbunden gewesen zu sein, das ein Kranker aufgesucht hat. Es ist mir nun sehr wahrscheinlich, daß dieser nicht nur keine Ausgaben dem Tempel verursacht hat, sondern daß vielmehr dem Heiligtum die Kur Geld eingebracht haben wird (vergl. Bd. I. S. 397).

die Ausgaben eines griechischen Tempels in Ägypten vermittelt.
Man darf wohl allerdings annehmen, daß diese im Prinzip vielfach
dieselben wie die der ägyptischen Tempel gewesen sein werden. Jedenfalls werden die Kosten für die Bestreitung des Kultus, für Reprä-
sentation, für Tempelbauten, für den Unterhalt der Angestellten stets
im Ausgabenetat vertreten gewesen sein; dagegen ist es schon zweifelhafter, ob auch der Unterhalt der Priesterschaft und staatliche Abgaben ihn stärker belastet haben.

4. Der Bauetat.

Als einen unter den Tempelausgaben ebenso wie die bisherigen
Ausgabenkategorien regelmäßig vertretenen Posten wird man alsdann
die Aufwendungen ansehen dürfen, welche den Heiligtümern ihre
Neubauten, die Ausbesserung alter Gebäude und die äußere
und innere Ausschmückung der Kultusräume verursacht haben.
Übrigens ist gerade hier, wie schon früher (Bd. I. S. 387 ff. u. 398 ff.)
hervorgehoben worden ist, die Priesterschaft besonders reichlich von
seiten des Staates und von Privaten unterstützt worden, so daß man
also die Höhe und ferner auch die Bedeutung dieser Ausgabengruppe
für den Tempeletat nicht allzuhoch veranschlagen darf, wozu man an
sich wohl leicht geneigt sein könnte.

Immerhin wird gar mancher Neubau auf alleinige Kosten der
Tempel ausgeführt worden sein, zumal ja doch ihnen nicht nur die
Sorge für die heiligen Gebäude, sondern auch die für allerlei profanen
Zwecken dienenden Baulichkeiten obgelegen hat; von letzteren müssen
abgesehen von den Priesterwohnungen um so mehr im Besitze eines
Heiligtums gewesen sein, je mehr gewerbliche Anlagen u. dergl. ihm
gehört haben. Von Tempelbauten auf eigene Kosten hören wir z. B.
im großen Serapeum zu Memphis; ägyptische Inschriften schildern
uns vor allem den Bau der zu diesem gehörenden Apisgräber.[1]) Welch
bedeutendes, also auch kostspieliges Bauwerk ein solches Apisgrab
gewesen ist, veranschaulicht uns am besten jene Inschrift aus der
Zeit des 2. Ptolemäers (publ. von Brugsch, a. a. O. Ä. Z. XXII [1884]
S. 112), der zufolge der Bau eines Grabes allerdings einschließlich
einer größeren Anzahl Feiertage fast 10 Monate gedauert hat. Auf
rege Bautätigkeit im memphitischen Serapeum weisen uns auch die
zahlreichen, schon seit Generationen in seinen Diensten stehenden
Bauhandwerker hin (siehe Bd. I. S. 112). Ferner sei noch daran erinnert, daß wir für einige Heiligtümer die Herstellung von Bau-

---

1) Siehe Inschriften, veröffentlicht und verwertet von Brugsch, a. a. O. Ä. Z.
XXII (1884) S. 110 ff. und die demotischen Stelen des Louvre N. 32, 82, 107, 114,
124, biling. Stele von Boulaq 137, besprochen und publiziert von Revillout, Rev.
ég. VI. S. 130—133.

materialien nachweisen konnten, auch dies wohl ein Zeichen dafür, daß von den betreffenden Tempeln gebaut worden ist.[1])

Zahlenmäßige Angaben über die Höhe der Ausgaben für Bauarbeiten können wir schließlich den arsinoitischen Tempelrechnungen entnehmen. Das eine Mal handelt es sich allem Anschein nach um die Reparatur einer eingefallenen Baulichkeit in der Nähe des Tempels[2]), das andere Mal um Arbeiten an einem Damm (oder vielleicht Wallmauer) bei den Kanälen nahe beim Heiligtum[3]). Die letzteren haben im ganzen 69 Drachmen 4 Obolen gekostet, die einzelnen Ausgaben sind jedoch nicht näher angegeben[4]); genau spezialisiert sind sie dagegen im ersten Falle. Darnach hat der Tempel für die Ausbesserung neue Ziegeln kaufen müssen, für die er einschließlich des Transportes 12 Drachmen gezahlt hat; daneben hat er übrigens auch alte Ziegeln verwandt. 3 Maurer ($\dot{\varepsilon}\varrho\gamma\dot{\alpha}\tau\alpha\iota$) und 6 Handlanger ($\pi\alpha\iota\delta\dot{\iota}\alpha$, also Knaben) sind von der Priesterschaft für die Arbeit angenommen worden; sie haben als Arbeitslohn pro Mann 18, bez. 10 Obolen, im ganzen 16 Drachmen[5]) erhalten. Außer ihnen ist auch noch ein $\pi\eta\lambda\sigma\pi\sigma\iota\dot{\sigma}\varsigma$, d. h. wohl ein Arbeiter, der den Mörtel zu machen hatte[6]), beschäftigt worden; ihm sind für seine Arbeit 2 Drachmen gezahlt worden. Diese offenbar nur kurze Zeit dauernde[7]) Ausbesserung hat

---

1) Vielleicht darf man zwei gr. Inschriften aus der Nähe von Assuan (publ. von Griffith, P. S. B. A. XI [1889] S. 231/32, vergl. zu ihnen Bd. I. S. 407) die Erbauung eines Tempels auf eigene Rechnung entnehmen. In ihnen ist nämlich nur die Rede, daß zu der und der Zeit (unter Kaiser Hadrian), als X. Y. $\lambda\varepsilon$-$\sigma\dot{\omega}\nu\eta\varsigma$ (?) des Suchos war, das $\iota\varepsilon\varrho\dot{\sigma}\nu$ $\dot{\varepsilon}\tau\varepsilon\lambda\varepsilon\dot{\upsilon}\vartheta\eta$; der Name eines Dedikators, Privatmannes oder Kaisers, ist nicht genannt, der Tempel als Bauherr also ganz wahrscheinlich.

2) B. G. U. II. 362. p. 8, 2—10; vergl. hierzu die Ausführungen Wilckens, a. a. O. Hermes XX (1885) S. 470/71.

3) B. G. U. II. 362 p. 13, 21—23, siehe den Ausdruck $\dot{\alpha}\nu\alpha\beta\sigma\lambda\dot{\eta}$ $\delta\iota\omega\varrho\dot{\upsilon}[\gamma\omega\nu$ .... $\pi\varrho\dot{\sigma}\varsigma]$ $\tau\tilde{\omega}$ $\iota\varepsilon\varrho\tilde{\omega}$ $\varkappa\tau\lambda$.

4) Die Arbeit scheint hier der Tempel im ganzen an einen Unternehmer vergeben zu haben ($\dot{\varepsilon}\varrho\gamma\sigma\iota\varsigma$ $\varDelta\iota\sigma\sigma\varkappa\dot{\sigma}[\varrho\sigma\upsilon]$).

5) Für die hier vorgenommene Umrechnung der Obolen in Drachmen vergl. Wilcken, Ostr. I. S. 733, doch legt man besser an Stelle des von Wilcken gewählten Ansatzes, 1 Silbertetradrachme = 28 Obolen, die $\dot{\alpha}\varrho\gamma\upsilon\varrho\dot{\iota}\sigma\upsilon$ $\delta\varrho\alpha\chi\mu\dot{\eta}$ zu $7\frac{1}{4}$ Obolen (siehe z. B. P. Lond. I. 131 [S. 166] Z. 167 u. 131* [S. 189] Z. 18) zugrunde.

6) Diese Erklärung verdanke ich Herrn Prof. Wilcken, der auf B. G. U. III. 699 verweist.

7) Daß die Arbeit nur kurze Zeit gedauert haben kann, zeigt die Höhe des dem einzelnen Arbeiter oder Handlanger gezahlten Lohnes von 18 bez. 10 Obolen; man könnte vielleicht geneigt sein ihn, da nichts weiteres angegeben wird, als Tagelohn aufzufassen, doch wäre derselbe alsdann sehr hoch, vor allem derjenige der Handlanger (eine eingehendere Untersuchung über die Lohnverhältnisse im hellenistischen Ägypten gedenke ich demnächst in anderem Zusammenhange zu bieten, hier sei nur beispielsweise auf den Arbeitslohn von 6 Obolen hingewiesen, der in Hermupolis am Ende des 1. Jahrhunderts n. Chr.

mithin dem Tempel alles in allem 30 Silberdrachmen gekostet, wovon die größere Hälfte für Arbeitslöhne aufgewandt worden ist.

Welche Kosten der Priesterschaft durch die Ausschmückung ihrer Tempel erwachsen sind, darüber besitzen wir keine direkten Belege, sondern können nur indirekt einiges Wenige erschließen. So darf man wohl, wenn uns z. B. berichtet wird, daß im Hathortempel zu Dendera die in seinen Diensten stehenden kunstgewerblichen Arbeiter allerlei Schmuckgegenstände u. dergl. für die Göttin angefertigt haben[1], annehmen, daß dies auf Kosten dieses Heiligtums geschehen ist. Weiterhin sei hier auch an jene Bestimmungen verschiedener Priesterdekrete aus ptolemäischer Zeit erinnert, in denen für jeden ägyptischen Tempel die Aufstellung einer neuen Statue für eins der apotheosierten Mitglieder des Herrscherhauses angeordnet wird[2]. Daß in all diesen Fällen jedem Heiligtum die betreffende Statue geschenkt worden ist[3], ist wenig wahrscheinlich, vielmehr dürfte ihre Anschaffung auf eigene Rechnung der Tempel erfolgt sein[4]. Derartige große

an gelegentlich angenommene Arbeiter pro Tag gezahlt worden ist, P. Lond. I. 131 [S. 166] Z. 45/46), insofern muß man doch wohl eine etwas längere Arbeitszeit als einen Tag annehmen.

1) Siehe Inschrift von Dendera, teilweise wiedergegeben bei Brugsch, Ägyptologie S. 414.

2) Siehe z. B. Mendesstele Z. 13: Bild für Arsinoe Philadelphos; Kanopus Z. 58/59: Bild für Berenike, die apotheosierte Tochter des 3. Ptolemäers (es ist ein goldenes, mit Edelsteinen besetztes Bild, allerdings soll es nur in den größeren Tempeln, denen 1. und 2. Ordnung [vergl. Bd. I. S. 18], aufgestellt werden); Rosette Z. 38 ff.: Statuen des 5. Ptolemäers.

3) Man darf wohl nicht daran denken, die Steuer ‚ὑπὲρ ἀνδριάντων‘ mit der Errichtung dieser Herrscherstatuen in Verbindung zu bringen. Einmal ist diese bisher nur für die Kaiserzeit bezeugt (siehe Wilcken, Ostr. I. S. 152 ff.), und selbst für den Fall, daß sie sich für die Ptolemäerzeit nachweisen ließe, wäre es sehr fraglich, ob durch sie die Kosten von Statuen, deren Errichtung nicht von den Organen des Staates, sondern von der Priesterschaft beschlossen war, bestritten worden wären.

4) Man könnte vielleicht geneigt sein, einer Eintragung der arsinoitischen Tempelrechnungen (B. G. U. II. 362 p. 6, 2 ff.) einen interessanten Beleg dafür zu entnehmen, daß die Neuanschaffung von Statuen den Tempeln eventuell auch noch außer den Anschaffungskosten bedeutendere Ausgaben verursachen konnte, aber m. E. läßt sich Sicheres hier nicht erschließen. Es wird nämlich in der Abrechnung (p. 6, 4/5 u. 7, 3—5) die Aufstellung einer allem Anschein nach dem Jupitertempel geschenkten Kolossalstatue des Kaisers Caracalla erwähnt. Um die Aufrichtung dieser Statue zu ermöglichen, ist eine große Maschinerie (χαμουλκός) errichtet worden, die einen recht hohen Wert besessen haben muß, da der Tempel aus dem bald nach der Aufstellung der Statue erfolgenden Verkaufe allein ihrer Eisenteile 260 Drachmen löst (siehe hierzu Wilcken, a. a. O. Hermes XX [1885] S. 467). Nimmt man nun an, daß der Tempel selbst diese Maschinerie eigens für die Aufrichtung der Statue angeschafft hat, so wäre ja diese schon hierdurch für ihn mit großen Kosten verbunden gewesen. Gegen eine solche Annahme spricht jedoch der Umstand, daß in dem uns erhaltenen Teile der Abrechnung keinerlei Ausgaben für den χαμουλκός gebucht sind, und wenn

Ausgaben haben natürlich immerhin zu den Seltenheiten gehört, aber kleinere Ausgaben werden doch wohl regelmäßig jahraus jahrein für die Ausschmückung der Tempelräume notwendig geworden sein.

5. Die Besoldung der nichtpriesterlichen Angestellten.

Auf diese wichtige Kategorie der Tempelausgaben weisen uns schon die soeben erwähnten, vom arsinoitischen Jupitertempel gezahlten Arbeitslöhne für die Bauarbeiter hin. Übrigens sind auch an mehreren anderen Stellen der Abrechnung des Jupiterheiligtums Ausgaben für nichtpriesterliche Angestellte gebucht, so daß wir wenigstens für einen Tempel einige bestimmtere Angaben über diese Ausgabengruppe besitzen. So erfahren wir von den Löhnen, welche von dem Tempel einigen anderen von ihm gelegentlich angenommenen Arbeitern gezahlt worden sind, und zwar einem χαλκουργός, der bei größeren Festlichkeiten das Salben der Tempelstatuen vorgenommen hat (siehe Bd. II. S. 11), und ferner einer größeren Anzahl ἐργάται, die für die κωμασία der großen Feste engagiert worden sind, um das ξόανον zu tragen (siehe Bd. I. S. 94); der erstere hat das eine Mal 8, in anderen Fällen 4 Drachmen erhalten[1], die ἐργάται für ihre jedesmalige Tätigkeit im ganzen 32 oder 16 Drachmen[2].

Außer solchen gelegentlichen Hilfskräften hat dann der Jupitertempel auch ein ständiges Dienstpersonal unterhalten, das ein regelrechtes Gehalt (ὀψώνιον) allmonatlich von ihm empfangen hat. Es hat aus einem Tempelwächter (ναοφύλαξ)[3], einem Bibliothekar (προαιρέτης βιβλιοθήκης)[4], einem Sekretär (γραμματεύς) und einem Bediensteten von nicht näher bezeichnetem Charakter — es ist offenbar ein einfacher Tempeldiener, der zu den verschiedensten Geschäften

---

man auch dies dadurch erklären könnte, daß der Tempel sie die ganze Zeit hindurch schuldig geblieben ist, so würde man doch für den Fall, daß die Aufstellung auf Kosten des Tempels erfolgt wäre, wenigstens unbedingt die Eintragung einiger anderer Ausgaben erwarten, die hierbei alsdann jedenfalls etwa durch Annahme von Hilfskräften (Ausgaben für sie begegnen öfters in den Tempelrechnungen, siehe oben Abschnitt 5) oder dergl. entstanden sein würden. Deshalb ist es mir recht wahrscheinlich, daß auch die Kosten der Aufrichtung ebenso wie auch die der Statue selbst von anderer Seite bestritten worden sind und daß man dem Tempel alsdann auch die Maschinerie, die man bei der Aufstellung gebraucht hat, geschenkt hat.

1) Siehe B. G. U. II. 362 p. 1, 10: 8 Drachmen u. p. 7, 16 u. 10, 16: 4 Drachmen.
2) 32 Drachmen: p. 7, 16/17; 16 Drachmen: p. 10, 18; Zahl nicht erhalten: p. 11, 13 u. 15, 14; die Höhe des Arbeitslohnes (vergl. Bd. II. S. 19) setzt eine große Anzahl ἐργάται voraus.
3) Dieser ναοφύλαξ ist jedenfalls nicht mit den ναοφύλακες der griechischen Tempel (siehe Stengel a. a. O. S. 46) auf eine Stufe zu stellen, sondern er hat sicher ganz subalternen Charakter besessen.
4) Für den Titel vergl. Wilcken a. a. O. Hermes XX (1885) S. 460.

benutzt worden ist[1]) — bestanden, und diese haben pro Mann 28,
30, 40 und 19 Drachmen erhalten[2]). Demnach haben die Ausgaben
der Jupiterpriesterschaft für die von ihr ständig gebrauchten Hilfskräfte[3]) in einem Jahre im ganzen 1404 Drachmen, also eine ziemlich hohe Summe, betragen. Ob der Tempel ihnen außerdem noch
Naturallohn zugewiesen hat, läßt sich, da ja der λόγος σιτικός der
Abrechnung nicht erhalten ist, nicht ermitteln, doch ist es mir bei
ihnen, die als fest angestelltes Personal gleichsam zum Haushalt des
Heiligtums gehört haben, nicht unwahrscheinlich, daß eventuell auch
ein solcher gezahlt worden ist.

Hausdienerschaft und subalternes Beamtenpersonal haben gewiß in
Diensten eines jeden Heiligtums gestanden (vergl. hierzu auch VI. Kapitel, 1), wenn auch die Zahl derselben und die Höhe des ihnen gewährten Gehaltes an den verschiedenen Tempeln recht verschieden
gewesen sein wird; insofern darf man trotz des Fehlens jeglicher Belege wohl die Behauptung wagen, daß jedem Tempel ähnliche Ausgaben wie dem Jupiterheiligtum erwachsen sein werden. Auch Arbeitslöhne für gelegentlich angenommene Hilfskräfte dürften wohl, wenn
nicht das eigene ständige Personal des Tempels besonders groß gewesen
ist, regelmäßig jeden Tempeletat belastet haben. Weiterhin ist auch in
Betracht zu ziehen, daß all die Tempel, die industrielle und sonstige
gewerbliche Unternehmungen betrieben haben, an Löhnen und Gehältern
außer den allgemeinen Betriebsunkosten auch für die hierbei von
ihnen beschäftigten Arbeiter und für sonstige Angestellte (siehe IV. Kapitel) alljährlich recht beträchtliche Summen Geldes oder größere
Mengen von Naturalien aufgewandt haben müssen, und schließlich ist
noch zu berücksichtigen, daß für den Fall, daß ein Heiligtum Sklaven
besessen hat, es auch für deren Unterhalt zu sorgen gehabt hat.
Jedenfalls dürfte es wohl keinem Zweifel unterliegen, daß im großen
und ganzen jedem Tempel durch Löhnung oder direkten Unterhalt der
zu ihm in irgend einem dienstlichen Verhältnis stehenden Personen
bedeutende Ausgaben erwachsen sind; daß wir hierüber bisher so
wenige Nachrichten besitzen, darf uns in unserem Urteil nicht beeinflussen. Übrigens kann man wohl einen gewissen Beweis für die
Wichtigkeit dieser Ausgabenkategorie auch darin sehen, daß sie auch
von Diodor in seiner knappen, durchaus nicht erschöpfenden Aufzählung

---

1) Daß er eine niedrige Stellung eingenommen hat, niedriger jedenfalls als
die anderen hier genannten Personen geht auch daraus hervor, daß er von ihnen
das kleinste Gehalt (nur 19 Drachmen) erhalten hat.

2) Vergl. für sie B. G. U. II. 362 frg. 1, 17 ff.; p. 2, 10 ff.; 4, 16 ff.; 8, 11 ff.;
12, 11 ff.; 13, 24 ff.; 15, 16 ff.

3) Die stets im Anschluß an die Gehaltszahlungen gebuchte Ausgabe ‚ἐπιτηρητῇ ὑπὲρ κατακομπῆς μηνιαίον‘ ist nicht als eine Zahlung an einen Angestellten des Tempels zu fassen; vergl. zu ihr dieses Kapitel, Abschnitt 7.

der Ausgaben der ägyptischen Tempel (I. 73, 3, siehe Bd. II. S. 6) erwähnt worden ist (τοὺς ὑπηρέτας τρέφουσι [sc. die Priester]).[1])

6. Die Bezahlung der Priester.

In direktem Anschluß an die Ausgaben der Tempel für ihre Angestellten berichtet Diodor von den Aufwendungen der Heiligtümer für ihre Priesterschaft mit den nur wenig besagenden Worten: ταῖς ἰδίαις χρείαις χορηγοῦσιν (sc. die Priester — von den Tempeleinnahmen). Die Bezüge der Priester darf man wohl als eine der wichtigsten, wenn nicht als die wichtigste Ausgabengruppe im Tempelhaushalt bezeichnen. Leider läßt uns aber auch hier das uns für die ägyptische Priesterschaft zur Verfügung stehende Nachrichtenmaterial ziemlich im Stich, so daß wir verhältnismäßig sehr wenige sichere Einzelangaben gewinnen können.

Vor allem ist es sehr bedauerlich, daß sich nichts darüber feststellen läßt, inwiefern sich die Bezüge der einzelnen Rangstufen der Priesterschaft von einander unterschieden haben. Also etwas Derartiges, wie etwa die Aufstellung einer Gehaltsskala ist vollständig ausgeschlossen[2]); bei dem Fehlen näherer Belege darf man nur das Eine, dieses allerdings wohl mit voller Sicherheit behaupten, daß die höheren Priester eine höhere Besoldung als die niederen erhalten haben wer-

---

1) Nähere Angaben über die Aufwendungen der Tempel für ihre nicht priesterlichen Angestellten besitzen wir jetzt auch für das vorhellenistische Ägypten. Der hieratische P. Berl. 10005 (erwähnt von Borchardt a. a. O. Ä. Z. XXXVII [1899] S. 94, z. T. publ. von demselben „Besoldungsverhältnisse von Priestern im mittleren Reich", Ä. Z. XL [1902/3] S. 113 ff.) macht uns mit dem täglichen Gehalt der Tempelbeamten des Heiligtumes des Anubis, Suchos und der Hathor von Kahun (Zeit: mittleres Reich) — es sind 8 an der Zahl — bekannt, das in Brot und Bier bestanden hat. Borchardt a. a. O. S. 116/17 irrt wohl, wenn er die Angaben auf das Monatsgehalt bezieht. In Z. 2 steht ausdrücklich: Betrag der täglichen Einkünfte, und nichts deutet darauf hin, daß hier die Einkünfte mehrerer Tage zusammengefaßt sind (wörtlich Einkünfte „jeden Tag"). Es ist also wohl selbstverständlich, daß die Ausgaben, bei denen eine Zeitangabe nicht vermerkt ist, die aber aus diesen Einkünften bestritten werden und genau so hoch wie diese sind, auch als tägliche aufzufassen sind. (Vergl. hierzu die große Inschrift von Siut, wo auch Erman a. a. O. Ä. Z. XX [1882] S. 172 zufolge das vom Tempel gezahlte Gehalt auf den Tag berechnet ist.) Der Papyrus ist jedenfalls nicht als ein Teil einer dauernd fortgeführten Abrechnung, sondern als eine schematische Aufstellung der Einnahmen und Ausgaben des Tempels zu fassen.

2) Hier besitzen wir einmal bessere Nachrichten aus dem alten Ägypten. Der in A. 1 erwähnte Papyrus lehrt uns nämlich die Besoldungsverhältnisse der verschiedenen Priester des Tempels von Kahun kennen; so verhält sich z. B. das feste Gehalt des Tempelvorstehers zu dem des Hauptvorlesepriesters wie 5 : 3, die Sporteln der verschiedenen Laienpriester wie 4 : 3 : 2 : 1⅓ Die große Inschrift von Siut (siehe Bd. I. S. 24, A. 4) zeigt uns ferner, daß am Tempel des Wepwawet und des Anubis zu Siut der Oberprophet das Doppelte wie die

den[1]) — vor allem dürfte zwischen den Bezügen der Phylenpriester
und der nicht den Phylen Angehörenden ein bemerkenswerter Unterschied bestanden haben — und daß die Höhe derselben wiederum
bei den einzelnen Tempeln recht verschieden gewesen sein wird und
sich ganz nach der Höhe der Gesamteinnahmen des betreffenden Heiligtums gerichtet haben dürfte.

Weiterhin ist es auch nicht möglich den Gesamtbetrag der der
ägyptischen Priesterschaft aus den Tempelkassen zufließenden Besoldung, sei es nun für alle Heiligtümer oder auch nur für ein einziges,
selbst nicht annähernd zahlenmäßig festzustellen, wir können sogar
nicht einmal für einen einzelnen Priester ermitteln, wie hoch sich im
ganzen die ihm vom Tempel ausgesetzten Bezüge pro Jahr gestellt
haben (vergl. hierzu auch VII. Kapitel).

A. Festes Gehalt.

So müssen wir denn noch recht zufrieden sein, daß wenigstens
über die Zusammensetzung dieser Bezüge, die durchaus nicht als ein
einheitliches Gehalt aufzufassen sind, bestimmtere Angaben — allerdings im allgemeinen auch nur für die Phylenpriesterschaft — bekannt geworden sind.

Demnach ist jedenfalls als einer der wichtigsten Bestandteile der
Besoldung der ägyptischen Priester jene ihnen vom Staate alljährlich
zugewiesene σύνταξις zu bezeichnen, deren Wesen und Bedeutung
wir schon bei der Darstellung der Tempeleinnahmen eingehend erörtert haben (siehe Bd. I. S. 366 ff.). Da sie, wie schon erwähnt und
wie noch näher ausgeführt werden wird (VI. Kapitel, 4), niemals vom
Staat direkt an die Priester, sondern stets durch Vermittelung der
Tempelkassen an diese ausgezahlt worden ist, so ist auch sie immer-

---

übrigen ständigen Priester des Heiligtumes erhalten hat (siehe den sog. 3. Vertrag, Erman a. a. O. Ä. Z. XX [1882] S. 171.

1) Als gewisse indirekte Belege dafür, daß die höheren Priester eine höhere
Besoldung als die niederen empfangen haben, könnte man vielleicht jene Nachrichten anführen, denen zufolge Priester, um eine höhere Rangstufe zu erlangen
(in dem einen Falle sind es Ibiobosken, denen die Prophetie an einem Ibisheiligtum eingeräumt worden ist [3. Jahrhundert v. Chr.], in dem anderen ἱερεῖς,
die sich um Stolistenstellen bewerben [Ende des 2. Jahrhunderts n. Chr.], Belege
und nähere Angaben siehe Bd. I. S. 249/50 u. 234), dafür ganz beträchtliche Kaufsummen aufgewandt haben (die Ibiobosken zahlen zusammen 210 Silberdrachmen,
für sie, die niederen Priester, eine recht beträchtliche Summe, die ἱερεῖς entrichten allein als Anzahlung, die ihnen eventuell verloren gehen kann, je 100
Drachmen, was auf eine sehr bedeutende Kaufsumme hinweist); natürlich dürfte
die Betreffenden zu solchen Aufwendungen vor allem das Verlangen veranlaßt
haben, durch die höheren Ämter auch eine angesehenere allgemeine Stellung
zu erlangen, aber m. E. dürften sich auch die mit diesen verbundenen finanziellen
Vorteile zum Teil wenigstens in den Ausgaben für die neuen Ämter widerspiegeln. Vergl. ferner diesen Abschnitt, B u. C.

hin als eine der Tempelausgaben anzuführen, wenn auch durch
sie das Vermögen der ägyptischen Heiligtümer nicht belastet worden ist.

Ob neben der staatlichen σύνταξις ein von den Tempeln auf
eigene Rechnung gezahltes festes Gehalt einen allgemein üblichen Teil der Priesterbesoldung gebildet hat oder ob ein solches
nur ausnahmsweise gewährt worden ist, läßt sich leider nicht sicher
feststellen. Allerdings findet sich in drei verschiedenen Jahren angehörenden Rechnungen des Soknopaiostempels (2. Jahrhundert n. Chr.)
jedesmal auch eine Zahlung für einen Propheten des Suchos in jähr-
licher Höhe von 344 Drachmen ($^1/_2$ Obole)[1] gebucht, die man jedenfalls als das feste Geldgehalt dieses Priesters, das ihm das Heiligtum
ausgesetzt hatte, auffassen muß[2], aber ein weiterer sicherer Beleg für
ein derartiges Gehalt ist m. W. bisher nicht vorhanden.

Es scheint mir nämlich durchaus unberechtigt zu sein als solchen
etwa die Nachrichten über die Bezüge eines Priesters des Soknopaiosheiligtums aus den letzten Jahren des Augustus[3] in Anspruch zu
nehmen. Ihnen zufolge hat ein gewöhnlicher ἱερεύς dieses Tempels
als Sicherheit für ein ihm gewährtes Darlehen von 325 Silberdrachmen bis zur Zurückzahlung von Kapital nebst Zinsen „τὰ ὑπο-
πείπτοντα αὐτῷ φιλάνθρωπα ἐκ τοῦ τοῦ Σοκνοπαίου θεοῦ μεγάλου
μεγάλου ἱεροῦ" verpfändet. Jedenfalls darf man bei diesen φιλάνθρωπα nicht an unregelmäßig erfolgende „Geschenke" denken, sondern es muß sich hier um regelmäßig zur Auszahlung gelangende,
vorher fest normierte Beträge handeln, da nur solche dem Darleiher
als genügendes Unterpfand erschienen sein können. Dagegen scheint
es mir nicht angebracht zu sein in dem hier angewandten Ausdruck
„φιλάνθρωπα" eine Bezeichnung des festen, von den Tempeln gezahlten Gehaltes zu sehen, vielmehr dürfte wohl die Wahl eines derartig allgemein gehaltenen Ausdruckes[4] dadurch zu erklären sein,

---

1) B. G. U. I. 149, 3/4 (hier ist noch die halbe Obole erwähnt); 337, 16;
unpubl. P. Rainer 171 bei Wessely, Kar. u. Sok. Nes. S. 74. W.'s Bemerkungen
über die Höhe des Gehaltes (siehe auch S. 69) entbehren jeder Grundlage.

2) Dies ist die einzige Zahlenangabe, die wir über die Höhe der Geldausgaben, die den Tempeln aus der Besoldung ihrer Priester erwachsen sind, besitzen; insofern sie ja recht bemerkenswert, aber es ist leider nicht möglich
aus ihr irgend einen sicheren Rückschluß auf die Höhe der Gesamtbezüge dieses
Propheten zu ziehen (vergl. auch VII. Kapitel); denn daß der Prophet nur dieses
Gehalt empfangen und dafür nicht an den anderen Bezügen der Priesterschaft
(σύνταξις, Sporteln usw.) partizipiert habe, ist nicht wahrscheinlich.

3) Siehe P. Wess. Taf. gr. tab. 12 N. 28; tab. 11 N. 23 u. 22; vergl. P. Lond.
II. 357 (S. 165).

4) Vielleicht wäre es am angemessensten φιλάνθρωπα hier durch „Zuwendungen" wiederzugeben. Vergl. auch Wilckens, Ostr. I. S. 401 Bemerkungen über
φιλάνθρωπον.

daß durch ihn zusammenfassend die verschiedenartigen Bezüge des
betreffenden Priesters bezeichnet werden sollten.[1])

Ob man ferner das in einem Zauberpapyrus[2]) erwähnte ὀψώνιον
eines Propheten von Heliopolis als sein festes Gehalt deuten darf, ist
sehr zweifelhaft. Das Wort an sich würde freilich diese Auffassung
nicht ausschließen[3]), der Zusammenhang jedoch, in dem es gebraucht
ist, läßt auch andere Erklärungen zu. Wir erfahren nämlich in dem
Papyrus, daß Kaiser Hadrian befohlen haben soll, dem betreffenden
Propheten, der durch seine Zauberkünste seine Bewunderung erregt
hatte, „διπλᾶ ὀψώνια δίδοσθαι". Die Authentizität dieses Vorganges
mag auf sich beruhen, jedenfalls kann man bei ihm nicht nur an
doppelte Gehaltsbewilligung, sondern auch daran denken, daß jenem
Priester der spezielle für seine Bemühungen versprochene Lohn oder
daß ihm seine gesamten auf Grund des Priesteramtes zustehenden
Bezüge verdoppelt werden sollten.

Schließlich darf man auch kaum den Ausführungen des Dekretes
von Kanopus (Z. 70): ἐπειδὴ τοῖς ἱερεῦσιν[4]) δίδονται αἱ τροφαὶ ἐκ τῶν
ἱερῶν κ. τ. λ.[5]) einen Hinweis auf ein allgemein übliches festes Priester-

---

1) Für die Höhe dieser Bezüge bietet die Höhe des geliehenen Kapitals
nur unbedeutende Anhaltspunkte. Daß das Pfandobjekt hier etwa ungefähr den
gleichen oder sogar einen noch höheren Wert als das Darlehen besessen hat,
ist mir wenig wahrscheinlich, da ja nicht ein Vermögensobjekt, sondern gleichsam eine lebenslängliche Rente des Schuldners verpfändet worden ist, die dem
Darleiher so lange zufallen sollte, bis er Kapital nebst Zinsen zurückerhalten
hatte. Ich halte es deshalb vielmehr für weit wahrscheinlicher, daß der Wert
der verpfändeten Bezüge sich dem Jahresbetrage der Zinsen der geliehenen 325
Drachmen genähert hat, wenn er auch sicher weit höher als dieser gewesen sein
dürfte, da ja sonst der Schuldner zur Zurückzahlung seiner Schulden keinen
besonderen Ansporn gehabt hätte und da ja auch nur unter dieser Voraussicht
der Darleiher die Gewißheit hatte, auf jeden Fall eventuell eben durch Zurück-
behaltung des die Zinsen übersteigenden Betrages der verpfändeten Bezüge
wenigstens allmählich zu seinem Kapital wieder zu gelangen (vergl. hierzu
P. Wess. Taf. gr. tab. 12 N. 28, 11—13 [tab. 11 N. 23, 2—3]; tab. 11 N. 22, 6—7).
Leider ist jedoch nicht festzustellen, um welchen Betrag die Bezüge die Zinsen
überstiegen haben, und auch die Höhe der letzteren ist, da der Prozentsatz nicht
zu bestimmen ist, unbekannt.

2) Gr. P. Par., publ. von Wessely, Denkschrift d. Wien. Ak. Phil.-hist. Kl.
Bd. XXXVI (1888) S. 56 ff., Z. 2447 ff.

3) Auch das feste Gehalt der nichtpriesterlichen Angestellten des arsinoitischen Jupitertempels wird z. B. als ὀψώνιον bezeichnet. (Bd. II. S. 21.)

4) Es handelt sich hier nur um die Phylenpriester, vergl. hierfür die Ausführungen Bd. I. S. 203 u. 210.

5) Diesen Worten des Dekrets von Kanopus seien hier diejenigen Herodots
(II. 37) an die Seite gestellt, mit denen er die Bezüge der ägyptischen Priester
schildert: πάσχουσι (sc. die Priester) δὲ καὶ ἀγαθὰ οὐκ ὀλίγα· οὔτε τι γὰρ τῶν
οἰκηίων τρίβουσι οὔτε δαπανῶνται, ἀλλὰ καὶ σιτία σφι ἐστι ἱρὰ πεσσόμενα, καὶ
κρεῶν βοέων καὶ χηνέων πλῆθός τι ἑκάστῳ γίνεται πολλὸν ἡμέρης ἑκάστης, δίδοται
δέ σφι καὶ οἶνος ἀμπέλινος.

gehalt — vor allem würde man hiernach an ein Naturalgehalt denken müssen — entnehmen. Für eine derartige Folgerung erscheinen mir diese Worte viel zu allgemein gehalten, sie können vielmehr einfach als eine zusammenfassende Bezeichnung der verschiedenartigen Priesterbezüge aufgefaßt werden.

Da sich somit nur ein sicheres Beispiel für festes Tempelgehalt der Phylenpriester belegen läßt, so kann man, umsomehr da man bei dem Vorhandensein mehrerer Tempelrechnungen[1]) — darunter eine, welche die Ausgaben an Geld und Naturalien ziemlich vollständig zu bieten scheint[2]) — eigentlich mehrere Belege erwarten könnte, zu dem Schlusse geneigt sein, daß dieses feste Gehalt nur ausnahmsweise von einzelnen Priestern bezogen worden ist. Trotzdem wird man gut daran tun, ein bestimmteres Urteil noch nicht zu fällen, da die uns bisher vorliegenden speziellen Abrechnungen — sie sind zudem ja z. T. fragmentarisch — die Gehaltsverhältnisse von nur zwei Tempeln näher erkennen lassen und diese an den verschiedenen Heiligtümern und zu verschiedenen Zeiten recht verschieden geordnet gewesen sein können. Insofern können uns auch die dem mittleren Reich angehörenden Nachrichten, welche von der Auszahlung eines festen Gehaltes an die Priester durch die Tempel berichten[3]), nur dazu dienen dieses Gehalt als eine altägyptische Institution zu erweisen, sie dürfen aber, selbst wenn sich noch weitere ähnliche Belege und zwar sogar aus einer zeitlich der hellenistischen Zeit näher liegenden Periode der ägyptischen Geschichte finden sollten, nicht etwa dazu verwandt werden den Glauben an das Bestehen ähnlicher Verhältnisse im hellenistischen Ägypten als berechtigt hinzustellen, zumal da die Vermutung sehr nahe liegt, daß gleichzeitig mit der Schaffung eines vom Staate gezahlten festen Priestergehaltes das bisher von den Tempeln gewährte eingeschränkt oder sogar so gut wie ganz verdrängt worden ist.

---

1) Außer den Abrechnungen des Soknopaiostempels ist noch die des arsinoitischen Jupiterheiligtumes (B. G. U. II. 362) heranzuziehen.

2) Siehe P. Rainer 171; unser Urteil kann natürlich nur ein bedingtes sein, da der Papyrus noch nicht publiziert ist und Wesselys, Kar. u. Sok. Nes. S. 75 ff. Angaben gerade über den bei den beiden anderen Abrechnungen zum großen Teil fehlenden λόγος σιτικός weniger genau sind.

3) Siehe z. B. die große Inschrift von Siut, der zufolge ein ständiger Priester des Tempels des Wepwawet und des Anubis zu Siut alljährlich als festes Gehalt 360 Krüge Bier, 900 Weiß- und 36 000 Aschenbrote erhalten hat; vergl. hierzu Erman a. a. O. Ä. Z. XX (1882) S. 172 (das von ihm berechnete tägliche Gehalt ist mit 360 zu multiplizieren, da hier ein Rechnungsjahr von 360 Tagen angenommen wird). Auch die ständigen Priester des Tempels von Kahun haben ein festes Gehalt bezogen; siehe Borchardt a. a. O. Ä. Z. XL (1902/3) S. 115 u. 117 (hierdurch sind seine Bemerkungen a. a. O. Ä. Z. XXXVII (1899) S. 93 überholt). Hier ist das pro Tag festgesetzte Gehalt (siehe hierzu Bd. II. S. 23, A. 1) mit 354 zu multiplizieren, da als Rechnungsjahr noch das alte Mondjahr von 354 Tagen zugrunde gelegt ist (Borchardt a. a. O. Ä. Z. XXXVII [1899] S. 93).

B. Sporteln und Verwandtes.

Die soeben besprochene Stelle der Inschrift von Kanopus (Z. 70) berichtet uns in recht allgemeiner Form von den Bezügen der Phylenpriesterschaft, etwas speziellere Angaben über diese finden sich alsdann unter den Bestimmungen des Dekretes, welche von der Einrichtung der neuen, der 5. Priesterphyle handeln (siehe Bd. I. S. 26 ff.). Die hier in Betracht kommenden Worte (Z. 31) „μετέχειν δὲ καὶ τοὺς ἐκ τῆς πέμπτης φυλῆς τῶν Εὐεργετῶν θεῶν τῶν ἁγνειῶν καὶ τῶν ἄλλων ἁπάντων τῶν ἐν τοῖς ἱεροῖς" weisen uns nämlich auf einen als Sporteln zu bezeichnenden Bestandteil der Besoldung der Phylenpriester hin, welcher mit den ἁγνεῖαι zusammenhängt.

Eine ganz befriedigende Erklärung der ἁγνεῖαι ist bisher meines Wissens noch nicht geboten worden, wenn auch einzelne dem Richtigen schon recht nahe gekommen sind.[1] Dieses läßt sich nämlich nur erkennen, wenn man sich des Brauches der ägyptischen Phylenpriester mit einander abwechselnd, jede Phyle zu bestimmter Zeit, ihr priesterliches Amt zu versehen und der griechischen Bezeichnung dieser abwechselnd amtierenden Priester als „ἁγνεύοντες ἐκ περιτροπῆς" (siehe Bd. I. S. 24/25) erinnert. Unbedingt sicher erscheint mir hiernach die Annahme, daß die Bedeutung des in Verbindung mit der Phylenpriesterschaft im Dekret von Kanopus gebrauchten ἁγνεία mit der soeben für ἁγνεύειν angeführten aufs nächste verwandt gewesen sein muß, wenn auch das eine Wort für die ptolemäische, das andere für die römische Zeit belegt ist, und daß man demnach ἁγνεία einmal als Bezeichnung für „das Amtieren des Phylenpriesters, das immer nur eine gewisse Zeit lang gedauert und dem amtierenden Priester die Beobachtung besonderer religiöser Vorschriften auferlegt hat (siehe Bd. I. S. 25)", auffassen kann. Nun erfahren wir aber weiterhin

---

1) Revillout a. a. O. Rev. ég. III. S. 106 erklärt ἁγνεῖαι als „purifications, mot qui désignait spécialement les lustrations, c'est à dire le troisième genre d'offices religieux après les sacrifices et les libations, mais qui s'appliquait d'une façon générale à tout le casuel des temples" (Chrest. dém. S. 145 bietet er bei Übersetzung des demotischen Textes keine Übertragung des im Demotischen dem griechischen ἁγνεία entsprechenden Wortes, sondern setzt einfach ἁγνεῖαι ein); Mahaffy, Empire, S. 233, Anm.: some sort of priestly emoluments; derselbe, history S. 114: the holy offices (ungefähr die gleiche Erklärung bei Reitzenstein, Zwei religionsgeschichtliche Fragen S. 21, A. 1); Lepsius, Das bilingue Dekret von Kanopus übersetzt die Parallelstelle des hieroglyphischen Textes (Z. 16): „Anteil zu geben an demjenigen allen, was bestimmt ist zum Verrichten der Sühnung im Tempel usw." (seine Übersetzung von ἁγνεία im griechischen Teil lautet „Sühnung"); Brugsch, Thesaurus VI. S. XV überträgt die entsprechende Stelle des demotischen Textes „die vorgeschriebenen heiligen Handlungen". In jeder Hinsicht verfehlt ist die Deutung der ἁγνεία, die Baillet in der Rev. ég. II. S. 352 bietet (vergl. hierzu die Bemerkungen Revillouts, ebenda S. 355/56).

aus verschiedenen Papyri der Kaiserzeit[1]), daß damals die ἀγνεύοντες ἱερεῖς für eben dieses ἀγνεύειν von ihrem Tempel eine besondere Vergütigung erhalten haben, von der natürlich stets die augenblicklich nicht ihr Amt ausübenden Priester ausgeschlossen gewesen sind, und das eine Mal wird sogar diese Tempelausgabe direkt unter der Bezeichnung „ὑπὲρ ἀγνείας" gebucht (B. G. U. I. 149, 9). Darnach erscheint es mir nicht ausgeschlossen, daß bei ἀγνεία vielleicht noch ein weiterer Wechsel in der Bedeutung eingetreten und es schließlich sogar zur Bezeichnung der Sportel verwandt worden ist, welche der Phylenpriester, wenn er im Amt war, erhalten hat.[2]) Mag sich nun diese Vermutung als richtig oder als falsch erweisen, auf jeden Fall möchte ich jedoch nach alledem annehmen, daß die Bestimmung im Dekret von Kanopus, auch die Mitglieder der neugeschaffenen Phyle sollten Anteil an den ἀγνεῖαι haben, den Priestern nicht nur die gleichen Amtspflichten wie den Angehörigen der alten Phylen zugesprochen hat, sondern ihnen offenbar auch den Bezug der mit der Erledigung der priesterlichen Funktionen verbundenen Sporteln zusichern sollte.[3]) Die Annahme, daß nicht erst in der Kaiserzeit, sondern auch schon in der ptolemäischen Epoche die ἀγνεῖαι den Priestern besondere Einnahmen verschafft haben, scheint mir um so berechtigter, als sich die Gewähr von Sporteln, d. h. von besonderen Gebühren für die Vornahme von Amtshandlungen an die Priester als eine altägyptische Institution erweist.[4])

---

1) B. G. U. I. 1, 17 ff.; 149, 6 ff.; unpubl. P. Rainer 171 bei Wessely, Kar. u. Sok. Nes. S. 75/76.

2) Zu der oben vertretenen Annahme der allmählichen Erweiterung des Begriffes der ἀγνεία, wobei an Stelle der Tätigkeit, die ursprünglich als Bedeutung dem Worte anhaftete, das was aus ihr resultierte, getreten ist, d. h. an Stelle der priesterlichen Amtstätigkeit die aus ihr entspringende Einnahme, bietet eine vorzügliche Parallele und eine gewisse Bestätigung für die Richtigkeit der Annahme der Bedeutungswechsel, der sich für das Wort λειτουργία nachweisen läßt, das in den von den thebanischen Choachyten handelnden Papyri (siehe z. B. P. Par. 5. Col. 14, 11) die an die Choachyten von der Bevölkerung gezahlten Sporteln bezeichnet; es hat also λειτουργία hier die Bedeutung „Entgelt für die Liturgie" angenommen. Näheres hierüber siehe im VII. Kapitel.

3) Die hieroglyphische Parallelstelle (Z. 16) ist leider zu allgemein gehalten, um aus ihr zwingende Schlüsse zu entnehmen, vereinigen läßt sie sich jedoch auf jeden Fall mit den obigen Bemerkungen („Anteil geben an dem, was eingeführt ist, um Sühnungen zu machen [etwa = damit die Sühnungen stattfinden oder gar ‚für die Vornahme der Sühnungen']").

4) Siehe z B. für den Tempel von Siut (Zeit des mittleren Reiches) die Angaben des sog. 1., 2., 4. und 8. Vertrages der großen Inschrift von Siut, denen zufolge die Laienpriester des Tempels für die Beteiligung an dem Totenkult eines vornehmen Mannes noch eine besondere Vergütigung erhalten sollten (Erman a. a. O. Ä. Z. XX [1882] S. 166 ff.); siehe ferner Vertrag 3, 5 u. 6 über Sporteln, welche den ständigen Priestern für die Unterstützung des Totenkultus

Aller Wahrscheinlichkeit nach sind alsdann auch in dem anderen großen Priesterdekrete der Ptolemäerzeit, in der Rosettana, an einer leider überaus verstümmelten Stelle (Z. 48/49) die $\dot\alpha\gamma\nu\epsilon\dot\iota\alpha$-Sporteln und damit ein Teil der Bezüge der Phylenpriester erwähnt gewesen.[1]) In dem betreffenden Passus des Dekretes (vergl. noch Z. 46/47) findet sich nämlich — soviel läßt sich ihm mit Sicherheit entnehmen — die Anordnung, daß der Geburtstag des Königs Ptolemaios V. Epiphanes und der Tag seines Regierungsantrittes in den Tempeln allmonatlich festlich begangen werden sollte, und zwar ganz in der Weise der religiösen Feste mit „$\vartheta v\sigma\dot\iota\alpha\iota,\ \sigma\pi o\nu\delta\alpha\dot\iota\ \varkappa\alpha\dot\iota\ \tau\ddot\alpha\lambda\lambda\alpha\ \tau\dot\alpha\ \nu o\mu\iota\zeta\dot o\mu\epsilon\nu\alpha,\ \varkappa\alpha\vartheta^{'}\ \ddot\alpha\ \varkappa\alpha\dot\iota\ \dot\epsilon\nu\ \tau o\ddot\iota\varsigma\ \ddot\alpha\lambda\lambda o\iota\varsigma\ \pi\alpha\nu\eta\gamma\dot\upsilon\rho\epsilon\sigma\iota\nu$". Mit diesen Worten sind wohl alle an Tempelfesten irgendwie zu veranstaltenden speziellen religiösen Zeremonien zusammenfassend bezeichnet. Um solche kann es sich also nicht handeln, wenn im Anschluß an die bisher erwähnten Bestimmungen noch das „$\sigma v\nu\tau\epsilon\lambda\epsilon\ddot\iota\nu$" von irgend etwas anderem — die Angabe dessen, was noch geschehen soll, ist in der nun einsetzenden Lücke des griechischen Textes der Inschrift enthalten gewesen — für die betreffenden Feste angeordnet wird.[2]) Zur Feststellung dieser weiteren Bestimmung bietet nun die demotische Parallelstelle (Z. 29) wichtige Anhaltspunkte. In Revillouts Übersetzung (Chrest. dém. S. 52 u. 195) lautet sie „les choses, qu'on fait elles en $\dot\alpha\gamma\nu\epsilon\dot\iota\alpha$ (offrandes saintes) qu'on les assigne pour les hommes qui servent leurs temples", während neuerdings Heß (a. a. O. S. X u. 34) sie folgendermaßen übersetzt hat: „daß man das, was als Opfer dargebracht wird, den Leuten zukommen lasse, die in den Tempeln dienen". Diese Übersetzungen bestätigen die auf Grund des griechischen Textes gewonnene Auffassung, daß es sich hier um die Anordnung weiterer religiöser Zeremonien nicht handelt; die neue Bestimmung bezieht sich vielmehr

zufallen sollen. Nicht zustimmen kann ich der Annahme Ermans, Ägypten II. S. 396, daß die Beihülfen für die Totenopfer, welche von den betreffenden Priestern zu liefern waren, den Vergütigungen der Priester an Wert gleichgekommen sein werden. Von der besonderen Ausstattung des Totenkultus hören wir ja auch sonst; vergl. jetzt auch Borchardt a. a. O. Ä. Z. XL (1902/3) S. 115. Als Sporteln und nicht als Gehalt darf man wohl auch die Bezüge der Laienpriester des Tempels von Kahun bezeichnen, da diese ihnen nur nach der Dauer ihrer Amtstätigkeit und nicht als eine feste Jahresvergütigung zufallen; siehe Borchardt a. a. O. Ä. Z. XL (1902/3) S. 115 ff.

1) Schon Mahaffy, Empire S. 233/34 Anm. hat den Zusammenhang dieser Stelle mit Kanopus Z. 31 behauptet.

2) Man muß, wie es Mahaffy in seiner Ausgabe des Dekretes von Rosette getan hat (so auch Dittenberger, Orientis gr. inscript. select. I. N. 90), die Angaben der Lücke unbedingt noch zu dem Vorhergehenden ziehen, erst in Z. 49 hinter $\dot\epsilon\nu\ \tau o\ddot\iota\varsigma\ \dot\iota\epsilon\rho o\ddot\iota\varsigma$ einen Punkt setzen und somit alles noch von $\sigma v\nu\tau\epsilon\lambda\epsilon\ddot\iota\nu$ abhängen lassen (Strack, Inschriften 69 zieht die Lücke zu dem Folgenden und setzt deshalb schon hinter $\pi\alpha\nu\eta\gamma\dot\upsilon\rho\epsilon\sigma\iota\nu$ [Z. 48] den Punkt); denn erst hier mit $\ddot\alpha\gamma\epsilon\iota\nu\ \delta\dot\epsilon\ \varkappa.\ \tau.\ \lambda.$ beginnen die Ausführungen über ein weiteres für den König zu feierndes alljährliches Fest.

offenbar auf besondere Bezüge der Priester, welche diese anläßlich der Festesfeier erhalten sollen. Mit dieser Deutung lassen sich auch die freilich nicht sehr genauen Angaben der hieroglyphischen Version der Stelle gut vereinigen. Solche besonderen Festsporteln sind uns nun auch aus der Kaiserzeit bekannt geworden, wo sie den in Amt befindlichen Phylenpriestern ὑπὲρ ἀγνείας gewährt worden sind (siehe im folg. S. 32). Darnach ist es mir sehr wahrscheinlich, daß wir in der Rosettana die gleichen Verhältnisse vor uns haben und daß die in der Lücke des griechischen Textes enthaltenen Bestimmungen sich auf die Gewähr der Festsporteln für die amtierenden Phylenpriester bezogen haben.[1])

So darf man als Beleg für die ἀγνεία-Sporteln vielleicht auch die Rosettana in Anspruch nehmen, zum mindesten würden jedoch durch sie Priestersporteln von ganz ähnlichem Charakter bezeugt sein. Die Erwähnung derartiger Sporteln in den beiden großen Priesterdekreten lassen diesen Teil der Bezüge der Priester als eine in jener Zeit allgemein verbreitete Tempelausgabe erscheinen[2]). Da nun des weiteren die Auszahlung der ἀγνεία-Sporteln auch für die römische Zeit zu belegen ist, wenn dies auch bei dem Fehlen eines die Verhältnisse der Gesamtheit berücksichtigenden Zeugnisses nur für zwei Tempel, für den des Soknopaios (Belege Bd. II. S. 29, A. 1) und für ein nicht näher zu bestimmendes Heiligtum des Faijûm[3]) der Fall ist, so dürfte

1) Darauf, daß Revillout in seiner Übersetzung des demotischen Textes auch das Wort ἀγνεία gebraucht hat, darf man natürlich bei der Ergänzung des griechischen Textes nicht allzuviel geben. Immerhin schlage ich wenn auch mit Vorbehalt darnach folgende Rekonstruktion der Z. 48/49 der Rosettana vor (eine Reihe alter Ergänzungen der Lücke sind bei Drumann a. a. O. S 252 ff. angegeben): καὶ συντελεῖν ἐν αὐτοῖς (sc. den Königsfesten) θυσίας καὶ σπονδὰς καὶ τἄλλα τὰ νομιζόμενα, καθ᾽ ἃ καὶ ἐν τοῖς ἄλλοις πανηγύρεσιν, τάς τε γινομένας προθε[σμίας ἀγνείας τοῖς τὰς χρείας (so Wilcken im Anschluß an Kanopus Z. 67) πα]ρεχομένοις ἐν τοῖς ἱεροῖς (aufwenden diese festgesetzten ἀγνεία-Sporteln für die Priester). Die Zahl der hier ergänzten Buchstaben paßt gut für die Größe der Lücke; die Zeile 48 gehört zu jenen, wo die Buchstaben sehr eng aneinander stehen; deshalb erscheint mir auch Wilckens Vorschlag nur προθέ[σεις τοῖς κ. τ. λ. zu ergänzen zur Ausfüllung der Lücke nicht genügend. Dagegen dürfte Wilckens Ausfüllung des Schlusses der Lücke gerade zu der oben vertretenen Ansicht gut passen, da bei dieser Ergänzung nicht einfach der priesterliche Charakter, sondern gerade die Amtstätigkeit der Sportelempfänger hervorgehoben wird.

2) B. G. U. III. 993. Col. 3, 3 ff. bezeugt uns jetzt die ἀγνεία-Sporteln auch für das Ende des 2. Jahrhunderts v. Chr. Denn wenn wir hier in Verbindung mit zwei Isisheiligtümern in und bei Pathyris ἡμέραι ἁγνευτικαί als Besitzobjekt erwähnt finden, so zeigt uns dies, daß von den betreffenden Tempeln auf Grund der ἀγνεία tageweise bestimmte Einkünfte den Priestern zugewiesen worden sind; vergl. hierzu die Bemerkungen im VII. Kapitel.

3) B. G. U. II. 489; das Wort ἀγνεία ist in dieser sehr fragmentarischen Tempelrechnung zwar nicht erwähnt, doch zeigt eine Vergleichung der Buchungsmethode mit der in B. G. U. I. 1 u. 149 sich findenden, daß hier offenbar Ausgaben für Sporteln der Phylenpriester gestanden haben (siehe z. B. Z. 1, wo

wohl die Annahme, daß im hellenistischen Ägypten ähnlich wie die
σύνταξις auch die dem amtierenden Phylenpriester gewährten Sporteln
eine der ständigen Ausgaben eines jeden Heiligtumes gebildet haben,
große Wahrscheinlichkeit für sich haben.

Die Belege aus römischer Zeit für die ἁγνεία-Sporteln liefern
uns auch einige allerdings nur fragmentarische Angaben über die
Form und die Höhe, in der man diese Sporteln gewährt hat. So
haben am Soknopaiostempel die gerade amtierenden Priester zusammen
pro Tag 1 Artabe Weizen, also jährlich 365 Artaben erhalten.[1]) Sehr
wahrscheinlich ist es mir alsdann, daß die ihr Amt versehenden Priester auch von den 6 Metretai Öl, die, wie Wessely (Kar. u. Sok. Nes.
S. 76) auf Grund des unpubl. P. Rainer 171 berichtet, täglich im
Soknopaiostempel aufgewandt worden sind, ihren Anteil, wenn nicht
etwa gar alles erhalten haben werden; bei der Ungenauigkeit der Angaben Wesselys ist eine sichere Entscheidung jedoch nicht möglich.
Zu den Tag für Tag gewährten Sporteln sind an den zahlreichen
Festtagen noch besondere Zuwendungen für die ἁγνεύοντες ἱερεῖς
hinzugetreten. Diese Festsporteln haben pro Tag 4 Artaben Weizen
betragen[2]); im Verlauf eines Jahres haben die Ausgaben für sie im
Soknopaiosheiligtum die Höhe von 668 Artaben erreicht (unpubl.
P. Rainer 171 a. a. O. S. 76). Zweifelhaft ist es alsdann, ob die Priester auch an der besonderen Ölspende, die nach Wessely (a. a. O.)
an den Festtagen verabreicht worden ist (siehe hierzu auch Bd. II.
S. 2, A. 1), partizipiert haben oder ob diese etwa nur für Kultzwecke
bestimmt gewesen ist; an und für sich ist mir allerdings das erstere
wahrscheinlicher. Außer den für die Gesamtheit der amtierenden
ἱερεῖς bestimmten Sporteln, in die sich diese zu teilen hatten, sind
uns durch die eine Abrechnung des Soknopaiostempels (unpubl. P. Rainer 171) auch noch für die am Heiligtum beschäftigten Stolisten besondere Festsporteln bekannt geworden, welche diese an drei Festtagen erhalten haben, an denen ihre Dienste infolge der an diesen
Festen stattfindenden Bekleidung der Götterstatuen mit neuen Gewän-

---

wohl zu ergänzen: κωμασίαις τῶ[ν ϑεῶν], Z. 7 [ἱ]ερεῦσει [sic] κωμάζουσε[ι] [sic],
ferner die Angabe der Tage, die das einzelne Fest gedauert hat); der in dem
betreffenden Tempel verehrte Hauptgott ist nicht zu bestimmen, denn die Erwähnung des Gottes Suchos (Z. 3) bietet hier, wo es sich um ein Faijûmheiligtum handelt, weiter keinen Anhaltspunkt, da ja wohl fast in jedem dieser
Tempel der Gott Suchos in irgend einer Form verehrt worden ist.

1) B. G. U. I. 1, 17/18; 149, 6/7; unpubl. P. Rainer 171 bei Wessely, Kar.
u. Sok. Nes. S. 75; bemerkenswert ist es, daß sich hier stets der Zusatz: εἰς ἔκ-
πεψιν findet, der Zweck der Zuwendungen, die Bestreitung der eigenen Bedürfnisse, ist also besonders hervorgehoben.

2) B. G. U. I. 1, 19 ff.; 149, 8 ff.; unpubl. P. Rainer 171 a. a. O. S. 76; B. G. U.
II. 489; die ersten drei Belege beziehen sich auf den Soknopaiostempel, der
letzte auf das nicht näher zu bestimmende Faijûmheiligtum.

dern offenbar ganz besonders in Anspruch genommen worden sind.[1]) Die Höhe dieser Sondervergütigungen ist recht beträchtlich gewesen, da jedesmal 78 Artaben Weizen verausgabt worden sind. Ob man in den besonderen Amtssporteln der höheren priesterlichen Würdenträger eine allgemeiner verbreitete Einrichtung zu sehen hat, ist vorläufig noch nicht zu entscheiden.[2])

Dem Soknopaiostempel sind aus der Gewähr der ἀγνεία-Sporteln verhältnismäßig große Ausgaben — allein an Weizen sind in einem Jahre 1267 Artaben aufgewandt worden (unpubl. P. Rainer 171 a. a. O. S. 76) — erwachsen, und man darf wohl annehmen, daß sie auch an anderen Heiligtümern, mag auch an diesen die Höhe und die Form der Sporteln je nach den zur Verfügung stehenden Mitteln recht verschieden gewesen sein, im Etat eine wichtige Rolle gespielt haben.

Jene Stelle des Dekretes von Kanopus, welche uns über die ἀγνεία-Sporteln unterrichtet (Z. 32), weist uns noch auf weitere Bezüge der Phylenpriesterschaft hin. Denn wenn wir dort die Bestimmung finden, daß die neuen ebenso wie die alten Phylenpriester außer an den ἀγνεῖαι auch an „τὰ ἄλλα ἄπαντα τὰ ἐν τοῖς ἱεροῖς" Anteil haben sollten, so darf man wohl bei der unmittelbaren engen Verbindung (beachte vornehmlich „ἄλλα") der beiden der Priester-

---

1) Wesselys, Kar. u. Sok. Nes. S. 75 Annahme, daß die Stolisten überhaupt nur an diesen drei Tagen fungiert haben, ist jedenfalls unberechtigt. Für die Behauptung, daß es sich an jenen Tagen um die Anlegung der neuen Göttergewänder handelt, vergl. mit einander die Angaben des Papyrus bei Wessely a. a O. S. 74/75 u. S. 76.

2) Wenn in P. Tebt. I. 88 ἡμέραι λειτουργικαί λ gleichsam als Besitzobjekt erwähnt werden, so möchte ich annehmen, daß hierbei an Einkünfte zu denken ist, welche aus 30 ἡμέραι λειτουργικαί resultieren (vergl. die ἡμέραι ἀγνευτικαί) und da des weiteren λειτουργία in jener Zeit als die offizielle zusammenfassende Bezeichnung höherer Priesterstellen gebraucht worden ist (siehe Bd. I. S. 235, A. 3, vor allem P. Tebt. I. 5, 66; es braucht sich übrigens dabei wohl nicht nur um höhere Priesterstellen innerhalb der höheren, sondern kann sich wohl auch um solche innerhalb der niederen Priesterschaft handeln, wenigstens scheint sich mir dies aus P. Tebt. I. 88 und meiner Auffassung der an den „Tier"heiligtümern amtierenden Priester [siehe Bd. I. S. 110 u. S. 249, A. 3] zu ergeben), so ist es mir sehr wahrscheinlich, daß man die ἡμέραι λειτουργικαί mit den oben besprochenen tageweise gewährten Sondersporteln der Stolisten auf eine Stufe stellen und sie somit als die den Inhabern der λειτουργίαι (in dem betreffenden Fall dürfte es sich um Propheten handeln) tageweise gewährten Sondervergütigungen deuten darf. Vielleicht darf man mit diesen Feststellungen die Angaben einer demotischen Tempelrechnung aus dem Ende der Perserzeit in Verbindung bringen, denen zufolge für „Liturgien" an verschiedenen Heiligtümern nicht unerhebliche Geldsummen aufgewandt worden sind (Spiegelberg, dem. P. Straßb. 48 [S. 17]). Wenn wir ferner in P. Berl. Bibl. 4, 15 (Zeit: 3. Jahrhundert n. Chr.) „ἡμερῶν λειτουργιῶν" lesen, so liegt es nahe λειτουργιῶν in λειτουργι⟨κ⟩ῶν zu emendieren; es erscheint mir jedoch nicht sicher, ob es sich hier auch um die soeben besprochenen Priesterbezüge handelt, an und für sich können ihnen auch allgemeine bürgerliche λειτουργίαι zugrunde liegen.

schaft hier gewährten Gerechtsame annehmen, daß es sich auch bei
dem zweiten irgendwie um Vergütigungen, die aus den priesterlichen
Amtshandlungen resultieren, handelt.[1]) Welcher Art diese gewesen
sind, wage ich allerdings nicht mit Bestimmtheit zu entscheiden.
Vielleicht hat man unter ihnen u. a. auch die Anteile zu verstehen,
die den ägyptischen Priestern von den Opfern, die sie darbrachten,
offiziell zukamen.[2]) Wenn auch ein direkter Beleg für diese Opferanteile der Priester meines Wissens für die hellenistische Zeit
bisher nicht vorhanden ist, so weisen doch zwei von den Priestern
privatim gezahlte Steuern, das „τέλος μόσχων ϑυομένων“ und die
Abgabe „ὑπὲρ σφραγισμοῦ μόσχων ϑυομένων“ (näheres über sie
siehe im VII. Kapitel), wohl mit ziemlicher Sicherheit darauf hin,
daß den Priestern aus den von ihnen vollzogenen Opfern gewisse Einnahmen, d. h. eben ganz bestimmte Anteile von diesen Opfern zugefallen sind; wäre dies nicht der Fall gewesen, so ließe sich die von
Seiten der Priester erfolgende Zahlung dieser Abgaben nicht erklären.
Natürlich werden die Priester von allen Opfern, d. h. sowohl von
denen, die sie im Namen ihres Tempels, als auch von denjenigen,
welche sie auf Veranlassung und Kosten von Privaten darbrachten,
ihre Anteile erhalten haben, im letzteren Fall sind allerdings diese
gewissermaßen nur insofern noch unter die Tempelausgaben zu rechnen, als um soviel, als der Opferpriester erhielt, der Anteil des Heiligtumes an dem betreffenden Opfer (siehe Bd. I. S. 394) verkürzt wurde.

In den bisherigen Erörterungen ist immer nur von Priestern die
Rede gewesen, ohne die Priesterinnen zu berücksichtigen. Da nun
den Priesterphylen nicht nur Männer, sondern auch Frauen angehört
haben (I. Bd. S. 92), so halte ich es für so gut wie sicher, daß die
als Bezüge der Phylenpriesterschaft festgestellten Amtssporteln nicht
nur den männlichen, sondern auch den weiblichen Mitgliedern der
Phylen zugefallen sind; diese Annahme erfährt wohl auch dadurch
eine Stütze, daß als Empfänger der Sporteln im Dekret von Kanopus
(Z. 32) „οἱ ἐκ τῆς πέμπτης φυλῆς“ und nicht einfach die ἱερεῖς genannt werden.

Man darf wohl des weiteren vermuten, daß sich die Form der
Besoldung der Phylenpriesterinnen überhaupt nicht nennenswert von
derjenigen ihrer männlichen Phylengenossen unterschieden hat; bestimmtere Angaben hierüber liegen allerdings vorläufig noch nicht vor.

---

1) Die hieroglyphische und die demotische Version der Stelle stimmen mit
dem griechischen Text fast wörtlich überein, helfen also hier nur wenig weiter
(demotisch: Anteil haben . . . an allen übrigen Dingen, welche in den Tempeln sind
[Brugsch, Thesaurus VI. S. XV; Revillout, Chrest. dém. S. 145/46]; hieroglyphisch:
Anteil haben . . . an allen Dingen [allem = iḥt nbt], die zugehörig zu ihnen sind).

2) Daß der Priester von dem von ihm dargebrachten Opfer seinen Anteil
erhält, ist eine weit verbreitete Sitte; für griechische Priester siehe z. B. Stengel
a. a. O. S. 38, für die jüdischen Priester z. B. Maspero, histoire III. S. 510.

In der Inschrift von Kanopus (Z. 70—72) findet sich zwar die Bestimmung, es solle den Töchtern der Phylenpriester[1]), d. h. den zukünftigen Priesterinnen vom Tage ihrer Geburt an von ihrem Tempel je nach der Menge der dem betreffenden Heiligtum zur Verfügung stehenden Mittel der nötige Unterhalt gewährt werden[2]), während die Phylenpriester diesen erst von dem Tage des Antritts ihres Priesteramtes, d. h. ungefähr erst seit ihrer Mannbarwerdung (siehe Bd. I. S. 203 u. 210 ff.) empfangen sollten, aber hieraus ergibt sich jedenfalls bezüglich der eigentlichen Priester keine Verschiedenheit in der Form der Bezüge, sondern nur eine solche des Anfangstermins; denn die ϑυγατέρες τῶν ἱερέων werden doch die durch das Dekret von Kanopus für sie festgesetzte besondere Zuwendung nur so lange erhalten haben, als die Bezeichnung „Priestertochter" bei ihnen noch nicht durch den Titel „ἱέρεια" abgelöst war, als sie eben noch wegen ihrer Jugend eine halbsakrale Stellung einnahmen.[3]) Bei der Übernahme der vollen priesterlichen Funktionen werden dann die offiziellen Amtsbezüge an die Stelle der Sondervergütigung getreten sein.

Ebenso wie die Aufwendungen der Tempel für die Priestertöchter darf man wohl auch eine weitere im Dekret von Kanopus (Z. 72/73) erwähnte Tempelausgabe im Anschluß an den als Sporteln zu definierenden Teil der Priesterbesoldung behandeln. Wir erfahren nämlich, daß den Frauen der Phylenpriester von den Tempeln regelmäßig eine nicht näher angegebene Anzahl Brote geliefert worden ist. Wie bereits erwähnt (Bd. I. S. 218 ff. u. S. 416), haben allem Anschein nach sehr viele Priesterfrauen ein priesterliches Amt bekleidet; es haben also die mit Priestern verheirateten Priesterinnen durch die Brotspende noch eine Sondervergütigung vor den unverheirateten vorausgehabt. Das für die Priesterfrauen bestimmte Brot hat nun seit dem Dekret von Kanopus zu Ehren der damals apotheosierten Königstochter Berenike, der früh verstorbenen Tochter des 3. Ptolemäers, den Namen „Berenikebrot" erhalten. Sicherlich verfehlt ist es, wenn Mahaffy (history S. 119) aus dem Namen des Brotes den Schluß ableitet, daß es erst damals, 238 v. Chr., den Priesterfrauen bewilligt worden sei, und zwar auf Grund einer unter dem Namen der Berenike den Tempeln gemachten königlichen Schenkung.[4]) Von einer solchen

---

1) Nur von ihnen und nicht auch von den Frauen der Phylenpriester ist in der Zeile 71 der Inschrift die Rede, siehe Bd. I. S. 415 zu S. 210.

2) Vergl. hierzu eine demotische Inschrift der späteren römischen Zeit (publ. von Heß, Der demotische Teil der dreisprachigen Inschrift von Rosette, S. 51 ff.), welche uns von einer Schenkung an den Isistempel von Philä berichtet, aus der auch die Kinder der Priester Zuwendungen erhalten sollen.

3) Siehe Bd. I. S. 203, A. 3; man darf vielleicht die den Priestertöchtern ausgesetzte Zuwendung mit ihrer Mitwirkung bei bestimmten Kulthandlungen in Verbindung bringen.

4) Gar keine Veranlassung liegt m. E. für die weitere Folgerung Mahaffys

ist nirgends die Rede, vielmehr scheint mir der im Dekret für die Erwähnung der Brotlieferung gewählte Wortlaut[1]) deutlich darauf hinzudeuten, daß wir in ihr eine schon bestehende Einrichtung vor uns haben, deren Ausgaben aus dem Tempelvermögen bestritten worden sind. Die Benennung der den Priesterfrauen gelieferten Brote nach dem Namen der jungen Königstochter dürfte einfach aus Byzantinismus erfolgt sein.[2])

C. Pfründen.

Schon für das vorhellenistische Ägypten läßt sich der Brauch belegen, den Priestern als Entgelt für ihr Amt den Ertrag bestimmter Tempelgüter zu überweisen[3]), und auch für die hellenistische Zeit ist

---

a. a. O. vor, daß diese Schenkung das Äquivalent für Sequestration von Kircheneigentum gewesen ist.

1) καὶ τὸν διδόμενον ἄρτον ταῖς γυναιξὶν τῶν ἱερέων ἔχειν ἴδιον τύπον καὶ καλεῖσθαι „Βερενίκης ἄρτον“.

2) Als eine gewisse Parallele zu den Berenikebroten darf man wohl die bereits erwähnten Kronosbrote (Bd. II. S. 17) anführen.

3) Siehe z. B. für die Zeit des mittleren Reiches die Schenkungsurkunden des Hapidjefa (Große Inschrift von Siut, Z. 9—12) und des Chnemhotep (Z. 83—86) [vergl. die Angaben Bd. I. S. 202, A. 1] über die Ausstattung der ihren Kult versehenden Totenpriester mit Äckern, Leuten, Vieh usw.; eine persönliche Schenkung an die betreffenden Totenpriester ist ihnen nicht zu entnehmen, da in diesem Falle der Name dieser sicher genannt wäre, es handelt sich vielmehr tatsächlich um eine Schenkung an einen Tempel, der dafür verpflichtet ist einen Totenpriester zu bestellen, zu dessen Unterhalt eben jene Ländereien verwandt werden sollen. Siehe ferner den sog. 7., 9. u. 10. Vertrag der großen Inschrift von Siut, welche uns die Einrichtung von Pfründen vor Augen führen. Weiterhin sei hier auf eine von Legrain (Ä. Z. XXXV [1897] S. 12 ff.) veröffentlichte und von Erman (a. a. O. Ä. Z. XXXV. S. 19 ff.] näher interpretierte hieroglyphische Stele aus Karnak verwiesen (siehe auch Moret, Un procès de famille sous la XIXe dynastie, Ä. Z. XXXIX [1901] S. 11 ff. [S. 30]; Revillout, Précis du droit égyptien comparé aux autres droits de l'antiquité I. S. 368 ff. in den Anm.) In ihr erscheinen im 9. Jahrhundert v. Chr. Güter, welche eigentlich dem thebanischen Amonstempel gehören, im Besitz eines Oberpriesters dieses Tempels; um sie jedoch auf seinen Sohn übertragen zu können, bedarf er der Zustimmung des Gottes. (Die sich hier wie auch sonst oft findende Einkleidung der Urkunde, der zufolge Amon bei dem Rechtsakt mitwirkt, darf man m. E. nicht immer, zumal in älterer Zeit und wenn die Mitwirkung des Gottes auch durch den Inhalt der Urkunde zu erklären ist, als bloße Floskel fassen; rein floskelhaft dürfte sie erst allmählich geworden sein.) Man wird wohl das Richtige treffen, wenn man diese Güter als eine dem Oberpriester zugestandene Pfründe auffaßt, die früher z. T. an einen Priester, z. T. an verschiedene Privatleute vom Tempel überwiesen war. (Die Zahlungen des Oberpriesters an diese sind daher nicht als Kaufpreis, sondern eher als Abfindungssumme zu definieren; so erklärt sich ihre Kleinheit.) Von Pfründen scheinen uns dann auch öfters die demotischen Papyri seit der saitischen Zeit zu berichten; vergl. hierzu z. B. die prinzipiellen Bemerkungen Revillouts, Précis usw. I. S. 448 und etwa ferner Revillout, Mélanges S. 73 (auch S. 75 Anm.).

uns diese Form der Besoldung der ägyptischen Priester, welche ihrem ganzen Wesen nach dem bei uns üblichen Begriff der „Pfründe" aufs genaueste entspricht, bezeugt. Als direkte Ausgaben der Tempel kann man freilich die Pfründen nicht bezeichnen; in den Tempelrechnungen finden wir sie natürlich nicht vermerkt, aber sie haben indirekt für die Tempel eine ganz beträchtliche Ausgabe bedeutet, indem diese von allen den Besitzobjekten, die sie ihren Priestern zur Nutznießung, d. h. eben als Pfründe überlassen hatten, entweder gar keine oder höchstens sehr verringerte Einnahmen erhalten haben, und insofern rechtfertigt sich die Erörterung der Pfründen unter den Tempelausgaben.[1])

Ein besonders deutliches Beispiel für diese Priesterpfründen ist uns für einen Tempel der Thebais bekannt geworden. Ein demotischer Papyrus aus der Zeit Ptolemaios' IV. Philopators[2]) berichtet uns nämlich, daß ein höherer Priester dieses Heiligtums Land — sein Umfang ist leider nicht angegeben — verpachtet, das er als seinen Anteil von dem neter-hotep seines Gottes ($\iota\epsilon\varrho\grave{\alpha}$ $\gamma\tilde{\eta}$) bezeichnet; er soll persönlich von dem Pächter die Pachtsumme erhalten, von der er die eine Hälfte an die Kasse seines Heiligtums abzuführen hat[3]), während die andere ihm selbst zur freien Verfügung verbleibt.[4])

Einen weiteren Beleg für eine einem Priester höherer Ordnung angewiesene Landpfründe enthält alsdann eine auf einem demotischen Ostrakon aus ptolemäischer Zeit[5]) sich findende Quittung über eine Pachtzahlung, die für das „šeti" eines Pterophoren des Amonrasonter von Theben erfolgt ist. Das demotische Wort šeti ist nämlich nach

---

1) Das den Priestern von den Tempeln als Pfründe überlassene Tempelland darf man als eine Parallele zu der staatlichen $\gamma\tilde{\eta}$ $\dot{\epsilon}\nu$ $\sigma\upsilon\nu\tau\acute{\alpha}\xi\epsilon\iota$ (Bd. I. S. 368, A. 1) auffassen, in beiden Fällen tritt an die Stelle einer Gehaltszahlung die Überweisung des Ertrages eines Besitzobjektes.

2) Dem. P. Louvre, publ. von Revillout, Rev. ég. III. S. 131 u. Précis usw. II. S. 1276; vergl. hierzu noch Revillouts Bemerkungen in seinen Mélanges S. 123.

3) Aus ihr sind übrigens auch die staatlichen Steuern zu bezahlen; denn wie der Wortlaut besagt, liefert der Pächter nur zwei Fünftel des Ertrages, ein Fünftel für den Verpächter und eins für den „König und Gott", ab; die Abführung eines besonderen Fünftels des Ertrages für den König d. h. zur Bezahlung der Steuern erscheint mir (Revillout, Précis II. S. 1277 neigt dazu es anzunehmen) schon deswegen ausgeschlossen, weil ja im hellenistischen Ägypten die Grundsteuer nicht nach dem Quotensystem aufgelegt gewesen ist (siehe Wilcken, Ostr. I. S. 198ff).

4) Da ein Bruchteil des Pachtgeldes in die Tempelkasse abgeführt werden soll, ist es sicher, daß wir hier noch im Tempelbesitz befindlichen neter-hotep und nicht etwa in Privateigentum (hier wäre es in das eines Priesters) übergegangene $\iota\epsilon\varrho\grave{\alpha}$ $\gamma\tilde{\eta}$ (siehe hierzu Bd. I. S. 270/71) vor uns haben. (Vergl. auch Revillouts Bemerkungen Précis usw. I. S. 448.)

5) Dem. Ostr. Louvre 8460, publ. u. eingehend besprochen von Revillout, Mélanges S. 73—75.

Revillouts Ausführungen (siehe S. 37, A. 5)[1]) als ein terminus technicus für „Pfründe" aufzufassen. Der Wert der dem Amonspriester verliehenen scheint nach der Höhe der Pachtzahlung zu urteilen kein ganz unbedeutender gewesen zu sein.[2])

Schließlich läßt sich auch für den Soknopaiostempel ein Beispiel für Pfründen anführen; dieses ist sogar besonders bemerkenswert, da es sich in ihm um eine Pfründe handelt, die nicht einem einzelnen, sondern einer größeren Anzahl Priester zusammen ausgesetzt gewesen ist. Wie bereits bemerkt (Bd. I. S. 281), besitzen wir für das Jahr 132 v. Chr. einen Beleg (P. Amh. II. 35) dafür, daß das Soknopaiosheiligtum vom Staate Land gepachtet hatte, welches es jedoch nicht selbst bewirtschaftete, sondern das an Pächter vergeben worden war. Die von diesen Pächtern entrichteten Pachtgelder sind nun aber nicht, wie man eigentlich annehmen würde, in die Tempelkasse geflossen, sondern direkt der Gesamtheit der ἱερεῖς[3]) des Soknopaiostempels zu deren privater Verfügung zugefallen.[4]) Wie wir erfahren (Z. 25—30), hat nämlich der Oberpriester ausdrücklich zugunsten der ἱερεῖς auf die Eintreibung der Pachtgelder verzichtet[5]), und außerdem

1) Den Ausführungen Revillouts schließt sich Herr Prof. Steindorff, wie er mir brieflich mitteilte, ganz an.

2) Etwas Sicheres läßt sich hierüber allerdings nicht feststellen, da aus den Angaben des Ostrakons nicht klar hervorgeht, ob über die ganze Pachtsumme oder nur über eine Teilzahlung quittiert ist. Die in der Quittung angegebene Zahlung beträgt 12½ Artaben und 150 argenteus. Welcher Wert der von Revillout argenteus genannten Münze zuzuteilen ist, ist noch nicht mit Sicherheit ermittelt (vergl. auch Hultsch a. a· O. Abh. Sächs. Gesellsch. d. Wiss. Phil.-hist. Kl. Bd. XXII. N. 3. S. 24, A. 2), immerhin darf man aber wohl die Einnahme des Priesters als eine nicht unbeträchtliche bezeichnen.

3) Ob hier unter den ἱερεῖς eine Gesamtbezeichnung für alle Priester höherer Ordnung oder nur für die den Titel „ἱερεῖς" führende unterste Klasse der Phylenpriesterschaft zu verstehen ist (siehe Bd. I. S. 75 ff.), läßt sich nicht entscheiden, doch scheint mir das letztere wahrscheinlicher zu sein.

4) Aus der besonderen Zuteilung dieser gepachteten Ländereien an die ἱερεῖς des Heiligtumes erklärt es sich auch, daß diese sich selbst als „βασιλικοὶ γεωργοί" (Z. 6) und die Unterpächter als „οἱ παρ᾽ ἡμῶν (sc. ἱερέων) γεωργοί" (Z. 13) bezeichnen.

5) Infolge dieses offiziellen Verzichtes des Tempeloberhauptes erscheint mir die Annahme ganz ausgeschlossen, daß den Priestern durch ihn die Pachtgelderhebung nur im Namen des Tempels und nicht auf eigene Rechnung zugestanden worden sei, denn in diesem Falle (ihn scheint z. B. Wilcken im Archiv II S. 122/23 bei seinen Bemerkungen über den Papyrus im Auge zu haben) wäre es ja nicht ersichtlich, warum das Oberhaupt des Tempels gegenüber den ihm unterstellten Priestern die offizielle eidliche Verpflichtung eingegangen wäre, die dem Tempel gehörenden Pachtgelder nicht zu erheben. Man könnte nun vielleicht zur Rechtfertigung der hier abgelehnten Ansicht auf die in der Anklageschrift der ἱερεῖς sich findenden Worte (Z. 13) „ἵνα . . . ἡμεῖς (sc. ἱερεῖς) μὲν κομισώμεϑα τὰς Σχε (ἀρτάβας)" (d. h. die den ἱερεῖς vorenthaltene Pachtzahlung) εἰς τὸν τοῦ ϑεοῦ λόγον" verweisen (siehe auch Z. 24: τὸν πυρὸν τοῦ Σοκνοπαίου ϑεοῦ), doch lassen sich diese Worte auch mit der von mir vertretenen

ist er auch, als er einmal gegen sein Zugeständnis Pachtgelder erhoben hat[1]), von den ἱερεῖς sofort wegen ihnen zugefügter Vermögensschädigung auf Herausgabe des widerrechtlich Angeeigneten verklagt
worden. Über den Wert der hier für die ἱερεῖς ausgesetzten Zuwendung, die als fundierte Rente durchaus den Charakter der Pfründe
trägt, ist ein sicheres, bestimmtes Urteil nicht zu fällen, da, wie schon
an anderer Stelle (Bd. I. S. 278) ausgeführt, der Umfang des im ganzen
für sie eventuell in Betracht kommenden Landes und infolgedessen
auch die Höhe der gesamten von diesen Ländereien entrichteten Pachtsumme sich nicht ermitteln läßt. Hingewiesen sei hier nur auf die
eine bekannt gewordene Pachtzahlung in Höhe von 225 Artaben
Weizen (Z. 19 u. 43), die immerhin die Annahme nahelegen könnte,
daß die den ἱερεῖς zugewiesene Einnahme ganz beträchtlich gewesen ist.

Außer den bisher besprochenen Beispielen für Pfründen ägyptischer Priester höherer Ordnung sind mir weitere, so vor allem
ein Beleg aus römischer Zeit nicht bekannt geworden[2]) — es sei denn,

---

Deutung der Urkunde in Einklang bringen. Denn durch die Überweisung der
Pachteinnahme an die ἱερεῖς (die Selbsterhebung ist den ἱερεῖς um der größeren
Sicherheit willen gestattet) ist natürlich ihr eigentlicher Charakter nicht geändert; da der Gott der wirkliche Pächter ist, ist ihre Bezeichnung als „Getreide des Gottes" und ihre Beziehung zu dem λόγος τοῦ θεοῦ ganz ordnungsgemäß. Siehe übrigens als zu meiner Deutung gut passend das gerade in Z. 43
angewandte **Medium** κομισώμεθα.

1) Eine Charakterisierung des Verhaltens des Oberpriesters siehe VII. Kapitel. Auf jeden Fall verfehlt ist es, wenn L. Wenger, Zu den Rechtsurkunden
in der Sammlung des Lord Amherst im Archiv II. S. 41 ff. (S. 45) das Verhalten
des Oberpriesters als „betrügerische **Steuererpressung**" bezeichnet.

2) Weitere Belege für Priesterpfründen scheinen mir die P. Tebt. I. für die
ptolemäische Zeit zu bieten. So berichtet uns P. Tebt. I. 62, 7, daß Land des
Gottes Soknebtynis von seinen ἱερεῖς „κοινῇ" (vergl. P. Tebt. I. 141) innegehabt
und von ihnen selbst bewirtschaftet wird; in einem späteren Jahre haben diese
es verpachtet (P. Tebt. I. 63, 18 ff.; vergl. hierzu auch P. Tebt. I. 5, 57 ff.). Man
darf wohl diese Angaben mit denen von P. Amh. II. 35 auf eine Stufe stellen.
P. Tebt. I. 88 zeigt uns ferner, daß den Inhabern der Prophetenstellen an einigen
ἱερὰ ἐλάσσονα von Kerkeosiris ἱερὰ γῆ überwiesen war, d. h. daß sie eine Landpfründe besessen haben, denn das in Z. 37 bei „ὑπάρχει ἐν ἱερᾷ γῇ" stehende
αὐτο(ῖς) (sc. Inhaber der Prophetenstellen) weist uns darauf hin, daß es bei der
Erwähnung der ἱερὰ γῆ nicht darauf ankommt, den Landbesitz des betreffenden
Heiligtums, sondern vielmehr die Anrechte der Propheten auf diesen festzulegen
(der Gebrauch von ὑπάρχειν zwingt nicht hier an Eigentum zu denken). Auch
die Stellen des Papyrus, in denen bei der ὑπάρχει-Floskel „αὐτοῖς" fehlt (Z. 13 ff.;
54 ff.; 58 ff.; 61 ff.), wird man ebenso deuten dürfen, und dies umsomehr als der
im Papyrus enthaltene in seinen Unterteilen im Prinzip gleichmäßig gestaltete
Bericht auch sonst von den Einkünften der Propheten spricht (Grenfell-Hunts
Erklärung des Papyrus [P. Tebt. I. S. 395] kann ich nur teilweise zustimmen).
In jedem Unterteile folgt nämlich nach Nennung des betreffenden Heiligtumes
und des Propheten die Festsetzung des Anrechts dieser auf eine bestimmte Anzahl von ἡμέραι λειτουργικαί (siehe Bd. II. S. 33, A. 2). Wenn dann des weiteren bei

man wolle in diesem Zusammenhange darauf verweisen, daß den Priestern im allgemeinen auch in hellenistischer Zeit von den Tempeln Wohnhäuser zur Verfügung gestellt worden sind.[1])

Dagegen läßt sich noch für niedere Priester der Genuß einer Pfründe nachweisen. Im 3. Jahrhundert v. Chr. haben sich nämlich zwei ἰβιοβοσκοί vom Staate die Prophetie an einem in der Thebais gelegenen ἰβιοταφεῖον gekauft[2]); ihnen sollte nach den Verkaufsbestimmungen auch die Hälfte der zu dieser Begräbnisstätte gehörenden δωρεαία γῆ (über sie siehe Bd. I. S. 268, A. 2) zufallen[3]), d. h. ihnen ist gleichzeitig als Entgelt für ihr Amt eine Pfründe überwiesen worden[4]). Diese Gewähr einer Pfründe ist um so bemerkenswerter, als

---

einigen Heiligtümern erwähnt wird, daß die Propheten „τὸ πέμπτον μέρος κρατεῖν" (Z. 7, 21, 26), so möchte ich dies dahin auffassen, daß die betreffenden über den fünften Teil der Einkünfte des Heiligtumes für sich verfügen konnten. (Meine Bemerkungen in Bd. I. S. 236 über κρατεῖν = Gewalt über etwas haben d. h. verfügen seien hier dahin erweitert, daß natürlich an Stelle des weiteren Begriffes für κρατεῖν „Patronatsrechte ausüben" der ursprünglichere „verfügen" anzunehmen ist, wenn dieser, zumal in Verbindung mit einem Priester gebraucht, einen brauchbaren Sinn ergibt.) Die Richtigkeit dieser Auffassung ergibt sich mir vor allem aus dem Passus „πρόσφο(ρον) αὐτοὺ(ς) (sc. die Propheten) μηθὲν ἔχειν" (Z. 28) (öfters ist zu πρόσφορον noch ἄλλο hinzugesetzt), welcher, da er in direktem Anschluß an die ἡμέραι λειτουργικαί- und an die κρατεῖν-Stelle steht, auch diese als Hinweis auf die Einkünfte der Propheten zu fassen zwingt. Bei dieser Erklärung wird auch eigentlich erst Z. 10 ff. verständlich, wo eine regelmäßige Spende von Laien für ein κροκοδιλοταφεῖον besonders hervorgehoben wird; dies ist offenbar deshalb geschehen, weil von ihr, obgleich sie auch eine Einnahme des Heiligtumes darstellte, den Propheten kein Anteil zugestanden haben wird, da sie von den Gebern ausdrücklich zu Kultzwecken bestimmt worden ist. Diese Deutung von P. Tebt. I. 88 findet ihre Bestätigung und lernt ihrerseits besser verstehen P. Tebt. I. 5, 73 ff., wo Z. 73 anstatt α[. . .]μενους offenbar ἐ[ωνη]μένους zu lesen ist. Zu der hier uns entgegentretenden eigenartigen Form der Priesterbesoldung — der Gewähr eines bestimmten Teiles der Einkünfte des Tempels — siehe auch im folgenden S. 41, A. 1 am Schluß. Eine nähere Charakterisierung dieser Besoldungsform ist vorläufig schwer möglich; sie steht gewissermaßen zwischen festem Gehalt und Pfründe.

In demotischen Texten mögen vielleicht noch manche Belege für Pfründen vorhanden sein. Nicht mit Sicherheit läßt es sich entscheiden, ob P. Grenf. II. 33 (vergl. zu ihm Bd. I. S. 281, A. 3) als Beleg für Pfründen zu verwenden ist, da die ἰερεῖς, welche ihm zufolge die Verpachtung von Tempelland vorgenommen haben, dies im Namen ihres Tempels oder auf eigene Rechnung getan haben können; im letzteren Falle wäre P. Grenf. II. 33 mit P. Amh. II. 35 ganz auf eine Stufe zu stellen.

1) Siehe die Bemerkungen Bd. I. S. 283 über die παστοφόρια; vergl. auch noch z. B. Strabo XVII. p. 806 (Priesterwohnungen in Heliopolis).

2) Vergl. hierzu Bd. I. S. 110 u. 249, wo die Belege genannt und die betreffenden Priester als solche niederer Ordnung gedeutet sind.

3) Zu diesem Verkauf einer Priesterstelle zugleich mit Angabe der mit ihr verbundenen Einkünfte siehe meine Erklärung von P. Tebt. I. 88, 7 ff. im vorhergehenden S. 39, A. 2.

4) Die B. G. U. III. 995 Col. 3, 4/5 erwähnte γῆ τῶν ἰβιοβοσκῶν ist wohl ein

uns im übrigen über die Aufwendungen der Tempel für die niedere
Priesterschaft keine sicheren Angaben zur Verfügung stehen[1]); es ist
mir übrigens ganz wahrscheinlich, daß diese z. T. überhaupt gar keine
Besoldung von den Tempeln erhalten hat.[2])

Auf Grund der verhältnismäßig wenigen sicheren Nachrichten
über Priesterpfründen läßt sich vorläufig wohl noch kein abschließendes Urteil fällen, ob wir in ihnen in hellenistischer Zeit eine allgemein verbreitete Institution zu sehen haben oder nicht. Innere
Gründe scheinen für das erstere zu sprechen. Denn die Gewähr von
Pfründen muß gegenüber den anderen hier erörterten Bestandteilen
der Priesterbesoldung nicht nur für die Tempel eine Annehmlichkeit

weiteres Beispiel für Pfründen niederer Priester, siehe Bd. I. S. 268, A. 4. Auch
P. Tebt. I. 88, 53—55 scheint mir ein solches zu enthalten, weil die hier vorkommenden Propheten, da sie wohl vor allem an einem ἰβιοταφεῖον fungiert haben,
auch als niedere Priester aufzufassen sind, siehe Bd. II. S. 33, A. 2; dagegen handelt
es sich jedenfalls nicht um eine Pfründe, sondern um Privatbesitz, wenn uns
z. B. im dem. P. Berl. 3102 (N. Chrest. dém. S. 148 ff.; Spiegelberg S. 14) Land,
welches auf dem neter-hotep des Amon gelegen ist, in der Hand von Choachyten
begegnet, siehe hierzu Bd. I. S. 270/71.

1) Einige mir bekannt gewordene Nachrichten unsicheren Charakters seien
hier wenigstens kurz behandelt. P. Grenf. I. 39 Verso (ptol. Zeit), auf dem vielleicht Tempelausgaben gebucht sind (Bd. II. S. 8, A. 3), enthält auch eine Zahlung (20 Kupferdrachmen) für einen Pastophoren (Col. 2, 4); daß es sich hier
um eine Gehaltszahlung handelt, läßt sich freilich nicht beweisen. In einem
der Zeit des 3. Ptolemäers angehörenden dem. P. Louvre 2429, publ. Chrest. dém.
S. 273 ff. (siehe S. 274 u. 275 und die Bemerkungen Revillouts ebenda S. CLIII)
werden „parts du temple de Ptah" (in der Thebais) als Eigentum einer Frau
erwähnt, deren Titel zwar nicht genannt ist, welche aber wohl als Choachytin
fungiert hat (sie ist vornehmlich durch dem. P. Louvre 2425, publ. Chrest. dém.
S. 278 ff. als Mitglied einer Choachytenfamilie bekannt und scheint auch einen
Choachyten geheiratet zu haben, siehe Revillout, Chrest. dém. S. CLIII ff.; vergl.
hierzu die Ausführungen Bd. I. S. 246); auf Grund dieser parts gewährt sie
Gelddarlehen, es muß sich also um Geldbezüge handeln. Von demselben Tempel
soll nach Revillouts (Chrest. dém. S. CLIII, Anm.) Angaben aus dem unpubl. dem.
P. Bibliothèque nationale 223 das Gleiche einem Priester gewährt worden sein,
den Revillout nicht näher bezeichnet, den er aber mit der eben erwähnten Frau
auf ganz gleiche Stufe stellt, also wohl auch ein Angehöriger der niederen
Priesterschaft. Bezüglich der hier erwähnten parts du temple sei auf die Angaben Revillouts, Chrest. dém. S. CLIII, Anm. im Anschluß an einen demotischen
Papyrus der Perserzeit verwiesen, denen zufolge in vorptolemäischer Zeit der-
artige parts, die als $\frac{1}{10}$, $\frac{1}{30}$, $\frac{1}{60}$ usw. charakterisiert werden, öfters als Priesterbezüge vorgekommen sein sollen; siehe hierzu im vorhergehenden S. 39, A. 2.

2) Es sei hierfür z. B. auf die „Zwillinge" des großen Serapeums verwiesen. In ihren vielen Petitionen, in denen sie aufs eingehendste über
ihre Verhältnisse, vor allem über das ihnen vom Staate gewährte Gehalt unterrichten (Bd. I. S. 373 ff.), findet sich auch nicht die geringste Andeutung, daß
ihnen auch von dem Tempel irgendwelche Bezüge ausgesetzt gewesen sind; sie
stellen sogar das ihnen zugewiesene Gehalt als ihre einzige Einnahme hin, da
sie behaupten, daß bei dessen Ausbleiben ihre ganze Existenz bedroht sei (Bd. I.
S. 374, A. 1).

bedeutet haben, da sie ihren Geschäftsgang etwas vereinfachte, sondern sie dürfte auch den Priestern äußerst willkommen gewesen sein,
da ja diese in der Pfründe eine fundierte, also besonders sichere und
weiterhin auch von dem Willen der Tempelverwaltung ziemlich unabhängige Einnahme erhielten, so daß von ihrer Seite sicherlich für
möglichst weitgehende Verleihung von Pfründen plädiert worden sein
wird.[1]) Dem gegenüber ist allerdings zu beachten, daß damals der
Staat die Verwaltung der ἱερά γῆ in seine Hand genommen hatte
(siehe VI. Kapitel 3, A a). Das Bestehen zahlreicher von den Heiligtümern ihrer Priesterschaft überwiesenen Landpfründen würde also
ein vollständiges Durchbrechen dieses Verwaltungsprinzipes in sich
schließen, es sei denn, daß das, was wir für den Soknopaiostempel
nachgewiesen haben — die Erwerbung des für die Pfründen nötigen
Landes auf dem Wege der Pacht (siehe Bd. I. S. 281 u. Bd. II. S. 38) —,
allgemeiner Brauch gewesen ist.[2])

Neben der Gewähr von festen Gehalt, von allerlei Sporteln und
von Pfründen scheinen den ägyptischen Tempeln durch die Besoldung
ihrer Priesterschaft keine Ausgaben entstanden zu sein.[3])

---

1) Könnte man nachweisen, daß es den Priestern auch damals noch möglich gewesen ist, ihre Pfründen auf ihre priesterlichen Nachkommen zu vererben.
(dies ist im alten Ägypten möglich gewesen; siehe z. B. die Bd. II. S. 36, A. 3
angeführten Inschriften von Siut, des Chnemhotep und des thebanischen Oberpriesters des Amon), so würde ein weiterer wichtiger innerer Grund für die Annahme einer größeren Verbreitung des Pfründenwesens vorhanden sein. Nun
erfahren wir allerdings durch P. Grenf. II. 34 u. 35, daß sich um 100 v. Chr.
παστοφόρια im unbeschränkten Besitz von Priestern zu Pathyris befunden haben,
und die Annahme liegt nahe, daß sie, die einstmals sicher dem betreffenden
Heiligtum gehört haben, auf dem Wege der erblichen Pfründe zu Privatgut geworden sind (siehe auch Bd. I. S. 286, A. 2), aber hierauf lassen sich natürlich
nicht weitergehende Folgerungen aufbauen.

2) Es sei hier noch auf die durch P. Tebt. I. 62, 7 ff.; 63, 18 ff. u. 141 belegte Priesterpfründe verwiesen, welche aus ἀνιερωμένη γῆ bestanden hat; da
dieses Land, welches von der ἱερά γῆ streng zu scheiden ist, im Gegensatz zu
dieser allem Anschein nach nicht vom Staate verwaltet worden ist (siehe VI. Kapitel 3, A a), so ist seine Benutzung zu Pfründen ohne weiteres möglich gewesen,
und wir müssen daher, wenn wir Priesterpfründen antreffen und in ihnen keine
Durchbrechung des für die ἱερά γῆ bestehenden Verwaltungsprinzipes sehen
wollen, nicht nur die Möglichkeit der Erwerbung des betreffenden Landes auf
dem Wege der Pacht, sondern auch die der Bildung der Pfründe aus ἀνιερωμένη γῆ in Betracht ziehen.

3) Über Einnahmen der Priester, welche diese auf Grund ihres Amtes, aber
nicht durch die Tempel, sondern direkt von der Bevölkerung erhalten haben,
siehe VII. Kapitel.

7. Die Abgaben an den Staat.

A. Allgemeine Würdigung.

Eine rühmliche Ausnahme von dem Übelstande ungenauer Einzelausgaben, mit dem wir bisher stets zu kämpfen hatten, macht allein diejenige Gruppe der Tempelausgaben, die man, wäre man allein auf die Nachrichten Diodors[1]) angewiesen, für den Tempelhaushalt als nicht in Betracht kommend ablehnen würde, die Abgaben an den Staat.

Die alte Mär von der Steuerfreiheit der ägyptischen Priesterschaft ist jetzt jedenfalls für die hellenistische Zeit[2]) aufzugeben. Zur Feststellung des Gegenteils steht uns durch die Angaben von Inschriften, Papyri und Ostraka ein reichhaltiges Material zur Verfügung.[3])

Wenn uns bisher für die ptolemäische Zeit verhältnismäßig weit weniger von Tempeln gezahlte Abgaben als aus römischer Zeit bezeugt sind, so ist dies einfach vor allem dem Zufall zuzuschreiben, der uns aus der Kaiserzeit zwei Tempelrechnungen erhalten hat, die uns auf einmal mit einer großen Anzahl von Gebühren und Steuern bekannt gemacht haben. Daher wäre es ganz verfehlt allein auf Grund dieses Tatbestandes zu vermuten, daß die Tempel unter den Ptolemäern weniger staatliche Abgaben zu zahlen hatten, daß

---

1) Diodor erwähnt diese Ausgabengruppe nicht nur nicht dort, wo er von den Tempelausgaben spricht (I. 73, 3), sondern stellt sie sogar direkt in Abrede (I. 28, 1 u. 73, 6), Diese Angaben Diodors beziehen sich allerdings auf Zustände des vorhellenistischen Ägyptens (auch I. 28, 1), da sie jedoch der der hellenistischen Zeit angehörende Diodor bietet, ohne das Aufhören der angeblichen Steuerfreiheit der alten Zeit (siehe folg. Anm.) in der eigenen hervorzuheben, obgleich er sogar an der einen Stelle (I. 28, 1) die ägyptischen Verhältnisse mit auswärtigen vergleicht, so könnte man sehr wohl im Anschluß an ihn das Fortbestehen des alten Zustandes in der hellenistischen Zeit annehmen.

2) Es ist mir übrigens sehr fraglich, ob man mit der weit verbreiteten Behauptung von der Steuerfreiheit der ägyptischen Priesterschaft in vorhellenistischer Zeit (so auch z. B. kürzlich noch E. Meyer, Geschichte des Altertums III. S. 164) das Richtige trifft. Jedenfalls kann man sich dabei nur auf die Nachrichten der Genesis (c. 47, 20 u. 26 = Joseph. Antiqu. Jud. II. § 190, 192 ed. Niese), des Herodot II. 168 und des Diodor (siehe vorige Anm.) stützen; die ägyptischen Texte berichten uns m. W. nichts — auch Herrn Prof. Sethe ist, wie er mir schreibt, nichts bekannt — über Steuerfreiheit der Tempel. Wiedemanns gegenteilige Behauptung, Herodots 2. Buch usw. S. 171 ist durch Belege nicht gestützt, hat also keine Beweiskraft.

3) Unbegreiflich ist es mir, wie Wiedemann, Herodots 2. Buch usw. S. 171 im Anschluß an die Angaben der Rosettana behaupten kann: „Nominell mußte die Steuerfreiheit (sc. der Priester) bis in die Ptolemäerzeit von jedem Pharao bestätigt werden, doch wird diese Bestätigung kaum ausgeblieben sein"; in der Inschrift von Rosette ist, von allem anderen abgesehen, doch nur von einem Erlaß von Steuerschulden der Tempel die Rede (Z. 28). Gerade diese Inschrift zeigt uns im übrigen deutlich, daß auch die Tempel in jeder Hinsicht steuerpflichtig gewesen sind.

ihnen mithin damals hieraus prinzipiell weniger Ausgaben erwachsen seien als unter den römischen Kaisern.

Sehr zu bedauern ist es alsdann, daß sich eigentlich nur für einen Tempel, nämlich den zu Soknopaiu Nesos, eine größere Anzahl Abgaben belegen läßt, doch darf man wohl annehmen, daß sich für den Steueretat anderer Heiligtümer, wenn wir systematische Belege besäßen, ein ähnliches Bild ergeben würde. Diese Annahme ist um so wahrscheinlicher, als sich tatsächlich verschiedene der vom Soknopaiostempel gezahlten Abgaben auch anderweitig nachweisen lassen,[1]) als weiterhin es bei einigen Steuern direkt bezeugt ist, daß eine größere Anzahl Tempel sie zu entrichten hatte,[2]) und als schließlich auch eine ganze Reihe von Abgaben, die für den Soknopaiostempel bisher nicht zu belegen sind, sich als Ausgabe anderer Heiligtümer gefunden haben.[3])

Infolgedessen erscheint es mir durchaus gesichert, daß im Etat eines jeden Heiligtums die Aufwendungen für Steuern und dergleichen unter den Gesamtausgaben stets eine wichtige Rolle gespielt haben werden, wenn auch ihre Höhe bei den verschiedenen Tempeln recht verschieden gewesen sein wird. Im Soknopaiostempel haben z. B. gegen Ende des 2. Jahrhunderts n. Chr. die Geldausgaben für die Abgaben an den Staat in einem Jahre die beträchtliche Höhe von 1 Talent 3360 Silberdrachmen erreicht[4]); ob das Heiligtum daneben

---

1) Die Belege finden sich bei der Besprechung der im folgenden genannten Abgaben in Abschnitt B, C u. D; hier seien nur diese selbst angeführt. Gebühren: ἐπιστατικὸν ἱερέων, προσδιαγραφόμενα; Steuern: φόρος βωμῶν, τέλος θυϊῶν (?), λαογραφία; Abgaben unbestimmten Charakters: ὑποκείμενον ἐπιστρ(ατηγίᾳ) (?).

2) Steuern: ἐπαρούριον, ξένια, τέλεσμα ὀθονίων.

3) Gebühren: ἐπιτηρητῇ καταπομπῆς μηνιαίον, φιλάνθρωπον κωμογρ(αμματέως) (?); Steuern: ἁλικὴ ἱερῶν, τέλεσμα βαλανείου, φόρος βοῶν (?), δημόσια τελέσματα, τέλος ἐγκύκλιον, ἱερείου, φόρος προβάτων, στεφανικά; Abgaben unbestimmten Charakters: ἀπαιτούμενα παρὰ ἱερέων Φεμνόηρεως θεοῦ, ἐπιγρ (. . . . .), Ο[. . .]ς ἱερέω(ν) (?).

4) Siehe B. G. U. I. 1 u. 337; unpubl. P. Rainer 171 bei Wessely, Kar. u. Sok. Nes. S. 72ff. Vergl. hierzu die Bemerkungen über die Zahlen in B. G. U. I. 337 im I. Bd. S. 314, A. 1. Der P. Rainer bietet, soweit eine Kontrolle möglich ist, dieselben Zahlen für Steuerausgaben, wie die Berliner; es ist jedoch nicht ausgeschlossen, daß in dem zerstörten Anfang der Geldabrechnungen für einige Abgaben höhere Ausgaben als in den Berliner Papyri gebucht gewesen sind, da ja die Gesamtausgaben in dem P. Rainer, wenn man von der gewissermaßen außerhalb der Ausgabenverrechnung stehenden λαογραφία-Zahlung des Berliner Papyrus (B. G. U. I. 1, 13—16) (über 637 Drachmen) absieht, um 332 Drachmen höher sind als in den Berliner Papyri (Bd II. S. 2). Vergl. hierzu auch die von Wessely a. a. O. S. 75 angegebene den ersten Teil der Zahlungen zusammenfassende Zahl des P. Rainer: 1 Talent 555 Drachmen 4¹/₂ Obolen gegenüber derjenigen in B. G. U. I. 337, 17: 1 Talent 2470 Drachmen 4¹/₂ Obolen, von der man jedoch, da ja in den beiden ersten Rubriken nicht genau dieselben Einzelzahlungen gebucht sind, 2231 Drachmen (Z. 7) + 344 Drachmen (Z. 16)

auch Naturalabgaben entrichtet hat, läßt sich vorläufig nicht entscheiden.[1]) Ein nicht näher zu bestimmendes Faijûmheiligtum hat
alsdann sogar in einem Monat 1 Talent 664 Drachmen 4 Obolen
2 Chalkus für Steuern verausgabt[2]); ein Schluß aus dieser Summe
auf die Höhe der Jahresausgaben ist jedoch, da ja in Ägypten bei
der Abführung der Steuern ganz unregelmäßige Ratenzahlungen gestattet waren (Wilcken, Ostr. I. S. 567 u. 619), leider nicht möglich.[3])
Erst recht nicht vermögen wir uns auf Grund der uns bekannt gewordenen Steuerzahlungen des Jupitertempels zu Arsinoe (3. Jahrhundert n. Chr.) — sie haben in einem halben Jahre 640 Drachmen
betragen[4]) — einen auch nur ungefähren Begriff von der Höhe der
jährlichen Ausgaben des Heiligtums für diesen Zweck zu verschaffen;
denn abgesehen davon, daß der Tempel in den 6 Monaten auf jeden
Fall mehr als 640 Drachmen für Abgaben ausgegeben hat, da mehrere Steuerzahlungen, bei denen die Angabe der Höhe fehlt[5]), nicht
mit verrechnet werden konnten, handelt es sich bei allen diesen Zahlungen um die Entrichtung von Rückständen bei einigen Steuern des
verflossenen Jahres (siehe Bd. II. S. 5), wodurch jeder Rückschluß auf
die jährliche Gesamtsteuerquote ausgeschlossen wird.

Die im folgenden gebotene Zusammenstellung der bisher bekannt
gewordenen Tempelabgaben[6]) dürfte sicher im Laufe der Zeit noch
eine bedeutende Vermehrung erfahren. Es ist bei ihr zwischen Gebühren und Steuern unterschieden worden, im übrigen sind aber ähn-

---

abziehen und 328 Drachmen (Z. 24) hinzufügen muß, was 1 Talent 223 Drachmen ergibt.

Mit der Angabe über die Jahresausgabe des Soknopaiostempels für staatliche Abgaben läßt sich ganz gut die Höhe zweier uns bekannt gewordener
monatlicher Steuerratenzahlungen dieses Heiligtums vereinigen; sie sind beide
in demselben Jahre (207/8 n. Chr.) erfolgt, die eine hat 660 Drachmen, die
andere 872 Drachmen betragen; siehe B. G. U. II. 392 Col. 2, 6—10 und 639
Col. 2, 40—41 (zu diesen Belegen siehe die Ausführungen Bd. I. S. 306).

1) In den Berliner Papyri fehlt der λόγος σιτικός der Abrechnung zum
größten Teil, in dem P. Rainer ist er zwar erhalten, doch sind Wesselys a. a. O.
Angaben über ihn nicht so genau, daß man auf Grund von ihnen mit Bestimmtheit die Nichtzahlung von Naturalabgaben konstatieren könnte.

2) Siehe P. Lond. II. 347 (S. 70) (römische Zeit); der betreffende Tempel
zahlt die obige Summe für folgende Abgaben: λαογραφία, τέλος θυϊῶν, ὑποκείμενον ἐπιστρ(ατηγίᾳ), φιλάνθρωπον κωμογρ(αμματέως) und Ο[...]ς ἱερέω(ν),

3) Bei der Höhe der Summe, über die hier quittiert wird, scheint es mir
allerdings nicht ausgeschlossen, daß es sich hier vielleicht nicht nur um Ratenzahlungen handelt, sondern daß für die eine oder andere Steuer der gesamte
Betrag auf einmal entrichtet worden ist.

4) Siehe B. G. U. II. 362 frg. 1, 5 ff.; p. 1, 23 u. 24; 4, 5; 10, 20 ff.; 11, 2;
13, 14 ff.; 14, 20 ff.

5) Siehe B. G. U. II. 362 p. 1, 22 ff.; 6, 12 ff.; 10, 23 ff.

6) Milne, history S. 126 hat einige wenige von Tempeln gezahlte Abgaben
kurz aufgeführt.

lich wie in Wilckens Ostraka die einzelnen Abgaben einfach in alphabetischer Reihenfolge, die nach den griechischen Bezeichnungen geordnet ist, angeführt.[1])

B. Die Gebühren.

§ 1. Τὸ δεκανικὸν τῶν πλοίων.

Siehe B. G. U. I. 1, 1; unpubl. P. Rainer 171 bei Wessely, Kar. u. Sok. Nes. S. 74 (2. Jahrhundert n. Chr.); vergl. Wilcken, Ostr. I. S. 353.

Vom Soknopaiostempel sind in einem Jahre 60 Drachmen für die obige Steuer entrichtet worden[2]). Die Zahlung ist in der Tempelrechnung mit den Worten „δεκανικοῦ ὁμοίως τῶν αὐτῶν πλοίων" gebucht; bei den τὰ αὐτὰ πλοῖα hat man, wie schon Wilcken mit Recht bemerkt hat, an die Fischerboote des Tempels zu denken. Wilcken hat auf eine Erklärung dieser Abgabe verzichtet, mit allem Vorbehalt möchte ich jedoch folgende Deutung vorschlagen. Auf dem Nil sind bekanntlich Flußwachtschiffe (ποταμοφυλακίδες) stationiert gewesen[3]); sie haben natürlich militärische Besatzung gehabt und wahrscheinlich dürfte diese unter dem Befehle eines δεκανός gestanden haben[4]). Es ist uns nun mehrfach bezeugt, daß der Staat für die Instandhaltung der ποταμοφυλακία von der Bevölkerung Geldbeiträge erhoben hat (Wilcken, Ostr. I. S. 284); weiterhin erfahren wir noch, allerdings erst aus byzantinischer Zeit, daß an einen δεκανὸς „ὑπὲρ [πλοίων ἀπερχομέ]νων ἐν Ἀλεξανδρ(εία) ὑ(πὲρ) ἀναλ(ώματος)" Geld gezahlt worden ist[5]). Daß zwischen den hier mitgeteilten Tatsachen irgend ein Zusammenhang besteht, ist wohl so gut wie sicher. Ich möchte ihn nun durch die Annahme herstellen, daß analog den Geldbeiträgen für die ποταμοφυλακία die δεκανοί berechtigt gewesen sind von Besitzern von Schiffen eventuell die Stellung dieser zu Regierungszwecken zu verlangen, daß aber die Besitzer, denen eine wenn auch nur vorübergehende Beschlagnahme ihrer Schiffe durch den Staat einen großen pekuniären Verlust zufügen konnte, sich durch eine Geld-

---

1) In die folgende Aufzählung sind natürlich diejenigen Abgaben, die von den Priestern privatim zu entrichten waren, nicht mit aufgenommen; sie sind im VII. Kapitel erwähnt.

2) Wenn im folgenden bei den einzelnen Abgaben nichts Besonderes hervorgehoben ist, sind die für sie in Betracht kommenden Belege in Tempelrechnungen zu finden; sie charakterisieren sich also insofern ohne weiteres als Tempelabgaben.

3) Vergl. Lumbroso, L'Egitto [2] S. 29 ff. u. Wilcken, Ostr. I. S. 282 ff.

4) Als Flottenoffiziere erscheinen z. B. δεκανοί in einer alexandrinischen Inschrift der Kaiserzeit (publ. von Néroutsos-Bey, l'ancienne Alexandrie S. 12).

5) Siehe P. Par., publ. von Wessely, Die Pariser Papyri des Fundes von El-Faijûm in Denkschriften der k. Akad. d. Wissensch. zu Wien, Phil.-histor. Kl. XXXVII. 2. Abt. (1889) S. 97 ff. (S. 241); die Ergänzungen treffen das Richtige.

zahlung Exemtion von der allgemeinen Verpflichtung verschaffen konnten. Die Bezeichnung einer solchen Abgabe als „δεκανικὸν τῶν πλοίων" wäre auch ganz verständlich, da sicher die durch sie einkommenden Gelder von den δεκανοί in ihrem Ressort, etwa zum Mieten der notwendig werdenden Fahrzeuge u. dergl. verwandt worden wären[1]).

§ 2. Τὸ ἐπιστατικὸν ἱερέων.

Siehe B. G. U. I. 337, 2; II. 471, 6; unpubl. P. Rainer 171 bei Wessely a. a. O. S. 73; P. Lond. II. 352 (S. 114), Z. 4; P. Fay. 23ᵃ Verso (S. 130); 42ᵃ Col. 2, 8; 51, 5 (römische Zeit)[2]); vergl. Wilcken, Ostr. I. S. 366 u. Bd. I. S. 238 ff.

Meine früheren Ausführungen über diese Gebühr, welche im Anschluß an die Behandlung der ὑπὲρ λεσωνείας-Abgabe erfolgt sind, bedürfen der Modifikation. Bei der Deutung von B. G. U. I. 337, in welchem beide Abgaben genannt sind, ist der Nachtrag zu dieser Urkunde (B. G. U. I. S. 396) nicht genügend beachtet worden. Ihm zufolge (Z. 13—15) darf man die Abgabe „ὑπὲρ λεσωνείας" nicht mit der Vorsteherschaft des Soknopaiostempels in Verbindung bringen, sondern es handelt sich bei ihr um die λεσωνεία des Soknopaios und des Anubis in Neilupolis, d. h. einer der Nebentempel des Soknopaiosheiligtumes (vergl. hierzu Bd. I. S. 19/20) hat einen besonderen Vorsteher besessen (siehe Bd. I. S. 42/43), für den die Bestallungsgebühr vom Tempel gezahlt worden ist. Insofern könnte man auch in dem mit ihr in derselben Urkunde verrechneten ἐπιστατικὸν ἱερέων einfach die Bestallungsgebühr[3]) der Vorsteher des Haupttempels sehen.

---

1) Die δεκανικόν-Abgabe habe ich hier unter den Gebühren behandelt, weil ich sie in erster Linie als Gebühr für die Zuerkennung eines Ausnahmerechtes (hier der Exemtion) auffassen möchte; in gewisser Weise kann man sie dann auch weiterhin als einen vom Staat für bestimmte Zwecke erhobenen Zwangsbeitrag deuten.

2) Ob man P. Tebt. I. 5, 62 ff. u. 97 als Belege für die Entrichtung des ἐπιστατικὸν ἱερέων in ptolemäischer Zeit verwerten darf, ist mir zweifelhaft. In beiden Fällen fehlt ἱερέων. Nun ist uns durch P. Tebt. I. 189 eine allem Anschein nach kopfsteuerartig auferlegte ἐπιστατικόν-Abgabe belegt, für deren Beziehung auf die Tempelvorsteher nicht der geringste Anlaß vorliegt, die man wohl vielmehr, zumal da sie zusammen mit der als σύνταξις bezeichneten Steuer (für diese siehe Bd. I. S. 382, A. I) entrichtet wird, als Zwangsbeitrag für das Gehalt der staatlichen ἐπιστάται fassen darf (vergl. hierzu z. B. das gleichfalls für die ptolemäische Zeit belegte φυλακιτικόν, siehe Wilcken, Ostr. I. S. 402). Die Möglichkeit, daß diese Abgabe auch in den beiden anderen P. Tebt. gemeint ist, ist jedenfalls vorhanden, wenn auch in P. Tebt. I. 5, 62 ff. die Tempelvorsteher und die Priester als Zahler genannt werden.

3) Die soeben von mir für das bloße ἐπιστατικόν aufgestellte Erklärung darf m. E. nicht als Beweis für die Richtigkeit der von mir früher (Bd. I. S. 239) abgelehnten Wilckenschen Deutung des ἐπιστατικὸν ἱερέων, nach welcher dieses nur eine besondere Abart der allgemeinen Abgabe wäre, verwandt werden. Abgesehen davon, daß zwischen den Belegen für die beiden Abgaben ein Zwischen-

An und für sich müßte man jedoch erwarten, daß derartige Abgaben
von dem einzelnen, der die Würde erhielt, und nicht von dem Tempel
gezahlt worden wären. Die Zahlung durch den Tempel legt daher die
Vermutung nahe, daß sie zugleich das Entgelt für ein dem Heiligtum bez. seiner Priesterschaft verliehenes Gerechtsam darstellten, und
dies kann wohl nur darin bestanden haben, daß die Priesterschaft
sich selbst die Vorsteher hat wählen dürfen.[1])
  Die Höhe der alljährlich zu zahlenden Gebühr (siehe Bd. I. S. 240)
hat im Soknopaiostempel in einem Jahre, das dem Ende des 2. nachchristlichen Jahrhunderts angehört hat, 5500 Drachmen betragen
(B. G. U. I. 337, 2, siehe Bd. I. S. 314, A. 1); im Jahre 220 n. Chr.
hat dann dasselbe Heiligtum laut einer uns erhaltenen Steuerquittung
(P. Lond. II. 352 [S. 114]) in einem Monate an verschiedenen Terminen zusammen 500 Drachmen entrichtet, woraus sich freilich nichts
Bestimmtes über die damalige Jahreshöhe der Steuer ergibt.[2]) Auf
jeden Fall zeigen die genannten Summen, daß die „Tempelvorsteher“-
abgabe dem Soknopaiosheiligtume recht bedeutende Ausgaben verursacht hat. Bestimmtere Angaben über die Höhe des ἐπιστατικὸν
ἱερέων liegen sonst nur noch für das Heiligtum von Pharbetha vor;
es hat in einem Monat 81 Drachmen gezahlt (P. Fay. 42ᵃ Col. 2, 8).
Nicht feststellen läßt sich die Höhe der Zahlungen der Heiligtümer
des Phemnoeris zu Hexapotamon (B. G. U. II. 471, 6) und zu Theadelpheia (P. Fay. 23ᵃ Verso u. 51), da die uns bekannt gewordenen
zusammen mit der Zahlung anderer Steuern erfolgen und mit diesen
in einer Summe verrechnet worden sind.[3])

raum von ungefähr 300 Jahren liegt, eine Vergleichung also jedenfalls nur mit
großer Vorsicht vorgenommen werden darf, sind, selbst wenn die Deutung des
ἐπιστατικόν das Richtige trifft, die prinzipiellen Bedenken nicht beseitigt, welche
mir eine ähnliche Erklärung der „Tempelvorsteher“abgabe auszuschließen scheinen.
Denn das allgemeine ἐπιστατικόν ist als Abgabe wohl verständlich, da hier die
Allgemeinheit für eine der Allgemeinheit dienende Institution zahlt, während
eine nur von den Tempeln zu gunsten ihrer Vorsteher entrichtete Abgabe zum
mindesten als ganz überflüssig bezeichnet werden müßte.
  1) Faßt man das P. Tebt. I. 5, 62 ff. genannte ἐπιστατικόν als „Tempelvorsteher“abgabe, so müßte man, da hier zwei Gruppen, die Tempelvorsteher
und die ἱερεῖς, als Zahler genannt werden, die Zahlung wohl auch doppelt begründen; die ersteren würden sie wohl als Entgelt dafür entrichtet haben, daß
sie ἐπιστάται geworden sind, die ἱερεῖς, unter denen man hier natürlich die Gesamtheit der Priesterschaft zu verstehen hätte, dafür, daß sie sich selbst die
ἐπιστάται haben wählen dürfen. (So möchte ich im Anschluß an die obigen
Ausführungen Grenfell-Hunts Deutung P. Tebt. I. S. 40, tax for the privilege of
having a ἐπιστάτης modifizieren; im übrigen heben sie mit Recht hervor, daß
gerade P. Tebt. I. 5, 62 ff. sich kaum mit der Wilckenschen Erklärung des ἐπιστατικόν ἱερέων vereinigen läßt.)
  2) Im unpubl. P. Rainer 171 ist die Angabe der Zahlungshöhe verloren,
Wessely a. a. O. S. 73.
  3) In B. G. U. II. 471, 6 hat die Zahlung im ganzen 216, in P. Fay. 51 nur
16 Drachmen betragen.

Das Prinzip, nach dem die $\dot{\varepsilon}\pi\iota\sigma\tau\alpha\tau\iota\varkappa\dot{o}\nu$ $\dot{\iota}\varepsilon\varrho\dot{\varepsilon}\omega\nu$-Gebühr aufgelegt worden ist, ist nicht zu ermitteln; vielleicht dürften für die Festsetzung der Höhe der Reichtum und das allgemeine Ansehen des betreffenden Tempels maßgebend gewesen sein.

§ 3. Ἐπιτηρητῇ ὑπὲρ καταπομπῆς μηνιαίου.

Siehe B. G. U. II. 362 frg. 1, 21; p. 2, 14; 4, 20; 8, 15; 12, 15; 14, 3; 15, 20 (3. Jahrhundert n. Chr.).

Mit Recht ist von Wilcken Archiv II. S. 126 gegenüber seinen früheren Ausführungen (a. a. O. Hermes XX [1885] S. 460) im Anschluß an P. Amh. II. 69[1]) bemerkt worden, daß man bei der καταπομπή μηνιαίου (sc. λόγου) an die Absendung der monatlichen Abrechnungen des arsinoitischen Jupitertempels nach Alexandrien zu denken habe.[2]) In dem ἐπιτηρητής hat man den besonderen staatlichen Beamten zu sehen, der diese Abrechnungen übermittelt hat (siehe besonders P. Amh. II. 69, 2 ff.). Nichts spricht dafür, daß man die allmonatliche wiederkehrende Zahlung an diesen in Höhe von 12 Drachmen als eine private Vergütigung seiner Dienste zu deuten hat, im Gegenteil weist uns das Fehlen des Namens des betreffenden Beamten darauf hin, daß eine bestimmte Persönlichkeit nicht in Betracht kommt.[3]) So wird man wohl die Zahlung „ἐπιτηρητῇ ὑπὲρ καταπομπῆς μηνιαίου" mit gutem Recht als eine offiziell auferlegte Abgabe für die Inanspruchnahme der Dienste eines staatlichen Beamten auffassen dürfen, d. h. wir haben hier eine sog. „Diener"gebühr vor uns, die verständigerweise vom Staate selbst erhoben worden ist.

§ 4. Ὑπὲρ λεσωνείας.

Siehe B. G. U. I. 337, 13 (2. Jahrhundert n. Chr.)[4]); vergl. Wilcken, Ostr. I. S. 382 und Bd. I. S. 238/39 u. Bd. II. S. 47/48.

---

1) Siehe hierzu etwa auch B. G. U. I. 64; III. 835; P. Oxy. III. 515; P. Goodsp. 7 (Goodspeed, Greek papyri from the Cairo Museum together with papyri of Roman Egypt from American collections in The decennial publications der University of Chicago V.)

2) Weitere Bemerkungen über diese Absendung der Tempelrechnungen siehe VI. Kapitel, 3 B.

3) Man vergleiche hierzu die in der Tempelrechnung gebuchten Zahlungen, welche Vergütigungen für dem Tempel geleistete Dienste darstellen; bei ihnen ist entweder μισθός oder ὀψώνιον hinzugesetzt und ferner auch der Name des Dienstleistenden genannt.

4) Wessely, Kar. u. Sok. Nes. S. 69 will B. G. U. II. 652, 11 einen weiteren Beleg für die λεσωνεία-Abgabe entnehmen, indem er für φό(ρου) χεσον⁻ „φό(ρου) λεσον(είας)" emendiert. Sein Vorschlag ist jedoch paläographisch sehr unwahrscheinlich, da χ ziemlich sicher dasteht; unter dem Abkürzungsstrich scheint übrigens noch ein Buchstabe gestanden zu haben. Ferner nennt Wessely ebenda noch den unpubl. P. Rainer 171 als Beleg für die Gebühr ὑπὲρ λεσωνείας; in seinem zusammenfassenden Bericht über diesen Papyrus (S. 73) findet sie sich jedoch nicht, sie wird sogar als nicht vorhanden bezeichnet.

Die Bestallungsgebühr des λεσώνης ist uns bisher nur aus den Abrechnungen des Soknopaiostempels bekannt geworden. Die Höhe der für sie in einem Jahre bezahlten Summe ist nicht zu ermitteln, da sie mit anderen Abgaben zusammen verrechnet ist. Sehr hoch ist sie jedoch jedenfalls nicht gewesen, da die für sie und die anderen Abgaben gezahlte Summe im ganzen nur 64 Drachmen betragen hat.

§ 5. Τὰ προσδιαγραφόμενα.

Siehe B. G. U. I. 337, 7, 8, 10, 12, 15, 24; II. 471, 8; unpubl. P. Rainer 171 bei Wessely a. a. O. S. 73 ff.; wohl auch B. G. U. I. 292; P. Lond. II. 460 (S. 70) Z. 3 u. 5 (römische Zeit); vergl. Wilcken, Ostr. I. S. 287/88.

Die überaus häufig zu belegende Abgabe „τὰ προσδιαγραφόμενα" ist von Wilcken mit Recht als „Bureaugebühren" erklärt worden; sie sind stets als Zuschlag zu anderen Steuerzahlungen in Geld entrichtet worden.

Nach den obigen Beispielen, welche sich auf die Heiligtümer des Soknopaios und des Phemnoeris und auf nicht näher zu bestimmende Faijûmtempel beziehen, sind also auch die Tempel von dieser Verwaltungsgebühr nicht befreit gewesen. Wenn nun in Steuerquittungen, in denen über Steuerablieferungen der Tempel quittiert wird[1]), die Bureaugebühren nicht erwähnt werden, so ist dies durchaus noch nicht als ein sicherer Beleg dafür anzusehen, daß sie in den betreffenden Fällen überhaupt nicht zu entrichten waren; denn das im ägyptischen Steuerwesen für die Entrichtung der Steuern stets üblich gewesene System beliebiger Ratenzahlungen dürfte auch bei den προσδιαγραφόμενα in Geltung gewesen sein, und demnach ist auch ihrem eventuellen Fehlen in einer Steuerquittung keine entscheidende Bedeutung beizulegen. Die Höhe der προσδιαγραφόμενα hat stets in einem ganz bestimmten Verhältnis zu der Höhe der Steuer, als deren Zuschlag sie erhoben wurden, gestanden; bei der Berechnung des Prozentsatzes darf man allerdings nur dann auf ein sicheres Resultat rechnen, wenn Angaben über die Jahreshöhe der betreffenden Abgabe und über die der zu ihr gehörenden προσδιαγραφόμενα erhalten sind. Beim Soknopaiostempel hat in dem einen uns näher bekannten Jahre die Höhe der Bureaugebühren bei den verschiedenen von ihm entrichteten Steuern zwischen $6\frac{1}{4}\%$ (B. G. U. I. 337, 7, 15 u. 24), $6\frac{1}{3}$ (ebenda Z. 10, vergl. unpubl. P. Rainer 171), $6\frac{2}{3}\%$ (ebenda Z. 12) und $9\frac{1}{2}\%$ (ebenda Z. 8) geschwankt; im ganzen ergeben die in der Jahresabrechnung des Tempels sich findenden Zahlungen für προσδιαγραφόμενα die ganz beträchtliche Summe von rund 177 Drachmen. In der bedeutenden Höhe von fast 14% sind alsdann die προσδιαγραφόμενα bei der einen

---

1) Siehe z. B. P. Lond. II. 347 (S. 70); 352, (S. 114); P. Amh. II. 119.

uns bekannt gewordenen Steuerzahlung des Tempels des Phemnoeris berechnet worden (B. G. U. II. 471, 8).

Diese Normierung der προσδιαγραφόμενα nach Prozenten der Hauptabgabe legt die Vermutung nahe, daß, wenn wir einer nach diesem Prinzip erhobenen Steuerzuschlagszahlung, welche keinen bestimmten Namen führt, begegnen, wir diese als die προσδιαγραφόμενα-Abgabe auffassen dürfen. So wird man die vierprozentigen Zuschläge, welche uns in zwei Steuerquittungen im Anschluß an die Abführung des φόρος βωμῶν begegnen[1]), als προσδιαγραφόμενα deuten dürfen.[2])

§ 6. Τὸ φιλάνθρωπον κωμογρ(αμματέως)[3]).

Siehe P. Lond. II. 347 (S. 70) Z. 13 (201 n. Chr.); vergl. Wilcken, Ostr. I. S. 401/02.

Wilcken hat die obige Abgabe als das „Douceur für den Dorfschreiber"[4]) erklärt und faßt sie alsdann als einen Zwangsbeitrag für einen bestimmten Zweck auf (siehe S. 409). In letzterem Punkte kann ich ihm jedoch nicht zustimmen, vielmehr möchte ich in ihr eine Verwaltungsgebühr sehen, welche die Tempel ebenso wie die anderen Steuerzahler für Inanspruchnahme der Dienste des κωμογραμματεύς zu entrichten hatten. Wir haben es also hier wieder mit einer „Diener"gebühr zu tun.

Ein nicht näher zu bestimmender Tempel des Faijûm[5]) ist als

---

1) Siehe P. Lond. II. 460 (S. 70) u. B. G. U. I. 292; über die Lesung dieser Papyri siehe im folgenden S. 54, A. 3.

2) Auch Wilcken, Archiv III. S. 234 hat inzwischen dieselbe Erklärung aufgestellt, er vermag sie noch durch unpubl. P. Münch. zu stützen, in denen προσδιαγραφόμενα auch in Höhe von 4% vorkommen. Ebenda hat auch Wilcken seine Lesung der Schlußworte von Z. 3 u. 5 von P. Lond. II. 460 (S. 70) mitgeteilt, wodurch die Zahlung der auch sonst neben den προσδιαγραφόμενα erscheinenden Verwaltungsgebühr „συμβολικόν" (Wilcken, Ostr. I. S. 287/88) nun auch für Tempel belegt ist. Wilckens Vermutung, daß sie speziell das Entgelt für den zur Quittung verwandten Papyrus darstellte, ist sehr wahrscheinlich.

3) Wilcken, Ostr. I. S. 401, A. 3 und Kenyon, P. Lond. II. S. 71 ergänzen κωμογρ(αμματεῖ), doch scheint mir der Genetiv richtiger zu sein.

4) Zu dem eigenartigen Namen der Abgabe scheint mir das Vereinsstatut des collegium salutare Dianae zu Lanuvium (C. I. L. XIV. 2112) eine vorzügliche Parallele zu bieten. Unter gewissen Umständen sollen nämlich von dem vom Verein gezahlten Sterbegeld „commoda" abgezogen werden, die von Mommsen, De collegiis et sodaliciis Romanorum S. 104 als ein für den Vereinsschreiber (oder den quinquennalis) bestimmtes Entgelt erklärt worden sind. (Schieß', Die römischen collegia funeraticia nach den Inschriften [Diss. Zürich 1888] S. 102, A. 336 ohne Begründung vorgebrachter Zweifel erscheint mir irrelevant.) Die Gewährung besonderer Gebühren in den betreffenden Fällen dürfte durch die von ihnen jedenfalls hervorgerufenen besonderen Schreibereien u. dergl. bedingt sein. Also auch hier in der römischen Welt ist eine Verwaltungsgebühr, die allerdings privaten Charakter hat, etwa als „Douceur" bezeichnet worden.

5) Es ist nicht ganz ausgeschlossen, daß es der Soknopaiostempel ist; die Namen der hier angeführten Priester sind die bei Priestern jenes Heiligtumes besonders üblichen. Vergl. jedoch dem gegenüber Bd. I. S. 297, A. 2.

Zahler dieser Gebühr zu belegen[1]); es sind von ihm für sie laut einer Steuerquittung in einem Monat 174 Drachmen 5 Obolen entrichtet worden. Ob dies eine Ratenzahlung gewesen ist oder ob einmal in einem Monat die ganze zu zahlende Summe abgeführt worden ist, läßt sich nicht entscheiden.

C. Die Steuern.

§ 1. Ἁλιευτικῶν πλοίων.

Siehe B. G. U. I. 337, 26; unpubl. P. Rainer 8 u. 171 bei Wessely, Kar. u. Sok. Nes. S. 15/16, 72 u. 74 (2. Jahrhundert n. Chr.); vergl. Wilcken, Ostr. I. S. 391 u. Bd. I. S. 310.

Für diese auf den Fischerbooten lastende Abgabe hat der Soknopaiostempel in zwei Jahren je 625 Drachmen, in einem anderen noch bedeutend mehr, 2190 Drachmen (unpubl. P. Rainer 8), gezahlt. Diese Abgabe im Anschluß an Wilcken als reine Vermögenssteuer zu fassen, durch die nur der Wert der Boote getroffen wurde, scheint mir durch die Höhe des Steuersatzes ausgeschlossen. Denn man müßte unbedingt annehmen, daß der die Fischerei ausübende neben ihr noch gewerbliche Licenzsteuer und Gewerbesteuer gezahlt haben würde[2]), und da zumal die letztere recht hoch gewesen zu sein scheint, würde sich eine ganz außergewöhnliche Belastung des Fischergewerbes ergeben. Ich glaube daher, daß die Abgabe „ἁλιευτικῶν πλοίων" sowohl für den Besitz als auch für den Ertrag der Boote gezahlt worden ist, d. h. in ihr sind Vermögens- und Gewerbe-(Ertrags-)steuer des mit eigenen Booten die Fischerei betreibenden vereinigt gewesen.[3])

§ 2. Ἡ ἁλικὴ ἱερῶν.

Siehe Ostr. Wilck. 1227 (3. Jahrhundert v. Chr.), vergl. Wilcken, Ostr. I. 141 ff. u. Bd. I. S. 317, A. 4.

Die oben genannte Abgabe ist in einer thebanischen Steuerquittung erwähnt; das zu ἁλικὴ hinzugesetzte ἱερῶν scheint mir mit Sicherheit darauf hinzuweisen, daß wir es mit einer von einem Tempel ge-

---

1) Die Form der Steuerquittung (X. Y. καὶ U. Z. καὶ οἱ λοιποὶ ἱερεῖς, vergl. hierzu VI. Kapitel) zeigt, daß die Priester hier nicht in eigenem Namen, sondern im Auftrage ihrer Tempel die Zahlung leisten. Diese Bemerkung ist im folgenden stets in Betracht zu ziehen, wenn eine Tempelabgabe als durch diesen Londoner Papyrus belegt bezeichnet wird.

2) Über die von der Fischerei erhobenen Abgaben vergl. die eingehenden Ausführungen von Wilcken, Ostr. I. S. 137 ff. Die gewerbliche Licenzsteuer der Fischer scheint mir durch B. G. U. I. 220 u. 221 belegt zu sein (in 220, 13 möchte ich διὰ ἁλιέων lesen)

3) Vergl. zu dieser Deutung Ps. Aristoteles, Oikon. II. 2, 25, wonach König Taos die Besteuerung des Schiffergewerbes ebenso geordnet hatte (ἀπὸ τῶν πλοίων ..... τῆς ἐργασίας μέρος τὸ δέκατον).

zahlten Abgabe zu tun haben.[1]) Die Kleinheit der hier gezahlten Summe, 5 Obolen 2 Chalkus (Silber), verbietet es aber wohl in ihr eine Steuer für im Tempelbesitz befindliche Salinen zu sehen[2]); die Zahlung dürfte wohl eher von einem Tempel als Salzkonsument (etwa für Opferzwecke) für das Salzmonopol erfolgt sein.

§ 3. Τὸ τέλεσμα βαλανείου.

Siehe B. G. U. II. 362 p. 1, 24; 6, 20; 10, 24 (3. Jahrhundert n. Chr.); vergl. Wilcken, Ostr. I. S. 167/68 u. Bd. I. S. 292.

Eine größere Anzahl Tempel sind, wie wir im I. Bd. S. 292 nachgewiesen haben, unter Durchbrechung des Staatsmonopols im Besitz von Badeanstalten gewesen. Die oben genannte Steuer ist von dem Jupitertempel in Arsinoe entrichtet worden und dürfte wohl am besten als Ertragssteuer für die von ihm besessene Badeanstalt aufzufassen sein. Im Laufe von sechs Monaten hat das Heiligtum für sie drei Zahlungen geleistet, deren eine 20 Drachmen betragen hat, während bei den anderen Angaben nicht erhalten sind; irgend ein Rückschluß auf die jährliche Höhe der Steuer ist, zumal da es sich um Steuerrückstandszahlungen handelt, ausgeschlossen. An und für sich möchte ich glauben, daß das τέλεσμα βαλανείου vom Staate ziemlich hoch aufgelegt worden ist, da es ja gewiß auch ein Entgelt für die den Tempeln verliehene Exemtion von einem Monopol darstellen sollte.

§ 4. Ὁ φόρος βοῶν.

Siehe B. G. U. I. 292, 2; P. Lond. II. 460 (S. 70), Z. 3 u. 5; 478 (S. 111), Z. 5 (?)[3]) (römische Zeit); vergl. Wilcken, Ostr. I. S. 352 u. Bd. I. S. 282.

1) Wilcken, Ostr. I. S. 142, A. 2 denkt daran, daß man durch ἱερῶν vielleicht das Ressort der Staatskasse bezeichnen wollte, dem der Betrag überwiesen werden sollte; doch ist hiergegen zu bemerken, daß eine derartige Quittierungsform in jener Zeit (Anfang der ptolemäischen Epoche) nicht üblich gewesen ist; näheres siehe VI. Kapitel, 3 A.

2) Wilcken, Ostr. I. S. 142, A. 2 hält diese Erklärung eventuell für möglich.

3) Zu der Lesung all dieser Papyri siehe im folgenden S. 54, A. 3 u. Wilcken, Archiv I. S. 141. Wilcken hat neuerdings (Archiv III. S. 234) Zweifel an seiner Ergänzung von βοL zu βοῶν geäußert, ich möchte mich ihnen jedoch nicht anschließen. Die oben verwerteten Steuerquittungen, in denen über den φόρος βοῶν quittiert wird — in der einen (P. Lond. II. 470 [S. 70]) ist der Zahler gar nicht erwähnt, in der anderen (B. G. U. I. 292) ist es ein ἀρχιερεύς —, erweisen sich mit Sicherheit als Quittungen über Steuerablieferungen der Tempel, da in ihnen, die natürlich nur für einen Zahler ausgestellt gewesen sind, auch für die Altarsteuer, die als spezifische Tempelabgabe aufzufassen ist (siehe den folgenden §), Quittung geleistet wird. Dem ἀρχιερεύς in B. G. U. I. 292 ist demnach über die Entrichtung der betreffenden Zahlungen als dem Beauftragten des Tempels quittiert worden, und damit dürfte es auch zusammenhängen, daß nur seine amtliche Eigenschaft und nicht sein Name hervorgehoben ist. Wesselys, Kar. u. Sok. Nes. S. 74 Auffassung des im Beginn der Quittung stehenden „ἀρχιερέως" als Bezeichnung des Ressorts, in das die Steuerzahlung abgeführt worden ist, scheint mir verfehlt zu sein.

Die Zahlung der Rindersteuer, die Wilcken mit Recht als eine
von den Besitzern von Rindern gezahlte Vermögenssteuer erklärt hat,
ist für nicht näher zu bestimmende Heiligtümer des Faijûm[1]) zu belegen. Über die Höhe der durch sie hervorgerufenen Ausgaben ist
nichts Rechtes zu ermitteln.[2])

§ 5. Ὁ φόρος βωμῶν.

Siehe B. G. U. I. 199, 13; 292, 1/2[3]); 337, 3; P. Lond. II. 460
(S. 70) Z. 3 u. 5; unpubl. P. Rainer 151 bei Wessely, Kar. u. Sok. Nes.
S. 68; 8, Wessely a. a. O. S. 72; 171, Wessely a. a. O. S. 74 u. 77[4])
(römische Zeit)[5]); vergl. Wilcken, Ostr. I. S. 252/53 u. Bd. I. S. 394.

1) Bezüglich des Beispieles in B. G. U. I. 292 ist es ausgeschlossen, bei
ihm an den Soknopaiostempel zu denken, da als Zahler der Steuer ein ἀρχιερεύς
genannt wird und bekanntlich dieses Heiligtum in der späteren römischen Zeit
sicher von einem Priesterkollegium verwaltet worden ist (Bd. I. S. 47 ff.).

2) Die auf der einen Quittung genannte Zahlung beträgt 11 Drachmen
3 Obolen, die der anderen 18 Drachmen, letzteres die Gesamtsumme zweier im
Laufe von vier Monaten erfolgter Steuerablieferungen. Falls P. Lond. II. 478
(S. 111) mit Recht als Beleg für die Rindersteuer angeführt ist, wäre durch ihn
die ganz beträchtliche Zahlung von 100 Drachmen belegt.

3) Die von Krebs gebotene Lesung dieser Zeilen des Berliner Papyrus:
1) φόρον βομῶν (sic), 2) γ‵ʹ ‵ʹφ ριδʹ κ[ε]φ(αλαίου) (sprachlich ist das Wort
κεφάλαιον an dieser Stelle, wo man die Nennung einer Steuer erwartet, wenig
wahrscheinlich; auf keinen Fall darf es natürlich gleich ἐπικεφάλιον gesetzt
werden), ‵ʹιαϛʹ ist sicher nach Analogie von P. Lond. II. 460 (S. 70) (vergl. Wilcken,
Archiv I. S. 141) zu ändern in: 1) φόρον βομῶν (sic), 2) γ‵ʹ ‵ʹφ (ἑκατοσταί)
(= ϱ) δ‵ʹκ, β[ο](ῶν) ‵ʹιαϛʹ. Auf eine Anfrage bei Herrn Dr. Schubart, ob sich
die hier vorgeschlagene Lesung mit den Schriftspuren des Papyrus vereinigen
ließe, teilte mir dieser liebenswürdigerweise mit, daß die Lesung β[ο]ᴸ (= βοῶν)
an Stelle des φ von κ[ε]φ(αλαίου) wohl möglich wäre; außerdem sei es nicht
notwendig, wie Krebs in seiner Publikation es getan hat, anzunehmen, daß in
der Lücke zwischen dem von ihm gelesenen κ und φ ein Buchstabe gestanden
hat. Freilich glaubte Herr Dr. Schubart die Lesung ριδʹ aufrecht halten zu
müssen, doch wohl mit Unrecht. Die im Papyrus sich findenden Schriftcharak-
tere ει zwingen durchaus nicht ϱι zu lesen; der Strich, den Schubart für ι hält,
dürfte einen Abkürzungsstrich darstellen, der bekanntlich bei verschiedenen
Schreibern an verschiedener Stelle gesetzt worden ist. Weiterhin wird man
den Strich über dem δ, worauf mich Herr Professor Wilcken brieflich aufmerksam macht, einfach als den obersten uns noch erhaltenen Teil des sonst verloren
gegangenen Drachmenzeichens anzusehen haben. Es ist also das im Papyrus
dastehende ει Δ ‵ʹ; als ἑκατοσταί τέσσαρες δραχμαί aufzulösen, und es hat also der
Ausdruck einmal die Angabe des Prozentsatzes (4%) und weiterhin die Nennung des
Kennwertes des folgenden ‚κ‘ enthalten; die Richtigkeit der Auflösung ergibt sich
bei Ausführung der Prozentrechnung (500 Drachmen zu 4% = 20 Drachmen).

4) Wie Wesselys doppelte Angaben über die Altarsteuer aus dem unpubl.
P. Rainer 171 mit einander zu vereinen sind, vermag ich vorläufig nicht zu sagen.
Sollte die zweite Angabe sich etwa nicht auf eine Ausgabe für die Altarsteuer, sondern
auf eine mit ihr irgendwie verbundene Einnahme beziehen? Vergl. hierzu die mit
ihr verbundene gleichfalls eine Einnahme betreffende Angabe auf S. 77 und ferner
zu der Buchungsmethode die Mitteilungen Wesselys auf S. 72 aus unpubl. P. Rainer 8.

5) Im P. Lond. II. 478 (S. 111) ergänzt Kenyon Z. 5 ὑπ(ὲρ) φό(ρου) β[] zu

Die Altarsteuer, die man immerhin schon allein auf Grund ihres Namens als eine spezielle Tempelabgabe erklären könnte, macht sich uns auch dadurch als solche kenntlich, daß sich bisher nur Tempel als Zahler dieser Abgabe nachweisen lassen.[1]) Durch sie sind, wie schon Wilcken vermutet hat, offenbar alle Opfergaben, die an den Altären niedergelegt worden sind, zur Besteuerung herangezogen worden[2]), man hat also in ihr eine Ertragssteuer zu sehen. In welcher Höhe sie aufgelegt war, läßt sich freilich nicht bestimmen. Wenn Milne (history S. 126) annimmt, es seien 4% vom Wert der Opfergaben als Abgabe erhoben worden, so beruht dies auf einer falschen Auffassung von P. Lond. II. 460 (S. 70) (siehe Bd. II. S. 51). Auch sachliche Gründe sprechen gegen Milnes Annahme. Der Soknopaiostempel hat z. B. in einem Jahre für zwei zu ihm gehörende Altäre im benachbarten Neilupolis 2100 Drachmen bezahlt (B. G. U. I. 337 u. unpubl. P. Rainer 171); würde nun Milnes Steuersatz zugrunde liegen, so würde der Wert der an diesen Altären niedergelegten Opfergaben fast 9 Talente Silber betragen haben. Eine Summe von einer derartigen Höhe ist jedoch völlig unglaubwürdig[3]), und so werden wir einen bedeutend höheren Steuersatz annehmen dürfen. Auf hohe Jahresbeträge der Altarsteuer weisen uns auch die für sie uns bekannt gewordenen Ratenzahlungen in Höhe von 800 (P. Lond. II. 460 [S. 70]), 500 (B. G. U. I. 292) und 320 Drachmen (unpubl. P. Rainer 151) hin; welche Faijûmheiligtümer in Betracht kommen, ist nicht mit Sicherheit zu bestimmen.

φό(ρου) β[ω](μῶν), doch wohl mit Unrecht. Denn diese Steuer läßt sich bisher noch niemals in abgekürzter Form nachweisen, während für die Rindersteuer uns in der Form βο∟ eine Abkürzung aus P. Lond. II. 460 (S. 70) u. B. G. U. I. 292 bekannt geworden ist, welche mit Kenyons Angaben sich wohl vereinen läßt; freilich positiv Sicheres läßt sich hier nicht ermitteln.

1) Mehrere Male finden wir die Altarsteuer als Ausgabe in einer Tempelrechnung gebucht (B. G. U. I. 337 u. unpubl. P. Rainer 8 u. 171), in einem dritten Falle (B. G. U. I. 199) sind als Zahler Priester genannt, die jedoch nicht privatim, sondern im Namen ihres Heiligtums die Zahlung leisten (siehe VI. Kapitel), und in gleicher Weise dürfte auch der in B. G. U. I. 292 als Zahler genannte ἀρχιερεύς zu beurteilen sein (siehe Bd. II. S. 53, A. 3). P. Lond. II. 460 (S. 70) nennt gar keinen Zahler.

2) Der φόρος βωμῶν ist offenbar im Prinzip dem δερματικόν in Athen gleichzusetzen, das der Staat von den großen Opfern bezogen hat (siehe Boeckh, Der Staatshaushalt der Athener[3] I. S. 405). Vergl. auch etwa Herodots VI. 57 Angaben über den Anteil der spartanischen Könige an den Opfern.

3) Für dieses Urteil spricht auch B. G. U. III. 916, wonach als Pachtpreis für den einen der in B. G. U. I. 337 etc. versteuerten Altäre nur 400 Drachmen und einige Naturallieferungen erzielt worden sind (siehe Bd. I. S. 394). Hiernach können die Einnahmen aus dem Altar nicht sonderlich hoch gewesen sein. Wenn nun auch ein Zwischenraum von ungefähr 100 Jahren zwischen dieser und der oben im Text verwerteten Angabe liegt, immerhin liefert jedoch wohl B. G. U. III. 916 einen ungefähren Maßstab zur Beurteilung der aus einem Altar etwa zu erzielenden Einnahmen.

§ 6. Ἡ γναφική.

Siehe B. G. U. I. 337, 18 u. 23; unpubl. P. Rainer 171 bei Wessely a. a. O. S. 73; P. Lond. II. 286 (S. 183); P. Amh. II. 119 (?)[1]) (römische Zeit); vergl. Wilcken, Ostr. I. S. 227 u. Bd. I. S. 309.

Wie schon im I. Bd. S. 304 ff. eingehend erörtert worden ist, ist der Soknopaiostempel, in dessen Abrechnung sich die Zahlung dieser für die Ausübung des Walkergewerbes zu entrichtenden Licenzsteuer findet[2]), nicht nur als Erheber dieser Abgabe, sondern auch als das zur Zahlung verpflichtete Steuersubjekt anzusehen. Freilich ist es ihm gestattet gewesen die γναφική ebenso wie alle anderen von ihm gezahlten gewerblichen Licenzsteuern von den von ihm beschäftigten Walkern wieder einzutreiben, so daß ihm aus der Entrichtung all dieser Abgaben keine direkten Ausgaben erwachsen sind, wenn ihm nicht gerade einige seiner Angestellten diese Steuern schuldig geblieben sind. Der Soknopaiostempel hat in dem einen Jahre 240 Drachmen (P. Lond. II. 286 [S. 183]), in einem anderen (100 Jahre später) 256 Drachmen (B. G. U. I. 337), also in beiden Fällen fast gleiche Summen für die γναφική gezahlt.[3])

Im Anschluß an die Deutung der γναφική sei übrigens an die wichtige allgemeine Folgerung erinnert, die sich ergibt, wenn wir die Zahlung gewerblicher Licenzsteuern belegt finden. Wie schon (Bd. I. S. 301, A. 5) hervorgehoben worden ist, haben nämlich aller Wahrscheinlichkeit nach alle selbständigen Gewerbetreibenden außer diesen Steuern stets auch noch die entsprechenden Gewerbesteuern, d. h. Abgaben, die von dem Ertrage des betriebenen Gewerbes gezahlt worden sind, zu entrichten gehabt, und insofern sind wir berechtigt, wenn wir unter den Ausgaben der Tempel solche für Licenzsteuern nachweisen können, auch ohne einen direkten Beleg für die betreffenden Heiligtümer die Zahlung der korrespondierenden Gewerbesteuern als eine gesicherte Tatsache anzunehmen. Die Richtigkeit dieser Annahme wird übrigens aufs beste dadurch bestätigt, daß in zwei Fällen sich tatsächlich für einen Tempel beide Abgaben nebeneinander belegen lassen (siehe § 11 u. 15).

§ 7. Τὰ δημόσια τελέσματα.

Siehe B. G. U. II. 362 p. 4, 4/5; 6, 12 ff.; 10, 20 ff.; 13, 14 ff.; 14, 20 ff.; vergl. auch frg. 1, 2 ff. u. p. 1, 22 ff. (3. Jahrhundert n. Chr.);

---

1) Vergl. die Ausführungen über diesen Papyrus im I. Bd. S. 301 ff. und II. Bd. S. 61.

2) Über die Berechtigung, die γναφική als Licenzsteuer zu qualifizieren, vergl. die Ausführungen im I. Bd. S. 301, A. 5.

3) P. Amh. II. 119 bezieht sich auch auf den Soknopaiostempel (200 n. Chr.), doch bietet er keinerlei irgendwie sichere Angaben über die Höhe der ihm (es ist eine Steuerquittung) zu grunde liegenden Zahlung.

siehe Wilcken a. a. O. Hermes XX (1885) S. 450/51 u. Ostr. I. S. 168;
ferner Bd. I. S. 288/289.

Nach meinen Bemerkungen über diese Abgabe, die für den
Jupitertempel zu Arsinoe zu belegen ist, ist sie als die von diesem
Heiligtum für seinen Grundbesitz an Gebäuden, Bauplätzen u. dergl.
(aber nicht an Land) entrichtete Steuer, also in gewisser Weise als
Gebäudesteuer aufzufassen. Wie hoch sich die jährlichen Ausgaben
für sie belaufen haben, ist nicht mit Sicherheit festzustellen, einige
100 Drachmen dürften es jedoch wohl auf jeden Fall gewesen sein.

§ 8. Tò τέλος ἐγκύκλιον.

Siehe P. Oxy. II. 242 (1. Jahrhundert n. Chr.); vergl. Wilcken,
Ostr. I. S. 182 ff.

Auch die Tempel haben diese Besitzwechselabgabe (Ver-
kehrssteuer) in der üblichen Höhe von 10% des Wertes des ge-
kauften Gegenstandes zu entrichten gehabt; die oben genannte Urkunde bezeugt sie uns für das Heiligtum des Sarapis zu Oxyrhynchos[1]),
und zwar in der Höhe von 5 Talenten 1140 Drachmen Kupfers.

§ 9. Tò ἐπαρούριον.

Siehe Rosette Z. 30/31 (196 v. Chr.); vergl. Wilcken, Ostr. I.
S. 193 ff.

Ich habe das Wort „ἐπαρούριον" als Überschrift über die Behandlung der von den Tempeln entrichteten Landgrundsteuer gesetzt, weil von den zahlreichen mit der Grundsteuer in Beziehung zu
bringenden Steuerbezeichnungen[2]) gerade dieses Wort vortrefflich dem
Besteuerungsprinzip entspricht, welches wir für die Tempelländereien
nachweisen können. Einem Passus des Dekretes von Rosette (Z. 30/31)
zufolge haben nämlich die Tempel bis zum 9. Jahr Ptolemaios' V.

---

1) Die den Vertrag abschließenden Priester handeln hier im Namen ihres
Tempels, vergl. VI. Kapitel, 3 A b.

2) Siehe Wilcken, Ostr. I. S. 408; Grenfell-Hunt, P. Tebt. I. S. 38 ff.; die Bezeichnung „ἐπιγραφή", die Wilcken, Ostr. I. S. 194 ff. als die allgemeinste Bezeichnung der Grundsteuer auffaßt, habe ich nicht gewählt, da ich anders wie Wilcken
in ihr nur eine Bezeichnung einer Zuschlagszahlung zur Abgabe vom Landbesitz sehe;
ebenso auch Grenfell-Hunt a. eben a. O. In Verbindung mit Tempeln ist die
ἐπιγραφή aller Wahrscheinlichkeit nach noch nicht belegt. Eine Steuerquittung
des 1. Jahrhunderts n. Chr., in der der Priesterschaft des Sokanobkonneus von
Bakchias (Faijûm) über eine von ihr geleistete Steuerzahlung quittiert ist (die
Zahlung erfolgt natürlich im Namen des Tempels, die Quittung ist daher auch
im Tempel selbst gefunden) (P. Fay. 18), enthält allerdings als Bezeichnung der
zu grunde liegenden Abgabe den Ausdruck ἐπιγρ (?) (vergl. auch P. Fay. 17, 4),
doch ist es, wie Grenfell-Hunt (S. 109/110) bemerken, sehr wenig wahrscheinlich, daß er zu ἐπιγρ(αφή) zu ergänzen ist; siehe vor allem ihre Ausführungen
über die Lesung des ganzen Abschnittes und auch ihr sachliches Bedenken, das
sich darauf stützt, daß hier über eine Geldzahlung quittiert ist, während sich
sonst alle Quittungen über ἐπιγραφή auf Naturallieferungen beziehen.

Epiphanes' (197/96 v. Chr.) von ihren Ländereien eine feste Abgabe in natura zu bezahlen gehabt[1]), und zwar für die Arure Ackerland (ἱερὰ γῆ) je eine Artabe der geernteten Früchte[2]) und für die Arure Weinland (ἀμπελῖτις γῆ) je ein Keramion[3]) Wein. Diese Abgaben sind, wie schon Lumbroso (Recherches S. 293) hervorgehoben hat, gegenüber den sonst üblichen Steuersätzen für Grundsteuer[4]) als niedrig zu bezeichnen, auch ist die den Tempeln gestattete Naturallieferung für Weinland, die im Gegensatz zu der gegen andere Steuerzahler befolgten Praxis Weinland in Geld zu besteuern steht, als eine besondere Vergünstigung zu bezeichnen, denn es war natürlich unbedingt angenehmer, mit dem eigenen Produkte als mit Geld die Steuer zu bezahlen (so auch Wilcken, Ostr. I. S. 151/52).

Von diesen Abgaben für ihren Landbesitz sind nun die Tempel durch Epiphanes in seinem 9. Jahre befreit worden (Rosette a. a. O.), doch halte ich es nicht für sicher, daß diese Steuerbefreiung sich in vollem Umfange sehr lange erhalten hat; warnen möchte ich jedoch auf jeden Fall davor, aus dem Fehlen von Beispielen für Grundsteuerzahlungen von Tempeln deren Befreiung von diesen zu erschließen.[5])

---

1) Die Zahlung von Grundsteuer für Tempelland (es hat einem thebanischen Heiligtum angehört) ist auch durch einen dem. P. (publ. von Revillout, Rev. ég. III. S. 131) für die Zeit Ptolemaios' IV. Philopators bezeugt, allerdings sind irgendwie nähere Angaben aus ihm nicht zu gewinnen. Bemerkt sei noch, daß hier der Tempel nicht selbst die Steuer entrichtet hat, sondern im Namen des Tempels der Priester, dem dieses Land zur Pfründe überwiesen gewesen ist. (Siehe die Übersetzung Revillouts der einschlägigen Stelle: „Que je [der Pächter der Pfründe] donne à toi [Pfründeninhaber] le cinquième de ce qui sera en lui [d. h. das Land, es handelt sich um Pachtgeld], pour que tu fasses éloigner [en les payant] le roi etc.)

2) Deswegen, weil hier 1 Artabe pro Arure erhoben wird, die Tempellandsteuer etwa als die ἀρταβιεία zu deuten, liegt m. E. kein Grund vor, da diese allem Anschein nach nicht nur in Höhe von einer Artabe, sondern auch in geringerer oder größerer Höhe erhoben worden ist; siehe Grenfell-Hunt, P. Tebt. I. S. 32/33 u. 38/39; Waszyński, Die Bodenpacht I. S. 121 berücksichtigt dies nicht.

3) Wilckens, Ostr. I. S. 759 ff. Ausführungen über die Größe des κεράμιον sind durch das neue Material in P. Petr. III. 70ª widerlegt; es hat darnach Keramien von verschiedener Größe (z. B. 5—8 Choes enthaltend) gegeben.

4) Vergl. hierzu etwa Wilcken, Ostr. I. S. 147 ff. u. S. 194 ff., dessen einzelne Angaben allerdings z. T. der Berichtigung bedürfen, da er oft Pachtgeldzahlung für Staatsland als Grundsteuer gefaßt hat; siehe VI. Kapitel, 3 A.

5) Es wäre z. B. immerhin möglich, daß die Pächter von ἱερὰ γῆ, die ja ihre Pachtgelder an die Staatskasse abzuführen hatten (siehe VI. Kapitel, 3 A), auch zugleich die Grundsteuer für das von ihnen gepachtete Land entrichtet haben, in diesem Falle würde man natürlich vergeblich nach Grundsteuerzahlungen der Tempel suchen; die Entrichtung der Abgabe durch den Pächter wäre als indirekte Ausgabe der Tempel zu fassen, da wohl das Pachtgeld um den Betrag der Steuer verkürzt worden wäre. Zu diesen Vermutungen vergl. die Ausführungen Bd. II. S. 37, A. 3 u. P. Tebt. I. 36 u. 98, 29 ff., wo die Pächter von Tempelland als Zahler der „ἥμισυ ἀρτάβης", welche eine der vom Grund

Könnte man Revillouts Erklärung einer demotischen Urkunde[1]) Glauben schenken, so würde schon unter dem Nachfolger des Epiphanes die Abgabe für das Tempelland wieder eingeführt sein, doch sind die Ausführungen des französischen Gelehrten hier wie so oft recht zweifelhafter Natur. Hoffentlich ermöglicht neues Material bald eine Entscheidung dieser sehr wichtigen Frage.[2])

§ 10. ζυγοστασίου.

Siehe B. G. U. I. 337, 20; unpubl. P. Rainer 171 bei Wessely, a. a. O. S. 73 (2. Jahrhundert n. Chr.); vergl. Wilcken, Ostr. I. S. 369 u. Bd. I. S. 310.

Diese Abgabe fasse ich als die Licenzsteuer für die Ausübung der Zygostasie; der Soknopaiostempel hat in einem Jahre 24 Drachmen für sie bezahlt. Vergl. auch die prinzipiellen Ausführungen im II. Bd. S. 56.

§ 11. Ὁ φόρος τελεσμάτων ζωγρ(άφων).

Siehe B. G. U. II. 652, 10/11 (3. Jahrhundert n. Chr.); vergl. Wilcken, Ostr. I. S. 373 u. Bd. I. S. 311.

Wilckens Ausführungen über diese Abgabe sind ungenau. Ihr umständlicher Titel „die aus den Malerabgaben bestehende Steuer" weist uns vielmehr darauf hin, daß hier mindestens zwei vom Maler-

---

und Boden gezahlten Abgaben gewesen ist (Grenfell-Hunt, P. Tebt. I. S. 32/33), genannt werden.

1) dem. Ostr. Louvre 9086, besprochen von Revillout, Mélanges S. 77.

2) Keinen entscheidenden Beitrag zur Frage der Grundsteuerbefreiung der Tempel liefert P. Tebt. I. 5, 59. Hiernach sollte allerdings von der ἀνιερωμένη γῆ die als ἀρταβίεια bezeichnete Grundsteuer nicht erhoben werden, und man könnte der Ansicht sein, daß, wenn schon Land, das den Tempeln nur zu beschränktem Besitzrecht verliehen war, von dieser Abgabe befreit war, dies erst recht bei der eigentlichen ἱερὰ γῆ der Fall gewesen sein wird. Doch sicher ist dies natürlich nicht. Zudem ist es sehr wohl möglich, daß zwar nicht die ἀρταβίεια, wohl aber andere Naturalabgaben die ἀνιερωμένη γῆ belastet haben, und ferner ist, was besonders bemerkenswert ist, bereits 5 Jahre nach Erlaß der die Befreiung anordnenden Verfügung von ἀνιερωμένη γῆ die als eine Form der ἀρταβίεια anzusehende Abgabe „ἥμισυ ἀρτάβης" gezahlt worden (siehe P. Tebt. I. 89, 54 u. 65 und 98, 28; vergl. 62, 7 ff. u. 63, 18 ff.). Außerdem zeigen uns aller Wahrscheinlichkeit nach P. Tebt. I. 36; 89, 53 u. 67; 98, 29 ff., daß zu derselben Zeit die zuletzt erwähnte Abgabe auch von eigentlicher ἱερὰ γῆ entrichtet worden ist. Siehe endlich P. Tebt. I. 93, 62 ff. Schließlich verhilft uns auch Wilckens (Archiv III. S. 330 ff.) eindringliche Interpretation von Strack, Inschriften 140, 36 ff. zu keinem sicheren Entscheid; denn wenn es auch darnach wahrscheinlich ist, daß im Besitz des Chnumtempels zu Elephantine befindliches Land finanzielle Erleichterungen erhalten hat (vielleicht könnte man sie mit P. Tebt. I. 5, 57 ff. zusammenbringen), so liegt doch kein Anlaß vor hieraus vollständige Befreiung von der Grundsteuer zu folgern.

gewerbe erhobene Abgaben zusammen verrechnet sind; die Vermutung, daß es sich um die Gewerbe- und um die gewerbliche Licenzsteuer der Maler handelt, hat große Wahrscheinlichkeit für sich. Die Höhe der Steuerzahlung des Soknopaiostempels ist nicht zu ermitteln.

§ 12. 'Η ξυτηρά.

Siehe B. G. U. I. 1, 2; unpubl. P. Rainer 171 bei Wessely a. a. O. S. 74 (2. Jahrhundert v. Chr.); vergl. Wilcken, Ostr. I. S. 369 ff. u. Bd. I. S. 298 ff.

Die ξυτηρά ist als die für den Ertrag der Bierbrauerei vom Soknopaiostempel gezahlte Abgabe aufzufassen. Nach welchen Prinzipien die Steuer erhoben worden ist, ist leider nicht festzustellen. Ihre Höhe in einem Jahre hat 220 Drachmen betragen.

§ 13. Τὸ τέλος ϑυϊῶν.

Siehe B. G. U. I. 337, 11; unpubl. P. Rainer 171 bei Wessely a. a. O. S. 73; P. Lond. II. 347 (S. 70), Z. 9 (römische Zeit); vergl. Wilcken, Ostr. I. S. 374 u. Bd. I. S. 295 ff.

Diese den Ertrag der Ölfabriken treffende Steuer mutet uns ganz modern an, da sie nach der Leistungsfähigkeit der vorhandenen Werkvorrichtungen — hier kommt der Mörser der Ölfabrik in Betracht — erhoben worden ist. Wie man dabei im einzelnen verfahren ist, ist allerdings nicht mit Bestimmtheit anzugeben; so wäre es sehr wohl möglich, daß der Staat sich mit einer mehr oder weniger genauen Schätzung der voraussichtlichen Leistungsfähigkeit eines Mörsers begnügt und darnach die Steuer ausgeschrieben hat (Pauschalierungssteuer), aber es ist auch nicht ausgeschlossen, was allerdings eine überaus intensive Kontrolle erforderlich gemacht hätte, daß die Regierung, um den von einem Mörser gelieferten Ölertrag auf jeden Fall durch die Steuer voll zu treffen, direkt vorgeschrieben hat, wie viel Öl ein solcher in bestimmter Zeit erarbeiten dürfe.[1]

Für den Soknopaiostempel (B. G. U. I. 337 u. unpubl. P. Rainer 171) und für ein nicht näher zu bestimmendes Heiligtum des Faijûm (P. Lond. II. 347 [S. 70]) läßt sich die Zahlung des τέλος ϑυϊῶν belegen; der erstere hat in einem Jahre 142 Drachmen 2 Obolen hierfür gezahlt, während das letztere laut einer Steuerquittung — hierdurch wird es uns immerhin nahegelegt, daß es sich nur um eine Ratenzahlung handele — 185 Drachmen entrichtet hat.

---

1) Zu dieser Vermutung vergl. Rev. L. Col. 46, 13 ff., d. h. jene Bestimmung des Ölmonopols des Philadelphos, durch die allerdings nicht für Steuerzwecke der Ertrag, den ein Mörser einer Ölfabrik täglich zu liefern hatte, festgesetzt worden ist.

§ 14 (?). Ἱερείου.

P. Petr. II. S. 37, d[1]) (Ptolemäerzeit); vergl. Wilcken, Ostr. I. S. 377.

Wilcken hat schon mit Recht bemerkt, daß der Ausdruck „ἱερείου", für den mitten in einer Zusammenstellung von Steuereingängen eine Zahlung gebucht ist, als Bezeichnung einer Opfertiersteuer zu deuten ist[2]). Diese Steuer dürfte nun, falls sie von den Tempeln und nicht von den einzelnen Priestern gezahlt worden ist — eine sichere Entscheidung ist allerdings hierüber nicht zu fällen —, vielleicht als das teilweise Äquivalent der für die ptolemäische Zeit nicht bezeugten Altarsteuer aufzufassen sein; denn offenbar ist diese Abgabe nach dem Wert der Opfertiere erhoben worden und man darf wohl weiterhin mit gutem Recht annehmen, daß daneben eine ähnliche besondere Opfersteuer für die übrigen Opfergaben bestanden haben wird. Die Höhe der einen bekannt gewordenen Zahlung beträgt 20 Drachmen 3 Obolen.

§ 15. Κοπῆς τριχός.

Siehe P. Amh. II. 119 (200 n. Chr.); vergl. Wilcken, Ostr. I. S. 381 u. Bd. I. S. 301 ff. u. Bd. II. S. 56.

Auf jeden Fall ist, wie schon des näheren ausgeführt worden ist, mit dem obigen Ausdrucke eine Gewerbesteuer bezeichnet gewesen, bei der man den Ertrag, den das Gewerbe lieferte, in der Weise zur Steuer herangezogen hat, daß man den bei dem betreffenden Betriebe stets stattfindenden Arbeitsvorgang des κοπή τριχός als Grundlage der Steuerberechnung gewählt hat. Ganz wahrscheinlich ist es, daß es sich hier um das Walkergewerbe handelt, doch ist es auch nicht ausgeschlossen, daß für die Weberei diese Ertragssteuer zu entrichten war.

Als Zahler ist der Soknopaiostempel genannt[3]); die Zahlung ist sicher eine Ratenzahlung (Z. 7/8), ihre Höhe ist jedoch leider nicht zu bestimmen, da zugleich mit dem „κοπῆς τριχός" die entsprechende gewerbliche Licenzsteuer abgeführt wird[4]) und die Zahlungen für beide Abgaben in einer Summe (300 Drachmen) zusammengefaßt sind.

---

1) Die Eintragung in P. Petr. II. 39^d Z. 20 „ἱερείῳ $\overset{o}{\chi}$ δ" darf man offenbar nicht als Beleg für die Opfertiersteuer auffassen, vergl. Wilcken a. a. O.

2) Mahaffys, P. Petr. III. S. 281 Bemerkungen gegen Wilcken scheinen mir nicht stichhaltig, da zu der von Mahaffy vorgeschlagenen Ergänzung von φυλακιτικόν vor ἱερεί(ου) kein Grund vorliegt.

3) In der Quittung sind als Zahler X. Y. καὶ U. Z. καὶ οἱ λοιποὶ ἱερεῖς genannt; siehe hierzu VI. Kapitel, 3 A b.

4) Siehe die Belege in § 6: ἡ γναφική; es ist jedoch nach der Deutung des κοπῆς τριχός auch nicht ausgeschlossen, in dem betreffenden χειρωνάξιον die Licenzsteuer der in Tempeldiensten stehenden Weber zu sehen.

§ 16. Ἡ λαογραφία (τὸ ἐπικεφάλειον).

Siehe B. G. U. I. 1, 15—16; P. Lond. II. 460 (S. 70), Z. 2 u. 4;
347 (S. 70), Z. 6 ff.; P. Fay. 51, 5; unpubl. P. Rainer 151 bei Wessely,
Kar. u. Sok. Nes. S. 68[1]) (römische Zeit); vergl. Wilcken, Ostr. I.
S. 230 ff. (bes. S. 231/32 u. 241/42).

In der uns erhaltenen Tempelrechnung des Soknopaiosheiligtums
(B. G. U. I. 1) findet sich auch eine Ausgabe „ὑπὲρ ἐπικεφαλίο[υ] τῶν
ὑπεραιρόντων ἱερέων" gebucht, und in einer einem nicht näher zu
bestimmenden Faijûmtempel ausgestellten Steuerquittung wird neben
anderen Steuern über die Zahlung „λαογρ(αφίας) τῶν ὑπεραιρούντων
(sic) τὸν ἀριθμὸ(ν) τῶν ἱερέων" quittiert. Wie Wilcken schon hervorgehoben hat, handelt es sich in beiden Fällen um die Entrichtung
der Kopfsteuer für diejenigen Priester, „welche die Zahl der Priester
überschritten", d. h. es ist eine vom Staate bestimmte Anzahl (ἀριθμὸς
= numerus) Phylenpriester an jedem Tempel von der Kopfsteuer befreit gewesen; die nicht befreiten Mitglieder der Phylen haben jedoch
nicht aus eigenen Mitteln diese Abgabe entrichtet, sondern für sie
haben die Tempelkassen das Zahlen derselben übernommen.[2])

Wenn nun weiterhin in den anderen Belegen, aus denen die Zahlung von λαογραφία durch die Tempel[3]) zu entnehmen ist — es sind
kurzgehaltene Steuerquittungen —, die Abgabe einfach als „λαογραφία"
ohne einen weiteren Zusatz bezeichnet wird, so haben wir hierin
offenbar nur eine Abkürzung der sonst gebräuchlichen längeren Formel
zu sehen; auch hier wird natürlich die Kopfsteuer für die „überzähligen" Priester entrichtet worden sein.

Die Ausgaben der ägyptischen Heiligtümer für die Kopfsteuer
müssen, da der von dem einzelnen für sie zu zahlende Betrag verhältnismäßig recht hoch sein konnte[4]) und da ja bei der großen Zahl

---

1) Dieser Papyrus ebenso wie P. Lond. II. 460 (S. 70) u. P. Fay. 51 sind als
Steuerquittungen aufzufassen, die über Steuerzahlungen von Tempeln ausgestellt
sind, da in ihnen über spezifische Tempelabgaben (siehe Gebühren § 2 und
Steuern § 5) quittiert wird.

2) Über die Stellung der Priester der Kopfsteuer gegenüber siehe weitere
Ausführungen im VII. Kapitel.

3) In zwei Fällen (P. Lond. II. 460 [S. 70] u. unpubl. P. Rainer 151) ist es
ein nicht näher zu bestimmendes Heiligtum des Faijûm, in dem anderen dürfte
es sich um den Tempel des Faijûmdorfes Theadelphia handeln.

4) Der höchste bisher zu belegende Jahressatz für die Kopfsteuer beträgt
40 Drachmen (P. Lond. II. 259 [S. 36] Z. 61 u. 261 [S. 53] Z. 18); er bezieht sich
gerade auf das Faijûm (1. Jahrhundert n. Chr.). Für das Faijûm ist z. B. ferner
durch eine derselben Zeit, aus der die oben verwerteten Belege stammen (Ausgang des 2. Jahrhunderts n. Chr.), angehörende Steuerquittung (P. Fay. 52) eine
λαογραφία-Zahlung in Höhe von 20 Drachmen bekannt geworden, m. E. allerdings läßt es sich nicht entscheiden, ob wir hier die Zahlung der ganzen Summe
(so wohl Grenfell-Hunt a. a. O. S. 176) oder nur eine Ratenzahlung vor uns haben.

der an einem Tempel wirkenden Phylenpriester (siehe Bd. I. S. 36/37)
die Abgabe im allgemeinen gewiß auch für eine ganze Reihe Personen
bestritten worden ist, eine ganz beträchtliche Höhe erreicht haben.
Dies zeigen uns auch die wenigen hier zu verwertenden Zahlenangaben.
Ihnen zufolge (B. G. U. I. 1) hat z. B. der Soknopaiostempel in einem
Jahre, in dem er noch dazu wegen zu geringer Einnahmen einen
Teil der von ihm für die Kopfsteuer abzuführenden Summe schuldig
bleiben mußte (siehe I. Bd. S. 37, A. 3), immerhin doch 637 Drachmen
4 Obolen 2 Chalkus entrichtet; von einem anderen Heiligtum des
Faijûm sind im Laufe von vier Monaten in zwei Ratenzahlungen
629 Drachmen gezahlt worden (P. Lond. II. 460 [S. 70]), und schließlich berichten uns zwei gleichfalls Faijûmtempeln ausgestellte Steuerquittungen (P. Lond. II. 347 [S. 70] u. unpubl. P. Rainer 151) über
Raten(?)zahlungen in Höhe von 477 bez. 500 Drachmen.[1])

§ 17. *Λαχανοπωλῶν*.

Siehe B. G. U. I. 337, 22; unpubl. P. Rainer 171 a. a. O. S. 73
(2. Jahrhundert n. Chr.); vergl. Wilcken, Ostr. I. S 382 u. Bd. I. S. 309/10
u. Bd. II. S. 56.

Der Soknopaiostempel hatte für den in seinen Diensten stehenden
Gemüseverkäufer eine gewerbliche Licenzsteuer in Höhe von
12 Drachmen zu entrichten.

§ 18. *Τὰ ξένια* (*Εἰς παρουσίαν*).

Strack, Inschriften 103, C. Z. 9 (C. I. Gr. III. 4896) (Zeit Ptolemaios' VIII. Euergetes' II.); vergl. Wilcken, Ostr. I. S. 274 u. 389;
Meyer, Heerwesen S. 47[2]).

Für den Unterhalt der durchreisenden königlichen Beamten und Truppen hatte die Bevölkerung bestimmte recht erhebliche Beiträge (*ξένια*) zu leisten, die teils in Geld, teils in der Gewährung von Lebensmitteln bestanden haben; die Anwesenheit (*παρ-
ουσία*) von Angestellten des Staates bedeutete für sie also eine große
pekuniäre Last, die um so drückender war, da von den Beamten
widerrechtlich oft zu viel erhoben worden ist.[3])

---

1) Wesselys, Kar. u. Sok. Nes. S. 70 Bemerkungen über die Höhe der von
den Tempeln gezahlten Kopfsteuer beachten nicht, daß es sich bei einigen der
genannten Steuersummen wohl um Ratenzahlungen handeln dürfte.

2) Siehe jetzt auch Grenfell-Hunt, P. Tebt. I. S. 50 u. Dittenberger, Orientis
gr. inscr. sel. I. S. 220 u. 652. Von wem die in P. Tebt. I. 182 erwähnten 3000
Kupferdrachmen „*προφήτου παρουσί(ας)*" verausgabt worden sind, läßt sich nicht
sicher bestimmen, man könnte jedoch sehr wohl an einen Tempel als Zahler
denken, da es mir wenig wahrscheinlich ist, daß die ganze Bevölkerung zur
Zahlung von Anwesenheitsgeldern für höhere Priester verpflichtet gewesen ist.

3) Es sei hier daran erinnert, daß im Mittelalter in gleicher Weise für den
Unterhalt des deutschen Königs und seiner Beamten, sowie später der verschiedenen Landesherren Zwangsbeiträge in den Ortschaften, in denen sie sich ge-

Im Prinzip scheinen auch die Tempel verpflichtet gewesen zu sein diese Zwangsbeiträge zu entrichten[1]); wenigstens läßt sich die Zahlung der „Anwesenheitsbeiträge" gerade für das berühmte Isisheiligtum zu Philä belegen, und daher ist es m. E. nicht sehr wahrscheinlich, daß etwa die anderen Tempel im allgemeinen hiervon befreit gewesen sind. Es beschweren sich nämlich die Priester der Isis von Philä in ihrer bekannten großen Bittschrift aus dem 2. Jahrhundert v. Chr. (Strack, Inschriften 103), daß sie unter diesen „Gastgeschenken", die ihnen anläßlich der Anwesenheit der Behörden auferlegt wurden, sehr zu leiden hätten; jedenfalls mögen die Beamten an den reichen Tempel besonders hohe Ansprüche gestellt haben. Durch Spezialprivileg ist alsdann der Isistempel von diesen Zwangsbeiträgen befreit[2]) und die Beamten sind angewiesen worden ihn nicht mehr mit Einquartierungslasten zu behelligen. Ob diese Vergünstigung auch anderen Heiligtümern zu teil geworden ist, läßt sich nicht feststellen, doch ist es an sich sehr wohl möglich.

Im Anschluß hieran sei wenigstens auf jene merkwürdige, aus dem Faijûm stammende Urkunde des 3. vorchristlichen Jahrhunderts (P. Petr. II. 12) hingewiesen, der zufolge die Erbauung von Altären an die Häuser (siehe I. Bd. S. 169/70) und das Einreißen der Dächer derselben die drohende, hier freilich nicht nur zeitweise, sondern dauernde Einquartierung staatlicher Angestellter verhindern sollte. Dies Verfahren der Hausbesitzer beweist aufs deutlichste, daß Örtlichkeiten, die den Göttern geweiht gewesen sind, vor der Einquartierung geschützt waren. Neue Aufschlüsse über die Stellung der Tempel zu den Einquartierungslasten sind hieraus jedoch nicht zu gewinnen; denn daß die eigentlichen Tempelräume von der Aufnahme von Einquartierung befreit gewesen sind, war auch ohnedies anzunehmen.

§ 19. Tò τέλεσμα ὀθονίων.

Siehe Rosette Z. 17/18, auch Z. 28 (Zeit Ptolemaios' V. Epiphanes'); vergl. Lumbroso, Recherches S. 298/99 und Wilcken, Ostr. I. S. 269 u. 673[3]).

Mit dem obigen Ausdruck[4]) möchte ich diejenige Abgabe be-

rade aufhielten, erhoben worden sind, siehe z. B. Schröder, Lehrbuch der deutschen Rechtsgeschichte, 4. Aufl. S. 196, 544 u. öft.

1) Im Mittelalter haben die Zwangsbeiträge mitunter sogar vorzugsweise das Kirchengut belastet, Befreiungen von ihnen sind jedoch öfters gewährt worden, siehe z. B. Waitz-Seeliger, Deutsche Verfassungsgeschichte, 2. Aufl. VI. S. 438.

2) Daß die Beschwerde der Priester erst die Befreiung veranlaßt hat, und daß diese nicht etwa deswegen erfolgt ist, um sich über das trotz schon erfolgter Befreiung stattfindende Eintreiben der ξένια zu beklagen, ist wohl mit Sicherheit daraus zu entnehmen, daß die Priester sich bei der ganzen Angelegenheit auf keinen früheren Erlaß der Regierung berufen.

3) Dittenberger, Orientis gr. inscr. sel. I. S. 153 u. 158 bietet nichts Neues.

4) Der Ausdruck „τέλεσμα ὀθονίων" ist von mir als Bezeichnung für die

zeichnen, die nach den Angaben der Rosettana (Z. 17/18) die Tempel von ihrer Othonionfabrikation (vergl. I. Bd. S. 300 ff.) zu zahlen hatten. Die Höhe dieser offenbar als Ertragssteuer erhobenen Abgabe ist nicht zu bestimmen, doch wissen wir wenigstens, daß sie im allgemeinen in natura, d. h. in βύσσινα ὀθόνια entrichtet werden sollte. Für den Fall, daß dies den Heiligtümern aus irgend welchen Gründen nicht möglich war, konnte auch Adärierung eintreten (Z. 29)[1]; vielleicht ist es sogar offiziell vorgeschrieben gewesen, daß bei Nichtabführung der fälligen Naturalleistung die sicher drückendere Geldzahlung erfolgen sollte.

Von Epiphanes ist die ursprüngliche Höhe dieser Steuer um $\frac{2}{3}$ ermäßigt worden (Z. 17/18). Gleichzeitig hat dieser König auch den Tempeln die durch Nichtbezahlung der Othonionsteuer entstandenen Rückstände erlassen, und ferner von denjenigen ὀθόνια, die wirklich abgeführt waren, „τὰ πρὸς δειγματισμὸν διάφορα" (Z. 29). In diesen Worten hat man nun die Erwähnung einer Abgabe erblicken wollen, die für die amtliche Prüfung der abgelieferten Othonionstücke erhoben worden sei[2], d. h. es würde uns also hier eine sonst nicht bekannte Gebühr belegt sein. Meines Erachtens ist jedoch diese Erklärung unberechtigt[3]; den betreffenden Passus muß man vielmehr übersetzen „er hat erlassen . . . die bei der Prüfung[4] zu Tage getretenen Differenzen".[5] Dann ist in ihm die Nennung einer neuen Abgabe natürlich nicht enthalten, sondern es ist ihm nur zu entnehmen, daß, was ja ganz selbstverständlich ist, die Regierung bei der Ablieferung der Othonionstücke diese auf ihre Zahl, Größe und Qualität geprüft hat, ob sie den an sie gestellten Anforderungen ent-

---

Othonionsteuer der Tempel gewählt worden, da ein besonderer Name für sie bisher nicht belegt ist; denn die von Wilcken, Ostr. I. S. 266 ff. erwähnte Abgabe „ὀθονιηρά" darf man m. E. mit ihr nicht so ohne weiteres gleichsetzen, da über ihren Charakter nichts zu ermitteln ist; es ist z. B. gar nicht ausgeschlossen, daß diese mit einem staatlichen Monopol auf ὀθόνια in Verbindung zu bringen ist.

1) Siehe hierzu P. Tebt. I. 5, 63/64; die hier erwähnte προστίμησις τῶν ὀθονίων kann man vielleicht übrigens nicht nur auf die Abschätzung der Othonia in Geld deuten, sondern bei ihr auch an die Veranschlagung der Größe der abgelieferten Othonionstücke (siehe hierzu oben) denken.

2) Siehe Letronne, Recueil des inscriptions etc. I. S. 294; ihm schließen sich Lumbroso und Dittenberger a. a. O. an.

3) Nimmt man Letronnes Erklärung an, so ergibt sich z. B. die merkwürdige Tatsache, daß bei der Entrichtung der Othonionabgabe in den letzten Jahren niemals die Prüfungsgebühr gezahlt worden ist.

4) δειγματισμός ist jetzt auch belegt in B. G. U. I. 246, 6 und P. Gizeh 10271 (publ. von Grenfell-Hunt, Archiv II. S. 80); vergl. hierzu das παράδειγμα von ὀθόνια (?) in Rev. L. Col. 89, 3 u. 102, 4.

5) So schon Drumann, Die Inschrift von Rosette S. 181/82. Zu der Erklärung von διάφορα siehe jetzt P. Gizeh 10371 (publ. von Grenfell-Hunt, Archiv I. S. 61); P. Tebt. I. 60, 60 u. 115; 61ᵇ, 50 u. öft. (cf. Index XII); P. Petr. III. 69 Verso, 4 u. 129ᵃ, 3; ᵇ, Col. 1, 8.

sprachen[1]); dabei mögen mitunter zu wenig Stücke geliefert worden
sein und sich auch oft Stücke gefunden haben, die „Unterschiede"
gegenüber den verlangten aufwiesen. Daß für diese bei der Prüfung
zu Tage getretenen „Differenzen" die Tempel einen Ersatz nachzuliefern
verpflichtet waren, ist selbstverständlich. Diese Nachlieferung ist es
nun offenbar, die ihnen Epiphanes geschenkt hat. Mit der hier gebotenen Erklärung dieser Stelle[2]) läßt sich auch der Wortlaut des
entsprechenden Passus des demotischen Textes gut vereinigen, der
nach Revillouts Übersetzung (Chrest. dém. S. 32) lautet: Er erließ ...
„le complément pour pièces d'étoffe que on a écartées[3]); auch die
Angaben der hieroglyphischen Version der Rosettana sprechen für
mich, wie dies auch die Übersetzung Bouriants (Rec. de trav. a. a. O.
VI [1885] S. 10) zeigt (er erließ „ce qui manquait de pièces de toile).

§ 20. Ὁ φόρος προβάτων.

Siehe B. G. U. I. 292, 3[4]) (römische Zeit); vergl. Wilcken, Ostr.
I. S. 286 u. Bd. I. S. 282.

Ein Faijûmtempel hat diese Abgabe, die von den Besitzern von
Schafherden als eine Vermögenssteuer erhoben worden ist, in
der Höhe von 103 Drachmen entrichtet; aller Wahrscheinlichkeit handelt es sich hier wohl um eine Ratenzahlung.

§ 21. Τὰ στεφανικά.

Siehe B. G. U. II. 362. p. 1, 23; 6, 16, 19 u. 21 (3. Jahrhundert
n. Chr.)[5]); vergl. Wilcken, Ostr. I. S. 295 ff.

In römischer Zeit ist in Ägypten, wie Wilcken richtig hervorgehoben hat, der „στέφανος", worunter man bekanntlich ein Geschenk zu verstehen hat, das in hellenistischer Zeit die Untertanen
den Herrschern bei bestimmten Gelegenheiten gespendet haben, nicht
mehr als eine mehr oder weniger freiwillige Gabe sondern als eine
regelrechte Steuer aufzufassen, die von den gewöhnlichen Steuerzahlern
durch die auch sonst üblichen Steuereinziehungsorgane erhoben wor-

---

1) An und für sich haben natürlich die Othonionstücke nicht stets die
gleiche Größe besessen, vergl. Wilcken, Ostr. I. S. 267.

2) Ebenso deuten jetzt Grenfell-Hunt P. Tebt. I. S. 63, A. 1 die Bestimmung
der Rosettana.

3) In „écartées" dürfte wohl ein Übersetzungsfehler stecken. Heß' a. a. O.
S. IX u. 19 sich findende Übersetzung der demotischen Stelle „die Taxe für (die
Abteilung in) Stücke, die sie bis zu der genannten Periode entrichteten" scheint
mir dem gegenüber von der hier abgelehnten Auffassung der griechischen Stelle
beeinflußt zu sein.

4) Über diese Urkunde vergl. die Bemerkungen Bd. II. S. 53, A. 3.

5) In einem Berliner Papyrus des 3. Jahrhunderts n. Chr. (B. G. U. II. 458)
entrichtet ein Prophet die στεφανικά; ob er sie in seinem Namen oder in dem
seines Tempels gezahlt hat, ist nicht zu entscheiden.

den ist. So ist auch von dem Jupitertempel in Arsinoe die Kranzspende in Form einer regulären Abgabe entrichtet worden, und zwar
hat das Heiligtum für jedes Dorf, in welchem es Grundbesitz besessen
hat, ein besonderes Kranzgeld gezahlt (B. G. U. II. 362. p. 6, 16, 19, 21).
Offenbar hat also Grundbesitz an irgend einem Ort auch zum Beitrag
zu den in diesem Orte erhobenen στεφανικά verpflichtet.[1]) Über die
Höhe der von dem Jupitertempel entrichteten Kranzspende ist nichts
Näheres zu ermitteln, denn die eine uns über eine Zahlung erhaltene
Zahlenangabe von 20 Drachmen ist hierfür belanglos.

§ 22. Ταριχευτῶν.

Siehe B. G. U. I. 337, 21; unpubl. P. Rainer 171 a. a. O. S. 73
(2. Jahrhundert n. Chr.); vergl. Wilcken, Ostr. I. S. 396 u. Bd. I. S. 310
u. Bd. II. S. 56.

Der Soknopaiostempel hat für die gewerbliche Licenzsteuer
des in seinen Diensten stehenden Fischeinpöklers in einem Jahre
16 Drachmen gezahlt.

D. Abgaben unbestimmten Charakters.

§ 1. Τὰ παρὰ ἱερέων Φεμνοήρεως θεοῦ ἀπαιτού(μενα).[2])

Siehe B. G. U. II. 471, 6/7 (römische Zeit); vergl. Bd. I. S. 238, A. 2.
Den obigen Ausdruck darf man wohl auf keinen Fall als eine
Sammelbezeichnung für verschiedenartige von der Priesterschaft des
Phemnoeris gezahlte Abgaben auffassen, sondern man muß wohl unter
ihm, da er, wie schon hervorgehoben, mit einer speziell von den
Tempeln gezahlten Gebühr, dem ἐπιστατικὸν ἱερέων, infolge der für
sie gemeinsam angegebenen Steuersumme[3]) auf das allerengste verbunden ist, eine Bezeichnung für eine[4]) bez. für mehrere speziell nur
von der Priesterschaft erhobene Abgaben verstehen, deren Zahlung
der Tempel übernommen hatte.[5]) Infolge der engen Verbindung dieser

---

1) Siehe hierzu jetzt Grenfell-Hunt, P. Tebt. I. S. 223/24 im Anschluß an
P. Tebt. I. 5, 59; 61ᵇ, 254; 93—95.

2) In Z. 7 von B. G. U. II. 471 ist natürlich ἀπαιτου(μένων) zu ergänzen.

3) Infolge dieser Zusammenverrechnung der ἀπαιτούμενα mit dem ἐπιστατικὸν ἱερέων läßt sich auch die Höhe der für sie entrichteten Zahlung nicht ermitteln.

4) Der allgemein gehaltene Ausdruck „ἀπαιτούμενα" spricht m. E. durchaus nicht dagegen, daß es sich hier nur um eine, bestimmte Abgabe handelt;
daß allgemeine Ausdrücke zur Bezeichnung einer ganz speziellen Steuer verwandt worden sind, läßt sich gerade für das ägyptische Steuerwesen belegen,
vergl. z. B. das τέλος ἐγκύκλιον.

5) Bemerken möchte ich noch, daß man offenbar die Worte „παρὰ ἱερέων
Φεμνοήρεως θεοῦ", die uns den Zahler angeben, als einen direkten Bestandteil
der Bezeichnung der Abgabe anzusehen hat, wodurch die obige Deutung als

Abgabe mit der anläßlich des Amtsantrittes der Priestervorsteher gezahlten Gebühr könnte man daran denken, daß man die ἀπαιτούμενα παρὰ ἱερέων ähnlich wie diese zu erklären habe (siehe hierzu etwa I. Bd. S. 213 u. 227; auch VII. Kapitel), aber sicheres läßt sich nicht ermitteln.

§ 2. Ἐπιγρ( ) . . . . . . (?)

Siehe P. Fay. 18 (römische Zeit); vergl. Bd. II. S. 57, A. 2.

Diese Abgabe ist laut einer Steuerquittung von der Priesterschaft des Sokanobkonneus von Bakchias entrichtet worden; die Unsicherheit der Lesung des obigen Wortes, sowie der darauffolgenden Ausdrücke macht es uns unmöglich, den Charakter dieser Steuer zu erkennen. Auch die Höhe der Zahlung ist nicht zu ermitteln.

§ 3. Ο[...]ς ἱερέω(ν).

Siehe P. Lond. II. 347 (S. 70) Z. 15 (römische Zeit).

Es ist sehr zu bedauern, daß infolge Verstümmelung des Papyrus der Name der obigen Abgabe sich nicht feststellen läßt; jedenfalls handelt es sich hier um eine sehr wichtige Abgabe, denn ein nicht näher zu bestimmender Faijûmtempel hat für sie in einem Monat 5500 Drachmen entrichtet.

§ 4. Τὸ ὑποκείμενον ἐπιστρ(ατηγία).

Siehe B. G. U. I. 199 Recto, 14; P. Lond. II. 347 (S. 70) Z. 11; unpubl. P. Rainer 171 a. a. O. S. 73; siehe auch B. G. U. I. 337, 18 (alle aus römischer Zeit); vergl. Wilcken, Ostr. I. S. 596 ff.

Wilcken hat darauf aufmerksam gemacht, daß in der Kaiserzeit einzelne Steuern als „unterstellt diesem oder jenem Amte" (ὑποκείμενα oder ὑποπίπτοντα) bezeichnet worden sind.[1]) Auch einige der

spezielle „Priestersteuer" eine gute Stütze erfährt, denn B. G. U. II. 471 ist als eine Steuerobjektabrechnung aufzufassen (die Angaben in Z. 1 u. 3 lassen sich hiermit wohl vereinen, sie sind dahin zu deuten, daß in ihnen die speziellen Abgaben der γέρδιοι und der δημόσιοι γεωργοί genannt sind), in der die Nennung der Zahler an sich bekanntlich nicht erfolgt.

1) Wilcken schließt hieraus, daß die verschiedenen Steuern an verschiedene Beamte zur Kontrolle verteilt gewesen sind, so daß jeder eine bestimmte Anzahl von Steuern in seine Spezialverwaltung übernommen hatte. Seine Erklärung ist ja an sich nicht unmöglich, aber nicht zwingend. Ich möchte der obigen Bezeichnung vielmehr entnehmen, daß die Einnahmen der betreffenden Steuern jenen Ressorts, denen sie ὑποπίπτοντα waren, zur Verwendung überwiesen worden sind, d. h. daß Ausgaben der Ressorts auf ihnen fundiert waren; die lokalen Einnahmestellen haben die betreffenden Einnahmen eben nicht erst an die Zentralkasse in Alexandrien abgeführt. Mit dieser Erklärung lassen sich auch besser jene Quittungen vereinen, in denen es heißt, daß die Steuer an einen dieser Beamten, vertreten durch einen Erheber, gezahlt worden ist (Belege bei Wilcken, Ostr. I. S. 598). Vergl. auch hierzu die Verrechnung gezahlter Steuern in B. G. U. I. 337, 25: εἰς τὸν τῆς νομαρχίας λόγον.

von dem Soknopaiostempel entrichteten Abgaben — es sind die Licenzsteuern der Walker, des ζυγοστάτης, der Gemüseverkäufer und der Fischeinpökler — sind unter einer derartigen Bezeichnung zusammengefaßt worden; das Amt, dem sie unterstanden haben, ist die Epistrategie gewesen (B. G. U. I. 337).

Nun lassen sich in zwei Fällen (B. G. U. I. 199 Recto u. P. Lond. II. 347 [S. 70]) Steuerzahlungen von Tempeln — es sind dies das Soknopaiosheiligtum und ein nicht näher zu bestimmender Faijûmtempel — belegen, die einfach unter dem Titel „ὑποκειμένου ἐπιστρ(ατηγίᾳ)" ohne jede nähere Spezialisierung gebucht sind.[1]) Nach den obigen Bemerkungen wird man jedoch hieraus wohl auf keinen Fall eine neue einzelne Abgabe ableiten dürfen, sondern man wird wohl vielmehr folgern müssen, daß die betreffenden Heiligtümer schon seit langem und regelmäßig ganz bestimmte, der Epistrategie unterstellte Steuern gezahlt haben, und daß man, um die einzelne Quittung zu vereinfachen — ein Mißverständnis war ja unter diesen Umständen für die Beteiligten unmöglich —, an Stelle der einzelnen Steuernamen ihre gemeinsame Benennung gewählt hat. Um welche Abgaben es sich nun hier handelt, ist nicht mit Sicherheit zu ermitteln; möglich wäre es ja, daß die in B. G. U. I. 337 genannten gewerblichen Licenzsteuern gemeint sind. Die Höhe der Steuerzahlungen „ὑποκειμένου ἐπιστρ(ατηγίᾳ)" ist, obgleich es sich vielleicht nur um Ratenzahlungen handelt, recht beträchtlich; das eine Mal hat sie 280 Drachmen, das andere Mal sogar 328 Drachmen 2 Chalkus betragen.

§ 5. Τὸ ὑποκείμενον κωμογραμματ(είᾳ).

Siehe B. G. U. I. 337, 9; unpubl. P. Rainer 171 a. a. O. S. 73 (2. Jahrhundert n. Chr.); vergl. Wilcken, Ostr. I. S. 598.

Vergleiche hierzu die Ausführungen im vorigen Paragraphen. Welche Steuer (oder Steuern) hier gemeint sind, ist nicht zu bestimmen.[2]). Die jährliche Höhe der Abgabe, die von dem Soknopaiostempel entrichtet wird, hat 95 Drachmen betragen (siehe hierzu Bd. I. S. 314, A. 1).

§ 6. Ὑπὲρ[.....]είας ..... [καὶ ...]γείας.

Siehe B. G. U. I. 337, 13 (2. Jahrhundert n. Chr.); vergl. Wilcken, Ostr. I. S. 821 (Nachtrag zu S. 253) u. Wessely, Kar. u. Sok. Nes. S. 68.

Die obigen vom Soknopaiostempel gezahlten Abgaben sind dadurch, daß für sie und für die Gebühr „ὑπὲρ λεσωνείας" (siehe Bd. II.

---

1) In P. Fay. 42ª Col. 1, 11 findet sich in einer Steuerabrechnungsliste auch eine Zahlung „ὑποκ(ειμένου) ἐπιστρ(ατηγίᾳ)" gebucht; der Zahler ist nicht genannt.

2) Sollte etwa die Gebühr „τὸ φιλάνθρωπον κωμογρ(αμματέως) (siehe Bd. II. S. 51) hier in Betracht kommen?

S. 49) eine gemeinsame Steuersumme angegeben wird, als mit dieser eng verbundene Abgaben gekennzeichnet. Insofern möchte ich auch sie als Gebühren auffassen, die vielleicht irgendwie mit dem Amte des Tempelvorstehers in Verbindung zu bringen sind. Ob Wilckens Ergänzung der zu zweit genannten Abgabe zu [λο]γείας richtig ist, ist mir sehr zweifelhaft, da in diesem Falle der Soknopaiostempel eine Abgabe für die zu gunsten eines seiner Dependenztempel (siehe Bd. II. S. 47) erhobene Tempelkollektensteuer gezahlt haben würde. Auch Wesselys Ergänzung des zuerst stehenden ..]ειας zu προφητ]είας kann nicht als sicher bezeichnet werden.

§ 7. Ὑπ[ὲρ .....].

Siehe B. G. U. I. 337, 11; unpubl. P. Rainer 171 bei Wessely, a. a. O. S. 73 (2. Jahrhundert n. Chr.).

Diese vollständig unbestimmte Abgabe ist vom Soknopaiostempel, und zwar in einer Jahreshöhe von 68 Drachmen, entrichtet worden.

Außer den bisher in diesem Kapitel angeführten großen Ausgabekategorien hat natürlich den Etat derjenigen Tempel, welche gewerbliche Unternehmungen besessen und in diesen mit fremden Arbeitskräften und nur z. T. mit eigenen Produkten gearbeitet haben, noch eine weitere Ausgabengruppe, die Betriebsunkosten der betreffenden Gewerbe, belastet, aber über sie ist leider nichts Näheres zu ermitteln. Im übrigen dürften sich die Ausgaben bei allen Heiligtümern im allgemeinen aus den Kosten für die Bestreitung des Kultus, der Erfüllung der Repräsentationspflichten, der Aufführung von Tempelbauten und deren Ausschmückung, aus der Gewähr des Unterhaltes an Priester und Tempelangestellte und aus der Zahlung der staatlichen Abgaben zusammengesetzt haben, daneben werden aber auch noch öfters verschiedene außergewöhnliche Ausgaben, vor allem etwa solche für Besitzerweiterung[1]) erfolgt sein; über sie sind jedoch nähere Nachrichten noch nicht bekannt geworden.

Auch in der Darstellung der Tempelausgaben hat ebenso wie bei derjenigen der Tempeleinnahmen das entwicklungsgeschichtliche Moment wegen fehlenden Materials so gut wie gar nicht berücksichtigt werden können, mit Sicherheit darf man daher nur behaupten, daß einerseits die großen Ausgabekategorien wohl zu allen Zeiten im

---

1) Eine derartige Ausgabe läßt sich für das Serapeum zu Oxyrhynchos aus römischer Zeit belegen (P. Oxy. II. 242, vergl. hierzu Bd. I. S. 287, A. 2); dieses Heiligtum hat in einem Jahre 692 Silberdrachmen für den Erwerb eines an den Tempelbezirk angrenzenden Landstückes ausgegeben. Vielleicht könnte man hier auch diejenigen Kapitalausleihungen des Jupitertempels in Arsinoe anführen, die ein Plus seiner Einnahmen darstellend unter seinen Ausgaben gebucht sind (siehe Bd. II. S. 4, A. 1 c.).

Tempeletat vertreten, daß aber andererseits ihre Stellung zu einander, ebenso wie die einzelnen Ausgaben im Laufe der Jahre großen Schwankungen unterworfen gewesen sein werden.

Die uns bisher vorliegenden näheren Angaben über die Ausgaben der Kultvereine, welche uns von deren Aufwendungen für den von ihnen gepflegten Kultus, für die Instandhaltung der Vereinsgebäude, von ihren Ehrengaben und Stiftungen zu gunsten der Vereinsmitglieder und für außerhalb des Vereins Stehende berichten, sind bereits im I. Bd. S. 401—3 zusammengestellt worden.

Sechstes Kapitel.

Die Kultusverwaltung.

1. Die Verwaltungsorgane.

Schon anläßlich der Darstellung der Organisation der Priesterschaft im II. Kapitel (Bd. I. S. 37 ff.) sind diejenigen Personen angeführt und näher charakterisiert worden, welche vor allem dazu berufen waren, in der Kultusverwaltung tätig zu sein.

Vornehmlich sind es ebenso wie im alten Ägypten[1]) natürlich
Priester[2]) gewesen, und aus ihren Reihen kommt in erster Linie
der Oberpriester, $\dot{\alpha}\varrho\chi\iota\varepsilon\varrho\varepsilon\acute{v}\varsigma$, in Betracht, in dessen Titel $\dot{\varepsilon}\pi\iota$-
$\sigma\tau\acute{\alpha}\tau\eta\varsigma$, bez. $\dot{\varepsilon}\pi\iota\sigma\tau\acute{\alpha}\tau\eta\varsigma$ $\tau o\tilde{v}$ $\dot{\iota}\varepsilon\varrho o\tilde{v}$ vorzüglich die leitende Stellung
zum Ausdruck kommt, die er in der Tat in der gesamten Verwaltung
in religiösen ebenso wie in weltlichen Angelegenheiten eingenommen
hat. Als Tempelvorsteher sehen wir übrigens nicht nur Mitglieder der
Klasse der $\dot{\alpha}\varrho\chi\iota\varepsilon\varrho\varepsilon\tilde{\iota}\varsigma$, sondern auch mitunter Angehörige anderer
Priestergruppen fungieren[3]); vornehmlich treffen wir solche in den
mehrere Tempel umfassenden Tempelverwaltungen als Leiter der
Dependenzheiligtümer an (vergl. I. Bd. S. 42/43). Der einzelne Tempelvorsteher ist in römischer Zeit teilweise durch das leitende Priester-

---

1) Siehe hierzu z. B. Erman, Ägypten II. S. 396 u. 410/11; vergl. auch die
Zusammenstellungen über Ämter in der Tempelverwaltung in der 1904 erschie-
nenen Berliner Dissertation von W. Wreszinski, Die Hohenpriester des Amon,
S. 56 ff.

2) Bei den Tempeln des griechischen Kultus kommen als Verwaltungsorgane neben den eigentlichen Priestern auch die Mitglieder des sog. Kultpersonals in Betracht (siehe Bd. I. S. 163 ff.). Im Anschluß hieran sei bemerkt,
daß die Ausführungen dieses Kapitels über die Kultusverwaltung
stets den ägyptischen Kultus betreffen, wenn nicht ausdrücklich
das Gegenteil hervorgehoben ist.

3) Siehe z. B. B. G. U. II. 488 (vergl. I. Bd. S. 45, A. 3), ferner die Propheten
des $\dot{\iota}\beta\iota o\tau\alpha\varphi\varepsilon\tilde{\iota}o\nu$ der Holztafeln (vergl. I. Bd. S. 110), die als Leiter desselben anzusehen sind, da sie den Kaufquittungen zufolge nicht nur die Prophetenstelle,
sondern auch das $\dot{\iota}\beta\iota o\tau\alpha\varphi\varepsilon\tilde{\iota}o\nu$ selbst gekauft haben, was doch den Übergang der
Leitung des Heiligtumes an sie klar anzeigt. Siehe jetzt auch P. Tebt. I. 88,
wonach eine größere Zahl kleinerer Heiligtümer von Kerkeosiris durch Propheten
geleitet worden sind.

kollegium, dessen Zahl und Namen im Laufe der Zeiten ziemlich geschwankt hat, ersetzt worden,[1]); ob auf dieses sofort sämtliche Kompetenzen des alten Tempelvorstehers, auch die religiösen, übergegangen sind, ist vorläufig noch nicht zu entscheiden.[2])

Als offizielles neben dem Tempelvorstand zu dessen Unterstützung bestehendes Verwaltungsorgan der einzelnen Tempel ist für den Beginn der ptolemäischen Zeit das Kollegium der 20, seit Errichtung der 5. Priesterphyle der 25 $\beta o v \lambda \varepsilon v \tau a i$ $\iota \varepsilon \varrho \varepsilon \tilde{\iota} \varsigma$ in Betracht zu ziehen, dessen Fortbestehen auch nach dem Dekret von Kanopus (238 v. Chr.) freilich nicht zu belegen ist.

Die Beteiligung von Laien an der Kultusverwaltung, und zwar in leitender Stellung, tritt uns alsdann einmal in den Kultvereinen, mögen sie nun ägyptischen oder griechischen Kultus gepflegt haben, entgegen.[3]) Die im hellenistischen Ägypten sich findenden Privatheiligtümer weisen uns ferner auf Laien als Tempelleiter hin, da die Besitzer dieser Heiligtümer sie wohl stets selbst verwaltet haben dürften.[4])

Inwieweit Laien in der offiziellen Tempelverwaltung verwandt worden sind, ist vorläufig schwer zu entscheiden, da laikale Angestellte der Tempel, wenn man von den in Tempelgewerben beschäftigten Arbeitern u. dergl., sowie von gelegentlich angenommenen Hilfskräften absieht, mit Sicherheit bisher nur für ein Heiligtum, das des Jupiter Capitolinus in Arsinoe, zu belegen sind[5]), in dessen Diensten im Jahre 215 n. Chr. ein Sekretär, ein Bibliothekar, ein Tempelwächter

---

1) Bei mehrere Tempel umfassenden Tempelverwaltungen läßt sich ein leitendes Priesterkollegium bisher jedoch nur als Haupt der ganzen Verwaltung, nicht auch für die Dependenztempel nachweisen; so hat z. B. das Soknopaiosheiligtum als Vorstand ein Priesterkollegium besessen, seine Dependenz in Neilupolis ist jedoch von einem einzelnen Vorsteher geleitet worden (B. G. U. I. 337, 13—15).

2) Bd. I. S. 47 ist den obigen Bemerkungen gegenüber nicht genügend hervorgehoben, daß es bezüglich der Leitung der religiösen Angelegenheiten nicht zu beweisen ist, daß diese dem leitenden Priesterkollegium sofort zugefallen ist; siehe nächsten Abschnitt.

3) Vergl. die Angaben über die Leitung der ägyptischen Kultvereine im I. Bd. S. 126 ff. u. 166 ff.; siehe dazu noch Strack a. a. O. Archiv III. S. 131 N. 8; Seymour de Ricci a. a. O. Archiv II. S. 432 N. 15.

4) Siehe hierzu Bd. I. S. 17 u. S. 169; ferner P. Magd. 9, der uns mit einem im Faijûm gelegenen im Privatbesitz befindlichen ᾽Ισιεῖον bekannt gemacht hat. Er lehrt uns auch den Titel des Besitzers eines solchen Tempels „ισιονόμος" kennen; man darf also nicht, wie Wilcken, Archiv II. S. 387 es tut, den in B. G. U. III. 993 genannten ισιονόμος als wirklichen Priester, sondern muß ihn, wie es ja auch der Titel anzeigt, als Inhaber und Verwalter eines der Isis geweihten Privatheiligtums fassen. Der Titel ισιονόμος begegnet uns jetzt auch in P. Petr. III. 82, 5; 100ᵇ, Col. 2, 31.

5) Vielleicht darf man auch in den P. Tebt. I. 6, 45 genannten οἱ παρὰ τῶν ἱερέων einen Hinweis auf laikale Angestellte der Tempel sehen.

und ein Tempeldiener niederen Ranges gestanden[1]) haben. Dagegen läßt es z. B. sich nicht feststellen, ob der persönliche Adjutant des Vorsteher-Stellvertreters des großen Serapeums bei Memphis (Bd. I. S. 42, A. 1) und die verschiedenen in der Kassenverwaltung dieses Tempels beschäftigt gewesenen Beamten (über sie siehe dieses Kapitel, Abschnitt 3 B) Laien oder Priester gewesen sind.[2]) Immerhin ist es, zumal da ähnliche Verhältnisse im alten Ägypten bestanden haben (siehe z. B. Erman, Ägypten I. S. 154/55 u. II. S. 411), recht wahrscheinlich, daß von den Tempeln öfters Laien beschäftigt worden sind[3]); daß diesen aber innerhalb der allgemeinen Verwaltung irgend eine leitende Stellung eingeräumt worden ist,[4]) dafür besitzen wir keinerlei Anhaltspunkte. Vollständig unberechtigt erscheint mir die einst von Revillout (Rev. ég. I. S. 58, Anm.) im Anschluß an die im memphitischen Serapeum sich findenden Zustände[5]) ausgesprochene

---

1) Siehe Bd. II. S. 21; daß dieses ständige Dienstpersonal des Jupitertempels aus Laien bestanden hat, darf man wohl daraus entnehmen, daß bei ihnen, obwohl die einzelnen öfters sogar mit Namen genannt werden, niemals ein priesterlicher Titel erscheint.

2) Von den „Zwillingen" wird allerdings in ihren Petitionen, in denen sie sich beklagen, daß ihnen ihre σύνταξις von den Kassenbeamten des großen Serapeums nicht verabfolgt werde (Näheres hierüber dieses Kapitel, Abschnitt 3 B), einmal (P. Par. 27, 6/7 [= 28, 5/6; P. Leid. E₂, 7/8; P. Mil.]) der Ausdruck „ὑπὲρ τοῦ μὴ εἰληφέναι (sc. τὴν σύνταξιν) παρὰ τῶν ἱερείων (= ἱερέων)" gebraucht, doch ist es sehr zweifelhaft, ob hiermit speziell die Kassenbeamten gemeint sind (man könnte hierzu auf P. Par. 26, 18 ff. verweisen). Bei weitem wahrscheinlicher ist es, daß es sich hier um einen Ausdruck allgemeiner Natur handelt; die „Zwillinge" wollen hier offenbar nur darauf hinweisen, daß sie ihre σύνταξις von den mit der Auszahlung von der Regierung betrauten und für sie verantwortlichen Personen, der Priesterschaft, nicht erhalten haben.

3) Erinnern möchte ich in diesem Zusammenhange an die schon im vorigen Kapitel verwertete Nachricht Diodors I. 73, 3, welche die ὑπηρέται der Tempel neben den ἱερεῖς erwähnt, wodurch sie mit Sicherheit als Nichtpriester gekennzeichnet sind.

4) Die obige Bemerkung schließt es natürlich nicht aus, daß die größeren gewerblichen Unternehmungen der Tempel von Laien geleitet worden sind. Auch ein Dokument wie Theb. Bank. II. spricht nicht gegen die Ausführungen im Text. Ihm zufolge ist zwei Laien das κρατεῖν über ein Asklepieion, d. h. es sind ihnen über dieses die Patronatsrechte übertragen worden (siehe Bd. I. S. 235/36); daß sie wie die κρατοῦντες in P. Tebt. I. 88 (siehe Bd. II. S. 39, A. 2) selbst das priesterliche Amt ausgeübt haben, darf man schwerlich annehmen, das κρατεῖν an sich kennzeichnet eben den Inhaber noch nicht als Priester. Wir haben sie darnach nicht als leitende laikale Mitglieder der internen Tempelverwaltung, sondern gewissermaßen als die Herren dieser Verwaltung aufzufassen und sie somit den die Aufsicht führenden staatlichen Beamten (siehe im folg. S. 75 ff.) so ziemlich gleichzustellen. Die P. Tebt. I. 5, 73 ff. erwähnten κρατοῦντες von ἐλάσσονα ἱερά sind ebenso wie die eben behandelten zu fassen, da man auch sie infolge ihrer Gegenüberstellung zu den in Z. 70 ff. erwähnten Personen, welche sicher Priester gewesen sind (vergl. Z. 65 ff.), an und für sich nicht für Priester halten darf.

5) Über sie vergl. die eingehenden Ausführungen in diesem Kapitel.

Behauptung: „L'épistate laïque de chaque temple, qui en avait l'administration financière, etc."[1]) Revillout scheint übrigens bei diesem „épistate laïque" weiterhin an einen nicht im Dienste der Priesterschaft
stehenden, sondern an einen von der Regierung angestellten Beamten
zu denken, doch ist ihm auch hierbei nicht zuzustimmen. Denn es
läßt sich bisher auch nicht ein einziger Beleg dafür anführen, daß
Regierungsbeamte ohne jeden priesterlichen Charakter Mitglieder
des Verwaltungskörpers der Tempel gewesen sind und sich als solche
aktiv an der internen Verwaltung beteiligt haben, es scheint vielmehr,
als ob dies prinzipiell nicht der Fall gewesen wäre.[2])

Andererseits haben allerdings die staatlichen Beamten der Kultusverwaltung im allgemeinen wie der Verwaltung der einzelnen Tempel
durchaus nicht fern gestanden,[3]) im Gegenteil, sie haben in ihr sogar
einen sehr wichtigen Faktor gebildet, da von ihnen eine sehr inten-

---

1) Der in Milne, Inschriften 3 genannte προστάτης der Isis zu Apollinopolis
parva (ein anderer aus späterer Zeit erscheint Milne, Inschriften 2ᵇ, 9 u. 11) ist
uns jetzt auch durch demotische Inschriften des Museums in Kairo (31101, 31114,
31146, 31160, publ. von Spiegelberg, Die demotischen Inschriften S. 34/35, 45,
57/58 u. 60 in Catal. gén. des antiq. égypt. du Musée du Caire Bd. XVI.) belegt, wo er als „Verwalter od. ähnlich der Isis" bezeichnet wird. Aus diesem
demotischen Titel nun zu schließen, daß der προστάτης nicht Priester gewesen
und daß somit in ihm ein Beleg für den Revilloutschen épistate laïque vorhanden sei, scheint mir durchaus nicht erforderlich, umsomehr da in einer
anderen demotischen Inschrift von Kairo (31152, Spiegelberg a. a. O. S. 60) derselbe Titel „Verwalter" als einer der Titel eines Priesters genannt wird.

2) Vergl. hierzu die Ausführungen in diesem Kapitel. Die Richtigkeit der
obigen Behauptung wird in keiner Weise erschüttert, wenn wir Regierungsbeamte als Mitglieder der Phylenpriesterschaft finden und wenn wir diese alsdann in der internen Tempelverwaltung sich betätigen sehen (siehe Strack,
Inschriften 95; Die bilingue Stele des Chahap, publ. von Stern Ä. Z. XXII [1884]
S. 101 ff.; vergl. für sie Bd. I. S. 224; ob auch bei den P. Par. 45 Verso u. P. Leid.
H, 1 u. 29 genannten ἐπιστάται τοῦ Ἀνουβιείου ein staatliches und ein priesterliches
Amt vereinigt gewesen ist, ist nicht zu entscheiden; siehe Bd. I. S. 42, A. 4);
ihre Anteilnahme an der Verwaltung erklärt sich einfach aus ihrem priester-
lichen Charakter.

3) Auch im alten Ägypten ist dies der Fall gewesen. Vor allem sei hier
an die Nomarchen im alten und mittleren Reich erinnert, welche in ihrem Gau
die höchste priesterliche Gewalt besessen und die Aufsicht über den Kultus
ihres Gaues ausgeübt haben (Belege Bd. I. S. 243, A. 4). Siehe ferner etwa die
von Flinders Petrie, history of Egypt I. S. 316 und von Revillout, Rev. ég. VIII.
S. 146 publ. hieroglyphische Inschrift von Koptos, der zufolge in der Zeit der
11. Dynastie königliche Beamte die Zustände im Tempel des Min einer Prüfung
unterzogen haben; siehe auch die von Schäfer, Die Mysterien des Osiris in
Abydos unter König Sesostris III. (in Untersuch. zur Gesch. u. Altertumskunde
Ägypt. IV. 2) erwähnte Untersuchung der Priesterschaft zu Abydos durch einen
königlichen Oberschatzmeister. Ob freilich eine regelmäßige staatliche Beaufsichtigung aller Tempel im alten Ägypten stets bestanden hat (Revillout,
Précis etc. I. S. 191 ff. behauptet z. B., unter Ramses II. sei die Tempelverwaltung autonom geworden), bedarf noch der näheren Untersuchung.

sive, sich sogar zu ganz selbständigen Handlungen ausdehnende Aufsicht ausgeübt worden ist und da außerdem der Staat einen Teil der
Verwaltung der einzelnen Tempel ganz an sich gezogen hatte (siehe
im folg., vor allem Abschnitt 3, A a). Spezielle Beamte sind freilich
zu diesem Zwecke allem Anschein nach nicht geschaffen worden,[1]
sondern es sind, wie schon bemerkt worden ist, sowohl in ptolemäischer als auch in römischer Zeit die üblichen lokalen Behörden, die Strategen mit ihren Unterbeamten und seit Einführung
der Stadtverfassung in Ägypten auch die βουλαί der Städte die direkten
weltlichen Vorgesetzten der Tempel gewesen.

Die Fäden der Kultusverwaltung sind alsdann unter den Ptolemäern im königlichen Kabinett zu Alexandrien zusammengelaufen,
während die römischen Kaiser mit der obersten Kontrolle des Kultes
und der Tempelverwaltung den ἴδιος λόγος betraut haben, der infolgedessen auch als „ἀρχιερεὺς Ἀλεξανδρείας καὶ Αἰγύπτου πάσης"
bezeichnet worden ist. Ihn haben seine ἐπίτροποι οὐσιακοί auch
bei dieser Tätigkeit unterstützt, und deshalb haben sie auch den Titel
„διαδεχόμενοι τὴν ἀρχιερωσύνην" geführt. Wenn in dem Be-
stallungsdekret eines Oberpriesters des arsinoitischen Jupitertempels
(B. G. U. II. 362 p. 5, 1 ff.) diesem eingeschärft wird sich nach den
Befehlen des διαδεχόμενος τὴν ἀρχιερωσύνην zu richten, ohne daß
irgend welche spezielleren Angaben hinzugefügt sind, so zeigt dies
wohl ganz klar, daß die Kompetenz dieses Beamten für die ganze
Kultusverwaltung gegolten hat. Von den in der Kultusverwaltung
tätigen staatlichen Beamten der römischen Zeit sei hier noch besonders
der procurator Neaspoleos et mausolei Alexandriae hervorgehoben,
dem, wie sein Titel besagt, die Spezialaufsicht über das berühmte
Alexanderheiligtum zugefallen ist[2]; in ihm besitzen wir also einen
Beleg dafür, daß von den weltlichen Behörden auch die Tempel des
griechischen Kultus kontrolliert worden sind.

---

1) Vergl. hierzu jetzt P. Tebt. I. 5, 255—57 und die Bemerkungen Grenfell-
Hunts hierzu auf S. 58, wo βασιλικά-, πολιτικά- und ἱερευτικά-Angelegenheiten als
der Kompetenz der στρατηγοί und der οἱ ἄλλοι οἱ πρὸς χρείαις unterliegend angeführt werden, ohne daß besondere Beamte für eine dieser Amtsfunktionen erwähnt werden.

2) Siehe C. I. L. VIII. 8934; XIII. 1808; vergl. Bd. I. S. 61. Ausfeld, Neapolis und Brucheion in Alexandria [Philologus LXIII (1904) S. 481 ff. (S. 492/93)]
hat kürzlich die Ansicht ausgesprochen, dieser Beamte habe mit Hieratischem
nichts zu tun; seine ihn hierzu bestimmende Behauptung, die Römer hätten die
Gottheit Alexanders nicht anerkannt, ist jedoch falsch (siehe z. B. I. Bd. S. 154),
und seine weitere, das Mausoleum sei in römischer Zeit als Getreidemagazin benutzt
worden, schwebt völlig in der Luft, zumal seine Gleichsetzung von Βρουχεῖον
(vielleicht = Πυρχεῖον) und Neapolis wohl nicht das Richtige trifft, sondern das
Brucheion wohl nur einen Teil der Neapolis gebildet hat; vergl. hierzu auch P. Fir. 2,
publ. Rendiconti d. reale academia d. Lincei XII (1903) S. 436. So auch jetzt
Hirschfeld, Die kaiserlichen Verwaltungsbeamten bis auf Diokletian[2] S. 365, A. 4.

Höhere Geistliche lassen sich als Aufsichtsbeamte in der Kultusverwaltung bisher nicht nachweisen;[1]) denn als solche sind nicht etwa Priester, wie z. B. der Vorsteher des großen Serapeums zu Memphis, denen mehrere Tempel unterstellt waren, zu fassen, sondern diese sind einfach der Gruppe der Tempelvorsteher einzureihen, da ja die betreffenden Heiligtümer zu einer mehr oder weniger engen Verwaltungseinheit verbunden gewesen sind. Diese ist auch, da ja religiöse und weltliche Kompetenzen in der Hand der Vorsteher vereinigt waren, auch für jene Tempel anzunehmen, für die sich zwar nichts Näheres über ihre Verwaltung, aber ein gemeinsames Priesterkollegium nachweisen läßt.[2])

Der Umfang und die Art der Geschäfte der Kultusverwaltung wird sich im großen und ganzen im Laufe der Zeit nicht sonderlich geändert haben, und außerdem dürften wohl auch bei allen Heiligtümern die einzelnen großen Zweige der Verwaltung im allgemeinen dieselben gewesen sein.

2. Die Leitung des Kultes und der Priesterschaft.[3])

Die Fürsorge für die geistlichen Angelegenheiten darf man wohl als die wichtigste Aufgabe der Kultusverwaltung bezeichnen. So wird an allen Tempeln die Leitung der religiösen Zeremonien[4]),

---

1) Siehe hierzu Bd. I. S. 52/53; wenn uns unter den Titeln der Hohenpriester zu Memphis auch ein solcher wie „an der Spitze der Priester und aller Propheten auf den heiligen Territorien des Süd- und Nordlandes" (siehe Brugsch, Thesaurus V. S. 919) begegnet, ein Titel also, der an den der Hohenpriester des thebanischen Amon im neuen Reich (Bd. I. S. 52, A. 1) erinnert, so darf man jedenfalls auf ihn nicht allzuviel geben, da in der Spätzeit bekanntlich sehr viele der alten Priestertitel ihre eigentliche Bedeutung verloren haben und nur ganz schematisch beibehalten worden sind.

2) Siehe z. B. Die Heiligtümer zu Pathyris und Krokodilopolis (Bd. I. S. 20/21); für das Isisheiligtum zu Philä ist uns für die ptolemäische Zeit nur bezeugt, daß es mit andern Tempeln ein gemeinsames Priesterkollegium besessen hat (Bd. I. S. 43), für die römische Zeit ist jedoch auch ein Beleg für gemeinsame Verwaltung der mit dem Isistempel vereinigten Heiligtümer vorhanden, wohl der beste Beweis für die Richtigkeit der obigen Behauptung.

3) Die in diesem Abschnitt verwerteten Belege gehören fast vollständig der römischen Zeit an; nur über die Priesterversammlungen, die Form der Aufnahme neuer Priester und die Besetzung der höheren Priesterstellen erfahren wir auch aus ptolemäischer Zeit Näheres. So kann hier das entwicklungsgeschichtliche Moment nicht berücksichtigt werden; es ist mir jedoch recht wahrscheinlich, daß die Hauptprinzipien dieses Verwaltungszweiges in der ganzen hellenistischen Zeit dieselben gewesen sind.

4) Vergl. II. Bd. S. 6 ff.; eine eingehende Schilderung des Kultes darf man hier nicht erwarten, da sie nur zugleich mit der Darstellung der Religion erfolgen könnte und von dieser hier Abstand genommen ist. Der Kult wird sich von dem der alten Zeit nicht sonderlich unterschieden haben; vergl. über ihn jetzt die kurz orientierenden Bemerkungen von Erman, Die ägyptische Religion

d. h. die Vornahme bezw. Aufsicht über die täglichen gottesdienstlichen Handlungen, die Anordnung und Feier der zahlreichen eigenen Feste, sowie die Beteiligung an den Festlichkeiten anderer Tempel[1]) und an den großen Priesterversammlungen (siehe Bd. I. S. 72 ff.), ferner die **Aufnahme neuer Mitglieder in die Priesterschaft** (siehe Bd. I. S. 220, 227 ff., 245), die **Besetzung der verschiedenen höheren Priesterstellen** (siehe Bd. I. S. 237 ff.), die **Beaufsichtigung des Verhaltens der Priester** in ihrem Amte und gegenüber den für sie geltenden allgemeinen religiösen Bestimmungen (siehe hierzu im folgenden), kurz alles jenes, was nötig war, um den ungestörten Fortgang der von den Tempeln zu erfüllenden religiösen Aufgaben zu sichern, wird stets eine der Hauptaufgaben der Tempelleitung gebildet haben.

Diese an und für sich schon umfangreiche und nicht leichte Aufgabe ist nun den **Tempelbehörden** noch durch allerlei **Berichte,** welche sie hierüber an die **Regierung** zu erstatten hatten, erschwert worden. So mußten z. B. anläßlich der Aufnahme der Priesteranwärter in die Phylenpriesterschaft, welche, wie bereits auseinandergesetzt, vornehmlich von der Entscheidung der staatlichen Oberbehörden abhing (siehe Bd. I. S. 211 ff.), besondere Eingaben an die lokalen Behörden eingereicht werden, in denen man sich über die Anwärter zu äußern hatte.[2]) Sehr wahrscheinlich ist es mir alsdann, obgleich Belege hierfür bisher nicht vorliegen, daß auch die reguläre Besetzung der höheren Priesterstellen zwischen der Tempelverwaltung und den weltlichen Vorgesetzten eine mehr oder weniger ausgedehnte Korrespondenz hervorgerufen hat, und zwar auch wohl in den Fällen, in denen die Vergebung des Priesteramtes allein in der Hand des Staates gelegen hat (Bd. I. S. 233 ff.). Auch die **sorgfältige Überwachung,** welche die **staatlichen Beamten den geistlichen Angelegenheiten** zu teil werden ließen, hat einen regen Verkehr zwischen ihnen und der Priesterschaft gezeitigt. Dies zeigen uns einige Urkunden, welche von häufigen zur Feststellung von etwaigen Unregelmäßigkeiten ergangenen Anfragen der weltlichen Behörden und den darauf erteilten Bescheiden der Tempelleitung berichten. So muß das eine Mal darüber Bericht erstattet werden, ob etwa die seit alten Zeiten bestehenden Vorschriften über die Kleidung und die Haartracht der Priester von

---

S. 213 ff. Die sprachlichen Beobachtungen, die soeben Junker (Sitz. Berl. Ak. 1905) über die religiösen Tempelinschriften der hellenistischen Zeit veröffentlicht hat, zeigen uns deutlich, daß diese in ihrem Kern ein Produkt der Zeit des neuen Reiches sind, daß also der offizielle Kult der späteren Zeit, da er sie als seine Dokumente veröffentlichte, dem des neuen Reiches geglichen haben muß.

1) Siehe z. B. B. G. U. II. 362 p. 6, 22; 12, 15 ff.; 15, 11 ff.; Brugsch, Thesaurus II. S. 263.

2) Siehe P. Straßb. 60, Col. 2, 7 ff.; vergl. hierzu Bd. I. S. 220, auch Wilcken, Archiv II. S. 13.

einem derselben übertreten worden sind (B. G. U. I. 16; siehe Bd. I.
S. 63), ein anderes Mal, ob auch die Untersuchung und Siegelung
eines Opfertieres vor der Opferung richtig erfolgt sei (B. G. U. I. 250;
siehe Bd. I. S. 62/63), laut einer dritten Urkunde (P. Gen. 7; siehe
Bd. I. S. 240/41) sind über die Neubesetzungen von Priesterstellen,
die zu Unrecht erfolgt sind, Unterhandlungen gepflogen worden, um
jene wieder rückgängig zu machen. Besonders bemerkenswert sind
alsdann ein Inspektionsbericht, der uns von einer über die Amtsführung der Priester angestellten Prüfung Kunde gibt[1]), und ein Schriftstück, welches uns außer von der Untersuchung der Priesterqualifikation zweier schon amtierender Priester auch noch von Anordnungen
zum Schutze der ordnungsgemäßen Erledigung der Kultushandlungen
berichtet.[2])

Der Staat hat sich übrigens nicht mit seiner überwachenden
Tätigkeit begnügt, sondern er hat auch aktiv an der Leitung des
Kultes teilgenommen. Vor allem tritt uns dies bei der Aus-
gestaltung des Königskultes entgegen. (Näheres hierüber siehe VII. Ka-
pitel, 2.) Weiterhin ist die vom Staat vorgenommene Besetzung von
Priesterstellen (siehe Bd. I. S. 211 ff.; 232 ff.) hierfür anzuführen. Daß
auch Belege für die Ernennung von Priestern, die dem griechischen
Kultus angehören, und von Leitern von Kultvereinen (siehe Bd. I.
S. 254 ff. u. S. 251, A. 2) vorhanden sind, ist besonders wertvoll, da
uns sonst bisher nichts Näheres über die Form der Anteilnahme des
Staates an der Verwaltung des griechischen und des Privatkultus bekannt geworden ist. Übrigens glaube ich bestimmt, daß
auch auf anderen Gebieten der Verwaltung der Staat seinen Einfluß
auf den griechischen Kultus geltend gemacht haben wird. Ferner sei
hier an ein Edikt erinnert, welches neue Bestimmungen über die
Untersuchung der Opfertiere enthalten hat (B. G. U. I. 250; siehe
Bd. I. S. 62/63). Auch eine Verordnung, welche die Entfernung der
Schweine aus der Nähe des Tempels von Talmis anbefahl, ist, da sie
aus religiösen Gründen erlassen worden ist, hierher zu ziehen (C. I. Gr.
III. 5069; siehe Bd. I. S. 65). Schließlich sei in diesem Zusammenhange auch jener staatliche Erlaß erwähnt, welcher neue Vorschriften
für die Aufnahme der Priesteranwärter in die Phylenpriesterschaft
gebracht hat (P. Straßb. 60. Col. 1, 5; siehe Bd. I. S. 217, A. 2).[3]) Inwieweit auf die Beschlüsse der Priesterversammlungen über Änderung

---

1) Siehe z. T. publ. P. Rainer bei Hartel, Gr. P. S. 70 (deutsche Inhaltsangabe im Führer durch die Ausstellung der Papyri Erzherzog Rainer S. 77
[N. 247]); vergl. Bd. I. S. 63/64.

2) Siehe unpubl. P. Rainer 107 bei Wessely, Kar. u. Sok. Nes. S. 56 u. 64;
vergl. I. Bd. S. 63.

3) Vielleicht darf man den unpubl. P. Rainer 150 bei Wessely, Kar. u. Sok.
Nes. S. 64 auch als einen solchen Erlaß auffassen.

und Erweiterung des Kultes die staatlichen Organe von Einfluß gewesen sind, entzieht sich bisher noch unserem Urteil.[1])

Als die in die Leitung des Kultes eingreifenden staatlichen Beamten erscheinen in allen diesen Fällen teils die Gaubeamten, wie der στρατηγός, sein βασιλικὸς γραμματεύς nebst den ihnen untergeordneten lokalen Dorfbehörden, teils auch die „ἀρχιερωσύνη für ganz Ägypten", die, wenn nicht von ihr die Aufsicht selbst ausgeführt worden ist, sie doch stets wenigstens bei den lokalen Beamten veranlaßt zu haben scheint.

Auf Seite der Priesterschaft sind all diese Unterhandlungen mit den weltlichen Behörden durch die betreffenden Tempelvorstände, durch den Tempelvorsteher oder durch das leitende Priesterkollegium geführt worden.[2]) Da uns somit das letztere auch bei der Erledigung religiöser Angelegenheiten seines Heiligtumes als dessen offizieller Vertreter nach außen entgegentritt[3]), so liegt die Folgerung nahe, daß ihm ebenso wie dem einzelnen Tempelvorsteher, dem Oberpriester, auch im Innern des Tempels die oberste Leitung des Kultes zugestanden hat.[4]) Aber ob dies eo ipso, auch vor der Zeit der hier für die obige Folgerung verwerteten Belege (Mitte des 2. Jahrhunderts n. Chr.) der Fall gewesen ist, läßt sich vorläufig nicht feststellen.

Recht wahrscheinlich ist es, daß der Tempelvorstand bei der

---

1) Die Dekrete der Priesterversammlungen, welche uns über die Beschlüsse in Kenntnis setzen, stellen diese allerdings ganz als Ausfluß des Willens der Priesterschaft hin. Zu dem Dekrete von Kanopus und den verschiedenen Ausfertigungen des von Rosette tritt jetzt in der dreisprachigen Inschrift des Museums von Kairo Nr. 31088 (publ. von Spiegelberg, Die demotischen Inschriften S. 14 ff.) (leider sehr verstümmelt) ein weiteres aus der Zeit des 4. Ptolemäers hinzu. (Spiegelberg a. a. O. faßt sie fälschlich als königlichen Erlaß.)

2) Auf den ersten Blick könnte es scheinen, als ob B. G. U. I. 250 gegen die Ausführungen im Text spräche, indem hier auf eine von der weltlichen Behörde angeregte Prüfung nicht der Tempelvorstand, sondern ein einzelner Priester (daß der antwortende Παῦσις trotz des fehlenden Priestertitels [siehe Bd. I. S. 33/34] als Priester aufzufassen ist, dafür siehe schon Wilcken, Ostr. I. S. 384/85) der Behörde Bescheid erteilt hat. Der Antwortende ist jedoch der, gegen den die der Prüfung zugrunde liegende Anschuldigung gerichtet war, und da er seine die Anschuldigung zurückweisende Aussage zudem eidlich erhärten muß, so war eine persönliche Antwort direkt notwendig. Für so gut wie sicher halte ich es, daß daneben auch der Tempelvorstand über die Angelegenheit Bericht erstattet hat; siehe z. B. B. G. U. I. 16, wo er sich auch mit einer gegen einen einzelnen Priester gerichteten Anschuldigung befaßt.

3) Besonders wichtig ist hierfür B. G. U. I. 16.

4) Wenn wir das leitende Priesterkollegium des Soknopaiostempels in einer Eingabe betreffs der Priesterqualifikation von Priesteranwärtern durch einen διάδοχος προφητείας, der infolge seiner Nennung vor ihnen als ihnen übergeordnet erscheint, unterstützt finden (siehe P. Straßb. 60, Col. 2, 7 ff.), so ist hierbei zu beachten, daß dieser Priester nicht dem Soknopaiosheiligtum angehört, sondern in Arsinoe amtiert hat; seine Mitwirkung darf also unser Urteil über die Gestaltung der Verhältnisse im Innern des Tempels nicht beeinflussen.

Leitung der religiösen Angelegenheiten von den Priestern, vor allem von den höheren, stets unterstützt worden ist. Über die Form dieser Unterstützung wissen wir allerdings nur wenig. So finden wir bei der Berichterstattung über die Priesterqualifikation der Priesteranwärter auch den Stolisten beteiligt (P. Straßb. 60. Col. 2, 14). Bei der Prüfung derselben vor dem „Oberpriester von ganz Ägypten" sind die κορυφαῖοι, ὑποκορυφαῖοι und ἱερογραμματεῖς mit der Untersuchung der Anwärter auf Makellosigkeit betraut gewesen (siehe Bd. I. S. 85). Erinnert sei hier ferner an die Beteiligung der Priester bei der Besetzung der höheren Priesterstellen (Bd. I. S. 237 ff. u. Bd. II. S. 48). Vor allem tritt uns jedoch die Mitwirkung der Priesterschaft an der Leitung des Kultes auf den großen Priesterversammlungen entgegen, wo Vertreter aller Gruppen der Phylenpriesterschaft über die weitere Ausgestaltung des Kultes beraten und neue Bestimmungen beschlossen haben (siehe Bd. I. S. 75).

Die Ausgestaltung des Kultes hat übrigens auch in den Kultvereinen nicht allein in der Hand der Leiter gelegen, sondern sie ist durch Dekrete der Vereinsgenossen bewirkt worden.[1])

3. Die Verwaltung der Tempel.

A. Die Verwaltung des Besitzes.

Neben der Leitung der geistlichen Angelegenheiten ist wohl die Verwaltung des Besitzes der ägyptischen Heiligtümer als der wichtigste Zweig der Kultusverwaltung anzusehen, denn bei dem großen Umfang dieses Besitzes (siehe IV. Kapitel, 2) muß sie sehr viel Arbeit und gleichzeitig große Umsicht erfordert haben.

a. Die vom Staat verwalteten Besitzobjekte — Ländereien und Bäder.

Auch in die Besorgung der Geschäfte der Besitzverwaltung haben sich Priester und Staat geteilt, doch ist hierbei gegenüber dem bei den geistlichen Angelegenheiten eingeschlagenen Verfahren ein sehr bemerkenswerter Unterschied zu verzeichnen, denn bei der Verwaltung des Tempelbesitzes hat sich der Staat nicht mit einer gewissen Oberleitung und einem gelegentlichen aktiven Eingreifen begnügt, sondern er hat einen wichtigen Teil desselben ganz und allein für sich in Anspruch genommen.

So ist einmal der Landbesitz der Tempel von staatlichen Beamten direkt ohne jede Beihilfe der Priester verwaltet worden[2]). Eine Reihe

---

1) Siehe z. B. Strack, Inschriften 95 u. 108 (C. I. Gr. III. 4893).
2) Siehe hierzu Bd. I. S. 262, A. 4, wo schon hervorgehoben ist, daß die Belege für die Verwaltung von ἱερὰ γῆ durch den Staat nicht zu der Annahme berechtigen, diese habe nicht mehr den Tempeln gehört. (Außer bei Meyer a. a. O. finden wir diese Auffassung auch bei Rostowzew, Geschichte der Staats-

Momente vereinigen sich die Richtigkeit dieser Behauptung sowohl für die ptolemäische als auch für die römische Zeit zu erweisen. Der zeitlich erste Beleg läßt sich, worauf bereits Wilcken (Archiv I. S. 145) hingewiesen hat, allem Anschein nach einem den 60er Jahren des 2. Jahrhunderts v. Chr. angehörenden Erlaß des ptolemäischen Finanzministers entnehmen, der allerlei Bestimmungen über die Übernahme der Pacht von Staatsländereien enthält (P. Par. 63).[1]) In ihm finden wir in einer der Schlußverordnungen ἱερὰ γῆ mit Land, über das die Regierung ein gewisses Verfügungsrecht besitzt, das also von ihr abhängig ist, auf eine Stufe gestellt (Z. 172 ff., bes. Z. 177/78)[2]); die Abhängigkeit der ἱερὰ γῆ vom Staate wird man

---

pacht in der römischen Kaiserzeit bis auf Diokletian S. 157 [Philologus, IX. Ergänzungsband] und bei Revillout, Précis du droit égyptien I. S. 215.) Die zahlreichen im IV. Kapitel, 2 A (siehe auch Bd. I. S. 416) für den Tempellandbesitz verwerteten Nachrichten enthalten auch nicht die leiseste Andeutung, daß das Besitzrecht der Tempel an der ἱερὰ γῆ in hellenistischer Zeit aufgehoben gewesen ist, sondern bezeugen uns vielmehr direkt das Gegenteil. Eine vorzügliche Parallele zu den hier geschilderten Verhältnissen der ägyptischen Tempelbesitzverwaltung läßt sich übrigens aus jüngster Zeit aus Rußland anführen, wo der Staat vor einigen Jahren den Besitz der russisch-armenischen Kirche in seine Verwaltung genommen hatte, ohne das Besitzrecht der Kirche anzutasten (jetzt ist allerdings die staatliche Verwaltung wieder aufgehoben worden).

1) Daß es sich im Parisinus um die „Pacht" der staatlichen Domänen und nicht um für sie zu leistende Frohnarbeiten handelt (dies ist z. B. von Lumbroso, Recherches S. 89 ff. und Revillout, Mélanges S. 155 ff. u. S. 251 ff. behauptet worden), ist zuerst von Wilcken, Ostr. I. S. 702 richtig erkannt worden.

2) In enger Verbindung mit derartigem Land finden wir ἱερὰ γῆ auch in den P. Tebt. I. (5, 36 ff., 89 ff., 201 ff.; 62, 1 ff.; 63, 1 ff.; 85, 1 ff.) genannt (Zeit: Ende des 2. Jahrhunderts v. Chr.). Grenfell-Hunt, P. Tebt. I. S. 34/35 neigen übrigens dazu, ἱερὰ γῆ als Bestandteil der daselbst erwähnten ἐν ἀφέσει γῆ zu fassen, was mir jedoch sehr zweifelhaft ist; P. Par. 63, 177/78 spricht doch unbedingt dagegen und auch die Angaben der P. Tebt. I. scheinen mir eine andere Deutung zu gestatten. Es sei darauf hingewiesen, daß wenn neben der κληρουχική und der ἱερὰ γῆ auch ἡ ἐν ἀφέσει γῆ genannt wird, diese niemals einfach mit ἡ ἄλλη γῆ, sondern stets mit ἡ ἄλλη ἡ ἐν ἀφέσει γῆ angefügt wird (in P. 85, 3 wird man wohl auch τῆ]ς ἄλλης τῆς (Gr.-H. γῆς) ἐν ἀφέ{σ}ει lesen müssen im Anschluß an P. 63, 1 ff. und auf Grund der sprachlichen Beobachtung, daß es niemals γῆ ἐν ἀφέσει, sondern stets ἡ ἐν ἀφέσει γῆ heißt). Übersetzt man dann diesen Ausdruck durch „das andere Land, nämlich die ἐν ἀφέσει γῆ", so muß man diese gerade als eine von den vorhergenannten Ländereien verschiedene Landsorte auffassen; die Anknüpfung durch ἄλλη dient alsdann nur dazu, die ἐν ἀφέσει γῆ mit den anderen erwähnten Landsorten auf eine Stufe zu stellen, d. h. es schwebt offenbar ein nicht genannter Oberbegriff vor und dieser ist Land, welches in irgend einer Abhängigkeit vom Staate steht; die Abhängigkeit der ἐν ἀφέσει γῆ zeigt besonders deutlich P. Tebt. I. 27. Die nähere Deutung der ἐν ἀφέσει γῆ scheint mir übrigens noch nicht ganz gesichert, jedenfalls kommen jedoch nur die beiden von Grenfell-Hunt P. Tebt. I. S. 35 vorgeschlagenen Möglichkeiten in Betracht. Gegen die eine, daß die ἄφεσις sich auf die Freigabe der Ernte des betreffenden Landes beziehe, welche durch die Regierungsbeamten erst nach Erfüllung der Forderungen des Staates erfolge, spricht eigentlich

nun wohl kaum anders als durch die Annahme staatlicher Verwaltung erklären können.

Eine vortreffliche Bestätigung für die Richtigkeit des aus dem Parisinus abgeleiteten Schlusses bieten alsdann einige auf demotischen Ostraka der zweiten Hälfte des 2. vorchristlichen Jahrhunderts sich findende Quittungen, in denen über Pachtgeldablieferungen für Tempelland — es handelt sich um ἱερὰ γῆ des Amon von Theben — quittiert ist[1]) und in denen ausdrücklich hervorgehoben ist, daß diese Zahlungen in den Regierungsthesauros, d. h. jenes Magazin, in das die in natura erfolgenden Einnahmen des Staates flossen[2]), abgeführt worden sind.[3]) Auch eine aus Koptos stammende, im Jahre 120/119

P. Tebt. I. 27, demzufolge βασιλικὴ γῆ auch einer derartigen ἄφεσις unterworfen gewesen ist, und doch wird die mit ihr zugleich genannte ἐν ἀφέσει γῆ (Z. 54/55) nicht durch ἄλλη angeknüpft, sondern erscheint als besondere Landsorte. So hat die andere Möglichkeit, die ἄφεσις als Ausdruck der Freigabe des betreffenden Landes aus der unmittelbaren in eine mittelbare Abhängigkeit vom Staate zu fassen m. E. viel für sich; man könnte dabei etwa an Land wie die ἐν δωρεᾷ und die ἐν συντάξει γῆ (Bd. I. S. 268, A. 2 u. S. 368, A. 1) denken, siehe auch P. Tebt. I. 99, 7.

1) Daß es sich hier um Ablieferung von Pachtgeld handelt, scheint mir sicher. Es sei hier gleich die prinzipielle Bemerkung angeschlossen, daß sich sowohl aus ptolemäischer wie aus römischer Zeit Pachtgeldquittungen für Tempelland — ebenso übrigens auch solche für die staatliche Domäne — finden, in denen ein spezielles die Zahlung als Pachtgeld charakterisierendes Wort nicht gebraucht ist, wo jedoch aus anderen Indizien der Charakter der Quittung zu erkennen ist (siehe im folgenden).

2) Über diese staatlichen Magazine und ihre Verwaltung siehe die grundlegenden Ausführungen Wilckens, Ostr. I. S. 649 ff.

3) Siehe dem. Ostr. Louvre 9067 (publ. Revillout, Mélanges S. 167); dem. Ostr. Louvre 7891bis (ebenda S. 117): Revillout hebt mit Recht hervor, daß Regierungsbeamte hier Quittung leisten; dem. Ostr. Louvre 9091 (ebenda S. 187): hier scheint für verschiedene Arten von staatlichem Pachtland (siehe z. B. die verschiedenen für die Kaiserzeit bezeugten Gruppen staatlichen Pachtlandes, vergl. das folgende), unter denen sich auch Tempelland befindet, die Pachtzahlung zu erfolgen; da sie nun ein und demselben ϑησαυρός überwiesen wird, kann es sich bei diesem nicht um ein einem Tempel gehörendes Magazin (dies glaubt Revillout, vergl. besonders S. 194/95; an und für sich hat es solche natürlich gegeben, siehe z. B. P. Par. 60bis), sondern nur um einen Regierungsthesauros handeln; dem. Ostr Louvre 9066 (ebenda S. 108—111): in ihm will allerdings Revillout gerade die Nennung eines ϑησαυρὸς ἱεροῦ nachweisen, seine Behauptung ist jedoch nach der von ihm gelieferten Übersetzung keineswegs begründet; denn einerseits ist hier das Wort ϑησαυρός ohne jeden Zusatz gebraucht, genau so wie es in zahlreichen von Wilcken publizierten griechischen Ostraka erscheint (siehe die Indizes bei Wilcken, Ostr. II. s. v. ϑησαυρός), wo es stets den Regierungsthesauros bezeichnet, und andererseits ist der in Revillouts Übersetzung vorkommende Ausdruck „trèsor d'Amon" doch nur eine willkürliche Ergänzung einer Lücke des demotischen Textes; bemerken möchte ich übrigens noch, daß auch die Übersetzung des Schlusses dieser Quittung „d'après les 20 frères", ebenso wie die Erklärung dieses Ausdruckes durch Revillout (er folgert aus ihm einen vom Staate zur Kontrolle der Tempelverwaltung eingesetzten

v. Chr. von der königlichen τράπεζα, d. h. von der Regierungskasse[1]) ausgestellte Quittung ist hier zu verwerten.[2]) In ihr wird über eine Geldzahlung von 1660 Kupferdrachmen unter der Bezeichnung ἱερᾶς Ἀμμῶ(νος) quittiert; der glücklicherweise erhaltene demotische Paralleltext der Quittung bietet an dieser Stelle nach der Übersetzung Revillouts die Worte „pour terre sacrée d'Amon", so daß also in der griechischen Urkunde hinter „ἱερᾶς" offenbar „γῆς" zu ergänzen ist[3])

Laienbeirat in den Tempeln) mir durchaus unglaubwürdig erscheint. (Herr Professor Steindorff, dem ich meine Ansicht über diese Ostraka und die Bedenken gegen die Ausführungen Revillouts mitteilte, teilt sie.)

Übrigens sei noch hervorgehoben, daß außer den bisher genannten noch eine größere Anzahl demotischer Ostraka uns erhalten sind, in denen über Pachtgeldablieferung für ἱερὰ γῆ quittiert ist (siehe dem. Ostr. Louvre 9070 [publ. Revillout, Mélanges S. 95—97], 7995 [ebenda S. 98], 9152 [ebenda S. 98/99], 9053 [ebenda S. 164/65], 9074 [ebenda S. 165], 9150 [ebenda S. 165/66], 9069 [ebenda S. 166]), doch ist in ihnen nicht der Ort, an den die Pachtgeldablieferung erfolgt, angegeben, auch die Person der Quittierenden nicht näher gekennzeichnet (Revillout, Mélanges S. 165 will freilich in dem Schreiber einiger dieser Ostraka einen „monographe écrivant au nom des 5 classes des prêtres d'Amonrasonter" sehen, doch ist dieser Titel nirgends erwähnt, und Revillouts Behauptung schwebt eigentlich in der Luft; eine etwaige Namensgleichheit des betreffenden mit einem sonst bekannten Monographos besagt natürlich bei dem häufigen Wiederkehren der Eigennamen in derselben Gegend Ägyptens so gut wie nichts). Jedenfalls enthalten sie alle auch nicht die allergeringste Anzeichen, daß hier nicht der Regierungsthesauros als Empfänger der Pachtablieferung gemeint sein könne, vielmehr entspricht die in ihnen sich findende Quittungsform durchaus der von den Regierungsthesaurosbeamten in den vorher genannten Ostraka angewandten, und infolgedessen könnte man mit gewissem Rechte für beide die gleichen Aussteller annehmen und die zweite Gruppe gleichfalls direkt als Belege verwerten. Dagegen darf man einen dem. P. Berl. 3080, publ N. Chrest. dém. S. 155 Anm., Rev. ég. IV. S. 138, Spiegelberg S. 13 (Zeit: Ptolemaios' VIII. Euergetes II.) wohl nicht verwerten, da bezüglich der in ihm erwähnten Pachtzahlung an den königlichen θησαυρός es nicht feststeht, ob sie für Tempelland oder nur für ehemaligen Tempelbesitz erfolgt; es handelt sich um champ situé dans le neterhotep d'Amon, vergl. I. Bd. S. 270/71. Auf keinen Fall handelt es sich m. E. um Tempelland in dem von Revillout in den Mélanges S. 63 neupublizierten dem. P. Passalacqua (ptolemäische Zeit), da die Übersetzung mir keinen Anhaltspunkt für Revillouts Deutung der in ihm genannten Ländereien als ἱερὰ γῆ zu bieten scheint; er ist also hier ganz außer Betracht zu lassen.

1) Über die Staatskassen, die βασιλικαὶ τράπεζαι im hellenistischen Ägypten vergl. die Ausführungen Wilckens, Ostr. I. S. 630 ff.; es dürfte sich übrigens empfehlen, um etwaigen Verwechslungen vorzubeugen, die das Griechische übersetzende Bezeichnung „Bank" für diese Kassen ganz fallen zu lassen und stets den Ausdruck „Kasse" zu gebrauchen.

2) Siehe Ostr. Wilck. 1234; vergl. hierzu Rev. ég. IV. S. 184, wo auch der demotische Paralleltext veröffentlicht ist.

3) Revillout, Mélanges S. 182 Anm. schlägt übrigens eine andere Ergänzung zu ἱερας, nämlich δραχμάς, vor (Wilcken, Ostr. II. S. 440 zu Ostr. 1234 referiert hier nicht genau genug) doch kommt er zu derselben Deutung der Quittung, wie ich sie oben im Text geboten habe. Denn seinen Ausführungen zufolge läßt sich für Pachtgeldzahlungen für Tempelland gerade die Bezeichnung

und man hier wieder einen Beleg für eine an die Regierung abgeführte Pachtgeldzahlung für Tempelland vor sich hat.

Schließlich dürften wohl auch noch einige auf griechischen Ostraka des ausgehenden 2. Jahrhunderts v. Chr. sich findende Thesaurosquittungen hier in Betracht zu ziehen sein, wenn auch ihre Deutung als Pachtgeldquittung für Tempelland nur als sehr wahrscheinlich und nicht als ganz gesichert bezeichnet werden darf. Es handelt sich dabei einmal um jene aus Theben stammenden Quittungen, an deren Kopf die Bemerkung „ἱεροῦ (πυροῦ)“ bez. „ἱερᾶς (κριθῆς)“ mit einem darauffolgenden Bruche steht, und in denen über eine Getreideablieferung an den Regierungsthesauros quittiert wird, ohne daß genauer gesagt wäre, zu welchem Zweck sie erhoben worden ist. Wilcken (Ostr. I. S. 221 ff.) will sie als Quittungen über Grundsteuer auffassen, von der der Staat einen bestimmten Prozentsatz (ungefähr 1%) für die Tempel reserviert hat[2]); er folgert sogar noch weiterhin, daß jener Prozentsatz, obgleich der obige Zusatz in den meisten Grundsteuerquittungen fehlt, von jeder Grundsteuerlieferung für die Tempel abgezweigt worden sei. Die Unzulässigkeit dieser Erklärung, deren zweiter Teil schon an und für sich sehr wenig Wahrscheinlichkeit besitzt[3]), ergibt sich meines Erachtens aus derjenigen ἱεροῦ (σίτου)-Quittung, in der eine Getreidelieferung unter der Bezeichnung εἰς τὸ Ἀμμ(ωνεῖον) verrechnet ist, wodurch natürlich das betreffende Getreide als für das Amonsheiligtum bestimmt gekennzeichnet wird[4]); es würde alsdann, wendet man die Wilckensche Deutung auf dieses Ostrakon an, in dieser Quittung zum Ausdruck gebracht sein, daß von „heiligem Getreide“ für „heiliges Getreide“ ein Bruchteil separiert werden sollte, und die Anordnung einer derartigen Maßnahme erscheint mir doch nicht glaublich.[5]) Man wird also den

---

„heilige Drachmen“ belegen (siehe dem. P. Louvre 10350 aus der Zeit des Tiberius). Man könnte hierzu eventuell auf die ἱεροῦ (σίτου)-Quittungen verweisen, siehe über sie im folgenden.

1) Siehe Ostr. Wilck. 710, 736, 740, 746, 747, 749, 1341, 1343, 1521; gr. Ostr. Louvre 8128, publ. von Revillout, Mélanges S. 275; auf dieser Seite ist noch eine weitere ἱεροῦ (σίτου)-Quittung publiziert (Nummer ?), doch dürfte in ihr sicher an einer Stelle eine Verlesung vorliegen, da Revillout in Z. 2 ἀπόμοιρα liest und bei dieser es sich um eine Getreidelieferung nicht handeln kann.

2) Wachsmuth a. a. O. Jahrb. f. Nationalökon. u. Statist: 3. Folge Bd. XIX (1900) S. 791 hat Wilckens Deutung angenommen.

3) In den Fällen, in denen etwa eine Abgabe für die Tempel zusammen mit der Grundsteuer erhoben worden ist, dürfte sicher über die Zahlung für jene im eigentlichen Text der Quittung unter einer eigenen Bezeichnung quittiert worden sein.

4) Ostr. Wilck. 1341; weiteres über die εἰς τὸ Ἀμμ(ωνεῖον)-Quittungen im folgenden.

5) Auch Wilcken ist dies auffällig; seinen Erklärungsversuch, daß der abgezweigte ἱερὸς πυρός für einen anderen Tempel, wohl den Haupttempel des

Genitiv ἱεροῦ (πυροῦ) bez. ἱερᾶς (κριϑῆς) wohl als partitiven Genitiv aufzufassen und demnach die Urkunden dahin zu erklären haben, daß das laut ihnen gelieferte Getreide in seiner Gesamtheit für die Tempel bestimmt gewesen ist und daß von diesem heiligen Getreide etwas separiert werden sollte, und zwar wohl für den, der hier über den Empfang quittiert hat, für den Staat.[1])

Der Grund, um dessenwillen das „heilige Getreide" entrichtet worden ist, ist nirgends klar angegeben[2]), doch deuten die Naturallieferung und vor allem der in einigen Quittungen sich findende Zusatz „ὑπὲρ τόπου" wohl auf eine vom Grund und Boden gezahlte Abgabe hin.[3]) Wilcken (a. a. O.) hat diese ohne weiteres als die Grundsteuer aufgefaßt, doch ganz abgesehen von einem allgemeinen Bedenken gegen die unbedingte Richtigkeit dieser Auffassung — es kann sich hier ebensowohl um Bodenpachtzahlungen an den Staat handeln (hierzu vergl. im folgenden S. 100) —, läßt sich diese schwerlich mit der hier vorgebrachten Deutung der Quittungen vereinigen; denn es erscheint mir eigentlich völlig ausgeschlossen zu sein, daß damals der Staat eine ihm sonst prinzipiell zufallende Abgabe wie die Grundsteuer in einzelnen Fällen, ohne daß sich ein Grund nachweisen ließe, also ganz beliebig den Tempeln überwiesen habe.[4])

Ortes, wo das Amonsheiligtum lag, bestimmt gewesen ist, halte ich nicht für gelungen.

1) Übrigens vertritt Revillout, Mélanges S. 186 eben dieselbe Ansicht über die ἱεροῦ (σίτου)-Quittungen, wenn er dort bemerkt, daß das laut ihnen abgelieferte Getreide „sacré par son origine" sei.

2) In Ostr. Wilck. 736, das nach Revillout, Mélanges S. 128 u. 275 den Vermerk ἱεροῦ σί(του) trägt, wird allerdings in Z. 2 über „ἐπιγραφή", d. h. nicht einfach über Grundsteuer (siehe Bd. II. S. 57, A. 2), sondern über eine bei Bodenabgaben eintretende Zuschlagszahlung (sie kann auch sehr wohl bei Bodenpachtzahlungen an den Staat erhoben worden sein) quittiert, doch folgt nun eine zweite Zahlung, die einfach durch „ἄλλας" (sc. ἀρτάβας) eingeleitet ist; da diese an demselben Tage von demselben Zahler geleistet wird wie die Zahlung für die ἐπιγραφή, so kann es sich im zweiten Falle um die ἐπιγραφή auf keinen Fall handeln, sondern man muß eine von ihr verschiedene Abgabe annehmen, die zugleich entrichtet worden ist; auf diese durch „ἄλλας" eingeleitete Zahlung bezieht sich nun auch offenbar der Randbemerk „ἱεροῦ σί(του)". (Eine andere, jedoch wohl falsche Erklärung des „ἄλλας" bietet Revillout, Mélanges S. 138.) Der Bruch bei ἱεροῦ σί(του) ist von Revillout nicht gelesen, das von Wilcken Ostr. I S. 222, A. 1 für ihn vorgeschlagene: ς′ halte ich jedoch wegen des eigentlich zu erwartenden Prozentsatzes von 1% für nicht richtig.

3) Siehe hierüber Wilcken, Ostr. I. S. 306 ff., seine Ausführungen sind allerdings teilweise zu modifizieren, siehe im folgenden S. 100.

4) Wilcken, Ostr. I. S. 149/50 und S. 315/16 versucht übrigens in zwei anderen Fällen nachzuweisen, daß dieses Verfahren bei der Grundsteuer damals mitunter vom Staate eingeschlagen worden ist, doch läßt sich dies nicht nur aus dem obigen allgemeinen Grunde zurückweisen, sondern es gestatten uns sogar eine Reihe anderer Momente, die dort zu grunde liegenden Zahlungen ganz sicher als Pachtablieferungen für Tempelland an den Staat nachzuweisen. Siehe im folgenden S. 99 u. 105.

Nach alledem glaube ich, daß man die ἱεροῦ (σίτου)-Quittungen nicht als eine Bescheinigung über die Abführung einer Kirchensteuer aufzufassen, sondern daß vielmehr auf diese Weise mitunter der ϑη-σαυρός die Ablieferung von Pachtgeld für Tempelländereien bescheinigt hat.[1]) Gegen die Berechtigung dieser Deutung ließe sich wohl höchstens anführen, daß sich in allen bisher verwerteten Quittungen, aus denen die Zahlung des Pachtgeldes für ἱερά γῆ an die Regierungs-magazine zu belegen ist, niemals die Abzweigung jenes Prozent-satzes des Abgelieferten an den Staat gefunden hat. Wenn dies nun auch auf den ersten Blick wunderbar erscheinen kann, so ist es doch wohl einfach dadurch zu erklären, daß eben von jeder Pacht-ablieferung für Tempelland jener Prozentsatz für den Staat reserviert worden ist, und daß man dies in jenen Quittungen, in denen der Charakter der Zahlung deutlich ausgesprochen war, als unnötig unter-lassen hat, daß man dagegen in anderen, die unbestimmt gehalten waren, dies gerade zur Kennzeichnung ihres Charakters verwandt hat.[2])

Außer den Quittungen mit dem Vermerk „ἱεροῦ (πυροῦ)" oder „ἱερᾶς (κριϑῆς)" dürften weiterhin auch noch diejenigen, in denen von königlichen Thesaurosbeamten unter der Bezeichnung „εἰς τὸ Ἀμμ(ωνεῖον) ἱερᾶς νήσου Ποανεμούνεως" über Naturalabliefe-rungen quittiert wird[3]), als Beurkundungen über Pachtgeldzahlung

1) Die Berechtigung der Deutung dieser Quittungen, welche jedes den Charakter der Zahlung näher bezeichnenden Ausdruckes entbehren, als Beschei-nigungen von Pachtablieferungen scheinen mir staatliche Abrechnungsurkunden aus dem Ende des 2. Jahrhunderts v. Chr., wie etwa z. B. P. Tebt. I. 93; 94; 98 zu bestätigen, in denen auch die Pachtzahlungen ohne jedes sie als solche kenn-zeichnende Wort gebucht sind.

2) Man könnte vielleicht noch als weitere Stütze dafür, daß eine Pacht-ablieferung für ἱερά γῆ, die in natura erfolgte, als „heiliges Getreide" bezeichnet worden ist, anführen, daß Revillout in einem demotischen Papyrus als Bezeich-nung von Pachtgeld für Tempelland den Ausdruck „heilige Drachmen" gefunden hat (siehe Bd. II. S. 84, A. 3). Erwähnen will ich auch immerhin, daß zu derselben Zeit in Theben ein gewisser Herakleides, Sohn des Hermokles, in verschiedenen der erwähnten demotischen Ostraka als Zahler von Pachtgeld für ἱερά γῆ er-scheint und für einen Mann gleichen Namens eine ἱεροῦ (σίτου)-Quittung aus-gestellt ist; vielleicht darf man nun nicht nur die beiden Leute, sondern auch die Zahlungen mit einander identifizieren.

3) Siehe Ostr. Wilck. 321, 702, 1341, 1498, 1527, vergl. auch 1505 (die Nil-insel Ποανεμοῦνις lag in der Nähe von Theben, siehe Wilcken, Ostr. I. S. 714); Wilcken, Ostr. I. S. 146/47 hat zwar mit Recht gefolgert, daß die εἰς τὸ Ἀμμ(ω-νεῖον)-Abgabe an eben diesen Tempel abgeführt worden ist, irrt aber dann weiterhin, wenn er behauptet: „daß es sich hier um Grundsteuer handelt, ist wohl nicht zweifelhaft". Keine Bestätigung der Wilckenschen Behauptung scheint mir P. Tebt. I. 13 Verso (S. 78) zu enthalten. Es ist dies eine Abrech-nung über staatliche Naturaleinnahmen, die aus Pachtgeld für βασιλικὴ γῆ und aus der Bodenabgabe der 7 Aruren besitzenden Kleruchen bestehen. Ein Teil dieser Einnahmen ist nun „εἰς τὸ Σουχιεῖον" verrechnet. Hieraus eine teilweise Überweisung bestimmter vom Grund und Boden an den Staat zu entrichtender

für Tempelland aufzufassen sein. An und für sich wäre es allerdings auch möglich aus diesen eine durch die Regierung erhobene Kirchensteuer zu folgern[1]); da sich aber, wie schon bemerkt, in der einen Quittung der Zusatz ἱεροῦ (σίτου) findet, so dürfte doch die erst angeführte Deutung vorzuziehen sein.[2])

Alle die hier erwähnten Pachtgeldzahlungen für ἱερὰ γῆ, die an den Staat entrichtet worden sind[3]), weisen uns zusammen mit den

---

Abgaben zu gunsten einer Tempelkasse zu entnehmen, scheint mir prinzipiell ausgeschlossen; Kirchensteuern sind sicher stets höchstens als Komplement zu Bodenabgaben gezahlt worden, dürften aber nie diese ganz absorbiert haben. Die Buchung unter dem Titel „εἰς τὸ Σουχιεῖον" könnte man vielleicht dadurch erklären (Grenfell-Hunts Deutung P. Tebt. I. S. 398 ist nicht befriedigend), daß aus den betreffenden Einnahmen die Zahlungen des Staates an das Σουχιεῖον geleistet werden sollten; in ähnlicher Weise ist ja auch sonst die Verwendung von Staatseinnahmen für bestimmte Zwecke festgelegt worden (siehe Bd. II. S. 68, A. 1). Man könnte jedoch auch vielleicht, da in derselben Abrechnung Einnahmen unter dem Titel „ἐν θη(σαυρῷ)" gebucht sind, daran denken, daß das Getreide „εἰς τὸ Σουχιεῖον" nicht in den gewöhnlichen, sondern in den im Tempelbezirk dieses Heiligtums gelegenen θησαυρός (siehe hierzu Bd. I. S. 283/84) natürlich auf Rechnung des Staates abgeführt worden ist, und könnte für diese Erklärung darauf verweisen, daß das δρόμος-Getreidemaß des Suchieions von Staatswegen in Anwendung gebracht worden ist (siehe P. Tebt. I. 61ᵇ, 386; 72, 390; vergl. hierzu z. B. 105, 40). Auch ein P. S. B. A. XXIII (1901) S. 212 unter N. 5 publ. gr. Ostr. (Zeit: Kaiser Trajan) kann man vielleicht hier zur Stütze heranziehen; denn die in ihm sich findende Angabe „εἰς τὸν τῆς διοικήσ(εως) θησ(αυρόν) Ἀμων[ίου)" kann man sehr wohl dahin deuten, daß der staatliche Thesauros in dem Tempelgebiete des Amoniums gelegen war; siehe allerdings Bd. I. S. 285, A. 4 (des Herausgebers Sayces Auffassung scheint mir auf jeden Fall schon allein wegen διοικήσεως ausgeschlossen).

1) Vergl. für sie die Ausführungen im I. Bd. S. 356 ff.; am nächsten berührt sich wohl mit den obigen Quittungen diejenige (Ostr. Wilck. 1361), welche über die Zahlung der Abgabe [ὑπὲρ] Ἴσιδος" ausgestellt worden ist; siehe Bd. I. S. 364.

2) Die von mir im Text angenommene Deutung der εἰς τὸ Ἀμμωνεῖον-Ostraka wird durch das unpubl. Ostr. Cairo 9522 vollständig gesichert. Seine Lesung, die mir Herr Professor Wilcken freundlichst mitteilt, sei hier vollständig aufgeführt, zumal da es mir auch von Wichtigkeit zur Beurteilung aller meiner in diesem Abschnitte sich findenden Erörterungen über die Ostrakaquittungen zu sein scheint.

Ostr. Cairo 9522. Ptolem. Zeit.

Ἔτους δ Φαμεν(ὼθ) κ̄ᾱ μ(εμετρήκασι) εἰς τὸν ἐν
Διὸς πόλ(ει) τῆι μ(εγάληι) θη(σαυρὸν) δᴸ ἐκφορί(ου) Προῖτ(ος)
Πρηος (?) καὶ Κόνων καὶ οἱ μέ(τοχοι) ⊣ εἴκοσι ⊣ κ.
Παχὼν κ̄η οἱ αὐτοὶ εἰς τὸ Ἀμ(μωνεῖον)
⊣ εἴκοσι μίαν δίμοιρον καβ'.
οἱ αὐτοὶ ἄλλας ⊣ δέκα ⊣ ι.

3) Vielleicht darf man auch das der ptolemäischen Zeit angehörende Ostr. Wilck. 721 als eine Quittung über Pachtgeldzahlung für Tempelland an den Staat auffassen (siehe Bd. I. S. 364, A. 5). Aus den P. Tebt. I. haben dann bereits Grenfell-Hunt (P. Tebt. I. S. 412/13; vergl. S. 545) einen dem Ende des 2. Jahrhunderts v. Chr. angehörenden Beleg für die Abführung des Pachtgeldes

Angaben des Pariser Papyrus darauf hin, daß im 2. Jahrhundert
v. Chr., etwa von 170 v. Chr. an, das Tempelland unter staat-
für ἱερὰ γῆ an die Regierung ermittelt. Sie scheinen mir nämlich mit Recht
erwiesen zu haben (S. 418), daß die in P. 93, einer Zahlungen von staatlichen
Pächtern verrechnenden Abrechnung, in Z. 61 ff. gebuchte Pachtzahlung für ἱερὰ
γῆ des Petesuchos im Faijûm erfolgt ist; wir haben alsdann hier wieder den
eigenartigen Fall (vergl. I. Bd. S. 280), daß der Gott, bez. der Tempel das ihm
selbst gehörende Land vom Staate gepachtet und dann weiter vergeben hatte;
durch das nach dem Gottesnamen — er steht parallel den Namen der βασιλικοὶ
γεωργοί — gesetzte διά werden hier die das Land bewirtschaftenden Personen eingeführt; in anderen Urkunden, wo das Land, nicht der Pächter an
erster Stelle genannt ist, wird durch διά dieser bezeichnet, ohne Rücksicht
darauf, ob er die Pachtung selbst bewirtschaftet oder nicht, siehe z. B. P. Tebt.
I. 63, 18—23; jetzt auch P. Petr. III. 97. Für die Abführung der Pachtgelder
der ἱερὰ γῆ an den Staat sprechen dann, wie auch Grenfell-Hunt a. eben a. O.
bemerkt haben, die Angaben einer Landkatasterliste wie P. Tebt. I. 84, wo nicht
nur die Namen der γεωργοί der ἱερὰ γῆ, sondern auch die von diesen gezahlten
Pachtbeträge angegeben werden (siehe z. B. Z. 73/74, 111/12, 161/62); dies
letztere wäre nun doch wohl nicht erfolgt, wenn der Staat sie nicht vereinnahmt
hätte. Vielleicht darf man auch die unter dem Titel „εἰς ϑε(όν?)" in einer Verrechnung von Staatseinnahmen (P. Tebt. I. 13 Verso, siehe S. 77) sich findenden
Naturalzahlungen als Pachtablieferungen für ἱερὰ γῆ an den Staat auffassen;
daß es sich bei ihnen um Pachtgeld handelt, ist jedenfalls sehr wahrscheinlich.
Mit Recht haben alsdann bereits Grenfell-Hunt a. eben a. O. Stellen wie P. Tebt.
I. 87, 109; 93, 55 ff. u. 67 ff.; 94, 34 als für die hier erörterte Frage nichts besagend abgelehnt; denn in ihnen handelt es sich um βασιλικὴ γῆ (94, 34 ist es
allerdings nicht ganz sicher, da die durch P. 72, 24 ff. belegte Verpachtung des
Landes durch einen staatlichen Beamten dieses noch nicht mit Sicherheit als
Staatsland charakterisiert, denn auch Tempelland muß von der Regierung verpachtet worden sein; die Götter, die in Verbindung mit ihr genannt sind, haben
hier eben Staatsland gepachtet, um es dann weiter zu vergeben (in P. 87, 109
u. 94, 34 wird man wohl das dort neben dem Gottesnamen stehende ϑεοῦ in ϑεὸς
verbessern dürfen, die Anlage der Urkunden verlangt hier einen Nominativ, in
dem denn auch der Gottesname selbst steht; der Genitiv dürfte aus Nachlässigkeit analog der in diesen Urkunden an dieser Stelle sich stets findenden Verbindung
Nominativ + Genitiv gesetzt sein). Grenfell-Hunt a. eben a. O. haben sich allerdings
gescheut die Angaben der P. Tebt. zu verallgemeinern, doch wohl mit Unrecht.
Ihre aus P. Amh. II. 35 resultierenden Bedenken dürften wohl durch meine Erklärung dieses Papyrus (siehe Bd. I. S. 281 u. Bd. II. S. 38/39) beseitigt sein.
Auch P. Tebt. I. 6, 40 ff., wo der Priesterschaft das Recht ihre Einnahmen selbst
einzutreiben ausdrücklich verbürgt wird, darf man nicht als ausschlaggebendes
Gegenzeugnis ansehen; denn einmal ist es durchaus nicht ganz sicher, daß in
der betreffenden Urkunde überhaupt die ἱερὰ γῆ (vielleicht nur die ἀνιερωμένη
γῆ) neben den anderen Einnahmequellen des Tempels erwähnt gewesen ist und
wenn dies wirklich der Fall war, so braucht sich das dem Tempel verbürgte Recht der Selbsteinziehung der Einnahmen nur auf jene Einnahmequellen
beziehen, deren Verwaltung ihnen nicht offiziell entzogen war. (Die Grenfell-
Huntsche Annahme einer ganz unmittelbaren Verbindung aller Angaben der
verstümmelten Kolumne 1, 20 ff. mit der 2. Kolumne erscheint mir nicht gesichert.) Daß die Beamten es überhaupt wagen konnten, jenes Recht ganz allgemein zu ignorieren, erklärt sich zudem wohl am einfachsten durch die Annahme, daß ihnen in bestimmten Fällen die Einziehung von Tempeleinnahmen
zugestanden hat.

licher Verwaltung gestanden hat[1]), und als die beste Bestätigung dieses Resultates darf man es wohl bezeichnen, daß wir für das Jahr 132 v. Chr. den Soknopaiostempel als staatlichen Pächter seiner eigenen ἱερὰ γῆ nachweisen können[2]). Im einzelnen läßt sich staatliche Verwaltung allerdings bisher nur für Heiligtümer aus der Gegend von Theben, von Koptos und aus dem Faijûm belegen, doch ist es wohl auf Grund der allgemeinen Fassung der vorher verwerteten Stelle des Parisinus, welcher einfach die „ἱερὰ γῆ“ ohne irgend einen Zusatz erwähnt, gestattet hier zu verallgemeinern, zumal da es an sich wenig wahrscheinlich ist, daß in diesem wichtigen Punkte nicht alle Tempel gleichmäßig behandelt worden sind und da außerdem Belege, die irgendwie gegen die hier entwickelte Ansicht sprächen, nicht vorhanden sind.[3])

---

1) So erklärt es sich auch, daß sich in den P. Tebt. I. (siehe Grenfell-Hunts Bemerkung S. 545) die Stellung eines γεωργός von ἱερὰ γῆ von derjenigen der βασιλικοὶ γεωργοί im allgemeinen nicht sonderlich unterscheidet, daß z. B. in den Landkatasterlisten (z. B. P. Tebt. I. 62; 63; 64ª; 82; 84) stets auch die Namen der γεωργοί von ἱερὰ γῆ vermerkt sind usw.

2) Siehe P. Amh. II. 35; vergl. hierzu Bd. I. S. 281; Bd. II. S. 38/39; siehe ferner die Ausführungen zu P. Tebt. I. 93, 61 ff. im II. Bd. S. 88, A. 3.

3) Verschiedenen Ausführungen Revillouts in den Mélanges könnte man allerdings solche entnehmen, doch sind sie z T. schon an anderer Stelle (siehe Bd. II. S. 83, A. 3) als falsch zurückgewiesen worden, und ebenso ablehnend muß man sich gegenüber seiner Behauptung Mélanges S. 171 Anm. (die Anmerkung setzt sich auf mehreren folgenden Seiten fort) verhalten. Er behauptet nämlich im Anschluß an die Veröffentlichung einiger demotischer Eide (serments décisoires), die nach seiner Ansicht anläßlich von Getreideablieferungen von Privaten abgelegt worden sind, daß diese für und in dem Thesauros des Gottes Mont geleistet worden seien, d. h. daß jenes Getreide in den Tempelthesauros geflossen sei. Aus seiner Übersetzung „au ϑησαυρὸς de Djème dans (au) le temple de Mont" — angenommen, daß sie richtig ist — muß man jedoch wohl vielmehr folgern, daß der Eid für den Thesauros des Ortes Djeme geleistet und daß er nur im Tempel des Mont abgelegt worden ist. Herr Professor Steindorff, den ich bezüglich dieser demotischen Eide um Auskunft bat, teilt meine Zweifel an der Richtigkeit ihrer Interpretation durch Revillout. Ein Zeugnis gegen die im Text vertretenen Ansichten scheint mir auch nicht P. Tebt. I. 5, 57 ff. zu enthalten. Hier wird allerdings allem Anschein nach die selbständige Verwaltung von Landbesitz den Priestern zugestanden, doch handelt es sich nicht um die eigentliche ἱερὰ γῆ (sie ist schon vorher Z. 50 behandelt), sondern um ἀνιερωμένη γῆ. Wie uns P. Tebt. I. 62, 7 ff. u. 63, 19 ff. deutlich zeigen, ist dies Land, an dem die Tempel kein unumschränktes Besitzrecht gehabt haben können, denn jenen Belegen zufolge ist κληρουχικὴ γῆ dem betreffenden Tempel geschenkt worden. Da nun Kleruchenland nicht unter der Verwaltung des Staates gestanden hat, so ist es begreiflich, daß für den Fall, daß Tempel in seinen Besitz gelangten, auch diese es selbständig verwalten konnten. Dies ist jedoch offenbar von den Staatsbeamten nicht beachtet worden, sondern man hat die ἀνιερωμένη γῆ analog der ἱερὰ γῆ behandelt, daher der dies Verfahren tadelnde Erlaß in 5, 57 ff.; von großem Erfolg scheint er übrigens nicht gewesen zu sein, da uns die P. Tebt. I. 62, 7ff.; 63, 19ff.; 84, 93 die Priester allem Anschein nach

Für die Zeit vor 170 v. Chr. sind bisher sichere Zeugnisse für die Verwaltung der ἱερὰ γῆ durch den Staat nicht bekannt geworden.[1]) Es läßt sich daher auch nicht ermitteln, wann die Verwaltung des Tempellandes in die Hand des Staates übergegangen ist, ob dies erst unter den Ptolemäern erfolgt ist oder ob diese hier eine schon bestehende Einrichtung übernommen haben. Revillout (Rev. ég. VII. S. 62) glaubt allerdings demotischen Papyri aus der Zeit des Königs Darius entnehmen zu dürfen, daß schon damals die ägyptischen Heiligtümer ihren Landbesitz nicht mehr selbständig verwaltet hätten[2]), aber ob er mit dieser Behauptung Recht hat, läßt sich, da er keine Belege bietet, nicht kontrollieren, und außerdem könnte es sich ja auch, da die Nachricht scheinbar ganz für sich allein steht, nur um eine vorübergehende Erscheinung handeln. Auf jeden Fall darf man jedoch wohl das Fehlen jeglicher sicherer Belege für Administration der ἱερὰ γῆ durch den Staat in den ersten 1½ Jahrhunderten der ptolemäischen Herrschaft nicht dahin auslegen, daß diese eben damals noch nicht bestanden habe, sondern dieses Fehlen kann immerhin auf Zufall beruhen, sind doch auch für das 1. Jahrhundert v. Chr. keinerlei Nachrichten hierüber vorhanden, und trotzdem darf man es wohl als ziemlich sicher bezeichnen, daß in dieser Zeit in der Verwaltung des Tempellandes die gleichen Verhältnisse wie im 2. Jahrhundert v. Chr. geherrscht haben werden, da wir ja diese in den ersten Jahren des römischen Regiments wieder nachweisen können, was doch wohl auf eine kontinuierliche Entwicklung hindeutet.[3])

So besitzen wir gleich aus der Zeit des Augustus (11 n. Chr.) einen überzeugenden Beleg, daß damals noch die ἱερὰ γῆ von staatlichen Beamten und zwar zusammen mit der staatlichen Domäne verwaltet

---

als staatliche Pächter ihrer ἀνιερωμένη γῆ zeigen; siehe hierzu Bd. II. S. 88, A. 3. Ebenda vergl. auch die Bemerkungen über P. Tebt. I. 6.

1) In dem vielleicht der Zeit des Epiphanes angehörenden P. Petr. III. 97, einem Fragment einer Landkatasterliste, werden bei Erwähnung von ἱερὰ γῆ sowohl die Pächter, als auch die eigentlichen Bewirtschafter aufgeführt, d. h. wir finden hier schon dieselben Vermerke bei der ἱερὰ γῆ wie in den aus der Zeit der staatlichen Verwaltung stammenden Listen (siehe vorher S. 88, A. 3 u. S. 90, A. 1). Aus dieser Gleichartigkeit gleichartige Verhältnisse zu folgern, liegt nahe; als sicher kann jedoch der Schluß nicht bezeichnet werden, da jene Landkatasterlisten der späteren Zeit an sich noch nicht die Annahme staatlicher Verwaltung der ἱερὰ γῆ rechtfertigen würden.

2) Für die Zeit des Amasis glaubt Revillout (Rev. ég. VII. S. 61) noch Verwaltung des Tempellandes durch die Tempel feststellen zu können; er stützt sich dabei wohl auf den dem. P. 10 seines Corpus Papyrorum Aegypti, siehe Revillout, Mélanges S. 75, A. 1 und jetzt sein Précis du droit égyptien I. S. 214; 412 ff.; 444 ff.

3) Revillout, Mélanges S. 162 scheint allerdings ein gewisses Schwanken in der Verwaltung des Tempellandes anzunehmen; Belege bietet er nicht, sollte er vielleicht an jene Pachtquittungen gedacht haben, aus denen er fälschlich die Pachtzahlung für Tempelland an einen ϑησαυρὸς ἱεροῦ erschlossen hat?

worden ist.[1]) Ihm zufolge hat nämlich der für die beiden Faijûmdörfer *Λυσιμαχίς* bestellte Sitologe, d. h. der Vorstand eines Staats-
magazines[2]) von seinem Vorgesetzten den Auftrag erhalten, aus den
Vorräten seines *θησαυρός* an *δημόσιοι γεωργοί*, d. h. an Staatspächter[3])
Vorschüsse für die Aussaat[4]) zu gewähren, und unter den hier genannten **staatlichen Pächtern**[5]) sind auch die „*τὴν ἱερὰν γῆν
γεωργοῦντες*" besonders hervorgehoben (Z. 2).

Eine fast 1½ Jahrhunderte später (141/42 n. Chr.) von einem
κωμογραμματεύς von Philagris (Faijûm) verfaßte Abrechnung über
Aussaatvorschüsse (*μερισμὸς σπερμάτων*) zeigt uns alsdann dasselbe
Bild (B. G. U. I. 20)[6]); auch hier erhalten neben den Pächtern der
staatlichen Ländereien, der *βασιλική* und der *προσόδου γῆ*[7]), auch

---

1) Siehe P. Lond. II. 256ᵉ (S. 95); schon Wilcken, Archiv I. S. 145 hat auf
Grund dieser Urkunde gefolgert, daß in römischer Zeit das Tempelland unter
staatlicher Verwaltung gestanden hat. Aus der Zeit des Augustus (13—14 n. Chr.)
stammt auch P. Oxy. IV. 721, welcher uns die *ἱερὰ γῆ* in direkter Abhängigkeit
von dem *ἴδιος λόγος* zeigt (siehe hierzu I. Bd. S. 173 u. 408), also ein weiteres
sicheres Zeichen für ihre Verwaltung durch den Staat. Wichtig ist an diesem
Beleg, daß er uns Kenntnis über die Zustände einer in den übrigen Belegen
nicht genannten Gegend Ägyptens, des oxyrhynchitischen Gaues, verschafft.

2) Hierfür vergl. Wilcken, Ostr. I. S. 653 ff. u. S. 658 ff.; vergl. auch Archiv
I. S. 143.

3) Siehe vor allem Wilcken, Ostr. I. S. 701; ferner einige Bemerkungen
Wilckens in Archiv I. S. 144 und meine eigenen auf den folgenden Seiten. Vergl.
auch die Ausführungen von Mitteis, „Zur Geschichte der Erbpacht im Altertum"
in Abh. Sächs. Wiss. Phil.-hist. Kl. XX· N. IV. (1901) S. 34 ff. Ganz bemerkenswert ist es, daß hier, wo verschiedene Arten von Staatspächtern genannt sind, diese unter der Bezeichnung „*δημόσιος*" zusammengefaßt sind.

4) Über diese *δάνεια σπερμάτων* an die Staatspächter siehe für die römische
Zeit die Bemerkungen von Viereck, Quittungen aus dem Dorfe Karanis über
Lieferung von Saatkorn, Hermes XXX (1895) S. 107 ff. Für die ptolemäische Zeit
sind sie z. B. durch P. Par. 63 Col. 6, 171 (hierzu siehe Wilcken, Ostr. I. S. 420)
bezeugt, welche Stelle besonders wichtig ist, weil sie ganz allgemein von Saatdarlehen spricht; siehe ferner die verschiedenen Angaben in P. Tebt. I., z. B.
61ᵇ, 313—16; 67, 77; 68, 91; 72, 324 ff.; 89, 36 u. öft. Vergl. die Bemerkungen
von Grenfell-Hunt über *z. ebenda* S. 226/27. Ob neben den *γεωργοί* damals
auch die Inhaber von *κληρουχικὴ γῆ* regelmäßige Darlehen an Saatgetreide
erhalten haben, bedarf noch der weiteren Untersuchung; für die Bestellung ihrer
Ölfelder sind allerdings auch ihnen Saatvorschüsse gewährt worden; siehe z. B.
P. Petr. II. 39ᵃ (= III. 88).

5) Es werden Pächter der *βασιλικὴ γῆ* und der *ἑτέρα γῆ* genannt; unter der
letzteren ist jedoch nicht, wie Kenyon (P. Lond. II. S. 96, Anm.) meint, Privatland zu verstehen, sondern es ist als eine zusammenfassende Bezeichnung für
weitere im Besitz des Staates befindliche oder von ihm abhängige Domanial-
länder, wie etwa *προσόδου γῆ*, aufzufassen.

6) Die B. G. U. I. 20 analoge Urkunde B. G. U. II. 512 ist hier nicht zu
verwerten, da man die dort neben *βασιλικὴ γῆ* und *προσόδου γῆ* genannte
Φιλαδέλφου οὐσία offenbar nicht mehr als *ἱερὰ γῆ* sondern als *οὐσιακὴ γῆ* auffassen muß; siehe hierzu Bd. I. S. 276, A. 5.

7) Die von Viereck a. a. O. Hermes XXX [1895] S. 119 aufgestellte und auch

solche der ἱερὰ γῆ vom Staate Saatdarlehen, sie erscheinen also auch hier auf ganz gleicher Stufe mit den Staatspächtern, für die in römischer Zeit bisher allein die Gewährung derartiger Vorschüsse zu belegen ist.[1])

Schließlich sei hier noch darauf hingewiesen, daß sich auch die Pächter des Priesterlandes selbst als δημόσιοι γεωργοί bezeichnet haben; wenigstens dürfte man vielleicht so die Bezeichnung „δημόσιοι γεωργοὶ καὶ (= und zwar) ἐκλήμπτορές τινων ἱερατικῶν ἐδαφῶν" zu deuten haben, die sich in einer aus dem Beginne des 1. Jahrhunderts n. Chr. stammenden Eingabe die beiden Petenten[2]) beilegen, (P. Lond. II. 354 [S. 163], Z. 3, siehe auch Z. 4).

Fast noch deutlicher als die bisher erörterten Urkunden zeigen alsdann einige andere, welche gleichfalls Verhältnisse des Faijûm behandeln und alle dem 2. Jahrhundert n. Chr. angehören, daß auch in römischer Zeit staatliche Verwaltung des Tempellandes bestanden hat; denn sie enthalten einerseits Angaben über die Verpachtung von ἱερὰ γῆ, die zusammen mit derjenigen der staatlichen Domäne erfolgt, die also von staatlichen Beamten vorgenommen sein muß (B. G. U. II. 656: Pachtausschreiben), andererseits finden wir in ihnen die Zahlung von Pachtgeldern für ἱερὰ γῆ an den Regierungsthesauros erwähnt und diese Pachtgelder neben den Pachteingängen aus staatlicher Domäne eingetragen (B. G. U. I. 188 [vergl. hierzu noch im folgenden S. 98, A. 1] u. 218).[3])

---

von anderer Seite angenommene Deutung der προσόδου γῆ als „Privatland" ist zuerst von Wilcken, Ostr. I. S. 657, A. 2 und Archiv I. S. 138, A. 2 u. S. 148/149 mit Recht zurückgewiesen worden; es handelt sich hier sicher um Staatsland, die richtige Deutung bietet Mitteis a. a. O. Zeitschr. d. Savigny-Stiftung Rom. Abt. XXII (1901) S. 151ff., wo er die προσόδον γῆ dem ager vectigalis gleichsetzt und als vererbpachtetes Staatsland erklärt.

1) So sind auch von ihnen stets die sogenannten Saatquittungen ausgestellt worden; vergl. hierzu die folgenden Ausführungen. Unbegreiflich ist es mir, wie Meyer, Heerwesen S. 40, A. 139 auf Grund des ihm vorliegenden Materials behaupten konnte, daß auch κληροῦχοι sich als Aussteller solcher Quittungen nachweisen lassen; denn in B. G. U. I. 61; II. 573 und P. Lond. II. 217 (S. 93) handelt es sich nur um Zahlung von Abgaben an den Staat, und P. Lond. II. 438 (S. 188) enthält ein Pachtangebot, in dem von Saatdarlehen auf keinen Fall die Rede ist.

2) Sie wohnen im Ἀρσινοΐτης νομός, es handelt sich hier also wieder um im Faijûm gelegenes Tempelland.

3) Vielleicht wäre hier auch noch P. Lond. II. 192 (S. 222) (Anfang des 1. Jahrhunderts n. Chr.) zu verwerten, doch ist seine Deutung nicht ganz sicher. In ihm darf man wohl eine von Regierungsbeamten verfaßte Liste sehen, in der, soweit sie uns erhalten ist, für einen Bezirk die δημόσιοι γεωργοί und die Besitzer von bevorrechtigten Ländereien zusammengestellt sind; bei jedem ist die Größe des von ihm bewirtschafteten Ackers und am Schluß eines jeden der verschiedenen Abschnitte der Liste die Gesamtsumme der an den Staat zu leistenden Zahlungen — sei es Pacht, sei es Grundsteuer — der in ihm aufgeführten Landbebauer angegeben. In dem Schlußvermerk Z. 78ff. ist die in ihm genannte

Um diese Deutung der Urkunden gegen jeden Einwand zu sichern, ist es allerdings noch unbedingt nötig den in ihnen vorkommenden terminus technicus, „κληρουχία", mit dem die die ἱερὰ γῆ enthaltenden Grundstücke belegt sind, näher zu erklären; denn wenn man „κληρουχία" im Anschluß an die Verhältnisse der ptolemäischen Zeit einfach nur als die Bezeichnung von Landgrundstücken auffassen würde, welche vom Staat an Kleruchen unter Wahrung des staatlichen Obereigentums überwiesen worden sind[1]), ließe sich mit ihm der Begriff der Verpachtung des betreffenden Landes durch den Staat, sowie die Entrichtung der dafür gezahlten Pachtgelder an diesen nicht vereinigen; auch würde man alsdann die nicht sehr glaubhafte Tatsache zu konstatieren haben, daß der Staat nicht nur von seinem eigenen Landbesitz, sondern auch von dem ihm zur Verwaltung übergebenen der Tempel bestimmte Teile an Kleruchen verliehen hatte. Nun läßt sich aber für „κληρουχία", wenn es in einem Zusammenhang gebraucht wird, der dem der obigen Urkunden durchaus entspricht, aus römischer Zeit eine Bedeutung nachweisen, die dieses Wort in die engste Verbindung mit staatlicher Domanialpacht bringt, sodaß sogar der Gebrauch dieses Ausdruckes in den erwähnten Papyri als ein weiteres Argument dafür geltend gemacht werden kann, daß die ἱερὰ γῆ unter staatlicher Verwaltung gestanden hat.[2])

Gesamtsumme in zwei Gruppen verrechnet, und für die bei der einen von ihnen sich findenden Angabe „ἐπὶ δὲ τῶν .ʹ ἱερέων παρὰ δημοσίων γεωργῶν ἀπαιτούμενα κ. τ. λ." erscheint mir die Erklärung am wahrscheinlichsten, daß unter diesen ἀπαιτούμενα Pachtgelder für die unter staatlicher Verwaltung befindliche ἱερὰ γῆ zu verstehen sind.

1) Siehe hierzu Meyer, Heerwesen S. 41 ff.; seinen Aufstellungen im einzelnen ist allerdings durchaus nicht immer beizustimmen, vergl. Schubarts Rezension des Meyerschen Werkes im Archiv II. S. 147 ff. (S. 149 ff.) („der κλῆρος geht nicht in den Privatbesitz des Kleruchen über, sondern bleibt königliches Gut"); siehe auch Schubarts eigene Darstellung der ptolemäischen Kleruchen in seiner bereits erwähnten (I. Bd. S. 225, A. 1) Dissertation, ferner Grenfell-Hunt, P. Tebt. I. S. 555 ff. Es sei hervorgehoben, daß die dem einzelnen zugewiesene κληρουχικὴ γῆ stets die Bezeichnung „κλῆρος" geführt zu haben scheint, während sich κληρουχία bisher nur als übergeordneter Begriff, unter dem allem Anschein nach verschiedene solcher κλῆροι zusammengefaßt gewesen sind, nachweisen läßt (P. Tebt. I. 30, 26; 61ᵇ, 219, 292; 72, 148; 124, 37). Hinzuzufügen ist noch, daß die Berechtigung „κληρουχία" in dem oben ausgeführten Sinne zu fassen sich daraus ergibt, daß es Kleruchen auch noch in der Kaiserzeit gegeben hat (siehe z. B. B. G. U. I. 61, 9; II. 573, 7; P. Lond. II. 217 [S. 93] Z. 12/13; 438 [S. 188] Z. 3; P. Fay. 82, 13 u. 17; 86, 5 u. passim; 86ᵃ, 8; 338; P. Amh. II. 120, 11). Wie diese Kleruchen der Kaiserzeit aufzufassen sind, bedarf freilich noch der näheren Untersuchung; die Inhaber der oben im folgenden erörterten κληρουχίαι hat man jedenfalls nicht in ihnen zu sehen.

2) Vergl. zu dem folgenden vor allem den schon zitierten Aufsatz Vierecks über die Saatquittungen; seine Ausführungen sind im großen und ganzen zutreffend, doch kann er aus ihnen wegen seiner falschen Deutung der προσόδου γῆ nicht alle nötigen Konsequenzen ziehen. Auch Revillout, Mélanges S. 139 ff.

In einer der uns erhaltenen, von Staatsbeamten geführten Abrechnungen über die Verteilung von Saatkorn für βασιλική γῆ, Φιλαδέλφου οὐσία und προσόδου γῆ (siehe B. G. U. II. 512, vergl. Bd. II. S. 92, A. 6) finden wir nämlich die Angabe, daß jene nach Kleruchien, die nummeriert waren, vorgenommen worden ist (Z. 9 u. 18). Es müssen also diese Kleruchien aus den hier genannten verschiedenen Sorten Staatsland zusammengesetzt gewesen sein, und es hat auch die eine von ihnen, über die wir allein genauer unterrichtet werden,[1]) tatsächlich von jeder Sorte eine größere oder kleinere Parzelle enthalten. Weiterhin sei bemerkt, daß uns als Inhaber einer jeden Kleruchie eine größere Anzahl Personen (das eine Mal sind es 8) genannt werden. Wenn man nun „κληρουχία" hier in dem der Bildung des Wortes entsprechenden Sinne auffassen würde, so würde einmal schon die genaue Spezialisierung des zu jeder einzelnen Kleruchie gehörenden Staatslandes nicht recht zu erklären sein, sie wäre mindestens als zwecklos zu bezeichnen, vor allem aber ließe es sich mit dieser Auffassung in keiner Weise vereinigen, daß als Bestandteil dieser κληρουχίαι γῆ προσόδου, d. h. vererbpachtetes Staatsland angeführt wird und daß unter den Inhabern auch ein ὑπομι(σθωτής), d. h. ein Afterpächter erscheint (Z. 19); denn der Begriff des vererbpachteten Staatslandes und der des Kleruchenlandes schließen sich meines Erachtens unbedingt aus, und außerdem könnte man auf keinen Fall den Pächter eines Kleruchen als Unterpächter bezeichnen, da die Anwendung dieses Ausdruckes doch nur möglich ist, wenn derjenige, der die Verpachtung vorgenommen hat, seinerseits selbst Pächter ist. So muß man also annehmen, daß „κληρουχία" hier nicht in seiner ursprünglichen, sondern in einer übertragenen Bedeutung gebraucht ist. Wenn wir unter diesem Gesichtspunkt die verschiedenen eben erwähnten Angaben über die Beschaffenheit dieser Kleruchien betrachten, so darf man ihnen, da ja infolge der in ihnen sich findenden Nennung des ὑπομισθωτής und der προσόδου γῆ, sowie infolge der Zusammensetzung der κληρουχίαι aus verschiedenen

---

hat über den Begriff der κληρουχία in römischer Zeit gehandelt, er bezeichnet sie (S. 142) als „des lotissements officiels de terres administrés par un service public et cultirables par corvées etc."; er denkt somit an die Leistung von Frohnarbeit für diese κληρουχίαι, ohne jedoch einen Beweis für seine Ansicht beibringen zu können; im übrigen ist jedoch seine Definition zu billigen. Mahaffy, history S. 93, A. 2 hat alsdann diese Ausführungen Revillouts offenbar nicht richtig verstanden, wenn er behauptet „According to the rescripts from the Berlin Papyrs, numbered 31, 107, 152, 160, 167, 170, Revillout (Mélanges p. 139) argues that various κληρουχίαι in the Fayyum, in the days of the Antonines, were saddled with the duty of cultivating various fractions of the royal domain which lay around them."

1) Siehe Z. 9—17; mitten in der Beschreibung der Kleruchie N. 2 bricht leider der Papyrus ab.

Sorten Staatsland der Begriff der Pacht und zwar der der staatlichen
Domanialpacht klar hervortritt, mit unbedingter Sicherheit entnehmen,
daß „κληρουχία" hier zur Bezeichnung eines bestimmten Stück Landes
der Staatsdomäne verwandt worden ist, das an Pächter, δημόσιοι
γεωργοί, vergeben wurde[1]); die Nummern sind offenbar nur der besseren Orientierung wegen hinzugefügt worden.

Daß „κληρουχία" in der eben ermittelten Bedeutung auch sonst
ein technischer Ausdruck bei der staatlichen Domanialpacht gewesen
ist, zeigen uns alsdann vor allem aufs deutlichste die überaus zahlreich erhaltenen der Zeit des Antoninus Pius angehörenden Quittungen
über staatliche Vorschüsse von Aussaatkorn für die Faijûmdörfer Karanis,
Kerkesucha und Ptolemais[2]), denen zufolge ebenso wie in der Abrechnung von Bubastos die Verteilung der Darlehen nach nummerierten[3])
Kleruchien, die aus den verschiedensten Sorten Staatsland bestanden
haben[4]), erfolgt ist, und als deren Aussteller δημόσιοι γεωργοί teils

---

1) Unter diesen Umständen ist es auch ganz verständlich, daß mehrere
Personen als Inhaber dieser Kleruchien genannt werden; es haben eben entweder mehrere Einzelpächter an der Pacht einer solchen Kleruchie partizipiert
(dieses läßt sich auch sonst belegen, siehe z. B. B. G. U. I. 278 [II. 516] u. 285,
B. G. U. I. 211 u. II. 438, B. G. U. I. 284 u. 440, B. G. U. I. 201, 210, vergl. hierzu
noch das folgende), oder die betreffenden sind als Mitglieder einer Pachtgesell-
schaft aufzufassen (über die Bildung einer solchen zur Bewirtschaftung von
Staatsland siehe P. Amh. II. 94; vergl. z. B. auch noch Urkunden wie B. G. U.
I. 166; III. 708; jetzt auch etwa P. Tebt. I. 63, 8 u. 22 ff.; 72, 27 u. 210; 73, 11;
überhaupt öfters; P. Petr. III. 90ᵃ, Col. 2, 3 ff.; 95, Col. 1, 6 u. 10; 97; 100ᵇ,
Col. 1, 3); daß auch die Gesellschafter in der Regierungsurkunde namentlich
genannt werden, würde gut übereinstimmen mit dem, was wir sonst bisher über
diese Pachtgesellschaften wissen (siehe Wilcken, Ostr. I. S. 535 ff. [bes. S. 542 ff.]),
wird doch auch, wie wir oben gesehen haben, in der Urkunde der Afterpächter
besonders namhaft gemacht (dies war übrigens zu erwarten, vergl. Wilcken,
Ostr. I. S. 547 [P. Par. 62, Col. 3, 17] u. S. 555); meines Erachtens dürften die
prinzipiellen Bestimmungen für die Steuerpächter und für die anderen Staatspächter die gleichen gewesen sein.

2) B. G. U. I. 31, 104, 105, 107, 152, 160, 167, 169, 170, 171, 172, 201—211,
262, 263, 278, 279, 280, 284, 285, 294, 331; II. 438—443, 516, 517, 626; III. 720,
721; P. Chic. 1—91; P. Goodsp. (siehe II. Bd. S. 49, A. 1) 16—24.

3) Es lassen sich fast alle Nummern von 1—94 nachweisen, vergl. die Zusammenstellung von Goodspeed, Papyri from Karanis in Studies in classical
philologie of the University of Chicago III (1900) S. 65.

4) Einen guten Überblick hierüber findet man bei Goodspeed a. a. O. in
seinen Indices. Hier sei nur hervorgehoben, daß als Bestandteil dieser Kleruchien
die für ihre Charakteristik so wichtige προσόδου γῆ öfters genannt ist, und
weiterhin ist zu bemerken, daß auch Ländereien, deren Namen an und für sich
noch nicht Staatsland in ihnen erkennen ließe, wie γῆ „καμηλιανή", „Μακ(ηναι-
τιανή)", „Γερμανική", „Σεουήρου" usw., zu ihnen gehört haben; da bei diesen
jedoch mitunter noch ergänzend das Wort „οὐσία" hinzugefügt ist, muß man
sie, zumal da sie uns als in engster Verbindung mit staatlicher Domäne stehend
entgegentreten, offenbar als Bestandteile der οὐσιακή γῆ des Kaisers auffassen,
lassen sich doch für die Einzelbestandteile der kaiserlichen οὐσία auch sonst die

direkt belegt sind[1]), teils sich mit Sicherheit erschließen lassen.[2]) Weiterhin lassen sich mit Ziffern versehene Kleruchien, als deren Inhaber staatliche Pächter erscheinen, auch noch aus einer Steuerquittung[3]) und aus einem Afterpachtvertrage[4]) nachweisen[5]). Nach alledem darf man wohl die Behauptung wagen, daß in römischer Zeit jede Kleruchie, die eine Nummer führt, wenn auch alle näheren charakteristischen Bestimmungen fehlen (siehe z. B. B. G. U. III. 708), als ein amtlich festgelegter Teil des vom Staat durch Pacht vergebenen Landes anzusehen ist.[6])

gleichen oder ähnliche Namen nachweisen (siehe z. B. Wilcken, Ostr. I. S. 392/93 und Hirschfeld a. a. O. Beitr. z. alten Geschichte II. S. 292).

1) Siehe P. Chic. 45 u. 46; ferner B. G. U. I. 201 u. 210, wo zwar nicht der Ausdruck „Pächter" direkt erscheint, wo aber die Formel „X. Y. καὶ οἱ μέτοχοι" mit Sicherheit auf ein Pachtverhältnis hinweist (siehe Wilcken, Ostr. I. S. 536 ff. über die μέτοχοι). In B. G. U. I. 201 ist übrigens im Eingang der Quittung noch die sich natürlich auf die Empfänger des Saatdarlehns beziehende Formel „δημοσίων διὰ τῶν ἀπὸ Φιλοπ(άτορος)" vermerkt, in der auf jeden Fall „γεωργῶν" zu ergänzen ist; vergl. hierzu noch im folgenden S. 101.

2) In den meisten Saatquittungen findet sich allerdings keine nähere Bezeichnung des Darlehnsempfängers, doch muß man unbedingt diese in den Grundzügen ganz gleichen Quittungen alle miteinander auf gleiche Stufe stellen und somit auch für alle die gleichen Aussteller, d. h. eben staatliche Pächter annehmen, zumal da ja auch προσόδου γῇ öfters als ein Bestandteil der Kleruchien angeführt wird. Daß es sich hier um Pächter handelt, wird uns weiterhin noch durch P. Lond. II. 256 (S. 95) bestätigt (so auch Wilcken, Ostr. I. S. 657, A. 2; über den Papyrus siehe vorher S. 92), außerdem weist uns aber auf sie auch der Umstand hin, daß einerseits an einer Kleruchie mehrere Personen partizipiert haben (siehe vorher S. 95 u. 96, A. 1 u. Index IV bei Goodspeed a. a. O.), andererseits aber wieder ein und derselbe an zwei verschiedenen Kleruchien Anteil haben konnte (siehe z. B. B. G. U. I. 188, 20/21 u. 23/24).

3) Siehe P. Amh. II. 121, 7; zu ergänzen ist jedenfalls κληρ(ουχίας), nicht κλήρ(ου).

4) Siehe B. G. U. I. 166; es verpachten diesem Papyrus zufolge zwei Personen — irgend eine nähere Bezeichnung, ein Titel, ist ihnen nicht beigelegt, schon deswegen darf man sie offenbar nicht als staatliche Beamte auffassen (dies tut Revillout, Mélanges S. 140) — Land der 16. Kleruchie, über dessen Bestandteile jedoch nichts Näheres angegeben ist. Daß diese beiden nicht als Besitzer des Pachtobjekts anzusehen sind, ergibt sich schon daraus, daß an sie kein Pachtpreis gezahlt werden soll, und weiterhin weist der in bezug auf sie gebrauchte Ausdruck „γεωργεῖτε" (Z. 6, sc. das jetzt von ihnen verpachtete Land) mit Sicherheit darauf hin, daß wir es hier mit Pächtern der Kleruchie, d. h. eben mit δημόσιοι γεωργοί zu tun haben; hierzu paßt alsdann aufs beste, daß die Lasten, die die Afterpächter durch ihre Pachtung an Stelle der bisherigen Pachtinhaber übernehmen, als δημόσια, d. h. als Leistungen, die an den Staat zu entrichten waren, bezeichnet werden. Siehe auch B. G. U. III. 708.

5) Siehe auch P. Fay. 340, eine Liste nummerierter Kleruchien; die genannten Namen sind offenbar die der an ihnen beteiligten δημόσιοι γεωργοί. Siehe ferner B. G. U. I. 65 Col. 2; II. 470; sollte nicht auch in B. G. U. I. 165 u. III. 700 in der Überschrift etwa κληρου(χία) anstatt κλῆρος zu lesen sein?

6) Es ist mir sehr wahrscheinlich, daß man als zeitlich ersten Beleg für diese Bedeutung von κληρουχία den P. Oxy. IV. 833 vom Jahre 1 n. Chr. auf-

Demnach muß die laut den erwähnten Urkunden über Pachtausschreibung und Pachtzahlung von ἱερὰ γῆ (siehe Bd. II. S. 93) erfolgte Zuteilung des Tempellandes zu den nummerierten Kleruchien[1]) gerade als ein weiterer sicherer Beleg dafür bezeichnet werden, daß der Staat

fassen darf (ich möchte εἰς κληρουχ(ίας), αἳ lesen). Meyers, Heerwesen S. 25, A. 82 und S. 39 Annahme, daß sich auch schon für die ptolemäische Zeit mit Nummern versehene Kleruchien nachweisen lassen, ist jedenfalls unberechtigt; siehe jetzt auch P. Petr. III. S. 288. Daß das durch Pacht vergebene Staatsland in nummerierte κληρουχίαι eingeteilt worden ist, ist allerdings merkwürdig (Die Pächter selbst sind jedenfalls nicht als κληροῦχοι bezeichnet worden, denn in denselben Urkunden (P. Fay. 86 u. 86ᵃ) erscheinen δημόσιοι γεωργοί und κληροῦχοι neben einander.) Eine zwingende Erklärung, aus welchen Gründen gerade dieser terminus technicus gewählt worden ist, vermag ich nicht zu bieten. Es wäre möglich, daß hierzu die Einziehung der im ptolemäischen Ägypten in großem Umfang vorhanden gewesenen κληρουχικὴ γῆ und ihre Zurückbildung in königliche Domäne beigetragen hat, ein Ereignis, das sich zwar nicht direkt belegen läßt, das man aber wohl aus den im Verhältnis zu den reichhaltigen Belegen der ptolemäischen Zeit so überaus dürftigen Nachrichten der römischen Zeit über ägyptische Kleruchen (siehe vorher S. 94, A. 1) erschließen darf. Bezüglich der Nummerierung der Pachtkleruchien sei auf den P. Gizeh 10271 (Zeit wohl 3. Jahrhundert v. Chr.), publ. von Grenfell-Hunt, Archiv II. S. 80 aufmerksam gemacht, in dem von „δεκαταρχίαι" die Rede ist, denen die einzelnen δημόσιοι γεωργοί zugeteilt waren; in ihnen möchte ich anders wie wohl Grenfell-Hunt keine von den Pächtern, sondern vom Staat geschaffene Einrichtung sehen. Siehe ferner die z. B. B. G. U. I. 23; 81 genannten δεκαδάρχαι aus römischer Zeit, welche als Beamte jedenfalls dem landwirtschaftlichen Ressort angehört haben.

1) In dem einen der bekannt gewordenen Beispiele (B. G. U. I. 218) scheint die Kleruchie nur ἱερὰ γῆ enthalten zu haben; in B. G. U. II. 656 ist auch Staatsland neben ihr als Bestandteil der betreffenden κληρουχία genannt. Wie man den in B. G. U. I. 188, 12 u. 20 und P. Chic. 47 sich findenden Ausdruck „ἱερὰ Σεουήρου" aufzufassen hat, welcher zur Kennzeichnung des Charakters des in den betreffenden Kleruchien enthaltenen Landes dienen soll, ist zweifelhaft (Goodspeeds. a. a. O. S. 15, A. 2 Erklärung befriedigt nicht), doch scheint es mir nicht ausgeschlossen, bei ihm an zwei verschiedene Landsorten, an ἱερὰ γῆ und Σεουήρου γῆ (d. h. οὐσιακὴ γῆ) zu denken, obgleich in beiden Fällen die Höhe der Getreidezahlung bezw. die Größe des bewirtschafteten Landes nur durch eine Zahl angegeben wird, während sich sonst im allgemeinen für die verschiedenen Landsorten der Kleruchien besondere Zahlenangaben finden. Doch läßt sich auch die hier angenommene eine Angabe für zwei Landsorten nachweisen, so in B. G. U. I. 188, 23 ff., wo βασιλική und δημοσία γῆ erscheint (eine gleichzeitige Nennung der beiden Landsorten erfolgt übrigens auch z. B. B. G. U. II. 560, 21—23) und in B. G. U. II. 210, wo Φιλοδ( ) und βασιλικὴ γῆ neben einander genannt wird. (Daß man dem Ausdruck Φιλοδ( ) βασιλ(ικῆς) zwei Landsorten entnehmen muß, ergibt sich m. E. deutlich aus B. G. U. I. 262 u. P. Chic. 56; siehe auch P. Chic. 27.) Es sei noch hervorgehoben, daß wir, wenn z. B. in B. G. U. II. 656 außer der Nummer ein im Genitiv stehender Personenname der Kleruchie beigefügt ist, in diesem nicht etwa den Namen des augenblicklichen Besitzers, sondern wohl den des ursprünglichen Inhabers zu sehen haben. Ebenso muß man wohl auch die den Landgrundstücken beigefügten Namensangaben im dem. P. Berl. 3080 (Spiegelberg S. 13) deuten, da die betreffenden Grundstücke m. E. als vom Staat verpachtetes Land aufzufassen sind (ptol. Zeit). Vergl. hierzu auch die Bemerkungen Grenfell-Hunts P. Oxy. III. S. 174.

die Verwaltung der ἱερὰ γῆ in vollem Umfange an sich genommen hatte. Übrigens lassen sich außer den beiden schon angeführten Belegen für die Ablieferung der Pachtgelder für Tempelland an die Staatskassen, die ja beide erst dem Ende des 2. Jahrhunderts n. Chr. angehören (siehe Bd. II. S. 93), noch eine große Reihe anderer nachweisen, die sich von dem Beginn der christlichen Zeitrechnung bis ungefähr in jene Zeit erstrecken[1]) und somit außer einer weiteren sehr willkommenen Vermehrung des Beweismaterials für die hier behandelte Frage uns bezeugen, daß in römischer Zeit ein Systemwechsel in der Administration der ἱερὰ γῆ nicht eingetreten ist.[2])

Als solche Belege kommen einmal verschiedene aus Theben stammende Ostrakaquittungen in Betracht, die von staatlichen Beamten ausgestellt uns mit Zahlungen „ὑπὲρ φοινικώνων ἱερατικῶν" bekannt machen[3]). Wilcken (Ostr. I. S. 315/16) sieht freilich in dem Zusatz „ἱερατικῶν" nur einen Hinweis darauf, daß die hier gezahlte Grundsteuer für Palmenland für die Tempel separiert werden sollte, doch spricht gegen seine Deutung ganz abgesehen davon, daß es doch wohl kaum angängig ist Land, dessen Grundsteuer den Tempeln überwiesen wird, gleich als „priesterliches" zu bezeichnen, schon jenes anläßlich der Erklärung der ἱεροῦ σίτου-Quittungen (siehe Bd. II. S. 86) angeführte allgemeine Bedenken, daß eine so wichtige staatliche Steuer wie die Grundsteuer wohl kaum den Tempeln z. T. vollständig überwiesen worden wäre, ohne daß nicht für den einzelnen Fall ein besonderer Grund ersichtlich wäre. Dagegen liegt meines Erachtens durchaus kein Grund vor nicht dem Wortlaut entsprechend die φοινικῶνες ἱερατικοί als Palmengärten zu fassen, die den Tempeln der Thebais gehört haben; wir müssen eben alsdann die Zahlungen für sie als die von den Pächtern an den Staat entrichteten Pachtgelder auffassen.[4]) Zu dieser Annahme paßt es alsdann aufs beste, daß

---

1) Die genaueren Zeitangaben siehe bei den einzelnen Belegen.

2) Für das 3. Jahrhundert n. Chr. liegen uns allerdings keine Belege für die Form der Verwaltung der ἱερὰ γῆ vor, doch glaube ich nicht, daß damals die Regierung, nachdem sie mehrere 100 Jahre ununterbrochen die Verwaltung selbst geführt hat, diese abgegeben hat.

3) Siehe Ostr. Wilck. 369 u. 1548 (32 n. Chr.), 379 (37 n. Chr.), 397 (47/48 n. Chr.), 1323 (50 n. Chr.), 400 (50/51 n. Chr.), 494 (101 n. Chr.), 649 (156/57 n. Chr.), zu der Lesung siehe Archiv I. S. 461; der Ort, an den die Zahlung erfolgt, ist zwar in allen diesen Quittungen nicht angegeben, doch haben wir sie nach dem ihnen zugrunde liegenden Formular als von Staatsbeamten ausgestellte Quittungen aufzufassen; siehe hierzu Wilcken, Ostr. I. S. 93 ff. und im folgenden.

4) Daß auch eine Frau unter den Pächtern erscheint (Ostr. Wilck. 494), ist weiter nichts Merkwürdiges, denn Frauen sind auch sonst als Staatspächter zu belegen, vergl. z. B. P. Zois. Vielleicht darf man mit den hier verwerteten Quittungen über φοινικῶνες ἱερατικοί Ostr. Wilck. 810 (118 n. Chr.) in Verbindung bringen, wo wir in Z. 1 die allerdings nicht ganz sichere Lesung φανενο ἱερῶ(ν)

wir dieselben Grundstücke immer wieder als *φοινικῶνες ἱερατικοί* bezeichnet finden (siehe Wilcken, Ostr. I. S. 319), und daß sich weiterhin auch ein etwas höherer Satz für die Arure Tempel-Palmenland
als für die des im Privatbesitz befindlichen *φοινικῶν* nachweisen läßt.[1])

Außer diesen „*ὑπὲρ φοινικώνων ἱερατικῶν*"-Quittungen gibt es
alsdann noch eine weitere Gruppe amtlicher Bescheinigungen, denen
man die Entrichtung des Pachtgeldes für *ἱερὰ γῆ* an den Staat entnehmen darf. Um hier das Richtige zu erkennen, bedarf es jedoch
erst einer wichtigen prinzipiellen Feststellung über die Natur all jener
der ptolemäischen und der römischen Epoche angehörenden Quittungen
über Naturallieferungen an den Staat, in denen über das Wesen dieser
keinerlei charakterisierende Angabe gemacht wird, sondern in denen
höchstens allgemeine Ausdrücke wie „*ὑπὲρ τόπου*" oder „*γενήματος
τοῦ* x. *ἔτους*" zu der Notiz über die Höhe der geleisteten Zahlung
hinzugefügt sind[2]). Wilcken (siehe Anm. 2) glaubt nun, daß es sich
in allen diesen Fällen um die Bescheinigung der Entrichtung der
Grundsteuer handelt, doch scheint mir diese Deutung nicht berechtigt
zu sein, denn bei ihr ist ein wichtiges Moment gar nicht in Betracht
gezogen. Nach allem, was von Wilcken angeführt wird, ist es allerdings wohl zweifellos, daß in der obigen Form über eine Abgabe vom
Grund und Boden quittiert worden ist; daß dies aber stets die Grundsteuer gewesen sein muß, ist damit durchaus noch nicht gesagt, vielmehr könnte man meines Erachtens mit demselben Recht auch die
Behauptung aussprechen, daß in all diesen Quittungen der Empfang
von Pachtgeld für Staatsdomäne von den staatlichen Beamten
bescheinigt worden ist. Denn bei der überaus großen Ausdehnung
der staatlichen Domäne im hellenistischen Ägypten und der damit
zusammenhängenden weiten Verbreitung der staatlichen Domanialpacht
müßte man eigentlich unbedingt das Vorhandensein einer sehr großen
Anzahl von Pachtgeldquittungen für Staatsland erwarten. Da sich

---

finden. Sollte es sich um im Tempelbesitz befindliche Linsenfelder handeln, für
die hier über die Pachtabgabe quittiert ist?

1) Siehe Wilcken, Ostr. I. S. 318, der auf Grund von Ostr. Wilck. 397
24 Drachmen für das Tempelland berechnet, während der sonst übliche Satz der
Grundsteuer pro Arure Palmenland 20 Drachmen betragen hat. (Wilcken, Ostr.
I. S. 315 glaubt noch auf Grund von P. Lond. I. 119 [S. 140] bedeutend höhere
Steuersätze feststellen zu können, doch sind sie im allgemeinen zu streichen,
vergl. hierzu die Ausführungen über diesen Papyrus im folgenden auf S. 105 ff.)
Der Pachtsatz ist ja hier der Grundsteuer gegenüber ziemlich niedrig, doch
dürfte dies wohl durch schlechte Qualität des Bodens zu erklären sein.

2) Vergl. hierzu Wilcken, Ostr. I. S. 197, 214, 306 ff.; an Stelle des allgemeinen „*ὑπὲρ τόπον*" (*τόπον* steht hier übrigens für *τοπαρχία*) ist auch mitunter ein spezieller Ortsname gesetzt; die Formel „*γενήματος τοῦ* x. *ἔτους*",
durch die angegeben wird, daß die Zahlung von dem Ertrage, d. h. hier offenbar der Ernte des x. Jahres erfolgt, variiert in Kleinigkeiten, bemerkenswert ist
nur jene, wo noch „*ὑπὲρ*" davorgesetzt ist (Ostr. Wilck. 995; Ostr. Fay. 22).

nun aber im Gegenteil nur ganz wenige Urkunden als solche sicher erkennen lassen[1]), so könnte man sehr wohl einfach unter der Begründung, wo denn sonst diese Bescheinigungen geblieben sein sollten — ebenso argumentiert ja auch Wilcken bei seinem Hinweis auf die Grundsteuer —, jene unbestimmt gehaltenen Naturalquittungen hierfür in Anspruch nehmen. Dazu kommt noch, daß sich in den erhaltenen Quittungen, sowie in staatlichen Abrechnungen über Naturaleingänge bei der Zahlung von Pachtgeldern für Staatsland die Anwendung der Formel „$\gamma\varepsilon\nu\acute{\eta}\mu\alpha\tau\sigma\varsigma$ $\tau\sigma\tilde{v}$ x. $\acute{\varepsilon}\tau\sigma v\varsigma$" nachweisen läßt[2]), daß weiterhin ihnen zufolge der Grundzins des Pächters nach den Toparchien des Landes distribuiert gewesen ist, und daß schließlich in ihnen im allgemeinen zur Bezeichnung des Charakters der betreffenden Zahlungen als Pachtgelder nicht ein technischer Ausdruck wie etwa $\acute{\varepsilon}\varkappa\varphi\acute{o}\varrho\iota\sigma v$ oder $\varphi\acute{o}\varrho\sigma\varsigma$ (siehe zu diesen Wilcken, Ostr. I. S. 185 ff. u. 319/20), sondern höchstens die kurze, an den Namen einer Steuer erinnernde Formel „$(\dot{v}\pi\grave{\varepsilon}\varrho)$ $\delta\eta\mu\sigma\sigma\acute{\iota}\omega v$ (sc. $\gamma\varepsilon\omega\varrho\gamma\tilde{\omega}v$)" gebraucht worden ist.[3]) Daß man diese, um die Quittungen noch weiter ab-

1) Quittungen, deren Wortlaut die laut ihnen geleistete Zahlung ohne weiteres als Pachtgeld für Staatsland kennzeichnet, sind meines Wissens bisher außer dem im vorhergehenden S. 88, A. 2 mitgeteilten bisher noch unpubl. Ostr. Cairo überhaupt noch nicht bekannt geworden, doch darf man immerhin folgende Urkunden mit unbedingter Sicherheit als Pachtgeldquittungen deuten: B. G. U. I. 67; III. 716 (auch in Z. 9 ergänze an Stelle von $\delta\eta(\mu\sigma\sigma\acute{\iota}\sigma v)$: $\delta\eta(\mu\sigma\sigma\acute{\iota}\omega v)$; P. Grenf. II. 47 (die richtige Lesung von Z. 6 bei Grenfell-Hunt, P. Fay. S. 210, A. 2); P. Lond. II. 315 (S. 90); 471 (S. 90); 346 (S. 92); P. Fay. 85; Ostr. Wilck. 767 (den Bemerkungen Wilckens, Ostr. I. S. 178/79 ist nicht zuzustimmen); Ostr. Fay. 22 (die hier erwähnte $\delta\eta\mu\sigma\sigma\acute{\iota}\alpha$ $\gamma\tilde{\eta}$ ist als Staats- und nicht als Gemeindeland aufzufassen, was gegenüber Viereck a. a. O. Hermes XXX [1895] S. 119, Wilcken, Ostr. I. S. 646, A. 2 und Grenfell-Hunt, P. Fay. S. 222 Mitteis a. a. O. Zeitschr. d. Savignystiftung, Rom. Abt. XXII [1901] S. 154 u. Paul Meyer a. a. O. Hirschfeld-Festschrift S. 140 richtig erkannt haben, ebenso jetzt auch Grenfell-Hunt, P. Oxy. III. S. 220; Mitteis' Gleichsetzung von $\delta\eta\mu\sigma\sigma\acute{\iota}\alpha$ $\gamma\tilde{\eta}$ mit ager publicus ist allerdings abzulehnen, da man dessen Vorhandensein nur für Senatsprovinzen annehmen darf); zu all diesen Belegen vergl. die Ausführungen in A. 3.

2) Erwähnen möchte ich hier nur, daß auch in den von Privaten ausgestellten Pachtgeldquittungen der obige Ausdruck angewandt wird (siehe z. B. B. G. U. II. 411); ebenso findet er sich auch bei den Grundsteuerzahlungen der $\varkappa\acute{\alpha}\tau\sigma\iota\varkappa\sigma\iota$ (siehe z. B. B. G. U. III. 755) und der $\varkappa\lambda\eta\varrho\sigma\tilde{v}\chi\sigma\iota$ (siehe z. B. P. Lond. II. 217 (S. 93).

3) Außer den bereits in A. 1 erwähnten Belegen kommen noch in Betracht: B. G. U. I. 64; II. 585; 659; III. 743; 802 (Col. 9, 10 ff.); 835; P. Lond. II. 180 (S. 94); auch 267 (S. 129) (siehe Z. 17 u. öft. $\delta\iota(\grave{\alpha})$ $\gamma\varepsilon\omega\varrho\gamma(\tilde{\omega}v)$; es dürfte sich hier um die Angabe von Pachtgeldern und nicht von Grundsteuern handeln; so auch Grenfell-Hunt, P. Tebt. I. S. 358); P. Fay. 86; 86ᵃ (vergl. auch P. Fay. 336 u. 340). Daß der in allen diesen Papyri teils abgekürzt, teils ausgeschrieben sich findende Ausdruck „$\delta\eta\mu\sigma\sigma\acute{\iota}\omega v$" für „$\dot{v}\pi\grave{\varepsilon}\varrho$ $\delta\eta\mu\sigma\sigma\acute{\iota}\omega v$ $\gamma\varepsilon\omega\varrho\gamma\tilde{\omega}v$" gestanden hat und daß er als eine Bezeichnung der den $\delta\eta\mu\acute{o}\sigma\iota\sigma\iota$ $\gamma\varepsilon\omega\varrho\gamma\sigma\acute{\iota}$ spezifischen Naturalabgabe, d. h. des Pachtgeldes (vergl. die „$\dot{v}\pi\grave{\varepsilon}\varrho$ $\varkappa\lambda\eta\varrho\sigma\acute{v}\chi\omega v$"- und die „$\dot{v}\pi\grave{\varepsilon}\varrho$

zukürzen, zumal da ja die Beteiligten auch ohne sie aus den Quittungen die Natur der laut ihnen gezahlten Abgabe entnehmen konnten[1]), eventuell auch nicht gesetzt hat, ähnlich wie nach Wilckens Annahme in den Bescheinigungen über Grundsteuerzahlungen die Nennung eines technischen Ausdrucks für diese Abgabe überflüssig erschienen und deshalb auch meistens nicht erst erfolgt ist, ist nicht nur durchaus wahrscheinlich, sondern man darf sogar diese Annahme als so gut wie ganz sicher bezeichnen. Denn einmal sind uns zwei Empfangsscheine über Naturallieferungen an die staatlichen Beamten erhalten, welche die Formel „$\delta\eta\mu o\sigma i\omega\nu$" nicht enthalten, bei denen es aber allem Anschein nach gestattet ist, aus der Person der Zahler zu folgern, daß es sich in ihnen um Pachtzahlung handelt[2]), und außer-

---

$\varkappa\alpha\tau oi\varkappa\omega\nu$"-Abgabe bei Wilcken, Ostr. I. S. 370 u. 380) aufzufassen ist, ist zuerst von Wilcken, Archiv I. S. 144 erkannt worden. Für die Richtigkeit der Wilckenschen Deutung sprechen außer den oben und den von Wilcken selbst angeführten Belegen noch B. G. U. I. 84, P. Gen. 81 und P. Fay. 245. Auch Grenfell-Hunt, P. Fay. S. 208 ff. haben sich ihr trotz einiger, meines Erachtens jedoch belangloser Bedenken angeschlossen; der P. Fay. 86 scheint mir übrigens gerade eine weitere Stütze für die Ansicht Wilckens zu bilden. In Z. 3, im Beginn des Papyrus, in dem die Naturallieferungen verschiedener Dörfer zusammengestellt sind, finden wir nämlich die ausführliche Angabe, daß für das Dorf Theadelpheia von den $\delta\eta\mu o\sigma\iota oi$ $\gamma\varepsilon\omega\varrho\gamma oi$ für das $\dot\varepsilon\varkappa\varphi o\varrho\iota o\nu$ eine gewisse Anzahl Artaben Weizen und andere Naturalien entrichtet worden ist, während bei den durchaus entsprechenden Zahlungen aus den anderen Dörfern nur die „$\delta\eta\mu o\sigma i\omega\nu$"-Formel gebraucht ist; es ist eben hier offenbar die vollere Bezeichnungsform am Anfang bei den folgenden Posten durch die kürzere abgelöst worden. Ähnlich wie in P. Fay. 86 der terminus technicus „$\dot\varepsilon\varkappa\varphi o\varrho\iota o\nu$", so ist übrigens in B. G. U. I. 84 u. III. 743 der Ausdruck „$\varphi o\varrho o\varsigma$" in einer staatlichen Abrechnung gebraucht. Aus dem letzteren Papyrus ergibt sich auch mit Sicherheit die Distribuierung der Pachtgelder nach Toparchien, siehe auch P. Fay. 85.

1) Daß es sich in ihnen um eine Abgabe vom Grund und Boden handelt, ist ohne weiteres klar. Nun ist aber für den $\delta\eta\mu o\sigma\iota o\varsigma$ $\gamma\varepsilon\omega\varrho\gamma o\varsigma$ das $\dot\varepsilon\varkappa\varphi o\varrho\iota o\nu$ die Naturalabgabe par excellence gewesen, ebenso wie für den Grundeigentümer die Grundsteuer. Wenn also der in der Quittung als Zahler Genannte nicht $\delta\eta\mu o\sigma\iota o\varsigma$ $\gamma\varepsilon\omega\varrho\gamma o\varsigma$ und Grundeigentümer zugleich war, so genügte es in ihr die Höhe der Zahlung zu vermerken, bedeutete doch die von ihm entrichtete Naturallieferung die seinem Stande entsprechende Bodenabgabe. Verwechslungen waren nicht zu befürchten, da Listen geführt wurden, in denen die Namen der Grundeigentümer und der $\delta\eta\mu o\sigma\iota oi$ $\gamma\varepsilon\omega\varrho\gamma oi$ mit Angabe des von ihnen bewirtschafteten Landes vermerkt waren. Siehe für die römische Zeit z. B. P. Lond. II. 192 (S. 222); B. G. U. II. 659 Col. 2; C. P. R. I. 33; P. Genf. 81; besonders für die ptolemäische Zeit sind uns alsdann durch die P. Tebt. I. 60 ff. eine große Anzahl Urkunden, welche die eingehendsten Angaben über die Verteilung des Grund und Bodens enthalten, bekannt geworden.

2) Siehe P. Amh. II. 59 u. 60, die ungefähr derselben Zeit (2. Hälfte des 2. Jahrhunderts v. Chr.) angehören und beide aus Soknopaiu Nesos stammen; irgend eine Angabe, für welche Abgabe die Zahlung geleistet ist, findet sich nicht, nur die Formel „$\dot\alpha\pi\dot o$ $\gamma\varepsilon\nu\eta(\mu\dot\alpha\tau\omega\nu)$ $\tau o\tilde v$ x. $\dot\varepsilon\tau o\nu\varsigma$" ist in der Quittung vermerkt. Als Zahler sind in 59 „$M\alpha\varrho\varrho\tilde\eta\varsigma$ $\Sigma\iota\sigma o\dot v\chi o\nu$ $\varkappa\alpha\dot\iota$ oi $\mu\dot\varepsilon(\tau o\chi o\iota)$ $\mu\iota\sigma(\vartheta\omega\tau\alpha\dot\iota)$" (diese Ergänzung Grenfell-Hunts möchte ich dem auch von ihnen vorgeschla-

dem ist in einigen staatlichen Abrechnungen über vom Grund und Boden gezahlte Abgaben bei der Buchung der Pachtgelder die Formel „δημοσίων" nicht gesetzt, so daß jede die Abgabe charakterisierende Bezeichnung fehlt.[1])

Nach alledem scheint es mir unbedingt nötig zu sein für die Erklärung der unbestimmt gehaltenen Naturalquittungen neben der Wilckenschen Deutung als Belege für Grundsteuerzahlungen stets auch die Möglichkeit in Betracht zu ziehen, daß in ihnen der Empfang von Pachtgeld für Staatsland bescheinigt ist[2]); wir können also

genen „μισ(θοῦ)" vorziehen), in 60 „Μαῤῥῆς τοῦ Σισούχου καὶ οἱ εἰε[ρεῖς] Σοκνε(παίου) θε(οῦ) με(γάλου)" genannt; unter den μέτοχοι μισθωταί sind demnach jedenfalls die Soknopaiospriester zu verstehen. Daß diese Gleichsetzung berechtigt ist, zeigt uns auch Z. 8 von 60, wo die zweite Zahlung der ἱερεῖς unter dem Vermerk quittiert ist: ... μεμέτρη(μαι) μισ(θωτῶν), in dem bei dem letzteren Wort wohl „ὑπὲρ" zu ergänzen ist (vergl. die δημοσίων-Formel); diese Ergänzung erscheint mir besser als das Grenfell-Huntsche „μισ(θοῦ)". Die hier genannten Zahler als Steuerpächter aufzufassen, was immerhin der für sie gebrauchte Ausdruck, auch die Form der Quittung (siehe Wilcken, Ostr. I. S. 99 ff.) gestatten würde, scheint mir nicht angängig, denn wenn sie Steuererheber gewesen wären, hätte man sie doch auf keinen Fall zur Charakterisierung der gezahlten Abgabe benutzt, wie dies tatsächlich in 60, 8 geschieht; man muß also demnach in ihnen die zur Zahlung der Abgabe Verpflichteten sehen und diese, da die Zahler ausdrücklich als Pächter bezeichnet werden, als Pachtgeld definieren. Zieht man übrigens die Grenfell-Huntsche Ergänzung μισ(θοῦ) vor, so ergibt sich dieselbe Deutung; denn man muß alsdann dem ganzen Zusammenhang entsprechend, sowie auf Grund unserer Kenntnis der Formen der Steuerquittungen μισθός, d. h. hier „Pachtgeld" (siehe z. B. P. Amh. II. 93, 14), als die Bezeichnung der zugrunde liegenden Abgabe auffassen. Wir haben also in P. Amh. II. 59 u. 60 Quittungen über die Zahlung von Naturalpacht an den Staat vor uns, die Soknopaiospriester sind mithin Pächter von Staatsland gewesen (wir haben auch sonst Belege, wo Pächter von Staatsland als „μισθωταί" bezeichnet werden; siehe z. B. B. G. U. II. 599, 9; P. Grenf. II. 57). Als solche treten sie uns übrigens auch in einem anderen aus jener Zeit stammenden Papyrus (P. Amh. II. 35) entgegen, was man in gewisser Weise als eine Bestätigung der Richtigkeit unserer Erklärung ansehen kann. Vergl. auch Grenfell-Hunt zu diesen Papyri. Rostowzew a. a. O. Archiv III. S. 208 faßt P. Amh. II. 59 u. 60 jetzt auch als Pachtgeldquittungen. Es sei hier ferner noch darauf hingewiesen, daß auch in den uns erhaltenen Quittungen über Pachtzahlung für ἱερὰ γῆ an den Staat Angaben, die diese Urkunden sofort als Pachtgeldquittungen erkennen lassen, so gut wie ganz fehlen (siehe im vorhergehenden).

1) Siehe etwa B. G. U. I. 188; P. Lond. I. 119 (S. 140) (hierzu im folgenden S. 105 ff.); aus ptolemäischer Zeit sind uns alsdann durch die P. Tebt. I. eine größere Anzahl derartiger Urkunden bekannt geworden (P. 13 [S. 77/78]; 84 ff.; 91; 93; 94; 98).

2) Infolge dieser neuen Deutung der unbestimmt gehaltenen Naturalquittungen sind manche der Wilckenschen Ausführungen über die Grundsteuer zu streichen oder zu modifizieren, doch ist hier nicht der Ort darauf des Näheren einzugehen. Bei weiteren Untersuchungen wird man vor allem versuchen müssen, den Erhebungsmodus festzustellen, der bei den nicht näher charakterisierten Naturalabgaben angewandt worden ist; denn da allem Anschein nach die Erhebung der Pachtgelder von den Staatslandpächtern nicht auf dem Pachtwege

mit gutem Recht, wenn irgendwelche Indizien für die letztere Auffassung zu sprechen scheinen, in ihnen Pachtquittungen erblicken.

Nun finden wir in einer beträchtlichen Anzahl dieser Naturalquittungen — die betreffenden gehören alle der römischen Zeit an und stammen aus der Thebais — den Vermerk, daß die laut ihnen abgelieferten Naturalien nicht an den $\vartheta\eta\sigma\alpha\nu\varrho\acute{o}\varsigma$, sondern an den $\vartheta\eta\sigma\alpha\nu\varrho\grave{o}\varsigma$ $\iota\varepsilon\varrho\tilde{\omega}\nu$ abgeführt werden sollen.[1]) Unter diesem hat man, wie Wilcken (Ostr. I. S. 656; siehe auch S. 149) richtig erkannt hat, das Tempelressort innerhalb der staatlichen Magazinverwaltung zu verstehen, d. h. die Zahlungen, die in diesen flossen, waren bestimmt später an die Tempel abgeliefert zu werden. Würde man mithin die Naturalquittungen des $\vartheta\eta\sigma\alpha\nu\varrho\grave{o}\varsigma$ $\iota\varepsilon\varrho\tilde{\omega}\nu$ als Bescheinigungen über die Zahlung von Grundsteuer auffassen[2]), so würde man wieder zu der bereits in anderem Zusammenhange als höchst unwahrscheinlich zurückgewiesenen Erklärung greifen müssen, daß hier die Regierung eine wichtige Staatssteuer teilweise den Tempeln überlassen hat; sieht man dagegen in diesen Quittungen Pachtgeldbescheinigungen[3]), so

erfolgt ist (siehe z. B. Rostowzew a. a. O. Archiv III. S. 213 ff.), so müßte man alle unbestimmt gehaltenen Naturalquittungen, die von Erhebern ausgestellt sind, die sich als Pächter qualifizieren, als Grundsteuerquittungen auffassen.

1) Ostr. Wilck. 1367 (3 n. Chr.), 1546 (16 n. Chr.), 768 (37 n. Chr.), 771 (65/66 n. Chr.), 774 (70/71 n. Chr.), 779 (86/87 n. Chr.), 783 (91 n. Chr.), 788 (97 n. Chr.), 790 (101 n. Chr.), 1587 (153 n. Chr.) (Adärierung einer Naturalzahlung); auch Ostr. Wilck. 503 (109/110 n. Chr.) dürfte vielleicht eine adärierte Naturalzahlung enthalten.

2) Auf keinen Fall darf man etwa Ostr. Wilck. 779 als Beweis für die Richtigkeit dieser Auffassung anführen. In ihm wird nämlich außer über mehrere nicht näher gekennzeichnete Naturalzahlungen nach Wilckens Lesung in Z. 9 auch über eine Zahlung „$\dot{v}\pi(\grave{e}\varrho)$ $\dot{a}\nu\acute{\omega}(\nu\eta\varsigma)$" quittiert. Würde hier tatsächlich für die annona, die ja als Zuschlag zur Grundsteuer erhoben worden ist (siehe Wilcken, Ostr. I. S. 155), gezahlt worden sein, so würde allerdings die Auffassung der an erster Stelle in dieser Quittung genannten Zahlungen als Grundsteuer eine gewisse Stütze erfahren, doch ist offenbar Wilckens Lesung, bez. Ergänzung als falsch zu bezeichnen; denn nach dem Wesen der annona zu urteilen, mag es sich nun um die annona civica oder um die militaris handeln, scheint es mir ganz ausgeschlossen zu sein, daß diese Abgabe jemals den Tempeln überwiesen worden ist. Ich möchte daher an Stelle von Wilckens Lesung vorschlagen: „$\dot{v}\pi(\grave{e}\varrho)$ $\H{A}\nu\omega$ $(\tau\acute{o}\pi o\nu)$" (vergl. z. B. Ostr. Wilck. 799 u. Wilcken, Ostr. I. S. 306 ff.) zu lesen, wodurch auch diese Quittung ganz den Charakter der unbestimmt gehaltenen Naturallieferungsbescheinigungen annehmen würde.

3) Vielleicht darf man Ostr. Wilck. 1546 als speziellen Beleg für die Richtigkeit der obigen Deutung anführen. Außer einer Zahlung, deren Bestimmung nicht näher gekennzeichnet ist, ist in ihm nämlich noch über zwei weitere unter dem Titel $\frac{\lambda}{\sigma}$ und $\varphi o\varrho\iota\varkappa(o\tilde{v})$ quittiert worden. In der ersteren wird man wohl eine Abgabe für die Mühewaltung der $\sigma\iota\tau o\lambda\acute{o}\gamma o\iota$ zu sehen haben (siehe Wilcken, Ostr. I. S. 294), also eine Zuschlagsgebühr, und auch das $\varphi o\varrho\iota\varkappa(\acute{o}\nu)$ dürfte als solche zu deuten sein (Wilcken, Ostr. I. S. 319 bietet keine genauere Erklärung). Nimmt man nun die Ableitung von $\varphi\acute{o}\varrho o\varsigma$-Pacht an (sie ist mir

besitzen wir in ihnen Belege dafür, daß auf Rechnung der Tempel an den Staat Pachtgeld gezahlt worden ist. Daß das hier in Betracht kommende Pachtland ἱερὰ γῆ gewesen ist, ist alsdann eine selbstverständliche Folgerung.

Daß die letztere Deutung der in den ϑησαυρὸς ἱερῶν abgeführten Naturalzahlungen das Richtige trifft, dafür sprechen auch die Angaben einer der Mitte des 2. Jahrhunderts angehörenden, aus Theben stammenden Abrechnung über staatliche Einnahmen.[1]) In dieser sind, alphabetisch nach dem Namen der Zahler geordnet, Abgaben für Wein- und Fruchtland gebucht, und es ist bei ihnen vermerkt, ob sie der διοίκησις oder ob sie den ἱερά überwiesen worden sind, d. h., wie Wilcken (Ostr. I. S. 149 u. 656) im Prinzip richtig erkannt hat, ob sie als Einnahme eines staatlichen oder des Tempelressorts der kaiserlichen Kassenverwaltung aufzufassen sind.[2]) Bleibt man bei der bisherigen Auffassung all dieser Zahlungen als Grundsteuer (siehe Wilcken, Ostr. I. S. 134, 148, 250, 315), so ist gegen ihre Richtigkeit gleich von vornherein das alte Bedenken geltend zu machen, daß alsdann ohne sichtbaren Grund ein Teil der Grundsteuer an die Tempel geflossen wäre; es kann aber gegen diese Erklärung noch ein anderer Einwand erhoben werden, der es zugleich gestattet, eine neue Deutung aufzustellen. Wir finden nämlich die Grundstücke, für die gesteuert wird, in mehreren Fällen als „ἰδιόκτητοι" bezeichnet (P. Lond. I. 119 [S. 140] Z. 6, 11, 18, 26 usw.), wodurch einmal hervorgehoben werden

sprachlich wahrscheinlicher, als ein Erklärungsversuch im Anschluß an das bei Pachtzahlungen uns öfters begegnende φόρετρον, siehe z. B. B. G. U. I. 227; P. Lond. II. 314 [S. 190]; P. Amh. II. 90; 91; P. Oxy. IV. 740), so könnte man das φορικ(όν) als eine Gebühr erklären, die bei Pachtzahlungen erhoben worden ist; es wäre also das Wesen der nicht charakterisierten Zahlung als Pachtgeld alsdann auch hierdurch sicher gestellt.

1) Siehe P. Lond. I. 119 (S. 140) u. 109 A (S. 150), beide Bruchstücke derselben Urkunde; zu der Lesung vergl. die Wilckensche Rezension des 1. Bandes der Londoner Papyri in G. G. A. 1894 S. 716 ff. (S. 733 ff.).

2) Im einzelnen bedürfen allerdings die Bemerkungen Wilckens über die διοίκησις der Modifikation und der Erweiterung; vor allem muß man diese als eins der staatlichen Kassenressorts und nicht als das Staatsressort auffassen (siehe z. B. B. G. U. I. 84 u. III. 976: die οὐσιακά-Abteilung), näheres jedoch an anderem Orte (vergl. Bd. I. S. 408 zu S. 70). Das Tempelressort im Gegensatz zur διοίκησις finden wir auch offenbar in dem aus der Zeit Neros stammenden Ostr. British Mus. 12686 (publ. von Wilcken, Ostr. I. S. 116), wo ich an Stelle des von Wilcken vorgeschlagenen ἱε(ρατικῶν) lieber ἱε(ρῶν) einsetzen möchte (vier Mal findet sich die Abkürzung ιε( ), ein Mal (Z. 3) liest Wilcken ιερα( ), worauf auch seine Ergänzung beruht, doch möchte ich auf diese Lesung nicht allzuviel Gewicht legen, da Wilcken selbst von seinen Lesungen nicht ganz befriedigt ist; siehe jedoch immerhin Ostr. Wilck. 359 und meine Bemerkungen zu ihm im folgenden S. 108, A. 2). In diesem Ostrakon sind Naturalzahlungen, die an die beiden Ressorts abgeführt worden sind, bescheinigt; irgend eine nähere Angabe fehlt, doch sind die Zahlungen für die ἱερά wohl analog den in den Londoner Papyri vermerkten zu beurteilen.

soll, daß die betreffenden Privateigentum gewesen sind,[1]) woraus man
aber meines Erachtens auch noch den weiteren Schluß zu ziehen hat,
daß diejenigen Ländereien, die diesen Zusatz entbehren, nicht als
Privateigentum angesehen werden dürfen; denn es erscheint mir ausgeschlossen, daß man in der offiziellen Abrechnung ἰδιόκτητος ohne
bestimmte Absicht, ganz willkürlich gesetzt hat. Da hier also auch
von nicht im Privatbesitz befindlichen Grundstücken Bodenabgaben
an den Staat gezahlt werden, so muß man jene offenbar als vom
Staate verpachtete Ländereien auffassen und diese als Pachtzins erklären.[2])

Für die ἱερά ist nun niemals eine der Zahlungen für ἰδιόκτητος
γῆ, sondern es sind stets nur Pachtgelder in Anrechnung gebracht,
welche natürlich für die vom Staate verwaltete ἱερὰ γῆ entrichtet
sein werden. Bei dieser Deutung der dem Tempelressort zugewiesenen
Zahlungen erklärt es sich auch aufs einfachste und bildet sogar seinerseits eine weitere Bestätigung für ihre Richtigkeit — Wilcken (Ostr.
I. S. 149) vermag dagegen bei seiner Erklärung eine innere Begründung für das folgende nicht zu finden —, daß entgegen dem bei
Grundsteuerzahlungen für Wein- und Palmenland üblichen Steuersatze

---

1) Es sei hier hervorgehoben, daß das Privateigentum an Grund und Boden
im hellenistischen Ägypten durchaus nicht von so geringer Ausdehnung gewesen
ist, wie viele geneigt sind anzunehmen (zuletzt wieder Rostowzew a. a. O.
Archiv III. S. 206; ganz unberechtigt erscheint mir auch seine Behauptung, daß
die Verhältnisse des Faijûm die Regel bilden; wenn wir hier ein starkes Präponderieren des vom Staate abhängigen Landes wahrzunehmen glauben, so sei
daran erinnert, daß ein großer Teil des Landes des Faijûm erst in ptolemäischer
Zeit durch die Maßnahmen des Staates geschaffen worden ist, wodurch das Vor-
herrschen des Staatslandes aufs einfachste sich erklärt; so auch Grenfell-Hunt,
P. Tebt. I. S. 542/43; Rückschlüsse aus den Verhältnissen des Faijûm auf die der
anderen ägyptischen Gaue sind also gerade zu vermeiden). Kürzlich sind von
Waszyński a. a. O. I. S. 55 ff. verschiedene Belege für privaten Bodenbesitz im
hellenistischen Ägypten zusammengestellt worden.

2) Man braucht sich nicht etwa daran zu stoßen, daß nach der obigen
Erklärung der Londoner Papyri Grundsteuer und Pachtgeld für Staatsland nebeneinander in derselben Abrechnung verrechnet sind, ohne daß der technische Ausdruck für das Pachtgeld genannt ist; ähnliche Urkunden sind noch manche erhalten, siehe z. B. P. Lond. II. 194 (S. 124) (hier ist vornehmlich: Z. 80 ἰδιοκ(τή-
του), dann Z. 23 u. öfters διοι(κήσεως) für die Erklärung zu beachten), dann auch
P. Lond. II. 188 (S. 141) (δη ist in δη(μοσίων) aufzulösen; nicht Abrechnung über
Saatdarlehen, wie Kenyon glaubt, vergl. dazu z. B. P. Lond. II. 254 [S. 225]);
B. G. U. III. 802; 897; 898 (für die ptolemäische Zeit enthalten die P. Tebt. I.
verschiedene Belege, siehe etwa 13 (S. 77/78); 91; 93 [Z. 62 ff. Zahlung für ἱερὰ
γῆ mitten unter den anderen Einnahmen gebucht]; 94; 98); vergl. auch Urkunden
wie B. G. U. I. 64; II. 585; III. 716; 835; P. Fay. 85; 86; 86ᵃ. Hingewiesen sei
hier auch noch etwa auf B. G. U. III. 787; P. Fay. 342, wo über Naturalzahlungen
für Grundsteuer unter der Formel „ἰδιοκτήτου" quittiert ist. Daß in den im
Text behandelten Papyri Grundsteuer und Pachtgeld bunt durcheinander gebucht ist, erklärt sich durch die alphabetische Anordnung der Abrechnung.

von 20, höchstens 40 Drachmen pro Arure[1]) den an die ἱερά abgeführten Summen der hohe Satz von 75, 150 und 350 Drachmen für die Arure Weinland und bei Palmengärten von 75 Drachmen zugrunde liegt, denn es ist durchaus verständlich, daß die Pachtquote höher ist als die entsprechende Grundsteuerquote.

So besitzen wir durch die Angaben des thebanischen Rechnungsbuches ganz sichere Belege, daß die an den Staat gezahlten Pachtgelder für Tempelland ohne besondere kennzeichnende Zusätze nur unter Hervorhebung des Kassenressorts, in das sie abgeführt worden sind, gebucht werden konnten und erhalten durch sie zugleich, da ja die Form dieser Eintragungen derjenigen der eben besprochenen ϑησαυρὸς ἱερῶν-Quittungen ganz entspricht, eine weitere vortreffliche Stütze für unsere Auffassung der letzteren als Pachtzinsbescheinigungen für ἱερὰ γῆ.

Die mannigfaltigen Argumente, die für die Verwaltung des Tempellandes durch kaiserliche Beamte angeführt werden konnten, lassen es, zumal da sie sich nicht auf den Besitz einzelner Heiligtümer beziehen, sondern ziemlich allgemeiner Natur sind und sowohl die Verhältnisse des Faijûm als auch die Oberägyptens illustrieren, als zweifellos erscheinen, daß ebenso wie in ptolemäischer auch in römischer Zeit der gesamte Landbesitz der ägyptischen Tempel unter staatlicher Verwaltung gestanden hat. Es fragt sich nur noch, ob ebenso wie an dem Prinzip auch an der Form der Verwaltung in der ganzen Zeit nichts geändert worden ist.

Hierüber läßt sich im allgemeinen nur wenig ermitteln, immerhin ist jedoch, was sehr wichtig ist, mit unbedingter Sicherheit festzustellen, daß stets und allem Anschein nach ausschließlich die Verwertung der ἱερὰ γῆ durch Verpachtung erfolgt ist. Außerdem sei hier vor allem noch hervorgehoben, daß sich zu keiner Zeit besondere staatliche Beamte für die Verwaltung des Tempellandes nachweisen lassen, überhaupt scheint sich diese von derjenigen der staatlichen Domäne gar nicht unterschieden zu haben, vielmehr sind offenbar beide Landsorten zusammen nach den gleichen Grundsätzen von den üblichen lokalen Beamten verwaltet worden.[2]) Daß

---

1) Vergl. hierzu die Ausführungen Wilckens, Ostr. I. S. 147 ff u. 313 ff., die allerdings teilweise zu modifizieren sind; hier sei nur hervorgehoben, daß der für Palmengärten für die Arure in einem Falle gezahlte hohe Satz von 180 Drachmen (P. Lond. I. 119 [S. 140] Z. 101) offenbar als Pachtzins für Staatsdomäne aufzufassen ist.

2) Über die Verwaltung der staatlichen Domäne (Form der Verpachtung) siehe vorläufig Wilcken, Ostr. I. S. 525/26; Rostowzew a. a. O. Archiv III. S. 201 ff. Urkunden, welche im besondern die Verwaltung der ἱερὰ γῆ illustrieren, sind außer den im Text für die Gleichstellung des Tempellandes mit der Staatsdomäne verwerteten nicht bekannt geworden, denn ob man den dem P. Berl. 3080 (publ. N. Chrest. S. 155, Anm.; Rev. ég. IV. S. 138; Spiegelberg S. 13) als eine

dies sowohl in ptolemäischer als auch in römischer Zeit der Fall gewesen ist, darf man wohl schon allein daraus folgern, daß die Bezeichnung der Pächter der Staatsdomäne, βασιλικοί, bez. δημόσιοι
γεωργοί, auch für die Pächter von ἱερὰ γῆ angewandt worden ist.[1]
Weiterhin kann für die obige Ansicht geltend gemacht werden, daß
die Kleruchien, in die der von der Regierung verpachtete Domanial-
besitz zerfiel, mitunter unter den Landsorten, aus denen sie sich zu-
sammensetzten, Tempel- und Staatsland neben einander enthalten haben
(B. G. U. I. 188; II. 656; P. Chic. 46 (?), so daß also beide zusammen,
wie uns auch ein erhaltenes Pachtausschreiben (B. G. U. II. 656) zeigt,
zur Pacht ausgeboten worden sind. Schließlich bezeugt auch noch
die Verteilung der Saatdarlehen die Gleichstellung von ἱερὰ γῆ und
staatlicher Domäne, da diese in gleicher Weise für beide Landsorten
erfolgt ist (siehe B. G. U. I. 20; P. Lond. II. 256[e] (S. 95).

Ein Argument, das gegen die hier vertretene Auffassung spräche,
ist meines Wissens nicht vorhanden, denn auf keinen Fall darf man
etwa in dem für die römische Zeit uns bezeugten Tempelressort
innerhalb der Staatseinnahmenverwaltnng (siehe vorher S. 104 ff.) ein
solches sehen, zumal da ja für dieses nicht besondere Magazine und
Kassen eingerichtet gewesen sind, sondern da offenbar die gewöhnlichen staatlichen ϑησαυροί und τράπεζαι es nur als eine Unterabteilung enthalten haben.[2] Für die ptolemäische Zeit läßt sich bisher

solche in Anspruch nehmen darf, ist doch zweifelhaft (siehe vorher S. 83, A. 3). Das
Gleiche ist der Fall mit P. Tebt. I. 72, 24 ff., auch hier läßt sich das betreffende
Land nicht mit Sicherheit als ἱερὰ γῆ erweisen; vergl. Bd. II. S. 88, A. 3.
P. Oxy. IV. 721 hat uns inzwischen noch gezeigt, daß die Oberleitung der in
staatlicher Verwaltung befindlichen ἱερὰ γῆ in der Hand des ἴδιος λόγος gelegen
hat; vergl. hierzu Bd. I. S. 70 u. 408.

1) P. Amh. II. 35 (ptolemäisch); P. Lond. II. 256[e] (S. 95); 354 (S. 163).
2) Daß an ein und demselben ϑησαυρός mehrere Unterabteilungen bestanden
haben, zeigt uns deutlich B. G. U. III. 976 (siehe vorher S. 105, A. 2); eine von
ihnen ist die διοίκησις. Dieser διοίκησις finden wir nun, wie schon bemerkt, an
Magazinen, wie an Kassen die ἱερά gegenübergestellt (siehe Wilcken, Ostr. I.
S. 149 u. 656), und schon allein auf Grund dieser Gegenüberstellung könnte man
die ἱερά als eine Unterabteilung der einzelnen Kasse bez. Magazines in Anspruch nehmen. Hierzu kommt alsdann noch als bestätigendes Moment, daß,
wie oben im Text noch hervorgehoben werden soll, zu einer Zeit, wo das
Tempelressort bestanden hat, bei einer Zahlung, die ihm sicher überwiesen worden ist, nämlich einer Pachtgeldzahlung für ἱερὰ γῆ, in der Abrechnung einfach
als Zahlungsstelle der ϑησαυρός des betreffenden Dorfes genannt ist, was natürlich nur möglich ist, wenn das Tempelressort eine Abteilung dieser Dorfmagazine
gebildet und kein direktes staatliches „Tempelmagazin" (so Wilcken a. a. O.)
bestanden hat (siehe B. G. U. I. 188, Zeit 186 n. Chr.; durch Ostr. Wilck. 955 ist
uns der ϑησαυρὸς ἱερῶν für 185/186 n. Chr. belegt; B. G. U. I. 218 ist hier leider
nicht zu verwenden, da die hier in Betracht kommenden Stellen verstümmelt
sind). Schließlich sei auch noch auf Ostr. Wilck 359 aus dem Jahre 9 v. Chr.
verwiesen; es erfolgen hier zwei Zahlungen „ἐπὶ τὴ(ν) Κεφάλου τράπ(εζαν)"; bei
der ersten befindet sich der charakterisierende Zusatz „διο(ι)κ(ήσεως)", bei der

das Vorhandensein eines solchen Tempelressorts nicht belegen[1]), und
so könnte man auf den ersten Blick geneigt sein dieses als eine Neuschöpfung der Kaiserzeit zu bezeichnen, doch ist dies an sich wenig
wahrscheinlich. Denn man darf wohl a priori annehmen, daß eine
so weitverzweigte Institution wie die Schatzverwaltung auch in ptolemäischer Zeit abgesehen von der Einteilung in Kassen und Magazine
ihre verschiedenen Ressorts gehabt hat[2]), und daß insbesondere für
die von der Regierung auf Rechnung der Tempel vereinnahmten
Gelder und Naturalien[3]) eine besondere Abteilung gebildet worden ist,
da ja sonst die Übersichtlichkeit und die Kontrolle bedeutend erschwert worden wäre. Dazu kommt noch, daß die Nichterwähnung
des Tempelressorts in ptolemäischer Zeit an Orten, wo man es eigentlich erwarten sollte, wie z. B. in den Quittungen, in denen von Staatsbeamten über Tempeleinnahmen quittiert worden ist[4]), durchaus nicht
etwa als ein besonders instruktives Zeichen für sein Nichtvorhandensein gedeutet werden darf, sondern vielmehr ganz belanglos ist, da
in einer Reihe von Quittungen gleicher Natur, die einer Zeit angehören, in welcher die ἱερά-Abteilung in der staatlichen Schatzverwaltung sicher bestanden hat, diese gleichfalls nicht genannt und sogar
in einer Abrechnung, in der auch eine Tempeleinnahme gebucht ist, ganz
allgemein nur von dem θησαυρός gesprochen wird.[5]) Demnach ist meines

zweiten, bei der die Angabe des Gezahlten verloren ist, der Zusatz „ἱερατικ(οῦ
oder ῶν)“. Es scheint mir sehr wohl möglich, daß hiermit die beiden Ressorts
der διοίκησις und der ἱερά gemeint sind; ist die Annahme richtig (vergl. jedoch
I. Bd. S. 364, A. 5), so besäßen wir einen Beleg für die beiden Unterabteilungen
der Schatzverwaltung an ein und derselben Bank. Daß unter diesen Umständen
der gewöhnliche Sitologe für Zahlungen εἰς θησαυρὸν ἱερῶν quittiert (Ostr.
Wilck. 1546), ist mithin ganz selbstverständlich.

    1) Die τράπεζα τῶν ἱερῶν, die Wilcken, Theb. Bank S. 29 auf Grund eines
P. Par. für das 2. Jahrhundert v. Chr. nachzuweisen glaubte, ist zu streichen;
siehe Wilcken, Ostr. I. S. 637/38.

    2) Bezeugt ist uns z. B. bisher als ein solches Sonderressort der ἴδιος
λόγος, Belege zusammengestellt z. B. von P. Meyer a. a. O. Hirschfeld-Festschrift
S. 132.

    3) Es sei hierbei daran erinnert, daß diese nicht nur aus den Einnahmen
des vom Staate verwalteten Kirchenbesitzes, sondern auch aus den von der
Regierung für die Tempel eingezogenen Kirchensteuern (siehe Bd. I. S. 340 ff.)
bestanden haben.

    4) Die hierfür in Betracht kommenden Belege finden sich in diesem Ka-
pitel bei der Darlegung der Verwaltung der ἱερά γῆ in ptolemäischer Zeit und
im I. Bd. S. 340 ff. bei der Darstellung der Kirchensteuern erwähnt; als in gewisser Weise besonders instruktiv (vergl. B. G. U. I. 188) sei hier nur auf Ostr.
Wilck. 721 besonders hingewiesen.

    5) Siehe die im vorhergehenden verwerteten Quittungen „ὑπὲρ ἱερατικῶν
φοινικώνων“ und ferner B. G. U. I. 188 (vergl. vorher S. 98, A. 1). Auf Grund
des uns vorliegenden Materials darf man wohl sogar die Behauptung wagen, daß
von den Staatsbeamten in Quittungen und dergl. über Abgaben, die für die Tempel
bestimmt waren, um diese als solche kenntlich zu machen, im allgemeinen das

Erachtens sehr wohl mit der Möglichkeit zu rechnen, wenn wir auch vorläufig kein abschließendes Urteil fällen können, daß uns neues Material
auch für die ptolemäische Zeit mit dem Tempelressort bekannt machen wird.

Nichts Bestimmtes läßt sich alsdann über einen anderen wichtigen Punkt der staatlichen Verwaltung des Tempelbesitzes, über die
Verrechnung der vom Staate eingezogenen Einnahmen mit
der Priesterschaft und über ihre Abführung an diese ermitteln. In
einer der uns erhaltenen Urkunden der thebanischen Staatskasse[1]), die aus
der Zeit Ptolemaios' VIII. Euergetes' II. stammt, berichtet allerdings der
königliche τραπεζίτης von einer größeren der Priesterschaft des Amonrasonter zu Theben gehörenden Geldsumme (167 Kupfertalente), welche
bei der königlichen Kasse zur Erhebung bereit gelegen hat und den
Priestern auch bis auf ein Kupfertalent ausgezahlt worden ist; es läßt
sich jedoch leider nicht nachweisen, daß es sich hier um Gelder
handelt, welche die Regierung für die von ihr verwalteten Besitzobjekte des Tempels in seinem Namen vereinnahmt hatte. Man könnte
vielmehr jene Summe ebensogut mit den vom Staate auf Rechnung
der Tempel eingezogenen Kirchensteuern (vergl. Bd. I. S. 342 ff.) in Verbindung bringen oder daran denken, daß sie aus irgendwelchen Gründen von den Priestern einmal bei der Staatskasse hinterlegt worden ist.[2])

Bei der Ablieferung sind übrigens die für die Tempel von der

Prinzip befolgt worden ist entweder die Abgabe näher zu charakterisieren und
dann das Tempelressort, dem sie überwiesen werden sollte, nicht erst zu nennen
(ebenso hat man auch offenbar oft z. B. die διοίκησις-Abteilung in Quittungen
nicht genannt) oder umgekehrt das Erste zu lassen, dafür aber das zweite kenn-
zeichnende Mittel zu wählen. Zieht man dies in Betracht, so darf man sich
erst recht nicht wundern, daß in den Quittungen der ptolemäischen Zeit, denen
ja die erste Quittungsform zugrunde liegt, die ἱερά-Abteilung nicht erwähnt ist.

1) Publ. von Parthey, Die thebanischen Papyrusfragmente im Berliner Museum, Abh. Berl. Ak. 1869, S. 1 ff. unter Nr. 12; vergl. dazu Revillout, Mélanges
S. 341, A. 4.

2) Bisher hat man stets jene Summe als ein Bankdepositum im modernen
Sinne des Wortes gedeutet (siehe etwa Revillout, Mélanges S. 347; Wilcken,
Ostr. I. S. 674); diese Erklärung ist jedoch zu modifizieren, da man bei ihr die
als Staatskasse dienende βασιλικὴ τράπεζα fälschlich als wirkliche Bank auffaßt und nicht berücksichtigt, daß solche selbständig neben den Staatskassen
bestanden haben (vergl. hierzu Wilcken, Ostr. I. S. 632 ff., dem ich beistimme;
neuerdings wieder bestritten von Beloch, Griechische Geschichte III, 1 S. 313,
A. 2). Deutet man die obige Summe als ein von den Priestern herrührendes
Depositum bei der Staatskasse, so hat man sie nicht mit einem modernen Bankdepositum, sondern mit jenen Geldern auf eine Stufe zu stellen, welche noch
heutigen Tags mitunter von Privaten bei Regierungskassen hinterlegt und sogar
von diesen verwaltet werden. Vielleicht gestatten uns einige noch unpublizierte,
mir flüchtig bekannt gewordene Berliner Papyri (sie dürften wohl demnächst
von Wilcken publiziert werden), welche ähnliche Zustände wie der von Parthey
veröffentlichte schildern, eine Entscheidung der wichtigen Frage; bemerkenswert
ist es, daß durch sie die Aufbewahrung von Tempelgeldern in der Staatskasse
auf jeden Fall als eine ganz übliche Einrichtung gekennzeichnet wird.

Regierung eingezogenen Abgaben nicht immer ungeschmälert in die Hände der Priester gelangt, wenigstens besitzen wir durch die „ἱεροῦ σίτου"-Quittungen (siehe Bd. II. S. 85 ff.) einen Beleg dafür, daß im 2. Jahrhundert v. Chr. der Staat 1% von den Eingängen für sich abgezweigt und sich so ein Entgelt für die Mühe der von ihm übernommenen Verwaltung der ἱερὰ γῆ verschafft hat. Ob dieses Verfahren auch in der Folgezeit befolgt worden ist, ist nicht zu ermitteln. Aus römischer Zeit läßt sich alsdann die Entrichtung verschiedener, offenbar für den Staat und seine Beamten bestimmter Zuschlagszahlungen zu den Pachtgeldern für Tempelland, der προσδιαγραφόμενα[1]), des σ(ιτο)λ(ογικόν) (?) und des φορικ(όν)[2]), die erstere sogar in Höhe von 6¼%[3]), nachweisen[4]); durch sie sind jedenfalls die Verwaltungsunkosten des Staates nicht nur reichlich gedeckt worden, sondern es ist ihm wohl auch noch hierdurch ein pekuniärer Vorteil erwachsen.

Außer der Verwaltung des Tempellandes hat alsdann in römischer Zeit — über die entsprechenden Verhältnisse der ptolemäischen Zeit läßt sich wegen Fehlens jeglicher Belege kein Urteil fällen — auch noch diejenige der Tempelbäder in den Händen des Staates gelegen. Wir besitzen nämlich eine große Reihe von Quittungen, denen zufolge in das staatliche Tempelressort auch Zahlungen für das βαλανικόν, d. h. für die Bäderabgabe (siehe Bd. I. S. 292) geflossen sind.[5]) Das Tempelressort ist hier als θησαυρὸς ἱερῶν be-

---

1) Siehe P. Lond. I. 119 (S. 140) und 109 A (S. 150); für die προσδιαγραφόμενα vergl. Wilcken, Ostr. I. S. 287/88.

2) Ostr. Wilck. 1546, siehe die Bemerkungen im vorhergehenden S. 104, A. 3; vielleicht hat man auch die Abkürzung $\frac{λ}{σ}$ in (ὑπὲρ) σ(ιτο)λ(ογίας) aufzulösen (vergl. ὑπὲρ οἰνολογίας in Ostr. Wilck. 711 [Wilcken, Ostr. I. S. 269/70]).

3) Bei den beiden zuletzt genannten Abgaben läßt sich der Prozentsatz nicht ermitteln, da wir hier wohl Ratenzahlungen vor uns haben dürften, während dies offenbar bei der ersten nicht der Fall ist, vergl. Wilckens, Ostr. I. S. 316 Bemerkungen über die Natur der Zahlungen, zu denen sie als Zuschlag getreten sind.

4) Über die vom Staat neben dem Pachtgeld für ἱερὰ γῆ erhobene Abgaben in ptolemäischer Zeit siehe jetzt P. Tebt. I. 93, 61 ff.; sie sind die gleichen wie die von den Pächtern der Staatsdomäne gezahlten, vergl. P. Tebt. I. 93.

5) Ostr. Wilck. 775 (74 n. Chr., der zeitlich früheste Beleg), 780 (?), 781, 782, 784, 786, 789, 795, 798, 807 (?), 812, 815, 818, 819 (?), 835, 842, 843, 844— 846 (?), 849, 853, 856, 857, 862—864, 871, 877, 882, 885, 916, 919, 924, 928, 932, 955 (185/186 n. Chr, der zeitlich späteste Beleg), 1020, 1251, 1252, 1415, 1417, 1426, 1452. Bei den mit Fragezeichen versehenen Nummern findet sich der Zusatz ἱερῶν zu θησαυρός allerdings nicht, so daß man an sich die laut ihnen entrichtete Zahlung als für den Staat bestimmt ansehen könnte, doch ist es recht wahrscheinlich, daß er nur ausgelassen ist. Das für kaiserliche Bäder gezahlte, in die Staatskassen fließende βαλανικόν wird nämlich durch πράκτορες erhoben (Wilcken, Ostr. I. S. 578 u. 583), während in den mit Fragezeichen versehenen Nummern mit dem Einziehen der Abgabe Pächter betraut sind. Nun

zeichnet[1]), obgleich das Badgeld nicht in Natura, sondern in Geld entrichtet worden ist (Wilcken, Ostr. I. S. 168/69). Man darf mithin $\vartheta\eta\sigma\alpha\upsilon\varrho\acute{o}\varsigma$ in dieser Verbindung nicht als Magazin, sondern muß es allgemeiner als „Schatzhaus" (Wilcken, Ostr. I. S. 631 u. 649) auffassen (Wilcken, Ostr. I. S. 615/616); wir haben also in diesem $\vartheta\eta\sigma\alpha\upsilon\varrho\grave{o}\varsigma$ $\iota\varepsilon\varrho\~\omega\nu$ die zusammenfassende Bezeichnung für die an Kassen und Magazinen vertretene $\iota\varepsilon\varrho\acute{\alpha}$-Abteilung der staatlichen Schatzverwaltung zu sehen[2]). Die durch die eben erwähnten Quittungen bezeugte Entrichtung eines Teiles des $\beta\alpha\lambda\alpha\nu\iota\varkappa\acute{o}\nu$ an diesen $\vartheta\eta\sigma\alpha\upsilon\varrho\grave{o}\varsigma$ $\iota\varepsilon\varrho\~\omega\nu$ kann meines Erachtens nur dahin gedeutet werden, daß eine Reihe der öffentlichen Badeanstalten, für die man ja diese Badsteuer gezahlt hat, im Besitze der Tempel gewesen ist[3]), und daß derjenige, an den die Abgabe abgeliefert worden ist, in diesem Falle der Staat, diese zusammen mit seinen eigenen Bädern verwaltet hat.[4]) Es scheint mir

darf man es wohl als ausgeschlossen bezeichnen, daß ein und dieselbe Steuer in demselben Bezirk gleichzeitig teils von $\pi\varrho\acute{\alpha}\varkappa\tau o\varrho\varepsilon\varsigma$, teils von Steuerpächtern eingetrieben worden ist (siehe Wilcken, Ostr. I. S. 612), und deshalb möchte ich nicht annehmen, daß es sich bei dem laut den $\vartheta\eta\sigma\alpha\upsilon\varrho\acute{o}\varsigma$-Quittungen entrichteten $\beta\alpha\lambda\alpha\nu\iota\varkappa\acute{o}\nu$ auch um kaiserliche Bäder handelt. Dagegen stimmt die in ihnen sich findende Erhebungsform mit der überein, welche den $\beta\alpha\lambda\alpha\nu\iota\varkappa\acute{o}\nu$-Zahlungen der Tempelressortquittungen zugrunde liegt, und deshalb scheint mir die Gleichsetzung der beiden Quittungsgruppen gestattet; Wilcken, Ostr. I. S. 576 tut dies übrigens auch ohne weiteres.

1) Wilcken, Ostr. I. S. 656, A. 1 (siehe auch S. 583 u. 615) will in dem in den $\beta\alpha\lambda\alpha\nu\iota\varkappa\acute{o}\nu$-Quittungen genannten $\vartheta\eta\sigma\alpha\upsilon\varrho\grave{o}\varsigma$ $\iota\varepsilon\varrho\~\omega\nu$ den Thesauros der Tempel selbst sehen, seine Ansicht ist jedoch unbedingt zu verwerfen, da dieser doch stets nur $\vartheta\eta\sigma\alpha\upsilon\varrho\acute{o}\varsigma$ $\iota\varepsilon\varrho o\~\upsilon$, nicht $\iota\varepsilon\varrho\~\omega\nu$ heißen könnte. Ganz ausgeschlossen ist es weiterhin den $\vartheta\eta\sigma\alpha\upsilon\varrho\grave{o}\varsigma$ $\iota\varepsilon\varrho\~\omega\nu$ etwa als einen allen Tempeln Ägyptens gemeinsamen Privatthesauros zu deuten, so ergibt sich die im Text noch näher begründete Erklärung.

2) Der $\vartheta\eta\sigma\alpha\upsilon\varrho\grave{o}\varsigma$ $\iota\varepsilon\varrho\~\omega\nu$ in diesem weiteren Sinne des Wortes findet sich übrigens wohl auch in Ostr. Wilck. 503 u. 1587, in denen über Geldzahlungen, die für ihn bestimmt sind (in der 2. Quittung handelt es sich offenbar um eine adärierte Naturalpachtgeldzahlung, vielleicht auch in der ersten ganz unbestimmt gehaltenen, siehe vorher S. 104, A. 1), quittiert wird. Es ist immerhin bemerkenswert, daß diejenigen Quittungen, in denen man den in ihnen genannten $\vartheta\eta\sigma\alpha\upsilon\varrho\grave{o}\varsigma$ $\iota\varepsilon\varrho\~\omega\nu$ im weiteren Sinne des Wortes auffassen muß, nicht von Kassen- oder Magazinbeamten, sondern alle von Steuererhebern ausgestellt sind; in Bescheinigungen, die von den ersteren ausgefertigt sind, würde ja auch der Gebrauch des zusammenfassenden abstrakten Begriffes nicht recht am Platze sein, während seine Anwendung in den Erheberquittungen, bei denen es in diesem Punkte nur auf die Hervorhebung des Prinzipiellen ankommt, ganz angebracht ist.

3) Wilcken, Ostr. I. S. 168, 583, 615 ist übrigens zu demselben Resultat gelangt, allerdings auf Grund falscher Voraussetzungen, siehe oben A. 1. Vergl. Bd. I. S. 292.

4) Wilckens, Ostr. I. S. 167/168 u. S. 615 Behauptung, daß die Tempel ihre Bäder selbst verwaltet hätten, ist natürlich zusammen mit seiner falschen Erklärung des $\vartheta\eta\sigma\alpha\upsilon\varrho\grave{o}\varsigma$ $\iota\varepsilon\varrho\~\omega\nu$ aufzugeben. Der in B. G. U. II. 362 p. 9, 2/3 genannte $\mu\iota\sigma\vartheta\omega\tau\grave{\eta}\varsigma$ $\dot{\alpha}\pi o\varphi o\varrho\~\alpha\varsigma$ $\beta\alpha\lambda\alpha\nu\varepsilon\acute{\iota}o\upsilon$ $\varkappa\acute{\omega}\mu\eta\varsigma$ $\Phi\iota\lambda\alpha\gamma\varrho\acute{\iota}\delta o\varsigma$ bietet keinen Anhalts-

nämlich, ebenso wie ich die Annahme einer Abzweigung von den Grundsteuererträgnissen zugunsten der Tempel für verfehlt halte, gleichfalls ganz ausgeschlossen zu sein, daß der Staat etwa von dem für den Unterhalt der staatlichen Bäder an ihn gezahlten βαλανικόν einen bestimmten Teil als Einnahme für die Heiligtümer festgesetzt habe, und daß so die Zahlungen für das Tempelressort zu erklären seien.[1])

Nähere Angaben über diese durch den Staat geführte Verwaltung der den Heiligtümern gehörenden öffentlichen Badeanstalten sind leider bisher nicht bekannt geworden, und so läßt sich auch nichts Sicheres ermitteln, nach welchen Prinzipien die allem Anschein nach allen aufgelegte Badsteuer (siehe Bd. I. S. 292, A. 4) zwischen den beiden durch ihren Bäderbesitz zum Empfang Berechtigten, dem Staat und den Tempeln, geteilt war. Am wahrscheinlichsten ist es, da ja gelegentlich auch das an den ϑησαυρὸς ἱερῶν entrichtete βαλανικόν als Abgabe des und des Ortes oder Bezirkes bezeichnet wird, daß man die Zahlungen der Bewohner derjenigen Bezirke oder Orte, in denen Tempelbäder lagen, entweder ganz, wenn kein staatliches Bad in ihnen errichtet war, oder, wenn dies nicht der Fall war, in einem bestimmten Prozentsatz dem Tempelressort überlassen hat, wodurch den Heiligtümern eine ganz angemessene Einnahme aus ihrem Besitz zugefallen wäre.[2])

b. Der von den Priestern verwaltete Besitz.

Ob außer den Ländereien und Bädern noch weitere Besitzobjekte der Tempel von der Regierung verwaltet worden sind, läßt sich vorläufig nicht entscheiden. Belege oder Andeutungen sind allerdings hierfür nicht vorhanden[3]), doch könnte dies immerhin auf Zufall be-

punkt zu der von Wilcken, Ostr. I. S. 167/168 vertretenen Annahme, daß der Jupitertempel zu Arsinoe die ἀποφορά seines Bades in Philagris selbst verpachtet habe, dieses also nicht von der Regierung verwaltet worden sei; irgend eine Zahlung dieses μισϑωτής an den Tempel für die ἀποφορά läßt sich nicht belegen (in p. 9 fungiert er bei einer Zahlung nur als Mittelsperson). Ich möchte diesen μισϑωτής mit den in den Ostraka erwähnten Pächtern der in den ϑησαυρὸς ἱερῶν fließenden Badeabgabe auf eine Stufe stellen.

1) Gegen die Annahme der oben im Text abgewiesenen Deutung der βαλανικόν-Zahlungen an das Tempelressort spricht auch die Tatsache, daß für diese nicht die gleiche Erhebungsform wie für die an den Staat fallenden angewandt worden ist (siehe vorher S. 111, A. 5); in dem obigen Falle hätte man sicher doch erst auf den Staatskasse der betreffenden Verrechnungen vorgenommen.

2) Siehe hierzu Ostr. Wilck. 849, 856 u. 862, 857, in denen für die thebanischen Stadtbezirke Χάραξ, Ὀφιῆον und Ἀγοραὶ β(ορρᾶ)· (siehe Wilcken, Ostr. I. S. 712/13) das βαλανικόν an den ϑησαυρὸς ἱερῶν abgeführt wird; für das Ὀφιῆον lassen sich bisher Zahlungen für staatliche Bäder nicht belegen.

3) Auf Grund meiner bisherigen Ausführungen über die Quittungsform der an das Tempelressort abgeführten Zahlungen halte ich es für durchaus berechtigt, wenn uns in Zukunft Zahlungen an die staatliche ἱερά-Abteilung begegnen,

ruhen, zumal da über die Verwaltung der anderen Besitzobjekte nur
vereinzelte Nachrichten erhalten sind, in denen freilich immer Priester
als die leitenden Persönlichkeiten erscheinen.

So läßt sich die Selbstverwaltung für die von den Tempeln betriebenen Gewerbe und die ihnen gehörenden industriellen Anlagen nachweisen.

Daß die Leitung der ersteren, was ja schon an und für sich
wahrscheinlich ist, in den Händen der Priester — wenigstens zu der
Zeit, aus der unsere Belege stammen (2./3. Jahrhundert n. Chr.) —
gelegen hat, darf man wohl mit unbedingter Sicherheit daraus folgern,
daß die Zahlung der von den Tempelhandwerkern zu entrichtenden
gewerblichen Licenzsteuern durch den Tempel erfolgt ist, an den
diese Abgaben von seinen Angestellten abgeliefert worden sind[1]);
dies wäre sicher nicht geschehen, wenn der Staat hier die Verwaltung
an sich genommen hätte, denn dann würden wohl auf jeden Fall die
ihm Unterstellten auch direkt an ihn gesteuert haben. Wie sich das
Verhältnis der in Tempeldiensten stehenden Gewerbetreibenden zu
ihren Arbeitgebern, den Priestern, des Näheren gestaltet hat, darüber
ist freilich nichts Bestimmtes zu ermitteln. Man darf wohl allerdings
annehmen, daß jene im allgemeinen unter der direkten Oberaufsicht
der Priester die ihnen von diesen, bez. ihren Vertretern angewiesenen
Arbeiten ausgeführt haben; für die im Dienste des großen Serapeums
bei Memphis stehenden Bauhandwerker läßt sich dies sogar direkt
belegen, indem hier zwei der Priesterklasse der „Gottesväter" (I. Bd.
S. 87) angehörende Priester als ihre speziellen Leiter erscheinen[2]).
Immerhin erscheint es mir jedoch nicht ganz ausgeschlossen, daß ein
und der andere von ihnen auf eigene Rechnung gearbeitet hat und
nur verpflichtet gewesen ist einen bestimmten Bruchteil seines Verdienstes dem Tempel zu überlassen.[3])

die von Privaten für irgendwelche Besitzobjekte geleistet werden, diese letzteren
ohne weiteres als in staatliche Verwaltung genommene Besitztümer der Tempel
zu erklären. Zwei prinzipielle Bemerkungen seien dem noch angefügt. Einmal
muß wohl angenommen werden, daß Verstaatlichung der Verwaltung nur bei
solchen Besitzobjekten der Tempel erfolgt ist, die bei einer größeren Anzahl
Heiligtümer vorhanden gewesen sind, und ferner erscheint es mir so gut wie
sicher, daß, wenn man sie vorgenommen hat, sie bei allen etwa in Betracht
kommenden Tempeln durchgeführt worden ist. Wenn also bei einem Besitzobjekt auch nur für einen Tempel nachzuweisen ist, daß seine Verwaltung in
den Händen der Priester gelegen hat, so darf man wohl daraus folgern, daß
eine Verstaatlichung desselben damals überhaupt nicht bestanden hat

1) Siehe Bd. I. S. 304 ff.; vornehmlich sei auf die vom Tempel vorgenommene Verpachtung der Erhebung dieser Steuern verwiesen, P. Lond. II. 286
(S. 183).

2) Siehe dem. Inschrift, publ. von Brugsch a. a. O. Ä. Z. XXII (1884) S. 118;
siehe auch die S. 111 veröffentlichte Inschrift.

3) Unstatthaft wäre es dagegen sie eventuell auch bloß als Ausbeuter eines
dem Tempel für ein Gewerbe verliehenen und ihnen von ihm überlassenen

Nicht viel besser ist es mit unserer Kenntnis der Verwaltung der industriellen Tempelbetriebe bestellt, für die wir bisher meines Wissens nur zwei, wenn auch glücklicherweise ganz wertvolle Belege besitzen. Der eine von ihnen findet sich im Revenue Papyrus (Col. 50, 20 ff. u. Col. 51) und gibt uns Auskunft über die priesterlichen Ölfabriken. Darnach hat damals zur Zeit des Philadelphos trotz des herrschenden Ölmonopols ihre Leitung in den Händen der Priesterschaft gelegen, allerdings hat die Regierung durch ihre Beamten, in deren Gegenwart allein und zwar in jedem Jahr nur während eines Zeitraums von zwei Monaten gearbeitet werden durfte, eine sehr strenge Kontrolle über die Ölbereitung ausgeübt (siehe Bd. I. S. 294)[1]). Eine derartig strenge staatliche Aufsicht ist natürlich, wie bereits hervorgehoben, allein schon durch das Bestehen des Ölmonopols bedingt, wir werden jedoch sehen, daß sich auch für andere Zweige der Tempelbesitzverwaltung das Gleiche nachweisen läßt (siehe im folg. S. 118), und so möchte ich zumal im Hinblick auf das sonst überall bei der Leitung der Tempelgeschäfte zu beobachtende Prinzip weitgehender staatlicher Beaufsichtigung die Behauptung wagen, daß der Staat die Verwaltung der Besitzobjekte der Tempel, soweit er sie nicht selbst geführt hat, aufs sorgfältigste überwacht hat.

Bemerkenswert ist auch das andere die Administration der gewerblichen Tempelanlagen illustrierende Beispiel, denn durch dieses erfahren wir, daß die Priester jene nicht immer in eigener Regie behalten, sondern auch eventuell, was den ganzen Verwaltungsbetrieb sehr vereinfachte, verpachtet haben; es handelt sich hier (P. Lond. II. 335 [S. 191]) um eine dem Soknopaiostempel gehörende Mühle (Zeit: 2. Jahrhundert n. Chr.).

Über Verpachtung eines Tempelbesitzobjektes berichtet uns auch eine sich auf das Heiligtum der Isis Nephremis in Gynaikon Nesos beziehende Urkunde (B. G. U. III. 916: 1. Jahrhundert n. Chr.). Ihr zufolge ist nämlich ein dem Tempel in einer Nachbarortschaft gehörender Altar, den man wegen der Einnahmen, welche dem Tempel aus den an ihm dargebrachten Opfern zuflossen, zu dem werbenden Göttergut rechnen darf, an Laien pachtweise überlassen worden (siehe hierzu Bd. I. S. 394/95).

Die Verpachtung als Bewirtschaftungsform läßt sich schließlich noch für ein weiteres Besitzobjekt der Tempel nachweisen, so daß man in ihr wohl mit gutem Recht, zumal da die erhaltenen Belege

---

Monopols aufzufassen; diese Annahme fällt mit unserer Erklärung von P. Lond. II. 286 (S. 183), siehe Bd. I. S. 307/8.

1) Bei den Ölfabriken wäre es übrigens beispielsweise sehr wohl möglich, daß im Laufe der Zeit unter dem Einfluß des Monopols ihre Verwaltung ganz in die Hände des Staates übergegangen wäre.

sich auf drei Heiligtümer verteilen, ein beliebtes Mittel den Tempelbesitz wenn auch vielleicht nicht so vorteilhaft wie bei eigenem Betriebe, so doch jedenfalls auf eine recht einfache Weise zu verwerten
sehen darf. So finden wir es angewandt im Jupitertempel zu Arsinoe,
der seine in den umliegenden Dörfern gelegenen Hausgrundstücke
und dergl. an einen Unternehmer verpachtet hatte[1]), und ebenso im
Soknopaiosheiligtum, das einen ihm gehörenden größeren Häuser-
komplex, das ἐποίκιον Πισᾶϊ, an Pächter vergeben hatte (P. Lond. II.
216 [S. 186]). (Beide Belege gehören der römischen Zeit an.)[2]) Dem
an erster Stelle genannten Beispiel ist auch zu entnehmen, daß die
Verwaltung des Hausbesitzes damals in den Händen der Priester gelegen hat; denn das Pachtgeld wird von dem Pächter direkt in die
Tempelkasse abgeführt, was uns die Form der Buchung der dafür
eingegangenen Summe in den Tempelrechnugen deutlich zeigt.[3])

Aus ebendenselben Rechnungen ersehen wir dann noch, daß dem
Jupiterheiligtum auch die eigene Verwaltung der Tempelkapitalien
zugestanden hat (vergl. über sie Bd. I. S. 320ff.); so sind von ihm aus
den vorhandenen Geldern größere und kleinere Darlehen gewährt worden[4]), und an ihn haben auch die Schuldner die geliehenen Summen
zurückgezahlt, sowie die Zinsen abgeführt[5]). Natürlich sind diese
Darlehen von dem Tempel nur bei Gewähr der nötigen Sicherheit
vorgestreckt worden. Wie ein in den Tempelrechnungen bei der
Buchung der Neuausleihungen sich findender Ausdruck besagt, haben
ihm seine Schuldner für die richtige Erfüllung der von ihnen eingegangenen Verbindlichkeiten mit „τὰ διὰ τῶν χρηματισμῶν ὑπάρχοντα" gehaftet (siehe Anm. 4). Die Erklärung dieses Ausdruckes
leidet infolge der Anwendung eines gerade in den Papyri unter recht
verschiedenen Bedeutungen vorkommenden Wortes wie „χρηματισμός",
zumal da auch der Gebrauch der Präposition διά c. Gen. in dieser
Verbindung sich nicht ohne weiteres erklären läßt, unter großen
Schwierigkeiten. Nicht zustimmen kann ich Wilcken (a. a. O. Hermes

---

1) B. G. U. II. 362. p. 5, 21 ff., vergl. hierzu die Bemerkungen im I. Bd.
S. 288/89.

2) Verfehlt wäre es auf Grund dieser beiden Beispiele zu folgern, die
Tempel hätten regelmäßig ihren Hausbesitz durch Verpachtung verwertet; wenn
auch kein Beleg dafür vorliegt, so kann die Verwertung sonst ebensogut durch
Vergeben an einzelne Mieter geschehen sein.

3) Das für den Soknopaiostempel angeführte Beispiel bietet keinen sicheren
Anhaltspunkt, ob die Verwaltung von den Priestern oder vom Staate geführt
worden ist; die Bezeichnung der Pächter als „μισθωταὶ ἐποικίου Πισάϊτος Σοκνοπαίου θεοῦ μεγάλου" deutet allerdings eher auf Tempelpächter als auf staatliche hin. Ein Analogieschluß mit Rücksicht auf die Verhältnisse beim Jupitertempel ist hier nicht angebracht, da die beiden Belege weit über 100 Jahre
auseinander liegen.

4) B. G. U. II. 362, frg. 1, 13ff., p. 1, 11ff., p. 9, 20ff., p. 14, 2ff., frg. 4, 5ff.

5) B. G. U. II. 362, p. 3, 10ff., p. 8, 19ff., p. 13, 22ff., p. 14, 7ff., p. 15, 24ff., frg. 6.

XX [1885] S. 459), welcher „χρηματισμοί" hier als von den Behörden geführte Listen auffaßt, in denen das Gesamtvermögen, bez. Gesamteinkommen der einzelnen Steuerzahler verzeichnet war[1]), und demgemäß der Ansicht ist, die Schuldner hätten hier ihr gesamtes Vermögen, welches sie gemäß jener Listen besaßen, verpfändet, so daß also in den betreffenden Schuldscheinen ein Hinweis auf diese χρηματισμοί gestanden haben muß. Dieser Auffassung gegenüber ist jedoch zu beachten, daß sich in den zahlreichen uns erhaltenen Darlehnsurkunden bei der Erwähnung des vom Schuldner gewährten Pfandobjekts bisher niemals eine Formel gefunden hat, die der Wilckenschen Erklärung als Stütze dienen könnte, vor allem ist aber gegen sie geltend zu machen, daß in dem einen Falle, in dem uns ein Einblick in die Darlehnsbedingungen möglich ist (B. G. U. II. 362. p. 9, 15 ff.), der Schuldner dem Tempel durchaus nicht sein ganzes Vermögen, sondern nur ein Haus verpfändet hat. Es heißt also eine Deutung von χρηματισμός zu finden, der diese Angabe nicht entgegensteht.[2]) Ausgehend von der für χρηματισμός in den Papyri vielfach zu belegenden Bedeutung „Urkunde" (speziell die Vertragsurkunde) möchte ich vorschlagen, in den in den Tempelrechnungen genannten „χρηματισμοί" die dem Jupiterheiligtum eingehändigten Darlehnsurkunden (Schuldquittungen)[3]) zu sehen und mithin den Ausdruck „ἐπὶ ὑπαλλαγῇ (bez. ὑποθήκῃ) τοῖς διὰ τῶν χρηματισμῶν ὑπάρχουσι" dahin deuten, daß nur solche Gegenstände, die in den Schuldscheinen namhaft gemacht sind, verpfändet worden sind. Übrigens hat sich mitunter der Tempel, wenn ihm der Schuldner nicht die nötige Sicherheit zu bieten schien, mit der Gewähr von Pfandobjekten nicht begnügt, sondern der Betreffende hat ihm alsdann noch einen Bürgen stellen müssen.[4])

---

1) Solche Listen hat es tatsächlich in jener Zeit gegeben, siehe Wilcken, Ostr. I. S. 506 ff.

2) Vergl. zu dem folg. jetzt auch Appendix lexici graeci suppletorii et dialectici ed. Herwerden S. 238, ad χρηματισμός.

3) In dem Falle, wo uns z. B. als Pfandobjekt ein Haus genannt wird, wird man χρηματισμός etwa als Hypothekeninstrument fassen dürfen.

4) Siehe B. G. U. II. 362. p. 12, 4 ff. Wilcken, a. a. O. Hermes XX (1885) S. 448 glaubt übrigens, daß die Stellung eines Bürgen in diesem Falle nur deshalb verlangt worden sei, weil der Schuldner ein einfacher Ägypter sei. Ob er hiermit Recht hat, ist mir noch zweifelhaft, wenn es ja auch freilich nicht ausgeschlossen ist. Wir besitzen nämlich außer dem eben genannten nur noch drei Beispiele (frg. 1, 13 ff., p. 12, 3, p. 15, 2 ff.), die für die Beurteilung dieser Frage in Betracht kommen, denn bei den übrigen Schuldnern läßt sich nicht feststellen, ob sie haben Bürgen stellen müssen oder nicht. Die drei anderen Belege, in denen die Schuldner keine Bürgen zu stellen brauchen, beziehen sich nun alle auf Leute mit griechisch-römischen Namen, die höhere Ämter (βουλευτής, νομάρχης, ἀρχιερεύς, ἀντεξηγητής) in Arsinoe bekleidet haben, die also den angesehensten und aller Wahrscheinlichkeit nach auch den wohlhabendsten Schichten der Bevölkerung angehört haben. Daß man von solchen die Stellung eines Bürgen nicht verlangt hat, ist ganz verständlich und braucht durchaus

Die Verwaltung der Tempelgelder hat somit in den Händen der
Priesterschaft gelegen, aber ein ganz selbständiges Disponieren über
die Gelder hat man ihr doch nicht zugestanden, vielmehr hat die
weltliche Aufsichtsbehörde die strengste Kontrolle über die
Ausleihung der Kapitalien ausgeübt. So mußte z. B. bei der Gewähr
neuer Darlehen ihre Genehmigung vorher eingeholt werden[1]); offenbar hat man diese von dem Ausfall einer Prüfung der Leistungsfähigkeit der Kreditsuchenden abhängig gemacht.

Staatliche Beaufsichtigung der Tempelbesitzverwaltung ist
auch noch bei einem weiteren Besitzobjekt der ägyptischen Heiligtümer, bei den Tempelschätzen, nachzuweisen; denn die Inventarverzeichnisse (über sie siehe Bd. I. S. 326 ff.), deren Führung der
Priesterschaft oblag, mußten — dies ist uns allerdings nur aus römischer Zeit direkt bezeugt — alljährlich an die vorgesetzte staatliche
Behörde eingereicht werden.[2]) Diese untersuchte dann wohl die Listen,
ob sie ordnungsgemäß geführt seien, durch eine an Ort und Stelle
vorgenommene Besichtigung des Bestandes.[3])

Über die Verwaltung des nicht werbenden Göttergutes besitzen

nicht mit ihrer Nationalität zusammenzuhängen. Demnach ist es sehr wohl
möglich, daß diese auch bei dem Ägypter für die Stellung des Bürgen nicht
maßgebend gewesen ist, sondern der Grund, daß sie erfolgt, können ebensogut
nur die schlechteren Vermögensverhältnisse des Betreffenden gewesen sein. Mithin scheint es mir auch nicht mehr angebracht, wie Wilcken dies tut (ihm hat
sich Hartel, Gr. P. S. 56 angeschlossen), diese dem Ägypter auferlegte Bürg-
schaftsleistung als einen weiteren Beleg für die gedrückte Stellung der Eingeborenen aufzufassen.

1) Siehe B. G. U. II. 362. p. 11, 20 ff., p. 15, 2 ff., frg. 4, 5 ff. In frg. 1, 13 ff.
und p. 1, 11 ff. wird zwar im Gegensatz zu der an den anderen Stellen befolgten
Praxis bei der Buchung der Darlehnsausleihungen die von der Aufsichtsbehörde
erteilte Genehmigung nicht erwähnt, hieraus darf man jedoch wohl nicht folgern, daß sie in diesen Fällen nicht eingeholt worden sei, sondern die Nichterwähnung dürfte wohl dadurch zu erklären sein, daß diese Eintragungen von
der Hand des ersten Schreibers der Urkunde herrühren, der sich im Gegensatz
zum zweiten überhaupt möglichster Kürze befleißigt hat.

2) Siehe B. G. U. II. 387 und 488, deren nähere Erklärung im folgenden
Abschnitt 3 B c im Verein mit derjenigen einer Reihe ähnlicher Papyri gegeben
ist. Die angeführten Beispiele beziehen sich allerdings nur auf zwei Faijûmtempel (den des Soknopaios und den des Sykatoimis) und gehören beide dem
2. Jahrhundert n. Chr. an, doch ist eine Verallgemeinerung für alle Tempel
und für die ganze hellenistische Zeit, wenigstens was die Führung von Listen
durch die Priesterschaft anbetrifft, ohne weiteres möglich, da die gleichen Verhältnisse sich schon für die vorptolemäische Zeit nachweisen lassen, sie darf
aber wohl auch bezüglich der Einreichung dieser Listen an die vorgesetzte staatliche Behörde vorgenommen werden (siehe hierzu im folgenden Abschnitt 3 B c).

3) Hierzu siehe z. B. die Bemerkungen in den Inventarlisten B. G. U. II.
590, 2 ff. und B. G. U. III. 781 Col. 6, 8, wo ausdrücklich angegeben wird, daß
die betreffenden Gegenstände augenblicklich nicht im Gewahrsam des Tempels
sind, wozu in der zu zweit genannten Stelle von anderer Hand noch der offenbar ihr Vorhandensein anzeigen sollende Vermerk: καθὼς πρόκ(ειται) getreten ist.

wir dann noch eine Nachricht, die sich auf die Tempelbibliotheken bezieht. Wie nicht, anders zu erwarten, haben diese unter der direkten Aufsicht der Priesterschaft gestanden, hat doch z. B. im Jupitertempel zu Arsinoe der Bibliothekar zu den Subalternbeamten dieses Heiligtums gehört und ist demnach auch aus der Tempelkasse besoldet worden (siehe II. Bd. S. 21).

Weitere Belege für die Verwaltung der einzelnen Besitzobjekte sind bisher nicht bekannt geworden, nur für die Beantwortung der bei ihnen allen zu stellenden wichtigen Frage: Hat den Tempeln das Recht zugestanden nach eigenem Gutdünken ihre Besitztümer zu veräußern oder neue zu erstehen, nur hierfür sind noch einige, allerdings bei weitem nicht genügende Anhaltspunkte vorhanden. So erscheint in einer uns erhaltenen Verkaufsurkunde über Tempeleigentum[1]) die Priesterschaft der betreffenden Heiligtümer als die den Verkauf vollziehende Partei; die Urkunde (C. P. R. I. 221) gehört der römischen Zeit (1. oder 2. Jahrhundert n. Chr.) an und bezieht sich auf das Heiligtum des Soknopaios, das ihr zufolge einen Bauplatz veräußert hat.[2]) Ebenso wie der Verkauf konnte auch der Ankauf von Tempelgütern von der Priesterschaft vorgenommen werden. Bezeugt ist uns dies aus römischer Zeit (1. Jahrhundert n. Chr.) für das Serapeum zu Oxyrhynchos (P. Oxy. II. 242, vergl. Bd. I. S. 287) und für den Soknopaiostempel[3]); in beiden Fällen handelt es sich um den Kauf von Land, das entweder zur Vergrößerung des Tempelbezirks dienen oder landwirtschaftlich verwendet werden sollte.

1) Es erscheint mir übrigens nicht ausgeschlossen, daß wir eventuell auch im P. Grenf. I. 44 eine derartige Verkaufsurkunde vor uns haben. In dem Schluß dieses außerordentlich fragmentarisch erhaltenen Verkaufsvertrages finden wir nämlich die Unterschriften einiger höherer Priester, welche dem vereinigten Priesterkollegium der Tempel des Suchos und der Hathor zu Krokodilopolis und Pathyris (siehe Bd. I. S. 20/21) angehört haben. Ob man in ihnen unbedingt die Zeugen sehen muß, ist mir fraglich; wäre es möglich sie als die Kontrahenten zu fassen (vergl. hierzu etwa C. P. R. I. 221), so wäre wohl die Deutung, daß das hier verkaufte Hausgrundstück (mit voller Einrichtung) und der Bauplatz Tempeleigentum gewesen ist, so gut wie sicher. Die Priester hätten alsdann im Namen ihres Tempels gehandelt.

2) Der Papyrus ist sehr verstümmelt erhalten; so finden wir in ihm auch nicht die direkte Angabe, daß die verkauften Besitztümer dem betreffenden Tempel gehört haben. Daß dies aber der Fall gewesen ist, kann man jedoch m. E. daraus erschließen, daß der Vertrag durch die Gesamtheit des leitenden Priesterkollegiums des Soknopaiostempels abgeschlossen worden ist.

3) P. Lond. II. 285 (S. 201); allerdings ist bei diesem Beispiel nicht ganz sicher festzustellen, ob es sich hier um einen Kauf im Namen des Tempels handelt. Eine direkte Angabe hierüber fehlt; als Käufer sind mehrere Priester genannt, die allem Anschein nach einen besonderen Titel geführt haben, wenigstens wird wohl nach der Richtung hin die Lücke in Z. 4 zu ergänzen sein. Ich möchte nun die für die Größe der Lücke sehr gut passende Ergänzung [ἡγουμένω]ν vorschlagen, so daß also hier (siehe Anm. 2) das leitende Priesterkollegium den Kauf vorgenommen hätte.

Auf Grund dieser Beispiele darf man wohl mit gutem Recht den Schluß ziehen, daß stets und zwar auch bei Besitzobjekten, die im vorhergehenden nicht erwähnt sind, die Vornahme des Kauf- bez. Verkaufsaktes in den Händen der Priester gelegen hat, in den meisten Fällen dürfte wohl auch die Initiative zu ihm, ebenso etwa wie die zur Anlage neuer Tempelbetriebe von der Priesterschaft ausgegangen sein; dagegen möchte ich die weitere Folgerung, daß den Priestern ein unbeschränktes Verfügungsrecht über Kauf und Verkauf von Tempelgut zugestanden hat, ablehnen, wenn diese auch in allen diesen Urkunden anscheinend ganz selbständig handeln und von einem Eingreifen des Staates gar nicht die Rede ist. Wir wissen ja nicht, was sich vor der Abfassung dieser Urkunden abgespielt hat, ob nicht, um sie vornehmen zu können, für die Priester die Einholung der Erlaubnis der vorgesetzten weltlichen Behörden erforderlich gewesen ist. Daß dies tatsächlich geschehen ist, läßt sich allerdings nicht direkt beweisen. Wenn man sich aber der weitgehenden Beteiligung des Staates an der Tempelbesitzverwaltung erinnert und dabei z. B. daran denkt, daß nur mit Erlaubnis dieser Behörden die Tempel ihre Kapitalien ausleihen durften, daß sie weiterhin diesen über jedes einzelne Inventarstück Rechenschaft geben mußten, dann erscheint es mir so gut wie ausgeschlossen, daß die Priester zu derselben Zeit über die Tempelgelder zum Ankauf von neuem Besitz völlig frei verfügen oder vorhandenes Tempelgut ganz nach eigenem Gutdünken veräußern konnten, vielmehr dürfte sich wohl auch hierauf die Regierung einen maßgebenden Einfluß gewahrt haben.

Über die Personen, die sich in den Tempeln an der Besitzverwaltung beteiligt haben, ist nur wenig bekannt geworden. So werden uns als solche fast immer nur die Tempelvorsteher oder das leitende Priesterkollegium genannt. Sie finden wir als die verantwortlichen Leiter der Tempelfabriken (Rev. L. Col. 51, 7 ff.), mit ihnen unterhandeln die in den Diensten der Tempel stehenden Handwerker (P. Lond. II. 286 [S. 183]), in ihrer Hand liegt die Verpachtung der ihnen unterstellten Tempelgüter (P. Lond. II. 335 [S. 191]; B. G. U. III. 916), sie sind für die Führung der Tempelinventarlisten verantwortlich (B. G. U. II. 387 u. 488), sie gewähren die Darlehen (B. G. U. II. 362. fr. 1, 13 u. ö.) und nehmen schließlich auch für ihre Heiligtümer den Kauf und Verkauf von Besitzobjekten vor. Mit der letzteren Aufgabe sehen wir übrigens im Serapeum zu Oxyrhynchos eine Kommission hochgestellter Priester, Stolisten, betraut (P. Oxy. II. 242)[1]. Sie hat man offenbar als Delegierte des betreffenden Tempelvorstandes aufzufassen, wie denn die Tempelvorsteher überhaupt wohl

---

1) Sollte unsere Deutung von P. Grenf. I. 44 (siehe vorher S. 119, A. 1) das Richtige treffen, so würde er ein Seitenstück zu P. Oxy. II. 242 bilden.

öfters bestimmten höheren Priestern ihrer Heiligtümer ihre Vertretung bei den Verwaltungsgeschäften übertragen haben werden, vornehmlich wohl dort, wo wie in Oxyrhynchos mehrere Heiligtümer zu einer Verwaltungseinheit verbunden waren; in diesem Falle dürften wohl die Delegierten immer für ein Heiligtum und zwar dauernd bestellt worden sein (vergl. hierzu im folg. S. 127). Zu beachten ist noch, daß, wenn ein leitendes Priesterkollegium an der Spitze gestanden hat, bei den mannigfaltigen aus der Besitzverwaltung erwachsenden Geschäften nicht immer das ganze Kollegium in Tätigkeit getreten ist; es werden vielmehr bei diesen wohl meistens in seinem Namen nur einzelne seiner Mitglieder tätig gewesen sein. So wenigstens möchte ich es deuten, wenn in einem Verpachtungsangebot des Soknopaiostempels (P. Lond. II. 335 [S. 191]) alle leitenden Priester als diejenigen, welche die Tempelmühle zur Verpachtung ausbieten, genannt werden, während nur zwei von ihnen den Vertrag unterzeichnet haben.[1]) Eine Verallgemeinerung scheint mir hier, obgleich allerdings nur dies eine Beispiel sich mit Sicherheit nachweisen läßt[2]), sehr wohl gestattet zu sein, da sich Teilung der Geschäfte unter die Mitglieder des Priesterkollegiums auch auf anderen Gebieten der Tempelverwaltung nachweisen läßt (siehe dieses Kapitel, Abschnitt 3, B b u. D).

Inwieweit und in welcher Weise ferner die Tempelvorsteher in der Besitzverwaltung durch besondere Beamte aus dem Priesteroder Laienstande unterstützt worden sind, darüber ist nichts Näheres zu ermitteln, da uns bisher von solchen Beamten nur der Bibliothekar des Jupitertempels in Arsinoe (Bd. II. S. 21) und vielleicht noch einige memphitischen Heiligtümern angehörende Priester[3]) zudem auch nur dem Namen nach bekannt geworden sind. Trotzdem erscheint es mir zweifellos, daß bei allen Heiligtümern mit einigermaßen ausgedehntem und verschiedenartigem Besitz besondere Beamte der Besitzverwaltung vorhanden gewesen sein werden, haben doch auch in anderen Tempelressorts den Tempelleitern ständige Hilfskräfte zur Seite gestanden (siehe im folgenden z. B. S. 129).

---

1) Als das beste Analogon zu dieser Nennung aller leitenden Priester an der Spitze der Urkunde, obgleich einige an ihrer Abfassung gar keinen Anteil haben, ist wohl der Brauch der römischen Kaiser anzuführen, in den Zeiten der Samtherrschaft ihren Erlassen auch die Namen der nichtbeteiligten Kollegen vorzusetzen.

2) Siehe hierzu jedoch Bd. I. S. 47, vornehmlich Anm. 2, der man vielleicht noch weitere Beispiele entnehmen könnte.

3) In den Inschriften der memphitischen Hohenpriester finden wir nämlich unter ihren Titeln auch solche wie „heiliger Bibliothekar", „Berechner aller Sachen der Bücherei", „wissend das Geheimnis der Goldschmiede" (Brugsch, Thesaurus V. S. 921, 913); handelt es sich hier nicht um mechanisch weiter beibehaltene alte Titel, so weisen uns diese Titel auf das Vorhandensein von besonderen priesterlichen Beamten hin.

Die die Aufsicht über die priesterliche Verwaltung des Tempelbesitzes führenden weltlichen Organe sind, soweit uns Angaben
über sie erhalten sind, die gewöhnlichen lokalen Behörden gewesen. So werden uns z. B. als Beaufsichtiger der priesterlichen Ölfabriken der διοικητής[1]), der οἰκονόμος und der ἀντιγραφεύς mit ihren
Unterbeamten genannt (Rev. L: Col. 50, 22; 51, 14/15, 20 u. 23)[2]), die
Inventarlisten werden zur Prüfung an den βασιλικὸς γραμματεύς geschickt (siehe den folgenden Abschnitt sub c) und in Arsinoe beaufsichtigt die die lokalen Beamten ersetzende βουλή unter Leitung ihres Vor-
sitzenden die Darlehnsgeschäfte des Jupitertempels. Es scheint übrigens,
als ob mitunter die Tempelaufsicht von der Regierung auch nicht be-
amteten Laien übertragen gewesen ist. Denn wenn wir z. B. erfahren,
daß der Staat im 2. Jahrhundert v. Chr. zwei Personen, welche auf
keinem Fall Priester gewesen sind, das κρατεῖν, d. h. die Verfügung,
hier genauer die Ausübung von Patronatsrechten über ein thebanisches
Asklepieum eingeräumt hat[3]), so ist hieraus jedenfalls nicht nur das
ihnen verliehene Recht der Besetzung der Priesterstellen, sondern des
weiteren wohl auch ein allgemeines Aufsichtsrecht über den Besitz des
Heiligtumes — natürlich unter staatlicher Kontrolle — zu folgern.

Aus ptolemäischer Zeit besitzen wir schließlich auch eine Nachricht über die Oberaufsichtsinstanz für diesen Zweig der Tempelverwaltung; sie ist, wie nicht anders zu erwarten, das königliche
Kabinett in Alexandrien gewesen, an das z. B. die lokalen Beamten
den Bericht über den Betrieb der Ölfabriken der Tempel erstatten
mußten (Rev. L. Col. 51, 20 ff.). In römischer Zeit wird jedenfalls
auch hier die Oberaufsicht in den Händen des ἴδιος λόγος und
seiner Stellvertreter, der ἐπίτροποι τῶν οὐσιακῶν, gelegen haben
(vergl. hierzu Bd. II. S. 76).

<hr>

1) Bei dem Rev. L. Col. 51, 23 genannten διοικητής ist offenbar an den
Lokaldiöketen und nicht an den in Alexandrien sich befindenden Chef der gesamten Finanzverwaltung gleichen Namens zu denken. (Über das Amt des διοικητής vergl. Wilcken, Ostr. I. S. 492/93, der mir gegenüber der zuerst von Revillout, Mélanges S. 389 geäußerten Ansicht, daß es nur einen διοικητής für
ganz Ägypten gegeben habe, das Richtige zu bieten scheint; zuletzt haben über
dieses Amt Grenfell-Hunt, P. Tebt. I. S. 33/34, Strack, a. a. O. Archiv II. S. 559
und Mahaffy, P. Petr. III. S. 152 gehandelt.) Wäre der letztere hier gemeint,
so würde man wohl überhaupt schwerlich noch neben ihm das königliche Kabinett genannt haben, was hier jedoch der Fall ist, und außerdem würde alsdann sicher nicht bei Erwähnung dieser beiden Instanzen eine derartige Verschiedenheit des mit ihnen verbundenen Verbums (das Einreichen an das königliche Kabinett wird durch „ἀποστέλλειν“, dasjenige an den διοικητής durch
„διδόναι“ ausgedrückt) zu beobachten sein, sondern es würde wohl sogar nur
ein regierendes Verbum genannt worden sein.

2) Es sei hier noch erwähnt, daß die Regierung auch den Pächtern des
Ölmonopols ein Aufsichtsrecht über die Ölfabriken der Tempel eingeräumt hatte,
siehe Rev. L. Col. 50, 21/22 u. 51, 13/14.

3) Siehe Theb. Bank II; vergl. hierzu Bd. I. S. 235/36.

B. Die Einnahmen- und Ausgabenverwaltung.

a. Die Kassen und Magazine.

Mit der Besitzverwaltung muß immer dasjenige Ressort der Tempelverwaltung in engster Verbindung gestanden haben, dem die Tempelkassen und -magazine unterstellt waren, in welche die verschiedenartigen Geld- und Naturaleinnahmen der Heiligtümer abgeliefert und aus denen ihre zahlreichen Ausgaben bestritten worden sind. Daß an allen Tempeln sowohl besondere Kassen als auch Magazine bestanden haben, darf man wohl, wenn auch einzelne Belege sich nicht anführen lassen, auf Grund unserer Ausführungen über die Natur der Einnahmen und Ausgaben der Tempel als selbstverständlich bezeichnen. Welchen Namen die Tempelkassen geführt haben ist nicht bekannt geworden. Auch die offizielle Bezeichnung der Magazine ist nicht erhalten[1]), doch werden sie wohl ebenso wie die des Staates und der Privaten (Wilcken, Ostr. I. S. 649/50) als $\vartheta\eta$-$\sigma\alpha\upsilon\varrho\omicron\iota$ bezeichnet worden sein, wenn auch gerade in den beiden Fällen, in denen uns das Wort $\vartheta\eta\sigma\alpha\upsilon\varrho\acute{o}\varsigma$ in Verbindung mit ägyptischen Tempeln begegnet, es allem Anschein nach nicht in dem prägnanten Sinne als Vorratshaus für Naturalien, sondern in seiner allgemeinen Bedeutung als Schatzhaus aufzufassen ist.[2])

Bei Heiligtümern mit ausgedehnterem Besitz werden sicherlich mehrere Magazine und vielleicht auch mehrere Kassen, bezw. was dasselbe besagt, besondere Kassen- und Magazinressorts für bestimmte Zweige der Tempelverwaltung vorhanden gewesen sein. So ist es z. B. sehr wohl möglich, daß größere gewerbliche Anlagen der Tempel ihre eigene Kassen- uud Magazinverwaltung gehabt haben.[3]) Natürlich werden dann eventuelle Geldüberschüsse

---

1) Revillout, Mélanges S. 109 ff. glaubt allerdings den Thesauros des Gottes als Aufbewahrungsort der Naturaleinnahmen der Tempel aus demotischen Papyri nachweisen zu können, doch sind seine Aufstellungen verfehlt, siehe Bd. II. S. 83, A. 3 u. 90, A. 3. Verweisen könnte man immerhin noch auf P. Lond. II. 216 (S. 186), wo als Bestandteil eines dem Soknopaiostempel gehörenden, von ihm verpachteten Grundstückes auch ein $\vartheta\eta\sigma\alpha\upsilon\varrho\acute{o}\varsigma$ genannt wird.

2) Siehe P. Par. 60bis, 31; da hier Geldsummen dem $\vartheta\eta\sigma\alpha\upsilon\varrho\grave{o}\varsigma$ $\tau\upsilon\tilde{\upsilon}$ $\iota\varepsilon\varrho\upsilon\tilde{\upsilon}$ entnommen werden, handelt es sich sicher um das Schatzhaus. Siehe ferner P. Amh. II. 41. In diesem Papyrus ist der $\vartheta\eta\sigma\alpha\upsilon\varrho\acute{o}\varsigma$ des Soknopaiostempels erwähnt, ohne daß über seinen Inhalt eine Angabe gemacht wird; als ein mit der Tempelkasse auf eine Stufe zu stellendes Magazin für Naturalien möchte ich ihn jedoch nicht auffassen, da ein solches, das doch beständig im Gebrauch gewesen sein muß, sei es um in ihm die Einnahmen abzuliefern, sei es um die Ausgaben ihm zu entnehmen, wohl kaum, wie es hier der Fall ist, versiegelt worden wäre; so dürfte also wohl auch hier das Schatzhaus gemeint sein.

3) Für eine dem Osirisheiligtum zu Heliopolis gehörende Mühle besitzen wir eine besondere Abrechnung (dem. P., publ. von Revillout, Mélanges S. LXXIII ff.), was natürlich auch eine besondere Kassenführung voraussetzt, doch läßt es sich

an eine Zentralkasse abgeführt und ein etwaiges Defizit wird aus ihr gedeckt worden sein, denn für den Fall des Bestehens von Sonderkassen müssen wir meines Erachtens unbedingt die Zentralisation des Kassenwesens eines Tempels in einer Hauptkasse, aus der dann die allgemeinen Ausgaben des betreffenden Heiligtums entnommen wurden, supponieren.[1]) Dagegen erscheint mir die Annahme nicht so sicher, daß auch mehrere zu einem Tempel gehörende Magazine stets in einem Zentralmagazin zusammengefaßt gewesen sind — es mag dies ja allerdings oft der Fall gewesen sein. So halte ich z. B. eine derartige Zentralisation bei all jenen Heiligtümern nicht für wahrscheinlich, bei denen die von einander verschiedenen Naturalien verschiedenen Vorratshäusern überwiesen worden sind.

Das Bestehen von Sonderkassen und -magazinen bezw. von besonderen Ressorts darf man wohl alsdann den sog. Serapeumspapyri entnehmen. Wir finden nämlich in diesen als Bezeichnung der Spezialbeamten, welche die Auszahlung der vom Staate dem großen Serapeum bei Memphis überwiesenen ὄλυρα-σύνταξις der „Zwillinge"[2])

---

leider nicht ermitteln, ob die Mühle vom Tempel selbst betrieben worden ist, oder ob sie verpachtet gewesen ist.

1) Vergl. hierzu die Bemerkungen über die Tempelrechnungen in diesem Abschnitt sub c.

2) Im I. Bd. S. 373 ff. habe ich leider über die σύνταξις der „Zwillinge" des großen Serapeums eine ganz falsche Anschauung vertreten, indem ich annahm, daß ihnen sowohl die Öl- als auch die Olyra-(Brot-)σύνταξις nicht vom Staat, sondern durch Vermittlung der Priester ausgezahlt worden ist. Es ist jedoch nur die Olyra-(Brot-)σύνταξις den „Zwillingen" durch die Priester übermittelt worden, das Öl hat dagegen die Regierung nicht erst an das große Serapeum, sondern direkt an die δίδυμαι abgeführt. Zu dieser Auffassung zwingt uns einmal P. Leid. B., in welchem die „Zwillinge" um Gewähr der ihnen geschuldeten Brot- und Ölrückstände petitionieren. Bezüglich der letzteren verlangen sie nämlich (Col. 3, 8 ff.), daß die „οἱ πρὸς ταῖς πραγματείαις" angehalten werden, sie ihnen zu verschaffen, für die Verabfolgung der Rückstände an Brot sollen dagegen der Tempelvorsteher des großen Serapeums und sein Stellvertreter sorgen. Der Wortlaut des Papyrus (siehe vor allem Z. 10 u. 11 „ὁμοίως") weist uns nun darauf hin, daß man die beiden genannten Gruppen auf eine Stufe zu stellen hat; in der ersten kann es sich also um Beamte der Tempelverwaltung, die ja Untergebene des Serapeumsvorstehers gewesen wären, nicht handeln, sie sind mithin als Regierungsbeamte zu fassen, wozu übrigens ihr Titel gut paßt (vergl. P. Tebt. I. 5, 184, wo derselbe Titel sicher Staatsbeamten beigelegt ist; siehe auch Beamtentitel wie z. B.: οἱ πραγματευόμενοι Rev. L. Col. 36, 11; P. Grenf. II. 37, 5; οἱ πραγματικοί Strack, Inschriften 103 C [C. I. Gr. III. 4896]). Mit ihnen sind die P. Leid. B Col. 2, 11; P. Par. 22, 27; 25, 3/4 (derselbe Titel wie oben); 29, 16 (οἱ πρὸς τούτοις ὄντες); P. Lond. I. 33ª (S. 19), Z. 8 (οἱ ὑποτεταγμένοι = P. Par. 33, 7) genannten Beamten, welche den Zwillingen ihr Öl verabreichen sollen, gleichzusetzen; ihr Charakter als Staatsbeamte erhellt besonders deutlich aus P. Par. 25, laut dem sie über die sicher von der Regierung geführte γραφὴ τῶν εἰς τὰ ἱερά (siehe auch P. Leid. D₂, 2 = P. Lond. I. 34 [S. 17] Z. 5/6; zu ihr vergl. die Bemerkungen im folg.) Bericht erstatten. P. Lond. I. 22 (S. 7) zeigt uns des wei-

vorzunehmen haben, den Titel „προεστηκότες τῆς συντάξεως" (P. Lond. I. 35 [S. 24], Z. 10 = 24 Verso [S. 26], Z. 9/10). Diesen Titel darf man wohl dahin deuten, daß im memphitischen Serapeum besondere Personen für die Verabfolgung der σύνταξις σιτική vorhanden gewesen sind, d. h. ein besonderes Ressort für diese bestanden haben muß. Diese Abtrennung der an die Tempel ausgezahlten σύνταξις von den anderen Tempeleinnahmen läßt sich bisher für andere Heiligtümer allerdings nicht belegen, doch ist es mir recht wahrscheinlich, daß

---

teren, daß man die durch die genannten Papyri bezeugte Verabfolgung des Öles an die „δίδυμαι" durch königliche Beamte nicht als Ausnahme fassen darf; denn in ihm Z. 14 ff. werden die Ölbezüge der „Zwillinge" in direkten Gegensatz zu dem gestellt, was diese für gewöhnlich „ἐκ τοῦ ἱεροῦ" zu erhalten haben (siehe vor allem Z. 18: „οὐδέ"). Das ihnen „ἐκ τοῦ ἱεροῦ" d. h. durch die Vermittlung des ἱερόν Gewährte ist nun, wie uns z. B. P. Par. 27 (= 28; P. Leid. E₂; P. Mil.); P. Lond. I. 35 (S. 24) (= 24 Verso [S. 26]); 41 Recto (S. 27) deutlich zeigen, die Olyra- bezw. Brot-σύνταξις; dagegen wird die Öl-σύνταξις durchaus im Einklang mit unseren Feststellungen über die Form ihrer Auszahlung sehr oft ausdrücklich als „σύνταξις ἐκ τοῦ βασιλικοῦ" bezeichnet, ohne daß von einer Übermittlung durch das ἱερόν die Rede ist (siehe z. B. P. Leid. C, 4/5; P. Lond. I. 17 (S. 10) Z. 5; P. Par. 23, 25 u. 27). (Meine Bemerkungen Bd. I. S. 367, A. 1 über die Gleichsetzung der Ausdrücke σύνταξις ἐκ τοῦ βασιλικοῦ und ἐκ τοῦ ἱεροῦ sind demnach verfehlt; P. Leid. C u. P. Lond. I. 31 [S. 15] führen uns also auch nichts Außergewöhnliches, sondern nur die Regel vor Augen. Übrigens ist auch meine Deutung des zweiten Teiles des Londoner Papyrus auf S. 376 ff. und die dort vorgetragene Ansicht über seine Verknüpfung mit P. Lond. I. 27 [S. 14] nicht aufrecht zu erhalten; Näheres hierüber in dem Nachtrag zu den betreffenden Seiten am Schluß dieses Bandes.) Der hier festgestellte verschiedene Charakter der Öl- und der Brot-σύνταξις erklärt auch das auf den ersten Blick eigentümlich erscheinende Verfahren der „Zwillinge", zu derselben Zeit besondere Petitionen für die Öl- und für die Brotrückstände an die Regierungsbeamten einzureichen (eine Ausnahme bildet nur P. Leid. B), sowie die scharfe Trennung der von diesen angestellten Untersuchung nach der Art der Forderung (siehe vor allem P. Lond. I. 17 [S. 10] gegenüber 18 [S. 22]).

Auf Grund dieser Ausführungen über die σύνταξις der „δίδυμαι", zumal da uns auch noch der unpubl. P. Rainer 107 nach den Angaben Wesselys, Kar. u. Sok. Nes. S. 72 ein Beispiel für die Auszahlung der σύνταξις durch den Staat an einen Priester liefert, könnte man vielleicht zu der Annahme geneigt sein, daß nur ausnahmsweise die σύνταξις den Priestern durch die Tempelverwaltung überwiesen worden ist, etwa in so besonderen Fällen wie bei der täglichen Brotlieferung an die „Zwillinge", wo eine Verabfolgung durch die Regierung allzu umständlich gewesen wäre. Dieser Auffassung möchte ich jedoch nicht zustimmen, sondern bei der im I. Bd. S. 366 ff. vertretenen bleiben, derzufolge man in der σύνταξις eine an und für sich den Tempeln zufließende Einnahme zu sehen hat; denn gerade in den allgemeine Verhältnisse regelnden offiziellen Dokumenten (Rosette Z. 14 u. P. Tebt. I. 5, 54) ist sie ganz deutlich als solche charakterisiert (σύνταξις τῶν ἱερῶν), auch besitzen wir direkte Belege für ihre Auszahlung an die Tempel (siehe den folg. Abschnitt b). Immerhin müssen wir jetzt mit Ausnahmen von dem prinzipiellen Verfahren rechnen; freilich läßt sich noch nicht feststellen, welche Gründe für diese maßgebend gewesen sind, etwa die Beschaffenheit der betreffenden σύνταξις oder die Person der Empfänger oder etwas anderes.

auch sonst in der Einnahmen- und Ausgabenverwaltung der Tempel
eine besondere Abteilung für das staatliche Priestergehalt
geschaffen worden ist[1]); war doch schon hierdurch deutlich ausgesprochen, daß dieses durch die Überweisung an die Heiligtümer
nicht mit den übrigen Einnahmen der Tempel, welche zu ihrer freien
Verfügung standen, auf eine Stufe gestellt worden war, und auch die
staatliche Aufsicht über die vorschriftsmäßige Verteilung der σύνταξις
mußte hierdurch eine bedeutende Vereinfachung erfahren.

Die uns über die „Zwillings"-σύνταξις erhaltenen Nachrichten verhelfen uns alsdann auch zu einem Urteil darüber, wie sich die Kassen-
und Magazinverhältnisse dort gestaltet haben, wo mehrere Tempel
zu einer Verwaltungseinheit zusammengefaßt gewesen sind. So
haben allem Anschein nach im großen Serapeum bei Memphis wohl
alle Heiligtümer, die zu ihm gehörten, eine eigene Einnahmen-
und Ausgabenverwaltung besessen. Die in ihm tätigen „δίδυμαι"
haben nämlich für ihre Dienste am Serapeum und für die am Asklepieum von jedem der beiden Heiligtümer eine besondere σύνταξις
erhalten (siehe I. Bd. S. 374), wie denn auch die Regierung die σύνταξις getrennt für das Serapeum und für das Asklepieum ausgezahlt[2])
und auch demgemäß später die Nachforschung nach dem Verbleib
der von ihr verabfolgten ὄλυρα getrennt für beide Tempel angestellt
hat.[3]) So lassen sich denn auch für jedes der beiden Heiligtümer

---

1) Mit der obigen Ansicht läßt es sich gut vereinen, daß in den uns erhaltenen Jahresrechnungen des Jupiter- und des Soknopaiostempels die σύνταξις
nicht erwähnt wird; denn wenn für sie eine eigene streng abgetrennte Kasse,
bezw. Magazin bestanden hat, so ist natürlich auch über sie besonders Buch
geführt worden. Einen ganz zweifellosen Beleg bilden allerdings diese Rechnungen nicht, da sie nur fragmentarisch erhalten sind und gerade in den verlorenen Teilen die σύνταξις gebucht gewesen sein könnte.

2) P. Par. 26, 10—12. Die hier hervorgehobene Teilung der σύνταξις in
Bezüge, die teils vom Serapeum, teils vom Asklepieum gewährt werden sollen,
weist uns schon, obgleich im P. Par. 26 die σύνταξις sonst nicht näher charakterisiert ist, darauf hin, daß es sich hier um die ὄλυρα- bezw. Brot-σύνταξις
handelt; denn die Ölbezüge der „Zwillinge" werden niemals mit einem bestimmten Heiligtum in Verbindung gebracht (siehe Bd. I. S. 374). Auch die
Kennzeichnung der hier geforderten σύνταξις als „τὰ καθ' ἡμέραν δέοντα"
(Z. 13) läßt sich nur mit den Brotrationen, welche täglich verabfolgt worden
sind (siehe folg. Abschnitt b), vereinen. Schließlich zeigen uns auch die im
P. Par. 26 enthaltenen Angaben über die Verwaltung der σύνταξις, daß diese in
den Händen der Priesterschaft geruht hat, auch dies ein untrügliches Zeichen
dafür, daß die ὄλυρα- bezw. Brotbezüge hier gemeint sind. Kenyon, P. Lond.
I. S. 5 hat also P. Par. 26 fälschlich in die Petitionen um Gewähr der Öl-σύνταξις
eingereiht.

3) So bietet uns P. Lond. I. 18 (S. 22) nur die genaue Untersuchung über
die Brotrückstände, die vom Serapeum den „Zwillingen" geschuldet werden, und
nur am Schluß Z. 30 ff. wird auch auf die Brot- bezw. ὄλυρα-Forderungen für
das Asklepieum hingewiesen, ohne jedoch näher darauf einzugehen.

eigene Kassenbeamte für die Verwaltung der σύνταξις nachweisen
(P. Par. 26, 18/19 u. 31—33). Wenn somit allerdings die Trennung
der Verwaltung direkt nur für die eine der mannigfachen Einnahmen,
für die σύνταξις und nur für zwei Tempel zu belegen ist, so darf
man doch wohl hieraus ohne weiteres folgern, daß das Serapeum und
das Asklepieum auch für alle übrigen ihnen zufließenden Einnahmen
ihre eigenen Kassen, bezw. Magazine besessen haben, und daß das
Gleiche auch bei den anderen, zum großen Serapeum gehörenden
Heiligtümern der Fall gewesen ist. Ähnliche Verhältnisse haben dann
auch aller Wahrscheinlichkeit nach bei den mit dem Isisheiligtum
zu Philä zu einer Verwaltungseinheit verbundenen Tempeln (siehe
Bd. I. S. 43) bestanden; denn der Ertrag der Tempelkollektensteuer,
die von einem dem gemeinsamen Priesterkollegium angehörenden
Priester erhoben wird, kann nicht allen jenen Heiligtümern als gemeinsame Einnahme zugefallen sein, da sie bald unter dem Namen λογεία
Ἴσιδος, bald als λογεία einer männlichen Gottheit (vielleicht des Chnum
von Elephantine) eingesammelt wird (siehe hierzu Bd. I. S. 361/62).
Die gemeinsame Einsammlung der beiden Abgaben weist uns auf eine
gemeinsame Oberleitung (siehe Bd. II. S. 77, A. 2), die Tatsache jedoch,
daß trotzdem zwei besondere Abgaben erhoben werden, auf eine Trennung der Einnahmen- und Ausgabenverwaltung des Tempels der Isis
von jener der männlichen Gottheit und somit auf besondere Kassen
und Magazine hin. Dasselbe Verwaltungsprinzip darf man wohl auch
für die in Oxyrhynchos mit einander vereinigten Heiligtümer, sowie
vielleicht auch für die Ptahtempel in Memphis und Alexandrien (siehe
Bd. I. S 21/22) annehmen; wenigstens geht in Oxyrhynchos ein Grundstück, das von Priestern gekauft wird, welche sich als Priester aller
Tempel der Stadt bezeichnen, in den alleinigen Besitz des Sarapis
über (P. Oxy. II. 242, vergl. Z. 5 ff. gegenüber Z. 17 ff.), und ferner
ist die Annahme recht wohl möglich, daß die vom memphitischen
Ptahtempel an Stolisten des Ptahheiligtumes in Alexandrien ausgezahlte
σύνταξις diesen nicht privatim, sondern als Vertretern der Einnahme-
verwaltung ihres Heiligtumes übermittelt worden ist.[1]

Hiernach könnte man geneigt sein dies Ergebnis zu verallgemeinern und demnach anzunehmen, daß überall, wo mehrere Tempel mit
einander vereinigt waren, an jedem von ihnen eine besondere Einnahmen-

---

1) Vergl. hierzu die Ausführungen im I. Bd. S. 22, 369 u. 380. Für die
Deutung des P. Petersb. + P. Berl. als keine private Quittung könnte man
darauf verweisen, daß in ihr als Empfänger der σύνταξις 7 Stolisten genannt
werden, während nur 4 die Quittung unterzeichnet haben. Hierdurch erinnert
uns die Urkunde an P. Lond. II. 335 (S. 191) (vergl. Bd. II. S. 121); der Auffassung
der Stolisten als Vertreter des Dependenzheiligtumes scheint nichts entgegenzustehen, zumal da die σύνταξις, soweit sie sich erkennen läßt, in keiner Weise
als die spezielle der Stolisten charakterisiert ist. Vergl. übrigens hierzu noch
die σύνταξις-Quittung B. G. U. III. 707.

und Ausgabenverwaltung bestanden hat, doch wird eine derartige Verallgemeinerung durch die eine der uns erhaltenen Rechnungen des
Soknopaiostempels ausgeschlossen, da in dieser auch verschiedene Ausgaben für die mit dem Heiligtum des Soknopaios verbundenen Tempel
in Neilupolis und Gynaikon Nesos[1]) gebucht sind[2]) und da natürlich
eine besondere Kasse auch besondere Buchführung voraussetzt. Eine
prinzipielle Feststellung ist hier also noch nicht möglich, aller Wahrscheinlichkeit nach dürfte es sich jedoch ganz nach den jeweiligen
lokalen Verhältnissen gerichtet haben, ob man eine Trennung der Kassen
(Magazine) vorgenommen hat oder nicht.

b. Die Geschäftsführung.

Gegenüber den mehr oder weniger hypothetischen Bemerkungen
über die Tempelkassen und -magazine ist es erfreulich ein bedeutend
reicheres Material für den bei der Einnahmen- und Ausgabenverwaltung der Tempel üblich gewesenen Geschäftsgang zu besitzen. Vor
allem gewähren uns in ihn einen näheren Einblick die auf die σύνταξις der „Zwillinge" sich beziehenden Serapeumspapyri[3])
(siehe Bd. I. S. 366, A. 2).

Ihnen zufolge ist damals im großen Serapeum bei Memphis allem
Anschein nach durch Vermittlung seines Obervorstehers, des ἐπιστάτης τῶν ἱερῶν Psintaes, beziehungsweise seines Stellvertreters
Amosis (siehe über sie Bd. I. S. 41/42) die σύνταξις, die der Staat
dem Tempel zur Weiterauszahlung übergab, an die Vorsteher der verschiedenen zu ihm gehörenden Heiligtümer, die προεστηκότες τῶν
ἱερῶν (über sie Bd. I. S. 42/43), zur Verteilung an die diesen unterstehenden Priester überwiesen worden.[4]) Daß Psintaes und Amosis
als Mittelspersonen fungiert haben, darf man vielleicht einmal aus
der an sich nicht begründeten Beschuldigung der „Zwillinge" entnehmen,
ihre σύνταξις sei von diesen beiden Priestern, denen, wie sie behaupten,

---

1) Vergl. Bd. I. S. 19/20. Wesselys S. 20, A. 3 angeführte Behauptung über
die Verbindung des Isistempels in Gynaikon Nesos mit dem Soknopaiostempel
halte ich jetzt für ganz sicher; vergl. auch B. G. U. I. 337, 6 mit III. 916, 14/15.
Für den ebendaselbst sich findenden Hinweis auf eine Veränderung in der Reihe
der mit dem Soknopaiostempel verbundenen Heiligtümer im Laufe der Zeit seien
als bestätigende Belege noch P. Amh. II. 35 u. 41 angeführt, denen zufolge im
2. Jahrhundert v. Chr. ebenso wie zur Zeit von B. G. U. III. 916 (1. Jahrhundert
n. Chr.) noch nicht ein Tempel der Isis Nephremis mit dem Soknopaiosheiligtum vereinigt gewesen zu sein scheint (vergl. den Titel der Soknopaiospriester).

2) Siehe B. G. U. I. 337, 3 ff. u. 13 ff.; unpubl. P. Rainer 171 bei Wessely,
Kar. u. Sok. Nes. S. 74 u. 76.

3) Sie bieten uns allerdings nur für zwei der zum großen Serapeum gehörenden Heiligtümer, für das Serapeum und das Asklepieum, Angaben, doch
scheint es mir gestattet, ähnliche Verhältnisse auch bei den anderen Serapeums-
tempeln anzunehmen.

4) Siehe P. Lond. I. 35 (S. 24), Z. 21/22 (= 24 Verso [S. 26], Z. 20/21); P. Par.
26, 21 ff.; 27, 15 ff. (= P. Leid. E₂, 15 ff.; P. Mil.); P. Vat. V. S. 603.

„συνετάγη ἀποδοῦναι" (sc. die σύνταξις), zurückbehalten worden;[1]) weiterhin könnte man hierfür wohl auch die an die Staatsbeamten gerichteten Forderungen der Zwillinge anführen, in denen sie diese bitten, Psintaes zum „ἀποδοῦναι" der σύνταξις zu veranlassen[2]), doch wäre es allerdings auch möglich, daß man unter Berücksichtigung der in den Petitionen der Zwillinge sich findenden unbeholfenen Ausdrucksweise alle diese Bemerkungen, aus denen ja das, was sie auf den ersten Blick zu besagen scheinen — die von Psintaes, bezw. von seinen speziellen Delegierten vorgenommene selbständige Auszahlung der σύνταξις —, sowieso nicht zu folgern ist, einfach als Belege für die von der Leitung des großen Serapeums ausgeübte Beaufsichtigung der σύνταξις-Auszahlung zu deuten hat. Denn hiermit ist Psintaes tatsächlich betraut gewesen; so erhält er z. B., als den Zwillingen ihr staatliches Gehalt nicht richtig abgeliefert wird, von der Regierung den Auftrag die betreffende Sache in Ordnung zu bringen[3]), und sein Sohn nimmt offenbar in Vertretung des Vaters eine Prüfung der Beschwerden der „Zwillinge" vor und ordnet darauf die Auszahlung der Rückstände an (P. Par. 26, 23 ff.).

Den mit der Verteilung der σύνταξις an die Priester beauftragten Vorstehern der verschiedenen, zum großen Serapeum gehörenden Heiligtümer haben Kassenbeamte zur Seite gestanden, die in den Petitionen der „δίδυμαι" verschieden benannt sind, „προεστηκότες τῆς συντάξεως"[4]), „οἱ πρὸς τοῖς χειρισμοῖς τεταγμένοι"[5]) und „γραμματεῖς" (P. Lond. 41 Recto [S. 27], Z. 21). Die Verschiedenheit der für die Kassenbeamten angewandten Bezeichnungen ist vielleicht dadurch zu erklären, daß es einen offiziellen griechischen Titel für sie nicht gegeben hat, sondern nur einen ägyptischen.[6])

---

1) Siehe P. Leid. B Col. 3, 10 ff.; daß die Beschuldigung nicht begründet ist, dafür siehe P. Par. 26, 18 ff.; 27, 15 ff. (= P. Leid. E₂, 15 ff.; P. Mil.); P. Lond. I. 35 (S. 24), Z. 10 u. 21/22 (= 24 Verso [S. 26], Z. 9/10 u. 20/21); P. Vat. V. S. 603. Es ist übrigens sehr wohl möglich, daß man die Angaben des Leydener Papyrus nicht direkt als eine falsche Anschuldigung aufzufassen, sondern daß man in ihnen nur einen Ausfluß der unbeholfenen Ausdrucksweise der Petitionierenden zu sehen hat, die hier einfach konstatieren wollten, daß auch die beiden obersten Priester des großen Serapeums mit an der Nichtauszahlung ihres Gehaltes schuld seien.

2) P. Lond. I. 35 (S. 24), Z. 23 ff. (= 24 Verso [S. 26], Z. 22 ff.); P. Par. 27, 24 ff. (= P. Leid. E₂, 26 ff.; P. Mil.); P. Vat. V. S. 602; P. Dresd. Verso.

3) P. Par. 27, 11 ff. (= 28, 9 ff.; P. Mil.); P. Vat. V. S. 602.

4) Siehe P. Lond. I. 35 (S. 24), Z. 10 (= 24 Verso [S. 26], Z. 9/10). Bei der Gleichsetzung dieses mit den folgenden Namen hat man vor allem von den Angaben des P. Par. 26 auszugehen, aus denen es sich klar ergibt, daß die Unterschlagung der ὄλυρα-σύνταξις der Zwillinge von den die Auszahlung bewirkenden Tempelbeamten begangen worden ist.

5) Siehe P. Par. 26, 18/19 und Z. 32/33 (hier: οἱ ὄντες πρὸς χειρισμοῖς).

6) Vergl. hierzu die Ausführungen im I. Bd. S. 48/49 über die analogen Verhältnisse bei der Benennung des leitenden Priesterkollegiums.

Außer über die Personen, die im großen Serapeum bei der Verwaltung der σύνταξις tätig gewesen sind, besitzen wir auch über das bei der Auszahlung des staatlichen Priestergehaltes eingeschlagene Verfahren einige Angaben. An Stelle der den „Zwillingen" zustehenden Olyra sind ihnen, wie bereits bemerkt (Bd. I. S. 374/35), von dem Tempel eine bestimmte Anzahl Brote geliefert worden. Die Abgabe dieser Brotrationen an sie muß Tag für Tag erfolgt sein, denn in ihren Petitionen erwähnen die „Zwillinge" die tägliche Höhe dieser Rationen[1]), und außerdem berechnen sie selbst, ebenso wie der kontrollierende Beamte die geschuldeten Brotrückstände bis auf den Tag.[2]) Es hat also demnach bei der σύνταξις-Verwaltung des Serapeums und des Asklepieums das Prinzip bestanden, das Gehalt in kleinen Raten auszuzahlen. In unserem speziellen Fall hat dies allerdings die Natur des zu verabfolgenden Gegenstandes mit sich gebracht, auch dürfte diese Form den Empfängern am liebsten gewesen sein, man darf aber wohl verallgemeinern und annehmen, daß auch sonst im großen Serapeum ratenweise Auszahlung des Priestergehaltes üblich gewesen ist.[3]).

Weitere Angaben über den im großen Serapeum angewandten Geschäftsgang sind uns bisher leider nicht bekannt geworden. Ferner besitzen wir auch keine Nachrichten über die bei den Kassen und Magazinen des Heiligtums üblichen Formalien, unter denen sich die Überweisung der σύνταξις von der Regierung an sie vollzogen hat; so ist es auch zweifelhaft, ob die Regierung den Jahresbetrag des Priestergehaltes auf einmal oder ob sie ihn in Raten an das große Serapeum überwiesen hat; für beide Zahlungsformen ließen sich immerhin Gründe allgemeiner Natur anführen.[4])

Zur Stütze der Annahme ratenweiser Auszahlung könnte man übrigens darauf hinweisen, daß allem Anschein nach die Regierung das zum Jahresgehalt der „Zwillinge" gehörende Öl auch nicht auf einmal, sondern vielleicht in monatlichen Raten verabfolgt hat. So finden wir einmal in dem Bericht, den der kontrollierende Beamte in der Untersuchung über das den „δίδυμαι" vorenthaltene Öl erstattet, den Vermerk „οὐθὲν μέρος δεδόσθαι"[5]), und weiterhin sei darauf aufmerksam gemacht, daß in der γραφὴ τῶν εἰς τὰ ἱερά, d. h. offen-

---

1) P. Lond. I. 35 (S. 24) (= 24 Verso [S. 26]); P. Par. 27, 21 (= P. Leid. E₂, 23; P. Mil.); P. Lond. I. 41 Recto (S. 27).

2) P. Lond. I. 35 (S. 24) (= 24 Verso [S. 26]); P. Lond. I. 18 (S. 22) (vergl. bes. Z. 20/21 τῶν ἄρτων . . . οὓς λαμβάνουσι καθ᾽ ἡμέραν); siehe auch P. Leid. B Col. 2, 16 u. P. Par. 26, 13.

3) Vergl. hierzu im folg. auf S. 137 ff. die Ausführungen über die Verwaltung der σύνταξις in anderen Heiligtümern.

4) Vergl. hierzu die Bemerkung im folg. auf S. 138/39 über die Überweisung der σύνταξις an andere Tempel.

5) P. Par. 25, 13/14; vergl. auch P. Lond. I. 34 (S. 17), Z. 12/13.

bar in einem Dokument, in dem die von der staatlichen Kultusverwaltung zu leistenden Ausgaben aufgezeichnet waren[1]), bei dem Gehalt der „Zwillinge" zuerst die Menge Öl angegeben war, welche diesen gemäß des Jahresbetrages pro Monat zukam, und dann erst der Jahresbetrag selbst.[2])

Von den Formalien, unter denen die Verabfolgung der Öl-σύνταξις bei den Regierungsmagazinen an die „δίδυμαι" stattfand, ist uns übrigens noch eine Einzelheit bekannt geworden, die von größtem allgemeinen Interesse ist. Den „Zwillingen" ist nämlich von den staatlichen Beamten ein σύμβολον ausgestellt worden, gegen dessen Vorzeigung sie den ihnen alljährlich zustehenden Metretes Sesamöl von den Staatsmagazinen erhalten sollten.[3]) Da das σύμβολον auf den Jahresbetrag gelautet hat und dieser nicht auf einmal, sondern in Raten ausgezahlt worden ist, wird man es nicht als eine jedesmal abzuliefernde Kontrollmarke[4]), sondern als eine Urkunde aufzufassen haben, welche den

---

1) Siehe hierzu auch Leemans' Erklärung, P. Leid. I. S. 28; vergl. auch P. Leid. B Col. 1, 13.

2) Siehe P. Leid. D₂, 2 ff.; P. Lond. I. 34 (S. 17), Z. 5 ff.; auch P. Par. 25, 4 ff.; daß man den in den beiden erstgenannten Papyri angegebenen einen Chus Öl als den Monatsbetrag auffassen muß, dafür siehe P. Lond. I. 17 (S. 10), Z. 15/16 u. Wilcken, Ostr. I. S. 758.

3) Siehe P. Par. 22, 26 ff. Bei dem hier genannten ἔλαιον darf man jedenfalls nur an das Sesamöl denken; es ist hier wie auch sonst oft in den „Zwillings"papyri (siehe z. B. P. Par. 29, 16; 30, 10 ff. (= P. Leid. D₁, 9 ff.; E₁; P. Dresd.) σησάμινος nicht erst hinzugefügt. Man darf wohl annehmen, daß ein ähnliches σύμβολον den „δίδυμαι" über den ihnen zu liefernden Metretes Kikiöl ausgestellt gewesen ist.

4) Zu dieser Deutung könnte man durch die Bezeichnung σύμβολον verleitet werden, die bekanntlich in Athen die zur Auszahlung des Ekklesiasten-, Buleuten- und Heliastensoldes, des Theorikon usw. dienenden Bleimarken geführt haben (siehe z. B. Benndorf, Beiträge zur Kenntnis des attischen Theaters in Zeitschrift für die österreichischen Gymnasien XXVI [1875], vor allem S. 579 ff.), und zwar um so mehr, als man derartige vom Staat ausgegebene Kontrollmarken, welche die Behörden nach Gewähr des laut ihnen dem Inhaber zu Leistenden als Beleg hierfür zurückbehalten haben werden, tatsächlich in Ägypten gefunden hat. Wenigstens möchte ich so jene ägyptischen Bleitesseren deuten, deren den Nomenmünzen entsprechende Prägung ihre offizielle Herkunft anzeigt, die, wie die Aufschriften einzelner angeben, auf bestimmte Beträge ausgestellt waren und deren eine sogar das Wort σύμβολον in der Umschrift aufweist. (Siehe über diese allerdings meist aus der Kaiserzeit stammenden [nur wenige sind ptolemäisch] Tesseren Rostowzew, Étude sur les plombs antiques, Revue numismatique 4ᵉ Sér. III [1899] S. 22 ff. [S. 57 fl.]; Milne im P. Fay. S. 71 ff. und Rostowzew, Römische Bleitesseren [russisch] S. 295—97. Sie betonen den monetären Charakter der Tesserä und sehen in ihnen offizielle Surrogate der Münzeinheit, die infolge des Mangels an kleinen Tauschmünzen entstanden seien; auf seine spezielle Erklärung gibt Rostowzew neuerdings (S. 297) nicht mehr allzuviel.) Eine der erhaltenen Bleitesserä sei hier, wo vom memphitischen Serapeum die Rede ist, besonders erwähnt, nämlich jene, welche in ihm gefunden worden ist, die Wertangabe 2 Obolen trägt und auf deren einer Seite ein Apis vor einem

Vorzeiger zum Empfang der ihm vom Staat ausgesetzten
Bezüge legitimierte[1]). Wir werden also hier mit einem Dokument
bekannt gemacht, das man auf eine Stufe mit der tessera frumen-
taria stellen darf, jenem Legitimationsdokument, welches bei der
römischen frumentatio der Kaiserzeit den Kornempfängern zu stän-
digem Besitz übergeben worden ist[2]); ein weiterer Beleg für die Über-

---

Altar, auf deren anderer Nil und Isis abgebildet sind; veröffentlicht von Long-
périer, Revue numismatique N. Sér. VI (1861) S. 407/8.

1) Vergl. zu dieser Erklärung P. Par. 22, 32 (siehe auch P. Leid. B Col. 2,
20/21), wo die „Zwillinge" die Beamten bitten, ihrem Stiefbruder bezw. der
mit ihm verbündeten Mutter nichts auszuzahlen, diese Bitte wohl ein deutlicher
Hinweis darauf, daß ihnen von Pachrates unter anderem auch ihr σύμβολον gestohlen worden ist (siehe auch Par. 23, 26 ff.); denn ohne den Verlust dieses
hatten doch die „Zwillinge" die Verabfolgung ihrer Öl-σύνταξις durch die Regierung an ihre feindlichen Verwandten gar nicht zu befürchten. War jedoch das
σύμβολον gestohlen, dann war allerdings die Gefahr der Auszahlung an Unberechtigte vorhanden, denn die Besitzer der σύμβολα brauchten die durch diese
ihnen angewiesenen Bezüge nicht selbst von den Staatskassen zu holen, sondern konnten andere mit der Abholung beauftragen (P. Par. 22, 25 ff.; 23, 23 ff.).
Die Richtigkeit der Deutung des „Zwillings"-σύμβολον wird dadurch bestätigt, daß sich ähnliche Dokumente auch sonst im hellenistischen Ägypten
nachweisen lassen. Siehe die P. Grenf. I. 21, 15 erwähnten σύμβολ(α) σιτικὰ καὶ
ἀργυ(ρικά), welche ein gewisser Dryton, der eine höhere Offizierstellung bekleidet
hat, auf seine Kinder vererbt (126 v. Chr.); ferner die βιοτικὰ σύμβολα in P. Tebt.
I. 52, 9/10. Die Frage nach der Bedeutung von σύμβολον in den ägyptischen
Papyri bedarf noch der eingehenden Untersuchung; hier sei nur noch auf Stellen
wie z. B. P. Lond. I. 23 (S. 37), Z. 41 u. 84 (siehe hierzu übrigens schon B. Peyron
a. a. O. [vergl. I. Bd. S. 410] S. 38 ff.); 15 (S. 54), Z. 3 u. 9; P. Amh. II. 29, 8;
P. Tebt. I. 121, 9 (sie alle aus ptolemäischer Zeit) hingewiesen. Die Doppel-
bedeutung von σύμβολον, Kontrollmarke und Legitimationsdokument, wird niemand verwundern, der sich der analogen Bedeutungsentwicklung bei dem mit
σύμβολον vollständig gleichzusetzenden lat. Worte tessera erinnert; siehe Cardinali, Frumentatio in Ruggieros, Dizionario epigrafico di antichità Romane III.
S. 271 ff. und Rostowzew, Römische Bleitesseren (deutsche Ausgabe) S. 12 ff.

2) Hierüber siehe Persius, Sat. V. 73; Sueton, Nero c. 11; Dig. V. 1, 52;
XXXI, 49 u. 87; vergl. die Ausführungen von Cardinali a. a. O. S. 257 ff. u. 271 ff.
und Rostowzew, Röm. Bleitess. (deutsche Ausgabe) S. 16 ff. In der rechtlichen
Beurteilung der tesserae frumentariae (über sie siehe früher Karlowa, Römische
Rechtsgeschichte II. S. 838 ff.) dürfte sicher R. gegenüber C. im Recht sein,
wenn er für sie die Möglichkeit der Vererbung und Veräußerung annimmt; dies
ist ja auch bei den ägyptischen σύμβολα möglich gewesen, für ersteres siehe
P. Grenf. I. 21, für letzteres die uns bekannt gewordenen Diebstähle solcher σύμβολα (bei dem der Zwillinge und P. Tebt. I. 52), welche indirekt die Möglickheit
der Benutzung der Legitimationsdokumente durch andere zeigen. Der für
Ägypten wohl anzunehmende frühzeitige Gebrauch von Legitimationsdokumenten
und Kontrollmarken nebeneinander mahnt übrigens auch zur Vorsicht gegenüber
der von Rostowzew, Röm. Bleitess. (deutsch) S. 16 ff. vertretenen Ansicht, daß
in Rom das Legitimationsdokument erst weit später als die Kontrollmarke (unter
Claudius) eingeführt worden sei, zumal da mir auch die m. E. unbedingt nötige
Grundlage dieser Behauptung, eine Nichtbeschränkung der zum Kornempfang
Berechtigten in früherer Zeit (so Rostowzew a. a. O. S. 22), gar nicht so sicher

nahme von Einrichtungen des hellenistischen Kulturkreises durch die Römer.[1])

erscheint. Zudem lassen sich auch sonst enge Beziehungen zwischen dem römischen und dem ägyptischen Brauch nachweisen. Denn wenn wir im Monumentum Ancyranum (gr. Text IX, 21 ff.; lat. Text III, 40 ff.) lesen, Augustus habe mitunter zur Unterstützung des Ärars aus eigenem Vermögen σειτικὰς καὶ ἀργυρικὰς συντάξεις einer großen Zahl der Empfangsberechtigten gegeben und habe sich bei deren Verteilung der tesserae bedient (über die Ergänzung des lat. Textes siehe Rostowzew a. a. O. S. 12 ff.; Cardinali a. a. O. S. 243 ff.; das einzelne hängt von dem epigraphischen Befunde ab, bei der Ergänzung von Cardinali wäre auch Übereinstimmung mit Sueton, Augustus c. 41 hergestellt), so erinnert dies lebhaft an die ägyptischen συντάξεις und die bei ihrer Austeilung gebrauchten σύμβολα. Die Übernahme des Wortes σύνταξις ist ganz begreiflich, handelt es sich doch auch in Rom um ganz bestimmte, regelmäßig vom Staat einem Teil seiner Untertanen gewährte Zuwendungen; wenn Augustus nur die Kontrollmarken und nicht auch Legitimationsdokumente erwähnt, so ist hieraus das Nichtvorhandensein der letzteren in jener Zeit nicht zu folgern, denn da er hier ja nur in Unterstützung des Senates die Verabfolgung von bereits festgelegten Zuwendungen auf sich nimmt und niemandem neue zuweist, so konnten Legitimationsdokumente von ihm gar nicht ausgegeben, also hier auch nicht erwähnt werden.

1) Die bisherige Annahme, daß für das Tesserensystem bei der römischen frumentatio der Kaiserzeit speziell die athenischen Verhältnisse vorbildlich gewesen seien (so noch Rostowzew, Röm. Bleitess. [deutsche Ausg.] S. 28 u. 38; [russ. Ausg.] S. 263 ff.), wird man aufgeben müssen, obgleich uns allerdings durch eine dem Beginn des 3. vorchristlichen Jahrhunderts angehörende eleusinische Urkunde (Dittenberger, Sylloge² 505) gerade für Athen das Markensystem auch für die staatliche Kornverteilung als eine ständige Einrichtung belegt ist (siehe den besonderen Beamten, ταμίας τῶν σιτωνικῶν [vergl. die römischen curatores od. praefecti frumenti dandi] und seinen γραμματεύς; es erscheint mir übrigens auf Grund des Titels dieser Beamten sehr wohl möglich, daß nicht nur die „τεταγμένοι Ἐλευσῖνι" an der σίτου δόσις Anteil gehabt haben, sondern daß man diese als eine ganz allgemeine Institution aufzufassen hat); für das 1. Jahrhundert v. Chr. vergl. auch noch Rostowzew, Augustus und Athen, Festschrift für O. Hirschfeld S. 303 ff. Wir müssen uns daran gewöhnen, Einrichtungen gerade der hellenistischen Zeit nicht vereinzelt zu betrachten, da man für jene Epoche bereits eine weit entwickelte Kultureinheit annehmen darf. Da wir nun das Tesserensystem auch für das ptolemäische Ägypten bei ständigen Zuweisungen des Staates an bestimmte Untertanen haben nachweisen können, so erscheint es mir doch richtiger in ihm eine allgemein hellenistische Institution zu sehen und von dieser die römische abzuleiten. So wird man denn nunmehr auch die Tesseren, welche im hellenistischen Osten gefunden worden sind, ebenso wie die literarischen Nachrichten über sie (wie etwa z. B. Malalas XII. p. 289 ed. Bonn) nicht mehr als Beweise für die Übertragung eines römischen Brauches nach dem Osten (Rostowzew, Röm. Bleitess. [russisch] S. 272 nimmt z. B. nur für die Tesseren von Smyrna und Ephesus Anlehnung an den athenischen Brauch an), sondern als Zeugnisse für das Fortbestehen einer ursprünglichen Einrichtung aufzufassen haben. Gegen meine Annahme einer weiten Verbreitung des Tesserensystems bei der Verteilung von Staatszuwendungen sprechen übrigens m. E. nicht die Angaben einer vor kurzem publ. gr. Inschrift aus Samos (2. Jahrhundert v. Chr., publ. von Wiegand-Wilamowitz in Sitz. Berl. Ak. 1904. S. 917 ff.), der zufolge in Samos die staatliche Kornverteilung an die Bürger

Es bedarf nun nur noch die Frage der Untersuchung, wie sich die **Aufsicht des Staates** über die σύνταξις-Verwaltung des großen Serapeums gestaltet hat. Daß sie bestanden hat, würde man wohl selbst dann als sicher annehmen, wenn keinerlei Belege für sie vorhanden wären. Dies ist aber keineswegs der Fall, vielmehr enthalten die Petitionen der „Zwillinge" auch hierfür eingehendere Angaben[1]). Allerdings machen sie uns nicht mit einer der sicher periodisch erfolgten regulären Kontrollen bekannt[2]), sondern sie knüpfen an eine außerordentliche Untersuchung an, die auf Grund der Beschwerden der „δίδυμαι" wegen der ihnen von dem Tempel nicht ausgezahlten ὄλυρα-σύνταξις von der Regierung angestellt wird. Auf jeden Fall darf man ihnen jedoch entnehmen — und dies ist für das Prinzip der Tempelverwaltung wichtig —, daß es auch hier für die vom Staate geübte Aufsicht besondere nur zu diesem Zwecke eingesetzte Beamte nicht gegeben hat, sondern daß bei ihr die üblichen lokalen Behörden tätig gewesen sind.

Als oberste Aufsichtsbehörde erscheint der **König**, beziehungsweise das königliche Kabinett[3]). Natürlich hat dieses die Prüfung

---

ohne Ausgabe von σύμβολα vor sich gegangen zu sein scheint. Das Tesserensystem war eben hier nicht nötig. Abgesehen von den beschränkteren Verhältnissen ermöglichte auch der festgesetzte Verteilungsmodus (siehe Z. 53 ff.) und vor allem die Zuteilung des Getreides an alle Bürger ohne Ausnahme das Fehlen von Tesseren. Übrigens glaube ich, daß auch die römische frumentatio sich nur so lange ohne tesserae beholfen hat, als diese Voraussetzungen auch für sie zutrafen. Insofern halte ich Rostowzews, Röm. Bleitess. (deutsch) S. 22 Ansicht, die tesserae seien in Rom erst ungefähr zur Zeit des Augustus eingeführt worden, nicht für sicher. Ich muß mich hier mit diesen wenigen Andeutungen begnügen. Immerhin scheint mir die von Wilamowitz, Sitz. Berl. Ak. 1904. S. 930 ausgesprochene Behauptung, man müsse die staatliche Kornverteilung in Rom als eine Nachahmung eines hellenistischen Brauches ansehen, durch meine Ausführungen eine weitere Stütze erfahren zu haben (Cardinalis a. a. O. S. 313—15 Anschauung, ebenso wie die von Francotte, Le pain à bon marché et le pain gratuit dans les cités grecques in Mélanges Nicole S. 135 ff. (bes. S. 154) hierüber kann ich nicht billigen). Es verdienten auch einmal die Nachrichten der Schriftsteller über die ältere römische frumentatio eine kritische Durchsicht. Ich gedenke übrigens auf diese wichtige Frage noch einmal im großen Zusammenhange zurückzukommen.

1) Zu dem folgenden sei auch auf die Feststellungen Lumbrosos, Recherches S. 346/47 und Kenyons, P. Lond. I. S. 3 ff. verwiesen.

2) Belege für diese reguläre Kontrolle liegen bisher nicht vor, da jedoch eine solche für die Verwaltung derjenigen Tempelkassen und -magazine nachzuweisen ist, welche die von der σύνταξις getrennt verwalteten, eigentlichen Tempeleinnahmen aufnahmen, so ist wohl die Folgerung ganz berechtigt, daß sie auch für die σύνταξις bestanden hat, die ja doch den Tempeln nicht zu eigenem Verbrauch, sondern nur zur Verwaltung übergeben worden ist.

3) P. Par. 26; P. Vat. V. 602; P. Lond. I. 35 (S. 24), Z. 4/5 (= 24 Verso [S. 26], Z. 4/5); 41 Verso (S. 28), Z. 2/3; P. Leid. B. Der letzte Papyrus ist besonders wichtig. In ihm bitten die „Zwillinge" gleichzeitig um die Verabfolgung

der Beschwerden der „Zwillinge" nicht selbst vorgenommen, sondern in seinem Namen hat es den lokalen Beamten des memphitischen Gaues obgelegen, die Untersuchung einzuleiten. Ob sich auch der Stratege von Memphis hieran beteiligt hat, ist nicht sicher. Die „Zwillinge" bitten allerdings in ihren Petitionen an den König den Strategen mit der Untersuchung zu betrauen[1]), doch besitzen wir keinen Anhaltspunkt, ob man diesem Wunsche nachgekommen ist. Es scheint vielmehr, als ob die einleitenden Schritte direkt durch den Vorstand der Gaufinanzverwaltung, den lokalen διοικητής erfolgt sind.[2]) Im übrigen dürfte dieser jedoch in der ganzen Angelegenheit aktiv nicht tätig gewesen zu sein, die Fäden der Untersuchung sind vielmehr in der Hand seines Delegierten, des ὑποδιοικητής[3]), zusammengelaufen. An diesen sind darum auch die meisten Petitionen der „Zwillinge" gerichtet[4]), er soll, wie sie bitten, dem Vorsteher des großen Serapeums den Befehl erteilen, ihnen ihr Gehalt auszuzahlen (P. Dresd. Verso), beziehungsweise einen seiner Unterbeamten beauftragen, die nötigen Schritte gegen die schuldigen Priester zu tun[5]), und von ihm wird denn auch die Spezialuntersuchung angeordnet.

Bei ihr finden wir einmal im Auftrage des ὑποδιοικητής einen der ihm unterstellten ἀντιγραφεῖς, d. h. einen Kontrolleur tätig.[6])

---

der Brot- und der Ölrückstände. Als darauf die Prüfung der Berechtigung ihrer Ansprüche angeordnet wird, werden mit ihr trotz des rechtlich verschiedenen Charakters der beiden Forderungen dieselben Beamten betraut, wohl der beste Beweis, daß es besondere Beamte zur Beaufsichtigung der Tempelverwaltung nicht gegeben hat. Wir können deshalb m. E. auch die übrigen auf die Prüfung der Ölforderungen sich beziehenden Nachrichten bei der Feststellung des Instanzenganges, der bei Erledigung der ὄλυρα-Petitionen innegehalten worden ist, eventuell zur Ergänzung heranziehen.

1) P. Par. 26, 39 ff; P. Leid. B Col. 3, 1/2; vergl. auch P. Par. 22, 30 ff.; 29, 19 ff.

2) Siehe P. Lond. I. 17 (S. 10) S. 29 ff., wo ein Unterbeamter der Finanzverwaltung davon spricht, daß der König eine Petition der „Zwillinge" dem διοικητής übersandt habe; siehe ferner P. Leid. B Subscriptio III, der man wohl das Gleiche entnehmen darf (vergl. P. Par. 25, 16 ff.).

3) Daß der διοικητής die ganze Angelegenheit direkt dem ὑποδιοικητής übertragen hat, ergibt sich aus der Vergleichung von Subscriptio IV mit Subscriptio III von P. Leid. B; siehe auch P. Lond. I. 17 (S. 10), Z. 31 ff.

4) P. Lond. I. 35 (S. 24) (= 24 Verso [S. 26]); 41 Verso (S. 28); P. Par. 27 (= 28; P. Leid. E₂; P. Mil.); P. Dresd. Verso; P. Vat. V. S. 602 u. S. 603.

5) Siehe etwa P. Par. 27, 9 (= 28, 8; P. Leid. E₂, 11; P. Mil.); P. Vat. V. S. 602; vergl. auch P. Par. 26, 41.

6) Siehe P. Leid. B Subscriptio V; vergl. ferner seine Tätigkeit bei der Prüfung der Ölforderungen der „δίδυμαι", wo er verschiedene Male in Aktion tritt, um festzustellen, was den „Zwillingen" wirklich geschuldet wird (siehe vor allem P. Par. 25; P. Lond. I. 17 [S. 10], Z. 12 u. 32 ff.; P. Leid. D₂ (= P. Lond. I. 34 [S. 17], Z. 5 ff.) u. P. Par. 30 Subscriptio). Diese hier uns bezeugte Tätigkeit als Rechnungsprüfer scheint mir für die Richtigkeit der Ausführungen im Text (im folgenden) zu sprechen.

Von ihm dürfte wohl jener Bericht über die Anzahl der von der
Priesterschaft den „Zwillingen" geschuldeten Brote (P. Lond. I. 18
[S. 12]) herrühren. Er zeigt uns deutlich, mit welcher Sorgfalt der-
artige Prüfungen vorgenommen worden sind, denn um ihn anfertigen
zu können, hat der Verfasser für einen Zeitraum von ungefähr $2\frac{1}{2}$
Jahren die Tempelrechnungen Tag für Tag durchgesehen.

In dem $\grave{\epsilon}\pi\iota\mu\epsilon\lambda\eta\tau\acute{\eta}\varsigma$ hat man alsdann wohl den Beamten zu
sehen, dem es obgelegen hat im Anschluß an den günstigen Bescheid
des $\grave{\alpha}\nu\tau\iota\gamma\varrho\alpha\varphi\epsilon\acute{\nu}\varsigma$ die Angelegenheit der „Zwillinge" endgiltig zu regeln.
Wenigstens erfahren wir von ihm, daß auch ihm das Recht zuge-
standen hat, dem $\grave{\epsilon}\pi\iota\sigma\tau\acute{\alpha}\tau\eta\varsigma$ $\tau\tilde{\omega}\nu$ $\acute{\iota}\epsilon\varrho\tilde{\omega}\nu$ in Sachen der $\sigma\acute{\nu}\nu\tau\alpha\xi\iota\varsigma$-Ver-
waltung Befehle zu erteilen[1]), und die Unterschrift des einen der die
Olyraforderungen betreffenden Papyri (P. Mil. Verso) macht uns denn
auch mit einer Anweisung des $\acute{\nu}\pi o\delta\iota o\iota\varkappa\eta\tau\acute{\eta}\varsigma$ bekannt, welche den
$\grave{\epsilon}\pi\iota\mu\epsilon\lambda\eta\tau\acute{\eta}\varsigma$ zum Vorgehen gegen die Priesterschaft des Serapeums
auffordert. Vorgesetzter des $\grave{\alpha}\nu\tau\iota\gamma\varrho\alpha\varphi\epsilon\acute{\nu}\varsigma$ ist übrigens der $\grave{\epsilon}\pi\iota\mu\epsilon\lambda\eta\tau\acute{\eta}\varsigma$
jedenfalls nicht gewesen, es sind vielmehr beide als offenbar ganz von
einander unabhängige Unterbeamte des $\acute{\nu}\pi o\delta\iota o\iota\varkappa\eta\tau\acute{\eta}\varsigma$ aufzufassen.[2])
Die Stellung des $\grave{\epsilon}\pi\iota\mu\epsilon\lambda\eta\tau\acute{\eta}\varsigma$ ist leider nicht genauer charakterisiert[3]),

---

1) Siehe P. Par. 26, 46, auch 31, 6; 27, 19 ff. (= 28, 9 ff.; P. Mil.); P. Vat.
V. S. 602.

2) Lumbroso, Recherches S. 347 faßt den $\grave{\alpha}\nu\tau\iota\gamma\varrho\alpha\varphi\epsilon\acute{\nu}\varsigma$ als Untergebenen
des $\grave{\epsilon}\pi\iota\mu\epsilon\lambda\eta\tau\acute{\eta}\varsigma$ auf, ohne jedoch einen stichhaltigen Grund anzuführen. So ist
kein Beleg vorhanden, daß der $\grave{\epsilon}\pi\iota\mu\epsilon\lambda\eta\tau\acute{\eta}\varsigma$ das Recht hatte, dem $\grave{\alpha}\nu\tau\iota\gamma\varrho\alpha\varphi\epsilon\acute{\nu}\varsigma$
irgendwelche Befehle zu erteilen; beide verkehren gar nicht miteinander, sondern
ein jeder von ihnen nur mit dem $\acute{\nu}\pi o\delta\iota o\iota\varkappa\eta\tau\acute{\eta}\varsigma$. Wenn in P. Par. 22, 31 ff. der
$\grave{\epsilon}\pi\iota\mu\epsilon\lambda\eta\tau\acute{\eta}\varsigma$ vor dem $\grave{\alpha}\nu\tau\iota\gamma\varrho\alpha\varphi\epsilon\acute{\nu}\varsigma$ genannt wird, so ist das vielleicht ganz zufällig, jedenfalls jedoch wohl kein Anlaß in dem zuerst genannten gleich den
Vorgesetzten zu sehen, zumal da an dieser Stelle außer den beiden Unterbeamten
als Beteiligter an der Untersuchung der Beschwerden der „Zwillinge" nur noch
der Stratege erwähnt wird, also von einer Anführung der verschiedenen, für die
Untersuchung in Betracht kommenden Instanzen der Reihe nach gar nicht die
Rede sein kann. Direkt falsch ist es alsdann, wenn sich Lumbroso auch auf
P. Par. 31, 26 ff. stützt; er hält offenbar die hier genannten „$\pi\alpha\varrho\grave{\alpha}$ $\varDelta\omega\varrho\acute{\iota}\omega\nu o\varsigma$
(ihn setzt er dem $\grave{\alpha}\nu\tau\iota\gamma\varrho\alpha\varphi\epsilon\acute{\nu}\varsigma$ gleich) $\gamma\varrho\alpha\mu\mu\alpha\tau\epsilon\tilde{\iota}\varsigma$" für Angestellte der Magazinverwaltung, in welchem Falle es sich allerdings um Untergebene des $\grave{\epsilon}\pi\iota\mu\epsilon\lambda\eta\tau\acute{\eta}\varsigma$
handeln würde. Irregeleitet ist Lumbroso jedenfalls durch die verworrenen An-
gaben der Zwillinge; wie uns nämlich P. Lond. I. 27 (S. 14) Z. 2 (= P. Lond. I. 31
[S. 15], Z. 7) deutlich zeigt, sind unter ihnen Beamte der königlichen $\tau\varrho\acute{\alpha}\pi\epsilon\zeta\alpha$
zu verstehen, und wir besitzen keinen Anhaltspunkt, daß Mennides auch für die
$\tau\varrho\acute{\alpha}\pi\epsilon\zeta\alpha$ zuständig gewesen ist. Zudem ist es ja auch überaus zweifelhaft, ob
der hier genannte $\tau\varrho\alpha\pi\epsilon\zeta\acute{\iota}\tau\eta\varsigma$ Dorion mit dem $\grave{\alpha}\nu\tau\iota\gamma\varrho\alpha\varphi\epsilon\acute{\nu}\varsigma$ Dorion identisch gewesen ist; im allgemeinen dürfte wohl eine Vereinigung der beiden Ämter nicht
stattgefunden haben, wenn sie uns auch einmal bezeugt ist (siehe P. Leid. L
Col. 2, 7).

3) Kenyon, P. Lond. I. S. 3 bezeichnet den $\grave{\epsilon}\pi\iota\mu\epsilon\lambda\eta\tau\acute{\eta}\varsigma$ Mennides als „overseer
of the Serapeum"; zu dieser falschen Bezeichnung ist er offenbar durch die An-
gaben von P. Leid. E$_2$, 11/12 verleitet worden, wo Mennides den Titel „$\grave{\epsilon}\pi\iota$-

doch ist es wohl auf Grund des über seine Tätigkeit Bekanntgewordenen gestattet in ihm etwa einen Oberaufseher der memphitischen Regierungsmagazine zu sehen.[1])

Die eben geschilderten groben Unregelmäßigkeiten in der σύνταξις-Verwaltung des großen Serapeums sind natürlich kein erfreuliches Zeichen, doch muß man sich hüten, aus ihnen etwa Schlüsse auf die Allgemeinheit zu ziehen. Auch in der bestgeleiteten Verwaltung können sich einmal Mißstände zeigen, und außerdem ist bei der Beurteilung des ganzen Falles zu berücksichtigen, daß die „Zwillinge" bezw. ihr Anwalt Ptolemaios das Bild mit den schwärzesten Farben gemalt haben werden.[2])

Außer für das große Serapeum bei Memphis sind uns über die σύνταξις-Verwaltung noch einiger anderer Heiligtümer einzelne Mitteilungen erhalten, die an sich zwar nicht viel Neues bringen, die aber immerhin recht wertvoll sind, da durch sie allgemeine Feststellungen ermöglicht werden.

So besitzen wir ein aus der Zeit des 8. Ptolemäers stammendes

---

μελητὴς τῶν ἱερῶν" führt. Wie P. Par. 27, 9 ff. (= 28; P. Mil.) jedoch zeigt, ist dieser Titel falsch, durch Verschreibung entstanden, indem einige Zeilen der Vorlage von dem Abschreiber ausgelassen worden sind. Übrigens ist dies schon von Leemans, P. Leid. I. S. 16 gegenüber Reuvens richtig erkannt worden.

1) Siehe vor allem P. Lond. I. 17 (S. 10) und 20 (8), Z. 25 ff.; ferner Stellen wie P. Lond. I. 21 (S. 12), Z. 13 ff.; 19 (S. 16); 33 (S. 19), Z. 9 ff. (= P. Par. 33, 8 ff.); P. Par. 22, 31; 25, 10 ff.; 29, 20; 30, 21 ff. (= P. Leid. D₁, 17; E₁; P. Dresd.); 31. Der letztere Papyrus erscheint mir für die Beurteilung des Amtscharakters des ἐπιμελητής wieder besonders wichtig. In ihm beschweren sich nämlich die „Zwillinge" direkt beim ἐπιμελητής, daß sie die von ihm für sie ausgesetzten Metretai Sesamöl aus den staatlichen Magazinen nur zum Teil erhalten hätten und bitten ihn für die volle Auszahlung des ihnen Zustehenden zu veranlassen. An und für sich folgt hieraus allerdings noch nicht mit Sicherheit, daß Mennides das direkte Haupt der memphitischen Magazinverwaltung gewesen ist, so gut wie sicher wird diese Folgerung jedoch wohl dadurch, daß P. Par. 31 die einzige der Petitionen der „Zwillinge" ist, die nicht an den König oder an den Unterchef der Gaufinanzverwaltung, sondern an einen Unterbeamten gerichtet ist. Denn es erscheint mir selbstverständlich, daß, wenn einmal außergewöhnlicher Weise die „δίδυμαι" einen Unterbeamten um Auszahlung aus den Magazinen angehen, sie sich alsdann auch an denjenigen gewandt haben werden, der über diese speziell zu verfügen hatte, d. h. eben an den Vorstand der ϑησαυροί. Nach alledem ist der ἐπιμελητής Mennides etwa mit Staatsbeamten, wie den durch P. Oxy. I. 43 Recto Col. 3, 11 genannten ἐπιμεληταὶ ἀχύρου, dem ἐπιμελητὴς χόρτου in Ostr. Fay. 19 und den ἐπιμεληταὶ βαλανείου in P. Amh. II. 64, 12 ungefähr auf eine Stufe zu stellen. Siehe auch den P. Tebt. I. 17 erwähnten ἐπιμελητής.

2) Es sei auch darauf hingewiesen, daß den „Zwillingen" von der Priesterschaft ein Teil der von ihnen beanspruchten ὄλυρα-σύνταξις, nämlich der für bestimmte Dienste am Asklepieum ausgesetzte, als ihnen nicht zukommend — allerdings wohl unberechtigter Weise — offiziell bestritten worden ist. Er scheint stets einem anderen Priester ausgezahlt worden zu sein; von Unterschlagung kann jedenfalls hier nicht die Rede sein (siehe P. Lond. I. 41 Recto [S. 27]).

Dokument, das von der Auszahlung eines Teiles der σύνταξις ἀργυρική
an das Amonsheiligtum in Theben handelt.[1]) Das Geld ist von
der königlichen τράπεζα dem Tempelvorsteher und dem ἱερογραμματεύς (siehe Bd. I. S. 40, A. 1) übergeben worden.[2]) Also auch hier
ist die σύνταξις ebenso wie im großen Serapeum nicht direkt, sondern
durch Vermittlung des Tempelvorstandes an die Tempelkasse abgeführt
worden. Denn es scheint mir vollständig ausgeschlossen zu sein, daß
etwa der Oberpriester persönlich die Kasse geführt hat[3]); ihm wird
jedenfalls nur die Oberaufsicht zugefallen sein. Auch für das Heiligtum des Petesuchos und Pnepheros zu Karanis bezeugt uns
ein dem Ende des 2. nachchristlichen Jahrhunderts angehörender
Papyrus, daß auch hier die Priestersyntaxis dem Tempelvorstand, den
sechs leitenden Priestern (siehe Bd. I. S. 48/49), von der Regierung
ausgehändigt worden ist[4]), und so wird man wohl das Richtige treffen,
wenn man annimmt, daß die Vermittlung des Verkehrs der σύνταξις-
Verwaltung der Heiligtümer mit den staatlichen Beamten offiziell
stets der Leitung der Tempel obgelegen hat, während besondere, von
ihr abhängige Personen mit der Vornahme der Geschäfte dieses Verwaltungszweiges betraut gewesen sind.

Über die bei der Führung dieser Geschäfte beobachteten Formalitäten läßt sich übrigens auch eine allem Anschein nach allgemein-
giltige Feststellung treffen. Wie eben erwähnt, ist dem Amonstempel

---

1) Siehe gr. P. Par. bei Revillout, Mélanges S. 327; daß hier nur ein Teil
der dem Amonstempel zustehenden σύνταξις zur Auszahlung gelangt ist, dafür
siehe Bd. I. S. 372.

2) Es handelt sich in diesem Dokument etwa nicht um die direkte Auszahlung der diesen beiden Priestern zustehenden σύνταξις durch die Regierung
an sie; denn es ist ausdrücklich von der σύνταξις „τοῦ ἱεροῦ" die Rede und
außerdem ist auch, was doch in diesem Falle hätte unbedingt erfolgen müssen,
die ausgezahlte Summe nicht spezialisiert für die beiden Empfänger angegeben.

3) Man könnte vielleicht geneigt sein die Nennung des ἱερογραμματεύς in
diesem Dokument dadurch zu erklären, daß man in ihm denjenigen zu sehen
hat, dem speziell die σύνταξις-Verwaltung im Amonstempel unterstanden hat;
irgend ein Beweis hierfür läßt sich jedoch für diese Vermutung nicht erbringen,
die Nennung kann auch aus anderen Gründen erfolgt sein.

4) Siehe B. G. U. III. 707. Auch hier kann es sich nicht um die Auszahlung der den „ς ἱερέων" persönlich zukommenden σύνταξις handeln, denn gleichzeitig mit ihr quittieren die Priestervorsteher über die ihrem Heiligtum verab-
folgte staatliche Kultbeisteuer (siehe Bd. I. S. 384/85). Es scheint mir nun ganz
ausgeschlossen zu sein, daß für zwei Zahlungen von so ganz verschiedenem Charakter eine gemeinsame Quittung ausgestellt worden wäre, wobei noch zu berücksichtigen ist, daß über die privaten Charakter tragende Zahlung 6 Empfänger
zugleich quittiert hätten. Wenn wir also in der Quittung (Z. 8 ff.) eine Ausdrucksweise wie „τὸ [ἐ]πιβάλλον ἡμῖν μέρος ὑπὲρ ἀργυρικῆς συντάξεως" finden,
so ist ἡμῖν offenbar nicht rein persönlich zu fassen; da ja hier die Vertreter
der Priesterschaft quittieren, so wird man ἡμῖν sowohl auf sie selbst, wie auf
die durch sie vertretene Priesterschaft beziehen dürfen.

nur ein Teil der ihm zukommenden σύνταξις ausgezahlt worden, die Regierung hat also die σύνταξις an das Heiligtum in Raten abgeführt, und dem entsprechend muß man auch den Priestern ratenweise ihr Gehalt verabfolgt haben. Da nun die gleiche Form der Auszahlung des staatlichen Priestergehaltes an seine Empfänger auch für das große Serapeum nachzuweisen war (siehe Bd. II. S. 130), und da außerdem für ihre Anwendung schon an und für sich sehr viel spricht, so halte ich es für recht wahrscheinlich, daß man sich ihrer auch sonst im allgemeinen bedient haben wird. Mit dieser Annahme läßt es sich übrigens sehr wohl vereinigen, daß von Priestern eines Ptahtempels in Alexandrien einmal (3. Jahrhundert n. Chr.) über den Empfang der σύνταξις für ein ganzes Jahr quittiert worden ist[1]); denn da es sich hier außergewöhnlicher Weise um die Auszahlung des Gehaltes für das verflossene Jahr, also um die Verabfolgung von Rückständen handelt[2]), so ist es ganz begreiflich, daß man in diesem Falle das System der Ratenzahlung nicht angewandt hat.

Dem gegenüber ist eine sichere Feststellung nicht möglich, ob auch von der Regierung die σύνταξις den Tempeln im allgemeinen in Raten oder ob gleich der ganze Jahresbetrag übergeben worden ist; denn während bei dem Amonstempel und vielleicht auch bei dem großen Serapeum der erstere Zahlungsmodus innegehalten worden ist, scheint man dem Heiligtum von Karanis gegenüber den letzteren befolgt zu haben.[3]) Über den Verkehr zwischen Regierung und Tempeln ist außerdem nur noch eine Nachricht und zwar aus dem 3. Jahrhundert n. Chr. erhalten; sie bezeugt uns für das Ptahheiligtum zu Memphis und seine Dependenztempel, daß der Staat hier ebenso wie im großen Serapeum die σύνταξις nicht an die Einzeltempel, sondern sie für alle zusammen an die Oberleitung abgeführt hat, der dann die Verteilung an die Kassen der einzelnen Heiligtümer obgelegen hat. Wir finden also, daß dieselbe Auszahlungsform sich mehrere Jahrhunderte hindurch erhalten hat, und dies scheint mir ein ziemlich sicherer Beweis dafür zu sein, daß wir in ihr eine allgemeiner verbreitete Verwaltungsmaxime zu sehen haben.

Nach alledem sind wir zwar über manche Einzelheiten der Geschäftsführung der σύνταξις-Verwaltung der Tempel nur ungenügend

---

1) P. Berl. + P. Petersb., veröffentlicht von Wilcken, Hermes XXII (1887) S. 143; vergl. hierzu übrigens Bd. II. S. 127.

2) Daß das Priestergehalt, wie ganz natürlich, in der Regel für das laufende Jahr gezahlt worden ist, zeigen uns deutlich die Zwillingspapyri des Serapeums u. B. G. U. III. 707, 11.

3) In der von der Tempelleitung über den Empfang der σύνταξις ausgestellten Quittung (B. G. U. III. 707) begegnet zwar der Ausdruck (Z. 8 ff.): τὸ [ἐ]πιβάλλον ἡμῖν μέρος ὑπὲρ ἀργυρικῆς συντάξεως τοῦ ἐνεστῶτος κ ὶ, doch soll jedenfalls „μέρος" hier nicht eine Ratenzahlung anzeigen, sondern ist mit „Anteil" zu übersetzen.

unterrichtet, aber wir können doch immerhin auf Grund der uns bekannt gewordenen Nachrichten die Behauptung aussprechen, daß die Verwaltung der den Tempeln überwiesenen σύνταξις wohl durchweg in der Hand der Priesterschaft, bezw. ihrer Angestellten gelegen hat, während dem Staat nur das Aufsichtsrecht zugestanden hat.

Daß die eben gekennzeichneten Grundzüge der σύνταξις-Verwaltung auch in der Verwaltung der übrigen Tempeleinnahmen und -ausgaben, die ja getrennt von der σύνταξις verwaltet wurden (siehe Bd. II. S. 125/26), stets in Geltung gewesen sind, ist schon an und für sich recht wahrscheinlich[1]) und ist außerdem auch aus den allerdings ziemlich vereinzelten Angaben über diesen Zweig der Tempeladministration zu entnehmen.

Eine solche Angabe, und zwar eine allgemeiner Natur bietet uns einmal Clemens Alexandrinus (Strom. VI. p. 758 ed. Potter), dem zufolge der προφήτης „τῆς διανομῆς προσόδων ἐπιστάτης" gewesen sein soll. Man wird wohl der Nachricht des Kirchenvaters Glauben schenken dürfen, jedoch muß man dabei den von ihm begangenen prinzipiellen Irrtum, daß die Propheten die oberste Stellung in der ägyptischen Hierarchie eingenommen haben, berücksichtigen (siehe hierzu Bd. I. S. 44/45 u. 80), und muß demgemäß den hier genannten προφήτης allgemeiner als den Tempelvorstand auffassen. Die Richtigkeit dieser Auffassung scheint mir P. Amh. II. 35 zu bestätigen, der uns zugleich, da er ja der ptolemäischen Zeit angehört, die Zustände der römischen Epoche als Fortsetzung der früheren erkennen läßt. Ihm zufolge hat nämlich der Tempelvorsteher (λεσώνης) des Soknopaiostempels in einem Vertrage mit den ἱερεῖς des Heiligtumes auf sein Verfügungsrecht über einen bestimmten Teil der Tempeleinnahmen zu Gunsten der ἱερεῖς verzichtet (siehe hierzu Bd. I. S. 281, A. 1 u. Bd. II. S. 38, A. 5), an und für sich muß ihm also, da der Verzicht vertragsmäßig festgelegt wird, das offizielle Verfügungsrecht über die Einnahmen zugestanden haben.[2])

Die Worte des Clemens wird man wohl einmal dahin interpretieren dürfen, daß der Leitung der Tempel die Balancierung der Einnahmen und der Ausgaben, d. h. die Feststellung des Etats zugefallen ist. Wenn auch eine Reihe Einnahme- und Ausgabeposten sich oft längere Zeit ziemlich unverändert erhalten haben werden[3]),

---

1) Es sei hierzu darauf hingewiesen, daß, wie ja schon öfters bemerkt, die σύνταξις den Tempeln nicht zur freien Verfügung, sondern nur zur Verwaltung vom Staate übergeben worden ist; wenn nun schon die Verwaltung einer derartigen Einnahme durchweg in der Hand der Priesterschaft gelegen hat, so darf man natürlich für die anderen Einnahmen der Tempel das Gleiche mit um so größerem Rechte annehmen.

2) Siehe hierzu auch P. Tebt. I. 5, 57 ff.

3) So hat z. B. am Soknopaiostempel der Prophet des Suchos mehrere

so wird doch diese Aufgabe an jedem einigermaßen größeren Tempel infolge der so überaus verschiedenartigen und z. T. sicher alljährlich auch recht ungleichmäßigen Einnahmen und Ausgaben des Tempelhaushaltes schwierig und umfassend gewesen sein. Daß sie nicht immer ganz befriedigend gelöst worden ist, zeigen uns die erhaltenen Rechnungen des Soknopaiostempels und des Heiligtums des Jupiter Capitolinus, denen zufolge beide mit Steuerrückständen zu kämpfen hatten.[1]) Übrigens darf man das Vorhandensein von solchen Rückständen durchaus nicht etwa gleich als Beleg für eine wirtschaftlich unrationelle Führung der Verwaltung ansehen; es kann sie z. B. ebensogut augenblickliches wirtschaftliches Mißgeschick hervorgerufen haben. Denn andererseits bietet uns gerade die Abrechnung des Jupitertempels Gelegenheit, die Sorgfalt und Sparsamkeit seiner Finanzwirtschaft zu erkennen. So sind bei Tempelbauten die alten Ziegeln, soweit sie noch brauchbar waren, wieder verwandt worden[2]), von einer Maschinerie hat man, als man sie nicht mehr gebrauchte, die eisernen Bestandteile, die offenbar das allein Wertvolle an ihr darstellten, zu Gelde gemacht[3]), und in Monaten, in denen wenig Einnahmen zu erwarten waren, hat es der Oberpriester verstanden, die Geldausgaben auf das unbedingt Notwendige, die Kultkosten und die Löhnung der Tempelbeamten zu beschränken (B. G. U. II. 362 Col. 3 u. 4).

Was diejenigen Tempel anbelangt, in denen sich mehrere Priester in die Leitung geteilt haben, so scheinen an ihnen aus den Mitgliedern des leitenden Priesterkollegiums ebenso wie für die Verwaltung des Besitzes, so auch für die der Finanzen besondere Dezernenten bestellt worden zu sein; wenigstens möchte ich derartig die sich mitunter bei Tempelzahlungen zur Bezeichnung der Zahler findende Formel „X. Y. καὶ U. Z. καὶ οἱ λοιποὶ ἱερεῖς" deuten.[4])

Jahre hindurch ein Gehalt von gleicher Höhe erhalten (B. G. U. I. 149, 3/4; 337, 16; unpubl. P. Rainer 171 bei Wessely, Kar. u. Sok. Nes. S. 74); an demselben Heiligtum hat sich ferner die tagtäglich den amtierenden Priestern gewährte ἁγνεία-Sportel in Höhe von 1 Artabe Weizen (B. G. U. I. 1, 17/18; 149, 6/7; unpubl. P. Rainer 171 a. a. O. S. 75) und die besondere Festsportel pro Tag in Höhe von 4 Artaben Weizen (B. G. U. I. 1, 19 ff.; 149, 8 ff.; unpubl. P. Rainer 171 a. a. O. S. 76) gleichfalls einige Jahre hindurch nicht geändert.

1) Siehe für den Soknopaiostempel: B. G. U. I. 1, 15/16 (vergl. die Bemerkungen hierzu im I. Bd. S. 37, A. 3) und für den Jupitertempel: B. G. U. II. 362, frg. 1, 6; p. 6, 12 u. öft., in frg. 1, 3 werden sogar zweijährige Steuerrückstände erwähnt (vergl. hierzu Bd. II. S. 5).

2) B. G. U. II. 362, p. 8, 9/10, siehe hierzu die Erklärung Wilckens a. a. O. Hermes XX (1885) S. 471.

3) B. G. U. II. 362, p. 6, 2 ff.; siehe zu dieser Stelle Wilcken a. a. O. Hermes XX (1885) S. 467.

4) P. Amh. II. 119; auch wohl B. G. U. I. 199 Recto, Z. 11 ff. (vergl. Bd. I. S. 32, A. 6) (Soknopaiostempel); P. Lond. II. 347 (S. 70) (der Name des Tempels ist nicht angegeben, sicher ein Faijûmheiligtum, vielleicht das des Soknopaios);

Im allgemeinen wird wohl die Tempelleitung die „*διανομὴ τῶν προσόδων*" nicht allein erledigt haben, sondern sie wird hierbei von ihren priesterlichen oder laikalen Untergebenen unterstützt worden sein.[1]) Allerdings läßt sich hierfür bisher nur ein Beleg anführen; im Dekret von Kanopus finden wir nämlich die Bestimmung (Z. 71 ff.), daß die *βουλευταὶ ἱερεῖς* (siehe Bd. I. S. 37/8) die Höhe der Bezüge der Töchter der Phylenpriester je nach den verfügbaren Mitteln der Heiligtümer festsetzen sollten.

Inwieweit sich der Tempelvorstand abgesehen von der Oberleitung auch an den Einzelheiten der Verwaltung der Tempeleinnahmen und -ausgaben (natürlich mit Ausschluß der *σύνταξις*) aktiv beteiligt hat, ist schwer zu entscheiden, da nur sehr wenige Nachrichten hierfür vorliegen. Eine von ihnen, ein Kaufkontrakt aus dem 1. Jahrhundert n. Chr. (P. Oxy. II. 242), berichtet uns von der direkten Beteiligung des Tempelvorstandes an den eigentlichen Kassengeschäften; ihr zufolge haben nämlich die mit der Leitung des Serapeums in Oxyrhynchos beauftragten Priester zugleich mit dem von ihnen vorgenommenen Grundstückskauf auch die für diesen zu entrichtenden Gebühren des *ἐγκύκλιον* (siehe hierzu Bd. II. S. 57) bei dem zuständigen staatlichen Beamten erlegt. In einem anderen Belege handelt es sich um die persönliche Empfangnahme einer Summe durch die leitenden Priester des Heiligtums von Karanis, die diesem vom Staat ausgezahlt wird (B. G. U. III. 707, 2. Jahrhundert n. Chr.). Man könnte alsdann geneigt sein als weitere hier in Betracht kommende Belege noch jene Abrechnungen römischer Regierungsbeamten anzuführen, in denen sich die Bemerkung findet, daß der Soknopaiostempel „*διὰ τῶν ἱερέων πρεσβυτέρων*" seine Steuern bezahlt hat[2]), ebenso auch jene Steuerquittung aus römischer Zeit, in der als Zahler von Tempelabgaben ein Oberpriester — sein Name ist nicht genannt — angegeben wird.[3]) Es ist jedoch meines Erachtens nicht ganz sicher, ob man diese Angaben ihrem Wortlaut entsprechend auffassen darf. Wir besitzen

alle Beispiele aus dem 2./3. Jahrhundert n. Chr. Für die Berechtigung diese Formel auf das leitende Priesterkollegium zu beziehen ist B G. U. I. 296 zu vergleichen, wo nebeneinander durch *καί* verbunden die leitenden Priester, die nur durch Nennung ihres Namens mit Hinzufügung des Attributs „*οἱ πέντε*" gekennzeichnet sind, und die „*λοιποὶ ἱερεῖς*" genannt sind. Siehe auch P. Lond. II. 357 (S. 165), Z. 10/11, wo eine Kassenangelegenheit einem *ἡγούμενος τῶν ἱερέων* des Soknopaiostempels zur Erledigung übergeben wird (Zeit: Anfang des 1. nachchristlichen Jahrhunderts), vergl. im folg. S. 145; da damals schon ein leitendes Priesterkollegium dem Heiligtum vorstand, so hat man in diesem *ἡγούμενος* offenbar den Dezernenten des Finanzressorts zu sehen.

1) Die P. Tebt. I. 5, 58 genannten *προεστηκότες τῶν ἱερῶν* helfen uns leider auch nicht weiter, da keine spezielleren Angaben gemacht werden.

2) B. G. U. II. 392 Col. 2, 6 ff. u. 639 Col. 2, 40 ff., vergl. hierzu Bd. I. S. 305; siehe ferner auch B. G. U. I. 199 Recto, Z. 11 ff.

3) B. G. U. I. 292, vergl. hierzu Bd. II. S. 53, A. 3.

nämlich einige Quittungen aus ptolemäischer und römischer Zeit, in denen auch über die Entrichtung von Tempelabgaben an den Staat — es handelt sich um Faijûmheiligtümer — quittiert ist, und in denen zur Bezeichnung des Zahlers die Formel „X. Y. (καὶ U.̓ Z.) καὶ οἱ (λοιποὶ) ἱερεῖς" (vergl. zu ihr vorher S. 141) angewandt worden ist[1]), oder in denen als Zahler einfach die ἱερεῖς des betreffenden Tempels genannt sind (P. Fay. 18).[2]) Daß diese Quittungen nicht wörtlich gedeutet werden dürfen, ist selbstverständlich. Es erscheint mir nun sehr wohl denkbar, daß ebenso wie sie auch die oben angeführten Urkunden zu beurteilen sind, d. h. daß man auch in den in diesen als Zahler genannten Personen nicht die wirklichen Zahler zu sehen hat, sondern nur diejenigen, die zur Leistung der betreffenden Zahlung verpflichtet waren; die Nennung des Tempelvorstandes würde alsdann anstatt der des Tempels erfolgt sein, wobei man die Erwähnung der wirklichen Ablieferer der Zahlung als von geringerer Wichtigkeit nicht für nötig gehalten hat.[3])

Auf Grund dieser wenigen, dazu z. T. nicht einmal sicher zu deutenden Angaben ist eine prinzipielle Feststellung über die aktive Beteiligung des Tempelvorstandes an den einzelnen Kassengeschäften nicht möglich; übrigens dürfte wohl auch überhaupt der Grad seiner Anteilnahme in den verschiedenen Tempeln und zu verschiedenen Zeiten ganz ungleich gewesen sein. Wir müssen uns eben damit begnügen konstatieren zu können, daß die leitenden Priester mitunter auch ihre eigenen Kassenbeamten gewesen sind, wobei man es wohl als eine durchaus sichere Voraussetzung bezeichnen darf, obgleich merkwürdigerweise bisher bestimmte Belege hierfür nicht vorliegen, daß neben dem Tempelvorstande an den für die eigentlichen Tempeleinnahmen bestimmten Kassen und Magazinen im allgemeinen noch besondere Kassenbeamte — Priester oder Laien — tätig gewesen sein werden[4]); denn es ist nicht glaubhaft, daß die Tempelleitung diese Kassen-

---

1) P. Lond. II. 347 (S. 70) u. P. Amh. II. 119 (zwei Namen); etwa auch P. Amh. II. 60 (ein Name, vergl. die Erklärung dieses Papyrus Bd. II. S. 102, A. 2); auf eine Stufe mit ihm ist P. Amh. II. 59 zu stellen.

2) Mit der obigen Vermutung ließe es sich auch gut vereinen, daß in der auf den ἀρχιερεύς ausgestellten Quittung der Name des ἀρχιερεύς nicht genannt ist. Das in den Kassenbüchern der Regierung bei der Zahlung der ἱερεῖς πρεσβύτεροι stehende „διά" könnte allerdings auf den ersten Blick als nur mit wirklicher Zahlungslegung durch die leitenden Priester vereinbar erscheinen, doch ist bei ihm in Betracht zu ziehen, daß es schon deswegen gesetzt werden mußte, um die Auffassung der Zahlung als Privatzahlung der Priester unmöglich zu machen.

3) Im Anschluß hieran sei auf P. Wess. Taf. gr. tab. 11 N. 23 (= tab. 11 N. 22, siehe tab. 12 N. 28) hingewiesen, in dem auch als Ausführer eines mit der Kassenverwaltung in Verbindung stehenden Geschäftes einfach die ἱερεῖς genannt sind (Soknopaiostempel, Beginn des 1. Jahrhunderts n. Chr.).

4) Sehr zweifelhaft ist es, ob man die beiden in P. Fay. 51 (2. Jahrhundert

geschäfte, die doch bei den meisten Heiligtümern infolge der mannigfachen Einnahmen und Ausgaben ganz umfangreich gewesen sein
müssen[1]), allein ohne feste Gehilfen erledigt hat, während ihr ja bei
denen der σύνταξις-Verwaltung solche sicher zur Seite gestanden
haben. Natürlich werden die Kassenbeamten kein selbständiges Verfügungsrecht besessen haben, sondern sie werden von den Disposi-
tionen des Tempelvorstandes abhängig gewesen sein.

Über die Formalien, unter denen sich der Geschäftsgang an den
Tempelkassen und -magazinen vollzogen hat, ist uns bisher nichts
Näheres bekannt geworden; wahrscheinlich ist es immerhin, daß sie
entprechend dem ägyptischen Usus ziemlich umständlich gewesen sind.[2])

Daß neben dem Tempelvorstand und seinen Angestellten in der
Einnahmen- und Ausgabenverwaltung der Tempel auch staatliche Beamte tätig gewesen sind oder daß diese dieses Verwaltungsressort etwa
wie die Administration der ἱερὰ γῆ sogar mitunter ganz in ihre Hand
genommen haben, dafür besitzen wir keinerlei Belege, was ja allerdings nicht ausschließt, daß ein derartiges Mitwirken des Staates doch
manchmal vorgekommen ist.[3]) Dagegen läßt es sich mit Sicherheit
erweisen, daß die Regierung sich auch hier ebenso wie in der σύνταξις-Verwaltung die Oberaufsicht und damit ein eventuelles Eingreifen in die Maßnahmen der Tempelleitung vorbehalten hatte.
Ob und inwieweit sie außerdem noch den leitenden Priestern etwa
nur ein beschränktes Verfügungsrecht über die Tempeleinnahmen zugestanden hat, ist nicht festzustellen[4]), doch ist es mir ganz wahr-

---

n. Chr.) genannten Personen als Belege für das Vorhandensein besonderer Kassenbeamten der Tempel anführen darf; sie erledigen zwar Kassengeschäfte eines
Faijûmheiligtumes (Bezahlen von Tempelsteuern, siehe die Bemerkungen hierüber im II. Bd. S. 62, A. 1), da sich jedoch bei ihnen keine Angabe ihres Standes
findet, so könnte man in ihnen immerhin z. B. auch Mitglieder des Tempelvorstandes sehen. Gar nicht in diesem Zusammenhang zu verwerten sind leider die
P. Amh. II. 56, 57, 58, da es sich nicht feststellen läßt, ob die Zahlungen, die
ihnen zufolge Priester empfangen bez. leisten, auf eigene Rechnung oder auf
die ihres Tempels erfolgen; besonders wichtig könnte sonst P. Amh. II. 58 werden, da der in ihm erwähnte Priester aller Wahrscheinlichkeit nach auch den
Titel „γραμματεύς" geführt hat.

1) Einen wenn auch nur ungenügenden Einblick in den Geschäftsverkehr
an den Tempelkassen eröffnet uns die eine erhaltene Abrechnung des Jupiterheiligtumes in Arsinoe (B. G. U. II. 362), die unter Angabe des Datums der Zahlung die einzelnen Geldeinnahmen und -ausgaben dieses Heiligtums anführt;
darnach sind z. B. an einem Tage von einer Kasse immerhin 9 Auszahlungen
vorgenommen worden (p. 7, 8—23).

2) Vergl. die Ausführungen Wilckens, Ostr. I. S. 638 ff. über die an den
staatlichen Kassen bei Ein- und Auszahlungen üblichen umständlichen Formalien.

3) Auf gelegentliches unberechtigtes Eingreifen offenbar von staatlichen
Beamten in die den Tempelbeamten vorbehaltene Schatzverwaltung der Tempel
weisen uns jetzt P. Tebt. I. 5, 58/59 u. 6, 45 hin.

4) Man könnte vielleicht daran erinnern, daß der Jupitertempel in Arsinoe
nur mit Erlaubnis der lokalen Aufsichtsbehörde neue Kapitalien ausleihen durfte

scheinlich, daß sich eine Beschränkung, wenn eine solche wirklich bestanden hat, in bescheidenen Grenzen gehalten hat.

Für das Eingreifen des Staates in die Finanzverwaltung besitzen wir bisher nur ein sicheres Beispiel[1]), und zwar für den Soknopaiostempel aus dem Beginn des 1. nachchristlichen Jahrhunderts[2]); der Staat ist in diesem Falle durch die lokale Aufsichtsbehörde, den Strategen, repräsentiert. Es handelt sich um die von einem Priester verlangte Sperrung der vom Tempel einem anderen Priester ausgezahlten Bezüge. Da man von Seiten des Tempels diesem Antrag nicht nachgekommen zu sein scheint, so bittet der Priester den Strategen dem Finanzdezernenten des leitenden Priesterkollegiums (siehe vorher S. 141, A. 4) Anordnungen im Sinne seines Antrages zu erteilen.

Dieses eine ganz spezielle Beispiel würde freilich die obigen verallgemeinernden Bemerkungen über das Verhältnis des Staates zur Finanzverwaltung der Tempel nicht rechtfertigen, ihre Berechtigung ergibt sich jedoch bei näherer Betrachtung der für die Buchführung der Tempel in Geltung gewesenen Vorschriften.

c. Die Buchführung.

Bei den verschiedenen Kassen und Magazinen eines Tempels werden stets von den Kassenbeamten amtliche Journale geführt

(siehe Bd. II. S. 118), und daß diese Erlaubnis auch eingeholt worden ist, als er einen augenblicklichen Überschuß seiner Einnahmen derartig verwandt hat (siehe Bd. I. S. 318, A. 1). Hier liegt allerdings eine Beschränkung des Verfügungsrechtes des Tempels über seine Einnahmen vor, doch weitere Schlüsse darf man meines Erachtens hieraus nicht ableiten, da es sich ja hier um eine außergewöhnliche Verwendung der Einnahmen, nicht um ihre gewöhnliche Verwertung zur Deckung der laufenden Ausgaben, sondern um ihre Überführung in den Kapitalsbesitz des Tempels handelt.

1) Vielleicht darf man übrigens auch P. Amh. II. 41 (2. Jahrh. v. Chr.) hierfür anführen. Laut dieser Urkunde veranlaßt nämlich ein gewisser Diodoros die Versiegelung des ϑησαυρός des Soknopaiostempels, bei der der λεσῶνης oder ein von diesem Delegierter (?) anwesend sein soll. Grenfell-Hunt neigen dazu, diesen Diodoros mit dem P. Amh. II. 56 u. 57 genannten Propheten des Soknopaios gleichen Namens (er führt übrigens daneben noch einen ägyptischen Namen) zu identifizieren, doch wohl mit Unrecht. Einmal weis es nicht zu dem Bilde stimmen, was wir von der Stellung des λεσῶνης als Tempelvorsteher machen, wenn ein Prophet als sein Vorgesetzter Anordnungen über die Tempelverwaltung träfe, vor allem würde aber doch der Prophet des Soknopaios seinen Mitpriestern die von ihm getroffene Anordnung nicht schriftlich haben zukommen lassen, wie dies hier der Fall ist. Auch die Entsendung eines besonderen Delegierten durch Diodoros (Z. 41: πέπομφα τὸν παρ᾽ ἐμοῦ) zu der Versiegelung weist uns darauf hin, daß der Auftraggeber der Tempelverwaltung ferner gestanden haben muß. Mir ist es ganz wahrscheinlich, daß wir in ihm einen staatlichen Beamten zu sehen haben, der mit der Versiegelung irgend eine Kontrolle der Schatzverwaltung des Tempels einleitet.

2) Siehe P. Lond. II. 357 (S. 165); er ist nur sehr verstümmelt erhalten, doch wird er in den Hauptzügen durch die auf denselben Vorfall sich beziehenden P. Wess. Taf. gr. tab. 12 N. 28, tab. 11 N. 23, tab. 11 N. 22 ergänzt.

worden sein, in die Tag für Tag die Einnahmen und Ausgaben —
nach den Rubriken λήμματα und ἀναλώματα getrennt — einzutragen
waren. Am Schluß eines jeden Monats wird man Einnahmen und
Ausgaben mit einander verrechnet und den eventuellen Überschuß der
ersteren über die letzteren auf die Rechnung des nächsten Monates
übertragen haben. Exemplare oder Bruchstücke dieser Kassenbücher,
die als solche sicher erkennbar wären, sind allerdings bisher noch
nicht vorhanden[1]), aber daß sie in der Weise, wie eben angegeben,
geführt worden sind, dafür spricht einmal schon der von einem staatlichen Aufsichtsbeamten erstattete Bericht über die Brotrückstände
der „Zwillinge" des großen Serapeums, in dem diese Rückstände für
die Zeit von $2\frac{1}{4}$ Jahr genau für jeden Tag angegeben werden[2]), und
außerdem vor allem die uns erhaltene, offenbar wörtliche Abschrift
einer mehrere Monate umfassenden Abrechnung der Geldeinnahmen
und -ausgaben des Jupiterheiligtumes in Arsinoe (215 n. Chr.)[3]).
Diese letztere macht uns auch mit der bemerkenswerten Tatsache bekannt, daß in die Abrechnungen auch Verordnungen vorgesetzter Behörden, die für die Kassenverwaltung von Wichtigkeit waren, aufgenommen werden konnten (B. G. U. II. 362 p. 5, 1—18). Da keine
Urschrift der Kassenjournale vorliegt, so läßt sich über die Sprache,
in der sie abgefaßt gewesen sind, nur eine Vermutung äußern. Da
der Regierung viel daran gelegen gewesen sein muß, die Eintragungen
in ihnen ohne weiteres zu verstehen, so dürfte sie auch darauf hin-
gewirkt haben die griechische Sprache zur Abfassung zu benutzen,
doch wird wohl, namentlich zu Beginn der hellenistischen Epoche,
auch das Demotische vielfach Anwendung gefunden haben.[4])

Der Kassenverwaltung hat außer der Führung der amtlichen
Tagebücher noch die Aufstellung einer Monatsrechnung (μηνιαῖος
λόγος) am Ende eines jeden Monats obgelegen, die bestimmt war
der vorgesetzten staatlichen Behörde, und zwar allem Anschein nach
dem Idiologus, bezw. seinem Departement, also der Oberinstanz, eingereicht zu werden.[5]) Diese monatliche Rechnungslegung der Tempel-

---

1) Es ist bedauerlich, daß es sich nicht feststellen läßt, ob der dem. P. Par.,
veröffentlicht von Revillout, Mélanges S. LXXIIIff., von Priestern oder ihren Beamten abgefaßt ist; wäre dies der Fall, so hätten wir in ihm die Abrechnung
eines Tempelmagazines vor uns; siehe zu ihm Bd. II. S. 123, A. 3. Vergl. auch
die Ausführungen im II. Bd. S. 8, A. 3 über P. Grenf. I. 39 Verso.
2) P. Lond. I. 18 (S. 22), siehe vorher S. 136.
3) B. G. U. II. 362. Daß es sich bei ihr nicht um die Urschrift, sondern
um eine Abschrift, und zwar um eine wörtliche, handelt, zeigt deutlich p. 3, 9,
wo von dem verflossenen Jahre die Rede ist, zusammengehalten mit p. 9, 4 und
p. 16, 8, wo ebendasselbe Jahr als das laufende bezeichnet ist; siehe ferner p. 3, 1.
4) Vergl. im folgenden Abschnitt die Bemerkungen über die von den
Tempeln in anderen Aktenstücken angewandte Sprache.
5) Siehe B. G. U. II. 362 frg. 1, 21; p. 2, 14; p. 4, 20; p. 8, 15; p. 12, 15;
p. 14, 3; p. 15, 20; die sich hier findende Formel „ἐπιτηρητῇ ὑπ(ὲρ) καταπομπῆς

verwaltung bei ihrem obersten weltlichen Vorgesetzten ist wohl der beste Beweis für die umfassende Kontrolle des Staates über die Tempelfinanzen, wird doch durch sie die Tempelkasse mit den staatlichen τράπεζαι und θησαυροί auf eine Stufe gestellt, bei denen ja derartige monatliche Abrechnungen stets in Brauch gewesen sind.[1]) Sie ist uns allerdings bisher nur für den Jupitertempel in Arsinoe bezeugt, doch scheint mir kein Anlaß zu der Annahme zu sein, daß wir es hier mit einer nur vereinzelt vorkommenden Einrichtung zu tun haben.

Im Zusammenhang mit der staatlichen Aufsicht über die Tempelfinanzen ist auch seiner Zeit (2./3. Jahrhundert n. Chr.) die Niederschrift der uns erhaltenen Abrechnungen des arsinoitischen Jupitertempels und des Soknopaiosheiligtumes erfolgt.[2]) Diejenigen des Jupitertempels sind, wie schon erwähnt, wörtliche Abschriften des Kassenjournals des Tempels, die mehrere Monate umfassen.[3]) Den Auftrag zu ihrer Abfassung hat der leitende Oberpriester erteilt, die Niederschrift hat vielleicht der in den Diensten des Tempels stehende γραμματεύς (siehe Bd. II. S. 21)[4]) oder irgend ein anderer Angestellter besorgt, und der Oberpriester hat sich dann durch seine eigenhändige Unterschrift für die Richtigkeit der Angaben verbürgt[5]) Aus dem erhaltenen Vorwort der einen (B. G. U.

μηνιαίου (sc. λόγου)" ist des näheren Bd. II. S. 49 erklärt. An wen von diesem ἐπιτηρητής die Absendung der Monatsrechnung vorgenommen worden ist, ist zwar nicht vermerkt, darf wohl aber aus den Persönlichkeiten geschlossen werden, an die die in P. Amh. II. 69 genannten, dem ἐπιτηρητής gleichzusetzenden Beamten die μηνιαῖοι λόγοι abgesandt haben; es sind dies der ἐγλογιστής τοῦ νομοῦ und der ἴδιος λόγος. Da es sich nun hier um Abrechnungen eines Tempels handelt, so dürfte wohl die Annahme, daß der Idiologus sie empfangen hat, das Richtige treffen.

1) Siehe Wilcken, Ostr. I. S. 640/41, 648/49, 654/55, 662/63; Archiv II. S. 126; Rostowzew a. a. O. Archiv III. S. 216/17; siehe auch noch P. Goodsp. 7 (ptolemäische Zeit).

2) B. G. U. II. 362 (siehe auch Hermes XXIII [1888] S. 629); I. 1 u. 337; 149; unpubl. P. Rainer 171 bei Wessely, Kar. u. Sok. Nes. S. 72 ff.; unpubl. P. Rainer 8 bei Wessely a. a. O. S. 71/72; B. G. U. II. 489, ein kleines Fragment wird man mit den eben genannten Papyri auf eine Stufe stellen dürfen, es bezieht sich auf einen Faijûmtempel, dessen Lage sich jedoch nicht feststellen läßt.

3) Es lassen sich 3 verschiedene Abrechnungen aus B. G. U. II. 362 herausschälen, der ersten gehört frg. 1 u. p. 1 u. 2, der zweiten p. 3—16, der dritten frg. 3 an; der Rand dieses Fragmentes enthält übrigens auch noch einzelne Buchstaben des Anfanges einer vierten Abrechnung (siehe Wilcken a. a. O. Hermes XX (1885) S. 444, A. 1).

4) Als irgendwie sicher kann freilich diese Vermutung nicht bezeichnet werden, da die zeitlich früher anzusetzenden Stücke von B. G. U. II. 362 frg. 1, p. 1 u. 2 von einer anderen Hand als p. 3 ff. geschrieben sind, obgleich damals derselbe γραμματεύς wie später in den Diensten des Tempels gestanden hat.

5) Siehe hierzu Wilcken a. a. O. Hermes XX (1885) S. 444, der darauf hinweist, daß die Unterschriften der Oberpriester (p. 2, 17 ff. u. frg. 3, 6 ff.) sich deutlich von der Schrift der sie umgebenden Stellen abheben.

II. 362 p. 3, 1 ff.) ist mit Sicherheit zu entnehmen, daß diese Abrechnungen dem Rat der Stadt Arsinoe eingeschickt worden sind[1]), und daß hierzu der Tempel offiziell verpflichtet gewesen ist, es hat also neben der Kontrolle der Oberinstanz noch eine besondere Aufsicht durch die lokalen Behörden bestanden[2]), wobei man in Betracht zu ziehen hat, daß ja in Arsinoe die βουλή den Strategen zu ersetzen hatte. Die Rechnungslegung an die lokalen Beamten ist übrigens nicht jeden Monat, sondern erst nach einem längeren Zwischenraum erfolgt; denn das Vorwort macht uns auch noch damit bekannt, daß sich die von ihm eingeleitete Abrechnung über die Zeit von 6 Monaten erstreckt hat, während sich freilich bei den anderen nicht feststellen läßt, wieviel Monate in ihnen zusammengefaßt gewesen sind. Ob am Jupitertempel 6 Monate immer der übliche Zwischenraum zwischen zwei Berichterstattungen gewesen sind, ist mir recht zweifelhaft, denn in unserem Falle können sehr wohl besondere Umstände die Abgrenzung des Berichtes auf diese Zeit veranlaßt haben, es kann nämlich der Beginn durch den Wechsel im Oberpriesteramte[3]) und der Schluß durch den Ablauf des Rechnungsjahres bestimmt worden sein[4]). Ich halte es vielmehr für recht wahrscheinlich, daß die zusammenfassende Rechnungslegung sich im allgemeinen über ein ganzes Jahr erstreckt haben wird.[5]) Ebenso wie die Buchführung der Tempelkasse wird auch die der Magazinverwaltung des Heiligtumes der Prüfung der vorgesetzten Behörde unterbreitet worden sein.[6])

Mit diesen Abrechnungen des Jupitertempels sind die uns erhaltenen des Soknopaiosheiligtumes schon insofern auf eine Stufe

---

1) Als ganz bemerkenswert sei hier hervorgehoben, daß man diese Abrechnungen im städtischen Archiv in Arsinoe in der Weise zusammen aufgehoben hat, daß man die verschiedenen Schriftstücke in Rollen zusammengeklebt hat; siehe die Bemerkungen Wilckens hierüber a. a. O. Hermes XX (1885) S. 444.

2) Eine doppelte Rechnungslegung hat z. B. auch bei den königlichen Kassen und Magazinen bestanden, siehe die vorher auf S. 147, A. 1 angegebenen Stellen.

3) Siehe über den Wechsel des Oberpriesters B. G. U. II. 362 p. 2, 17 ff. u. p. 3, 2 u. 19 ff.

4) Die Rechnung schließt mit dem Ἐπείφ (p. 3, 8), also mit dem vorletzten Monate des ägyptischen Jahres, und es ist sehr wohl möglich, daß wie noch oft heutigen Tages so auch hier der Schluß vom Rechnungs- und der vom Kalenderjahr nicht zusammengefallen sind; für andere Tempel läßt sich dies direkt nachweisen, siehe im folgenden S. 151. Ausgeschlossen ist es, daß die 6 Monate, über die Bericht erstattet wird, etwa der Amtszeit des neuen Oberpriesters entsprochen haben; siehe Bd. I. S. 52.

5) Dies läßt sich z. B. für den Soknopaiostempel direkt nachweisen; siehe im folg. S. 149. Vergl. ferner P. Oxy. III. 515, 4/5 u. 6, wo im Anschluß an die Rechnungslegung der staatlichen Magazine von Jahres- und von Monatsabrechnungen, die nebeneinander erfolgen, die Rede ist.

6) Vergl. die Abrechnungen des Soknopaiostempels, deren λόγος ἀργυρικός und σιτικός erhalten ist, siehe im folgenden S. 149.

zu stellen, als auch sie Abschriften der Kassenbücher darstellen; allerdings ist bei ihnen die Abschrift keine wörtliche. So sind die Ausgaben — über den Teil, in dem die Einnahmen zusammengestellt gewesen sind, sind wir ganz ungenügend unterrichtet[1]), doch wird er jedenfalls nach demselben Prinzip angefertigt gewesen sein — nicht nach dem Tage und Monat der Zahlung geordnet angeführt[2]), sondern es sind die einzelnen für denselben Zweck gemachten Ausgaben zusammengerechnet und in einem Posten oder unter einem Titel gebucht worden, wobei man noch darauf Rücksicht genommen hat, daß die gleichartigen Ausgaben, wie die für die verschiedenen Steuern, für den Kultus, für die Besoldung der Priesterschaft möglichst neben einander gestellt sind.[3]) Diese am Soknopaiostempel befolgte Methode der Anfertigung der Abrechnungen hat jedenfalls bedeutend mehr Mühe als die vom arsinoitischen Heiligtum angewandte erfordert; sie bietet allerdings dafür den Vorzug größter Übersichtlichkeit über die Art und die Höhe der Einnahmen und Ausgaben, während freilich die vergleichende Kontrolle mit den Eintragungen der Kassenbücher erschwert ist. Bemerkenswert ist es, daß in den Abrechnungen des Soknopaiostempels sowohl von der Kassen- als auch von der Magazinverwaltung Rechnung gelegt wird; die Berichte sind allem Anschein nach derartig angeordnet, daß man zuerst die gesamten Einnahmen und dann sämtliche Ausgaben, beide Gruppen zerfallend in einen λόγος ἀργυρικός und in einen λόγος σιτικός, aufgeführt hat. In allen uns bekannt gewordenen Fällen hat sich die Rechnungslegung über ein ganzes Jahr erstreckt.[4]) Schließlich sei auch noch darauf hingewiesen, daß in der Generalabrechnung nicht nur für den Soknopaiostempel Rechnung gelegt worden ist, sondern daß man in sie auch die Spezialeinnahmen und -ausgaben der mit ihm verbundenen Heiligtümer aufgenommen hat.[5])

---

1) Siehe unpubl. P. Rainer 8 u. 171 a. a. O. S. 71/72 u. 73.

2) Die Zeit, in der die Ausgabe geleistet worden ist, ist nur dann angegeben, wenn sie mit dazu nötig war, die betreffende Ausgabe näher zu charakterisieren; siehe einzelne Angaben in B. G. U. I. 1 u. 149; unpubl. P. Rainer 171 a. a. O. S. 76.

3) Alle vom Tempel kontrahierte Ausgaben sind in diese zusammenfassenden Abrechnungen allem Anschein nach nicht aufgenommen worden. So vermißt man z. B. in ihnen die Betriebsunkosten der vom Tempel betriebenen Gewerbe. Vielleicht kann man dies dadurch erklären, daß man für die Generalabrechnung die einzelnen mit dem Gewerbebetrieb zusammenhängenden Einnahmen und Ausgaben gegen einander verrechnet und nur den etwaigen Gewinn unter die Einnahmen eingetragen hat.

4) Vergl. hierzu vornehmlich B. G. U. I. 1, 17/18 u. 149, 3 ff.; unpubl. P. Rainer 8 (a. a. O. S. 71) u. 171 (a. a. O. S. 75/76); siehe auch noch B. G. U. I. 1, 3 ff.; unpubl. P. Rainer 171 (a. a. O. S. 75).

5) Siehe B. G. U. I. 337, 3 u. 13 ff.; unpubl. P. Rainer 171 a. a. O. S. 73, 74 u. 76.

Der Zweck, um dessen willen die uns erhaltenen Abrechnungen des Soknopaiosheiligtumes angefertigt worden sind, ist der gleiche wie bei denen des Jupitertempels. Auch sie waren dazu bestimmt, der vorgesetzten staatlichen Behörde eingereicht zu werden; verpflichtet zu ihrer Einreichung war auch hier der Tempelvorstand, d. h. das leitende Priesterkollegium (vergl. auch Wessely, Kar. u. Sok. Nes. S. 57/58). Die Richtigkeit dieser Behauptung ergibt sich vor allem aus zwei allerdings leider nur teilweise publizierten P. Rainer (8 u. 171 bei Wessely a. a. O. S. 58, 71, 72 ff.), aber auch auf Grund von einigen anderen bereits vollständig herausgegebenen Papyri[1]) konnte man zu demselben Schluß gelangen. Ihnen zufolge ist nämlich von dem Tempelvorstande den staatlichen Beamten regelmäßig eine $\gamma\varrho\alpha\varphi\eta$ $\iota\varepsilon\varrho\acute\varepsilon\omega\nu$ (zu ihr siehe im folg. S. 156) und ein $\chi\varepsilon\iota\varrho\iota\sigma\mu\acute o\varsigma$ eingereicht worden.[2]) Dem letzteren Worte legt Kenyon (P. Lond. II. S. 111 zu P. 470) die Bedeutung „Zahlung" bei; diese hier anzunehmen liegt jedoch kein Anlaß vor, man wird vielmehr anknüpfend an die oft anzuwendende Übersetzung „Verwaltung" $\chi\varepsilon\iota\varrho\iota\sigma\mu\acute o\varsigma$ etwa als „Verwaltungsbericht" deuten dürfen. Als stets wiederkehrender Bestandteil eines solchen läßt sich nun einmal eine Tempelinventarliste feststellen.[3]) Des weiteren darf man es aber wohl als selbst-

---

1) Siehe B. G. U. I. 296. (vergl. hier besonders die Beischrift von 2. Hand am Schluß) u. P. Lond. II. 353 (S. 112); B. G. U. II. 387; vergl. auch P. Lond. II. 345 (S. 113) u. B. G. U. II. 488; schließlich auch B. G. U. IV. 1023.

2) Obgleich die Urkunden alle mehr oder weniger verstümmelt sind, läßt sich doch für sie durch Vereinigung der erhaltenen Angaben der einzelnen folgendes Schema herstellen (siehe auch die Angaben Wesselys, Kar. u. Sok. Nes. S. 58 über den unpubl. P. Rainer 90): An X. Y., den $\beta\alpha\sigma\iota\lambda\iota\kappa\acute o\varsigma$ $\gamma\varrho\alpha\mu\mu\alpha\tau\varepsilon\acute v\varsigma$ (ev. kann auch ein anderer Beamter des Strategenamtes der Adressat gewesen sein) von U. V. usw., dem Vorstande des Tempels des Gottes Z., „$\kappa\alpha\tau\varepsilon\chi\omega\varrho\acute\iota\sigma\alpha\mu\acute\varepsilon\nu$ $\sigma o\iota$ (kann auch wegfallen) $\gamma\varrho\alpha\varphi\grave\eta\nu$ $\iota\varepsilon\varrho\acute\varepsilon\omega\nu$ $\kappa\alpha\grave\iota$ $\chi\varepsilon\iota\varrho\iota\sigma\mu\grave o\nu$ (es wird auch $\kappa\alpha\tau\varepsilon\chi\omega\varrho\acute\iota\sigma\alpha\mu\varepsilon\nu$ weglassen und dafür einfach der Nominativ der beiden Substantiva gesetzt) $\tau o\tilde v$ $\iota\varepsilon\varrho o\tilde v$ $\tau o\tilde v$ $\grave\varepsilon\nu\varepsilon\sigma\tau\tilde\omega\tau o\varsigma$ x. $\check\varepsilon\tau o\upsilon\varsigma$". Wessely a. a. O. S. 57/58 liest bez. ergänzt stets $\chi\varepsilon\iota\varrho\iota\sigma\mu o\tilde\upsilon$, und nicht $\chi\varepsilon\iota\varrho\iota\sigma\mu\acute o\nu$, d. h. er läßt dies Wort auch von $\gamma\varrho\alpha\varphi\acute\eta$ abhängen (ebenso Wilcken, Archiv I. S. 147). Ich möchte jedoch $\gamma\varrho\alpha\varphi\grave\eta$ $\iota\varepsilon\varrho\acute\varepsilon\omega\nu$ als geschlossenen Ausdruck und dementsprechend $\chi\varepsilon\iota\varrho\iota\sigma\mu\acute o\varsigma$ als selbstständiges Wort auffassen, was mir B. G. U. I. 296, 21 zu bestätigen scheint, wo nach der Lesung Wilckens die Abhängigkeit von $\chi\varepsilon\iota\varrho\iota\sigma\mu\acute o\varsigma$ von $\gamma\varrho\alpha\varphi\acute\eta$ ausgeschlossen ist; vergl. auch Wesselys a. a. O. S. 58 Angabe über den Schlußvermerk in dem unpubl. P. Rainer 90. Hervorgehoben sei noch, daß sich an die im vorhergehenden rekonstruierten Sätze der $\chi\varepsilon\iota\varrho\iota\sigma\mu\acute o\varsigma$ mitunter direkt angeschlossen hat (siehe etwa B. G. U. II. 387 u. 488), in einigen Fällen hat man jedoch in ihnen ein besonderes Begleitschreiben zu dem offenbar zugleich abgesandten $\chi\varepsilon\iota\varrho\iota\sigma\mu\acute o\varsigma$ zu sehen (siehe B. G. U. I. 296; P. Lond. II. 353 (S. 112), auch 345 (S. 113).

3) Man hat bei dieser Feststellung (verwertet ist sie schon in diesem Bande auf S. 118) von B. G. U. II. 488 auszugehen. Siehe außer den oben A. 1 genannten Belegen auch noch die zusammengehörenden B. G. U. II. 590 + I. 162, welche im Anschluß an ein Inventarverzeichnis eine Priesterliste enthalten; daß wir es

verständlich bezeichnen, daß die Verwaltungsberichte auch stets eine Abrechnung der Tempelkassen und -magazine enthalten haben werden; es haben denn auch die uns überkommenen Jahresabrechnungen des Soknopaiostempels in ihrer Anlage, der Zusammenfassung und der Anordnung der einzelnen Posten, ganz den Charakter eines Berichtes.[1]) Ob übrigens den χειρισμοί noch weitere zusammenfassende Berichte über die Tempelverwaltung regelmäßig eingefügt werden mußten, ist vorläufig nicht zu entscheiden.[2])

Als Behörde, der die Verwaltungsberichte eingeschickt worden sind, wird, soweit überhaupt diese Angabe erhalten ist, der βασιλικὸς γραμματεύς des für Soknopaiu Nesos zuständigen Strategenamtes — es ist der des Herakleidesbezirkes des arsinoitischen Gaues — genannt (B. G. U. I. 296 u. P. Lond. II. 353 [S. 112], und man darf wohl annehmen, daß die Einsendung stets an das übergeordnete Strategenamt erfolgt ist[3]), mag auch vielleicht nicht immer der königliche Schreiber der spezielle Empfänger gewesen sein. Es hat also ebenso wie bei dem Jupitertempel so auch beim Soknopaios-heiligtum der betreffenden obersten lokalen Behörde die Prüfung der Buchführung zugestanden, wenn eine einen längeren Zeitraum umfassende Abschrift der Rechnungsbücher vorgelegt wurde. Der Soknopaiostempel hat seinen Rechnungsbericht alljährlich einmal[4]) und zwar bereits gegen Ende des Kalenderjahres eingereicht[5]), sein Rechnungsjahr kann also nicht ganz mit jenem zusammengefallen sein.[6]) Es sei übrigens auch noch darauf hingewiesen, daß zu der-

---

auch hier mit einem zur Einschickung bestimmten, mit einer γραφὴ ἱερέων verbundenen χειρισμός zu tun haben, läßt sich trotz des Fehlens der Begleitworte aus der in B. G. U. I. 162, 15 ff. sich findenden Versicherung entnehmen, welche auf jemanden hinweist, der sie annimmt.

1) Es sei hier noch darauf hingewiesen, daß das Abrechnungsfragment B. G. U. I. 149 und der in B. G. U. II. 387 enthaltene Beginn eines χειρισμός von derselben Hand geschrieben sind; leider läßt sich allerdings nicht feststellen, ob sie derselben Urkunde angehört haben.

2) Nach Wesselys, Kar. u. Sok. Nes. S. 72 ff. (bes. S. 77) Angaben über den unpubl. P. Rainer 171 ist dies in diesem allem Anschein nach nicht der Fall gewesen, allerdings müßte man nach Wesselys Angaben auch annehmen, daß hier auch nicht die Inventarliste usw. mit dem Abrechnungsbericht verbunden gewesen ist, es scheint mir also angebracht mit einem endgiltigen Urteil bis zur Publikation des Papyrus zu warten.

3) Vergl. auch P. Lond. II. 345 (S. 113) u. B. G. U. IV. 1023.

4) Vergl. die stets angewandte Formel „χειρισμὸς τοῦ ἐνεστῶτος x. ἔτους"; sie findet sich zudem noch in Urkunden, die drei aufeinanderfolgenden Jahren (219—221 v. Chr.) angehören: unpubl. P. Rainer 90 bei Wessely a. a. O. S. 58; B. G. U. I. 296; P. Lond. II. 353 (S. 112); vergl. vorher S. 149, A. 4.

5) In P. Lond. II. 353 (S. 112) stammt der Bericht vom 30. Mesore, im unpubl. P. Rainer 171 a. a. O. S. 73 scheint er vom 8. Mesore datiert gewesen zu sein; vergl. auch die Formel „Bericht für das laufende Jahr".

6) Man hat hierbei auch in Betracht zu ziehen, daß, wenn der Bericht

selben Zeit auch das Amtsjahr des leitenden Priesterkollegiums, das
wohl mit dem Kalenderjahr zusammenfiel (siehe Bd. I. S. 50), zu Ende
ging; da nun die leitenden Priester als die verantwortlichen Redakteure des Rechenschaftsberichtes erscheinen[1]), so hatte dieser wohl
auch den Zweck, vor dem Rücktritt des Tempelvorstandes dessen
Amtsführung der Regierung gleichsam zur Erteilung der Decharge
zu unterbreiten.

Da außer für den Soknopaiostempel noch für zwei andere Faijûmheiligtümer, für den Tempel eines Gottes Sykatoimis und für den
der Isis im Dorfe Nabla, die Einreichung von χειρισμοί, zu denen auf
jeden Fall auch Abrechnungen gehört haben werden, an das Strategenamt zu belegen[2]) ist, so besitzen wir mithin eine ganze Anzahl Bei-

---

spätestens 5 Tage vor Jahresschluß schon eingereicht ist, auch die vorhergehenden letzten Tage des Mesore in ihm kaum näher berücksichtigt gewesen
sein können. Nun wird allerdings in dem Rechnungsbericht im unpubl. P.
Rainer 171, der vom 8. Mesore stammen soll, auch eine Ausgabe vom 26. Mesore
erwähnt (S. 76); da es sich bei ihr jedoch um eine der regelmäßig wiederkehrenden Ausgaben handelt, so könnte man hierdurch die vorherige Erwähnung in der zusammenfassenden Abrechnung einigermaßen erklären, oder
sollte sich etwa dieses Datum auf das vorhergehende Jahr beziehen? Für ein
Nichtzusammenfallen von Kalender- und Tempelrechnungsjahr scheinen mir auch
die Angaben in B. G. U. III. 916 zu sprechen. Ihm zufolge haben nämlich die
leitenden Priester des Tempels in Gynaikon Nesos die Bestimmung getroffen,
daß für ein dem Tempel gehörendes, im Thoth, also im ersten Monat des Jahres
verpachtetes Besitzobjekt der jährliche Pachtpreis binnen 10 Monaten, angefangen
vom 2. Monate des Kalenderjahres, erlegt sein solle; diese eigenartige Festsetzung erklärt sich nun wohl am einfachsten durch die Annahme, daß das
Rechnungsjahr des Tempels mit dem 11. Monate schloß und daß man in ihm
das Pachtgeld für das ganze Jahr verrechnen wollte.

1) Ob sie auch die Berichte selbst verfaßt oder ob dies in ihrem Namen
irgendwelche Tempelbeamte getan haben, ist nicht zu entscheiden.

2) Siehe B. G. U. II. 488, sowie P. Lond. II. 345 (S. 113). Der Londoner
Papyrus macht uns freilich nur mit der Einreichung eines χειρισμός (hinter χειρισμός steht hier nicht wie sonst „τοῦ ἱεροῦ"; das Wort dürfte nicht zufällig
ausgelassen sein, sondern sein Fehlen mit dem besonderen Charakter dieses
χειρισμός zusammenhängen) von seiten des Vorstandes der παστοφόροι des Isistempels bekannt, doch scheint es mir, da doch wohl kaum an diesem Heiligtum
allein Pastophoren beschäftigt gewesen sein werden, ganz selbstverständlich zu
sein, daß, wenn schon die Vorsteher der zum Tempel gehörenden παστοφόροι
zur Berichterstattung verpflichtet waren, diese Pflicht der Oberleitung des Heiligtumes erst recht obgelegen hat. An und für sich ist die hier uns bezeugte Er-
stattung eines besonderen Rechenschaftsberichtes durch die Hauptvertreter
der niederen Priesterschaft, mit dem übrigens zugleich eine Pastophorenliste eingereicht worden ist, recht merkwürdig und läßt sich wohl nur durch die Annahme
erklären, daß die Pastophoren mit dem Heiligtum, dem sie zugeteilt waren, in
nicht allzu enger Verbindung gestanden haben. Den Inhalt dieses Berichtes
kennen wir nicht näher. Wir besitzen zwar jetzt in B. G. U. IV. 1023 eine mit
dem Londoner Papyrus auf eine Stufe zu stellen Urkunde (hier handelt es
sich um ϑεαγοί des Sokopichonsis von Tebtynis, vergl. Bd. I. S. 95, A. 1), in
dieser kommt jedoch das Wort χειρισμός nicht vor, sondern hier ist nur von der

spiele für die durch Gaubeamte ausgeübte Aufsicht des Staates über
die Einnahmen- und Ausgabenverwaltung der Tempel und dürfen wohl
für das 2. und 3. Jahrhundert n. Chr. — jener Zeit gehören alle
unsere Belege an — in dieser Kontrolle der lokalen Oberbehörden eine in ganz Ägypten in Geltung gewesene Einrichtung
sehen.[1]) Wie sich im einzelnen im Anschluß an die Einreichung der
Berichte die Prüfung gestaltet hat, läßt sich vorläufig nicht feststellen,
ebenso besitzen wir bisher noch keine Nachrichten über die Vornahme von außergewöhnlichen Revisionen durch Staatsbeamte, welche
doch wohl mitunter erfolgt sein werden.

Seit wann die staatliche Aufsicht bestanden hat, ob sie
etwa schon aus vorhellenistischer Zeit stammt, oder ob sie erst unter
den Ptolemäern und römischen Kaisern geschaffen worden ist, zur
Entscheidung dieser so überaus wichtigen Frage können wir leider
vorläufig nicht gelangen. Man hat zwar die Behauptung ausgesprochen, daß für die für den Jupitertempel bezeugte Rechnungslegung,
wie überhaupt für die erhaltenen Tempelrechnungen und Inventarverzeichnisse die entsprechenden Einrichtungen der Tempel Griechenlands vorbildlich gewesen seien[2]), doch wird man diese Ansicht, die,
wäre sie begründet, freilich die obige Frage ohne weiteres entscheiden
würde, aufgeben müssen.[3]) Denn wir besitzen jetzt in den der ersten

---

Einreichung der „$\gamma\varrho\alpha\varphi\dot\eta$ $\vartheta\varepsilon\alpha\varkappa\tilde\omega\nu$" und einer $\gamma\varrho\alpha\varphi\dot\eta$ „$\tau\tilde\omega\nu$ $\dot\varepsilon\nu$ $\tau\tilde\omega$ $\dot\iota\varepsilon\varrho\tilde\omega$ $\dot\alpha\pi o\varkappa\varepsilon\iota\mu\dot\varepsilon\nu\omega\nu$",
d. h. wohl einer Inventarliste die Rede; da die letztere hier wohl von Pasto-
phoren verfaßt ist, darf man nicht annehmen, daß sie das ganze Inventar des
Heiligtums umfaßt hat, sondern gewiß nur die der besonderen Obhut der
Pastophoren unterstellten Inventarstücke; vergl. hierzu etwa B. G. U. II. 590, 2.

1) Es sei noch daran erinnert, daß sich in den hier behandelten Abrech-
nungen keine Angaben über die Einnahmen und Ausgaben der $\sigma\dot\upsilon\nu\tau\alpha\xi\iota\varsigma$-Verwal-
tung der Tempel finden. Man darf jedoch wohl annehmen, daß über sie in
ähnlicher Weise ein besonderer Bericht erstattet worden ist, vorausgesetzt natür-
lich, daß den betreffenden Heiligtümern die Verwaltung der $\sigma\dot\upsilon\nu\tau\alpha\xi\iota\varsigma$ anvertraut
war; die Absonderung der Rechnungslegung für die $\sigma\dot\upsilon\nu\tau\alpha\xi\iota\varsigma$ ließe sich dadurch
aufs einfachste erklären, daß ja, wie wir nachgewiesen haben (Bd. II. S. 125/26),
besondere Kassen und Magazine für die $\sigma\dot\upsilon\nu\tau\alpha\xi\iota\varsigma$ neben den die eigentliche
Tempeleinnahmen aufnehmenden bestanden haben.

2) Siehe vornehmlich Wilcken a. a. O. Hermes XX (1885) S. 447/48 und
Swoboda a. a. O. Wiener Studien f. klass. Philologie XI (1889) S. 70/71. (Swobodas Auffassung von der Abhängigkeit der ägyptischen Tempelverwaltung von
dem griechischen Vorbilde ist übrigens schon bei einer Einzelheit als unberechtigt zurückgewiesen worden, siehe Bd. I. S. 318, A. 4.)

3) Wir haben hier wieder einen Fall vor uns, der uns wie so viele andere
mahnt die höchste Vorsicht walten zu lassen, wenn wir auf Grund gleicher Vorstellungen, Einrichtungen usw., die wir in von einander verschiedenen
Kulturkreisen finden, die Ableitung der Einrichtungen des einen von denen
des anderen zu erweisen versuchen. Man geht augenblicklich in dem Bestreben
einen inneren Zusammenhang zwischen ähnlichen Phänomenen zu konstruieren
sicher oft viel zu weit, die Möglichkeit der Analogiebildung, der „Völker-

Hälfte des 2. Jahrtausends v. Chr. angehörenden Papyri von El Kahun[1]) die Abrechnungen und Inventarlisten eines alten ägyptischen Heiligtumes, die ebenso wie die aus der hellenistischen Zeit stammenden eigens der Rechnungslegung dienen; besonders bemerkenswert ist es, daß in den Papyri von El Kahun ebenso wie in den besprochenen Eingaben der Soknopaiospriester die Abrechnung und das Inventarverzeichnis mit einer Priesterliste[2]) zu einem großen Schriftstück vereinigt gewesen ist. Hiernach ist es zweifellos, daß wir in den Rechenschaftsberichten eine altägyptische und nicht eine aus Griechenland eingeführte Einrichtung zu sehen haben.[3]) Ein wichtiger Unterschied hat allerdings zwischen der Rechnungslegung und Berichterstattung der alten und derjenigen der neuen Zeit bestanden. In jener hat die amtierende Phyle der Laienpriesterschaft (siehe Bd. I. S. 23—25)[4]) am Schluß ihrer Amtszeit ihren Bericht allem Anschein nach nur der ihr im Amt nachfolgenden Phyle und nicht auch staatlichen Beamten zur Prüfung vorgelegt[5]), in dieser haben die Priestervorsteher —

---

gedanken" wird viel zu wenig berücksichtigt. Vergl. hierzu auch die Bemerkungen im I. Bd. S. 132, A. 1 u. S. 221, A. 3.

1) Publ. von Borchardt a. a. O. Ä. Z. XXXVII (1899) S. 89 ff.; vergl. auch Borchardt a. a. O. Ä. Z. XL (1902/3) S. 113 ff. Eine zusammenfassende, d. h. zu einem bestimmten Zweck hergestellte Tempelabrechnung, nicht das Bruchstück eines Rechnungsbuches besitzen wir übrigens vielleicht auch aus der Perserzeit in dem dem. P. Straßb. 48 (Spiegelberg S. 17).

2) Dieser Priesterliste entspricht die mit dem χειρισμός eingereichte γραφὴ ἱερέων, siehe im folgenden noch S. 156.

3) Über die entsprechenden griechischen Verhältnisse siehe vor allem die zusammenfassenden Ausführungen Swobodas a. a. O. Wiener Stud. f. klass. Phil. X (1888) S. 278 ff. u. XI (1889) S. 65 ff.

4) Es kann auf den ersten Blick merkwürdig erscheinen, daß diesen Papyri zufolge damals an dem Kahuntempel nicht die berufsmäßigen Priester, sondern Laienpriester die Oberleitung der Tempelverwaltung geführt haben. Ich möchte hierin ein Residuum der Verhältnisse der alten Zeit sehen. Das Priestertum aller Gläubigen, das wir für die prähistorische Zeit anzunehmen haben, ist bekanntlich im alten Reich noch nicht ganz geschwunden, es tritt uns wenn auch abgeschwächt in dem priesterlich-religiösen Charakter der damaligen Gesellschaft entgegen (siehe Bd. I. S. 17, A. 3 u. S. 202, A. 1). Auch der Kultus an öffentlichen Tempeln ist noch z. T. mehr oder weniger als Privatkultus der an ihnen priesterliche Funktionen ausübenden Laien zu fassen; in diesen und nicht in den neben ihnen amtierenden berufsmäßigen Priestern hat man gleichsam die Besitzer der Heiligtümer zu sehen. Als sich dann die priesterlichen Laien in Phylen organisierten, mußte diesen daher auch die Oberleitung der Tempelverwaltung zufallen. Erst allmählich werden die berufsmäßigen Priester größeren Einfluß auf die Tempelverwaltung erlangt haben — an den verschiedenen Tempeln wohl zu verschiedener Zeit —, bis schließlich diese ganz zugleich mit dem Eintritt der Laienpriester in ihre Reihen (siehe hierzu Bd. I. S. 24, A. 3) in ihre Hand übergegangen ist.

5) Der große Papyrus Harris aus der Zeit Ramses' III. gestattet uns leider keine Entscheidung, ob damals Rechenschaftsberichte von den Tempeln dem Staat regelmäßig eingereicht worden sind. Er ist allerdings als die Zusammen-

übrigens auch gelegentlich des Rücktrittes von ihrem Amte — den Verwaltungsbericht der vorgesetzten weltlichen Behörde eingereicht; nicht unterrichtet sind wir über die Formalitäten, welche im Tempel bei der Amtsübergabe an die Nachfolger gebräuchlich gewesen sind. Wenn auch demnach für die frühere Zeit eine staatliche Kontrolle der Rechnungslegung der Tempel nicht nachzuweisen ist, so liegt doch meines Erachtens kein zwingender Grund vor für ihre Einführung griechischen Einfluß anzunehmen. Denn ebenso wie dies tatsächlich in Griechenland der Fall gewesen ist[1]), dürfte eben auch in Ägypten die ursprüngliche Selbstverwaltung der Tempel im Laufe der Zeit durch den Staat, wenn dieser die nötige Macht dazu hatte, ganz von selbst beschränkt worden sein (vergl. hierzu Bd. II. S. 75, A. 3) und so dürfte sich allmählich eine regelmäßige Aufsicht durch den Staat herausgebildet haben. Eine solche war, gerade wenn besonders reiche Kirchengüter vorhanden waren, für den Staat ein natürliches Bedürfnis, die Staatsaufsicht kann man also einfach als das Produkt einer geschichtlichen Entwicklung fassen.[2]).

---

stellung von Berichten zu fassen, welche die ägyptischen Tempel aus Anlaß des Todes Ramses' III. über die von diesem König während seiner ganzen Regierung ihnen überwiesenen Geschenke zu erstatten hatten (siehe Erman, a. a. O. Sitz. Berl. Ak. 1903. S. 463); man kann jedoch sehr wohl in der Einreichung dieser Auszüge aus den Rechnungsbüchern der Tempel eine durch die besonderen Umstände bedingte außergewöhnliche Maßnahme sehen, die mit einer regulären staatlichen Aufsicht nichts zu tun hat. Andererseits darf man freilich m. E. die Tatsache der Einreichung der Sonderberichte nicht dahin deuten, daß für gewöhnlich solche nicht erstattet worden seien, da ja sonst die Regierung aus den regelmäßigen Berichten sich selbst die von ihr gewünschten Angaben hätte herausziehen können; doch hierzu hätte ihr eigentlich auch ihre eigene Rechnungsführung dienen können, die Nichtbenutzung dieser zeigt eben, daß sich der Staat durch seinen Auftrag an die Tempel seine Arbeit hat erleichtern wollen.

1) Siehe vor allem Swoboda a. a. O. Wiener Stud. f. klass. Phil. XI (1889) S. 80 ff.; Schoemann-Lipsius, Griechische Altertümer[4] II. S. 422/23.

2) Auf eine vortreffliche Parallele zu den im Text besprochenen Rechenschaftsberichten hat inzwischen Lumbroso, Lettere al signor professore Wilcken XV, Archiv III. S. 354 aufmerksam gemacht durch den Hinweis auf eine Nachricht in der Vita des Gregors v. Nazianz S. 28 (abgedruckt in Gregors opera ed. Prunaeus 1609); voll ausgenutzt hat er freilich die Stelle noch nicht. Ihr zufolge soll Gregor als Erzbischof von Konstantinopel von den Geistlichen, da er alle weltlichen Dinge von ihnen möglichst fernhalten wollte, nicht die Einreichung von λογισμοὶ προσόδων καὶ διοικήσεως, sowie von ἀναγραφαὶ σκευῶν ἱερῶν verlangt haben. Es scheint also, als ob auch in der christlichen Kirche die Aufstellung ähnlicher Rechenschaftsberichte, wie sie uns für die griechischen und ägyptischen Tempel bekannt geworden sind, ganz üblich gewesen ist, und so hätten wir hier wieder eine Übernahme einer Einrichtung des hellenistischen in den christlichen Kultus vor uns. Für die Beurteilung des Verhältnisses von Staat und christlicher Kirche in damaliger Zeit ist es bemerkenswert, daß die Aufsicht hier nicht von der weltlichen, sondern von der obersten geistlichen Behörde ausgeübt worden sein soll.

C. Die Tempelkanzlei.

Auf Grund der Erörterungen des letzten Abschnittes darf man wohl als eine der wichtigsten Aufgaben der Tempelkanzlei die alljährliche Aufstellung der Rechenschaftsberichte der Tempel bezeichnen. Es ist nun auch schon bereits erwähnt worden (Bd. II. S. 150), daß mit ihnen zusammen alljährlich der Regierung eine γραφὴ ἱερέων, d. h. eine Liste[1]) der Priester höherer Ordnung des betreffenden Tempels[2]) eingesandt worden ist. Der Beginn einer solchen ist uns denn auch in direktem Anschluß an ein Tempelinventarverzeichnis erhalten (B. G. U. I. 162), und man darf wohl auch einige in der Anlage freilich etwas anders geartete, uns leider nur fragmentarisch überkommene Priesterlisten aus dem 2. Jahrhundert n. Chr., die allem Anschein nach dem Soknopaiostempel angehören[3]), als Bruchstücke der dem Staate eingereichten γραφαὶ ἱερέων auffassen (vergl. auch Wessely, Kar. u. Sok. Nes. S. 58 u. 63).

Einmal paßt das ganze Aussehen dieser Verzeichnisse, in denen die Priester nach Phylen und innerhalb dieser nach Familien geordnet angeführt werden, und in denen sich bei jedem nur die Angabe seines augenblicklichen Alters, sonst aber keinerlei Bemerkungen, die auf einen längeren Gebrauch der Listen hinweisen, wie Eintragungen von Veränderungen in der Priesterschaft u. dergl. finden, — dieses Aussehen (vergl. auch Bd. I. S. 34/35) paßt eigentlich nur für Listen, die an einem bestimmten Termin eigens zu einem bestimmten Zweck angefertigt worden sind. Außerdem ist aber wohl auch eine am Ende

---

1) γραφή in der Bedeutung „Personenliste" finden wir öfters in den Papyri, siehe z. B. Rev. L. Col. 11, 11; P. Lond. II. 260 (S. 42), Z. 332 u. 490; P. Rainer, publ. von Wessely, Studien zur Paläographie und Papyruskunde, 2. Heft S. 26/27.

2) Wie es ja schon der Name besagt, sind in die von den Tempeln aufgestellten γραφαὶ ἱερέων offenbar die Priester niederer Ordnung nicht aufgenommen worden, vielmehr scheinen Listen der niederen Priester stets von diesen selbst dem Staat eingereicht worden zu sein; vergl. P. Lond. II. 345 (S. 113); B. G. U. IV. 1023.

3) B. G. U. I. 258; II. 406 + 627; unpubl. P. Lond. 364 (P. Lond. II. S. XXXIV). Bd. I. S. 34, A. 4 ist die Eigenart der Liste B. G. U. I. 162, 15 ff. wohl etwas zu stark betont worden. Sie unterscheidet sich von den vorhergenannten einmal dadurch, daß sie innerhalb der einzelnen Phyle nach dem Alter angeordnet gewesen zu sein scheint (vergl. dagegen Bd. I. S. 35), und dann vor allem durch eine allem Anschein nach bei jedem der in ihr aufgeführten Priester hinzugesetzte Bemerkung, welche im Anschluß an die die Überschrift der Liste bildenden Worte betont, daß von dem betreffenden Priester eine gewisse Priestersteuer (vergl. zu ihr VII. Kapitel) bezahlt worden ist. Es wäre übrigens, da in den anderen Listen der Anfang fehlt, nicht ausgeschlossen, daß sie etwa in ähnlicher Weise eingeleitet gewesen sind und daß man in ihnen nur der Einfachheit halber die die Überschrift aufnehmende Bemerkung bei dem einzelnen Priester weggelassen hat.

von zwei der erwähnten Priesterlisten sich findende Zusammenstellung[1]), welche uns zugleich einen weiteren Einblick in den Inhalt der γραφαὶ ἱερέων eröffnet (siehe Bd. I. S. 35), als Beweis für die Richtigkeit der obigen Behauptung zu verwerten; sie hat die Namen derjenigen Priesteranwärter enthalten, die in einem bestimmten, jedenfalls in dem der Abfassung der Verzeichnisse folgenden Jahre ihr priesterliches Amt antreten sollten.[2]) Daß man sich überhaupt die Mühe einer solchen Zusammenstellung gemacht hat, zeigt wohl deutlich, daß die Listen zur Vorlegung an andere bestimmt gewesen sind, und da ferner einleuchtet, daß diese Zusammenstellungen nur für ein Jahr irgend welchen Wert besessen haben, so erscheint die Folgerung, daß auch den ganzen Listen kein anderer beigelegt werden darf, durchaus berechtigt. Schließlich liegt auch kein Grund vor, jemand anderen als Priester bez. ihre Beauftragten als Verfasser dieser Listen anzunehmen.

Nach alledem hat man also in der alljährlichen Abfassung und Einreichung von solchen Priesterverzeichnissen, wie sie uns erhalten sind, für das 2. und 3. Jahrhundert n. Chr. eine der regelmäßig zu erledigenden Aufgaben der Tempelkanzlei zu sehen. Sehr wahrscheinlich ist es mir alsdann, daß auch schon in ptolemäischer Zeit die γραφαὶ ἱερέων der Regierung eingereicht worden sind[3]), wenigstens erscheint mir die stete Mitwirkung, welche z. B. laut den Angaben des Dekretes von Kanopus von der Krone bei der Aufnahme der Priesteranwärter in die Phylenpriesterschaft ausgeübt worden ist (siehe Bd. I. S. 210 ff.), nur recht denkbar, wenn der Staat durch ihm eingesandte Priesterlisten stets über die Weiterentwicklung der Priesterschaft unterrichtet war. Diese genau zu kennen mußte übrigens für ihn auch wegen der von ihm den Priestern ausgesetzten σύνταξις und wegen der einer bestimmten Anzahl von ἱερεῖς gewährten Befreiung von der Kopfsteuer (siehe VII. Kapitel) von großem Werte sein, die Einreichung der Priesterlisten ist also durchaus keine leere Formalität gewesen, sondern notwendig zur Sicherung der Interessen des Staates. Immerhin läßt sich die Einsendung der γραφαὶ ἱερέων

---

1) B. G. U. I. 258, 10/11 und unpubl. P. Lond. 364 (P. Lond. II. S. XXXIV). Von B. G. U. II. 407 + 627 ist der Schluß der Aufzählung der Phylenpriester, an den sich in den beiden anderen Listen die Zusammenstellung anschließt, nicht erhalten; sie wird jedoch wohl auch hier nicht gefehlt haben.

2) Vergl. hierzu die Erklärung der beiden in Betracht kommenden Stellen im I. Bd. S. 35, 211, 215.

3) Da die γραφαὶ ἱερέων und die χειρισμοί, soweit Belege vorhanden sind, immer zusammen eingereicht worden sind und da sich ihre enge Verbindung schon für eine Zeit belegen läßt, aus der ein Hinweis auf ihre Einsendung an den Staat nicht vorhanden ist (siehe vorher S. 154), so hat die Annahme etwas für sich, daß der Staat die Einreichung des Verwaltungsberichtes und die der Priesterliste zu derselben Zeit angeordnet hat (siehe hierzu vorher S. 153 ff.), aber sicher ist sie natürlich nicht.

an den Staat für die frühhellenistische Zeit nicht direkt beweisen, als vollständig sicher darf man es dagegen bezeichnen, daß damals schon von den Tempeln zum mindesten für ihre Zwecke Priesterlisten geführt worden sind[1]), besitzen wir doch hierfür bereits für die Zeit des mittleren Reiches in den Papyri von Kahun einwandsfreie Belege (siehe vorher S. 154).

Um die Priesterverzeichnisse ordnungsmäßig aufstellen zu können muß übrigens jeder Tempel aufs genauste über alle Veränderungen innerhalb seiner Priesterschaft, über Todesfälle und Geburten, orientiert gewesen sein. Die Vermutung liegt mithin sehr nahe, daß zu diesem Zweck von den Tempeln so etwas wie standesamtliche Register geführt worden sind.[2]) In der Tat läßt sich auch eine solche Einrichtung für das Soknopaiosheiligtum belegen. In einem aus dem Jahre 66 n. Chr. stammenden Schreiben (P. Lond. II. 281 [S. 65]) zeigt ein Priester des Soknopaios den leitenden Priestern seines Tempels den Tod seines Bruders, der gleichfalls Priester von Soknopaiu Nesos gewesen ist, an und stellt am Schluß (Z. 15/16) das Ersuchen: „ὅπως ἀνενεχϑῇ ἐν [τοῖς] τετελευτη[κό]σι". Demnach muß vom Tempel eine Liste der „τετελευτηκότες" geführt worden sein.[3]) Bei Todesfällen hat offenbar für die Verwandten der verstorbenen Priester die Pflicht bestanden möglichst bald die Todesanzeige zu erstatten.[4]) Die Folgerung, daß in entsprechender Weise auch die Geburten von Priesterkindern zur Anzeige gelangt sind, hat jedenfalls große Wahrscheinlichkeit für sich.[5]) Bemerkenswert ist es, daß die

---

1) Hierzu siehe die Ausführungen im folgenden über die Führung standesamtlicher Register durch die Tempel.

2) Es sei schon hier hervorgehoben, daß kein Grund zu der Annahme vorliegt, daß damals in den standesamtlichen Registern der Tempel außer den Veränderungen innerhalb der Priesterschaft auch solche der übrigen Bevölkerung eingetragen worden sind; vergl. hierzu das VIII. Kapitel.

3) Vergl. hierzu etwa die von Staatsbeamten geführte ἡ τῶν τετελευτηκότων τάξις in P. Fay. 29; 30. Wilckens, Archiv I. S. 140 Auffassung, daß die Meldung an den Tempel nur zum Zweck des Weiterberichtes an die zuständige staatliche Behörde erfolgt sei, kann ich nicht zustimmen; denn ein anderer Londoner Papyrus, II. 338 (S. 68), zeigt uns gerade, daß die Priester ebenso wie die anderen Untertanen verpflichtet waren, Todesfälle in ihrer Familie direkt den staatlichen Beamten anzuzeigen. Dem Gebrauch eines Wortes wie ἀναφέρειν, d. h. etwa „übertragen" in dem im Text erwähnten Londoner Papyrus liegt wohl der Gedanke der Übertragung des Namens des Annoncierten aus der Liste der Lebenden in die Totenliste zugrunde. Eine von dem Tempel geführte Liste toter Priester soll nach Wessely, Kar. u. Sok. Nes. S. 66 übrigens der unpubl. P. Rainer 72 (2. Jahrhundert n. Chr.) enthalten.

4) In der uns erhaltenen Todesanzeige ist leider der Tag, an dem sie niedergeschrieben ist, nicht angegeben; sofort ist die Anzeige allerdings nicht erfolgt, da der Priester im letzten Monate des Jahres gestorben und erst im folgenden Jahre der Tod angezeigt wird.

5) Man wird wohl neben der Liste der „τετελευτηκότες" auch eine der „ἐπιγεννηϑέντες" (vergl. zu dem Ausdruck z. B. B. G. U. I. 111) geführt haben.

Todesanzeige an zwei ἡγούμενοι ἱερέων des Soknopaiosheiligtumes gerichtet ist; da der Tempelvorstand auch damals sicher aus mehreren Priestern bestanden hat, so haben wir hier wieder einmal einen Beleg für die Verteilung der einzelnen Geschäfte unter die Mitglieder des leitenden Priesterkollegiums vor uns.[1])

Von den weiteren Aufgaben der Tempelkanzleien können wir uns durch gelegentliche Einzelnachrichten nur ein ungefähres Bild verschaffen. Daß sie im allgemeinen recht reichhaltig gewesen sein werden, darf man z. B. wohl schon daraus entnehmen, daß sich unter den wenigen Subalternbeamten, die im Dienste des Jupitertempels in Arsinoe gestanden haben, auch ein γραμματεύς befunden hat (siehe Bd. II. S. 21), überhaupt dürfte wohl jedes bedeutendere Heiligtum besondere Kanzleibeamte — Priester oder Laien — besessen haben[2]), während die Oberleitung der Kanzlei in der Hand des Tempelvorstandes gelegen, hat. Als Illustration zu dieser Behauptung (siehe auch vorher S. 152 u. 156) darf man wohl eine Bestimmung des Dekretes von Kanopus (Z. 73 ff.) ansehen, der zufolge die Sorge für die Aufstellung des von der großen Priesterversammlung verfaßten Beschlusses in allen Tempeln dem Oberpriester und den ἱερογραμματεῖς übertragen worden ist. Dergleichen Aufgaben wie die Aufstellung oder die Abfassung von Priesterdekreten, von Ehreninschriften und von Inschriften zur Ausschmückung der Tempelwände oder wie die Fürsorge für die zweckmäßige Veröffentlichung von Bescheiden der Regierung, die an die Tempel ergangen sind, werden freilich immerhin nur gelegentlich die Tempelkanzleien beschäftigt haben[3]), viel öfters wird dagegen ihre Tätigkeit durch die

---

Verwiesen sei hierzu auf eine Nachricht des in römischer Zeit niedergeschriebenen demotischen Roman des Setni (Griffith, Stories of the High-Priests of Memphis S. 19), der zufolge die Geburt des Ahire in die priesterlichen Register eingetragen worden sein soll.

1) Daß die leitenden Priester allein die standesamtlichen Geschäfte erledigt haben, braucht man hieraus übrigens noch nicht zu entnehmen, ebenso wie ja auch aus ihrer Nennung als verantwortliche Redakteure für die Einreichung der χειρισμοί (siehe vorher S. 152, A. 1) noch nicht folgt, daß sie diese persönlich angefertigt haben.

2) Falls einigen in der Titulatur der memphitischen Hohenpriester sich findenden Titeln kein formelhafter Charakter zuzuschreiben ist, würden uns durch sie besondere priesterliche Kanzleibeamte für die memphitischen Tempel aus ptolemäischer Zeit bezeugt sein; siehe die Angaben der hieroglyphisch-demotischen Inschriften bei Brugsch, Thesaurus V. S. 891, 903/4, 936.

3) Vergl. außer dem Dekrete von Kanopus das von Rosette, von dem die Inschriften von Philä und Damanhur später angefertigte Kopien sind, die dreisprachige Inschrift des Museums von Kairo N. 31088 (publ. von Spiegelberg, Die demotischen Inschriften S. 14 ff.) (vergl. zu ihr Bd. II. S. 80, A. 1) und weiterhin etwa die Satrapen-, die Pithom- und die Mendesstele, sowie den hieroglyphischen Teil der trilinguen Inschrift von Philä. Siehe ferner z. B. Strack, Inschriften 95, 103 u. 140; die dreisprachige Inschrift des Museums von Kairo

Aufsetzung von Verträgen und ähnlichen Dokumenten, wie
sie die Verwaltung des Tempelbesitzes nötig machte[1]), und vor allem
durch die Erledigung der Tempelkorrespondenz in Anspruch
genommen worden sein. Besonders mit der Regierung muß Jahr
aus Jahr ein eine recht umfangreiche Korrespondenz geführt worden
sein. Denn abgesehen von den regelmäßig abzusendenden Rechenschaftsberichten hatte man mit ihr über die verschiedensten speziellen
Fragen schriftlich zu verhandeln. Da mußte über das persönliche
Verhalten (B. G. U. I. 16), über die Amtstätigkeit (B. G. U. I. 250,
vergl. Bd. II. S. 80, A. 2) und die Amtsqualifikation der Priester (unpubl. P. Rainer 107 bei Wessely, Kar. u. Sok. Nes. S. 64) Bericht erstattet werden, ein anderes Mal hatte man auf die Frage des Idiologus
über die Vermögensverhältnisse eines Priesters des Tempels Auskunft
zu geben[2]), dann wieder war es nötig, durch eine Eingabe das Anrecht des Tempels auf die Besetzung bestimmter Priesterstellen zu
wahren[3]), überhaupt sind Petitionen an die Regierung — sei es um
durch sie Vergünstigungen zu erlangen, sei es um in ihnen die Beseitigung bestehender Mißstände zu erbitten — offenbar recht oft notwendig geworden.[4])

N. 31089, publ. von Spiegelberg, Die demotischen Inschriften S. 20 ff.; Inschrift V
in P. Fay. S. 47 ff.; Milne, Inschriften 5, die letztgenannten Belege alles Ver-
öffentlichungen von Bescheiden der Regierung. Die geplante Aufstellung eines
priesterlichen Ehrendekretes kündigt z. B. Strack, Inschriften 103 (C. I. Gr. III.
4896) C, 19 ff. an (vergl. hierzu Wilcken a. a. O. Hermes XXII (1887) S. 15/16).
Hingewiesen sei auch auf C. I. Gr. III. 4717 (vergl. hierzu Bd. I. S. 408), doch
sind hier die Priester nicht die alleinigen Urheber des Dekretes, sondern es
haben sich auch andere Teile der Bevölkerung an seiner Aufstellung beteiligt.
(Alle hier genannten Belege außer Milne, Inschriften 5 gehören der ptolemäischen
Zeit an.)

    1) Siehe etwa P. Lond. II. 335 (S. 190). Erinnert sei hier auch an die
Brugsch, Thesaurus III. S. 531 ff. u. 604 ff. publ. hieroglyphischen Inschriften des
Tempels von Edfu, durch deren Abfassung sich die Priester Urkunden von
dauernder Beweiskraft für die Größe des Tempellandbesitzes zu verschaffen suchten
(vergl. zu ihnen Bd. I. S. 263 ff.).

    2) P. Lond. II. 355 (S. 178) (verbessert: P. Wess. Taf. gr. tab. 4) u. P. Wess.
Taf. gr. tab. 11 N. 19 berichten uns von einem solchen Gutachten (römische Zeit).
Ganz bemerkenswert ist es, daß auf Grund dieses Gutachtens die Regierung in
einem anscheinend recht verwickelten Prozeß die Entscheidung gefällt hat.
Laut dem zuerst genannten Belege ist übrigens in der betreffenden Angelegenheit anfangs nur ein Mitglied des leitenden Priesterkollegiums tätig gewesen,
wieder ein Beispiel für die Bestellung von Dezernenten zur Erledigung bestimmter Geschäfte.

    3) In P. Gen. 7 haben wir die Erwiderung auf diese Eingabe erhalten.
Alle die zuletzt genannten Angaben gehören der römischen Zeit an und beziehen
sich auf den Soknopaiostempel.

    4) Siehe z. B. Strack, Inschriften 103 C; Inschrift V in P. Fay. S. 47 ff.; un-
publ. P. Lond. 610 (siehe P. Grenf. I. S. 24 u. Grenfell-Hunt im Archiv I. S. 57);
unpubl. P. Cairo 10361 u. 10362 (Grenfell-Hunt, Greek papyri, Catal. gén. des

In hieroglyphischer, demotischer und griechischer Schrift
sind die Dokumente abgefaßt worden, die aus den Tempelkanzleien
hervorgegangen sind. Der hieroglyphischen hat man sich, abgesehen
von den Inschriften, die zur Schmückung der Tempelwände bestimmt
waren, natürlich nur mitunter bei der feierlichen Veröffentlichung von
Priesterdekreten und ähnlich wichtiger Urkunden bedient[1]), als die
eigentlichen Schriftsprachen sind jedenfalls das Demotische und das
Griechische anzusehen[2]); im offiziellen Verkehr mit der Regierung
scheint jedoch abgesehen etwa von der ersten Zeit der hellenistischen
Epoche im allgemeinen nur das letztere zugelassen gewesen zu sein.[3])

Daß es in Tempelkreisen üblich gewesen ist, die demotische und
griechische Sprache neben einander zu gebrauchen, zeigen uns übrigens

---

antiq. égypt. du Musée du Caire Bd. X) (sie alle aus ptolemäischer Zeit); B. G. U.
II. 433 (römische Zeit). Eine demotische Priestereingabe ist erwähnt unter
P. Grenf. II. 14ᵈ. Gr. P. Cairo 10371 (publ. von Grenfell-Hunt im Archiv I. S. 61)
enthält eine von Priestern zusammen mit der Bevölkerung ihrer Stadt (Krokodilopolis) verfaßte Petition (die beiden letztgenannten Eingaben gehören wieder der
ptolemäischen Zeit an).

1) Die ἱερογλύφοι, die uns in hellenistischer Zeit begegnen (siehe Belege
Bd. I. S. 112, A. 6, außer ihnen jetzt noch dreisprachige Inschrift des Museums
von Kairo N. 27541, publ. von Spiegelberg, Die demotischen Inschriften S. 70),
wird man als Angestellte der Tempel zu fassen haben; über ihre Tätigkeit bei
der Einmeißelung der hieroglyphischen Inschriften in den Tempeln werden wir
durch P. Leid. U (jetzt in der Neuherausgabe von Wilcken, Mélanges Nicole
S. 581 ff. zu benutzen) näher unterrichtet.

2) Allerdings sind mir außer den demotischen Teilen der feierlichen Inschriften nur sehr wenige demotische Schriftstücke bekannt, die von der Tempelkanzlei in Sachen der Tempelverwaltung verfaßt worden sind (P. Grenf. II. 14ᵈ;
dem. P. Berl. 6848 [Spiegelberg, dem. P. Berl. S. 24]; 7059 [Spiegelberg, S. 22]),
doch hat dies bei den verhältnismäßig wenigen und zufälligen Belegen, die wir
für den Betrieb der Kanzleien besitzen, gegenüber der inneren Wahrscheinlichkeit von einem häufigeren Gebrauche der demotischen Sprache wenig zu sagen.
Auch auf die weiterhin oben im Text erwähnten demotischen Steuerquittungen,
die einen Priester als Aussteller nennen, sei hier immerhin hingewiesen; ob sie
freilich in der Tempelkanzlei angefertigt worden sind, ist zweifelhaft, da sie
aller Wahrscheinlichkeit nach in weiterer Entfernung von dem Tempel (Theben—
Philä) zur Ausgabe gelangt sind. Die vielen demotischen Kontrakte, die in
Ausübung des Tempelnotariats von Vertretern der Priesterschaft aufgesetzt
worden sind, kommen hier nicht in Betracht, da sie ja einmal mit der Tempelverwaltung nichts zu tun haben und ferner ihre Abfassung auch nicht zu den
Obliegenheiten der eigentlichen Tempelkanzlei gehört hat; über das Tempelnotariat siehe VIII. Kapitel.

3) Die eine mir bekannte demotische Eingabe (siehe P. Grenf. II. 14ᵈ) an
die Regierung stammt aus dem 3. Jahrhundert v. Chr. (Priester eines Suchos-
tempels im Faijûm sind die Petitionierenden), alle anderen Eingaben sind in
griechischer Sprache verfaßt. Als eine gewisse Bestätigung der obigen Annahme
darf man es wohl ansehen, daß man sich auch in den uns erhaltenen, in persönlichen Angelegenheiten von Priestern an die Regierung eingereichten Petitionen der griechischen Sprache bedient hat (siehe z. B. P. Leid. G [= H, J, K];
P. Amh. II. 35; B. G. U. I. 250).

auch die λογεία-Quittungen, die alle so ziemlich derselben Zeit (60er Jahre des 1. Jahrhunderts n. Chr.) entstammend von einem höheren Priester, der der Priesterschaft der Isis zu Philä angehört hat, zum Teil demotisch und zum Teil griechisch abgefaßt sind.[1])

D. Einige weitere Aufgaben der Tempelverwaltung.

Die soeben erwähnten λογεία-Quittungen weisen uns übrigens auf eine weitere von der Tempelverwaltung zu erledigende Aufgabe hin, auf die von ihr vorzunehmende Einziehung von Kirchensteuern. Freilich läßt sich die Erhebung von Kirchensteuern durch die Tempel in der hellenistischen Zeit nur ganz vereinzelt belegen, sie dürfte auch in der Tat nur selten betrieben worden sein, da sie ja damals der Staat entsprechend dem Vorgehen des Philadelphos gegenüber der ἀπόμοιρα im allgemeinen in seine Hand genommen hatte.[2]) Dagegen mag immerhin öfters die ihr ihrem Wesen nach nahe verwandte Sammlung von Kollekten die Tempelverwaltung beschäftigt haben, wenn auch für sie nur wenige Belege vorliegen.[3]) Bemerkenswert ist es, daß Priester höheren Ranges die Einziehung der Kirchensteuern und der Kollekten bewerkstelligt haben[4]); wir besitzen mithin hier wieder einmal ein sicheres Beispiel für die Beteiligung der Priesterschaft an der Verwaltung ihres Heiligtumes. Daß dem Tempelvorstand auch in diesem Verwaltungszweige die Oberleitung obgelegen hat, ist schon an sich selbstverständlich, eine Urkunde aus römischer Zeit (P. Lond. II. 286 [S. 183]) liefert uns aber auch einen indirekten Beleg für die Annahme einer aktiven Beteiligung, da sie uns die Tempelvorsteher in einem analogen Falle in Tätigkeit zeigt, nämlich bei der Eintreibung bestimmter öffentlicher Steuern, welche an die Tempel zu bezahlen waren. Wie schon des Näheren ausgeführt worden ist (siehe Bd. I. S. 304 ff.), ist es den Tempeln erlaubt gewesen die von ihnen bezahlten gewerblichen Licenzsteuern von den in ihren

---

1) Über die λογεία vergl. die Ausführungen Bd. I. S. 359 ff., wo auch die Belege angegeben sind. Als bemerkenswert sei hier noch hervorgehoben, daß auch in einigen der griechischen Quittungen ein demotisches Wort in griechischer Transkription, der Titel „φεννῆσις" (= Priester der Isis), Aufnahme gefunden hat.

2) Vergl. die Ausführungen über die Kirchensteuern Bd. I. S. 346 ff.

3) Siehe hierzu die Bemerkungen über Tempelkollekten Bd. I. S. 359/60 u. 391/92.

4) So ist der Erheber der λογεία allem Anschein nach προστάτης eines der mit dem Isistempel zu Philä verbundenen Heiligtümer gewesen (siehe Bd. I. S. 362), und im P. Gen. 36 erscheint als Sammler der für die Feierlichkeiten bei der Apotheose des Apis bestimmten Kollekte der Stellvertreter des ἀρχιπροφήτης. (Ihn haben bei seiner Aufgabe übrigens einige angesehene Bürger von Memphis unterstützt.)

Diensten stehenden Handwerkern wieder einzutreiben.[1]) Im Soknopaiostempel hat man sich diese Aufgabe jedoch bedeutend vereinfacht, indem man die Einziehung der betreffenden Abgaben Pächtern überlassen hat, es dürfte eben auch in den Tempeln ein gemischtes Erhebungssystem in Anwendung gewesen sein. Den Vertrag mit diesen Pächtern — ihn hat uns eben die oben genannte Urkunde erhalten — haben nun drei (?) leitende Priester des Heiligtumes abgeschlossen. Die geringe Zahl der ἡγούμενοι ἱερέων legt übrigens die Annahme nahe, daß hier nicht der ganze Tempelvorstand in Aktion getreten ist, wir hätten also auch hier wieder einen Beleg für die Verteilung der verschiedenen Verwaltungsgeschäfte unter die Mitglieder des leitenden Priesterkollegiums.

Nur ganz wenige Angaben stehen uns alsdann zur Illustration einer weiteren Aufgabe der Tempelverwaltung, der Fürsorge für die Ausführung der notwendig werdenden Tempelbauten, zur Verfügung, obgleich dieser Zweig der Verwaltung im Gegensatz zu dem eben besprochenen sicher an jedem einigermaßen größeren Heiligtum zu den wichtigeren, ziemlich viel Mühe erfordernden Obliegenheiten der Tempelleitung[2]) gehört haben dürfte.[3]) Denn es galt ja nicht nur die zahlreichen Neubauten anzuordnen und zu beaufsichtigen, sondern man mußte daneben auch für die Instandhaltung der bestehenden Gebäude Sorge tragen; Ausbesserungen, wie uns z. B. eine für den Jupitertempel in Arsinoe belegt ist (B. G. U. II. 362 pag. 8, 2ff., siehe Bd. II. S. 19), werden gewiß überall häufig nötig geworden sein. Entsprechend der Bedeutung des Ressorts werden wohl oft durch den Tempelvorstand für das Baudepartement spezielle Leiter — Priester oder Laien — bestellt worden sein; für das große Serapeum bei Memphis sind uns denn auch solche — sie haben der Priesterklasse der „Gottesväter" angehört — bekannt geworden (siehe Bd. II. S. 114).[4])

---

1) Es handelt sich also auch hier um Abgaben, die Einnahmen des Heiligtumes bilden; die Wilckensche Hypothese, daß für die Tempelleitung auch die Verpflichtung bestanden hat für den Staat bestimmte Abgaben in Vertretung staatlicher Praktoren zu erheben, muß aufgegeben werden, siehe Bd. I. S. 304 ff.

2) Die Anteilnahme des Tempelvorstandes an der Erledigung der zum Baudepartement der Tempel gehörenden Geschäfte ist zwar bisher nicht direkt bezeugt, darf wohl aber als selbstverständlich angenommen werden.

3) Vergl. die Ausführungen im II. Bd. S. 18ff. über den Bauetat der Tempel.

4) Ob man den C. I. Gr. III. 4897 Nachtrag genannten ἀρχιτέκτων als Angestellten des Tempels von Philä fassen darf, ist zweifelhaft. Durch P. Oxy. III. 579 und gr. Inschrift des Museums von Kairo N. 9313 (publ. von Milne, Greek inscriptions in Catal. gén. des antiq. égypt. du Musée du Caire Bd. XVIII) sind uns jetzt ἱεροτέκτονες, d. h. eben offenbar die speziellen Leiter des Baudepartements eines Tempels für die römische Zeit bezeugt; die in dem Papyrus genannten haben in Diensten des Thoeristempels in Oxyrhynchos gestanden. Ob es Laien oder Priester waren, läßt sich nicht entscheiden. Siehe schließlich noch dem. Inschr. des Museums von Kairo 31092 u. 31093 (Spiegelberg, Die demotischen

Die Entfaltung einer bedeutenden Bautätigkeit dürfte stets dazu
beigetragen haben, das Ansehen eines Heiligtumes nach außen zu erhöhen. Daß dieses aber auch sonst immer gewahrt blieb, daran mußte
jedenfalls allen Tempeln sehr viel gelegen sein, und insofern wird
man auch stets dafür Sorge getragen haben, daß die den Tempeln
obliegenden Repräsentationspflichten sorgfältig erfüllt wurden,
sei es, daß es sich darum handelte die zahlreichen Tempelfeste möglichst glänzend auszustatten, Gastmähler zu veranstalten, die Vorbere-
tungen für einen würdigen Empfang der die Tempel allem Anschein
nach ziemlich oft besuchenden Fürsten und hohen Beamten zu treffen,
oder daß es nötig war, die Priesterschaft bei den Festesfeiern anderer
Tempel oder am Hofe in Alexandrien bei Audienzen und Festlichkeiten zu vertreten (vergl. hierzu Bd. II. S. 15 ff.). Die Erfüllung der
mannigfaltigen Repräsentationspflichten ist für die Tempelleitung
natürlich keine leichte Aufgabe gewesen, doch dürfte sie sicherlich
hierbei von den höheren Priestern ihres Heiligtumes unterstützt worden sein; so erfahren wir z. B., daß eine von Ptolemaios II. Philadelphos der Priesterschaft des Widdertempels in Mendes gewährte
Audienz von den Propheten dieses Heiligtumes wahrgenommen worden
ist (Inschrift von Mendes, Z. 21).

Als einen Ausfluß des Bestrebens ihre Stellung der Außenwelt
gegenüber möglichst eindrucksvoll zu vertreten darf man wohl auch
die von den Tempeln mitunter vorgenommene Errichtung von Ehreninschriften (siehe vorher S. 159) ansehen, zu denen die Tempelleitung
im allgemeinen die Initiative gegeben haben wird. Natürlich wird
selbst die gewissenhafteste Beobachtung all dieser äußeren Formen
nicht genügt haben das Ansehen eines Tempels nach außen zu wahren,
wenn nicht mit ihr die sorgfältige Wahrnehmung seiner mannigfaltigen Interessen Hand in Hand gegangen ist. Daß dies jedoch im
großen und ganzen der Fall gewesen ist, dafür bietet uns eine gewisse Gewähr die vom Staate auf allen Gebieten der Tempelverwaltung
ausgeübte Kontrolle, es spricht hierfür auch so manche Einzelheit,
die uns aus den verschiedenen Verwaltungsressorts bekannt geworden
ist, und schließlich zeigen uns auch einige uns erhaltene Petitionen
der Tempel an die Regierung, in denen sie gegen Schädigungen ihres
Besitzes[1]) und ihrer Rechte[2]) Einspruch erheben, daß man die Ver-

---

Inschriften S. 23—25) u. hierogl. Inschrift publ. von Daressy, Rec. de trav. XV
(1893) S. 159, vergl. Spiegelberg a. eben a. O. S. 94 (Priester der Hathor von
Dendera als Bauleiter).

1) Siehe gr P. Cairo 10371 (publ. von Grenfell-Hunt im Archiv I. S. 61, vergl.
unpubl. P. Lond. 610 ebendaselbst S. 57), der über die Schädigung der ἱερὰ γῆ
handelt, und Strack, Inschriften 103, wo die zu große Belastung der Tempel
mit ξένια (vergl. Bd. II. S. 63/64) beklagt wird.

2) Vergl. P. Gen. 7, demzufolge ein Tempel sich über die unrechtmäßige
Besetzung von Priesterstellen beschwert hat.

tretung der Tempelinteressen nach außen nicht vernachlässigt hat.

Über weitere regelmäßig zu erfüllende Aufgaben der Tempelverwaltung außer denen, über die im vorhergehenden berichtet worden ist, haben wir vorläufig keine Angaben. Es dürfte sich wohl
auch das hier von den Geschäften der Tempelleitung entworfene Bild
kaum durch neues Material wesentlich ändern; polizeiliche und
jurisdiktionelle Befugnisse haben ihr übrigens, das sei hier schon
betont, nicht zugestanden (hierzu siehe VIII. Kapitel). Neben den
durch die einzelnen Zweige der Verwaltung bedingten Geschäften werden übrigens den Tempelvorstand auch noch solche öfters in Anspruch
genommen haben, die aus bestimmten Anlässen gelegentlich erwachsen
sind. So erfahren wir z. B., daß in einem Privatprozeß zwischen zwei
Soknopaiospriestern die leitenden Priester des Soknopaiostempels allem
Anschein nach auf Grund ihrer amtlichen Stellung als Zeugen herangezogen worden sind.[1])

Überblicken wir die mannigfaltigen Feststellungen über den Inhalt und die Form der Verwaltung der ägyptischen Heiligtümer, so
tritt diese als ein umfangreiches, wohlgegliedertes Gebilde vor unser
Auge. Das Amt des Tempelvorstandes ist keine Sinekure gewesen;
es hat vielmehr besonders in den bedeutenderen Heiligtümern an die
Arbeitskraft und die Dispositionsfähigkeit der Inhaber große Anforderungen gestellt[2]) und ist zudem infolge der vom Staate ausgeübten
eingehenden Kontrolle sehr verantwortungsreich gewesen. Diese alle
Ressorts der Tempelverwaltung umfassende Beaufsichtigung darf man
wohl als ihr Hauptcharakteristikum bezeichnen. Sehr zu bedauern
ist es, daß auch in diesem Abschnitt das entwicklungsgeschichtliche
Moment immerhin nur gelegentlich berücksichtigt werden konnte,
mochte es sich nun um einen Vergleich mit entsprechenden Zuständen
des alten Ägyptens oder um die Verfolgung eines Verwaltungsmaxims
durch die Jahrhunderte der hellenistischen Zeit handeln. Die Haupt-
zweige der Verwaltung werden freilich in ihnen sich unverändert erhalten haben, ebenso sicher erscheint es mir aber auch, daß sich in
den einzelnen Verwaltungsprinzipien und -formen in dieser langen
Zeit manche Änderung vollzogen haben wird.

Zum Schluß sei noch besonders betont, daß über die Verwaltung der nicht zum ägyptischen Kultus gehörenden Heilig-

---

1) Siehe P. Lond. II. 355 (S. 178) (verbessert P. Wess. Taf. gr. tab. 4) und
P. Wess. Taf. gr. tab. 11 N. 19.

2) Es sei hier daran erinnert, daß z. B. dem Vorsteher des großen Serapeums bei Memphis ein besonderer ständiger Stellvertreter beigegeben war
und daß sich dieser seinerseits wieder zu seiner Unterstützung einen persönlichen
Adjutanten gehalten hat (Bd. I. S. 42).

tümer m. W. bisher leider nichts Näheres bekannt geworden ist[1]);
bezüglich der griechischen Tempel darf man wohl annehmen, daß
sie im großen und ganzen nicht anders als die Heiligtümer im griechischen Mutterlande verwaltet sein werden.[2])

1) Vergl. hierzu die Bemerkungen über die staatliche Aufsicht dieser Verwaltung (Bd. II. S. 76 u. 79).

2) Die obige Annahme ist um so wahrscheinlicher, als sich ja auch die
Organisation der griechischen Priester Ägyptens ebenso wie die Form der Besetzung der griechischen Priestertümer von den entsprechenden allgemein griechischen Verhältnissen nicht unterschieden zu haben scheint (vergl. Bd. I S. 133 ff.
u. S. 253 ff.).   Über die Verwaltung griechischer Tempel außerhalb Ägyptens
vergl. die vorher S. 155, A. 1 zusammengestellten Belege.

Siebentes Kapitel.

Die soziale Stellung der Priester.

1. Die wirtschaftliche Lage.

Eine einigermaßen befriedigende wirtschaftliche Lage hat wohl stets eine der wichtigsten Grundlagen für eine angemessene soziale Stellung des einzelnen Priesters gebildet, es sei denn, daß sich die Vertreter der Kirche gerade durch Verzicht auf alle weltlichen Güter unter Betonung der Vorzüge asketischen Lebens ein besonderes Ansehen zu verschaffen gewußt haben. Hinneigung zu einem derartigen Lebensprinzip ist nun für die große Masse der Priester des hellenistischen Ägyptens jedenfalls nicht anzunehmen. Wenn der Stoiker Chairemon (1. Jahrhundert n. Chr.), der ja aus dem ägyptischen Priesterstande hervorgegangen ist (siehe im folg. Abschnitt B), den höheren Gruppen der ägyptischen Priesterschaft ganz allgemein ein asketisches, weltliche Beschäftigung verwerfendes Leben zuschreibt[1]), so ist dies sicher falsch[2]) und erklärt sich wohl daraus, daß er beeinflußt von der damaligen religiös-romantischen Stimmung die ägyptischen Priester als philosophierende Heilige hinstellen will; es mag ja vielleicht damals innerhalb der Priesterschaft eine Vereinigung

---

1) Siehe Porphyrios, de abst. IV. 6—8; Hieronym. ad Jovin. II. 13 hat seine Angaben direkt dem Porphyrios entnommen.

2) Es seien hier schon (im übrigen vergl. die Ausführungen im folg. im Text) einigen Stellen des Schriftstellers Angaben gegenübergestellt, welche uns die urkundliche Überlieferung bietet. So c. 6 ἄρτοις μὲν οὐδὲ ὅλως ἐν ταῖς ἁγνείαις χρώμενοι: B. G. U. I. 1, 17 (siehe auch die folgenden Zeilen; 149, 6 ff; unpubl. P. Rainer 171 a. a. O. S. 75) εἰς ἔ[κ]πεψιν .. τοῖς ἁγνέουσι (sic) ἱερεῦσι ..... ἑκάστης ἡμέρας ἀνὰ (πυροῦ ἀρτάβην)α; vergl. auch hierzu die Angaben im I. Bd. S. 373 ff. über die σύνταξις σιτική der Priester, im speziellen die σύνταξις der „Zwillinge", welche u. a. auch täglich 12 Brote erhalten haben, ferner die Ausführungen im II. Bd. S. 35 über das den Priesterfrauen gelieferte „Berenikebrot" und die im I. Bd. S. 298 über die von den Tempeln unterhaltenen Brotbäckereien, siehe schließlich auch Bd. II. S. 27, A. 3. Zu c. 6 ἐλαίου δ' ἀπείχοντο (sc. die Priester) μὲν ὡς τὸ πόλυ, οἱ πλεῖστοι δὲ καὶ παντελῶς siehe etwa Bd. I. S. 374 über die Ölsyntaxis der „Zwillinge" und Bd. II. S. 32 über die Aufwendungen des Soknopaiostempels an Öl.

ähnlich der geschilderten bestanden haben[1]), aber die Verallgemeinerung hat jedenfalls mit der Wirklichkeit nichts mehr zu tun, sie hat ein Idealbild geschaffen. Demnach hat man in näheren Angaben über die Höhe der Einnahmen und des Besitzes der Priester eine der wichtigsten Unterlagen für unser Urteil über ihre allgemeine Stellung zu sehen.

A. Die Einnahmen aus dem Priesteramt.

Das Gehalt, das die Priester als Entgelt für ihre Dienste erhalten haben, muß jedenfalls vor allem in Betracht gezogen werden, wenn man zu einer angemessenen Würdigung ihrer wirtschaftlichen Lage gelangen will. Denn seine Höhe zeigt uns nicht nur, auf welche Einnahmen der Priester sicher alljährlich rechnen konnte, sie gestattet uns auch des weiteren, wenn man seine Höhe mit der der amtlichen Bezüge anderer Berufe vergleichen kann, ein Urteil darüber, ob es eigentlich finanziell lohnend war dem Priesterstande anzugehören und ob seine Amtseinnahmen ihm eine wirtschaftliche Stellung gewährleisteten, welche die anderer Stände überragte. Leider ermöglicht das bisher hierfür vorliegende Material nur eine recht unvollkommene Beantwortung dieser Fragen, da wir im allgemeinen über wenige Einzelangaben nicht hinausgelangen können. Immerhin erscheint mir schon von vornherein wenigstens die prinzipielle Behauptung gestattet, daß bezüglich der Höhe des Gesamtgehaltes der Priester ganz beträchtliche Abstufungen vornehmlich zwischen den Mitgliedern der höheren und der niederen Priesterschaft bestanden haben werden.

Bei Beurteilung der Einzelangaben hat man vor allem in Betracht zu ziehen, daß sich die offiziellen Bezüge der ägyptischen

---

1) Aus späterer Zeit wird uns von Askese bei Anhängern der ägyptischen Religion — als Priester werden die betreffenden jedoch nicht bezeichnet — berichtet, siehe Bd. I. S. 121, A. 2. Von den κάτοχοι des großen Serapeums (Bd. I. S. 119 ff.) kann hier natürlich nicht die Rede sein, da man in ihnen ja keine Priester zu sehen hat und außerdem auch Askese für sie nicht zu belegen ist. Es erscheint mir übrigens auch nicht völlig ausgeschlossen, daß Chairemon bei seiner Schilderung irgend eine der Sekten, die im hellenistischen Ägypten bestanden haben (siehe auch Bd. I. S. 172), vor Augen gehabt hat, und zwar etwa eine, der vornehmlich ägyptische Priester angehört haben, ist uns doch auch aus ptolemäischer Zeit ein ägyptischer Kultverein — übrigens von synkretistischem Gepräge — bekannt geworden, zu dessen Mitgliedern die ganze höhere Priesterschaft des Chnubo von Elephantine gehört hat (Strack, Inschriften 95, siehe zu ihr Bd. I. S. 126/27); in ihm hätte man etwa eine Vorstufe der späteren Sekte zu sehen. Jedenfalls darf man aber wohl behaupten, daß nicht die Askese der offiziellen ägyptischen Priesterschaft, sondern höchstens die, welche in den mit der ägyptischen Religion in mehr oder weniger enger Verbindung stehenden ägyptischen Sekten geübt worden ist, von Einfluß auf die Askese des christlichen Mönchtums in Ägypten gewesen ist. So möchte ich wenigstens Wendlands Bemerkungen a. a. O. Jahrb. f. klass. Phil. XXII. Supplbd. (1896) S. 755 modifizieren.

Priester, wie bereits näher ausgeführt worden ist (Bd. II. S. 23 ff.), aus den verschiedenartigsten Bestandteilen zusammengesetzt haben, aus festem Gehalt, das nicht nur von den Tempeln, sondern auch vom Staat gewährt worden ist, aus Sporteln und Pfründen. Insofern darf man bei dem Fehlen einer Nachricht über die Höhe der gesamten Amtseinnahmen eines Priesters[1]) die Angaben nicht zu niedrig einschätzen, welche uns über den Wert des einen oder des anderen der genannten Gehaltsbestandteile erhalten sind — mögen diese auch nur selten alle von einem Priester bezogen worden sein.

Wenn wir also hören, daß der Soknopaiostempel (im 2. Jahrhundert n. Chr.) einem Propheten ein festes Gehalt von 344 Silberdrachmen (½ Obole)[2]) ausgezahlt hat, so ist zu berücksichtigen, daß diesem außerdem für seine Tätigkeit auch Sporteln zugekommen sein werden[3]) und daß er jedenfalls ferner auch noch an dem staatlichen

---

1) Eine solche ist auch leider nicht den P. Tebt. I. u. II zu entnehmen. (Für die liebenswürdige Erlaubnis, die wichtigen Priesterurkunden des bisher noch nicht erschienenen II. Bandes der Tebtynispapyri schon hier benutzen zu können, gestatte ich mir auch an dieser Stelle den Herren Grenfell und Hunt meinen aufrichtigsten Dank auszusprechen.) Aus P. Tebt. 1. 88 (2. Jahrhundert v. Chr.) erfahren wir zwar, daß den Propheten einiger Heiligtümer des Faijûmdorfes Kerkeosiris der fünfte Teil der Einkünfte dieser Tempel zugestanden hat (siehe Bd. II. S. 39, A. 2), aber die Höhe der Gesamteinnahmen ist nicht bekannt; übrigens ist zu beachten, daß jenes Fünftel nicht von den Bruttoeinnahmen gewährt worden ist, da gewisse Einnahmen für bestimmte Ausgaben festgelegt gewesen sind (siehe die Erklärung von Z. 10 ff. a. eben a. O.), vor allem ist jedoch in Betracht zu ziehen, daß außer der Gewährung des Fünftels der Einnahmen die Propheten auch noch besondere Amtssporteln erhalten haben (siehe die Deutung der ἡμέραι λειτουργικαί Bd. II. S. 33, A. 2). Die eigenartige Form der Besoldung darf also nicht zu dem Schlusse verleiten, daß in den Fällen, wo wir sie antreffen, mit ihr die Bezüge der betreffenden Priester unbedingt erschöpft seien. Diese Feststellung ist zu berücksichtigen, wenn wir durch P. Tebt. II. 294 (2. Jahrhundert n. Chr.) erfahren, daß der Prophet des Soknebtynis im Faijûmdorfe Tebtynis als festes Gehalt den fünften Teil der Einkünfte seines Heiligtums nach Abzug bestimmter Ausgaben (τὸ ἐπιβάλλον έ μέρος τῶν ἐκ προσπειπτόντων ὡς πρόκιται μετὰ τὰς γινο[μέ]νας δαπάνας) in Höhe von 50 Artaben Weizen, 9⅚ Artaben Linsen und 60 Silberdrachmen beziehen sollte.

2) B. G. U. I. 149, 3/4; 337, 16; unpubl. P. Rainer 171 bei Wessely, Kar. u. Sok. Nes. S. 74; vergl. Bd. II. S. 25, A. 1. Die weiteren Ausführungen in Bd. II. S. 24 ff. über das feste Gehalt der Priester ergeben nichts über die Höhe des Gehaltes des einzelnen.

3) Einmal dürften wohl auch die höheren Priester, da sie doch auch den Phylen angehört haben, an den Sporteln, die der gerade amtierenden Priesterphyle gewährt worden sind (über sie siehe Bd. II. S. 28 ff.), Anteil gehabt haben, und ferner sei hier an die besonderen Amtssporteln erinnert, die sich für die Stolisten des Soknopaiostempels (für alle zusammen alljährlich 234 Artaben Weizen; der einzelne wird demnach, da Stolisten doch nur in geringerer Anzahl vorhanden gewesen sein dürften, eine nicht unbeträchtliche Menge Weizen erhalten haben) und für Propheten der ἱερὰ ἐλάσσονα von Kerkeosiris nachweisen lassen (Bd. II. S. 32/33).

festen Gehalt, der σύνταξις, Anteil gehabt haben wird (siehe Bd. I. S. 369/70). Seine Gesamtbezüge können demnach wohl mit Recht als nicht unbedeutend bezeichnet werden, zumal wenn man sich erinnert, daß sogar Priesterinnen von der niedrigen Stellung der „Zwillinge" des großen Serapeums bei Memphis pro Kopf alljährlich eine staatliche σύνταξις von je 72 Artaben Olyra[1]) und von je 6 Choes Sesam- und Kiköl erhalten haben (2. Jahrhundert v. Chr.), eine σύνταξις, deren Wert ungefähr auf 80 Silberdrachmen zu schätzen ist[2]). Außer der staatlichen σύνταξις scheint allerdings ihr Amt den „δίδυμαι" weiter keine offiziellen Einnahmen verschafft zu haben (siehe Bd. II. S. 41, A. 2), das Amtseinkommen der „Zwillinge" ist also nicht sonderlich hoch gewesen, aber doch wohl hinreichend zur Bestreitung des Lebensunterhaltes[3]); große Ansprüche konnten eben die „Zwillinge" bei ihrer vollständigen Mittellosigkeit und ihrem niedrigen priesterlichen Range nicht stellen. Eine weit höhere einem Einzelpriester vom Staat gewährte σύνταξις begegnet uns alsdann bei dem Alexanderpriester in Alexandrien, der alljährlich ein Talent (Silber) erhalten haben soll (Ps. Kallisth. III. 33). Es ist dies die einzige Nachricht, welche uns über die Besoldung der griechischen Priester Ägyptens unterrichtet. Als vornehmster griechischer Priester Ägyptens dürfte der Alexanderpriester wohl noch über verschiedene weitere Amtseinnahmen verfügt haben — belegt ist uns z. B. die alljährliche Spende eines „goldenen Kranzes"[4]) —, sein Amt muß also auch

---

1) Das macht pro Tag etwa $\frac{1}{5}$ Artabe oder fast 5 Choinikes Olyra (siehe zu der Umrechnung Bd. I. S. 375), eine Menge, die für den Tagesbedarf mehr als ausreichend gewesen sein muß, da uns sonst öfters ein Choinix, allerdings wohl Weizen, als eine für einen Menschen ausreichende Tagesration bezeugt ist; vergl. Belege bei Hultsch, Griechische und römische Metrologie[2] S. 105, A. 3.

2) Siehe hierzu Bd. I. S. 374 ff.; meine Umrechnung der Naturalsyntaxis der „Zwillinge" in Geld unterscheidet sich von der in Bd. I. S. 377—79 vorgenommenen dadurch, daß ich jetzt infolge anderer Interpretation der P. Lond. I. 27 (S. 14) u. 31 (S. 15) (vergl. Bd. II. S. 124, A. 1) die Öl-σύνταξις höher bewerte; näheres im Nachtrage zu den betreffenden Seiten am Ende dieses Bandes.

3) Auf Grund der Bemerkungen oben Anm. 1 scheint es mir nicht ausgeschlossen, daß die „Zwillinge" die ihnen gewährten Brote nicht ganz für sich verbrauchen, sondern von ihnen welche verkaufen bezw. gegen andere Lebensbedürfnisse eintauschen konnten.

4) Siehe Ps. Kallisth. III. 33. Die Angabe des Schriftstellers gewinnt an Wahrscheinlichkeit durch P. Fay. 14, wonach im Jahre 124 v. Chr. einem hohen ptolemäischen Beamten, wohl dem Epistolographos Numenios (siehe Bd. I. S. 57, A. 2), auch die Spende eines Kranzes zu teil geworden ist, indem zu diesem Zweck vom Volke eine besondere στέφανος-Abgabe erhoben worden ist. Ob übrigens in diesen Fällen wirklich stets ein goldener Kranz dem betreffenden überreicht worden ist, ist mir wenigstens für die spätere Zeit zweifelhaft; es könnte auch der alte Name der Spende nur pro forma zur Bezeichnung einer beliebigen Gratifikation beibehalten worden sein, vergl. hierzu Wilcken, Ostr. I. S. 297 über die Kranzspende für den König.

finanziell recht begehrenswert erschienen sein. Von der beträchtlichen
Höhe der dem einzelnen Priester gewährten σύνταξις verschafft uns
schließlich noch wenigstens einen ungefähren Begriff die Nachricht
der Pithomstele (Abschnitt R)[1]), der zufolge der Tempel von Pithom
in der ersten Hälfte der Regierung des 2. Ptolemäers eine Summe
von fast 24 000 Silberdrachmen aller Wahrscheinlichkeit nach als
σύνταξις ἀργυρική erhalten hat; nimmt man nun, was doch wohl
hoch gegriffen ist, etwa 300 empfangsberechtigte Priester an[2]), so ergibt sich immerhin noch für den einzelnen im Durchschnitt ein staatliches Gehalt von fast 100 Silberdrachmen, ein Gehalt, welches übrigens
wohl schon im 21. Jahre des Philadelphos eine Erhöhung erfahren
haben dürfte, da damals die Gesamtsumme der den Tempeln gezahlten
σύνταξις allem Anschein nach mindestens auf das Dreifache des bisherigen Betrages erhöht worden ist (siehe Bd. I. S. 382/3, bes. S. 383,
A. 4).[3])

---

1) Mit der oben behandelten Angabe der Pithomstele darf man eine im
P. Tebt. II. 302 sich findende Nachricht auf eine Stufe stellen, da auch sie uns
für einen Tempel — es ist der des Soknebtynis im Tebtynis — die ihm gewährte σύνταξις nennt (Zeit: 1. Jahrhundert n. Chr.). Diesem Heiligtum ist nun
nicht die σύνταξις vom Staat jedesmal ausgezahlt worden, sondern an ihrer
Statt sind ihm 500¹/₄ Aruren Krondomäne (sie ist übrigens vom Staat einstmals
eingezogene ἱερὰ γῆ) zur Bebauung allem Anschein ganz abgabenfrei überwiesen worden, d. h. die σύνταξις ist hier auf Grund und Boden fundiert gewesen (der P. Tebt. II. 302 bestätigt also meine Ausführungen im I. Bd. S. 368,
A. 1 über die γῆ ἐν συντάξει). Das Land scheint von der Priesterschaft verpachtet worden zu sein; wie hoch der Pachtpreis gewesen ist, erfahren wir jedoch
nicht. Eine selbst auch nur ungefähre Feststellung seiner Höhe leidet unter
großen Schwierigkeiten, da wir ja nicht einmal die Bonitätsklasse jenes Grundstückes kennen. Erinnert sei jedoch hier daran, daß um die Wende des 1. nachchristlichen Jahrhunderts in Ägypten Pachtpreise bis zur Höhe von 8 oder sogar 9 Artaben Weizen (P. Amh. II. 88), bez. von 24 oder gar 36 Silberdrachmen
pro Arure Getreideland (P. Oxy. IV. 700, bez. III. 499) gezahlt worden sind (siehe
etwa auch noch P. Amh. II. 87, wo für 12²/₃ Aruren 250 Silberdrachmen entrichtet werden sollen; vergl. ferner noch die vortrefflich zusammenfassenden Ausführungen über den Pachtzins bei Waszyński, a. a. O. S. 96 ff. u. S. 169 ff.).
Wenn ich hier also den Ertrag der γῆ ἐν συντάξει auf etwa 10 000 Silberdrachmen schätze, so bin ich mir des Hypothetischen dieser Schätzung wohl bewußt.
Wir erfahren des weiteren durch P. Tebt. II. 298, 11, daß dem Tebtynisheiligtum
einige Zeit später 50 von der Kopfsteuer befreite Priester angehört haben. Mag
es nun auch hier wie an dem Soknopaiostempel nicht von der Kopfsteuer befreite Priester gegeben haben (B. G. U. I. 1, 14—16; weiteres hierüber siehe in
diesem Kapitel, Abschnitt 2), immerhin werden doch wohl an diesem Dorftempel
von nicht besonderer Bedeutung kaum mehr als 100 Priester beschäftigt gewesen sein. Jedenfalls scheint mir der Schluß viel für sich zu haben, daß wir
auch hier mit einer verhältnismäßig nicht unbeträchtlichen σύνταξις des einzelnen
zu rechnen haben.

2) Zu der obigen Schätzung siehe die Ausführungen in Bd. I. S. 36/7 und
in der vorhergehenden Anm.

3) Außer den im Text erwähnten gestatten uns die weiteren zahlreichen
Nachrichten über die Priestersyntaxis keinen Rückschluß auf die Höhe des dem

Wie hoch sich der Anteil des einzelnen Priesters an den Pfründen und den verschiedenen Sporteln belaufen hat, welche die Tempel ihrer Priesterschaft gewährten, läßt sich leider in keinem Falle auch nur mit annähernder Sicherheit feststellen[1]). Wenn wir z. B. erfahren, daß der Soknopaiostempel in einem Jahre ἁγνεία-Sporteln in Höhe von 1033 Artaben Weizen[2]) und von wohl über 2000 Metretai Öl (siehe Bd. II. S. 32, auch S. 2) verteilt hat, so ist zu berücksichtigen, daß hieran der einzelne Phylenpriester je nach der Mitgliederzahl seiner Phyle und je nachdem, ob seine Amtstätigkeit in eine festreiche Zeit oder nicht in eine solche fiel, einen recht verschieden hohen Anteil gehabt hat.

Schließlich sei hier noch eine interessante Einzelheit mitgeteilt, die uns über die Amtseinnahmen des in ptolemäischer Zeit wohl angesehensten aller ägyptischen Priester, des Hohenpriesters des Ptah zu Memphis, bekannt geworden ist. In der Grabinschrift des Psere-nptah (siehe Bd. I. S. 205, A. 4) wird nämlich u. a. auch erwähnt, daß dieser „aus den Tempeln des südlichen und nördlichen Landes an Nahrung eine jährliche Abgabe" (Brugsch, Thesaurus V. S. IX) erhalten hat. Dieser Beitrag zu dem Gehalte des Priesters hat übrigens seine Parallele in den Kultbeisteuern, die ägyptische Heiligtümer bei besonderen Gelegenheiten einander gewährt haben (siehe Bd. II. S. 14).

Ein wichtiges indirektes Zeugnis für die Höhe der Besoldung der Priester liefern uns alsdann die Abrechnungen des Jupiterheiligtumes in Arsinoe. Ihnen zufolge haben einige ständige Angestellte des Tempels ein Jahresgehalt in Höhe von 480, bez. 360, 336 und 228 Silberdrachmen erhalten (siehe Bd. II. S. 21/22). Man darf nun doch wohl annehmen, daß die Priester dieses Tempels finanziell zum

einzelnen Priester zukommenden staatlichen Gehaltes, da, falls überhaupt Zahlenangaben erhalten sind, diese sich entweder auf die Gesamtheit der ägyptischen Tempel beziehen (Abschnitt S der Pithomstele zufolge hat zur Zeit des 2. Ptolemäers die in Geld an die Tempel alljährlich ausgezahlte σύνταξις im ganzen vielleicht ungefähr 1800 Silbertalente betragen [siehe Bd. I. S. 381 ff., bes. S. 383, A. 4], eine Summe, deren beträchtliche Höhe selbst bei Annahme einer besonders großen Menge Priester dem einzelnen eine nicht unbedeutende Geldzuwendung sichern mußte) oder da die Angaben für einen Tempel nur einen Teil der für ihn bestimmten σύνταξις nennen, siehe Bd. I. S. 372/3.

1) Vergl. hierzu die Angaben im II. Bd. S. 28 ff. u. S. 36 ff.; bezüglich der Höhe der Pfründen siehe bes. S. 38, A. 2 u. S. 39, bezüglich der Sporteln siehe auch die Bemerkungen vorher S. 169, A. 3. Es erscheint mir übrigens nicht ganz ausgeschlossen, daß in der Tempelrechnung, P. Tebt. II. 298 (Tempel von Tebtynis) in Z. 67 ff. von den Sporteln des einzelnen Priesters die Rede ist, da die hier genannten Zahlen sehr niedrig sind; dieser Teil ist jedoch zu schlecht erhalten, um ein definitives Urteil fällen zu können.

2) Das macht im Durchschnitt pro Tag fast 3 Artaben Weizen, d. h. eine Getreidemenge, welche — bei Zugrundelegung einer mittelgroßen Artabe von 30 Choinikes — ausreichend war, etwa 90 Menschen einen Tag lang zu ernähren, siehe vorher S. 170, A. 1.

mindesten ebenso gut, wahrscheinlich aber meistens noch besser gestellt gewesen sein werden wie die bestbezahlten ihrer nichtpriesterlichen Beamten.

Mit der von den Tempeln und vom Staat gewährten Besoldung
sind übrigens die Amtseinnahmen der Priester nicht erschöpft gewesen,
denn daneben lassen sich auch noch solche belegen, welche ihnen von
privater Seite zugeflossen sind.[1]) Hierauf verweisen uns einmal zwei
von den Priestern gezahlte Abgaben, das „τέλος μόσχων ϑνομένων" und die Gebühr „ὑπὲρ σφραγισμοῦ μόσχων ϑνομένων"
(siehe für sie auch Bd. II. S. 34). Es sei hier daran erinnert, daß in
den ägyptischen Tempeln in hellenistischer Zeit Opfer von Privaten
in großer Zahl dargebracht worden sind, was, wie wir gesehen haben
(Bd. I. S. 393), den Tempeln beträchtliche Einnahmen verschafft hat.
Wenn wir nun verschiedene Quittungen besitzen, laut denen Priester die Abgabe „für die Opferung der μόσχοι"[2]) und die Gebühr
für die die Untersuchung und Versiegelung der Opfertiere bestätigende
Bescheinigung[3]) bezahlt haben, so ist wohl der bereits von Wilcken

---

1) Von einer privaten Zuwendung in natura an einen προφήτης Ἄρεως im
Anschluß an dessen Amtstätigkeit berichtet uns jetzt auch P. Tebt. I. 140
(72 v. Chr.), man darf sie wohl als Entgelt für seine Mitwirkung bei einer Sühne-
feier fassen. Welchem Gott der Priester — sein Titel kennzeichnet ihn als
ägyptischen — gedient hat, ist nicht festzustellen; wie eigenartig man im Faijûm
bei Umnennung ägyptischer Gottheiten in griechische verfahren ist, zeigen uns
jetzt die P. Tebt. II (z. B. 294, 5; 295, 6; 298, 7; bes. 299, 10), denen zufolge
der Gott Soknebtynis ganz offiziell dem Kronos gleichgesetzt gewesen ist.

2) Siehe B. G. U. II. 383; 463; III. 718; P. Lond. II. 472 (S. 82); unpubl.
P. Fay. 244; P. Tebt. II. 307; 572; 605—607. Die Urkunden gehören dem 2.
und 3. Jahrhundert n. Chr. an. Es handelt sich um Priester von Soknopaiu
Nesos und von Tebtynis; auch das im Londoner Papyrus genannte ἱερόν des
Gottes Παχνσις („der von Äthiopien") hat wohl, wie schon Wilcken (Archiv III.
S. 235 anläßlich der Berichtigung der Lesung des P. Lond.) vermutet hat, zu
Soknopaiu Nesos gehört, siehe die dem. Inschrift 1191 des Museums von Kairo
(publ. Spiegelberg, Die demotischen Inschriften S. 74 ff.), welche von einer
Weihung der Bewohner von Soknopaiu Nesos an den Gott Pakysis berichtet.
Für die Erklärung der Abgabe siehe Wilcken, Ostr. I. S. 384/5, der zugleich
nachgewiesen hat, daß sie von den Priestern, welche die betreffenden Opfer
vollzogen haben, bezahlt worden ist.

3) B. G. U. I. 356; vergl. P. Grenf. II. 64; P. Gen. 32; gr. P. Straßb. 1105
(publ. von Reitzenstein, Zwei religionsgesch. Fragen S. 7, A. 4); unpubl. P. Rainer 25 bei Wessely, Kar. u. Sok. Nes. S. 62; siehe auch B. G. U. I. 250. Wilcken,
Ostr. I. S. 395 hat den Charakter der Abgabe wohl nicht richtig erkannt. Sie
wird m. E. nicht für die Vornahme der Versiegelung bezahlt; dann wäre sie ja
als Entgelt für die Mühewaltung der priesterlichen ἱερομοσχοσφραγισταί zu
fassen, und da diese doch nicht als staatliche Beamte bei dem σφραγισμός tätig
gewesen sind, wäre die Entrichtung einer „Diener"gebühr an den Staat in
diesem Falle nicht recht verständlich. Den Schlüssel zum richtigen Verständnis
der Abgabe scheint mir B. G. U. I. 250 zu liefern, wo die Einführung einer Bescheinigung über die Vornahme der Versiegelung erwähnt ist (siehe näheres
Bd. I. S. 62/3). Sie erhielt der Priester und war durch sie gegen später er-

(Ostr. I. S. 385) gezogene Schluß unabweislich, daß die Priester diese
Abgaben für die Emolumente entrichtet haben, welche sie von den
von ihnen dargebrachten Opfern der Privatleute bezogen. Ob die
Opferanteile den Priestern größere Einnahmen verschafft haben, ist
schwer zu sagen, da sich bisher keine sicheren allgemeinen Feststellungen über die Höhe und die Häufigkeit der Steuerzahlungen und
somit auch keine Rückschlüsse auf den Wert der versteuerten Anteile
gewinnen lassen; auf die eine uns erhaltene Angabe, wonach ein
Priester von Soknopaiu Nesos für Opfer, die er an einem Tage dargebracht hat, allem Anschein nach eine Abgabe von 24 Drachmen
bezahlt hat[1]), darf man nicht allzuviel geben[2]).

Recht eigenartiger Natur sind alsdann einige Bezüge der Priester,
welche diese gleichfalls den Privatleuten zu verdanken hatten. Aus
einem Pachtausschreiben des Tempelvorstandes des Soknopaiostempels
(2. Jahrhundert n. Chr)[3]) erfahren wir, daß von dem Pächter der
Tempelmühle außer dem Pachtpreis noch alljährlich eine freilich nicht
sehr hohe Sonderleistung an Geld und an Naturalien[4]) als Festgabe

---

hobene Bedenken, ob bei dem betreffenden Opfer alles ordnungsgemäß vorgenommen worden sei, gesichert. Mit der Ausstellung einer besonderen Beglaubigungsurkunde dürfte nun wohl auch die Erhebung der Abgabe, welche
die Priester als die Interessenten zu tragen hatten, zusammenhängen; sie ist
demnach etwa den Quittungssteuern zu vergleichen.

1) Siehe B. G. U. II. 463, 10; ganz verständlich ist mir allerdings die Angabe „δραχ(μὰς) εἴκοσι τέσσαρες .. α δώδεκα" nicht.

2) Auf jeden Fall möchte ich annehmen, daß die Zahlung hier nicht nur
für die Opferung eines μόσχος, sondern für die mehrerer Tiere erfolgt ist (in
Z. 6/7 sind die ausschlaggebenden Worte abgekürzt, der Wortlaut entscheidet
also nicht die Auffassung); denn da die Steuer doch nur die Anteile der Priester treffen soll, erscheint mir eine Steuerzahlung von 24 Drachmen für ein
μόσχος zu hoch.

Auch die in den P. Tebt. II sich findenden Zahlungen für die Opfertiersteuer in Höhe von 20 Drachmen ergeben für die obige Frage nicht viel. In
den P. Tebt. II begegnet uns nämlich eine Form der Auflegung der Steuer,
welche von der in Soknopaiu Nesos befolgten erheblich abweicht. Denn während hier stets der einzelne Priester als Zahler erscheint und die Steuer für
jedes einzelne Opfer (vergl. bes. B. G. U. II. 463, 7; III. 718, 5; auch P. Lond.
II. 472 [S. 82] die Bezeichnung der Abgabe mit „ὑπὲρ [sic] μόσχου θυομένου")
(dies kann übrigens aus der Opferung mehrerer Tiere bestanden haben) erfolgt
ist, wird in Tebtynis die Gesamtheit der ἱερεῖς als Zahler genannt — der
Anteil des einzelnen Priesters an der Steuersumme dürfte also recht gering gewesen sein — und die Steuer wird nicht im Anschluß an das einzelne Opfer,
sondern entsprechend der Höhe der Jahreseinnahmen als 10% Wertsteuer
(„δεκάτη μόσχων") entrichtet; wie oft nun Steuerzahlungen von 20 Drachmen in
einem Jahre abgeführt worden sind, entzieht sich unserem Urteil.

3) Siehe P. Lond. II. 335 (S. 191); Verbesserungen der Lesung von Wilcken,
Archiv II. S. 131; III. S. 243.

4) Es handelt sich um 8 Drachmen und um 20 ωοιφια; was man unter
letzteren zu verstehen hat, weiß ich nicht, da sie jedoch besonders neben einer

für die ἡγούμενοι ἱερέων verlangt wird. Da dies Verlangen ganz offen, gleichsam offiziell von den Tempelvorstehern gestellt wird, so ist bei ihm auf keinen Fall etwa an unberechtigte Forderungen rein persönlicher Natur zu denken, sondern man darf aus ihm folgern, daß Sondervergütigungen, welche Private im Anschluß an ihre Zahlungen an die Tempel einzelnen Priestern, namentlich den in leitender Stellung befindlichen gewähren mußten, eine verhältnismäßig regelmäßige Amtseinnahme der Priester gebildet haben[1]).

Ebenso wie die höheren Priester haben übrigens auch die nie-deren Priester besondere Zuwendungen von Privaten erhalten[2]);

Geldzahlung genannt werden, dürfte es sich bei ihnen wohl sicher um Naturalien handeln.

1) Zu den Ausführungen im Text vergl. P. Tebt. I. 6, 30 ff., wo es von den Pächtern von Tempelbesitz heißt „μὴ τελεῖν τοὺς καθή[κοντ]ας φόρους μηδ' ἐκ πλήρους ἀποδιδόναι τὰς τῶν [γερῶν] καὶ προφητειῶν καὶ γραμματειῶν καρπείας". Hierdurch sind uns auch für die Mitte des 2. Jahrhunderts v. Chr. für die Inhaber der höheren Priesterstellen offizielle Sondervergütigungen er-wiesen, welche Private im Anschluß an ihre für den Tempel bestimmten Pacht-zahlungen zu entrichten hatten; sie werden „καρπεῖαι" genannt. Das große Edikt des 2. Euergetes vom Jahre 118 v. Chr. (P. Tebt. I. 5, 65 ff.) zeigt uns als-dann, daß die καρπεῖαι damals eine recht häufig vorkommende Amtseinnahme der höheren Priester gebildet haben müssen. Über die Höhe, in der diese die καρπεῖαι von den Privatleuten verlangen konnten, müssen übrigens besondere Bestimmungen bestanden haben, da mehrere Priester beschuldigt werden, sie in unberechtigter Höhe erhoben zu haben (P. Tebt. I. 5, 69). Im Anschluß hieran sei noch erinnert, daß Gaben von Privaten, deren Verwendung nur zu gunsten der Priesterschaft ausdrücklich festgelegt ist, in der Form einer Kirchensteuer uns in römischer Zeit begegnen, siehe Bd. I. S. 363 Die dort gebotene Erklärung der Formel „ὑπὲρ δημοσίων τῆς φεννησίας" in den λογεία-Quittungen scheint mir übrigens durch Angaben des 2. und 8. Vertrages der großen Inschrift von Siut (Erman a. a. O. Ä. Z. XX [1882] S. 169 u. 181) eine gewisse Bestätigung zu er-fahren; in ihnen ist nämlich davon die Rede, daß bestimmtes Getreide, welches außer dem vom Fürsten Hapidjefa gewährten die Untertanen gleichsam als Kirchensteuer in die Tempel des Wepwawet und des Anubis zu liefern hatten, nicht direkt für die Tempel, sondern für ihre Stundenpriesterschaft bestimmt gewesen ist. Somit wären schon für das alte Ägypten (mittleres Reich) offizielle Gaben von Privaten speziell zu gunsten der Priester erwiesen.

2) Von Spenden der Privaten an Priester berichtet vielleicht auch B. G. U. III. 993 (2. Jahrhundert v. Chr.). Dieser Urkunde zufolge verfügt ein ἱσιονόμος, daß ein Siebentel von je 120 „ὑπαρχόντων (sic) αὐτῷ ἡμερῶν ἁγνευτικῶν κατ' ἔτος" von 2 Ἰσιεῖα im pathyritischen Gau (ebenso auch ein Siebentel seines An-teiles an dem ἐπαγόμεναι ἡμέραι) nach seinem Tode seiner Tochter zufallen solle, die restierenden ⁶/₇ seiner Frau (siehe Col. 3, 9/10; in 10 möchte ich γερῶν für γέρως lesen und hierin den Hinweis auf die ἡμέραι ἁγνευτικαί sehen). Wie Wilcken, Archiv II. S. 388 bereits bemerkt hat, zeigen uns die Zahlenangaben, daß der ἱσιονόμος über den dritten Teil der ἡμέραι ἁγνευτικαί der beiden Heilig-tümer verfügt haben muß, d. h. über die an jenen Tagen für die amtierenden Priester bestimmten ἁγνεία-Sporteln (siehe Bd. II. S. 31, A. 2; der Vergleich Wilckens Archiv II. S. 387/8 mit den in den Verträgen des Hapidjefa von Siut erwähnten Tagesrationen der Priester ist nicht ganz zutreffend, da es sich bei

diese hängen allerdings nicht einfach mit der Zugehörigkeit der Betreffenden zu einem bestimmten Tempel zusammen, sondern resultieren
aus bestimmten Diensten, welche die niederen Priester den Privaten
zu leisten hatten. So haben die Choachyten die Berechtigung besessen für die Pflege der ihnen anvertrauten Leichen und die Totenopfer, die sie darzubringen hatten (hierzu siehe Bd. I. S. 100 ff.), von
den Angehörigen der Toten Bezahlung zu fordern[1]). Diese ihre Ein-

---

diesen um das pro Tag berechnete feste Gehalt der Priester handelt, siehe Bd. II.
S. 27, A. 3). Unter einem ἰσιονόμος hat man nun, wie schon hervorgehoben
(Bd. II. S. 73, A. 4), nicht einen wirklichen Priester, sondern nur den Inhaber
und Verwalter von ᾿Ισιεῖα zu verstehen, d. h. er ist etwa in die Kategorie jener
in P. Tebt. I. 5, 73 erwähnten κρατοῦντες τῶν ἐλασσόνων ἱερῶν (᾿Ισιεῖα werden
auch dazu gerechnet, siehe Z. 70) einzureihen, welche, wie ihre Gegenüberstellung zu den Z. 70 ff. erwähnten Priestern an den ἐλάσσονα ἱερά zeigt, als Nichtpriester aufzufassen sind, denen jedoch die Verfügung über die betreffenden
Heiligtümer zugestanden hat (siehe hierzu Bd. I. S. 236 u. Bd. II. S. 39, A. 2).
Wenn wir nun einen ἰσιονόμος im Besitz eines Drittels der ἡμέραι ἀγνευτικαί
an zwei Isisheiligtümern finden (mit den bereits besprochenen in Brüchen festgesetzten Anteilen von Priestern an den gesamten Einnahmen ihrer Heiligtümer [siehe Bd. II. S. 39, A. 2, 40, A. 1 u. 169, A. 1] sind diese Drittel auch wegen
des verschiedenen Charakters der verfügungsberechtigten Personen nicht auf eine
Stufe zu stellen) und wenn wir von ihrer Vererbung zu bestimmten Teilen hören
(über das Vererben der κρατεῖν siehe jetzt auch P. Tebt. II 294), so scheint mir
einmal der Schluß nicht unwahrscheinlich, daß ein Vorfahre des Erblassers dereinst über alle ἡμέραι ἀγνευτικαί verfügt hat, und vor allem wird man in Anbetracht des Standes des augenblicklichen Besitzers der ἡμέραι ἀγνευτικαί, sowie
des nichtpriesterlichen Charakters seiner Erben annehmen dürfen, daß es sich
bei dem Besitzobjekt der ἡμέραι ἀγνευτικαί für die Besitzer nicht um die Nutznießung, sondern um das vielleicht auch finanziellen Vorteil bringende Recht
der Vergebung an Priester handelte (als gewisses Analogon hierzu könnte man
die Vergebung von Tagesrationen durch den Fürsten Hapidjefa an die Priester
bezeichnen; siehe etwa 3., 5. und 6. Vertrag der großen Inschrift von Siut).
Inwieweit diese den Priestern gewährten ἡμέραι ἀγνευτικαί auf einer festen Stiftung
oder ob sie auf stetig wiederkehrenden Spenden der Verfüger beruhen, ist nicht
zu entscheiden, immerhin scheint mir aber in B. G. U. III. 993, wenn auch bei
der Deutung manches noch wenig geklärt ist, ein Beleg vorhanden zu sein für
die Abhängigkeit der Priester in ihren Einnahmen von Privaten, welche mit
ihren Heiligtümern in irgend welcher Verbindung stehen. Ob hier höhere oder
niedere Priester als Empfänger anzunehmen sind, ist, obwohl es sich um ἀγνεία-
Sporteln handelt, zweifelhaft; an und für sich ist es mir sehr fraglich, daß an
den einen privaten Charakter tragenden ἱερὰ ἐλάσσονα höhere Priester tätig gewesen sind, zudem lassen sich auch sonst für niedere Priester Bezüge, welche
als ἀγνεῖαι bezeichnet werden, nachweisen; siehe im folg. S. 177.
   1) Es sei hierzu an die erwähnten besonderen Stiftungen von Privaten für
ihren Totenkult an die Totenpriester im mittleren Reich erinnert, siehe Bd. I.
S. 259, A. 3; Bd. II. S. 29, A. 4. Aus der Zeit Psammetichs ist uns des weiteren nach
Revillout, Mélanges S. 417 in einer hieroglyphischen Stele z. B. ein Beleg für
die Ausstattung eines Choachyten mit Land erhalten. Über die Einnahmen
der Choachyten in ptolemäischer Zeit aus ihrem Totendienst hat Revillout,
Les prières pour les morts dans l'épigraphie égyptienne, Rev. ég. IV. S. 1 ff.
(S. 51/52) einiges bereits bemerkt; er erwähnt auch mir nicht bekannt gewordene

nahme bezeichnen sie selbst bald als $\lambda o \gamma \varepsilon \tilde{\iota} \alpha \iota$[1]), bald als $\varkappa \alpha \varrho \pi \varepsilon \tilde{\iota} \alpha \iota$[2]), dann wieder als $\lambda \varepsilon \iota \tau o v \varrho \gamma \acute{\iota} \alpha \iota$[3]) oder auch als $\dot{\alpha} \gamma \nu \varepsilon \tilde{\iota} \alpha \iota$[4]).

Unter den $\lambda o \gamma \varepsilon \tilde{\iota} \alpha \iota$ hat man offenbar entsprechend dem Namen (siehe Bd. I. S. 359) Kollekten zu verstehen, deren Entrichtung an die Choachyten den diesen für die Totenpflege verpflichteten Privaten obgelegen hat[5]). Der Charakter der $\varkappa \alpha \varrho \pi \varepsilon \tilde{\iota} \alpha \iota$ läßt sich vorläufig nicht näher bestimmen. Daß verschiedenartige Bezüge der Choachyten unter der Bezeichnung „Nutznießungen" zusammengefaßt gewesen sind, ist nicht recht wahrscheinlich, da mit ihnen andere spezielle Einnahmen der Choachyten zusammen genannt und so gleichsam auf eine Stufe gestellt werden[6]); es dürfte sich bei ihnen wohl eher um das Entgelt in Naturalien oder Geld für ganz bestimmte Dienstleistungen handeln[7]). Dieses ist alsdann sicherlich der Fall bei den als $\lambda \varepsilon \iota \tau o v \varrho \gamma \acute{\iota} \alpha \iota$ bez. $\dot{\alpha} \gamma \nu \varepsilon \tilde{\iota} \alpha \iota$ bezeichneten Einnahmen[8]), d. h. sie sind als die Sporteln für

---

hieroglyphische Inschriften (stammen sie auch aus hellenistischer Zeit?), denen zufolge die Choachyten von den beteiligten Familien bestimmte Einkünfte in Geld und in verschiedenartigsten Naturalien bezogen haben.

1) P. Lond. I. 3 (S. 44), Z. 7, vergl. auch Z. 40; P. Par. 5, Col. 2, 4 (= P. Leid. M, Col. 2, 4), Col. 27, 6, Col. 39, 8.

2) P. Lond. I. 3 (S. 44), Z. 17, 19, 21; P. Par. 5, Col. 2, 4 (= P. Leid. M, Col. 2, 4, wo man wohl statt $\varkappa \varepsilon \varrho \delta \tilde{\omega} \nu$ „$\varkappa \alpha \varrho \pi \langle \varepsilon \iota \rangle \tilde{\omega} \nu$" lesen bez. emendieren kann), Col. 39, 9; P. Leid. P, 25 u. 30.

3) P. Lond. I. 3 (S. 44), Z. 17; P. Par. 5, Col. 14, 10/11, Col. 27, 6; P. Leid. P, 26 u. 31.

4) P. Par. 5, Col. 14, 11. Es sei auch noch auf den dem. P. Louvre 2438 (Chrest. dém. S. 257) verwiesen, wo anläßlich des Verkaufes von Grabstätten nach der Übersetzung Revillouts auch die zu ihnen gehörenden „purifications" und „liturgies" veräußert werden. Nun hat Revillout als Übersetzung der $\dot{\alpha} \gamma \nu \varepsilon \tilde{\iota} \alpha \iota$ der höheren Priester gleichfalls das Wort „purifications" vorgeschlagen (siehe Bd. II. S. 28, A. 1), es wäre also möglich, daß auch hier bei den purifications an die $\dot{\alpha} \gamma \nu \varepsilon \tilde{\iota} \alpha \iota$, hier natürlich an die der niederen Priester, zu denken wäre.

5) Vergl. hierzu P. Lond. I. 3 (S. 44), Z. 40, wo von dem $\lambda o \gamma \varepsilon \acute{\nu} \varepsilon \sigma \vartheta \alpha \iota$ $\delta \iota$' $\alpha \acute{\nu} \tau \tilde{\omega} \nu$ (sc. Choachyten) $\chi \acute{\alpha} \varrho \iota \nu$ $\tau \tilde{\omega} \nu$ $\varkappa \varepsilon \iota \mu \acute{\varepsilon} \nu \omega \nu$ $\nu \varepsilon \varkappa \varrho \tilde{\omega} \nu$ gesprochen wird. Siehe auch im folgenden S. 179 die Bemerkungen über das $\lambda o \gamma \varepsilon \acute{\nu} \varepsilon \iota \nu$ der Paraschisten.

6) Für die hier abgelehnte zusammenfassende Bezeichnung könnte man etwa auf P. Par. 5, Col. 2, 4 (= P. Leid. M, Col. 2, 4) verweisen; siehe jedoch P. Lond. I. 3 (S. 44), Z. 17 u. P. Leid. P, 25/26 u. 30/31, wo neben ihnen besonders die $\lambda \varepsilon \iota \tau o v \varrho \gamma \acute{\iota} \alpha \iota$ genannt werden; siehe ferner P. Par. 5, Col. 27, 6.

7) Leemans' Erklärung (P. Leid. I. S. 84) der $\varkappa \alpha \varrho \pi \varepsilon \tilde{\iota} \alpha \iota$ ist ganz allgemein gehalten (quaestus ex mumiis ad sepulcra transportatis percipiendi). Die vorher (S. 175, A. 1) behandelten, den höheren Priestern zufallenden Zuwendungen gleichen Namens helfen uns für die Deutung der $\varkappa \alpha \varrho \pi \varepsilon \tilde{\iota} \alpha \iota$ der Choachyten nichts. Beachte übrigens auch die Bemerkungen im Text im folgenden über den relativen Wert der griechischen Bezeichnungen der Choachyteneinnahmen.

8) Im Text wird allerdings nur für die $\lambda \varepsilon \iota \tau o v \varrho \gamma \acute{\iota} \alpha \iota$ nachgewiesen, daß es sich bei ihnen auch um Einnahmen handelt; da jedoch im P. Par. 5, Col. 14, 10/11 $\lambda \varepsilon \iota \tau o v \varrho \gamma \acute{\iota} \alpha \iota$ und $\dot{\alpha} \gamma \nu \varepsilon \tilde{\iota} \alpha \iota$ nebeneinander genannt werden und die $\lambda \varepsilon \iota \tau o v \varrho \gamma \acute{\iota} \alpha \iota$ auch hier als ein besonderes Verkaufs-, d. h. als ein Besitzobjekt behandelt sind, so ist selbstverständlich für die $\dot{\alpha} \gamma \nu \varepsilon \tilde{\iota} \alpha \iota$ derselbe Charakter anzunehmen.

jene Dienste der Choachyten zu fassen, welche eben diesen Namen
geführt haben (siehe Bd. I. S. 101). Daß wir hier eine Weiterentwicklung der Wörter von der ursprünglichen Bedeutung der Amtstätigkeit
zu der aus ihr resultierenden Einnahme (vergl. Bd. II. S. 29) anzunehmen haben[1]), zeigen uns einmal die verschiedenen von Choachyten
abgeschlossenen Verkaufsverträge, in denen die λειτουργίαι durchaus
als Besitzobjekt behandelt werden[2]), und ferner auch die Angaben der
demotischen Papyri, in denen in direktem Anschluß an bestimmte
von den Choachyten für die Toten zu leistende Dienste ihre Entlohnung hierfür ausdrücklich hervorgehoben wird[3]). Es sei übrigens
darauf hingewiesen, daß sich in den demotischen Papyri recht verschiedenartige Bezeichnungen für die mannigfachen der Entlohnung
zu grunde liegenden Zweige der „Choachytenarbeit" finden[4]); es drängt
sich darnach, zumal sich für die griechischen termini technici präzise, die einzelnen von einander streng sondernde Erklärungen nicht
gewinnen lassen, die Vermutung auf, daß sie in den Kontrakten ziemlich willkürlich zur Übersetzung der demotischen Begriffe angewandt
worden sind[5]).

Vergl. hierzu auch die Ausführungen über die ἁγνεῖαι der höheren Priester
Bd. II. S. 28 ff.

1) Leemans, P. Leid. I. S. 84 irrt, wenn er λειτουργίαι einfach als „sacra
solemnia in sepulcris obeunda" erklärt.

2) Siehe einmal P. Lond. I. 3 (S. 44). Hier heißt es u. a., daß verkauft
worden ist der 6. Teil der λειτουργ⟨ι⟩ῶν καὶ καρπειῶν καὶ τῶν ἄλλων (Z. 17/18;
vergl. auch Z. 10/11). Da der Gebrauch von τὰ ἄλλα unbedingt die beiden
ersten Begriffe als wesensähnlich kennzeichnet, so muß λειτουργίαι ebenso wie
καρπεῖαι als Bezeichnung von Choachyteneinnahmen gedient haben; siehe auch
Z. 40, wo in dem Registervermerk der Beamte den vorherstehenden Verkaufsvertrag als „ὠνὴ τῶν λογευομένων . . χάριν νῶν κειμένων νεκρῶν" definiert.
Vergl. ferner P. Par. 5, Col. 14, 10/11 und vor allem die Angaben der zahlreichen
demotischen Verkaufskontrakte der Choachyten (allerlei Belege Bd. I. S. 100, A. 5,
siehe auch noch als besonders instruktiv den dem. P., publ. von Revillout,
Précis du droit égyptien I. S. 711).

3) Siehe z. B. dem. P. Berl. 3107 (Spiegelberg S. 16); 3106 + 3139 (ebenda);
3115 (Spiegelberg S. 18), I. Seite 3 (vergl. auch den dem. P. aus der Perserzeit,
publ. von Revillout, Précis du droit égyptien I. S. 527). Als Einnahmen der Choachyten werden „Geld, Brot, Fleisch, Bier, Wein, Öl, Kränze (?)" genannt.

4) Siehe die Bemerkungen Spiegelbergs, dem. P. Berl. S. 10, A. 2 u. S. 16,
A. 3 im Anschluß an dem. P. Berl. 3106 + 3139.

5) Siehe hierzu vor allem P. Lond. I. 3 (S. 44); auch P. Par. 5. Vielleicht
ließe sich über die obige Vermutung durch eine genaue Prüfung der demotischen
termini technici in dem dem. P. Berl. 3119 (Spiegelberg S. 10) und ihre Vergleich-
chung mit denen seiner griechischen Übersetzung, dem P. Lond. I. 3 (S. 44), zu
einer sicheren Entscheidung gelangen; man würde dann auch zweckmäßig den
dem. P. Bibliothèque nationale 218 (publ. Chrest. dém. S. 62 ff.) zum Vergleich
heranziehen, siehe Spiegelberg, dem. P. Berl. S. 11. Zu der Annahme willkür-
licher Übersetzung ägyptischer termini technici siehe die Bemerkungen im I. Bd.
S. 48/49 u. Bd. II. S. 129.

Bei Beurteilung des Wertes der Choachytenbezüge hat man vor allem daran zu denken, daß die Totenpflege den Choachyten auch allerlei Ausgaben auferlegt hat, z. B. für die Darbringung der Totenspenden, für die Beschaffung der nötigen Geräte (ἔπιπλα) und für die Instandhaltung der Grabstätten[1]). Ob die ihnen verbleibenden Sporteln ihnen eine einigermaßen größere Einnahme verschafft haben, erscheint immerhin fraglich. Denn für die Erwerbung des sechsten Teiles der Sporteln, die einem verstorbenen Choachyten gehört haben, werden nur 3 Kupfertalente gezahlt (P. Lond. I. 3 [S. 44], Z. 43); es haben somit die Gesamtsporteln jenes Choachyten einen Kapitalwert von 18 Kupfertalenten besessen[2]), und seine Jahreseinnahme wird man entsprechend der Höhe dieses Kapitals wohl kaum auf mehr als etwa zwei Kupfertalente, d. h. auf ungefähr 30 Silberdrachmen[3]) veranschlagen dürfen. Über wie hohe Sporteln jener Choachyt verfügt hat, der als Verkaufspreis für einen leider nicht mehr zu bestimmenden Bruchteil seiner Einnahmen 2 Kupfertalente, d. h. ungefähr 30 Silberdrachmen erzielt hat[4]), läßt sich auch nicht annähernd feststellen.

Ebenso wie für die Choachyten sind uns auch für die mit einander in enger Verbindung stehenden Priestergruppen, der Paraschisten und Taricheuten (siehe Bd. I. S. 105 ff.), Einnahmen bezeugt, welche sie von Privaten als Entgelt für ihre Dienste bei der Totenbestattung erhalten haben. So erfahren wir, daß die ersteren berechtigt waren in dem Bezirk, in dem sie ihr Amt ausübten, Kollekten zu erheben, als deren Bestandteile ὄσπριον, οἶνος und ἄλλο

---

1) Besonders instruktiv hierfür sind dem. P. Berl. 3112 (Spiegelberg S. 8) und dem. P. Straßb. 10 (Spiegelberg S. 48), letzterer der einzige Beleg aus der römischen Zeit.

2) Der obigen Berechnung liegt die Annahme zu grunde, daß die anderen Sechstel etwa ebensoviel wert gewesen sind; begründet erscheint sie mir dadurch, daß wir es hier mit der Hälfte eines Erbschaftsanteils zu tun haben, der seinerseits ein Drittel der betreffenden Erbschaftsmasse dargestellt hat. Siehe auch Spiegelbergs Bemerkungen dem. P. Berl. S. 11 im Anschluß an P. Lond. I. 3 (S. 44), dem. P. Berl. 3119 (Spiegelberg S. 10) und dem. P. Bibliothèque nationale 218 (Chrest. dém. S. 62 ff.).

3) Zu der Umrechnung, bei der ein mittleres Verhältnis der beiden Münzsorten zu einander zu grunde gelegt ist, siehe Bd. I. S. 299, A. 2. Für die Berechnung des Ertrages ist übrigens wohl mit Recht ein höherer Prozentsatz angenommen worden, da das gezahlte Kapital hier gleichsam in einem persönliche Arbeit des Besitzers erfordernden Geschäft angelegt worden ist, dem Besitzer also außer Zinsen auch Entgelt für seine Arbeitsleistung versprechen mußte.

4) Siehe P. Leid. M, Col. 2, 13; P. Par. 5, Col. 2, 2 u. 50, 5 [im Parisinus ist nicht (τάλαντα) δ, sondern β zu lesen, siehe das Faksimile; die Richtigkeit der Lesung ergibt sich auch aus der Höhe der für den Verkaufspreis gezahlten 10 prozentigen ἐγκύκλιον-Steuer: 1200 Drachmen]. In den im Verkaufsvertrag mitveräußerten Hausanteilen hat man kein besonderes Vermögensobjekt zu sehen, da sie jedenfalls als die Grabstätten der verkauften Toten aufzufassen sind; siehe hierzu z. B. dem. P. Berl. 3096, 3112 (Spiegelberg S. 6, 8).

genannt werden (P. Tor. 8, 24—26; ptolemäische Zeit). Von der Bezahlung eines Taricheuten berichtet uns alsdann eine private Abrechnung (P. Amh. II. 125; 1. Jahrhundert n. Chr.), in der neben anderen
Aufwendungen für ein Begräbnis auch ein Lohn von 11 Drachmen
„τῷ ταριχευτῇ" erwähnt ist[1]).

Bei einer Würdigung der Amtseinnahmen der ägyptischen Priesterschaft darf schließlich auch nicht vergessen werden daran zu erinnern, daß den Priestern ihr Amt außer den bereits (Bd. II. S. 173/4)
erwähnten Opfersteuern noch besondere Ausgaben auferlegt hat, deren
Höhe uns übrigens einige weitere Aufschlüsse über die Höhe der
Einnahmen und das Verhältnis der Bezüge der verschiedenen Priestergruppen zu einander gewährt. Ob unter diesen Ausgaben sich auch
eine alljährlich zu entrichtende Abgabe für die Ausübung des
Priesteramtes, die den gewerblichen Licenzsteuern zu vergleichen
wäre, befunden hat, läßt sich nicht mit Sicherheit entscheiden. Revillout (Mélanges S. 204—210, bes. S. 209) behauptet zwar aus demotischen Urkunden die „Gewerbe"steuer der Choachyten nachweisen
zu können; sein Beweis stützt sich jedoch allein auf das sehr zwei-
schneidige Mittel der Namensgleichheit, und deshalb erscheint es mir
geboten ihn vorläufig noch nicht zu verwenden (siehe auch Bd. I.
S. 246, A. 3)[2]).

Auch für die Pastophoren darf man nicht etwa auf Grund der
Angaben einiger Turiner Papyri (5, 6 u. 7; ptolemäische Zeit) die
Zahlung einer Abgabe annehmen, die die Pastophoren in ihrer Gesamtheit getroffen hätte und die demnach sehr wohl als eine Art von
Gewerbesteuer aufgefaßt werden könnte[3]). Denn in den Papyri handelt es sich nur um Strafgelder, die der οἰκονόμος von einer Pasto-
phorengruppe unberechtigterweise erhoben haben soll („ζημιοπραχ-

---

1) Durch d-- P. Grenf. II. 77 (Ende des 3. oder Anfang des 4. Jahrhunderts
n. Chr.) ~ ~.. wir von der Entlohnung eines νεκροτάφος durch 340 Drachmen
(die bet ~ntliche Höhe hängt sicher mit dem rapiden Sinken des Geldwertes
gegen Ende des 3. Jahrhunderts n. Chr. zusammen) und einige Naturalien; er
hat sie für den Transport einer Leiche erhalten (vergl. hierzu auch das in griechischen Mumienetiketts, publ. von Revillout, Ä. Z. XVIII [1880] S. 106/7 und
von Spiegelberg, Archiv I. S. 340, erwähnte ναῦλον). In dem νεκροτάφος wird
man jedoch wohl kaum einen ägyptischen Priester sehen dürfen (siehe auch
Bd. I. S. 108/9), sein Lohn ist also hier höchstens als indirektes Zeugnis, nämlich als ein Hinweis auf die beträchtlichen Aufwendungen des Volkes für die
Totenpfleger, zu verwenden.

2) Es scheint mir übrigens nicht ganz ausgeschlossen zu sein, daß man
die von Revillout besprochene Abgabe mit dem in griechischen Ostraka vorkommenden τέλος ταφῶν (siehe Wilcken, Ostr. I. S. 304 ff. und seine Bemerkung
bei Spiegelberg, Buchis, der heilige Stier von Hermonthis, Archiv I. S. 339 ff.
[S. 342]) irgendwie in Verbindung bringen darf (siehe bes. Mélanges S. 204).

3) So deutet Revillout a. a. O. Ä. Z. XVIII (1880) S. 112, A. 1 die Angaben
der Turiner Papyri, wobei er übrigens noch fälschlich die in ihnen genannten
Pastophoren als Choachyten behandelt.

τεῖν"), und es läßt sich nicht ermitteln, aus welchem Grunde sie auferlegt worden sind[1]).

Schließlich können wir auch hinsichtlich der Besteuerung der
Amtsführung der höheren Priester zu keiner Entscheidung gelangen.
Wir finden allerdings in einem der uns erhaltenen Rechenschaftsberichte des Soknopaiosheiligtumes (2. Jahrhundert n. Chr.) vor Beginn der γραφὴ ἱερέων[2]) die Bemerkung, daß von allen im folgenden
genannten Phylenpriestern eine wohl als σειτικόν bezeichnete Abgabe[3]) in Höhe von 12 Drachmen gezahlt worden ist. Daß es sich
bei ihr um eine Priesterabgabe par excellence handelt, zeigt uns die
Art ihrer Erwähnung, leider ist jedoch dem Namen der Steuer, der
aus dem Griechischen kaum zu erklären sein dürfte[4]), nichts Näheres
über ihren Charakter zu entnehmen, und vor allem ist es nicht möglich festzustellen, ob wir es hier mit einer alljährlich wiederkehrenden
oder nur mit einer einmal zu erlegenden Abgabe zu tun haben. Nur
wenn das erstere nachzuweisen wäre, wäre es gestattet bei dem σειτικόν an die Licenzsteuer der ἱερεῖς zu denken[5]).

1) Die von dem Soknopaiostempel bezahlte Steuer „ταριχευτῶν" (ihre Deutung siehe Bd. I. S. 310 u. Bd. II. S. 67) darf hier nicht berücksichtigt werden,
da ihre Nennung mitten unter den Licenzsteuern der für das Heiligtum arbeitenden Gewerbe die Annahme ausschließt, daß es sich bei ihr um die als Taricheuten
bezeichneten niederen Priester handeln könne.
2) B. G. U. I. 162; siehe die Bemerkungen zu ihr Bd. II. S. 150, A. 3 u.
S. 156, A. 3.
3) So wird man in B. G. U. I. 162, in das letzte Wort lesen dürfen; vergl.
hierzu Bd I. S. 213, A. 1.
4) Es ist mir ganz wahrscheinlich, daß dem Worte ein ägyptischer Ausdruck zu grunde liegt; könnte man es etwa mit der ägyptischen Bezeichnung
der Priesterphyle „s3" in Verbindung bringen?
5) Die Bd. II. S. 67/68 behandelte, als „τὰ παρὰ ἱερέων Φεμνοήρεως θεοῦ
ἀπαιτού(μενα)" bezeichnete Abgabe dürfte wohl entweder mit dem σειτικόν oder
mit dem τελεστικόν in Zusammenhang stehen. Wessely, Kar. . . . Nes. S. 69
erwähnt übrigens auch eine wohl von jedem Priester (ἑκ]άστου ἀνο. . gezahlte
Abgabe von 6 Drachmen, die in einem Rechenschaftsbericht des Soknopaiostempels, dem unpubl. P. Rainer 171, erwähnt sein soll; merkwürdigerweise findet
sich diese Angabe jedoch nicht in dem zusammenfassenden Bericht Wesselys
(S. 73 ff.) über diesen Papyrus, man muß also vorläufig von ihrer Verwertung
Abstand nehmen. Schließlich sei hier auch noch auf P. Tebt. II. 298, auf die
Rechenschaftseingabe des Tempels von Tebtynis vom Jahre 107/8 n. Chr. verwiesen. In der in ihm enthaltenen γραφὴ ἱερέων finden wir im Anschluß an
die Nennung der einzelnen Priester die Angabe, daß von ihnen abgesehen von
den eventuellen Zahlungen für höhere Priesterstellen „ὑπὲρ τῆς ἱερατείας"
52 Drachmen entrichtet worden seien und zwar in dem Jahre, in dem sie Priester
geworden sind (das letztere ergibt sich besonders deutlich aus Col. 1, 25 u. 27).
Es ist uns somit hier die Amtsantrittsgebühr der höheren Priester für die römische
Zeit belegt, ohne daß ein besonderer Name für sie genannt wäre. Die Form,
in der die Zahlung dieser Gebühr erwähnt ist, ähnelt sehr der bei dem σειτικόν
angewandten, und es liegt demnach die Annahme nahe, daß man in dem σειτικόν den terminus technicus für die Amtsantrittgebühr zu sehen hat; es wäre

Es ist übrigens den höheren Priestern außer den bereits behandelten Opfersteuern zum mindesten noch eine alljährlich zu zahlende Amtsabgabe auferlegt gewesen, nämlich die $\varepsilon\iota\varsigma\varkappa\varrho\iota\sigma\varepsilon\omega\varsigma$-Gebühr, d. h. jene Abgabe, welche die $\iota\varepsilon\varrho\varepsilon\iota\varsigma$ für das Recht Priesterwahlen vornehmen zu dürfen an den Staat zu entrichten hatten (siehe Bd. I. S. 227/8). Sie hat z. B. jedem Soknopaiospriester eine Jahresausgabe von 28 Drachmen verursacht[1]).

Außer ihr sind uns bisher von Ausgaben der Priester für ihr Amt nur solche bekannt geworden, die sie einmal zu erlegen hatten. Es sei hier erstens an das $\tau\varepsilon\lambda\varepsilon\sigma\tau\iota\varkappa\acute{o}\nu$ erinnert, das in ptolemäischer Zeit von den höheren Priestern beim Antritt ihres Priesteramtes zu zahlen war (Bd. I. S. 212/3), und das auch in römischer Zeit, mag auch der Name sich geändert haben, sich stets erhalten haben wird.[2]) Über die Höhe der Gebühr ist leider nichts Näheres bekannt geworden[3]), wir erfahren nur, daß im 1. Jahre des 4. Ptolemäers (222/1 v. Chr.) eine Erhöhung der bis dahin gezahlten Summe erfolgt ist, die dann Ptolemaios V. Epiphanes in seinem 9. Jahre (197/6 v. Chr.) wieder rückgängig gemacht hat.[4]) Ebenso wie für die Phylenpriester ist uns alsdann auch für niedere Priester, für Pastophoren, eine Amtsantrittsgebühr bezeugt (römische Zeit); sie führt den Namen $\varepsilon\iota\varsigma$-$\varkappa\varrho\iota\tau\iota\varkappa\acute{o}\nu$[5]) und hat 8 Drachmen 3 Obolen betragen.

demnach des weiteren zu folgern, daß ihre Entrichtung immer wieder anläßlich der Einreichung der $\gamma\varrho\alpha\varphi\alpha\iota$ $\iota\varepsilon\varrho\acute{\varepsilon}\omega\nu$ betont werden mußte. Immerhin möchte ich jedoch vorläufig noch die Gleichsetzung der beiden Abgaben als nicht gesichert ansehen, zumal da die Höhe der Zahlungen für sie so bedeutend variiert, 52 gegen 12 Drachmen, ohne daß ein Grund hierfür ersichtlich wäre (die Tempel, um die es sich hier handelt, dürften wohl von etwa gleicher Bedeutung gewesen sein).

1) Siehe P. Lond. II. 329 (S. 113); P. Münch., publ. Archiv III. S. 239, A. 1.

2) Diese bereits im I. Bd. S. 213 aufgestellte Vermutung wird jetzt durch P. Tebt. II. 298 (siehe vorher S. 181, A. 5) voll bestätigt; siehe ferner auch Anm. 5.

3) Siehe jetzt P. Tebt. II. 298, wonach im 1. Jahrhundert n. Chr. jeder Priester $\dot{\upsilon}\pi\grave{\varepsilon}\varrho$ $\iota\varepsilon\varrho\alpha\tau\varepsilon\acute{\iota}\alpha\varsigma$ 52 Drachmen zu zahlen hatte.

4) Siehe Rosette, Z. 16; die bereits u. a. von Drumann a. a. O. S. 28 vertretene Erklärung der Worte „$\dot{\varepsilon}\omega\varsigma$ $\tau\sigma\tilde{\upsilon}$ $\pi\varrho\acute{\omega}\tau\sigma\upsilon$ $\ddot{\varepsilon}\tau\sigma\upsilon\varsigma$ $\dot{\varepsilon}\pi\grave{\iota}$ $\tau\sigma\tilde{\upsilon}$ $\pi\alpha\tau\varrho\acute{o}\varsigma$", die den Ausführungen im Text zugrunde liegt (siehe auch hierfür die Übersetzung der demotischen Parallelstelle durch Heß a. a. O. S. VIII u. 11, sowie die hieroglyphische Parallele, Rec. de trav. VI [1885] S. 8), ist durch Wilckens Bemerkungen Archiv III. S. 320/21 wohl jetzt endgültig gesichert (siehe bes. P. Tebt. I. 61[b], 70); bezüglich der allgemeinen Folgerungen Wilckens aus dieser Stelle siehe allerdings Schürers Zusatz zu Deißmann, Zur Chronologie des griechischen Sirachbuches, Theologische Literaturzeit. 1904 S. 558/59.

5) Auf Grund der Angaben des P. Tebt. II. 294 können wir jetzt die $\varepsilon\iota\varsigma$-$\varkappa\varrho\iota\tau\iota\varkappa\acute{o}\nu$-Gebühr als eine auch von der höheren Priesterschaft in römischer Zeit gezahlte Abgabe mit Sicherheit festlegen; im I. Bd. S. 213, A. 1 u. 245, A. 2 konnte hierüber allein im Anschluß an Wessely nicht nachzuprüfende, teilweise wohl auch nicht präzise Mitteilungen aus den unpubl. P. Rainer keine Entscheidung gefällt werden. In der neuen Urkunde (vom Jahre 146 n. Chr.) er-

Außer durch die Abgaben an den Staat für Amtsantritt und Amtsführung, von denen die Priester insgesamt getroffen worden sind, sind einzelnen Priestern schließlich auch noch durch die Kaufsummen, welche sie zwecks Erlangung höherer Priesterstellen aufwenden mußten, größere Ausgaben für ihr Amt erwachsen.[1]) So haben z. B. im 3. Jahrhundert v. Chr. zwei ἰβιοβοσκοί zu diesem Zweck 210 Silberdrachmen ausgegeben (näheres siehe Bd. I. S. 249/50), eine Summe, die man in Anbetracht der niederen priesterlichen Stellung der Zahler ganz beträchtlich nennen muß. Ferner erfahren wir, daß im 2. Jahrhundert n. Chr. zwei ἱερεῖς, welche sich um Stolistenstellen bewarben, eine eventuell à fond perdu gegebene Anzahlung von je 100 Silberdrachmen geleistet haben (siehe Bd. I. S. 234), dies wohl ein sicheres Zeichen, daß die eigentliche Kaufsumme recht bedeutend gewesen sein muß. Bei diesen Ausgaben der Priester für ihr Amt ist freilich in Betracht zu ziehen, daß die höheren Priesterstellen nicht nur wegen der größeren Ehren, die das Amt brachte, sondern wohl auch wegen der mit ihnen verbundenen höheren Einnahmen erstrebenswert erschienen sein werden; die Aufwendungen für sie haben sich also bezahlt gemacht, sie sind gewissermaßen als ein sich wohl meistens gut rentierendes Anlagekapital zu fassen.[2])

---

fahren wir von dem Kauf einer Prophetenstelle am Heiligtum des Soknebtynis zu Tebtynis durch einen seiner ἱερεῖς. Der betreffende erwirbt zugleich das Recht, seine Stelle seinen Nachkommen zu vererben oder sie anderen zu übertragen, doch soll jeder Amtsnachfolger eine als εἰςκριτικόν bezeichnete Amtsantrittsgebühr von 200 Drachmen an den Staat zahlen. Vereinigen wir diese Angabe mit denen Wesselys aus dem unpubl. P. Rainer 107 (Kar. u. Sok. Nes. S. 64), wonach Phylenpriester des Heiligtums von Pelusion das εἰςκριτικόν gezahlt haben (es dürfte wohl ebenso wie [ἀντειλ]ηφότας auch τελέσαντας zu lesen sein), so erscheint die Deutung des εἰςκριτικόν als eine Amtsantrittsgebühr gesichert, es besteht jedoch noch die Frage, ob sie nur für die Erlangung eines ganz speziellen Priesteramtes zu zahlen war, oder ob sie allgemein beim Eintritt in die höhere Priesterschaft entrichtet worden ist; in letzterem Falle würden wir in dem römischen εἰςκριτικόν das alte ptolemäische τελεστικόν vor uns haben. Diese Feststellung schließt übrigens an und für sich die vorher S. 181, A. 5 besprochene Möglichkeit das σειτικόν als Amtsantrittsgebühr zu fassen nicht aus; der Name der Gebühr könnte sich ja im Laufe der Zeit wieder geändert haben. P. Tebt. II. 294 zeigt uns ferner zugleich, daß man dem Namen des εἰςκριτικόν nicht zu viel über die Art und Weise, wie der Zahler Priester geworden ist, entnehmen darf.

1) Die Gebühr „ὑπὲρ λεςωνείας" (Bd. II. S. 49) darf hier nicht in Betracht gezogen werden, da sie von den Tempeln bezahlt worden ist. Auch bezüglich der Abgabe „ἐπιστατικὸν ἱερέων" ist zu beachten, daß sich Tempel als ihre Zahler nachweisen lassen (siehe Bd. II. S. 47 ff.), doch ist es allerdings nicht ganz ausgeschlossen, daß außer den Tempeln auch die, welche die Tempelvorsteherwürde erlangt hatten, zu ihrer Entrichtung verpflichtet waren, siehe P. Tebt. I. 5, 62 ff. und hierzu Bd. II. S. 47, A. 2.

2) Allgemeine Angaben über den Kauf von höheren Priesterstellen siehe Bd. I. S. 235, A. 1 u. S. 242, jetzt auch P. Tebt. II. 297. Vergl. ferner die frei-

Überblicken wir die verschiedenen einzelnen Bemerkungen über die Amtseinnahmen der Priester, so ergibt sich, daß sich die Angaben über die ganze hellenistische Zeit verteilen. Trotzdem läßt es sich nicht feststellen, ob die Höhe der Gesamtbezüge während dieses langen Zeitraumes größeren Schwankungen unterworfen gewesen ist. Gegen Ende, als sich der Sieg des Christentums entschied, wird freilich sicher eine bedeutende Verringerung eingetreten sein, zumal infolge des Abfalls der Bevölkerung die Priester viel von den Zuwendungen der Privaten einbüßen mußten. Für die frühere Zeit darf man aber wohl mit Recht behaupten, daß im großen und ganzen **die ägyptischen Priester allein durch ihre Amtseinnahmen finanziell günstig gestellt waren**; denn obgleich unsere Belege sich zumeist auf Tempel von nicht größerem allgemeinen Ansehen beziehen, zeigen sie uns, daß die eine höhere Stellung bekleidenden Priester ein Amtseinkommen gehabt haben, welches auf einige 100 Drachmen zu schätzen ist. Ein Vergleich dieser Einnahme mit den Gehältern, die damals der Staat und andere Korporationen ihren Beamten gezahlt haben, muß freilich mangels geeigneten Materials[1]) vorläufig unter-

lich zu keinem gesicherten Ergebnis kommenden Ausführungen im I. Bd. S. 228, A. 1. Als indirektes Zeugnis darf man vielleicht P. Tebt. I. 88 verwerten; siehe die Bemerkungen über ihn Bd. II. S. 39, A. 2 und vergl. mit ihm P. Tebt. II. 294. Ferner bieten uns die P. Tebt. II. 294, 295, 296 u. 298 einige weitere spezielle Belege. So sind nach P. Tebt. II. 294 für eine Prophetenstelle am Soknebtynistempel im Jahre 146 n. Chr. 2200 Drachmen an den Staat gezahlt worden. In einem anderen Falle (P. Tebt. II. 296: 123 n. Chr.) ist für eine Prophetenstelle wohl auch am Soknebtynisheiligtum sogar 1 Talent als Kaufpreis erzielt worden. Wenn wir ferner in P. Tebt. II. 298, 13 ff. (107/8 n. Chr.) Zahlungen „ὑπὲρ προφητείας" von nur 100 Drachmen vermerkt finden, so ist zu beachten, daß die, welche die Zahlungen geleistet haben, auf Grund dieser gar nicht Propheten geworden, sondern Stolisten geblieben sind; man könnte annehmen, daß es sich hier ähnlich wie in dem oben verwerteten P. Achmim um Anzahlungen für die Prophetenstellen handelt (vergl. auch P. Tebt. II. 295, 7/8), es könnten aber auch die Stolisten jene Gelder etwa dafür entrichtet haben, daß ihnen bei dem augenblicklichen Fehlen von Propheten an dem Soknebtynisheiligtum (dies zeigt uns die Priesterliste, Z. 9 ff., in der als die vornehmsten die Stolisten an die Spitze gestellt sind) die Ausübung der Prophetenfunktionen übertragen gewesen ist. Sicherlich um Anzahlungen auf die Prophetenstelle des Soknebtynis, die von verschiedenen geleistet und allmählich erhöht worden sind, handelt es sich dann im P. Tebt. II. 295 (vergl. auch 296); die hier erwähnten Anzahlungen haben 100, 200 und 520 Drachmen betragen (letztere, welche übrigens der Zahler der 200 Drachmen entrichtet, anscheinend allerdings wohl nur z. T. bezahlt, Z. 12: 447 Drachmen; vergl. P. Tebt. II. 294, 14/15, wo von ebendemselben eine Gesamtzahlung von „δραχμῶν ἑξακοσίων τεσσαράκ[ο]ντ[α] ἑπτά" erwähnt ist). Schließlich sei auch noch auf die in P. Tebt. II. 298, 21 vermerkte Zahlung ὑπὲρ τῆς πτεραφορείας in Höhe von 50 Drachmen hingewiesen.

1) Es sind uns allerdings mancherlei Belege für Gehaltszahlungen bekannt geworden (siehe z. B. B. G. U. I. 14, Col. 3, 27, Col. 5, 20, Col. 6, 9; P. Grenf. II. 43; P. Oxy. I. 167; III. 514; P. Tebt. I. 121; 209; P. Goodsp. 30 passim; P. Petr. III. 128; Ostr. Fay. 47 usw.; vergl. ferner die Ausführungen im I. Bd. S. 379, A. 3),

bleiben, doch ist es wenigstens auf anderem Wege möglich, einen
Maßstab zur Beurteilung der Höhe der priesterlichen Amtseinnahmen
zu gewinnen. Es sei darauf hingewiesen, daß z. B. in Faijûmdörfern
im 2. Jahrhundert n. Chr. — aus dieser Zeit stammt auch gerade
die besonders instruktive Nachricht über das vom Soknopaiostempel
einem Propheten gezahlte Gehalt[1]) — Personen schon mit einem
πόρος von 700 Drachmen zu den εὔποροι gerechnet worden sind
(B. G. U. I. 91), daß für die πρεσβύτεροι κώμης ein πόρος von 800
Drachmen (P. Lond. II. 199 [S. 158]), in einem Falle sogar ein solcher von nur 4—500 Drachmen genügt hat (B. G. U. I. 6) und daß
z. B. bei Subalternbeamten die πόροι zwischen 600, 400, 300 und
200 Drachmen geschwankt haben.[2]) Nun ist es freilich nicht ganz
sicher, was man in diesen Fällen unter πόρος zu verstehen hat[3]), ob
man in ihm die von der Einschätzungsbehörde gewählte offizielle
Bezeichnung für das Einkommen zu sehen hat oder ob bei ihm, was
mir wahrscheinlicher erscheint, an das einkommenfähige Vermögen
zu denken ist.[4]) Sollte die letztere Erklärung das Richtige treffen,
so würde das Jahreseinkommen der Priester aus ihrem Amt dem
Vermögen, das die obigen Gruppen als Grundlage ihrer Stellung
benötigten, teils fast gleichgekommen sein, teils es sogar überstiegen
haben, aber selbst angenommen, mit dem πόρος wäre das Einkommen
gemeint, dann würden immerhin die Priester allein auf Grund ihrer
Amtseinnahmen sich der Stufe der εὔποροι stark genähert haben.

B. Der Erwerb aus nichtpriesterlicher Berufstätigkeit.

Es ist jedenfalls für die Priester des hellenistischen Ägyptens
recht bezeichnend, daß sie sich mit ihrer priesterlichen Tätigkeit nicht
begnügt haben, sondern daneben ganz abgesehen von ihrer eventuellen
Anteilnahme an den verschiedenen Zweigen der Tempelverwaltung

---

sie scheinen mir jedoch vorläufig noch nicht recht geeignet auf ihnen Schlüsse
allgemeiner Natur aufzubauen. Jedenfalls bedarf die Frage noch der methodischen Durcharbeitung.

1) Siehe vorher S. 169; vergl. auch die Angaben aus dem P. Tebt. II 294
auf S. 169, A. 1, die sich auch auf das 2. Jahrhundert n. Chr. beziehen.

2) P. Lond. II 199 (S. 158); P. Par, publ. von Hirschfeld, Sitz. Berl. Ak. 1892
S. 817 ff.

3) Siehe Wilcken, Ostr. I. S. 506—509, berücksichtige auch S. 505; vergl.
ferner jetzt für diese Frage B. G. U. IV. 1047, Col. 3, 10 ff. u. Col. 4.

4) Die Zahlenangaben für die πόροι, die uns überliefert sind, sind freilich
verhältnismäßig niedrig. So ist der höchste m. W. bisher bekannt gewordene
Satz ein Talent (B. G. U. I. 18, 21/22), daneben stehen solche von 4000, 3000,
2000 und 1000 Drachmen (B. G. U. I. 18, 19 ff.; P. Fay. 23; B. G. U. I. 194, 24/25).
Es erscheint mir übrigens nicht ganz ausgeschlossen, daß etwa in dem πόρος
nicht alle, sondern nur bestimmte Vermögenskategorien geschätzt worden sind.

(siehe Kapitel VI, 3) auch in weltlichen Berufen tätig gewesen
sind.[1]) Während bei den Priestern des griechischen Kultus eine derartige anderweitige Beschäftigung in Anbetracht der ganzen Stellung
des griechischen Priesters (siehe Bd. I. S. 133) selbstverständlich erscheint, könnte man geneigt sein in ihr vornehmlich bei den Mitgliedern der höheren ägyptischen Priesterschaft, den Phylenpriestern,
etwas Außergewöhnliches zu sehen, doch sei daran erinnert, daß auch
schon die berufsmäßigen Priester im neuen Reich[2]) allerlei bürgerliche Stellen eingenommen haben[3]), und daß ferner gerade die Zeit
der Phylenpriester durch ihr Amt nicht stets in Anspruch genommen
gewesen ist, da sie dieses ja mit einander abwechselnd versehen haben
(siehe Bd. I. S. 24/25).

Es lassen sich allerdings bisher aus hellenistischer Zeit nur verhältnismäßig wenige Belege für ägyptische Priester in bürgerlicher
Berufsstellung anführen, was doch wohl auf keinem Zufall beruhen
dürfte, und man muß sich dabei bewußt sein, daß man bei ihnen im
Prinzip das Priesteramt und nicht etwa das weltliche als das ursprüngliche und zugleich als das Hauptamt zu fassen hat.[4]) Freilich

---

1) Die Priester der Kultvereine dürfen natürlich hier nicht berücksichtigt werden; denn sie haben einmal kein offizielles Priesteramt und dieses dazu
noch ganz nebenbei bekleidet. Es ist also ganz selbstverständlich, daß sie
bürgerliche Stellungen eingenommen haben. Diese, sowie auch ihre sonstige
Lage können uns somit auch nicht zur Illustration der wirtschaftlichen und
weiterhin der sozialen Lage des Priesterstandes dienen.

2) Die ältere Zeit darf man hier nicht zum Vergleiche heranziehen, da
damals das Priestertum zumeist als das Nebenamt seines Inhabers zu fassen ist.

3) Siehe einige Belege hierfür z. B. bei Erman, Ägypten II. S. 397; Wiedemann, a. a. O. Le Muséon V (1886) S. 95; Brugsch, Ägyptologie S. 84.

4) Es sei hier daran erinnert, daß bereits im I. Bd. S. 24, A. 1 die von
Krebs zuerst ausgesprochene und dann von Strack wieder aufgenommene und
weiter ausgebaute Behauptung zurückgewiesen worden ist, die Phylenpriester
des hellenistischen Ägyptens als Laienpriester zu fassen. Es lassen sich einmal
die einfachen ἱερεῖς von den Inhabern der höheren Priesterstellen nicht trennen,
mit ihnen zusammen bilden sie eine große geschlossene Gruppe, denn auch
diese finden wir ja als Mitglieder der Phylen genannt (siehe Bd. I. S. 78, A. 1),
auch sie führen öfters neben ihrem Spezialtitel noch den allgemeinen eines
ἱερεύς (Bd. I. S. 77). Ferner finden wir die ἱερεῖς ebenso wie die höheren Priester offiziell auf den großen Priesterversammlungen vertreten (Bd. I. S. 75 ff.);
ebenso wie diese werden sie zur Verwaltung der Tempel, ja sogar zu ihrer Leitung verwandt; in diesem Falle müssen sie ihr Amt sogar ohne Unterbrechung
versehen haben, da in den leitenden Priesterkollegien durchaus nicht alle Phylen
durch Mitglieder vertreten gewesen sind (Kapitel VI). Der Amtsantritt der
ἱερεῖς unterliegt der Zustimmung des Staates, die von einer eingehenden Prüfung
abhängig ist (Bd. I. S. 211ff.; P. Tebt. II. 293 zeigt uns jetzt auch, daß z. B. der
Sohn eines διάδοχος προφητείας genau so wie der eines einfachen ἱερεύς behandelt worden ist); es ist ihnen ein und weiteres möglich gewesen, in der
höheren Stellen in der höheren Priesterschaft zu erlangen (Bd. I. S. 230 ff.).
Schließlich sei hier auch noch daran erinnert, daß der Staat ihnen ein festes

hat man mit Ausnahmen zu rechnen, denen aber immer besondere Umstände zugrunde liegen. So hat man in dem bereits im I. Bd. S. 224 erwähnten Chahapi, der als Nichtägypter im 3. Jahrhundert v. Chr. Mitglied der höheren Priesterschaft in Memphis geworden ist, in erster Linie den im Sicherheitsdienst tätigen höheren staatlichen Beamten zu sehen; er ist nur nebenbei Priester geworden, was uns auch seine Darstellung auf seinem Grabsteine[1]) durch Beibehaltung unägyptischer Kleidung, Haar- und Barttracht deutlich anzeigt. Die gleiche Stellung wie Chahapi hat man alsdann dem Kommandanten von Syene aus der Zeit des 6. Ptolemäers — er ist von Geburt Grieche — zuzuweisen, der gleichzeitig als Prophet und Archistolist den vereinigten Priesterkollegien der Tempel von Philä, Elephantine und Abaton angehört hat, und der später, als er Stratege geworden ist, seine priesterlichen Ämter niedergelegt hat (siehe Bd. I. S. 224).

Anders wie bei diesen beiden wird man alsdann bei dem arsinoitischen $\varkappa o \sigma \mu \eta \tau \acute{\eta} \varsigma$ und $\beta o \upsilon \lambda \varepsilon \upsilon \tau \acute{\eta} \varsigma$, dem im Jahre 214 n. Chr. von der $\beta o \upsilon \lambda \acute{\eta}$ von Arsinoe die Oberleitung des dortigen Jupitertempels übertragen worden ist (siehe über ihn Bd. I. S. 226), wohl annehmen dürfen, daß er, wenn er auch nicht von Haus aus Priester gewesen ist, dann doch seine Tempelvorsteherwürde als Hauptamt geführt hat. Welche Bedeutung man ihr beimaß, ergibt sich wohl am klarsten daraus, daß der Amtsvorgänger des Gewählten, auch er ein Ratsherr von Arsinoe, nach seinem Ausscheiden aus dem Amt offiziell als $\dot{\alpha} \varrho \chi \iota \varepsilon \varrho \alpha \tau \varepsilon \acute{\upsilon} \sigma \alpha \varsigma$ bezeichnet wird (B. G. U. II. 362, p. 3, 20). Auch die als $\Pi \acute{\varepsilon} \varrho \sigma \alpha \iota$, bez. als $\Pi \acute{\varepsilon} \varrho \sigma \alpha \iota \ \tau \tilde{\eta} \varsigma \ \dot{\varepsilon} \pi \iota \gamma o \nu \tilde{\eta} \varsigma$ bezeichneten Priester aus ptolemäischer und römischer Zeit (siehe Bd. I. S. 224—26) sind nicht etwa als aktive Soldaten, sondern als Priester zu fassen, welche entweder selbst oder deren Vorfahren zum mindesten — allerdings nicht ursprünglich — den priesterlichen Beruf ergriffen haben. Dieser ist jedoch sicher ihr Hauptberuf geworden; denn in römischer Zeit dürfte die „Perser"bezeichnung wohl nur noch titulare Bedeutung besessen haben, und ob in ptolemäischer Zeit die „Perser"priester zum aktiven Militärdienst je herangezogen worden sind, ist zweifelhaft.

Demnach bleibt uns als einziges sicheres Beispiel für den Eintritt eines ägyptischen Priesters in eine militärische Stellung jener $\iota \varepsilon \varrho \varepsilon \acute{\upsilon} \varsigma$ von Soknopaiu Nesos vom Jahre 139 n. Chr., welcher dem Korps der

---

Gehalt ausgezahlt hat (Bd. I. S. 369). Faßt man dies alles zusammen, so ist der Gesamteindruck, den wir von den ägyptischen $\iota \varepsilon \varrho \varepsilon \tilde{\iota} \varsigma$ erhalten, doch jedenfalls der von berufsmäßigen Priestern.

1) Siehe Erman, Ausführliches Verzeichnis der altägyptischen Altertümer und Gipsabgüsse (Berliner Museum), S. 335, Nr. 2118; vergl. hierzu Schäfer a. a. O. Ä. Z. XL (1902/3) S. 34.

Ἀραβοτοξόται angehört hat[1]); als solcher ist er der Torzollstation des Dorfes offenbar zu ihrer Sicherung beigegeben gewesen. Ägyptische Priester in amtlicher Stellung sind uns ferner noch durch demotische Papyri der ptolemäischen Zeit[2]) bezeugt, denen zufolge sie **Mitglieder des national-ägyptischen Gerichtshofes der Laokriten[3]**) gewesen sind.

Recht zweifelhaft ist es alsdann, ob man einen ἱερεὺς Μάξιμος aus Oxyrhynchos, der zugleich ἔναρχος ἐξηγητής und βουλευτής dieser Stadt gewesen ist (P. Oxy. I. 56: 211 n. Chr.), sowie einen ἀρχιερεὺς Σαραπίων, der in Herakleopolis im Jahre 212 n. Chr. die Ämter eines βουλευτής und βιβλιοφύλαξ ἐκτήσεων (?)* bekleidet hat[4]), als weitere Belege für ägyptische Priester in amtlicher Stellung anführen darf.[5]) Da eine Gottesbezeichnung den Priestertiteln

---

1) P. Amh. II. 77. Der Eintritt des ägyptischen Priesters in das Korps der arabischen Bogenschützen zeigt uns wieder deutlich, wie wenig die landsmannschaftliche Zusammensetzung eines Soldatenkorps mit seinem Namen zu tun hat; vergl. Bd. I. S. 225, A. 1.

2) Siehe dem. P. Lond., publ. Rev. ég. III. S. 15; dem. P. Berl. 3113, Spiegelberg S. 11.

3) Über diese siehe Mitteis, Reichsrecht und Volksrecht S. 47 und Wenger, Rechtsurkunden aus Tebtynis, Archiv II. S. 482 ff. (S. 489 ff.) im Anschluß an P. Tebt. I. 5, 207—220. Vergl. auch im Abschnitt 3 dieses Kapitels die Bemerkungen über die prinzipielle Stellung der Priester zum Richterstande.

4) Siehe P. Rainer bei Hartel, Gr. P. S. 66. Zu dem Titel βιβλιοφύλαξ ἐκτήσεων (ἐκτήσεων statt ἐξηγητής) vergl. Wilckens Vermutung bei Preisigke, Städtisches Beamtenwesen im römischen Ägypten S 39.

5) Wessely, Kar. u. Sok. Nes. S. 57 und im Anschluß an ihn Strack a. a. O. Zeitschrift für neutestamentliche Wissenschaft IV (1903) S. 220 erwähnen einen ägyptischen Priester, der ἡγούμενος κώμης gewesen sein soll, man wird jedoch besser daran tun ihn hier nicht zu verwerten, da die Zuweisung des Amtstitels an den Priester nur auf der Namensgleichheit zweier in verschiedenen Dokumenten (P. Lond. II. 347 [S. 70] u. B. G. U. I. 270) genannter Personen beruht und diese zumal bei den hier in Betracht kommenden, so außerordentlich häufig gebrauchten Namen Στοτοῆτις und Ὀννῶφρις so gut wie nichts besagt. Dagegen bietet uns einmal P. Tebt. I. 24 (2. Jahrhundert v. Chr.) weitere Beispiele für zwei ἱερεῖς als Beamte der Lokalverwaltung; allerdings ist nicht festzustellen, welche Stellen (siehe über sie Z. 60 ff. und die Ausführungen Grenfell-Hunts, P. Tebt. I. S. 95, 96) sie speziell eingenommen haben. Ferner sei hier auf die demotischen Inschriften des Museums von Kairo 31083, 31092, 31093, 31130, publ. von Spiegelberg, Die demotischen Inschriften S. 10, 23, 24, 51, und eine hieroglyphische Inschrift, publ. von Daressy, Rec. de trav. XV (1893) S. 159 und besprochen von Spiegelberg a. eben a. O. S. 94 verwiesen. Ihnen zufolge haben gegen Ende der ptolemäischen und im Anfang der römischen Zeit zwei Priester der Hathor von Dendera, ein gewisser Panas und sein Sohn Ptolemaios, der erstere die Stellung eines „Stadtpräfekten“ und „Soldatenobersten“, der letztere sogar das Amt des „Strategen“ des Gaues bekleidet. Da hier Vater und Sohn das Priesteramt bekleidet haben, so wird man dies kaum als Nebenamt fassen dürfen.

nicht hinzugefügt ist und sonstige kennzeichnende Merkmale[1]) fehlen, so könnte man die Priester auch ebensowohl dem griechischen Kultus zuweisen. Ähnlich verhält es sich bei einigen gleichfalls keinen Gottestitel führenden ἀρχιερατεύσαντες[2]) aus römischer Zeit, welche als städtische Beamte in der Verwaltung der Metropolen (Arsinoe und Hermupolis) tätig gewesen sind, als πρύτανις (B. G. U. II. 362, p. 5, 13; vergl. auch C. P. R. I. 20 Col. 1, 2), als βουλευτής (B. G. U. II. 362, p. 12, 5; C. P. R. I. 20 Col. 1, 2) und als γυμνασίαρχος (C. P. R. I. 20, Col. 1, 2).[3]) Da es sich in keinem der angeführten Fälle entscheiden läßt, ob die ἀρχιερατεύσαντες ihr Oberpriesteramt gleichzeitig mit den städtischen geführt haben[4]), so würden sie übrigens, wenn man sie als ehemalige Priester des griechischen Kultus faßte, hier gar nicht verwertet werden dürfen. Eine Verwertung ist nur möglich, wenn man geneigt ist in ihnen gewesene ἀρχιερεῖς der ägyptischen Kirche zu sehen, die zudem nach Ausscheiden aus ihrem speziellen Amte weiter Mitglieder der ägyptischen Priesterschaft geblieben sind; hierfür ist jedoch ein direkter Beweis nicht zu erbringen Der gleiche Zweifel, ob Priester des ägyptischen oder des griechischen Kultes, besteht endlich auch bei einem ἀρχιερατεύσας aus Arsinoe (3. oder 4. Jahrhundert), der von der βουλή seiner Heimat zum λογο-

---

1) Die Namen, selbst der römische Name Maximus können uns in dieser Zeit, 3. Jahrhundert n. Chr., auch keinen Anhalt gewähren.

2) Über sie vergl. die Ausführungen im I. Bd. S. 51 u. 226/27.

3) P. Oxy. IV. 718 nennt uns einen ἀρχιερατεύσας aus Oxyrhynchos, der in dieser Stadt auch städtische Ämter bekleidet hat; die genauen Bezeichnungen sind gerade nicht erhalten.

4) Preisigke a. a. O. S. 11 u. 30/31 faßt die in den ägyptischen Metropolen amtierenden ἀρχιερεῖς der römischen Zeit als liturgische städtische Beamte an und hält eine Kumulation bestimmter liturgischer Ämter der Stadtverwaltung (darunter die oben erwähnten) für nicht wahrscheinlich (S. 42); nach ihm wäre also ein gleichzeitiges Bekleiden so gut wie ausgeschlossen. Doch ganz abgesehen davon, daß die zweite Behauptung Preisigkes mir bisher nicht gesichert erscheint, so halte ich es jedenfalls für einen Irrtum, alle jene ἀρχιερεῖς ohne weiteres als liturgische Beamte von der Art der γυμνασίαρχος, ἐξηγητής usw. zu fassen. Ein Beweis hierfür ist nicht zu erbringen. Denn ihre Erwähnung in dem P. Amh. II. 124, welcher die Zahl der bei festlichen Gelegenheiten im Gymnasium von Hermupolis verschiedenen Beamten beigegebenen Ehrendiener aufzählt, scheint mir kein solcher zu sein; einmal sind auf jeden Fall nicht nur liturgische städtische Beamte in der Urkunde verzeichnet, wird doch auch der Stratege genannt, es brauchen also auch die ἀρχιερεῖς keine zu sein, und vor allem stehen in der Aufzählung, die nach der Zahl der „Diener" geordnet ist, die ἀρχιερεῖς nicht an der durch die Anzahl ihrer φύλακες gebotenen Stelle unter den städtischen liturgischen Beamten, sondern werden für sich aufgeführt, was doch wohl nicht geschehen wäre, wenn man in ihnen Angehörige der liturgischen Beamtenschaft zu sehen hätte. Bei meiner Auffassung erklärt sich übrigens die Amtstitel-Reihenfolge des Petenten in C. P. R. I. 20 Col. 1, 2 ohne weiteres, während Preisigke (a. a. O. S. 39) sie als eine Ausnahme von der von ihm aufgestellten Aufeinanderfolge der Amtstitel auffassen muß.

γράφος, d. h. zum ständigen Vertreter der Stadt am Gerichtshof des Präfekten in Alexandrien[1]) gewählt worden ist; er hat allerdings die Übernahme dieses Amtes verweigert (P. Amh. II. 82).

Bei den uns bekannt gewordenen ἀρχιερεῖς des alexandrinischen Kaiserkultes aus dem 2. Jahrhundert n. Chr.[2]) ist die Zuweisung zum griechischen Kultus zwar sicher, aber ob sie die von ihnen bekleideten städtischen Ämter ἀγορανόμος und γυμνασίαρχος zugleich mit ihrem Priesteramt inne gehabt haben, läßt sich auch hier nicht feststellen.[3]) Ein ἀρχιερεύς des Kaiserkultes in Hermupolis hat alsdann vielleicht gleichzeitig das Amt des ἐπὶ τῆς εὐθηνίας dieser Stadt bekleidet.[4])

Gleichfalls in einem städtischen Amte, als ἀρχιπρύτανις διὰ βίου, finden wir im 1. Jahrhundert n. Chr. einen ἱεροποιός in Ptolemais tätig.[5]) Auch aus ptolemäischer Zeit ist uns für Ptolemais ein Priester des griechischen Kultus in amtlicher Stellung belegt, nämlich der in den letzten Jahren des Epiphanes und unter der Regierung des Philometor fungierende ἱερεὺς Πτολεμαίου Σωτῆρος καὶ Ἐπιφανοῦς Εὐχαρίστου, der zugleich Epistratege der Thebais gewesen ist.[6]) Schließlich ist hier noch darauf hinzuweisen, daß der Alexanderpriester in Alexandrien stets die Würde des ἐξηγητής dieser Stadt innegehabt hat (siehe Bd. I. S. 155).

Die hier besprochene amtliche Tätigkeit der Priester ist übrigens für sie nicht immer mit Einnahmen verbunden gewesen. Diejenigen Priester, welche nichtliturgische Staatsämter bekleidet haben, werden allerdings vom Staate ein Gehalt bezogen haben. Direkte Belege liegen zwar hierfür nicht vor; da ja die Priester aber auch als Richter tätig gewesen sind, wenigstens ein indirekter in dem Zeugnis Diodors (I. 75, 4), wonach die Mitglieder des national-ägyptischen Gerichtshofes „σύνταξεις τῶν ἀναγκαίων παρὰ τοῦ βασιλέως ἱκαναὶ πρὸς διατροφήν" erhalten haben. Nichts eingebracht haben dagegen

---

1) Vergl. über das Amt des λογογράφος die Bemerkungen von Wenger a. a. O. Archiv II. S. 56/7; Wilcken, Archiv II. 128; Preisigke a. a. O. S. 24/5.

2) Siehe gr. Inschriften, publ. von Seymour de Ricci a. a. O. Archiv II. S. 444 Nr. 66 u. S. 567 Nr. 131.

3) In der zu zweit (Anm. 2) genannten Inschrift ist eine sichere Feststellung wegen ihrer Verstümmelung nicht möglich; es könnte sich auch hier um einen „γενόμενος" handeln. Einige der in Nr. 66 genannten ἀρχιερεῖς haben übrigens auch staatliche Ämter, das des βασιλικὸς γραμματεύς und das des στρατηγός, in verschiedenen Nomen Ägyptens bekleidet, diese jedoch sicher nicht gleichzeitig mit ihrem Priesteramt, da sie ja zur Zeit der Führung der Staatsämter nicht in Alexandrien gewesen sein können.

4) P. Amh. II. 124, 22/23; vor allem die ganze Anordnung des Papyrus macht mir die obige Annahme wahrscheinlich.

5) Gr. Inschrift, publ. von Seymour de Ricci a. a. O. Archiv II. S. 436 Nr. 32; vergl. gr. Inschrift, publ. von Strack a. a. O. Archiv I. S. 209.

6) Strack, Inschriften 94; siehe weitere Belege für ihn Bd. I. S. 194, A. 3 ff.

den betreffenden Priestern die von ihnen versehenen städtischen Ämter, da diese ja liturgischen Charakter gehabt haben; im Gegenteil, sie werden ihnen sogar noch meistens größere Aufwendungen auferlegt haben. Wenn man auch demnach in der Übernahme eines Amtes nicht ohne weiteres eine neue Einnahmequelle seines priesterlichen Inhabers sehen darf, so ist jedenfalls der Verwaltung liturgischer Ämter durch Priester wenigstens das eine zu entnehmen, daß die betreffenden Personen sich in guter wirtschaftlicher Lage befunden haben müssen.[1])

Außer in amtlicher Tätigkeit finden wir Priester auch in bürgerlichen Berufen beschäftigt, allerdings ist die Zahl dieser verschwindend gering.[2]) Eine größere Anzahl Belege besitzen wir bisher überhaupt nur für einen, den des Landpächters. Sie gehören sowohl der ptolemäischen als auch der römischen Zeit an und zeigen uns höhere und niedere Priester als Pächter von Privatland[3]) und als

---

1) Zu den Bemerkungen über die städtischen liturgischen Ämter vergl. Preisigkes Dissertation.

2) Unbegründet ist es z. B., wenn Wessely, Kar. u. Sok. Nes. S. 67 einen Priester als gewerbsmäßigen $\varkappa\alpha\mu\eta\lambda o\tau\varrho\acute o\varphi o\varsigma$ bezeichnet; denn die Identität des in B. G. U. II. 607, 7 ff. genannten Pabus, Sohn des Satabus, Enkel des Harpagathes (163 n. Chr.) aus Soknopaiu Nesos mit dem Soknopaiospriester gleichen Namens (B. G. U. I. 86, 19/20: 155 n. Chr.) erscheint mir durchaus nicht gesichert; ist uns doch z. B. gerade aus dem Jahre 163 n. Chr. aus Soknopaiu Nesos ein Mann bekannt geworden, der auch dieselben Namen führt, bei dem aber Alter und Signalement eine Gleichsetzung mit dem erstgenannten Pabus vollständig ausschließen (C. P. R. I. 16). Ob der für 166 n. Chr. uns bezeugte Pabus, Sohn des Satabus (C. P. R. I. 14; P. Lond. II. 332 [S. 209]) mit einem der vorher genannten Pabus gleichzusetzen ist, ist mir erst recht zweifelhaft. Ebenso muß man auch Stracks a. a. O. Zeitschr. für neutest. Wissensch. IV (1903) S. 220 allerdings zweifelnd vorgebrachte Annahme abweisen, ein Priester sei als Matrose tätig gewesen (P. Oxy. I. 86, 11); vergl. Wilcken, Ostr. I. S. 431, A. 3.

3) Ptolemäische Zeit: dem. P., publ. Rev. ég. III. S. 130 (Taricheut als Pächter); dem. P., publ. Rev. ég. III. S. 131 u. Revillout, Précis du droit égyptien II. S. 1276 (Choachyt als Pächter); dem. P. Berl. 3080, Spiegelberg S. 13 (der hier genannte Choachyt hat nicht, wie Revillout, Mélanges S. 146 ff. annimmt, Staatsland gepachtet, vergl. Spiegelbergs a. a. O. Übersetzung und seine Bemerkungen zu diesem Papyrus); P. Grenf. II. 33 ($\iota\varepsilon\varrho\varepsilon\acute v\varsigma$ als Afterpächter; insofern führe ich ihn an dieser Stelle an, obgleich das Objekt der Afterpacht $\iota\varepsilon\varrho\grave\alpha\ \gamma\tilde\eta$ ist). Römische Zeit: P. Lond. II. 287 (S. 202) ($\dot\eta\gamma o\acute v\mu\varepsilon\nu o\varsigma$ $\iota\varepsilon\varrho\acute\varepsilon\omega\nu$ [siehe Bd. I. S. 48, A. 2] als Pächter); siehe jetzt auch P. Tebt. II. 309 ($\iota\varepsilon\varrho\varepsilon\acute v\varsigma$ als Pächter; um $\iota\varepsilon\varrho\grave\alpha\ \gamma\tilde\eta$ dürfte es sich bei dieser Pacht nicht handeln, wenn auch der Soknebtynistempel als der Verpächter erscheint, dagegen sprechen ja die prinzipiellen Ausführungen im Kapitel VI, 3 A a; das Pachtobjekt — eine nähere Bezeichnung führt es nicht — dürfte wohl ein Teil jener dem Tempel überwiesenen $\gamma\tilde\eta\ \dot\varepsilon\nu\ \sigma\nu\nu\tau\acute\alpha\xi\varepsilon\iota$ [siehe Bd. II. S. 171, A. 1] sein); P. Tebt. II. 311 ($\iota\varepsilon\varrho\varepsilon\acute v\varsigma$ als Pächter der eben erwähnten $\gamma\tilde\eta\ \dot\varepsilon\nu\ \sigma\nu\nu\tau\acute\alpha\xi\varepsilon\iota$). Die beiden zuletzt angeführten Belege erhalten noch dadurch ein besonderes Interesse, daß in ihnen von dem Rücktritt von Priestern von ihrer Pachtung die Rede ist.

βασιλικοί bez. *δημόσιοι γεωργοί*, d. h. als Staatspächter.[1]) Einige
Zeugnisse bieten uns auch Anhaltspunkte zur Beurteilung der Größe
der Pachtungen. So haben sich z. B. in ptolemäischer Zeit ein Taricheut bez. ein *ἱερεύς* zur Entrichtung von Pachtsummen in Höhe von
17 Artaben Weizen pro Jahr (dem. P., publ. Rev. ég. III. S. 130) und
von 15 300 Kupferdrachmen für 4 Jahre, d. h. von etwa jährlich
10 Silberdrachmen (P. Grenf. II. 33) verpflichtet; um größere Terrains
kann es sich hier also nicht gehandelt haben.[2]) Von erheblich größerem Umfang müssen alsdann die Pachtgebiete gewesen sein, für die
in römischer Zeit ein *ἱερεύς* bez. ein *ἡγούμενος ἱερέων*, der eine
40$\frac{1}{6}$ Artaben Weizen[3]), der andere 500 Silberdrachmen[4]) an Pachtgeld
abgeführt haben. Schließlich sei hier noch hervorgehoben, daß im
Jahre 228/29 n. Chr. ein *ἱερεύς* von Soknopaiu Nesos 6 Aruren Staatsland gepachtet und dafür 21 Artaben Weizen zu zahlen hatte (B. G. U.
II. 659, Col. 2, 29)[5]). Ob das Pachtgeschäft für die Priester besonders lukrativ gewesen ist, läßt sich nicht entscheiden, da nähere An-

---

1) Ptolemäische Zeit: P. Amh. II. 33, falls die Grenfell-Huntsche An-
nahme der Identität mit dem P. Amh. II. 30 genannten *ἱερεύς* richtig ist;
P. Amh. II. 35 (vergl. Bd. II. S. 38/39; die hier vorkommenden *ἱερεῖς* haben die
Pachtung an Unterpächter weitergegeben; vergl. hierzu die Bemerkungen über
P. Grenf. II. 33 im I. Bd. S. 281, A. 3); P. Amh. II. 59 u. 60 (vergl. Bd. II. S. 102,
A. 2); P. Tebt. I. 42 (*ἱερεύς* als *γεωργός*, er verpachtet das Land weiter); 61^{b},
57 ff. = 72, 208 ff. (*θεαγοί* als *γεωργοί*); 61^{b}, 401 = 72, 410 (*ἰβιοβοσκός* als
γεωργός); 62, 7; 63, 18 ff. = 141; 84, 93 (vergl. zu diesen allen Bd. II. S. 39, A. 2
u. 90, A. 3; *ἱερεῖς* als *γεωργοί*, nach 63, 18 ff. haben sie später die Weiterverpachtung vorgenommen); P. Tebt. I. 72, 24 ff. (*παστοφόροι* als *γεωργοί*); 139
(*θεαγός* als *γεωργός*); P. Petr. III. 82, 3 (*ἰβιοβοσκός* als *γεωργός* von *ἱερὰ γῆ*);
99, 4, 5, 7 u. 8 (*θεαγοί* und ein *ἰβιοβοσκός* als *γεωργοί*). Römische Zeit:
B. G. U. II. 659, Col. 2, 29; P. Lond. II. 258 (S. 28), Z. 206 u. 208; 259 (S. 36),
Z. 49 u. 50; 180 (S. 94), Z. 14 ff. (In allen Belegen *ἱερεῖς* als *γεωργοί*.)
  2) Zu den Folgerungen im Text über die Größe der Pachtungen vergl. die
Zusammenstellung von Pachtverträgen bei Waszyński a. a. O. I. S. 169 ff.
  3) P. Lond. II. 180 (S. 94), Z. 23 ff. Es sind hier zwei Pachtzahlungen notiert, eine aus dem Pachon und eine aus dem Payni; ausgeschlossen erscheint
es mir, daß etwa derselbe Zahler auch noch weitere hier nicht erwähnte Pachtraten in demselben Jahre abgeführt hat, da uns zumal der erste Teil der Urkunde (Z. 1—13) deutlich zeigt, daß in ihr für einzelne *γεωργοί* der Gesamtbetrag ihrer Pachtzahlungen verrechnet worden ist.
  4) P. Lond. II. 287 (S. 202); bei dieser Pachtung handelt es sich um Wiesen.
  5) Weitere speziellere Beispiele liegen dann noch vor in den P. Tebt:
I. 42 (*ἱερεύς*, 6 Aruren Kronland, Pachtpreis 36 Artaben Weizen); 61^{b}, 57 ff. =
72, 208 ff. (4 *θεαγοί*, 20 Aruren Kronland, erst 1 Artabe Weizen, dann 4$\frac{2}{3}$ Artaben pro Arure); 61^{b}, 401 = 72, 410 (*ἰβιοβοσκός*, 9$\frac{1}{2}$ Aruren Kronland, erst 1,
dann 2$\frac{1}{2}$, zuletzt ungefähr 4$\frac{4}{5}$ Artaben pro Arure); 72, 24 ff. (mehrere *παστοφόροι*, 10 Aruren Kronland, erst zu $\frac{1}{4}$, dann zu $\frac{1}{2}$, schließlich zu 1 Artabe pro
Arure verpachtet); II. 311 (*ἱερεύς*, 2 Aruren). Siehe auch noch P. Petr. III. 82, 2 ff.
(*ἰβιοβοσκός* bezahlt 5 Artaben Weizen) u. 99 (*θεαγοί*, einer hat 6, ein anderer
6$\frac{1}{8}$ $\frac{1}{32}$ Aruren Kronland gepachtet; ein dritter und ein *ἰβιοβοσκός* scheinen 2 Artaben Weizen pro Arure zu bezahlen).

gaben über die einschlägigen Pachtbedingungen u. dergl. fehlen[1]); im großen und ganzen dürfte sich die Rentabilität entsprechend der allgemeinen Stellung der Landpächter und der Lage der Landwirtschaft gestaltet haben, die jedenfalls im Laufe der römischen Zeit allmählich eine Verschlechterung erfahren haben.[2]) Wir haben übrigens ferner, wenn wir Priester als δημόσιοι γεωργοί antreffen, mit der Möglichkeit zu rechnen, daß sie nur zwangsweise die Pachtung übernommen haben (siehe Bd. I. S. 281, A. 3); diesen dürfte wohl kaum ihre bürgerliche Beschäftigung irgendwelche größeren Einnahmen gebracht haben.[3])

Im Anschluß an die Bemerkungen über die Landpacht sei hervorgehoben, daß von Priestern des öfteren auch auf eigenem Grund und Boden Landwirtschaft betrieben sein wird; wenigstens unterrichten uns eine Reihe Belege über den Landbesitz der Priester (über ihn siehe den folg. Abschnitt C).

Wenn uns alsdann im 1. Jahrhundert n. Chr. zwei ägyptische ἱερεῖς begegnen, welche nebenbei als ἐργάται d. h. als gewöhnliche, wohl ungelernte Arbeiter tätig gewesen sind (P. Lond. II. 259 [S. 36], Z. 15 u. 20), so darf man dies wohl als Anzeichen keiner besonders guten wirtschaftlichen Lage der betreffenden auffassen, denn sonst würden die Priester doch nicht derartig unselbständige Stellungen angenommen haben. Über die Art ihrer Beschäftigung[4]) sowie über die Höhe ihres Verdienstes erfahren wir nichts Näheres.

Nur ganz selten läßt sich bisher der Betrieb eines Handwerks oder einer gewerblichen Unternehmung durch Priester auf eigene

---

1) Auch diejenigen Belege, aus denen wir den von Priestern pro Arure gezahlten Pachtpreis feststellen können, bieten uns keine sicheren Anhaltspunkte, da wir ja nicht die anderen Pachtbedingungen und vor allem nicht die Bonitätsklasse des Pachtlandes kennen. Die Pachtpreisreduktionen in den eben erwähnten P. Tebt. I mahnen uns übrigens m. E. zur besonderen Vorsicht bezüglich eines allgemeinen Urteils.

2) Vergl. hierzu jetzt die Bemerkungen Waszyńskis a. a. O. I. S. 161 ff., von denen freilich einzelne zu modifizieren sind. Aus dem Rücktritt von Priestern von ihrer Pacht (siehe vorher S. 191, A. 3 u. 192, A. 1) braucht man übrigens noch nicht zu folgern, daß sie schlechte Geschäfte mit ihr gemacht haben, es können für ihn auch andere Gründe maßgebend gewesen sein.

3) Von dem in P. Oxy. III. 477 erwähnten Alexanderpriester vom Jahre 132/33 n. Chr. (siehe Bd. I. S. 155, A. 4) möchte ich nicht annehmen, daß er gleichzeitig ἀρχιγεωργός gewesen ist (anders wohl Grenfell-Hunt, siehe ihre Übersetzung), denn die Anordnung der Titel des Priesters scheint mir darauf hinzuweisen (siehe besonders das καί in Z. 4), daß sich γενόμενος in Z. 3 auch auf ἀρχιγεωργός bezieht.

4) Ἐργάται finden wir z. B. als Hilfskräfte in landwirtschaftlichen Betrieben tätig (siehe etwa B. G. U. I. 14; P. Lond. I. 131 Recto [S. 166]; P. Fay. 102), sie sind bei Bauten als Handlanger benutzt worden (siehe etwa B. G. U. III. 699; 894); als Schauerleute erscheinen sie P. Oxy. III. 522, und der arsinoitische Jupitertempel hat sich welche an den κωμασίαι zum Tragen der Götterbilder gemietet (B. G. U. II. 362 p. 7, 17; 10, 18; 11, 13).

Rechnung belegen.[1]) So finden wir in römischer Zeit einen Soknopaiospriester im Besitz einer Mühle[2]), einen anderen als Eigentümer
einer Ölfabrik (ἐλαιουργεῖον, vergl. Bd. I. S. 295, A. 1; P. Wess. Taf. gr.
tab. 7 N. 9). Wenn wir ferner hören (gleichfalls römische Zeit), daß
eine Priesterin im ganzen 5 Kamele besessen hat, so darf man wohl
annehmen, daß sie diese nicht bloß zu Privatzwecken gehalten, sondern
daß sie mit ihnen, die ja eins der wichtigsten Transportmittel des
hellenistischen Ägyptens darstellten (siehe Bd. I. S. 316, A. 4), ein
Transportgeschäft betrieben hat. Dieses hat sie allerdings dann
allem Anschein nach aufgegeben, da sie alle Kamele verkauft hat,
zwei von ihnen übrigens an einen Priester, der vielleicht gleichfalls
als Spediteur tätig gewesen ist.[3]) Zu erwähnen ist hier noch, daß
einem ἱερεύς zusammen mit seiner Frau und seinem Bruder neben
anderen Grundstücken auch 2 καταλύματα, d. h. Herbergen, ganz
und Anteile an zwei anderen gehört haben[4]); ob diese freilich von ihnen
selbst unterhalten worden sind, läßt sich nicht feststellen. Man hat
übrigens auch damit zu rechnen, daß die Priester eventuell in den
industriellen und gewerblichen Unternehmungen ihrer Tempel Beschäftigung gefunden haben (siehe Bd. II. S. 114 u. 163; vergl. auch
Bd. I. S. 300, A. 3).

Würden wir der Nachricht des Clemens Alexandrinus (Strom. VI.
p. 758 ed. Potter) Glauben schenken dürfen, daß in Ägypten speziell
die Pastophoren die ärztliche Kunst ausgeübt haben, so wäre uns
durch sie in allgemeinster Form ein weiterer von ägyptischen Priestern nebenbei versehener Privatberuf bezeugt, aber man tut wohl
besser sie nicht zu verwerten (siehe Bd. I. S. 96). Andererseits ist
freilich zu beachten, daß im alten Ägypten die Ausübung des ärztlichen Berufes jedenfalls vielfach in der Hand der Priester gelegen
hat[5]), und daß z. B. noch von Diodor (I. 82, 3) und von Clemens

---

1) Möglicherweise macht uns jetzt P. Tebt. II. 308 mit einem Priester bekannt, der eine größere Papyrusfabrik betrieben hat. Wenigstens hat der
betreffende auf einmal 20 000 Papyrusstengel gekauft. Es ist allerdings nicht
ausgeschlossen, daß er sie nicht selbst hat verarbeiten lassen, sondern daß er
sie seinerseits an den Fabrikanten weiterverkauft hat. In diesem Falle wäre
uns für Priester das Betreiben von Handelsgeschäften bezeugt, der betreffende
als Makler oder Zwischenhändler zu fassen. Ob man den in P. Tebt. II. 314
erwähnten Priester direkt als Ölfabrikanten fassen darf, ist mir nicht ganz
sicher. Aus der Art und Weise, wie er das von ihm beabsichtigte ἐλαιουργεῖν
erwähnt, könnte man auch auf Ölbereitung nur zu eigenem Bedarf schließen.

2) P. Wess. Taf. gr. tab. 11 N. 17; tab. 8 N. 12; tab. 13 N. 29.

3) P. Lond. II. 304 (S. 71); B. G. U. I. 87; vergl. Wessely, Kar. u. Sok.
Nes. S. 54.

4) P. Rainer, publ. von Wessely a. a. O. Studien zur Paläographie und
Papyruskunde 2. Heft S. 29 ff. Col. 5.

5) Vergl. hierzu z. B. v. Oefele, Vorhippokratische Medizin Westasiens,
Ägyptens und der mediterranen Vorarier in Th. Puschmanns Handbuch der

Alexandrinus (a. a. O.) die medizinische Wissenschaft ausdrücklich als Bestandteil der „hermetischen" Wissenschaft, d. h. der priesterlichen Literatur angeführt wird. (Siehe auch Galen XI. p. 798, Kühn.) Insofern halte ich es für so gut wie sicher, daß auch in hellenistischer Zeit Mitglieder der ägyptischen Priesterschaft im ärztlichen Beruf tätig gewesen sein werden[1]), obgleich sich allerdings unter den mir aus dieser Zeit urkundlich bekannt gewordenen ägyptischen Ärzten, den staatlich angestellten ($\delta\eta\mu\acute{o}\sigma\iota o\iota$ $\iota\alpha\tau\varrho o\acute{\iota}$)[2]) und den privaten[3]), keiner befindet, in dem man einen ägyptischen Priester sehen könnte. Dagegen läßt sich für einen von ihnen, einen $\dot{\epsilon}\pi\grave{\iota}$ $\tau\tilde{\omega}\nu$ $\iota\alpha\tau\varrho\tilde{\omega}\nu$ wohl aus dem 1. Jahrhundert v. Chr., die gleichzeitige Bekleidung griechischer Priesterämter, derjenigen des Alexanderpriesters und des $\iota\epsilon\varrho\epsilon\grave{\nu}\varsigma$ $\tau o\tilde{\nu}$ $Mo\nu\sigma\epsilon\acute{\iota}o\nu$, nachweisen.[4])

Ob der $\dot{\alpha}\varrho\chi\iota\epsilon\varrho\alpha\tau\epsilon\acute{\nu}\sigma\alpha\varsigma$ des Hadrianeions in Memphis (156 n. Chr.), der in dieser Stadt zugleich ein privates Bankgeschäft betrieben hat (P. Lond. II. 317 [S. 209]), hier zu verwerten ist, ist nicht zu entscheiden, da wir nicht feststellen können, ob er bereits zur Zeit der Bekleidung seines Priesteramtes Bankier gewesen ist.

Geschichte der Medizin I. S. 52 ff. (bes. S. 82/83). Die Historiker der Medizin scheinen mir freilich zu übertreiben, wenn sie annehmen, daß ganz allein von Priestern im alten Ägypten der ärztliche Beruf ausgeübt worden ist.

1) Vergl. z. B. hierzu auch Nachrichten wie die des Galen XIII. p. 776, Kühn und des Horapollon, Hierogl. I. 38. Erinnern darf man hier wohl ferner daran, daß mit einem Tempel eine Art von Spital verbunden gewesen ist (Bd. II. S. 17, A. 3); siehe auch die Bemerkungen über die Krankenheilungen bei ägyptischen Tempeln Bd. I. S. 397. Nicht ganz sicher ist es, ob man hier auch auf den aus dem 2. Jahrhundert n. Chr. stammenden P. Oxy. III. 476 verweisen kann, dem zufolge zwei ägyptische $\dot{\epsilon}\nu\tau\alpha\varphi\iota\alpha\sigma\tau\alpha\acute{\iota}$ die offizielle Leichenschau vorgenommen haben, die sonst den $\delta\eta\mu\acute{o}\sigma\iota o\iota$ $\iota\alpha\tau\varrho o\acute{\iota}$ übertragen gewesen ist (vergl. Lumbroso, Lettere al signor professore Wilcken, Archiv III. S. 163/4). Sieht man selbst in diesen $\dot{\epsilon}\nu\tau\alpha\varphi\iota\alpha\sigma\tau\alpha\acute{\iota}$ niedere Priester (vergl. Bd. I. S. 108), so braucht man ihre Hinzuziehung zu der Leichenschau durchaus noch nicht als Hinweis auf die Ausübung ärztlicher Funktionen durch niedere Priester zu fassen, sondern kann in ihr auch einfach nur eine Folge ihrer eigentlichen Berufstätigkeit sehen. Immerhin liegt es nahe, gerade bei den „Einbalsamierern" gewisse ärztliche Kenntnisse vorauszusetzen, und hierin etwa die Unterlage für die an sich nicht richtige Angabe des Clemens Alexandrinus — Verwechselung zweier Gruppen der niederen Priesterschaft — zu sehen; vergl. auch hierzu die von Lumbroso a. a. O. erwähnte Stelle des Censorinus, de die nat. 17.

2) Siehe etwa P. Tor. 1, Col. 2, 26; B. G. U. II. 647; III. 928; P. Oxy. I. 40; 51; 52; III. 475; P. Fay. 106. Vergl. über sie jetzt R. Pohls Dissertation De Graecorum medicis publicis (Berlin 1905).

3) Siehe z. B. P. Par. 5, Col. 48, 6; 36, 8; B. G. U. II. 630, Col. 3, 26; III. 921, 9; P. Lond. I. 131 Recto (S. 166), Z. 179; P. Amh. II. 128, 120; P. Tebt. I. 112 passim.

4) Gr. Inschrift, publ. B. C. H. III (1879) S. 470 N. 2; siehe zu ihr Bd. I. S. 184, A. 3 u. S. 197, A. 3. Über den Titel „$\dot{\epsilon}\pi\grave{\iota}$ $\tau\tilde{\omega}\nu$ $\iota\alpha\tau\varrho\tilde{\omega}\nu$", der wohl die leitende Stellung seines Inhabers im ägyptischen Medizinalwesen anzeigt, siehe Dittenberger, Orient. gr. inscript. select. I. S. 182 und Pohl a. a. O. S. 28.

C. Der Besitz der Priester und seine Verwertung.

Belege allgemeiner Natur über den Besitz der Priester, sowie solche, welche uns über das gesamte Vermögen eines einzelnen Priesters unterrichten, sind leider bisher so gut wie gar nicht vorhanden.[1]) Von ersteren besitzen wir einen in einer Urkunde vom Jahre 177 n. Chr. (B. G. U. I. 194), der zufolge ein gewöhnlicher ἱερεύς des Dorfes Neilupolis offiziell zu den „εὐσχήμονες" gerechnet worden ist und mit Dorfbewohnern auf eine Stufe gestellt wird, welche über einen πόρος von 1000 Drachmen (siehe hierzu vorher S. 185) verfügt haben. In einem Heiratskontrakt aus ptolemäischer Zeit scheint alsdann ja allerdings der gesamte Besitz eines Archentaphiasten — es werden Häuser, ψιλοὶ τόποι, Felder, Tiere, Hausgerät, Geld usw. genannt — angegeben zu sein, es ist dies jedoch in so unbestimmter Form geschehen und außerdem kann es sich hierbei auch nur um eventuellen Besitz handeln, so daß wir uns keine rechte Vorstellung von seinem Werte machen können.[2]) Das Testament eines Soknopaiospriesters vom Jahre 155 n. Chr. (B. G. U. I. 86) verschafft uns schließlich wenigstens einen ungefähren Begriff von dem Gesamtbesitz eines ἱερεύς; außer verschiedenen Grundstücken (οἰκόπεδα παντοῖα) mit dem nötigen Hausrat (ἐπίπλοα σκεύη καὶ ἐνδομενία) hat jener noch ein Kapital von 2500 Silberdrachmen besessen, das als Hypothek auf einem 8 Morgen großen Gut eingetragen war.[3]) Dagegen können die uns erhaltenen Steuerobjektsdeklarationen zweier ἱερεῖς von Karanis und Soknopaiu Nesos (B. G. U. I. 112; II. 536; 1. Jahrhundert n. Chr.) uns nur ein unvollkommenes Bild von dem Vermögen der betreffenden liefern, da ja der ägyptische Steuerzahler, wenn er über verschiedenartige Besitzgegenstände verfügte, nicht eine Steuererklärung über den Gesamtbesitz, sondern mehrere, von denen jede die gleichartigen Steuerobjekte umfaßte, abgeben mußte.

So unterrichten uns die beiden priesterlichen Steuerprofessionen über das Immobiliarvermögen, und zwar hat der eine ἱερεύς ein

---

1) B. G. U. III. 993, eine Schenkungsurkunde aus ptolemäischer Zeit, in der das Gesamtvermögen eines ἰσιονόμος auf 2 Kupfertalente geschätzt wird, ist hier nicht zu verwerten, da ich ja den ἰσιονόμος nicht als wirklichen Priester fasse; siehe Bd. II. S. 73, A. 4.

2) Siehe dem. P. Leid. 381, publ. Rev. ég. I. S. 135, A. 2 u. II. S. 94, A. 1; vergl. hierzu übrigens eine Urkunde wie dem. P. Louvre 2309, publ. Rev. ég. I. S. 129, A. 2. Andere in demotischen Papyri uns erhaltene Heiratskontrakte von Choachyten sprechen zwar auch mitunter von der Gesamtheit der Güter dieser, irgendwelche bestimmtere Angaben scheinen sie mir jedoch nicht zu enthalten.

3) Es sei hierzu noch auf den Schuldschein P. Lond. II. 308 (S. 218) verwiesen, demzufolge ebenderselbe Priester im Jahre 145 n. Chr. ein kurzfristiges Darlehen von 200 Silberdrachmen und 15 Artaben Weizen gewährt hat.

Haus, den dritten Teil eines zweiten und ψιλοὶ τόποι lastenfrei besessen (B. G. U. I. 112), dem anderen haben der achte Teil von 5 schuldenfreien Häusern, verschiedene Anteile (¹/₂, ¹/₄, ¹/₅, ¹/₄) an 4 mit Hypotheken belasteten Häusern und ein Landgut von nicht mehr zu bestimmender Größe (Katoikenland) gehört (B. G. U. II. 536)[1]. Auch die verschiedenen uns überkommenen κατ᾽ οἰκίαν ἀπογραφαί, d. h. die Steuersubjektsdeklarationen von Priestern machen uns mit dem gesamten Besitz der betreffenden an Hausgrundstücken und dergl. bekannt. Mitunter hat darnach der Priester nur einen Teil des von ihm bewohnten Hauses sein eigen genannt[2], in anderen Fällen jedoch hat er sei es allein oder mit seiner Familie nicht nur sein Wohnhaus ganz, sondern daneben noch Anteile an verschiedenen anderen Grundstücken besessen.[3] Auch durch andere Zeugnisse ist uns der Besitz eines oder mehrerer Häuser, von Bauplätzen u. dergl., bez. von Anteilen an solchen sowohl für höhere[4] wie für niedere Priester und

1) Es ist ganz bemerkenswert, daß in beiden Fällen der Realbesitz nur z. T. ererbt ist, indem beide Priester neue Grundstücke hinzugekauft haben.

2) P. Oxy. II. 254; P. Amh. II. 74; P. Rainer, publ. von Wessely, a. a. O., Studien zur Paläographie u. Papyruskunde 2. Heft, S. 29 ff., Col. 4.

3) B. G. U. I. 124 (?); III. 706; P. Rainer, publ. von Wessely a. eben a. O. Col. 2, 3, 5 (Col. 5 ist besonders wichtig, da hiernach einem Priester, seiner Frau und seinem Bruder οἰκόπεδα nebst αὐλή, ἄλλη οἰκία nebst αὐλή ganz, dann Anteile an 4 anderen Häusern, 2 καταλύματα ganz, Anteile an 2 anderen καταλύματα, ein vierter Teil eines Taubenschlages und ψιλοὶ τόποι gehört haben). Die Belege in dieser, sowie in der vorhergehenden Anm. gehören alle der römischen Zeit an.

4) Ptolemäische Zeit: P. Cairo 10865 u. 10866 (Grenfell-Hunt, Greek papyri, Catal. gén. des antiq. égypt. du Musée du Caire Bd. X) (ψιλὸς τόπος); dem. P. Straßb. 6 (Spiegelberg S. 25) (Teil eines Hauses); 8 (Spiegelberg S. 32); dem. P. Berl. 3101 A + B (Spiegelberg S. 13) (ψιλὸς τόπος); B. G. U. III. 996, Col. 3, 5; P. Grenf. I. 25 (ψιλὸς τόπος); II. 35. Römische Zeit: B. G. U. I. 76 (wohl Hauseigentum); 184 (¹/₉ eines Hauses und Hofes, schuldenfrei); 186, 10 (?); II. 446 (¹/₃ einer αὐλή); P. Lond. II. 258 (S. 28), Z. 194, 206, 208, 212, 213, 214 (hier handelt es sich stets um Anteile an einem Hause), 215, 219; 259 (S 36), Z. 15 (?), 17, 19 (¹/₂ eines Hauses), 49, 50, 51 (alle drei beziehen sich auf Anteile an einem Hause); 299 (S. 150) (wohl Hauseigentum); 262 (S. 176) (vergl. P. Wess. Taf. gr. tab. 6 N. 6; tab. 6 N. 7; tab. 5 N. 5; tab. 9 u. 10, N. 15 + 16; tab. 12 N. 24; tab. 7 N. 10; tab. 9 N. 13; tab. 9 N. 14; tab 8 N. 11; tab. 7 N. 8; tab. 11 N. 18; tab. 4 [= P. Lond. II. 355 (S. 178)]; tab. 11 N. 19: οἰκία nebst προνήσιον, αἴθριον (= atrium) und ψιλοὶ τόποι; derselbe Priester hat auch die vorher S. 194 erwähnte Mühle besessen); 334 (S. 211) (¹/₄₂ und ein unbestimmter Teil eines Hauses); P. Oxy. I. 43 Verso Col. 1, 20; P. Amh. II. 30; 97 (¹/₃ eines Hauses nebst Hof und eines nicht mehr in Betrieb befindlichen ἐλαιουργίου sucht eine Priesterin vom Staat zu erwerben. Obgleich sie hierbei die κυρεία καὶ κράτησις, d. h. doch vollständige Unbedingtheit des Besitzes erstrebt, verpflichtet sie sich neben der Kaufsumme zur Bezahlung von ἑπόμενα, d. h. wohl aller Wahrscheinlichkeit nach einer regelmäßigen Abgabe an den Staat [an die gewöhnlichen Steuern ebenso wie an die bei Zahlungen an den Staat öfters eintretenden Zuschlagszahlungen ist hier nicht zu denken, da diese in solchen Fällen nicht derartig kontraktlich festgesetzt werden]; vergl. zu dieser Verpflichtung P. Lond. II.

Priesterinnen[1]) aus ptolemäischer und römischer Zeit vielfach belegt. Die Inhaber mehrerer Grundstücke werden natürlich durch Vermieten ihren Hausbesitz verwertet haben, hat doch sogar z. B. ein ἱερεύς, dem nur ein Teil eines Hauses gehört hat, einen Mieter bei sich wohnen gehabt (P. Lond. II. 258 [S. 28], Z. 194).

Nach alledem darf man wohl behaupten, zumal da die Belege für Hausbesitz sich auf die verschiedensten Gegenden Ägyptens verteilen, daß dieser unter den ägyptischen Priestern ziemlich allgemein verbreitet gewesen ist.[2]) Es lassen sich denn auch nur ganz ver-

---

164 [S. 116] und zu dem hier sich findenden Ausdruck πρόσοδοι Mitteis a. a. O. Zeitschr. d. Savignystift. Rom. Abt. XXII [1901] S. 157; siehe ferner P. Tebt. II. 294, wo auch bei Erwerb von κυρεία καὶ κράτησις eines vom Staat vergebenen Besitzobjektes neben dem Kaufpreise (irgendwelche Zuschlagszahlungen werden nicht erwähnt, obgleich sie tatsächlich erfolgen, siehe P. Tebt. II. 295) die Entrichtung einer stetig wiederkehrenden Abgabe an den Staat eintreten soll. Das hier zu begründende Rechtsverhältnis darf man wohl als das sich auch sonst für Domanialgüter nachzuweisende ius privatum salvo canone bestimmen; für dieses siehe Mitteis, Zur Geschichte der Erbpacht im Altertum S. 38/39; zu weiteren Bemerkungen ist hier nicht der Ort. Die Zeit unseres Beleges ist das 2. Jahrhundert n. Chr.); unpubl. P. Rainer im Führer durch die Sammlung der Papyri Erzherzog Rainer S. 72 N. 227; unpubl. P. Rainer 129 u. 133 bei Wessely, Kar. u. Sok. Nes. S. 122 u. 141 ($\frac{1}{30}$ Anteil an einem anscheinend jedoch recht umfangreichen Grundbesitz bez. die Hälfte eines Hauses zusammen mit einem Bruder). Bei denjenigen der angeführten Belege, hinter denen in dieser und in der folgenden Anm. nichts vermerkt ist, handelt es sich um ein Haus.

1) Wir finden Pastophoren, Archentaphiasten, Taricheuten und vor allem Choachyten als Besitzer. Auch bei den letzteren dürften die hier als ihnen gehörig angeführten Grundstücke zu Wohnzwecken gedient haben, wenn sie auch wohl mitunter mit Grabstätten eng verbunden gewesen sein mögen (vergl. Spiegelberg, dem. P. Berl. S. 6, A. 3; siehe auch P. Tor. 1 Col. 2, 18/19). Ptolemäische Zeit: P. Leid. G (= H; J; K); M, 14 u. 24; P. Par. 5 (= P. Leid. M) (Anteil an Häusern und ψιλοὶ τόποι); 15; P. Tor. 1 (Anteil an einem Hause); 11 (2 Häuser); P. Petr. II. 41; dem. P. Louvre 2418 + 2410; 2434 + 2437 + 2428; 2442 + 2427 + 2440; 2426; 2429bis; 2424; 2443; 2438; 2431; 2425; 2439; 2408; 2416 + 2417; 3440; 2435 (publ. Chrest. dém. S. 85; 209 u. 214; 217 u. 219 u. 222; 227; 229; 231; 246; 257; 265; 278; 290; 336; 343 u. 351; 375; 389); dem. P. Wien 26 u. Tor. 12, publ. N. Chrest. dém. S. 87 u. S. 150 Anm.; dem. P. Leid. 379 (vergl. Bd. I. S. 176, A. 2), publ. Rev. ég. I. S. 125, A. 1; dem. P. Marseille, publ. Rev. ég. I. S. 134, A. 1; dem. P. Louvre 3268, publ. Rev. ég. II. S. 91, A. 3; dem. P., publ. Rev. ég. IV. S. 153; dem. P. Berl. 3096; 3112; 3097 + 3070; 3113; 3090 + 3091; 3101 A + B; 3105; 3104 (publ. Spiegelberg, dem. P. Berl. S. 6, 8, 9, 11, 12, 13, 15, 16). In den demotischen Papyri handelt es sich um Häuser, Hausanteile und ψιλοὶ τόποι; mehrere beziehen sich auf Mitglieder derselben Familien. Römische Zeit: P. Oxy. III. 491, 5 (οἰκόπεδα); P. Herm. 119 Recto Col. 3, 20 (publ. Wessely, Stud. z. Paläogr. u. Papyruskunde Heft 5) (Hausanteil).

2) Dem gegenüber lassen sich spezielle Belege für Amtswohnungen der Priester gar nicht nachweisen, sondern nur solche allgemeiner Art; siehe Bd. II. S. 40. Den Grund hierfür sehe ich mit großer Wahrscheinlichkeit darin, daß die den Priestern von den Tempeln angewiesenen Wohnstätten z. T. allmählich in den Besitz der Priester übergegangen sein werden; vergl. hierzu P. Grenf. II.

einzelte Beispiele dafür anführen, daß Priester zur Miete gewohnt haben.[1])

Auch über den Wert der von Priestern besessenen Grundstücke lassen sich einige Feststellungen treffen. So hat z. B. ein Priester für ein von ihm erworbenes Haus mit Nebenbauten und Bauplätzen in Soknopaiu Nesos 1500 Silberdrachmen bezahlt (P. Wess. taf. gr. tab. 7 N. 10), ein anderer für den neunten Teil eines ebendort gelegenen Hauses über 60 Silberdrachmen entrichtet (B. G. U. I. 184). Diesen Belegen aus dem 1. Jahrhundert n. Chr. sei noch einer aus dem zweiten angeschlossen, wonach eine Priesterin für ein von ihr verkauftes Haus in Arsinoe 2200 Drachmen erhalten hat.[2]) Die aus ptolemäischer Zeit uns für priesterliche Grundstücke bezeugten Preise sind alsdann viel niedriger. Der 4. Teil eines παστοφόριον in Pathyris ist z. B. auf 3000 Kupferdrachmen, d. h. etwa $7\frac{1}{2}$ Silberdrachmen (P. Grenf. II. 35), ein anderes παστοφόριον ebendaselbst sogar nur auf 1 Kupfertalent, d. h. etwa 15 Silberdrachmen bewertet worden (P. Grenf. II. 34).[3]) Für ein Grundstück, den 6. Teil eines Hauses, und zwei ψιλοὶ τόποι in der Nähe von Theben, welche von Choachyten gekauft worden sind, haben diese 2 Kupfertalente bez. 3000 Kupferdrachmen und 2000 Kupferdrachmen bez. 2 Kupfertalente gezahlt.[4]) Es sei übrigens hervorgehoben, daß die große Verschiedenheit der hier genannten Preise nicht allein als Ausdruck des ungleichen inneren Wertes der betreffenden Grundstücke betrachtet werden darf,

34 u. 35 und die Bemerkungen Bd. I. S. 286, A. 1; siehe auch B. G. U. III. 993 Col. 3, 10, wo παστοφόρια unter dem Besitz eines ἱσιονόμος genannt werden.

1) Siehe P. Lond. II. 257 (S. 19), Z. 82, 83, 84; 258 (S. 28), Z. 186; 259 (S. 36), Z. 18, 20 (hier wohnt ein Priester bei seinem Bruder); dagegen darf man m. E. P. Lond. II. 258 (S. 28), Z. 206; 259 (S. 36), Z. 15; P. Rainer, Stud. z. Paläogr. usw. Heft 2, S. 29, Col. 1 hier nicht als Belege verwerten, da die in ihnen als Mieter genannten Priester nicht bei Fremden, sondern in den Häusern ihrer Väter, bez. ihrer Mütter wohnen.

2) Unpubl. P. Rainer im Führer durch die Sammlung Erzherzog Rainer S. 72 N. 227. Dem 2. Jahrhundert n. Chr. gehört einmal noch P. Lond. II. 334 (S. 211) an, demzufolge eine Priesterin für den ihr gehörenden 42ten Teil eines Hauses einen nicht näher zu bestimmenden Bruchteil von 21 Silberdrachmen erhält; ferner der unpubl. P. Rainer 129 bei Wessely, Kar. u. Sok. Nes. S. 122, wonach ein Priester bei Erwerbung von Immobiliarbesitz eine Anzahlung von 160 Silberdrachmen geleistet haben soll. Bei der durch P. Amh. II. 97 (auch 2. Jahrhundert n. Chr.) uns für den Erwerb des dritten Teiles eines Hauses nebst Nebenbauten bezeugten Kaufsumme von 120 Silberdrachmen ist schließlich zu beachten, daß der Käufer daneben noch die Zahlung einer sozusagen ständigen Rente von nicht bestimmter Höhe auf sich nehmen wollte (siehe vorher S. 197, A. 4), so daß der wahre Preis wohl viel höher zu schätzen ist.

3) Siehe jetzt auch den S. 197, A. 4 erwähnten P. Cairo 10865, wonach ein Priester für die Erwerbung eines ψιλὸς τόπος in Tebtynis 2 Kupfertalente entrichtet hat.

4) dem. P. Berl. 3097 + 3070; 3105; 3090 + 3091, 3101A + B (Spiegelberg, dem. P. Berl. S. 9/10, 15, 12, 13).

man muß vielmehr, da ja die Belege sich auf mehrere Jahrhunderte
verteilen, zur Erklärung der Verschiedenheit auch den Wechsel der
Konjunktur auf dem Häusermarkte, der sich zudem in weit von einander entfernten Landesteilen sogar zu derselben Zeit recht verschieden
gestaltet haben dürfte, und die Änderungen im Kaufwert der Münz-
einheiten in Betracht ziehen.

Der Besitz eines Hauses läßt sich übrigens auch für einen griechischen Kultbeamten, einen ἱεροποιός des Faijûms, für das 3. Jahrhundert v. Chr. nachweisen; dieser hat sein Haus vermietet gehabt
und hieraus eine jährliche Einnahme von 17½ Silberdrachmen erzielt
(P. Petr. II. 11, N. 2; vergl. III. 42ʰ, N. 2).

Über das Vermögen der Priester des griechischen Kultus ist
uns außer dem eben erwähnten nur noch ein sicheres Zeugnis erhalten.[1]) Darnach haben einem ἀρχιερεύς des Demetertempels in
Arsinoe im 3. Jahrhundert n. Chr. Ländereien (wohl Öl- oder Weinland) im Umfange von *11* Aruren gehört (B. G. U. II. 573, 2/3).
Über den Landbesitz der ägyptischen Priester unterrichten uns alsdann eine größere Anzahl Belege. So finden wir in römischer Zeit
mehrere Priester im Besitz privilegierten Landes, von κλῆροι κατοικικοί.[2]) Auch nichtprivilegiertes Land dürfte sich allem Anschein
nach sowohl in ptolemäischer wie in römischer Zeit in immerhin
größerem Umfange in der Hand der Priester befunden haben, denn
höhere wie niedere Priester erweisen sich uns öfters als Landeigen-
tümer.[3]) Ihren Landbesitz haben die Priester übrigens nicht immer

---

1) Als indirektes Zeugnis für den Besitz griechischer Priester darf man
wohl P. Oxy. III. 502 verwerten, wonach die Mutter eines ἱερεὺς Φαυστείνης
Σεβαστῆς im Jahre 164 n. Chr. ein ihr gehöriges Haus zu dem verhältnismäßig
hohen Mietspreis von 200 Silberdrachmen pro Jahr vermietet hat. Siehe ferner
die Bemerkungen in Anm. 3.

2) B. G. U. I. 233; II. 445; 446 (?) (bei κλῆρος ist hier allerdings κατοικικός
nicht hinzugefügt); 536; P. Oxy. I. 46; 47; P. Lond. II. 188 (S. 141), Z. 64 (?), 75,
116; Ostr. Fay. 23. Über die staatsrechtliche Bedeutung dieses Besitzes siehe
dieses Kapitel, Abschnitt 3.

3) Ptolemäische Zeit; höhere Priester: P. Tor. 1, Col. 4, 1/2; niedere
Priester: P. Grenf. II. 15; dem. P. Berl. 3141 + 3111; 3102; 3146 A + B (Spiegelberg, S. 8, 14 u. 17); dem. P. Louvre 2309, publ. Rev. ég. I. S. 129, A. 2; römische Zeit; höhere Priester: B. G. U. I. 240; II. 446; 576, 17 (da der Gott bei
dem hier genannten ἀρχιερεύς-Titel nicht hinzugesetzt ist, könnte es sich freilich hier auch um einen griechischen Priester handeln; dasselbe ist dann auch
bezüglich des in P. Oxy. IV. 718 genannten ἀρχιερατεύσας der Stadt Oxyrhynchos
der Fall, der 52½ Aruren besessen hat); P. Gen. 78; Ostr. Wilck. 157; niedere
Priester: P. Fay. 246; P. Oxy. III. 491, 5. Bei einigen der hier und in der vorigen
Anm. genannten Belege ist übrigens der Besitz von Land nur erschlossen, und
zwar aus den von den Priestern bezahlten Grundsteuern. Vielleicht darf man
übrigens auch in der Gewähr von Naturaldarlehen durch Priester (über sie siehe
im folg. S. 206/7) einen Hinweis darauf sehen, daß von den betreffenden Darleihern mitunter Landwirtschaft betrieben worden ist.

selbst bewirtschaftet, sondern mitunter verpachtet; als Pachtpreis sind in dem einen Falle 2, in dem anderen 26 Artaben Getreide genannt.[1]) Eine Angabe, welche uns ermöglichte den Gesamtumfang der Ländereien eines Priesters festzustellen, ist bisher nicht erhalten[2]); die Einzelangaben machen uns mit Landbesitz in Größe von circa *1¼* (P. Oxy. I. 46), *1⅓* (dem. P. Berl. 3146 A + B [Spiegelberg S. 17]), *1⅔* (P. Grenf. II. 15), *3*[3]), *4* (B. G. U. I. 233, 23), *6* (dem. P. Berl. 3141 + 3111 [Spiegelberg S. 8]), *9* (B. G. U. II. 576, 17), *10¼* (P. Gen. 78, vergl. Wilcken, Archiv III. S. 403) und *20* Aruren (P. Tor. 1. Col. 4, 1/2) bekannt.[4]) In einigen Fällen läßt sich auch der Wert der von Priestern besessenen Ländereien feststellen, und zwar bei den *1⅓* Aruren mit 15000 Kupferdrachmen, d. h. etwa 40 Silberdrachmen (ptolemäische Zeit) und bei *3* Aruren (römische Zeit) mit etwas weniger als 800[5]) bez. mit 1400 (?) Silberdrachmen (B. G. U. I. 240).

Da wir für Priester den Betrieb von Landwirtschaft nachweisen können, so liegt an sich die Vermutung nahe, daß des öfteren auch Vieh zum Besitz der Priester gehört haben dürfte, hierfür lassen sich aber bisher nur ganz vereinzelte, wenig besagende Beispiele anführen.[6])

Noch seltener sind die Belege, die uns den Besitz von Sklaven

---

1) dem. P. Berl. 3102 (Spiegelberg S. 14); P. Gen. 78.

2) In der Steuerobjektsdeklaration über Immobiliarbesitz B. G. U. II. 536, die an und für sich uns eine solche Angabe liefern müßte, fehlt in Z. 16 gerade die wichtigste Zahlenangabe.

3) B. G. U. I. 240 (fast so viel); II. 446; dem. P. Berl. 3102 (Spiegelberg S. 14).

4) In B. G. U. II. 445 läßt sich die genaue Anzahl der Aruren nicht feststellen, jedenfalls sind es mehr als 3½. Zur Ergänzung der obigen Angaben sei dann noch auf Ostr. Fay. 23, sowie auf P. Lond. II. 188 (S. 141), Z. 64 (?), 75, 116 hingewiesen, wo Naturalzahlungen von Priestern für ihren Grundbesitz an den Staat in Höhe von 2½, 25½ ⅓, 16¼ und 3¾ Artaben erwähnt sind (in Ostr. Fay. 23 handelt es sich um die Katoikenabgabe, bei dem Londoner Papyrus scheint mir der Charakter der Abgabe nicht näher bestimmbar zu sein); die beiden höheren Zahlungen weisen jedenfalls auf einen schon größeren Besitz hin.

5) B. G. U. II. 446; für die 800 Drachmen ist außer dem Lande noch der dritte Teil einer αὐλή erstanden worden.

6) P. Tor. 11, 19; dem. P. Louvre 2309, publ. Rev. ég. I. S. 129, A. 2; dem. P. Leid. 381, publ. Rev. ég. I. S. 135, A. 2, II. S. 94, A. 1; diese Belege gehören der ptolemäischen Zeit an und berichten ganz allgemein von dem Viehbesitz niederer Priester; P. Lond. II. 363 (S. 170) (römische Zeit; 4 Tiere weiblichen Geschlechts gehören 2 ἱερεῖς). Der im P. Rainer, publ. a. a. O. Stud. z. Paläographie usw. 2. Heft S. 29 ff., Col. 5 erwähnte, einem Priester z. T. gehörende περιστερῶν weist uns wohl auf den Besitz von Tauben hin. Siehe ferner die bereits besprochenen P. Lond. II. 304 (S. 71) und B. G. U. I. 87 (römische Zeit), die uns den Besitz von fünf Kamelen anzeigen, zwei von ihnen im Werte von 500 Silberdrachmen. Siehe jetzt auch noch P. Hibeh I. 52, 18 (publ. von Grenfell-Hunt); er enthält wohl einen Hinweis auf Viehbesitz eines ἱερεύς aus ptolemäischer Zeit.

für Priester anzeigen[1]), dies jedoch wohl sicher kein Zufall[2]), sondern eine Folge der geringen Verbreitung der Sklaverei im hellenistischen Ägypten (siehe Wilcken, Ostr. I. S. 703).

Über das Kapitalvermögen der Priester — von höheren wie von niederen — unterrichtet uns alsdann erfreulicherweise eine größere Reihe von Zeugnissen. Manche von ihnen sind allerdings nur allgemeiner Natur oder wegen der verhältnismäßigen Kleinheit der in ihnen genannten Summen nur wenig besagend[3]), in ihrer Gesamtheit erwecken sie jedoch jedenfalls den Eindruck, daß sich der Besitz von Geld bei der ägyptischen Priesterschaft häufig gefunden haben muß. Verschiedene der Belege sind übrigens auch recht instruktiv. So haben einem gewesenen ἀρχιερεὺς τῆς τῶν Ἀρσινοϊτῶν πόλεως (siehe Bd. I. S. 45, A. 4) ums Jahr 303 n. Chr. außer einigem anderen Besitz (κτῆσις) 22 Silbertalente gehört (P. Oxy. I. 71); bei der Beurteilung der Höhe dieser Summe hat man freilich das gewaltige Sinken des Geldwertes in jener Zeit in Betracht zu ziehen. Für die Zeit vorher, in der man noch mit gesunderen Geldverhältnissen zu rechnen hat, stellt die Summe von 2500 Silberdrachmen das höchste Kapital dar, das uns bisher als Eigentum eines Priesters bezeugt ist (B. G. U. I. 86, 11: 155 n. Chr.)[4]).

---

1) P. Tor. 8, 12 u. 17; 9, 10 u. 13/4 (δοῦλοι der Amonspriester, ptolemäische Zeit); B. G. U. III. 706 (Sklavin eines ἱερεύς); 855 (Sklavin der Tochter eines Priesters); P. Lond. II. 360 (S. 216) und unpubl. P. Rainer 128 bei Wessely, Kar. u. Sok. Nes. S. 154 (Sklavin von der Mutter eines Priesters diesem verpfändet und von diesem dann wieder seinen Schwestern überlassen; ihr Wert ist zum mindesten mit 840 Drachmen anzusetzen); P. Oxy. III. 491, 5 (δούλικα σώματα eines παστοφόρος). Wenn P. Lond. I. 131 Recto (S. 166), Z. 406 berichtet, daß einem ἱερεύς für einen von ihm gestellten ἐργάτης der Lohn ausgezahlt wird, so braucht es sich bei diesem noch durchaus nicht um einen in dem Besitz des Priesters befindlichen Sklaven zu handeln.

2) Es sei hierzu darauf hingewiesen, daß wir nur in einer der uns erhaltenen κατ᾽ οἰκίαν ἀπογραφαί der Priester — der Fatierende hat in ihnen auch seine Sklaven zu nennen — den Besitz einer Sklavin erwähnt finden (B. G. U. III. 706).

3) Siehe etwa dem. P. Louvre 2309, publ. Rev. ég. I. S. 129, A. 2; dem. P. Leid. 381, publ. Rev. ég. I. S. 135, A. 2, II. S. 94, A. 1; ferner die zahlreichen demotischen Ehekontrakte der Choachyten wie z. B. dem. P. Berl. 3109 (Spiegelberg S. 7); dem. P. Louvre 2433, publ. Chrest. dém. S. 241. Ferner sei hier auch der dem. P., publ. von Revillout, Précis du droit égyptien II. S. 1025 erwähnt, da ich über die Höhe des in ihm erwähnten Kapitalbesitzes kein bestimmtes Urteil zu fällen wage. Siehe auch die im folg. (S. 203, A. 3) erwähnten Belege für Kaufsummen. Nicht zu entscheiden ist alsdann, ob man die P. Amh. II. 56—58 hier verwenden darf, denen zufolge ein Soknopaiosprophet 1000 bez. 2000 Kupferdrachmen ausgezahlt erhält und ein ἱερεύς des Soknopaios eine Zahlung von 4 Talenten 4000 Drachmen Kupfers leistet; denn es läßt sich nicht feststellen, ob die Zahlungen auf Rechnung des Tempels oder auf die der Priester gehen. Dies ist auch der Fall bei der in P. Tebt. I. 113, 11 erwähnten Zahlung von 1100 Kupferdrachmen an einen ἰβιοβοσκός, wenn auch manches für ihren privaten Charakter zu sprechen scheint. Sämtliche Belege gehören der ptolemäischen Zeit an.

4) Vergl. hierzu jetzt auch B. G. U. IV. 1036 vom Jahre 108 n. Chr., wo-

Wenn uns ferner von einem ἱερεύς bez. einer ἱέρεια gleichfalls aus römischer Zeit berichtet wird, daß diese imstande gewesen sind bei Käufen sofort Summen in der Höhe von 1500 bez. 1400 Silberdrachmen zu zahlen[1]), so weist uns dies auf ein ganz beträchtliches Kapitalvermögen der betreffenden hin.[2]) Von den anderen uns bekannt gewordenen Angaben über größere Aufwendungen von Priestern[3]) zu Kaufzwecken seien hier noch besonders hervorgehoben zwei von zwei ἱερεῖς sofort beim Kauf geleistete Zahlungen von je 500 Drachmen (B. G. U. I. 87; II. 446: römische Zeit), sowie die zur Zeit des Philadelphos von zwei ἰβιοβοσκοί freilich nicht auf einmal, sondern in drei Raten im Laufe von 1½ Jahren entrichtete Kaufsumme für ihr neues priesterliches Amt in Höhe von 210 Silberdrachmen (siehe hierzu vorher S. 183); die zuletzt genannte Summe zeichnet sich freilich nicht durch besondere Höhe aus, erweckt aber um ihrer Zahler willen unser Interesse, da sie uns über die finanzielle Lage von Priestern niedrigsten Ranges näheren Aufschluß gibt und uns zugleich zeigt, daß man immerhin auch hier mit verhältnismäßig günstigen privaten Verhältnissen rechnen darf. Des weiteren verdient hier noch erwähnt zu werden, daß sich in drei Fällen auch die Entrichtung größerer Kaufsummen an Priester belegen läßt, und zwar sind es Zahlungen in Höhe von 2200, 1500 und 500 Silberdrachmen.[4])

---

nach eine verheiratete Priesterin ein Kapital von 1585 Silberdrachmen (Z. 13 ist das wie eine arabische 2 aussehende Zeichen sicher als ά zu deuten; vergl. die Faksimiles von P. Par. 5 Col. 50, 5 und P. Leid. M. Col. 2, 13) besessen hat; ihr Besitz an Kupfergeld ist nicht festzustellen, da die Zahlzeichen gerade nicht erhalten sind (siehe Z. 13).

1) Siehe P. Wess. Taf. gr. tab. 7 N. 10; für die sofortige Bezahlung der Summe siehe P. Lond. II. 262 (S. 176); ferner B. G. U. I. 240 (die Belege aus römischer Zeit). Derselbe Priester, der hier 1500 Drachmen bezahlt, hat übrigens zu derselben Zeit noch eine Mühle besessen (P. Wess. Taf. gr. tab. 11 N. 7; tab. 8 N. 12 cf. auch tab. 13 N. 29).

2) Mit recht bedeutenden Zahlungen von Priestern bis zur Höhe von 1 Silbertalent, die allerdings z. T. in Raten erfolgt sind, machen uns jetzt auch die P. Tebt. II. bekannt; siehe über sie vorher S. 183, A. 2.

3) Kleinere Kaufsummen, die jedoch im großen und ganzen nicht den Charakter einer gewöhnlichen Ausgabe, sondern den einer Kapitalaufwendung tragen, begegnen uns: ptolemäische Zeit, P. Grenf. I. 25 (4000 Kupferdrachmen); II. 15 (2 Talente 3000 Drachmen Kupfer); dem. P. Berl. 3097 + 3070 (Spiegelberg S. 9) (2 Kupfertalente); 3090 + 3091 (Spiegelberg S. 12) (2000 Kupferdrachmen); 3101 A + B (Spiegelberg S. 13) (2 Kupfertalente); 3105 (Spiegelberg S. 15) (3000 Kupferdrachmen); siehe dann noch die vorher S. 179 erwähnten von Choachyten gezahlten Kaufsummen; römische Zeit, B. G. U. I. 184 (über 60 Silberdrachmen); P. Amh. II. 97 (120 Silberdrachmen); unpubl. P. Rainer 129 bei Wessely, Kar. u. Sok. Nes. S. 122 (160 Silberdrachmen); siehe dann noch die Kaufsummen u. dergl., erwähnt vorher S. 183 bez. 182.

4) Unpubl. P. Rainer im Führer durch die Sammlung Erzherzog Rainer S. 72 N. 227; P. Wess. Taf. gr. tab. 7 N. 10; B. G. U. I. 87 (der Erlös von 2 Kamelen; da gleichzeitig von derselben ἱέρεια noch 3 Kamele verkauft worden sind

Schließlich verschaffen uns auch die von höheren und niederen
Priestern öfters gewährten Gelddarlehen einen Einblick in den
Kapitalbesitz der Priesterschaft und lehren uns zugleich, daß die
Priester ihr Geld nicht ungenützt liegen gelassen, sondern es verstanden haben mit Geld Geld zu erwerben. Der Zinsfuß, zu dem
die Priester ausgeliehen haben, läßt sich zufälligerweise aus den erhaltenen Schuldscheinen u. dergl. nicht ermitteln[1]); auch eine prinzipielle Feststellung ist nicht möglich, da die Höhe des Zinses auch
im hellenistischen Ägypten sehr geschwankt hat, jedenfalls stark beeinflußt durch die Form des betreffenden Darlehens.[2]) Unter den
priesterlichen Kreditgeschäften begegnen uns übrigens auch die sogenannten zinsenlosen Darlehen[3]), die uns auch sonst für das hellenistische Ägypten des öfteren bezeugt sind[4]), aber es wäre meines

[P. Lond. II. 304 (S. 170)], so dürfte diese damals wohl sicher weit über 1000
Drachmen eingenommen haben). Kleinere Einnahmen von Priestern bei Besitz-
verkäufen sind z. B. dem. P. Berl. 3101 A + B (Spiegelberg S. 13); P. Lond. II.
334 (S. 211) erwähnt.

1) Siehe B. G. U. III. 783; P. Lond. II. 308 (S. 218); P. Amh. II. 113; P. Wess.
Taf. gr. tab. 12 N. 28, tab. 11 N. 22 u. 23; dem. P. Tor. 174, 14, publ. Chrest. dém.
S. 308; siehe jetzt auch P. Oxy. III. 489; P. Tebt. II. 312. Siehe ferner Anm. 3.
In dieser, sowie in der vorigen Anm. gehören nur die Belege aus dem Demo-
tischen der ptolemäischen Zeit an.

2) Billeter, Geschichte des Zinsfußes im griechisch-römischen Altertum hat
einiges auch über die Höhe des in Ägypten üblichen Zinsfußes zusammengestellt
(siehe etwa S. 110 ff.; 195/6; 199; 208/9; 229 ff.; 258/9; 304; 321/2; 354). Inzwischen ist jedoch das Material erheblich vermehrt worden. Auch die allgemeinen Urteile Billeters über die Zinshöhe werden zu modifizieren sein, da
dieser zwar schon die Darlehen nach ihrer verschiedenen Struktur gesondert betrachtet hat, dabei aber doch noch sehr sorgfältig genug verfahren ist; den
Begriff des Gesellschaftsvertrages hat er z. B. gar nicht in Betracht gezogen.
Meine eigenen Untersuchungen über das Darlehen im hellenistischen Ägypten
sind jedoch noch nicht abgeschlossen genug, als daß ich hier die Ergebnisse in
kurzen Worten vorlegen könnte.

3) P. Grenf. II. 21; P. Leid. O; dem. P. Louvre 2429 und Photographie 1 des
Louvre, publ. Chrest. dém. S. 273 u. 300 (die Belege alle aus ptolemäischer Zeit).
Zinsenlos sind vielleicht auch die P. Lond. II. 360 (S. 216) und P. Amh. II. 112
erwähnten priesterlichen Darlehen; für die Beurteilung der zinsenlosen Darlehen
scheiden sie jedoch wohl aus, da sie von den betreffenden Priestern ihren nächsten Verwandten, der Mutter bez. dem leiblichen Bruder gewährt worden sind.
Keine Entscheidung, ob gegen Zins oder zinsenlos gewährt, ist bei den Priesterdarlehen P. Oxy. II. 241, sowie unpubl. P. Rainer 133 bei Wessely, Kar. u. Sok.
Nes. S. 141 möglich. Unpubl. P. Rainer 138 bei Wessely, Kar. u. Sok. Nes. S. 82
ist wohl als Gesellschaftsvertrag zu fassen. Bei dem Darlehen B. G. U. II. 436 läßt
sich nicht einmal entscheiden, ob es in Geld oder in natura gewährt worden ist.

4) Siehe z. B. P. Grenf. II. 18; 27; P. Fay. 89; 90; P. Amh. II. 46; 47; 50;
148; P. Oxy. II. 269; P. Gen. 43; B. G. U. III. 800; IV. 1054; P. Tebt. I. 110;
P. Hibeh I. 89; P. Reinach (Th. Reinach, Papyrus grecs et démotiques) 8; 10; 28;
P. Fir. (Vitelli, Papiri fiorentini I) 14; 30. Die hier angeführten Belege verteilen
sich auf das 3. Jahrhundert v. Chr. bis 4. Jahrhundert n. Chr. Es sei hier noch
hervorgehoben, daß sich z. B. zinsenlose Darlehen auch des öfteren für Babylo-

Erachtens verfehlt anzunehmen, daß aus diesen Darlehen den Priestern prinzipiell kein Nutzen erwachsen wäre. Denn an ein Freundschaftsdarlehen etwa dem griechischen ἔρανος[1]) vergleichbar oder an ein Residuum unentwickelten Wirtschaftslebens darf man jedenfalls bei denjenigen Schuldscheinen nicht denken, in denen für den Fall der nicht rechtzeitigen Zurückzahlung des Geliehenen verschiedenartige Strafbestimmungen, so eine hohe 50% betragende Strafsumme, das sog. ἡμιόλιον (vergl. über dieses Billeter a. a. O. S. 260 ff.), Schadenersatz und hohe Verzugszinsen (in P. Grenf. II. 21 z. B. 24%) ausgemacht werden.[2]) Es liegt vielmehr die Annahme nahe, daß ähnlich wie bei den nur auf bestimmte Zeit zinsfrei gewährten mittelalterlichen Darlehen, bei denen nach Ablauf dieser Zeit eine Verzugsstrafsumme bez. Verzugszinsen als sogenannter Schadenersatz für den Gläubiger eintraten[3]), auch hier von dem Geldgeber des öfteren gleich von vornherein bei Gewähr des übrigens meistens nur kurzfristigen Darlehens auf Terminversäumnis spekuliert worden ist.[4]) Der Gläubiger hätte demnach also so und so oft gerade von dem zinslosen Kreditgeschäft, da ja die Strafbestimmungen ihm sogar einen meistens weit höheren Gewinn als bei dem gewöhnlichen verzinslichen Darlehen sicherten[5]), mit Bewußtsein die Erzielung eines besonders hohen,

nien nachweisen lassen, siehe etwa Meißner, Beiträge zum altbabylonischen Privatrecht S. 8 (vergl. etwa N. 8, 9, 14, 15, 16, 17, 18, 19, 20, 24) und Peiser, Babylonische Verträge des Berliner Museums, N. 4, 43, 93, 111, 114, 121 (neubabylonisch).

1) Siehe etwa Ziebarth, Pauly-Wissowa VI. Sp. 328 ff. s. v. ἔρανος.

2) Diese Strafbestimmungen verbieten es auch diese zinsenlosen Darlehen mit Revillout (siehe z. B. Précis du droit égyptien I. S. 130/31; II. 1207/8; 1225) aus der prinzipiellen Abneigung der Ägypter gegen das Zinsennehmen (!) zu erklären.

3) Siehe hierüber etwa Neumann, Geschichte des Wuchers in Deutschland S. 142 ff.; vergl. Urkunden wie z. B. die von Schulte, Geschichte des mittelalterlichen Handels und Verkehrs II unter N. 415 ff. publizierten. Zu dem die damaligen Verzugszinsen begründenden Begriffe des lucrum cessans und damnum emergens vergleiche übrigens die in ptolemäischen zinslosen Darlehensurkunden sich findende Erwähnung des βλάβος (siehe P. Leid. O, 23; P. Tebt. I. 110, 12). Zinsenlose Darlehen mit Verzugsstrafbestimmungen begegnen uns übrigens auch in Babylonien, siehe etwa die von Peiser in Schraders Keilinschriftlicher Bibliothek IV S. 126 N. V, S. 132 N. XI, S. 166 N. I, S. 183 N. V, S. 184 N. VIII veröffentlichten Kontrakttafeln.

4) Daß im Mittelalter dies sehr oft vorgekommen ist, dafür siehe z. B. Neumann a. a. O. S. 443/44, Ashley, Englische Wirtschaftsgeschichte (deutsche Ausg.) II. S. 432, Schulte a. a. O. I. S. 263 ff., Gottlob, Kuriale Prälatenanleihen in Vierteljahrsschrift für Sozial- und Wirtschaftsgeschichte I (1903) S. 345 ff. (S. 369).

5) Strafbestimmungen ähnlicher Natur wie bei den zinsenlosen Darlehen lassen sich übrigens in mehreren Fällen (P. Grenf. I. 20; 31; P. Lond. II. 218 [S. 15]; B. G. U. IV. 1056; P. Reinach 9; 14; 15) auch bei verzinslichen Darlehen für den Fall der nicht rechtzeitigen Rückgabe nachweisen, hier hat man sie aber doch wohl mehr als ein weiteres Mittel neben manchen anderen zur Sicherung der rechtzeitigen Zurückzahlung zu fassen.

eigentlich wucherisch zu nennenden[1]) Ertrages erhofft.[2]) Es erhebt
sich nun allerdings die Frage, warum man auch in einer Zeit, wo
kein Zinsverbot·wie später das kanonische im Mittelalter bestanden
hat, zu einem den erhofften Darlehensprofit gewissermaßen verschleiernden Verfahren gegriffen hat; da es sich hier um die Realisierung eines
besonders hohen Gewinnes handelt, darf man wohl den Grund hierfür in Bestimmungen der damaligen Schuld- und Zinsgesetzgebung
suchen.[3])

Das höchste uns bisher bekannt gewordene priesterliche Darlehen
hat *840* Drachmen betragen (P. Lond. II. 360 [S. 216]); außer ihm
kennen wir noch solche in Höhe von *420* (P. Amh. II. 112), *400*[4]),
356 (P. Amh. II. 113), *325*[5]), *200* (P. Lond. II. 308 [S. 218]), *120*[6]),
100[7]) und *12* Silberdrachmen (P. Leid. O), sowie von *2* Talenten
2300 Drachmen Kupfers (P. Grenf. II. 21), die beiden letztgenannten
Belege aus ptolemäischer Zeit.[8])

Im Anschluß an die Gelddarlehen sei hervorgehoben, daß für
Priester sich auch die Gewähr von Naturaldarlehen, verzinslichen

---

1) Vergl. hierzu übrigens Mitteis, Reichsrecht und Volksrecht S. 512.
2) Das Realisieren des Verzugsgewinnes zeigen uns P. Par. 7; P. Tebt. I. 110.
Man darf hierzu wohl auch auf Cod. Theod. II. 33, 1 verweisen, wonach es oft
vorgekommen sein muß, daß Gläubiger die rechtzeitige Annahme des verliehenen
Kapitals verweigert haben, um die Verzugsstrafe des $\dot\eta\mu\iota\acute\delta\lambda\iota\upsilon\upsilon$ zu gewinnen.
3) Die ganze Frage kann endgültig natürlich nur in größerem Zusammenhange gelöst werden. Hier sei nur etwa auf das von Diodor I. 79, 2 erwähnte
Gesetz des Bokchoris verwiesen, demzufolge verboten war „$\delta\iota\grave\alpha\ \tau\upsilon\tilde\upsilon\ \tau\acute\delta\kappa\upsilon\upsilon\ \tau\grave\delta$
$\kappa\varepsilon\varphi\acute\alpha\lambda\alpha\iota\upsilon\upsilon\ \pi\lambda\varepsilon\tilde\iota\upsilon\upsilon\ \pi\upsilon\iota\varepsilon\tilde\iota\upsilon\ \ddot\eta\ \delta\iota\pi\lambda\acute\alpha\sigma\iota\upsilon\upsilon$" (vergl. übrigens hierzu die bekannte Bestimmung des römischen Rechts, daß rückständige Zinsen nur bis zum Betrage
der Hauptschuld einklagbar seien, siehe etwa Sohm, Institutionen[9] S. 371); eine
derartige Bestimmung war natürlich dazu angetan, die Berechnung besonders
hoher Zinsen einzuschränken.
4) P. Oxy. II. 241; dieses Darlehen ist insofern besonders interessant, als
es der Darlehensgeber von seinem Bankkonto dem Schuldner anweist; man
darf wohl annehmen, daß auf der Bank für ihn auch noch weitere Gelder gelegen haben.
5) P. Wess. Taf. gr. tab. 12 N. 28; tab. 11 N. 23 u. 22. Den hier genannten
Darlehensgeber kennen wir schon als Besitzer einer Mühle und eines Hausgrundstückes, letzteres im Werte von 1500 Drachmen. Beide Besitzobjekte sind
übrigens erst von ihm erworben worden; auf seinem Hausgrundstück ist von
ihm ein Neubau aufgeführt worden. Der betreffende Priester scheint demnach
ein ganz wohlhabender Mann gewesen zu sein, der auch zugleich geschäftlich
rührig gewesen ist.
6) Unpubl. P. Rainer 133 bei Wessely, Kar. u. Sok. Nes. S. 141; P. Tebt.
II. 312.
7) P. Amh. II. 113; von demselben Priester sind auch die 356 Drachmen
etwa zu derselben Zeit ausgeliehen worden.
8) Hingewiesen sei hier auch auf die in einem Gesellschaftsvertrage von
einer Priesterin gewährten 500 Drachmen (unpubl. P. Rainer 138 bei Wessely,
Kar. u. Sok. Nes. S. 82).

wie zinsenlosen, in mehreren Fällen belegen läßt.[1]) Diese darf man
wohl im allgemeinen als die Verwendung überschüssiger Einnahmen
auffassen; sie sind also nur indirekte Zeugnisse für den Besitz der
Priester (siehe vorher S. 200, A. 3).

Endlich sei hier noch ein Besitzobjekt erwähnt, das allerdings
seinem Besitzer keinen Ertrag gebracht hat, das aber wohl bei jedem
Priester vorhanden gewesen ist, der Hausrat, Wertgegenstände
u. dergl.; wirklich instruktive Angaben hierüber besitzen wir noch
nicht.[2])

Versuchen wir nun zum Schluß noch ein zusammenfassendes Urteil über die wirtschaftliche Lage der Priester zu fällen. Erschwert
wird uns dies allerdings durch den Charakter des verwerteten Materials;
wir müssen berücksichtigen, daß wir uns nur auf mehr oder weniger
zufällige und vereinzelt dastehende Nachrichten stützen können. So
muß man vorläufig noch speziellere Schlüsse, vor allem solche, welche
zeitliche Unterschiede festzustellen suchen, vermeiden.

Unter den im vorhergehenden verwerteten Angaben über die
wirtschaftliche Lage der Priester finden sich wohl nur zwei, die direkt
ungünstig wirken[3]), jene, der zufolge zwei ἱερεῖς als ἐργάται tätig
gewesen sind (siehe vorher S. 193), und die andere, bei der auf die
Mittellosigkeit der „Zwillinge" des großen Serapeums hingewiesen
worden ist (siehe Bd. II. S. 170, vergl. Bd. I. S. 374, A. 1). Diese
Mittellosigkeit darf man sich übrigens, wenigstens nachdem die „δίδυμαι" ihr priesterliches Amt erlangt hatten, nicht allzu schlimm vorstellen. Denn es sind uns gerade aus dem 19. (!) — 22. Jahre Philometors einige Abrechnungen der „Zwillinge" erhalten, die etwa den

---

1) P. Par. 7; dem. P. Vatikan, publ. Rev. ég. III. S. 25; dem. P. New York
375, publ. Rev. ég. III. S. 26; dem. P. Berl. 3103 (Spiegelberg S. 15); P. Lond. II.
308 (S. 218). Außer dem zuletzt genannten gehören die Belege der ptolemäischen Zeit an, die Darlehensgeber sind in diesen Mitglieder der niederen
Priesterschaft.

3) Siehe etwa P. Tor. 11; B. G. U. I. 86; III. 786 (?); P. Gen. 3; dem. P. Leid.
381, publ. Rev. ég. I. S. 135, A. 2 u. II. S. 94, A. 1; dem. P. Lonvre 2309, publ.
Rev. ég. I. S. 129, A. 2 u. andere demotische Papyri. B. G. U IV. 1036 enthält
einige eingehendere Angaben über die wertvollere bewegliche Habe einer Priesterin, die aus Gewändern, silbernen Ringen, verschiedenen Bechern usw. bestanden hat; vergl. auch Wesselys, Kar. u. Sok. Nes. S. 68 Angaben aus dem
unpubl. P. Rainer 117.

3) Wessely, Kar. u. Sok. Nes. S. 67 möchte auch in B. G. U. I. 321 (= 322)
einen Beleg für ärmliche Verhältnisse von Priestern sehen, doch wohl mit Unrecht (Wessely zitiert zu wenig); denn wir erfahren durch den Papyrus doch
nur, daß ein Stolist von Soknopaiu-Nesos in dem in der Nähe des Dorfes gelegenen Hause seiner Schwiegertochter eine Vorratskammer für Nahrungsmittel
besessen hat.

Charakter von Haushaltungsbüchern haben; diese machen nun nicht
den Eindruck besonderer Armut.[1])

Nicht gerechtfertigt wäre es alsdann meines Erachtens, wenn man
die verhältnismäßig zahlreichen Belege, welche uns von der Aufnahme von Natural- und Gelddarlehen — letztere in Höhe bis
zu einem Silbertalent — durch höhere und niedere Priester und Priesterinnen berichten[2]), alle ohne weiteres als Anzeichen einer schlechten
wirtschaftlichen Lage der Darlehensnehmer auffassen würde. Denn
bei manchen von ihnen, namentlich bei den langfristigen[3]) kann es
sich sehr wohl um Produktivdarlehen handeln, und sehr oft kann
auch nur der Wunsch nach Befriedigung augenblicklicher Bedürfnisse
und nicht direkte Not die Kontrahierung der Schuld veranlaßt haben.[4])

---

1) Siehe P. Leid. C Verso, Col. 4; P. Par. 53; 54; 55bis. Von einer eingehenderen Verwertung dieser Papyri nehme ich Abstand, da ihre bisherigen
Publikationen mir hierfür keine sichere Grundlage zu bieten scheinen.

2) Höhere Priester: B. G. U. I. 290 (84 Silberdrachmen u. $1\frac{1}{2}\frac{1}{5}$ Artaben
Weizen); II. 362 p. 12, 3 (1 Silbertalent; ob der als Schuldner genannte ἀρχιερεύς
als Priester des ägyptischen oder des griechischen Kultus zu fassen ist, ist nicht
zu entscheiden); 445 (1520 Silberdrachmen); III. 783; P. Amh. II. 113 (356 Silberdrachmen); 128, 56 (4 Artaben Getreide von einem Propheten geborgt); P. Lond. II. 336
(S. 221) (400 Silberdrachmen, gemeinsam von 5 Priestern aufgenommen; hier ist
auch einmal der Zinsfuß angegeben, 12%, die sich auch sonst häufig in den
Papyri finden); P. Oxy. III. 533, 19(?) (20 Artaben Weizen); unpubl. P. Rainer 133
u. 99 bei Wessely, Kar. u. Sok. Nes. S. 141 u. 143 (120, bez. 160 Silberdrachmen);
P. Wess. Taf. gr. tab. 12 N. 28, tab. 11 N. 23 u. 22, P. Lond. II. 357 (S. 165) (325
Silberdrachmen); P. Tebt. II. 312 (120 Silberdrachmen); P. Petr. III. 136, Col. 1,
11 u. 12 (?) ($2\frac{2}{3}$ und 3 Silberdrachmen; vielleicht handelt es sich hier um griechische Priester; nicht nur sie selbst führen griechische Namen, sondern auch
alle anderen mit ihnen zugleich genannten Personen, und dies darf man doch
wohl, zumal es sich um das 3. vorchristliche Jahrhundert handelt, als ein Zeichen nichtägyptischer Nationalität der Namensträger ansehen). Inwieweit der
den Priestern gehörende Realbesitz belastet gewesen ist, läßt sich im einzelnen
nicht entscheiden; belegt ist uns z. B. durch B. G. U. II. 536 die Belastung von
4 Häusern, siehe auch die B. G. U. II. 445 erwähnte Verpfändung von Landbesitz,
ferner den unpubl. P. Rainer 133 bei Wessely, Kar. u. Sok. Nes. S. 141 (hier
scheint eine neue Schuld kontrahiert worden zu sein, um eine alte zu lösen).
Niedere Priester: dem. P. Louvre 2443; 2429; Photographie 1 des Louvre;
P. Tor. 174, 14, publ. Chrest. dém. S. 246, 273, 300, 308 (meistens handelt es sich
hier um kleinere Gelddarlehen); P. Tebt. I. 57 (2 Artaben Weizen); P. Petr. III.
58 e, Col. 3, 23 (10 Silberdrachmen). Die Belege gehören der ptolemäischen und
römischen Zeit an.

3) Siehe etwa P. Amh. II. 113, wo die Rückzahlung der Hälfte eines Darlehens erst nach 11 Jahren erfolgt, die andere Hälfte ist allerdings schon früher
wiedergegeben worden; die Länge der Schulddauer scheint nicht durch Unregelmäßigkeiten des Schuldners bewirkt zu sein.

4) Hierzu sei etwa auf B. G. U. II. 445 (bei der Rückzahlung bedient sich
die Schuldnerin der Vermittelung ihres Bankiers, was auch geeignet ist einen
günstigen Eindruck hervorzurufen), 536; P. Lond. II. 336 (S. 221); unpubl. P. Rainer 133 bei Wessely, Kar. u. Sok. Nes. S. 141 hingewiesen.

Zu alledem zeigt uns die Gewähr der Darlehen an die Priester, daß die betreffenden als kreditfähige Leute gegolten haben müssen. Im allgemeinen wird man wohl mit Sicherheit nur kurzfristige kleinere Naturaldarlehen und das Borgen geringfügiger Geldbeträge als durch die Notlage der Leihenden hervorgerufene Konsumptivdarlehen ansprechen dürfen, und deren finden sich nur wenige (siehe vorher S. 208, A. 2). Allerdings kann auch eins der größeren Gelddarlehen — es ist in Höhe von 325 Silberdrachmen einem ἱερεύς von Soknopaiu Nesos von einem seiner Mitpriester gewährt worden — als ein ziemlich sicherer Hinweis auf ungünstige wirtschaftliche Lage des betreffenden Schuldners in Anspruch genommen werden. Denn dieser muß, um das Geld zu erhalten, seine Gehaltsbezüge dem Gläubiger verpfänden (vergl. Bd. II. S. 25/26), und vermag später seine Schuld nicht zu begleichen.[1]) Mit der Möglichkeit, daß auch bei anderen größeren Darlehen, wo wir derartige nähere Angaben nicht besitzen, ähnliche Verhältnisse vorgelegen haben, hat man also immerhin zu rechnen.

So mahnen uns jedenfalls auch die Nachrichten über die von Priestern aufgenommenen Darlehen zur Vorsicht, unser Urteil nicht allein auf die positiven Zeugnisse über Besitz und Einnahmen der ägyptischen Priesterschaft zu gründen. Das negative Element scheint mir freilich nicht imstande den günstigen Eindruck erheblich herabzumindern, den das positive geeignet ist hervorzurufen. Berücksichtigt man nun noch, daß sich die verwerteten Angaben zumeist auf einfache Landgeistliche beziehen, so dürfte sich wohl als Schlußurteil ergeben, daß die Priester des hellenistischen Ägyptens im großen und ganzen zwar nicht in glänzenden privaten Verhältnissen gelebt, sich aber doch eines gewissen Wohlstandes erfreut haben.

2. Bildung und Moral.

A. Bildung.

Auf die soziale Geltung einer jeden Klasse der menschlichen Gesellschaft wird der Bildungsgrad, den man geneigt ist bei den zu dieser Klasse Gehörigen vorauszusetzen, einen bestimmenden Einfluß ausüben. Die hohe Ehrfurcht, mit der die Griechen stets zu den ägyptischen Priestern aufgeblickt haben, wird man denn auch wohl zum größten Teil auf den Glauben an die außergewöhnliche Weisheit dieser Priester zurückführen dürfen. Von ihren berühmtesten Männern, Gesetzgebern, Philosophen und Künstlern, wie Lykurg, Solon, Thales, Pythagoras, Platon und vielen anderen wußten die Griechen

---

1) Eine ähnliche Lage, zahlungsunfähige niedere Priester, die anscheinend sogar die Futtervorräte für die heiligen Tiere verpfändet haben, schildert uns P. Tebt. I. 57.

zu erzählen, daß diese auf ihren Reisen auch nach Ägypten gekommen
seien, dort die Schulen der Priester besucht und sich dabei viel von
deren großer Gelehrsamkeit angeeignet hätten.[1]) Man glaubte bei den
Priestern die verschiedensten Wissenschaften, Philosophie, Naturbeob-
achtung, Astronomie, Mathematik, Heilkunde u. a. neben Theologie
und Mantik, und zwar alle in gleicher Vollendung anzutreffen.[2])

Auf das außerordentlich günstige Urteil der Alten darf man freilich nicht allzuviel geben[3]), und zwar besonders hinsichtlich der Verhältnisse der hellenistischen Zeit. Um es richtig zu würdigen, muß
man sich der hohen Bewunderung erinnern, welche die Griechen zu
allen Zeiten für Ägypten und vor allem für seine ihnen so wunderbar und zugleich so tiefsinnig erscheinende Religion empfunden haben.[4])
Es ist selbstverständlich, daß hierdurch ihr Urteil über die Verkünder
dieser Religion sehr zu deren Gunsten beeinflußt worden sein muß;
der weise ägyptische Priester ist direkt zu einem literarischen Typus
geworden. Bei der Verwertung der die Weisheit der Priester feiern-
den Zeugnisse hat man ferner noch zu beachten, daß durch sie, ob-

---

1) Die überaus zahlreichen Nachrichten der alten Schriftsteller hierüber
sind schon oft zusammengestellt worden, siehe z. B. Parthey in seiner Ausgabe
von Plutarchs Isis und Osiris S. 183 ff.; Mallet, Les premiers établissements des
Grecs en Égypte (Mém. publ. par. les membres de la miss. archéol. franç. du
Caire XII, 1) S. 365—384; Deiber, Clément d'Alexandrie et l'Égypte (Mém. publ.
par les membres de l'instit. franç. d'archéol. orient. du Caire X) S. 6—9). Es
ist übrigens für unsere Zwecke ziemlich belanglos, ob die Nachrichten über die
Reisen wahr oder falsch sind; daß sie überhaupt entstehen konnten und vollen
Glauben fanden, darauf kommt es hier an. Zu erwähnen ist hier auch noch,
daß mitunter ägyptische Priester als diejenigen erscheinen, welche als Quelle
der von den griechischen Schriftstellern gebotenen Berichte angegeben werden;
siehe vor allem Diodor I. 96 (wohl aus Hekataios, vergl. Schwartz a. a. O.
Rh. M. XL [1885] S. 226); vergl. ferner etwa auch Proklos zu Timaios, p. 24b
(aus Krantor); Strabo XVII. p. 806; Herodot II. 120. Daß sie oder wohl besser
ursprünglich nur die, welche die Fremden in den Tempeln herumgeführt haben,
an der Ausgestaltung der Angaben der griechischen Autoren über die Beziehungen
zwischen Griechenland und Ägypten mitgewirkt haben werden, ist selbstverständlich, als die eigentlichen Urheber wird man jedoch wohl stets die Griechen
in Anspruch nehmen dürfen.

2) Als hierfür besonders instruktiv sei auf die zusammenfassenden Bemerkungen des Isokrates, Busiris c. 9 ff. verwiesen. Auch ein Mann wie Aristoteles
hat den allgemeinen Glauben an die wissenschaftlichen Leistungen der Priester
geteilt, siehe etwa Metaphys. I. p. 981b.

3) Es ist übrigens ganz bemerkenswert, daß Platon, der Ägypten sonst
günstig beurteilt, an einer Stelle (Rep. IV. p. 435) nur den Griechen gerade im
Gegensatz zu den Ägyptern den Sinn für echte Wissenschaft zuspricht, also
dasselbe Urteil äußert, zu dem sich auch die moderne Forschung bekennt. Hingewiesen sei hier auch auf Demokrits Äußerung bei Clem. Alex., Strom. I. p. 357
ed. Potter.

4) Schon aus Homer läßt sich diese Bewunderung belegen (siehe etwa
Odyss. δ 229—32). Des weiteren finden wir sie dann von Herodot bis auf
Synesios vertreten (vergl. z. B. de provid. p. 89a u. b).

gleich die Träger der Überlieferung zum großen Teil der hellenistischen Zeit angehören, vor allem die Priester der älteren, nicht die der hellenistischen Zeit charakterisiert werden. Für die letzteren sind also auch die Angaben der hellenistischen Schriftsteller zumeist nur insofern von Bedeutung, als die bei diesen sich findende allgemeine und widerspruchslose Annahme der alten Tradition, sowie deren weitere Ausschmückung eigentlich nur dann recht erklärlich ist, wenn die betreffenden Autoren auch von der Bildung der zeitgenössischen Priester zum mindestens keine direkt ungünstige Meinung gehabt haben.

Was nun die literarischen Zeugnisse anbelangt, welche sich augenscheinlich auf die Priester der hellenistischen Zeit beziehen, so sind von den allgemeiner gehaltenen[1]) jedenfalls die einiger christlicher Schriftsteller, etwa die des Clemens Alexandrinus, des Origenes und des Hieronymus, besonders bemerkenswert, da sie ja von prinzipiellen Gegnern ausgehen. Den Bemerkungen des Clemens (Strom. VI. p. 757 ff.; auch I. p. 359 ed. Potter) ist zu entnehmen, daß noch zu seiner Zeit sich die Priester durchgängig nicht nur mit Theologie und Philosophie, sondern auch mit Medizin, Geographie, Philologie, Astronomie bez. Astrologie, Mathematik und Metrologie beschäftigt haben; ähnliche Ausführungen finden sich übrigens noch bei· verschiedenen anderen hellenistischen Schriftstellern über die Priester ihrer Zeit.[2]) Auch Origenes (c. Cels. I. 12) und Hieronymus (vita Hilar. 21) rühmen das besondere Wissen der ägyptischen Priester. Als ganz besonders weise preist sie auch Josephus (c. Apion. II. 140 ed. Niese). Mit diesem Lobe hat es allerdings seine eigene Bewandtnis; soll doch die Tatsache, daß auch die „σοφώτατοι" der Ägypter sich beschneiden ließen, die jüdische Beschneidung rechtfertigen. Ebenso darf man auch nicht Chairemons Schilderung der Priester (bei Porphyr. de abst. IV. 6—8), wonach diese als Denker allerersten Ranges erscheinen, ohne weiteres als Zeugnis verwerten, denn, wie bereits bemerkt (Bd. II. S. 167/68), bietet uns Chairemon ein Idealbild. Sehr wichtig erscheinen mir alsdann einige Angaben Strabons und des Dion Chrysostomos, weil in ihnen auch einmal weniger Günstiges zum Ausdruck kommt. Der von Dion (Troiana § 37/38 ed. Arnim) geschilderte Priester, der das Wissen der Griechen und vor allem ihre Geschichtsforschung verspottet und nur die der Ägypter gelten lassen will[3]),

---

1) Auf solche wie etwa Lukian, Philops. c. 34, wo uns ein erstaunlich weiser ἱερογραμματεύς vorgeführt wird, gehe ich im Text nicht näher ein, da sie rein literarischen Charakter haben.

2) Siehe etwa vor allem Chairemon bei Porphyr. de abst. IV. 8; Origenes, Ep. ad. Rom. II. 495; vergl. ferner z. B. Diodor I. 81 (aus Hekataios); Strabo XVII. p. 816.

3) Der Priester bei Dion erinnert übrigens lebhaft in seiner Überhebung an den bei Platon, Timaios p. 22 B.

bekennt trotz aller Überhebung, daß die Geschichtskenntnis unter den Priestern bedenklich abgenommen habe; Unachtsamkeit und Unwissenheit trage in gleicher Weise bei zu dem Untergange der Überlieferung der alten ägyptischen Geschichte. Strabon seinerseits hebt zwar die Kenntnisse der Priester Thebens ausdrücklich hervor (XVII. p. 816), ist dagegen sehr enttäuscht von der Priesterschaft des berühmten Heliopolis (XVII. p. 806). Im Anschluß hieran äußert er sich auch sehr abfällig über die Unwissenheit und Prahlsucht eines Priesters, der sogar dazu ausersehen war den Präfekten Aelius Gallus auf seiner Nilreise zu begleiten.[1])

Trotz mancher Bedenken, die man gegen all diese mehr oder weniger allgemein gehaltenen Urteile der Alten haben kann, wird man doch wohl geneigt sein in ihnen eine beachtenswerte Grundlage für unser eigenes Urteil über den Bildungsgrad der ägyptischen Priester zu sehen. Allerdings muß es unser Bestreben sein uns von diesem subjektiven Urteil durch eigene objektive Beobachtungen möglichst unabhängig zu machen. Versuchen wir also auf Grund der literarischen und urkundlichen Überlieferung festzustellen, was die Priester der hellenistischen Zeit tatsächlich in den verschiedenen Disziplinen geleistet haben[2]), ob man diesen Leistungen einen wissen-

---

1) Man neigt dazu (siehe z. B. Schwartz s. v. Chairemon, Pauly-Wissowa III. Sp. 2026; Reitzenstein, Zwei religionsgeschichtl. Fragen S. 97) diesen Priester, der den Namen Chairemon führt, als nahen Verwandten (R. = Großvater) des bekannten ἱερογραμματεύς Chairemon zu fassen, es erscheint mir aber methodisch richtiger diese auf Grund der Namensgleichheit erschlossene Verwandtschaft fallen zu lassen. Ist uns doch jetzt auch durch die Papyri und zwar gerade aus augusteischer Zeit ein ägyptischer Priester (Prophet) aus Soknopaiu Nesos mit Namen Chairemon bekannt geworden (siehe z. B. P. Lond. II. 262 [S. 176]), und ebendort hat auch etwa 100 Jahre später ein Priester Chairemon gelebt (P. Lond. II. 299 [S. 150]), also gar so außergewöhnlich selten ist der Name Chairemon unter den ägyptischen Priestern nicht gewesen.

2) Es ist nicht meine Absicht im folgenden alle hiermit zusammenhängenden Fragen unter Anführung des vollen Beweismaterials erschöpfend zu behandeln — dies würde den Rahmen dieser Arbeit weit überschreiten —, hier sollen nur die Hauptzüge gezeichnet werden. Vor allem wird dies der Fall sein bei den Bemerkungen über das Verhältnis der Priester zur ägyptischen und zur hellenistischen Religion der Zeit. Meine bereits im I. Bd. S. VI/VII ausgesprochene prinzipielle Anschauung, daß zusammenfassende und dabei doch ins Detail eingehende Untersuchungen — natürlich nicht Einzeluntersuchungen — auf diesem Gebiete vorläufig besser ganz zu meiden, jedenfalls höchstens von denjenigen vorzunehmen sind, welche außer der einschlägigen klassisch-philologischen und theologischen zum mindesten auch die ägyptologische Literatur selbständig beherrschen, hat sich inzwischen umsomehr bestärkt, je mehr ich versucht habe mich in die Ägyptologie einzuarbeiten. Unsere Kenntnis der altägyptischen Religion und ihres Verhältnisses zu der ägyptischen Religion der hellenistischen Zeit ist noch viel zu unsicher, um sie einem Versuche, wie ihn vor allem Reitzensteins Poimandres darstellt, eine starke Ägyptisierung der hellenistischen Theologie zu erweisen, ohne weiteres zugrunde zu legen. Selbst-

schaftlichen Charakter zusprechen darf, und welchen Eindruck die uns vorliegenden Hinweise auf die allgemeine Bildung der Priester von dieser hervorrufen.

Fragen wir uns zuerst, ob und inwieweit von den Priestern die offizielle ägyptische Religion fortgebildet worden ist. An der Form des Kultus ist aller Wahrscheinlichkeit nach nicht viel, wenigstens nicht in durchgreifender Weise geändert worden.[1]) Auch an den alten religiösen Vorstellungen hat man jedenfalls großenteils festgehalten; die Priester haben es sich angelegen sein lassen diese in den von ihnen verfaßten Tempelinschriften und Papyri zu verewigen, indem sie das Alte meistens nur in ein neues Gewand gekleidet haben.[2])

verständlich kann jeder Forscher auch von ihm nicht selbständig beherrschte Disziplinen bei seinen Untersuchungen verwerten. Es ist aber m. E. ein großer Unterschied, ob er sich hierbei Disziplinen, von denen wir bereits eine sichere Kenntnis besitzen, zuwendet und vor allem nur das Haupttatsachen weniger das Einzelne verwendet, oder ob er ein Gebiet wie die ägyptische Religionsgeschichte, wo ein größerer Teil des Materials noch gar nicht recht verarbeitet ist und die Spezialforschung vielfach zu diametral entgegengesetzten Ergebnissen gelangt ist, heranzieht und dabei sogar auf diffizile Einzelheiten eingeht. Ist nun im letzteren Falle auch das eigene Gebiet des Forschers noch so ziemlich terra incognita und ist der Grund der Benutzung des fremden Gebietes der Versuch für das eine Entlehnungen aus dem anderen nachzuweisen, so muß ein Gebäude von lauter Hypothesen entstehen und vor einem solchen — mag sich auch später die eine oder die andere Hypothese als wahr herausstellen — sollte die Wissenschaft lieber bewahrt bleiben. Außer dem wohl endlich glücklich erledigten Babel-Bibel-Streit könnte man auch u. a. als mahnendes Beispiel die jüngsten Untersuchungen auf dem Gebiete des antiken Rechts anführen, durch die ein Semitist (D. H. Müller, zuerst in: Die Gesetze Hammurabis und ihr Verhältnis zur mosaischen Gesetzgebung, sowie zu den XII Tafeln) einen bestimmenden Einfluß des babylonischen auf das römische Recht nachzuweisen sucht, während ein Ägyptologe (Revillout, zuerst zusammenfassend in: Les rapports historiques et legaux des Quirites et des Égyptiens depuis de la fondation de Rome jusqu'aux empereurs faits par les auteurs de la loi des XII tables au code d'Amasis) dasselbe von dem ägyptischen Recht zu erweisen bestrebt ist. Gegenüber den meine prinzipielle Auffassung bekämpfenden Bemerkungen Reitzensteins, Hellenistische Wundererzählungen S. 13, A. 1 sei schließlich nur noch hervorgehoben, daß mir bei meinem Urteil s. Z. ein persönlicher Angriff natürlich ganz ferngelegen hat; sollte mein Ton verletzend gewirkt haben, so bedauere ich dies im Interesse der Sache, ebenso aber auch die Form der Polemik des Herrn Prof. Reitzenstein (außer S. 13, A. 1 siehe vor allem S. 8, A. 1).

1) Siehe z. B. die Inschriften von Mendes, Pithom, Kanopus, Rosette; die Festkalender von Dendera, Edfu und Esne bei Brugsch, Thesaurus II. S. 365 ff.; vergl. ferner die Ausführungen in Kapitel V, 2 und bei Erman, Die ägyptische Religion S. 209—216.

2) Siehe jetzt Erman a. a. O. S. 173 u. 209 ff. und vor allem die vortrefflichen, auf sprachlichen Beobachtungen, also auf einer sicheren Grundlage ruhenden Bemerkungen Junkers, Sprachliche Verschiedenheiten in den Inschriften von Dendera, Sitz. Berl. Ak. 1905 S. 782 ff. (vornehmlich S. 793), wonach z. B. die religiösen Inschriften des Hathortempels von Dendera ihrem Inhalte nach ein Produkt des neuen Reiches sind. Über demotische Papyri religiösen Charakters aus hellenistischer Zeit siehe Brugsch, Ägyptologie S. 189 ff.

Außer dem Sammeln des Alten ist allerdings ganz abgesehen davon,
daß sich im Laufe der Zeit die Bedeutung der einzelnen Götter zu
einander weiter verschoben hat[1]), von den Priestern augenscheinlich
auch manches direkt Neue geschaffen worden. Freilich tut man gut
vorläufig bei der Bestimmung dieses Neuen, das übrigens wohl vielfach
als Folge der natürlichen Entwicklung erklärt werden kann[2]), möglichst vorsichtig zu verfahren.[3]) Es sei deshalb hier nur an einige
Götter, welche uns zuerst in hellenistischer Zeit begegnen, erinnert,
z. B. an Μονοῦς (P. Grenf. II. 21, 4), Φεμνοηρεῦς (B. G. U. II. 471, 6),
Amenhotep (Amenophis)[4]), an die Triphis[5]) und vor allem an Sarapis.
Das Auftauchen solcher neuer offizieller Götter wird man wohl in
vielen Fällen dadurch erklären können, daß die Priester niedere heilige Wesen des Volksglaubens in den Kreis der eigentlichen Götter
rezipiert haben.[6]) Bei Sarapis liegt die Sache freilich anders. Hier
ist die neue Gottheit in Anlehnung an einen schon seit langem verehrten altägyptischen Gott, den Osiris-Apis[7]), entstanden, doch unter
bewußter Hellenisierung desselben, die allerdings nicht so durchgreif-
fend gewesen ist, als daß man auf sie hin den hellenistischen Sarapis

---

1) Siehe hierzu etwa Bd. I. S. 261. Besonders bemerkenswert ist es wohl,
daß der vergöttlichte Imhotep, der vielleicht überhaupt erst in saitischer Zeit
zum Gott erhoben worden ist und seine letzte Ausgestaltung als Gott sogar erst
in der ptolemäischen Periode erhalten hat (siehe Sethe, Imhotep, der Asklepios
der Ägypter S. 96), zur Zeit des Ammianus Marcellinus (siehe XXII. 14, 7) als
eine der Hauptgottheiten von Memphis gilt.

2) Vergl. z. B. Erman a. a. O. S. 232 über die Entwicklung der Vorstellungen über das Totenreich.

3) Ebenso urteilt auch Daressy anläßlich seiner Publikation ptolemäischer
Tempelinschriften: Hymne à Khnoum du temple d'Esnéh (Rec. de trav. XXVII
(1905) S. 82 ff. u. S. 187 ff. (S. 92 „on ne sait malheureusement pas, s'il [sc. das
Dogma des Hymnus] est ancien ou s'il est seulement un exposé des croyances
à l'époque ptolémaique").

4) Über ihn siehe Sethe, Amenhotep, der Sohn des Hapu in Aegyptiaca,
Festschrift für Georg Ebers S. 107 ff.

5) Über sie siehe Gauthier, La déesse Triphis, Bull. de l'instit. franç. d'archéol. orient. du Caire III (1903) S. 165 ff. Alle die genannten Götter sind als
offizielle Götter zu fassen, da für sie besondere Tempel bestanden haben.

6) Ein sicheres Beispiel aus ptolemäischer Zeit ist Amenhotep. In römischer Zeit scheint z. B. sogar ein ganz eigenartiges Gebilde der Volksreligion,
eine als pantheistische Gottheit aufgefaßte schreitende Sphinx (sie steht auf
Uräusschlangen, aus ihrem Körper ragen Tierköpfe und ein Krokodil heraus;
vergl. übrigens Erman a. a. O. S. 224 über die Gebilde der Volksreligion in
hellenistischer Zeit) zur offiziellen Gottheit erhoben worden zu sein, da sie auf
Münzen erscheint; vergl. Mallon, Basreliefs de Sphinx, Rev. arch. 4e Sér. V
(1905) S. 169 ff.

7) Beloch, Griechische Geschichte III, 1 S. 446 irrt, wenn er den Osiris Apis
als höchsten aller ägyptischen Götter bezeichnet, denn dies ist der gestorbene
Apisstier trotz aller ihm gezollten Verehrung nie gewesen; erst als Sarapis hat
er seine präponderierende Stellung erlangt.

nicht als einen ägyptischen Gott bezeichnen dürfte.[1]) Der Initiative
des ersten Ptolemäers verdankt der Gott seine Entstehung (hierüber
weiteres Kapitel VIII, 1); bei seiner Ausgestaltung haben den König,
wie es ganz selbstverständlich ist, auch ägyptische Priester unterstützt[2]), und vor allem soll hierbei der ägyptische Priester Manetho
aus Sebennytos den Herrscher beraten haben.[3])

Manetho hat dann auch in griechischer Sprache ein besonderes
Werk über die ägyptische Religion, die ἱερὰ βίβλος, verfaßt und auch
in seinen anderen Schriften über sie gehandelt.[4]) Inwieweit er hierin

1) Vergl. hierzu Bd. I. S. 11 ff.; 113 ff.; 406. Siehe jetzt auch Erman
a. a. O. S. 216 ff., der den Sarapis gleichfalls als einen im wesentlichen ägyptischen Gott auffaßt. Hingewiesen sei hier auch auf die eigentümliche, nicht
griechische, sondern mehr ägyptische Bauart des alexandrinischen Serapeums,
vergl. Puchstein s. v. Alexandreia, Pauly-Wissowa I. Sp. 1386. Bezüglich des
Namens des Sarapis sei nur noch bemerkt, daß uns jetzt Wilckens sprachliche
Beobachtungen (a. a. O. Archiv III. S. 249 ff.) zwingen einen bestimmten Grund
anzugeben, wieso anstatt des Namens Ὀσε(ο)ρᾶπις, der für den altägyptischen
Gott gebraucht worden ist, wenn er auch allmählich durch Σαρᾶπις verdrängt
zu sein scheint (siehe Bd. I. S. 117, A. 3 u. 4), — wieso für die hellenistische
Gottheit die Bezeichnung Σαρᾶπις gleich von vornherein (siehe die Inschrift
bei Dittenberger, Orient. gr. inscr. I. 16) aufgekommen ist. Man wird eben
wohl der Einführungslegende nicht nur die bewußte Hellenisierung des ägyptischen Gottes, sondern noch das weitere entnehmen müssen, daß auch auf den
Namen Sarapis des neuen Gottes das Griechische, d. h. ein tatsächlich vorhan-
dener griechischer Gott eingewirkt hat. In dem Bestreben einen für Griechen
und Ägypter gemeinsamen Gott zu schaffen hat man nach je einer Gottheit des
ägyptischen und des griechischen Pantheons mit ähnlich klingendem Namen (auf
den Zufall darf m. E. die große Ähnlichkeit der Namen Ὀσε(ο)ρᾶπις und Σαρᾶπις
auf keinen Fall zurückgeführt werden) und von ähnlichem Charakter gesucht;
der ägyptischen Gottheit verdankt der neue Gott im allgemeinen sein Wesen,
der griechischen den Namen. Zu weiteren Ausführungen ist hier nicht der Ort.

2) Dies darf man wohl Tacitus, hist. IV. 83 entnehmen.

3) Siehe Plutarch, De Isid. et Osir. c. 28. Siehe ferner etwa C. I. L. VIII.
1007, wonach eine Büste mit der Unterschrift: Μανέθων in den Ruinen des
Serapeums in Karthago gefunden worden ist, ein Zeichen, daß man in weiteren
Kreisen Manetho mit dem Gott Sarapis in Verbindung gebracht hat.

Über die priesterliche Stellung Manethos liegen übrigens verschiedene sich
widersprechende Angaben vor; er wird als ἱερεύς (Suidas s. v. Μανέθως) oder
als ἀρχιερεύς (Suidas a. a. O. und Synkellos I. p. 18 C) und als ἀρχιερεὺς καὶ
γραμματεὺς τῶν Αἰγύπτου ἱερῶν ἀδύτων (Synkellos I. p. 40 A) bezeichnet. Bei
seiner Stellung zum Hofe ist es mir nicht unwahrscheinlich, daß er die Oberpriesterwürde bekleidet hat. Für Manetho siehe übrigens die Zusammenstellung
des wichtigsten Materials bei Susemihl, Geschichte der griech. Literatur in der
Alexandrinerzeit I. S. 608 ff.

4) Daß Manetho nicht nur in seiner ἱερὰ βίβλος über die ägyptische Religion gehandelt hat, scheint mir Eusebius, praep. evang. II. prooem. 5 (περὶ τῆς
κατ' αὐτοὺς [sc. Ägypter] θεολογίας ... ἔν τε ᾗ ἔγραψεν ἱερᾷ βίβλῳ καὶ ἐν ἑτέροις
αὐτοῦ συγγράμμασι) zu zeigen; siehe hierzu auch Susemihl a. a. O. I. S. 609, A. 431.
Nun ist es mir allerdings sehr wahrscheinlich, daß verschiedene der Manetho
zugewiesenen Schriften, wie die „περὶ ἑορτῶν", „περὶ κατασκευῆς κυφίων", wohl
auch „περὶ ἀρχαϊσμοῦ καὶ εὐσεβείας" nicht als besondere Werke, sondern als

ein einigermaßen authentisches Bild geboten hat, ist schwer zu sagen.[1])
Jedenfalls darf man aber wohl das eine behaupten, daß er bei seinen
Ausführungen — ob es auf Veranlassung des Hofes geschah, läßt
sich nicht entscheiden[2]) — eine Ausgleichung altägyptischer und griechischer Religionsvorstellungen im Auge gehabt haben wird und daß
seine Darstellung von den Gedanken der griechischen Philosophie beeinflußt gewesen ist; hat sich doch diese z. B. mit den die ägyptische
Religion in ein philosophisches Gewand kleidenden Theologumena des
jüngeren Hekataios (bei Diodor I. 10 ff.; vergl. Schwarz a. a. O. Rh. Mus.
XL [1885] S. 240 ff.) berührt (Diog. Laert. prooem. § 10).

Etwa 300 Jahre nach Manetho, im 1. Jahrhundert n. Chr., begegnet uns wieder ein ägyptischer Priester, der ἱερογραμματεύς Chairemon (über ihn siehe Schwartz a. a. O. Pauly-Wissowa III. Sp. 2025 ff.),
der gleichfalls in griechischer Sprache und zwar allem Anschein nach
ganz ausführlich über die ägyptische Religion geschrieben hat, allerdings nicht in einem besonderen Werke, sondern nebenbei in seiner
„Αἰγυπτιακὴ ἱστορία" in seiner Schrift „περὶ τῶν ἱερῶν γραμμάτων"[3])
und vielleicht auch in „περὶ τῶν κομητῶν". Er, der einer der Mittelpunkte des literarisch-wissenschaftlichen Lebens der ägyptischen Hauptstadt gewesen ist[4]), hat die ägyptische Theologie ganz von dem Stand-

---

Teile seiner ἱερὰ βίβλος aufzufassen sind. Als besondere Schriften, in denen
Manetho auch über die Religion der Ägypter gehandelt hat, fasse ich daher nur
seine „φυσικῶν ἐπιτομή" (vergl. Suidas s. v. Μανέθως) und seine „Ägyptische
Geschichte" (aus dem Zitat „Μανέθων ἐν τῷ πρὸς Ἡρόδοτον", dessen Echtheit
ich nicht bezweifle, möchte ich keine besondere manethonische Schrift dieses
Titels folgern, sondern bringe es mit der ägyptischen Geschichte in Verbindung,
siehe Joseph. c. Apion. I. § 73 ed. Niese). Im Anschluß hieran sei bemerkt,
daß über Manetho und über viele der im folg. besprochenen Probleme auch
Gruppe, Die griechischen Kulte und Mythen I. S. 410 ff. des näheren gehandelt
hat; Gruppes Art die Probleme anzufassen erscheint mir jedoch durchaus verfehlt, Polemik im einzelnen vermeide ich.
    1) Vergl. die wenigen und auch nicht viel besagenden Fragmente in
F. H. G. II. S. 613 ff. (frg. 74 ff.); siehe hierzu auch z. B. die Vermutungen Well-
manns, Ägyptisches (Hermes XXXI [1896] S. 221 ff., bes. S. 233) über manetho-
nisches Gut theologischen Charakters bei Plutarch, De Isid. et Osir.
    2) Der erfundene Widmungsbrief des ps.-manethonischen Sothisbuches
(Synkellos I. p. 40 A) besagt natürlich nichts (er ist rein literarisch; vergl. hierzu
auch etwa Reitzenstein, Poimandres S. 123). Immerhin könnte man aber im
Hinblick auf die Stellung Manethos am Hofe und unter Berücksichtigung der
Religionspolitik der Regierung eine Inaugurierung Manethos durch diese für
nicht unwahrscheinlich erklären. Lafaye, Histoire du culte des divinités
d'Alexandrie S. 15/16 hält z. B. dies sogar für ganz sicher.
    3) Dies darf man wohl der Bemerkung des Tzetzes (Com. in Iliad. p. 123
ed. G. Hermann) über diese Schrift entnehmen. Erinnert sei hier auch an ein Buch
wie Horapollons Hieroglyphika.
    4) Vorsteher des alexandrinischen Museums ist er allerdings nicht gewesen,
sondern nur Haupt der alexandrinischen Grammatikerschule (siehe Bd. I. S. 199)
und insofern von Bedeutung. Für seine angesehene wissenschaftliche Stellung

punkte seiner griechischen Zeitgenossen aus geschildert und hat die Gedanken seiner stoischen Philosophie in sie hineingelegt.[1]) Insofern darf man auch die Ausführungen Chairemons hinsichtlich ihrer tatsächlichen Angaben nicht zu hoch einschätzen.

Es erhebt sich nun die Frage, ob außer Manetho und Chairemon noch andere ägyptische Priester in griechischen Schriften die ägyptische Religion behandelt haben. Positive Belege liegen m. W. jedenfalls hierfür nicht vor[2]), und in diesem Falle darf man wohl dem argumentum ex silentio besonderes Gewicht beilegen. Sind uns doch aus hellenistischer Zeit noch eine größere Zahl von Abhandlungen über die ägyptische Religion bekannt geworden, aber als deren Verfasser werden uns immer nur griechische Schriftsteller und nicht ägyptische Priester genannt[3]); es sei hier z. B. nur an Leon von Pella ($\pi\varepsilon\varrho\grave{\iota}$ $\tau\tilde{\omega}\nu$ $\varkappa\alpha\tau$' $Al\gamma\upsilon\pi\tau o\nu$ $\vartheta\varepsilon\tilde{\omega}\nu$), den jüngeren Hekataios (in seiner ägyptischen Geschichte, aus ihm Diodor), an Palaiphatos ($Al\gamma\upsilon\pi\tau\iota\alpha$-

spricht auch seine spätere Berufung nach Rom an den Kaiserhof als Erzieher Neros. Seine priesterliche Stellung hätte ihn dagegen nicht allzusehr über die große Masse hinausgehoben, siehe die Ausführungen über die ägyptische Hierarchie Bd. I. S. 75 ff. Reitzenstein, Zwei religionsgesch. Fragen S. 98 irrt, wenn er von ihm als einem der höchsten ägyptischen Priester spricht.

1) Siehe vor allem frg. 2 in F. H. G. III. S. 496 und Tzetzes a. a. O. Daß Lukan X. 194 ff., wie Reitzenstein a. eben a. O. S. 97, A. 1 behauptet, gerade die Lehre Chairemons genauer wiedergeben soll, scheint mir nicht bewiesen.

2) Daß etwa Leon von Pella ägyptischer Priester gewesen ist, halte ich trotz Augustin, De civ. dei VIII. 27 für ganz ausgeschlossen; siehe schon Bd. I. S. 28, A. 2. Eher könnte es der wohl dem 2. Jahrhundert n. Chr. angehörende $Å\pi o\lambda\lambda\omega\nu\ell\delta\eta\varsigma$ δ $\varkappa\alpha\grave{\iota}$ $\Omega\varrho\alpha\pi\ell\omega\nu$ (über ihn siehe Schwartz, s. v. N. 27, Pauly-Wissowa II. Sp. 120) gewesen sein, der außer einem Werke „$\pi\varepsilon\varrho\grave{\iota}$ $\tau\tilde{\eta}\varsigma$ $\vartheta\varrho\eta\sigma\varkappa\varepsilon\ell\alpha\varsigma$ $\tau\tilde{\eta}\varsigma$ $Al\gamma\upsilon\pi\tau\iota\alpha\varkappa\tilde{\eta}\varsigma$" auch ein „$\Sigma\varepsilon\mu\varepsilon\nu o\tilde{\upsilon}\vartheta\iota$" betiteltes Buch verfaßt hat, der also, wenn man nach dem ägyptischen Titel (er bedeutet wohl etwa „Gottesgebot") urteilen darf, auch ägyptisch (vielleicht ist es sogar schon koptisch gewesen) geschrieben hat. Der Gebrauch der ägyptischen Sprache in einer religiösen Schrift legt es nahe in ihrem Verfasser einen Priester zu sehen; da ein Priestertitel aber für ihn nicht überliefert ist, ist Vorsicht geboten. Aus dem gleichen Grunde darf man hier auch nicht den bei Suidas s. v. $\Pi\varepsilon\tau o\sigma\tilde{\iota}\varrho\iota\varsigma$ genannten Petosiris verwerten, der verschiedene Werke über die ägyptische Theologie geschrieben haben und dabei auch auf die griechische eingegangen sein soll. Denn trotz der Suidasnotiz, die auch ein astrologisches Werk von ihm nennt, darf man ihn etwa nicht mit dem Propheten Petosiris des astrologischen Werkes des Nechepso und Petosiris gleichsetzen (dies tut Reitzenstein, Poimandres S. 4), da dessen Verfasser pseudonym und der in ihm genannte Petosiris nur literarische Fiktion ist (vergl. hierzu auch im folg. S. 225, A. 5). Bei Suidas ist diese für wahr angenommen. Wie man sich nun auch im übrigen zu dem Petosiris des Suidas stellen mag, der Priestertitel kommt ihm jedenfalls nicht zu.

3) Es liegt m. E. kein Grund vor, den einen oder andern von ihnen trotz des fehlenden Priestertitels doch als ägyptischen Priester zu fassen; bei dem allgemeinen Interesse für diese hätte man wohl kaum gerade bei den sonst weniger bekannten Leuten den Priestertitel, falls er ihnen zukam, ausgelassen. Wenn ich oben von griechischen Schriftstellern spreche, so soll dies nicht besagen, daß sie alle von Nationalität Griechen gewesen sind.

κὴ ϑεολογία), Philistos von Naukratis (περὶ τῆς Αἰγυπτίων ϑεο-
λογίας), Asklepiades von Mendes (ϑεολογούμενα), Seleukos von Alexandrien (περὶ ϑεῶν)[1]), Plutarch (περὶ Ἴσιδος καὶ Ὀσίριδος), an den
Peripatetiker Aristokles (περὶ Σαράπιδος), Jamblich (περὶ μυστηρίων
Αἰγυπτίων) und schließlich an den Neuplatoniker Asklepiades (ὕμνοι
εἰς τοὺς Αἰγυπτίων ϑεούς und συμφωνία τῶν ϑεολογιῶν ἁπασῶν)
erinnert.[2]) Da in vielen der angeführten Fälle nur die Titel überliefert sind, so darf man auf das einzelne natürlich nicht zu viel
geben, der Gesamteindruck läßt sich aber doch wohl mit ziemlicher
Sicherheit dahin präzisieren: es hat in hellenistischer Zeit, z. T. in
Ägypten selbst, eine aus griechischen nichtpriesterlichen Kreisen
ausgehende, weit verbreitete theologisch-philosophische Literatur bestanden, welche auf dem Boden der Philosophie ägyptische und griechische Religion einander zu nähern suchte.

Das Vorhandensein einer derartigen Literatur mahnt uns ferner
zur besonderen Vorsicht bei der Erörterung der Frage nach den Ver-
fassern der ihr in Gedanken und auch in Form z. T. sicher recht
nahestehenden hermetischen und ähnlichen theologischen Literatur des hellenistischen Ägyptens[3]), d. h. jener umfangreichen
Literatur, die sich als Offenbarung eines Gottes und zwar vor allem
des Hermes-Thot gegeben hat.[4]) Die Form ist echt ägyptisch, und
Clemens Alexandrinus (Strom. p. 757—58 ed. Potter) hat mit Recht
die offizielle Literatur der ägyptischen Priester — bei ihr hat man
jedenfalls an Bücher in hieratischer und demotischer Schrift zu denken — als hermetische bezeichnet. Diese Bezeichnung berechtigt je-

---

1) Bei Asklepiades und Seleukos ist zwar in dem Titel ihrer Werke nicht
direkt ausgedrückt, daß die ägyptische Religion mitbehandelt war, man darf
dies aber wohl mit Sicherheit annehmen. Bezüglich Seleukos siehe übrigens
Athenaeus IV. p. 172[d].

2) Hierzu sei auf v. Gutschmid, Scriptorum rerum Aegyptiacarum series
ad temporum rationem exacta, Kleine Schriften I. S. 150 ff. verwiesen; bezüglich
Aristokles siehe bei Gercke bei Pauly-Wissowa II. Sp. 934 s. v. 15.

3) Die inhaltliche Verwandtschaft der hermetischen mit der vorher erwähnten Literatur würden m. E. sehr gut illustrieren solche Bücher, wie die
von Plutarch (De Isid. et Osir. c. 61) erwähnten „Ἑρμοῦ λεγόμεναι βίβλοι“, in
denen man Gleichsetzung ägyptischer und griechischer Gottheiten, sowie ihre
physikalische Erklärung (d. h. stoische Philosophie) finden konnte. Für die Verwandtschaft in der Form könnte man vielleicht auf Jamblichs „Mysterien“ verweisen, die bekanntlich dem ägyptischen Priester Abammon in den Mund gelegt sind.

4) Über die hermetische und ähnliche theologische Literatur siehe jetzt vor
allem Reitzensteins Poimandres (vornehmlich S. 2 ff. u. S. 117 ff.); auch vorher
schon in seinen „Zwei religionsgeschichtl. Fragen“, etwa S. 92 ff. Mit Recht
sind dann auch von Reitzenstein (siehe z. B. Poimandres S. 146) die Zusammenhänge zwischen ihr und den Zauberpapyri u. dergl. hervorgehoben worden; im
Archiv f. Religionswiss. VII (1904) S. 393, Zum Asclepius des Pseudo-Apulejus
hat er dann hierfür ein besonders eindringliches Beispiel beigebracht.

doch noch nicht auch für die hermetische und ähnliche Literatur in
griechischer Sprache vor allem ägyptische Priester als Verfasser anzunehmen. Die Form konnte doch auch von anderen gewählt werden,
zumal ja der Begriff der Offenbarungsliteratur auch anderwärts nicht
unbekannt war[1]), und was den Gedankenkreis der hermetischen Schriften
anbelangt, so ist dieser wenigstens in den uns erhaltenen durchaus
nicht als so streng ägyptisch zu fassen[2]), daß man deswegen vornehmlich an ägyptische Priester als Verfasser denken müßte.[3]) Man
darf wohl nur behaupten, daß auch sie, wenn sie ähnlich hellenisiert
waren wie etwa Chairemon, neben vielen anderen bei der Entstehung
der hermetischen Literatur mitgewirkt haben werden; ob dies aber in
ausgedehnterem Maße der Fall gewesen ist, wird sich wohl niemals
befriedigend feststellen lassen.[4])

---

1) Es sei hier nur an zwei besonders alte und allgemein bekannte Bei-
spiele erinnert, an die Hammurabistele, wo der Gesetzeskodex als das Werk des
Gottes Marduk erscheint, und an die literarische Einkleidung der mosaischen
Gesetzgebung.

2) Daß sich in dieser Literatur, ebenso wie in den Zauberpapyri auch altägyptische religiöse Anschauungen finden, ist selbstverständlich; in dem Bestreben diese aufzuzeigen heißt es jedoch höchst vorsichtig zu verfahren unter
steter Berücksichtigung der Parallelentwicklung menschlicher Ideen und An-
schauungsformen (vergl. hierzu auch Harnack, Mission und Ausbreitung des
Christentums in den ersten drei Jahrhunderten² I. S. 27, A. 1). Vor allem ist
man verpflichtet, diese als ungriechisch zu erweisen, ehe man daran denken
darf, den ägyptischen oder sonstwie orientalischen Ursprung bestimmter Vorstellungen festzustellen. Reitzenstein erfüllt diese Forderung in seinen Abhandlungen über diese Literatur (Zwei religionsgesch. Fragen, Poimandres und a. a. O.
Archiv f. Relig. VII [1904] S. 393 ff.) in methodischer Weise nicht und hat denn
auch m. E. viel zu viel ägyptische Elemente angenommen. Gegen seine viel zu
weit gehenden Folgerungen wendet sich ein längerer Aufsatz Zielinskis, Hermes
und die Hermetik, Archiv f. Relig. VIII (1905) S. 321 ff. u. IX. S. 25 ff., der
manche beseitigt und somit den Anfang zu einer richtigeren, d. h. das griechische
Element wieder mehr in den Vordergrund setzenden Einschätzung der hermetischen Literatur bildet. Übrigens hat sich auch inzwischen Harnack a. a. O.
II. S. 149, A. 1 gerade gegen die Grundanschauung Reitzensteins ausgesprochen.

3) Dies tut Reitzenstein; siehe vor allem Poimandres S. 159 und öfters,
z. B. S. 68, 121, 248, 363. Einen strikten Beweis für seine Aufstellungen führt
er jedoch niemals; hierzu vergl. etwa seine Bemerkungen über den Verfasser
der mit der hermetischen prosaischen Literatur nahe verwandten sogen. Straßburger Kosmogonie (P. Straßb. 481 Recto, publ. von Reitzenstein, Zwei religionsgesch. Fragen S. 53 ff.) in Zwei rel. Fragen S. 58/59 und Poimandres S. 114, A. 1.
(Nach R. ist er ein Hermespriester, man darf aber wohl, zumal mannigfache
literarische Vorbilder anzunehmen sind, nur folgern, daß er ein Anhänger der
hermetischen Religion ist; vergl. übrigens auch über den Verfasser Bidez,
Fragments nouveaux de Sotérichos?, Revue de philologie N. S. XXVII [1903]
S. 81 ff.)

4) Soweit die hermetische Literatur nicht rein literarischen Charakter hat,
sondern wie etwa die uns im Hermes Trismegistos erhaltenen Schriften als für
bestimmte Kultgemeinden verfaßte Bekenntnisschriften anzusehen sind, wird man
mit ziemlicher Sicherheit vor allem die Theosophen, die diese Gemeinden grün-

Nach alledem scheint mir vorläufig nicht die Berechtigung vorzuliegen eine umfangreichere theologische Schriftstellerei ägyptischer Priester in griechischer Sprache anzunehmen und daraufhin
diese als einen wichtigen Faktor für die Ausbildung der sogenannten
hellenistischen Religion in Ansatz zu bringen.[1])

Ebenso ist es m. E. auch nicht gestattet von einer durch die
Priester bewirkten intensiven Hellenisierung der offiziellen
ägyptischen Religion zu sprechen[2]) und diese demnach als die vor
allem in Betracht zu ziehende Neuschöpfung der hellenistischen Zeit
auf dem Gebiete der ägyptischen Religion zu erklären. Ein Beweis
ist jedenfalls hierfür noch nicht erbracht. Es liegen vielmehr nur

---

deten und leiteten, als Verfasser annehmen dürfen. Mit der offiziellen ägyptischen Priesterschaft haben diese an und für sich ebensowenig zu tun wie die
Priester und Leiter der gewöhnlichen ägyptischen Kultvereine; es ist aber natürlich sehr wohl möglich und auch recht wahrscheinlich, daß mitunter auch ägyptische Priester Leiter der „gnostischen“ Kultgemeinden gewesen sind; siehe
hierzu die Mitgliedschaft der Priester in dem Strack, Inschriften 95 (Bd. I.
S. 126/27) genannten synkretistisches Gepräge tragenden Kultvereine.

1) Siehe hierzu auch im folg. S. 222/23. Die große Bedeutung des Ägyptischen
innerhalb der „hellenistischen“ Religion soll durch die obige Feststellung natürlich nicht geleugnet werden. Wenn ich hier den Ausdruck hellenistische
Religion gebrauche, so verstehe ich darunter sowohl die verschiedenen kleineren „gnostischen“ und ähnlichen religiös-philosophischen (auch solche wie
z. B. das des Poseidonios) Systeme, als auch die großen mehr oder weniger synkretistischen Kulte orientalischen Ursprungs in hellenistischer Zeit. Angliedern
könnte man ihnen etwa noch den Königs- bezw. Kaiserkult, wenn er auch nach
Ursprung und Einrichtung ein Glied des griechischen Kultus darstellt. Dagegen
sind die alten nationalen Religionen, mögen sie auch in hellenistischer Zeit zer-
setzt und modifiziert worden sein, für sich zu betrachten. Wertvolle allgemein
charakterisierende Bemerkungen über die hellenistische Religion finden sich bei
Harnack a. a. O. I. S. 27 ff.

2) Hierzu neigt z. B. Leipoldt, Schenute von Atripe (Texte und Unters. z.
Gesch. d. altchr. Literat. N. F. X, 1) S. 29; anders Erman a. a. O. S. 218/19, 223.
Aus der auch von Erman a. a. O. S. 237 erwähnten koptischen Schmähschrift
Schenutes (übersetzt von Leipoldt a. a. O. S. 176) ist übrigens eine besondere
Hellenisierung des ägyptischen Kultus nicht zu folgern, sondern nur, daß die
damaligen Heiden — diese jedenfalls großenteils Griechen (siehe etwa Leipoldt
a. a. O. S. 27) — sowohl dem ägyptischen wie dem griechischen Kultus ergeben
gewesen sind. Reitzenstein, Poimandres S. 114, A. 1 glaubt aus der erwähnten
Straßburger Kosmogonie, sowie aus der prosaischen Hermesliteratur einen Maßstab für die Hellenisierung der ägyptischen Religion gewinnen zu können, doch
mit Unrecht. Denn abgesehen davon, ob der Charakter dieser Literatur wirklich
so ägyptisch ist, wie Reitzenstein annimmt, so darf man doch auf keinen Fall
aus all dieser inoffiziellen religions-philosophischen Spekulation Schlüsse auf
den damaligen Charakter der ägyptischen Religion ableiten (der Tempelkult ist
doch von dem der Sondergemeinden streng zu trennen; Reitzensteins, Poimandres
S. 159 nicht ganz klarer Bemerkung hierüber ist nicht zuzustimmen); tut man
dies, so begeht man etwa denselben methodischen Fehler, wie wenn man auf
Grund des christlichen Gnostizismus die offizielle altchristliche Religion feststellen würde.

verschiedene im einzelnen noch weiterer Prüfung sehr bedürfende Anzeichen vor, daß ebenso wie das gesamte kulturelle Leben Ägyptens
so auch die durch die Priester vertretenen religiösen Anschauungen
vom griechischen Geist beeinflußt worden sind.[1]) Der sich öfters
findenden Bezeichnung ägyptischer Götter mit griechischen Namen im
Griechischen[2]) darf man freilich nicht ohne weiteres entnehmen, daß
sich auch der Charakter der betreffenden Götter geändert hat.[3]) Einmal hat man damit zu rechnen, daß der Gebrauch der griechischen
Sprache oft unwillkürlich die Wahl des griechischen Namens bewirkt
haben wird. Aber auch dort, wo man dies nicht annehmen will,
zeugt die Identifizierung doch nur von der Auffassung dessen, der
sie vorgenommen hat. Geht sie von den Priestern selbst aus, so ist
sie allerdings von besonderem Interesse; ein Beweis für eine Änderung
des Kultes des betreffenden Gottes in griechischem Sinne scheint jedoch auch sie mir nicht zu sein, wenn auch zuzugeben ist, daß die
in der Gleichsetzung zu Tage tretende Geneigtheit der Priester für
die griechische Sitte[4]) ihr Gegenstück mitunter in einer gewissen
Hellenisierung des Kultus gefunden haben kann.[5]) Für die Möglichkeit einer solchen Hellenisiernng könnte man übrigens auch die bereits erwähnte (Bd. I. S. 2) Verehrung ägyptischer Götter durch Griechen anführen; in der Tat mögen ja auch die Auffassungen, die diese
von jenen hatten und die sie durch die Kunst weiter im Volke ver-

---

1) Bd. I. S. 15 glaubte ich, daß ein derartiges, besonders sicheres Anzeichen eine Inschrift von Dendera enthalte, heute bin ich von dem Wert dieses
Zeugnisses nicht mehr fest überzeugt.

2) Siehe hierzu Bd. I. S. 4 ff. Weitere besonders instruktive Beispiele liefern uns jetzt auch der P. Tebt. II, wo in N. 313 ἱερεῖς Ἡλίου καὶ Μνεύιδος der
vereinigten Tempel von Heliopolis und Aphroditopolis erwähnt werden und wo
in N. 299 in dem Titel eines Priesters der Gott Soknebtynis direkt durch Kronos
ersetzt ist, während in offiziellen Dokumenten wie in N. 295 (Z. 6) und 298 (Z. 7)
das Heiligtum als ἱερὸν Σοκνεβτύνεως τοῦ καὶ Κρόνου bezeichnet wird. Es sei
noch bemerkt, daß z. B. ein διάδοχος προφητείας dieses Heiligtums den Namen
Κρονίων (sein Vatersname ist ägyptisch) geführt hat (P. Tebt. II. 293). Zu der
hier mitgeteilten Identifizierung sei übrigens noch auf die soeben angeführte
Schmähschrift des Schenute verwiesen, wonach in Mittelägypten Kronos einem
ägyptischen Gott Petbe gleichgesetzt war.

3) Diese Annahme wäre ebenso falsch, als wenn man aus dem griechischen
Namen eines ägyptischen Priesters ohne weiteres dessen griechische Nationalität
folgern wollte.

4) Hierzu sei auch auf die bereits öfters erwähnte Mitgliedschaft ägyptischer Priester in jenem Kultverein in der Nähe von Syene verwiesen, dessen
Vereinsgötter ägyptisch-griechische Doppelnamen tragen (Bd. I. S. 126/27).

5) Der Behauptung Wilckens (Hellenen und Barbaren, Neue Jahrb. f. das
klass. Altertum, Geschichte usw. XVII [1906] S. 457 ff. [469]), daß die Identifikation griechischer und ägyptischer Götter „zu einer völligen Vermischung der
kultischen Formen führen mußte", kann ich also nicht zustimmen.

breiteten[1]), in mancher Hinsicht nicht nur auf den Volksglauben[2]), sondern auch auf die priesterliche Spekulation bestimmend eingewirkt haben. Die Bedeutung des griechischen Einflusses auf die Umgestaltung ägyptischer Götter in hellenistischer Zeit spiegelt sich schließlich am deutlichsten wieder in der schon eingehender behandelten Schöpfung des hellenistischen Sarapis, an der ja auch die ägyptischen Priester beteiligt gewesen sind, und ferner in der Umbildung der Isis zu einer hellenistischen Gottheit, neben der jedoch die altägyptische Isis aller Wahrscheinlichkeit nach im großen und ganzen unverändert fortbestanden hat.[3]) Inwieweit an der Ausgestaltung der Isis zu der hellenistischen Gottheit mit ihren Mysterien[4]), wie sie uns etwa bei Plutarch, bei Apulejus und in anderer hellenistischer Literatur, sowie

---

1) Es sind uns bekanntlich eine größere Anzahl hellenisierter Darstellungen ägyptischer Gottheiten erhalten, zu denen ägyptisierte griechische Götter ein treffliches Gegenstück bilden; einiges hierüber findet sich auch bei Erman a. a. O. S. 218/19, 224 ff., der in solchen Götterbildern die „Heiligenbilder" der kleinen Leute sieht.

2) Siehe vorige Anm. Man wird sich diesen Volksglauben immerhin recht synkretistisch vorstellen dürfen. Im einzelnen heißt es allerdings auch hier vorsichtig zu verfahren. So ist z. B. der am Finger lutschende Harpokrates in der alexandrinischen Kunst und Poesie als Gott des Schweigens gefaßt worden, aber daß diese Auffassung auch im ägyptischen Volke Boden gefaßt hat, läßt sich nicht beweisen. Im offiziellen Kult hat sie natürlich keine Aufnahme gefunden; siehe z. B. E. Meyer, Horus in Roschers Lexikon II. Sp. 2744 ff. (2477).

3) Siehe hierzu auch Erman a. a. O. S. 241, dessen Bemerkung mit der obigen Feststellung gut übereinstimmt. Man darf wohl als Mittelpunkt des Kultus der altägyptischen Isis in hellenistischer Zeit das Heiligtum von Philä bezeichnen. Reitzenstein, Poimandres S. 160, A. 1 bringt zwar diesen Kult, sowie die im Anschluß an ihn noch in später Zeit nachzuweisenden Kultvereine (Wilcken a. a. O. Archiv I. S. 396 ff.) mit hermetischen Gemeinden in Verbindung, einen Beweis für seine Behauptung führt er jedoch nicht, obgleich uns alles, was wir von dem Heiligtum wissen, auf einen altägyptischen Kultus hinweist. Das im Text angedeutete Problem: Nebeneinanderbestehen zweier Formen einer altägyptischen Gottheit in hellenistischer Zeit bedarf dringend besonderer Beachtung — Reitzenstein berücksichtigt es z. B. niemals. Vor allem haben wir dabei zu prüfen, inwieweit die hellenisierte Form — man hat natürlich auch mit Übergangsstadien zu rechnen — in Ägypten im offiziellen Tempelkultus Aufnahme gefunden hat und inwieweit ihr Priester, in denen man nicht mehr Mitglieder der geschlossenen ägyptischen Priesterschaft sehen kann, gedient haben; würden uns z. B. Priester von Isisgemeinden bekannt werden, die in ihrer Struktur etwa der von Apulejus im 11. Buche seiner Metamorphosen geschilderten glichen, so könnte man sehr wohl an deren Zugehörigkeit zu der offiziellen Priesterschaft zweifeln.

4) Vorläufig scheint es mir nicht gestattet, ohne weiteres auch von altägyptischen Isismysterien zu sprechen; denn ein Beweis für das Bestehen von Mysterien im Sinne der griechischen ist für den altägyptischen Kultus noch nicht erbracht, was z. B. Reitzenstein, Zwei relig. Frag. S. 104 gar nicht berücksichtigt; vergl. dem gegenüber etwa die vorsichtige Bemerkung Schäfers, Die Mysterien des Osiris in Abydos S. 20, A. 5.

iɔ griechischen Inschriften entgegentritt[1]), Mitglieder der offiziellen
ägyptischen Priesterschaft beteiligt gewesen sind, ist schwer zu entscheiden. Sicher erscheint mir jedoch das eine: wir haben damit zu
rechnen, daß abgesehen von den Isispriestern in Alexandrien hierbei
die Isisgemeinden außerhalb Ägyptens und ihre Priester besonders
tätig gewesen sind[2]); da nun diese trotz ihrer der ägyptischen Priesterschaft nachgebildeten Organisation im allgemeinen nicht als wirkliche
ägyptische Priester zu fassen sind[3]), so vermindert sich deren Anteil
jedenfalls erheblich.

Auf Grund all dieser Einzelfeststellungen über die Tätigkeit
der ägyptischen Priester in hellenistischer Zeit auf theologischem
Gebiete scheint es mir geboten ihre Leistungen nicht zu hoch
einzuschätzen und vor allem sich hinsichtlich der Bedeutung dieser
Leistungen für die allgemeine religionsgeschichtliche Entwicklung der
hellenistischen Zeit vorläufig noch skeptisch zu verhalten. Jedenfalls
liegt kein Grund vor in den damaligen ägyptischen Priestern besonders bedeutende Theologen zu sehen.

Ebenso scheint es mir nicht gestattet besonders wichtige philo-
sophische Leistungen der Priester anzunehmen. Wenn die Griechen
die Priester als Philosophen rühmen und in der Beschäftigung mit
der Philosophie sogar eine der priesterlichen Amtsaufgaben sehen
(siehe z. B. Bd. I. S. 82, auch vorher S. 221), so ist dies die natür-
liche Folge ihrer Auffassung der ägyptischen Religion als eines besonderen philosophischen Systems. Als solches ist diese aber auch
nicht in hellenistischer Zeit anzusehen, mögen auch wie in jeder entwickelten Religion die alten Mythologumena z. T. in philosophischem
Sinne umgestaltet gewesen sein.[4]) Außer Manetho und Chairemon

---

1) Über sie finden wir einiges zusammengestellt bei Lafaye a. a. O. S. 86 ff.,
auch von Erman a. a. O. S. 244 ff.

2) Ebenso dürfte auch sicher an der Weiterausgestaltung des hellenistischen
Sarapis — die Form, in der sein Kultus uns im 2. Jahrhundert n. Chr. entgegentritt (siehe etwa Lafaye a. eben a. O.), ist jedenfalls nicht die ursprüngliche —
das Ausland beteiligt gewesen sein.

3) Die zahlreichen Inschriften, in denen Priester ägyptischer Götter außerhalb Ägyptens genannt sind, erwecken den Eindruck, daß es sich in ihnen um
national-ägyptische Priester im allgemeinen nicht handelt, mögen die betreffenden
auch äußerlich diesen geglichen haben. Siehe hierzu auch Lafayes Ausführungen
a. a. O. im II. u. III. Kapitel von Teil I; ferner S. 148 ff. (S. 150, A. 3 sieht er
übrigens mit Unrecht in I. Gr. S. It. 1366 [= C. I. Gr. III. 6202] einen Beleg für
eine „prêtresse alexandrine“). Auch auf Ermans Bemerkung a. a. O. S. 250 sei
hier verwiesen. Wenn Reitzenstein, Hellenistische Wundererzählungen S. 36
zahlreiche wandernde ägyptische Wundertäter und Propheten annimmt, so braucht
man diese doch durchaus noch nicht als offizielle Priester zu fassen. Es entzieht
sich übrigens auch jeder sicheren Feststellung, inwieweit diese an der Propaganda
der ägyptischen Gottheiten in der hellenistischen Welt beteiligt gewesen sind.

4) Die obigen Bemerkungen zeigen, inwieweit ich mich Reitzensteins Ausführungen, Zwei relig. Fragen S. 74 ff. anschließen kann.

werden zwar noch manchem Priester die Gedanken der griechischen
Philosophie geläufig gewesen sein, daß sie jedoch ihrerseits auf die
Entwicklung der hellenistischen Philosophie einen bestimmenden Ein-
fluß ausgeübt hätten, ist durch positive Belege nicht zu erweisen.[1]
Der Mangel an positiven Zeugnissen zwingt uns alsdann zur Vor-
sicht auch in der Frage nach der Ausdehnung der priesterlichen
schriftstellerischen Tätigkeit auf anderen Gebieten als denen
der Theologie und Philosophie; mit einer ausgebreiteteren literarischen
Betätigung darf man jedenfalls höchstens als mit einer entfernten
Möglichkeit rechnen.

So ist es z. B. recht ungewiß, inwieweit Priester an der Abfassung der erhaltenen ägyptischen Zauberpapyri u. dergl. beteiligt
gewesen sind. Religion und Zauberei sind freilich auch in Ägypten
von altersher eng mit einander verbunden gewesen, auch hier ist der
Priester zugleich Zauberer gewesen, und mancher Zaubertext mag in
hellenistischer Zeit von Priestern niedergeschrieben worden sein (siehe
hierzu auch frg. 3 von Chairemon, F. H. G. III. S. 496). Nun aber
zeigen die Zauberpapyri in den verschiedenen Teilen, aus denen sie
zusammengestellt sind, mitunter eine nahe Verwandtschaft mit den
hermetischen Schriften (siehe vorher S. 218, A. 4), der Schluß liegt
also sehr nahe, daß ihre Verfasser denselben Kreisen angehört haben,
d. h. daß u. a. auch gerade die Leiter der „gnostischen“ und ähnlichen
Kultgemeinden Zaubertexte verfaßt haben werden.[2] Man darf wohl
behaupten, daß die Wahrscheinlichkeit, in ihnen die Arbeit eines
ägyptischen Priesters vor sich zu haben, um so geringer wird, je
synkretistischer der Inhalt ist[3]), und zwar auch dann, wenn die Sprache
des Papyrus nicht griechisch, sondern demotisch oder koptisch ist.[4]

1) Die gegenteiligen Behauptungen Reitzensteins (siehe etwa Zwei relig.
Fragen S. 97/98, auch Poimandres S. 42) sind unhaltbar. Wenn er übrigens
den priesterlich-religiösen Zug bei den Philosophen der Kaiserzeit darauf zurück-
führt, daß seit langem orientalische Priester die Philosophen spielten, so wird
man diese Behauptung wohl einmal dadurch einschränken müssen, daß man für
orientalische Priester „Orientalen“ setzt. Zudem beachtet ja Reitzenstein gar
nicht, daß seit Platon, in dem man den diese Entwicklung vor allem bestimmenden Faktor zu sehen hat, die griechische Philosophie durchaus als Religion
zu bewerten ist, daß also schon hierdurch das Hervortreten des priesterlich-
religiösen Zuges verständlich wird. Erinnert sei hierbei auch noch an die
Konstituierung der Philosophenschulen als Kultvereine.

2) Siehe hierzu auch Wünsch, Sethianische Verfluchungstafeln S. 74.

3) Reitzenstein, Poimandres S. 14, A. 2 unterschätzt m. E. den synkretistischen
Charakter und betont zu stark das ägyptische Element in ihnen (siehe S. 15;
zu seiner Bemerkung, daß die Papyri uns die Ausgestaltung der ägyptischen
Religion lehren, siehe vorher S. 220, A. 2; sie sind natürlich nur ein Dokument
für den Glauben bestimmter Volksschichten). Den stark synkretistischen Charakter der Zaubertexte betont übrigens auch Erman a. a. O. S. 228 ff.

4) Zaubertexte in ägyptischer Sprache sind z. B. publiziert von Griffith,
The old coptic magical texts of Paris, Ä. Z. XXXVIII (1900) S. 85 ff.; Griffith-

Auch bei einem anderen Dokument des ägyptischen Aberglaubens, der in Ägypten entstandenen astrologischen Literatur und den Horoskopen, lassen sich die Verfasser schwer bestimmen. Nach Ägypten scheint die Astrologie von Babylonien aus erst ziemlich spät, vielleicht kurz vor Beginn der hellenistischen Zeit gekommen zu sein.[1]) Daß sich alsdann auch die ägyptischen Priester mit der neuen Lehre eingehender beschäftigt haben, zeigen uns abgesehen von der Notiz des Clemens Alexandrinus (Strom. VI. p. 757 ed. Potter), der zufolge auch astrologische Werke zur offiziellen priesterlichen Literatur gehört haben, am deutlichsten die von ihnen im Tempel von Dendera angebrachten Bilder astrologischen Inhalts (siehe etwa Boll, Sphaera S. 372); auch darauf könnte man hinweisen, daß der Priester Chairemon in seinem Werk „περὶ τῶν κομητῶν" aller Wahrscheinlichkeit nach vor allem über die Astrologie gehandelt hat.[2]) Es mögen also Bücher wie die aus ptolemäischer Zeit stammenden Σαλμεσχοινιακά (über sie siehe Boll a. a. O. S. 376/7) und die unter dem Namen des Nechepso und Petosiris gehenden ἀστρολογούμενα, die für die Grundlehren der späteren Astrologie maßgebend geworden sind[3]), ebenso wie manche der uns erhaltenen ägyptischen Horoskope[4]) sehr wohl im großen und ganzen die astrologischen Lehren der ägyptischen Priester wiedergeben, und insofern sind sie auch für unser Urteil über das priesterliche Wissen von Belang; daß sie aber auch von Priestern verfaßt sind, ist nicht zu beweisen.[5])

Thomson, The demotic magical papyrus of London and Leiden; für die Zaubertexte in griechischer Sprache siehe vor allem P. Par.; P. Leid. II; P. Lond. I; Wessely, Denkschrift d. Wien. Ak. Phil.-hist. Kl. Bd. XXXVI (1888).

1) Siehe Boll, Sphaera S. 372; auch Erman a. a. O. S. 162 u. 230.

2) Siehe hierzu Schwartz a. a. O. Pauly-Wissowa III. Sp. 2026 u. Boll a. a. O. S. 377.

3) Die Fragmente der ἀστρολογούμενα sind gesammelt von Rieß, Nechepsonis et Petosiridis fragmenta magica, Philologus VI. Suppl. S. 325 ff.; näheres über die beiden Werke siehe vor allem bei Boll a. a. O. S. 372 ff.

4) Belege in den vorher S. 224, A. 4 angeführten Papyruspublikationen; für koptisch-heidnische Horoskope siehe etwa Griffith, The old Coptic horoscope of the Stobart collection, Ä. Z. XXXVIII (1900) S. 71 ff.

5) Wenn z. B. Reitzenstein, Poimandres S. 112 von dem Horoskop des P. Par. 19bis behauptet, es sei von den Priestern des Hermes in Theben verfaßt worden, so ist dies eine unbegründete Vermutung; der Charakter des Horoskops verweist uns höchstens auf einen Anhänger der „hermetischen" Religion als Verfasser. Aus der Bezeichnung des Petosiris im Nechepso-Petosiris-Buch als Priester folgt ferner natürlich nichts für die Person des Verfassers; die Einführung des Priesters Petosiris neben dem König Nechepso als der beiden Personen, denen der anonyme Verfasser seine Ansichten in den Mund legt, hat rein literarischen Charakter (siehe Reitzenstein, Poimandres S. 122/23). Gegenüber Kroll, Aus der Geschichte der Astrologie, Neue Jahrb. f. d. klass. Altertum usw. VII (1901) S. 559 ff. (S. 570 u. 577) scheint es mir übrigens sicher, daß die dem Nechepso und Petosiris zugeschriebenen Bücher als ein Werk aufzufassen sind. Die An-

Ebenso können wir auch den Anteil der Priesterschaft an der Abfassung der in hellenistischer Zeit niedergeschriebenen ägyptischen Volkserzählungen nicht näher feststellen, mögen diese nun mehr Märchen- oder mehr legendarischen Charakter tragen, mehr weltlicher oder mehr religiöser Natur sein.[1]) Mit der Mitarbeiterschaft der Priester an dieser Literaturgattung darf man aber immerhin als mit einer sicheren Tatsache rechnen[2]); lassen sich doch sogar für das Serapeum von Kanopus die Wundergeschichtenerzähler, die ἀρετα-λόγοι[3]), als ein besonderer Bestandteil des Kultpersonals nachweisen.

---

lage des Werkes stelle ich mir ähnlich vor der eines Dialoges, in dem eben nur zwei Personen als Unterredner fungieren. Bei einer solchen Anlage konnten die Anteile des Priesters und des Königs bei Zitaten aus dem Werke (siehe die Form der erhaltenen) sehr wohl geschieden werden; die ausdrückliche Anführung der beiden „Gegenspieler" lag um so näher, als man ja den Namen des eigentlichen Verfassers nicht kannte. Ein ganz analoges antikes Werk ist mir allerdings nicht bekannt — Kenntnisreichere werden wohl auch ein solches anführen können —, daher sei es gestattet hier auf Prospers Alpinus' De medicina Aegyptiorum zu verweisen, wo auch zwei vom Verfasser willkürlich geschaffene Personen die verschiedenen zu behandelnden Probleme einander vortragen.

1) Über die ägyptischen Volkserzählungen orientiert vortrefflich Maspero, Les contes populaires de l'Égypte ancienne[3]; verwiesen sei hier auch noch auf das sog. „Töpferorakel", zuletzt und am besten publiziert von Wilcken, Zur ägyptischen Prophetie, Hermes XL (1905) S. 544 ff.

2) Falls die sogenannte Bentreschstele (über sie siehe vor allem Erman, Die Bentreschstele, Ä. Z. XXI [1883] S. 54 ff.) erst in ptolemäischer Zeit verfaßt sein sollte, so wäre sie, da sie von Priestern des Chonsu herrührt, ein Beleg für die obige Behauptung. Siehe hierzu jetzt Spiegelberg Varia XCV, Zu der Datierung der Bentreschstele, Rec. de trav. XXVIII (1906) S. 181; für die Abfassung in ptolemäischer Zeit könnte man auch vielleicht darauf verweisen, daß uns bei Libanios Orat. XI, 109 u. 114 ed. Förster legendarische Erzählungen, die der Legende der Bentreschstele nahe verwandt sind, aus der Zeit der ersten Ptolemäer berichtet werden. Andererseits weisen uns die Bemerkungen Wilckens, Der Traum des Königs Nektonabos, Mélanges Nicole S. 579 ff. (S. 580/1 u. 593/4) darauf hin, daß auch nichtpriesterliche Kreise an der Abfassung der Volkserzählungen beteiligt gewesen sind (dies ist bei der im P. Leid. U enthaltenen der Fall).

3) Reitzensteins Darlegungen über die ἀρεταλόγοι in seinen Hellenistischen Wundererzähl. S. 8 ff. zwingen mich zu einer näheren Ausführung meiner kurzen Bemerkung im I. Bd. S. 116 (es scheint mir übrigens nicht angängig, wie es Reitzenstein tut, diese als „die neueste Behandlung der Frage" zu bezeichnen, da ich doch eigentlich nur meiner Übereinstimmung mit Crusius' Arbeit Ausdruck gegeben habe). Reitzenstein a. a. O. S. 9 scheint mir den Begriff ἀρετα-λόγος in Verbindung mit ägyptischen Heilgöttern zu eng zu fassen, wenn er ihn als den „von dem Gotte selbst berufenen Verkünder oder Deuter von Visionen und Träumen" bezeichnet. Gerade die Inschrift 43 in B. C. H. VI (1882) S. 339, wo jemand als ἀρεταλόγος καὶ ὀνειροκρίτης bezeichnet wird, zeigt wohl durch die Nebeneinandersetzung der beiden Titel deutlich, daß man diese nicht einander zu ähnlich deuten darf (da Reitzensteins Bemerkung a. a. O. S. 10 den Anschein erwecken könnte, in der gr. Inschrift, publ. von Rubensohn, Festschrift Vahlen zum 70. Geburtstag, S. 3 ff. handele es sich um einen ἀρεταλόγος, so sei ausdrücklich betont, daß hier vielmehr von einem ἐνυπνιοκρίτης von nicht-

Bei Dion von Prusa werden, wie bereits bemerkt (vorher S. 211/12), die historischen Kenntnisse der Priester rühmend hervorgehoben, wobei freilich deren allmähliches Schwinden nicht verschwiegen wird, das durch die Nichtbeachtung und das Nichtverstehen der alten urkundlichen Tradition bedingt sei. Trotz dieser Einschränkung wird man dem Urteil bei Dion nicht zustimmen können, denn der Mangel an historischem Sinn, der uns allenthalben in altägyptischen Darstellungen entgegentritt, und dementsprechend nicht besonders erfreuliche historische Leistungen begegnen uns auch bei den Priestern der hellenistischen Zeit.

So machen z. B. die ἱεραὶ ἀναγραφαί und die persönlichen Aussagen der Priester, die der jüngere Hekataios in seiner Geschichte anführt[1]), z. T. keinen besonders Vertrauen erweckenden Eindruck, doch dürfte hieran allerdings der sie übermittelnde Grieche sicher mit schuldig sein.[2]) Wenn wir ferner durch Tacitus (Ann. II. 60) von einem Berichte erfahren, den die Priester von Theben dem Germanicus auf Grund der Inschriften über die Taten Ramses' II. erstattet haben sollen, so gewinnen wir auch aus ihm ebenso wie aus den historische Ereignisse u. dergl. erwähnenden hieroglyphischen Inschriften[3]) der ptolemäisch-römischen Zeit kein erfreuliches Bild von

---

priesterlichem Charakter die Rede ist). So fasse ich denn auch die ἀρεταλόγοι des Serapeums von Kanopus als Erzähler bez. Verfasser von Wundergeschichten religiösen Charakters in prosaischer oder poetischer Form, die sich auf die im Heiligtum verehrten Götter bezogen haben werden; in ihnen mögen nun ja die ἐπιφάνειαι dieser Götter eine besondere Rolle gespielt haben, auch besonders wunderbare Träume der Inkubanten mögen berichtet worden sein, daraus folgt aber doch noch nicht, daß die Traumdeutung im einzelnen die spezielle Aufgabe der ἀρεταλόγοι gewesen ist. Für den Begriff der Wundererzählung sei auf Reitzensteins Buch verwiesen, der zuerst das wichtige Problem energisch in Angriff genommen hat; eine sorgfältige Nachprüfung, auch Erweiterung scheint mir freilich dringend nötig; man wird gut tun bei ihr theoretische Bemerkungen wie etwa die Wundts, Völkerpsychologie II, 1 S. 326 ff. zu verwerten.

1) Siehe Diodor I. 26, 1; 31, 7; 43, 6; 44, 4; 46, 7/8; 69, 7; 96, 2; vergl. hierzu Schwartz a. a. O. Rh. Mus. XL (1885) S. 226 ff.

2) Siehe hierzu etwa auch Wachsmuth, Einleitung in das Studium der alten Geschichte S. 331; sein Vergleich mit der „heiligen Chronik" des Euhemeros scheint mir allerdings nicht recht passend.

3) Als ein besonders instruktives Beispiel hierfür erscheint mir die trilingue Stele von Philä des C. Cornelius Gallus; man vergleiche die Angaben des nicht von den Priestern herrührenden griechischen und lateinischen Textes mit denen des hieroglyphischen, den die Priester verfaßt haben. Hingewiesen sei hier ferner z. B. auf den in so vielen Priesterinschriften (siehe etwa Satrapenstele C, 3 bei Sethe, Hieroglyph. Inschr. d. griech.-röm. Zeit Heft I. S. 14; [Ptol. I.] Pithomstele, Abschnitt E; [Ptol. II.] Kanopus Z. 10/11; [Ptol. III.]; Dreispr. Inschrift Kairo N. 31088 [Ptol. IV.], vergl. zu ihr Bd. II. S. 80, A. 1) sich findenden Dank an die Könige für die Zurückführung von Götterbildern aus Persien. Der Eindruck, daß es sich bei ihr um eine stereotype Formel handelt (so schon Bouché-Leclerq, Histoire des Lagides I. S. 177, A. 1), aus der historische Folgerungen

dem geschichtlichen Wissen der Priester und ihrer Fähigkeit als Historiker.

Die Richtigkeit unseres ungünstigen Urteils ergibt sich uns schließlich am deutlichsten bei der näheren Prüfung der einzigen uns etwas näher bekannten größeren historischen Leistung eines Priesters, den *Αἰγυπτιακὰ ὑπομνήματα*[1]) des Manetho. Dieser, der sein Werk vielleicht noch unter dem 1. Ptolemäer geschrieben hat[2]), hat zwar zur Grundlage authentische Königslisten, wie sie uns ja noch im berühmten Turiner Papyrus oder in Inschriften zu Abydos, Karnak und Sakkara erhalten sind, gewählt, im übrigen aber für seine Geschichtsdarstellung allem Anschein nach fast ausschließlich die mehr oder weniger

---

ohne weiteres nicht abgeleitet werden dürfen, wird noch dadurch deutlich verstärkt, daß wir auch in Weissagungen, die in hellenistischer Zeit niedergeschrieben sind (siehe das sog. „Töpferorakel" Col. II. 1/2 u. dem. P., publ. von Krall, Vom König Bokhoris, in Festgaben für Büdinger), die Zurückführung der Götterbilder erwähnt finden. Erinnert sei hier auch, da der betreffende Irrtum der Priester s. Z. neuere Historiker in einer wichtigen Frage in die Irre geleitet hat, an die in Kanopus (hieroglyph. Version Z. 9) sich findende Gleichsetzung von Phönizien mit dem Land Keft.

1) Der Titel ist nicht ganz sicher; siehe hierzu Susemihl a. a. O. I. S. 611, A. 433.

2) Der ziemlich allgemeinen Annahme, Manetho habe wahrscheinlich erst unter dem 2. Ptolemäer geschrieben, kann ich mich nicht anschließen. Die antike Überlieferung hierüber scheint mir viel zu unsicher, als daß man auf sie etwas geben könnte. Die Nennung des 2. Ptolemäers in ihr kann sehr wohl einfach ein Ausfluß des allgemeinen Bestrebens der Tradition sein, manche Begebenheit aus der Zeit des 1. in die des 2. Ptolemäers zu versetzen; man war sich eben offenbar im Altertum der großen Bedeutung Ptolemaios' II. voll bewußt und glaubte daraufhin, mit ihm alles Mögliche in Verbindung bringen zu müssen. Wenn ferner im frg. 35 (F. H. G. II. S. 510) das Faijûm als *Ἀρσινοΐτης* bezeichnet wird, so darf man hierin wohl eine Interpolation sehen (mit ihr rechnet auch E. Meyer, Ägyptische Chronologie, Abh. Berl. Ak. 1904. S. 59, siehe auch hierzu S. 229, A. 2). Tut man dies nicht, so muß man auch die Konsequenz ziehen und als Abfassungszeit des manethonischen Werkes etwa die Mitte der 50er Jahre des 3. Jahrhunderts annehmen, da erst damals der neue Name für das Faijûm geschaffen worden ist (siehe Bd. I. S. 350, A. 1). Nun ist aber Manetho, wie bereits bemerkt (vorher S. 215), an der Schöpfung des hellenistischen Sarapis mit beteiligt gewesen, die in der ersten Zeit des 1. Ptolemäers noch vor 308 v. Chr. erfolgt ist (siehe Dittenberger zu Or. gr. inscr. sel. I. N. 16 und hierzu Wilcken, Archiv III. S. 215/16). Da er zu dieser Aufgabe doch kaum als besonders junger, also auch noch wenig bekannter Priester herangezogen worden sein dürfte, so müßte man annehmen, daß Manetho sich zur Abfassung seiner Geschichte erst in sehr hohem Alter entschlossen hat, was doch ganz unwahrscheinlich ist (die Altersverhältnisse gestatten m. E. auch nicht die von Grenfell-Hunt als sehr wohl möglich erklärte Identifizierung des in P. Hibeh I. 72 für das Jahr 241/40 v. Chr. genannten Manetho mit dem bekannten). Die frühzeitige Tätigkeit Manethos unter Ptolemaios I. scheint mir schließlich dafür zu sprechen, daß er auch noch unter diesem sein Geschichtswerk verfaßt hat. Nicht zu beweisen ist jedoch, daß er es auch auf seine Veranlassung geschrieben hat.

sagenhaften Volkserzählungen benutzt.[1]) Da er gegen Herodot pole-
misiert (siehe vorher S. 215, A. 4), so hat man auch mit dessen Verwertung durch Manetho zu rechnen.[2]) Ob schon Manetho selbst Syn-
chronismen zur griechischen und hebräischen Tradition geboten hat
oder ob diese erst von seinen Überarbeitern eingefügt worden sind,
läßt sich nicht erweisen (siehe etwa auch E. Meyer a. a. O. S. 75 u.
S. 79, A. 2); an und für sich wäre das erstere jedoch sehr wohl möglich.[3]) Fehler im einzelnen dürften sich wohl zahlreich auch in dem
ursprünglichen Werke gefunden haben, mag auch durch die Epito-
mierung und häufige Überarbeitung vieles, was uns heute grobfehler-
haft erscheint, verschuldet sein.[4]) Auf den Namen eines kritischen
Geschichtswerkes hat Manethos ägyptische Geschichte jedenfalls auch
nicht den geringsten Anspruch, eher auf den eines historischen Romans.
Die Bedeutung des manethonischen Werkes liegt demnach nicht in
dem von ihm Geleisteten, sondern darin, daß in ihm zum ersten Mal
ein Ägypter den Versuch gemacht hat eine zusammenhängende Darstellung der gesamten Geschichte seiner Heimat zu bieten. Man darf
freilich diesen Versuch nicht als eine Leistung fassen, die das Ägypter-
tum aus sich heraus ohne äußeren Anstoß hervorgebracht hat, sondern muß in ihm ein Anzeichen und zugleich eine Folge des Einflusses griechischer Bildung auf einen ägyptischen Priester sehen
(siehe hierzu auch Joseph. c. Apion. I. § 73 ed. Niese).

Dasselbe Urteil wie über Manethos Werk darf man wohl auch
über Chairemons *Αἰγυπτιακὴ ἱστορία* fällen, die stark antiquarischen
Inhalts gewesen zu sein scheint (siehe die Fragmente in F. H. G. III.
S. 495ff.). Das einzige erhaltene Fragment rein historischen Charakters
(Joseph. c. Apion. I. § 288—92 ed. Niese), die Erzählung von dem
Auszug der Juden aus Ägypten, steht inhaltlich Manetho nahe, bedeutet ihm gegenüber aber noch eine Verschlechterung. Nicht ganz
sicher ist es alsdann, ob wir in dem übrigens vielleicht ganz tüch-
tigen chronologischen Abriß der ägyptischen Geschichte (*Χρόνοι*) des
Ptolemaios von Mendes (er lebte vor Apion) die Arbeit eines
ägyptischen Priesters sehen dürfen; Tatian (ad Graecos c. 38) be-

---

1) Siehe hierzu jetzt vor allem E. Meyer a. a. O. S. 79/80; vergl. auch
Masperos später erschienenen Aufsatz: Sur la XVIIIe et la XIXe dynastie de
Manethon, Rec. de trav. XXVII (1905) S. 13 ff.

2) Ich möchte daher auch nicht wie E. Meyer a. a. O. S. 59 annehmen, daß
die Herodoterzählung in frg. 35 nicht von Manetho selbst herrührt; dies ist doch
wohl der Fall, sie ist nur alsdann von dem Epitomator überarbeitet worden;
siehe hierzu auch vorher S. 228, A. 2.

3) Vergl. das vorher S. 216 über sein religionsgeschichtliches Werk Bemerkte.

4) Siehe E. Meyer a. a. O. S. 59 u. 97/98. Andererseits vergl. z. B. die
überzeugende Darlegung Halls, The two labyrinths, Journ. of hell. stud. XXV
(1905) S. 320 ff. (S. 329/30) über die wohl allein der Überlieferung zuzuschrei-
bende Verderbnis in der Königsliste der 12. Dynastie.

zeichnet ihn zwar als ἱερεύς, es ist aber nicht gesagt, daß er der ägyptischen Kirche angehört haben muß.[1]) Nicht als ägyptischen, sondern offenbar als griechischen Priester hat man alsdann den ἀρχιερεύς Apollonios v. Letopolis (aus ptolemäischer Zeit) zu fassen (siehe Bd. I. S. 28, A. 2); seine Werke, die zudem wohl alle außerhalb Ägyptens geschrieben worden sind, sind hier also nicht heranzuziehen.

Von den Griechen werden besonders oft die astronomischen Kenntnisse der ägyptischen Priester rühmend hervorgehoben (siehe vorher S. 211). In der Tat haben diese seit alters allem Anschein nach ein nicht ganz unbeträchtliches astronomisches Wissen besessen, dem man freilich einen wissenschaftlichen Charakter nicht zuschreiben darf, da es rein praktischen Zwecken gedient hat.[2]) Es ist ja nun nicht ausgeschlossen, daß die Kenntnisse der Priester sich in der hellenistischen Zeit noch vervollkommnet haben.[3]) Freilich lassen sich besonders die früheren überragende Leistungen der Priester auf astronomischem Gebiet aus dieser Zeit vorläufig noch nicht namhaft machen. Als eine solche darf man etwa nicht den in der Inschrift von Kanopus (Z. 35 ff.) uns überlieferten Versuch auffassen, das alte ägyptische Wandeljahr von 365 Tagen abzuschaffen und an seiner Statt durch Einlegung eines Schalttages in jedem 4. Jahre ein „festes" Jahr einzuführen, denn von den Priestern ist dieser Reformversuch jedenfalls nicht ausgegangen.[4]) Allerdings hat die Kenntnis von dem

---

1) Auch seine Kenntnis der ägyptischen Sprache, die Tatian ausdrücklich hervorhebt, macht dies m. E. nicht sicher.

2) Siehe hierzu jetzt vor allem Ginzel, Handbuch der mathematischen und technischen Chronologie I. S 150 ff.; sein allgemeines Urteil (S. 152 u. S. 153/4) scheint mir freilich etwas zu scharf formuliert. Vergl. auch die feinen Bemerkungen Nissens, Orientation, Heft 1, S. 28 ff.

3) Es liegt kein Grund vor in dem soeben bekannt gewordenen P. Hibeh I. 27, der etwa um 300 v. Chr. von einem Anhänger des Eudoxos verfaßt einen Kalender für den saitischen Gau enthält, das Werk eines ägyptischen Priesters zu sehen; sehe vielmehr den uns erhaltenen Anfang. Die kalendarischen Kenntnisse ägyptischer Priester sind freilich in ihm verwertet; siehe die Festlegung ägyptischer Feste auf bestimmte Tage und vor allem Z. 41 ff., die sich mit P. Par. 1, 71 ff. eng berühren. Die Stelle mag von Eudoxos selbst herrühren (siehe P. Hibeh I. S. 145), sie berichtet uns also von dem kalendarischen Verfahren der Priester im Beginn des 4. Jahrhunderts v. Chr.; wenn in ihr, die leider verstümmelt ist, von der Benutzung der „κατὰ σελήνην ἡμέραι" die Rede ist und im Anschluß daran von der Lage der Feste, die zum größten Teile durch das Wandeljahr bestimmt, also auf einen festen Monatstag festgelegt seien, so möchte ich (anders wie Grenfell-Hunt a. a. O. S. 151) die besondere Erwähnung der durch den Mond bestimmten Tage einfach auf die Anführung von Festen, die mit Mondphasen in Verbindung stehen, zurückführen.

4) Dies wird z. B. behauptet von Niese, Gesch. d. griech. u. mak. Staat. II. S. 171; Strack, G. G. A. 1900 S. 648 (seiner Polemik gegen N. stimme ich jedoch zu); Wilcken, Ostr. I. S. 798; Ginzel a. a. O. I. S. 197 u. 228.

Sonnenjahr zu 365¼ Tagen zu dem alten priesterlichen Wissen gehört, wir besitzen aber keinen sicheren Beleg, daß dieses Wissen von
ihnen jemals vorher in die Praxis umgesetzt worden ist.[1]) In griechischen Kreisen ist es schon im 4. Jahrhundert v. Chr. durch den
Kalender des Eudoxos weiter verbreitet worden (siehe hierzu z. B.
Mommsen, Römische Chronologie[2] S. 56, 77 u. 260), und der sogenannten „Ära des Dionysios", die in Alexandrien gerade unter Philadelphos und Euergetes I. in gelehrten astronomischen Kreisen im
Gebrauch gewesen ist, hat ein festes Jahr zugrunde gelegen (Mommsen a. a. O. S. 270 ff.). So ist es an sich sehr wohl möglich, daß der
Staat, also Euergetes I., die Initiative zur praktischen Einführung
dessen, was man schon lange theoretisch wußte, gegeben hat.[2]) Nun
erscheint mir aber die Initiative des Staates in diesem Falle nicht
nur möglich, sondern so gut wie sicher. Es wäre schon an und für
sich merkwürdig, wenn die Priester ohne einen Anstoß von außen
plötzlich in ptolemäischer Zeit die Kalenderreform, vor der sie seit
Jahrhunderten zurückgeschreckt waren, vorgenommen hätten, direkt
unerklärlich wäre es jedoch im Falle der Initiative der Priester, daß
diese Reform so vollständig wirkungslos geblieben wäre, wie dies tatsächlich der Fall gewesen sein muß; denn für den Gebrauch des kanopischen Jahres können wir keinen Beleg, auch keinen aus den priesterlichen Kalenderinschriften anführen.[3]) Das Mißlingen der Reform
auf das Widerstreben des Staates zurückzuführen scheint mir ausgeschlossen, da dieser, wenn er sie nicht gewünscht hätte, den Priesterbeschluß doch überhaupt nicht erst zugelassen haben würde; es müssen
also die Priester selbst diejenigen gewesen sein, welche die Ausführung der Reform vor allem jedenfalls aus religiösen Bedenken ge

---

1) Siehe E. Meyer a. a. O. S. 12 ff. u. 33 ff., auch Ginzel a. a. O. I. S. 214 ff.
2) Die Initiative des Königs nehmen z. B. an Mahaffy, history S. 122;
Bouché-Leclerq a. a. O. I. S. 266; E. Meyer a. a. O. S. 31. Die auf den ersten
Blick vielleicht befremdende Tatsache, daß der Staat der Kalenderreform den
ägyptischen und nicht den makedonischen Kalender zugrunde gelegt hat (ein
gleichzeitiger, auch erfolgloser Versuch auch das Jahr des makedonischen Kalenders zu reformieren kann übrigens sehr wohl unternommen worden sein), erklärt sich wohl ungezwungen dadurch, daß man den Kalender gewählt hat,
dessen Reform sich in einfachster Weise bewerkstelligen ließ; bei ihr war auch
eine besondere Beeinträchtigung des Wirtschaftslebens, die sonst mit jeder
Kalenderreform verbunden ist und gegen sie abgeneigt macht, ausgeschlossen.
3) Brugsch, Thesaurus II. S. 150 ff. (bes. 278 ff.; 304/6; 333/4) sucht m. E.
mit Unrecht aus hieroglyphischen Inschriften den Gebrauch des kanopischen
Jahres zu erweisen; ihm hat sich Borchardt a. a. O. Ä. Z. XXXVII (1899) S. 100
angeschlossen; die hierauf bezüglichen Ausführungen von Strack a. a. O. Rh. Mus.
LIII (1898) bes. S. 428 ff. sind wohl allgemein zurückgewiesen worden. Vergl. hierzu
jetzt E. Meyer a. a. O. S. 31/32. Die Behauptung Ginzels a. a. O. I. S. 198, unter
Euergetes' I. Nachfolger sei das feste Jahr wieder beseitigt worden, entbehrt
der dokumentarischen Grundlage.

hindert haben.[1]) Sie scheiden somit als ihre Urheber aus. Der Beschluß der Reform wird ihnen vielmehr vom Staate direkt aufgenötigt
worden sein; allerdings ist es ihnen gelungen sich wenigstens seiner
Durchführung zu entziehen.[2]) Als dann durch Augustus für Ägypten
endgültig ein festes Jahr eingeführt worden ist (siehe z. B. Wilcken,
Ostr. I. S. 789 ff.), sind es wohl auch wieder die Priester vornehmlich
gewesen, die für das alte Wandeljahr eingetreten sind und so für sein
Weiterfortbestehen, mögen sie selbst sich auch allmählich zu der
Neuerung bekehrt haben, gewirkt haben.[3]) Jedenfalls ist nicht daran
zu denken, daß die Priester an der augusteischen Kalenderform irgendwie beteiligt gewesen sind[4]), für diese ist vielmehr allein die cäsa-
rische maßgebend gewesen.[5])

Die von Clemens Alexandrinus erwähnte Beschäftigung der Priester mit Mathematik, Metrologie und Geographie (siehe vorher
S. 211) hat, soweit wir sehen können, in hellenistischer Zeit keine
irgendwie bedeutsamen neuen Ergebnisse gezeitigt; man scheint sich
im allgemeinen mit der Erhaltung der alten Kenntnisse begnügt zu
haben.[6])

Auch auf medizinischem Gebiet sind von den Priestern (siehe
vorher S. 194/5) allem Anschein nach keine Fortschritte gegen früher
gemacht worden. Wir besitzen keinerlei Anzeichen, daß von ihnen
die Erkenntnisse der fortgeschrittenen griechischen Medizin verwertet
worden sind; es ist sogar ganz wohl möglich, daß damals der Aber-

---

1) Auf das Widerstreben der Priester gegen die Kalenderreform und auf
gleichzeitige staatliche Bemühungen sie gegen den Willen der Priester durchzu-
setzen weist uns mit Sicherheit auch eine freilich legendarisch aufgeputzte Angabe der Scholien zu Germanicus' Aratea p. 88 f. u. 157 ed. Breysig hin, die,
da sie aus Nigidius Figulus stammt, gerade für die ptolemäische Zeit beweiskräftig ist.

2) Vielleicht darf man diese mißlungene Kalenderreform sogar als einen
Beitrag zur Charakteristik des 3. Ptolemäers verwerten, als einen weiteren Hinweis darauf, daß dieser nicht die genügende Tatkraft besessen hat das einmal
in Angriff Genommene auch kraftvoll durchzuführen.

3) Wilckens, Ostr. I. S. 798 gegenteiliger Bemerkung hierüber kann ich schon
deshalb nicht zustimmen, weil es mir durchaus nicht gesichert erscheint, daß
dem von ihm angeführten Festkalender von Esne aus römischer Zeit (publ. Brugsch,
Thesaurus II. S. 380 ff.; siehe auch ebenda S. 338/9; Ägyptologie S. 355) vornehmlich das feste Jahr zugrunde gelegt war.

4) Die ohne Begründung vorgebrachte gegenteilige Ansicht Ginzels a. a. O.
I. S. 228 dürfte wohl nirgends Anklang finden.

5) Auch bei ihr kann übrigens von direkter Beteiligung ägyptischer Astro-
nomen nicht die Rede sein, so auch Mommsen, Römische Chronologie [2] S. 78/79.

6) Für unser Urteil über die damaligen geographischen Kenntnisse sind
etwa vor allem die sogenannten Nomoslisten, auch Inschriften wie die über die
Wüstenoasen, die Neunvölkertafel in Betracht zu ziehen (über sie zuletzt Brugsch,
Ägyptologie S. 437 ff.); es handelt sich bei ihnen im allgemeinen um historisch-
politische Geographie.

glauben, der in der ägyptischen Heilkunde stets eine große Rolle gespielt hat, auf die ärztliche Tätigkeit bestimmender eingewirkt hat als
alles empirische Wissen.[1])

In die philologischen Kenntnisse der Priester gestatten uns
die von ihnen verfaßten hieroglyphischen Inschriften einen Einblick.
Diese sind bekanntlich nicht in der Umgangssprache niedergeschrieben,
sondern man hat hierbei sich des Altägyptischen bedient. Exakte
philologische Studien sind jedoch anscheinend gar nicht im alten
Ägypten getrieben worden (siehe etwa Erman, Ägypten II. S. 459);
so begegnet uns schon in früheren Epochen eine starke Verwilderung
der alten Sprache, die dann in hellenistischer Zeit ihren Höhepunkt
erreicht hat. Spielereien in der Schrift, Spielereien im Wortschatz,
Willkür in der Grammatik, das ist die Signatur dieser künstlichen
Sprache.[2]) Man darf wohl annehmen, daß die Mitglieder der höheren
Priesterschaft wohl alle die alte Sprache verstanden, daß aber die
Fähigkeit neue Texte in ihr zu verfassen im allgemeinen nur die,
welche es bis zur Würde des ἱερογραμματεύς gebracht haben, besessen
haben werden.[3]) Im Laufe des 3. Jahrhunderts n. Chr. ist diese jedoch allmählich ganz geschwunden. Wenn übrigens unter den Werken
des Priesters Chairemon auch eine Schrift „περὶ τῶν ἱερῶν γραμμάτων" genannt wird, so ist diese kaum als ein Beweis für von Priestern betriebene ägyptisch-philologische Studien zu verwerten; denn
allem Anschein nach handelt es sich in ihr vornehmlich um die übrigens
zumeist richtige Deutung der symbolischen Hieroglyphenzeichen.[4])
Dem gegenüber ist es besonders interessant, daß ebenderselbe Chairemon sich ganz bedeutende Kenntnisse in der griechischen Philologie
angeeignet haben muß; ist er doch sogar das Haupt der alexandrinischen Grammatikerschule geworden.[5])

---

1) Siehe hierzu v. Oefele a. a. O. S. 93/94, 104—6.

2) Siehe Junker a. a. O. und neuerdings seine Grammatik der Denderatexte.

3) Siehe hierzu auch Diodor I. 81, 1 u. Clem. Alex. Strom. V. p 657 ed.
Potter. Für die obigen Ausführungen darf man jetzt vor allem auf P. Tebt.
II. 291 verweisen. Hiernach ist einem ἱερεύς, der seine priesterliche Qualifikation
erweisen sollte, von den ἱερογραμματεῖς eine ἱερατικὴ βίβλος zum Vorlesen vorgelegt worden. Das Verständnis der alten Sprache und der hieratischen Schrift
scheint also noch damals (um 160 n. Chr.) ganz allgemein von den Priestern
verlangt worden zu sein; da nun jedoch neben den ἱερατικὰ γράμματα nur noch
die Kenntnis der Αἰγύπτια γράμματα, d. h. der damaligen Schriftzeichen gefordert
wird, so ergibt sich, daß die Kenntnis der Hieroglyphenschrift wohl kaum allgemeiner verbreitet gewesen ist. Von Wichtigkeit ist es übrigens auch, daß uns
hier die ἱερογραμματεῖς als die besonders Schriftkundigen klar entgegentreten.

4) Siehe Tzetzes, Com. in Iliad. p. 123 ed. G. Hermann; vgl. hierzu S. Birch,
On the last book of Chairemon on hieroglyphics in Transacts of the royal societ.
of literat. 2. Ser. Vol. III S. 385 ff. Das andere Fragment dieser Schrift bei Tzetzes,
hist. V. 395 ist an und für sich belanglos, zeigt jedoch — und das ist wichtig —
auch keinen philologischen Charakter.

5) Siehe hierzu Schwartz a. a. O. Sp. 2026 u. Bd. I. S. 199.

Keine Anzeichen liegen bisher vor, daß sich die ägyptischen Priester noch in anderen wissenschaftlichen Disziplinen in irgendwie nennenswerter Weise betätigt haben. Nach alledem haben wir m. E. keinen Anlaß, den Leistungen der Priester auf wissenschaftlichem Gebiete größere Bedeutung beizumessen. Es dürfte zwar auch noch in hellenistischer Zeit in priesterlichen Kreisen ein ganz beträchtliches Wissen vorhanden gewesen sein, das aber gegen früher keine sonderlichen Fortschritte aufzuweisen hatte und daher mehr oder weniger veraltet war; so läßt sich denn auch bisher nicht erweisen, daß die Erkenntnisse der damaligen Priester auf die wissenschaftliche Entwicklung der Zeit einen bestimmenden Einfluß ausgeübt haben, wenn auch natürlich der eine oder der andere Priester, der sich etwa wie Chairemon ganz dem Hellenismus ergeben hatte, auf diesen seinerseits eingewirkt haben wird. Ob die Priester für die Verbreitung ihres Wissens auch in nichtpriesterlichen Kreisen durch Unterricht gesorgt haben, ist schwer zu entscheiden; Priesterschulen, die sogenannten „Lebenshäuser", hat es zwar sicher auch noch in hellenistischer Zeit gegeben[1]), über ihre Tätigkeit haben wir jedoch keine positiven Belege.[2])

Im Vorhergehenden ist bereits gelegentlich die Stellung der Priester zum Hellenismus gestreift worden. Wenn sich auch im einzelnen wenig Sicheres feststellen ließ, so erscheint mir trotzdem die Behauptung gestattet, daß der Hellenismus auch auf die Bildung der ägyptischen Priester, in denen man eigentlich die Vertreter des starren Ägyptertums sehen möchte, einen gewissen Einfluß ausgeübt hat. So braucht man sich denn auch nicht darüber zu wundern, daß der Bibliothek des Soknopaiostempels auch ein Werk wie die Tragödie „Hektor" des griechischen Dichters Astydamas angehört hat[3]),

---

1) Vgl. etwa Diodor I. 81. Es sei hierzu ferner an den Priestertitel „Schreiber des Lebenshauses" erinnert, der auch noch in hellenistischer Zeit üblich gewesen ist (siehe Bd. I. S. 87). Auch in der römischen Zeit angehörenden Fassung des Romans des Setni finden wir das „Lebenshaus" als Priesterschule erwähnt, siehe Griffith, Stories usw. S. 44. Hingewiesen sei schließlich noch darauf, daß wir durch die sog. naophore Stele des Vatikan über die Reorganisation einer Priesterschule genauer unterrichtet sind, die freilich schon zur Zeit Darius' I. erfolgt ist (siehe Schäfer, Die Wiedereinrichtung einer Ärzteschule in Sais unter König Darius I., Ä. Z. XXXVII [1899] S. 72 ff.).

2) Ob die in P. Par. 51, 10 erwähnte im Serapeum bei Memphis gelegene Schule des Tothes eine Priesterschule gewesen ist, läßt sich nicht entscheiden; sie könnte immerhin auch von einem Laien geleitet worden sein, da uns ja viele Laien bekannt geworden sind, die im Serapeum ihr Gewerbe ausgeübt haben (siehe Bd. I. S. 283 ff.).

3) Siehe P. Amh. II. 10 u. Bd. I. S. 338. Die obige Feststellung wird m. E. noch bemerkenswerter, wenn wir ihr gegenüber uns der außerordentlichen Geringschätzung erinnern, mit der ein koptischer Mönch, Schenute von Atripe, von den Lustspielen des Aristophanes spricht, siehe Erman, Schenute und Aristophanes, Ä. Z. XXXII (1894) S. 134.

auch die Aufstellung von Statuen griechischer Dichter und Philosophen im Serapeum bei Memphis wird unter diesem Gesichtspunkte
verständlich.[1])

So vollständig wie Manetho und vor allem Chairemon mögen
sich freilich nur wenige Priester dem Hellenismus ergeben haben,
vornehmlich etwa die, welche durch ihre Anteilnahme am öffentlichen
Leben oder durch ihren Wohnsitz[2]) mit ihm in besonders enge Berührung kommen mußten; am wenigsten dürften wohl die Mitglieder
der niederen Priesterschaft von der griechischen Bildung beeinflußt
worden sein.[3]) Immerhin hat man aber damit zu rechnen, daß der
großen Masse der Priester wenigstens die griechische Sprache
durchaus verständlich gewesen ist. Es sei hier einmal daran erinnert,
daß in den Tempelkanzleien sehr viele und zwar die verschiedenartigsten Schriftstücke in griechischer Sprache angefertigt worden sind
(siehe Bd. II S. 161). Auf die Bekanntschaft der Priester mit der
griechischen Sprache weist uns ferner aber auch die große Anzahl
griechischer Papyri aus ptolemäischer und römischer Zeit hin, welche
private Eingaben von Priestern und Priesterinnen an die staatlichen
Behörden[4]), von ihnen abgeschlossene Verträge[5]), durch sie ausgestellte

1) Siehe Mariette, Le Sérapeum de Memphis I. S. 13/14; 16; 77/78.
2) Siehe hierzu die Ausführungen in Abschnitt 1B dieses Kapitels. In
nähere Berührung mit dem Hellenismus mußten alljährlich auch alle die Priester kommen, welche im 3. Jahrhundert v. Chr. an den in der Zentrale des
griechischen Geisteslebens, in Alexandrien, stattfindenden allgemeinen Priesterversammlungen teilgenommen haben (siehe Bd. I. S. 73/4). Aus römischer Zeit
sind uns übrigens noch private Reisen ägyptischer Dorfgeistlicher aus dem
Faijûm nach Alexandrien bezeugt (B. G. U. I. 321 [= 322]; P. Tebt. II. 292).
3) Man darf es m. E. auf keinen Zufall zurückführen, daß wir gerade so
viele demotische Verträge besitzen, die von niederen Priestern abgeschlossen
worden sind. Vor zu starker Verallgemeinerung warnt freilich ein Dokument
wie P. Oxy. III. 491, wo gerade ein niederer Priester, ein Pastophore, eine
ganz besonders gute Kenntnis des Griechischen verrät; vergl. als Gegenstück
etwa B. G. U. I. 86.
4) In dieser, sowie in den 3 folg. Anm ist Vollständigkeit der Belege nicht
erstrebt; die aus römischer Zeit stammenden überwiegen auch in diesen Auf-
zählungen durchaus. Hieraus darf man jedoch vorläufig noch keine Schlüsse
auf eine etwaige Änderung der einschlägigen Verhältnisse gegenüber denen der
ptolemäischen Zeit d. h. etwa der letzten zwei Jahrhunderte v. Chr. ziehen; die
größere Zahl kann sehr wohl allein die Folge davon sein, daß uns überhaupt
bisher bei weitem mehr römische als ptolemäische Papyri bekannt geworden sind.
Für die Eingaben siehe etwa z. B. ptolemäische Zeit: P. Leid. G (= H;
J; K); P. Tor. 5 (= 6; 7); 8; 11; P. Amh. II. 35; P. Tebt. I. 42; römische Zeit:
B. G. U. I. 28; 36; 112; 163; 250; II. 522; 536; III. 706; 786; IV. 1036; P. Lond.
II. 338 (S. 68); 299 (S. 150); P. Oxy. I. 46; P. Amh. II. 77; 97; P. Rainer, publ.
Stud. z. Paläogr. usw. 2. Heft S. 29 ff.; P. Tebt. II. 292; 294; 299; 300; 301.
5) Siehe z. B. ptolemäische Zeit: P. Grenf. I. 44; II. 15; 21; 33; P. Par.
5 (= P. Leid. M); römische Zeit: B. G. U. I. 86; 87; 233; 240; 290; II. 445;
P. Lond. II. 262 (S. 176); 336 (S. 211); 308 (S. 218); P. Amh. II. 112; 113; P. Oxy.
III. 491.

Quittungen[1]), an sie gerichtete oder von ihnen verfaßte Briefe u. dergl.[2]) enthalten. Die durch dies alles bezeugte Kenntnis der Sprache schließt natürlich noch nicht in sich, daß die betreffenden auch **griechisch lesen und schreiben** konnten. Leider erscheint mir bei vielen priesterlichen Dokumenten eine Entscheidung nicht möglich, ob sie von den Priestern selbst geschrieben sind oder ob doch nicht andere sie in ihrem Namen verfaßt haben[3]); immerhin ist die uns bekannte Zahl der Priester, welche die griechische Schrift mehr oder weniger vollkommen beherrscht haben[4]), größer als die der ἀγράμματοι[5]).

---

1) Siehe z. B. die Bd. I. S. 359 ff. erwähnten λογεία-Quittungen; P. Berl. + Petersb. bei Wilcken, Hermes XXII (1887) S. 143; B. G. U. III. 707; P. Amh. II. 56; 57; P. Grenf. II. 64; P. Gen. 32; P. Straßb. 1105 bei Reitzenstein, Zwei relig. Fragen S. 7, A. 4. Die Belege stammen alle aus römischer Zeit.

2) Siehe etwa P. Amh. II. 40; 41; P. Tebt. I. 59 (diese aus ptolemäischer Zeit); P. Lond. II. 281 (S. 65); 286 (S. 183); B. G. U. III. 783 (ein Priester an andere Priester in einer privaten Angelegenheit); P. Fay. 125 (daß der hier genannte ἀρχιερεύς ägyptischer Priester gewesen ist, ist freilich nicht sicher); P. Tebt. II. 309 (Korrespondenz von Priestern untereinander); 314; 315.

3) Es ist dies vor allem bei den Eingaben der Priester der Fall. Geben sich doch z. B. die „Zwillings"papyri des Serapeums zum großen Teil ganz so, als wenn sie von den „δίδυμαι" selbst verfaßt seien, und doch sind sie alle von dem κάτοχος Ptolemaios geschrieben.

4) Siehe ptolemäische Zeit: P. Grenf. I. 44 (wohl 4 Priester); römische Zeit: B. G. U. I. 321 (= 322); P. Lond. II. 299 (S. 150) (daß er von dem Priester selbst geschrieben, ist wohl aus Vergleich von Z. 5—13 mit Z. 19/20 zu entnehmen); 262 (S. 176); 286 (S. 183) (2 Priester); 335 (S. 191) (2 Priester); P. Amh. II. 77 (der Inhalt zeigt, daß der hier erwähnte Priester die griechische Schrift und Sprache ganz vollkommen beherrscht haben muß); P. Berl. + P. Petersb. (4 Priester); P. Oxy. III. 491; P. Fay. 125 (siehe Anm. 2); wohl auch B. G. U. III. 783; P. Tebt. II. 293 (3 Priester); 298 (3 Priester); 300; 301 (2 Priester); 303 (2); 309 (5 Priester); 311; 312 (2 Priester); 314; 315.

5) B. G. U. I. 86; 87 (ἱέρεια); P. Lond. II. 262 (S. 176) (ἱέρεια); 334 (S. 211) (ἱέρεια u. wohl 2 Priester, denn nicht sie fungieren für ihre weiblichen Verwandten, als deren κύριοι sie genannt sind, als ὑπογραφεῖς der Urkunde, sondern ein Fremder); P. Amh. II. 112; 113 (hier kann der Sohn des Priesters schreiben); P. Straßb. 1105 u. P. Gen. 32 (auf Grund der demotischen Unterschrift scheint es mir, als ob der betreffende Priester den vorhergehenden griechischen Text nicht geschrieben hat); P. Tebt. II. 303 (4 Priester). Nach Wessely, Kar. u. Sok. Nes. S. 67 sollen auch unpubl. P. Rainer Belege für ἀγράμματοι enthalten, darunter auch einen, dem zufolge auch Mitglieder des leitenden Priesterkollegiums es gewesen sind. Vielleicht ist es übrigens auch bei denen in C. P. R. I. 221 der Fall; jetzt sind uns durch T. Tebt. II. 309 von einem Kollegium von 10 leitenden Priestern 5 als ἀγράμματοι gekennzeichnet. Vielleicht bieten auch P. Berl. + P. Petersb.; P. Amh. II. 97 (siehe Z. 2 gegenüber Z. 19); P. Tebt. I. 42; P. Tebt. II. 298 Belege für ἀγράμματοι ἱερεῖς (der Inhalt von P. Tebt. I. 42 weist zum mindesten auf geringe Lesefähigkeit des betreffenden Priesters hin). Bei dem gewesenen ἀρχιερεύς in P. Oxy. I. 71, der sich als ἀγράμματος bezeichnet, ist es nicht sicher, ob man ihn als ägyptischen Priester fassen darf; vergl. übrigens P. Amh. II. 82. Alle Belege gehören der römischen Zeit an.

Nach den vorliegenden Proben scheint freilich das Griechisch in priesterlichen Kreisen oft nicht von besonderer Güte gewesen zu sein.[1]) Übrigens darf man nicht etwa in den als ἀγράμματοι in den Urkunden bezeichneten Priestern vollständige Analphabeten sehen, denn es scheint mir sicher, daß so ziemlich alle Priester — Ausnahmen dürfte es wohl nur unter denen ganz niedrigen Ranges gegeben haben — demotisch schreiben und lesen gekonnt haben.[2])

Auch die Namen der Priester zeigen uns, daß sie keine prinzipiell ablehnende Stellung zum Hellenismus eingenommen haben. Wir finden nämlich, daß sich im Laufe der Zeit ebenso wie bei den anderen Ägyptern auch bei den Priestern griechische Namen eingebürgert haben[3]); so repräsentiert der ἱερογραμματεύς Chairemon gegenüber Manetho auch schon in seinem Namen die neue Zeit.[4])

Die mannigfachen Einzelbeobachtungen dieses Abschnittes kann man wohl zum Schluß dahin zusammenfassen, daß die ägyptischen Priester der hellenistischen Zeit zwar allem Anschein nach zumeist wohlunterrichtete Leute gewesen sind, welche ihren Volksgenossen an Wissen jedenfalls überlegen waren, daß jedoch die Alten ihre Bildung viel zu günstig beurteilt haben. Denn die ägyptischen Priester haben, von etwaigen Ausnahmen abgesehen, auch nicht im entferntesten den Bildungsgrad besessen, wie er damals in echthellenistischen Kreisen üblich gewesen ist.

Über die Bildung der griechischen Priester Ägyptens ist näheres nicht zu ermitteln; es sei deshalb hier nur daran erinnert,

---

1) Ganz charakteristisch hierfür erscheint mir z. B. die eigenhändige Unterschrift eines Stolisten unter einer Eingabe, bei der er in 3 Worten 2 Fehler gemacht hat (B. G. U. I. 321 [= 322]).

2) Für die Phylenpriester wird uns diese Kenntnis jetzt durch P. Tebt. II. 291 Col. 2 als eine der Amtsvorbedingungen bezeugt.

3) Siehe z. B. ptolemäische Zeit: Διόδωρος (P. Amh. II. 56 u. 57); Ἐράτων (C. I. Gr. III. 4902 Add.); Κέλης (P. Grenf. II. Col. 2, 6); römische Zeit: Χαιρήμων (Belege siehe vorher S. 212, A. 1; jetzt auch P. Tebt. II. 301); Ἡρώδης (P. Lond. II. 262 [S. 176]; 299 [S. 150]); Πτολεμαῖος (P. Lond. II. 258 [S. 28], Z. 215; P. Fay. 125 [?]); Εὐρήμων (P. Lond. II. 345 [S. 113]); Ἀπολλώνιος (P. Gen. 7); Φάνης (B. G. U. I. 82); Τρύφων (B. G. U. I. 163); Δίδυμος (P. Lond. II. 188 [S. 141], Z. 116); Μάρων (P. Lond. II. 188 [S. 141], Z. 75; P. Tebt. II. 293; 301; 303; 312); Ζώσιμος (P. Tebt. II. 301); Χαιρέας (P. Tebt. II. 314); Κρονίων (P. Tebt. II. 292; 293; 303); Ἰσιδώρα (P. Tebt. II. 292); Εὐδαίμων (P. Oxy. III. 491); siehe schließlich noch den Vatersnamen Φαῦστος eines Priesters auf dem Mumienetikett 9350 bei Milne, Greek inscript. Cat. gén. des antiq. égypt. du musée du Caire Bd. XVIII. Daß einer von den hier genannten ägyptischen Priestern von Nation Grieche gewesen ist, läßt sich nicht erweisen.

4) Manetho ist bekanntlich ein rein ägyptischer Name; er bedeutet allerdings nicht, wie noch in Handbüchern zu finden ist (siehe z. B. Susemihl a. a. O. I. S. 608, A. 425; Christ, Geschichte der griechischen Literatur[4] S. 580, A. 1), „der von Toth Gegebene", sondern „der von Gott Geliebte" (Θεόφιλος).

daß einer der Alexanderpriester aller Wahrscheinlichkeit nach ein
auch in weiteren Kreisen bekannter Arzt gewesen ist (siehe Bd. I.
S. 184, A. 3), und daß der ἀρχιερεύς Apollonios aus Letopolis
sich später als Historiker einen Namen gemacht hat (siehe vorher
S. 230).

B. Moral.

Bei den alten Schriftstellern finden wir ziemlich häufig Urteile
allgemeiner Natur über den Charakter und die Moral der Ägypter in
hellenistischer Zeit[1]); günstig lauten sie im allgemeinen nicht, man
muß freilich berücksichtigen, daß sie ganz abgesehen von der Einwirkung spezieller subjektiver Empfindungen vor allem durch die
schlechte Meinung stark beeinflußt sein werden, die man allenthalben
von den nach außen am meisten hervortretenden Vertretern Ägyptens,
den Alexandrinern, hatte.[2]) Immerhin darf man wohl diese Urteile
der Alten zur Grundlage des eigenen machen.[3])

Über die ägyptischen Priester und ihre Moral sind uns alsdann
sogar besondere Zeugnisse erhalten, auf die man allerdings nur wenig
geben darf.[4]) Denn wenn uns z. B. Chairemon (bei Porphyr. de abst.
IV. 6—8) die Priester als besonders gottesfürchtige Menschen, als
„Heilige" schildert, denen alle menschlichen Leidenschaften fern lagen,
so ist dies nur ein weiterer Zug des von ihm von den Priestern ent-
worfenen Idealbildes (siehe Bd. II. S. 167/8 u. 211), Chairemons Verherrlichung kann uns also über die wirklichen Zustände keine befriedigenden Aufschlüsse geben. Auch Josephus' (c. Apion. II. § 140 ed.
Niese) Lob der besonderen Frömmigkeit der Priester ist kein vollwertiges Zeugnis, verbindet er doch mit ihm einen apologetischen
Zweck, die Rechtfertigung der jüdischen Beschneidung durch die von
so gottesfürchtigen Menschen, wie es die ägyptischen Priester gewesen sein sollen.

Viel beachtenswerter als solche Auslassungen sind die an die
Priester gerichteten Ermahnungen und Verwarnungen, welche wir an
den Wänden der Tempel von Dendera und Edfu lesen.[5]) Die Priester werden in ihnen u. a. ermahnt, gegen ihre Mitmenschen nicht

---

1) Siehe z. B. Theokrit XV, 47 ff.; Tacitus, hist. I. 11; Plinius, Paneg. 31;
Script. hist. Aug. vit. Saturn. c. 7/8; vit. trig. tyr. c. 22; Amm. Marcell. XXII.
16, 23; Suidas, s. v. δεινοί; αἰγυπτιάζειν.

2) Hierüber siehe etwa Lumbroso, L'Egitto[2] Cap. XI.

3) Dies scheint mir umsomehr berechtigt, als auch die Angaben des uns
erhaltenen urkundlichen Materials dem nicht entgegenstehen.

4) Histörchen rein literarischen Charakters berücksichtige ich hier nicht,
zumal sie auch zumeist von nicht in Ägypten selbst lebenden Priestern ägyptischer Götter handeln; auf solche beziehen sich wohl auch z. B. Bemerkungen
wie die Tertullians, de monogam. c. XVII und liber de exhortat. castit. c. XIV.

5) Siehe die hieroglyphischen Inschriften, benutzt von Brugsch, Ägyptologie
S. 59/60.

gewalttäig zu sein, sie überhaupt nicht zu schädigen; sie sollen nicht prahlerisch sein, nicht lügen um des eigenen Vorteils willen und nicht unnötige Eide leisten. Ausdrücklich werden die Priester auch noch vor Betrügereien und vor Unterschlagungen von Tempeleinkünften gewarnt. Niedergeschrieben sind diese Ermahnungen erst in hellenistischer Zeit, sie waren also für die damaligen Priester bestimmt; ich wage jedoch nicht zu entscheiden, ob es sich hier nur um die Wiederholung alter geläufiger Satzungen, um die Aufzeichnung eines allgemeinen priesterlichen Sittenkodex auf den Tempelwänden handelt, oder ob auf die Abfassung der Vorschriften bestimmte, allgemeiner verbreitete Mißstände bestimmend eingewirkt haben. Wäre das letztere der Fall, dann wären die Inschriften allerdings ein schwerwiegendes Zeugnis dafür, daß damals in den Reihen der Geistlichkeit recht unbefriedigende moralische Anschauungen herrschend gewesen sind.

An und für sich dürfte alsdann mancher vielleicht geneigt sein auch die zeitgenössischen Papyrusurkunden als besonders beweiskräftige Zeugnisse für schlechte sittliche Zustände innerhalb der Priesterschaft anzuführen, denn sie machen uns mit den verschiedenartigsten Vergehungen von Priestern bekannt.

So haben sich die Priester nicht gescheut sich gegenseitig zu schädigen. Es sei hier einmal daran erinnert, daß im großen Serapeum bei Memphis die Tempelverwaltung unrechtmäßiger Weise den „Zwillingen" einen Teil des ihnen zustehenden Naturalgehaltes nicht verabfolgt hat[1]), was diese bei ihrer ungünstigen pekuniären Lage besonders hart getroffen hat (siehe hierzu etwa Bd. II. S. 134 ff. u. 170). Ein ähnlicher Fall, widerrechtliche Schmälerung der den Priestern offiziell zustehenden Tempeleinnahmen durch den Vorstand der Tempelverwaltung, ist uns alsdann gleichfalls aus dem 2. Jahrhundert v. Chr. auch für das Soknopaiosheiligtum bekannt geworden (P. Amh. II. 35; siehe hierzu Bd. II. S. 38/9). Derselben Zeit gehört auch der von einer Priesterin des Soknopaios unternommene übrigens erfolglose Versuch an einen ihrer Mitpriester um ein ihm gehörendes Hausgrundstück zu bringen (P. Amh. II. 30). Obwohl dieses von ihrem Vater oder Großvater dem Vater des Priesters verkauft worden war, hatte sie sich doch desselben bemächtigt, hierzu vielleicht veranlaßt durch den Verlust der über den Verkauf aufgesetzten Urkunden; erst durch das Einschreiten der staatlichen Behörden ist der Priester wieder in sein Eigentum eingesetzt worden. Von einer Vermögensschädigung eines Soknopaiospriesters durch einen anderen berichten uns auch Urkunden aus dem Beginn des 1. Jahrhunderts

---

1) Der Priester, der hieran hauptsächlich schuld gewesen zu sein scheint, der Vorsteher des Heiligtums des altägyptischen Sarapis, wird in einer der Petitionen der „Zwillinge" von diesen als „πάντων ἀνθρώπων ἀγνωμονέστατος" charakterisiert (P. Par. 26, 26/7).

n. Chr.[1]); darnach wird der ἱερεύς Nesthnephis beschuldigt aus der
dem Priester Satabus gehörenden Mühle einen steinernen Getreide-
mörser geraubt zu haben.

Infolge dieser Anschuldigung sind zwischen den beiden Priestern
lang andauernde Streitigkeiten entstanden. Nesthnephis hat sich an
Satabus tätlich vergriffen (Belege siehe Anm. 1) und ihn einige Jahre
später denunziert „ψιλοὺς τόπους ἀδεσπότους" d. h. staatliches Eigentum für sich okkupiert zu haben.[2]) Natürlich hat die Rachsucht und
nicht das Rechtsgefühl diese Anzeige veranlaßt, auf die dann später
der Sohn des Satabus durch eine gleichartige Denunziation gegen
Nesthnephis geantwortet hat.[3]) Streitigkeiten der Priester unter
einander scheinen überhaupt recht häufig vorgekommen zu sein; wir
kennen noch solche im Anschluß an die Besetzung von Priesterstellen[4]) und den erbitterten Streit, der in der zweiten Hälfte des
2. Jahrhunderts v. Chr. um den Besitz einer Insel zwischen der
Priesterschaft von Hermonthis und der von Pathyris und Krokodilopolis ausgebrochen war[5]) und der dann sogar zu heftigen Kämpfen
der betreffenden Ortschaften gegen einander geführt hat.[6])

In einigen der erwähnten Fälle, vor allem bei den geschilderten
Unregelmäßigkeiten in der Tempelverwaltung[7]), ist die Handlungsweise der Priester besonders verwerflich, da sie sich direkt als Betrug oder Diebstahl charakterisiert. Eine betrügerische Handlung

---

1) P. Wess. Taf. gr. tab. 11 N. 7; tab. 8 N. 12.

2) P. Wess. Taf. gr. tab. 7 N. 10; tab. 9 N. 13; tab. 9 N. 14; tab. 8 N. 11;
tab. 7 N. 8; P. Lond. II. 355 (S. 178) (= Wess. Taf. gr. S. 4 tab. 4).

3) P. Wess. Taf. gr. tab. 7 N. 9. Die Namen des betreffenden Priesters
legen es nahe, in ihm einen Sohn des Satabus zu sehen.

4) Siehe P. Gen. 7; unpubl. P. Rainer 107 bei Wessely, Kar. u. Sok. Nes.
S. 64, 68 u. 80; P. Tebt. II. 291; 297. Wie solche Streitigkeiten entstehen
konnten, zeigt uns jetzt P. Tebt. II. 314. Ihm zufolge ist nämlich bei der Aufnahme eines Priesteranwärters in die Priesterschaft von den sie betreibenden
Priestern allem Anschein nach nicht ehrlich vorgegangen worden, man hat hier
also selbst die Grundlage zu späteren Streitigkeiten, zur Anzweiflung der Berechtigung eine Priesterstelle inne zu haben, gelegt.

5) Unpubl. P. Lond. 610, erwähnt von Grenfell-Hunt, Archiv I. S. 57. Zu
der obigen Angabe, daß hier die Priesterschaft von Pathyris und von Krokodilopolis in Betracht kommt, siehe Bd. I. S. 20/21 über den Zusammenschluß
der Priester der beiden Städte zu einem Kollegium.

6) Siehe P. Gizeh 10351 u. 10371, publ. von Grenfell-Hunt, Archiv I. S. 59 ff.
Vor allem der 2. Papyrus zeigt uns deutlich den hervorragenden Anteil, den die
Priester an diesen recht wilden Streitigkeiten genommen haben, diese übrigens
eine vorzügliche Illustration zu den Erzählungen des Plutarch, De Isid. et Osir.
c. 72 und Juvenal XV, 33 ff.; vergl. jetzt auch B. G. U. IV. 1035.

7) P. Tebt. II. 315 macht uns mit einem weiteren Falle aus dem Soknebtynistempel (2. Jahrhundert n. Chr.) bekannt. Hier handelt es sich allem Anschein nach um Unrichtigkeiten in der Buchführung des Tempels, die wohl zur
Verdeckung von Unterschlagungen dienen sollen. Es wird der Versuch gemacht,
dies zu vertuschen.

eines Priesters, eines Propheten des Soknopaios, hat übrigens auch
die Veranlassung zu der Denunziation des Satabus durch Nesthnephis
gebildet, da der Prophet und nicht Satabus die betreffenden ἀδέσποτα
okkupiert und sich dann nicht gescheut hat sie als sein volles Eigentum an Satabus mit zu verkaufen.[1]) Der Vorwurf des Diebstahls
begegnet uns gleichfalls mehrere Male.[2]) So wird Nesthnephis nicht
nur der Beraubung der Mühle beschuldigt, sondern später auch noch
eines Ziegeldiebstahls im Heraklesheiligtum (P. Wess. Taf. gr. tab. 7,
N. 9). Einem anderen Priester des Soknopaios wird etwa 1½ Jahrhunderte später von einem seiner Mitpriester vorgeworfen, einen Teil
des Nachlasses einer ohne Erben und Testament gestorbenen Frau
unterschlagen zu haben (unpubl. P. Rainer 117 bei Wessely, Kar. u.
Sok. Nes. S. 68). Die schwere Beschuldigung des Tempelraubes
finden wir alsdann in einer der vielen an die Regierung gerichteten
Eingaben des κάτοχος Ptolemaios (P. Par. 35 = 37) gegen den Stellvertreter des Vorstehers des großen Serapeums bei Memphis (siehe
Bd. I. S. 41/42) und den Vorstand seiner Pastophoren ausgesprochen.
Sie sollen zusammen mit ihren Spießgesellen das Astartieion seines
ganzen Inventars beraubt und sich hierbei auch an dem im Heiligtum
aufbewahrten Besitz der κάτοχοι unter Gewalttätigkeiten gegen diese
vergriffen haben. Würden sich die Angaben des Ptolemaios als wahr
erweisen, so würden sie uns ein sehr trübes Bild von den Zuständen
im großen Serapeum enthüllen. Es ist mir jedoch sehr fraglich, ob
man hier dem guten Ptolemaios, der mir etwas vom Querulanten an
sich zu haben scheint[3]), ohne weiteres vollen Glauben schenken darf,
denn es erscheint mir sehr wohl möglich, daß er die tatsächlichen
Vorkommnisse in einem falschen, die Priester schädigenden Lichte
geschildert hat.[4])

---

1) Von den P. Wess. Taf. gr. S. 3—6 mitgeteilten Papyri siehe besonders
P. Lond. II. 262 (S. 176), tab. 8 N. 11, P. Lond. II. 355 (S. 178), tab. 11 N. 19.

2) Siehe jetzt auch P. Hibeh I. 72 (3. Jahrhundert v. Chr.), wonach ein
Priester das offizielle Tempelsiegel entwendet hat; er selbst leugnet es zwar,
doch mit Unrecht.

3) So hat auch schon Revillout a. a. O. Rev. ég. V. S. 53/4 geurteilt.

4) Wenn es sich hier wirklich um eine Beraubung des Heiligtums durch
Priester gehandelt hätte, dann hätten diese doch wohl gleich alles Wünschenswerte aus dem Heiligtume weggeschafft und nicht erst eine offizielle Versiege-
lung des vorläufig Zurückgelassenen vorgenommen (P. Par. 35, 16 ff. = 37, 19).
Auch die von Ptolemaios berichtete Wegnahme der Deposita der κάτοχοι im
Heiligtum darf wohl nicht als Diebstahl betrachtet werden, denn wir erfahren
z. B. von dem Geldbehälter des einen κάτοχος, daß er versiegelt und von den
Priestern nicht an sich genommen, sondern bei einem Manne deponiert worden
ist (P. Par. 35, 21 = 37, 26/7). Sieht man in dem Vorgehen der Priester keinen
Raub, dann liegt es m. E. nahe, es mit der auch von Ptolemaios berichteten
Durchsuchung des Astartieions nach Waffen in Verbindung zu bringen, die un-
mittelbar vorher die königliche Polizei vorgenommen hat (P. Par. 35, 5 ff. = 37,

Zur Vorsicht in der Verwertung von Anschuldigungen mahnt uns übrigens auch gerade jene, welche um 108 n. Chr. gegen einige Soknopaiospriester vorgebracht worden ist (B. G. U. I. 163); denn hier gewinnen wir aus der deswegen angestellten amtlichen Untersuchung den Eindruck, daß sie zu Unrecht der Brandstiftung bezichtet worden sind.[1]) Nicht entscheiden läßt es sich alsdann, ob der Vorwurf des Meineides berechtigt war, den ein Priester gegen einige andere erhoben hat (B. G. U. III. 783, 2./3. Jahrh. n. Chr.); diese sollen ihn geleistet haben, um sich der Erfüllung der von ihnen eingegangenen Verbindlichkeiten zu entziehen. Den sittlichen Anforderungen, die man an einen Gottesdiener stellt, entspricht es auch nicht, wenn wir z. B. von Gewalttätigkeiten hören, die Priester gegen andere verübt haben[2]), wenn sich ferner diese nicht scheuen, Darlehen, die wucherischen Charakter haben, zu verabfolgen (siehe Bd. II. S. 204 ff.) und wenn sie so wenig Nächstenliebe üben, daß eine verwitwete Priesterin sich in einer Eingabe an die Behörden als „ἀβοηθητός" bezeichnen muß (B. G. U. II. 522, 2. Jahrh. n. Chr.). Hingewiesen sei schließlich noch auf den von einer Priesterin des Petesuchos ausgestellten libellus libellatici[3]); es ist also selbst nicht eine amtierende Priesterin von dem Verdacht Christin zu sein ausgeschlossen gewesen.

Den hier mitgeteilten Zeugnissen über das sittliche Verhalten der Priester, die geeignet sind ein ungünstiges Urteil hervorzurufen, läßt sich vorläufig nur eins gegenüberstellen, das erfreulich wirkt, nämlich jenes, welches uns von der Anzeige eines Soknopaiospriesters bei der vorgesetzten Behörde berichtet, durch die die Unterschleife der mit ihm bei der Torzollstation von Soknopaiu Nesos beschäftigten Beamten aufgedeckt werden (P. Amh. II. 77, 2. Jahrh. n. Chr.). Trotzdem wäre es falsch, heute schon ein abschließendes allgemeines Urteil über die Moral der Priester zu fällen. Einmal ist das uns bisher hierfür vorliegende urkundliche Material doch noch sehr geringfügig. Wir haben es ferner auch oft nur mit Anschuldigungen zu tun, von denen wir nicht wissen, ob sie berechtigt waren. Schließlich ist noch zu beachten, daß in urkundlicher Tradition über mora-

---

5 ff.); welche besonderen Gründe die Priester alsdann zu ihrem Vorgehen bestimmt haben, darüber ließen sich natürlich die verschiedensten Vermutungen anführen.

1) Man könnte auch auf den sog. Hermiasprozeß (P. Tor. 1; 2; P. Par. 15) und auf P. Tor. 3 u. 4 verweisen, denen der gegen Choachyten gerichtete Vorwurf fremden Besitz okkupiert zu haben zugrunde liegt, eine Beschuldigung, die sich jedoch als falsch herausstellt.

2) Siehe vorher S. 240; ferner P. Grenf. I. 38 (1. Jahrh. v. Chr.; ein Pastophore vergreift sich an einem Gendarmen); P. Tor. 3, 29—31 (Choachyten; 2. Jahrh. v. Chr.).

3) Unpubl. P. Alexandr., erwähnt von Wilcken, Archiv I. S. 174, A. 1 und von Seymour de Ricci, Rev. des étud. grecq. XIV (1901) S. 200.

lische Zustände die Schattenseiten stets besonders deutlich hervortreten, da sie Anlaß zum Einschreiten geben; von dem Guten, von
ehrbarem Lebenswandel u. dergl., zu berichten, hat man in Urkunden
für gewöhnlich keine Veranlassung.

So müssen wir uns denn vorläufig damit bescheiden gezeigt zu
haben, daß es in hellenistischer Zeit auch viele schlechte Elemente
unter den Priestern gegeben hat, daß man überhaupt deren Moral
nicht zu hoch einschätzen darf; auch die Priester haben sich
durchaus von menschlichen Leidenschaften beherrschen lassen, selbst
vor der Begehung gemeiner Verbrechen hat sie ihr priesterliches Amt
nicht bewahrt.

3. Die staatsrechtliche Stellung.

A. Der Beamtencharakter der Priester.

Wie bereits bemerkt (Bd. II. S. 186 ff.), liegen uns bisher aus
hellenistischer Zeit nur wenige Zeugnisse für die amtliche Tätigkeit
ägyptischer Priester in weltlichen Stellungen vor; es scheint also
für sie damals nicht mehr so wie in den älteren Zeiten die Möglichkeit bestanden zu haben, durch Erlangung weltlicher Ämter im Staatsdienst emporzukommen[1]) und hierdurch sich selbst, sowie ihren
Stand zu größerer Geltung zu bringen. Dem gegenüber erscheint
mir die Feststellung besonders wichtig, daß man die Priester, wenigstens die höherer Ordnung, schon allein im Hinblick auf ihr priesterliches Amt als Staatsbeamte auffassen muß und daß uns dieser
Beamtencharakter der Priester während der ganzen hellenistischen
Zeit entgegentritt.

Es sei einmal daran erinnert, daß der Eintritt in die höhere
Priesterschaft ebenso wie der in die Beamtenlaufbahn durchweg von
der Zustimmung des Staates abhängig gewesen ist und daß dieser
auch auf das Avancement der Priester einen bestimmenden Einfluß
ausgeübt hat.[2]) Ferner ist zu beachten, daß sowohl über das religiöse
Verhalten der Priester als auch über ihre Verwaltungstätigkeit im
Interesse ihrer Tempel die Oberaufsicht und mit ihr verbunden die
Disziplinargerichtsbarkeit stets Regierungsbeamten weltlichen Charakters zugestanden hat und von diesen in sehr umfassender Weise ge-
handhabt worden ist[3]); die Geistlichkeit war also auch hierdurch dem
staatlichen Beamtenapparat eingegliedert. Ihre Gleichstellung mit den

---

1) Die Verhältnisse der alten Zeit spiegeln Nachrichten wie z. B. die Pla-
tons, Polit. p. 290ᵈ; Diodor I. 73, 4; Strabo XVII. p. 787 u. 790 wieder; siehe
auch vorher S. 186, A. 3 und die Zusammenstellung der von Amonspriestern geführten weltlichen Titel bei W. Wreszinski, Die Hohenpriester des Amon S. 58 ff.

2) Siehe Kapitel III 1 B a u. b, bes. S. 228 u. 240.

3) Siehe Bd. I. S. 52 ff.; Bd. II. S. 75 ff., sowie überhaupt das ganze VI. Kapitel. Ein besonders instruktives Beispiel hierfür bietet uns jetzt übrigens
P. Tebt. II. 315.

Beamten und Angestellten des Staates erhellt schließlich auch daraus, daß die Regierung ihr ebenso wie diesen ein festes Gehalt, die sog. σύνταξις, gezahlt hat (Bd. I. S. 366 ff.). Unsere Auffassung der Priester als Staatsbeamte deckt sich übrigens durchaus mit der, die wir in einem königlichen Schreiben aus dem Ende des 2. Jahrhunderts v. Chr. (P. Leid. G) vertreten finden; in ihm sind nämlich in einer Aufzählung von staatlichen Beamten (Z. 1 ff.) auch die ἐπιστάται τῶν ἱερῶν καὶ ἀρχιερεῖς erwähnt, und an sie sind die Beamten, deren Spezialtitel nicht erst genannt wird, sondern die durch die Bezeichnung „οἱ τὰ βασιλικὰ πραγματευόμενοι“ zusammengefaßt werden, durch „οἱ ἄλλοι“ direkt angeschlossen (Z. 4/5).

Nicht nachweisen läßt sich bisher der Beamtencharakter für die Mitglieder der niederen ägyptischen Priesterschaft, denn bei ihnen finden sich zwar wohl das eine oder das andere der für die Beamtenstellung soeben angeführten Merkmale, aber nicht alle vereint bei ein und derselben Priestergruppe.[1]) So darf man denn hier vorläufig nur von einem gewissen Abhängigkeitsverhältnis sprechen, in dem sich die niederen Priester dem Staat gegenüber befunden haben; eine wirklich enge Verbindung mag wohl überhaupt nicht oder jedenfalls nur sehr selten bestanden haben.

Ein ähnliches Urteil darf man wohl über die Stellung der meisten griechischen Priester Ägyptens fällen. Ausschließen möchte ich hiervon nur die eponymen Priester in Alexandrien und Ptolemais; schon ihr Amt brachte sie ja mit dem Staat in engere Berührung, und ihnen wird man denn auch wohl Beamtencharakter zusprechen dürfen.[2])

Die hier vorgenommene Charakterisierung der Mehrzahl der ägyptischen Priester als Staatsbeamte ist für unser Urteil über ihre staatsrechtliche Stellung von großer Wichtigkeit. Auch ihre Beamtenstellung wird geminderte Selbständigkeit und einen gewissen Zwang mit sich gebracht haben; es erweisen sich uns also zum mindesten gerade die höheren Priester als eine soziale Gruppe, die nicht etwa besonders unabhängig dem Staate gegenüber gestanden, sondern sich im Gegenteil in besonderer Abhängigkeit von ihm befunden hat. Andererseits muß freilich die Zugehörigkeit der Priester zur staatlichen Beamtenschaft viel zur Hebung ihres Standes beigetragen haben, denn all die Vorteile und das Ansehen, das die weltlichen Beamten genossen, werden auch ihnen zugefallen sein.

1) Siehe Kapitel III 1 C; ferner Bd. I. S. 369/70, auch Bd. II. S. 152, A. 2.
2) Hierfür spricht einmal ihre Ernennung durch den König (Bd. I. S. 254 ff.). Hinzuweisen ist ferner, daß sich wenigstens für einen von ihnen, den Alexanderpriester, der Empfang der σύνταξις belegen läßt (Bd. I. S. 384) und daß uns schließlich für den alexandrinischen Alexandertempel — allerdings erst aus römischer Zeit — eine Beaufsichtigung durch einen Staatsbeamten bezeugt ist (Bd. II. S. 76).

B. Die Stellung der Priester zu staatlichen Privilegien und zu den bevorrechteten Klassen.

Vor allem von Revillout ist wiederholt die Behauptung ausgesprochen worden, die ägyptischen Priester hätten auch noch in hellenistischer Zeit das Vorrecht besessen, aus ihren Reihen alle einheimischen Richter, die λαοκρίται, zu stellen[1]); ein Priester soll nach Revillout (Précis du droit égyptien I. 813; II. 901, A. 1; 1484 ff.) sogar in römischer Zeit stets das Amt des ἀρχιδικαστὴς καὶ πρὸς τῇ ἐπιμελείᾳ τῶν χρηματιστῶν καὶ τῶν ἄλλων κριτηρίων bekleidet haben. Die schon an und für sich wenig glaubhafte Feststellung über den ἀρχιδικαστής, bei der zudem ganz falsche Voraussetzungen über den Charakter des Amtes zugrunde liegen, scheint mir durch meine Ausführungen über den Erzrichter (Bd. I. S. 166 ff.) bereits widerlegt zu sein, aber auch der allgemeinen Behauptung kann ich nicht zustimmen, denn für diese darf man nicht, wie Revillout es tut, die Angaben Diodors (I. 75, 3 ff.) über das ägyptische Kollegium der 30 Richter als Stütze verwerten, da Diodor hier die Richter nicht als Priester bezeichnet, ganz abgesehen davon, daß seine Schilderung sich vornehmlich auf die Zustände der alten Zeit bezieht, für die ptolemäische Zeit also höchstens mit Vorbehalt verwertet werden darf.[2]) Auf die Nachricht Aelians (Var. hist. XIV, 34): δικασταὶ δὲ τὸ ἀρχαῖον παρ' Αἰγυπτίοις ἱερεῖς ἦσαν darf man alsdann nicht allzuviel geben; nicht einmal für das vorptolemäische Ägypten trifft sie in vollem Umfange zu, da damals, wie uns die einheimischen Quellen zeigen, in den ägyptischen Gerichtshöfen neben den Priestern auch das Laienelement mitunter sogar ziemlich stark vertreten gewesen ist (siehe z. B. Erman, Ägypten I. S. 202/3). Nun finden wir allerdings auch noch in ptolemäischer Zeit in zwei Fällen Priester als Laokriten tätig (siehe Bd. II. S. 188); dies berechtigt uns aber nicht einmal zu der Annahme, daß öfters Priester in richterlichen Stellungen tätig gewesen sind, geschweige denn, daß wir hieraus auf eine durchgängige Besetzung der national-ägyptischen Gerichtshöfe mit Priestern schließen dürfen.

Der Staat hat also — dies scheint mir sicher zu sein — nicht die Unklugheit besessen, einem Stande einen Teil der Gerichtshöfe ganz auszuliefern. So haben denn die Priester nicht die Vergünstigung besessen, von Standesgenossen gerichtet zu werden; nicht einmal bei Sakraldelikten sind sie von diesen, sondern von den die Aufsicht über

---

1) Siehe z. B. Revillout, Le tribunal égyptien de Thèbes, Rev. ég. III. S. 9 ff.; ferner Rev. ég. V. S. 32; VIII. S. 35; Précis du droit égyptien I. S. 222; 739/40; II. 897/8; 1478; 1487.

2) Siehe hierzu Wilcken, Observationes ad hist. Aegypti prov. Rom. S. 9—11.

sie führenden weltlichen Beamten abgeurteilt worden.[1]) Sowohl auf
dem Gebiet der Strafgerichtsbarkeit wie auf dem der iurisdictio con-
tentiosa und der voluntaria haben die Priester den üblichen Ge-
richts- und Polizeibehörden und den für die anderen geltenden Bestimmungen unterstanden, irgend welche Bevorzugun-
gen gegenüber den übrigen Untertanen lassen sich hier bisher weder
für die ptolemäische noch für die römische Periode nachweisen.[2])
    Von einem privilegium fori der ägyptischen Priester kann somit
nicht die Rede sein, dagegen läßt sich wenigstens für einen Teil der
Priesterschaft ein Steuerprivileg nachweisen. Völlige Steuerfreiheit
ist freilich ebensowenig wie den Tempeln (siehe hierzu Bd. II. S. 43 ff.)
auch den einzelnen Priestern eingeräumt gewesen.[3]) Dies könnte
man schon aus den beiden uns bekannt gewordenen Steuerobjektsdeklarationen zweier ἱερεῖς (B. G. U. I. 112; II. 536) folgern; zu ihnen
gesellen sich dann aber noch eine Reihe von Belegen, die uns Steuerzahlungen von Priestern auf eigene Rechnung direkt bezeugen. So können
wir einmal die Entrichtung der Grundsteuer für höhere und niedere
Priester der ptolemäischen und römischen Zeit nachweisen.[4]) Auch
die Priester des griechischen Kultus scheinen hierin ebenso wie die
ägyptischen behandelt worden zu sein, da der eine Beleg uns als

    1) Hierauf weist uns B. G. U. I. 16 und der z. T. publ. P. Rainer bei Hartel,
Gr. P. S. 70 (deutsche Inhaltsangabe im Führer durch die Ausstell. d. Pap. Erzh.
Rainer S. 77 (N. 247) hin; vergl. etwa Bd. II. S 78/79.
    2) Ptolemäische Zeit: siehe z. B. P. Grenf. I. 40; P. Par. 14 (= P. Tor. 3);
P. Tor. 4 (Priester vor dem Chrematistengericht); P. Tor. 1; 2; P. Par. 15
(Priester vor dem Beamtengericht); P. Leid. G (= H; J; K); P. Tor. 5; 6; 7;
P. Grenf. I. 38; P. Amh. II. 35 (Angehen der üblichen zur Jurisdiktion vorberei-
tenden oder mit ihr betrauten Beamten bei priesterlichen Vergehungen und
Privatstreitigkeiten bez. Erledigung dieser durch jene); siehe etwa auch noch
P. Grenf. I. 25; II. 21; 35 (Abschluß von Verträgen durch Priester unter Be-
nutzung des ἀγορανόμος); römische Zeit: siehe z. B. P. Wess. Taf. gr. tab. 7
N. 9; tab. 11 N. 17; tab. 8 N. 12; tab. 7 N. 10; tab. 9 N. 13, 14; tab. 8 N. 11;
tab. 7 N. 8; tab. 11 N. 18, 19; P. Lond. II. 276 (S. 148); 355 (S. 178); B. G. U. I.
163; 321; 322; II. 436; unpubl. P. Rainer 117 bei Wessely, Kar. u. Sok. Nes.
S. 68; P. Tebt. II. 303; 304 (Belege für die an 2. und 3. Stelle vorher genannten
Fälle). Es sei noch bemerkt, daß uns bei von Priestern vorgenommenen Rechts-
geschäften allenthalben der Anschluß an die auch sonst üblichen staatlichen
Einrichtungen und Bestimmungen entgegentritt.
    3) Meyer, Heerwesen S. 113, A. 426 schlägt allerdings für B. G. U. I. 119,
7/8 die Ergänzung τῶν ἱε[ρέων . . . . . .] ἀτελῶν vor, woraus man ja immerhin
Immunität folgern könnte, doch ist nicht so, sondern τῶν ἱε[ρονικῶν καὶ] ἀτελῶν
zu ergänzen; vergl. B. G. U. III. Berichtigungen S. 1.
    4) dem. P. Berl. 3102, Spiegelberg S. 14 (Choachyt = ptolemäische Zeit);
die folgenden Belege alle aus römischer Zeit: Ostr. Wilck. 157 (Prophet); B. G. U.
II. 576, 17 u. P. Gen. 78, bes. Z. 22 (ἀρχιερεύς; ein die Zuteilung sichernder Gottestitel ist hier freilich nicht hinzugefügt); besaßen die Priester κλῆροι κατοικικοί,
so hatten auch sie die Katoiken-Grundsteuer zu entrichten: P. Lond. II. 188
(S. 141), Z. 64 (?), 75 u. 116; Ostr. Fay. 23.

Zahler einen ἀρχιερεύς des arsinoitischen Demetertempels nennt (B. G. U. II. 573, 2/3: römische Zeit). Ferner besitzen wir ein Zeugnis für die Entrichtung einer nach der Höhe des Mietsertrages aufgelegten Gebäudesteuer durch einen ἱεροποιός des Faijûms.[1]) Nach alledem erscheint es mir zum mindesten sehr zweifelhaft, daß jemals das private Vermögen und die aus ihm resultierenden Einnahmen des ägyptischen Klerus von den sonst üblichen Abgaben ganz oder wenigstens teilweise befreit gewesen sind. Belege besitzen wir alsdann auch dafür, daß die Priester auch zur Zahlung der außerordentlichen vom Vermögen zu leistenden Abgaben, wie z. B. der beim Besitzwechsel erhobenen Verkehrssteuern[2]), und ferner zur Entrichtung der allgemein üblichen Gebühren[3]) verpflichtet waren. Schließlich sei hier noch daran erinnert, daß den Priestern vom Staat sogar noch besondere Amtssteuern auferlegt gewesen sind[4]); inwieweit durch sie das ganze Amtseinkommen betroffen worden ist, läßt sich vorläufig noch nicht bestimmen.

Gegenüber diesen Feststellungen muß es auf den ersten Blick recht sonderbar berühren, daß wir in einer amtlichen Eingabe aus römischer Zeit (P. Lond. II. 345 [S. 113]) als offizielle Bezeichnung zweier πρεσβύτεροι παστοφόρων den Ausdruck „ἀπολύσι(μοι) τῆς λαογραφίας καὶ τῶν ἄλλων τελεσμάτων καὶ ἄσυλοι" finden.[5]) Man

---

1) P. Petr. II. 11 N. 2, vergl. III. 42[h] N. 2: ptolemäische Zeit.

2) Siehe z. B. P. Par. 5, Col. 50 (= P. Leid. M); P. Lond. I. 3 (S. 44); dem. P. Berl. 3141 + 3111; 3097 + 3070; 3090 + 3091; 3101 A + B; Spiegelberg S. 8; 9/10; 12; 13. (Die Belege alle aus ptolemäischer Zeit, die Zahler: niedere Priester.)

3) Gebühr der προσδιαγραφόμενα und συμβολικόν: P. Lond. II. 329 (S. 113); P. Münch., publ. Archiv III. S. 239, A. 1; P. Tebt. II. 295; P. Rainer, erwähnt im Führer durch die Sammlung der Papyri Erzherzog Rainer S. 73 N. 228 (Gebühr für Testamentseröffnung); P. Hibeh I. 52, 18 (wohl Gebühr des Weidegeldes für die Benutzung königlicher Weiden). Abgaben an den Staat auf eigene Rechnung entrichtet wohl auch der P. Lond. II. 478 (S. 111) genannte ἱερεύς. Um welche es sich hier handelt, wage ich bei dem schlechten Zustand dieser Quittung nicht definitiv zu bestimmen; bei der einen Zahlung scheint es sich um eine auch von ihm zu entrichtende Kirchensteuer zu handeln (siehe Bd. I. S. 364). Alle Belege außer dem P. Hibeh gehören der römischen Zeit an.

4) Siehe Bd. II. S. 173/4 u. S. 180 ff. Hierzu möchte ich noch bemerken, daß uns derartige von Priestern auf Grund ihres Amtes an den Staat zu entrichtende Abgaben heutzutage noch in Bayern und Österreich begegnen; siehe etwa Vering, Lehrbuch des kath., orient. u. prot. Kirchenrechtes[3] S. 439, A. 8.

5) Wessely, Kar. u. Sok. Nes. S. 66 behauptet, der obige Ausdruck beziehe sich auf das Heiligtum, zu dem die betreffenden Pastophoren gehören. An und für sich wäre dies ja nicht unmöglich (siehe hierzu jetzt P. Tebt. II. 293, 6), der Wortlaut des Papyrus „παρὰ τῶν πρεσβ. παστοφ. τοῦ ἱεροῦ Χ. ἀπολυσι( ) τῆς λαογ. καὶ τῶν ἄλλ. τελεσμ. καὶ ἀσύλων" schließt dies jedoch m. E. aus, trotzdem ἀπολυσι( ) gerade abgekürzt geschrieben ist. Ἀσύλων darf man nämlich nicht mit τελέσματα auf eine Stufe stellen und es gleichfalls von ἀπολύσιμος abhängen lassen, denn einen Sinn würde dies m. E. nicht ergeben; der fehlende Artikel

könnte vielleicht geneigt sein, aus ihm die Gewähr völliger Steuerfreiheit für die Betreffenden zu erschließen. Ob dies wirklich hier gemeint ist, ist mir jedoch recht zweifelhaft; es dürfte sich bei den ἄλλα τελέσματα vielmehr wohl nur um ganz bestimmte, mit der λαογραφία, der Kopfsteuer, in irgend einer Weise vergleichbare Abgaben handeln. Jedenfalls hat man aber in dieser Vergünstigung — schon die Tatsache ihrer besonderen Hervorhebung legt dies nahe — nur ein den leitenden Pastophoren erteiltes Spezialprivileg zu sehen, können wir doch gerade bei einem Pastophoren der römischen Zeit die Entrichtung der Kopfsteuer auf eigene Rechnung belegen (Ostr. Wilck. 1365).

Die Annahme, daß die zu der niederen Priesterschaft gehörenden Pastophoren ebenso wie wohl alle anderen niederen Priester[1]) im allgemeinen zur Zahlung der λαογραφία verpflichtet waren, erfährt nun dadurch eine wesentliche Bekräftigung, daß nicht einmal alle Mitglieder der höheren Priesterschaft von der Kopfsteuer befreit waren, dies jedoch immerhin die einzige, freilich prinzipiell wichtige Vergünstigung in Steuersachen, die sich bisher für die ägyptischen Priester belegen läßt. Es ist bereits von Wilcken (Ostr. I. S. 241/2) mit Recht hervorgehoben worden, daß an jedem Tempel eine bestimmte Anzahl ἱερεῖς, d. h. Mitglieder der Phylenpriesterschaft von der λαογραφία frei waren, während diejenigen ἱερεῖς, die den festgesetzten ἀριθμός überschritten, zur Zahlung der Kopfsteuer verpflichtet waren.[2]) Als Grund dieser Beschränkung hat man allein finanzielle Rücksichten anzunehmen; bei der überaus großen Zahl von ἱερεῖς an jedem Tempel hätte ohne jede einschränkende Bestimmung

bei ἀσύλων weist uns dann wohl darauf hin, es nicht mit den vorhergehenden Substantiven, sondern mit ἀπολυσι( ) gleichzustellen und somit beide als Apposition zu πρεσβυτέρων παστοφόρων zu fassen. Eine ganz befriedigende Erklärung, was man unter den πρεσβ. παστοφ. ἄσυλοι zu verstehen hat, vermag ich allerdings nicht zu geben, doch möchte ich hier auf die zahlreichen griechischen Ehrendekrete (siehe z. B. Dittenberger, Or. gr. inscript. select. I. N. 66; 150; 241) verweisen, in denen dem Geehrten u. a. auch ἀτέλεια und ἀσυλία zugestanden wird, also genau dasselbe, was die Pastophoren erhalten haben; von ihnen erscheint mir als Vergleichsstück C. I. A. II. 551 besonders bemerkenswert, da hier dieses Zugeständnis nicht einem Einzelnen, sondern einem Kollegium (dem der dionysischen Künstler in Athen) gemacht wird.

1) Als λαογραφούμενος werden in P. Lond. II. 258 (S. 28), Z. 145 u. 147 auch zwei ταριχευταί genannt, doch kann man nicht entscheiden, ob hier die Priester dieses Namens oder der Fischpökler gemeint sind.

2) Siehe Belege usw. Bd. II. S. 62/3. Daß es sich hier um ein den Priestern aller Tempel allgemein gewährtes Privileg, nicht um ein ius singulare der Priester einzelner Heiligtümer handelt, zeigen uns jetzt auch die P. Tebt. II, durch die uns ein weiterer Faijûmtempel, der des Sokanobkonneus zu Tebtynis, bekannt wird, dessen Priester dieses Privileg besitzen; siehe P. Tebt. II. 292, 6; 293, 6/7; 294, 4; 298, 11; 299, 12/13; 300, 7; 301, 6; 303, 7; 304, 4. Für diesen Tempel ist uns übrigens auch die Zahl der Befreiten — es sind 50 — überliefert; siehe P. Tebt. II. 298, 11; 299, 12/13.

der Staat doch ein erhebliches Einnahmenmanko gehabt, zumal das für die Rekrutierung der Phylenpriesterschaft geltende Prinzip (siehe Bd. I. S. 210 ff.) eine beständige nur schwer zu hindernde Erhöhung der Zahl der ἱερεῖς als sehr wohl möglich erscheinen ließ. Dieses Prinzip schließt auch die Wilckensche Annahme aus, daß durch die Beschränkung der Steuerfreiheit auch eine Begrenzung der Zahl der Priesterstellen erstrebt worden und daß zum mindesten hierdurch eine zweite, untergeordnete Klasse von Priestern entstanden sei.[1]) Man muß vielmehr sämtliche ἱερεῖς ihrer priesterlichen Stellung nach als prinzipiell gleichberechtigt ansehen. Wer von den ἱερεῖς von der Kopfsteuer befreit sein sollte, haben jedenfalls die einzelnen Tempel selbst bestimmt, wobei wohl das Alter und zufällige Konstellationen maßgebend gewesen sind; mitunter mögen sehr viele ἱερεῖς keine Befreiung genossen haben, ebenso gut kann aber auch manchmal bei vielen Todesfällen und wenigen Neuaufnahmen von Priestern in einem Jahre die Zahl der ἱερεῖς dem festgesetzten ἀριθμός fast gleichgekommen sein. Von der Regelung der Befreiung ist naturgemäß der Regierung Mitteilung gemacht worden.[2]) Eine finanzielle Schädigung war übrigens mit dem Ausschluß eines Priesters aus dem ἀριθμός nicht verbunden, da die Tempel für die „Überzähligen" die Entrichtung der λαογραφία übernommen hatten.[3]) Für die Stellung der höheren Priesterschaft nach außen war es jedenfalls von großem Wert, daß es jedem ihrer Mitglieder prinzipiell zum mindesten möglich war, von der nach antiken Begriffen schimpflichen Kopfsteuer Befreiung zu erlangen. Die höheren Priester waren hierdurch somit wenigstens in einem Punkte mit allgemein privilegierten Klassen der Bevölkerung, wie den cives Romani, den Inhabern des alexandrinischen Bürgerrechts und den κάτοικοι, auf eine Stufe gestellt.[4])

Die Befreiung der höheren Priester von der λαογραφία läßt sich bisher nur für das 2. und 3. nachchristliche Jahrhundert belegen, doch dürfte sie wohl auch schon früher in Geltung gewesen und zugleich mit der Einführung der Kopfsteuer entstanden sein.[5]) Dagegen

---

1) Auch Strack a. a. O. Zeitschr. f. neutest. Wissensch. IV (1903) S. 220 nimmt dies an.

2) Daß die Regierung die Priester, die nicht eximiert waren, namentlich kannte, geht daraus hervor, daß wir in den Listen der λαογραφούμενοι auch die Namen von Priestern verzeichnet finden; siehe P. Lond. II. 257 (S. 19), Z. 82—84; 258 (S. 28), Z. 186, 194, 206, 208, 212—215, 219; 259 (S. 36), Z. 15 (?), 17—20, 42, 49—51.

3) Diese Übernahme der Zahlung der Kopfsteuer für die „Überzähligen" durch die Tempel scheint mir auch ein Hinweis darauf, daß diese auch die Auswahl der „ὑπεραίροντες" geregelt haben.

4) Siehe hierzu Wilcken, Ostr. I. S. 240/41 u. Meyer, Heerwesen S. 113/114.

5) Sollte in P. Petr. III. 59ᵇ wirklich die Kopfsteuer gemeint sein, so wäre durch ihn auch für das 3. oder für den Beginn des 2. Jahrhunderts v. Chr. die

ist es mir zweifelhaft, ob auch die Beschränkung in der Zahl der Eximierten gleich von vornherein festgesetzt oder ob nicht erst später ein einschränkendes Edikt erlassen worden ist. Nimmt man eine spätere Neuregelung an, so würde die Eximierung der ägyptischen Priester ihre völlige Parallele in der Befreiung der Ärzte in der römischen Kaiserzeit von den munera haben.[1]) Ursprünglich soll Augustus ihnen allen *ἀτέλεια* verliehen haben (Dio Cass. LIII, 30), seit einem Erlaß des Antoninus Pius (Dig. XXVII. 1, 6) hat diese jedoch in jeder Stadt nur einer ganz bestimmten Zahl (*ἀριθμός*) von Ärzten, sowie von öffentlichen Lehrern zugestanden.[2])

Es bleibt uns noch übrig zu prüfen, ob die ägyptischen Priester wenigstens immunitas von den persönlichen Lasten besessen haben. Nach den Angaben des Alexanderromans (Ps. Kallisth. III, 33) soll der Alexanderpriester von jeder Liturgie befreit gewesen sein[3]), sonst scheint dies jedoch, soweit unser beschränktes Material ein Urteil gestattet, im allgemeinen nicht der Fall gewesen zu sein. So haben wir verschiedene wenn auch nicht zahlreiche Belege dafür, daß sowohl die Diener des ägyptischen wie die des griechischen Kultus zur Übernahme von Staats- und Gemeindeämtern herangezogen worden sind (siehe Bd. II. S. 187 ff.). In der späteren römischen Zeit ist die Übernahme von Ämtern sowie all das, was man als Kurienpflicht zusammenfaßt, bekanntlich eine besonders drückende Last geworden; dies haben denn auch die Priester in Ägypten zu empfinden gehabt und auch versucht sich ihrer Verpflichtung zu entziehen (siehe P. Oxy. I. 71; P. Amh. II. 82). Daß die Priester im allgemeinen von dem Zwange die liturgischen Ämter zu übernehmen nicht befreit waren, zeigt uns alsdann gerade ein Dokument, das uns mit der Befreiung eines Priesters eines Faijûmheiligtumes von der Liturgie der *πρακτορία ἀργυρικῶν* bekannt macht (B. G. U. I. 194; 2. Jahrh. n. Chr.). Denn seine Befreiung hatte der Betreffende hiernach nicht etwa einem staatlichen Privileg[4]), sondern einem privaten Abkommen mit seiner

Befreiung der höheren Priesterschaft von der Kopfsteuer bezeugt; jedenfalls gibt uns jedoch der Papyrus Kunde von irgend einer Steuerbefreiung der Priester.

1) Vergl. hierzu E. Kuhn, Die städtische und bürgerliche Verfassung des römischen Reichs I. S. 83 ff.

2) Siehe hierzu etwa noch Inst. I. 25, 15; Dig. L. 9, 1 (vergl. die Bezeichnung der Privilegierten als die „qui intra numerum sint“). Durch den P. Tebt. II. 298 ist uns nun der Grundsatz nur einer bestimmten Zahl der Angehörigen eines Standes die *ἀτέλεια* zu verleihen bereits für das Jahr 107/8 n. Chr. belegt, also für eine bedeutend frühere Zeit als durch das Edikt des Antoninus Pius. Sollte hier etwa wieder eine in Ägypten in Gebrauch befindliche Einrichtung für Maßnahmen, die sich auf das ganze Reich erstrecken, vorbildlich gewesen sein?

3) Diese Angabe läßt sich freilich mit der Feststellung nicht recht vereinigen, daß der Alexanderpriester stets auch die Würde des alexandrinischen *ἐξηγητής* innegehabt hat (Bd. I. S. 155).

4) Hervorheben möchte ich hier noch, daß wir positive Belege, daß Prie-

Dorfgemeinde zu verdanken, die es auf sich genommen hatte für ihn und wohl auch für seine Amtsgenossen an demselben Tempel die Liturgie zu leisten.[1])

Ebensowenig wie die Befreiung der ägyptischen Priester von der Übernahme von Ämtern läßt sich bisher ihre Exemtion vom Kriegsdienst belegen[2]), im Gegenteil, wir besitzen sogar wenigstens aus römischer Zeit ein sicheres Beispiel dafür, daß ein ἱερεύς auch zugleich als aktiver Soldat Dienst getan hat.[3]) An und für sich wäre es übrigens sehr wohl möglich, daß die Priester des öfteren zum Militärdienst herangezogen worden sind, denn einmal begegnen uns in ptolemäischer Zeit öfters die aus eingeborenen Ägyptern bestehenden Truppenkörper[4]), und auch in römischer Zeit läßt sich der Eintritt von Ägyptern in die römischen Truppenteile belegen.[5]) Die höheren Priester erfüllten ja auch die condicio sine qua non für die Aufnahme in die Armee, da sie ja zumeist von der Kopfsteuer befreit waren.[6])

Ob die Priester eine besonders bevorrechtigte Stellung gegenüber den sog. munera sordida, den Frohndiensten bei Damm- und Kanalbauten, den Einquartierungslasten usw. eingenommen haben, ist zweifel-

ster als staatliche Steuererheber fungiert haben, m. E. allerdings nicht außer dem einen in P. Oxy. I. 71 besitzen; gegenüber Wilcken, Ostr. I. S. 616/7 siehe Bd. I. S. 304 ff.

1) Das in Z. 12 sich findende „αὐτοῖς" weist uns wohl darauf hin, daß nicht nur ein Priester befreit war. Da eben dort auch von λειτουργίαι die Rede ist, erscheint es mir nicht ausgeschlossen, daß die Dorfgemeinde auch noch die Leistung anderer Liturgien für die Priester übernommen hat. Im übrigen vergl. die Ausführungen Wilckens Ostr. I. S. 602, A. 1 und neuerdings Archiv IV. S. 218, die gegenüber Wessely, Kar. u. Sok. Nes. S. 66 das Richtige bieten. Wessely erwähnt übrigens ebenda auf Grund des unpubl. P. Rainer 135, daß die Soknopaiospriester von der Liturgie Sitologen zu sein befreit gewesen sein sollen; eine nähere Verwertung dieser Angabe wage ich vor der Publikation des Papyrus nicht.

2) Die in der Rosettana Z. 17 sich findende Angabe über die Befreiung der Priesterschaft von der σύλληψις εἰς τὴν ναυτείαν darf nicht als Beleg für Befreiung vom Marinedienst gedeutet werden; siehe hierüber Kapitel VIII.

3) Siehe P. Amh. II. 77 und hierzu vorher S. 187/8, sowie die S. 187 sich findende Behandlung der „Perser"priester.

4) Siehe über diese eingeborenen Truppen etwa Schubart, Quaestiones de rebus militaribus, quales fuerint in regno Lagidarum S. 58 ff. Diese sind uns übrigens durch die Mendesstele Z. 14 auch schon für die Zeit des 2. Ptolemäers belegt und begegnen uns jetzt besonders oft in den P. Tebt. I (siehe Index VI z. B. s. v. μάχιμοι) für den Ausgang des 2. Jahrhunderts v. Chr.

5) Siehe hierzu J. Lesquier, Le recrutement de l'armée romaine d'Égypte au 1er et au 2er siècle, Revue de philologie N. S. XXVIII (1904) S. 5 ff.

6) Siehe Lesquier a. a. O. S. 29 ff., der daselbst und vorher die Aufstellungen P. Meyers, Heerwesen S. 109 ff. mit Recht zurückweist, welche enge Berührungen der allgemeinen bürgerlichen ἐπίκρισις, die mit der Befreiung von der Kopfsteuer zusammenhängt, und der militärischen ἐπίκρισις zu erweisen suchen.

haft. Für die Tempel selbst können wir allerdings hier einige durch
Spezialprivileg erteilte Vergünstigungen nachweisen (siehe hierzu
II. Bd. S. 63/4 u. VIII. Kapitel), dies schließt jedoch noch nicht ein,
daß den einzelnen Priestern dieser Tempel das gleiche Vorrecht gewährt worden ist. Für sie läßt sich bisher eben nur in drei Einzel-
fällen ein derartiges Vorrecht nachweisen. Im περὶ Θήβας τόπος
sind nämlich einem Dokument der früheren Ptolemäerzeit zufolge
58 Choachyten zu den Dammarbeiten nicht herangezogen worden,
obwohl sie an und für sich zur Leistung der Frohnarbeit verpflichtet
gewesen zu sein scheinen.[1] Aus welchen Gründen die Freilassung
erfolgt ist, läßt sich nicht ermitteln. Über die beiden anderen Fälle
sind wir besser unterrichtet. So sind zur Zeit Hadrians die Priester
eines nicht näher zu bestimmenden Faijûmheiligtums von der Verpflichtung dem Staat unentgeltliche Dienste bei den Dammarbeiten
zu leisten auf Grund einer statthalterlichen Verfügung befreit gewesen.
Daß wir es hier mit einem Sonderprivileg zu tun haben, kann man
wohl aus der Beschwerde dieser Priester entnehmen, daß ihre Sklaven
(παῖδες) unberechtigter Weise zu den Dammarbeiten herangezogen
worden seien.[2] Wären die Priester allgemein ohne weiteres eximiert
gewesen, so würde wohl nicht die unberechtigte Heranziehung erfolgt sein. Den Soknopaiospriestern ist ferner im Jahre 54 n. Chr.
durch den Präfekten das Spezialprivileg verliehen worden (Milne, Inschriften 5) nicht gegen ihren Willen bei dem sich des öfteren
geltend machenden Pächtermangel zwangsweise zur Übernahme
der staatlichen Domanialpacht herangezogen zu werden (siehe
hierzu auch Bd. I. S. 281, A. 3). Ob dies ius singulare lange in Geltung geblieben ist und ob auch andere Priesterschaften seiner teil-
haftig geworden sind, wissen wir nicht; die Tatsache, daß uns in
späterer Zeit verschiedene Faijûmpriester als δημόσιοι γεωργοί begegnen (siehe Bd. II. S. 192), beweist nach keiner Richtung hin etwas,
da die Betreffenden ihre Pacht ja freiwillig übernommen haben können.

Nach alledem haben also die ägyptischen Priester auf Grund
ihres Standes bezüglich ihrer Heranziehung zu den staatlichen Abgaben und den munera allem Anschein nach nur durch teilweise Befreiung von der Kopfsteuer ein wirklich bedeutsames Vorrecht besessen[3]), ein Vorrecht, das besondere Wichtigkeit erlangte, als im

---

1) Siehe P. Par. 66, 34; vergl. auch die Erklärung des Papyrus in P. Petr.
III. S. 343 ff. Hat man übrigens etwa in den Z. 25 genannten Σωμφεῖς αἰλου-
ροτάφοι auch ägyptische Priester zu sehen?

2) Siehe B. G. U. I. 176; vgl. Wilcken, Ostr. I. S. 337. Es handelt sich hier
um ein den Priestern privatim und nicht dem Tempel erteiltes Privileg, da man
in Z. 9 nicht, wie Krebs in den Addenda vorgeschlagen hat, ἱερῶν, sondern
ἱερέων zu lesen hat (Wilcken).

3) Ähnlich hat sich übrigens bereits Krebs a. a. O. Ä. Z. XXXI (1893) S. 40 ff.
ausgesprochen; die von ihm verwerteten Belege sind freilich nicht alle zutref-

Jahre 212 n. Chr. infolge der constitutio Antoniniana aller Wahrscheinlichkeit nach allen Gruppen der ägyptischen Bevölkerung, die von der Kopfsteuer befreit waren, das römische Bürgerrecht verliehen worden ist (siehe Meyer, Heerwesen S. 136 ff.). Es sind uns denn auch aus der Zeit nach 212 n. Chr. mehrere höhere Priester bekannt geworden, welche sich durch ihre Aurelierbezeichnung als cives Romani erweisen[1]); übrigens darf man aus dem Fehlen dieser Bezeichnung noch nicht die Nichtzivität des Namensträgers folgern, da der Name Aurelius recht oft ausgelassen wird (siehe z. B. Bd. I. S. 34, A. 2). Jedenfalls darf man wohl annehmen, daß entsprechend der Nichtheranziehung des Gros der Phylenpriesterschaft zur Kopfsteuer die Mehrzahl der höheren Priester im 3. Jahrhundert n. Chr. das römische Bürgerrecht besessen hat.[2]) Im Anschluß hieran sei übrigens noch erwähnt, daß wir auch einen Priester des 3. Jahrhunderts n. Chr. kennen, der alexandrinischer Bürger gewesen ist (B. G. U. I. 356).

Keine definitive Entscheidung ist bisher darüber möglich, ob den Priestern in irgendwie weitgehenderem Maße besondere Ehrenvorrechte zuerkannt gewesen sind. Einzelnes derartiges kennen wir allerdings.[3]) So sind z. B. den ἀρχιερεῖς des Kaiserkultes in Hermupolis bei den im Gymnasion der Stadt gefeierten Festen Ehrendiener beigegeben worden (P. Amh. II. 124, 22 ff.). In ptolemäischer Zeit begegnen uns ferner Priester des ägyptischen Kultus, welche den Titel „σνγγενής", also den höchsten aller ptolemäischen Titel, führen[4]); als Angehöriger der Rangklasse „τῶν πρώτων φίλων" er-

---

fend, da sich einige nicht auf die Priester als Privatleute, sondern auf die Tempel beziehen.

1) Siehe z. B. B. G. U. I. 296, 3 ff.; 321 (= 322), 2; 356, 8/9; II. 362, p. 2, 17; P. Rainer, publ. von Wessely, a. a. O. Stud. zur Paläogr. u. Papyrusk. 2. Heft S. 29 ff.; P. Berl. + Petersb. publ. Hermes XXII (1887) S. 143.

2) Meyer, Heerwesen S. 140 ist zu dem umgekehrten Schluß gelangt; die von ihm als Beweis für seine Ansicht angeführten Belege: B. G. U. I. 296 u. 1, 15 (292 ist ganz auszuschalten) beweisen jedoch nichts.

3) Wenn jedoch z. B. Revillout, Précis du droit égyptien I. S. 84 behauptet, daß die Priester allein — abgesehen von dem Militär — das Recht der direkten Petitionen an den König besessen hätten, so schwebt diese Behauptung völlig in der Luft.

4) Siehe C. I. Gr. III. 4902 Addenda; dem. Inschr. d. Mus. v. Kairo 31083, 31092, 31093, publ. von Spiegelberg, Die demot. Inschriften S. 10, 23 u. 24. Der hier genannte Priester führt auch den Titel „Bruder des Königs". Schon Strack a. a. O. Rh. Mus. LV (1900) S. 170 hat darauf hingewiesen, daß die σνγγενεῖς vom Könige in seinen Briefen der Anrede „ἀδελφός" gewürdigt wurden, er hält es jedoch für zweifelhaft, daß sich hieraus etwa ein Titel „Bruder" entwickelt hat. Unsere Inschriften belegen jetzt die Existenz eines solchen Titels wenigstens für den Ausgang der Ptolemäerzeit Der Vater dieses σνγγενής, auch ein Priester der Hathor, hat übrigens den Titel „τῶν πρώτων φίλων" oder „τῶν φίλων" geführt, siehe hierogl. Inschrift publ. von Daressy, Rec. de trav. XV (1893) S. 159 ff., vergl. Spiegelberg a. a. O. S. 94.

weist sich ein Priester des Königskultes in Ptolemais (Strack, Inschriften 94). Einem Hohenpriester des Ptah von Memphis ist alsdann im 1. Jahrhundert v. Chr. die Ehrenauszeichnung des „goldenen
Kranzes" zuteil geworden[1]), eine Ehre, die der Alexanderpriester
stets erlangt hat, ebenso wie das Recht den Purpur zu tragen.[2])
Ihm ist dann noch in ptolemäischer Zeit ebenso wie den Priestern
des Königskultes in Alexandrien und in Ptolemais (siehe Bd. I. S. 137 ff.)
das Recht der Eponymität verliehen gewesen, d. h. nach ihnen
sind die Urkunden datiert worden.[3]) Man hat hierin eine sehr wichtige Auszeichnung der betreffenden Priester zu sehen, wurden sie
doch hierdurch im ganzen Lande auch namentlich bekannt[4]), wenigstens so lange die Sitte bestand die einzelnen Priester mit Namen
aufzuführen.[5]) Die hohe Bedeutung, die man besonders dem eponymen
Alexanderpriestertum beilegte, wird wohl am deutlichsten dadurch
illustriert, daß sogar die ptolemäischen Könige — es handelt sich um
den 10. und den 11. Ptolemäer — dieses Priesteramt gelegentlich
selbst verwaltet haben (siehe Bd. I. S. 182 u. 184).

Für die Beurteilung der staatsrechtlichen Stellung der Priester
ist es alsdann von geringerer Bedeutung, daß wir sie in römischer

---

1) Siehe hierogl. Inschr. in London, publ. von Brugsch, Thesaurus V.
S. 941 ff. (vergl. S. VIII).

2) Siehe hierzu Bd. II. S. 170. Für die Ehren vergl. auch Lumbroso,
L'Egitto [2] S. 179/180.

3) Es begegnet uns übrigens merkwürdigerweise eine Datierung nach
eponymen Priestern wieder in Urkunden der späteren römischen Zeit aus Herakleopolis Magna unter der Formel: „ἐφ' ἱερέων τῶν ὄντων ἐν Ἀλεξανδρείᾳ καὶ
τῶν ἄλλων τῶν γραφομένων κοινῶν" (C. P. R. I. 6—8; 53 ff.). An die alten Ptolemäerpriester ist hier natürlich nicht zu denken (siehe auch Bd. I. S. 156, A. 2),
eine ganz einwandfreie Erklärung der Datierung vermag ich allerdings nicht zu
bieten, zumal mir die Schaffung von neuen für ganz Ägypten bestimmten eponymen Priestertümern in römischer Zeit sehr unwahrscheinlich ist. Sollte hier
hier gar der Brauch der ptolemäischen Zeit unwillkürlich beibehalten worden
sein? Etwas altertümlich muten auch sonst die Datierungen an infolge der
sehr häufigen Verwendung der makedonischen neben den ägyptischen Monaten,
die im 3. Jahrhundert n. Chr. sonst recht selten ist. Wir finden sie übrigens
gerade auch in den in sonst üblicher Weise datierten herakleopolitischen Urkunden des 3. Jahrh. n. Chr., siehe z. B. B. G. U. III. 937; 945.

4) Es scheint allerdings, daß die Ptolemaispriester im allgemeinen nur
in oberägyptischen Urkunden namentlich genannt worden sind, während andererseits in diesen, waren die Ptolemaispriester genannt, die namentliche Erwähnung der alexandrinischen Priester unterblieben ist.

5) Für die später erfolgte Abschaffung der namentlichen Nennung der Priester darf man wohl nicht irgendwelche politische Gründe, etwa die Absicht die
Bedeutung der eponymen Priestertümer durch Nichtnennung ihrer augenblicklichen Inhaber zu mindern, als maßgebend ansehen, sondern sie dürfte wohl ledig-
lich aus praktischen Gründen erfolgt sein, um die endlosen Protokolle abzukürzen.
Hierfür spricht auch das Schwanken der Protokolle der späteren Zeit, die bald
die Priesternamen nennen, bald — allerdings zumeist — sie verschweigen.

Zeit auch als Besitzer von κλῆροι κατοικικοί antreffen (siehe vorher S. 200). Da damals der Besitz eines Katoikenkleros ohne weiteres dem Eigentümer die Rechte und Pflichten des κάτοικος verlieh[1]), haben also auch ägyptische Priester zu der privilegierten Klasse der κάτοικοι gehört; auf die Erlangung dieser Stellung ist jedoch ihre Zugehörigkeit zum Priesterstand ohne jeden Einfluß gewesen.

Überblicken wir all die einzelnen Feststellungen über die staatsrechtliche Stellung der Priester, so tritt uns das Eine vor allem klar entgegen, daß besondere Vergünstigungen gegenüber der Masse des Volkes den einzelnen Priestern auf Grund ihres geistlichen Amtes nur in beschränktem Maße zugestanden zu haben scheinen; bei den griechischen Priestern hat man freilich in Betracht zu ziehen, daß sie als Griechen schon eo ipso eine bevorzugte Stellung eingenommen haben. Immerhin darf man aber wohl auch die staatsrechtliche Position des ägyptischen Priesters und zwar vornehmlich des von der Kopfsteuer befreiten Phylenpriesters als eine nicht unbefriedigende, bezeichnen; einschneidende Änderungen in römischer Zeit gegenüber den Zuständen der ptolemäischen Zeit scheinen hier nicht erfolgt zu sein. Zu großen Aspirationen konnte den einzelnen ägyptischen Priester seine staatsrechtliche Stellung natürlich nicht ermutigen, war er doch — ein solcher Vergleich erscheint mir sehr instruktiv — bedeutend schlechter gestellt als der christliche Klerus unter den ersten christlichen Kaisern. Denn dieser genoß wirklich eine Ausnahmestellung; das ihm zumeist gewährte privilegium fori brachte ihm die so gut wie vollständige Befreiung von der weltlichen Gerichtsbarkeit, das privilegium immunitatis zum mindesten große Erleichterung gegenüber allen vom Staate geforderten Leistungen der Person und des Vermögens.[2]) Schließlich sei jedoch noch darauf verwiesen, daß immerhin die staatsrechtliche Position des einzelnen Priesters von geringerer Bedeutung ist gegenüber der Stellung, die die Kirche als ganzes im Staate einnimmt; ist sie dominierend, dann wird auch die Stellung ihrer Funktionäre bedeutsam sein, mögen diese auch nur geringe persönliche Privilegien besitzen.

4. Die Stellung der Priester im und zum Volke.

Unsere Feststellungen über die wirtschaftliche Lage, die Bildung und die staatsrechtliche Stellung der Priester haben uns im großen

---

1) Siehe Meyer, Heerwesen S. 103 u. 105; Waszyński, Die Bodenpacht I. S. 81.

2) Siehe hierzu Grashof, Die Gesetze der römischen Kaiser über die Immunitäten des Klerus, Archiv für kathol. Kirchenrecht XXXVII (1877), S. 256 ff. und ebenderselbe, Die Anerkennung des privilegierten Gerichtsstandes des Klerus durch die römischen Kaiser, ebenda XXXVIII (1877) S. 1 ff.

und ganzen ein erfreuliches Bild geliefert, man darf hiernach in dem ägyptischen Priesterstande auch noch in hellenistischer Zeit eine aus der Masse des Volkes sich hervorhebende soziale Klasse sehen. Verschiedene Einzelbeobachtungen über das Verhältnis der ägyptischen Priester zu ihren Volksgenossen sind dann geeignet, dieses Urteil zu bestätigen bez. zu erweitern.

Schon äußerlich hoben sich auch damals noch die Priester von der großen Menge ab, sie haben es also auch insofern verstanden, sich ein besonderes Relief zu geben. Allerdings nicht durch ein besonders asketisches Leben[1]), denn die von ihnen vornehmlich während ihrer Dienstzeit, bei den ἁγνεῖαι, zu beobachtenden Enthaltsamkeitsvorschriften sind als Askese natürlich nicht zu fassen[2]), wohl aber, da die alten Vorschriften hierüber bis in die römische Zeit beibehalten worden sind, durch ihr Gewand und vor allem wohl durch ihren ganz kahl rasierten Schädel.[3]) Vornehmlich durch letzteren dürften sie besonders aufgefallen sein, spricht doch sehr viel dafür, daß die Tonsur der christlichen Priester ihren Ausgangspunkt eben in der Schädelrasur der ägyptischen Priester hat.[4])

---

1) Siehe Bd. II. S. 167. In eine Linie mit Chairemons Idealbild ist das zu stellen, was Bickel, Zur Bedeutung des Ammon-Orakels, Philologus LXIV (1905) S. 149 f. über eine einzelne Gruppe der ägyptischen Priester, über die in der Amonsoase anführt.

2) Siehe z. B. Herodot II. 37; Plutarch, De Isid. et Osir. c. 5 ff.; Clem. Alex. Strom. VII. p. 850 ed. Potter.

3) Vergl. B. G. U. I. 16 mit Herodot II. 37 u. 81; Philo, de circumcis. § 1, p. 210 ed. Mangey; Plutarch, De Isid. et Osir. c. 3 ff.; weitere Belegstellen siehe bei Schmidt, De sacerdotibus Aegyptiorum S. 11 ff. u. 25 ff. Siehe ferner Erman, Ägypten II. S. 401 ff. Nicht zustimmen kann ich Erman a. a. O. S. 403, wenn dieser als Grund der Kopfrasur allein das Streben nach körperlicher Reinheit annimmt. Man hat vielmehr die Rasur vor allem mit dem im Altertum allenthalben so auch in Ägypten nachzuweisenden Haaropfer, einem Symbol der Selbstaufopferung an die Gottheit, in Verbindung zu bringen; siehe hierüber jetzt etwa Höfler, Das Haaropfer in Teigform, Archiv für Anthropologie N. F. IV (1906) S. 130 ff.

4) In der ältesten christlichen Kirche ist die Tonsur nicht üblich gewesen, sondern nur eine Kürzung des Haares, siehe Wetzer und Welte, Kirchenlexikon XI² Sp. 1876 ff. s. v. Tonsur. Das völlige Kahlscheren ist alsdann im 4. Jahrhundert n. Chr. zum mindesten für Mönche und Nonnen zu belegen (Hieronym., Epist. 147, 5; Comm. in Ezech. c. 44 v. 17 ff. [das hier sich findende Verbot der Kopfrasur für christliche Priester zeigt doch wohl, daß damals auch solche sich geschoren haben]; Paulin. Nolan., Epist. 22, 2; wenn bei Herzog, Realenzykl. f. protest. Theologie u. Kirche XV² S. 724 s. v. Tonsur auch die Beschlüsse einer 4. Synode von Karthago von 398 n. Chr. gleichsam als indirekter Beleg angeführt sind, da sie das Kahlscheren verböten, so ist einmal zu bemerken, daß die hier herangezogenen sog. statuta ecclesiae antiqua nicht als Beschlüsse einer 4. Synode von Karthago anzusehen sind [Hefele, Konziliengeschichte II² S. 68 ff.], also auch kein sicheres Zeugnis für Zustände des 4. Jahrh. n. Chr. abgeben können; ferner enthält aber auch m. E. das allein in Betracht kommende Statut 44 gar nicht ein Verbot des Kahlscherens.), es dürfte

Das Ansehen, dessen sich die Priester erfreuten, spiegelt sich alsdann auch in einigen Dokumenten aus ptolemäischer Zeit wieder — es handelt sich um eine Eingabe an das königliche Kabinett, um ein Ehrendekret und um ein Sendschreiben[1] —, in denen die Priester als die Hauptrepräsentanten des Volkes[2] und sogar als seine Anwälte erscheinen. Als solche treten sie uns auch in allen jenen Geschäftsverträgen in demotischer Sprache entgegen, die ihrer Unterschrift zufolge von einem Priester verfaßt worden sind.[3] Es verdient dann hier auch hervorgehoben zu werden, daß in dem antiken Bauernkriege, im Aufstande der ägyptischen βουκόλοι zur Zeit Mark Aurels, der Führer nicht ein βουκόλος, sondern ein Priester gewesen ist (Dio Cass. LXXI, 4).

Bei der stark entwickelten Religiosität des ägyptischen Volkes könnte man übrigens selbst bei dem Fehlen jeder die soziale Stellung der Priester kennzeichnenden Belege schon allein in Anbetracht dieser Frömmigkeit behaupten, daß die Priester als die religiösen Leiter des Volkes, als die Vermittler zwischen ihm und der Gottheit eine besonders angesehene Stellung eingenommen haben müssen. Der Priester, der ja so viel von den Göttern und ihren Eigenheiten wußte, galt auch zudem als der Zauberer κατ᾽ ἐξοχήν[4], und da die Magie,

---

aber wohl schon viel früher aufgekommen sein, schreibt doch bereits im 3. Jahrhundert v. Chr. Clem. Alex. Paedagog. III. p. 290 ed. Potter als christliche Haartracht die ψιλὴ κεφαλή, d. h. eben doch wohl geschorenes Haar vor. Die Notiz des Clemens weist uns bereits auf Ägypten hin. Nun wendet sich des weiteren Hieronymus, der Epist. 147, 5 die Sitte des Kahlscherens gerade für die Nonnenklöster Ägyptens bezeugt, in seinem Comm. in Ezech. gegen die Rasur des Kopfhaares, da die, welche sich den Kopf rasierten, den Priestern des Sarapis und der Isis glichen. Dieser Hinweis, sowie die Tatsache, daß uns als Ort der Sitte der Schädelrasur in christlichen Kreisen gerade Ägypten bezeugt ist, macht mir die Folgerung sehr wahrscheinlich, daß die Rasur von Ägypten in Nachahmung der Sitte der ägyptischen Priester ausgegangen ist; man könnte übrigens auch darauf verweisen, daß auch die Priester der ägyptischen Götter außerhalb Ägyptens sich den Kopf kahl geschoren haben (siehe z. B. Apulej. Metam. XI, 10 u. 30; Firmir. Matern. de errore prof. relig. c. 2), was natürlich auch von Einfluß gewesen sein dürfte. Allgemeiner durchgesetzt hat sich die Kopfrasur der christlichen Priester allerdings erst etwa in der Mitte des 5. Jahrhunderts n. Chr., und zwar in etwas abgeschwächter Form, der sog. älteren römischen Tonsur, bei der zwar der größte Teil des Kopfes kahl geschoren war, bei der aber wenigstens ringsum ein Kranz von Haaren stehen geblieben ist; siehe zu dieser Tonsur Krauß, Realenzyklopädie der christlichen Altertümer II. S. 903.

1) Siehe P. Gizeh 10371, publ. von Grenfell-Hunt, Archiv I. S. 59 ff., event. auch P. Gizeh 10351 ebenda; C. I. Gr. III. 4717; gr. P. Cairo, publ. von Jouguet, B. C. H. XXI (1897) S. 141 ff.

2) Sie werden an erster Stelle genannt.

3) Weiteres siehe im VIII. Kapitel bei der Erörterung des Tempelnotariats.

4) Ein bemerkenswertes Beispiel für einen ägyptischen Priester als Zauberer bietet gr. P. Par., publ. von Wessely, Denkschr. d. Wien. Ak. Phil.-hist. Kl. Bd. XXXVI (1888) S. 56 ff., Z. 2447. Es ist übrigens recht wahrscheinlich, daß

der Aberglauben bei dem unteren Volke, ebenso aber auch bei manchem Höhergestellten noch eine größere Rolle als der Glauben spielte,
so muß gerade die den Aberglauben befriedigende Seite der Tätigkeit
des Priesters die Ehrfurcht vor ihm noch erhöht haben. Wenn es
auch somit selbstverständlich erscheint, daß man die Führung des
priesterlichen Amtes als ein das Ansehen des Inhabers gewährleisten-
des Moment in Betracht zu ziehen hat, so darf man jedoch hierbei
nicht eins vergessen: Voraussetzung hierfür ist nämlich die Nicht-
emanzipation der Mehrheit des Volkes von der offiziellen Priesterschaft. Nun hat man jedoch damit zu rechnen, daß im Laufe der
hellenistischen Zeit eine solche Emanzipierung erfolgt ist. Einmal
natürlich vor allem etwa seit dem 3. Jahrhundert n. Chr., als auch in
Ägypten weitere Kreise das Christentum angenommen haben[1]); dann
aber auch schon vorher. Es sei hier an die uns schon in ptolemäischer Zeit des öfteren begegnenden Kultvereine erinnert (Bd. I.
S. 125 ff.); ihre Priester sind als Laienpriester zu fassen. Es war
also durch sie dem Volke die Möglichkeit geboten, auch ohne den
offiziellen Priester seine religiösen Bedürfnisse zu befriedigen; für die
besonders eifrigen Kultvereinsmitglieder hatte somit jener nicht mehr
die frühere Bedeutung, was natürlich das ganze Verhältnis zu ihm
beeinflussen mußte.[2]) Vielleicht darf man es als einen Schachzug der
Priester gegen die drohende Emanzipation fassen, wenn wir im
2. Jahrhundert v. Chr. die ganze höhere Priesterschaft des Chnubo

---

dieser, ein gewisser Pankrates, derselbe ist, der auch bei Lukian, Philopseudes
c. 34 (Reitzenstein, Hellen. Wundererzähl. S. 5) und bei Athenaeus XV p. 677[d]
(W. Weber, Untersuchungen zur Geschichte des Kaisers Hadrianus S. 281, A. 1)
genannt ist, dies alsdann ein sicheres Zeichen, daß er eine sehr bemerkenswerte
Persönlichkeit gewesen sein muß.

1) Vergl. hierzu Harnack, Mission u. Ausbreit. d. Christentums usw. II[2].
S. 132 ff.

2) Strack a. a. O. Zeitschr. für d. neutest. Wissensch. IV (1903) S. 229 ist
der Ansicht, in der Gründung von Kultvereinen in Ägypten habe man einen
Schachzug des Staates gegen die Priesterwelt zu sehen; der Staat habe somit
bewußt an der Emanzipierung des Volkes von der Priesterschaft gearbeitet. Daß
ihm diese in gewissem Grade erwünscht sein mußte, ist selbstverständlich, daß er
jedoch zu diesem Zweck die Gründung von Kultvereinen veranlaßt habe, ist mir
nicht glaubhaft. In ihnen möchte ich vielmehr von Haus aus rein private Gebilde
sehen; vergl. die Ausführungen Bd. I. S. 132. Wenn wir z. B. in Nubien im 5. Jahrhundert n. Chr. Kultvereine treffen, die mehr oder weniger unter staatlicher
Aufsicht stehen (siehe Bd. I. S. 251, A. 2), so hat man in dieser Aufsicht etwas
nachträglich Hinzugekommenes zu sehen. Es wird ja auch sonst und auch in
früherer Zeit in Ägypten, ebenso wie auch sonst in der hellenistischen Welt
(siehe Ziebarth, Griechisches Vereinswesen S. 170 ff.) eine solche Aufsicht mit
regem staatlichen Interesse für den einen und den anderen bedeutenderen Verein bestanden haben — Belege besitzen wir allerdings m. W. hierfür noch nicht —,
es erscheint mir aber vorläufig nicht gestattet, hieraus etwa zu schließen, daß
der Staat zu vorher bestimmten Zwecken die betreffenden Vereine gegründet habe.

von Elephantine als Mitglieder eines lokalen Kultvereins finden (siehe
Bd. II. S. 168, A. 1). Gerade dieser, dessen Kult ein synkretistisches
Gepräge trägt, weist uns dann auf den anderen gleichfalls die Bedeutung der offiziellen Priesterschaft mindernden Faktor hin, auf die
„gnostischen" Kultgemeinden und Sekten, die vor allem seit christlicher Zeit in Ägypten zahlreich vertreten gewesen sind (siehe Bd. I.
S. 172 u. II. S. 219, A. 4); sie sind übrigens eigentlich nur eine
potenzierte Form solcher synkretistischer Kultvereine und wohl auch
oft direkt aus ihnen hervorgegangen. In welchem Umfange die beiden
hier genannten Faktoren die Emanzipierung des Volkes von den offiziellen Priestern bewirkt haben, entzieht sich freilich jeder genaueren
Schätzung.

Jedenfalls dürfen wir jedoch demnach das aus dem priesterlichen
Beruf als solchem resultierende Ansehen nicht zu allen Zeiten als
ungeschmälert fortbestehend ansehen und dürfen es somit auch nicht
ohne weiteres als ein eine besonders angesehene soziale Stellung unbedingt verbürgendes Moment auffassen. Man könnte vielleicht geneigt sein in diesem Zusammenhange darauf hinzuweisen, daß uns
gerade aus römischer Zeit einige Belege für ein wenig ehrfurchtvolles
Verhalten der Bevölkerung gegen die Priester erhalten sind[1]); so
hören wir von Mißhandlungen und Beraubungen, denen diese ausgesetzt gewesen sind[2]). Die Belege erscheinen mir jedoch zu vereinzelt, als daß man aus ihnen Rückschlüsse auf irgendeine Minde-
rung des Ansehens des Priesterstandes herauslesen dürfte.

Das hier von den ägyptischen Priestern entworfene Bild —
allzu große Veränderungen scheint es während der hellenistischen Zeit
nicht erlitten zu haben — zeigt uns sie als Leute in befriedigender wirtschaftlicher Lage, die als Hüter der alten Traditionen
auch noch in hellenistischer Zeit als die wichtigsten Repräsen-
tanten der altägyptischen Kultur anzusehen sind und die auch
durch ihre staatsrechtliche und allgemein bürgerliche Stellung unter ihren Volksgenossen in erster Reihe stehen.
Dagegen finden sich auch nicht die geringsten Anzeichen dafür, daß
ihre soziale Stellung — einzelne wenige Priester ausgenommen —
auch gegenüber der der maßgebenden griechischen Kreise Ägyptens
von besonderer Bedeutung gewesen ist. Insofern muß man also die

---

1) Aus ptolemäischer Zeit könnte man hierfür etwa anführen P. Leid. G,
wo ein ἀρχεντἀφιαστής sich über Schädigungen seines Hausbesitzes beklagt, und
P. Tebt. I. 42, demzufolge ein Priester bei einem Vertrage von dem anderen
Kontrahenten betrogen worden sein soll.

2) Mißhandlungen u. dergl.: B. G. U. I. 36 (= II. 436); P. Amh. II. 77;
P. Tebt. II. 303; 304; Beraubungen: B. G. U. I. 321 (= 322); IV. 1036; P. Lond.
II. 363 (S. 170).

soziale Stellung der Priester des griechischen Kultus im allgemeinen prinzipiell höher bewerten, obgleich uns über diese Näheres
nicht bekannt geworden ist.[1])

1) Verwiesen sei hier nur noch darauf, daß in ptolemäischer Zeit die eponymen Priester nur bestimmten vornehmen Familien entnommen worden sind
(siehe Bd. I. S. 253/4), daß z. B. in römischer Zeit ein Alexanderpriester, bevor
er sein Amt antrat, höherer Offizier in den Auxiliartruppen gewesen ist (P. Oxy.
III. 477), und daß ferner die Priester des alexandrinischen Kaiserkultes durchweg
die hohen städtischen Ämter bekleidet haben (Seymour de Ricci a. a. O. Archiv
II. S. 444, Inschrift N. 66).

Achtes Kapitel.

Das Verhältnis von Staat und Kirche.

1. Die Religionspolitik der Ptolemäer und römischen Kaiser.

Den antiken Religionen haftet als eigenartiges Charakteristikum an, daß sie nationale Religionen gewesen sind. Nationalität und religiöses Bekenntnis, politische und Kultusgemeinde sind zusammengefallen, Staat und Religion sind aufs engste mit einander verbunden gewesen. Waren in einem Staate mehrere Völker mit einander vereinigt, so hat das herrschende Volk im allgemeinen nicht daran gedacht, die Nationalität und damit auch die Religion der Unterworfenen zu beseitigen. Beides blieb bestehen; als Staatsreligion galt aber nur die des herrschenden Volkes, allein von seinen Göttern glaubte man das Wohl des Staates abhängig.

Erst in hellenistischer Zeit macht sich dann ein Schwinden des nationalen Charakters bei einzelnen Religionen bemerkbar, universale Tendenzen treten an Stelle des Nationalitätsprinzips[1]). Ferner gelangt der Kosmopolitismus, der auch das politische Leben beeinflußt, ganz folgerichtig auch auf religiösem Gebiete zur Geltung; man erhebt nicht die Forderung einer einheitlichen Lehre als verpflichtende Norm für alle, sondern Gewissens- und des weiteren auch eine allmählich immer weiter ausgedehnte Glaubensfreiheit kennzeichnen die Religionspolitik der Zeit. Weitgehende Toleranz ist deshalb auch der Grundsatz der Religionspolitik der Ptolemäer. Der ägyptischen Religion gegenüber sind sie sogar soweit gegangen, daß sie diese neben der griechischen als Staatsreligion anerkannt haben.

Alexander der Große hatte ihnen hier bereits den richtigen Weg vorgezeichnet. Während seines Aufenthaltes in Ägypten hatte er in

---

1) E. Meyer, Geschichte des Altertums III. S. 167 ff. faßt die universalen Tendenzen in den Religionen als ein Produkt der Perserzeit und führt als Hauptbeispiele den Parsismus und das Judentum an. Dieser frühe Ansatz scheint mir jedoch nicht ganz begründet, jedenfalls besitzen wir für eine absichtliche und energische Propaganda antiker Religionen in vorhellenistischer Zeit nicht die genügenden Belege; die Gewinnung einzelner Personen besagt natürlich ebensowenig wie etwa die Einverleibung einzelner Götter in andere Panthea.

Memphis den ägyptischen Göttern, besonders dem Apis reiche Opfer
dargebracht, in Alexandrien der Isis einen Tempel errichtet (Arrian,
Anab. III. 1, 4 u. 5) und schließlich seinen berühmten Zug in die
Oase des Amon unternommen, dies alles deutliche Zeichen nicht nur
seines Interesses, sondern auch der offiziellen Anerkennung der ägyptischen Götter.[1]) Der klügste seiner Marschälle, der erste Ptolemäer,
hat alsdann gleich von Anfang an gegenüber der ägyptischen Religion
denselben Standpunkt wie sein großer König eingenommen; dies beweisen uns z. B. die von ihm inaugurierten Tempelbauten, die Restitution früher entwendeten Göttergutes, sowie seine reiche Gabe für
die Bestattung eines Apis.[2]) Aus der Folgezeit besitzen wir dann
für die Anerkennung der ägyptischen Religion als Staatsreligion eine
große Reihe der verschiedenartigsten Belege; wenigstens die wichtigsten sollen hier besonders hervorgehoben werden. Man möge sich
einmal der großen Zuwendungen des Staates für den ägyptischen
Kultus, der regelmäßig gewährten festen Beisteuern, wie etwa σύνταξις und Kirchensteuern, sowie der mehr den Charakter einmaliger
Geschenke tragenden Zuweisungen (siehe Bd. I. S. 340 ff.), erinnern
und auch daran, daß die Priester höherer Ordnung direkt als Staatsbeamte behandelt worden sind (siehe Bd. II. S. 243/44). Die rege Fürsorge der ptolemäischen Könige für die ägyptische Religion tritt
uns ja überhaupt allenthalben in den zeitgenössischen Dokumenten
entgegen, besonders auffällig bereits z. B. in der Mendesstele[3]), in der
der 2. Ptolemäer als besonderer Freund des heiligen Widders von
Mendes von den Priestern gefeiert wird[4]) und derzufolge (Z. 11) die
Königin Arsinoe Philadelphos sogar zur Oberpriesterin und Prophetin
des Widders erklärt worden ist. Als bemerkenswert sind dann auch

---

1) Man hat dies Verfahren den ägyptischen Göttern gegenüber auf eine
Stufe zu stellen etwa mit den Opfern Alexanders für Herakles-Melkart in Tyrus
und für Marduk-Bel· in Babylon, dies alles Zeichen einer von dem bisherigen
griechischen Brauch abweichenden Religionspolitik, zu der sich übrigens Ansätze
schon bei den Perserkönigen nachweisen lassen.

2) Siehe hierzu z. B. Bouché-Leclercq, La politique religieuse de Ptolémée
Soter et le culte de Sérapis, Rev. de l'hist. des relig. XLVI (1902) S. 1 ff. Es
sei hier gleich hervorgehoben, daß ich in diesem die Grundlinien zeich-
nenden Kapitel im Gegensatz zu dem sonst in diesem Werke befolgten Verfahren im allgemeinen nicht beabsichtige, die Belege und die bisherigen einschlägigen Ausführungen vollständig anzumerken und mich mit ihnen eingehender
auseinander zu setzen, es würde dies den Zweck dieses Kapitels, eine kurze
Zusammenfassung meiner eigenen Ansichten zu bieten, illusorisch
machen, das Kapitel würde ein Buch für sich werden.

3) Auf Einzelheiten darf man in dieser hieroglyphischen Inschrift natürlich
nicht zu viel geben, aber mag man auch noch so viel als Bombast abziehen,
der oben gezeichnete allgemeine Eindruck bleibt doch bestehen.

4) Als Gegenstück hierzu sei auf einen von Spiegelberg, P. Straßb. S. 25,
A. 3 erwähnten dem. P. verwiesen, in dem ein Priester des Mnevis, Apis und
der als σύνναοι θεοί mit ihnen zusammen verehrten Ptolemäer vorkommt.

anzuführen die verhältnismäßig häufig zu belegenden Besuche, welche die Könige und die Mitglieder des königlichen Hauses den ägyptischen Tempeln abgestattet und bei denen sie auch am Kultus teilgenommen haben.[1]) Die Anerkennung der ägyptischen Religion als Staatsreligion dokumentierte sich nach außen ferner in der von ägyptischen Priestern nach ägyptischem Ritus vorgenommenen Königsweihe (siehe über sie im 3. Abschnitt), sowie auch darin, daß den Priestern gestattet gewesen ist auf den Tempelwänden die ptolemäischen Könige in alter echtägyptischer Weise im Ornat der Pharaonen den ägyptischen Göttern adorierend abzubilden, eine Darstellungsweise, die auch auf zahlreichen Denksteinen offiziellen und privaten Charakters wiederkehrt.[2]) Fast noch beweiskräftiger sind alsdann die Darstellungen von Angehörigen des Herrscherhauses in der Gestalt ägyptischer Götter, als Sarapis und Isis, auf hellenistischen Kameen und, was noch wichtiger ist, auch auf Münzen[3]); diese Sitte hat dann ihr

---

1) Siehe etwa Ptolemaios II. (nebst Frau und Sohn): Inschriften von Pithom, Mendes und Sais (die letzte jetzt am besten herausgegeben von Sethe, Hierogl. Urkunden aus griech.-röm. Zeit I. S. 75 ff.), hierogl. Inschrift in London, publ. Brugsch, Thesaurus V. S. 907 ff.; Ptolemaios V.: Inschrift von Rosette; Ptolemaios VI. (nebst Frau): P. Par. 26, 5; 29, 5; P. Vat. V. S. 352; Ptolemaios X.: Strack, Inschriften 140; Ptolemaios XI: dem. Inschrift Wien bei Krall, Sitz. Wien. Ak. Phil.-hist. Kl. Bd. CV (1883) S. 372 ff. (375/6); Ptolemaios XIII: hierogl. Inschrift bei Brugsch, Thesaurus V. S. VIII/IX. Inwieweit die Bauinschriften der Tempel von Edfu und Dendera als Belege für Besuche verschiedener Könige in diesen Heiligtümern aufzufassen sind, wage ich nicht zu entscheiden.

2) Siehe hierzu etwa Spiegelberg, Die demot. Inschriften (Catal. gén. des antiq. égypt. du musée du Caire Bd. XVI) S. 2. Eine nicht rein ägyptische, sondern durch das Griechische beeinflußte Darstellung begegnet uns m. W. allein auf der Stele Kairo 31088 (Spiegelberg a. a. O. S. 14 ff.; siehe hierzu jetzt auch Wilcken, Archiv IV. S. 243/4), die ein Priesterdekret enthält, wo der 4. Ptolemäer auf einhersprengendem Pferde mit dem Speer ausholend, sonst aber ganz als Pharao dargestellt ist; die Umgebung ist übrigens rein ägyptisch gestaltet (z. B. die Königin hinter ihm als ägyptische Göttin). Insofern ist diese Stele von der bekannten des Cornelius Gallus verschieden (siehe Wilcken a. a. O. Ä. Z. XXXV [1897] S. 79/80), da auf ihr zwar außergewöhnlicher Weise auch die Hauptperson — Gallus — als Reiter erscheint, aber nicht neben ihm, wie üblich, die ägyptischen Götter. Anders wie Wilcken glaube ich, daß dies Fehlen auf die Anordnung des Gallus zurückzuführen ist; das Gefühl des Römers hat sich hier eben noch dagegen gesträubt als Genosse ägyptischer Götter abgebildet zu werden.

3) Siehe etwa Furtwängler, Antike Gemmen, Tafel 32 N. 31; auch wohl Tafel 31 N. 29; 33 N. 2. Mein Urteil über die ägyptischen Münzen stütze ich einmal auf eine persönliche Durcharbeitung (im Sommer 1904) der einschlägigen Münzen des kgl. Münzkabinetts zu Berlin, bei der mich Herr Dr. K. Regling aufs freundlichste beraten hat, sowie ferner vornehmlich auf Poole, A catalogue of the greek coins in the british museum, the Ptolemies kings of Egypt und Alexandria and the nomes; Feuardent, Numismatique, Égypte ancienne; Dattari, Numi Augg. Alexandrini; monete imperiali grecche und Svoronos, τὰ νομίσματα τοῦ κράτους τῶν Πτολεμαίων.

Gegenstück in dem für einige ptolemäische Königinnen nachzuweisenden Brauch, diese als ägyptische Göttin, als Isis, zu verehren.[1]) Schließlich sei hier noch darauf hingewiesen, daß unter den wenigen Göttertypen, mit denen die ptolemäischen Münzen geschmückt sind, auch solche von ganz oder wenigstens teilweise ägyptischem Charakter wie Isis, Sarapis, Nil und Zeus Amon[2]) uns begegnen.

Bei der Annahme der ägyptischen Religion als Staatsreligion sind natürlich für die Ptolemäer so gut wie ausschließlich Opportunitätsgründe, der Gedanke an die Sicherung ihrer Herrschaft, maßgebend gewesen. Mag ihnen auch ihre Religionspolitik durch den Zug der Zeit, der nicht mehr ängstlich allein das Reingriechische unter Ablehnung alles Fremden hoch hielt, erleichtert und auch dadurch gefördert worden sein, daß die Griechen für die ägyptische Religion eine prinzipielle Vorliebe besessen haben, so wird doch im letzten Grunde ihr Verhalten durch die richtige Erkenntnis bestimmt worden sein, daß der nationale Dualismus bei der großen Bedeutung der Religion für das Leben der Ägypter sich viel schwerer fühlbar machen würde, wenn man der ägyptischen Religion mehr oder weniger ablehnend gegenüber trete, daß man sich dagegen die ägyptischen Priester und die hinter ihnen stehende Volksmenge leicht gewinnen könne, wenn man ihre Religion offiziell anerkannte; schloß ja doch diese offizielle Anerkennung bei der damaligen engen Verbindung von Staat und Religion die bewußte Förderung der ägyptischen Kirche durch den Staat, also die Erfüllung der Wünsche der Priester zum mindesten in sich. An dem einmal angenommenen prinzipiellen Standpunkt, den in voller Schärfe bereits Philadelphos vertritt[3]), hat man während der ganzen Ptolemäerzeit allem Anschein nach niemals zu rütteln gewagt, er ist sogar, soweit wir bis jetzt sehen können, im Laufe der Zeit ganz im Einklang mit der allgemeinen Politik, die auf das ägyptische Element immer größere Rücksicht nahm, noch stärker betont worden.[4])

---

1) Siehe z. B. Strack, Inschriften 30 (Arsinoe Philadelphos, falls die Ergänzung richtig ist); P. Petr. III. 1 Col. 2, 6/7 mit der Lesung Wilckens (wohl Berenike II., siehe z. B. die Bd. I. S. 412 zitierte Kamee); Bd. I. S. 158 u. 412 (Kleopatra III.); Plutarch, Antonius 54 (die letzte Kleopatra).

2) Zeus Amon erscheint schon auf den Münzen des 1. Ptolemäers; es entspricht dies durchaus dem sonstigen freundlichen Verhalten dieses Königs zu dem Gotte der Amonsoase, von dem uns Pausanias IX. 16, 1 und dann auch der König selbst bei Arrian III. 3, 5 (der nüchterne, sonst so wahrheitsliebende Soter versteigt sich hier zu Fabeleien zum Ruhme des Gottes; er bietet hier wohl die Tradition der Amonspriester, siehe die Schlangen als Führerinnen) Zeugnis ablegen.

3) Bouché-Leclercq, Hist. des Lagides I. S. 233, III. S 20 unterschätzt die Beziehungen des 2. Ptolemäers zur ägyptischen Religion; mir ergibt sich vor allem aus der Mendes- und der Pithomstele das obige abweichende Urteil.

4) So begegnen uns z. B. Typen ägyptischer Götter (abgesehen von Zeus Amon), sowie die Darstellung der Herrscher als ägyptische Götter auf Münzen,

Das enge Verhältnis der Ptolemäer zur ägyptischen Religion hat sie übrigens nicht gehindert den griechischen Kulten die Treue zu bewahren. Sie waren es ja schon ihrer Stellung in der griechischen Welt und ihren griechischen Untertanen schuldig, die griechische Religion als Staatsreligion zu pflegen, ganz abgesehen davon, daß sie selbst mit ihren religiösen Gefühlen, soweit überhaupt solche vorhanden waren, auf griechischer Seite gestanden haben werden. Ein Ausfluß dieser Seite der ptolemäischen Religionspolitik sind einmal die Bestrebungen der Könige, die Verbindung mit den großen Kulten der griechischen Heimat aufrecht zu erhalten; zahlreiche diesen übermittelte Weihgeschenke und Festgesandschaften, sowie die Einrichtung von Agonen im eigenen Lande, an denen auch die Griechen außerhalb Ägyptens teilnehmen sollten[1]), dokumentierten nach außen deutlich die Ver-

wenn ich recht sehe, erst seit Epiphanes. Ausdrücklich hervorheben möchte ich hier auch, daß die Verehrung einer ptolemäischen Königin als Isis in früherer Zeit nur als von privater Seite ausgehend belegt ist, während sie unter Kleopatra III. als Bestandteil des eponymen Königskultes in Alexandrien nachzuweisen ist. Schließlich sei hier noch darauf verwiesen, daß seit dem 4. Ptolemäer die von den ägyptischen Priestern den Gottkönigen gegebenen offiziellen Titel, in denen diese in engste Verbindung mit den ägyptischen Göttern gesetzt werden, auch in mehrsprachigen Dokumenten, also auch im Griechischen und nicht nur im Ägyptischen, angewandt worden sind; siehe P. Münch., publ. von Wilcken, Archiv I. S. 480 ff.; dreispr. Inschrift Kairo 31088, publ. von Spiegelberg, Die demotischen Inschriften S. 14 ff. (beide aus der Zeit des Philopator); Inschrift von Rosette (Ptolemaios V.). In der letzteren ist sogar einmal (Z. 4) der ägyptische Gott im Griechischen nicht durch sein griechisches Äquivalent ersetzt, sondern Φϑᾶ beibehalten.

1) Einiges wenige hierüber ist z. B. zusammengestellt von Niese, Gesch. d. griech. u. maked. Staaten II. S. 206/7. Verweisen möchte ich hier noch als recht instruktiv etwa auf Kern, Die Inschriften von Magnesia N. 23, ferner Dittenberger, Or. graec. inscript. select. I, 36 u. 150. Erinnert sei auch noch an das Dekret von Amorgos (Dittenberger, Sylloge I², 202) und die πομπή des Philadelphos. Nicht berechtigt wäre es m. E. in diesem Zusammenhange die Einrichtung und Feier von eleusinischen Mysterien in dem alexandrinischen Vororte Eleusis anzuführen, denn daß solche daselbst gefeiert worden sind (siehe Schreiber, Die Götterwelt Alexandriens, Verhandl. d. 40. Philol.-Versamml. S. 307 ff. [310], auch neuerdings z. B. Beloch, Griech. Gesch. III, 1 S. 451 und Gruppe, Griech. Mythologie u. Religionsgeschichte II. S. 1496, A. 3 u. 1547) bezweifele ich ebenso wie Schiff, Pauly-Wissowa V s. v. Eleusis Nr. 4 Sp. 2340 f. Die Tradition schweigt hier jedenfalls vollständig (über den Eumolpiden Timotheos siehe im folgenden S. 269). Die Wahl des Namens Eleusis für den alexandrinischen Vorort bedarf allerdings der Erklärung. Es ist nun bereits von Herodot (II. 59 u. 156) Isis mit Demeter identifiziert worden; die Gleichsetzung scheint dann gerade zu Beginn der ptolemäischen Zeit besonders betont worden zu sein und ist auch von maßgebender Seite aus, von Leon v. Pella (Clem. Alex. Strom. I. p. 382 ed. Potter) und von dem jüngeren Hekataios (z. B. Diodor I. 13, 5 ff.; 29; 96, 4/5) literarisch weiter ausgebaut worden, wobei man Isis und ihren Götterkreis gerade mit dem der Demeter von Eleusis verknüpft hat. Als Ausfluß dieser Annäherungsbestrebungen fasse ich auch die Gründung eines Ortes Eleusis in Ägypten. Wenn ich auch somit die Einrichtung eleusinischer Mysterien in Ägypten bezweifele,

ehrung der Ptolemäer für die alten Heiligtümer und Götter. Sie spiegelt sich dann auch z. B. wieder in dem für Arsinoe Philadelphos und für die Maitresse des 2. Ptolemäers Bëlistiche eingerichteten Kult als Aphrodite (siehe Bd. I. S. 347 u. Plutarch, Amator. 9), sowie ferner in den Gedichten der ptolemäischen Hofdichter, des Theokrit, Kallimachos und auch des Eratosthenes[1]). Denn diese mit ihrem fast vollständigen Ignorieren der ägyptischen und der besonderen Verherrlichung der alten griechischen Kulte sind nur denkbar, wenn dem ptolemäischen Hof daran gelegen war in griechischen Kreisen als eifriger Verehrer der heimatlichen Religion zu gelten und wenn er auch dementsprechend handelte. Als vortreffliche Parallele zu den griechischen Gedichten sei hier noch auf die bekannte Inschrift von Adulis (C. I. Gr. III. 5127) verwiesen, denn in ihr, an deren Abfassung ägyptische Priester keinen Anteil hatten, erscheint der 3. Ptolemäer durchaus als ein griechischer Heros, nicht wie in den Priesterprotokollen als Sohn des Re, sondern als Abkömmling griechischer Götter, des Zeus, des Herakles und des Dionysos. Letzterer und nicht etwa irgend ein Gott ägyptischen Charakters ist ja auch bekanntlich vornehmlich seit Philopator der Hausgott, der spezielle Schutzheilige der Ptolemäer geworden.[2]) Im Einklang mit den bisher angeführten Tatsachen stehen alsdann die Götterbildnisse der ptolemäischen Münzen; unter ihnen ist das griechische Element sogar so vorherrschend, daß man hieraus wohl den Schluß ableiten darf, der großen Welt sollte als die maßgebende Staatsreligion die griechische erscheinen.[3]) Dies folgt übrigens auch daraus, daß diejenigen

---

so bestreite ich dagegen natürlich nicht einen stark entwickelten Demeterkult in Ägypten.

1) Reitzenstein, Zwei relig. Fragen S. 64, A. 1 u. 68 ff. sieht allerdings gerade in Eratosthenes einen Dichter, der in seinem Epyllion Hermes ägyptische religiöse Anschauungen vertreten hat, bewiesen hat jedoch R. seine Behauptung m. E. nicht; ebenso urteilt auch Zielinski, Archiv f. Relig. IX (1906) S. 53, siehe übrigens auch die Schlußworte Roberts, Zum homerischen Hermeshymnus, Hermes XLI (1906) S. 389 ff. (S. 425).

2) Daß die Abstammung des Ptolemäerhauses von Dionysos erst von Philopator aufgebracht worden ist, wie Wilamowitz, Die Textgeschichte der griechischen Bukoliker S. 153, A. 1 behauptet, ist solange zu bezweifeln, als nicht erwiesen ist, daß die Inschrift von Adulis höchstens erst zur Zeit Philopators verfaßt ist. Wir können vorläufig nur sagen, daß diese Abstammungsversion, wie uns Theokrits Enkomion lehrt, erst nach den 70er Jahren des 3. Jahrhunderts v. Chr. aufgekommen sein kann. Die besondere Vorliebe des Ptolemäerhauses für Dionysos ist ja nun allerdings erst ein Werk Philopators (siehe Bd. I. S. 149, A. 2), aber engere Beziehungen zu diesem Gott müssen auch in der vorhergehenden Zeit bestanden haben; siehe abgesehen von Adulis Athenaeus V. 201ᵈ (Bd. I. S. 150, A. 2 ist hiernach zu modifizieren); Strack, Inschriften 35 und 36; Euergetes I. erscheint übrigens auf einigen Münzen mit Attributen des Dionysos.

3) Eine vorzügliche Illustration zu der obigen Beobachtung scheinen mir zwei Münzen aus der Zeit der Vormundschaft der ersten Kleopatra zu bilden;

Priester des ptolemäischen Ägypten, welche nach außen am meisten hervortraten, die eponymen Priester des Alexander- und Königskultes, durchweg Priester von rein griechischen Charakter sind; sie waren ja doch auch, worauf uns die Namen einzelner, wie κανηφόρος, ἀϑλοφόρος, στεφανηφόρος und πυροφόρος (siehe Bd. I. S. 157/58 u. 411) hinweisen, dazu bestimmt, ihren Kult in einem griechischen Festzuge zu vertreten, d. h. jedenfalls in jenem von Philadelphos zu Ehren seines Vaters gestifteten Agon, der dann in ein Alexanderfest umgestaltet worden ist, bei dem auch die apotheosierten Ptolemäer besonders geehrt worden sind.[1]

Die Ptolemäer haben sich nun nicht damit begnügt die griechische und die ägyptische Religion als Staatsreligion anzuerkennen[2], sondern sie haben auch versucht zwischen beiden eine Brücke zu schlagen, um so auch durch die Religion die beiden heterogenen Volksbestandteile, Griechen und Ägypter, einander zu nähern; denn man darf gegenüber dem in der ersten Zeit freilich besonders auffälligen Präponderieren des griechischen Elements das Bestreben der ptolemäischen Könige durch Verschmelzung eine einheitliche Staatsbildung zu schaffen nicht zu gering einschätzen.

auf der einen (Poole a. a. O. S. 78/9 N. 6), die in Ägypten geprägt ist, erscheint Kleopatra I. als Isis und neben ihr Sarapis, auf ihrem Pendant, das aus der alten Griechenkolonie Kyrene stammt (Poole a. a. O. S. 80 N. 13), ist Kleopatra I. als Artemis gebildet und neben ihr Apollo.

1) Über den Festzug siehe Bd. I. S. 145 ff. Die πομπή des Kallixenos zeigt uns deutlich, daß in ihr außer Alexander auch das Herrscherhaus gefeiert worden ist. Dies wird in der Ptolemäerzeit auch bei allen späteren alexandrinischen Festen für Alexander der Fall gewesen sein, ist doch der Alexander- und der Ptolemäerkult in Alexandrien aufs engste mit einander verbunden gewesen. Man könnte hierzu vielleicht auch auf C. I. A. II. 1367 (Zeit wohl 3. Jahrh. v. Chr.) verweisen, wo ein als βασίλεια ἐν Ἀλεξανδρείᾳ bezeichnetes Fest genannt ist (siehe auch Körte, Rh. M. LII (1897) S. 174 ff.); gerade für ein Fest von nicht einheitlichem Charakter wie für das hier postulierte scheint mir eine solche Bezeichnung recht passend, Ἀλεξάνδρεια oder Πτολεμαῖα wäre nicht erschöpfend gewesen. Daß diese Feste stets mit einer πομπή gefeiert worden sind, läßt sich zwar nicht belegen, erscheint mir jedoch gesichert durch die Wahl der Namen für die Ptolemäerpriesterinnen, es sei denn, man nähme, was ganz unwahrscheinlich ist, an, daß ein besonderer Festzug für die apotheosierten Ptolemäerinnen geschaffen worden ist. Vielleicht ist übrigens auch die Wahl des Namens ἱερὸς πῶλος durch die Beteiligung des Priesters an dem Festzuge zu erklären. Für das voraussichtliche Vorbild, die als πῶλος bezeichnete Priesterin der Demeter (Bd. I. S. 412), ist zwar die Beteiligung an einem Festzuge nicht zu belegen, wohl aber für andere πῶλοι, nämlich für die so bezeichneten Priesterinnen der Leukippiden in Sparta; siehe Hesych. s. v. πωλία, und hierzu Wide, Lakonische Kulte S. 331.

2) Dies Bestreben kommt übrigens vorzüglich zum Ausdruck in den Worten des Dio Cassius L. 5, 3, wo es von Kleopatra und Antonius heißt: συνεγράφετο τε αὐτῇ καὶ συνεπλάττετο αὐτὸς μὲν Ὄσιρις καὶ Διόνυσος ἐκείνη δὲ Σελήνη τε καὶ Ἶσις λέγοντες εἶναι (Isis ist bekanntlich später auch als Mondgöttin gefaßt worden, siehe Roscher, Lexikon II, 1 s. v. Isis Sp. 437).

Die auf Verschmelzung hinzielende Religionspolitik hat freilich nicht darin bestanden die ägyptische Religion möglichst stark zu hellenisieren — derartige Bestrebungen der Regierung lassen sich wenigstens bisher nicht nachweisen[1] —, dagegen ist es ganz wahrscheinlich, daß der Staat die Identifizierungen ägyptischer mit griechischen Göttern, die bereits zur Zeit des 1. Ptolemäers literarisch vor allem von dem jüngeren Hekataios eifrig vertreten worden sind und die damals vornehmlich Osiris und Isis (= Dionysos und Demeter) gegolten haben, gefördert hat.[2]

Aber nicht nur hierdurch, sondern vor allem durch die Schaffung einer neuen Gottheit, des Sarapis[3], hat der ptolemäische Staat auch seinerseits zur Ausbildung des religiösen Synkretismus der hellenistischen Zeit beigetragen. Das ihm vorschwebende Ziel einer Vereinigung von Griechen und Ägyptern in dem Kult dieses Gottes ist von ihm wirklich erreicht worden, dies übrigens wohl ein deutlicher Beweis für das damalige Übergewicht des Staates über die Kirche.[4] Die Inszenierung des neuen Kultes war allerdings auch sehr geschickt. Daß man nicht einen der alten großen ägyptischen Götter — sondern nur einen wenn auch sehr angesehenen Gott zweiten Ranges wie Osiris-Apis als Grundlage gewählt hat[5], muß die Um-

---

1) Reitzensteins, Zwei relig. Fragen, S. 98 und 100 Bemerkungen über die ägyptische Religionspolitik sind durchaus phantastisch.

2) Es sei hierzu darauf verwiesen, daß Hekataios in seinem Buche überhaupt Bestrebungen und Anschauungen der Ptolemäerpolitik vertritt; es ist recht wohl möglich, daß seine Abfassung von der Regierung direkt veranlaßt worden ist (siehe hierzu z. B. auch die bei Diodor I. 17 ff. vorliegende Hekataios verwandte Quelle, deren Angabe über Makedon, den Sohn des Osiris und späteren Herrscher in Makedonien, wohl auch auf staatliche Inspirierung hinweist). Vgl. ferner das Bd. II. S. 216, A. 2 über Manetho Bemerkte. Aus späterer Zeit könnte man als besonders instruktiv den ἱερὸς πῶλος Ἴσιδος anführen, siehe Bd. I. S. 412.

3) Gegenüber den die Stiftung eines neuen Kultes prinzipiell ablehnenden Bemerkungen Belochs, Griech. Gesch. III. 1 S. 447, A. 1 sei hier nur auf Richard M. Meyer, Mythologische Fragen, Archiv f. Relig. X (1907) S. 88 ff. (101—103) verwiesen.

4) Es ist allerdings möglich, daß man anfänglich in ägyptischen Kreisen dem neuen Gott widerstrebt hat; dies könnte der Kern des Berichtes des Macrobius, Saturn. I. 7, 14/15 sein.

5) Neuerdings (Archiv IV. S. 207/8 u. 247) hat sich wieder Wilcken — ich verstehe ihn hoffentlich recht — dahin geäußert, daß wir in der Verbindung des Sarapis mit dem Osiris-Apis, also in dem ägyptischen Element nichts Ursprüngliches, sondern etwas Sekundäres zu sehen haben; ich kann hierin aber nur eine rein subjektive Ansicht W.'s sehen, die jedes Beweises entbehrt. Vielmehr deutet das, was wir von dem Charakter des Kultes erfahren (so auch wieder Hiller v. Gaertringen, Inschriften von Priene N. 195), darauf, daß das ägyptische Element durchaus primär ist, und nirgends findet sich denn auch im Ägyptischen ein besonderer Name für Sarapis, sondern stets nur wśr-ḥ3p; erst wenn ein solcher besonderer Name nachzuweisen wäre, würde W.'s These glaubhaft werden.

gestaltung sehr erleichtert haben, und ferner ist, wie uns u. a. gerade der Name Σαρᾶπις zeigt, die Hellenisierung ganz planmäßig im Anschluß an einen bestimmten griechischen Gott — er war jedenfalls chthonischen Charakters — vorgenommen worden (siehe Bd. II. S. 215, A. 1). Es war dann auch sehr verständig zu der Ausgestaltung der neuen Gottheit Vertreter aus beiden Lagern heranzuziehen, nicht nur ägyptische Priester wie Manetho (siehe Bd. II. S. 215), sondern auch einen in den griechischen Theologumena besonders bewanderten Mann wie den Eumolpiden Timotheos aus Athen[1]). Die Neuschöpfung ist endlich wohl von vornherein mit einem geheimnisvollen Schleier umgeben worden, auch dies ein Zeugnis für die Menschenkenntnis des „Stifters" des neuen Kultus. Dieser, der 1. Ptolemäer, muß bald nach der Übernahme der ägyptischen Statthalterschaft den Gedanken an die Stiftung gefaßt haben (siehe schon Bd. II. S. 228, A. 2)[2]), denn spätestens etwa um 312 v. Chr. ist Sarapis bereits außerhalb Ägyptens als großer Gott bekannt gewesen, da sein Orakel noch der König Nikokreon von Salamis befragt hat, um den Gott in Cypern einzuführen.[3])

Das Fehlen eines besonderen Namens ist um so bemerkenswerter, als ja der alte rein ägyptische Osiris-Apis neben dem ägyptisch-griechischen Sarapis fortbestanden hat, siehe Bd. I. S. 14 und vergl. ferner die Darstellung des wśr-h3p auf der aus dem 3. Jahrh. v. Chr. stammenden Stele 31104 Kairo (Spiegelberg, Die demot. Inschrift. S. 38) mit dem Berliner Grabstein 7304 (abgeb. Erman, Die ägyptische Religion S. 277), wo in dem ersten Falle eben der hellenistische Sarapis, in dem zweiten der alte Osiris-Apis genannt ist.

1) Siehe die Charakteristik des Timotheos bei Arnobius V, 5. Seine Beteiligung an der Einführung des Sarapiskultes wird uns durch zwei von einander abweichende Traditionen, bei Tacitus hist. IV. 83 und Plutarch, De Isid. et Osir. c. 28 belegt; Beloch, Griech. Gesch. III, 1 S. 447, A. 1 handelt daher willkürlich, wenn er diese an und für sich unverdächtige Tradition, ohne sie als falsch nachzuweisen, einfach bei Seite schiebt. Die Beteiligung eines eleusinischen Eumolpiden, die uns auf den eleusinischen Kultkreis hinweist, ist jedenfalls in Betracht zu ziehen, wenn man sich über die griechischen Elemente bei Sarapis Klarheit verschaffen will. Dem gegenüber hat die Tradition über Sinope etwas Sekundäres, sie kommt eigentlich nur für die Frage nach dem Kultbild des Sarapis in Betracht. Dagegen erscheinen mir für die Klarlegung der Entstehungsgeschichte und des Charakters des Sarapis Reitzensteins Bemerkungen, Ein Stück hellenistischer Kleinliteratur, Nachricht. Götting. Gesellsch. d. Wiss., Phil.-hist. Kl. 1904. S. 309 ff. (S. 318 ff.) von großer Wichtigkeit.

2) Man darf wohl auch die frühe Schöpfung des Sarapiskultes als einen Beleg dafür verwerten, daß der 1. Ptolemäer, der ja schon gleich nach dem Tode Alexanders einen dezentralistischen Standpunkt vertreten hat, die ägyptische Satrapie sehr bald als sein unumschränktes Dominium betrachtet und demgemäß auch sofort alle nötigen Schritte zu dessen Sicherung getan hat.

3) Macrob. Saturn. I. 20, 16. Es ist merkwürdig, daß m. W. Macrobius, abgesehen von Droysen, Gesch. d. Hellenismus III. 1, S. 49, A. 2, der jedoch zu keinem Resultat gelangt, zur Feststellung der Einführungszeit des Sarapis noch nicht herangezogen worden ist. Denn wenn hier Nikokreon und Sarapis mit einander in Verbindung gebracht werden, so liegt m. E. kein Grund vor, die Richtigkeit

Ebenso wie durch die Schöpfung des Sarapiskultes haben die Ptolemäer auch noch in anderer Hinsicht auf die religiöse Entwicklung der Zeit einen bestimmenden Einfluß ausgeübt, nämlich durch ihre Stellung zu dem einen so charakteristischen Bestandteil der hellenistischen Religion bildenden Herrscherkult; die Religion des Königtums fand in den Ptolemäern nicht nur einen ihrer eifrigsten Vertreter, sondern auch ihren Weiterbildner.

Die Göttlichkeit des Königs ist bekanntlich ein Dogma der ägyptischen Religion seit ältester Zeit; Gegenstand eines besonderen Kultus ist der lebende ägyptische König allerdings erst zur Zeit des neuen Reiches geworden.[1]) Die altägyptische Anschauung ist alsdann auch unter Alexander und unter den Ptolemäern maßgebend geblieben.[2]) Es zeigen uns dies die bekannte Szene in der Amonsoase und vor allem das reiche ägyptische Material, in dem der griechische König stets ohne weiteres als Gott behandelt wird, unter ihm wohl besonders bemerkenswert jene Abbildungen im Tempel zu Hermonthis, die den Sohn der berühmten Kleopatra, den Caesarion, als einen echten Sprößling des Gottes Re hinstellen.[3]) Die Dogma-

---

der Angaben zu bezweifeln; ein Fälscher würde nicht die Person des Nikokreon gewählt haben. Nikokreon ist nun nach dem Marmor Parium 311/10 v. Chr. gestorben. In seine letzte Zeit kann jedoch die Erzählung des Macrobius nicht gesetzt werden, da er ja vor seinem Tode von Ptolemaios zu Antigonos abgefallen war. Seine Beziehungen zu Ptolemaios I. datieren seit 321 v. Chr., an und für sich könnte also das von Macrobius Berichtete in die Zeit von 321 bis etwa 312 v. Chr. fallen. Einen genaueren Termin könnte man feststellen, wenn man der Bezeichnung Nikokreons als „rex Cypriorum" und nicht als König von Salamis besondere Bedeutung beilegte. Im Jahre 313 v. Chr. ist nämlich Nikokreon von Ptolemaios nach Beseitigung eines Teiles der kyprischen Stadtkönige zum Strategen der ganzen Insel ernannt worden; der Titel rex Cypriorum könnte also im Hinblick auf diese Stellung gewählt sein. Setzt man nun auch hiernach den Vorgang erst bald nach 313 v. Chr. an, die Begründung des Sarapiskultes kann natürlich auch dann bereits etwa um 320 v. Chr. erfolgt sein. Über Nikokreon siehe Beloch, Griech. Gesch. III, 2 S. 261/2.

1) Siehe hierzu etwa Moret, Du caractère religieux de la royauté pharaonique und die kurz zusammenfassenden Bemerkungen von Bouché-Leclercq, Hist. des Lag. III. S. 1 ff.

2) Siehe etwa Maspero, Comment Alexandre devint dieu en Égypte im Annuaire de l'école pratique des hautes études 1897 S. 5 ff.

3) Maspero a. a. O. S. 22/23 im Anschluß an L. D. IV. 60—61. Besonders hervorgehoben sei hier auch noch, daß anläßlich der Kalenderreform des Dekretes von Kanopus die neueingeführte 6. ἐπαγομένη ἡμέρα ·als Fest der ϑεοὶ Εὐεργέται begangen werden sollte (Z. 44/5). Nun sind an den anderen fünf ἐπαγόμεναι Feste der großen Götter Osiris, Horus, Set, Isis und Nephthys gefeiert worden, diese Tage waren ihnen geweiht (Plutarch, De Isid. c. 12; E. Meyer, Ägyptische Chronologie S. 9 [Abh. Berl. Ak. 1904] verweist hierzu auch auf eine Notiz in den Pyramidentexten, Pepi II Z. 754); die ϑεοὶ Εὐεργέται sind also in dem Dekret von Kanopus durch die Weihung der 6. ἐπαγομένη für sie mit jenen großen Göttern gleichsam auf eine Stufe gestellt worden. Siehe hierzu übrigens den Passus in dem Königserlaß P. Tebt. I. 5, 245/7.

tisierung der Königsapotheose in der ägyptischen Religion hat es zur
selbstverständlichen Folge, daß von Seiten der Könige und natürlich
auch der Ptolemäer niemals irgend welche besonderen Maßnahmen
für ihre Konsekration im ägyptischen Kultus erforderlich gewesen
sind, ebenso selbstverständlich ist aber unter diesen Umständen auch
die Folgerung, daß die Konsekration des Herrschers auch nicht im
geringsten von der ägyptischen Priesterschaft und ihren Beschlüssen
abhängig gewesen ist.[1]) Tatsächlich gibt es denn auch hierfür keinen
Beleg; die Priester sind vielmehr nur in Aktion getreten, wenn es
galt den an und für sich schon bestehenden Kult des Königs in
irgend einer Weise noch besonders auszugestalten[2]) oder wenn es
sich darum handelte, weitere Mitglieder des königliches Hauses den
ägyptischen Göttern zuzugesellen.[3]) Man darf jedoch nicht glauben,
daß in allen diesen Fällen die einschlägigen Maßnahmen auf die alleinige Initiative der Priester zurückzuführen sind; die Mendesstele
(Z. 13/14) zeigt uns vielmehr, daß wenigstens das eine Mal, bei der
Installierung der Arsinoe Philadelphos als σύνναος θεά in allen ägyptischen Tempeln, der Staat das bestimmende Element gewesen ist,
denn diese Kultneuerung beruht auf einem königlichen Befehl. Es
ist mir nun ferner recht wahrscheinlich, daß der Staat wie auf die
Priesterdekrete überhaupt so auch auf die in ihnen enthaltenen Bestimmungen über den Ausbau des ägyptischen Königskultes eingewirkt

1) Dies ist einer der Grundirrtümer in der Auffassung der ptolemäischen
Königsapotheose, den man auch noch wieder bei Kornemann, Zur Geschichte der
antiken Herrscherkulte, Klio I S. 71, 73, 75, 77, 97 u. 143 begegnet; auch bei
Kornemann dürfte er dadurch mit bedingt sein, daß der ägyptische Königskult von dem griechischen nicht scharf geschieden wird. Die Notwendigkeit dieser Trennung ist neuerdings mit Recht auch von Bouché-Leclerq
a. a. O. III. S. 30 betont worden. 2) Dies tritt uns besonders deutlich in den Dekreten von Kanopus und
Rosette entgegen, siehe Kanopus Z. 20 ff. und Rosette Z. 36 ff. (siehe auch 53),
wo ausdrücklich hervorgehoben wird, durch die vorliegenden Priesterdekrete
wolle man „τὰς προϋπαρχούσας τιμάς" der Könige nur „(ἐπ)αὐξειν" (zu dem
Ausdrucke siehe auch Dittenberger, Or. gr. inscr. sel. I. 224, 11). Die einzelnen
Angaben dieser Dekrete über die Form der Weiterausgestaltung des Kultus darf
man übrigens nicht so ohne weiteres als Anzeichen wirklicher Neuschöpfungen
verwerten, es scheinen auch hier stereotype Formeln wiederzukehren; siehe z. B.
Kanopus Z. 22/23: ἐνγράφεσθαι ἐν πᾶσιν τοῖς χρηματισμοῖς ..... καὶ τὴν ἱερωσύνην τῶν Εὐεργετῶν θεῶν und Rosette Z. 51: καταχωρίσαι εἰς πάντας τοὺς χρη-
ματισμούς ..... τὴν ἱερατείαν αὐτοῦ (sc. des Epiphanes; vergl. übrigens auch
Kanopus Z. 21 und Rosette Z. 50/51, wonach die Könige σύνναοι θεοί in allen
Tempeln sein sollten), wo in beiden Fällen aus diesen Worten durchaus nicht
etwa die Einrichtung jenes Brauches auf Grund des Priesterbeschlusses gefolgert
werden darf, da er sich schon für die Zeit vor der Abfassung der Dekrete belegen läßt; siehe P. Hibeh I. 89 u. 171, sowie Bd. I. S. 181.
3) Siehe hierfür die bekannte Apotheosierung der Berenike, der Tochter
des 3. Ptolemäers, durch das Dekret von Kanopus, Z. 46 ff.

haben wird.[1]) Es ist also sehr wohl möglich, daß die Ptolemäer an
der Weiterausgestaltung des ägyptischen Königskultes recht
stark beteiligt gewesen sind[2]), man darf daher den Anteil der Priester durchaus nicht ohne weiteres als den präponderierenden ansehen.

Neben dem ägyptischen Königskult begegnet uns im hellenistischen Ägypten — in Alexandria und Ptolemais (siehe Bd. I. S. 137ff.) —
auch ein Königskult von griechischem Gepräge. Die von Alexander
dem Großen inaugurierte theokratische Politik hat bald auf griechischem Boden reiche Früchte getragen.[3]) Ebenso wie die Göttlichkeit
des großen Königs haben die Griechen auch die seiner Nachfolger
anerkannt, die des ersten Ptolemäers allem Anschein nach zuerst die
Nesioten, dem sie 308 v. Chr. göttliche Ehren als dem rettenden Gott,

---

1) Ein Punkt sei hier wenigstens besonders hervorgehoben. Das Dekret
von Kanopus Z. 22 bezeugt uns z. B., daß in den ägyptischen Tempeln die
Ptolemäer auch als $\vartheta \varepsilon o i\ \Sigma \omega \tau \tilde{\eta} \varrho \varepsilon \varsigma$, $\vartheta \varepsilon o i\ \dot{A} \delta \varepsilon \lambda \varphi o i$ und als $\vartheta \varepsilon o i\ E\dot{v} \varepsilon \varrho \gamma \acute{\varepsilon} \tau \alpha \iota$ verehrt
worden sind. (Siehe hierzu auch etwa Z. 21 der Pithomstele, wonach auch für
die frühere Zeit die Verehrung der $\vartheta \varepsilon o i\ \dot{A} \delta \varepsilon \lambda \varphi o i$ im ägyptischen Kult belegt ist,
und zwar noch für dasselbe Jahr [270/69 v. Chr.], in dem sie im griechischen
Königskult Aufnahme gefunden haben; vergl. Pithomstele Z. 16. Übrigens ist dann
dieses Verehrungssystem, d. h. als $\vartheta \varepsilon o i\ \Phi \iota \lambda o \pi \acute{\alpha} \tau o \varrho \varepsilon \varsigma$, $'E \pi \iota \varphi \alpha \nu \varepsilon \tilde{\iota} \varsigma$ usw., wie uns
sowohl die griechischen als auch die ägyptischen Dokumente zeigen, auch auf
alle späteren Ptolemäer übertragen worden.) Diese Form der Verehrung ist nun
ganz un ägyptisch. Einmal war es im alten Ägypten durchaus nicht Sitte,
daß die Königinnen am Königskult offiziellen Anteil hatten, wie es hier bei dem
ägyptischen Ptolemäerkult durchweg der Fall ist (siehe auch Bouché-Leclercq
a. a. O. III. S. 33), vor allem ist dann aber, wie ein Blick in Lepsius' Königs-
buch der alten Ägypter jedem zeigt, die Hinzufügung eines besonderen Kultnamens und die Verehrung unter diesem etwas ganz Neues; die Namen selbst
haben zudem keinen ägyptischen, sondern einen echt griechischen Charakter.
Schon nach alledem muß man es zumal in Anbetracht des die ägyptischen Kultformen beherrschenden starken Konservatismus als höchst unwahrscheinlich bezeichnen, daß das hier gezeichnete Verehrungssystem von ägyptischen Priestern
erfunden worden ist; da es uns nun aber von Anfang an auch im griechischen
Ptolemäerkult begegnet, in seiner Form durchaus griechische Kultformen entspricht und schließlich auch die zeitlich älteren Belege für sein Vorkommen
dem griechischen Königskult angehören, so ist es ganz sicher, daß das System
aus dem griechischen in den ägyptischen Herrscherkult übertragen
worden ist und zwar natürlich auf Veranlassung des Staates. Das
beste Gegenstück hierzu ist die im Text erwähnte Aufnahme der 2. Arsinoe als
$\vartheta \varepsilon \grave{\alpha}\ \Phi \iota \lambda \acute{\alpha} \delta \varepsilon \lambda \varphi o \varsigma$ ins ägyptische Pantheon. Ob übrigens Wendland, Die helleni-
stisch-römische Kultur S. 78 mit seinem Ausspruch: „sie (die Ptolemäer) erlangten
allmählich die Aufnahme des zuerst durch besondere eponyme Priester versehenen Herrscherkultes auch in altägyptische Kulte" die hier dargelegte Auffassung vertritt, ist mir zweifelhaft; jedenfalls kann er mißverstanden werden,
handelt es sich doch nicht um die Aufnahme des Herrscherkultes an sich, sondern nur um die Aufnahme der speziellen Form desselben.

2) Auch die Seleukiden haben selbst die Weiterausgestaltung ihres Herrscherkultes veranlaßt, siehe Dittenberger, Or. gr. inscr. sel. I. 224.

3) Meine Bemerkungen über den hellenistischen Herrscherkult berühren
sich aufs engste mit denen Wendlands a. a. O. S. 71 u. 74/75.

als $\Sigma\omega\tau\acute{\eta}\varrho$, erwiesen haben.[1]) An diese Form der Verehrung, die in der griechischen Welt, soweit sie ptolemäisch gesinnt war, weitere Verbreitung gefunden zu haben scheint[2]), hat Philadelphos angeschlossen, als er seinen Vater bald nach dessen Tode konsekriert und diesem und bald darauf auch dessen Gattin Berenike in Ägypten einen **offiziellen staatlichen Kultus von griechischer Form** eingerichtet hat.[3]) Die Schöpfung des 2. Ptolemäers ist von großer prinzipieller Bedeutung, denn sie ist der zeitlich erste Beleg für den **von den Regierenden selbst ins Leben gerufenen Herrscherkult**[4]); der Staat hat hier wieder einmal von seinem alten Recht Gebrauch gemacht, durch seine Gesetzgebung neue Gottesdienste den alten hinzuzufügen. Die Einführung des Alexanderkultes in Alexandrien als Reichskult wohl im Jahre 274 v. Chr. (siehe Bd. I. S. 153) ist dann ein weiterer Schritt auf dem einmal beschrittenen Wege. Für sich selbst hat Philadelphos anfangs göttliche Ehren im griechischen Kultus nicht beansprucht.[5]) Hierin ist erst ein Wandel eingetreten, als der 2. Ptolemäer ebenso wie seine Mutter auch seine Gemahlin Arsinoe Phila-

---

1) Dittenberger, Sylloge² 202, Z. 27; siehe etwa hierzu Jacoby, Das Marmor Parium S. 130. Über den alten Götterkultbeinamen $\sigma\omega\tau\acute{\eta}\varrho$ siehe Wendland, $\Sigma\omega\tau\acute{\eta}\varrho$, Zeitschr. f. neutest. Wissensch. V (1904) S. 335 ff.

2) Siehe für Rhodos Pausanias I. 8, 6 und Diodor XX. 100, 3/4; in Halikarnaß hat die kluge Tochter Soters, Arsinoe Philadelphos, sofort für den Kult ihres Vaters Propaganda gemacht, Dittenberger, Or. gr. inscr. sel. I. 16 (daß dieser Weihinschrift eine bestimmte politische Absicht zu grunde liegt, kann man auch daraus entnehmen, daß durch sie gleichzeitig — die Verbindung ist äußerst geschickt — Stimmung für den neuen Gott des Vaters, für Sarapis, gemacht wird).

3) Bouché-Leclerq a. a. O. III. S. 38/9 spricht mit Unrecht nur von einem „culte familiale" Soters, den Phildelphos eingerichtet habe. Die Abhaltung einer großen vom Staat veranstalteten $\pi o\mu\pi\acute{\eta}$ für Soter weist uns doch mit Sicherheit auf das Bestehen eines offiziellen Kultes hin (siehe auch Dittenberger, Or. gr. inscr. sel. II. 725), der freilich mit dem alexandrinischen Reichskult noch nichts zu tun hat. Siehe Bd. I. S. 143/4; beachte auch S. 161.

4) Daß für die Ausgestaltung dieses ersten offiziellen Kultus die Seleukiden irgendwie vorbildlich gewesen sind (siehe z. B. v. Prott a. a. O. Rh. Mus. LIII [1898] S. 467), dafür scheint mir Appian, Syr. c. 63 kein chronologisches Zeugnis zu liefern.

5) Dies (das Gleiche übrigens auch für seine 2. Gemahlin) zeigt uns besonders deutlich Theokrits Enkomion aus dem Ende der 70er Jahre; siehe übrigens auch einen einzelnen Vers wie Z. 136. Dem widerspricht auch nicht, daß damals bereits ein Altar dem Könige und seiner Gemahlin Arsinoe Philadelphos geweiht worden ist.(Dittenberger, Or. gr. inscr. sel. II. 725, siehe hierzu Wilcken, Archiv III. S. 316; das Fehlen des Kultnamens $\vartheta\varepsilon o\grave{\iota}$ $\mathring{\alpha}\delta\varepsilon\lambda\varphi o\acute{\iota}$ auf dieser Altarinschrift zeigt, daß sie vor 270 v. Chr. gesetzt worden sein muß). Denn einmal handelt es sich hier — hierin hat Schreiber, Studien über das Bildnis Alexanders d. Gr. (Abh. Sächs. Akad. Phil.-hist. Kl. XXI, 3) S. 251/2 Recht — um einen Heroenaltar, was sehr gut dem Fehlen des Götterkultnamens entspricht (derjenige der Eltern, $\vartheta\varepsilon o\grave{\iota}$ $\Sigma\omega\tau\tilde{\eta}\varrho\varepsilon\varsigma$, findet sich dagegen), vor allem ist ja aber das Vorhandensein eines Altars für sie noch gar kein Beweis für das Bestehen eines offiziellen Kultus.

delphos gleich nach ihrem Tode 270 v. Chr. konsekriert und zur
ϑεὰ Φιλάδελφος im griechischen wie im ägyptischen Kultus erhoben
hat. Diese Konsekration hat auch seine eigene zur natürlichen Folge
gehabt, der lebende König konnte hinter seiner toten Gemahlin nicht
zurückstehen; noch im Jahre 270 v. Chr. ist durch die Angliederung
des Kultes der ϑεοὶ Ἀδελφοί an den offiziellen Alexanderkult (Bd. I.
S. 144) die göttliche Verehrung des lebenden Königs auch in den offiziellen griechischen Kultus eingeführt worden.[1]) Von jetzt an ist
die Göttlichkeit des Königs ein integrierender Bestandteil des hellenistischen Staatsrechtes. Den letzten Anstoß zur Selbstvergötterung
hat ja nun freilich ein so zufälliges Ereignis wie der frühe Tod der
Arsinoe Philadelphos gegeben, innerlich vorbereitet war jedoch dieser
Schritt schon seit langem durch den Zug der Zeit.[2]) Er lag beson-
ders nahe in Ägypten im Anschluß an die altägyptische Auffassung
von der Göttlichkeit des lebenden Herrschers und war sogar hier im
Interesse der Verschmelzungspolitik fast direkt erforderlich, um das
Mißverhältnis auszugleichen, daß der König für den einen Teil des
Volkes ohne weiteres ein Gott war, für den anderen dagegen nicht.
Ebenso wie die Schöpfung des offiziellen griechischen Königskultes
in Ägypten hat man auch seinen weiteren Ausbau als ein Werk der
Regierung anzusehen[3]), denn die Mitwirkung ägyptischer Priester
durch Beschlüsse auf ihren Synoden ist, da es sich ja hier um einen
griechischen Kultus handelt, eo ipso ausgeschlossen — tatsächlich
findet sich auch hierfür nicht ein einziger Beleg —, ausscheiden muß
man aber auch die griechischen Priester als Organisatoren des Reichs-
kultes, da ja auch in Ägypten der griechischen Priesterschaft die unbedingt nötige Vorbedingung für eine derartige Handlungsweise, die
Geschlossenheit, gefehlt hat.

1) Bouché-Leclerq a. a. O. III. S. 32 stellt m. E. bei dem griechischen Herr-
scherkult den Anteil der verstorbenen Könige zu sehr in den Vordergrund.
Eigenartig ist es alsdann jedenfalls, daß Philadelphos sich nicht für sich allein,
sondern nur mit seiner toten Gemahlin zusammen einen Kult geschaffen hat.
Kann man dies vielleicht als Ausfluß einer noch vorhandenen Scheu vor der
Selbstvergötterung ansehen?

2) Ob man Euhemeros, der ja anders wie der jüngere Hekataios gerade
die Selbstvergötterung der Könige besonders hervorhebt (so schon Schwartz
a. a. O. Rh. M. XL [1885] S. 260), als einen Vorkämpfer für diese, als sie Philadelphos noch nicht proklamiert hatte, auffassen darf, ist mir allerdings zweifelhaft, da mir anders wie z. B. Jacoby, Euhemeros bei Pauly-Wissowa VI. die
frühe Abfassungszeit der ἱερὰ ἀναγραφή, etwa 280 n. Chr., durchaus nicht gesichert erscheint. Sollte doch nicht Euhemeros' Werk ähnlich wie das des
Hekataios zur Popularisierung einer bereits zum Ausdruck gebrachten Politik
gedient haben?

3) Siehe hierzu auch Bouché-Leclerq a. a. O. I. S. 236, A. 2. Die Bevölkerung
wird im allgemeinen wohl nur auf die Weiterausbreitung des Königskultes
durch Gründung neuer Kultstätten (siehe z. B. P. Petr. III. 1 u. P. Magd. 2) von
Einfluß gewesen sein.

Die Proklamierung der Religion des Königtums als offizielle Religion, die sich nach außen auch in der Verwendung der Herrscherköpfe als Münzbilder dokumentiert[1]), war für die innere Politik von großer Bedeutung.[2]) Sie fand einen besonders günstigen Boden, erschien doch damals der Glaube an Götter in Menschengestalt auf Erden der Menge als ein rettendes Evangelium[3]). Die Göttlichkeit des Königs mußte somit zu einem Ideal staatlicher Omnipotenz führen. Durch den Königskult war ferner die engste Verbindung von Thron und Altar hergestellt; dies mußte dem Staat die Herrschaft über die Kirche sehr erleichtern. Zu alledem gehörte ja auch der Herrscherkult, zumal da er im ägyptischen und griechischen Kult nach denselben Prinzipien gestaltet war, zu jenen staatlichen Institutionen, in denen sich Griechen und Ägypter zusammenfinden konnten, er bedeutete also ein die beiden Nationalitäten einigendes Band.

Der bereits hervorgehobene Grundgedanke der ptolemäischen Religionspolitik, die Übung einer weitgehenden Toleranz, ist auch für das Verhalten der Ptolemäer zu den Juden, der dritten großen Bevölkerungsgruppe des hellenistischen Ägypten[4]), maßgebend gewesen. Die Ausübung des jüdischen Kultus war allenthalben ohne jede Einschränkung gestattet. Aus der Zeit des 3. Ptolemäers sind uns sogar inschriftliche Belege für nahe Beziehungen der einzelnen jüdischen Kultgemeinden zum Staat erhalten[5]); die unter Philometor erfolgte Gründung des Oniastempels in Leontopolis ist alsdann für die freundliche Stellung des Staates zu den Juden im 2. Jahrhundert v. Chr.

---

1) Der Wechsel des Münzbildes seit der hellenistischen Zeit — Menschen anstatt Götter — muß bei der Erörterung des Problems der Menschenvergötterung auch verwertet werden, allerdings mit besonderer Vorsicht gegenüber den zeitlich ersten Münzbelegen, welche ein Herrscherbild zeigen. Denn z. B. auch die von dem 1. Ptolemäer geschlagenen Münzen tragen sein Bild, und doch kann bei ihm von einer Selbstvergötterung nicht die Rede sein. Das Herrschermünzbild ist eben nur durch ein Gefühl der Gottgleichheit der Prägeherren entstanden; die ihnen allenthalben entgegengebrachte göttliche Verehrung legte es nahe auch von sich aus ein Zeugnis für den Glauben an die Gleichstellung mit Göttern und Heroen zu schaffen.

2) Bouché-Leclerq a. a. O. III. S. 37 unterschätzt die Bedeutung des Königskultes.

3) Über die Bedeutung des Herrscherkultes siehe Wilamowitz, Geschichte der griechischen Religion, Jahrbuch des freien deutschen Hochstifts 1904 S. 19 u. 23 ff.

4) Willrichs (Juden und Griechen vor der makkabäischen Erhebung) Hypothese von der späten nachmakkabäischen Entstehung der jüdischen Diaspora dürfte wohl kaum noch ernstlich verteidigt werden. Für Ägypten sind jetzt in Papyri, Ostraka und Inschriften sichere Gegenzeugnisse erhalten.

5) Dittenberger, Or. gr. inscr. sel. I. 129 (siehe hierzu Wilcken, Berl. Phil. Woch. 1896 Sp. 1493 f.: Stiftung eines jüdischen Bethauses durch den König und Verleihung des Asylrechtes); Strack a. a. O. Archiv II. S. 541 N. 15: Weihung einer προσευχή zu Ehren des Königs und seiner Familie.

sehr bezeichnend.[1]) Es gibt denn auch keinen einzigen sicheren Beleg, daß der ptolemäische Staat jemals den Juden wegen ihres religiösen Bekenntnisses feindlich entgegengetreten ist.[2]) Diese Stellung
des Staates ist in Anbetracht des sich schon früh in hellenistischer
Zeit bemerkbar machenden Antisemitismus um so bemerkenswerter.[3])

    Schließlich sei hier noch hervorgehoben, daß im ptolemäischen
Ägypten überhaupt die Ausübung eines jeden Kultes gestattet
gewesen zu sein scheint, und zwar ebenso die der Kulte von rein
orientalischem Charakter[4]) wie jener, welche bereits mehr oder weniger Annexe des altgriechischen Kultus geworden waren. Jedenfalls
läßt sich bisher die Unterdrückung irgend eines Kultes nicht
belegen, wohl aber direkte Begünstigungen mancher nicht altgrie-
chischer Kulte.[5])

    Die Grundzüge der ptolemäischen Religionspolitik sind
auch in römischer Zeit beibehalten worden, die Cäsaren haben
auch hier an dem alten bewährten System nichts Wesentliches geändert, was ihnen um so leichter möglich war, als ja auch sonst für
Roms Religionspolitik wenn auch nicht unbedingte Religionsfreiheit,
so doch eine weitgehende Toleranz maßgebend gewesen ist.

    Als Herrscher Ägyptens haben auch die römischen Kaiser die
ägyptische Religion von Anfang an offiziell anerkannt und begünstigt ganz unabhängig von etwaiger persönlicher Abneigung und
von Maßnahmen, die sich gegen die Verehrung der ägyptischen Götter
in Rom selbst richteten.[6]) All das, was uns zur Erkenntnis des Ver-

---

1) Die Nachricht des Josephus, bell. jud. VII. § 430 ed. Niese, daß der
Oniastempel von Philometor mit Grundbesitz ausgestattet worden sei, kann sehr
wohl wahr sein; siehe die ebengenannte Inschrift bei Dittenberger.

2) Siehe hierzu etwa auch Philon, leg. ad Gaium § 20 p. 566 ed. Mangey.

3) Über die Stellung der Juden im hellenistischen Ägypten siehe etwa
F. Stähelin, Der Antisemitismus des Altertums und Bludau, Juden und Juden-
verfolgungen im alten Alexandrien; beide Arbeiten erschöpfen freilich das wichtige Thema nicht.

4) Vgl. z. B. die Bemerkungen über den wohl einen idumäischen Kultus
pflegenden Idumäerverein, Bd. I. S. 411. Siehe auch S. 172; hier ist es besonders
bemerkenswert, daß man es gestattet hat zusammen mit der „syrischen Göttin“
ein Mitglied des Königshauses zu verehren (P. Magd. 2).

5) Es sei hier an die Schöpfung des großen Adonisfestes in Alexandrien
erinnert, von dem uns Theokrit die bekannte Schilderung bietet; dies ist besonders bemerkenswert, weil im alten Griechenland die Adonien niemals in den
Staatskult aufgenommen worden sind. Siehe hierzu jetzt auch Nilsson, Griechische Feste von religiöser Bedeutung S. 384 ff. Auch der Kultus der phrygischen Gottheiten scheint vom Staate begünstigt worden zu sein; vgl. Gruppe
a. a. O. II. S. 1546/7 (das Eleusis in dem orphischen Hymnus 42 dürfte wohl
das ägyptische sein) und siehe auch Strack a. a. O. Archiv I. S. 200 N. 2 und
Dittenberger, Or. gr. inscr. sel. II. 658. Erinnern möchte ich hier schließlich
auch an Priapos; siehe hierzu Wilamowitz, Die Textgesch. d. griech. Bukol.
S. 200, A. 1.

6) Die hemmenden Maßnahmen sind übrigens in Rom selbst ziemlich früh

haltens der ptolemäischen Könige verholfen hat, ließe sich hier auch
wieder zur Charakteristik der Stellung der römischen Kaiser anführen;
nur weniges sei besonders hervorgehoben. Die in Alexandria in römischer Zeit geschlagenen Münzen, besonders die aus späterer Zeit
weisen ziemlich häufig, jedenfalls häufiger als die ptolemäischen ägyptische Göttertypen auf[1]), und vor allem sind die sogenannten Nomenmünzen aus der Zeit des Domitian bis Marc Aurel, auf denen die
verschiedenen in den Nomen verehrten Lokalgottheiten abgebildet
sind[2]), sehr bemerkenswert, da ja durch sie diese Gottheiten auch
nach außen vom Staat als offizielle anerkannt wurden.[3]) Von Besuchen römischer Kaiser in ägyptischen Tempeln außerhalb von
Alexandrien erfahren wir freilich naturgemäß so gut wie nichts[4]),
wohl aber von solchen ihrer Stellvertreter, der praefecti Aegypti[5]),
denen auch in Vertretung der Kaiser die Befolgung von bestimmten

---

verschwunden; sicher unter Nero, vielleicht aber auch schon unter Gaius ist bereits der Kult ägyptischer Götter offiziell anerkannt gewesen (siehe hierzu Lafaye, Hist. du culte des divinités d'Alexandrie S. 49 ff. und z. T. richtiger Wissowa, Religion und Kultus der Römer S. 294 ff.). Mommsens (Römische Geschichte
V. S. 580) Auffassung von der Stellung der römischen Kaiser zur ägyptischen
Religion ist unhaltbar.

1) Einen Überblick über die ägyptischen Münztypen in römischer Zeit gewährt noch immer die Zusammenstellung bei Head, Historia numorum S. 718 ff.

2) Grundlegend über diese Münzen war Rougé, Monnaies des nomes de
l'Égypte in Rev. numismatiqne N. S. XV (1874) S. 1 ff.; neuerdings Dattari, Tre
differenti teorie sull' origine delle monete dei nomos dell' antico Egitto, Journal
international d'archéologie numismatique 1904 S. 177 ff.; Dutilh, Des notes sur
les médailles des nomes de l'Égypte romaine.

3) Seit Hadrian erscheinen ägyptische Götter auch auf römischen Reichs-
münzen.

4) Unberechtigt erscheint es mir, wie der Herausgeber es tut, einen Besuch
eines Kaisers im memphitischen Serapeum dem P. Par. 18 quatuor (S. 422) zu
entnehmen. Hadrian dürfte übrigens sicher auf seiner ägyptischen Reise auch
ägyptische Tempel besucht haben; direkt belegt ist es allerdings nicht, es sei
denn, man faßt die Angabe des Antinoosobelisken in Rom (Erman, Mitt. des
kais. deutsch. arch. Inst. Rom. Abt. XI [1896] S. 115) als einen solchen, in der
es von Hadrian heißt „der die Lehre in den Tempeln . . ." (das übrige ist nicht
erhalten). Für die anderen Kaiser, die nach Augustus in Ägypten gewesen sind,
wie Vespasian, Septimius Severus, Caracalla, läßt sich nur der Besuch alexandrinischer Tempel vermuten, bez. belegen; bei Caracalla war er von ihrer Beraubung begleitet, Dio Cassius LXXVII, 23. Erinnert sei hier auch noch an die
Besuche des Germanicus und des Titus (als Kronprinz) in ägyptischen Tempeln
(Plinius, h. n. VIII. 185; Sueton, Titus c. 5).

5) So setzt einmal die trilingue Stele des Cornelius Gallus seinen Besuch
der Tempel von Philä voraus; für seinen Nachfolger Aelius Gallus bezeugt uns
der Bericht Strabos, seines Begleiters auf seiner Inspektionsreise, den Besuch
ägyptischer Tempel; siehe z. B. Strabo XVII. p. 806; siehe ferner C. I. Gr. III.
4699 u. Add. S. 1187; B. G. U. II. 362 p. 7, 8 ff. Ganz selbstverständlich ist es
natürlich, daß die speziellen weltlichen Vorgesetzten der Priesterschaft die
Tempel besucht haben, siehe z. B. B. G. U. I. 347 Col. 1, 5; 2, 3; II. 362, p. 7,
24 ff.; P. Par. 69 Col. 4, 14/15 bei Wilcken, Philologus LIII (1894) S. 85.

für die ägyptischen Herrscher geltenden religiösen Vorschriften obgelegen hat.[1]) Schließlich sei hier noch an die ganz außergewöhnliche Vorliebe Hadrians für die ägyptische Religion erinnert.[2]) Sie
tritt uns einmal deutlich auf den zu seiner Zeit geschlagenen ägyptischen Münzen entgegen, sie dokumentiert sich in einer Reihe von
Tempelbauten, die er für die ägyptischen Götter errichtet hat[3]), und
äußert sich besonders eindringlich in der Form der Apotheose seines
Lieblings Antinoos; denn dieser ist in Ägypten als Gaugott verehrt
und als Osiris-Antinoos dem ägyptischen Pantheon eingegliedert worden und hat dann sogar als solcher auch außerhalb Ägyptens Verehrung gefunden.[4])

Ebenso wie die ägyptische Religion sind auch die anderen von
den Ptolemäern offiziell anerkannten und begünstigten Religionen, die
griechischen und hellenistischen Kulte, auch von den römischen
Kaisern in Ägypten gepflegt worden.[5]) Der Herrscherkult hat
allerdings einen anderen Charakter angenommen; an die Stelle der
ptolemäischen Könige sind naturgemäß die römischen Cäsaren getreten.
Auch in römischer Zeit haben sowohl die lebenden als die toten
Herrscher in ägyptischen und griechischen Tempeln göttliche Verehrung genossen.[6])

---

1) Siehe Seneca, nat. quaest. IV. 2, 7 (hierzu Wilcken, Archiv III. S. 326);
Plinius, h. n. V. 57; daß von Seneca und Plinius der Präfekt als der Vertreter
des Kaisers für den Vollzug religiöser Zeremonien genannt wird, beweist m. E.
durchaus nicht, daß zu ihrer Zeit das Amt des „Oberpriesters von Ägypten"
noch nicht bestanden habe (siehe Bd. I. S. 69/70); denn wenn dieser auch der spezielle Vorgesetzte der Priesterschaft war, so kann man ihm doch vielleicht sogar
absichtlich die Ausübung derartiger Herrschervorrechte vorenthalten haben.

2) Ich kann hierfür jetzt einfach auf die sorgfältigen Zusammenstellungen
von Weber a. a. O. S. 249 ff. verweisen.

3) Es sei hier auch daran erinnert, daß Hadrian in seiner Villa in Tibur
von allen Fremdgöttern allein für Isis und Sarapis eigene Tempel errichtet hat.

4) Siehe hierzu Bd. I. S. 5, A. 3. Siehe jetzt auch P. Lond. III. 1164 (S. 156).

5) Die Münztypen zeigen uns dies deutlich. Auch auf die Verehrung des
Augustus als Ζεὺς Ἐλευθέριος (C. I. Gr. III. 4715; Seymour de Ricci a. a. O.
Archiv II. S. 431 N. 8 u. 9; Kaibel, Epigrammata graeca 978; P. Oxy. II. 240; 253)
und der Plotina, der Gemahlin Trajans, als Ἀφροδίτη θεὰ νεωτέρα (C. I. Gr. III.
4716ᶜ) sei hier hingewiesen.

6) Daß sofort nach der Besitzergreifung Ägyptens durch die Römer die
göttliche Verehrung des lebenden Herrschers, also des Augustus, in den ägyptischen Tempeln Eingang gefunden hat, zeigt uns die hierogl.-dem. Inschrift
London, Rev. ég. II. S. 100 und Brugsch, Thesaurus V. S. 933 ff.; siehe auch gerade für Augustus dem. Inschriften Kairo 31092 u. 31093 bei Spiegelberg, Die
demotischen Inschriften S. 23/4 und Seymour de Ricci a. a. O. Archiv II. S. 429,
N. 3. Für Tiberius (auch für Nero) siehe z. B. Revillout, Rev. ég. VI. S. 124.
Für Claudius sei etwa auf dem. Inschrift Kairo 31146, Spiegelberg S. 57 ver-
wiesen. Für Trajan läßt sich nach Bouché-Leclerq a. a. O. III. S. 110 aus dem
Tempel von Dendera ein Gegenstück zu der vorher S. 270 erwähnten Darstellung
Caesarions anführen. Siehe dann auch den für das Jahr 210/11 n. Chr. bezeugten

Auch den Juden gegenüber hat die römische Regierung die ptolemäische Politik der Duldung und Anerkennung der ihnen eigentümlichen religiösen Gebräuche zumeist aufrecht erhalten, nur unter Gaius, Vespasian und Hadrian ist dies nicht der Fall gewesen. Unter Gaius hat man bekanntlich im Anschluß an die tumultuösen Vorgänge beim Aufenthalte des Königs Agrippa in Alexandrien die Forderung der göttlichen Verehrung des Kaisers auch durch die Juden gestellt, eine Forderung, von der man bis dahin und dann auch in der Folgezeit wieder stets abgesehen hat. Es sind damals Kaiserbilder in den jüdischen Bethäusern aufgestellt worden; auch gegen die Sabbatfeier ist ein statthalterliches Edikt erlassen worden (Philon, de somniis II. 18). Als Nachwirkung der Zerstörung Jerusalems ist dann wohl die im Jahre 73 n. Chr. erfolgte Schließung des Tempels in Leontopolis anzusehen[1]), die jedenfalls verhindern sollte, daß sich hier eine neue Zentrale jüdischen Kultus entwickele. Unter Hadrian fällt endlich das Verbot der Beschneidung, doch bereits Antoninus Pius hat diese wieder den Juden gestattet.[2])

Wirkliche Neuschöpfungen auf religiösem Gebiet, die als das Werk der Regierung anzusehen sind, sind für das römische Ägypten nicht zu verzeichnen. Der römische Kultus hat zwar auch in Ägypten Eingang gefunden, seine außerordentlich geringe Verbreitung (siehe Bd. I. S. 9 ff. u. 170) zeigt wohl aber am besten, daß der Staat sich um ihn nicht sehr gekümmert hat. Gerade das Gegenteil ist alsdann für die andere religiöse Neuerscheinung des römischen Ägypten anzunehmen, für den Kaiserkult; in ihm darf man nun freilich nicht eine direkte Neuschöpfung, sondern natürlich nur eine Umgestaltung der alten Institution des Ptolemäerkultes sehen. Diese Umgestaltung fasse ich als ein Werk der Regierung; sie wird dann ferner in der Folgezeit bestrebt gewesen sein dem Kaiserkult als „dem eigentlichen Hauptstück der damaligen Religion" (Wilamowitz) auch in griechischer Form in Ägypten weite Verbreitung zu verschaffen[3]), und hierzu

---

Tempelvorsteher der ägyptischen Heiligtümer in Heliopolis, der sich zugleich als „ἀρχιπροφήτης τῶν κυρίων Αὐτοκρατόρων Σεβαστῶν" bezeichnet (P. Tebt. II. 313). Über den griechischen Kaiserkult Ägyptens vergl. etwa Bd. I. S. 11 u. 136. Die Verehrung des lebenden Augustus in einem Tempel griechischen Charakters läßt sich bisher für Ägypten erst seit dem Jahre 13/12 v. Chr. belegen (Borchardt, Der Augustustempel auf Philä, Jahrb. d. kais. deutsch. archäolog. Instit. XVIII [1903] S. 73 ff.), der alexandrinische Augustuskult kann aber sehr wohl schon viel früher eingerichtet worden sein; siehe etwa Suidas s. v. ἡμίεργον. Die frühe Einrichtung wird dadurch, daß ja in Ägypten ein ägyptischer Kult des lebenden Augustus sofort bestanden hat, besonders nahegelegt.

1) Siehe Schürer, Gesch. d. jüd. Volkes III[3] S. 99.

2) Siehe Schürer a. a. O. I[3] S. 677. Das Beschneidungsverbot richtete sich allerdings nicht speziell gegen die Juden und ihre Sitte, sondern war ein allgemeines; die Juden mußte es jedoch besonders hart betreffen.

3) Wie intensiv in Ägypten der Kaiserkult gepflegt worden ist, zeigen uns

wird auch die Bevölkerung von sich aus durch den Wunsch beigetragen haben, neue Kaisertempel errichten zu dürfen.[1])

Bei der großen Bedeutung, die der Staat dem Kaiserkultus als
einer seiner wichtigsten Grundlagen beilegte, war es ganz selbstverständlich, daß die Christen, die ihn prinzipiell verweigerten, für
ihre Religion zumal bei deren universalistischer Tendenz niemals die
Anerkennung des Staates erlangen konnten; immerhin ist die Toleranz
des Staates doch so weit gegangen, daß man die christlichen Vereinigungen, wenn sie auch nicht collegia licita waren, doch zumeist
stillschweigend geduldet hat.[2]) In Ägypten sind zum ersten Mal unter
Septimius Severus die Christen verfolgt worden (Eusebius, hist. eccl.
VI, 1), seit Decius hat dann auch für das ägyptische Christentum die
Zeit schwerer Bedrängnis begonnen.[3])

In unserer Darlegung der Religionspolitik im hellenistischen
Ägypten, einer Politik, die in ihren Grundlinien von den beiden ersten
Ptolemäern festgelegt worden ist, haben wir bisher wichtige prinzipielle Änderungen, die von Dauer gewesen wären, nicht nachweisen
können, sondern nur solche, die bald wieder rückgängig gemacht
worden sind, oder Modifikationen in Einzelheiten. Erst das Jahr 313
n. Chr. hat alsdann den Bruch mit der so lange in Geltung gewesenen
Religionspolitik herbeigeführt. Das Edikt des Konstantinus und des
Licinius brachte dem Christentum zwar erst die Gleichstellung mit
den alten Religionen, aber allmählich ist es diesem doch gelungen
sich zur alleinigen Staatsreligion aufzuschwingen. Die Zeit der religiösen Duldung war damit vorüber, das den Hellenismus kennzeichnende religionspolitische Prinzip, daß jeder nach seiner Fasson selig
werden könne, für viele Jahrhunderte beseitigt. In Ägypten haben
übrigens die alten Religionen noch verhältnismäßig lange eine ziem-

---

besonders deutlich die Rechnungen des arsinoitischen Jupitertempels, B. G. U.
II. 362.

1) Für Ägypten scheidet natürlich der Senat, der in anderen Teilen des
Reiches an der Ausbreitung des Kaiserkultus mitgewirkt hat (Belege bei Kornemann a. a. O. Klio I. S. 98, A. 2), als inaugurierendes Element aus. Die Form
des Kaiserkultus in den östlichen Provinzen, also auch in Ägypten, die Verehrung des lebenden und des toten Herrschers, halte ich anders wie Kornemann
a. a. O. S. 98 für das alleinige Werk des Augustus, wenigstens steht in der die
Einführung dieses Kultes schildernden Quelle, Dio Cassius LI. 20, 6 ff. kein Wort
davon, daß hier nicht Augustus von sich aus und allein gehandelt habe (daß
wir hier Dio Cassius' Angaben wörtlich aufzufassen haben, scheint sich mir aus
ihrem Vergleich mit seinen Ausführungen am Anfang desselben Kapitels [§ 1—4]
ganz deutlich zu ergeben). Diese Feststellung erscheint mir für unser Urteil
über Augustus von großer prinzipieller Bedeutung.

2) Siehe hierzu etwa K. J. Neumann, Der römische Staat und die allgemeine
Kirche bis auf Diokletian I.

3) In den vier uns erhaltenen libelli libellaticorum (Bd. I. S. 393, A. 1) sind
uns jetzt auch gleichzeitige Dokumente aus der ägyptischen Verfolgung überkommen.

lich sichere Heimstätte gehabt; noch im Jahre 398 v. Chr. schildert uns z. B. Claudian (de quart. consul. Honorii v. 570 ff.) die Prozession der Götterbilder in Memphis[1]), im 5. Jahrhundert sind dann freilich die Reste des Heidentums zumeist gewaltsam ausgerottet worden. In dem Kampfe zur Unterdrückung des Heidentums hat sich übrigens der christliche Staat, dessen Edikte gegen die alten Religionen im 4. Jahrhundert vielfach überhaupt nur auf dem Papiere gestanden haben, viel duldsamer gezeigt als seine christlichen Untertanen und deren fanatische Führer, die Geistlichen und Mönche.[2]) Die Duldsamkeit des Staates zeigt sich dann am deutlichsten in seinem Verhalten zu dem Isistempel in Philä, der unangefochten bis ins 6. Jahrhundert in voller Blüte bestanden hat.[3]) Freilich sind für dieses Verhalten der Regierung besondere politische Gründe maßgebend gewesen. Man hatte den gefürchteten Nachbarn im Süden, den Blemyern und Nubiern, um sie von Einfällen in Oberägypten abzuhalten, die Teilnahme am philensischen Isiskult offiziell gewährt; hob man diesen auf, dann beraubte man sich auch zugleich einer wichtigen Handhabe gegen jene Völker. Erst unter Justinian haben dann die theologischen Interessen über die politischen die Oberhand erlangt; der Isistempel wurde geschlossen und seine Priester gefangen gesetzt. Man kann dies als ein Gegenstück zu der Schließung der Philosophenschule in Athen bezeichnen, beide Handlungen wohl ein Ausfluß der starken theologischen Neigungen des Kaisers.

2. Die Kirche in Ägypten.

Der Begriff der Kirche ist an und für sich ein theologisch-dogmatischer und insofern rein christlich; es scheint also, als ob er ganz ausschließlich nur für christliche Religionsgemeinschaften angewandt werden dürfe.[4]) Eine derartige Beschränkung unterliegt jedoch dem schwerwiegenden Bedenken, daß heutigentags der Begriff Kirche tatsächlich nicht mehr ein dogmatisch feststehender ist, sondern von den verschiedenen Seiten offiziell recht verschieden interpretiert wird. So gibt es für den Katholizismus strenger Observanz überhaupt nur eine christliche Religionsgemeinschaft, die römisch-

---

1) Vergl. hierzu auch die Bemerkungen über den Niedergang des Tempelgutes Bd. I. S. 404/5.

2) Einige Vorkommnisse aus diesem Kampfe werden erwähnt von Leipoldt, Schenute von Atripe S. 178/9 und Die Entstehung der koptischen Kirche (in R. Haupts Antiquariatskatalog 5 [Ägyptologie usw.]) S. VII ff.; siehe dann auch etwa Amélineau, Monuments pour servir à. l'histoire de l'Égypte chrétienne aux IVe et Ve siècles, in Mém. publ. par les membres de la miss. archéol. franç. du Caire IV. 1 S. 44 ff.; 66/67; 112 ff.

3) Siehe hierzu zuletzt Wilcken a. a. O. Archiv I. S. 396 ff.

4) Dies kommt fast allgemein in den Lehrbüchern des Kirchenrechts zum Ausdruck.

katholische, der mit vollem Recht die Bezeichnung Kirche zukommt[1]),
da alle anderen diese zu Unrecht okkupiert hätten. Ferner steht
z. B. die in der modernen deutschen Gesetzgebung zum Ausdruck
kommende Auffassung der Kirche als einer staatlich anerkannten,
öffentliche Korporationsqualität besitzenden christlichen Religionsgemeinschaft[2]) im Widerspruch mit der allgemein kirchenrechtlichen,
welche das Merkmal der öffentlichen Korporationsqualität nicht als
unbedingt erforderlich gelten lassen kann.[6]) In Bayern ist sogar
schließlich im Judenedikt der Staat soweit gegangen, auch von einer
jüdischen Kirche zu sprechen[4]), er hat also das Merkmal „christlich"
fallen gelassen. Kirche im Lehrsinn und Kirche im Rechtssinn sind
jedenfalls recht verschiedene Begriffe. Gibt man jedoch erst einmal
zu, daß die Kirche auch ein juristisch-technischer Begriff ist, für
dessen Bestimmung staatsrechtliche Grundsätze maßgebend sind, dann
scheint es mir durchaus zulässig bei ihm auch das letzte Merkmal,
das man von der theologisch-dogmatischen Definition für gewöhnlich
beibehält, das Wort „christlich" auszuschalten.

Legt man nun den rein juristischen Begriff der Kirche bei dem
Versuch einer Charakterisierung der antiken Religionsgemeinschaften
zugrunde, dann scheint es mir gestattet wenigstens für eine, für die
ägyptische in hellenistischer Zeit, die Bezeichnung Kirche
anzuwenden, da sie allen nur irgendwie zu stellenden Anforderungen
genügt.

So hat man einmal die ägyptische Religionsgemeinschaft als eine
Korporation im Staate aufzufassen. Infolge der Anerkennung von
mehr als einer Religion als Staatsreligion ist ja im hellenistischen
Ägypten Kultus- und politische Gemeinde durchaus nicht mehr zusammengefallen, die ägyptische Religionsgemeinschaft ist also trotz
ihrer engen Verbindung mit dem Staate (siehe hierzu noch Abschnitt 3)
als ein besonderer Organismus im Staate anzusehen. Diese enge
Verbindung schließt es übrigens aus von ihr etwa als einem neben
dem Staate stehenden Faktor zu sprechen. Ihr Charakter als Korpo-

---

1) So z. B. Phillips, Kirchenrecht I. S. 7 ff.

2) Diese Auffassung vertritt und erläutert sehr klar im einzelnen Sohm,
Das Verhältnis von Staat und Kirche, Zeitschrift für Kirchenrecht XI (1873)
S. 157 ff. Seine Ausführungen sind im folgenden vielfach berücksichtigt, ebenso
haben mir für diese prinzipiellen Erörterungen die feinsinnigen Untersuchungen
Zellers, Staat und Kirche wertvolle Dienste geleistet.

3) Siehe hierzu etwa Richter-Dove, Lehrbuch des kathol. u. evang. Kirchenrechts[8] S. 3, A. 1 und Friedberg, Lehrbuch d. kathol. u. evang. Kirchenrechts[4]
S. 1, A. 2. Vom rein staatsrechtlichen Standpunkt aus würde für die christlichen
Religionsgemeinschaften in den Vereinigten Staaten und jetzt auch in Frank-
reich die Bezeichnung Kirche nicht zulässig sein.

4) Siehe hierüber Heimberger, Die staatskirchenrechtliche Stellung der
Israeliten in Bayern S. 25 u. 41/42. Die hier in Betracht kommenden Paragraphen des Judenedikts sind noch heute in Kraft, siehe S. 28.

ration, d. h. als einer äußerlich organisierten Gemeinschaft ergibt sich
dann schon aus unseren Feststellungen über die Organisation der
ägyptischen Priesterschaft (Kapitel II, 1). Darnach hat es innerhalb
der ägyptischen Religionsgemeinschaft eine vollkommen entwickelte
Hierarchie gegeben, die überall nach den gleichen Gesichtspunkten
ausgebildet war. Die ägyptische Kultgemeinde hat überhaupt eine
streng einheitliche Verfassung besessen. Ihre Hauptteile, die
Priesterkollegien der einzelnen Tempel, waren nicht nur durch die
gleiche Organisation und die Möglichkeit der Versetzung der Priester
von einem Tempel zu einem andern (siehe Bd. I. S. 232) verbunden,
sondern auch durch gemeinsame Versammlungen, lokale bez. Landessynoden. Die Priesterdelegierten auf den letzteren waren befugt Beschlüsse, welche für die ganze Gemeinschaft verbindlich waren, zu
fassen (siehe Bd. I. S. 72 ff.). Wir dürfen also hier von einem Ge-
meinwillen reden. Ein Gemeinwille hat sich auch bei den verschiedenen Priesterkollegien herausgebildet; denn es sind ja bestimmte
Mitglieder mit ihrer Leitung und Vertretung betraut gewesen, und
zwar sowohl für die Erledigung der inneren Angelegenheiten als auch
für die Vertretung nach außen (siehe Bd. I. S. 38 ff.; Kapitel VI).
Der Begriff der Gemeinpersönlichkeit kommt alsdann auch in dem
Besitz eines Gemeinvermögens zum Ausdruck; jede der Verwaltungs-
einheiten der ägyptischen Religionsgemeinschaft, die selbständigen
Tempel, haben ein solches besessen, aus dem die Verbindlichkeiten
zu regeln waren und für das Eigentumsrechte und -ansprüche erworben werden konnten (siehe IV. u. VI. Kapitel). Die Erwerbung
und Ausübung von allerlei Rechten durch die Tempel bez. die Priesterkorporationen zeigt uns, daß wir es hier mit juristischen Personen
zu tun haben.[1]) Das Merkmal der rechtlichen Persönlichkeit charakterisiert die ägyptische Religionsgemeinschaft als eine staatlich anerkannte Gesellschaft.

Wir dürfen nun in unserer Begriffsbestimmung noch einen Schritt
weiter gehen und können hier sogar von einer öffentlichen Korporation sprechen.[2]) Eine solche darf man bekanntlich annehmen,

---

1) Wenger, Die Stellvertretung im Rechte der Papyri S. 120, A. 1 glaubt,
daß sich die heidnischen Priesterkorporationen mit dem Tempelgut nicht so
identifizieren, wie dies beim Kloster und der Gesamtheit der Mönche hervortritt,
wir besitzen jedoch zu den von ihm für die Personifikation der Mönchskorpora-
tionen — neben der der Klöster — angeführten Belegen (P. Oxy. I. 146 u. 148) ganz
entsprechende — auch Zahlungs-Beurkundungen — für die heidnischen Priesterkorporationen, siehe etwa P. Amh. II. 119; B. G. U. I. 199 Recto Z. 11 ff. (siehe
Bd. I. S. 32, A. 6); P. Lond. II. 347 (S. 70), vergl. hierzu die Bemerkungen Bd. II.
S. 142/3. Sehr bemerkenswert für den Begriff der Stellvertretung (im Verwaltungsbetrieb der Tempel) ist P. Tebt. II. 313.

2) Will man für eine der antiken Religionsgemeinschaften den Begriff
„Kirche" anwenden, dann muß man die öffentliche Korporationsqualität als

wenn der Staat an dem Bestande und der Ausgestaltung einer Korporation derartiges Interesse nimmt, daß er sich an dem Korporationsleben beteiligt, dieses eingehend beaufsichtigt und durch positive Unterstützung, durch Erteilung von Sonderrechten u. dergl. der Korporation die Erreichung ihrer Zwecke erleichtert und sichert. Die Erörterung der Kirchenpolitik des Staates im folgenden Abschnitt wird im einzelnen die Berechtigung der Auffassung der ägyptischen Religionsgemeinschaft als öffentliche Korporation zeigen.

Unsere Annahme einer ägyptischen Kirche in hellenistischer Zeit erweist sich übrigens auch insofern berechtigt, als es sich ja bei ihr um eine Religionsgesellschaft handelt, welche für die große Masse der Bevölkerung Ägyptens die sie vereinigende ethische Macht darstellte[1]), also die Bürgschaft einer längeren Dauer in sich trug.

Schließlich sei noch bemerkt, daß alle nichtägyptischen Kultgemeinden auch im hellenistischen Ägypten als Kirchen nicht be-

---

ein notwendiges Merkmal ansehen; anders verhält es sich freilich m. E. bei den großen seit Jahrhunderten als Kirchen aufgefaßten christlichen Religionsgemeinschaften, hier kann eventuell dieses Merkmal fehlen, ohne daß man der betreffenden Religionsgemeinschaft — vor allem wenn es sich um die römisch-katholische handelt — unbedingt die Bezeichnung Kirche absprechen müßte.

1) Die Bedeutung der ägyptischen Religionsgemeinschaft und das Ansehen, das sie bei der Bevölkerung genoß, spiegelt sich einmal wieder in den reichen Spenden der Privaten für die Tempel, siehe Kapitel IV, 3D. Zu erinnern ist hier ferner etwa an die zahlreichen allenthalben in den Heiligtümern sich findenden προσκυνήματα, sie eine treffliche Illustration für die den frommen Sinn der Ägypter rühmenden Schriftstellerzeugnisse (siehe aus späterer Zeit z. B. Julius Florus Epitome ed. Otto Jahn p. XLII; Ps. Apulejus, Asclepius c. 24; Expositio totius mundi c. 34 u. 36), an die oft aus weiter Ferne in die berühmten Tempel unternommenen Wallfahrten (siehe z. B. für das memphitische Serapeum Bd. I. S. 284/5, bezüglich des Osiristempels in Abydos siehe etwa die gr. Inschriften publ. bei M. A. Murray, The Osireion at Abydos S. 36 ff.; sie sind übrigens auch sogar für weniger bedeutende Heiligtümer zu belegen, z. B. für den erst unter Nero erbauten Tempel des Amon, Suchos usw. zu Akoris, siehe Lefebvre, Annales du service des antiquités de l'Égypte VI (1905) S. 141 ff.), an das Angehen der Tempelorakel, sowie das Nachsuchen der Hilfe der Götter bei Krankheitsfällen (siehe Bd. I. S. 397; sogar Philadelphos scheint sich in einer lebensgefährlichen Erkrankung an den thebanischen Heilgott Chonsu gewandt zu haben, siehe Sethe, Hierogl. Urkunden der griechisch-römischen Zeit Heft 1 N. 22) u. dergl. mehr (siehe z. B. Revillout, Rev. ég. V. S. 34). Nach Revillout, Mélanges S. 238 ff. hätte man allerdings in römischer Zeit mit einer sehr starken Abnahme der Zuneigung des Volkes zur ägyptischen Kirche zu rechnen, für seine Behauptung führt jedoch Revillout keinen exakten Beweis. Man darf wohl nur von einer ganz allmählichen Verminderung des Ansehens der Kirche im Laufe der hellenistischen Zeit reden (siehe hierzu auch vorher S. 258/9) und für diese natürlich nicht die vereinzelten Belege für geringe Ehrfurcht vor den Tempeln und den alten Göttern anführen (siehe z. B. P. Par. 11; 12; 36; P. Tebt. I. 44; B. G. U. IV. 1061 über die Verübung von schlimmen Gewalttätigkeiten in den Tempelbezirken; ferner P. Tebt. I. 6, Col. 2 über häufige vermögensrechtliche Schädigungen der Tempel, vergl. hierzu etwa auch P. Amh. II. 40).

zeichnet werden dürfen, da sich bei keiner von ihnen alle wichtigeren Merkmale vereinigt nachweisen lassen.

3. Die Kirchenpolitik des Staates.

Unsere Ausführungen über die Religionspolitik des ägyptischen Staates in hellenistischer Zeit haben wohl bereits deutlich gezeigt, daß dieser für die Pflege der Religion stets das größte Interesse gehabt, daß er deren Bedeutung als einer auch für seinen Bestand wichtigen sittlichen Macht, als eines Erziehungs- und Schreckmittels der Massen wohl zu würdigen verstanden hat. Es ist demnach selbstverständlich, daß für ihn bei der Ausgestaltung der Rechtsverhältnisse zwischen Staat und Kirche als Grundsatz nicht nur Gerechtigkeit und Wohlwollen den einzelnen Religionsgesellschaften gegenüber maßgebend gewesen sind, sondern auch das Bestreben ihre allgemeine Lage möglichst günstig zu gestalten, wobei naturgemäß vor allem die ägyptische und die griechische Berücksichtigung gefunden haben. Der Staat ist sich jedoch zugleich dessen bewußt gewesen, daß er den Religionsgesellschaften keine zu große Macht einräumen dürfe, daß starke Kautelen nötig seien, wenn er sie als ein Glied des staatlichen Organismus für seine Zwecke benützen wolle. Dieser letztere Grundsatz mußte vornehmlich für sein Verhalten gegenüber der ägyptischen Kirche bestimmend sein, deren Überlieferungen sie ja auf die Beherrschung des Staatslebens hinwiesen und die bei ihrem großen Einflusse auf die Bevölkerung, ihrer straffen Organisation und ihren reichen Mitteln an und für sich eine bedeutende Macht, die gefährlich werden konnte, darstellte. Über das Verhältnis zur ägyptischen Kirche besitzen wir nun bisher allein nähere Angaben und nur ganz vereinzelte über die Stellung zu den anderen Religionsgemeinschaften.

Einer der stets befolgten Grundsätze der ägyptischen Kirchenpolitik ist die Sorge des Staates für eine **möglichst gute und gesicherte finanzielle Fundierung** der ägyptischen Kirche gewesen, sah er doch mit Recht in dieser eine der vornehmlichsten Vorbedingungen für das Gedeihen der Kirche. Zu diesem Zweck hat er das eigene Vermögen der Tempel, von etwaigen gelegentlichen Ausnahmen abgesehen, nicht angetastet (Bd. I. S. 262), er hat vielmehr darüber gewacht, daß dieses sowie die Einnahmen der Tempel ihnen möglichst ungeschmälert erhalten blieben.[1]) Aus ptolemäischer Zeit lassen sich sogar bedeutende das Kirchenvermögen noch vermehrende Geschenke des Staates nachweisen (Bd. I. S. 386 ff.). Hierbei sind allem Anschein nach bestimmte Tempel des Südens, die in Philä, Edfu und Dendera, aus allgemeinen politischen Gründen ganz besonders begünstigt worden; man wollte sich in ihnen offenbar ein Gegengewicht gegen

---

1) Siehe z. B. Rosette Z. 14/15; P. Tebt. I. 5, 50 ff.; 6.

Theben[1]) und der Regierung treu ergebene Stützpunkte in diesen durch Aufstände und die südlichen Nachbarn bedrohten Gegenden verschaffen.[2]) Der Staat hat dann den ägyptischen Kultus durch feste oder gelegentliche Beiträge eifrig unterstützt[3]) (Bd. I. S. 366 ff.) und hat die Erhebung von Kirchensteuern und Kollekten gestattet (Bd. I. S. 340 ff.) Ob über die Annahme von Geschenken von Privaten irgend welche einschränkende gesetzliche Bestimmungen bestanden haben oder ob der Staat der Kirche ein- für allemal die Befugnis hierzu erteilt und so eine beliebige Vermehrung des Kirchenvermögens sanktioniert hat, läßt sich vorläufig nicht entscheiden. Möglicherweise ist hierbei zwischen einfachen Schenkungen und regelrechten Stiftungen unterschieden worden; jedenfalls ist Land, welches der Gottheit neu geweiht worden ist, der alten $\iota\varepsilon\varrho\grave{\alpha}$ $\gamma\tilde{\eta}$ nicht ohne weiteres hinzugefügt worden, sondern man hat aus ihm eine besondere, in der Verwaltung geschiedene Besitzgruppe, die $\dot{\alpha}\nu\iota\varepsilon\varrho\omega\mu\acute{\varepsilon}\nu\eta$ $\gamma\tilde{\eta}$, gebildet, deren rechtlicher Charakter noch der näheren Aufklärung bedarf.[4])

---

1) Nicht berechtigt erscheint es mir von einer direkt feindlichen Stellung der ptolemäischen Regierung zur thebanischen Priesterschaft zu sprechen, sondern nur von einer augenscheinlich geringen Begünstigung; siehe zu dem letzteren Punkt aber immerhin die Angaben der Kallimachosstele (C. I. Gr. III. 4717) und in Bd. I. S. 389/90, die sich wohl alle auf die Zeit beziehen, in der Theben von dem 10. Ptolemäer bereits zerstört war.

2) Zwischen dem 31. und 36. Jahre des 10. Ptolemäers hat der Horostempel zu Edfu eine neue große staatliche Landschenkung erhalten. In dieser Zeit ist ja auch der bekannte Aufstand in Oberägypten, der die Zerstörung Thebens zur Folge gehabt hat (siehe etwa Bouché-Leclerq a. a. O. II. S. 112), niedergeworfen worden; sollte es sich hier wirklich nur um ein zufälliges Zusammentreffen oder nicht vielmehr um die Belohnung bewiesener Treue handeln? Einen direkten Beleg für die Treue eines südlichen Tempels zur Regierung in jenem Aufstand ist uns für die Priesterschaft von Pathyris durch den gr. P. Cairo, publ. B. C. H. XXI (1897) S. 141 ff. bekannt geworden. Dagegen begegnet uns z. B. der Tempel von Edfu als Stützpunkt von Aufständischen – allerdings wohl nicht im vollen Einverständnis mit den Priestern, sonst würden diese kaum selbst davon erzählen (hierogl. Inschrift von Edfu, publ. Ä. Z. VIII (1870) S. 2 ff.) – zur Zeit des großen Aufstandes unter Epiphanes, als auch die Äthiopen in Oberägypten eingedrungen waren (siehe Bd. I. S. 271, A. 10).

3) Es sei hier übrigens demgegenüber daran erinnert, daß der Staat ja seinerseits gleichsam als Kompensation für seine Leistungen für den ägyptischen Kultus aus diesem durch die speziellen Tempel- und Priesterabgaben (Bd. II. S. 47 ff.; 49/50; 54 ff.; 61; 67/8; 69/70; 173/4; 180 ff.) und durch den Verkauf der Priestertümer (Bd. II. S. 183) allerlei Einnahmen bezogen hat.

4) Siehe Bd. I. S. 401, A. 5; Bd. II. S. 90, A. 3. Man darf wohl hierzu auch auf Clem. Alex. Strom. VI. p. 757 ed. Potter verweisen, wonach der $\iota\varepsilon\varrho o\gamma\varrho\alpha\mu\mu\alpha\tau\varepsilon\acute{\nu}\varsigma$ eine „$\varkappa\alpha\tau\alpha\gamma\varrho\alpha\varphi\grave{\eta}$ $\sigma\varkappa\varepsilon\nu\tilde{\eta}\varsigma$ $\tau\tilde{\omega}\nu$ $\iota\varepsilon\varrho\tilde{\omega}\nu$ $\varkappa\alpha\grave{\iota}$ $\tau\tilde{\omega}\nu$ $\dot{\alpha}\varphi\iota\varepsilon\varrho\omega\mu\acute{\varepsilon}\nu\omega\nu$ $\alpha\dot{\nu}\tauo\tilde{\iota}\varsigma$ $\chi\omega\varrho\acute{\iota}\omega\nu$" geführt hat. P. Tebt. I. 5, 57 ff. werden übrigens unter den $\dot{\alpha}\nu\iota\varepsilon\varrho\omega\mu\acute{\varepsilon}\nu\alpha$ $\tauo\tilde{\iota}\varsigma$ $\vartheta\varepsilon o\tilde{\iota}\varsigma$ außer Ländereien auch $\iota\varepsilon\varrho\grave{\alpha}$ $\pi\varrho\acuteo\sigmao\deltao\iota$ erwähnt, die von den Einnahmen aus dem Eigenbesitz getrennt genannt sind (siehe Z. 50/51) und in denen man wohl Einnahmen wie z. B. die Bd. I. S. 402 angeführten Getreidesubventionen zu sehen hat.

Die Fürsorge des Staates für das Wohlergehen der ägyptischen Kirche kommt dann auch in einer gewissen Privilegierung des Besitzes zum Ausdruck. Allein den Tempeln ist es nämlich gestattet gewesen Gewerbebetriebe, die sonst Staatsmonopol waren, wie die Ölfabrikation und die Verfertigung feiner Leinenstoffe, zu betreiben[1]) und gleichfalls in Durchbrechung eines Staatsmonopols Badeanstalten zu besitzen (Bd. I. S. 292). Freilich haben sich die Tempel in jenen Fällen eine Beschränkung ihrer Fabrikation auf die Herstellung des eigenen Bedarfes gefallen lassen müssen. Auch sonst hat sich die Privilegierung des Besitzes in engen Grenzen gehalten. Abgabenfreiheit ist ihm nicht verliehen gewesen, sondern die Tempel scheinen im großen und ganzen von ihrem Besitz dieselben Steuern wie die anderen Untertanen entrichtet zu haben[2]), nur einige wenige Begünstigungen, bei denen es zudem noch zweifelhaft ist, ob sie längere Zeit gewährt worden sind, haben wir nachweisen können.[3]) Auch von der Zahlung der allgemeinen Gebühren sind die Tempel nicht befreit gewesen, sind doch sogar noch spezielle nur von ihnen zu leistende Gebühren extra geschaffen worden. Nur in einem Falle[4])

---

1) Siehe Bd. I. S. 293 ff. Den Brauereibetrieb der Tempel möchte ich nicht als ein Durchbrechen eines Monopols auffassen, denn die Monopolisierung der Brauerei (so auch Wilcken, Archiv III. S. 520) scheint mir noch durchaus nicht bewiesen, wie man überhaupt m. E. in letzter Zeit bei der Feststellung von ägyptischen Staatsmonopolen viel zu wenig kritisch verfahren ist; so vor allem H. Maspero, Les finances de l'Égypte sous les Lagides S. 60 ff.

2) Es ist auch, soweit wir sehen, bezüglich des Abführungsmodus der Abgaben den Tempeln keinerlei Vergünstigung zugestanden gewesen.

3) Siehe Kapitel V, 7, wodurch H. Masperos a. a. O. S. 45 gegenteiliges Urteil wohl beseitigt ist. Vergl. für Vergünstigungen C, § 9 (ἐπαρούριον), § 18 (ξένια), § 19 (τέλεσμα ὀϑονίων). In der Mendesstele Z. 16 wird eine Abgabe erwähnt, deren Charakter mir nicht recht klar ist — Sethes Deutung (Hierogl. Urkunden usw. Heft 1 S. 43) „Hälfte des Einkommens" befriedigt mich nicht, sachlich erscheint sie mir ganz unwahrscheinlich; sie soll vom Tempel und vom Gau nicht erhoben werden. Sollte es sich hier um eine Abgabe allgemeinerer Natur handeln, dann dürfte wohl, da der Gau mit eximiert wird, die Befreiung nicht als eine dauernde, sondern nur als eine zeitweise aufzufassen sein. In der Mendesstele Z. 15 wird dann auch von dem Erlaß einer Schiffssteuer (vielleicht darf man die Abgabe griechisch mit „πορϑμευτικῶν πλοίων" [cf. Bd. II. S. 52] übersetzen; die Erklärungen dieser Abgabe durch Wachsmuth, Rh. M. XXX [1875] S. 448 und Strack a. a. O. M. A. I. XIX [1894] S. 232 beruhen auf falscher Deutung des ägyptischen Textes) für den ganzen mendesischen Gau berichtet; auch dem Tempel ist dies natürlich zugute gekommen, vielleicht sogar um seinetwillen bewilligt worden. Es sei übrigens noch hinzugefügt, daß man gelegentliche Steuererlasse oder -nachlasse (siehe z. B. Rosette, Z. 29/30) nicht als eine besondere staatsrechtliche Vergünstigung der Tempel anführen darf, denn sie sind mitunter auch allen übrigen Untertanen gewährt worden; siehe z. B. Kanopus Z. 16/7; Rosette Z. 12/3; P. Tebt. I. 5, 10 ff.; auch Wilcken, Ostr. I. S. 212, A. 1.

4) Bezüglich der liturgischen Damm- und Kanalarbeiten läßt sich für die hellenistische Zeit eine den Tempeln gewährte Vergünstigung bisher nicht belegen (dies soll nach Wiedemann, Herodots 2. Buch S. 172 jedoch z. B. zur Zeit

können wir bisher für die ägyptische Kirche die Befreiung von den
die Untertanen damals belastenden allgemeinen Leistungen an den
Staat feststellen. Der 5. Ptolemäer hat nämlich die Tempel von der
„σύλληψις τῶν εἰς τὴν ναυτείαν" (Rosette Z. 17) entbunden.[1])
Die dem Griechischen entsprechende Stelle des demotischen Teiles
der Rosettana (Z. 10) übersetzt Heß (a. a. O. S. 11): „er befahl nicht
Schiffer zu nehmen"[2]) und in dem der Rosettana in vielen Punkten
sehr ähnelnden Priesterdekret aus der Zeit des 4. Ptolemäers finden
wir nach Spiegelbergs (Die demotischen Inschriften S. 17) Übersetzung
des allerdings nur fragmentarisch erhaltenen demotischen Textes die
Angabe: „mit dem übrigen, was man zu bringen pflegt für die Aus-
rüstung der Schiffahrt". Vereinigen wir diese Angaben, so ist das
eine wohl sicher, daß es sich bei der σύλληψις κ. τ. λ. um eine für
die Tempelschiffe gezahlte Schiffahrtsabgabe nicht handeln kann.[3])
Ebenso muß man aber auch die Ansicht zurückweisen, daß hier die
militärische Aushebung für die Marine gemeint ist[4]); die Anwendung
eines Wortes wie ναυτεία[5]) scheint mir dies auszuschließen. Meiner
Erklärung möchte ich nun die Tatsache zugrunde legen, daß auf dem
Nil zu den verschiedensten Zwecken staatliche Schiffe verkehrt haben.[6])
Es wird die Verpflichtung bestanden haben im Bedarfsfall für sie die
Bemannung zu stellen, es wird aber auch von der Bevölkerung Aus-
rüstungsmaterial für die Schiffe eingefordert worden sein und mitunter auch die Stellung von Schiffen.[7]) Von dieser den Vorspann-

des Apries der Fall gewesen sein); Wilckens, Ostr. I. S. 338 hierüber aufgestellte
Vermutung ist von ihm Archiv I. S. 146/7 mit Recht wieder zurückgezogen worden.

1) Dittenberger, Or. gr. inscr. sel. I. S. 152/3 hat eine Reihe bisheriger Er-
klärungsversuche zusammengestellt.

2) Siehe hierzu auch die entsprechende Stelle in der späteren Kopie des
hieroglyphischen Teiles der Rosettana auf der Stele von Damanhur, Rec. de trav.
VI (1885) S. 8, Z. 16 (die Übersetzung Bouriants „les gens de la marine" führt
irre, es handelt sich auch hier einfach um eine Bezeichnung für „Schiffer").

3) So z. B. Wachsmuth, Rh. M. XXX (1885) S. 448 und Strack, M. A. I. XIX
(1894) S. 232.

4) So zuletzt Schubart, Quaestiones de rebus militaribus S. 66, A. 3. Garo-
falo, Sulle armate Ptolemaiche, Rendic. della real. acad. dei Linc. cl. di scien.
mor. etc. XI (1902) S. 155, A. 1 u. 159, A. 1 schwankt zwischen den beiden Erklärungen.

5) Das Wort ναυτεία findet sich auch Rev. L. Col. 85, 6; es handelt sich
hier um Bestimmungen über Leistungen an den Staat, nähere Feststellungen
verhindert der fragmentarische Zustand der Stelle.

6) Siehe z. B. die Schiffe der ποταμοφυλακία (Wilcken, Ostr. I. S. 283);
ferner etwa P. Lond. I. 106 (S. 60); P. Petr. III. 107; P. Hibeh I. 39, 5.

7) Siehe hierzu die Abgaben für die Instandhaltung der Flußwachtschiffe,
Wilcken, Ostr. I. S. 282 ff., bei denen es sich vielleicht um eine spätere Adärierung handelt (vergl. Lumbroso, L'Egitto² S. 30); siehe ferner die Bemerkungen
über das δεκανικὸν τῶν πλοίων Bd. II. S. 46/7 und den Erlaß in P. Tebt. I. 5,
252 ff., wonach tatsächlich πλοῖα vom Staate für seine Zwecke requiriert worden sind.

leistungen auf dem Lande analogen Last sind dann durch Ptolemaios
Epiphanes die Tempel befreit worden; auf wie lange wissen wir allerdings nicht. Da sehr viele der im hellenistischen Ägypten erhobenen Abgaben
jedenfalls erst in hellenistischer Zeit eingeführt worden sind, so
darf man wohl die starke Belastung der Tempel mit staatlichen Abgaben als einen Ausfluß der ptolemäisch-römischen Kirchenpolitik betrachten, was für diese recht bezeichnend ist. Allerdings handelt es
sich, da ja auch für die vorhergehende Zeit vollständige Steuerfreiheit
der Tempel nicht nachzuweisen ist[1]), hier nicht um die Einführung
eines völlig neuen Prinzips, sondern nur um den freilich ziemlich
rücksichtslosen Ausbau eines schon vorhandenen.

Sehr charakteristisch für die staatliche Kirchenpolitik ist alsdann
die Stellung, welche der Staat zu der Verwaltung des Kirchenvermögens eingenommen hat. Wir haben festgestellt (Kapitel VI, 3),
daß ein wichtiger Teil desselben, die ἱερὰ γῆ und die Badeanstalten[2]),
der priesterlichen Verwaltung entzogen und vom Staat selbst admini-
striert worden ist[3]) und daß dieser über alle in der Hand der Priester gebliebenen Zweige der Tempelverwaltung die weitgehendste Aufsicht ausgeübt hat. Diese Aufsicht sicherte zwar der ägyptischen
Kirche, wenn der Staat seine Pflicht tat, die Erhaltung ihres Besitzes
und die Verwendung der Einnahmen für die bestimmten Zwecke, sie
nahm ihr aber auch das Recht nach eigenem Ermessen über ihr Vermögen zu verfügen. Leider läßt es sich bisher nicht ermitteln, inwieweit wir es hier mit einer durch die ptolemäische Kirchenpolitik
bedingten Neuschöpfung zu tun haben; zum mindesten dürfte jedoch
wohl das besonders scharfe Hervortreten der staatlichen Oberleitung
in der Tempelverwaltung ein Werk der Ptolemäer sein.

1) Siehe Bd. II. S. 43, A. 2. Gelegentliche Steuerbefreiungen leugne ich
natürlich nicht, und es mögen besonders oft in alter Zeit den Tempeln Immunitäten verliehen worden sein. Siehe hierzu etwa Spiegelberg, Zur Geschichte des
Tempels des Harkentechthai zu Athribis, Rec. de trav. XXIX (1907) S. 55ff., aus
denen für das Immunitätsgebiet sich völlige Befreiung von allen liturgischen
Leistungen mit Sicherheit ergibt; ob auch von sämtlichen Steuern ist mir freilich nicht so sicher.

2) Die Übernahme gerade dieser beiden Besitzkategorien in staatliche Verwaltung erklärt sich bei der ἱερὰ γῆ wohl dadurch, daß man es hier mit einem
weitverbreiteten Besitzobjekt zu tun hat, dessen Verwaltung sich zudem verhältnismäßig einfach gestaltete. Bei den Badeanstalten dürfte es mit dem
staatlichen Bädermonopol und der Auflegung der an die Stelle des Badegeldes
getretenen Badesteuer zusammenhängen (Bd. I. S. 292, A. 4); namentlich das
zweite Moment mußte es verbieten, Bäder in privater Verwaltung, für die an
diese ein besonderes Eintrittsgeld zu zahlen ist, zu dulden.

3) Wir haben also im hellenistischen Ägypten ähnliche Verhältnisse wie
im griechischen Mutterlande, wo ja bekanntlich anders wie in Rom ein besonderes Kirchengut neben dem Gemeindegut bestanden hat, aber mit diesem zusammen verwaltet worden ist.

Hierfür spricht auch das Verhalten des Staates, das wir bezüglich der Erhebung der Kirchensteuern beobachten können (siehe Kapitel IV, 3A); auch hier ist man bestrebt gewesen die Priester zu gunsten des Staates möglichst auszuschalten. Den ersten bedeutsamen Schritt in dieser Richtung hat wohl Philadelphos mit seiner Neuordnung der ἀπόμοιρα getan; in römischer Zeit finden wir alsdann fast ausschließlich staatliche Organe bei der Beitreibung der Kirchensteuern tätig. Es war also damals den Tempeln die unumschränkte Verfügung über einen weiteren wesentlichen Teil ihrer Einkünfte genommen, besaß doch der Staat ebenso wie bei den Einnahmen aus den von ihm verwalteten Kirchengütern die Möglichkeit, sie den Tempeln garnicht oder nur verkürzt auszuzahlen.[1] Berücksichtigt man nun noch, daß die Gewähr eines weiteren wichtigen Bestandteiles der kirchlichen Einnahmen, der σύνταξεις, gleichfalls im freien Belieben des Staates gestanden hat[2], so darf man wohl das Bestreben des Staates, die ägyptische Kirche und ihre Diener in einer möglichst intensiven wirtschaftlichen Abhängigkeit von sich zu halten, als einen mit zielbewußter Konsequenz stets befolgten Grundsatz der staatlichen Kirchenpolitik hinstellen.

Die Abhängigkeit der Kirche vom Staat macht sich, wie bereits des näheren ausgeführt worden ist[3], übrigens auch auf dem Gebiet der Kirchenlehre und des Kultus deutlich fühlbar; staatliche Mitwirkung an deren Ausbau und ständige Aufsicht sind hier zu verzeichnen.[4] Von prinzipieller Wichtigkeit ist es, daß uns dies auch

---

1) Es sei hierzu etwa auf P. Tebt. I. 5, 93 ff. verwiesen, wonach Euergetes II. den Besitzern von ἀμπελῖτις γῆ und παράδεισοι unter bestimmten Voraussetzungen für längere Zeit ἀτέλεια zugestanden hat, es dürfte also von den betreffenden Grundstücken nicht nur nicht die Grundsteuer u. dergl., sondern wohl auch nicht die ἀπόμοιρα erhoben worden sein. Die ἀπόμοιρα-Einnahmen der Tempel dürften somit durch diesen Erlaß des Staates eine Kürzung erfahren haben, er zeigt uns, daß der Staat offenbar auch über die ἀπόμοιρα frei verfügte.

2) Eine teilweise Sperrung der σύνταξις-Auszahlungen, ihre Reduzierung auf die Hälfte, scheint z. B. im 19. Jahre des 6. Ptolemäers erfolgt zu sein, siehe P. Lond. I. 17 (S. 10) Z. 20/1. Die Unsicherheit bezüglich des Bezuges der σύνταξις zeigt uns auch immerhin P. Tebt. II. 302 (71/2 n. Chr.).

3) Siehe Bd. II. S. 78 ff. u. 267 ff. Außer dem an diesen Stellen Angeführten sei etwa noch auf P. Berl. Bibl. 1, wonach die staatlichen Behörden von sich aus die Feier religiöser Feste anordnen konnten, und auf Julian, epist. 56 verwiesen, wonach dieser Kaiser in Verfolg seiner auf die ethische Hebung des alten Kultes gerichteten Bestrebungen auch die Errichtung einer Art von Sängerschule für Tempelgesang in Alexandrien anbefohlen hat. Ähnlich wie die Fürsorge und Beaufsichtigung, die Julian dem Kultus widmete (über sie berichtet z. B. eingehend C. Ullmann, Gregorius von Nazianz S. 527 ff.), darf man sich wohl die des·ägyptischen Staates vorstellen; sollte sie etwa doch für Julian vorbildlich gewesen sein? (Siehe auch Bd. I. S. 72.) — Das P. Tor. 1, Col. 2, 23 ff. erwähnte staatliche Edikt über die Taricheuten (siehe Bd. I. S. 107, A. 2) ist nicht als kirchenpolitische, sondern als sanitäre Maßregel zu fassen.

4) Wir haben also hier die gleichen Verhältnisse wie im alten Griechen-

für den griechischen Kultus bezeugt ist, ebenso wie die Anteilnahme des Staates an der Bestellung der griechischen Priester (Bd. II. S. 272ff. u. Bd. I. S. 254ff.). Es hat also auch die griechische Kultgemeinde unter der Herrschaft des Staates gestanden.[1]

Die unbedingte Unterordnung der ägyptischen Kirche unter den Staat spiegelt sich alsdann auch in ihrer Kirchenverfassung wieder. Die alte straffe hierarchische Organisation der Priesterschaft, eine ihrer wichtigsten Stützen, hat der Staat allerdings nicht beseitigt; er scheint hier überhaupt nicht eingegriffen zu haben. In römischer Zeit tritt uns freilich eine wichtige Änderung in der Organisation entgegen, die Ersetzung des einzelnen Tempelvorstehers an vielen Stellen durch ein leitendes Priesterkollegium (Bd. I. S. 45ff.), also eine Schwächung der angesehensten Priestergruppe, der der ἀρχιερεῖς, aber wir haben keinen Anhaltspunkt, daß diese Änderung durch eine auf Schwächung des ägyptischen Klerus hinzielende Anordnung des Staates hervorgerufen worden ist[2]); es scheint mir vielmehr, als ob es sich hier um eine langsame innere Entwicklung handele, bei der mancherlei Momente mitgespielt haben werden.[3])

land (siehe etwa Stengel, Griech. Kultusaltert.² S. 32); ähnliche werden wohl aber auch schon im vorptolemäischen Ägypten bestanden haben, haben doch die Pharaonen stets als die Priester κατ᾿ ἐξοχήν gegolten.

1) Siehe hierzu auch Bd. II. S. 76 die Feststellung über die staatliche Kontrolle des Alexanderheiligtums und den Nachtrag zu Bd. II. S. 165.

2) Dies ist die Hypothese Lesquiers, Rev. de phil. N. S. XXX (1906) S.153/4. Gegen sie spricht einmal die Tatsache, daß die Tempelvorsteher in römischer Zeit ja durchaus nicht ganz verschwunden sind und sich gerade in Verbindung mit bedeutenden Tempeln nachweisen lassen (siehe Bd. I. S. 45, A. 4 und jetzt noch P. Tebt. II. 313: Tempel des Re und Mnevis zu Heliopolis). Ferner kann man gegen Lesquier auch anführen, daß der Soknopaiostempel ein leitendes Priesterkollegium bereits im Jahre 15/16 n. Chr. besessen hat, während z. B. im Soknebtynisheiligtum zu Tebtynis ein solches allem Anschein nach erst zwischen den Jahren 71/2 und 107/8 n. Chr. (siehe P. Tebt. II. 298) eingerichtet worden ist; denn noch eine Tempeleingabe vom Jahre 71/2 n. Chr. an die Regierung (P. Tebt. II. 302) nennt als Veranlasser X. Y. (der betreffende Name leider gerade verstümmelt) καὶ οἱ λοιποὶ ἱερεῖς, wo man in dem Erstgenannten sicher den leitenden Priester zu sehen hat, vergl. etwa die Form von B. G. U. I. 296 u. P. Tebt. II. 313 (Grenfell-Hunt wollen übrigens jenem X. Y. nur den Stolistenrang zugestehen, jedoch scheint mir P. Tebt. II. 294, 295 u. 296 das ständige Vorhandensein auch einer Propheten- und Lesonisstelle am Soknebtynistempel mit Sicherheit zu erweisen, sie ist nur eben einmal lange nicht besetzt gewesen).

3) Vergl. hierzu die Ausführungen in der vorigen Anm. Die P. Tebt. II. 294—298 scheinen mir die Möglichkeit zu bieten ein solches Moment zu bestimmen. Ihnen zufolge ist am Soknebtynistempel aller Wahrscheinlichkeit nach zum mindesten in der Zeit von 107/8—146 n. Chr. die Prophetenstelle, mit der auch das Amt des Lesonis verbunden war, nicht besetzt gewesen (die hohen Geldforderungen der Regierung für den Erwerb dieses Amtes mögen hieran schuld gewesen sein), es hat also der leitende Priester gefehlt. Um dieses Manko auszugleichen, ist man zur Wahl eines leitenden Priesterkollegiums geschritten, das dann auch an diesem Tempel die Leitung allmählich ganz an sich angezogen

Wenn auch somit allem Anschein nach eine Einwirkung des Staates auf den Charakter der Kirchenämter nicht stattgefunden hat[1]), so hat er an ihrer Besetzung einen um so lebhafteren Anteil genommen. Nur mit seiner Erlaubnis war das priesterliche Amt zu erlangen, das Avancement war großenteils von ihm abhängig (Kapitel III, 1 B a u. b), er hat sogar schließlich allerlei neue erschwerende Bedingungen für die Bekleidung von Kirchenämtern geschaffen.[2]) Ferner muß die Unterstellung der einzelnen Priesterkorporationen unter rein weltliche Aufsichtsbehörden (Bd. I. S. 52 ff. u. II. S. 75 ff.) naturgemäß den Dienern der Kirche ihre Abhängigkeit vom Staate besonders fühlbar gemacht haben; durch die Behandlung der Priester als Staatsbeamte (Bd. II. S. 243/4) ist die Kirche vollends zu einem Staatsinstitut geworden.

Als solches tritt sie uns auch immerhin auf den großen Priesterversammlungen, den regelmäßig wiederkehrenden Landessynoden, entgegen (siehe Bd. I. S. 72 ff.), die übrigens allem Anschein nach oft recht lange getagt haben.[3]) An und für sich hat man ja in der Erlaubnis diese abzuhalten eine der Kirche gemachte wichtige Konzession des Staates zu sehen, da diese Synoden den Priestern die

hat (vergl. z. B. P. Tebt. II. 298 vom Jahre 107/8 n. Chr. mit 309 [115/6 n. Chr.], 303 [176/80 n. Chr.] u. 293 [187 n. Chr.; hier gehört dem aus 4 Priestern bestehenden leitenden Priesterkollegium auch einmal ein Priester höheren Ranges, ein διάδοχος προφητείας, an])

1) So hat man z. B., obgleich die Bedeutung des Priesteramtes dadurch erhöht wurde, die in Ägypten seit alter Zeit gebräuchliche Vereinigung des priesterlichen Amtes mit dem eines Verwaltungsbeamten der Tempel bestehen lassen; so eng wie hier finden wir die beiden Ämter dann erst wieder in der christlichen Kirche vereinigt.

2) Siehe Bd. II. S. 79, ferner die Einführung der Sitte des Verkaufs von Priesterämtern (Bd. I. S. 243/4); auch die Begrenzung der Dauer der priesterlichen Amtsführung in einzelnen Fällen (Bd. I. S. 50 f.; 232 f.) darf man wohl als eine durch den Staat veranlaßte Neueinrichtung ansehen.

3) So hat z. B. die Sessionsdauer der Synode, die das Dekret von Kanopus gezeitigt hat, mindestens einen Monat betragen, siehe Lepsius, Das bilingue Dekret von Kanopus I. S. 15—16 u. 18. Noch viel länger hat alsdann jene Priesterversammlung getagt, der wir das Dekret von Rosette verdanken. Wie uns Z. 7/8 zeigen, haben sich ihre Mitglieder in Memphis versammelt, „πρὸς τὴν πανήγυριν τῆς παραλήψεως τῆς βασιλείας" (siehe auch Z. 27/8; 44). Die Krönung des 5. Ptolemäers muß nun aber, wie uns auch der im Anschluß an sie erfolgte Steuerschuldenerlaß, der sich bis auf das 8. Jahr erstreckt (Z. 29), zeigt, zu Beginn des 9. Jahres erfolgt sein, vielleicht doch am 17. Phaophi (Z. 46/7) (siehe auch Bouché-Leclerq a. a. O. I. S. 375, A. 1). Das Datum des Dekretes, 18. Mechir, bezieht sich jedenfalls auf den Tag, an dem die uns vorliegende Fassung der Rosettana — sie gleichsam das Schlußprotokoll der Session (die Bezeichnung der Rosettana als „Krönungsdekret" ist nicht zu billigen) — beschlossen worden ist. Die Tagung dürfte somit zum mindesten 5 Monate, sie kann aber auch sogar noch länger gedauert haben (Bouché-Leclerq a. a. O. I. S. 369, A. 1 beachtet die Möglichkeit einer längeren Dauer der Priesterversammlungen gar nicht).

Möglichkeit verschafften, gemeinsam die kirchlichen Angelegenheiten
zu besprechen und für die Gesamtheit verbindliche Anordnungen zu
treffen, sie boten also einen gewissen Ersatz für die fehlende geistliche Oberleitung, aber auch ihnen gegenüber hat der Staat seine
prinzipiellen Grundsätze für die Behandlung der Kirche beibehalten;
auch sie sind demnach von ihm mehr oder weniger abhängige kirchliche Institutionen gewesen. Dies zeigt sich einmal darin, daß der
Staat über die Abhaltung dieser Synoden Anordnungen erlassen konnte.[1]
Ferner beweist es aber auch die Form der Dekrete dieser Kirchen-
versammlungen. Diese ist sowohl bei dem von Kanopus als auch in
der Rosettana, mögen sich auch in der letzteren noch so viele einzelne
Ägyptismen finden, in den Grundzügen durchaus griechisch.[2] Es
haben also an der offiziellen Redaktion der Priesterbeschlüsse, wenn
sich auch diese ganz als rein priesterliche Dokumente geben, auch
Griechen teilgenommen, und zwar wohl die staatlichen Regierungskommissare. Wenn diese nun schon Wert darauf gelegt haben, auf
die Form dieser Dekrete einzuwirken, so werden sie es erst recht bezüglich des Inhaltes getan haben. Im einzelnen läßt sich freilich der
Anteil des Staates und der Priester an den Ergebnissen dieser Synoden nur schwer bestimmen (siehe z. B. Bd. II. S. 79/80; 230 ff.;
271/2). Sollten, was immerhin sehr wohl möglich ist, durch die Römer
die Landessynoden aufgehoben worden sein[3], so müßte man hierin
eine sehr bedeutsame kirchenpolitische Maßnahme sehen, die Besei-

---

1) Die Anordnung des Epiphanes ist freilich den Priestern wohl ganz willkommen gewesen, wurde doch durch sie die Bestimmung aufgehoben, alljährlich
eine Synode in Alexandrien abzuhalten, d. h. in einer echtgriechischen Stadt,
wo sich zudem infolge der Nähe des Königs und der obersten Beamten der
Einfluß der Regierung am meisten fühlbar machen mußte.

2) Siehe hierzu gegenüber Revillout die Ausführungen Grenfell-Hunts,
P. Tebt. I. S. 63, A. 1 und Dittenbergers, Or. gr. inscr. sel. I. S. 45. Das neue bei
Spiegelberg, Die demotischen Inschriften S. 14 ff. veröffentlichte Priesterdekret
aus der Zeit Philopators gestattet uns, da es zu fragmentarisch erhalten ist,
kein abschließendes Urteil, jedenfalls beweist es m. E. (anders Spiegelberg a. a. O.
S. 19) nichts dafür, daß der griechische Teil der Priesterdekrete aus dem
Ägyptischen übersetzt ist. Es ist unbedingt zuzugeben, daß das Edikt Philopators ebenso wie die Rosettana sehr viel mehr Echtägyptisches als die Inschrift
von Kanopus enthalten, aber trotz alledem ruft z. B. die Rosettana doch einen
ganz anderen Eindruck in uns hervor als etwa so echte Priesterinschriften wie
die Pithom- und die Mendesstele. Die Ägyptismen in ihr sind übrigens nicht
als Zeichen einer gegen früher gehobenen Stellung der ägyptischen Kirche zu
verwerten (so Strack a. a. O. Rh. M. LIII (1898) S. 399, hierzu noch im folg.
S. 307, A. 1), sondern nur als Beweise für das Vordringen des ägyptischen Elements im Ptolemäerstaate, dem man auch in den offiziellen griechischen Kreisen
nicht mehr fremd gegenüberstand.

3) Aus der späteren Ptolemäerzeit sind uns zwar Landessynoden auch
nicht belegt, daß sie aber bereits damals abgeschafft worden sind, halte ich für
sehr unwahrscheinlich.

tigung einer wenn auch sehr unvollkommenen Repräsentativverfassung zu gunsten eines, wenn man so sagen darf, schroffen Papalsystems von weltlichen Charakter. Zu dem letzteren würde die in römischer Zeit erfolgte Schöpfung einer besonderen Oberbehörde für geistliche Angelegenheiten (Bd. I. S. 58 ff.) gut passen.[1])

Schon bei der Behandlung des Kirchenvermögens sind einige diesem gewährte Privilegien besprochen worden, es bedarf nun noch die Frage der Untersuchung, ob der Staat der Kirche auch Privilegien allgemeiner Natur verliehen hatte. Hatte er ihr etwa die Erledigung von Aufgaben übertragen, die eigentlich in die Rechtssphäre des Staates fallen?

Von Revillout ist erst wieder neuerdings (Précis du droit égyptien I. S. 394; II. 1502) behauptet worden, daß der Kirche in Ägypten die Führung standesamtlicher Register, sowie anderer öffentlicher Register übertragen gewesen sei. Über die Beurkundung des Personenstandes sind uns nun aus dem hellenistischen Ägypten mancherlei dokumentarische Nachrichten erhalten[2]), aber sie alle weisen uns darauf hin, daß wir es hier mit einer rein staatlichen Institution zu tun haben.[3]) Von ägyptischen Priestern sind nur Aufzeichnungen privaten Charakters über die Veränderung des Personenbestandes der Tempel geführt worden (Bd. II. S. 158/9), und wir können gerade für Priester die Verpflichtung belegen nicht nur ihrem Tempel, sondern auch den Staatsbehörden Veränderungen des Personenstandes in ihren Familien anzuzeigen[4]), dies wohl der deutlichste Beweis, daß damals die ägyptische Kirche kein öffentliches Mandat zur Führung der Standesbücher besessen hat.

Diese Feststellung wird übrigens durch das, was uns über die Formalitäten bei der Eingehung der Ehe im hellenistischen Ägypten

---

1) Lesquiers a. a. O. Hypothese, daß die Abschaffung der Synoden und die Schöpfung der besonderen geistlichen Oberbehörde die eine durch die andere bedingt seien, bedarf vor allem der chronologischen Stützen.

2) Einiges hierüber ist vermerkt bei W. Levison, Die Beurkundung des Zivilstandes im Altertum, Bonner Jahrbücher, Heft 102, S. 68 ff.; Wilcken, Ostr. I. S. 437/8; 451 ff.; auch Bd. II. S. 158, A. 3.

3) Hiergegen ist auch nicht etwa P. Oxy. I. 35 anzuführen, der, wie Wilcken, Archiv IV. S. 252/3 (siehe auch S. 267) zeigt, die griechische Übersetzung einer Abschrift aus dem alexandrinischen album professionum liberorum natorum (cf. römischer Bürgerkinder) ist; darnach ist dieses damals „ἐν τῷ μεγάλῳ Ἰσίῳ" aufbewahrt gewesen. Aus dem Aufbewahrungsort darf man natürlich nicht schließen, daß es nun auch von den Priestern der großen Iseions geführt worden ist; hiergegen spricht außer der inneren Unwahrscheinlichkeit auch der Text der Urkunde. Als Parallele hierzu kann man anführen, daß auch in Rom die betreffenden Geburtsurkunden in einem Tempel, dem des Saturn, zu Händen von Staatsbeamten, der praefecti aerarii, niedergelegt worden sind. (Script. hist. Aug. vit. Marc. 9, 7—9).

4) Siehe etwa B. G. U. I. 28; P. Lond. II. 338 (S. 68); P. Tebt. II. 299; 300; 301.

bekannt geworden ist, in keiner Weise berührt. Es hat nämlich damals bereits eine staatliche Ehegesetzgebung gegeben[1]), in der auch bestimmt war, daß der die Ehe begründende Ehevertrag vor den *ἱεροϑύται* abzuschließen sei.[2]) Ägyptische Priester hat man in ihnen jedoch auf keinen Fall zu sehen, sondern Kultbeamte griechischen Charakters.[3]) Es hatte eben der Staat der von ihm für die Eheschließung eingesetzten Behörde einen geistlichen Anstrich gegeben, um die bürgerliche Anerkennung mit einer gewissen religiösen Weihe zu vereinen.[4])

Bei den eingeborenen Ägyptern haben allerdings auch ägyptische Priester bei der Eheschließung mitgewirkt, aber ihre Mitwirkung hat in hellenistischer Zeit keinen standesamtlichen, sondern mehr einen notariellen Charakter.[5]) Es sei hier an die zahlreichen demotischen Ehekontrakte erinnert, welche von dem sogenannten *μονογράφος* verfaßt worden sind.[6]) Daß dieser *μονογράφος* stets ein Priester gewesen ist, halte ich übrigens durchaus nicht für erwiesen[7]), wohl aber spricht vieles dafür, daß er zum mindesten zumeist als Mandatar der Priesterschaft fungiert hat.[8]) Von ihm sind nun nicht nur Ehever-

1) Siehe Nietzold, Die Ehe in Ägypten usw. S. 25.

2) Man muß die Bestimmungen von P. Fay. 22 und B. G. U. IV. 1050 mit einander vereinigen; erlassen sind sie bereits in ptolemäischer Zeit, sie waren aber noch zu Beginn der römischen Zeit in Geltung.

3) Siehe Bd. I. S. 164. Die *ἱεροϑύται* sind uns besonders oft durch rhodische Inschriften belegt (siehe z. B. C. I. Gr. Ins. fasc. I. 43, 23; 131; 768 b; 844); sie werden hier neben *ἱερεῖς* und *ἱεροποιοί* erwähnt (C. I. Gr. Ins. fasc. I. 761, 39; 840) und haben hier auch, was für die Beurteilung der ägyptischen Verhältnisse von Wert ist, ein offizielles Amtslokal, das *ἱεροϑύτειον*, besessen, C. I. Gr. Ins. fasc. I. 846 ff.

4) Auch im alten Griechenland ist bekanntlich bei der Eheschließung auch das religiöse Moment hervorgetreten; siehe etwa Schömann-Lipsius, Griechische Altertümer II 4 S. 583 ff.

5) Nach Revillout, Précis I. S. 391; II. 993 sollen in vorptolemäischer Zeit in ägyptischen Tempeln direkt standesamtliche Handlungen, welche kirchliche und Ziviltrauung mit einander vereinten, vollzogen worden sein.

6) Siehe über ihn etwa Mitteis, Reichsrecht und Volksrecht S. 51 ff.

7) So viel ich sehe, führt nur einer der uns bekannt gewordenen vollziehenden *μονογράφοι* den Priestertitel (dem. P. Louvre 2433, publ. Chrest. dém. S. 241), sonst bezeichnen sie sich nur mitunter als Mandatare eines Priesters, siehe z. B. dem. P. Berl. 3097 + 3070; 3098; 3099, 3100, 5508; 3101 A + B (Spiegelberg S. 9, 11, 12, 13). Die Auslassung des Priestertitels charakterisiert sie natürlich noch nicht mit Sicherheit als Laien, aber warum sollen nicht auch solche als Notare von der Priesterschaft beschäftigt worden sein? Siehe z. B. auch den griechischen Namen des *μονογράφος* in P. Magd. 12.

8) Siehe die besonders oft erscheinende Floskel „X. Y., welcher schreibt im Namen der 5 Priesterklassen des Amonrasonther usw." (siehe zu ihr Bd I. S. 30; ihre griechische Übersetzung findet sich im P. Lond. I. 3 (S. 44) Z. 28 ff.: X. Y „ὁ παρὰ τῶν ἱερείων τοῦ Ἀμονρασονϑὴρ καὶ τῶν συννάων ϑεῶν μονογράφος"); siehe ferner die Formel „X. Y., welcher schreibt im Namen der 5 Priesterklassen des Mont von Hermonthis" (z. B. P. Louvre 2416, publ. Chrest. dém. S. 343 ff.)

träge[1]), sondern bekanntlich auch alle anderen Urkunden in einheimischer Sprache aufgesetzt worden, d. h. es sind mit den Tempeln Notariate verbunden gewesen. Den von Kirchenbeamten ausgestellten Urkunden ist freilich der öffentliche Glauben vielleicht schon im 3., sicher aber im 2. Jahrhundert v. Chr. nicht mehr im vollen Umfange gewährt gewesen, denn für die gerichtliche Anerkennung der demotischen Urkunden war deren Einregistrierung bei einer staatlichen Behörde, dem $\gamma\varrho\alpha\varphi\varepsilon\tilde{\iota}ov$, als notwendig vorgeschrieben.[2]) Mit dieser Einregistrierung hat die Kirche jedenfalls nichts zu tun gehabt. Wir erfahren zwar allerdings, daß in römischer Zeit in Alexandrien die Kontrakte in einem $Nav\alpha\tilde{\iota}ov$, d. h. in einem Nanatempel einregistriert worden sind[3]), und demotische Kontrakte aus ptolemäischer Zeit tragen den Vermerk „$\dot{\alpha}v\alpha\gamma\acute{\varepsilon}\gamma\varrho\alpha\pi\tau\alpha\iota$ $\dot{\varepsilon}v$ $\tau\tilde{\omega}$ $\dot{A}vov\beta\iota\varepsilon\acute{\iota}\omega$"[4]), aber in beiden Fällen darf man nur annehmen, daß ähnlich wie im alten

---

und „X. Y., welcher schreibt im Namen der 5 Priesterklassen der Hathor (bez. Suchos) zu Pathyris" (dem. P. Straßb. 6, 9, 43, 44, 8; Spiegelberg S. 22, 25, 26, 27, 30, 32). Sehr oft findet sich nun bei dem Namen des einheimischen Notars gar kein sein Amt näher charakterisierender Zusatz, doch darf man hieraus noch nicht ohne weiteres die Folgerung ableiten, daß es sich bei den betreffenden um private einheimische Notare handelt; zur Vorsicht mahnt z. B. ein Vergleich von dem P. Berl. 3090 + 3091 (Spiegelberg S. 12) mit dem P. Louvre 2416 (Chrest. dém. S. 343 ff.), wo sich derselbe Notar nur in dem einen, zu zweit genannten Falle als Tempelnotar kennzeichnet.

1) Man könnte geneigt sein, hiermit die Notiz des Damascius (bei Photios, Biblioth. N. 242 p. 338^B ed. Bekker) in Verbindung zu bringen: $o\dot{v}x$ $\tilde{\eta}v$ $\delta\grave{\varepsilon}$ $\gamma v\acute{\eta}$-$\sigma\iota o\varsigma$ $\dot{o}$ $\gamma\acute{\alpha}\mu o\varsigma$, $\varepsilon\dot{\iota}$ $\mu\grave{\eta}$ $\dot{o}$ $\iota\varepsilon\varrho\varepsilon\dot{v}\varsigma$ $\tau\tilde{\eta}\varsigma$ $\vartheta\varepsilon o\tilde{v}$ $\dot{\varepsilon}v$ $\tau o\tilde{\iota}\varsigma$ $\gamma\alpha\mu\iota x o\tilde{\iota}\varsigma$ $\sigma v\mu\beta o\lambda\alpha\acute{\iota}o\iota\varsigma$ $\dot{v}\pi\varepsilon\sigma\eta\mu\acute{\eta}v\alpha\tau o$ $\chi\varepsilon\iota\varrho\grave{\iota}$ $\tau\tilde{\eta}$ $\dot{\varepsilon}\alpha v\tau\tilde{\eta}$. So recht vereinbar ist diese Notiz mit den tatsächlichen Zuständen im hellenistischen Ägypten jedoch nicht — daß sie sich nur auf Alexandrien bezieht, würde an sich nicht allzuviel besagen —, es scheint mir fast, als ob in ihr der priesterliche $\mu ov o\gamma\varrho\acute{\alpha}\varphi o\varsigma$ und der $\iota\varepsilon\varrho o\vartheta\acute{v}\tau\alpha\varsigma$ in eine Person zusammengezogen und daß etwas speziell Alexandrinisches durch den $\iota\varepsilon\varrho\varepsilon\dot{v}\varsigma$ $\tau\tilde{\eta}\varsigma$ $\vartheta\varepsilon o\tilde{v}$ hineingebracht worden sei.

2) Hierüber siehe etwa Mitteis, Hermes a. a. O. XXX (1895) S. 596 f.; Archiv III. S. 177. Die Einregistrierungsvermerke auf demotischen Urkunden finden sich allerdings erst seit dem 2. Jahrhundert v. Chr., vielleicht darf man aber auch die kurzen griechischen Vermerke über Zahlungen am Schluß einiger demotischer Papyri des 3. Jahrhunderts v. Chr. (sie sind angeführt bei Revillout, Rev. ég. II. S. 114) auf die erfolgte Einregistrierung beziehen, indem damals nicht diese selbst, sondern die Zahlung der für sie zu leistenden Gebühr (siehe hierzu jetzt Wilcken, Archiv III. S. 519) auf der demotischen Urkunde vermerkt worden ist.

3) P. Oxy. I. 34 Verso; P. Leipz. I. 10 Col. 2, 26 und hierzu Wilcken, Archiv I. S. 124, der mir gegenüber Mitteis, Archiv I. S. 186 das Richtige zu bieten scheint. Auch meine obigen Feststellungen über das Anubieion sprechen, wenn sie sich auch nicht auf dieselbe Zeit beziehen, gegen Mitteis.

4) Siehe etwa P. Leid. I. 373 (S. 88); gr. Beischrift des dem. P. Leid. 185, neupubl. von Spiegelberg, Rec. de trav. XXVIII (1906) S. 193 ff.; verschiedene Registervermerke dem. P. angeführt von Revillout, Précis II. S. 1007, 1025/6, 1028; es handelt sich um das memphitische Anubieion.

Griechenland die Staatsarchive oft in Tempeln untergebracht waren, so hier die staatlichen γραφεῖα an die genannten Heiligtümer angeschlossen waren.[1]) Für die Richtigkeit dieser Annahme spricht auch der in demotischen Papyri sich findende, mit dem oben erwähnten korrespondierende Vermerk „ἀναγέγραπται διὰ τοῦ ἐν τῷ Ἀνουβιείῳ γρα(φείον)"[2]), von dem der erstgenannte offenbar nur eine abkürzende Form darstellt. Die Bedeutung des Tempelnotariats für das öffentliche Leben muß schon durch die staatliche Einregistrierung der Urkunden eine erhebliche Einbuße erlitten haben; durch die gleichfalls im 3. oder 2. Jahrhundert v. Chr. erfolgte Schöpfung eines staatlichen Notariats, der Agoranomie[3]), ist die Einbuße dann noch bedeutend vergrößert worden.[4]) Denn bei ihrer Benutzung gestalteten sich die Vertragsschließungen viel einfacher als bei Angehen des Tempelnotariats, und diesen Vorteil haben sich mit der Zeit die Ägypter immer mehr zunutze gemacht. So ist es mir ziemlich zweifelhaft, ob das Tempelnotariat in der Kaiserzeit überhaupt noch bestanden hat.[5]) Für die Maßnahmen der Regierung mag u. a. außer dem Wunsche die Urkunden in einheimischer Sprache möglichst zu vermindern auch das Bestreben maßgebend gewesen sein eine kirchliche Institution[6]) zu beseitigen, die der Kirche einen bedeutenden Einfluß auf die Bevölkerung sicherte und die zudem, war erst einmal die auf staatlicher Amtsautorität und amtlichen Akten beruhende publica fides als leitendes Prinzip anerkannt, den Staat in ihm allein zustehenden Rechten schmälerte; gerade zwischen ihm und der Kirche wollte man die Grenzen möglichst genau und zugleich möglichst eng für die Kirche festlegen.

1) Siehe hierzu auch vorher S. 294, A. 3. Für die Angliederung von γραφεῖα an Tempel mag vielleicht maßgebend sein, daß wohl auch die Bureaus der Tempelnotariate im Tempelbezirk gelegen haben werden.

2) Siehe P. Leid. I. 380 (S. 90), wo ich „γρα(φείον)" lese; ferner dem. P. Insbruck, publ. Rec. de trav. XXV (1903) S. 6 ff. und den ebenda erwähnten dem. P. Louvre 2411.

3) Über die Agoranomie handelt zusammenfassend Gerhard a. a. O. Philologus LXIII (1904) S. 498 ff. Er nimmt an, daß das Institut erst zu Beginn der Regierung des 6. Ptolemäers eingeführt worden ist; durch den P. Hibeh I. 29, Recto 3 u. 10 ist uns jedoch jetzt die Existenz von ἀγορανόμια bereits für das 3. Jahrhundert v. Chr. bezeugt und die Möglichkeit, daß sie damals bereits als Notariate fungiert haben, ist jedenfalls vorhanden. Die Schöpfung der Agoranomie möchte ich übrigens mit der des ἱεροθύτας auf eine Stufe stellen.

4) Die Agoranomie darf man wohl als ein von Anfang an gleich allgemeinägyptisches Institut auffassen; siehe gegenüber Gerhard die Bemerkungen Wilckens, Archiv III. S. 523.

5) Es wird jedenfalls in keiner der späteren demotischen Urkunden genannt, sondern nur, wie etwa im dem. P. Berl. 6857 (Spiegelberg S. 23), ein Schreiber ohne jede nähere Bezeichnung.

6) Die Einrichtung des Tempelnotariats stammt aus vorptolemäischer Zeit, siehe etwa Revillout, Précis I. S. 520, 528, 596.

Als kein direktes Privileg der Tempel möchte ich alsdann die
in dem Revenue-Papyrus, also zur Zeit des Philadelphos sich findende
Bestimmung über das Verfahren bei der prozessualen Eidesleistung[1]) deuten; hiernach (Rev. L. Col. 56, 7 ff.) sollten die Eide in
den Tempeln abgelegt werden[2]), eine Sitte, die übrigens auch in der
späteren Zeit beibehalten worden ist.[3]) In dieser Vorschrift über
die Eidesleistung besitzen wir immerhin einen weiteren deutlichen
Beleg für das Zusammenarbeiten von Staat und Kirche; der Staat ist
bestrebt gewesen die Feierlichkeit des Eides möglichst zu erhöhen.
Ob bei der Ablegung des Eides auch Priester als ὁρκωμόται (P. Grenf.
I. 11. Col. 2, 17) tätig gewesen sind, wissen wir nicht, wohl aber sind,
da die Eide zugleich schriftlich fixiert worden sind, in den Fällen,
wo sie in demotischer Sprache geleistet wurden, die Tempelnotare in
Aktion getreten.[4])

Haben wir bisher auf die Frage nach den Privilegien der Kirche
zumeist nur negative Antworten geben können, so ergibt sich hinsichtlich des Asylrechts endlich einmal ein positives Resultat.
Allerdings haben die ägyptischen Tempel dieses nicht eo ipso auf
Grund althergebrachter Sitte besessen, sondern es mußte ihnen ausdrücklich vom Staate verliehen werden[5]), auch dies ein Zeichen für
die Macht des Staates in allen kirchlichen Angelegenheiten, und ferner
ist das Vorrecht der Asylie auch nur den bedeutenderen Heiligtümern
zugestanden worden.[6]) Ob im hellenistischen Ägypten über das Asyl-

---

1) Über den Eid im ägyptischen Rechtsleben siehe L. Wenger, Der Eid in
den griechischen Papyrusurkunden, Zeitschr. d. Savigny-Stift. f. Rechtsgesch.
Rom. Abt. XXIII (1902) S. 158 ff.

2) Auch Eide rein privaten Charakters sind in den Tempeln abgelegt worden, siehe P. Par. 46.

3) P. Grenf. I. 11 Col. 2, 11 ff. (ob das hier genannte Κρονῖον wirklich ein
griechischer Tempel ist, ist mir sehr zweifelhaft); Ostr. Wilck. 1150; dem. Eide,
erwähnt von Revillout, Mélanges S. 177, Anm. (vergl. Bd. II. S. 90, A. 3) und
Précis II. S. 1323 ff.; dem. P. Straßb. 12 (Spiegelberg S. 34); L. D. VI. 378 (gr. Inschrift) Z. 17 (bei Wilcken, Archiv I. S. 412 ff.).

4) Siehe dem. P. Berl. 3080; 3172 + 3174 (Spiegelberg S. 13, 17); auch
einige der von Revillout erwähnten Urkunden und dem. P. Straßb. 8 (Spiegelberg S. 32).

5) Siehe dreisprach. Inschrift Cairo 31089, publ. Spiegelberg, Die demotischen Inschriften S. 20 ff.; Milne, Greek inscriptions (Catal. gén. des antiq. égypt.
du musée du Caire XVIII) N. 33037 (S. 10) = Dittenberger, Or. gr. inscr. sel. II.
736. Die Asylie ist in Ägypten übrigens nicht nur den Tempeln, sondern auch
anderen Örtlichkeiten verliehen gewesen; P. Tebt. 5, 83: ἄσυλα τόπα wird durch
B. G. U. IV. 1053 Col. 2, 4 ff.; P. Tebt. I. 210; P. Oxy. IV. 785; P. Hibeh I. 93, 4/5;
Strack, Inschriften 130 (jüdische Synagoge; die Gewähr der Asylie ist ein Anzeichen dafür, daß der Staat sich auch um die jüdische Religionsgemeinschaft gekümmert hat) näher erklärt.

6) Siehe die Spiegelbergsche Inschrift, Z. 4/5. Ob es sich übrigens bei
dem in der Inschrift Milne-Dittenberger genannten Heiligtum von Euhemeria

recht einheitliche Bestimmungen bestanden haben oder ob diese je
nach den Kultstätten verschieden waren, läßt sich nicht mit Sicherheit entscheiden; für die erstere Auffassung könnte man immerhin
anführen, daß in dem Asylrechtsverleihungsdekret für den Horustempel
von Athribis (95 v. Chr.) diesem Tempel „τὴν ἀσυλίαν καθάπερ ἐπὶ
τῷ ἐν Μέμφει καὶ Βουσίρει καὶ ἑτέροις καὶ τῶν ἄλλων ἱερῶν" (Spiegelbergsche Inschrift, Z. 8/9) ohne jede nähere Spezifizierung gewährt
wird. Bezüglich der Ausdehnung des Asylrechtes können wir aus
vereinzelten Angaben[1]) feststellen, daß der Schutz des Asyls privaten
und Staatsschuldnern u. dergl.[2]), Verbrechern und Sklaven[3]) zuteil geworden ist, und dieser Feststellung entspricht auch die Bestimmung
in dem großen Edikt Euergetes' II. (P. Tebt. I. 5, 83 ff.: 118 n. Chr.):
„ἐκ τῶν ὑπαρχόντων ἀσύλων τόπων μηθένα ἐκσπᾶν μήιτε ἀποβιάζεσθαι
παρευρέσι μηιδεμιᾷ". In einem Falle (Tempel zu Athribis) ist die
Freistätte auf den ganzen durch den Peribolos eingeschlossenen Tempelbezirk ausgedehnt gewesen; bei dem großen Serapeum von Memphis

---

um ein bedeutendes handelt, ist zweifelhaft. Die Verleihung der Asylie könnte
man vielleicht dadurch erklären, daß dieser Tempel ganz speziell dem Königskult geweiht gewesen zu sein scheint (Zeit des 13. Ptolemäers); ebenso sind ja
auch in der Kaiserzeit die Heiligtümer des Herrscherkults sämtlich Asyle gewesen, siehe Stengel s. v. Asylon Pauly-Wissowa II. Sp. 1885. Daß nicht alle
Heiligtümer das Asylrecht besessen haben, zeigt uns auch P. Tebt. I. 26, 11 ff.,
wo Bewohner von Kerkeosiris nicht in die Heiligtümer dieses Ortes, sondern
ἐπὶ τὸ ἐν Νορμοῦθι ἱερόν flüchten.

1) Die zusammenfassenden Angaben in der Milne-Dittenbergerschen Inschrift
Z. 8/9 wage ich nicht zu verwerten, da Milne gerade die entscheidenden Stellen
anders als Dittenberger liest und die Photographie der Inschrift bei Grenfell-
Hunt, P. Fay. Plate VIII m. E. eine Entscheidung, welche Lesung die richtige
ist, nicht gestattet.

2) Siehe P. Hibeh I. 93; P. Tebt. I. 26, 11 ff.; 210; B. G. U. IV. 1053; P. Oxy.
IV. 785. (Die beiden letzten Belege aus römischer Zeit.) Die Angaben dieser
auf heidnische Kultstätten sich beziehenden Papyri haben ihre vollkommene
Parallele in den Bestimmungen von P. Oxy. I. 135, 24 ff. (richtig gedeutet von
Braßloff, Zu den Quellen der byzantinischen Rechtsgeschichte, Zeitschr. d. Savigny-Stift. Rom. Abt. XXV (1904) S. 298 ff. [S. 312 ff.]), die das Asylrecht im
christlichen Ägypten charakterisieren; wir finden also auch hier wieder bei Einrichtungen der christlichen Kirche Anschluß an die entsprechenden der ägyptischen.

3) P. Par. 42: ἀλάστορες; P. Par. 10, 13: Sklave. Über Tempel als Schutz-
stätten für geflüchtete Sklaven im vorptolemäischen Ägypten siehe Herodot II.
113; sie wurden hierbei Hierodulen, d. h. Hörige des Gottes. Inwieweit das Institut des Hierodulismus im griechischen Sinne des Wortes mit ägyptischen
Tempeln in hellenistischer Zeit verbunden gewesen ist, wage ich nicht zu entscheiden; Revillout bietet aus demotischen Urkunden hierfür einige Beispiele
(Précis I. 431/2; 493; II. 884; 950; 954 ff.). Es sei jedoch hierbei darauf hingewiesen, daß mit dem Namen ἱερόδουλοι bei ägyptischen Tempeln auch durchaus freie Angehörige der niederen Priesterschaft bezeichnet worden sind (Bd. I.
S. 118; die „Zwillinge" können jederzeit den Tempel verlassen Bd. I. S. 248);
die griechische Bezeichnung ἱερόδουλοι darf man also nicht als Beleg für das
Vorkommen des griechischen Instituts verwenden.

— für sein Asylrecht haben wir verschiedene Belege[1]) — kann dies jedoch nicht der Fall gewesen sein. Denn wir erfahren einmal, daß jemand, der wohl als geheimer Agent der Regierung im großen Serapeum ständig lebt, beauftragt wird, im dortigen Asyl befindliche Verbrecher zu beobachten und für den Fall, daß sie das Asyl verlassen, die Beamten zu benachrichtigen, damit diese zu seiner Unterstützung ins Serapeum kommen (P. Par. 42). Ferner hören wir von einer Razzia, die staatliche Beamte gegen allerlei Gesindel, das sich im großen Serapeum aufhält, unternehmen (P. Par. 12), von einer ebendaselbst veranstalteten Haussuchung durch staatliche Organe (P. Par. 35 = 37) und von einer von diesen vorzunehmenden Untersuchung eines räuberischen Überfalls, den Serapeumsbewohner gegen andere ausgeführt haben (P. Par. 36 = P. Vat. IV. S. 445). Auch die ständige Stationierung eines staatlichen Polizeikommandos in dem zum Serapeum gehörenden Anubieum[2]) spricht dagegen, daß der ganze Serapeumsbezirk Freistätte gewesen ist. Es ist nun wichtig, daß wir Polizeiwachen auch in anderen Tempeln stationiert finden (Bd. I. S. 285, A. 3) und daß die Einmischung der staatlichen Gewalt auch für andere Tempelbezirke bei Vergehen, die in ihnen begangen worden sind, bezeugt ist.[3]) Ob auch diese Heiligtümer das Asylrecht besessen haben, wissen wir freilich nicht; immerhin darf man aber wohl auf Grund all dieser Feststellungen die Behauptung wagen, daß trotz des Asylrechts die Tempelbezirke und ihre Bewohner im allgemeinen der staatlichen Polizeigewalt unterstellt gewesen sind. Ebensowenig wie über die Ausübung der Polizeigewalt durch geistliche Beamte im Tempelbezirk[4]) besitzen wir bisher irgendwelche Anhaltspunkte über

---

1) P. Par. 42; Spiegelbergsche Inschrift, Z. 7/8; Revillout erwähnt im Anschluß an demotische Papyri des öfteren das Asylrecht des Serapeums, siehe z. B. Rev. ég III. S. 125, 136; IV. S. 138 ff.; V. S. 33, 50; VIII. S. 36.

2) Siehe Bd. I. S. 285, A. 3; auch Bd. S. 42, A. 4; der in P. Par. 36, 18/19 genannte, im Anubieum stationierte Menedemos, der den Titel „ὁ παρὰ τοῦ στρατηγοῦ" führt und dem polizeiliche Maßnahmen übertragen werden, wird man wohl dem ἀρχιφυλακίτης in P. Par. 35, 6 (= 37, 6) gleichsetzen dürfen; vergl. auch die von Revillout a. a. O. Rev. ég. V. S. 43 über diesen Menedemos auf Grund des dem. P. Berl. 1561 (Passalacqua) gemachten Angaben. Revillout legt ihm übrigens auf Grund von P. Par. 36 Verso den Titel „τῶν καλλυντῶν" bei, doch sind diese Worte gar nicht mit Menedemos zu verbinden; der Papyrus behandelt nämlich das Verhalten einiger καλλυνταί, und demnach soll offenbar die auf der Rückseite stehende Formel „τῶν καλλυντῶν" auf den Inhalt des Dokuments hinweisen.

3) P. Grenf. I. 38; P. Amh. II. 35, 40; P. Tebt. I. 39; 44.

4) Wenn z. B. an der oben erwähnten Haussuchung außer staatlichen Polizisten auch ein Mitglied des Tempelvorstands beteiligt ist (P. Par. 35, 7 = 37, 7), so spricht dies nicht gegen die obige Behauptung; die Anwesenheit des betreffenden ist einfach als Ausfluß des dem Tempel zustehenden Hausrechts aufzufassen. Der Bd. I. S. 224 genannte Priester Chahapi, der im großen Serapeum allerlei polizeiliche Maßnahmen getroffen hat, ist neben seinem Priesteramt und

eigene kirchliche Jurisdiktion. Von einer Immunität des
Kirchengebietes in hellenistischer Zeit kann also nicht die
Rede sein.

Auf die enge Verbindung von Staat und Kirche, für die wir
schon so viele Momente haben anführen können, weist uns schließlich auch eine Vergünstigung hin, 'die der Staat in ptolemäischer
Zeit der ägyptischen Kirche zugestanden hatte, die feierliche Krönung der Könige durch ägyptische Priester in Memphis.[1])
Faßt man die ägyptische Königsweihe und die von Polybios erwähnten
ἀνακλητήρια als ein und dasselbe Fest[2]), so ist uns die Feier derselben für Ptolemaios Epiphanes, Philometor I., Euergetes II., Philometor II. Soter und wohl noch für den Sohn des 13. Ptolemäers bei
dessen Lebzeiten bezeugt.[3]) Für die früheren Ptolemäer ist sie bis-

zwar vor allem staatlicher Polizeibeamter gewesen. Daß gerade ein solcher der
Priesterschaft eingereiht worden ist, ist jedenfalls bemerkenswert. Die Ausübung der Polizei durch den Staat im Tempelbezirk mag wohl zu mancherlei
Konflikten mit der Priesterschaft geführt haben; um ihnen möglichst vorzubeugen, mag die Einreihung jenes Chahapi erfolgt sein. Was übrigens Revillout, Précis II. 897, A. 1, 912 über die Leitung der Polizei durch den Tempelvorstand des Serapeums sagt, schwebt vollständig in der Luft.

1) Über sie siehe etwa Dittenberger, Or. gr. inscr. sel. I. S. 145 ff. (Anm. 32).

2) Mehrere (z. B. Mahaffy, history S. 151, Szanto s. v. Anakleterien Pauly-
Wissowa I. Sp. 2034, Bouché-Leclerq a. a. O. I. S. 364) sprechen sich gegen diese
Identifizierung aus — in diesem Falle würde der Beleg für Philometor I. ausscheiden —, zwingend sind ihre Ausführungen aber nicht; die Tatsache, daß
uns Polybios XVIII. 55, 3 die Feier der ἀνακλητήρια für dieselbe Zeit bezeugt,
für die die Inschrift von Rosette die Krönung in Memphis belegt, spricht jedenfalls für die Identifizierung.

3) Epiphanes: Inschrift von Rosette Z. 7/8, 28, 45; Polyb. XVIII. 55, 3.
Philometor I.: Polyb. XXVIII. 12, 8 [Wilcken bei Droysen, Kleine Schriften
II. S. 440 bezieht diese Nachricht zwar auf Euergetes II. (so auch z. B. Bouché-
Leclerq a. a. O. II. S. 5, A. 2), hiergegen jedoch Niese, Gesch. d. griech. u. mak.
Staaten III. S. 169, A. 4. Derjenige, der eben wie Wilcken Anakleterien und
ägyptische Königsweihe einander gleichsetzt, darf übrigens die Polybiosnotiz
auch deswegen nicht auf Euergetes II. beziehen, weil dann chronologische
Schwierigkeiten entstehen. Bei ihr handelt es sich um den Frühsommer 169
v. Chr., und in dieser Zeit war der 2. Euergetes, angenommen den Fall, er war
wirklich bereits König, jedenfalls auf Alexandrien beschränkt, von der Vornahme
der Krönung in Memphis kann also nicht die Rede sein]; Makk. II. 4, 21 (falls
Wilcken a. a. O. mit Recht die Protoklisien den Anakleterien gleichsetzt). Li-
vius XLII. 6, 4 kann ich nicht (anders Wilcken) als einen Beleg für die Feier
der Anakleterien ansehen. Euergetes II.: Diodor XXXIII. 13. Philometor II.
Soter: Hierogl. Inschrift, erwähnt bei Brugsch, Thesaurus V. S. 871. Es ist
hierin ausgesprochen, daß dieser König sich sogar zweimal hat krönen lassen,
das 1. Mal wohl bald nachdem er König geworden war, das 2. Mal als er nach
dem Tode seines Bruders 88 v. Chr. wieder die Herrschaft in Ägypten erlangte;
durch einen gr. P. Cairo, publ. B. C. H. XXI (1897) S. 141 hören wir übrigens zufällig
von der Anwesenheit des Königs etwa zu jener Zeit in Memphis. Sohn Ptolemaios' XIII. (Neos Dionysos), wohl Ptolemaios XIV. Philopator: Hierogl.
Inschrift in London, Brugsch, Thesaurus V. S. VIII. Allgemein (so auch z. B.

her nicht belegt[1]), sondern nur, allerdings in nicht einwandfreier Form,
nämlich durch Pseudo-Kallisthenes (I. 34), für Alexander den Großen
anläßlich dessen Aufenthalts in Memphis. Ganz sicher erscheint es
mir, daß sie nicht erst zur Zeit des 5. Ptolemäers eingeführt worden
ist, denn dann würde Polybios (XXVIII. 12, 8) doch kaum von „τὰ
νομιζόμενα — ἀνακλητήρια‟ zur· Zeit Philometors I. sprechen, vor
allem würden aber die Priester in dem Dekret von Rosette die vor
kurzem erfolgte Krönung des Epiphanes wohl ganz anders hervorheben als sie es tun, sie als ein der Kirche gemachtes Zugeständnis
feiern und ihren Vollzug nicht einfach mit den Worten „συντελε-
σθῆναι τὰ προσήκοντα νόμιμα τῇ παραλήψει τῆς βασιλείας (bez. τὰ
νομιζόμενα τῇ παραλήψει τῆς βασιλείας)‟[2]) abtun. Die Krönung ist

---

Bouché-Leclerq a. a. O. II. S. 124) faßt man diese Inschrift als einen Beleg für
die Krönung des Neos Dionysos im Jahre 76 v. Chr., man berücksichtigt jedoch
nicht, daß in der Inschrift ausdrücklich nicht von der Krönung des augenblicklichen, sondern des zukünftigen Königs die Rede ist, und es werden als Ort
die Kammern genannt, „welche für das 30jährige Regierungsfest bestimmt sind".
Nun hat man dieses uralte Fest (das ḥb-śd der hieroglyphischen Inschriften,
griechisch in der Rosettana Z. 2: τριακονταετηρίδες) allem Anschein nach als
das 30jährige Jubiläum der Proklamierung zum Thronfolger aufzufassen (siehe
Sethe, Ä. Z. XXXVI (1898) S. 64, A. 3 und Beiträge zur ältesten Geschichte Ägyptens S. 84), seine Nennung in der Inschrift würde also gerade zu meiner Deutung sehr gut passen. Die feierliche Krönung des Königssohnes wäre etwa mit
den Krönungen der Söhne der mittelalterlichen deutschen Kaiser auf eine Stufe
zu stellen. Ein chronologisches Bedenken gegen meine Erklärung besteht übrigens
nicht, denn die allgemeine Annahme, die Krönung sei im Jahre 76 v. Chr. erfolgt, ist m. E. willkürlich. Die Inschrift berichtet einfach hintereinander die
wichtigsten Momente aus dem Leben des memphitischen Hohenpriesters; daß
die Krönung in demselben Jahre erfolgt sei, in dem die Ernennung des Pšeren-
ptaḥ zum Hohenpriester stattgefunden hat, ist in der Inschrift nicht zum Ausdruck gebracht.
Stracks, Dynastie S. 213 Vermutung, daß auch noch Caeśarion nach ägyptischem Ritus gekrönt worden sei, läßt sich nicht beweisen.

1) Aus dem Beinamen: ⌐ 𓎿 𓈖 𓊪 (oder ähnlich), welchen Philadelphos und Philopator führen, darf man eine Krönung durch die ägyptische
Priesterschaft, die den Willen des Vaters veranlaßt hat, nicht ohne weiteres entnehmen, da man ihn sehr wohl etwa übersetzen kann durch: „der, der durch
seinen Vater auf den Thron erhoben worden ist". Auch das in der Pithomstele Z. 28
erwähnte Fest, welches nach der Übersetzung Navilles, Ä. Z. XL (1902/3) S. 75
„à l'anniversaire du couronnement du roi" (sc. Philadelphos) gefeiert wird, ist
kein Beleg, da man es auch einfach als Thronbesteigungsfest deuten kann.
Strack, Dynastie S. 197 versucht die chronologische Differenz zwischen den Angaben der Schriftsteller und dem urkundlichen Material über den Zeitpunkt, in
dem Ptolemaios I. König geworden ist, dadurch zu beseitigen, daß er die spätere
Zeitangabe des urkundlichen Materials mit der feierlichen Krönung des Königs
in Verbindung bringt; es ist dies natürlich reine Hypothese, aber doch eine,
die viel für sich hat, da wir bei ihrer Annahme die Überlieferung voll aufrecht
erhalten können (Jacoby, Das Marmor Parium S. 203 urteilt hier nicht richtig).
2) Rosette Z. 7/8, 28, 45; βασιλεία darf man hier immer nur mit Krone

nun eine altägyptische Institution.[1]) Ließe sie sich mit voller Sicherheit für Alexander belegen, dann dürfte man sie wohl trotz fehlender Belege ohne weiteres auch für die ersten Ptolemäer annehmen; da jenes jedoch nicht der Fall ist, so darf man vorläufig die kirchliche Weihe des neuen Königs nur als eine bereits zu Beginn des 2. Jahrhunderts v. Chr. ganz übliche, also schon vorher anerkannte Formalität des ptolemäischen Fürstenrechts bezeichnen. Ihr großer ideeller Wert ist fraglos, gab sie doch dem neuen Herrscher in den Augen des ägyptischen Volkes gleichsam die göttliche Sanktion; man wird ihr aber auch eine gewisse staatsrechtliche Bedeutung zuschreiben dürfen. Für deren Vorhandensein spricht einmal das Verhalten des 4. Antiochos, der sich aller Wahrscheinlichkeit nach bei seiner Eroberung Ägyptens im Jahre 169 v. Chr. in Memphis von den Priestern feierlich krönen ließ[2]), und ferner die Wiederholung der Krönung bei dem 10. Ptolemäer, nachdem dieser die ihm entrissene Herrschaft wiedererlangt hatte (siehe S. 301, A. 3).[3]) Freilich darf man die rechtliche Bedeutung der Krönung nicht zu hoch einschätzen; wir besitzen keinen Anhaltspunkt, daß jemals die Rechtmäßigkeit der Herrschaft von der kirchlichen Weihe abhängig gewesen oder daß zum mindesten auf kirchlicher Seite analog dem Verhalten der großen Päpste des Mittelalters gegenüber dem deutschen Kaisertum eine dies behauptende Theorie aufgestellt worden sei. In römischer Zeit ist die kirchliche Weihe der ägyptischen Herrscher selbstverständlich fortgefallen.

Da von verschiedenen Gelehrten die Behauptung aufgestellt worden ist, daß die offiziellen Beinamen der ptolemäischen Könige diesen von den ägyptischen Priestern verliehen worden seien[4]), so muß hier auch auf die Streitfrage nach dem Ursprung der Beinamen wenigstens

---

(cf. Z. 44 βασιλεία Ψχέντ) übersetzen (Mahaffy, history S. 152 ff in seiner Übersetzung der Rosettana verstößt hiergegen).

1) Siehe hierzu etwa Moret, Du caractère religieux de la royauté pharaonique S. 75 ff.

2) Siehe Hieronym. ad Daniel. XI. 26 p. 1128, dessen Angabe durch die von Antiochos in Ägypten geschlagenen Münzen (siehe z. B. Poole, The Seleucid kings of Syria [Catal. of greek coins of British Museum] S. 38: Zeus-Sarapis und Isis) gestützt wird. Nieses Zweifel a. a. O. III. S. 172, A. 5 und Bouché-Leclerqs a. a. O. II. S. 14 ff. Ausführungen sind nicht zwingend.

3) Hingewiesen sei auch auf die Scholien zu Germanicus Aratea p. 88 f. u. 157 ed. Breysig, wonach Nigidius Figulus von der ägyptischen Königskrönung als einer zu seiner Zeit — also im 1. Jahrhundert v. Chr. — ganz offiziell anerkannten Institution gesprochen hat.

4) Z. B. Lepsius, Das biling. Dekret von Kanopus S. 6; Revillout, Chrest. dém. S. LXXXVI ff. (u. öfters); Beurlier, De divinis honoribus, quos acceperunt Alexander et successores eius S. 54; Mahaffy, history S. 118 u. 151. Mit Unrecht scheint mir Strack, Dynastie S. 128, auch Wilcken ihnen anzureihen; denn dieser äußert sich G. G. A. 1895 S. 164, A. 1 durchaus nicht dahin, daß die Kultnamen ein Werk der ägyptischen Priester seien.

kurz eingegangen werden.[1]) Als offizielle Beinamen der Ptolemäer d. h. als Namen, in denen man je nach den Zeitverhältnissen
mehr oder weniger integrierende Bestandteile der Herrscherbezeichnung
zu sehen hat, sind alle uns im Alexanderkult begegnende Beinamen
zu fassen; sie sind also sämtlich als Kultnamen zu charakterisieren.
Eine andere Frage ist es jedoch, ob sie auch als solche entstanden
oder ob schon vorhandene Beinamen hierzu verwandt worden sind.
Es ist nun bereits hervorgehoben worden (S. 272, A. 1), daß man
die Kultnamen der Ptolemäer, die alle echtgriechisch anmuten[2]), als
etwas dem ägyptischen Kultus Fremdes, erst in hellenistischer Zeit
Neuhinzugekommenes aufzufassen hat und daß demnach die Sitte die
Könige unter ihnen zu verehren nicht eine im ägyptischen Kultus
entstandene, sondern eine in diesen aus dem griechischen Herrscherkult übertragene Kultform darstellt. Unter diesen Umständen darf
man es schon an und für sich wohl als ausgeschlossen bezeichnen, daß die ägyptischen Priester in ihren Dekreten den
Ptolemäern die offiziellen Beinamen verliehen haben; wir
besitzen denn auch keinen einzigen Beleg hierfür[3]) und ebensowenig
dafür, daß etwa griechische Priester das Vorrecht besessen haben,
die Beinamen zu bestimmen. Wir werden vielmehr annehmen dürfen,

---

1) Zur weiteren Orientierung sei vorläufig auf die zusammenfassenden Be-
handlungen der Beinamenfrage durch Strack, Dynastie S. 110 ff.; Breccia, Il
diritto dinastico nelle monarchie dei successori d'Alessandro magno S. 94 ff.
und Bouché-Leclerq a. a. O III. S. 74 ff. verwiesen; in dem von mir geplanten
Werke über das hellenistische Staatsrecht werde ich näher auch hierauf eingehen.

2) Auch den Beinamen Ἐπιφανής braucht man m. E. durchaus nicht als
einen aus ägyptischen Anschauungen entlehnten aufzufassen (so z. B. E. Meyer,
Berl. Phil. Wochenschr. 1895 Sp. 333), was dann allerdings nahe legen würde,
daß an seiner Kreierung ägyptische Priester beteiligt gewesen sind. Der Begriff
der Epiphanie, d. h. des leibhaftigen Erscheinens der Gottheit auf Erden scheint
ein in hellenistischer Zeit allgemein verbreiteter gewesen zu sein, ist er doch
z. B. schon in dem von den Athenern auf Demetrios Poliorketes gesungenen
Päan zum Ausdruck gebracht worden (Athenaeus VI. p. 253) (siehe für ihn auch
Kornemann a. a. O. Klio I. S. 83). Als offizieller Herrscherbeiname scheint allerdings ἐπιφανής zuerst in Ägypten gebraucht worden zu sein (Strack, Dynastie
S. 113/4 irrt, wenn er eine Silbermünze bei Imhoof-Blumer, Porträtköpfe auf
antiken Münzen hellenischer und hellenisierter Völker S. 38, auf der dieser Beiname erscheint, auf Ariarathes IV. von Kappadocien bezieht und hierdurch ein
Beispiel für den früheren Gebrauch des Beinamens gewonnen zu haben glaubt;
es handelt sich vielmehr um den 6. Ariarathes, siehe Niese s. v. Pauly-Wissowa
II. Sp. 819 und Dittenberger, Or. gr. inscr. sel. I. 352 [über Königin Nysa]).

3) Daß die Dekrete von Kanopus und Rosette keine solchen enthalten, ist
schon von Strack, Dynastie S. 125 ff. dargelegt worden. Überhaupt ist alles,
was hierüber vorgebracht worden ist, reine Vermutung; die Behauptung z. B.,
der Name Euergetes erscheine erst seit dem Dekret von Kanopus unter den
σύνναοι θεοί des Alexanderkults ist jetzt durch P. Hibeh I. 171 u. 89, 2
widerlegt.

daß die Herrscher selbst, bez. die oberste Regierungsgewalt angeordnet
haben, unter welchem Namen ihnen göttliche Verehrung zuteil werden sollte[1]); hierbei mag entweder ein neuer Name geschaffen worden
sein oder man hat bereits inoffiziell gebrauchte Beinamen, die von
den verschiedensten Seiten ausgegangen sein können, zu offiziellen
erhoben.[2])

Von einem der ägyptischen Priesterschaft in ptolemäischer Zeit
verliehenen Vorrecht der Beinamengebung, ein Vorrecht, das nicht
nur ehrenvoll gewesen wäre, sondern auch eine gewisse staatsrechtliche Bedeutung gehabt hätte, kann also nicht die Rede sein, wohl
aber können wir für die **griechische Priesterschaft** ein staats-
rechtliches Vorrecht nachweisen, nämlich die Vergünstigung, daß
**aus ihren Reihen die eponymen Priester entnommen worden
sind** (Bd. I. S. 137 ff.). Die Bedeutung, die man den eponymen Priestertümern beimaß[3]), zeigt uns wohl am besten die Übernahme des
Alexanderpriesteramtes durch den König selbst in spätptolemäischer

---

1) Für die Bestimmung des offiziellen Beinamens durch Regierungsverord-
nung siehe einmal die Anordnung des 2. Ptolemäers in der Mendesstele (Z. 13/14)
bezüglich des Kultes seiner Gemahlin; dann ist uns aber auch z. B. aus dem
Seleukidenreich ein einschlägiges Zeugnis durch Joseph. Antiq. Jud. XII. § 361 ed.
Niese (Antiochos V. Eupator) bekannt geworden.

2) Das Letztere tritt uns besonders deutlich bei dem offiziellen Beinamen
des 1. Ptolemäers entgegen; dieser hat bekanntlich zu seinen Lebzeiten keinen
geführt, nach seinem Tode hat man dann den von den Griechen der Heimat
geschaffenen Namen Soter — er ist übrigens als Kultnamen entstanden und
charakterisiert sich schon durch sich selbst als solcher — übernommen. Ähnlich liegt die Sache bei dem 2. Ptolemäer. Auch er hat zu Lebzeiten keinen
offiziellen Beinamen besessen, sondern es ist erst später der Beiname seiner
Schwester Arsinoe „Philadelphos“ auf ihn übertragen worden (die gegenteilige,
schon an und für sich unhaltbare Ansicht von Strack, Dynastie S. 116 ff. ist
jetzt durch eine Reihe von Inschriften [Dittenberger, Or. gr. inscr. sel. I. 724;
725; Bull. de la société arch. d'Alex. Heft IV S. 103 N. 96; P. S. B. A. XXVI (1904)
S. 90; sehr wichtig ist auch P. Petr. III. 56 ʰ, 7/8] endgültig widerlegt, siehe
auch Wilcken, Archiv III. S. 319). Ob nun der Name $\Phi\iota\lambda\acute{a}\delta\varepsilon\lambda\varphi o\varsigma$ für Arsinoe
als Kultname in einem griechischen, natürlich bei Lebzeiten nichtoffiziellen
Kultus oder ob er als gewöhnlicher Ehrennamen entstanden ist, läßt sich nicht
entscheiden. Bezüglich des Beinamens Philopator siehe die Feststellung Grenfell-
Hunts P. Tebt. II. S. 407, wonach dieser dem 4. Ptolemäer vielleicht schon vor
seinem Regierungsantritt zugestanden hat.

3) An den alten religiösen Inhalt der Eponymität darf man in hellenistischer Zeit natürlich nicht denken. Für die Bedeutung, die man den eponymen
Priestern beilegte, kann man auch vielleicht anführen, daß zur Zeit des Bürger-
krieges zwischen Euergetes II. und Kleopatra II. von beiden Parteien offenbar
mehrere Jahre hindurch eponyme Priester bestellt worden sind; dies möchte ich
wenigstens den Angaben von dem. P. Leid. 185, neupubl. von Spiegelberg, Rec.
de trav. XXVIII (1906) S. 194 u. B. G. U. II. 993 Col. 2, 3 ff., entnehmen, welche
von eponymen Priestern im Lager des Königs sprechen (131/30—128/7 v. Chr.,
Alexandrien also so lange nicht in der Gewalt des Königs).

Zeit.[1]) Ob hierfür politische Gründe maßgebend gewesen sind, etwa
die Absicht, das bedeutsame Amt den Untertanen nicht mehr anzu-
vertrauen, ist nicht zu entscheiden; es wäre auch möglich, daß hierbei das Bestreben mitgespielt hat die Lasten, die wohl auch mit dem
Alexanderpriesteramt verbunden gewesen sind, auf den Staat zu übernehmen.

Schließlich sei noch als ein für die staatliche Kirchenpolitik sehr
charakteristischer Punkt hervorgehoben, daß der Staat bestrebt
gewesen ist auch auf den Privatkultus einen gewissen Einfluß auszuüben. Freilich läßt sich dies nur für nubische Gebiete
aus ganz später Zeit belegen (siehe Bd. I. S. 251, A. 2), man darf
aber wohl mit gutem Recht behaupten, daß dort damals nicht ein
neues Prinzip geschaffen, sondern nur ein im hellenistischen Ägypten
üblich gewesenes übernommen worden sein wird.

Bei der Besprechung der ägyptischen Kirchenpolitik in hellenistischer Zeit ist das entwicklungsgeschichtliche Moment bisher nur
wenig berücksichtigt worden, um die großen Prinzipien möglichst
klar hervortreten zu lassen. Diese Behandlungsweise war aber auch
innerlich berechtigt, da allem Anschein nach die großen Richt-
linien der Kirchenpolitik die ganze hellenistische Zeit hindurch sich unverändert erhalten haben, nachdem sie einmal von
den ersten Ptolemäern sei es im Anschluß an vorptolemäische Zustände, sei es auf Grund neuer Verordnungen festgelegt worden waren.
Leider sind wir gerade darüber vorläufig nur ungenügend unterrichtet,
inwieweit und wann von den Ptolemäern neue kirchenpolitische
Maximen geschaffen worden sind.[2])

Trotz des Festhaltens an den allgemeinen Prinzipien der Kirchenpolitik mögen sich im einzelnen im Verhalten des Staates zur

1) Siehe Bd. I. S. 182 ff. Bouché-Leclerq a. a. O. III. S. 58/9 überzeugt mit
seinen Gegengründen nicht. Als Gegenstück zu dem ägyptischen König als
Priester Alexanders und seiner eigenen Gottheit kann man übrigens etwa auf
den z. B. für Priene und Herakleia am Latmos bezeugten Brauch verweisen, als
Stephanephoren mitunter den betreffenden Gott selbst (in Priene ist es $Z\varepsilon\dot{v}\varsigma$
$Ὀλύμπιος$) einzusetzen (siehe Hiller v. Gährtringen, Inschriften von Priene, z. B.
N. 4, 2 u. 49; 37°, 25/6; 51, 1).

2) Die Verordnung des Philadelphos über die $ἀπόμοιρα$ macht hier einmal
eine rühmliche Ausnahme. Verwiesen sei zu dem obigen auf die die Behandlung der einzelnen kirchlichen Institutionen beschließenden, ihre Entwicklung ins
Auge fassenden Bemerkungen; besonders bedauerlich ist es, daß wir z. B. über
die Zeit der Entstehung der die Abhängigkeit der Kirche vom Staat besonders
deutlich dokumentierenden Verwaltung eines Teiles des Kirchengutes durch den
Staat nicht näher unterrichtet sind (Bd. II. S. 91). Revillouts Aufsatz Les rapports de l'état et du clergé en Égypte depuis la première entreprise d'Amasis
sur les biens sacrés jusqu'au règne de Ptolémée Épiphane, der gerade über die
obige Frage Auskunft geben müßte, war mir leider nicht zugänglich (er soll in
der Revue de l'enseignement supérieur erschienen sein); ob man ihm sichere Aufschlüsse würde entnehmen können, ist mir freilich zweifelhaft.

Kirche des öfteren Wandlungen vollzogen haben, konnte doch der Staat die ihm theoretisch über die Kirche zustehende Macht mehr oder weniger schroff zum Ausdruck bringen und die Förderung und Unterstützung der Tempel eifrig oder lässig betreiben. Auch von diesen Wandlungen haben wir bisher nur unvollkommene Kenntnis. Vielleicht darf man die Inschrift von Rosette als Beleg für eine solche fassen; sie könnte bedingt sein durch das treue Verhalten der Tempel zum Staate in dem kurz vorher niedergeworfenen Aufstande (Rosette, Z. 23/4), jedenfalls zeigt uns aber das Priesterdekret, daß man der Kirche besonders wohlwollend gegenüber gestanden hat. Freilich ist man über die Gewähr einzelner Vergünstigungen auch damals nicht hinausgegangen; von siegreicher Priesterschaft, von einer ecclesia triumphans auf Grund der Rosettana zu sprechen, wie es Strack (a. a. O. Rh. M. LIII (1898) S. 399) tut, dazu scheint mir auch nicht der geringste Anlaß vorzuliegen.[1]) Ein solches Urteil darf man m. E. selbst nicht hinsichtlich der Lage der Kirche zur Zeit des 2. Euergetes und seiner Nachfolger fällen, obwohl die Tempel aller Wahrscheinlichkeit nach eine günstigere Lage als in jener Epoche während der ganzen hellenistischen Zeit überhaupt nicht erreicht haben. Damals sind ihnen außergewöhnlich reiche Geschenke des Staates zugeflossen[2]), die Verordnungen des 2. Euergetes haben besondere Rücksicht auf die Tempel genommen, ihnen Besitzgarantieen und allerlei finanzielle Erleichterungen gebracht (P. Tebt. I. 5; 6), Priester von dem Ansehen der memphitischen Hohenpriester hat die Regierung besonders ehrenvoll behandelt[3]), man scheint wohl überhaupt die Zügel der Kirche gegenüber als der Vertreterin des ägyptischen Volkes im Einklang mit der ägypterfreundlichen allgemeinen Politik gelockert zu haben, und doch, soviel wir auch von einzelnen Vergünstigungen hören, von einer auch noch so geringfügigen Änderung des allgemeinen kirchenpolitischen Systems hören wir nichts. Die römische Zeit hat alsdann für die Kirche eine Wandlung zum schlechteren gebracht; denn von irgendwelcher Milde oder von Entgegenkommen des Staates gegenüber den Tempeln finden wir in ihr nicht die geringste Spur.

---

1) Über die Rosettana siehe schon vorher S. 293, A. 2. Strack gibt auf die Form der Datierung in ihr viel zu viel (siehe auch seine Bemerkung Archiv II. S. 552); der Gebrauch des einheimischen Kalenders bedeutet nur einen Sieg des ägyptischen über das makedonische Element, in diesem Falle einen Sieg des technisch vollkommeneren über ein unzulängliches System. Übrigens stellt gerade die Anfangsdatierung der Rosettana einen Rückschritt gegenüber einer damals bereits gebräuchlichen den makedonischen und ägyptischen Kalender in einfachen Einklang bringenden Datierungsweise dar (siehe Grenfell-Hunt P. Hibeh I. S. 350); aus diesem Datum könnte man also sogar den entgegengesetzten Schluß wie Strack ableiten.

2) Siehe etwa die Landschenkungen Bd. I. S. 264 ff., die Tempelbauten Bd. I. S. 389.

3) Siehe die Inschriften der späteren Hohenpriester Bd. I. S. 205.

Schließlich sei noch hervorgehoben, daß die Regierung im Rahmen der natürlich für alle Tempel geltenden allgemeinen Grundsätze die einzelnen bedeutenderen Heiligtümer jedenfalls recht verschieden behandelt, manche wie etwa die in Memphis oder einige im Süden gelegene besonders begünstigt und beachtet[1]), andere dagegen wie z. B. Theben mehr oder weniger zurückgesetzt hat. Ein derartiges differenzierendes Verhalten war immerhin geeignet die Einigkeit innerhalb der Kirche zu stören[2]), für den Staat also von Vorteil.

Wollen wir das hier dargelegte Verhältnis zwischen Staat und Kirche, ihre enge untrennbare Verbindung, die dem Staatsoberhaupt die oberste Regelung aller inneren und äußeren Angelegenheiten der Kirche, also das ius in sacra ebenso wie das ius circa sacra, übertrug, mit einem modernen Schlagwort charakterisieren, so kann man es als Caesareopapismus bezeichnen. Wir haben also für das hellenistische Ägypten genau dasselbe kirchenpolitische System festgestellt, welches dann auch für die christlichen römischen Kaiser maßgebend geworden ist.[3]) Inwieweit gegen dieses System von den Mitgliedern der ägyptischen Kirche etwa ähnlich wie von den christlichen Priestern gegen das römische Staatskirchentum[4]) Protest erhoben worden ist, können wir leider nicht feststellen.[5]) Daß es geschehen ist, erscheint mir allerdings sicher;

---

1) Siehe z. B. vorher S. 285/6. Für die Beachtung, die der Staat den südlichen Tempeln geschenkt hat, darf man wohl auch die Einreihung eines höheren Staatsbeamten in die vereinigten Priesterkollegien der Tempel zu Philä, Elephantine und Abaton anführen (Bd. I. S. 224). Man wollte sich dieser wohl dadurch besser versichern; die Sorge um die Sicherung der Südgrenze mag hier mitgewirkt haben.

2) Siehe über Uneinigkeiten zwischen Tempeln Bd. II. S. 240.

3) Die Frage, ob und inwieweit hier innere Zusammenhänge bestehen — der Gedanke des Caesareopapismus ist übrigens auch gut römisch (ius sacrum ein Teil des ius publicum) —, möchte ich hier nicht entscheiden, wie ich auch ebenso die Frage bei Seite gelassen habe, inwieweit für die älteste christliche Gemeindeverfassung Einrichtungen der ägyptischen Kirche vorbildlich gewesen sind. Untersucht man die Entstehung jener, dann darf man m. E. allerdings nicht mehr allein als Vorbilder die jüdische Gemeindeverfassung und das griechische Vereinswesen (hier müßten vor allem die reinen Kultvereine der späteren Zeit, die hellenistischen Sekten berücksichtigt werden), sondern muß auch gerade die ägyptische Kirche in Betracht ziehen.

4) Besonders instruktiv erscheinen mir hier die Aussprüche des Gregor v. Nazianz, Orat. XVIII. § 8 und des Joh. Chrysost, De sacerdotio III. 1; bei ihnen finden wir bereits in schroffster Form die im Mittelalter auftretende Lehre von der unbedingten Überlegenheit der Kirche über den Staat, so z. B. die Ansicht, daß die Kirche als Repräsentant des Geistes über den Staat, der nur den Körper darstelle, herrschen müsse.

5) Es sind mir literarische Proteste nicht bekannt geworden und auch keine Versuche mit Gewalt das staatliche Joch zu beseitigen. Es wird übrigens immer wieder (so auch z. B. W. Weber a. a. O. S. 113) die religiöse Natur der meisten ägyptischen Aufstände in hellenistischer Zeit hervorgehoben; dem gegen-

einen sichtbaren Erfolg hat es jedoch nicht gehabt. In dem Kampf zwischen Staat und Kirche, dem wir in der Weltgeschichte allenthalben begegnen, hat im alten Ägypten schließlich der Staat auf der ganzen Linie gesiegt!

über sei bemerkt, daß wir bisher, obgleich uns sehr viele Aufstände überliefert sind (eine Reihe von Belegen bei Lumbroso, L'Egitto² S. 69, A. 2), nur für einen eine religiöse Veranlassung feststellen können (Script. hist. Aug. vit. Hadr. 12, 1).

Band I.

S. 1, A. 1. Infolge Abkürzung des ursprünglichen Textes ist Kretschmers Stellung in der Frage nach der Nationalität der Makedonen schief wiedergegeben; zu dieser Frage wäre jetzt einfach auf O. Hoffmann, Die Makedonen zu verweisen.

S. 5, A. 3. Für Antinoos als ägyptischem Gott (= Osiris) siehe jetzt auch P. Lond. III. 1164 (S. 152) a, 1/2, 5; g, 19 u. 20.

S. 6, A. 2 u. S. 406. Der Ζεὺς Νεφώτης (Amon Nfr-ḥtp) ist beizubehalten, siehe Dittenberger, Or. gr. inscr. sel. II. S. 420 und Wilcken, Archiv IV. S. 240/1.

S. 9. Für römische Götter in Ägypten sei auch auf die in der Trilinguis des C. Cornelius Gallus von diesem erwähnten dei patrii verwiesen.

S. 10, A. 4. Wilckens Bemerkungen Archiv III. S. 543 hiergegen erscheinen mir nicht stichhaltig, siehe auch im folg. S. 314.

S. 11. Außer den genannten sind uns noch belegt: ein Augustustempel in Philä bei Borchardt, Jahrb. d. kais. deutsch. archäol. Instituts XVIII (1903) S. 73 ff.; ein Hadrianeion in Hermupolis: C. P. Herm. I. (C. Wessely, Corpus Papyrorum Hermopolitanorum I, Stud. z. Paläogr. u. Papyrusk. 5. Heft) 127 Verso, Col. 2, 5; ein Hadrianeion in Arsinoe: P. Tebt. II. 407, 1.

S. 13, A. 3. Für Sarapis in Abydos siehe auch noch die gr. Inschriften Cairo 9211, 9213, 9221 bei Milne, Greek inscriptions, Cat. gén. des antiq. égypt. du Caire Bd. XVIII. S. 67, 63 u. 68.

S. 15. Siehe hierzu jetzt Bd. II. S. 220 ff.

S. 17. Über „Privat"heiligtümer in Ägypten siehe Bd. I. S. 235/6 nebst Nachtrag in diesem Bande; Bd. II. S. 73, A. 4; 175, A. 2; bezüglich P. Tebt. I. 88 (A. 5) siehe Bd. II. S. 39. A. 2.

S. 18. Ein weiterer Tempel erster Ordnung: Tempel des Horus zu Athribis, dreispr. Inschr. 31089, bei Spiegelberg, Die demotischen Inschriften S. 20 ff. (Zeit des 11. Ptolemäers). Das Epitheton λόγιμος ist auch schon in ptolemäischer Zeit ägyptischen Tempeln beigelegt gewesen, siehe die eben erwähnte Inschrift und P. Leid. U. Col. 4, 1/2. Schmückende Beiwörter bei Tempeln scheinen überhaupt ziemlich oft angewandt worden zu sein; so wird der oben genannte Horustempel auch noch als „ἀρχαιότα-

---

1) In einigen Fällen sind bei Verweisungen auf spätere Kapitel bez. Abschnitte diese nicht genau angegeben; verbessert habe ich diese Ungenauigkeiten nicht erst, da das Inhaltsverzeichnis oder die Indizes leicht die Rektifizierung gestatten.

τόν τε καὶ ἐνδοξότατον τῶν πλείστων", das arsinoitische Hadrianeion als „σεβασμιώτατον" bezeichnet (P. Tebt. II. 407, 1).

S. 18, A. 3. Ich habe die ἐλάσσονα ἱερά der P. Tebt. I zu Unrecht den τρίτα der Dekrete gleichgesetzt; Grenfell-Hunt, P. Tebt. I. S. 394 identifizieren sie mit Recht mit den δεύτερα (siehe z. B. P. Tebt. I. 60, 14 gegenüber 62, 25). Die Dreiteilung der Tempel ist also demnach wohl in späterer ptolemäischer Zeit verschwunden, und an ihre Stelle eine Zweiteilung in πρῶτα und ἐλάσσονα getreten; siehe hierzu auch P. Tebt. I. 5, 50—69 gegenüber Z. 70—76.

S. 19, A. 3. In P. Gen. 36, 11/12 ist nach Wilcken, Archiv III. S. 392 „[τ]ῶν συννάων θεῶν" zu lesen.

S. 20. Weitere besonders bemerkenswerte Zusammenfassungen der Tempel verschiedener benachbarter Städte sind einmal die schon seit vorptolemäischer Zeit zu belegende Vereinigung der Tempel des Ptah zu Memphis und des Horus zu Letopolis (Spiegelberg, Ägyptische Randglossen zu Herodot Ä. Z. XLIII [1906] S. 84 ff. [S. 92]; vergl. hierzu Bd. I. 415) und ferner die des berühmten Retempels zu Heliopolis mit anderen Tempeln dieser Stadt, sowie eines Nachbarortes Aphroditopolis (P. Tebt. II. 313; für die Vermutung Grenfell-Hunts, daß dieses Aphroditopolis in der Nähe von Heliopolis gelegen sei, siehe Brugsch, Die Geographie des alten Ägyptens I. S. 260, wonach eine der Bezirksstädte des heliopolitischen Gaues in hieroglyphischen Inschriften in Verbindung mit dem Namen einer Hathor (= Ἀφροδίτη) genannt wird).

S. 20, A. 3. Bd. II. S. 128, A. 1 habe ich mich Wessely ohne jeden Vorbehalt angeschlossen.

S. 21. Für die von mir behauptete Vereinigung der Priesterkollegien von Pathyris und Krokodilopolis siehe jetzt P. Lond. III. 889ᵃ (S. 22), Z. 3 ff.: ἱερεῖς „τοῦ (sic) ἐν Κροκοδίλων πόλει καὶ Παθύρει ἱερῶν".

S. 21, A. 2. Weitere Belege für ἱερεῖς Σούχου καὶ Ἀφροδίτης: P. Lond. III. 676 (S. 14), Z. 8; 1206 (S. 15), Col. 2, 22; 678 (S. 18), Z. 5; 1200 (S. 19), Z. 14.

S. 22. Einen Beleg für eine gewisse Verbindung alexandrinischer Heiligtümer (hier handelt es sich um das Serapeum) mit den Tempeln in Memphis in späterer ptolemäischer Zeit bieten uns jetzt auch hieroglyph. Inschriften, publ. von Breccia, Annales du service des antiquités de l'Égypte VIII (1907) S. 64 ff.

S. 22, A. 7. Den Namen Ἐμβῆς führt auch ein in Rom lebender προφήτης, der von der ἱερὰ τάξις τῶν παιανιστῶν τοῦ ἐν Ῥώμῃ Διὸς Ἡλίου Σαράπιδος καὶ θεῶν Σεβαστῶν geehrt wird, I. Gr. S. J. 1084.

S. 23, A. 2. Als Hinweis auf die Priesterphylen fasse ich jetzt auch Diodor I. 70, 2, wo es von den Priestersöhnen heißt „πεπαιδευμένοι δὲ κάλλιστα τῶν ὁμοεθνῶν; siehe hierzu Bd. I. S. 77.

S. 24. In der hieroglyph. Inschrift Cairo 22180, publ. von Spiegelberg, Ä. Z. XLIII (1906) S. 129 ff., Z. 2/3 ist möglicherweise neben Propheten und Gottesvätern die alte wn[wt] (die Stelle ist verstümmelt) genannt, d. h. wir würden hier die für die Laienpriesterschaft des mittleren Reiches üblich gewesene Bezeichnung auch in ptolemäischer Zeit finden. Der Anwendung der alten Bezeichnung wäre jedoch durchaus noch nicht zu entnehmen, daß die mit ihr Belegten den Laienpriestern der alten Zeit

wesensgleich seien. Ebenso wie deren Organisation wäre eben auch der
Name auf offizielle Priester übertragen worden, da er mit den in Phylen.
gegliederten Priestern zu eng verbunden gewesen war.

Für abwechselndes Amtieren der Priester in ptolemäischer Zeit siehe
auch die Bemerkungen von. Brugsch a. a. O. Ä. Z. XXII (1884) S. 122—
124 auf Grund hieroglyph. Inschriften.

S. 24, A. 4. Es handelt sich um zwei Tempel, den des Wepwawet:
(so, nicht Epuat) und den des Anubis.

S. 25, A. 3. Siehe für $\dot{\alpha}\gamma\nu\varepsilon\iota\alpha$ in der Bedeutung „Fasten" auch Plutarch, De Isid. et Osir. c. 8.

S. 26 ff. Bouché-Leclerqs Histoire des Lagides III. S. 64/5 Behauptung, die Schaffung der 5. Priesterphyle sei erfolgt, um eine speziell den
Königskult versehende Priesterphyle zur Verfügung zu haben, ist unannehmbar. Hiergegen spricht einmal das S. 30 gegenüber Revillouts Annahme einer Spezialkompetenz dieser Phyle Bemerkte, und ferner ist bei
ihr gar nicht in Betracht gezogen, daß ja die einzelnen Phylen miteinander
abwechselnd den gesamten Kultus besorgt haben (Bd. I. S. 24/5).

S. 32. Die $\pi\varepsilon\nu\tau\alpha\varphi\nu\lambda\iota\alpha$ ist uns jetzt aus römischer Zeit auch für den
Soknebtynistempel von Tebtynis belegt, siehe P. Tebt. II. 298; 299; 598.

S. 32, A. 6. Für den eben genannten Tempel sind durch P. Tebt.
II. 298, 24 ff.: zwei Mitglieder der 1. Phyle (107/8 n. Chr.) und durch
P. Tebt. II. 299 ein Mitglied der 5. Phyle (um 50 n. Chr.) belegt; im
P. Tebt. II. 598 sind die 1. und die 4. Phyle (Zeit des Commodus) er-
wähnt.

S. 35. Aus B. G. U. I. 162, 15 ff. und P. Tebt. II. 298, 24 ff. scheint
mir zu folgen, daß in den Priesterlisten doch des öfteren für die Anordnung der Priester das Alter maßgebend gewesen ist (sollte dies vielleicht
für die dem Staat eingereichten Listen vorgeschrieben gewesen sein?), daß
aber auch wohl die Zeit der Zulassung zum Priesteramt mit in Betracht
gezogen worden ist.

S. 36. Die große Zahl der zu einem Tempel gehörenden Priester
höherer Ordnung ergibt sich auch aus P. Tebt. II. 298, 11; 299, 12/13,
wonach am Soknebtynisheiligtum allein 50 Priester ständig von der Kopfsteuer befreit gewesen sind.

S. 38 ff. Da Bouché-Leclerq, Hist. des Lag. III. S. 197, A. 2 in der
Auffassung der Bezeichnung $\dot{\varepsilon}\pi\iota\sigma\tau\dot{\alpha}\tau\alpha\iota$ $\varkappa\alpha\grave{\iota}$ $\dot{\alpha}\rho\chi\iota\varepsilon\rho\varepsilon\tilde{\iota}\varsigma$ sich wieder denen anschließt, welche hierin den Hinweis auf zwei unbedingt von einander
verschiedene Ämter, das eine priesterlichen, das andere staatlichen
Charakters, sehen, so möchte ich meine eigene Auffassung noch einmal
kurz zusammenfassen. Es hat, wie der Eingang der Dekrete von Kanopus
und Rosette deutlich zeigt, eine besondere Priesterklasse der $\dot{\alpha}\rho\chi\iota\varepsilon\rho\varepsilon\tilde{\iota}\varsigma$
(nicht nur Ehrentitel, so v. Bissing, Deutsche Literaturzeitung 1906
Sp. 601) bestanden; sie haben die Leitung der Tempel in den Händen
gehabt, daher auch der Titel „$\dot{\varepsilon}\pi\iota\sigma\tau\dot{\alpha}\tau\eta\varsigma$ $\varkappa\alpha\grave{\iota}$ $\dot{\alpha}\rho\chi\iota\varepsilon\rho\varepsilon\dot{\nu}\varsigma$" (der fehlende Artikel kennzeichnet den Titel unbedingt als eine Einheit). Nun hat es aber
auch Vorsteher von unbedeutenderen, bez. mit anderen Tempeln zu einer
Verwaltungseinheit verbundenen Heiligtümern gegeben, die zwar den Titel
$\dot{\varepsilon}\pi\iota\sigma\tau\dot{\alpha}\tau\eta\varsigma$ oder dergl. geführt, die aber der Priesterklasse der $\dot{\alpha}\rho\chi\iota\varepsilon\rho\varepsilon\tilde{\iota}\varsigma$ nicht
angehört haben; Beamte weltlichen Charakters in ihnen zu sehen liegt

jedoch nicht der geringste Anlaß vor. Naturgemäß darf man auch bei dem aus dem Ägyptischen stammenden Titel der Tempelvorsteher, „λεσῶνις", nicht stets an einen Angehörigen der Klasse der ἀρχιερεῖς denken; siehe z. B. Bd. II. S. 47, in Betracht zu ziehen ist dies auch z. B. bei dem P. Tebt. II. 313, 6 genannten ehemaligen λεσῶνις.

S. 39. Das Amt der λεσώνης ist uns jetzt für die römische Zeit durch die P. Tebt. II des öfteren belegt.

S. 43. Für die Verbindung des Philäheiligtumes mit dem Tempel von Elephantine siehe auch die Angaben im hieroglyph. Teil der triling. Inschrift des Cornelius Gallus, sowie die Reliefs der Stele; siehe Wilcken a. a. O. Ä. Z. XXXV (1897) S. 72, A. 3. Auch darauf sei verwiesen, daß die Dodekaschoinos, die ja in alter Zeit im Besitz des Chnum von Elephantine gewesen ist, in ptolemäischer Zeit der Isis von Philä gehört hat. Wilcken, Archiv IV. S. 251 folgert jetzt auch mit Recht auf Grund des gr. Mumienetiketts 68 publ. bei Hall, P. S. B. A. XXVII (1905) S. 164, daß auch in Hermonthis das Philäheiligtum einen Filialtempel besessen hat.

S. 44. Zum Titel des Tempelvorstehers der Isis von Philä „erster Prophet" sei bemerkt, daß uns für das Philäheiligtum aus hellenistischer Zeit auch der Titel „zweiter Prophet" belegt ist, siehe Bd. I. S. 209, A. 2.

S. 45, A. 4. Ein einzelner Tempelvorsteher ist uns jetzt auch für den berühmten Sonnentempel zu Heliopolis und die mit ihm vereinigten Heiligtümer für das 3. Jahrhundert n. Chr. belegt (P. Tebt. II. 313); derselben Zeit gehört auch das gr. Mumienetikett Cairo 9315 bei Milne, Greek inscriptions S. 80 an, das einen ἀρχιερεὺς Ἀρμᾶχις nennt. Die Inschriften bei Milne, Inschriften 2[b] usw. sollen nach Milne, Greek inscriptions S. 29 nicht aus Apollinopolis parva, sondern aus Koptos stammen, wozu die Erwähnung des Gottes Pan gut passen würde. Siehe hierzu auch Spiegelberg, Die demotischen Inschriften S. 34/5 (besonders die hier genannte dem. Inschrift bei Petrie, Koptos p. XXII). Die ἀρχιερεῖς τῆς τῶν Ἀρσινοϊτῶν πόλεως (siehe jetzt auch den ἀρχιερατεύσας τῆς τῶν Ταυειτῶν πόλεως in P. Lond. III [S. 133] Z. 2/3) darf man wohl nicht als Priester eines bestimmten Tempels fassen, wie ich es getan habe, und sie auch nicht einem bestimmten Kultus zuweisen, sondern in ihnen hat man liturgische städtische Beamte zu sehen (siehe jetzt hierzu auch P. Fior. I. 21, 2 und Preisigke, Städt. Beamtenwesen im röm. Ägypten S. 14, A. 4), die im Namen der Stadtgemeinde religiöse Handlungen vorzunehmen hatten, d. h. sie hatten sowohl mit dem ägyptischen, wie mit dem griechischen Kultus zu tun (siehe Bd. I. S. 161). Diese Feststellung beseitigt meine Bemerkung auf S. 51, A. 3 über den Charakter der dort erwähnten Oberpriester.

S. 47 ff. Ein leitendes Priesterkollegium ist uns jetzt auch für den Tempel zu Tebtynis seit dem Jahre 107/8 n. Chr. (siehe hierzu auch Bd. II. S. 291, A. 2) belegt (P. Tebt. II. 298). Es hat damals aus 5 Mitgliedern bestanden; in späterer Zeit begegnen uns 4 (P. Tebt. II. 293: um 187 n. Chr.), 6 (P. Tebt. II. 303: 176/180 n. Chr.) und sogar 10 Mitglieder (P. Tebt. II. 309: 115/16 n. Chr.). Als Titel finden wir: πρεσβύτεροι ἱερεῖς (bez. ἱερέων) (P. Tebt. II. 298 u. 309) oder einfach z. B. „οἱ ϛ" (P. Tebt. II. 303) und vielleicht auch ἡγούμενος ἱερέων (P. Tebt. II. 525). Über die Entstehung des leitenden Priesterkollegiums siehe jetzt auch Bd. II. S. 291, A. 3.

S. 48, A. 2.   Lies P. Rainer 121.

S. 50.   Die Wiederwahl von Mitgliedern des leitenden Priesterkollegiums ist jetzt bezeugt durch P. Tebt. II. 309, 1—7 (116/7 n. Chr.) gegenüber P. Tebt. II. 298, 3—6 (107/8 n. Chr.). Als Beleg, daß auch noch in römischer Zeit die Würde des Tempelvorstehers lebenslänglich bekleidet werden konnte, darf man wohl die dem. Inschriften Cairo 31101, 31114, 31146 u. 31160 bei Spiegelberg S. 34/5 anführen, wonach ein προστάτης "Ισιδος aus Koptos sein Amt von Tiberius bis auf Nero geführt hat.

S. 51.   Ein sein Amt nicht lebenslänglich versehender Oberpriester des Soknebtynis begegnet uns jetzt auch im P. Petr. III. 53ᴾ (Zeit: 3. [?] Jahrh. v. Chr.); siehe auch den in P. Tebt. II. 313, 6 genannten γενόμενος λεσώνης (210/11 n. Chr.).

Wilckens, Archiv III. S. 543 Auffassung, daß der ἐπιμελετής des Jupiter-Capitolinus-Tempels in Arsinoe nicht auch den Titel ἀρχιερεύς geführt hat, also keinen priesterlichen Charakter gehabt hat, kann ich nicht zustimmen. Selbst für den Fall, daß Preisigke mit Recht in B. G. U. II. 362 p. 2, 17 u. frg. 3, 5 ἀρχι(ερατεύσας) ergänzt, glaube ich, darf man meine Auffassung beibehalten. In beiden Fällen (in dem ersten ganz sicher) finden wir nämlich diesen Titel in der die Richtigkeit der Angaben verbürgenden Unterschrift, die am Schluß der Abschrift des Tempelkassenjournals steht; die Abschrift enthält nun die Ausgaben bis einschließlich des letzten Tybi (p. 2, 10 ff.), wird also erst zeitigstens im Mecheir angefertigt worden sein. Zu dieser Zeit, im Mecheir, ist aber der bisherige Leiter des Tempels bereits von seinem Amte zurückgetreten gewesen (siehe p. 3, 1 ff.), der Titel ἀρχι(ερατεύσας) würde also dem Stande entsprechen, den er in der Zeit nach seinem Rücktritt als gewesener Oberprieter des Jupitertempels eingenommen hat.

S. 52.   Siehe Bd. II. S. 77, A. 1.

S. 53.   Bezüglich der an den König adressierten Petitionen ist zu beachten, daß diese nicht immer in die Hand des Königs gelangt sind, sondern z. T. durch die von ihm hierfür ständig delegierten Gaubeamten erledigt worden sind; so zuletzt auch wieder Preisigke, Die ptolemäische Staatspost, Klio VII (1907) S. 257 ff.

S. 56.   Ob es sich bei den in P. Par. 1563 (S. 401) und in der gr. Inschrift von Delos, publ. B. C. H. XXIX (1905) S. 219 genannten ἐπιστολογράφοι um die Hof- oder um die lokalen (siehe P. Tebt. I. 112, 87) Beamten dieses Namens handelt, ist nicht zu entscheiden.

S. 56, A. 1.   In Strack, Inschriften 140, 50 kann man m. E. ebensowohl den ἐπιστολογράφος wie den ὑπομνηματογράφος ergänzen.

S. 56, A. 2.   Auch Wilcken, Archiv III. S. 332 hat sich inzwischen gegen Stracks Annahme ausgesprochen.

S. 59 (siehe auch S. 66).   Der einfache Titel ἀρχιερεύς für die die Oberleitung der Priesterschaft führenden römischen Beamten begegnet uns jetzt auch in P. Tebt. II. 291, 34; 292, 18 u. 27; 314, 7; 315, 31.

S. 59, A. 1.   Hirschfelds, Die kaiserlichen Verwaltungsbeamten bis auf Diokletian² S. 363 Behandlung der Vestinusinschrift ist falsch; es folgt nicht aus ihr, daß das Museumspriesteramt und das Amt des ἀρχιερεύς in der Regel vereint gewesen sind. H. beachtet nicht, daß zwischen dem ersten in ihr genannten Titel und den folgenden der Name gesetzt ist; die hinter dem Namen stehenden Titel beziehen sich eben auf die früheren Ämter des Vestinus.

S. 61. Siehe Bd. II. S. 76, A. 2.

S. 61 ff. Für die im Anschluß an Wilcken vorgeschlagene Identifizierung des ἴδιος λόγος und des ἀρχιερεύς auch in der Zeit vor Septimius Severus (Grenfell-Hunt, P. Tebt. II. S. 66 stimmen auch zu) liefert uns ein weiteres, wohl ganz zwingendes Zeugnis P. Tebt. II. 315. Wir besaßen nämlich bisher noch keinen Beleg dafür, daß der ἀρχιερεύς in jener Zeit auch in nichtreligiösen Angelegenheiten die Tempel bez. die Priester kontrolliert hat. P. Tebt. II. 315 (2. Jahrhundert n. Chr.) zeigt uns nun, daß dem ἀρχιερεύς auch die oberste Kontrolle der Tempelabrechnungen übertragen gewesen ist, also gerade jene Befugnis, die als eine Spezialkompetenz des ἴδιος λόγος anzusehen ist. Auch auf P. Tebt. II. 294 sei verwiesen, wonach der ἴδιος λόγος im Jahre 146 n. Chr. als die oberste Instanz bei der Vergebung höherer Priesterstellen angegangen worden ist (siehe vielleicht auch P. Tebt. II. 418 Recto; 608). Wir besitzen übrigens jetzt zufällig eine in rein finanziellen Angelegenheiten allein an die ἐπιτροπὴ τοῦ ἰδίου λόγου gerichtete Eingabe vom 1. Thoth des 5. Jahres des Septimius Severus (P. Lond. III. 1219 [S. 123]); nun zeigt uns P. Achmim, publ. Hermes XXIII (1888) S. 593 vom Pachon desselben Jahres ganz deutlich die Vereinigung von ἀρχιερωσύνη und ἐπιτροπὴ τοῦ ἰδίου λόγου; sollte nun wirklich gerade in den ersten Monaten des 5. Jahres die Vereinigung erfolgt sein? Dem widersprechen alle anderen Zeugnisse, es zeigen uns daher gerade diese ein und demselben Jahr angehörenden Belege, wie man bald — je nachdem, welcher Zweig der Oberbehörde in Aktion trat — den volleren oder den weniger vollkommenen Titel gebraucht hat.

S. 64, A. 4. Was die Streitfrage ἴδιος λόγος und οὐσιακὸς λόγος anbelangt (siehe übrigens auch Hirschfeld a. a. O. S. 352 ff.), so sei hier nur hervorgehoben, daß man zwischen beiden Ressorts nur einen verwaltungstechnischen, nicht aber, wie andere anzunehmen geneigt sind, auch einen rechtlichen Unterschied annehmen darf. Weitere Ausführungen würden mich jedoch hier zu weit führen; ich hoffe sie in anderem Zusammenhang bieten zu können.

S. 67. W. Weber a. a. O. S. 113 glaubt, daß gerade im Jahre 122 n. Chr. durch Hadrian die ἀρχιερωσύνη und die ἐπιτροπὴ τοῦ ἰδίου λόγου infolge der damaligen religiösen Unruhen vereinigt worden seien. Mehr als eine Hypothese ist Webers Auffassung natürlich nicht; über die Zeit der Entstehung der ἀρχιερωσύνη besagt auch sie leider nichts Sicheres.

S. 78. Die Bezeichnung πλῆθος für die Gesamtheit der ἱερεῖς begegnet uns auch im P. Lond. II. 335 (S. 191), Z. 15 (im Gegensatz zu den ἡγούμενοι ἱερέων in Z. 20/1); siehe ferner P. Tebt. II. 310, 4.

S. 78, A. 1. Die Angehörigkeit von Stolisten und Pterophoren zur Phylenpriesterschaft ist uns jetzt auch durch P. Tebt. II. 298, 2/3 u. 15 ff. gegenüber Z. 24 ff. bezeugt.

S. 83. Bezüglich der Verteilung der einzelnen Priestergruppen an den Tempeln sei bemerkt, daß prinzipiell wohl an jedem bedeutenderen Heiligtum Stellen für Angehörige der verschiedenen Priestergruppen bestanden haben werden; es scheint aber einmal, als wenn öfters mehrere

höhere Stellen ein und demselben übertragen worden sind (siehe z. B.
P. Tebt. II. 294; 295; 296; biling. Inschrift Cairo, publ. von Spiegelberg, Annales du service VII [1906] S. 251 ff.; wohl auch B. G. U. I.
337, 13 [Wessely, Kar. u. Sok. Nes. S. 68]; P. Gen. 7), und ferner mögen
auch mitunter nicht alle Stellen besetzt gewesen sein, siehe z. B. vorher
S. 291, A. 3.

S. 85. Der Priestertitel κορυφαῖος ist uns jetzt auch durch die soeben angeführte biling. Inschrift Cairo belegt; ob ihn Wilcken, Archiv III.
S. 242 mit Recht in P. Lond. II. 357 (S. 165), Z. 11 ergänzt, ist mir
sehr zweifelhaft.

S. 86. Neue Titel von Stolisten sind uns durch P. Tebt. II. 313 belegt: δευτεροστολιστής (Z. 5) und διάδοχος στολιστείας (Z. 4).

S. 87. Über den Titel „Gottesvater" siehe jetzt Borchardt, Der ägyptische Titel „Vater des Gottes" als Bezeichnung für Vater oder Schwieger-
vater des Königs, Sitz. Leipz. Akad. Phil.-hist. Kl. Bd. LVII (1905) S. 254 ff.

S. 88. Auch bei dem Tode heiliger Tiere hat der ἱερογραμματεύς
bestimmte Funktionen zu erfüllen gehabt; siehe hierogl. Inschrift Cairo
22180, publ. von Spiegelberg, Ä. Z. XLIII (1906) S. 129 ff.

S. 88, A. 8. Über die ἀρπεδονάπται, deren Namen mit ihrer Be-
schäftigung, dem Spannen der Meßschnur, zusammenhängt, siehe jetzt
Nissen, Orientation I. S. 32 u. 38. Siehe für den ἱερογραμματεύς auch
Apulejus, Metam. XI. 17.

S. 89, A. 1. Siehe auch Horapollon, Hierogl. I. 38; P. Leid. II.
V, Col. 12, 10 ff.; P. Par. 1, Col. 3, 72 ff.; P. Hibeh I. 27, 44 ff.; P. Tebt.
II. 291, 41 ff.

S. 90. Bezüglich der ägyptischen ᾠδοί sei auch auf die von Julian,
epist. 56 angeordnete Gründung einer Sängerschule in Alexandrien verwiesen.

S. 91. Die griechisch-demotische Holztafel Cairo 9392, publ. Spiegelberg, Die demotischen Inschriften S. 84 zeigt uns wieder deutlich, daß
der wē-ʿeb-Titel im Griechischen durch ἱερεύς wiedergegeben worden ist.

S. 92, A. 1. Der ῥεαντής ist nach Wilcken, Archiv IV. S. 257 als vul-
gäre Schreibung von λεαντής zu fassen, d. h. er ist derjenige, dem die
Polierung des Allerheiligsten oblag. Im Anschluß hieran sei auch auf den
von Wilcken bei Borchardt, Harpokrates mit dem Topf, Ä. Z. XL (1902/3)
S. 98 erkannten χερνιβοπάστης, den Weihwassersprenger verwiesen. Ob
man καθηγητής in P. Tebt. II. 591 als priesterlichen Titel fassen darf,
ist mir noch zweifelhaft.

S. 95, A. 1. Die bei Apulejus, Metam. XI. 16 u. 17 genannten sacrorum geruli, bez. qui divinas effigies progerebant, brauchen übrigens nicht
direkt als παστοφόροι gedeutet zu werden, es kann sich bei ihnen auch
einfach um κωμασταί handeln, siehe Anm. 2. Der Titel pastophorus
findet sich übrigens bei Apulejus, Metam. XI. 17, 27 u. 30.

S. 99, A 1. Mayser, Grammatik der griechischen Papyri aus der
Ptolemäerzeit S. 39 hält die Form χοαχύτης aus sprachlichen Gründen für
bedenklich; sprachlich unmöglich ist sie jedoch durchaus nicht, insofern
müssen hier allein die sachlichen Erwägungen über die Namensform entscheiden.

S. 102, A. 7. J. A. Reinach, Rev. étud. grecq. XVIII (1905) S. 399/400 mag vielleicht das Bestreuen der Prozessionsstraße durch die Choachyten mit *κονία* richtig einfach als „simple besogne de voirie" erklären.

S. 103. Statt dem. P. Berl. 3105, Spiegelberg S. 14, A. 3 lies 3118, Spiegelberg S. 14.

S. 104, A. 1. Siehe hierzu jetzt auch Gerhard a. a. O. Philologus LXIII (1904) S. 532.

S. 105. Die *ταριχευταί* sind uns auch für das 1. Jahrhundert ιι. Chr. belegt, P. Amh. II. 125, 7.

S. 106. Text, Z. 5 v. unten ist vor „ihren" ein **stets** einzuschieben, da sich erst hierdurch der richtige Sinn ergibt.

S. 107, A. 3. In P. Par. 7, 5 ff. ist nicht *χοαχύτου*, sondern an dessen Stelle nach einer Mitteilung Wilckens der Vatersname des Genannten zu lesen; der Papyrus scheidet also als Beleg für die behandelte Frage aus. *Ἐνταφιασταί* sind genannt im P. Oxy. III. 476 und siehe hierzu Lumbroso, Archiv III. S. 163 f.

S. 108. Es ist jedenfalls ganz bemerkenswert, daß in einer Personenliste aus dem späten 1. Jahrh. n. Chr. (P. Tebt. II. 589), die nach Gewerbebetrieben gruppiert ist, neben *οἰκοδόμοι* und *ὀνηλάται* auch die *νεκροτάφοι* genannt sind.

S. 109, A. 2. Deißmann, Der Brief des Psenosiris, Die Studierstube I (1903) hat inzwischen seine Auffassung gegenüber der von Dieterich erfolgreich verteidigt.

S. 111. Bezüglich der Tierpfleger sei auch auf den hierogl. Inschrift Cairo 22180, publ. Ä. Z. XLIII (1906) S. 132 genannten „Priester des Stalles" verwiesen.

S. 111, A. 4. Bezüglich des *σαυρήτης* neben dem Krokodilpfleger siehe jetzt die Angaben in der Beilage zur Münchener Allgemeinen Zeitung 1906, 21. Juni über Krokodile und Eidechsen in Ägypten.

S. 112, A. 6. Lies C. I. Gr. III. 4716[d19].

S. 114. Mit dem Ehrentitel *νεωκόρος* ist wohl auf eine Stufe zu stellen der z. B. in der gr. Inschrift, publ. von Borchardt, Nilmesser und Nilstandsmarken S. 12 (Abh. Berl. Ak. 1906) genannte Titel „*κυβερνήτης Νείλου*"; siehe auch Dittenberger, Or. gr. inscr. sel. II. N. 676.

S. 115, A. 1. Siehe hierzu jetzt auch die Dissertation von A. Rusch, De Serapide et Iside in Graecia cultis. Lies am Schluß C. I. Gr. Sept. 3198; 3199.

S. 118, A. 1. *ἱερόδουλοι* sind jetzt auch erwähnt P. Oxy. III. 519, 13/14 u. P. Hibeh I. 35.

S. 118, A. 4. Es ist natürlich falsch, wenn ich davon spreche, daß die *ἀρεταλογίαι* von den Geheilten niedergeschrieben sind; siehe im übrigen Bd. II. S. 226, A. 3.

S. 119 ff. Da gegen meine Auffassung der *κάτοχοι* Widerspruch erhoben worden ist (auch in sehr scharfer Weise von Reitzenstein, Hellenistische Wundererzählungen S. 8, A. 1), so sei noch einiges Wenige hinzugefügt. Daß die *κάτοχοι* an und für sich auch einfach als die *κατεχόμενοι ἐν τῷ ἱερῷ* gedeutet werden könnten (siehe etwa Kroll, Catalogus codicum astrologorum Graecorum V, 2 S. 147) und daß diese Bedeutung ihrem Charakter nicht widerspräche, ist zuzugeben; es ist sogar möglich, daß dies als die ursprüngliche Bedeutung zu fassen ist. Im 2. Jahrhundert v. Chr. hat der Begriff κάτοχος jedoch, wie uns der S. 123 angeführte P. Lond. I. 44 (S. 33) und neuerdings Hiller v. Gährtringen, Inschriften von Priene N. 195, 29 deutlich zeigen, einen Bedeutungswechsel erfahren, er ist jetzt auch einem κατεχόμενος ὑπὸ τοῦ θεοῦ gleichzusetzen (als Mittelglied möchte ich statuieren: κατεχόμενος ἐν τῷ ἱερῷ ὑπὸ τοῦ θεοῦ, etwa festgehalten in dem Heiligtum von der Gottheit). Für die Auffassung der κάτοχοι als die „fest Eingeschlossenen" liegt einmal kein Zwang auf Grund ihres Namens vor, und es spricht alles dagegen, was wir über ihren Charakter erfahren. Gerade der Passus in P. Lond. I. 24 Recto (S. 31) Z. 22/3: συμβαίνει μὴ δύνασθαι καταβῆναι (Aorist!) εἰς Μέμφιν (siehe S. 120, A. 6; S. 410 habe ich mich nicht glücklich ausgedrückt) zeigt uns mit den anderen S. 120, A. 6 im Beginn angeführten Belegen zwar, daß der κάτοχος das Heiligtum nicht verlassen durfte, andererseits aber auch, daß von einer ständig auf sich genommenen, an und für sich unlösbaren Zwangsverpflichtung nicht die Rede sein kann. Bezüglich der Veranlassung der κατοχή zeigen uns die von Kroll a. a. O. S. 146 aus Vettius Valens angeführten Stellen, daß Heilung von einer Krankheit zum mindesten des öfteren durch die κατοχή erstrebt worden ist; siehe hierzu auch P. Tebt. I. 44, wonach sich jemand in einem Isieion „ἐπὶ θεραπεία . . . χάριν τῆς . . . ἀρρωστίας" aufhält (zu θεραπεία siehe die Bd. I. S. 123 u. S. 410 erwähnten θεραπευταί). Was die religionsgeschichtliche Bedeutung der κάτοχοι anbelangt, so liegt sie m. E. darin, daß wir in ihnen den ersten Beleg dafür besitzen, daß sich außer den Priestern bez. Kultbeamten eine Gruppe organisierter Personen dem Dienste einer Gottheit vollständig weiht; sie bilden also ein Mittelglied zwischen der offiziellen Priesterschaft und den die Gottheit verehrenden Laien, und insofern sind sie allerdings mit den christlichen Mönchen auf eine Stufe zu stellen.

S. 125 ff. Neue .bemerkenswerte Kultvereine ägyptischen Charakters sind: die σύνοδος τοῦ Ἡρακλείους in Philä (gr. Inschrift, publ. von Rubensohn, Archiv III. S. 357 ff.); unter Herakles ist hier der ägyptische Gott Harensnuphis zu verstehen (siehe Spiegelberg, Rec. de trav. XXVIII [1906] S. 181). Ferner die σύνοδος Πραμαρρείους wohl aus Soknopaiu Nesos (gr. Inschrift, publ. von Rubensohn, Ä. Z. XLII [1905] S. 111). Über den Gott Pramarres siehe Rubensohn a. a. O. und Wilcken, Archiv IV. S. 211/2; es begegnet uns ein besonderer Vereinspriester (ἱερεὺς διὰ βίου).

S. 126, A. 1. Siehe jetzt auch J. Oehler, Zum griechischen Vereinswesen im Jahresbericht des k. k. Maximilians-Gymnasiums in Wien 1904/5.

S. 130. Ein ägyptischer Berufsverband, der einen eigenen Priester (Titel Lesonis) besessen hat, ist uns jetzt auch durch den dem. P. Erbach, publ. von Spiegelberg, Ä. Z. XLII (1905) S. 43 ff. bekannt geworden. Es ist ein Verein der Weber zu Djeme; zu der Vereinsbezeichnung „Die Menge" siehe den in griechischen Inschriften zur Bezeichnung von Vereinen sich findenden Ausdruck „πλῆθος" (Bd. I. S. 131). Spiegelberg a. a. O. S. 55/6 hat das Richtige hier nicht erkannt.

S. 133. Lies anstatt ad Nicod. — ad Nicocl.

S. 134, A. 1. Siehe hierzu jetzt Bd. II. S. 74 u. 76.

S. 136. Pohl, De Graecorum medicis publicis S. 29, A. 25 behauptet, der Titel ἀρχιερεύς für griechische Priester sei zuerst in Syrien im 3. Jahr-

hundert v. Chr. offiziell angewandt worden. Ob er Recht hat, ist mir
zweifelhaft; die Bezeichnung der obersten ägyptischen Priesterklasse mit
diesem Titel in einer offiziellen Inschrift um 238 v. Chr., sowie seine Anwendung in P. Petr. III. 53ᵖ um 250 v. Chr. zeigt uns, daß auch in Ägypten im
3. Jahrhundert v. Chr. ἀρχιερεύς bereits als offizieller Titel gegolten hat, er kann
also auch sehr wohl bereits von griechischen Priestern geführt worden sein.
       S. 139 ff. Grenfell-Hunt, P. Hibeh I. S. 367/8 glauben, die Einsetzung
des eponymen Alexanderpriesters und somit die Begründung des offiziellen
Alexanderkultes sei bereits unter Ptolemaios I. (die nähere Zeit ungewiß,
siehe auch Schubart, G. G. A. 1907. S. 282) erfolgt, da sich seit dieser
Zeit ein eponymer Priester in Alexandrien nachweisen lasse (P. Hibeh I.
84ª, 16). Ebenso wie Wilcken, Archiv III. S. 525, A. 1 u. IV. S. 184/5
bin ich jedoch nicht überzeugt, daß die Gottheit, die der betreffende
eponyme Priester vertritt, Alexander gewesen sein muß; genannt ist sie
hinter dem ἱερεύς-Titel jedenfalls nicht. Das Auslassen des Gottestitels
zeigt uns m. E. nur, daß es eben damals nur für einen Gott im Ptolemäerreich einen eponymen Priester gegeben hat; so lange dies der Fall
war, konnte, ohne daß man Mißverständnisse zu befürchten hatte, der
Gottesname weggelassen werden. Es ist dies ja auch in der ersten Zeit,
als der Alexanderpriester allein die Gottheit Alexanders und noch nicht
zugleich die der apotheosierten Ptolemäer vertrat (274—270 v. Chr.), geschehen, siehe Grenfell-Hunt, P. Hibeh I. S. 370. Grenfell-Hunts Auffassung, der ἱερεύς ohne Gottestitel müsse der Alexanderpriester sein, beruht
allein auf der an und für sich richtigen Ansicht von der großen Bedeutung des Alexanderkultes für das ptolemäische Ägypten. Aber unsere
Kenntnis dieser Bedeutung folgt vor allem aus dem Vorhandensein eines
eponymen Priestertums für Alexander. Wenn man also für jene Zeit, in
der dieses Priestertum noch nicht belegt ist, eine überragende Bedeutung
der Gottheit Alexander annimmt, obgleich uns hierfür sonstige Belege
nicht vorliegen[1]), und deshalb einen uns begegnenden eponymen Priester
als Alexanderpriester deutet, so scheint mir dies fast ein circulus vitiosus
zu sein. So glaube ich, man darf auf Grund eines so schwankenden
Arguments nicht alle die vielen anderen zwingenden Gründe fallen lassen,
welche für die Begründung des offiziellen Alexanderkultes durch Philadelphos sprechen. Wir wissen nur jetzt mit Bestimmtheit, daß ein eponymes alexandrinisches Priestertum bereits von Ptolemaios I. begründet
worden ist; für welche Gottheit es bestimmt war, läßt sich natürlich nicht
sicher sagen, berücksichtigt man jedoch die Religionspolitik des ersten
Ptolemäers, dann liegt es nahe an Sarapis zu denken. Anders wie Wilcken
a. a. O. kann ich nicht glauben, daß für Hephaistion wirklich ein eponymer Priester in Alexandrien bestellt worden ist; es scheint mir jedoch
gerade die Nachricht Arrians VII. 23, 7 uns darauf hinzuweisen, daß man
sich bewußt war, es habe vor dem eponymen Alexanderpriester einen eine

---

       1) Als Beleg dagegen könnte man vielleicht sogar die Feier des pente-
terischen Festes für Ptolemaios Soter im Jahre 279/8 v. Chr. anführen; denn
wäre damals bereits Alexander der Gott κατ᾽ ἐξοχήν in Alexandrien gewesen,
dann hätte man wohl kaum ein Fest, das die Griechenwelt nach der ägyptischen
Hauptstadt locken sollte, allein zu Ehren des ersten Königs eingerichtet, sondern
hätte zum mindesten Alexander auch berücksichtigt.

andere Gottheit vertretenden eponymen Priester in Alexandrien gegeben. Daß Philadelphos den Charakter des eponymen Priesters geändert hat, darüber braucht man sich nicht zu wundern. Für die große Politik schien es ihm eben wichtig, die Gottheit Alexander nach außen als den besonderen Gott Ägyptens hervortreten zu lassen; der Bau des großen Tempels, die Stiftung einer Pompe für ihn, die Einsetzung eines eponymen Priesters, dies alles sind Züge ein und derselben die Vormachtstellung Ägyptens auch äußerlich dokumentieren sollenden Politik.

S. 142, A. 1. Dittenbergers Datierung der Inschrift Or. gr. inscr. sel. I. 16 stimme ich jetzt unumwunden bei.

S. 144, A. 2. Ebenso ist der Papyrus auch ergänzt in P. Petr. III. S. 146.

S. 146, A. 4. Die Mendesstele ist jetzt neu und vollständig publiziert von Sethe, Hierogl. Urkunden d. griech.-röm. Zeit Heft I, N. 13.

S. 149, A. 2 u. 150, A. 2. Siehe jetzt Bd. II. S. 266, A. 2.

S. 150 ff. Die Daten, welche ich zur Festlegung der genauen Zeit des Festzuges verwandt habe, kann ich jetzt nicht mehr als beweiskräftig ansehen; sichere Feststellungen über den makedonischen Kalender in der ersten Zeit des Philadelphos haben uns m. E. auch nicht die Ausführungen Grenfell-Hunts, P. Hibeh I. S. 336 ff. gebracht. Trotzdem möchte ich an meiner Ansetzung des Festzuges in den Januar oder Februar festhalten. Vielleicht darf man auch folgende Erwägungen für sie benutzen. Ps. Kallisthenes I. 32 berichtet uns, daß die Natalicien der Stadt am 25. Tybi, d. h. also im Januar gefeiert worden sind; es ist dies ein Fest des alten Stadtgottes von Alexandrien, des Ἀγαϑὸς δαίμων. Er ist ja nun durch Alexander ersetzt worden, als diesem der offizielle Kultus in der Hauptstadt eingerichtet wurde; daß man gerade den alten Festtag als Einsetzungstag verwandt hat, erscheint mir ganz wahrscheinlich. Lesquier, Rec. de phil. N. S. XXX (1906) S. 150 beachtet bei seinem Zweifel an meiner Bestimmung der πομπή und an dem Werte des Berichtes des Kallixenos gar nicht, daß diesem ja der Bericht eines Zeitgenossen, der die πομπή selbst gesehen hat, zugrunde liegt (siehe z. B. Athen. V. p. 197 °).

S. 155. Für meine Auffassung des ἐξηγητής siehe jetzt auch Lumbroso, Archiv III. S. 351/2. Hirschfeld, Die kaiserl. Verwaltungsbeamten [2] S. 235 hält seine ursprüngliche Auffassung des ἐξηγητής nicht mehr aufrecht.

S. 155, A. 4. Meine Deutung von Καισάρειοι möchte ich aufrecht erhalten, obgleich Grenfell-Hunt, P. Tebt. II. S. 122/3 (zu P. Tebt. II. 317, 2 ff.) sich der von P. Meyer, Berl. Phil. Woch. 1904, S. 495/6 anschließen, wonach unter ihnen die „kaiserlichen Freigelassenen" zu verstehen wären; sachlich ist mir diese Erklärung nicht sehr einleuchtend, unmöglich erscheint sie mir aber wegen des folgenden οἱ ἄλλοι πρυτάνεις.

Der Titel ἱερεὺς ἐξηγητής ist uns für den alexandrinischen ἐξηγητής jetzt auch durch P. Tebt. II. 317, 2 und vielleicht auch durch P. Fior. I. 57, 76 belegt.

S. 158. Kenyons, P. Lond. III. S. 8 u. Addenda Skepsis gegenüber der Form ἱερὸς πῶλος erscheint mir nicht berechtigt. Die στεφανηφόρος ist uns jetzt auch belegt durch P. Rein. 9; 10; 14—16; 20 (112—108 v. Chr.); ferner kennen wir jetzt noch eine weitere eponyme Priesterin der 3. Kleopatra, eine φωσφόρος, und zwar für die Jahre 112—108 v. Chr., P. Rein. 9; 10; 14—16; 20.

S. 158 u. 412. Auch Reinach, P. Rein. S. 74 hält die in Verbindung mit dem ἱερὸς πῶλος genannte Ἶσις μεγάλη μήτηρ θεῶν für Kleopatra II., ebenso Bouché-Leclerq a. a. O. III. S. 53; hiergegen jetzt auch Wilcken, Archiv IV. S. 264/5 mit weiteren zwingenden Gründen. Daß gerade Kleopatra III. als Isis verehrt werden wollte, dafür kann man wohl auch den von ihr angenommenen Beinamen Δικαιοσύνη (siehe P. Rein. 9; 10; 14—16; 20) anführen, denn dieser (bez. der Begriff des Rechts) begegnet uns in hellenistischer Zeit des öfteren gerade in Verbindung mit Isis; siehe z. B. Dittenberger, Sylloge[2] II. 763; C. I. Gr. Ins. fasc. V. 734 u. 739 Appendix; Clermont-Ganneau, Rec. d'archéol. orient. III. S. 82 (pl. II[a]); Diodor I. 14, 3; Plutarch, De Isid. et Osir. c. 3.

S. 164. Zu den ἱεροθύται siehe jetzt Bd. II. S. 295.

S. 165. Ein weiterer **reiner** Kultverein griechischen Charakters ist uns wohl in der σύνοδος τῆς Ἀφροδίτης (sie führt wohl noch einen Beinamen) aus ptolemäischer Zeit bekannt geworden; siehe gr. Inschrift, publ. Bull. de la société arch. d'Alex. Heft VIII. S. 120 f. und zu ihr Mahaffy, Archiv IV. S. 167 u. Wilcken ebenda S. 238.

S. 166 ff. Der volle auch die Zugehörigkeit zum *Μουσεῖον* anzeigende Titel des ἱερεὺς ἀρχιδικαστής findet sich jetzt auch P. Fior. I. 68, 6. Weitere Belege für den Titel ἱερεὺς καὶ ἀρχιδικαστής siehe z. B. B. G. U. IV. 1071, 1; P. Leipz. I. 10, Col. 1, 1; 122, 6; P. Fior. I. 56, 4; 68, 3; P. Lond. III. 908 (S. 132), Z. 17; P. Tebt. II. 286, 14/15; 319, 1; 435. Für meine von Hirschfeld a. a. O. S. 362, A. 3 als unsicher bezeichnete Gleichsetzung des ἐπιστάτης τοῦ *Μουσείου* mit dem ἀρχιδικαστής könnte man wohl auch anführen, daß er allerdings wohl erst in späterer Zeit der Gehaltsklasse der ducenarii angehört zu haben scheint; eine derartig hohe Besoldung allein für ihn als Museumsvorstand wäre doch schwer denkbar (siehe C. I. L. III. 6820, wo man den Titel a museo doch wohl mit Hirschfeld a. a. O. S. 363, A. 1 auf ihn beziehen darf; er ist hiernach gleichzeitig ἀρχιερεύς im alexandrinischen Kaiserkult und ἱερεὺς διὰ βίου des Asklepios gewesen); der hier sich findende Titel ducenarius et a museo begegnet uns übrigens vielleicht (es sei denn, es ist das hermupolitanische *Μουσεῖον* [siehe Bd. I. S. 8, A. 7] hier gemeint) wieder im P. Herm. I. 56, Col. 2, 9/10: [τοῦ κ]ρατίστου δουκηναρίου καὶ ἀπ[ὸ Μουσ]είου (beachte auch Z. 17/18 den Ausdruck: τὸ δικαστήριον eben dieses Beamten); siehe etwa auch 59, 17; 78, 2.

S. 166, A. 7. B. G. III. 1001 stammt, wie Gradenwitz, Berl. Phil. Wochenschr. 1906 Sp. 1346 gezeigt hat, aus römischer Zeit; aus ihm sind also Schlüsse nicht zu entnehmen.

S. 168. Vereine dionysischer Künstler in Oxyrhynchos sind jetzt durch B. G. U. IV. 1074 für das 3. Jahrhundert n. Chr. belegt.

Auf die alexandrinische ἱερὰ θυμηλικὴ καὶ ξυστικὴ σύνοδος bezieht sich wohl auch P. Leipz. I. 44 (siehe Bd. I. S. 413).

S. 169. Zu den an die Faijûmhäuser angebauten βωμοί sei auf die für Magnesia im 2. Jahrhundert v. Chr. bezeugte gleiche Sitte verwiesen, Kern, Die Inschriften von Magnesia 100[b], Z. 38 ff.

S. 169, A. 5. Siehe hierzu jetzt auch Bd. II. S. 264, A. 1.

S. 171. Als direkt orientalischen Priester möchte ich den Priester des als Kultverein organisierten πολίτευμα τῶν Φρυγῶν in Alexandrien (Zeit des Augustus, Dittenberger, Or. gr. inscr. sel. II. 658) nicht fassen, wenn hier auch ein Ζεὺς Φρύγιος genannt ist.

S. 171, A. 3. Ob man das P. Fior. I. 104, 12 genannte ἱερὸν Ἀστάρτης aus dem arsinoitischen Gau (römische Zeit) als einen Tempel des orientalischen Kultus fassen darf, ist nicht sicher.

S. 172 ff. Namen von weiteren ἀρχιερεῖς Ἀλεξανδρείας καὶ Αἰγύπτου πάσης bez. ἴδιοι λόγοι sind uns bekannt geworden für 146 n. Chr.: T. Claudius Justus (P. Tebt. II. 294, 2; Titel: ὁ πρὸς τῶν ἰδίων λόγων), dann wohl auch für 44/5 n. Chr.: Servianus Severus und L. Tullius K.β..ος (P. Tebt. II. 298, 25 u. 27 u. hierzu Grenfell-Hunt, P. Tebt. II. S. 81), für 251/2 n. Chr.: Julius Rufus (?) (P. Tebt. II. 418) und gleichfalls aus dem 3. Jahrh. n. Chr.: Flavius (P. Tebt. II. 608). Daß der ἀρχιερεύς Claudius Agathokles vom Jahre 153/4 n. Chr. uns durch den P. Leipz. I. 121, 6 auch für das 11. Jahr des Antoninus Pius (147/8 n. Chr.) belegt ist, ist mir sehr zweifelhaft (erhalten ist in dem Leipz. P. nur der Gentilname), zumal Flavius Melas bereits für das Jahr 149/50 n. Chr. (13. Jahr des Antoninus Pius) als zum ersten Mal als „ἀρχιερεύς" amtierend im P. Tebt. II. 291, 34 erwähnt ist. Ein Serenianus, vielleicht derselbe wie der vom Jahre 171 n. Chr. (der Gentilname fehlt hier), ist für das Jahr 161/2 n. Chr. (2. Jahr des Marc Aurel) im P. Tebt. II. 291, 35 genannt.

S. 175 ff. u. **S. 413/14.** Die von mir an letzterer Stelle erwähnten P. Petr. sind jetzt in P. Petr. III. erschienen; ferner haben die P. Hibeh I. uns mit einer größeren Anzahl neuer Namen von eponymen Priestern und Priesterinnen bekannt gemacht. Ebenda S. 370 ff. haben Grenfell-Hunt eine Liste der Alexanderpriester und Kanephoren bis zum Ende der Regierung des 3. Ptolemäers zusammengestellt. Auf Grund des neuen Materials ergeben sich folgende Ergänzungen, bez. Berichtigungen meiner Listen:

A. Alexanderpriester.

Jahr	Name des Priesters
Ptolemaios II. Philadelphos.	
12.	?, Sohn des Kallimedes [1]
13.	Νεα[.... ὁ...]οκλέους [2]
15.	Patroklos, Sohn des Patron [3]
22.	Pelops, Sohn des Alexandros [4]
23.	Kineas, Sohn des Alketas [5]
24.	Aristonikos, Sohn des Perilaos [6]

---

1) P. Hibeh I. 110, 40.
2) P. Hibeh I. 110, 44; vielleicht Nearchos, Sohn des Neokles.
3) P. Hibeh I. 99, 3/4 u. 128.
4) P. Petr. III. 52ᵃ, 3 u. P. Hibeh I. 92, 3/4.
5) P. Hibeh I. 88, 2/3.   6) P. Hibeh I. 85, 3/4 u. 150.

Jahr	Name des Priesters
28.	?, Sohn des Lykinos [1])
29.	Antiochos, Sohn des ? [2])
34.	Neoptolemos, Sohn des Phrixios [3])
27, 30.—32., 35., 37.—39.	?, ὁ Λα ... ονος [4])
Ptolemaios III. Euergetes I.	
2.	Tlepolemos, Sohn des Artapato(e)s [5])
3.	Archelaos, Sohn des Demos [6])
5.	Aristobulos, Sohn des Diodotos [7])
8.	Onomastos (?), Sohn des Pyrgon [8])
11.	Seleukos, Sohn des Anti ... os [9])
12.	Eukles, Sohn des Eubatas [10])
25.	Dositheos, Sohn des Drimylos [11])
Ptolemaios IV. Philopator.	
?	Ptolemaios, Sohn des .... rios [12])
Ptolemaios VI. Philometor V.	
12.	Pyrrhos, Sohn des Pyrrhos [13])

Ob der P. Hibeh I. 30, 23 genannte Philiskos, Sohn des Spudaios als Alexanderpriester oder als eponymer Priester von Alexan-

1) P. Hibeh I. 94, 6.

2) P. Hibeh I. 95, 2 berichtigt die Angaben des dem. P. Leid. 379.

3) P. Hibeh I. 98, 7/8.

4) P. Petr. III. 56 [b], 2; bezüglich der Zeit siehe die Bemerkungen Grenfell-Hunts, P. Hibeh I. S. 373.

5) P. Petr. III. 43, N. 2 Col. 2, 3 u. öft. berichtigt die Angaben des dem. P. Louvre 2438.

6) P. Hibeh I. 145; siehe auch die chronologischen Bemerkungen Grenfell-Hunts, P. Hibeh I. S. 373.

7) P. Hibeh I. 171.

8) P. Hibeh I. 89, 2/3; es ist übrigens nicht ganz ausgeschlossen, daß man für Onomastos Onomakritos einzusetzen hat.

9) P. Petr. III. 58 [c], 7 (cf. S. 8) u. 58 [d], 7.

10) P. Petr. III. 11, 11; 12, 2; 13 [a], 22; 14, 13; 16, 19.

11) P. Hibeh I. 90, 2 und die Bemerkungen Grenfell-Hunts hierzu S. 257 u. 376; über ihn siehe jetzt Willrich, Dositheos, Drimylos' Sohn in Klio VII (1907) S. 293/4 im Anschluß an Makk. III. 1, 3.

12) Dreispr. Inschrift Cairo 31088 bei Spiegelberg, Die demotischen Inschriften S. 14 ff. Infolge des Schlusses des Vatersnamens ist eine Gleichsetzung mit dem Alexanderpriester des 8. Jahres ausgeschlossen. Die gleichzeitige Nennung der Athlophore gestattet es ihn erst in die Zeit nach dem 8. Jahre des 4. Ptolemäers anzusetzen.

13) dem. P., publ. von Revillout, Précis du droit. II. S. 1052.

drien (siehe vorher S. 319) zu fassen ist, ist, da seine Zeit nicht genau
zu ermitteln ist und da er ebenso wie die anderen bis zum Jahre 272/1
v. Chr. bekannt gewordenen eponymen Priester (Menelaos, Sohn des
Lamachos und Limnaios bez. Athenaios, Sohn des Apollos) nur den
Titel ἱερεύς ohne einen Zusatz führt, vorläufig nicht zu entscheiden.

Auf **S. 176, A. 7** lies: Ἀσκληπιοδότου.

Der auf **S. 414** für das 25. Jahr des 3. Ptolemäers genannte zweite
Alexanderpriester Ptolemaios, Sohn des ? ist zu streichen, da Grenfell-
Hunt, P. Hibeh I. S. 376 in dem P. Petr. III. 21ᵍ an Stelle der Namensangaben die Formel: [ἐφ᾽ ἱερέως] τοῦ ὄντ[ος] ἐν Ἀ[λεξανδρεί]ᾳ κ. τ. λ.
κανηφόρου Ἀ[ρσινόης Φιλαδ]έλφου τῆς οὔσης ἐν Ἀλεξανδρείᾳ lesen.

Weitere Namen alexandrinischer ἐξηγηταί sind uns durch P. Tebt.
II. 317, 2 für das Jahr **174/5 n. Chr.**: T. Flavius Artemidoros (Titel:
ἱερεὺς ἐξηγητής), durch B. G. U. IV. 1074, 10 für die **Zeit vor 275 n. Chr.**:
Αὐρήλιος Εὔπορος ὁ καὶ Ἀγαθὸς Δαίμων, durch P. Straßb. I. 10, 1/2
(Fr. Preisigke, Griechische Papyri der kais. Univ. u. Landesbibl. zu Straßburg I. Band) für das Jahr **268 n. Chr.**: Flavius Athenodoros und
durch P. Fior. I. 57, 75 vielleicht ein Apollinarios für die Zeit vor
166/7 n. Chr. belegt.

Weitere Zeugnisse für den bereits bekannt gewordenen Appianos (die
Aurelierbezeichnung findet sich jetzt auch bei ihm) liefern die P. Fior.
I. 9 u. 10; P. Lond. III. 1226 (S. 103).

B. Kanephoren.[1]

Jahr	Name der Kanephore
Ptolemaios II. Philadelphos.	
22.	Mnesistrate, Tochter des Teisarchos (?)
23.	?, Tochter des Polemokrates
24.	Chareas, Tochter des Apios
20., 23., 25. oder 26.	Philotera, Tochter des ? [2]
28.	Nymphe, Tochter des Magon
34.	Arsinoe, Tochter des Nikolaos
27., 30.—32., 35. oder 37.—39.	Matela, Tochter des Ἀναδ..καδους
31., 35., 38. oder 39.	Megiste, Tochter des ? [3]

1) In den Fällen, wo keine Belege genannt sind, siehe die für die Alexanderpriester derselben Jahre vorher angeführten Papyri.

2) P. Hibeh I. 134 und die chronologischen Bemerkungen Grenfell-Hunts,
P. Hibeh I. S. 372.

3) P. Petr. III. 54ᵃ, 4; für die Zeit siehe Smyly, P. Petr. III. S. 158 u. Grenfell-Hunt, P. Hibeh I. S. 373.

Jahr	Name der Kanephore
Ptolemaios III. Euergetes I.	
2.	Ptolemais, Tochter des Thyion
3.	Arsinoe, Tochter des Polemokrates
5.	Jamnea, Tochter des 'Υπο . . . .
8.	Archestrate, Tochter des Ktesikles
11.	Aspasia, Tochter des Athenion
25.	Berenike, Tochter des Pythangelos
Unbestimmt	?, Tochter des Chariton [1])
Ptolemaios IV. Philopator	
12.	Hirene (?), Tochter des Philinos [2])
Ptolemaios VI. Philometor I.	
12.	Berenike, Tochter des Artamen [3])

Die auf S. 414 für das 25. Jahr des 3. Ptolemäers genannte zweite Kanephore Τιμ....., Tochter des Alexandros ist zu streichen; siehe vorher die Bemerkung über den 2. Alexanderpriester dieses Jahres.

Spiegelberg, Die demotischen Inschriften S. 19, nennt auf Grund der dreisprachigen Inschrift Cairo 31088 eine Athlophore aus der Zeit des 4. Ptolemäers Namens Hurma (? = Ὁρμή); mit einer neuen Athlophore macht uns dann auch ein dem. P., publ. von Revillout, Précis du droit II. S. 1052 bekannt: Hermione, Tochter des Polykrates; Zeit: 12. Jahr Ptolemaios' VI. Philometors I. Die Athlophore vom Jahre 112/11 v. Chr. hat augenscheinlich nicht den unmöglichen Namen Cratea geführt, sondern wohl Dem(etria) geheißen; siehe gr. Inschrift Cairo 9299 bei Milne, Greek inscriptions S. 8.

In dem eben genannten dem. Papyrus begegnet uns für dasselbe Jahr auch eine noch nicht bekannte Priesterin der Arsinoe Philopator; bei ihrem eigenen Namen übersetzt Revillout „une telle“ (meint er etwa damit, daß sie denselben Namen wie die vorhergenannte Kanephore, also Berenike führt?); der von ihm gebotene Vatersname Keros könnte vielleicht als Κίρος zu deuten sein.

Durch ebendenselben dem. P. sind uns die Ptolemaispriester Hippalos, Sohn des Sa(o)s (siehe Bd. I. S. 194) und Ginas (Revillout Kinos), Sohn des Dositheos (siehe Bd. I. S. 195) auch für das 12. Jahr Philometors I. belegt.

Ebenderselbe Papyrus macht uns schließlich auch mit einer Kane-

---

1) P. Petr. II. 25[1], 5.
2) dem. P., publ. von Revillout, Précis du droit. II. S. 1037. Der Papyrus stammt aus dem Payni; wäre Revillouts Lesung richtig, so würde er uns für das 12. Jahr Philopators mit einer 3. Kanephore (? Εἰρήνη) bekannt machen.
3) Der Vatersname Artamen ist vielleicht als Ἀρταμένης anzusetzen.

phore in Ptolemais (siehe Bd. I. S. 195) für das 12. Jahr des 6. Ptolemäers bekannt: Auklas (der Name wohl nicht richtig), Tochter des Poseidon, des Sohnes des Hermes.

Der einzige uns namentlich bekannt gewordene ἱερὸς πῶλος (siehe
Bd I. S. 193) hat vielleicht den Namen Paterios geführt, siehe die oben
genannte gr. Inschrift Cairo 9299 und hierzu Wilcken, Archiv IV. S. 244.

S. 197 ff.   Weitere Namen von ἱερεῖς (ἐπιστάται) τοῦ Μουσείου
bez. ἀρχιδικασταί sind uns jetzt belegt: Zeit des Antoninus Pius, Tiberius Nikaias (P. Leipz. I. 122, 10; siehe Wilcken, Archiv III. S. 569);
172 n. Chr., Tillius Proculus (P. Fior. I. 68, 5); **173 n. Chr. [?]**
(Tillius ist mir sehr ungewiß) Marcellus (P. Fior. I. 68, 3); **2/3. Jahrh.
n. Chr.**, Salvius Timagenes (P. Tebt. II. 435); **233 n. Chr.**, Αὐρήλιος
Ἰσίδωρος ὁ καὶ Θερμουνθίων (P. Fior. I. 56, 4); **240 n. Chr.**, ... ὁ
καὶ Σερῆνος (P. Leipz. I. 10, Col. 1, 1); **248 n. Chr.**, Αὐρήλιος Μάξιμος ὁ καὶ Ἑρμαίσκος (P. Tebt. II. 319, 1); **262 n. Chr.**, Hermon
(P. Straßb. I. 5, 7); wohl **3. Jahrh. n. Chr.**, Ἀγαθὸς Δαίμων ὁ καὶ Δίδυμος (B. G. U. IV. 1071, 1); vielleicht auch Zeit des Gallien, Aurelius Plution (P. Herm. I. 56, Col. 2, 19/20, siehe vorher S. 321); der
ἀρχιδικαστής Julius Theon, der durch C. I. Gr. III. 4734 als ein Vorgänger des G. Julius Dionysios zu erschließen war, ist uns jetzt durch
P. Tebt. II. 286, 14 als nach 122/3 n. Chr. (cf. Bd. I. S. 197) amtierend
belegt.

S. 202, A. 1.   Für das Forterben des Priesteramtes in einer Familie,
und zwar in der Zeit von der 22. bis 26. Dynastie bez. 19.—26. Dynastie,
siehe auch Baillet, Une famille sacerdotale contemporaine des XXIIᵉ—
XXVIᵉ dynasties, Rec. de trav. XVIII (1896) S. 87 ff. und Legrain, Der-
nières découvertes faites à Karnak, Rec. de trav. XXVII (1905) S. 61 ff.
(71 ff.).

S. 203, A. 3.   P. Tebt. II. 291, 31 zeigt uns, daß eine Priestertochter
schon im Alter von 10 Jahren „ἐν τάξι ἱερέων“ eingetragen gewesen ist.
Die an den Staat erstattete Geburtsanzeige eines Priestersohnes bietet jetzt
P. Tebt. II. 299.

S. 204 ff.   Für die Vererbung des priesterlichen Berufes bieten uns
die P. Tebt. II besonders deutliche Belege allgemeiner Natur aus römischer Zeit, so die offizielle Bezeichnung der ἱερεῖς als παραδόχιμοι
(298, 10; 302, 2; 611), sowie der in Verbindung mit Priestern in 302,
17 u. 28 gebrauchte Ausdruck „διαδοχὴ τῶν γονέων“; hierzu siehe auch
unpubl. P. Rainer 107 bei Wessely, Kar. u. Sok. Nes. S. 64.

S. 211 u. 215.   In P. Tebt. II. 292 werden zwei Priestersöhne von
7 bez. 11 Jahren zur Beschneidung d. h. zu der die Aufnahme in die
Priesterschaft vorbereitenden Handlung angemeldet. Selbst wenn man berücksichtigt, daß zwischen der Anmeldung und der Vornahme der Beschneidung wahrscheinlich eine längere Zeit verstrichen ist (siehe auch P. Tebt.
II. 293 gegenüber 292), so dürfte doch wohl namentlich der zuerst genannte in noch sehr jungem Alter beschnitten worden sein. Inwieweit
hier ein Ausnahmefall vorliegt oder ob tatsächlich die Priestersöhne zumeist sehr jung beschnitten worden sind, darüber scheint mir vorläufig
noch keine Entscheidung möglich; es wäre übrigens möglich, daß zwischen
der Vornahme der Beschneidung und der Ausübung der priesterlichen

Funktionen ein je nach dem Alter des Beschnittenen verschieden langer Zeitraum gelegen hat. Es erscheint mir nicht ausgeschlossen, daß man unter den ἱερεῖς ἀφήλικες speziell diese bereits beschnittenen Priestersöhne, die aber noch ἀνεικόνιστοι waren, zu verstehen hat (vergl. den Ausdruck ἱερεὺς ἀφῆλιξ gegenüber dem ἀφῆλιξ υἱὸς ἱερέως). Siehe hierzu auch die Bemerkungen über die ἱερώμενοι Bd. I. S. 216.

S. 211, A. 5. Ein sehr junger Priester — nur 15 Jahre alt — ist uns jetzt durch das gr. Mumienetikett Cairo 9392 bei Milne, Greek inscriptions S. 89 belegt.

S. 213 ff. Die Formalitäten, die vor der Beschneidung der Priesteranwärter zu erledigen waren, sind jetzt im Anschluß an P. Tebt. II. 292 u. 293 (siehe auch 291) von Grenfell-Hunt P. Tebt. II. S. 59 gut zusammengefaßt: 1) Bewerbungsschreiben der Eltern der Anwärter bez. ihrer Vertreter an die Gaubehörde, 2) Anfrage dieser Behörde bei dem in Betracht kommenden Priesterkollegium bezüglich des Verhaltens der Anwärter zu den zu erfüllenden Bedingungen, 3) Antwort desselben, 4) Bericht der Gaubehörde hierüber an den ἀρχιερεύς, 5) persönliche Vorstellung und Prüfung der Anwärter vor diesem.

Von der Aufnahme der Priesteranwärter spricht man offiziell als von ihrem ἐπικρίνεσθαι (P. Tebt. II. 298, 11, 13, 25 u. 27; 598; 611); siehe auch die Abgabe εἰσκριτικόν (Bd. II. S. 181, A. 5) und Heliodor, Aeth. III. 14.

S. 213, A. 1 u. Bd. II. S. 181. Auch Grenfell-Hunt, P. Tebt. II. S. 67 schlagen zur Ergänzung von B. G. U. I. 162, 16 „εἰσκριτικόν" vor. Herr Dr. Schubert schreibt mir nun, wir hätten s. Z. bei unserer Prüfung übersehen, daß beim Zusammenkleben des Papyrus dort fälschlich eine Lücke übergangen worden ist; darnach ist [εἰσ]κριτικόν nicht mehr unmöglich.

S. 216, A. 2. Zu der von mir postulierten Bedeutung von θρησκεῖαι siehe auch Herodot II. 37.

S. 219. Auch Grenfell-Hunt, P. Tebt. II. S. 85 halten es — im Anschluß an P. Tebt. II. 299 — für nicht sicher, daß die Mutter des Priesteranwärters Priesterin gewesen sein muß.

S. 221, A. 5. Lies Dionys II. 21.

S. 222/3. Durch P. Petr. III. 59ᵇ, 6 u. P. Tebt. II. 302, 24 ist uns jetzt eine als „νόθοι" bezeichnete Gruppe bekannt geworden, die mit den Tempeln jedenfalls in engerer Verbindung gestanden hat; in den νόθοι möchte ich die Priestersöhne von illegitimer Abkunft sehen (beachte, daß auch bei Heliodor, Aethiop. III. 14 der Ausdruck νόθος vorkommt); näheres über ihre Stellung läßt sich jedoch vorläufig nicht ermitteln.

S. 223 ff. Auf Eintritt fremder Elemente in die Phylenpriesterschaft weist uns auch P. Tebt. II. 312, 5/6 hin, wo ein Priester als „ἀπὸ τ[ῆς] δ γενεᾶς Π[έρση]ς τῆς ἐπιγονῆς" bezeichnet wird.

S. 227. Trotz der Bemerkungen von Grenfell-Hunt, P. Tebt. II. S. 67 möchte ich doch an meiner Erklärung der Zahlung „εἰσκρίσεως ἱερέων" festhalten. Sie mögen mit Recht die εἰσκρίσεως-Zahlung in P. Tebt. II. 598 dem εἰσκριτικόν gleichsetzen (übrigens fehlt hier „ἱερέων"), dagegen zeigen uns die beiden von mir verwerteten Belege für die Zahlung „εἰσκρίσεως ἱερέων", daß diese für bestimmte Jahre entrichtet worden ist. Dieser

Zusatz, der durchaus dem bei den übrigen Steuern gebrauchten entspricht, läßt sich nun m. E. nicht anders erklären, als daß durch ihn die betreffende Abgabe als eine alljährlich gezahlte charakterisiert werden sollte; ihre Gleichsetzung mit dem doch nur einmal entrichteten εἰσκριτικόν ist also unmöglich.

S. 229 f. Meine Bemerkungen über die den Priestersöhnen in der Hierarchie zugewiesenen Stellungen sind zu modifizieren. P. Tebt. II. 294 zeigt uns, daß es unter gewissen Voraussetzungen dem Priester doch möglich war seine Stelle auf die ἔκγονοι zu vererben; ob dies des öfteren der Fall gewesen ist, ist vorläufig nicht zu entscheiden (siehe hierzu übrigens im folg. S. 329 zu S. 235, A. 1. In dem betreffenden Falle handelt es sich um Kauf einer Prophetenstelle bei der römischen Regierung; eine der Kaufbedingungen ist die Möglichkeit der Vererbung der Stelle unter der Voraussetzung, daß jeder neue Inhaber dem Staate eine Amtsantrittsgebühr zahle. Wenn wir in P. Wess. Taf. gr. tab. 6 N. 6 für einen Priester die Bezeichnung προφήτης ἐκ προφήτου finden, so darf man hieraus wohl keine bestimmteren Schlüsse ableiten.

S. 231. Für die Möglichkeit Stufen in der Hierarchie zu überspringen siehe P. Tebt. II. 294, wo sich ein einfacher ἱερεύς um eine Prophetenstelle bewirbt, und P. Tebt. II. 298, 13 ff., wo ἱερεῖς gleich Stolistenstellen erlangt zu haben scheinen. Auf regelrechtes Avancement weist uns dagegen P. Tebt. II. 295, 6/7 hin.

S. 231, A. 2. Siehe hierzu jetzt auch P. Tebt. II. 298 und die Feststellung vorher S. 291, A. 2, daß die höheren Stellen sogar nicht immer besetzt gewesen sind.

S. 232. Für den Übertritt von Priestern von einem Tempel zu einem anderen siehe jetzt auch die hierogl. Inschrift, publ. von Breccia, Annales du service VIII (1907) S. 64 ff.

Das Alter der Mitglieder des leitenden Priesterkollegiums im unpubl. P. Rainer 107 schwankt nach Wessely, Kar. u. Sok. Nes. S. 57 zwischen 30 und 45 Jahren.

S. 233 ff. Über Verkauf von Priesterstellen durch den Staat unterrichten uns jetzt auch noch die P. Tebt. II. 294—297; 599. Sie stammen aus dem 2. Jahrhundert n. Chr. Es handelt sich in ihnen um den Verkauf einer Prophetenstelle an dem Soknebtynistempel zu Tebtynis; mit ihr sind übrigens noch andere Priesterstellen, τάξεις, so Z. 6 die λεσωνεία ἡ καὶ βαιοφορία verbunden gewesen (siehe z. B. 295, 10/11; 296, 10). Wir sehen auch hier, daß die Stellen versteigert werden (προκήρυξις: 296, 9; 599; κυροῦν: 294, 16 u. 21; 296, 8 u. 19); es mußten auch demnach vorher schriftliche Angebote von den Kauflustigen eingereicht werden (294). Auch hier sind zugleich mit den Angeboten (ὑπισχνεῖσθαι: 294, 13; 295, 7 u. 10) Anzahlungen von den Reflektanten geleistet worden, die naturgemäß bei denen, die die Stelle nicht erhielten, à fond perdu gegeben waren (außer es erfolgte etwa zwischen den vom Kauf Zurücktretenden und dem Käufer eine Einigung, siehe etwa 296, 20/21 u. 297), dem Käufer aber auf die Kaufsumme angerechnet worden sind (295; 296. Grenfell-Hunt, P. Tebt. II. S. 64 u. S. 72 irren, wenn sie die einzelnen hier genannten Summen als volle Kaufpreisangebote fassen und eine beständige Erhöhung der Kaufsumme feststellen; 296, 13 [siehe προαποδι-

δόναι] gegenüber 18—30 zeigt uns ganz deutlich, daß die vor dem Zu-
schlagstermin geleisteten Anzahlungen auf die schließlich gebotene Kaufsumme angerechnet worden sind. Diese hat 1 Talent betragen, war also
weit höher als der etwa 20 Jahre später für dieselbe Stelle gebotene Kaufpreis von 2200 Drachmen [294]).

In Erweiterung des Hinweises auf **S. 235, A. 1** auf den Verkauf
höherer Priesterstellen in ptolemäischer Zeit auf Grund von P. Tebt. I. 5,
80 ff. u. 6, 21 ff. sei bemerkt, daß hier die betreffenden Heiligtümer auf
ihre Rechnung vom Staat die Stellen gekauft haben (εἰς τὰ ἱερὰ ἐκ τῶν
ἱερῶν προσόδων; 6, 22 ist Grenfell-Hunts Ergänzung καρπειῶν zu streichen),
um sie natürlich ihrerseits mit Vorteil weiter zu verkaufen; jedoch haben
die betreffenden Stellen, wenn sie ihren Inhaber wechselten, immer wieder
zur Verfügung der Regierung gestanden, von den Priestern durften sie
dann nicht weiter überwiesen werden (siehe auch S. 237, A. 1).

S. 235 f. Meine Ausführungen über κρατεῖν habe ich bereits Bd. II.
S. 39, A. 2 dahin eingeschränkt, daß man von der Bedeutung „verfügen"
auszugehen habe. Insofern kann die κράτησις über ein Priesteramt auch
einem Priester übertragen werden. Im P. Tebt. II. 294 wird von dem
Bewerber um die Prophetie κυρεία καὶ κράτησις über diese erstrebt (Z. 19),
und dem entspricht auch die von ihm postulierte Möglichkeit sein Amt
auf seine Nachkommen vererben oder auf andere übertragen zu können
(Z. 18). Die Richtigkeit meiner Auffassung, daß jedoch κρατεῖν auch
etwa in dem Sinne von „Patronatsrechte ausüben" zu fassen ist, d. h.
daß die Übertragung des κρατεῖν (es fehlt dann stets κυριεύειν) über
eine Priesterstelle auch an Laien möglich war, zeigt dann m. E. klar
P. Tebt. I. 5, 62 ff. Es werden hier Z. 62—69 erst einmal die Mitglieder
der höheren Priesterschaft erwähnt, dann Z. 70—72 „οἱ ἐν τοῖς ἐλάσσοσιν
ἱεροῖς καὶ Ἰσιείοις[1]) καὶ ἰβίων τρ(οφαῖς) κ[αὶ ἱ]ερακεί(οις) καὶ Ἀνουβιείοις
[καὶ] τοῖς ἄλλοις", d. h. eben die Priester jener ἐλάσσονα ἱερά, und schließlich Z. 73 die „κρατοῦντες" der letztgenannten Heiligtümer. Da sie hier
ausdrücklich neben den Priestern genannt werden, kann es sich um
Priester bei ihnen nicht handeln (siehe auch Bd. II. S. 74, A. 4); die Bezeichnung „Tempelpatrone" scheint mir ihre Stellung am besten zu charakterisieren. All die Heiligtümer, welche κρατοῦντες besitzen, darf man
wohl in gewissem Sinne auch als Privatheiligtümer bezeichnen.

S. 238 ff. Zu den Gebühren „ἐπιστατικὸν ἱερέων" und „ὑπὲρ λεσωνείας" siehe Bd. II. S. 47 ff. u. 49/50 und die ähnlichen Bemerkungen von
Grenfell-Hunt, P. Tebt. II. S. 69 u. 99.

S. 240 ff. Ich schließe mich jetzt der Wilckenschen Deutung von
P. Gen. 7 im Archiv III. S. 381 an, wonach die betreffenden τάξεις dem
ἀρχιπροφήτης, und nicht nur ihre Besetzung zugestanden haben. Die Vereinigung mehrerer τάξεις in einer Hand zeigen uns P. Tebt. II. 294—96.
Die prinzipielle Folgerung auf S. 242 ist trotzdem nicht zu streichen, da
sie durch P. Tebt. I. 5, 80 ff. und 6, 21 f. gestützt wird, siehe oben.

S. 243. Hierzu verweist v. Bissing, Deutsche Literaturzeitung 1906,
Sp. 602 auf Maspero, Annales du service des antiq. V (1904) S. 84 ff.

---

1) Bei den hier genannten Ἰσιεῖα sei an die ἱσιονόμοι erinnert, Bd. II.
S. 73, A. 4.

S. 249. P. Leipz. I. 97 (siehe Wilcken, Archiv III. S. 568) vom Jahre 338 v. Chr. bietet vielleicht einen Beleg dafür, daß der Sohn eines Pastophoren ἱερεύς geworden ist.

S. 253. Zeitweises Verwalten des Priestertumes begegnet uns auch bei dem ἀρχιερεύς des arsinoitischen Hadrianeions, P. Tebt. II. 407, 2.

S. 256, A. 5. Da es sich bei Datierungen nach den Feststellungen Grenfell-Hunts, P. Hibeh I. S. 358 ff. und Smylys, Hermathena XXXII sowohl um das sog. Einnahmen(Etats)jahr als auch um das von ihm verschiedene Königsjahr handeln kann, so hat man bezüglich der Annahme von sacerdotes suffecti auf Grund von verschiedenen Priesternamen in anscheinend demselben Jahre sehr vorsichtig zu sein.

S. 260, A. 3. Lies Ps. Aristoteles II., 2, 25; c. 33 (über Kleomenes handelnd) ist Dublette hierzu.

S. 262. Wohl zur Zeit des Augustus ist ἱερὰ γῆ im Umfang von 500¼ Aruren, welche dem Gotte Soknebtynis zu Tebtynis gehört hat, vom Staate konfisziert worden (P. Tebt. II. 302); solches Land hat man als βασιλική oder δημοσία ἱερευτικὴ γῆ (P. Tebt. II. 390, 12 u. 311, 15) bezeichnet. Es ist dies ein weiterer Beleg (siehe auch P. Tebt. I. 5, 50/1) dafür, daß man unter ἱερὰ γῆ volles Eigentum der Tempel zu verstehen hat.

S. 265, A. 2. Es handelt sich natürlich um den 10. und 11. Ptolemäer.

S. 268, A. 2. Lies Rev. L. 36, 15. Für γῆ ἐν δωρεᾷ siehe jetzt auch H. Maspero, Les finances de l'Égypte sous les Lagides S. 23/4 und Grenfell-Hunt, P. Hibeh I. S. 213.

S. 272, A. 2. Lies Sitz. Berl. Ak. 1896. S. 469.

S. 276, A. 2. Weitere Angaben über Landbesitz von Faijûmtempeln in Theadelphia, Tebtynis, Arsinoe und sonst (ptolemäische und römische Zeit) siehe P. Petr. III. 82; P. Tebt. II. 346, 5, 12 u. 20; 363, 3; 436 (P. Tebt. I. 86 bietet auch Belege für Arsinoe); 453; P. Petr. III. 97. Der letztgenannte Beleg ist besonders bemerkenswert, weil er uns auch mit ἱερὰ γῆ griechischer Tempel, des der Demeter und der Kora und des der Dioskuren (Z. 5 u. 7) bekannt macht.

S. 218. Für den Betrieb der Landwirtschaft durch die Tempel auf eigene Rechnung bieten jetzt anscheinend Beispiele P. Tebt. I. 62, 7 ff. u. 84, 93 (ptolemäische Zeit); II. 302 (römische Zeit); jedenfalls in dem letzten Falle sind doch wohl die Priester nur als die Vertreter ihres Tempels genannt. Es ist übrigens bemerkenswert, daß wir in beiden Fällen nachweisen können, daß zu anderer Zeit ebendieselben Grundstücke von den ἱερεῖς nicht selbst bewirtschaftet, sondern verpachtet worden sind (P. Tebt. I. 63, 18 ff., nur 3 Jahre später als Nr. 62; II. 309 [Grenfell-Hunt S. 92 deuten ihn nicht richtig, siehe Z. 22: μεταμισθοῦντες]; 310; 311).

S. 282. Der Besitz von Schafherden ist jetzt auch für den Soknebtynistempel in Tebtynis aus römischer Zeit belegt; P. Tebt. II. 298, 53.

S. 283. Über nichtpriesterliche Bewohner der Tempelbezirke siehe B. G. U. IV. 1071; P. Tebt. I. 6, 40; 39, 9; 44, 12.

S. 284, A. 5. Die Lesung δρόμῳ ist die richtige, siehe Hultsch, Archiv III. S. 426.

S. 284, A. 7. Über staatliche θησαυροί im Tempelbezirk siehe Bd. II. S. 88, A. 3.

S. 285, A. 3. P. Hibeh I. 167 (ptolemäische Zeit) nennt einen φυλα-κίτης ἀπὸ τοῦ Ἰσιείου (oxyrhynchitischer Gau).

S. 286. Über παστοφόρια im Privatbesitz siehe jetzt auch P. Tebt. II. 383; 543.

S. 288, A. 2. Siehe auch C. P. R. I. 221.

S. 291 ff. In P. Tebt. I. 6, 25 werden unter den Haupteinnahme-quellen der Tempel auch die ἐργασίαι erwähnt (ptolemäische Zeit).

S. 295/6. Ziehens, Berl. Phil. Woch. 1907. Sp. 115 gegen meine Er-klärung des τέλος θυιῶν geäußertes Bedenken, daß nämlich in dem Rev. L. ὅλμος für Mörser gebraucht werde und nicht θυιά, ist irrelevant, da ja zwischen dem Rev. L. und den Belegen für das τέλος θυιῶν ein Zeitraum von etwa 400 Jahren liegt; die Anwendung eines anderen Wortes besagt unter diesen Umständen nichts.

S. 297. Die richtige Deutung von P. Lond. II. 335 (S. 191) ermög-licht erst die neue Lesung Wilckens von Z. 12 (Archiv III. S. 243). Dar-nach hatte der Pächter dem Tempel in den ersten 5 Jahren offenbar gar keine Pacht zu zahlen, sondern er sollte den φόρος „εἰς τὸ μύλαιον", d. h. wohl zu dessen Instandsetzung u. dergl. aufwenden.

S. 298. Ganz bemerkenswert ist Ostr. 3 (2. Jahrhundert n. Chr.) in P. Tebt. II. S. 336, welches uns wohl von einer Materiallieferung für das Heiligtum von Bubastos zur Bereitung von Bier berichtet.

S. 300 ff. Für die Monopolisierung der Othonionfabrikation siehe auch H. Maspero, Les finances S. 77/8 u. P. Hibeh I. 67.

S. 301. Die Zahlung für „κοπῆς" (sc. τριχός, siehe auch P. Fay. 59) καὶ χειρωναξίου ist uns nach Grenfell-Hunts, P. Tebt. II. S. 50 Lesung für die Priester des Soknopaiostempels (römische Zeit) auch durch P. Lond. II. 478 (S. 111) belegt.

S. 301, A. 5. Die gewerbliche Licenzsteuer der Bierbrauer unter dem Namen ζυτηρὰ κατ' ἄνδρα ist jetzt auch durch Ostr. 1 u. 2 in P. Tebt. II. S. 335 belegt (römische Zeit). Über die gewerbliche Licenzsteuer siehe auch H. Maspero a. a. O. S. 105 ff. u. P. Tebt. II. 287 u. 360.

S. 302. Grenfell-Hunt, P. Tebt. II. S. 96 wenden sich gegen meine Erklärung der Steuerzahlung „κοπῆς τριχὸς καὶ χειρωναξίου" als Zahlung für zwei mit einander korrespondierende Steuern; ihre Bedenken erscheinen mir jedoch ganz unbegründet. (Wenn in einer kurzen Quittung unter dem obigen Ausdruck über eine Zahlung quittiert wird, so spricht doch alles dafür, daß die Zahlung eben für das geleistet ist, was in der Quittung ausdrücklich genannt ist, also für „κοπῆς τριχὸς καὶ χειρωναξίου" und nicht nur für das χειρωνάξιον.)

S. 303. Durch P. Tebt. II. 305 ist uns jetzt ein γερδιοραβδιστής belegt; er ist als Vertreter eines Spezialgewerbes zwischen Walkerei und Weberei zu fassen, das aber auch sowohl von den eigentlichen Walkern, als auch von den Webern mit ausgeübt worden ist; meine durch den Hinweis auf die technische Bedeutung des Wortes κόπτειν erzielte Erklä-rung von „κοπῆς τριχός" erscheint mir jetzt gesichert.

S. 304 ff. Im Anschluß an P. Tebt. II. 305 erheben Grenfell-Hunt P. Tebt. II. S. 96/7 Einwände gegen meine Deutung der von den Tempeln gezahlten Gewerbesteuern; sie wollen diese nicht als Beleg für den Betrieb der betreffenden Gewerbe durch die Tempel ansehen, sondern kehren zu

der alten Wilckenschen Auffassung zurück, wonach die Priester jene
Steuern an den Staat nur in ihrer Eigenschaft als Steuererheber abgeführt hätten. Meine Einwände gegen diese Erklärung erscheinen mir
durch sie nicht erschüttert; die P. Tebt. II. 305; 601—604 lassen sich
übrigens durchaus mit meiner Auffassung vereinen. Es werden hier
„ἐπιτηρηταὶ ἱερατικῶν ὠνῶν" genannt, an die γέρδιοι bez. γερδιοραβδισταὶ
ihre Steuern bezahlen. Auch in Tebtynis haben eben ebenso wie in
Soknopaiu Nesos die Priester von ihren Gewerbetreibenden die Steuern
nicht selbst erhoben, sondern die Erhebung verpachtet, hier allerdings
nicht an die Gewerbetreibenden selbst. In der Abrechnung des Tebtynis-
heiligtumes in P. Tebt. II. 298 erscheint alsdann (Z. 65) eine Zahlung
„ὑπὲρ γερδίων", die man natürlich mit jenen Steuerzahlungen in Verbindung bringen muß.[1]) Wenn dagegen in den Abrechnungen des Soknopaiostempels eine solche Zahlung sich nicht findet, so hängt dies einfach
damit zusammen, daß die Weberei zur Zeit der Abrechnungen von dem
Tempel nicht selbst betrieben worden ist (siehe hierzu Bd. I. S. 301;
P. Amh. II. 119 belegt uns, da sich meine Vermutung über die Abgabe
„κοπῆς τριχός" als richtig erwiesen hat, durchaus nicht den Betrieb der
Weberei durch das Soknopaiosheiligtum).

S. 304, A. 5. Lies P. Lond. II. 347 (S. 70).

S. 310. Die Entrichtung von Abgaben „ἁλ[ιέων]" und „γερδίων"
durch den Soknebtynistempel (P. Tebt. II. 298, 64/5) deute ich dahin, daß
Fischer und Weber in Diensten des Tempels gestanden haben.

S. 312, A. 3. Siehe jetzt auch Edgar, On the dating of the Fayum
portraits, Journ. of hellen. stud. XXV (1905) S. 225 ff.

S. 315. Die in B. G. U. I. 176 erwähnten Sklaven sind nicht als
Tempelsklaven, sondern als Privatsklaven der Priester zu fassen; siehe
Bd. II. S. 252.

S. 316 ff. In P. Tebt. I. 6, 25 wird als eine der wichtigeren Einnahmequellen der Tempel auch das Betreiben von Handelsgeschäften erwähnt (ptolemäische Zeit).

S. 316, A. 3. Aus P. Tebt. I. 6, 29 u. 37 (Z. 25 ist fälschlich genannt) ein Hetairen„monopol" der Tempel zu erschließen. wie dies H. Maspero, Les finances S. 108 tut, scheint mir nicht berechtigt zu sein.

S. 319, A. 3. Vielleicht enthält auch P. Oxy. III. 521 (2. Jahrhundert
n. Chr.) einen Beleg für ein Depot von Eigentum von Privatleuten in
einem Tempel (Z. 9 ff.).

S. 323 ff. Über die Höhe der Einnahmen des Soknebtynistempels in
Tebtynis um 146 v. Chr. orientiert uns jetzt P. Tebt. II. 294, freilich auch
nicht über die Gesamteinnahmen, sondern es sind von diesen bereits bestimmte Ausgaben, d. h. wohl beständig wiederkehrende Kultkosten oder
dergl. abgezogen (vergl. übrigens immerhin P. Tebt. I. 88, 10 ff. u. hierzu
Bd. II. S. 39, A. 2); der so verbleibende Einnahmerest hat 300 Silberdrachmen, 250 Artaben Weizen und $49\frac{1}{6}$ Artaben Linsen betragen.

---

1) Ziehen, Berl. Phil. Wochenschr. 1907. Sp. 114 behauptet mit Unrecht,
ich erklärte es als zufällig, daß die Priester ihrerseits von den Gewerbetreibenden gerade die Steuern empfingen, die sie dann selbst an den Staat zahlen,
siehe jedoch Bd. I. S. 308. Ziehens Vergleich der Formel der Ostrakaquittungen
mit der in den κατ᾽ ἄνδρα-Abrechnungen sich findenden ist unberechtigt.

S. 323, A. 2. Lies Maspero usw. S. *285.*

S. 326 ff. Weitere Tempelinventarverzeichnisse aus römischer Zeit — sie beziehen sich alle nicht auf das Faijûm — enthalten: P. Oxy. III. 521; dem. Inschr. Cairo 30691 bei Spiegelberg, Die demotischen Inschriften S. 80 ff. (Tempel von Djeme. Es ist ziemlich reichhaltig; allerlei Getäße und Maße, Siegelring, Bett aus Gold usw.; die Gegenstände bestehen zümeist aus Kupfer, aber auch Gold- und Silbersachen sind vertreten); ganz bemerkenswert sind auch die Angaben über das Inventar eines kleinen Dorfheiligtums aus dem 5. Jahrhundert n. Chr., siehe den von Leipoldt, Schenute von Atripe S. 179 verwerteten koptischen Text. Zum Vergleich sei auch noch auf C. I. L. XIV. 2215 verwiesen, wodurch uns ein Einblick in das Inventar eines Tempels ägyptischer Gottheiten in Latium verschafft wird.

S. 327, A. 4. Siehe hierzu Erman, Ägypt. Relig. S. 213.

S. 328. Gerätbehälter sind vielleicht auch in der eben genannten dem. Inschrift Cairo 30691 erwähnt.

S. 331. Über die Aufbewahrung von Tempelinventarstücken bei bestimmten Personen siehe dem. Inschrift Cairo 30691 und speziell zu B. G. U. II. 590, 2: P. Tebt. II. 600.

Über Statuen in Tempeln siehe z. B. auch die Angaben über das Denderaheiligtum bei Erman, Ägypt. Relig. S. 46.

S. 332. In den κωδώνια darf man vielleicht Amulette sehen (siehe Johannes Chrysostomos in 12. Homilie c. 7 zu Epist. I. ad Cor. und etwa C. I. L. XV. 7069; 7070; I. Gr. S. It. 2409); wohl auch in den S. 337 erwähnten σεληνάρια und γλωσσάρια.

S. 333, A. 2. Siehe hierzu jetzt F. Rosen, Über Kindersparbüchsen in Deutschland und Italien, Globus LXXXVII (1905) S. 277 ff.

S. 336. Bezüglich der Prunktischchen siehe jetzt Strano, Intorno ad una mensa rinvenuta in Pompei in Rendic. delle R. Acad. dei Lincei, cl. di scien. mor. etc. Ser. V. Bd. XIV (1905) S. 215 (er bespricht einen Tisch ägyptischen Ursprungs).

S. 337, A. 2. Siehe F. W. v. Bissing, Metallgefäße, Catal. gén. des antiq. égypt. du musée du Caire, Indices N. III. (Zeitfolge) S. 78 (griech.-römische Zeit) u. vgl. S. XIV ff. Neue Silberfunde in Ägypten aus ptolemäischer Zeit siehe Archäol. Anzeig., Beibl. zum Jahrb. des k. deutsch. arch. Inst. 1905, S. 69; 1906, S. 138.

S. 339, A. 3. Siehe auch Clem. Alex. Paedag. III. p. 253 ed Potter.

S. 340 ff. Gegenüber den Bemerkungen Bouché-Leclerqs, Hist. des Lag. III. S. 199, A. 1 halte ich meine Ausführungen über die ἀπόμοιρα voll aufrecht.

Neue Belege für die ἀπόμοιρα: P. Hibeh I. 109 (ptolemäische Zeit); P. Oxy. III. 653; P. Tebt. II. 343 (römische Zeit).

S. 348, A. 2. Nach der Mendesstele Z. 11 ff. (siehe bei Sethe, Hieroglyph. Urkunden der griech.-röm. Zeit Heft 1, S. 40) sind im mendesischen Gau der Arsinoe Philadelphos bei ihrem Ableben dieselben göttlichen Ehren erwiesen worden, wie den Böcken bei ihrem Tode (ihre Proklamierung als Φιλάδελφος wird erst in den folgenden Zeilen erwähnt); man könnte dies immerhin dafür anführen, daß sie für den ägyptischen Kultus bereits vor ihrem Tode als Göttin gegolten hat.

S. 349. Belege aus hieroglyphischen Inschriften für die Verehrung der Arsinoe als *Φιλάδελφος* in ägyptischen Tempeln zu Lebzeiten des 2. Ptolemäers sind zusammengestellt von Sethe a. a. O. 2. Heft, S. 106 ff.

S. 356 ff. Durch P. Tebt. II. 281 ist uns jetzt die „*διδραχμία τοῦ Σούχου*" auch für das Jahr 125 n. Chr. als eine beim Verkauf von bebauten und unbebauten Grundstücken an den Suchostempel zu zahlende Abgabe belegt; es sind hiernach also nicht nur in Arsinoe, sondern auch in Tebtynis die Grundstücksverkäufe — und zwar in Tebtynis alle — mit einer Kirchensteuer belastet gewesen. Nach dem neuen Beleg erweist sich die Abgabe als eine recht bedeutende; es waren $10^0/_0$ vom Kaufpreis (nämlich 2 Drachmen von je 20) zu entrichten. Die Abgabe wird hier von einem Priester für den Tempel eingetrieben.

S. 358. Auf eine fundierte Kirchensteuer, welche einen *κλῆρος* belastet hat (siehe S. 359, A. 1), weist uns wohl auch P. Rein. 40 (ptolemäische Zeit) hin; für einen *κλῆρος* werden nämlich an einen Sitologen „*περὶ ἰβίων φαγή(ματος?)*" 20 Artaben Getreide gezahlt. Die Zahlung an den Sitologen zeigt uns wieder die Ausschaltung der Priester von der Kirchensteuererhebung.

S. 359 ff. Auf die Erhebung von Kirchensteuern, deren Charakter sich jedoch nicht näher feststellen läßt, in ptolemäischer Zeit weisen uns jetzt auch P. Hibeh I. 35 (um 250 v. Chr.); 77 (249/8 v. Chr.) hin. Sie sind in dem 2. Falle nicht von den Priestern selbst, sondern augenscheinlich von Personen, die im Staatsdienst standen, erhoben worden; ein Dekret verfügt, daß sie in gewohnter angemessener Weise den Tempeln übermittelt werden. Über eine an den Tebtynistempel in römischer Zeit in Naturalien entrichtete Kirchensteuer, die die Bezeichnung *λογεία* führt, siehe P. Tebt. II. 298, 34 ff. (daß es sich hier nicht um eine freiwillige Kollekte handelt, zeigt uns deutlich Z. 45); zu der Zahlung der Steuer sind eine ganze Anzahl in der Nähe gelegene Ortschaften verpflichtet gewesen. Für die „*λογεία*" siehe auch P. Tebt. II. 554. Siehe ferner gr. Ostr. 15, publ. von Goodspeed, Americ. Journ. of Philol. XXV. S. 49 (vergl. Wilcken, Archiv IV. S. 248), wodurch eine Kirchensteuer „*ὑπὲρ Ἀμμῶνος θεοῦ κτίστου*" für die Thebais belegt ist. Um eine Kirchensteuer handelt es sich wohl auch, wenn neben Zahlungen für Grund und Boden auch eine Abgabe „*ὑπὲρ σπονδῆς*" erwähnt wird (siehe etwa P. Oxy. I. 101; auch III. 525, 7; 610; P. Leipz. I. 97. Col. 2, 10 u. ö. [hierzu Mitteis, ebenda S. 249]; P. Tebt. II. 347, 2; P. Lond. III. 1223 [S. 139], Z. 14; siehe auch 948 [S. 219], Z. 17). Dagegen darf man m. E. die in verschiedenen privaten Abrechnungen (siehe etwa P. Tebt. I. 114, 17; 115, 20 u. 30 ff.; 119, 4; 120, 26 u. 82; 121, 67 u. 76; P. Oxy. IV. 806; P. Rein. 9bis, 11; P. Lond. III. 1170 Verso [S. 193], Z. 56, 252, 261; zumeist aus ptolemäischer Zeit) eingetragenen Ausgaben (an Geld und Naturalien), die unter dem Titel „für Heiligtum X", „für Priester Y" u. dergl. gebucht sind, durchaus nicht ohne weiteres als Hinweise auf etwaige von den betreffenden Ausstellern gezahlte Kirchensteuern fassen; es kann sich hier stets um Spenden u. dergl. handeln.

S. 361 f. Für den Fall, daß Wilcken, Archiv IV. S. 267 mit Recht als Ursprungsort der *λογεία*-Ostraka Hermonthis annimmt, hat man den die Sammlung vornehmenden Isispriester als einen Priester des hermonthischen Filialtempels des Heiligtumes von Philä (Wilcken, Archiv IV.

S. 251) zu fassen; der Titel προστάτης τοῦ θεοῦ kann dann sehr wohl, wie Wilcken bemerkt, auf den Hauptgott von Hermonthis hinweisen, doch darf man jedenfalls nur annehmen, daß dieser in dem Filialtempel mitverehrt worden ist, nicht aber daß der Filialtempel seinerseits wieder mit dem Heiligtum dieses Gottes vereinigt gewesen ist. Eine „Kollekte des großen Gottes und der großen Göttin Isis" ist aller Wahrscheinlichkeit nach übrigens auch in einem dem. Ostr. Brüssel bei Spiegelberg, Ä. Z. XLII (1905) S. 57 erwähnt.

S. 363. Siehe Bd. II. S. 175, A. 1; sollte man etwa auch die in P. Fay. 42ᵃ Col. 1, 12 gebuchte Zahlung „ἱερέων δημοσίων" mit der Zahlung „ὑπὲρ τῶν δημοσίων τῆς φεννησίας" in Verbindung bringen dürfen? (Andere Deutung Bd. I. S. 385.)

S. 364. Die Kirchensteuer „ἱερὸς χειρισμὸς Σοκνοπαίου Νήσου" ist zu streichen; siehe Grenfell-Hunt, P. Tebt. II. S. 50.

S. 366 ff. Bezüglich der σύνταξις der Priester ist zu beachten, daß sie mitunter nicht durch die Vermittlung der Tempel, sondern an die Priester direkt bezahlt worden ist, siehe Bd. II. S. 124, A. 2.

S. 367, A. 1 wird berichtigt durch Bd. II. S. 124, A. 2.

S. 368, A. 1. Dieselbe Deutung des Wortes σύνταξις wie ich bietet jetzt auch Smyly in P. Petr. III. S. 219/20. Meine Erklärung der γῆ ἐν συντάξει (sie auch übrigens bei Revillout, Précis du droit I. S. 664/5) wird durch P. Tebt. II. 302 bestätigt, denn hiernach ist Priestern an Stelle der ihnen zukommenden σύνταξις-Zahlungen Land zur Nutznießung zugewiesen worden. Übrigens ist es schon im alten Ägypten den königlichen Beamten gestattet gewesen als Besoldung königliches Eigentum zu benutzen, siehe Erman, Ägypten I. S. 178.

S. 369 f. P. Tebt. II. 302 (1. Jahrhundert n. Chr.) weist uns jetzt darauf hin, daß die Gesamtheit der ἱερεῖς eines Tempels σύνταξις erhalten hat.

S. 373 ff. wird berichtigt durch Bd. II. S. 124, A. 2.

S. 375 ff. Wie schon Bd. II. S. 124, A. 2 angedeutet ist, erfordern P. Lond. I. 27 (S. 14) und 31 (S. 15) eine andere Erklärung. Wir müssen bei ihr von Nr. 31 ausgehen und noch P. Lond. I. 17 (S. 10), Z. 46 ff. heranziehen. In dieser Urkunde findet sich nämlich die Anweisung an den Thesaurosbeamten, dem Vertreter der „Zwillinge" 3 Metretai Sesamöl, von denen ihnen eins anstatt der ihnen eigentlich zustehenden 2 Metretai Kikiöl zukommen sollte, zu verabfolgen. Trotzdem ergibt sich aus Nr. 31, daß nur 2 Metretai verabfolgt worden sind. Aus uns nicht mehr ersichtlichen Gründen (zwischen der Anweisung in Nr. 17 und der Auszahlung liegen fast zwei Monate) hat sich der θησαυρός eben nicht dazu verstanden, den Ersatzmetretes Sesamöl zu verabreichen. Mit dieser Nichtverabfolgung muß man nun aber m. E. die der Beurkundung der Auszahlung der 2 Metretai angehängte Kassenanweisung (Z. 6 ff.; ihr Original ist Nr. 27; hieraus folgt, daß wir es hier nicht mehr mit dem θησαυρός, sondern mit der τράπεζα zu tun haben und daß μέτρησον die mißverständliche Auflösung der Zahlungssigle durch den Abschreiber ist. Der Imperativ zeigt uns jedoch, daß es sich hier nicht um eine Quittung, sondern um eine Anweisung handelt) in Verbindung bringen; stände sie in keinem inneren Zusammenhange, so wäre ja die Verknüpfung unverständlich. Es sollen nämlich auf Grund der Anweisung von der Kasse einem χειριστής in Gegen-

wart von Vertretern der „Zwillinge" für zwei Jahre je 21 Drachmen
5 Obolen, also im ganzen 43 Silberdrachmen 4 Obolen (S. 376, A. 1) ausgezahlt werden, und zwar „ἐλαϊκῆς σησαμίνου", d. h. eben für den noch
fehlenden Ersatzmetretes Sesamöl (daß es sich hier um den das Kikiöl ersetzen
sollenden Metretes Sesamöl handelt, dafür könnte man immerhin auch noch
anführen, daß auf der Originalquittung in Nr. 17 der Schreiber ursprünglich „κικιο" [siehe Tafel 5 von P. Lond. I] geschrieben und es erst nachträglich in „σησα(μίνου)" verbessert hatte; da der Ersatzmetretes die
Ration zweier Jahre umfaßt, ist die Geldanweisung auch für die beiden
Jahre spezialisiert angegeben).

Diese neue Deutung der beiden Papyri bedingt eine andere Berechnung des Wertes der Ölsyntaxis der „Zwillinge". Die Regierung hat hiernach den Metretes Sesamöl mit 43 Drachmen 4 Obolen berechnet, und,
da sie ihm zwei Metretai Kikiöl gleichsetzt, den Wert des letzteren pro
Metretes auf 21 Drachmen 5 Obolen (diese Ansätze der Ölpreise nähern
sich mehr als die früher von mir berechneten Preise denen zur Zeit des
Revenue-Papyrus, siehe S. 378, A. 1). Es hat mithin der Wert der Ölsyntaxis 65 Drachmen 3 Obolen betragen, der Gesamtwert der „Zwillings"-
syntaxis etwa 160 Drachmen, die σύνταξις eines „Zwillings" also nicht 60,
sondern etwa 80 Silberdrachmen.

S. 389, A. 1. Über die Ptolemäerbauten auf Philä siehe jetzt die
zusammenfassenden Bemerkungen von Rubensohn-Borchardt, Griechische
Bauinschriften ptolemäischer Zeit auf Philä, Archiv III. S. 356 ff.

S. 389, A. 3. Der Bau des Denderatempels hat nach Junker, Sitz.
Berl. Ak. 1905 S. 795 erst unter dem 13. Ptolemäer begonnen.

S. 391. Wilcken, Archiv III. S. 393/4 dürfte wohl im Recht sein,
wenn er Sueton, Titus c. 5 auf die Bestattung eines Apis deutet; er fügt
dem die prinzipielle Behauptung hinzu, daß man die heiligen Tiere bei
Lebzeiten nicht als ϑεοί auffassen dürfe.

S. 391, A. 2. Für den 4. Ptolemäer bietet uns wohl der demotische
Teil der triling. Inschrift Cairo 31088 bei Spiegelberg, Die demotischen
Inschriften S. 17 den urkundlichen Beleg für die Sorge des Staates für
die Begräbnisse der heiligen Tiere.

S. 391/2. Wilcken, Archiv III. S. 395 hebt meiner Auffassung gegenüber wohl mit Recht hervor, daß Beiträge wie die von dem Soknopaiostempel „ὑπὲρ ἀποθεώσεως Ἄπιδος" gezahlten auf einer Verpflichtung beruhen;
die ursprüngliche Kollekte hat eben auch hier einen Zwangscharakter angenommen. Für die Verbreitung solcher Zwangskollekten bietet uns jetzt
P. Tebt. II. 313 ein weiteres Zeugnis; ihm zufolge sind nämlich von dem
Tebtynisheiligtum im Jahre 213 n. Chr. als Beitrag für die Trauerfeierlichkeiten (so wohl) des Mnevis in Heliopolis an den Tempel des Stieres
20 Ellen Byssosstoff geliefert worden.

S. 395. Herzog, Aus dem Asklepieion von Kos, Archiv für Religionswiss. X (1907) S. 201 ff. (217) hat mit Recht die von mir angenommene
Deutung der Ptolemaisinschrift für falsch erklärt; es handelt sich auch
hier nicht um Drachmen, sondern wie sonst stets um Tage, die Entrichtung von Eintrittsgeldern ist also aus ihr nicht zu folgern.

S. 395, A. 5. Siehe hierzu auch Herzog a. a. O. S. 210 ff.

S. 396, A. 2. Wenn ich hier von dem ägyptischen Ursprunge der ϑησαυϱοί spreche, so wollte ich durchaus nicht behaupten, daß die ägyptische Sitte das Vorbild für die griechischen Tempelthesauroi gewesen ist, sondern nur, daß wohl diese Opferstöcke auch in Ägypten im Laufe der fortschreitenden Entwicklung von selbst entstanden und nicht auf griechische Beeinflussung zurückzuführen seien; siehe auch Herzog a. a. O S. 218.

S. 397, A. 3. Siehe auch P. Tebt. I. 44 und Bd. II. S. 17, A. 3.

S. 397, A. 4. Bezüglich Befragung der Tempelorakel siehe auch noch z. B. P. Tebt. II. 284 (Tebtynis); P. Lond. III. 854 (S. 205) (Amonsoase).

S. 401. Von einer unter bestimmten Bedingungen dem Serapeum in Alexandrien zufallen sollenden wohl größeren Schenkung (näher spezialisiert ist sie nicht) eines arsinoitischen Bürgers um 200 n. Chr. ist im P. Tebt. II. 404 die Rede.

S. 401, A. 1. Unter dem hier genannten Talente hat man das Kerker zu 300 deben zu verstehen; siehe Hultsch, Ptolemäische Münz- und Rechnungswerte, Abh. Sächs. Ak. XXII (1904) S. 24/5.

S. 401, A. 4. Siehe jetzt auch P. Tebt. II. 298, 45/6 (Spenden für das Tebtynisheiligtum).

S. 402. Von Beiträgen an eine σύνοδος von κληϱοῦχοι im Faijûm (ptolemäische Zeit) ist wohl im P. Tebt. I. 119, 22 u. 25 ff. die Rede.

S. 403, A. 2. Siehe P. Tebt. I. 5, 80 ff.; vergl. vorher S. 329.

S. 409. Lies B. G. U. IV. 1023, nicht 1032.

S. 410. Den Namen Ἐσεγχῆβις hat Spiegelberg, Varia XCVII, Rec. de trav. XXVIII (1906) S. 162 f. mit Recht als „Isis in Chebis" gedeutet; siehe auch Wilcken, Archiv IV. S. 264.

Zu der im dem. P. Berl. 3115 (Spiegelberg, S. 18) genannten Genossenschaft darf man als Vergleich den durch P. Tebt. I. 118 uns belegten Verein heranziehen, da von ihm Ausgaben für Wein usw. unter der Bezeichnung „πεϱιδίπνου" aufgewandt werden und auch sonst gleichsam gemeinsame „Trinktage" abgehalten werden.

S. 412. Der von Kenyon mir mitgeteilte Papyrus ist jetzt als P. Lond. III. 879 (S. 6) publiziert.

S. 415. Lies: ⟨ | .

S. 417. Lies: P. Grenf. I. 57, 10 statt 53, 10.
Lies: P. Tebt. I. 5, 50 ff. statt I. 50 ff.

S. 418. Auf Verpachtung von Herden, gleichfalls Schafherden, weisen uns auch wohl die P. Straßb. I. 6, 7 u. 8 hin; siehe auch P. Oxy. IV. 807. Der Auffassung Masperos, Les finances S. 62 der βασιλικοὶ χηνοβοσκοί als Vertreter eines königlichen Monopols kann ich nicht zustimmen.

Band II.

S. 2. Die Gesamtausgaben des Soknebtynisheiligtumes im Jahre 107/8 n. Chr. haben an Geld über 2000 Silberdrachmen betragen; die Naturalausgaben lassen sich nicht näher feststellen (P. Tebt. I 298, 74).

S. 6, A. 2. Siehe auch Moret, Le rituel du culte divin journalier.

S. 9. Über die in Sais gefeierten Kirchenfeste siehe jetzt P. Hibeh I. 27; es werden uns für die letzten 9 Monate des Jahres 11 Feste genannt.

S. 14. Siehe hierzu Bd. II. S. 172 u. 336.

S. 15. Bezüglich der Stellung der Priesterschaft zu den Besuchen hoher Beamter siehe auch die Bestimmungen Julians, Epist. 49.

S. 16. Auch Wilcken, Archiv IV. S. 211 sieht in dem P. Oxy. I. 110 keine private, sondern eine vom Tempel ausgegangene Einladung; ob die κλείνη etwas mit einer kultischen Handlung zu tun hat, läßt sich jedoch m. E. nicht entscheiden. Siehe übrigens Joseph. Antiq. XVIII. § 63 ff. (ed. Niese).

S. 19, A. 1. Lies: ἐτελέσθη.

S. 24 ff. P. Tebt. II. 294, 28 zufolge ist dem Propheten am Soknebtynistempel vom Heiligtum ein jährliches Gehalt in Höhe von 60 Silberdrachmen, 50 Artaben Weizen und $9^5/_6$ Artaben Linsen gewährt worden.

Die Bemerkung über die σύνταξις auf S. 24 ist nach Bd. II. S. 124, A. 2 zu berichtigen.

S. 26/7. Ob man mit der Stelle der Kanopusinschrift die Angaben der Tempelrechnung P. Tebt. II. 298, 73 „εἰς τροφὴν αὐτοῖς (πυροῦ) (ἀρτάβας) β" in Verbindung bringen und ob man die darauf unter der Bezeichnung „μισθοῦ" gebuchte Naturalausgabe als Beleg für Gehaltszahlung an Priester fassen darf, ist zweifelhaft; es kann sich hier auch um Zahlungen an nichtpriesterliche Angestellte (siehe Bd. II. S. 21 ff.) handeln.

S. 32 ff. P. Tebt. II. 298, 67/8 zufolge sind besondere ἁγνεία-Festsporteln (nicht wie Grenfell-Hunt, P. Tebt. II. S. 82 angeben, die täglichen ἁγνεία-Sporteln; siehe das Z. 68 vorangestellte „κωμασίας" und vergl. hierzu B. G. U. I. 1, 19/20 gegenüber Z. 17/18 u. 149, 8/9 gegenüber Z. 6/7) auch im Soknebtynistempel den gerade amtierenden Priestern gewährt worden und zwar in Höhe von $^1/_4$ Artabe Weizen pro Tag; Z. 70 ff. sind einzelne Feste, an denen Sporteln gezahlt worden sind, angegeben, doch ist der Passus sehr unvollkommen erhalten. Die im Vergleich zum Soknopaiostempel geringe Höhe der Sportel ist bemerkenswert. Von besonderem Interesse ist es auch, daß die ἁγνεία-Festsporteln auch den zum Tempel gehörenden παστοφόροι, und zwar in Höhe von $^1/_8$ Artabe Weizen pro Tag (Z. 69), gewährt worden sind.

S. 38 f. Wilcken, Archiv III. S. 525 (siehe auch S. 519) und Platon, Nouv. revue histor. du droit français et étranger XXXI (1907) S. 155/6 bestreiten die Richtigkeit meiner Deutung von P. Amh. II. 35. Gegen P. sei einmal bemerkt, daß ἱερεῖς und βασιλικοὶ γεωργοί auf jeden Fall identisch sein müssen (somit fällt auch die von P. postulierte Identität der letzteren mit den γεωργοί in Z. 13); Nichtidentität könnte nur gefolgert werden, wenn in Z. 6 vor βασιλικῶν γεωργῶν zum mindesten der Artikel stände. Es erscheint mir nun unbedingt nötig dafür, daß in der Eingabe des P. Amh. II. 35 die Priester sich besonders als βασιλικοὶ γεωργοί bezeichnen, eine spezielle, aus dem Inhalt des Papyrus sich ergebende Erklärung zu bieten; die Annahme Wilckens, die Hinzufügung sei aus allgemeinen Gründen erfolgt, erscheint mir nicht befriedigend. Bei der Deutung des P. Amh. II. 35 haben wir davon auszugehen, daß in jener Zeit die ἱερὰ γῆ vom Staate verwaltet und zum Zweck der Nutzbarmachung verpachtet worden ist (Bd. II. S. 81 ff.). Wir haben ferner einwandsfreie

Belege dafür, daß die Tempel ihnen gehörendes Land vom Staate gepachtet haben (siehe Bd. II. S. 88, A. 3 u. 90, A. 3). Im P. Amh. II. 35 haben nun die Pächter der ἱερὰ γῆ nicht an den Staat ihr Pachtgeld zu entrichten, sondern an die ἱερεῖς; der Staat kümmert sich auch von sich aus nicht darum, daß der λεσῶνις des Tempels die Pacht für sich eingetrieben hat, von ihm kann also an jene γεωργοί die Verpachtung nicht erfolgt sein. Unter diesen Umständen halte ich den Schluß für unabweisbar, daß die im Papyrus Z. 13 genannten γεωργοί als Afterpächter der ἱερεῖς aufzufassen sind, und wir haben auch für die Afterverpachtung von Tempelland, das von ἱερεῖς gepachtet worden ist, einen weiteren Beleg (siehe Bd. II. S. 39, A. 2). Des weiteren kann es sich, wie auch Bd. I. S. 281, A. 1 bemerkt worden ist, bei der Pachtung des Tempellandes vom Staat um ein Privatunternehmen der Priester nicht handeln; gerade die Feststellung Wilckens, Archiv III. S. 519, daß der λεσῶνις sich sogar in seinem offiziellen Amtseide verpflichtet hatte, die Pachtgelder für jene ἱερὰ γῆ nicht einzuziehen, zeigt uns doch, daß er an und für sich hierzu wohl ein Recht gehabt hätte. Eben nur mit seiner Zustimmung konnten die ἱερεῖς die Pachtgelder für jene ἱερὰ γῆ für sich in Anspruch nehmen. Sie waren also von den Tempeleinnahmen gleichsam für die Priester reserviert, und da diese den Priestern reservierten Einnahmen nicht beliebig festgesetzt werden konnten, sondern ausdrücklich auf ein ganz bestimmtes Stück Land fundiert waren, so scheint mir die Charakterisierung des Landes als „Pfründe" wohl gestattet. Vergl. hierzu immerhin das, was P. über die Teilung der Einnahmen zwischen Bischof und Domkapitel im Mittelalter bemerkt.

S. 38, A. 2. Der argenteus Revillouts dürfte der Silberdeben sein; siehe etwa Spiegelberg, Rec. de. trav. XXVIII (1906) S. 168.

S. 39, A. 2. Als Beleg für Pachtung von ἱερὰ γῆ durch Priester siehe auch P. Tebt. I. 84, 93; zu dem den Propheten in P. Tebt. I. 88 gewährten πέμπτον μέρος, den ich als ein Fünftel der Einnahmen gedeutet habe, siehe jetzt P. Tebt. II. 294.

S. 41. Die den παστοφόροι vom Soknebtynistempel gewährten ἀγνεία-Festsporteln (siehe vorher S. 338) bieten einen neuen Beleg für die Aufwendungen der Tempel für die niederen Priester. Leider läßt sich nicht feststellen, woher die 200 Artaben Weizen stammen, über die im P. Tebt. II. 600 (3. Jahrh. n. Chr.) Pastophoren der Regierung Rechnung legen; eine offizielle Einnahme sind sie ja auf jeden Fall, also könnte sie sehr wohl der Tempel, dem die Pastophoren attachiert sind, geliefert haben (Grenfell-Hunts, P. Tebt. II. S. 83 spezielle Vermutung fällt mit ihrer Deutung der Sporteln der Pastophoren).

S. 42. P. Petr. III. 53ᵖ (etwa 3. Jahrhundert v. Chr.) macht uns mit Priesterbezügen, die der Tempel gewährt, bekannt, welche wohl zusammenfassend als καρπεῖαι bezeichnet werden. Sie bestehen aus Geld und Naturalien; näheres über ihren Charakter wage ich nicht zu sagen.

S. 42, A. 2. Über die Verwaltung der ἀνιερωμένη γῆ siehe präziser Bd. II. S. 90, A. 3.

S. 43, A. 2. Siehe hierzu Bd. II. S. 289, A. 1.

S. 44. Die vom Soknebtynistempel gezahlten Abgaben (P. Tebt. II. 298, 62—65) gestatten allgemeinere Folgerungen nicht.

S. 46. Zu meiner Deutung des „δεκανικὸν τῶν πλοίων" siehe P. Tebt. I. 5, 252 ff. über das Requirieren von Schiffen durch den Staat.

S. 47 ff. Die Zahlung des ἐπιστατικὸν ἱερέων ist uns jetzt durch P. Tebt. II. 306, 5 ff. für den Soknebtynistempel und durch P. Lond. II. 347 (S. 70) (Kenyon, P. Lond. III. S. 35 [Anm. 7] liest jetzt in Z. 15 ἐπ[ι]στ(ατικὸν) ἱερέων; § 3 auf S. 68 ist also zu streichen) und P. Lond. III. 1235 (S. 35), Z. 7 u. 13 für ein nicht mit Sicherheit zu bestimmendes Faijûmheiligtum (vielleicht den Soknopaiostempel) belegt. Der Soknebtynistempel hat in 6 aufeinander folgenden Monaten für ein Steuerjahr im ganzen 1700 Drachmen entrichtet. Ob dies die ganze von ihm zu zahlende Summe war, läßt sich nicht entscheiden (die letzte Quote, über deren Zahlung quittiert wird, hat er z. B. nicht mehr in dem eigentlichen Zahlungsjahr, sondern erst im ersten Monat des folgenden abgeführt). P. Lond. II. 347 (S. 70) lehrt uns eine Zahlung in Höhe von 5500 Drachmen kennen, d. h. dieselbe Summe, die uns durch die Abrechnungen des Soknopaiostempels für diesen belegt ist.

S. 47, A. 2. Zu der von mir postulierten ἐπιστατικόν-Abgabe, die von dem ἐπιστατικὸν ἱερέων zu trennen sei, siehe jetzt P. Lond. III. 1107 (S. 47) (3. Jahrh. n. Chr.), durch den uns eine Abgabe „ἐπιστατείας" belegt ist.

Das γραμματικὸν ἱερέων, das sich in Verbindung mit dem ἐπιστατικόν in P. Tebt. I. 97, 21 finden soll, ist jedenfalls in der Form, in der es uns entgegentritt, keine von den Tempeln selbst gezahlte Abgabe; eine nähere Erklärung wage ich nicht zu geben.

S. 49. Über die Absendung der monatlichen Abrechnungen nach Alexandrien informiert jetzt näher Wilcken, Archiv IV. S. 126 ff. auf Grund eines P. Straßb. Inv. Nr. 31 + 32, Col. 4.

S. 50. Die Zahlung des πρακτορικόν ist uns jetzt durch den P. Tebt. II. 298, 63 für den Soknebtynistempel belegt. Sie erscheint hier nicht als selbständige Abgabe, sondern als eine Zuschlagsgebühr zu anderen Zahlungen. Ich möchte auch sie als eine „Diener"gebühr erklären (Wilckens, Ostr. I. S. 394 Erklärung stimme ich nicht zu), die, wie Rostowzew, Archiv III. S. 205, A. 1 vermutet, wohl bei verspäteter Zahlung erhoben worden ist (Grenfell-Hunt, P. Tebt. II. S. 82 verweisen hierzu auf P. Oxy. IV. 712, 21); doch mögen auch andere Gründe zu ihrer Entrichtung geführt haben.

Für die Zahlung der προσδιαγραφόμενα durch die Tempel bieten uns P. Tebt. II. 298, 62 u. 306 weitere Belege (Soknebtynistempel, römische Zeit: Summe von 127 Drachmen, 3 Obolen und Summe von 131 Drachmen; in dem letzteren Falle — die Summe setzt sich aus mehreren Einzelzahlungen zusammen — beträgt der Zuschlag etwa 8%).

S. 51, A. 2. Die Zahlung der Gebühr „συμβολικόν" ist uns auch für den Soknebtynistempel durch P. Tebt. II. 298, 64 u. 306 belegt.

S. 52. Im P. Tebt. II. 298, 64 begegnet uns augenscheinlich eine Zahlung des Soknebtynistempels „ἀλ[ιέων]" (vergl. B. G. U. I. 220; 221; III. 756), d. h. wohl die Entrichtung der gewerblichen Licenzsteuer für Fischer.

S. 53. P. Lond. II. 478 (S. 111) ist wohl als Beleg für den φόρος βοῶν zu streichen; siehe die Lesung des Papyrus bei Grenfell-Hunt, P. Tebt. II. S. 50.

S. 54. Zu dem φόρος βωμῶν siehe auch Maspero, Les finances S. 113/4. Ob P. Lond. III. 1235 (S. 35) einen weiteren Beleg bietet, ist mir sehr zweifelhaft.

S. 56. In P. Tebt. II. 298, 65 begegnet uns eine Zahlung des Soknebtynistempels „γερδίων", also wohl die Entrichtung der gewerblichen Licenzsteuer für die Weber.

S. 57 ff. Über die Landgrundsteuer der Tempel siehe auch Maspero, Les finances S. 18. Eine Besteuerung der ἱερὰ γῆ um 260 v. Chr. ist wohl P. Hibeh I. 112, 89 zu entnehmen; es handelt sich um eine Abgabe von 12 Chalkus wohl von der Arure (δωδεκαχαλκία). Vielleicht bietet uns alsdann auch P. Straßb. I. 23, 56 für Grundsteuerzahlung von ἱερὰ γῆ, und zwar aus dem 1./2. Jahrhundert n. Chr., einen Beleg.

S. 62. Ob P. Tebt. II. 306 ein weiteres Zeugnis für von Tempeln bezahlte λαογραφία enthält, ist mir nicht sicher; noch unsicherer scheint mir dies bei P. Lond. III. 1235 (S. 35) zu sein.

S. 63, A. 3. Auch für Ägypten zur Zeit des alten Reiches läßt sich die Pflicht zur Verpflegung der Königsboten u. dergl. durch die Bevölkerung belegen; siehe hierogl. Inschrift von Dahschur, publ. von Borchardt, Ä. Z. XLII (1905) S. 1 ff. (S. 6).

S. 65, A. 5. Zu der Erklärung von διάφορον siehe z. B. auch P. Tebt. I. 60, 60; 61ᵇ, 50.

S. 68. § 3 ist zu streichen, siehe vorher S. 340.

S. 69/70. Nach Grenfell-Hunt, P. Tebt. II. S. 63 erscheint mir die Ergänzung von .....]ειας zu [προφητ]είας wohl möglich, dagegen die von ...]γείας zu [θεα]γείας, da man hierin doch wohl die Bezeichnung eines niederen Priesteramtes erblicken muß, wenig wahrscheinlich, es sei denn, man könnte θεαγεία nicht nur in der obigen Weise als eine Spezialbezeichnung auffassen, sondern in diesem Falle einfach als einen Hinweis auf die Sitte der höheren Priester, auch ihrerseits in den Prozessionen Götterbilder zu tragen (siehe Bd. I. S. 95, A. 2).

S. 70. Zu den außergewöhnlichen Ausgaben darf man wohl auch die vom Soknebtynistempel unter der Bezeichnung „κατακριμάτων" gebuchten rechnen; die Strafgelder haben über 100 Drachmen betragen (P. Tebt. II. 298, 65).

S. 76, A. 3. Für das Aufsichtsrecht der βουλαί über die Tempel bietet uns einen weiteren Beleg P. Herm. I. 7, Col. 2 (Hermupolis, Zeit Galliens).

S. 78, A. 2. Siehe jetzt auch P. Tebt. II. 293.

S. 79. Vergl. den Nachtrag im folg. zu S. 165/6.

S. 82. Als zeitlich ersten Beleg für die Verwaltung von ἱερὰ γῆ durch den Staat darf man jetzt wohl P. Petr. III. 97 (siehe ev. auch Nr. 82) ansehen, falls er mit Recht der Regierung des Epiphanes zugewiesen ist. Er ist mit Papyri wie etwa P. Tebt. I. 62 (siehe Anm. 2) auf eine Stufe zu stellen; auch hier handelt es sich wohl um eine Katasterliste, in der nur Ländereien, über die dem Staat ein gewisses Verfügungs- oder das Besitzrecht zusteht, genannt sind; die Pächter der Ländereien werden namentlich aufgeführt.

S. 82, A. 2. Siehe auch P. Tebt. I. 60, 1 ff.; 61ᵃ, 157/8; 61ᵇ, 324 ff.

Gegenüber Masperos, Les finances S. 12 teilweise abweichender Erklärung der ἐν ἀφέσει γῆ (er faßt sie als den Oberbegriff für alles Land, welches nicht zur βασιλικὴ γῆ gehört) halte ich die meinige aufrecht; siehe jetzt auch Grenfell-Hunt, P. Tebt. II. S. 135.

S. 87. Mitteis, P. Leipz. I. S. 216 deutet das Ostr. Leipz. 80 als eine adärierte Zahlung (an Stelle von Weizen) für die Abgabe „εἰς τὸ Ἀμμωνεῖον“ (3. Jahrhundert n. Chr.). Es scheint mir jedoch nicht gestattet diese Ostrakonquittung mit den besprochenen εἰς τὸ Ἀμμωνεῖον-Quittungen auf eine Stufe zu stellen. Einmal macht die ganze Quittung nicht den Eindruck, als wenn hier über eine bestimmte Abgabe quittiert würde. Dann scheint mir aber auch bei einer Abgabe eine Zahlung, die für zeitlich genau festgelegte 55 Tage, den Tag zu 6 Drachmen gerechnet, erfolgt, ganz unnatürlich. Ich deute die Quittung vielmehr dahin, daß εἰς τὸ Ἀμμωνεῖον von jemand 55 Tage lang eine stets gleiche Menge πυρός geliefert wird, deren τιμή, 6 Drachmen pro Tag betragend, durch die uns bekannt gewordene Zahlung beglichen wird.

S. 87, A. 3. Daß staatliche ϑησαυροί im Tempelgebiet gelegen haben, dafür könnte man auch P. Fay. 18[a] u. [b]; 145; 150 anführen; es sind dies Anweisungen auf Saatvorschüsse aus dem ϑησαυρός, also Belege, die bei ihm niedergelegt worden sind, und diese Belege sind nun in einem Tempel gefunden worden.

S. 88, A. 3. Siehe hierzu auch Grenfell-Hunt, P. Tebt. II. S. 91/2. Ihre Deutung der βασιλικὴ γῆ Μεστασύτμιος in P. Tebt. I. 106, 9/10 als Land, welches dereinst dem Gott Mestasytmis konfisziert worden ist (sie mag vielleicht auch ihm als γῆ ἐν συντάξει wiedergegeben worden sein), hat viel für sich; ob man jedoch auch die in P. Tebt. I. 93, 55 ff. u. 67 ff., sowie 94, 34 genannten Ländereien ebenso deuten darf, erscheint mir nicht sicher.

S. 91. Siehe hierzu vorher S. 341 über P. Petr. III. 97.

Zu Revillouts Behauptungen siehe auch sein Précis du droit égyptien I. S. 359 ff., wodurch jene Ausführungen begründeter erscheinen.

Für die römische Zeit besagen für die Frage nach der Verwaltung der ἱερὰ γῆ durch den Staat einige neu hinzugekommene Landkataster wie P. Lond. III. 604 A u. B (S. 70 u. 76) um 47 n. Chr. und P. Fior. I. 64 (vielleicht 4. Jahrh. n. Chr.) nichts, da in ihnen neben ἱερά und βασιλικὴ γῆ auch ἰδιωτικὴ γῆ genannt ist.

S. 93. Auch in P. Tebt. II. 436 (3. Jahrhundert n. Chr.) werden Pächter von ἱερὰ γῆ als δημόσιοι γεωργοί bezeichnet; auch ist hier von der Gewähr von Aussaat an sie ebenso wie an die Pächter von βασιλικὴ γῆ usw. die Rede.

Abgaben für ἱερὰ γῆ, die von Privatpersonen, nicht von den Tempeln an den Staat gezahlt werden, sind P. Tebt. II. 346, 5 u. 12 (daß es sich hier etwa, woran Grenfell-Hunt denken, um konfisziertes Tempelland handelt, dafür liegt kein Anhaltspunkt vor); 363, 3; 453 erwähnt (Zeit; 1., 2. u. 3. (?) Jahrhundert n. Chr.).

S. 93, A. 1. Die Belege, die Meyer, Heerwesen S. 108 für die Gewähr von Saatdarlehen an κάτοικοι anführt, sind übrigens auch nicht zwingend.

S. 97. P. Tebt. II. 343, 68 ff. bestätigt meine Deutung, daß vom

Staat verpachtetes Land, mag es βασιλική, ἱερά oder οὐσιακὴ γῆ sein, in nummerierte Kleruchien eingeteilt gewesen ist. Zu diesen hat nun nach 343, 7 ff. auch Land gehört, welches als τρα( ) κλη(ρουχική) bezeichnet wird. Eine sichere Erklärung dieses Landes vermag ich ebensowenig wie Grenfell-Hunt zu geben; mit dem alten Kleruchenland wird man es aber wohl in Zusammenhang zu bringen und es als Land aufzufassen haben, das in irgendwelcher Abhängigkeit vom Staat gestanden hat. Man muß also vielleicht meine Erklärung erweitern und die nummerierten Kleruchien als die amtlich festgelegten Teile des vom Staate irgendwie abhängigen Landes erklären.

S. 97, A. 6. Vielleicht darf man als zeitlich ersten Beleg für die hier ermittelte Bedeutung von κληρουχία P. Tebt. I. 82 vom Jahre 115 v. Chr. auffassen; hier werden nämlich unter der Überschrift „κληρουχικῆς" verschiedene Sorten ἱερὰ γῆ aufgezählt.

Einziehung von κληρουχικὴ γῆ ist jetzt des öfteren nachzuweisen (siehe z. B. P. Tebt. I. 61ᵇ, 74; 85, 8, 12, 30 u. 152; P. Hibeh I. 52, 26; 85, 13; 100 Verso; 101, 5; 118; vergl. auch Grenfell-Hunt, P. Hibeh I. S. 198) und wir sehen zugleich, daß auch dieses eingezogene Land noch als κλῆρος bezeichnet worden ist, so daß die Wahl des Wortes κληρουχία als terminus technicus nicht mehr befremdend zu wirken braucht.

S. 99. Zu den φοινικῶνες ἱερατικοί siehe die P. Tebt. II. 343, 70 genannten παράδεισοι ἱερατικοί, die zu der 48. Kleruchie gehört haben.

S. 99, A. 2. Siehe vielleicht P. Tebt. II. 453.

S. 101, A. 3. Zu der Deutung des Ausdruckes „δημοσίων" siehe jetzt auch Grenfell-Hunt, P. Tebt. II. S. 201/2, welche gleichfalls die unter dieser Formel quittierten Zahlungen als Pachtzahlungen für Staatsland auffassen; sie deuten freilich „δημοσίων" als Genitiv von δημόσια.

S. 104. Ostr. Leipz. 71 (Mitteis, P. Leipz. I. S. 214) soll uns auch eine Zahlung in den θησαυρὸς ἱερῶν bezeugen (131 n. Chr.), und zwar in natura für χι( ). Die Deutung der Abgabe auf das χειρωνάξιον liegt zwar sehr nahe, aber die Naturalleistung hier, wie in Ostr. Leipz. 75, 77 u. 78 (165—205 n. Chr.) scheint mir unbedingt gegen diese Steuer zu sprechen. Ἱερῶν ist nun des weiteren ganz unsicher gelesen, so daß ich ein endgültiges Urteil über Ostr. Leipz. 71 lieber noch unterlasse.

S. 106, A. 1. Einige weitere Belege für ἰδιωτικὴ γῆ siehe z. B. P. Herm. I. 120; P. Fior. I. 7, 7; 64; 71; P. Lond. III. 604A (S. 70), Z. 6; 604B (S. 76), Z. 255; 1292 (S. LXXI); P. Tebt. II. 526. Masperos, Les finances S. 10/11 u. 24 ff. Annahme, es habe im hellenistischen Ägypten überhaupt kein Privateigentum an Grund und Boden gegeben, ist unhaltbar.

S. 114. Siehe Bd. II. S. 163.

S. 115. Die Verpachtung als häufig angewandte Bewirtschaftungsform des Tempelbesitzes ergibt sich auch aus P. Tebt. I. 6, 30/31. Ferner sei hier auch an die Weiterverpachtung von Land, das die Tempel ihrerseits gepachtet haben, erinnert; siehe Bd. II. S. 39, A. 2 u. S. 339. P. Tebt. II. 309; 310; 311 lehren uns jetzt die Verpachtung der dem Soknebtynistempel überwiesenen γῆ ἐν συντάξει (z. T. jedenfalls an Mitglieder der eigenen Priesterschaft) kennen; nach P. Tebt. II. 302, vergl. 298, 56/7, scheint es allerdings, als wenn dieses Land mitunter auch durch den Tempel selbst bewirtschaftet worden wäre.

S. 120. Die Tätigkeit des leitenden Priesterkollegiums in der Tempelbesitzverwaltung (Verpachtung von Tempelgut) bezeugt uns jetzt auch
P. Tebt. II. 309 für den Soknebtynistempel (116/7 n. Chr.); es ist hier
sogar einmal das ganze Kollegium in Tätigkeit getreten.

S. 122. Im P. Tebt. I. 5, 73 sind leider die Bestimmungen über die,
welche ein Patronatsrecht über ἐλάσσονα ἱερά erworben haben, zu stark
verstümmelt, als daß man aus ihnen sichere Schlüsse ableiten könnte.

S. 123. Der θησαυρὸς θεοῦ als Vorratshaus für Naturalien ist uns
jetzt belegt durch P. Tebt. II. 445 und vielleicht auch durch das griech.
Mumienetikett 68, publ. von Hall, P. S. B. A. XXVII (1905) S. 164. Erinnert sei hier auch an die dem. Inschr. Cairo 31092 u. 31093 bei Spiegelberg, Die demotischen Inschriften S. 23 ff. (siehe auch hierogl. Inschr. bei
Daressy, Rec. de trav. XV [S. 159]), wonach zwei Priester der Hathor von
Dendera (Ende des 1. Jahrh. v. Chr.) als „Vorsteher des Weißhauses
(bei Spiegelberg steht noch fälschlich Silberhaus) der Hathor von Dendera" bezeichnet werden; dieser Titel zeigt uns, daß man in der Tempel-
einnahmenverwaltung die alten Bezeichnungen, die dereinst auch in der
staatlichen Verwaltung angewandt worden sind (siehe z. B. Erman, Ägypten
I. S. 128 ff.), beibehalten hat.

S. 127. Wilcken, Archiv IV. S. 251 u. 267 hat es wahrscheinlich
gemacht, daß die Einsammlung der λογεία von einem Priester des hermon-
thitischen Filialtempels des Philäheiligtums vorgenommen worden ist; die
Einheitlichkeit in der Verwaltung der miteinander verbundenen Tempel
wird hierdurch besonders klar erwiesen.

S. 137, A. 1. Siehe auch die P. Goodsp. 11 (Goodspeed, Greek papyri
from the Cairo Museum), bez. P. Fior. I. 31 genannten ἐπιμεληταὶ οἴνου
bez. κρέως.

S. 140. Siehe hierzu Wilcken, Archiv III. S. 518/19; es handelt
sich um den Amtseid, den der Tempelvorsteher ebenso wie andere Beamte
beim Antritt seines Amtes ablegen muß.

S. 140/1. In P. Tebt. II. 294 wird das dem Inhaber der Prophetenstelle am Soknebtynistempel zugestandene Fünftel an den Tempeleinnahmen
vorher genau angegeben; es zeigt uns dies, daß ein fester Etat aufgestellt
worden ist.

S. 141, A. 4. Siehe auch P. Tebt. II. 302; 309; 313 (Soknebtynisheiligtum und Retempel in Heliopolis); vergl. auch P. Hibeh I. 35.

S. 142. In P. Tebt. II. 313 werden in der Quittung des Reheilig-
tumes über das erhaltene Leinen der Tempelvorsteher, ein Stolist, ein gewesener λεσώνης und ein nicht näher charakterisierter Priester genannt;
der Tempelvorsteher ist freilich bei der Empfangnahme des Leinens nicht
selbst in Aktion getreten, sondern hat sich durch einen seiner Priester
vertreten lassen. Daß er trotzdem an erster Stelle in der Quittung genannt ist, zeigt uns besonders deutlich seine Oberleitung in der Einnahmenverwaltung. Dieselbe Quittung belegt uns übrigens auch für den
Soknebtynistempel die Tätigkeit seiner Priesterschaft in der Einnahmenverwaltung (ein Priester leistet die Zahlung). Weitere Belege für diese
Tätigkeit bieten P. Tebt. I. 6, 44/5; P. Hibeh I. 35 (hier sind ἱερόδουλοι
bei der Eintreibung der Kirchensteuern tätig).

S. 146. Preisigke, Städtisches Beamtenwesen im römischen Ägypten

S. 15, A. 7 Folgerung aus der καταπομπὴ μηνιαίου, daß die Tempelkasse mit der alexandrinischen Zentralkasse ihre Einnahmen zwecks eventueller Überführung des Überschusses an diese verrechnet habe, ist unberechtigt. **S. 148. P. Tebt. II.** 298 hat uns jetzt mit einer der Regierung eingesandten, leider auch nicht vollständig erhaltenen Abrechnung des Soknebtynisheiligtums vom Jahre 107/8 n. Chr. bekannt gemacht, die mit denen des Soknopaiostempels auf eine Stufe zu stellen ist.

S. 150. Mit Recht ergänzen Grenfell-Hunt, P. Tebt. II. S. 80 in B. G. U. I. 162 χ[ειρ]ισμός. Siehe auch P. Tebt. II. 315, 11.

S. 151. Die Priester des Soknebtynistempels reichen ihren Verwaltungsbericht dem Strategen ein; die Einreichung erfolgt am 5. Mesore.

S. 152. In P. Tebt. II. 298 verbürgen sich die Mitglieder des leitenden Priesterkollegiums eidlich für die Richtigkeit des Rechenschaftsberichtes. Clem. Alex. Strom. VI. p. 757 legt die Annahme nahe, daß die ἱερογραμματεῖς an der Buchführung beteiligt gewesen sind; siehe auch Bd. II. S. 159, A. 2.

S. 152, A. 2. Ein Bruchstück eines von Pastophoren eingereichten χειρισμός bietet uns P. Tebt. II. 600. In ihm scheinen Angaben über den Pastophoren unterstehende Inventarstücke den Anfang gebildet zu haben; es folgen dann Angaben über gemeinsame Ausgaben der Pastophoren „εἰς τροφὰς καὶ θυσίας" und den Schluß bildet eine Pastophorenliste.

S. 153. Zur Prüfung der eingereichten χειρισμοί ist ein der ἀρχιερωσύνη in Alexandrien unterstehender ἐξεταστής bestellt gewesen (P. Tebt. II. 315, 11 u. 26—31). Aus dem Vorhandensein eines solchen Beamten möchte ich jedoch nicht schließen, daß das Strategenamt nur Übermittelungs- und nicht auch Prüfungsstelle der an das Amt eingereichten Verwaltungsberichte gewesen ist; wir haben eben neben der lokalen auch eine stete von der Zentrale vorgenommene Prüfung anzunehmen. (Siehe hierzu Bd. II. S. 49 u. 146/7). Von diesem ἐξεταστής sind, wie uns P. Tebt. II. 315 zeigt, offenbar ganz überraschend kommende Revisionen der Buchführung der Tempel vorgenommen worden. Ihm ist auch hierfür eine gewisse jurisdiktionelle Gewalt verliehen gewesen; denn er konnte die für die Buchführung Verantwortlichen in Fällen der Unstimmigkeit der Bücher verhaften und zur Untersuchung vor die ἀρχιερωσύνη schaffen lassen.

S. 153, A. 1. P. Tebt. II. 298, 54 ff. weist uns allem Anschein nach darauf hin, daß über die den Tempeln überwiesene σύνταξις von diesen, wie anzunehmen war, an die Regierung berichtet worden ist; hier handelt es sich um die Verwaltung der γῆ ἐν συντάξει. Vergl. hierzu P. Tebt. II. 302, 19/20.

S. 156. Eine weitere γραφὴ ἱερέων bietet uns P. Tebt. II. 298.

S. 156, A. 2. Siehe die neue eigene Pastophorenliste in P. Tebt. II. 600.

S. 158, A. 3. Vergl. hierzu die Geburts- bez. Todesanzeigen von Priestern in B. G. U. I. 28; P. Tebt. II. 299—301.

S. 160. Weitere Belege für die Tätigkeit der Tempelkanzlei siehe P. Tebt. II. 293; 302; 313.

S. 161, A. 2. Einige Zeilen in demotischer Schrift auf sonst griechisch geschriebenen Schriftstücken der Tempelkanzlei (römische Zeit) siehe B. G. U. I. 16; P. Gen. 36; P. Tebt. II. 313.

S. 162/3. Für das Einsammeln der Kirchensteuern oder anderer Abgaben durch die Tempel siehe jetzt P. Hibeh I. 35; P. Tebt. II. 281; 385 (die beiden ersten Belege aus ptolemäischer Zeit). In den beiden zuletzt genannten Fällen hat sich die Tempelleitung ihre Aufgabe durch Verpachtung der Erhebung vereinfacht.

S. 165/6. P. Petr. III. 97 (siehe vorher S. 341) zeigt uns, daß ebenso wie die ἱερὰ γῆ ägyptischer Tempel auch das griechischen Heiligtümern gehörende Land — es handelt sich um kleinere Tempel der Demeter und Kora, sowie der Dioskuren im Faijûm — von dem Staate in Verwaltung genommen worden war.

Es haben übrigens auch die Privatheiligtümer in Verbindung mit dem Staate gestanden; denn nur so ist es recht erklärlich, daß ein ἱσιο-νόμος sich an die Regierung wendet und ihre Hilfe erbittet, als sein Ἰσιεῖον baufällig geworden ist (P. Magd. 9).

S. 168, A. 1. Von Asketen in Ägypten ist auch bei Lukian, Perigrinos c. 17 die Rede; welche Religion diese asketische Sekte gepflegt hat, ist jedoch nicht ersichtlich.

S. 172, A. 1. Ist die Lesung ἀγνεύον[σ]ι in P. Tebt. II. 298, 68 richtig, dann dürfte hier doch von den Sporteln aller ἀγνεύοντες ἱερεῖς die Rede sein.

S. 173, A. 1. Ares finden wir auf Münzen von Sebennytos — vielleicht ist es auch hier der Fall — dem Horos gleichgesetzt; siehe Poole, Catal. of the greek coins of Alexandria and the nomes S. XLVI u. 354.

S. 173, A. 2. Einen Beleg für die „μόσχοι-Abgabe" (δεκάτη μόσχων) aus dem 3. Jahrhundert v. Chr. bietet uns P. Hibeh I. 115.

S. 174, A. 2. Grenfell-Hunt, P. Tebt. II. S. 100/1 trennen das τέλος μόσχου θυομένου und die δεκάτη μόσχων von einander und erklären das τέλος als eine nicht von Priestern gezahlte Abgabe; zwingend erscheinen mir jedoch ihre Ausführungen nicht.

S. 175, A. 2. Über die ἀγνεῖαι der Pastophoren siehe vorher S. 338.

S. 179. Über die ἔπιπλα siehe Bd. I. S. 101/2.

S. 180. Eine allerdings nur zeitweise auf Priestereinnahmen gelegte Abgabe setzt P. Tebt. I. 5, 65 ff. voraus. Hier werden nämlich den Priestern die Rückstände auf die von ihnen an den Staat abzuführenden καρπεῖαι (siehe Bd. II. S. 175, A. 1) erlassen, d. h. natürlich nicht, daß die Priester gezwungen worden sind mitunter ihre καρπεῖαι dem Staate ganz zu überlassen, sondern nur, daß „ἐπὶ ἐνίοις καιροῖς" die καρπεῖαι zu einer besonderen, etwa Notstandsbesteuerung herangezogen worden sind.

S. 181. Das σειτικόν ist zu streichen, siehe vorher S. 327.

S. 181, A. 5 u. S. 182. Die Amtsantrittsgebühr der höheren Priesterschaft ist in römischer Zeit als εἰσκριτικόν bezeichnet worden; dies erscheint gesichert, da man in B. G. U. I. 162, 16 nicht σειτικόν, sondern doch wohl [εἰσ]κριτικόν zu lesen hat (siehe vorher S. 327).

S. 183, A. 2. Grenfell-Hunt lesen jetzt in P. Tebt. II. 298, 13/14 στο[λιστ]εία[ς], so daß die im Anschluß an die frühere Lesung προφητείας gemachten Bemerkungen zu streichen sind. Wir erfahren jedoch infolge der neuen Lesung, daß am Soknebtynistempel die Stolisten bei dem Antritt des Stolistenamtes eine Gebühr von 100 Drachmen gezahlt haben. Da hier drei dieselbe Summe zahlen — zwei haben das Amt in demselben

Jahre erlangt —, so möchte ich annehmen, daß es sich hier nicht um
eine Kaufsumme bei der Versteigerung handelt, sondern eben um eine
Antrittsgebühr für die Erlangung eines speziellen Priesteramtes.
S. 187. Unter den Titeln der memphitischen Hohenpriester finden
wir auch den Titel „königliche Schreiber" (siehe etwa hierogl.-demotische
Inschriften bei Brugsch, Thesaurus V. S. 891, 903, 907); hieraus zu fol-
gern, daß diese Priester auch einst das Amt des $\beta\alpha\sigma\iota\lambda\iota\varkappa\grave{o}\varsigma$ $\gamma\varrho\alpha\mu\mu\alpha\tau\epsilon\acute{v}\varsigma$
beim Strategenamt bekleidet haben, erscheint mir jedoch ungehörig.
S. 189. P. Leipz. I. 83 nennt uns einen $\dot{\alpha}\varrho\chi\iota\epsilon\varrho\alpha\tau\epsilon\acute{v}\sigma\alpha\varsigma$ aus dem Faijûm
als $\delta\epsilon\varkappa\acute{\alpha}\pi\varrho\omega\tau\sigma\varsigma$.
S. 190. Gr. Inschrift, publ. Journ. of hell. stud. XXIV (1904) S. 6
aus Pachnemunis nennt $\dot{\alpha}\varrho\chi\iota\epsilon\varrho\epsilon\tilde{\iota}\varsigma$ des Apollon, die das Amt des $\dot{\epsilon}\xi\epsilon\gamma\eta\tau\acute{\eta}\varsigma$,
$\gamma\nu\mu\nu\alpha\sigma\acute{\iota}\alpha\varrho\chi\sigma\varsigma$ und $\dot{\alpha}\gamma\sigma\varrho\alpha\nu\acute{o}\mu\sigma\varsigma$ bekleiden, bez. bekleidet haben (2. Jahrh.
n. Chr.).
S. 192. P. Hibeh I. 85 (3. Jahrhundert v. Chr.) macht uns mit einer
bedeutenderen staatlichen Pachtung eines Priesters bekannt; er erhält nämlich auf einmal 90 Artaben Weizen als Saatdarlehen von der Regierung.
Ob man die Zahlung eines Priesters in Höhe von 30 Artaben Weizen
„$\dot{v}\pi\grave{\epsilon}\varrho$ $\varphi\acute{o}\varrho\omega\nu$" in P. Leipz. I. 83 (3. Jahrhundert n. Chr.) als Pachtzahlung
oder als Grundsteuerabführung zu deuten hat, ist nicht zu entscheiden.
Priester (unter ihnen ein $\lambda\epsilon\sigma\acute{\omega}\nu\eta\varsigma$) als $\delta\eta\mu\acute{o}\sigma\iota\sigma\iota$ $\gamma\epsilon\omega\varrho\gamma\sigma\acute{\iota}$, denen z. T. nicht
unbeträchtliche Saatdarlehen gewährt worden sind, erscheinen im P. Tebt.
II. 576 (Zeit des Augustus). Siehe auch P. Fior. I. 71, 320/1, 773
(4. Jahrhundert n. Chr.).
S. 193. Als Mitglied — $\beta\sigma\eta\vartheta\acute{o}\varsigma$ — einer großen vom Staat abhängigen landwirtschaftlichen Verwaltung um das Jahr 338 n. Chr. tritt
uns ein $\iota\epsilon\varrho\epsilon\acute{v}\varsigma$ entgegen, P. Leipz. I. 97; Mitteis', P. Leipz. I. S. 246 u. 282
Identifizierung dieses $\iota\epsilon\varrho\epsilon\acute{v}\varsigma$ mit dem $\pi\alpha\sigma\tau\sigma\varphi\acute{o}\varrho\sigma\varsigma$ in Z. 4 ist nicht aufrecht
zu halten, da $\pi\alpha\sigma\tau\sigma\varphi\acute{o}\varrho\sigma\varsigma$ der Titel des Vaters eines der in der Verwal-
tung beschäftigten $\beta\sigma\eta\vartheta\sigma\acute{\iota}$ ist (Wilcken, Archiv III. S. 568). Wegen des
priesterlichen Charakters des einen der $\beta\sigma\eta\vartheta\sigma\acute{\iota}$ an eine Tempeldomäne zu
denken, dazu scheint mir keine Veranlassung vorzuliegen. Der nähere
Charakter der $\beta\sigma\eta\vartheta\sigma\acute{\iota}$ ist mir freilich noch nicht ganz klar; jedenfalls darf
man sie nicht einfach als Verwalter einer Staatsdomäne bezeichnen.
S. 194, A. 1. Der Begriff des Maklers ist dem Priester in P. Tebt.
II. 308 fälschlich beigelegt.
S. 195. Siehe hierzu Viereck, Die griechischen Papyrusurkunden
(1899—1905), Bursians Jahresberichte Bd. 131 (1906) S. 166/7; die Taricheuten sind als solche zu den Ärzten nicht zu rechnen.
S. 196. Auch das Testament eines Pastophoren aus Oxyrhynchos
(P. Oxy. III. 491: 126 n. Chr.) unterrichtet uns über das gesamte Ver-
mögen eines Priesters, das hiernach aus $o\dot{\iota}\varkappa\acute{o}\pi\epsilon\delta\alpha$, $\dot{\epsilon}\delta\acute{\alpha}\varphi\eta$, $\delta\sigma\acute{v}\lambda\iota\varkappa\alpha$ $\sigma\acute{\omega}\mu\alpha\tau\alpha$
und noch anderen Besitztümern bestanden hat; die letzteren müssen einen
ganz beträchtlichen Wert repräsentiert haben, da ihr Erbe hierfür seinen
beiden Miterben eine Abfindungssumme von je 500 Silberdrachmen auszuzahlen hat. Es ist ganz bemerkenswert, ein derartiges Vermögen gerade
bei einem niederen Priester anzutreffen.
S. 197 ff. Über Immobiliarbesitz von Priestern siehe etwa auch noch
P. Tebt. II. 280 (ptolemäische Zeit) und P. Leipz. I. 31, 21 ff. (römische

Zeit); in dem ersteren Fall (Tebtynis) repräsentiert er einen Wert von
2 Kupfertalenten, in dem zweiten (Oxyrhynchos) wohl von 2 Silbertalenten.

S. 200. Landbesitz eines ἱερεύς Ἀπόλλωνος aus dem 4. Jahrhundert
n. Chr. erwähnt P. Leipz. I. 101, Col. 2, 20. Für das 4. Jahrhundert n. Chr.
bietet auch der P. Fior. I. 71 Belege für Landbesitz eines Propheten
(Z. 673), eines ἱερεύς (Z. 715 u. 773) und eines Pastophoren (Z. 320).

S. 201, A. 1. P. Tebt. II. 407 nennt als Besitz eines gewesenen
ἀρχιερεύς des arsinoitischen Hadrianeions „δούλικα σώματα".

S. 203. Eine Zahlung von 500 Silberdrachmen siehe auch P. Wess.
Taf. gr. tab. 11. N. 19.

S. 204. Ich habe übersehen, daß uns P. Oxy. III. 483 (108 n. Chr.)
eine Angabe über die Höhe des Zinsfußes bei einem Priesterdarlehen bietet;
er hat hier 12 % betragen.

S. 208, A. 2. Nach P. Lond. III. 1164 (S. 154), Abschnitt g hat sich
ein Pastophore in Antinoupolis von einem Priester gegen Zinsen unter
Verpfändung eines Teiles seines Besitzes 200 Silberdrachmen geliehen.

S. 211. A. 2. Siehe auch Strabo XVII. p. 806.

S. 214, A. 1. Siehe über Imhotep auch Wilckens Bemerkungen,
Archiv IV. S. 206.

S. 219, A. 1. Marduk ist hier aus Versehen an Stelle von Šamaš
genannt.

S. 221, A. 2. In Strack, Inschriften 108 ist Κρόνος dem Πετενσῆτις
gleichgesetzt.

S. 223, A. 1. Ob der in der dem. Inschrift, publ. von Revillout,
Rev. arch. 4. Sér. V (1905) S. 341 genannte Priester ägyptischer Götter
auf Rhodos (3./2. Jahrhundert v. Chr.) wirklich ein Nationalägypter gewesen ist, ist mir zweifelhaft; die Anwendung eines ins Demotische transkri-
bierten griechischen Wortes als Bezeichnung für den Priester — der Gebrauch von ἱερεύς anstatt von wē-ʿeb — erregt vornehmlich meine Bedenken.
Durch Hiller v. Gährtringen, Inschriften von Priene N. 195 ist uns jedoch
für den Tempel ägyptischer Götter in Priene ein Ägypter als Adjunkt des
dortigen Priesters — dieser offenbar ein Grieche — belegt.

S. 228, A. 2. Die Ansetzung Manethos durch die antike Tradition
unter dem 2. Ptolemäer könnte sehr wohl dadurch beeinflußt worden sein,
daß einige (siehe Belege bei Parthey, Plutarchs Isis und Osiris S. 213/4)
auch die Einführung des Sarapiskultes, an der man ja Manetho einen entscheidenden Einfluß zuerteilte, in die Regierung jenes Königs verlegt haben.

S. 232. Bezüglich der geographischen Kenntnisse der Priester sei
noch hervorgehoben, daß sie die alten geographischen Länderbezeichnungen
z. T. nicht mehr verstanden bez. falsch angewandt haben; erinnert sei an die
schon herangezogene Gleichsetzung von Phönikien mit dem Lande Keft (vorher S. 227, A. 3) und etwa noch an die Wiedergabe von Lykien in einer
hieroglyphischen Inschrift durch „Punt" (Maspero, Ä. Z. XXI [1883] S. 67).

S. 233. Siehe hierzu jetzt auch Erman, Zur ägyptischen Wortfor-
schung, Sitz. Berl. Ak. 1907, S. 405 ff.

S. 236. In P. Lond. III. 1164 (S. 154), Abschn. g begegnet uns ein
Priester aus Antinoupolis, der nicht schreiben kann (sein Sohn dagegen
kann es), und ein ἱερεύς und 4 Pastophoren (also niedrige Priester), welche
schreiben können.

S. 237, A. 3. In P. Lond. III. 1164 (S. 154), Abschn. g (römische Zeit) hat der Vater eines Pastophoren, der selbst einen ägyptischen Namen trägt, Florus geheißen. Die Kinder führen Namen wie Dionysios, Kyrilla, Philantinoos und Antinoos; ferner begegnen uns hier als Namen von Priestern und Pastophoren: Chairemon (siehe übrigens auch P. Lond. III. 920 [S. 172]), Hermias, Philantinoos, Antinoos, Didymos. Aus dem 3. Jahrhundert v. Chr. macht uns P. Petr. III. 53^P mit einem Oberpriester des Soknebtynis, namens Laches, bekannt.

S. 247, A. 2. Laut P. Tebt. II. 280 zahlt ein ἱερεύς des Soknebtynis (ptolemäische Zeit) die ἐγκύκλιον-Abgabe.

S. 248, A. 2. Lies Soknebtynis anstatt von Sokanobkonneus.

S. 251, A. 2. Lies: σύλληψις τῶν κ. τ. λ.

S. 252. In dem großen Dekret Euergetes' II. vom Jahre 118 v. Chr. werden auch die Priester von Einquartierungslasten, d. h. von der Gewähr von σταθμοί (Freiquartieren) befreit; nur in dem Falle des Besitzes mehrerer Häuser soll deren Hälfte beansprucht werden dürfen (P. Tebt. I. 5, 168 ff.).

S. 254, A. 5. Die zeitlich früheste Nichtnennung der Namen der eponymen Priester begegnet uns im 33. Jahre des Philadelphos, P. Petr. III. 42 F^a.

S. 273, A. 1. Der Beleg Dittenberger, Sylloge^2 202 für das Aufkommen des Beinamens Soter für den 1. Ptolemäer im Jahre 308 v. Chr. ist nach den Ausführungen F. Dürrbachs Ἀντιγόνεια — Δημητρίεια B. H. H. XXXI (1907) S. 208 ff. nicht mehr als zwingend anzusehen, an der tatsächlichen Feststellung im Text S. 272/3 ändert sich jedoch hierdurch nichts, da auch die Inschrift von Halikarnaß (siehe Anm. 2) den Beinamen Soter bereits für jene Zeit belegt.

S. 275, A. 5. Zu der Weihung der προσευχή zu Ehren des Königs siehe Josephus, Antiq. Jud. XIII § 67 ed. Niese.

S. 283, A. 1. Siehe auch P. Lond. II. 335 (S. 191), Z. 15, wo uns das πλῆθος τῶν ἱερέων als die Personifikation eines Heiligtums begegnet.

S. 288, A. 6. Siehe auch P. Par. 63, 22.

S. 290, A. 1. Siehe auch P. Hibeh I. 77. Das Edikt vom Jahre 249/8 v. Chr., das den Beamten ans Herz legt die für die Tempel eingesammelten Kirchensteuern diesen auch ja zu übermitteln, zeigt uns, wie leicht diese den Tempeln vorenthalten werden konnten und wohl auch des öfteren vorenthalten worden sind.

S. 294, A. 3. In P. Oxy. I. 35 wird nicht auf das alexandrinische album professionum liberorum natorum Bezug genommen; es handelt sich in ihm, wie Wilcken bemerkt, vielmehr nur um die Abschrift von Bittschriften, die der Präfekt nach ihrer Erledigung im großen Iseion ausgehängt hat.

S. 297. Den zeitlich frühesten Beleg für den ägyptischen ἀγορανόμος als Notar bietet uns, wie Wilcken, Archiv IV. S. 54 wohl mit Recht bemerkt, P. Magd. 31, und zwar für die Zeit Philopators.

S. 306. Bezüglich der Frage nach dem Einflusse des Staates auf den Privatkultus siehe auch den Nachtrag vorher S. 346 zu Bd. II. S. 165/6.

Register.

Die Seitenangaben ohne römische Ziffern beziehen sich auf den I. Band. Eine rund eingeklammerte Seitenzahl soll darauf hinweisen, daß an der betreffenden Stelle eine in der unmittelbar vorhergenannten stehende falsche Ausführung verbessert ist.

I. Sachregister.

Wenn die Zeit und das Land nicht ausdrücklich genannt sind, beziehen sich die allgemein gehaltenen Angaben auf Zustände des hellenistischen Ägyptens.

II. Griechisches Wörterverzeichnis.

Den Hauptbegriffen sind die mit ihnen zusammengesetzten Ausdrücke untergeordnet.

---

1) Siehe hierzu auch Clem. Alex. Strom. VI 757 ed. Potter: καταγραφὴ σκευῆς τῶν ἱερῶν

ἀρχιερατεύσας 51; 226; 227[1]; 253[3];
II 187; 189; 195; 200[3]; 202; 236[5];
313 f.; 347
ἀρχιερεύς
   ägypt.: 38 ff.; 50; 75; 80 f.; 226 f.;
   233; 365[3]; 407 f.; II 53[3]; 55[1]; 72;
   117[4]; 143[2]; 188 (?); 189[4]; 200[3] (?);
   208[2] (?); 215[3]; 236[2 u. 5] (?); 246[4] (?);
   291; 312 ff.; 319
   ὁ παρὰ ἀρχιερέως 41
   griech.: 28[2]; 61[1]; 134 ff.; 253; 257;
   411; 416; II 188 (?); 190; 200;
   208[2] (?); 230; 236[2 u. 5] (?); 238;
   246[4] (?); 247; 253; 318 f.; 321; 330;
   347
   orient.: 170; 413
   Ἀλεξανδρείας καὶ Αἰγύπτου πάσης
   (= ἀρχιερεὺς καὶ ἐπὶ τῶν ἱερῶν =
   ἀρχιερεύς) cf. s. v. ἴδιος λόγος 58 ff.;
   155[1]; 172 ff.; 215; 407 f.; II 76;
   314 f.; 322; 327
   τῆς τῶν Ἀρσινοϊτῶν (Ταναειτῶν) πόλεως 45[4] (II 313); II 202
   τοῦ σύμπαντος ξυστοῦ 113[3]
ἀρχιερωσύνη cf. s. v. γόμου
   von ganz Ägypten cf. s. v. ἐπιτροπὴ τοῦ
   ἰδίου λόγου καὶ ἀρχιερέως 64 ff.;
   234; 240; 241[3]; II 80; 315; 345
   διαδεχομένος τὴν ἀρχιερωσύνην cf. s. v.
   ἐπίτροπος τῶν οὐσιακῶν 64 f.; II 15;
   76
ἀρχιζακόρος 113[3]
ἀρχιπαστοφόρος 21; 98; 246
ἀρχιπροφήτης 39; 44 f.; 209[4 u. 6]; 240 f.;
   II 162[4]; 278[6]; 329
   διάδοχος ἀρχιπροφητείας 39[1]; 407
ἀρχιπρύτανις διὰ βίου II 190
ἀρχιστολιστής 43[1]; 83; 86
ἀρχιτέκτων II 163[4]
ἀρχιφυλακίτης 42[4]; 285[3]; II 300[2]
ἀρχονηλάτης 131[2]
ἀσιλλοφόρος 283
ἀσυλία II 247[5]; 299
ἄσυλος II 247; 298[5]; 299
ἀτέλεια 216[3]; II 247[5]; 250; 290[1]
ἀφιεροῦν II 286[4]
ἀφῆλιξ (ἱερεύς oder υἱὸς ἱερέως) 35; 211;
   214[1]; 215; 216[4]; II 327
ἀφροδίσια 316[3]

Βαϊφορία II 328 cf. II 12 (βαΐς)
βαλανεῖον 292
   ἀποφορὰ βαλανείου II 112[4]
   τέλεσμα βαλανείου II 44[3]; 53

βαλανευτοῦ, χειρωνάξιον 301[5]
βαλανικόν 292; II 111 ff.
ὑπὲρ μερισμοῦ βαλ. 292[4]
βασιλεία II 292[3]; 302[2]
βασίλεια ἐν Ἀλεξανδρείᾳ II 267[1]
βασιλισταί 126 f.; 402[4]
βιβλιοφύλαξ ἐκτήσεων II 188
βίβλος ἱερατική II 233[3]
βλάβος II 205[3]
βοηθός II 347
βουκόλος II-257
βουκόλος (priest. Titel) 14[8]; 110 (409);
   111[1]; 116[4]; 117[3]; 367[1]; 369
βουλευτής cf. ἱερεύς 34[2]; 129[4]; 226;
   II 117[4]; 187 ff.
βουλή 45[4]; 54; 166[6]; 227; 233; II 76;
   122; 148; 187; 189; 341
βοῶν, φόρος 282[1]; II 44[3]; 53; 340
Βρουχεῖον II 76[2]
βύρσης 301[5]
βωλητάριον 334
βωμός 169; 394; II 321
   φόρος βωμῶν 282[1 u. 2]; 394 f.; II 44[1];
   51; 54; 55[2]; 341

Γενήματος II 100 f.; 102[2]
γένος 23[2]
ἱερατικόν 203[3]; 217 ff.
γέρας II 175[1 u. 2]
γερδιακόν 301[5]
γερδιοραβδιστής II 331 f.
γερδίων (Abgabe) II 67[3]; 332; 341
γεωργοί 417 f.; II 88[3]
   βασιλικοί 281[2]; 392[3]; II 38[4]; 88[3]; 90[1];
      108; 192; 338 f.
   δημόσιοι 208[2]; II 67[5]; 92 f.; 96;
      97[4–6]; 101[3]; 102[1]; 108; 192 f.; 252;
      342; 348
   privaten Charakters II 38[4]; 339
γῆ
   ἀμπελῖτις 262[2]; II 58; 290[1]
   ἀνιερωμένη 401[5]; 417; II 42[2] (90[3]);
      59[2]; 88[3]; 286; 339[1]
   ἐν ἀφέσει II 82[2]; 342
   βασιλική 70; 342[2]; 408; II 82[2]; 87[3];
      88[3]; 92; 95; 98[1]; 330; 342 f.
   βασιλικὴ (bez. δημοσία) ἱερευτική II 330
   Γερμανική II 96[4]
   δημοσία II 98[1]; 101[1]
   ἐν δωρεᾷ (δωρεαία) 249[3]; 262[4]; 268[2];
      II 40; 82[2]; 330
   ἑτέρα II 92[5]
   τῶν ἰβιοβοσκῶν 268[4]; II 40[4]
   ἰβίων τροφῆς 268[2]

III. Götter und Tempel im hellenistischen Ägypten.

Auch in den Fällen, in denen für einen Gott nur ein griechischer bez. orientalischer oder römischer Name genannt ist, ist sein griechischer bez. orientalischer oder römischer Charakter nicht immer sicher. Steht hinter dem Gottesnamen die Abkürzung „Temp.", so besagt dies, daß entweder im Text ein Heiligtum des betreffenden Gottes direkt genannt oder wenigstens aus den betreffenden Angaben zu erschließen ist.

Ἀγαθὸς δαίμων in Alexandr. 139³; II 320
θεοὶ Ἀδελφοί cf. Herrscherkult Nr. 2
Adonis in Alexandrien II 276⁵
Agdistis (Temp.) 137; 399¹
Alexandros cf. Herrscherkult Nr. 1
Amenebis in Tchonemyris (Temp.) 6¹;
  398²
Amenhotep-Amenophis in Theben (Temp.)
  97³; 98; II 214
Amon-Zeus 6 f.; 97³; 398²; II 264
  Akoris (Temp.) II 284

Amonsoase (Temp.) 317; II 256¹; 262;
  264¹; 270; 337
Djeme 45⁴; II 333
Elephantine (Temp.) 245

1) Es hätte auf Grund der Ausführungen Bd. I S. 301 ff. und II S. 56 u. 61 im Anschluß an P. Amh. II 119 auf S. 67 ein besonderer Paragraph, Nr. 23, dem von den Tempeln gezahlten χειρωνάξιον gewidmet werden müssen.

---

1) Es handelt sich hier um den Tempel der Hathor-Aphrodite, nicht um den des Suchos.

IV. Namen der Alexanderpriester (= ἐξηγηταί) und der anderen eponymen Priester und Priesterinnen in Alexandrien und Ptolemais, sowie die Namen ihrer Väter.

Alexandros, V. des Pelops 414 (cf. 176); II 322

Alexikrates, S. des Theogenes, Alex.-Pr. 179

Alexilaos (?), V. der ? 187[2]

Alketas, V. des Kineas II 322

Alkete(a)s (?), S. des Jasos (?), Alex.-Pr. 179

Anad..kades, V. der Matela 414; II 324

Antiochos, S. des ?, Alex.-Pr. II 323 (cf. 176)

Anti...os, V. des Seleukos 414 (cf.177); II 323

Antipatros, V. der Eirene, Ptol. 195

Antipatros, V. des ?, Ptol. 195

Apelles, V. des Demetrios 179

Apelles, V. der Nikias 189; 191

Apinatus (?), S. des Apinatus (?), Alex.-Pr. 176

Apios, V. der Chareas II 324

Apollinarios, ἐξηγ. (?) II 324

Apollonides, S. des Moschion, Alex.-Pr. 177

Apollonios, V. des Aetos 176

Apollonios, V. des ?, Ptol. 196

Apollos, V. des Athenaios oder Limnaios II 324

Archelaos, S. des Demos, Alex.-Pr. 177; II 323

Archestrate, T. des Ktesikles, Kan. II 325

Areia, T. des Diogenes, Kan. u. Athl. 159[3]; 189; 191

Aretine, T. des Deuteros, Stephan. 193

Aretine, T. des Selotos (?), Priest. Ars. Phil. 192

Aristobulos, S. des Diodotos, Alex.-Pr. II 323

Aristokleia, T. des Demetrios, Kan. 190

Aristomache, T. d. Aristomachos, Kan. 185

Aristomachos, V. der Aristomache 185

Aristomachos, S. des Menneas, Alex.-Pr. 180

Aristonikos, S. des Perilaos, Alex.-Pr. II 322

Aristonikos, V. der Nikaso, Ptol. 196

Arsinoe, T. des Kadmos, Kan. 190

Arsinoe, T. des Nikolaos, Kan. II 324

Arsinoe, T. des Polemokrates, Kan. 186; II 325

Arsinoe, T. des Sosibios, Kan. 188

Arsinoe, T. des ?, Athl. 191

Artamen (?), V. der Berenike II 325

Artapato(e)s, S. des Tlepolemos, Alex.-Pr. 414; II 323

Artemidoros, S. des Sotion, Alex.-Pr. 183

Asklepio(a)dotos (?), V. des Demokrites (?) 175

Aspasia, T. des Athenion, Kan. 414; II 325

Atanus (?), S. des Atanus, Alex.-Pr. 180

Athenaios (?), S. des Apollos, Epon. Pr. Alexandr. II 324 cf. Limnaios

Athenion, V. der Aspasia 414; II 325

Atis (?), V. der Berenike 187

Auklas (?), T. des Poseidon, Kan. Ptol. II 326

Aurelius Appianos, ἐξηγ. 185; II 324

Aurelius Demetrios, ἐξηγ. 185

Αὐρήλιος Εὔπορος ὁ καὶ ᾿Αγαθὸς Δαίμων, ἐξηγ. II 324

Axipolos (?), V. der Kassandra 185

Bakis, V. des Nikanor, Ptol. 194

Berenike, T. des Artamen (?), Kan. II 325

Berenike, T. des Atis (?), Kan. 187

Berenike, T. des Hermias, ἱερ. βασ. Κλεοπ. θυγ. Ptol. 196

Berenike, T. des Kallianax, Kan. 187

Berenike, T. des Pythangelos, Kan. II 325 (cf. 188)

Berenike, T. des Ptolemaios, Kan. 186

Berenike, T. des Sosipolis, Kan. 187

Cali... cf. Kali...

Chareas, T. des Apios, Kan. II 324

Chariton, V. der ? II 325

Chrysermos, S. des Herakleitos, ἐξηγ. 184

M. Claudius Serenus, ἐξηγ. 185

Cle.....nos cf. Kle....nos.

Demetria, T. des Dionysios, Kan. 186

Demetria, T. des Philinos, Kan. 189

Demetria, T. des Telemachos, Athl. 191

Demetria (?), T. des Deuteros, Athl. II 325 (cf. 192)

Demetrios, S. des Apelles, Alex.-Pr. 179

Demetrios, V. der Aristokleia 190

Demetrios, V. der Philesia 188

Demetrios, S. des Sitaltes (?), Alex.-Pr. 181

2) Den richtigen Vatersnamen des
Menelaos finden wir jetzt bei Rubensohn, Elephantine-Papyri N. 2, 1.

1) S. 196 steht fälschlich Διονύσου.

Ptolemais (?), T. des Dionysios (?),
Kan. 188
Ptolemais, T. des Thyion, Kan. 414
(cf. 186); II 325
Ptolemais (?), T. des ?, Kan. 190
Pyrgon, V. des Onomastos II 323
Pyrrha, T. des Philinos, Athl. 191
Pyrrhide(a)s, V. des Ptolemaios 181
Pyrrhos, S. des Pyrrhos, Alex.-Pr.
II 323
Pythangelos, V. der Berenike II 325
(cf. 188)

Sa(o)s, V. des Hippalos, Ptol. 194; II 325
Seleukos, S. des Anti...os, Alex.-Pr.
414 (cf. 177); II 323
Selotos (?), V. der Aretine 192
Sentoous (?), V. der Proce (?) 189
Silas, V. der Dionysia 188
Sil...., T. des .... φρανωρ, Kan. 190
Sitaltes (?), V. des Demetrios 181
Socia (?), T. des Licotas (?), Kan. 186
Sosibios, V. der Arsinoe 188

Sosibios, S. des Dioskurides, Alex.-
Pr. 414 (cf. 177)
Sosipolis, V. der Berenike 187
Sotion, V. des Artemidoros 183
Spudaios, V. des Philiskos II 323
Stratonike, T. des Kallianax, Kan. 186

Teisarchos, V. der Mnesistrate II 324
Telemachos, V. der Demetria 191
Temestos (?), V. der Kenian (?) 188
Theodora, T. des ?, ἱερ. βασ. Κλεοπ.
Ptol. 196
Theogenes, V. des Alexikrates 179
Thyion, V. der Ptolemais 414 (cf. 186);
II 325
Timarete, T. des ?, ἱερ. βασ. Κλεοπ.
Ptol. 196
Tlepolemos, S. des Artapato(e)s,
Alex.-Pr. 414; II 323
Tryphaina, T. des Menapion, Athl.
191

Zenon, V. der Dionysia, Ptol. 195

V. Namen der ἀρχιερεῖς Ἀλεξανδρείας καὶ Αἰγύπτου πάσης
(= ἐπίτροποι τοῦ ἰδίου λόγου).[1]

T. Aurelius Calpurnianus Apollonides
(2./3. Jahrh. n. Chr.) 174; 413
Claudius Agathokles (147/8 n. Chr. [??];
153/4 n. Chr.) 174; II 322
Claudius Julianus (135—40 n. Chr.) 174
T. Claudius Justus (146 n. Chr.) II 322
Flavius ... (3. Jahrh. n. Chr.) II 322
Flavius Melas (149/50 u. nach 159 n. Chr.)
174; II 322
Julius Pardalas (122/3 n. Chr.) 173
Julius Rufus (?) (251/2 n. Chr.) II 322
L. Julius Vestinus (Hadrian) 59; 66 f.; 173
Marcius Moesius (120 n. Chr.) 173

Salvius Julianus (185 n. Chr.) 174
P. Sempronius Aelius Lycinus (3. Jahr-
hundert n. Chr.) 174
Seppius Rufus (15/16 n. Chr.) 173
Servianus Severus (44/5 n. Chr.) II 322
T. Statilius Maximus Severus (Hadrian)
173
L. Tullius K.β..ος (44/5 n. Chr.) II 322
Ulpius Serenianus (161/2 n. Chr. [?];
171 n. Chr.) 174; II 322
M. Vergilius M. f. Teretina Gallus Lu-
sius (Tiberius) 173
Vitrasius Pollio (Claudius) 173

VI. Namen der ἱερεῖς (ἐπιστάται) τοῦ Μουσείου (= ἀρχιδικασταί).

Ἀγαθὸς Δαίμων ὁ καὶ Δίδυμος (wohl
3. Jahrh. n. Chr.) II 326
Ἀχιλλεὺς ὁ καὶ Ἡρωδιανός (160 n. Chr.) 198
Ammonios (unbest. Zeit) 199
Ἀντωνῖνος ὁ καὶ Πούδης (178 n. Chr.) 198
Antonius Dionysios, S. d. Antonius
Deios (144 n. Chr.) 198

Aurelius Apollonios (216/17 n. Chr.) 198
Αὐρήλιος Μάξιμος ὁ καὶ Ἑρμαΐσκος (248
n. Chr.) II 326
Aurelius Plution (?) (Gallien) II 326
Αὐρήλιος Ἰσίδωρος ὁ καὶ Θερμουθίων
(233 n. Chr.) II 326
Balbeinianos (unbest. Zeit) 199

1) Bei den Idiologi des 1. Jahrhunderts n. Chr. ist es nicht gesichert, daß
sie auch das Amt des ἀρχιερεὺς Ἀλεξανδρείας καὶ Αἰγύπτου πάσης bekleidet haben,
siehe Bd. I. S. 67/8.

Chrysermos, S. d. Herakleitos (1.(?) Jahrh.
  v. Chr.) 197
Claudius Philoxenos (135 n. Chr.) 198
Diodotos (189 n. Chr.) 198
Dionysios, S. d. Timonax (2.Jahrh. v. Chr.)
  197
Eudaimon (143/4 n. Chr.) 175; 198
Herakleides (20—50 n. Chr.) 197
Hermon (262 n. Chr.) II 326
Herodianos (2. Jahrh. n. Chr.) 199
G. Julius Dionysios, S. d. Theon (130
  n. Chr.) 197; II 326
Julius Theon (122/3 — 130 n. Chr.)
  197[10]; II 326
L. Julius Vestinus (vor Hadrian) 197
Ἰ. ρ. μ. . . ης, S. d. Isidoros (154 n. Chr.)
  415
Komon (Vespasian) 197

Marcellus (173 [?] n. Chr.) II 326
Tib. Nikaias (Antoninus Pius) II 326
Nikolaos, S. des Herodianos (159 n. Chr.)
  198
Salvius Timagenes (2./3. Jahrh. n. Chr.)
  II 326
Sarapion (59 n. Chr.) 197
Sarapion (122/3 n. Chr.) 197
Σεπτίμιος Ἑρμίας ὁ καὶ Ἑρμαῖσκος
  (3. Jahrh. n. Chr.) 198
.... ὁ καὶ Σερῆνος (240 n. Chr.) II 326
Theon (58 n. Chr.), vielleicht auch ein
  Julier 197
Tillius Proculus (172 n. Chr.) II 326
Ulpius Asklepiades (134 n. Chr.) 198
Valerius (?) Kallineikos (2. Jahrh. n. Chr.)
  198
Vitalius (193 n. Chr.) 415

VII. Quellenregister.

1. Autoren.

Agatharchides cf.Geogr.
  Graec. min.
Ailianos
    var. hist.
  I 30: 178[2]
  XII 7: 398[2]
  XII 64: 140[2]
  XIII 22: 390
  XIV 34: II 245
    de nat. anim.
  VII 9: 111; 112
  XI 10: 82[2]; 88
  XII 7: 398[2]
Ambrosius
  de patr. Abrah. II 11
    p. 348: 215[1]
  epist. 18, 31: 404[2]
AmmianusMarcellinus
  XVI 10, 14: 404[2]
  XIX 10, 4: 404[2]
    12, 3: 397[4]
  XXII 4, 3: 404[2]
    14, 7: II 214[1]
    16, 2: 163[4]
    16, 12: 338[4]
    16, 23: 308[2]; II238[1]
Anthologia Graeca
  VII 520 (Kallimachos):
    27[3]

Appianos
  Syr. 63: 142[1]; II 273[4]
Apuleius
    metamorph.
  XI 10: 333[2]; II 256
    16: 95[1] cf. II 316
    17: 95[1]; 96; II 316
    27: II 316
    30: II 256
Ps. Apuleius
  Asklepius 24: II 284[1]
Aelius Aristides ed.
  Dindorf
    orat. Bd. I S. 96: 115
    II S. 437: 81[3]
Aristoteles
  metaph. I p. 981[b]: II 210[2]
Ps. Aristoteles
  oikon. II 2, 25: 260[2];
    II 52[3]; 330
    2, 33: 260[2]; II 330
Arnobius
  V 5: II 269[1]
Arrianos
  anab. III 1: II 262
    3: II 264[2]
    4: 317
  VII 23: 144[5]; II 319
    26: 12[2]

Artemidoros
  oneirokr. IV 80: 118[2]
Athenaios
  I 297/30: 368[1]
  II 67[b]: 317[3]
  III 110[b]: II 17
  IV 149[d]ff.: 163[4]; 164
    172[d]: II 218[1]
  V 196[a]—202[d] 145 ff.;
    (aus Kal-   II 266[2];
    lixenos) cf. 320
    F. H. G.
  VI 253[b]—[f] (aus
    Demochares 142[1];
    und Duris) II 304[2]
    cf. F. H. G.
  VIII 318[d]: 399[1]
  XI 487[b]: 333[2]
    494[a]: 368[1]; 384[1]
  XIV 620[d]: 150[3]
  XV 677[d]: II 257[4]
Athenodoros v. Tarsos
  cf. F. H. G.
Augustinus
  de civ. dei VIII 27:
    II 217[2]

Biographoi (ed. Wester-
  mann) p. 50: 27[3]

2. Papyri.

1) Im Text fehlt Bd. II S. 237^3 die Zahl des Papyrus.

35: II 317; 334; 344; 345 f.
39: II 288[6]
52: II 201[6]; 247[3]; 343
67: II 331
72: II 228[2]; 241[2]
77: II 334; 349
84a: II 319
85: II 322[5]; 343; 347
88: II 322[5]
89: II 204[4]; 271[2]; 304[3]; 322[8]
90: II 323[11]
92: II 322[4]
93: II 295[5]; 299[2]
94: II 323[1]
95: II 323[2]
98: II 323[2]
99: II 322[3]
100 Verso: II 343
101: II 343
109: II 333
110: II 322[1 u. 2]
112: II 341
115: II 346
118: II 343
134: II 324[2]
145: II 323[6]
167: II 331
171: II 271[2]; 304[3]; 323[7]

P. Leid.

B: 41[3 u. 4]; 115[6]; 117[2]; 366[2]; 369[3]; 374[2]; II 124[2]; 129[1]; 130[2]; 131[1]; 132[1]; 134[3]; 135[1 u. 2]
C: 115[6]; 120[6]; 367[1]; 374[2]; 376(2); II 124[2]
C Verso: 115[6]; 124[2]; II 208[1]
D1: 116 cf. 409; 366[2]; 374[2]; II 131[3]; 137[1]
D2: 374[2]; II124[2]; 131[2]; 135[6]
E1: 116 cf. 409; 366[2]; 374[2]; II 131[3]; 137[1]
E2: 21[7]; 41[3]; 42[2]; 248[5]; 366[2]; 367[1]; 374[1 u. 2]; II 74[2]; 124[2]; 128[4]; 129[1 u. 3]; 130[1]; 135[4 u. 5]; 136[1 u. 3]
G (= H, J u. K): 13[1]; 22[1]; 38[3]; 40[3]; 42[4]; 56[1]; 109; 110[1]; 115[6]; 116[4]; 247[2]; II 75[2]; 161[3]; 198[1]; 235[4]; 244; 246[3]; 259[1]
L: 21[7]; II 136[2]
M: 8[4]; 99[3]; 100[5]; 101[1]; 104[1 u. 2]; 246[2]; 247[1];

II 177[1 u. 2 u. 6]; 179[4]; 198[1]; 202[4]; 235[5]; 247[2]
O: 21[7]; 105[6]; 108; 115[6]; 116[4]; 247[2]; 249; II 204[3]; 205[3]; 206
P: 105[6]; II 177[2 u. 3 u. 6]
Q: 342[1]; 343[1]; 349[5]; 351[4]; 352[4]; 354[2 u. 5 u. 6]; 377[2]
S: 115[6]; 116[3]; 300[3]
T: 95; 115[6]; 116[3]; 392[3]; II 12[3]
U (neu herausgegeben in Mélanges Nicole S. 581ff.): 81[3]; 112[6]; II 161[1]; 226[2]; 310
V: II 316
W: 15[3]
Inv. Nr. I 373 (S. 88): II 296[4]
Inv. Nr. I 380 (S. 90): II 297[2]
gr. Beischr. des dem. P. Leid. 185 (Rec. de trav. XXVIII [1906] S. 193ff.): II 296[4]

P. Leipz. I
(publ. von L. Mitteis).
10: II 296[3]; 321; 326
31: II 347
44: II 321
83: II 347
97: II 330; 334; 347
101: II 348
121: II 322
122: II 321; 326

P. Lond.
I
3 (S. 44): 100[5]; 101; 104[1 u. 2]; 246[2]; 247[1]; II 177[1-3 u. 5-6]; 178[2 u. 5]; 179; 247[2]; 295[8]
15 (S. 54): II 132[1]
17 (S.10): 366[2]; 367[1]; 374[2]; 378; II 124[2]; 131[2]; 135[2 u. 3 u. 6]; 137[1]; 290[2]; 335
18 (S. 22): 117[3]; 298; 374[2]; 375[2]; II 126[3]; 130[2]; 136; 146[2]
19 (S. 16): 374[2]; 376[2]; II 137[1]
20 (S. 8): 119[1]; 374[2]; II 137[1]
21 (S. 12): 119[1]; 366[2]; 374[1 u. 2]; 385[2]; II 137[1]
22 (S. 7): 215[1]; 116[7]; 117[5];

367[1]; 369[3]; 374[1 u. 2]; 409; II 124[2]
23 (S. 37): 57[1]; 119[1]; 120[1 u. 6]; 379[3]; 392[3]; II 132[1]
24 Recto (S. 31): 119[1]; 120[6] cf. 410; 120[7]; 122[4]; 215[1] 409f.; II 318
24 Verso (S. 26): 41[3]; 42[2]; 119[1]; 366[2]; 374[1 u. 2]; 378; II 124[2]; 125; 128[4]; 129[1 u. 2 u. 4]; 130[1 u. 2]; 134[2]; 135[4]
27 (S. 14): 374[2]; 375[4]; 376[1]; II 124[2]; 136[2]; 170[2]; 335
29 (S. 163): 379[2]
31 (S. 15): 367[1]; 374[2]; 376; 377[4]; II124[2]; 136[2]; 170[2]; 335
33 (S. 19): 117[2]; 119; 366[2]; 374[2]; II 124[2]; 137[1]
34 (S. 17): 374[2]; II 124[2]; 130[5]; 131[2]; 135[6]
35 (S. 24): 21[7]; 41[3]; 42[2]; 119[1]; 121[1]; 366[2]; 374[1 u. 2]; 378; II 124[2]; 125; 128[4]; 129[1 u. 2 u. 4]; 130[1 u. 2]; 134[3]; 135[4]
41 Recto (S. 27): 13[1]; 21[7]; 110f.; 116[4]; 117; 367[1]; 369[3 u. 4]; 374[1 u. 2]; II 124[2]; 129; 130[1]; 137[2]
41 Verso (S. 28): II 134[3]; 135[4]
42 (S. 29): 119[1]; 120[5 u. 6]; 124
44 (S. 33): 22[3 u. 5]; 119[1]; 123; 283[8-10]; 410; II 318
45 (S. 35): 120[6]; 122[2]
50 (S. 48) cf. Herm. XXVIII (1893) S. 231: 286[2]
51A (S.150) cf. G. G. A. 1894 S.726: 97[3]; 98[7]; II105[1]; 111[1]
106 (S. 60): II 288[6]
109A (S.150): 279[2]; II105[1]; 111[1]
119 (S. 140): 279[2]; 280[1]; II 100[1]; 103[1]; 105; 107[1]; 111[1]
121 (S. 83): 25[3]
125 (S. 192): 98[2]
131Recto (S.166): 8[1]; 129[10]; 289[3]; II 19[5 u. 7]; 193[4]; 195[3]; 202[1]

1) II 53[3] ist fälschlich 470 gedruckt.

2) Im Text fehlt die Zahl des Papyrus.

129a u. b: II 65[5]
136: II 208[2]

P. Petr.
in Rev. L.
Appendix N. 2: 176[1]
Wilcken, Ostraka
I S. 668: 379[3]

C. P. R. I.
6—8: II 254[3]
10: 34[2]
11: 295[1]
12: 320
14 u. 16: II 191[2]
20: 11[4]; 45[4]; 51[3]; 227[1];
  II 189
28: 64[4]
31: 284[5]
33: II 102[1]
38 u. 39: 280[2]
45: 284[5]
53: II 254[3]
221: 33[2]; 44[4]; 48[4]; 49[2];
  262[3]; II 119; 236[5]; 331
S. 33, In. Nr. 1589 u. 4223:
  34[2]

P. Rainer (Wien)
in: Hartel, Griech. P.
S. 66: II 188[4]
S. 70/71 cf. Führer durch
  dieAusstellung der Papyri
  Erzherzog Rainer N. 247
Führer durch die Ausstel-
lung der Papyri Erzh. Rainer
103 (S. 34): 228[1]
227 (S. 72): 219[1]; II 197[4];
  199[2]; 203[4]
228 (S. 73): II 247[3]
247 (S. 77): 54[2 u. 4]; 63[4];
  71; 216; II 79[1]; 246[1]
Mitteilungen aus der Sammlung der Papyri Erzh. Rainer
IV S. 58: 113[3]
Studien zur Paläographie
  und Papyruskunde
II S. 26f.: 215[3]; II 156[1]
  S. 29ff.: 217[4]; 218[3 u. 4];
    407; II 199[1];
    235[4]
  S. 33: II 194[4]; 197[2 u. 3];
    199[1]; 201[6]; 235[4];
    253[1]; 417
III Nr. 311 u. 447: 417

Sitz. Wiener Ak.
1894 S. 3ff.: 393[1]
XLII (1900) Nr. 9 S. 35: 4[1];
  215[3]
XLV (1902) Nr. 4 S. 32: 4[1]

Wien. Stud.
XXIV (1902) S. 107: 167[1];
  198[10]

Wessely, Kar. u. Sok. Nes.
8 (S. 58 u. 71): 305[3]; 307;
  308[2]; 309; 310[1 u. 2]; 314[1];
  326[3]; 327[3]; 332; 333[2];
  334[1]; II 52; 54; 55[1];
  147[2]; 149[1 u. 4]; 150
25 (S. 62): 84[4]; 231[1];
  II 173[3]
72 (S. 63f., 66, 113): 35[2];
  77[1]; 211[2];II 158[3]
90 (S. 58): II 150[2]; 151[4]
99 (S. 143): II 208[2]
104 (S. 66): 58[3]; 59[2]; 174[3]
107 (S. 56f., 64, 72, 113):
  47[6]; 48[9]; 49[2]; 54[4]; 63;
  77[1]; 174[1]; 213[1 u. 2]; 218[1];
  234[1]; 245[2]; 366[2]; 369[1];
  II 79[2]; 124[2]; 160; 182[5];
  240[4]; 326; 328
111 (S. 61): II 12[1]
117 (S. 68): II 207[2]; 241;
  246[2]
121 (S. 59, 65f.): 48[1] cf.
  II 314; 49[2]; 52[2]; 59[2];
  83[5]; 174[2]; 213[2]; 214[1];
  220[5]
128 (S. 154): II 202[1]
129 (S. 122): II 197[4]; 199[2];
  203[3]
132 (S. 72): 295[2]
133 (S. 141): II 197[4]; 204[3];
  206[6]; 208[2 u. 4]
135 (S. 56, 63, 66): 18[4]; 95[2];
  II 251[1]
136 (S. 64): 416
138 (S. 82): II 204[3]; 206[8]
139 (S. 64 u. 66); 59[2]; 174[4]
150 (S. 64 u. 66); 54[4]; 59[2];
  174[4]; 227[2]; II 79[3]
151 (S. 68): II 54f.; 62f.
165 (S. 64): 416
171 (S. 69, 72ff.): 19[2]; 20[3];
  39[2]; 238[2]; 240; 278[3];
  295[2]; 296[2 u. 5]; 299[2]; 301[3];
  304[4]; 307[1]; 309; 310;

314[1 u. 2] cf. 418; 324[1-3];
395[1]; 401[4]; 406; II 2[1];
3[1]; 5[3]; 7[2 u. 3]; 8[1]; 9[2 u. 3];
12[3];25[1];27[2];29[1];31 – 33;
44[4]; 46f.; 48[1]; 49[4]; 50f;
54ff.; 59f.; 63; 67; 68ff.;
128[2]; 140[3]; 147[2]; 149[1-2]
u. [4-5]; 150; 151[5u. 6];167[2];
169[2]; 181[5]
172 (S. 66, 71): 58[3]; 401[4]

P. Rein.
(Th. Reinach, Papyrus grecs
et démotiques.)
8: II 204[4]
9: II 205[5]; 320; 321; 334
10: II 204[4]; 320; 321; 334
11: II 334
14 u. 15: II 205[5]; 320; 321
16 u. 20: II 320; 321
28: II 204[4]
40: II 334

Rev. L.
Col. 11: II 156[1]
„ 20: 365[3]
„ 23—37: 340[2]; 343[1];
   352[4]; 354[2 u. 5]
„ 24: 341[1]; 342[2]; 345[4];
   355
„ 26: 294[1]
„ 30: 354[6]
„ 31: 350; 354[6]
„ 33: 342[1]
„ 34: 345[4]
„ 36: 261[2]; 268[2] cf. II 330;
   341[1 u. 3]; 342; 347;
   349[5]; 351[4]; II 7; 124[2]
„ 37: 341[2 u. 3]; 342[1]
„ 38: 293[1 u. 3]; 374
„ 39: 297[3]
„ 40: 294[4]; 378[1]
„ 43: 268[2]; 368[1]
„ 46: 294[1]; II 60[1]
„ 50: 293f.; 296; 315;
   II 115; 122
„ 51: 294; II 115; 120;
   122
„ 56: II 298
„ 85: II 288[5]
„ 89: II 65[4]
„ 102: II 65[4]

P. Straßb.
(Preisigke, Griechische Pa-

II 160[2]; 165[1]; 197[4]; 241[1]; 246[2]; 348

N 20 u. 21: 295[1]; 296[2]

N 22 u. 23: II 25[3]; 26[1]; 143[3]; 145[2]; 204[1]; 206[5]; 208[2]

12 N 24: II 197[4]

26: 397[4]

28: 226[1]; II 25[3]; 26[1]; 143[3]; 145[2]; 204[1]; 206[5]; 208[2]

13 N 29: II 194[2]; 203[1]

P. Zois.

I u. II: 285[4]; II 99[4]

Revillout, Précis du droit égyptien.

II S. 1007, 1025/26 u. 1028 (griech. Registervermerke demot. Papyri): II 296[4]

Papyri

publ. Philologus XLI (1882) S. 746 ff. cf. Jahresber. Franz - Josephs - Gymnas. Wien 1885 S. 1 ff.: 13[1]

Rev. ét. grecq. VII (1894) S. 301 ff.; P. Sayce 1—6: 109[1]

B. Demotische.

P. Berl.

121 N. Chrest. dém. S. 7 ff.: 100[5]

1561 (Passalacqua) Rev. ég. V S. 43: II 300[2]

3075 Spiegelberg, S. 7, N. Chrest. dém. S. 4: 110[2]; 157[4]; 180[2]; 188[8]; 190[7]; 193[4]

3080 Spiegelberg, S. 13, N. Chrest. dém. S. 157, Rev. ég. IV S.138: 30[1u2]; 255[3]; 270[3]; II 83[3]; 98[1]; 107[2]; 191[3]; 298[4]

3089 Spiegelberg S. 6: 100[5]; 178[1]; 187[1]; 246[2]

3090 + 3091 Spiegelberg S. 12, N. Chrest. dém. S. 32 ff.: 161[2]; 162[5 u. 6]; 163[2]; 255[1]; 285[4]; II 198[1]; 199[4]; 203[3]; 247[2]; 295[8]

3096 Spiegelberg S. 6, Rev. ég. IV. S. 152: 100[5];

103[1]; 179[3]; 188[2]; 246[2]; 247[1]; II 179[4]; 198[1]

3097 + 3070 Spiegelberg S. 9, N. Chrest dém. S.46ff.: 161[2]; 162[5]; 163[1]; 194[6]; 207[4]; II 198[1]; 199[4]; 203[3]; 247[2]; 295[7]

3098 u. 5507 Spiegelberg S. 11: 100[5]; 207[4]; 246[2]; 247[1]; 255[3]; II 295[7]

3099, 3100 u. 5508 Spiegelberg S. 12, Chrest. dém. S. 313: 100[5]; 246[2]; 247[1]; 255[3]; II 295[7]

3101A + B Spiegelberg S.13: 255[3]; II 197[4]; 198[1]; 199[4]; 203[3 u. 4]; 247[2]; 295[7]

3102 Spiegelberg S. 14, N. Chrest. dém. S. 148ff.: 255[3]; II 40[4]; 200[3]; 201[1 u. 3]; 246[4]

3103 Spiegelberg S. 15, N. Chrest. dém. S. 121ff.: 30[1u.2]; 182[5]; 255[3]; II 207[1]

3104 Spiegelberg S. 16: N. Chrest. dém. S. 20ff.: 138[6]; 255[3]; II 198[1]

3105 Spiegelberg S. 15, N. Chrest. dém. S. 20: 138[6]; 246[2]; Il 198[1]; 199[4]; 203[3]

3106 + 3139 Spiegelberg S.16: 30[1 u. 2]; 100[5]; 247[1]; 255[3 u. 4]; II 178[3 u. 4]

3107 Spiegelberg S. 16: II 178[3]

3109 Spiegelberg S. 7, N. Chrest. dém. S. 1, Rev. ég. I S. 8; 179[1]; 187[4]; II 202[3]

3111 + 3141 Spiegelberg S. 7f., N. Chrest. dém. S.134ff.: 110[2]; 194[4]; 195[5]; 270[3]; II 200[3]; 201; 247[2]

3112 Spiegelberg S. 8: 30[1 u. 2]; 100[5]; 103[1]; 247[1]; II 179[1 u. 4]; 198[1]

3113 Spiegelberg S. 11: N. Chrest. dém. S. 79 ff.; 30[1 u. 2]; 162[2 u. 6]; 255[1]; II 188[2]; 198[1]

3114 + 3140 Spiegelberg S. 7, N. Chrest. dém.

S. 66ff.: 30[1 u. 2]; 157[5]; 162[1]; 194[3]; 195[1]; 255[4]

3115 Spiegelberg S. 18, cf. Ä. Z. XVII (1897) S.83 ff. XVIII (1880) S.70 ff. Rev. arch. 3. Sér. XI (1888) S. 307 ff.: 100[4]; 103[3 u. 5]; 246[3]; 410; II 178[3]; 337

3118 Spiegelberg S. 14, N. Chrest. dém. S. 7: 103[1] cf. II 317; 246[2]; 409

3119 Spiegelberg S. 10: 30[1 u. 2]; 100[5]; 246[2]; 255[1]; II 178[5]; 179[2]

3142 + 3144 Spiegelberg S. 17, N. Chrest. dém. S. 126: 270[3]; 271[10]

3145 Spiegelberg S. 17: N. Chrest. dém. S.109: 271[10]

3146 A u. B Spiegelberg S.17, Rev. ég. II S. 146: 270[3]; 271[10]; II 200[3]; 201

3172 + 3147 Spiegelberg S. 17: II 298[4]

6848 Spiegelberg S. 24: 326[3]; 327[3]; 328[4]; 332[2 u. 5 u. 6]; 337; II 161[2]

6857 Spiegelberg S. 23: II 297[5]

7059 Spiegelberg S. 22: II 161[2]

P. Bibl. Nat.

218 Chrest. dém. S. 62ff.: 30[2]; 99[1]; 100[5]; 159[2]; 161[2]; 163[3]; 246[2]; II 178[5]; 179[2]

223 Chrest. dém. S. CLIII: II 41[1]

224 Rev. ég. II S. 92: 139[1]; 247[2]; 249

225 Rev. ég. II S. 93: 139[1]

P. Bologna

Rev. ég. III S. 2, A. 5: 157[4]; 180[2]; 188[8]; 190[7]; 193[7]; 270[3]

P. Boulaq

Chrest. dém. S. 401 ff.: 158; 159[1]; 161[1]; 182[5]; 190[6]; 192[2 u. 11]; 193[1]

P. Erbach

Ä. Z. XLII (1905) S. 43 ff.: II 318

3. Inschriften.

4694: 18²; 387³
4699: 71³; II 277⁵
4707: 135⁵; 136⁵; 163⁴; 257
4708: 8⁶
4711: 45⁴; 398²
4712: 9¹; 387³
4713a: 399¹
4713f: 399¹
4714: 8⁷; 45⁴
4714c: 398²
4715: 398²; II 278⁵
4716: 8⁷; 398²
4716c: 159²; 164; 399¹; II 278⁵
4716d: 112⁶ cf. II 317; II 161¹
4716e: 387³
4717: 48⁷ cf. 408; 56; 77²; 331⁷; 406; II 159³; 257¹; 286¹
4724: 113³; 166⁵
4734: 167²; 197¹⁰; 255⁵; II 326
4755: 167²; 199³; 256¹
4815c: 173⁷
4831: 6¹; 398²
4832 u. 4833: 6¹
4836: 6¹
4836b: 347⁴
4839: 8; 398²; 400²
4859 u. 4860: 6⁴
4893: 5⁴; 6¹ᵘ·⁵; 126; 224; II 81¹
4894: 9¹; 387³
4895: 387³; 389¹
4896: 53; 55¹; 56¹; 77²; 184²; II 63; 124²; 159³
4897 Addenda: II 163⁴
4902 (Addenda): 39⁴; 43; II 237³; 253⁴
4915d (Addenda): 107³; 136⁵; 247²
4938b: 128
4945: 83⁵; 86⁴; 209⁴⁻⁸
4946: 86⁴; 209⁴ᵘ·⁸
4948: 398²
4949: 43⁶
4955: 6¹; 398²
4957: 281³
4959: 347⁴
4976c: 185³
4980—84: 129²
4980: 252⁵
4981 u. 4982: 129¹

4983: 128⁴; 129¹
4984: 129⁸
4986—92: 129²
4986: 129⁶
4987: 128⁴; 129⁹; 402⁴
4988: 252⁵
4989: 34²; 129⁴ᵘ·⁵
4990: 402⁴
4991: 129¹
4992: 129⁶
4993: 128⁴; 129³; 403¹
4994: 129¹
4995—97: 129²
4995: 252³ᵘ·⁵
4996: 129¹ᵘ·⁴ᵘ·⁵
4997: 129⁴
4999—5010: 129²
4999: 128⁴
5000: 34²; 129⁴ᵘ·⁵; 130²; 252⁴
5001: 129²; 251³; 252¹ᵘ·³
5002: 129²; 130; 251³; 252¹⁻³ᵘ·⁵
5003: 252¹⁻³ᵘ·⁵
5005: 251³; 252²ᵘ·⁵
5006: 129²ᵘ·³ᵘ·⁷; 251³; 252¹ᵘ·³
5007: 251³; 252¹ᵘ·⁵
5007b: 129²; 252¹ᵘ·⁵
5008: 128⁴; 129⁷; 251³; 252¹ᵘ·³
5009: 129²; 251³; 252¹ᵘ·²ᵘ·⁵; 403¹
5010: 252¹ᵘ·⁴
5012: 128⁴; 129²ᵘ·⁵; 163⁴
5014: 129²ᵘ·⁷; 251³; 252¹; 403¹
5015: 128⁴; 129¹ᵘ·²
5018: 129²
5020: 129²ᵘ·³; 403¹
5021: 128⁴; 129²
5027—32: 129²
5028: 128⁴; 129¹⁰; 252⁴; 323²; 402⁴
5029: 129³; 403¹
5030: 252³
5032: 45⁴; 129; 323²; 402⁴
5033: 39²; 45⁴; 129²; 252⁴
5035: 129²; 130²
5037: 45⁴; 129²
5039: 272²
5042—66: 6¹
5068: 45⁴; 392³
5069 cf. Herm. XXIII (1888)

S. 595: 34²; 54⁴; 64³; 65; 272²; 274⁽²⁾; II 79
5073: 6²; 409
5082: 409
5127: 143²; 149²; II 266
5184: 347⁴
5898: 115²ᵘ·⁴
5900: 58²; 166⁴; 168²; 173⁴; 197⁸
5912—5914: 113³
5973: 113³
5996 u. 5997: 113³
6000—6002: 113³; 114³; 116⁸
6007: 5³
6202: II 223³

C. I. A. (Inscr. graec. I—III)
I (= I)
117—175 u. 194—225: 327¹
II (= II, 1—3)
551: II 247⁵
610: 395⁵
631 u. 632: 395⁵
642—738: 327¹
985D u. 985E: 115¹
1367: II 267¹
III (= III, 1)
140: 115³
162: 113³; 115³ᵘ·⁵; 118⁶
163: 115³
203: 113³
697: 164⁶
699: 115³
IV (= I. Suppl. u. II 5)
27b, 225k u. 834b: 341⁵

C. I. Gr. Sept. I
(Inscr. graec. IX)
3166: 414²
3198 u. 3199: 115¹ cf. II 317

C. I. Gr. Ins.
(Inscr. graec. XII)
fasc. I 43, 131, 761, 768b, 840, 844 u. 846ff.: II 295³
fasc. III 327: 151³
fasc. V 664: 412
734: II 321
739 Appendix: II 321

I. Gr. S. It.
(Inscr. graec. XIV)
747: 168
914: 113³; 114³; 116⁸

31101 (S. 34f.): II 75¹; 314
31104 (S. 38): II 268⁵
31114 (S. 45): II 75¹; 314
31130 (S. 51): II 188⁵
31146 (S.57f.); II 75¹; 278⁶; 314
31152 (S. 60): II 75¹
31160 (S. 60): II 75¹; 314

Ä. Z.
XXII (1884) S. 111 u. 118: II 114²

Rev. arch.
4. Sér. V (1905) S. 341: II 348

Rev. ég.
VI S. 124: II 278⁶
S. 125f.: 76²
S. 127: 373²; 385⁵
S. 129ff.: II 10; 18¹

Sitz. Wien. Ak.
Phil.-hist. Kl. CV (1883) S. 375/6: II 263¹

E. Mehrsprachige.

Kanopus
a) griechischer Teil
Z. 1: 177²
2: 177²; 186⁶
3: 38; 40³; 75
4: 75
5 u. 6: 73⁴
8: 386²
9: 386²; 391²
10: 391²; II 227³
11: II 227³
15: 386²
16: 386²; II 287³
17: II 287³
20ff.: II 271²
21: II 271²
22 u. 23: II 271²; 272¹
24: 28³; 26; 77
25: 27
26: 26⁴; 27; 28²; 203; 210; 244
27: 26⁴; 35; 203; 210; 244
28: 26⁴; 203¹
29: 26⁴; 28²; 35; 37⁴; 203¹; 232; 237
30: 37⁴; 232; 237
31: 37⁴; 232; II 28; 30¹

32: II 33f.
33: 25
34: II 10¹
35: II 230
44 u. 45: II 270³
46: II 271²
48: 73²
49: 18²
50: 18¹ᵘ·²
52: 18¹
54: 391²
58: 331⁶; 349¹; II 20²
59: 18¹; II 20²
60: 10⁸; 95²
65: 92³ᵘ·⁴; 203³
67: 92; II 31¹
68: 88⁷; 90⁴
69: 88⁷
70: 38; 46; 88⁷; 210; II 26; 28; 35; 142
71: 35; 77; 203; 210; II 35; 142
72: 37⁵; II 35; 142
73: 38³; 47³; 88²; 89; 159; II 35; 159
74: 88²
75: 18¹; 75

b) hieroglyph. Teil: 75³
Z. 2: 407
3: 76¹ᵘ·⁴
9: II 227³
13 u. 14: 211⁶
16: 26; 78¹; II 28¹; 29³; 34¹
26 u. 27: 26⁴
33: 93
34: 211⁶
35: 416
36: 38¹; 40 cf. 407

c) demotischer Teil
Chrest. dém. S. 125ff. u. Brugsch, Thesaurus VI S. XIVff. (S. 1554ff.): 75³
= 4 der griech. Fass.: 76⁵
= 31 d. gr. Fass.: II 28¹
= 32 d. gr. Fass.: II 34¹
= 69 d. gr. Fass.: 211⁶
= 70/71 d. gr. Fass.: 407; 416

Rosette: II 263¹; 264⁴
a) griechischer Teil
Z. 2: 7; II 301³
3: 7

4: 7³; 181²; II 264⁴
5: 159³; 189⁶; 191⁶; 192⁵
6: 38; 75; 192⁵
7: 75; II 292³; 301³; 302²
8: II 292³; 301³; 302²
9: 386²
10:
11: 382¹; 386²
12: 386²; II 287³
13: II 287³
14: 353; 366²; 368²; 370; 372; II 124²; 285¹
15: 262; 343; 350; 351²; 353; 372; II 285²
16: 73f.; 77; 212; 343; 353; II 182⁴
17: 73f.; 77; 300; 343; II 64f.; 251²; 288
18: 300; 385; II 64f.
19: 385
23 u. 24: II 307
26: 7
27: II 292³
28: II 43³; 64; 292³; 301³; 302²
29: 262; 300; II 65; 287³; 292³
30: II 57f.; 287³
31: 391²; II 57f.
32: 391²
33 u. 34: 387³
36f.: II 271²
38: 331⁶; 349¹; II 20²
40: 84²
42: 10⁸; 94¹; 169⁶
44: II 292³; 302²
45: II 301³; 302²
46: II 10¹; 30; 292³
47: II 292³
48: II 11¹; 30; 31¹
49: II 30; 31¹
50: II 11¹; 271²
51 u. 53: II 271²
54: 18¹; 75

b) hieroglyph. Teil cf. Stele von Damanhour, Rec. de trav. VI (1885) S. 1ff.: 7⁵; 75³; 76⁵; 181¹; 190¹; 191⁸; 192⁷; 407; II 66; 182⁴; 288²

c) demotischer Teil
bei Revillout, Chrest. dém. S. 1ff. u. Heß, Der demo-

4. Ostraka und Verwandtes.

5. Semitica.

Druck von B. G. Teubner in Leipzig.

ANCIENT RELIGION AND MYTHOLOGY

An Arno Press Collection

Altmann, Walter. **Die Römischen Grabaltäre der Kaiserzeit** (The Roman Grave Altars of Imperial Times). 1905

Amandry, Pierre. **La Mantique Apollinienne à Delphes** (Apollo's Oracle at Delphi). 1950

Appel, Georgius. **De Romanorum Precationibus** (Concerning the Prayers of the Romans). 1909

Bidez, Joseph and Franz Cumont. **Les Mages Hellénisés: Zoroastre, Ostanès et Hystaspe** (Hellenized Magi: Zoroaster, Ostanes and Hystaspes). Two volumes in one. 1938

Bouché-Leclercq, A[uguste]. **Les Pontifes de l'Ancienne Rome** (The Pontiffs of Ancient Rome). 1871

Cumont, Franz. **Recherches sur le Symbolisme Funéraire des Romains** (Investigations on the Funerary Symbolism of the Romans). 1942

Domaszewski, Alfred von. **Abhandlungen zur Römischen Religion** (Essays on Roman Religion). 1909

Domaszewski, Alfred von. **Die Religion des Römischen Heeres** (The Religion of the Roman Army). 1895

Edelstein, Emma J[eannette] and Ludwig Edelstein. **Asclepius: A Collection and Interpretation of the Testimonies.** Two volumes in one. 1945

Foucart, P[aul] [François]. **Des Associations Religieuses Chez les Grecs:** Thiases, Eranes, Orgéons (The Religious Associations of the Greeks: Thiasoi, Eranoi, Orgeones). 1873

Foucart, Paul [François]. **Les Mystères d'Éleusis** (The Mysteries of Eleusis). 1914

Gruppe, O[tto]. **Griechische Mythologie und Religionsgeschichte** (Greek Mythology and the History of Greek Religion). Two volumes. 1906

Harrison, Jane E[llen]. Prolegomena to the Study of Greek Religion. 1922

Jeanmaire, H[enri]. **Couroi et Courètes:** Essai sur l'Éducation Spartiate et sur les Rites d'Adolescence dans l'Antiquité Hellénique (Couroi and Couretes: Essay on Spartan Education and on the Rites of Adolescence in Greek Antiquity). 1939

De-Marchi, Attilio. **Il Culto Privato di Roma Antica** (The Private Cult in Ancient Rome). Two volumes in one. 1896/1903

Moulinier, Louis. **Le Pur et l'Impur dans la Pensée des Grecs d'Homére à Aristote** (The Pure and the Impure in the Thought of the Greeks from Homer to Aristotle). 1952

Nilsson, Martin P[ersson]. **The Dionysiac Mysteries of the Hellenistic and Roman Age.** 1957

Norden, Eduard. **Aus Altrömischen Priesterbüchern** (From the Books of the Ancient Roman Priests). 1939

Otto, Walter [Gustav Albrecht]. **Priester und Tempel im Hellenistischen Ägypten** Priest and Temple in Hellenistic Egypt). Two volumes in one. 1905/1908

Plutarch. **The Roman Questions of Plutarch.** Edited by H[erbert] J[ennings] Rose. 1924

Plutarch. **The Greek Questions of Plutarch.** With a New Translation and a Commentary by W. R. Halliday. 1928

Robert, Carl. **Archaeologische Hermeneutik** (The Interpretation of Archaeological Material). 1919

Robert, Carl. **Bild und Lied:** Archäologische Beiträge zur Geschichte der Griechischen Heldensage (Image and Song: Archaeological Contributions to the History of the Greek Hero Sagas). 1881

Roman Augury and Etruscan Divination. 1975.

Rouse, William Henry Denham. **Greek Votive Offerings:** An Essay in the History of Greek Religion. 1902

Scott, Kenneth. **The Imperial Cult Under the Flavians.** 1936

Stengel, Paul. **Die Griechischen Kultusaltertümer** (Antiquities Relating to Greek Cults). 1920

Tabeling, Ernst. **Mater Larum:** Zum Wesen der Larenreligion (Mother of the Lares: Towards the Essence of the Lares Religion). 1932

Tresp, Alois. **Die Fragmente der Griechischen Kultschriftsteller** (Fragments of the Writers on the Greek Cults). 1914

Two Studies on the Roman Pontifices. 1975

Varro, Marcus Terentius. **M. Terenti Varronis Antiquitatum Rerum Divinarum. Libri I, XIV, XV, XVI** (Marcus Terentius Varro's Books on Ancient Religious Matters). Edited by Reinholdo Agahd. 1898

Wissowa, Georg. **Gesammelte Abhandlungen zur Römischen Religions und Stadtgeschichte** (Collected Essays on Roman Religion and Political History). 1904